U0898014

中華大藏經編輯局編

漢文部分
九一

中華書局

圖書在版編目(CIP)數據

中華大藏經:漢文部分.第91册/《中華大藏經》編輯局編.
—北京:中華書局,1984.4(2022.8 重印)
ISBN 978-7-101-01433-4

Ⅰ.中…　Ⅱ.中…　Ⅲ.大藏經　Ⅳ.B941

中國版本圖書館 CIP 數據核字(2016)第050286號

内封題簽:李一氓
裝幀設計:伍端端

中華大藏經(漢文部分)

第九一册

《中華大藏經》編輯局 編

*

中華書局出版發行
(北京市豐臺區太平橋西里38號　100073)
http://www.zhbc.com.cn
E-mail:zhbc@zhbc.com.cn
北京建宏印刷有限公司印刷

*

787×1092 毫米 1/16・68½印張・2插頁
1984年4月第1版　2022年8月第4次印刷
定價:600.00元

ISBN 978-7-101-01433-4

中華大藏經（漢文部分）

第九十一册目録

千字文編次　鉅

一七七一　大方廣佛華嚴經疏四十一——一百二十卷

唐清涼山沙門澄觀述

宋晉水沙門淨源録疏注經

（明洪武南藏本）

目録

大方廣佛華嚴經疏卷第四十一 入第二十四經下半

清涼山沙門澄觀述　晉水沙門淨源錄疏注經　遠一

◬四至一切處迴向長行亦二先位行三。初牒名徵起 佛子云何為菩薩摩訶薩至一切處迴向。至是能至善根及其供具一切處即所至供境。謂以大願令此善根供具徧至一切時處隨所應供供諸福田。本業經云以大願力入一切佛國中供養一切佛故。然準下文若因若果皆至一切略舉十事一法身至一切處如來藏身普周徧故二法身至故智身至三智身至故大願至四大願至故供具善根至五則見佛聽聞至六則現身開悟至七則無去無來至八則不出一毛孔而能普至九則一身一毛等一切身毛至十則一念等一切劫至。若剋陳別體則以供佛善根及勝解心為體通則該於法界。◬二依徵廣釋三初迴向衆生及向菩提二初略明三。初法 佛子此菩薩摩訶薩修習一切諸善根時作是念言願此善根功德之力至一切處 謂以願力及善根力此二相資故能徧至。二喻況 譬如實際無處不至至一切物至一切世間至一切衆生至一切國土至一切法至一切虛空至一切三世至一切有為無為至一切語言音聲 實際者即一切法真實之際故無不在一切物者謂凡是有形故晉經中名一切有餘並可知此與如相及法界迴向有差別者此據善根迴成供具至一切處第八約善根迴向同如體相業用第十約所迴向行廣多無量故無濫也◬三法合二。初總標 願此善根亦復如是徧至一切諸如來所供養三世一切諸佛 ◬二別明二。初舉三世合所至處 過去諸佛所願悉滿未來諸佛具足莊嚴現在諸佛及其國土道場衆會徧滿一切虛空法界 能事已畢過去願滿修因已圓未來具足現成正化故云國土道場。二明能至供 願以信解大威力故 先成供因因有三種一以勝解則隨心轉變 廣大智慧無障礙故 二以大智了無障礙 一切善根悉迴向故 三以善迴向稱願而成 以如諸天諸供養具而為供養充滿無量無邊世界 辨所成供◬二廣釋二初約十方明其徧至三。初總明供處 遠一 二 佛子菩薩摩訶薩復作是念諸佛世尊普徧一切虛空法界 約處顯多 種種業所起 約因顯多 十方不可說一切世界種世界不可說佛國土佛境界 約數顯多 種種世界 約形類顯多義通受用及變化土 無量世界無分齊世界轉世界側世界仰世界覆世界 ◬二別明供養二初供現在佛二初明所供田二。初實報田 如是一切諸世界中現住於壽示現種種神通變化 ◬二權應田三。初現身 彼有菩薩以勝解力為諸衆生堪受化者於彼一切諸世界中現為如來出興於世。二說法 以至一切處智普徧開示如來無量自在神力 意明現今此位菩薩亦能爾也此則本下迹高若佛為菩薩則本高迹下或俱高俱下因果交徹思之可解。三釋權佛所由 法身徧往無有差別 得法性身同徧往故 平等普入一切法界 等有智身入法界故 如來藏身不生不滅 普賢自體如來藏身不生滅故上之三句顯與果佛平等同性起故 善巧方便普現世間 由上三義故能善巧普現世間若爾衆生豈無如來藏身故下三句復成前義 遠一 三 證法實性超一切故 證法實故得同法身 得不退轉無礙力故 有無礙智力故普入法界 生於如來無障礙見廣大威德種性中故 佛種中生故得如來藏身之用謂絶二障權實無礙是如來見廣大威德是如來用菩薩隨順悟入是為生彼種性之中故出現品云若

（得聞此如來無量不思議無障無礙智慧法門聞已信解隨順悟入當知此人生如來家廣如彼說得斯後三因位尚即爲果況應現耶上亦供行所因。二明能供行）佛子菩薩摩訶薩以其所種一切善根願於如是諸如來所以衆妙華及衆妙水鬘蓋幢幡衣服燈燭及餘一切諸莊嚴具以爲供養（二供住持佛）若佛形像若佛塔廟悉亦如是（三通願迴向之心）以此善根如是迴向（初句摠牒善根迴向後別顯行相謂前以善根迴向成供供諸田時如是用心文有十句）所謂不亂迴向（不生妄念）一心迴向（專注正境）自意迴向（不由他悟）尊敬迴向（於田殿重）不動迴向（違順不動）無住迴向（不住於法）無依迴向（不依於境）無衆生心迴向（知我空）無躁競心迴向（心行安審）寂靜心迴向（正順涅槃。二約常住佛明其徧至謂三世住壽盡未來際應亦常也。三身十身融無礙故不同前文有塔廟等文中有三初以善根迴向供佛二。初所供境）復作是念盡法界虛空界（明處無不徧）去來現在一切劫中（明時無不窮）諸佛世尊（摠談真應）得一切智成菩提道無量名字各各差別（明真極之殘）於種種時現成正覺悉皆住壽盡未來際（明應現成即有始應乃無終故皆住壽盡未來際）一一各以法界莊嚴而嚴其身（真應無二故一一各以法界莊嚴）道場衆會周徧法界（主伴圓通故道場衆會皆周法界）一切國土隨時出興而作佛事（出非在我故曰隨時興必利生名作佛事。二顯能供行三。初結前生後）如是一切諸佛如來我以善根普皆迴向（二所成供具三。初香蓋）願以無數香蓋無數香幢無數香幡無數香帳無數香網無數香像無數香光無數香燄無數香雲無數香座無數香經行地無數香所住處無數香世界無數香山無數香海無數香河無數香樹無數香衣服無數香蓮華無數香宮殿（以香爲蓋等有二十事。二華鬘）無量華蓋廣說乃至無量華宮殿無邊鬘蓋廣說乃至無邊鬘宮殿無等塗香蓋廣說乃至無等塗香宮殿不可數末香蓋廣說乃至不可數末香宮殿不可稱衣蓋廣說乃至不可稱衣宮殿不可思寶蓋廣說乃至不可思寶宮殿不可量燈光明蓋廣說乃至不可量燈光明宮殿不可說莊嚴具蓋廣說乃至不可說莊嚴具宮殿不可說不可說摩尼寶蓋不可說不可說摩尼寶幢如是摩尼寶幡摩尼寶帳摩尼寶網摩尼寶像摩尼寶光摩尼寶燄摩尼寶雲摩尼寶座摩尼寶經行地摩尼寶所住處摩尼寶剎摩尼寶山摩尼寶海摩尼寶河摩尼寶樹摩尼寶衣服摩尼寶蓮華摩尼寶宮殿皆不可說不可說（以華鬘等九例於前香各具二十香等離蓋等更無別體故有二百。三增前數）如是一一諸境界中各有無數欄楯無數宮殿無數樓閣無數門闥無數半月無數却敵無數牕牖無數清淨實無數莊嚴具。隨彼蓋等二十事中各攄相說皆有牖等九事成一千八百并前本門攄有二千是則香等成蓋等蓋等有牖等。從無數無量如是漸增且至不可說理實皆等法界難可稱也。然一一諸言定通香等不全通於蓋等以衣及塗香何有門闥樓閣等耶是則都數未必二千但通相言如是一一諸境界也。三結成供行以如是等諸供養物恭敬供養如上所說諸佛世等。二以供佛善根迴向衆生正顯迴向之願然前段供後有不亂等心今此供後明清淨等願者文有影略義實相通文分為二。初總顯所為願令一切世間皆得清淨一切衆生咸得出離住十力地於一切法中得無礙法明。謂令得果咸淨智明。二別顯願得因圓果滿令一切衆生具足善根悉得調伏其心無量等虛空界往一切剎而無所至入一切土施諸善法常得見佛植諸善根二利因圓成就大乘不著諸法具足衆善立無量行普入無邊一切法界成就諸佛神通之力得於如來一切智智。智用果滿。三攄願善根普攝迴向以上來三段別明善根但說成供供養諸佛今欲顯此善根無所不成故復明此於中

分二。初喻譬如無我普攝諸法謂二無我理普攝理事無不周故。二法合二。初十二句攝成自利德我諸善根亦復如是普攝一切諸佛如來咸悉供養無有餘故普攝一切無量諸法悉能悟入無障礙故普攝一切諸菩薩衆究竟皆與同善根故普攝一切諸菩薩行以本願力皆圓滿故普攝一切菩薩法明了達諸法皆無礙故普攝諸佛大神通力成就無量諸善根故普攝諸佛力無所畏發無量心滿一切故普攝菩薩三昧辯才陀羅尼門善能照了無二法故普攝諸佛善巧方便示現如來大神力故普攝三世一切諸佛降生成道轉正法輪調伏衆生入般涅槃恭敬供養悉周徧故普攝十方一切世界嚴淨佛剎咸究竟故普攝一切諸廣大劫於中出現修菩薩行

無斷絕故。二有八句成利他德普攝一切所有趣生悉於其中現受生故普攝一切諸衆生界具足普賢菩薩行故普攝一切諸惑習氣悉以方便令清淨故普攝一切衆生諸根無量差別咸了知故普攝一切衆生解欲令離雜染得清淨故普攝一切化衆生行隨其所應為現身故普攝一切應衆生道悉入一切衆生界故普攝一切如來智性護持一切諸佛教故三實際迴向二。初總標佛子菩薩摩訶薩以諸善根如是迴向時用無所得而為方便略有二義一以無所得導前隨相則涉有不迷於空為入有之方便二段無得以入有不存無得即此無得亦是方便此為入空之方便也今文正用前段之意義兼於後欲顯隨相離相無前後故然略云無得準大般若亦以無生無滅及無住等皆為涉有之方便也。二別顯三。初正顯觀心十句不於業中分別報不於報中分別業。初一會事歸理謂事法既虛相無不盡理無不現故業果皆空。業空故無體可能招報況謂因中而有果耶報空故無體可以酬因況謂果中

而有因耶若約觀心名會用歸寂雖無分別而普入法界。次五理不礙事約心則寂不礙用約句理無能所分別而不礙有能入之智所入法界雖無所作而恒住善根無作而遣作雖無所起而勤修勝法無起而修起不信諸法而能深入無能所信而能即事入玄此與初句但事理之異大般若云若信一切法則不信一切法以不信一切法是名信一切法此約不信是真信也今約不信不礙信不有於法而悉知見末句不有能所見而不礙能所見若作不作皆不可得。次二理事雙絕約心則止觀雙亡上句正釋作即事也不作即理也對待假言故皆不可得知諸法性恒不自在下句釋成法從緣起不能不生諸緣離散不能不滅從緣生滅不能不有緣生無性不能不空故諸法性無暫自在何有性相而可得耶雖悉見諸法而無所見普知一切而無所知。後二理事無礙約心則寂照雙流良以事虛攬理無不理之事理實應緣無不事之理所以寂而常照照而常寂終日知見而無知見也。上四句中初則會有歸空有未曾有次依空立有有未始存次空有兩亡無隱無顯後空有無礙存沒同時四句鎔融方名離相實際觀也。二觀成之相然此段文有其二意一前是即觀之止後明即止之觀前雖云知意明無知二以後段釋成前文由知因緣等故不於業中分別報等雖有此二觀成相顯於中分二初結前生後菩薩如是了達境界由依如前了達心境故能成下如是知見

三正顯其相文有八句。初總知一切法因緣為本由上觀故能知因緣何等因緣謂一切法若漏無漏為無為等皆以因緣而為其本云何為本謂因緣故有因緣故空因緣故不有因緣故不空因緣故流轉因緣故還滅乃至一切皆由因緣故中論云未曾有一法不從因緣生有為緣生無為緣顯因有有為則有無為又形奪相盡是真無為。二別有七句釋成上義見於一切諸佛法身由觀因緣得見佛等是故因緣為諸法本見法身因緣無住無住之本即是法身經云佛以法為身故中論云若見因緣法則為能見佛至一切法離染實際見法實際因緣性離為法實故解了世間皆如變化無性緣生故如化似有明達眾生唯是一法無有二性理外無事故唯一法皆如來藏事事皆虛故無二性尚無有二何況有五不捨業境善巧方便緣性無礙故於業境皆得善巧以業攝報境必對心則內外因果皆善巧也於有為界示無為法而不壞滅有為之相即事顯理而不壞事故云於有為等於無為界示有為法而不分別無為之相即理成事而不隱理故云於無為等若滅壞有為則失有為本空若分別無為即壞無為之性是以若約相即為即無為無可滅壞無為即為亦無可分別若約無礙則事能顯理而非理能成事而非事事理相即性相歷然故為無為體非一異示謂顯示顯示有為界分無為界性。三觀成之益菩薩如是觀一切法畢竟寂滅成就一切清淨善根而起救護眾生之心智慧明達一切法海常樂修行離愚癡法已具成就出世功德不更修學世間之法得淨智眼離諸癡翳以善方便修迴向道。三結歎成益上來近明離相之益今則通辯一迴向益文二初明自分二利益佛子菩薩摩訶薩以諸善根如是迴向稱可一切諸佛之心嚴淨一切諸佛國土教化成就一切眾生具足受持一切佛法作一切眾生最上福田為一切商人智慧導師作一切世間清淨日輪一一善根充徧法界悉能救護一切眾生皆令清淨具足功德初句上稱佛心餘之九句自成二利。二辯勝進二利益佛子菩薩摩訶薩如是迴向時能護持一切佛種能成熟一切眾生能嚴淨一切國土能不壞一切諸業能了知一切諸法能等觀諸法

無二能徧往十方世界能了達離欲實
際能成就清淨信解能具足明利諸根文兼體用並顯可知。三依釋結名佛子是為菩薩摩訶薩
第四至一切處迴向。△二位果二。初牒得時菩薩摩訶
薩住此迴向時。二正顯所得十句得至一切處身
業普能應現一切世界故得至一切處
語業於一切世界中演說法故得至一
切處意業受持一切佛所說法故三業體徧
得至一切處神足通隨衆生心悉往應
故得至一切處隨證智普能了達一切
法故得至一切處揔持辯才隨衆生心
令歡喜故三業用徧得至一切處入法界於
一毛孔中普入一切世界故得至一切
處徧入身於一衆生身普入一切衆生
身故得至一切處普見劫一一劫中常
見一切諸如來故得至一切處普見念

一一念中一切諸佛悉現前故顯用自在。三結佛
子菩薩摩訶薩得至一切處迴向能以
善根如是迴向△二重頌有十一偈分三初七頌前迴向衆生及向菩提二。初頌前略明至一切處爾時金剛幢菩薩承佛威力普
觀十方而說頌言　內外一切諸世間
菩薩悉皆無所著　不捨饒益衆生業
大士修行如是智但頌法說所修善根△二頌前廣明三。初通頌前所至處
十方所有諸國土　一切無依無所住
◦二一偈半頌前迴向衆生　不取活命等衆法
亦不妄起諸分別　普攝十方世界中
一切衆生無有餘　觀其體性無所有
至一切處善迴向。三有四偈頌前普攝迴向
普攝有為無為法　不於其中起妄念
如於世間法亦然　照世燈明如是覺
菩薩所修諸業行　上中下品各差別
悉以善根迴向彼　十方一切諸如來

菩薩迴向到彼岸　隨如來學悉成就
恒以妙智善思惟　具足人中最勝法
清淨善根普迴向　利益羣迷恒不捨
悉令一切諸衆生　得成無上照世燈
◦二有三偈半頌迴向實際　未曾分別取衆生
亦不妄想念諸法　雖於世間無染著
亦復不捨諸含識　菩薩常樂寂滅法
隨順得至涅槃境　亦不捨離衆生道
獲如是等微妙智　菩薩未曾分別業
亦不取著諸果報　一切世間從緣生
不離因緣見諸法　深入如是諸境界
不於其中起分別。三頌成益一切衆生調御師
於此明了善迴向此下入第二十五經。五無盡功德藏迴向長行二。初位行三。初
牒名徵起佛子云何為菩薩摩訶薩無盡功德
藏迴向由緣無盡境行迴向故成無盡善根功德之行得十無盡藏之果從能迴行及果受名或無盡功德之藏或即藏通二釋以迴向望行迴向為能藏無盡功德為所藏以因望果亦然並有財

釋本業云常以三寶授與前人故名無盡功德藏此
義亦通所迴善根即以五門善根迴向而為其性。二
依懺廣釋三初明所迴善根支有八句初三可知四
聞法修證為於勸請以對佛親請必聞法故後四皆
隨喜然依離垢慧所問禮佛法經總有八重一供養
佛二讚佛德三禮佛餘即五悔或合禮讚或略供養
或但為五以發願迴向但懺別之異如十住婆沙今
支依此迴向在於下文故此有四或但為三故智論
云菩薩晝夜三時各行三事謂懺悔勸請隨喜行此
三事功德無量轉得近佛若依善戒經但有二事謂
懺悔迴向皆隨時廣略二釋文**佛子此菩薩摩訶薩以懺**
除一切諸業重障所起善根。然懺名陳露先罪悔名改
往修來除惡業障故須懺也然懺有二種若犯遮罪
先當依教作法悔之若犯性罪應須是行此復二種
[illegible]
禮敬三世一切諸佛所
起善根。[illegible]
[illegible]
勸請一切諸
佛說法所起善根聞佛說法精勤修習

悟不思議廣大境界所起善根。言勸請者名為祈求
除謗法障起惡善根故。聲聞自度但懺已罪菩薩隨
果故須勸請但勸如來普兩法兩則必自露洽此文
略云勸佛說法智論復加請佛住世占察經中亦請
菩薩速成正覺次句因聞法故起悟入善言修習者
修諭於所知事而發迷故習者集聞勝重修加行故
者如八十三云修者了相作意習者殷解作意又
於去來今一切諸佛一切眾生所有善
根皆生隨喜所起善根去來今世一切
諸佛善根無盡諸菩薩眾精勤修習所
得善根三世諸佛成等正覺轉正法輪
調伏眾生菩薩悉知發隨喜心所生善
根三世諸佛從初發心修菩薩行成最
正覺乃至示現入般涅槃般涅槃已正
法住世乃至滅盡於如是等皆生隨喜
所有善根。言隨喜者為慶彼故。除嫉妬障起平
等善。然十住智論中有三位一諸佛善
二二乘善三人天善今文四句初一總明具於三善
二乘正是所訶故不別舉而亦含在一切眾生之中
次二句別其第二句別明三善結一隨喜後一隨喜
諸佛因果。大品隨喜品明大千海水有以一毛破為
百分滿取海水可知其數隨喜之福不可知數法華
展轉第五十人尚難校量況初隨喜。此據隨喜如來

積實功德其福更多。然佛是時罪勝緣故與懺悔
根無在既淨身器次希法雨復漸他同己迴向三處
不墮三界及與二乘。然禮等五果遠得菩提別則懺
得依正具足禮則尊貴身器具足勸請得慧隨喜得
大善為并大財福迴向離邪常遇佛世常修行。約
數不同可以思準上二迴向行二初結前善根二初揀
及結上來不可說若**菩薩如是念不可說諸佛境界**
及自境界乃至菩提無障礙境如是廣
大無量差別一切善根。三結前所有善根**凡所**
積集凡所信解凡所隨喜凡所圓滿凡
所成就凡所修行凡所獲得凡所知覺
凡所攝持凡所增長諸隨前一善皆有積集等故具足為圓滿學成
為成就證入為後得了性為知覺餘文並顯。二正明
迴向二初菩提二初隨相二初正覺行願二初迴向
淨土二先明眾寶莊嚴後明人寶為嚴況論嚴淨有
其三種一處所淨二住處眾生淨即前二段三法門
具流布淨亦名受用淨論上二段又此二段之中
具足十八圓滿今初眾寶有二。初總標所成**悉**
以迴向莊嚴一切諸佛國土。二初別顯眾相二初舉三世
土嚴二初別明三世即為三別謂過未見在
而為其次初過去二初總明二別顯。今初**如過**
去世無邊際劫一切世界一切如來所
行之處先辨處果時**所謂無量無數佛世界**

種（大句總標世界種者，即方處間列。如初會說，無量者無分量故，無數者數多故） 佛智所知（淨識所現，唯佛窮故） 菩薩所識（登地分見） 大心所受（地前能受） 莊嚴佛剎（即正顯示。此雖義當形色，意是總該。二別顯有二圓滿。初辯因圓滿） 清淨業行所流所引。（謂出過三界淨土，亦有出過之因。然上世界成就品中起具因緣，總有十種，生佛兼說，有淨識故。今此唯五，欲同佛淨，故略衆生。初一句亦總亦別，總明三土之因皆無漏業，故云清淨。自受用土淨行所流，萬行生故；他受用土及變化土淨業所引，隨業現故。別則唯約受用因緣所流、增上緣所引。故佛地論云：如來識中無漏善根為因而生。有義但是增上緣生，以外法故；有義亦是因緣而生，親能生故，若不爾者，應無因緣，外法相望非因緣故。意以後義為正。言亦是者，通二緣故。有云感報淨土以四塵種子而為正因，觀感土故；六度萬行而為緣因，助成上故。或以自利復得而為緣因。依此經宗，以一切波羅蜜行隨其所應，依正二果互為二因，互相資辦，以皆是法性相應善根成故，常融常別。餘如世界成就品辯。下四句唯別。初二變化土因） 應衆生起（約為緣義） 如來神力之所示現（約為因義） 諸佛出世淨業所成（是自受用因故，云出世淨業） 普賢菩薩妙行所興（義兼自他受用土因，登地已上皆修普賢之妙行故。又此妙行即圓融因，融上諸土無障礙故。二事業圓滿） 一切諸佛於中成道示現種種自在神力（自能現作一切有情一切義利，故如來雖即是主，意取義利。三舉未來土嚴二。初總標） 盡未來際所有如來應正等覺徧法界住，當成佛道，當得一切清淨莊嚴功德佛土（二別顯有九圓滿，文分為五。初分量圓滿） 盡法界虛空界，無邊無際，無斷無盡（此通二土。謂約自受用，從初得佛盡未來際，相續無變，橫周法界，故無邊際；約他受用，為於地上隨宜而現，勝劣大小改變不定，但地前不測，言無邊際，登地常見，亦無斷盡。此文兼明方所圓滿，以方所有二：一自受用周徧法界，於三界處不即不離故；二他受用處，下文當辨。二果法圓滿） 皆從如來智慧所生（自受用土圓鏡智生，他受用土平等智生。三依持圓滿） 無量妙寶之所莊嚴。（佛地經云：無量功德衆所莊嚴，大寶華王，是為依持。上總標妙寶，下別列三事） 所謂一切香莊嚴，一切華莊嚴，一切衣莊嚴（華謂蓮華。次二德嚴） 一切功德藏莊嚴（即無量功德） 一切諸佛力莊嚴（佛力即是能持，後一即是所持之國） 一切佛國土莊嚴。（佛地經中唯據於事，但云蓮華。今通事理，故云佛力功德莊嚴，通於事理。四明主圓滿） 如來所都（五輔翼圓滿，復兼四種。文中分二。初總顯） 不可思議同行宿緣諸清淨衆於中止住（此兼眷屬圓滿，謂人天八部，然皆菩薩化作，示淨土不空，故今但云諸清淨衆，則兼之矣。二別顯勝德，兼三圓滿） 未來世中當成正覺一切諸佛之所成就（初明方所圓滿。佛地經云：超過三界所行之處。今云一切諸佛之所成就，通自他受用） 非世所觀（即是超過） 菩薩淨眼乃能照見（是他受用方所，或說淨居，或云西方等是。次下皆門圓滿，以三三昧為所入門） 此諸菩薩具大威德，宿植善根（顯門之因） 知一切法如幻如化（是空門相） 普行菩薩諸清淨業（是無相門相） 入不思議自在三昧（通該前後） 善巧方便，能作佛事，放佛光明，普照世間，無有限極（是無作門相。三又此淨業即攝益圓滿，以離煩惱纏垢等為攝益，故名為清淨。三舉現在嚴二。初總標舉） 現在一切諸佛世尊悉亦如是莊嚴世界（同類通未，云亦如是。二別顯有三圓滿。即顯色圓滿） 無量形相（即形色圓滿） 無量光色，悉是功德之所成就（總以因結。此下是住處圓滿，先總明住處） 無量香、無量寶、無量樹、無數莊嚴、無數宮殿、無數音聲（次別顯處因） 隨順宿緣諸善知識示現一切功德莊嚴無有窮盡（即他受用因，故云示現。後廣顯處嚴） 所謂一切香莊嚴一切鬘莊嚴一切末香莊嚴一切寶莊嚴一切幡莊嚴一切寶繒綵莊嚴一切寶欄楯莊嚴阿僧祇金網莊嚴阿僧祇河莊嚴阿僧祇雲雨莊嚴阿僧祇音樂奏微妙音 以超過一切菩薩及餘住處名處圓滿二揔結三世嚴具及土於中二初揔結能所嚴 如是等無量無數莊嚴之具莊嚴一切盡法界虛空界十方無量種種業起佛所了知佛所宣說一切世界其中所有一切佛土 二別顯所嚴 所謂莊嚴佛土清淨佛土平等佛土妙好佛土威德佛土廣大佛土安樂佛土不可壞佛土無盡佛土無量佛土無動佛土無畏佛土光明佛土無違逆佛土可愛樂佛土普照明佛土嚴好佛土精麗佛土妙巧佛土第一佛土勝佛土殊勝佛土最勝佛土極勝佛土上佛土無上佛土無等佛土無比佛土無譬喻佛土 有二十九種隨體德用立名不同亦可并前揔標能所通結上來十八圓滿隨勝立土如理應思三願成彼嚴二初嚴一界 如是過去未來現在一切佛土所有莊嚴菩薩摩訶薩以已善根發心迴向願以如是去來現在一切諸佛所有國土清淨莊嚴悉以莊嚴於一世界如彼一切諸佛國土所有莊嚴皆悉成就皆悉清淨皆悉聚集皆悉顯現皆悉嚴好皆悉住持 二例嚴普周 如一世界如是盡法界虛空界一切世界悉亦如是三世一切諸佛國土種種莊嚴皆悉具足 顯嚴分齊令法界土皆具三世一切莊嚴既一佛土即具無盡莊嚴則一嚴一切嚴亦顯一圓滿即一切圓滿重重無盡方是華嚴淨土圓滿二人寶為嚴同十大願中第七願也亦即是前輔翼圓滿文三初揔願所成 佛子菩薩摩訶薩復以善根如是迴向願我所修一切佛剎諸大菩薩皆悉充滿 二別顯嚴相二初顯德齊二初正顯德有二十句分二初二揔明體實智圓 其諸菩薩體性真實智慧通達 三有十八句別顯二初顯智圓 善能分別一切世界及眾生界深入法界及虛空界捨離愚癡 即路圓滿大念慧行為所游路路即道之異名上明大慧分別是權深入是實此是慧體離癡慧業 成就念佛念法真實不可思議念僧無量普皆周徧亦念於捨 即大念也七念之中略舉前四七念義如離世間品 法日圓滿智光普照見無所礙從無得生生諸佛法為眾勝上善根之主發生無上菩提之心住如來力趣薩婆若破諸魔業淨眾生界 即是大行行即修慧故二釋體實 深入法性永離顛倒善根大願皆悉不空 亦是行攝二結德嚴土 如是菩薩充滿其土 初句揔明 生如是處 指前淨土 有如是德 即指向文二體業廣即四圓滿初事業圓滿 常作佛事得佛菩提清淨光明具法界智現神通力一身充滿一切法界 上辨佛業今菩薩業二辨乘圓滿 得大智慧入一切智所行之境善能分別無量無邊法界句

無二能徧往十方世界能了達離欲實際能成就清淨信解能具足明利諸根文兼體用並顯可知。三依釋結名　佛子是爲菩薩摩訶薩第四至一切處迴向。△二位果二。初牒得時　菩薩摩訶薩住此迴向時。二正顯所得十句　得至一切處身業普能應現一切世界故得至一切處語業於一切世界中演說法故得至一切處意業受持一切佛所說法故三業體徧　得至一切處神足通隨衆生心悉往應故得至一切處隨證智普能了達一切法故得至一切處摠持辯才隨衆生心令歡喜故三業用徧　得至一切處入法界於一毛孔中普入一切世界故得至一切處徧入身於一衆生身普入一切衆生身故得至一切處普見劫一一劫中常見一切諸如來故得至一切處普見念一一念中一切諸佛悉現前故顯用自在。三結　佛子菩薩摩訶薩得至一切處迴向能以善根如是迴向△二重頌有十一偈分三初七頌迴向衆生及向菩提二。初頌前略明至一切處　爾時金剛幢菩薩承佛威力普觀十方而說頌言

內外一切諸世間　菩薩悉皆無所著
不捨饒益衆生業　大士修行如是智但頌法說所修善根△二頌前廣明三。初通頌前所至處
十方所有諸國土　一切無依無所住
。二一偈半頌前迴向衆生
不取活命等衆法　亦不妄起諸分別
普攝十方世界中　一切衆生無有餘
觀其體性無所有　至一切處善迴向。三有四偈頌前普攝迴向
普攝有爲無爲法　不於其中起妄念
如於世間法亦然　照世燈明如是覺
菩薩所修諸業行　上中下品各差別
悉以善根迴向彼　十方一切諸如來
菩薩迴向到彼岸　隨如來學悉成就
恒以妙智善思惟　具足人中最勝法
清淨善根普迴向　利益羣迷恒不捨
悉令一切諸衆生　得成無上照世燈
。二有三偈半頌迴向實際
未曾分別取衆生　亦不妄想念諸法
雖於世間無染著　亦復不捨諸含識
菩薩常樂寂滅法　隨順得至涅槃境
亦不捨離衆生道　獲如是等微妙智
菩薩未曾分別業　亦不取著諸果報
一切世間從緣生　不離因緣見諸法
深入如是諸境界　不於其中起分別。三頌成益
一切衆生調御師　於此明了善迴向此下入第二十五經。五無盡功德藏迴向長行二。初位行三。初牒名徵起

佛子云何爲菩薩摩訶薩無盡功德藏迴向由緣無盡境行迴向故成無盡善根功德之行得十無盡藏之果從能迴行及果受名或無盡功德之藏或即藏通二釋以迴向望行迴向爲能藏無盡功德爲所藏以因望果亦然並有財

釋本業云常以三寶授與前人故名無盡功德藏此義亦通所迴善根即以五門善根迴向而爲其性。二依徵廣釋三初明所迴善根文有八句初三可知四聞法修證屬於勸請以對佛親請必聞法故後四皆隨喜然依離垢慧所問禮佛法經摠有八重一供養佛二讚佛德三禮佛餘即五悔或合禮讚或略供養或但爲五以發願迴向但摠別之異如十住婆沙今文依此迴向在於下文故此有四或但爲三故智論云菩薩晝夜三時各行三事謂懺悔勸請隨喜行此三事功德無量轉得近佛若依善戒經但有二事謂懺悔迴向皆隨時廣略。二釋文

佛子此菩薩摩訶薩以懺除一切諸業重障所起善根。然懺名陳露先罪悔名改往修來除惡業障故須懺也。然懺有二種若犯遮罪先當依教作法悔之若犯性罪應須起行此復二種一即事行如方等經及佛名等二依理觀謂觀諸法空如淨名說當直除滅勿擾其心等若依普賢觀及下隨好品皆具事理無礙之懺至下廣明

禮敬三世一切諸佛所起善根。言禮敬者除我慢障起信敬善。故勸那三藏說七種禮今加後三以成圓十一我慢禮依位次立無敬心故二唱和禮高聲喧雜故此二非儀三恭敬禮五輪著地捧足殷重故四無相禮入深法性離能所故五起用禮雖無能所而禮不可禮之三寶一一佛前皆影現故六內觀禮但禮身中法身佛故七實相禮無內無外同一實故八大悲禮前雖有觀未顯爲生今一一禮普代衆生故九摠攝禮摠攝前六爲一觀故十無盡禮入帝網境若佛若禮重重無盡故

勸請一切諸佛說法所起善根聞佛說法精勤修習悟不思議廣大境界所起善根。言勸請者名爲祈求除謗法障起慈善根故。聲聞自度但懺已罪菩薩愍衆故須勸請但勸如來普雨法雨則必自霑洽此文略云勸佛說法智論復加請佛住世占察經中亦請菩薩速成正覺次句因聞法故起悟入善言修習者瑜伽八十三云修者了相作意習者勝解作意故又修者於所知事而發趣故習者無間殷重修加行故

於去來今一切諸佛一切衆生所有善根皆生隨喜所起善根去來今世一切諸佛善根無盡諸菩薩衆精勤修習所得善根三世諸佛成等正覺轉正法輪調伏衆生菩薩悉知發隨喜心所生善根三世諸佛從初發心修菩薩行成最正覺乃至示現入般涅槃般涅槃已正法住世乃至滅盡於如是等皆生隨喜所有善根。言隨喜者爲慶悅彼故。除嫉妬障起平等善。然十住智論皆有三位一諸佛善二二乘善三人天善今文四句初一摠明具於三善二乘正是所訶故不別舉而亦含在一切衆生之中次二句別其第二句別明三善結一隨喜後一隨喜諸佛因果。大品隨喜品明大千海水有以一毛破爲百分滴取海水可知其數隨喜之福不可知數法華展轉第五十人尚難校量況初隨喜。此據隨喜如來權實功德其福更多。然佛是除罪勝緣故與懺悔廿復無在訖淨身器次布法雨復攝他同已迴向三處不墮三界及與二乘。然禮等五果通得菩提別則懺得依正具足禮則尊貴身器具足勸請得慧隨喜得大眷屬并大財福迴向離邪常遇佛世常能修行。約數不同可以思準。三迴向行二初結前善根二。初攝結上來不及可說者

菩薩如是念不可說諸佛境界及自境界乃至菩提無障礙境如是廣大無量差別一切善根。二豎結前來所有善根

凡所積集凡所信解凡所隨喜凡所圓滿凡所成就凡所修行凡所獲得凡所知覺凡所攝持凡所增長謂隨前一善皆有積集等故具足爲圓滿學成爲成就證入爲獲得了性爲知覺餘文並顯。二正明迴向二初菩提二初隨相二初正起行願二初迴向淨土二。先明衆寶莊嚴後明人寶爲嚴況論嚴淨有其三種一處所淨二住處衆生淨即前二段三法門流布淨亦名受用淨。論上二段又此二段之中具足十八圓滿今初衆寶有二。初摠標所成

悉以迴向莊嚴一切諸佛國土。二別顯嚴相二初舉三世土嚴二初別明三世即爲三別謂過未見在而爲其次初過去二初摠明二別顯。今初

如過去世無邊際劫一切世界一切如來所行之處先舉時辨處

所謂無量無數佛世界

義於一切刹皆無所著而能普現一切佛土心如虛空無有所依而能分別一切法界善能入出不可思議甚深三昧大止妙觀以爲乘故。三無畏圓滿趣薩婆若住諸佛刹得諸佛力開示演說阿僧祇法而無所畏內無災患外無畏故。四即任持圓滿論云諸佛菩薩後得無漏能受能說大乘法味生喜樂故文二。初明能受隨順三世諸佛善根普照一切如来法界悉能受持一切佛法。二明能說知阿僧祇諸語言法善能演出不可思議差別音聲入於無上佛自在地普遊十方一切世界而無障礙行於無諍無所依法無所分別修習增廣菩提之心得善巧智善知句義能隨次第開示演說上三結以嚴刹三。初揔彰人偏願令如是諸大菩薩莊嚴其國充滿分布隨順安住。二結行德深熏修極熏修謂以止以觀唯智唯悲熏修身心無有間斷名極熏修純淨極純淨現藏不生故云純淨種習不起名極純淨亦偏相兼顯數多於中三節恬然宴寂恬和也宴安也恬和安寂即照寂之相也亦一乘也。三別是無數無量無邊無等不可數不可稱不可思不可量不可說不可說不可說諸大菩薩周徧充滿一刹中一方有多數量如一方所一切方所亦復如是以一方例於一刹如一佛刹盡虛空徧法界一切佛刹悉亦如是以一刹例於法界一方所言義兼大小準下僧祇品於一微細毛端處則有不可說諸普賢也言如是者如前具德也。二揔攝迴向佛子菩薩摩訶薩以諸善根方便迴向一切佛刹方便迴向一切菩薩方便迴向一切如来非唯但向佛淨土故文有十句前三結前已說後七辨所未明方便迴向一切佛菩提方便迴向一切廣大願方便迴向一切出要道言出要者小乘出要唯有四種謂進念定慧三十七品不離此故今亦偏有大乘出要唯有三科謂四攝四無量十度三乘切要唯止與觀大乘切要唯智與悲故十地中皆云大悲為首智慧增上方便迴向淨一切衆生界方便迴向於一切世界常見諸佛出興於世方便迴向常見如来壽命無量方便迴向常見諸佛徧周法界轉無障礙不退法輪此並可知。二結行成益佛子菩薩摩訶薩以諸善根如是迴向時普入一切佛國土故一切佛刹皆悉清淨普至一切衆生界故一切菩薩皆悉清淨普願一切諸佛國土佛出興故一切法界一切佛土諸如来身超然出現揔收三種世間△二離相迴向即向實際文中二先明見實智寘實際後彰離妄德合實際此之二段反覆相成初明見實智寘實際佛子菩薩摩訶薩以如是等無比迴向趣薩婆若牒前迴向菩提其心廣大猶如虛空無有限量入不思議知一切業及以果報皆悉寂滅心常平等無有邊際普能徧入一切法界正顯離相寂然無涯爲入不思議即事契眞故常平等由此故能徧入若事若理無礙法界名爲一切。二彰離妄德合實際文有十對佛子菩薩摩訶薩如是迴向時不分別我及以我所不分別佛及以佛法不分別剎及以嚴淨不分別衆生及以調伏不分別業及業果報不著於思及思所起（上六邊妄執有以緣成無性故皆前迴向之法思所起者謂身語業餘文可知次一對邊妄執空）不壞因不壞果（以即真故不礙存故不壞假名說實相故不壞因果後三對雙遣空有初遣事理）不取事不取法（法即理法互相即故不可定取次遣生死涅槃）不謂生死有分別不謂涅槃恒寂靜（離向背相通有二義一約離相謂生死涅槃相待而有俱空叵得二約體融以緣就實生死即涅槃故無妄分別以實從緣涅槃即生死故非真寂靜故中論云涅槃之實際及與世間際如是二際者無毫釐差別而晉經云生死非雜亂涅槃非寂靜言異義同後對遣能所證既二際無差唯佛能證故復拂之）不謂如來證佛境界無有少法與法同止（上句標舉下句釋成亦通二意一約離相能證相離不能證於佛境所證體空故無少法與能證同止相契故楞伽云遠離覺所覺二約體融佛即法界不應以法界更證法界故文殊問經云若以法界證法界者則是諍競如智一體如外無少智為能證智外無少如為所證故無可同止次下文云無有少法為智所入亦無少智而入於法影公云法性不並真聖賢無異道即斯意也上來三節皆約遣邊前來契實已辯雙照則四門備矣。二迴向衆生）佛子菩薩摩訶薩如是迴向時以諸善根普施衆生（初句總明謂即前迴向菩提時便以善根迴向衆生故云如是迴向時也次別顯行相文有七句二句隨相）決定成熟平等教化（一無放捨心二無冤親相五句離相）無相無緣無稱量無虛妄遠離一切分別取著（一不見衆生相二不取化緣三不稱量根性四無能度我人末句揔結。二結行成德有四佛子兼此為五就此五中初一雙明次二離相後二隨相。初成無盡善根德文有十句）菩薩摩訶薩如是迴向已得無盡善根（由隨一一行發無盡心故成無盡德上揔下別別中前四隨相所成）所謂念三世一切諸佛故得無盡善根念一切菩薩故得無盡善根（此二因果）淨諸佛剎故得無盡善根淨一切衆生界故得無盡善根（此二依正）深入法界故得無盡善根修無量心等虛空界故得無盡善根（此二離相所成顯其深廣）深解一切佛境界故得無盡善根於菩薩業勤修習故得無盡善根（此二解行通於隨相及與離相）了達三世故得無盡善根（此一通顯上來迴向同三世故。二成二空智慧德十句）佛子菩薩摩訶薩以一切善根如是迴向時了一切衆生界無有衆生（一無衆生離衆生垢故）解一切法無有壽命（二無壽命離生死故）知一切法無有作者（三無作者亦名無我離我垢故）悟一切法無補伽羅（四無數取趣前後際斷故餘如十行品已說上四我空）了一切法無有忿諍觀一切法皆從緣起無有住處知一切物皆無所依了一切剎悉無所住觀一切菩薩行亦無處所見一切境界悉無所有（此六法空。三成境界清淨德）佛子菩薩摩訶薩如是迴向時眼終不見不淨佛剎（一剎淨者略有三義一了穢即空故二如螺髻等穢處見淨故三雖觀淨穢無見相故）亦復不見異相衆生（二衆生淨同一空故同如來藏故無見相故）無有少法為智所入亦無少智而入於法（三法淨對法辨智義便故來此亦二義一空無能所故二同一如故舉一全收智外無如為智所入如外無智而入於如法性寂然故名為如寂而常照故名為智何有異耶亦同上來無法同住）解如來身非如虛空一切功德無量妙法所圓滿故於一切處令諸衆生積集善根悉充足故(後一佛淨為破執有說佛如空若同空無此見非淨今明二利德圓非如空故一向無也四成福智無盡德) 佛子菩薩摩訶薩於念念中得不可說不可說十力地(上攝佛智謂十力智地有不可說用故念念得多) 具足一切福德成就清淨善根為一切衆生福田(自為福田) 此菩薩摩訶薩成就如意摩尼功德藏隨有所須一切樂具悉皆得故隨所游方悉能嚴淨一切國土隨所行處令不可說不可說衆生皆悉清淨攝取福德修治諸行故(福智無盡。五成福智廣大德) 佛子菩薩摩訶薩如是迴向時修一切菩薩行(初句總顯福智之因次正顯勝相) 福德殊勝色相無比威力光明超諸世間魔及魔民莫能瞻對善根具足大願成就(顯福超勝) 其心彌廣等一切智於一念中悉能周徧無量佛刹智力無量了達一切諸佛境界於一切佛得深信解住無邊智菩提心力廣大如法界究竟如虛空(顯智超勝。三依釋結名) 佛子是名菩薩摩訶薩第五無盡功德藏迴向(二位果四初標) 菩薩摩訶薩住此迴向得十種無盡藏(二徵) 何等為十(三釋有十句皆先標名後釋義) 所謂得見佛無盡藏於一毛孔見阿僧祇諸佛出興世故(初一見佛約微細門一毛之義前文頗釋今重發揮謂心性本無大小悟之成智身土皆為智影智淨影明故大小無礙一多即入次五見法即相入門) 得入法無盡藏以佛智力觀一切法悉入一法故(證理法) 得憶持無盡藏受持一切佛所說法無忘失故(持教法) 得決定慧無盡藏善知一切佛所說法秘密方便故(慧知密意謂以實覆權等) 得解義趣無盡藏善知諸法理趣分齊故(義窮意趣謂四意趣等亦是窮於性相) 得無邊悟解無盡藏以如虛空智通達三世一切法故(即開藏義兼修證上六自利下三利他) 得福德無盡藏充滿一切諸衆生意不可盡故(福滿他意) 得勇猛智覺無盡藏悉能除滅一切衆生愚癡翳故(智滅他惑) 得決定辯才無盡藏演說一切佛平等法令諸衆生悉解了故(辯教平等) 得十力無畏無盡藏具足一切菩薩所行以離垢繒而繫其頂至無障礙一切智故是為十(攝行成果此亦多有同十藏品可以意得。四結) 佛子菩薩摩訶薩以一切善根迴向時得此十種無盡藏

大方廣佛華嚴經疏卷第四十一　遠一

大方廣佛華嚴經疏卷第四十二 入第二十五經下半 遠二

清涼山沙門澄觀述　晉水沙門淨源錄疏注經

三塵頌二十五偈分二。初一頌所迴善根　爾時金剛幢菩薩普觀
十方而說頌言　菩薩成就深心力
普於諸法得自在　以其勸請隨喜福
無礙方便善迴向 文並含具。二雙頌前所迴善根及結行成益文二。初頌二段隨相三。初迴向菩提三。初頌衆寶莊嚴　三世所有諸如来
嚴淨佛剎徧世間　所有功德靡不具
迴向淨剎亦如是　三世所有諸佛法
菩薩皆悉諦思惟　以心攝取無有餘
如是莊嚴諸佛剎　盡於三世所有劫
讚一佛剎諸功德　三世諸劫猶可盡
佛剎功德無窮盡　如是一切諸佛剎
菩薩悉見無有餘　總以莊嚴一佛土
一切佛土悉如是 二有三偈半頌人寶莊嚴
有諸佛子心清淨　悉從如来法化生
一切功德莊嚴心　一切佛剎皆充滿
彼諸菩薩悉具足　無量相好莊嚴身
辯才演說徧世間　譬如大海無窮盡
菩薩安住諸三昧　一切所行皆具足
其心清淨無與等　光明普照十方界
如是無餘諸佛剎　此諸菩薩皆充滿
三半偈頌總攝迴向　未曾憶念聲聞乘
亦復不求緣覺道 三一偈頌迴向衆生
菩薩如是心清淨　善根迴向諸羣生
普欲令其成正道　具足了知諸佛法
三二偈頌結行成德　十方所有衆魔冤
菩薩威力悉摧破　勇猛智慧無能勝
決定修行究竟法 遠三　菩薩以此大願力
所有迴向無留礙　入於無盡功德藏
去来現在常無盡 五段通頌。二有十三偈頌二段離相三。初頌前菩提離相
菩薩善觀諸行法　了達其性不自在
既知諸法性如是　不妄取業及果報
無有色法無色法　亦無有想無無想
有法無法皆悉無　了知一切無所得
一切諸法因緣生　體性非有亦非無
而於因緣及所起　畢竟於中無取著
一切衆生語言處　於中畢竟無所得
了知名相皆分別　明解諸法悉無我
如衆生性本寂滅　如是了知一切法
三世所攝無有餘　剎及諸業皆平等
以如是智而迴向　隨其悟解福業生
此諸福相亦如解　豈復於中有可得
如是迴向心無垢　永不稱量諸法性
了達其性皆非性 遠二　不住世間亦不出
與前見實及離妄德相參而頌顯此二法互相成故。二有二偈頌離衆生相
一切所行衆善業　悉以迴向諸羣生
莫不了達其真性　所有分別皆除遣

所有一切虛妄見　悉皆棄捨無有餘
離諸熱惱恒清涼　住於解脱無礙地
△三頌結行成就離相之德文二。初二頌境界清淨德菩薩不壞一切法
亦不滅壞諸法性　解了諸法猶如響
悉於一切無所著　了知三世諸衆生
悉從因緣和合起　亦知心樂及習氣
未曾滅壞一切法。三有二偈頌二空智慧德
了達業性非是業　而亦不違諸法相
又亦不壞業果報　說諸法性從緣起
了知衆生無有生　亦無衆生可流轉
無實衆生而可說　但依世俗假宣示
△六隨順堅固一切善根迴向長行亦二初位行三。初牒名徵起佛子云何爲菩薩摩訶薩隨順堅固一切善根迴向。謂所修事善皆悉順入堅固法性故下文云則爲隨順真實住。本分名入一切平等善根入即隨順平等即堅固平等之理不可壞故若順等理則順諸善根故下文云則爲隨順佛住等。又本業云習行相善及無漏善而不二故名隨順平等一切善根此則不唯事順於理抑亦理順於事理事相順受平等名如此平等方名堅固。此約所迴善根及所向實際以立斯名。亦可名爲堅固之善根堅固即善根若以隨順堅固善根亦通二義。即以無礙善根而爲其性佛
△二依徵廣釋二初明行所依身二。初明得位子此菩薩摩訶薩或爲帝王臨御大國菩薩行權之身隨宜萬類故置或言而備語王者有三義故一則在家是施位故二難捨能捨舉勝策劣故三菩薩多爲王故以菩薩位唯有二種一者法王二者人王法王教化人王攝化今具二義非正報故具菩薩戒處處爲王故發号施令無敢違故具能施物遂所求故帝者主也王者王也臨者治也御亦主領千乘之國即稱爲大下文即言爲轉輪王一洲已去可稱爲大。二明具德二。初明統領自在德有十二句威德廣被名震天下有威則下必畏之有德則下必懷之故令名振上二總下十別凡諸寬敵靡不歸順釋上有威相父之佛曰寬四夷有土曰敵由威被故敵歸寬順發号施令悉依正法釋上有德依正施令物可則也執持一蓋普蔭萬方周行率土所向無礙兼釋臨御一蓋有三一則無私萬物故二等蔭十善故下施蓋中云爲令衆生得自在蓋能持一切諸善法故三慈悲蓋大光王云如諸菩薩爲高蓋慈心普蔭諸衆生故以離垢繒而繫其頂釋爲帝義於法自在見者咸伏釋爲王義不刑不罰感德從化雙顯感德謂不以刑戮懲罰之威但令感德從化則威而不猛也又加苦曰刑削奪爲罰導之以德義莫敢不服則庶人無刑齊之以禮樂莫敢不敬則大夫無罰以四攝法攝諸衆生爲轉輪王一切周給顯示菩薩棟異世王爲轉輪王結成有位一切周給結有大財即財位果。二正報殊倫德菩薩摩訶薩安住如是自在功德初句結前義兼生後文明具七種果有大眷屬不可沮壞即宗族果離衆過失見者無厭不亢不驕發言誠實故離諸過有惠人所信順故見之無厭即信言果福德莊嚴相好圓滿形體支分均調具足顯大色果三十二相莊嚴身故獲那羅延堅固之身顯身命果大力成就無能屈伏顯大力果得清淨業謂得大念慧成就總持曾事不忘未萌先覺由斯有上名振天下即聲譽果離諸業障顯人性果有業報障非丈夫故兼上財位具八異熟是增上生如是自在是大勢生。二依身起行三初隨相迴向二離相迴向三釋迴向名字初即迴向菩提及向衆生次即迴向實際後段通二又初是廣大迴向次甚深迴向後兼深廣今隨相文三初總相標列善根迴向三。初列所施物具足修行一切布施或施飲食及諸上味或施車乘或施衣服或施華鬘雜香塗香牀座房舍及所住處上妙燈燭病緣湯藥寶器寶車調良象馬悉皆

嚴飾歡喜布施或有來乞王所處座若蓋若傘幢幡寶物諸莊嚴具頂上寶冠髻中明珠乃至王位皆無所悋若見衆生在牢獄中捨諸財寶妻子眷屬乃至以身救彼令脫若見獄囚將欲被戮即捨其身以代彼命或見來乞連膚頂髮歡喜施與亦無所悋眼耳鼻舌及以牙齒頭頂手足血肉骨髓心腎肝肺大腸小腸厚皮薄皮手足諸指連肉爪甲以歡喜心盡皆施與或為求請未曾有法投身而下深大火坑或為護持如來正法以身忍受一切苦毒或為求法乃至一字悉能徧捨四海之內一切所有恒以正法化導羣生令修善行捨離諸惡若見衆生損敗他形慈心救之令捨罪業若見如來成最正覺稱揚讚歎普使

聞知或施於地造立僧坊房舍殿堂以為住處及施僮僕供承作役或以自身施來乞者或施於佛為求法故歡喜踊躍為衆生故承事供養或捨王位城邑聚落宮殿園林妻子眷屬隨所乞求悉滿其願或捨一切資生之物普設無遮大施之會。初句總或施下別若望下迴向應為六十若直就文數都八十事初從飲食至牀座為一十以牀座但通為一牀下文別施座故次房舍至蓋為二十傘至頂髮為三十以王位為重為明外財施竟故結云乃至王位下文自有王位後迴向中此次復無故次眼至足為四十血至腸為五十厚皮至救斷男形為六十告示佛興至邑為七十從聚落至終為八十數獄囚中雖有妻等四事但為一救囚之行。於中前二十七事是外財施次身救獄囚兼於內外代囚命下二十九事唯明內財下結門中或兼內外或但是外可以意得。又前二十七施無樂者是為慈行救囚代命等為大悲行餘或通二者通相辨皆兼二行。又代命救殘害男形是無畏施斷命有二若望所殺亦是無畏若望能殺令持五戒是為法施告示佛興亦是法施財施可知又此等既並是法門俱通三施。二辨所施田 其中衆生種種福田或從遠來或從近來或賢或愚或好或醜若男若女人與非人心

行不同所求各異等皆施與悉令滿足等皆施與者不揀賢愚好醜等故悉令滿足者隨所求故。三顯能施迴向之心二。初總明 佛子菩薩摩訶薩如是施時發善攝心悉以迴向望前是能施之心故云如是施時發善攝心望後是能迴向心故云發善攝心悉以迴向故下諸門迴向之內皆以此心貫之。二別顯 所謂善攝色隨順堅固一切善根善攝受想行識隨順堅固一切善根善攝王位隨順堅固一切善根善攝眷屬隨順堅固一切善根善攝資具隨順堅固一切善根善攝惠施隨順堅固一切善根。所攝有五總收上來能施所施及以施物。言善攝者釋隨順義謂此菩薩若行於施迴向之時於自他五蘊等心無住著不令馳散故云善攝如此則與實際相應便能隨順堅固善根。謂捨住著故隨順施善無異求故隨順戒善忍深理故隨順忍善離色相故隨順進善不馳散故隨順定善了無生故隨順慧善如是乃至一切勝行由順實際任運順於一切稱性之善。二依標廣顯善根迴向羅相望前略有五異一傘二頂前有後無舍宅一種前無後有即有無異也二前以法導化即後禁殺令住五戒即名字異也三承事供養前合後開象馬等事前開後合即開合異也四後文舌居牙齒之後眷屬居妻子之前骨居腸下飲於食後即前後異也五前略後廣其文非一也餘皆大

同。然其都門但有六十由開合故謂十二段二二相合一象馬二幢幡三寶冠明珠四耳鼻五牙齒六手足七髓肉八厚薄皮九手足指十僮僕十一園林十二妻子復有二段各五事合謂一腸腎肝肺四事及大小腸合一迴向二王位城邑聚落宮殿合一迴向下文云國土一切諸物即斯五事都十四門合二十事雖開二事而加二事謂舍宅及開承事與供侍別故有六十門。晉光統師以後都門束前標中亦唯六十成一百二十門皆有十善成千二百以七施乘之成八千四百一一具十迴向成八萬四千言七施者隨相有六謂心有三種即三時喜事有三種即是三輪入理有一即照三輪空又以七聖財乘之亦得如一施行有八萬四千餘一一行皆亦如是。此上且約法門非無有理若散說者行相無量如施資具及大會等不可言一故次標云無量無邊後都結云阿僧祇物。實則皆是法界大緣起門普賢無礙自在之行故以一切所有施於一田一切皆爾一微塵處即施一切衆生周徧法界無不皆爾一刹那中頓成此行盡前後際念念亦爾此一菩薩滿法界身備起此行仍有純雜若以純門於一施眼徧上時處唯見施眼十方無邊初後無際餘門如虛空雜則隨一施眼具足諸門餘亦如是純雜無礙重重無盡。故知六十八十乃舉其大綱耳。文中二。初總標行施 佛子菩薩摩訶薩隨所施物無量無邊以彼善根如是迴向 成迴向行無量之義已如上辯。二一一別顯六十門內一一皆四一施行二迴向行三雙結二行四迴向所為若闕所為則但有三亦可合後二段為雙結所為此科宜記下有廣略至文當知若具四段門前多不料判令第一施食以食為世命貴賤同揀故首明之文但有三。初明施行 所謂以上妙食施衆生時其心清淨 心清淨者離施過故謂不求名利果報及怖畏等而行施故 於所施物無貪無著無所顧悋 不貪著是無貪恩無顧悋是無悕恩又於施時無貪著心施已無顧悋心 具足行施 隨所行施與衆生共兼於事理名為具足此心在初亦貫下諸段。二迴向行 願一切衆生得智慧食心無障礙了知食性 然其所願正為衆生令得成佛即向菩提也下皆準之然阿含唯識等說世間食總有四種一觸二思三識四段說出世食有其五種一禪悅二願三念四解脫五法喜今翻前四成後五食上一翻思食成智慧食即是念食念慧鄰故 無所貪著但樂法喜出離之食 二翻於觸食以成法喜觸以攝受喜等能為食事故但願法喜其出離食即解脫食總離四故 智慧充滿以法堅住攝取善根法身智身清淨遊行 三翻於識食以成禪悅禪則不動故以法堅住引生功德故攝取善根能除煩惱二身清淨並如識食能執持故 哀愍衆生為作福田現受摶食 四大悲願力現受段食今云摶者尚依古譯。三雙結二行 是為菩薩摩訶薩布施食時善根迴向 △二施飲。三初施行 佛子菩薩摩訶薩若施飲時 △二迴向行 以此善根如是迴向 二初牒前起後二別顯願相下皆倣此。今初 。二別顯願相 所謂願一切衆生飲法味水精勤修習具菩薩道斷世渴愛常求佛智離欲境界得法喜樂從清淨法而生其身常以三昧調攝其心入智慧海興大法雲霆大法雨 然飲望食雖云有異不離五食望或順或散體相似或流類以明不全剋定一如飲無間易得充足飲法精勤速具大道餘並可知。三雙結二行 是為菩薩摩訶薩布施飲時善根迴向 △三施味四加所為故。初施行 佛子菩薩摩訶薩布施種種清淨上味所謂辛酸鹹淡及以甘苦種種諸味潤澤具足能令四大安隱調和肌體盈滿氣力彊壯其心清淨常得歡喜咽咀之時不欬不逆諸根明利內藏充實毒不能侵病不能傷始終無患永得安樂 △二迴向十願 以此善根如是迴向所謂願一切衆生得最上味甘露充滿 晉經即云得上味相則是三十二相之一經說佛大牙後有甘露泉但食入口悉為甘露約法亦即涅槃

(為甘露不死之味)願一切眾生得法智味了知一切諸味業用願一切眾生得無量法味了達法界安住實際大法城中願一切眾生作大法雲周徧法界普雨法雨教化調伏一切眾生願一切眾生得勝智味無上法喜充滿身心願一切眾生得無貪著一切上味不染世間一切諸味常勤修習一切佛法願一切眾生得一法味了諸佛法悉無差別願一切眾生得最勝味乘一切智終無退轉願一切眾生得入諸佛無異法味悉能分別一切諸根願一切眾生法味增益常得滿足無礙佛法(違二餘九並顯。三雙結)是為菩薩摩訶薩布施味時善根迴向(。四所為)為令一切眾生勤修福德皆悉具足無礙智身故(三。)(△四施車乘三。初施行義通馬等以第十六別施)佛子菩薩摩訶薩施車乘時

(車乘故。二迴向十願皆約代步)以諸善根如是迴向所謂願一切眾生皆得具足一切智乘(初一唯示餘兼通因)(然乘體性通於理智隨義立名)乘於大乘(體性包含)不可壞乘(不可廢立)最勝乘(超劣)最上乘(無過)速疾乘(不歷三祇)大力乘(十力普運)福德具足乘(兼五度萬行)出世間乘(無漏相應)出生無量諸菩薩乘(發心趣者即名菩薩。二雙結)是為菩薩摩訶薩施車乘時善根迴向(△五施衣三。初施行)佛子菩薩摩訶薩布施衣時(。二迴向)以諸善根如是迴向所謂願一切眾生得慚愧衣以覆其身捨離邪道露形惡法顏色潤澤皮膚細軟成就諸佛第一之樂得最清淨一切種智(瑜伽施衣能感妙色以衣禦寒令色潤澤故又新衣成暫持獻佛得無量福若有要期日數未滿而取著者成取佛物。三雙結)是為菩薩摩訶薩布施衣時善根迴向(△六施華四。初明施行)佛子菩薩摩訶薩常以種種名華布施所謂微妙香華種種色華無量奇

妙華善見華可喜樂華一切時華天華人華世所珍愛華甚芬馥悅意華以如是等無量妙華(上列能施物下明所施田)供養一切現在諸佛及佛滅後所有塔廟或以供養說法之人或以供養比丘僧寶一切菩薩諸善知識聲聞獨覺父母宗親下至自身及餘一切貧窮孤露(下至自身者身為福田是法器故依之進道故施自身勝施外道無量。二迴向十願)布施之時以諸善根如是迴向所謂願一切眾生皆得諸佛三昧之華悉能開敷一切諸法願一切眾生皆得如佛見者歡喜心無猒足願一切眾生所見順愜心無動亂願一切眾生具行廣大清淨之業願一切眾生常念善友心無變異願一切眾生如阿伽陀藥能除一切煩惱眾毒願一切眾生成滿大願皆悉得為無上智王(七願)

（可知）願一切衆生智慧日光破愚癡暗（赤蓮華等不遇日光翳死無疑菩薩之行必資乎智涅槃第九云譬如蓮華為日所照無不開敷）願一切衆生菩提淨月增長滿足（月開青蓮佛智照行涅槃二十云譬如月光能令一切優鉢羅華開敷鮮明）願一切衆生入大寶洲見善知識具足成就一切善根（約寶華。三雙結）是為菩薩摩訶薩布施華時善根迴向。（四所為）為令衆生皆得清淨無礙智故。（△七施鬘三初施行）佛子菩薩摩訶薩布施鬘時（鬘者貫華如環而為首飾或以纓身故未見則樂見正見則愛樂。二迴向）以諸善根如是迴向所謂願一切衆生人所樂見見者欽歎見者親善見者愛樂見者渴仰見者除憂見者生喜見者離惡見者常得親近於佛見者清淨獲一切智。（三雙結）是為菩薩摩訶薩布施鬘時善根迴向。（△八施香四初施行）佛子菩薩摩訶薩布施香時（準下塗香十度萬行皆香義故此偏語戒者翻破戒之穢故。二迴向願有十二）以諸善根如是迴向願一切衆生具足戒香（初一總標次十別顯少同十藏多同智論隨宜不同但案文釋）得不缺戒（一具持三聚）不雜戒（二不雜外道）不汙戒（三無染心涅槃經中乃至染環釧聲汙菩薩戒）無悔戒（四不犯重故犯重之人多生悔恨）離纏戒（五設有誤犯深慚愧故如共故犯及與數犯不生慚愧深愛著犯見是福犯名之為纏）無熱戒無犯戒（六七定共相應故無惑熱常持如初）無邊戒出世戒（八九道共相應離斷常邊成出世行）菩薩波羅蜜戒（十遠離二乘圓修十度方名不犯菩薩律儀是智所讚戒）願一切衆生以是戒故皆得成就諸佛戒身（末句結因成果謂五分之一。三雙結）是為菩薩摩訶薩布施香時善根迴向。（四所為）為令衆生悉得圓滿無礙戒蘊故。（△九塗香三初施行）佛子菩薩摩訶薩施塗香時（二迴向）以諸善根如是迴向所謂願一切衆生施香普熏悉能惠捨一切所有願一切衆生戒香普熏得於如來究竟淨戒願一切衆生忍香普熏離於一切險害之心願一切衆生精進香普熏常服大乘精進甲冑願一切衆生定香普熏安住諸佛現前三昧願一切衆生慧香普熏一念得成無上智王願一切衆生法香普熏於無上法得無所畏願一切衆生德香普熏成就一切大功德智願一切衆生菩提香普熏得佛十力到於彼岸願一切衆生清淨白法妙香普熏永滅一切不善之法（十度皆有熏發資長菩提心義辟除蔽障俱得稱香。三雙結）是為菩薩摩訶薩施塗香時善根迴向。（△十施牀座四初舉施行）佛子菩薩摩訶薩施牀座時（下第十八別明施座故晉譯此為牀數深為允當。二迴向十願）以諸善根如是迴向所謂願一切衆生得諸天牀座證大智慧（即第一義天大智證）故願一切衆生得賢聖牀座捨凡夫意住菩提心（菩提心是賢聖依）願一切衆生得安樂牀座永離一切生死苦惱（涅槃解脫）願一切衆生得究竟牀座得見諸佛自在神通（首楞嚴定名為究竟如四禪座能發神通）願一切衆生得平等牀座恒普熏修一切善法願一切衆生得最勝牀座具清淨業世無與等願一切衆生得安隱牀座證真實法具足究竟願一切衆生得清淨牀座修習如來淨智境界願一切衆生得安住牀座得善知識常隨覆護願一切衆生得師子牀座常如如來右脇而卧（此六可知○三變結）是為菩薩摩訶薩施牀座時善根迴向（○四所為）為令衆生修習正念善護諸根故（△十一施房舍四○初施行）佛子菩薩摩訶薩施房舍時（○二迴向）以諸善根如是迴向所謂願一切衆生皆得安住清淨佛刹精勤修習一切功德安住甚深三昧境界捨離一切住處執著了諸住處皆無所有離諸世間住一切智攝取一切諸佛所住住究竟道安樂住處恒住第一清淨善根終不捨離佛無上住（攝取一切諸佛所住謂聖天梵等後不捨佛最上住者住大寂室餘取事類例可以虛求○三變結）是為菩薩摩訶薩施房舍時善根迴向（○四所為）為欲利益一切衆生隨其所應思惟救護故（△十二施住處四○初施行）佛子菩薩摩訶薩施住處時（謂僧坊等○二迴向）以諸善根如是迴向所謂願一切衆生常獲善利其心安樂願一切衆生依如來住依大智住依善知識住依尊勝住依善行住依大慈住依大悲住依六波羅蜜住依大菩提心住依一切菩薩道住（○三變結）是為菩薩摩訶薩施住處時善根迴向（○四所為）為令一切福德清淨故究竟清淨故智清淨故道清淨故法清淨故戒清淨故志樂清淨故信解清淨故願清淨故一切神通功德清淨故（△十三施燈四○初施行）佛子菩薩摩訶薩施諸燈明（上總標下別列）所謂蘇燈油燈寶燈摩尼燈漆燈火燈沉水燈栴檀燈一切香燈無量色光燈（寶燈者如夜光之類沉水栴檀用和酥油無量色者然青色白然漆色赤然油色黃然檀色綠）施如是等無量燈時為欲利益一切衆生為欲攝受一切衆生（明其施意○二迴向行二○初正顯迴向願）以此善根如是迴向所謂願一切衆生得無量光普照一切諸佛正法願一切衆生得清淨光照見世間極微細色願一切衆生得離翳光了衆生界空無所有願一切衆生得無邊光身出妙光普照一切願一切衆生得普照光於諸佛法心無退轉願一切衆生得佛淨光一切刹中悉皆顯現願一切衆生得無礙光一光徧照一切法界願一切衆生得無斷光照諸佛刹

光明不斷願一切衆生得智幢光普照世間願一切衆生得無量色光照一切刹示現神力然準瑜伽賢首皆明施燈得淨眼報然燈功德經燒燈供養大能滅罪生福令獲頌言當以大海為油須彌為炷然大燈明徧佛刹海供養無休又頌法門之燈大願為炷大行為油今文頌中具身智光並可思準。二辨迴向意菩薩如是施燈明時為欲利益一切衆生安樂一切衆生故以此善根隨逐衆生以此善根攝受衆生以此善根分布衆生以此善根慈愍衆生以此善根覆育衆生以此善根救護衆生以此善根充滿衆生以此善根緣念衆生以此善根等益衆生以此善根觀察衆生。三雙結是為菩薩摩訶薩施燈明時善根迴向。四所為如是迴向無有障礙普令衆生住善根中其迴向意諸文應具大同所為故略不明第十四施湯藥三。初施行佛子菩薩摩訶薩施湯藥時施藥近果得無病報如薄俱羅遠得藥王樹身等報如十大願中辨。二迴向行以諸善根如是迴向所謂願一切衆生於諸蓋纏究竟得出願一切衆生永離病身得如來身願一切衆生作大良藥滅除一切不善之病願一切衆生成阿伽陀藥安住菩薩不退轉地願一切衆生成如來藥能拔一切煩惱毒箭願一切衆生親近賢聖滅諸煩惱修清淨行願一切衆生作大藥王永除衆病不令重發願一切衆生作不壞藥樹悉能救療一切衆生願一切衆生得一切智光出衆病箭願一切衆生善解世間方藥之法所有疾病為其救療不重發者經云世醫所療治雖差還復生如來所治者畢竟不復發餘句可知。三雙辨二行所為菩薩摩訶薩施湯藥時為令一切衆生永離衆病故究竟安隱故究竟清淨故如佛無病故拔除一切病箭故得無盡堅固身故得金剛圍山所不壞身故不壞者如不思議法品十種大那羅延幢勇健法中第一所說得堅固滿足力故亦是彼品中十力第七名堅固力得圓滿不可奪佛樂故是常樂故得一切佛自在堅固身故即金剛身金剛為內照之實非唯金色故云自在以諸善根如是迴向第十五施器四初施行三。初所施物佛子菩薩摩訶薩悉能惠施一切器物所謂黃金器盛滿雜寶白銀器盛衆妙寶瑠璃器盛種種寶頗梨器盛滿無量寶莊嚴具硨磲器盛赤真珠瑪瑙器盛滿珊瑚摩尼珠寶白玉器盛衆美食栴檀器盛天衣服金剛器盛衆妙香無量無數種種寶器盛無量無數種種衆寶。二對田顯施或施諸佛信佛福田不思議故或施菩薩知善知識難值遇故或施聖僧為令佛法久住世故或施聲聞及辟支佛於諸聖人生淨信故或施父母為尊重故或施師長為恒訪誨令依聖教修功德故或施下劣貧窮孤露大慈大悲愛眼等視諸衆生故專意滿足去來今世一切菩薩檀波羅蜜故以一切物普施一切終不猒捨諸衆生故遠二聖僧通三乘。三結成波羅蜜千如是施時於其施物及以受者皆無所著。二明迴向行十頌菩薩摩訶薩以如是等種種寶器盛無量寶而布施時以諸善根如是迴向所謂願一切衆生成等虛空無邊藏器念力廣大悉能受持世出世間一切經書無有忘失一廣願一切衆生成清淨器能悟諸佛甚深正法二深願一切衆生成無上寶器悉能受持三世佛法三高願一切衆生成就如來廣大法器以不壞信攝受三世佛菩提法四堅願一切衆生成就最勝寶莊嚴器住大威德菩提之心五勝願一切衆生成就功德所依處器於諸如來無量智慧生淨信解六淨願一切衆生成就趣入一切智器究竟如來無礙解脫七果願一切衆生得盡未來劫菩薩行器能令衆生普皆安住一切智力二十末八悲願一切衆生成就三世諸佛種性勝功德器一切諸佛妙音所說悉能受持九開熏納教願一切衆生成就容納盡法界虛空界一切世界一切如來衆會道場器為大丈夫讚說之首勸請諸佛轉正法輪十攝法上首然隨施一器即發多願未必一器以對多願。三雙結是為菩薩摩訶薩布施器時善根迴向。四所為為欲普令一切衆生皆得圓滿普賢菩薩行願器故

大方廣佛華嚴經疏卷第四十二　遠二

大方廣佛華嚴經疏卷第四十三 入第二十六經 遠三

清涼山沙門澄觀述　晉水沙門淨源錄疏注經

第十六施車二初標列財田三。初摠標所施 佛子菩薩摩訶薩以種種車衆寶嚴飾 二別舉福田有五類 奉施諸佛及諸菩薩師長善友聲聞緣覺如是無量種種福田乃至貧窮孤露之者 上辨類下彰其來意 此諸人衆或從遠來或從近來或承菩薩名聞故來或是菩薩因緣故來或聞菩薩往昔所發施願故來或是菩薩心願請來 因緣故來者往昔有緣應受施故。三別列所施以明施行 菩薩是時或施寶車或施金車悉妙莊嚴鈴網覆上寶帶垂下或施上妙瑠璃之車無量珍奇以爲嚴飾或復施與白銀之車覆以金網駕以駿馬或復施與無量雜寶所莊嚴車覆以寶網駕以香象或復施與栴檀之車妙寶爲輪雜寶爲蓋寶師子座敷置嚴好百千采女列坐其上十萬丈夫牽御而行或復施與頗黎寶車衆雜妙寶以爲嚴飾端正女人充滿其中寶帳覆上幢幡侍側或復施與瑪瑙藏車飾以衆寶熏諸雜香種種妙華散布莊嚴百千采女持寶瓔珞駕馭均調涉險能安或復施與堅固香車衆寶爲輪莊嚴巨麗寶帳覆上寶網垂下種種寶衣敷布其中清淨好香流芬外徹其香美妙稱悅人心無量諸天翼從而行載以衆寶隨時給施或復施與光明寶車種種諸寶妙色映徹衆妙寶網羅覆其上雜寶瓔珞周帀垂下散以末香內外芬潔所愛男女悉載其上 問瑜伽三十九云若有衆生來求種種能引戲樂能引無義所施之物不應施與今施美色豈不相違又云施妻子時不應施與冤家惡人藥叉羅剎凶暴業者今云種種福田豈皆施與答能施有二謂必知能爲損惱不施無咎若不委知但作利安之心施亦無咎況菩薩能知無染又同行之女必不生物染又女能以法而化彼故攝論中云有利有染無利無染有染無利此三菩薩不行有利無染菩薩乃行。二隨田別顯約五類田則分爲五初施佛四。初明施行 佛子菩薩摩訶薩以如是等衆妙寶車奉施佛時 二迴向行有二十願。初十約所施佛田立願 以此善根如是迴向所謂願一切衆生悉解供養最上福田深信施佛得無量報願一切衆生一心向佛常遇無量清淨福田願一切衆生於諸如來無所悋惜具足成就大捨之心願一切衆生於諸佛所修行施行離二乘願逮得如來無礙解脫一切智智願一切衆生於諸佛所行無盡施入佛無量功德智慧願一切衆生入佛勝智得成清淨無上智王願一切衆生得佛徧至無礙神通隨所欲往靡不自在願一切衆生深入大乘獲無量智安住不動願一切衆生皆能出生一切智法爲諸天人最上福田願一切衆生於諸佛所無嫌恨心勤種善根樂求佛智。後十約所施車立願 願一切衆生任運能往一切佛刹一刹那中普周法界而無懈倦願一切衆生速得菩薩自在神通分身徧滿等虚空界一切佛所親近供養願一切衆生得無比身徧往十方而無厭倦願一切衆生得廣大身飛行迅疾隨意所往終無懈退願一切衆生得佛究竟自在威力一刹那中盡虚空界悉現諸佛神通變化願一切衆生修安樂行隨順一切諸菩薩道願一切衆生得速疾行究竟十力智慧神通願一切衆生普入法界十方國土悉盡邊際等無差別願一切衆生行普賢行無有退轉到於彼岸成一切智願一切衆生升於無比智慧之乘隨順法性見如實理 修安樂行者法華安樂行品說四安樂行一畢竟空行經名行處近處已入於理而發行之名爲行處故經云又復於法無所行而觀諸法如實相等雖未入理能遠諸惡親而近之名親近處故經云不親近國王及外道等爲遠惡也觀一切法空爲近理也二身口無過失行三心無疾妒行四大慈悲行廣如彼說然安樂者略有二意一涅槃之果名爲安樂此行能趣即安樂之行二住此四行則身靜神定身靜神定則外苦不干故稱安樂又常見外道因果俱苦斷見外道因樂果苦析法二乘因苦果樂唯有菩薩因果俱樂故涅槃云定苦行者謂諸凡夫苦樂行者聲聞緣覺定樂行者諸佛菩薩因果俱樂名安樂行。三雙結 是爲菩薩摩訶薩以衆寶車奉施現在一切諸佛及佛滅後所有塔廟善根迴向 如佛滅後所有塔廟塔安舍利廟置形像塔者訛也正云窣堵波此云高顯亦曰歸宗之所言所有者不局佛塔故長阿含說四種人應可起塔一佛二辟支佛三阿羅漢四輪王十二因緣經云有八種人應可起塔一佛其露槃八層已上餘七謂菩薩緣覺四果輪王如次滅一層輪王唯一見一層塔不應禮拜非聖人故僧祇律說凡僧亦許起塔然不得安露槃令在屏處謂一持律二法師三營事四德望今造塔者宜審此文汎論起塔總有六意一爲表人勝二爲令生淨信三令標心有在四令供養生福五謂報恩行畢六生福滅罪若造佛塔近招梵福遠脫生死故無上依經供佛舍利如芥子許悉得究竟脫生死苦。四所爲 爲令衆生得於如來究竟出離無礙乘故△二施菩薩四。初施行 佛子菩薩摩訶薩以衆寶車施菩薩等善知識時△二迴向行二。初十約所施田發相四願 以諸善根如是迴向所謂願一切衆生心常憶持善知識教專勤守護令不忘失願一切衆生與善知識同一義利普攝一切與共善根願一切衆生近善知識尊重供養悉捨所有順可其心願一切衆生得善志欲隨逐善友未嘗捨離願一切衆生常得值遇諸善知識專意承奉不違其教願一切衆生樂善知識常不捨離無間無雜亦無誤失願一切衆生能以其身施善知識隨其教命靡有違逆願一切衆生爲善知識之所攝受修習大慈遠離諸惡願一切衆生隨善知識聽聞諸佛所說正法願一切衆生與善知識同一善根清淨業果與諸菩薩同一行願究竟十力（○二有十句約所施車發相似願）願一切衆生悉能受持善知識法逮得一切三昧境界智慧神通願一切衆生悉能受持一切正法修習諸行到於彼岸願一切衆生乘於大乘無所障礙究竟成就一切智道願一切衆生悉得上於一切智乘至安隱處無有退轉願一切衆生知如實行隨其所聞一切佛法皆得究竟永無忘失願一切衆生普為諸佛之所攝受得無礙智究竟諸法願一切衆生得無退失自在神通所欲往詣一念皆到願一切衆生往來自在廣行化導令住大乘願一切衆生所行不空載以智乘到究竟位願一切衆生得無礙乘以無礙智至一切處。（○三雙結）是為菩薩摩訶薩施善

知識種種車時善根迴向。（○四所為）為令衆生功德具足與佛菩薩等無異故。（△三施僧四○初施行願十施心）佛子菩薩摩訶薩以衆寶車布施僧時起學一切施心（財無不捨田無所揀）智善了心（了事可否受喜不淨不應施故）淨功德心（淨三輪故）隨順捨心（順檀行故）僧寶難遇心（因佛有僧僧難遇故）深信僧寶心（依僧知佛故）攝持正教心（依僧知教故）住勝志樂得未曾有（應生景慕故）為大施會出生無量廣大功德（不局一僧故）深信佛教不可沮壞（由教說僧故△二迴向二○初十約田發相似願）以諸善根如是迴向所謂願一切衆生普入佛法憶持不忘願一切衆生離凡愚法入賢聖處願一切衆生速入聖位能以佛法次第開誨願一切衆生舉世宗重言必信用願一切衆生善入一切諸法平等了知法界自性無二願一切衆生從於如來智境而生諸

調順人所共圍繞願一切衆生住離染法滅除一切煩惱塵垢願一切衆生皆得成就無上僧寶離凡夫地入賢聖衆願一切衆生勤修善法得無礙智具聖功德願一切衆生得智慧心不著三世於諸衆中自在如王（後十約車發相似願）願一切衆生乘智慧乘轉正法輪願一切衆生具足神通一念能往不可說不可說世界願一切衆生乘虛空身於諸世間智慧無礙願一切衆生普入一切虛空法界諸佛衆會成就第一波羅蜜行願一切衆生得輕舉身殊勝智慧悉能徧入一切佛剎願一切衆生獲無邊際善巧神足於一切剎普現其身願一切衆生得於一切無所依身以神通力如影普現願一切衆生得不思議自在神力隨應

可化即現其前教化調伏願一切衆生得入法界無礙方便一念徧游十方國土乘虚空身者當其無有車之用故○三結雙是爲菩薩摩訶薩施僧寶車善根迴向○四明所爲爲令衆生普乘清淨無上智乘於一切世間轉無礙法智慧輪故△四施二乘四○初施行佛子菩薩摩訶薩以衆寶車布施聲聞獨覺之時起如是心所謂福田心尊敬心功德海心能出生功德智慧心從如來功德勢力所生心百千億那由他劫修習心能於不可說劫修菩薩行心解脫一切魔縶縛心摧滅一切魔軍衆心慧光照了無上法心如來勢力生者說是獨覺亦由過去曾習佛法後道成時出無佛世六七翻彼三生百劫故△二迴向行亦一十願文意多是翻劣顯勝○初十多翻緣覺樂獨善寂等故以此施車所有善根如是迴向所謂願一切衆生爲世所信第一福田具足無上檀波羅蜜

願一切衆生離無益語常樂獨處心無二念願一切衆生成最第一清淨福田攝諸衆生令修福業願一切衆生成智慧淵能與衆生無量無數善根果報願一切衆生住無礙行滿足清淨第一福田願一切衆生住無諍法了一切法皆無所作無性爲性願一切衆生常得親近最上福田具足修成無量福德願一切衆生能現無量自在神通以淨福田攝諸含識願一切衆生具足無盡功德福田能與衆生如來十力第一乘果願一切衆生爲能辦果眞實福田成一切智無盡福聚無諍有二一人嫌我行我則長立等二觀緣無性無乖違故後十翻聲聞願一切衆生得滅罪法悉能受持所未曾聞佛法句義翻彼小乘非其究竟滅罪之法彼犯律儀容可懺滅犯四重禁爲不可救大乘至教無所不滅佛名經說一聞佛名滅無量劫生死重罪涅槃第十若犯四禁

及五逆罪若爲邪見毒惡所持聞是經典所有諸惡皆消滅又云犯四重禁聞大涅槃戒之功德不逆生者無有是處如是等文處處皆有犯四重禁及五逆罪得成佛者由曾所聞大經力故願一切衆生常勤聽受一切佛法聞悉解悟無空過者聲聞雖從佛聞未悟深理故願一切衆生聽聞佛法通達究竟如其所聞隨順演說不能廣傳故願一切衆生於如來教信解修行捨離一切九十六種外道邪見望於大乘猶是邪故所以諸處多說九十五種別有九十五種外道邪論經今言九十六者自有二義一依薩婆多律說外道六師各有十六種所學法一法自學餘十五種各教十五弟子師徒合論有九十六二者外道有二一外外道即佛法外二内外道此復三種一附佛法外道起自犢子及與方廣自以聰明讀佛經書而生一見附佛法起故得此名犢子讀舍利弗毗曇自制義言我在四句外第五不可說藏中佛說此人不異外道諸論皆恰不受名外道也又方廣道人自以聰明讀佛十喻自作義云不生不滅如幻如化空幻爲宗龍樹斥言此非佛法方廣所作亦邪人法也二學佛法成外道謂執佛教門而生煩惱不得入理故智論云若不得般若意入阿毗曇即墮有邊等三以大斥小故七卷楞伽第一云大慧云何爲外道惡見謂不知境界自心分別現於第一義見有見無而起言說又第二云復有說言見一切法因作者有此是涅槃大慧彼無解脫以未能見法無我故此是聲聞及外道種性於未出離中生出離想應勤修習捨此惡見

故諸大乘訶彼二乘同於外道非棄小乘方便之意蓋彼自有如是一類今合後三總為一類成九十六依此意故發願永離 願一切衆生常見賢聖增長一切最勝善根願一切衆生心常信樂智行之士與諸聖哲同止共歡願一切衆生聽聞佛名悉不唐捐隨其所聞咸得目見揀非聞見 願一切衆生善分別知諸佛正教悉能守護持佛法者願一切衆生常樂聽聞一切佛法受持讀誦開示照了願一切衆生信解佛教如實功德悉捨所有恭敬供養三雙結二行 是為菩薩摩訶薩施聲聞獨覺種種車時善根迴向四迴向所為 為令衆生皆得成就清淨第一智慧神通精進修行無有懈怠獲一切智力無畏故五施諸田四初施行 佛子菩薩摩訶薩以衆寶車施諸福田乃至貧窮孤獨者時隨其所求一切悉捨心生歡喜無有厭

倦仍向彼人自悔責言我應往就供養供給不應勞汝遠來疲頓言已拜跪問訊起居凡有所須一切施與或時施彼摩尼寶車以閻浮提第一女寶充滿其上或復施與金莊嚴車人間女寶充滿其上或復施與妙瑠璃車內宮妓女充滿其上或施種種奇妙寶車童女充滿如天采女或施無數寶莊嚴車賢女滿中柔明辯慧或施所乘妙栴檀車或復施與頗梨寶車悉載寶女充滿其上顏容端正色相無比衣服莊嚴見者欣悅或復施與碼碯寶車灌頂王子身載其上或時施與堅固香車所有男女悉載其中或施一切寶莊嚴車載以難捨親善眷屬佛子菩薩摩訶薩以如是等無量寶車隨其所求恭敬施與皆令遂願

歡喜滿足有悲境故加以拜跪等言以有劣田故重舉妙物最下乞人等如來故言被服者大盛玄黃之服也二迴向行亦二十願 以此善根如是迴向施田非一故但就車發相似願其中亦兼所施女等可以意得 所謂願一切衆生乘不退轉無障礙輪廣大之乘詣不可議菩提樹下願一切衆生乘清淨因大法智乘盡未來劫修菩薩行永不退轉願一切衆生乘一切法無所有乘永離一切分別執著而常修習一切智道願一切衆生乘無諂誑正直之乘往諸佛刹自在無礙願一切衆生隨順安住一切智乘以諸佛法共相娛樂願一切衆生皆乘菩薩清淨行乘具足菩薩十出離道及三昧樂十出離道即十地中以十度行出十種障離十蔽故 願一切衆生乘四輪乘第六名四種不放逸先標次列然莊嚴論輪先辨相者各具五種因緣 所謂住好國土彼名勝土輪言五因緣者一易求謂四事易故二善護王如法故三善地屬調和故四善伴同戒見故五善激無障礙故 依止

善人五因緣者一多聞二見諦三巧說四憐愍不貪利故五不退無疲倦故集勝福德彼當第四名先福輪五因緣者一可樂由住勝世為因故二無難由值善人為因故三無病四三昧五智慧上三以自正輪為因發大誓願彼當第三名自正輪故成實論名自發正願輪五因緣者一善緣妙法為緣故二善聚具福智故三善修止觀諸行相應修故四善說無求利故五善出所有上法恭順修故。然前二就果立稱後二從因立名雖俱通因果影略互顯前二外緣後二內因願是智因福是福因。此四何因受輪之稱依成實論以此四輪摧八難故謂初住善處能除五難即三塗北洲及長壽天次依善人除佛前後難三發大誓願除世智辯聰四宿植善根除生盲聾瘂前五是惡處六是惡時七是惡因八是惡果。已知四輪云何此四總名為乘瑜伽論說一住好國土得人天身出諸難處以為車體二由集勝福諸根完具如世之車轂軸缸鋼可施脂膏三發大願如世良牛引重致遠四依善人謂佛菩薩如善御者由具此四成大涅槃次云以此成滿一切菩薩清淨梵行因圓必有至果義也。若依此經國土即是十國之海善人即是十身如來勝福即是性起功德大願即是普賢願海共成無盡大法界緣起車也願一切衆生得普照十方法光明乘修學一切如來智力願一切衆生乘佛法乘到一切法究竟彼岸願一切衆生載衆福善難思法乘普示十方安隱正道願一

切衆生乘大施乘捨慳悋垢願一切衆生乘淨戒乘持等法界無邊淨戒願一切衆生乘忍辱乘常於衆生離瞋濁心願一切衆生乘大精進不退轉乘堅修勝行趣菩提道願一切衆生乘禪定乘速至道場證菩提智願一切衆生乘於智慧巧方便乘化身充滿一切法界諸佛境界願一切衆生乘法王乘成就無畏恒普惠施一切智法願一切衆生乘無所著智慧之乘悉能徧入一切十方於眞法性而無所動願一切衆生乘於一切諸佛法乘示現受生徧十方剎而不失壞大乘之道願一切衆生乘一切智最上寶乘滿足普賢菩薩行願而無厭倦。二雙結是為菩薩摩訶薩以衆寶車施諸福田乃至貧窮孤露之人善根迴

向。四所為為令衆生具無量智歡喜踴躍究竟皆得一切智乘故。十七施象馬四。初施行佛子菩薩摩訶薩布施象寶其性調順七支具足年齒威壯六牙清淨口色紅赤猶如蓮華形體鮮白譬如雪山金幢為飾寶網羅覆種種妙寶莊嚴其鼻見者欣玩無有厭足超步萬里曾不疲倦或復施與調良馬寶諸相具足猶如天馬妙寶月輪以為光飾眞金鈴網羅覆其上行步平正乘者安隱隨意所往迅疾如風游歷四洲自在無礙菩薩以此象寶馬寶或奉養父母及善知識或給施貧乏苦惱衆生其心曠然不生悔悋但倍增欣慶益加悲愍修菩薩德淨菩薩心。二迴向行象馬二事合有十願以此善根如是迴向所謂願一切衆生住調順乘增長一切菩薩功德

如性調順願一切衆生得善巧乘能隨出生一切佛法如隨意所往願一切衆生得信解乘普照如來無礙智力似彼壯威願一切衆生得發趣乘能普發興一切大願如超步萬里願一切衆生具足平等波羅蜜乘成滿一切平等善根猶行步平正願一切衆生成就寶乘生諸佛法無上智寶如彼象寶願一切衆生成就菩薩行莊嚴乘開敷菩薩諸三昧華似彼如華願一切衆生得無邊速疾乘於無數劫淨菩薩心精勤思惟了達諸法即迅疾如風願一切衆生成就最勝調順大乘以善方便具菩薩地上初句亦云調順通顯增於功德今云調順具菩薩地名最勝調象馬二事各有調義故分二類願一切衆生成最高廣堅固大乘普能運載一切衆生皆得至於一切智位似彼象上立於金幢。三雙竟是為菩薩摩訶薩施象馬時善根迴向。四所為為令衆生皆得乘於無礙智乘圓滿究竟至佛乘故。十八施座四。初施行佛子菩薩摩訶薩布施座時或施所處師子之座其座高廣殊特妙好瑠璃為足金縷所成柔軟衣服以敷其上建以寶幢熏諸妙香無量雜寶莊嚴之具以為莊校金網覆上寶鐸風搖出妙音聲奇珍萬計周帀填飾一切臣民所共瞻仰灌頂大王獨居其上宣布法化萬邦遵奉其王復以妙寶嚴身所謂普光明寶帝青寶大帝青寶勝藏摩尼寶明淨如日清涼猶月周帀繁布譬如衆星上妙莊嚴第一無比海殊妙寶海堅固幢寶奇文異表種種莊嚴於大衆中最尊最勝閻浮檀金離垢寶繒以冠其首享灌頂位王閻浮提具足無量大威德力以慈為主伏諸冤敵教令所行靡不承順時轉輪王以如是等百千萬億無量無數寶莊嚴座施於如來第一福田及諸菩薩眞善知識賢聖僧寶說法之師父母宗親聲聞獨覺及以發趣菩薩乘者或如來塔乃至一切貧窮孤露隨其所須悉皆施與。二迴向以此善根如是迴向所謂願一切衆生坐菩提座悉能覺悟諸佛正法願一切衆生處自在座得法自在諸金剛山所不能壞能悉摧伏一切魔軍願一切衆生得佛自在師子之座一切衆生之所瞻仰願一切衆生得不可說不可說種種殊妙寶莊嚴座於法自在化導衆生願一切衆生得三種世間最殊勝座廣大善根之所嚴飾三種世間義如常釋復有三師各別解釋辯法師云地前為攀世間初地至七地名功用世間八至等覺名無功用世間有云西域相傳衆生界中有三世間一地下世間龍僊羅等二人中世間三天上世間者依智論二世間者衆生五蘊及器爲三於彼顯勝義皆無失願一切衆生得周徧不可說不可說世界座阿僧祇劫歎之無盡願一切衆生得大深密福德之座其身充滿一切法界願一切衆生得不思議種種寶座隨其本願所念衆生廣開法施願一切衆生得善妙座現不可說諸佛神通願一切衆生得一切寶座一切香座一切華座一切衣座一切鬘座一切摩尼座一切瑠璃等不思議種種寶座無量不可說世界座一切世間莊嚴清淨座一切金剛座示現如來威德自在成最正覺。三雙結 是爲菩薩摩訶薩施寶座時善根迴向。四所爲 爲令衆生獲離世間大菩提座自然覺悟一切佛法故。十九施蓋四。初施行 佛子菩薩摩訶薩施諸寶蓋此蓋殊特尊貴所用種種大寶而爲莊嚴百千億那由他上妙蓋中最爲第一衆寶爲竿妙網覆上寶繩金鈴周帀垂下摩尼瓔珞次第懸布微風吹動妙音克諧珠玉寶藏種種充滿無量奇珍悉以嚴飾栴檀沈水妙香普熏閻浮檀金光明清淨如是無量百千億那由他阿僧祇衆妙寶物具足莊嚴以清淨心奉施於佛及佛滅後所有塔廟或爲法故施諸菩薩及善知識名聞法師或施父母或施僧寶或復奉施一切佛法或施種種衆生福田或施師僧及諸尊宿或施初發菩提之心乃至一切貧窮孤露隨有求者悉皆施與本行經說編草爲蓋蓋諸賢聖感七寶蓋隨身而轉況衆寶嚴功報何極。二迴向 以此善根如是迴向所謂願一切衆生勤修善根以覆其身常爲諸佛之所庇廕願一切衆生功德智慧以爲其蓋永離世間一切煩惱願一切衆生覆以善法除滅世間塵垢熱惱願一切衆生得智慧藏令衆樂見心無厭足願一切衆生以寂靜白法而自覆蔭皆得究竟不壞佛法願一切衆生善覆其身究竟如來清淨法身願一切衆生作周徧蓋十力智慧徧覆世間願一切衆生得妙智慧出過三世無所染著願一切衆生得應供蓋成勝福田受一切供願一切衆生得最上蓋獲無上智自然覺悟。三雙結 是爲菩薩摩訶薩布施蓋時善根迴向。四所爲 爲令一切衆生得自在蓋能持一切諸善法故爲令一切衆生能以一蓋普覆一切虛空法界一切刹土示現諸佛自在神通無退轉故爲令一切衆生能以一蓋莊嚴十方一切世界供養佛故爲令一切衆生以妙幢幡及諸寶蓋供養一切諸如來故爲令一切衆生得普莊嚴蓋徧覆一切諸佛國土盡無餘故爲令一切衆生得廣大蓋普蓋衆生皆令於佛生信解故爲令一切衆生以不可說衆妙寶蓋供養一佛於不可說一一佛所皆如是故爲令一切衆生得佛菩提高廣之蓋普覆一切諸如來故爲令一切衆生得一切摩尼寶莊嚴蓋一切寶瓔珞莊嚴蓋一切堅固香莊嚴蓋種種寶清淨莊嚴蓋無量寶清淨莊嚴蓋廣大寶清淨莊嚴蓋寶網彌覆寶鈴垂下隨風搖動出微妙音普覆法界虛空界一切世界諸佛身故爲令一切衆生得無障無礙智莊嚴蓋普覆一切諸如

來故又欲令一切衆生得第一智慧故又欲令一切衆生得佛功德莊嚴故又欲令一切衆生於佛功德生清淨欲願心故又欲令一切衆生得無量無邊自在心寶故又欲令一切衆生滿足諸法自在智故又欲令一切衆生以諸善根普覆一切故又欲令一切衆生成就最勝智慧蓋故又欲令一切衆生成就十力普徧蓋故又欲令一切衆生能以一蓋彌覆法界諸佛刹故又欲令一切衆生於法自在爲法王故又欲令一切衆生得大威德自在心故又欲令一切衆生得廣大智恒無絶故又欲令一切衆生得無量功德普覆一切皆究竟故又欲令一切衆生以諸功德蓋其心故又欲令一切衆生以平等心覆衆生故又欲

令一切衆生得大智慧平等蓋故又欲令一切衆生具大迴向巧方便故又欲令一切衆生獲勝欲樂清淨心故又欲令一切衆生得善欲樂清淨意故又欲令一切衆生得大迴向普覆一切諸衆生故有十爲令二十又欲皆令衆生因緣果滿解理皆益方顯菩薩悲智深妙可謂隨順一切善根並可虛求法門浩大不可具釋三十施幢幡四初施行佛子菩薩摩訶薩或施種種上妙幢幡衆寶爲竿寶繒爲幡種種雜綵以爲其幢寶網垂覆光色徧滿寶鐸微搖音節相和奇特妙寶形如半月閻浮檀金光踰皎日悉置幢上隨諸世界業果所現種種妙物以爲嚴飾如是無數千萬億那由他諸妙幢幡接影連輝遮相間發光明嚴潔周徧大地充滿十方虛空法界一切佛刹菩薩摩訶薩淨心信解以如是等無量幢

幡或施現在一切諸佛及佛滅後所有塔廟或施法寶或施僧寶或施菩薩諸善知識或施聲聞及辟支佛或施大衆或施別人諸来求者普皆施與○二廻向二事合一廻向文有十句以此善根如是廻向所謂願一切衆生皆能建立一切善根福德幢幡不可毁壞建善翻惡願一切衆生建一切法自在幢幡尊重愛樂勤加守護重法翻慢上之二句幢幡令願願一切衆生常以寶繒書寫正法護持諸佛菩薩法藏此一就幢幡上書字故經云爾願一切衆生建高顯幢然智慧燈普照世間願一切衆生立堅固幢悉能摧殄一切魔業願一切衆生建智力幢一切諸魔所不能壞願一切衆生得大智慧那羅延幢摧滅一切世間幢幡願一切衆生得智慧日大光明幢以智日光普照法界願一切衆生具足無量寶莊嚴幢充滿十方一切世界供養諸佛願一切衆生得如来幢摧滅一切九十六種外道邪見後七皆就幢辯○三雙結是為菩薩摩訶薩施幢幡時善根廻向品所為為令一切衆生得甚深高廣菩薩行幢及諸菩薩神通行幢清淨道故

大方廣佛華嚴經疏卷第四十三　遠三

大方廣佛華嚴經疏卷第四十四 第二十六經下半 遠四

清涼山沙門澄觀述晉水沙門淨源錄疏注經

二十一開藏施 寶四初明施行 佛子菩薩摩訶薩開衆寶藏以百千億那由他諸妙珍寶給施無數一切衆生隨意與之心無悋惜 三迴向行 以諸善根如是迴向所謂願一切衆生常見佛寶捨離愚癡修行正念願一切衆生皆得具足法寶光明護持一切諸佛法藏願一切衆生能悉攝受一切僧寶周給供養恒無厭足願一切衆生得一切智無上心寶淨菩提心無有退轉願一切衆生得智慧寶普入諸法心無疑惑願一切衆生具足菩薩諸功德寶開示演說無量智慧願一切衆生得於無量妙功德寶修成正覺十力智慧願一切衆生得妙三昧十六智寶究竟成滿廣大智慧 言十六智寶者辯法師云地前明得明增印順無間等四定地上光明集福德王賢首德行等四定此八各有自分勝進依此發智為十六智寶有云佛地四智智各有四故為十六以其果位展轉自在更互融通故今依賢首即是見道八忍八智然此有二一依觀能所取以立十六一苦法智忍謂觀三界苦諦真如正斷三界見道所斷二十八種分別隨眠二苦法智謂忍無間觀前真如證前所斷無間解脫三苦類智忍謂智無間無漏慧生於法忍智各別內證言後聖法皆是此類四苦類智謂智無間無漏智生審定印可苦類智忍前二觀如後二觀智苦下有四三諦亦然為十六智二者依觀上下諦境別立忍智謂觀欲界苦有法忍法智初即無間道後即解脫道次觀上二界苦為類忍類智類同欲界故如苦既然餘三亦爾為十六智廣如唯識并雜集論第九所明 願一切衆生成就第一福田之寶悟入如來無上智慧願一切衆生得成第一無上寶主 佛為法寶主故 三總結 是為菩薩摩訶薩施衆寶時善根迴向 四所為 為以無盡辯開演諸法令一切衆生皆得成滿第一智寶如來無礙淨眼寶故 二十二施莊嚴具 四初明施行 佛子菩薩摩訶薩或以種種妙莊嚴具而為布施所謂一切身莊嚴具令身淨妙靡不稱可菩薩摩訶薩等觀一切世間衆生猶如一子欲令皆得身淨莊嚴成就世間最上安樂佛智慧樂安住佛法利益衆生以如是等百千億那由他種種殊妙寶莊嚴具勤行布施 三迴向十願 初一利他 行布施時以諸善根如是迴向所謂願一切衆生成就無上妙莊嚴具以諸清淨功德智慧莊嚴人天 後九自利 初三約身 願一切衆生得清淨莊嚴相以淨福德莊嚴其身願一切衆生得上妙莊嚴相以百福相莊嚴其身 百福相義前文已引涅槃二十四說今依瑜伽第五十三名百福行故彼論云復由百行所攝律儀一一少分離殺乃至邪見已為一十二多分離殺等三全分離四少時離五多時離六盡壽離七自離八數人離九以無量門稱揚讚述離十見離狀等深心慶悦生大歡喜十門各十總說為百行所生之福數量亦爾此說同數三十二相化身而說若依此經十身相海隨一一相無盡圓成故上普興雲幢主水神偈云清淨慈門剎塵數共生如來一妙相等故 願一切衆生得不雜亂莊嚴相以一切相莊嚴其身 次三約語

願一切衆生得善淨語言莊嚴相具足種種無盡辯才願一切衆生得一切功德莊嚴相其音清淨聞者喜悅願一切衆生得可愛樂諸佛語言莊嚴相令諸衆生聞法歡喜修清淨行（三後約意）願一切衆生得心莊嚴相入深禪定普見諸佛願一切衆生得摠持莊嚴相照明一切諸佛正法願一切衆生得智慧莊嚴相以佛智慧莊嚴其心（三結雙）是為菩薩摩訶薩惠施一切莊嚴具時善根迴向（四所為）為令衆生具足一切無量佛法功德智慧圓滿莊嚴永離一切憍慢放逸故（三十三施寶冠髻珠四初施行）佛子菩薩摩訶薩以受灌頂自在王位摩尼寶冠及髻中珠普施衆生心無悋惜常勤修習為大施主修學施慧增長捨根智慧善巧其心廣大給施一切（二迴向行寶冠及髻珠二事合一迴向）以彼善根如是迴向所謂願一切衆生得諸佛法之所灌頂成一切智願一切衆生具足頂髻得第一智到於彼岸願一切衆生以妙智寶普攝衆生皆令究竟功德之頂願一切衆生皆得成就智慧寶頂堪受世間之所禮敬願一切衆生以智慧冠莊嚴其首為一切法自在之王願一切衆生智慧明珠繫其頂上一切世間無能見者（髻圓德備鑒徹惑亡為智明珠極果所宗故名頂上是秘是妙無能見者亦以權隱實名在髻中開權顯實故名解髻文無解義因便故來若不明解佛有秘藏）願一切衆生皆悉堪受世間頂禮成就慧頂照明佛法願一切衆生首冠十力莊嚴之冠智慧寶海清淨具足願一切衆生至大地頂得一切智究竟十力破欲界頂諸魔眷屬願諸衆生得成第一無上頂王獲一切智光明之頂無能映奪（三結雙）是為菩薩摩訶薩施寶冠時善根迴向（四所為）為令衆生得第一智最清淨處智慧摩尼妙寶冠故。（二十四施妻子等救獄因者上來皆明外施此下二段明無畏施初一類於內外之財內財為難故佛本行經說昔五百長者子各捨珎寶昔有一貧人問施者言欲求何願施者答云欲求佛道乞者自念貧無所有以寳塗身傭間而捨天帝試之心安不動知求佛果而稱讚之汝此勇猛過彼施財五百菩薩所施百千億倍當先作佛彼貧人者即我身是故知難中之難文四初施行）佛子菩薩摩訶薩見有衆生處在牢獄黑闇之處杻械枷鎖檢繫其身起坐不安衆苦競集無有親識無歸無救裸露飢羸酸劇難忍菩薩見已捨其所有一切財寶妻子眷屬及以自身於牢獄中救彼衆生（二觀境興悲）如大悲菩薩妙眼王菩薩（指同先例大悲即觀自在也以其偏主此門故也下文引例皆準此知）既救度已隨其所須普皆給施除其苦患令得安隱然後施以無上法寶令捨放逸安住善根於佛教中心無退轉（二迴向行。施以法財）佛子菩薩摩訶薩於牢獄中救衆生時以諸善根如是迴向所謂願一切衆生究竟解脫貪愛纏縛願一切衆生斷生死流升智慧岸願一切衆生除滅愚癡生長智慧解脫一切煩惱纏縛願一切衆生滅三界縛得一切智究竟出離願一切衆生永斷一切煩惱結縛到無煩惱無障礙地智慧彼岸願一切衆生離諸動念思惟分別入於平等不動智地願一切衆生脫諸欲縛永離世間一切貪欲於三界中無所染著願一切衆生得勝志樂常蒙諸佛為說法門願一切衆生得無著無縛解脫心廣大如法界究竟如虛空願一切衆生得菩薩神通一切世界調伏衆生令離世間住於大乘（十願準思易了。三雙結）是為菩薩摩訶薩救度牢獄苦衆生時善根迴向（四所為）為令衆生普入如來智慧地故（二十五捨身代死迴向。一內財初施行）佛子菩薩摩訶薩見有獄囚五處被縛受諸苦毒防衛驅逼將之死地欲斷其命捨閻浮提一切樂具親戚朋友悉將永訣置高碪上以刀屠割或用木槍豎貫其體衣纏油沃以火焚燒如是等苦種種逼迫菩薩見已自捨其身而代受之如阿逸多菩薩殊勝行王菩薩及餘無量諸大菩薩為衆生故自捨身命受諸苦毒菩薩爾時語主者言我願捨身以代彼命如此等苦可以與我如治彼人隨意皆作設過彼苦阿僧祇倍我亦當受令其解脫我若見彼將被殺害不捨身命救贖其苦則不名為住菩薩心何以故我為救護一切衆生發一切智菩提心故（三迴向行）佛子菩薩摩訶薩自捨身命救衆生時以諸善根如是迴向所謂願一切衆生得無斷盡究竟身命永離一切災橫逼惱願一切衆生依諸佛住受一切智具足十力菩提記莂願一切衆生普救含識令無怖畏永出惡道願一切衆生得一切命入於不死智慧境界願一切衆生永離冤敵無諸厄難常為諸佛善友所攝願一切衆生捨離一切刀劍兵仗諸惡苦具修行種種清淨善業願一切衆生離諸怖畏菩提樹下摧伏魔軍願一切衆生離大衆怖於無上法心淨無畏能為最上大師子吼願一切衆生得無障礙師子智慧於諸世間修行正業願一切衆生到無畏處常念救護諸苦衆生(三雙結)是為菩薩摩訶薩自捨身命救彼臨形諸獄因時善根迴向(四所為)為令衆生離生死苦得於如來上妙樂故(此下入第二十七經。二十六施連膚頂髻即向髻也。文六。初總標施行)佛子菩薩摩訶薩布施乞者連膚頂髻(二捐人向)(修)如寶髻王菩薩勝妙身菩薩及餘無量諸菩薩等(△三正明施行六。初安住最勝)菩薩是時見乞者來心生歡喜(觀乞者心生欣喜住種性故。二清淨最勝)而語之言汝今若須連膚頂髻可就我取我此頂髻閻浮提中最為第一作是語時心無動亂不念餘業捨離世間志求寂靜究竟清淨精勤質直向一切智(語意清淨離二障故。三事業最勝)便執利刀割其頭上連膚頂髻右膝著地合十指掌一心施與(身業正捨事業勝故)(四意樂最勝)正念三世一切諸佛菩薩所行發大歡喜增上志樂(欣慕上流意樂勝故。五巧便最勝)於諸法中意善開解不取於苦了知苦受無相無生諸受互起無有常住(巧安諦理無相攝故。六依止最勝)是故我應同去來今一切菩薩修行大捨發深信樂求一切智無有退轉不由他教善知識力(決志思擇依止勝故此及迴向有七最勝成波羅蜜)九(前後諸施文多略無四迴向行十願)菩薩摩訶薩作是施時以諸善根如是迴向所謂願一切衆生得無見頂成就菩薩如塔之髻(無見頂者緻窮上界)(亦有餘故言如塔者菩薩敬故)願一切衆生得紺青髮金剛髮細輭髮能滅衆生一切煩惱(堅無中斷)願一切衆生得潤澤髮密緻髮不侵鬢額髮願一切衆生得柔輭髮盡於鬢額而生髮願一切衆生得如卐字髮螺文右旋髮(靜法云準梵本今得二相髮謂室利末瑳稱塞縛悉底迦相髮卍字義如前說)願一切衆生得佛相髮永離一切煩惱結習(佛相髮準梵本識卻是右旋)願一切衆生得光明髮其光普照十方世界願一切衆生得無亂髮如如來髮淨妙無雜願一切衆生得成應供頂塔之髮令其見者如見佛髮願一切衆生皆得如來無染著髮永離一切闇翳塵垢(五雙結)是為菩薩摩訶薩施連膚髻時善根迴向(六所為)為令衆生其心寂靜皆得圓滿諸陀羅尼究竟如來一切種智十種力故(揔縮諸髮成髻圓滿故云髻也。二十七施)(眼智論十四說施有三品飲食為下珍寶為中頭目五藏內財為上廣如彼說文中亦四初施行文復有四初標章引例)佛子菩薩摩訶薩以眼布施諸來乞者如歡喜行菩薩月光王菩薩及餘無量諸菩薩等所行惠施(二發起勝心)十菩薩摩訶薩布施眼時起清淨施眼心起清淨智眼心起依止法光明心起現觀無上佛道心發迴向廣大智慧心發與三世菩薩平等捨施心發於無礙眼起不壞淨信心於其乞者起歡喜攝受心(三明行心所為)為究竟一切神通故為生佛眼故為增廣大菩提心故為修習大慈悲故為制伏六根故於如是法而生其心(四彰施儀式)佛子菩薩摩訶薩布施眼時於其乞者心生愛樂為設施會增長法力捨離世間愛見放逸除斷欲縛修習菩提隨彼所求心安不動不違其意皆令滿足而常隨順無二捨行(三迴向行)以此善根如是迴向所謂願一切衆生得最勝眼示導一切願一切衆生得無礙眼開廣智藏願一切衆生得淨肉眼光明鑒徹無能蔽者(十一)願一切衆生得淨天眼悉見衆生生死業果願一切衆生得淨法眼能隨順入如來境界願一切衆生得智慧眼捨離一切分別取著願一切衆生具足

佛眼悉能覺悟一切諸法願一切衆生成就普眼盡諸境界無所障礙願一切衆生成就清淨離癡翳眼了衆生界空無所有願一切衆生具足清淨無障礙眼皆得究竟如來十力(願成十眼與離世間大同小異。三雙結迴)是為菩薩摩訶薩布施眼時善根迴向(四所為)為令衆生得一切智清淨眼故(三十八施耳鼻中二事合明施行別顯迴向而文但三。今初施耳四。初施行二。初標章引例)佛子菩薩摩訶薩能以耳鼻施諸乞者如勝行王菩薩無寃勝菩薩及餘無量諸菩薩等(二安住勝心)布施之時親附乞者專心修習諸菩薩行具佛種性生如來家(具佛種性即安住最勝)念諸菩薩所修施行(事業最勝)常勤發起諸佛菩提清淨諸根功德智慧觀察三有無一堅固願常得見諸佛菩薩(依止最勝)隨順憶念一切佛法知身虛妄空無所

有無所貪惜菩薩如是施耳鼻時心常寂靜調伏諸根(清淨最勝)勉濟衆生險惡諸難(意樂最勝)生長一切智慧功德入大施海了達法義具修諸道依智慧行得法自在以不堅身易堅固身(巧便最勝。二迴向先耳十願)(十二)佛子菩薩摩訶薩布施耳時以諸善根如是迴向所謂願一切衆生得無礙耳普聞一切說法之音願一切衆生得無障耳悉能解了一切音聲願一切衆生得如來耳一切聰達無所擁滯願一切衆生得清淨耳不因耳處生分別心願一切衆生得無聾聵耳令蒙昧識畢竟不生(聵者從初生時即便聾故)願一切衆生得徧法界耳悉知一切諸佛法音願一切衆生得無礙耳開悟一切無障礙法(此及初一俱名無礙者俾梵本中初名無著)願一切衆生得無壞耳善知諸論無

能壞者願一切衆生得普聞耳廣大清
淨為諸耳王（耳王者聞與不聞皆自在故）願一切衆生
具足天耳及以佛耳（三雙結）是為菩薩摩訶
薩布施耳時善根迴向（四所為）為令衆生
皆悉獲得清淨耳故（造四）佛子菩薩
摩訶薩布施鼻時（十三）（八二施鼻迴向四初牒起）如是迴向（二正顯迴向文有二願。初
一願得十鼻）所謂願一切衆生得隆直鼻得隨
好鼻（隨好者兩孔不現故）得善相鼻（相海品云如來鼻有大人相名一切
神通智慧雲故）得可愛樂鼻得淨妙鼻得隨順
鼻（隨宜所現故）得高顯鼻得伏冤鼻得善見
鼻得如來鼻（二一願得十面）願一切衆生得離
恚怒面得一切法面（正向諸法故）得無障礙面
得善見面得隨順面得清淨面得離過
失面得如來圓滿面得徧一切處面得
無量美好面（鼻居面中好醜由起故相從立願。三雙結）是為菩
薩摩訶薩布施鼻時善根迴向（四迴向所為有十）

為令衆生究竟得入諸佛法故（以鼻香氣為所入故）
為令衆生究竟攝受諸佛法故（攝受香故）為
令衆生究竟了知諸佛法故（了知氣故）為令衆
生究竟住持諸佛法故（住於覺故）為令衆生皆
悉證得佛法門故（令中知故）為令衆生究竟成
就無能壞心故（不壞鼻根）為令衆生皆能照
了諸佛正法故（不邪分別）為令衆生普悉嚴
淨諸佛國土故（香氣嚴潔）為令衆生皆得如
來大威力身故（五分法身香故。三總結）是為菩薩摩
訶薩施耳鼻時善根迴向（六二十九施牙齒四初施行二。初標章）
（引例）佛子菩薩摩訶薩安住堅固自在地
中（造四）（登地已上故。智論十四云象王施牙是法身菩薩事廣如彼及十輪第四）（十四）能以牙齒
施諸衆生猶如往昔華齒王菩薩六牙
象王菩薩及餘無量諸菩薩等（三發十勝心）菩
薩摩訶薩施牙齒時其心清淨希有難

得如優曇華所謂無盡心施大信心施
步步成就無量捨心施調伏諸根心施
一切悉捨心施一切智願心施安樂衆
生心施大施極施勝施最勝施輟身要
用無所嫌恨心施（三迴向行十願）菩薩爾時以諸
善根如是迴向所謂願一切衆生得銛
白牙齒成最勝塔受天人供願一切衆
生得齊平牙齒如佛相好無有疎缺願
一切衆生得調伏心善趣菩薩波羅蜜
行（唯此一句舉的心說謂智能調惑趣於彼岸如牙調食以資法身餘句皆約似牙齒說）願一
切衆生口善清淨牙齒鮮白分明顯現
願一切衆生得可憶念莊嚴牙齒其口（造四）（十五）
清淨無可惡相願一切衆生牙齒成就
具滿四十常出種種希有妙香願一切
衆生意善調伏牙齒鮮潔如白蓮華文
理迴旋卍字成就（若準梵本但云右旋及有樂耳）願一切衆

生口脣鮮淨牙齒潔白放無量光周徧照耀（放無量光如相海品說）願一切衆生牙齒堅利食無完粒無所味著爲上福田願一切衆生於牙齒間常放光明授諸菩薩第一記莂（三結雙）是爲菩薩摩訶薩施牙齒時善根迴向（四所爲）爲令衆生具一切智於諸法中智慧清淨故（三十施舌四初施行二。初標章引例）佛子菩薩摩訶薩若有人來從乞舌時於乞者所以慈悲心輭語愛語猶如往昔端正面王菩薩不退轉菩薩及餘無量諸菩薩等（二發十勝心）佛子菩薩摩訶薩於諸趣中而受生時有無量百千億那由他衆生而來乞舌菩薩爾時安置其人在師子座以無恚心無害心無恨心大威德心從佛種性所生心住於菩薩所住心常不濁亂心住大勢力心於身無著心於語無著心兩膝著地開口出舌以示乞者慈心輭語而告之言我今此身普皆屬汝可取我舌隨意所用令汝所願皆得滿足（三迴向行）菩薩爾時以諸善根如是迴向所謂（四迴）願一切衆生得周普（十六）舌悉能宣示諸語言法（即相海品廣長舌相）願一切衆生得覆面舌所言無二皆悉真實願一切衆生得普覆一切佛國土舌示現諸佛自在神通願一切衆生得輭薄舌恒受美妙清淨上味願一切衆生得辯才舌能斷一切世間疑網願一切衆生得光明舌能放無數萬億光明願一切衆生得決定舌辯說諸法無有窮盡願一切衆生得普調伏舌善能開示一切秘要所有言說皆令信受願一切衆生得普通達舌善入一切語言大海願一切衆生得善說一切諸法門舌於言語智悉到彼岸（三結雙）是爲菩薩摩訶薩布施舌時善根迴向（四所爲）爲令衆生皆得圓滿無礙智故（三十一施頭四初施行三。初標章引證）佛子菩（十七）薩摩訶薩以頭布施（遠四）諸來乞者如最勝智菩薩及大丈夫迦尸國王等諸大菩薩所行布施（迦尸國王者又本行經說月光王報恩第五名大光王施頭與婆羅門具說如彼。二顯施所爲）爲欲成就入一切法最勝智首（爲有十種皆約佛智隨義不同上一入理）爲欲成就證大菩提救衆生首（悲導）爲欲具足見一切法最第一首（見事）爲得正見清淨智首（離障）爲欲成就無障礙首（融事理）爲欲證得第一地首（爲所依）爲求世間最勝智首（超勝）下欲成三界無能見頂淨智慧首（見無相）爲得示現普到十方智慧王首（現用自在）爲欲滿足一切諸法無能破壞自在之首（即事而真故不可壞）

（三正顯施行）佛子菩薩摩訶薩安住是法精勤修習則為已入諸佛種性學佛行施於諸佛所生清淨信增長善根令諸乞者皆得喜足其心清淨慶悅無量心淨信解照明佛法發菩提意安住捨心諸根悅豫功德增長生善樂欲常好修行廣大施行（亦具最勝可以意得。二迴向行）菩薩爾時以諸善根如是迴向所謂願一切衆生得如來頭得無見頂於一切處無能映蔽於諸佛刹最為上首其髮右旋光淨潤澤卍字嚴飾世所希有具足佛首成就智首一切世間最第一首為具足首為清淨首為坐道場圓滿智首（十五變結）是為菩薩摩訶薩布施頭時善根迴向（四所為）為令衆生得最勝法成於無上大智慧故（三十二施手足一事）（合類文但有三初行施亦三。初標當引證）佛子菩薩摩訶薩以其手足施諸衆生如常精進菩薩無憂王菩薩及餘無量諸菩薩等於諸趣中種種生處布施手足（三揀因析果）以信為手起饒益行往返周旋勤修正法願得寶手以手為施（信為手因果能兩資）所行不空具菩薩道（行為足門果普游亦等）常舒其手擬將廣惠（彰手用）安步游行勇猛無怯以淨信力具精進行除滅惡道成就菩提（析是果。三正顯施行）佛子菩薩摩訶薩如是施時以無量無邊廣大之心開淨法門入諸佛海成就施手周給十方（淨心正施初施手心下施足心如足住地能持身故）願力任持一切智道（願住智地能成智身）住於究竟離垢之心法身智身無斷無壞（離心垢故能顯法身法身湛然故不可壞智證永續故無有斷）一切魔業不能傾動依善知識堅固其心同諸菩薩修行施度（二迴向二。初廣析一用）佛子菩薩摩訶薩為諸衆生求一切智施手足時以諸善根如是迴向所謂願一切衆生具神通力皆得寶手得寶手已各相尊敬生福田想以種種寶更相供養又以衆寶供養諸佛興妙寶雲徧諸佛土令諸衆生互起慈心不相惱害游諸佛刹安住無畏自然具足究竟神通（手能兩資足能游刹。二略舉諸手以明諸用）又令皆得寶手華手香手衣手蓋手華鬘手末香手莊嚴具手無邊手無量手普手得是手已以神通力常勤往詣一切佛土能以一手徧摩一切諸佛世界以自在手持諸衆生得妙相手放無量光能以一手普覆衆生成於如來手指網縵赤銅爪相菩薩爾時以大願手普覆衆生願一切衆生志常樂求無上菩提出生一切功德大海見來乞者歡喜無厭入佛法海同佛善根三雙結是爲菩薩摩訶薩施手足時善根迴向。三十三壞身出血施。三初施行。二初標章引例佛子菩薩摩訶薩壞身出血布施衆生如法業菩薩善意王菩薩及餘無量諸菩薩等。及下施隨並在智論十四中說。二起十二勝心於諸趣中施身血時起成就一切智心起欣仰大菩提心起樂修菩薩行心起不取苦受心起樂見乞者心起不嫌來乞心起趣向一切菩薩道心起守護一切菩薩捨心起增廣菩薩善施心起不退轉心不休息心無戀己心二迴向行以諸善根如是迴向所謂願一切衆生皆得成就法身智身願一切衆生得無勞倦身猶如金剛願一切衆生得不可壞身無能傷害願一切衆生得如變化身普現世間無有盡極願一切衆生得可愛樂身淨妙堅固願一切衆生得法界生身同於如來無所依止願一切衆生得如妙寶光明之身一切世人無能映蔽願一切衆生得智藏身於不死界而得自在願一切衆生得寶海身見皆獲益無空過者願一切衆生得虛空身世間惱患無能染著。三雙結二行是爲菩薩摩訶薩施身血時以大乘心清淨心廣大心欣悅心慶幸心歡喜心增上心安樂心無濁心善根迴向。三十四施身髓肉中二事合顯初施行。三初標章引證佛子菩薩摩訶薩見有乞求其身髓肉歡喜軟語謂乞者言我身髓肉隨意取用如饒益菩薩一切施王菩薩及餘無量諸菩薩等。二正顯行相於諸趣中種種生處以其髓肉施乞者時歡喜廣大施心增長同諸菩薩修習善根離世塵垢得深志樂以身普施心無有盡具足無量廣大善根攝受一切妙功德寶如菩薩法受行無厭心常愛樂布施功德一切周給心無有悔審觀諸法從緣無體不貪施業及業果報隨所會遇平等施與。三彰施現益佛子菩薩摩訶薩如是施時一切諸佛皆悉現前想之如父得護念故一切衆生皆悉現前普令安住清淨法故一切世界皆悉現前嚴淨一切佛國土故一切衆生皆悉現前以大悲心普救護故一切佛道皆悉現前樂觀如來十種力故去來現在一切菩薩皆悉現前同共圓滿諸善根故一切無畏皆悉現前能作最上師子吼故一切三世皆悉現前得平等智普觀察故一切世間皆悉現前發廣大願盡未來劫修菩提故一切菩薩無疲厭行皆悉現前發無數量廣大心故(二迴向十願)佛子菩薩摩訶薩施髓肉時以此善根如是迴向所謂願一切衆生得金剛身不可沮壞願一切衆生得堅密身恒無缺減願一切衆生得意生身猶如佛身莊嚴清淨(七卷楞伽第二中云譬如意去速疾無礙名意生身此乃意生先舉喻也然此身類有其三種一三昧樂二覺法自性三種類俱生無作行。楞伽第四云謂入於三昧離種種心寂然不動心海不起轉識波浪了境心現皆無所有云何覺法自性謂了法如幻皆無有相心轉所依依如幻定及餘三昧能現無量自在神通如華開敷速疾如意如幻如夢如影如像非四大造與造相似一切色相具足莊嚴普入佛剎了諸法性故云何種類俱生無作行謂了達諸佛自證法相攝曰初身從所依定為名次身從所依智立稱三自證法相義兼定慧及法性相故名種類由此故能隨衆生類種種形類一時現生任運而成云無作行若依地位初即五地前次即八地前後即八地已去若成唯識第八名為意成隨意願成故意明但轉變成非新生故故論又云亦名變化身無漏定力轉令異本如變化故。上皆通因今即十身之一數也以義取之亦通後一廣如別章)願一切衆生得百福相身三十二相而自莊嚴(百福相身此舉三十二相之通因若別因者如涅槃師子吼品說)願一切衆生得八十種好妙莊嚴身具足十力不可斷壞(八十種好者謂皆殊妙五隨好名具如瑜伽四十九大般若三百八十一說)願一切衆生得如來身究竟清淨不可限量願一切衆生得堅固身一切魔冤所不能壞願一切衆生得一切身與三世佛同一身相願一切衆生得無礙身以淨法身徧虛空界願一切衆生得菩提藏身普能容納一切世間(菩提藏身如出現品如來成正覺時於其身中普見一切衆生成正覺等故。三雙結)是為菩薩摩訶薩求一切智施髓肉時善根迴向(所為品)為令衆生皆得如來究竟清淨無量身故(三十五施心初施行二。初標章引例)佛子菩薩摩訶薩以心布施諸來乞者如無悔厭菩薩無礙王菩薩及餘無量諸大菩薩(二起十勝心)以其自心施乞者時學自在施心修一切施心習行檀波羅蜜心成就檀波羅蜜心學一切菩薩布施心一切悉捨無盡心一切悉施慣習心荷負一切菩薩施行心正念一切諸佛現前心供養一切諸來乞者無斷絕心(二迴向三初辨施意)菩薩摩訶薩如是施時其心清淨為度一切諸衆生故為得十力菩提處故為依大願而修行故為欲安住菩薩道故為欲成就一切智故為不捨離本誓願故(二所願)以諸善根如是迴向所謂願一切衆生得金剛藏心一切金剛圍山等所不能壞(即藏名堅其猶樹藏金剛亦堅即佛地智世法莫壞如不思議品十種身健法中第一法說)願一切衆生得卍相莊嚴金剛界心(外標卍相以表內有萬德吉祥內智契如名金剛界界者性也由其性故堅如金剛不可損壞由成智故利如金剛壞難壞惑故十地受職分內名金剛莊嚴臆德相不思議法品及離世間皆有此心名大同也第九迴向及離世間又名金剛界根金剛鉞根亦即此名以清淨心王於無分別智有所依增上義故立以根稱)願一切衆生得無能動搖心得不可恐怖心得利益世間常無盡心得大勇猛幢智慧藏心(大勇)

（猛幢取降伏義）得如那羅延堅固幢心（堅固幢取不爲他壞）
（義）得如衆生海不可盡心得那羅延藏
無能壞心得滅諸魔業魔軍衆心得無
所畏心得大威德心得常精進心得大
勇猛心得不驚懼心得被金剛甲冑心（二十六末）
（被金剛甲是大誓義）得諸菩薩最上心得成就佛法
菩提光明心得菩提樹下坐安住一切
諸佛正法離諸迷惑成一切智心得成
就十力心（三雙結）　是爲菩薩摩訶薩布施
心時善根迴向（四所爲）爲令衆生不染世間
具足如來十力心故

大方廣佛華嚴經疏卷第四十四　遠四

大方廣佛華嚴經疏卷第四十五入第二十七經下半 遠五

清涼山沙門 澄觀述 晉水沙門 淨源錄疏注經

三十六施腸腎肝肺文中四事合一迴向有大小二腸今合為一腸初施行二。初標章引證 佛
子菩薩摩訶薩若有乞求腸腎肝肺悉
皆施與如善施菩薩降魔自在王菩薩
及餘無量諸大菩薩。二起觀行心 行此施時見
乞者來其心歡喜以愛眼觀為求菩提
隨其所須悉皆施與心不中悔觀察此
身無有堅固我應施彼取堅固身復念
此身尋即敗壞見者生厭狐狼餓狗之
所噉食此身無常會當棄捨為他所食
無所覺知佛子菩薩摩訶薩作是觀時
知身無常穢汙之極於法解悟生大歡
喜敬心諦視彼來乞者如善知識而來
護想隨所乞求無不惠施以不堅身易
堅固身。三迴向行 佛子菩薩摩訶薩如是施
時所有善根悉以迴向願一切眾生得
智藏身內外清淨智藏身者身為智依故 願一切眾
生得福藏身能普住持一切智願願一
切眾生得上妙身內蘊妙香外發光明
願一切眾生得腹不現身上下端直支
節相稱願一切眾生得智慧身以佛法
味充悅滋長願一切眾生得無盡身修
習安住甚深法性願一切眾生得陀羅
尼清淨藏身以妙辯才顯示諸法願一
切眾生得清淨身若身若心內外俱淨
願一切眾生得如來智深觀行身智慧
充滿雨大法雨 遠五 二 願一切眾生得內寂身
外為眾生作智幢王放大光明普照一
切。三雙結 是為菩薩摩訶薩施腸腎肝肺
善根迴向。四所為 為令眾生內外清淨皆得
安住無礙智故。三十七施支節諸骨前云骨髓已前明而加支節及與諸骨若合明者但是一事謂支節之骨若開支節自是一事如節節支解等即前列所無文亦有四。初施行
佛子菩薩摩訶薩布施乞者支節諸骨
如法藏菩薩光明王菩薩及餘無量諸
大菩薩施其身分支節骨時見乞者來
生愛樂心歡喜心淨信心安樂心勇猛
心慈心無礙心清淨心隨所乞求皆施
與心。二迴向行 菩薩摩訶薩施身骨時以諸
善根如是迴向所謂願一切眾生得如
化身不復更受骨肉血身願一切眾生
得金剛身不可破壞無能勝者願一切
眾生得一切智圓滿法身於無縛無著
無繫界生無繫界即涅槃界 遠五 願一切眾生得智
力身諸根圓滿不斷不壞 三 願一切眾生
得法力身智力自在到於彼岸願一切
眾生得堅固身其身貞實常無散壞願
一切眾生得隨應身教化調伏一切眾

生願一切衆生得智慧身具那羅延支節大力（具那羅延等如涅槃校量）願一切衆生得堅固相續不斷絶身永離一切疲極勞倦願一切衆生得大力安住身悉能具足精進大力願一切衆生得徧世間平等法身住於無量最上智處願一切衆生得福德力身見者蒙益遠離衆惡願一切衆生得無依處身皆得具足無依著智願一切衆生得佛攝受身常爲一切諸佛加護願一切衆生得普饒益諸衆生身悉能徧入一切諸道願一切衆生得普現身普能照現一切佛法（普照現身如淨明鏡無不現故）願一切衆生得具足精進身專念勤修大乘智行願一切衆生得離我慢貢高清淨身智常安住無所動亂願一切衆生得堅固行身成就大乘一切智業願一切衆生得佛家身永離世間一切生死。（三雙結）是爲菩薩摩訶薩施身骨時善根迴向。（四所而）爲令衆生得一切智永清淨故（言得智者智爲萬德之骨故。三十八施身皮文四。初施行）佛子菩薩摩訶薩見有人來手執利刀乞其身皮心生歡喜諸根悅豫譬如有人惠以重恩逢迎引納敷座令坐曲躬恭敬而作是念此來乞者甚爲難遇斯欲滿我一切智願故來求索饒益於我歡喜和顏而語之言我今此身一切皆捨所須皮（未見）者隨意取用猶如往昔清淨藏菩薩（同名智論十六如昔毒龍受一日戒被剝五色七寶之皮悉而施之云云）金脇鹿王菩薩（智論及菩薩本緣經第四說金脇鹿王救於溺者彼人背恩告王取鹿大例名同而非施皮）及餘無量諸大菩薩等無有異。（三迴向行）菩薩爾時以諸善根如是迴向所謂願一切衆生得微細皮猶如如來色相清淨見者無厭願一切衆生得不壞皮猶如金剛無能壞者願一切衆生得金色皮如閻浮檀上妙真金清淨明潔願一切衆生得無量色皮隨其心樂現清淨色願一切衆生得淨妙色皮具足沙門善輭清淨如來色相願一切衆生得第一色皮自性清淨色相無比願一切衆生成就如來清淨色皮以諸相好而自莊嚴（相好皮者謂金色等）願一切衆生得妙色皮放大光明普照一切願一切衆生得明網皮如世高幢放不可說圓滿光明願一切衆生得潤澤色皮一切色相悉皆清淨。（三雙結）是爲菩薩摩訶薩施身皮時善根迴向。（四所爲）爲令衆生皆得一切嚴淨佛剎具足如來大功德故（淨佛剎者皮爲外相故。三十九施手足指文四。初施行）佛子菩薩摩訶薩以手足指施諸乞者如堅精進菩薩閻浮提自在王菩薩及餘無量諸大菩薩菩薩爾時顏貌和悅其心安善無有顛倒乘於大乘不求美欲不尚名聞但發菩薩廣大之意遠離慳嫉一切諸垢專向如來無上妙法。二迴向十願 佛子菩薩摩訶薩如是施時稱諸善根悉以迴向願一切衆生得纖長指與佛無異纖長者量 願一切衆生得臃圓指上下相稱臃圓者形 願一切衆生得赤銅甲指其甲隆起清淨鑒徹赤銅者色 願一切衆生得一切智勝文夫指悉能攝持一切諸法能攝者力此以智爲指 達五 願一切衆生得隨好指具足十力隨好者妙十力者隨一一指能持一切世界等 六 願一切衆生得大人指纖臃齊等齊等者不參差 願一切衆生得輪相指指節圓滿文相右旋輪相等者準梵本云願一切衆生得十指端裏面皆有千輻輪相所餘節中裏面皆有本那伽吒及以塞縛悉底迦相相間莊嚴準此則圓滿之言應云滿餅右旋之言應云有樂吉準觀佛三昧海經一一指節端皆有十二輪相顯現 願一切衆生得如蓮華卍字旋指十力業報相好莊嚴準梵本願得大蓮華難提迦物多相指卻是右旋十力業報者亦十種大那羅延幢勇健法也相即纖等好即殊妙有云卍字旋者約中文也準三昧海經指端各有萬字相文萬字點間有千輻輪相 願一切衆生得光藏指放大光明照不可說諸佛世界願一切衆生得善安布指善巧分布網縵具足網縵者經云斂指不現張時即現如真珠網分明可愛。二雙結 是爲菩薩摩訶薩布施指時善根迴向。四所爲 爲令衆生一切皆得心清淨故得清淨心者得指由心故。四十施連肉爪甲文四。初施行 佛子菩薩摩訶薩請求法時若有人言汝能施我連肉爪甲當與汝法菩薩荅言但與我法連肉爪甲隨意取用如求法 達五 七 自在王菩薩無盡菩薩及餘無量諸大菩薩爲求法故欲以正法開示演說饒益衆生一切皆令得滿足故捨連肉爪甲與諸乞者。二迴向行 菩薩爾時以此善根如是迴向所謂願一切衆生皆得諸佛赤銅相爪赤銅相爪即是小相 願一切衆生得潤澤爪隨好莊嚴願一切衆生得光淨爪鑒徹第一願一切衆生得一切智爪具大人相願一切衆生得無比爪於諸世間無所染著無比者事爪則不涤塵垢智爪則不涤境相 願一切衆生得妙莊嚴爪光明普照一切世間願一切衆生得不壞爪清淨無缺願一切衆生得入一切佛法方便相爪廣大智慧皆悉清淨願一切衆生得善生爪菩薩業果無不淨妙善生者善業生故有云西域方言謂善生爲端正 願一切衆生得一切智大導師爪放無量色妙光明藏。三雙結 是爲菩薩摩訶薩爲求法故施連肉爪甲時善根迴向所以求法偏語施爪者一則以引例中有現事故下入火求法亦準此通二有所表以爪能爴取順求義故下入火求者表難取故故智論云般若波羅蜜猶如大火聚四邊不可取無取亦不取。四所爲爲令衆生具足諸佛一切智尒無礙力故。四十一求法入火初施行佛子菩薩摩訶薩求佛法藏恭敬尊重生難得想有能說者來語之言若能投身七仞火坑當施汝法菩薩聞已歡喜踴躍作是思惟我爲法故尚應久住阿鼻獄等一切惡趣受無量苦何況纔入人間火坑即得聞法奇哉正法甚爲易得不受地獄無量楚毒但入火坑即便得聞但爲我說我入火坑如求善法王菩薩金剛思惟菩薩爲求法故入火坑中言七仞者一仞七尺也。二迴向菩薩爾時以此善根如是迴向所謂願一切衆生住佛所住一切智法永不退轉無上菩提願一切衆生離諸險難受佛安樂願一切衆生得無畏心離諸恐怖願一切衆生常樂求法具足喜樂衆法莊嚴願一切衆生離諸惡趣滅除一切三毒熾火願一切衆生常得安樂具足如來勝妙樂事願一切衆生得菩薩心永離一切貪恚癡火願一切衆生悉得菩薩諸三昧樂普見諸佛心大歡喜願一切衆生善說正法於法究竟常無忘失願一切衆生具足菩薩神通妙樂究竟安住一切種智初及第九約求法爲願餘約入火爲願。三雙結是爲菩薩摩訶薩爲求正法投火坑時善根迴向。四所爲爲令衆生離障礙業皆得具足智慧火故

四十二爲求法護法文四。初施行佛子菩薩摩訶薩爲求正法分別演說開菩薩道示菩提路趣無上智勤修十力廣示一切智心獲無礙智法令衆生清淨住菩薩境界勤修大智護佛菩提時以身具受無量苦惱如求善法菩薩勇猛王菩薩及餘無量諸大菩薩爲求法故受無量苦乃至攝取誹謗正法惡業所覆魔業所持極大惡人彼所應受一切苦惱以求法故悉皆爲受受衆苦惱如香城粉骨雪嶺亡軀其類非一。二迴向以此善根如是迴向所謂願一切衆生永離一切苦惱逼迫成就安樂自在神通願一切衆生永離諸苦得一切樂願一切衆生永滅苦蘊得照現身恒受安樂願一切衆生超出苦獄成就智行願一切衆生見安隱道離諸惡趣願一切衆生得法喜樂永斷衆苦願一切衆生永拔衆苦互相慈愛無損害心願一切衆生得諸佛樂離生死苦願一切衆生成就清淨無比安樂一切苦惱無能損害願一切衆生得一切勝樂究竟具足佛無礙樂。三雙

結是為菩薩摩訶薩為求法故受衆苦時善根迴向。四所為 為欲救護一切衆生令離險難住一切智無所障礙解脫處故(句十三求法捨海內所有即捨王位所統也。初施行) 佛子菩薩摩訶薩處於王位求正法時乃至但為一文一字一句一義生難得想能悉罄捨海內所有若近若遠國土城邑人民庫藏園池屋宅樹林華果乃至一切珍奇妙物宮殿樓閣妻子眷屬及以王位悉能捨之於不堅中求堅固法為欲利益一切衆生勤求諸佛無礙解脫究竟清淨一切智道如大勢德菩薩勝德王菩薩及餘無量諸大菩薩勤求正法乃至極少為於一字五體投地正念三世一切佛法愛樂修習永不貪著名聞利養捨諸世間自在王位求佛自在法王之位於世間樂心無所著以出世法長養其心永離世間一切戲論住於諸佛無戲論法。二迴向行 菩薩爾時以諸善根如是迴向所謂願一切衆生常樂惠施一切悉捨願一切衆生能捨所有心無中悔願一切衆生常求正法不惜身命資生之具願一切衆生悉得法利能斷一切衆生疑惑願一切衆生得善法欲心常喜樂諸佛正法願一切衆生為求佛法能捨身命及以王位大心修習無上菩提願一切衆生尊重正法常深愛樂不惜身命願一切衆生護持諸佛甚難得法常勤修習願一切衆生皆得諸佛菩提光明成菩提行不由他悟願一切衆生常能觀察一切佛法拔除疑箭心得安隱(疑箭者如涅槃說人中毒箭應速救之若妄分別未究而終故。三雙結) 是為菩薩摩訶薩為求正法捨國城時善根迴向。四所為 為令衆生知見圓滿常得住於安隱道故(句十四為王斷殺等。初施行) 佛子菩薩摩訶薩作大國王於法自在普行教命令除殺業閻浮提內城邑聚落一切屠殺皆令禁斷無足二足四足多足種種生類普施無畏無欺奪心廣修一切菩薩諸行仁慈莅物不行侵惱發妙寶心安隱衆生於諸佛所立深志樂常自安住三種淨戒亦令衆生如是安住菩薩摩訶薩令諸衆生住於五戒永斷殺業(自住三聚淨戒令他住於五戒是為法施五戒殺初故此偏語若望所救是無畏施。二迴向) 以此善根如是迴向所謂願一切衆生發菩提心具足智慧永保壽命無有終盡願一切衆生住無量劫供一切佛恭敬勤修更增壽命願一切衆生具足修行離老死法一切災毒不害其命願一切衆生具足成就無病惱身壽命自在能隨意住願一切衆生得無盡命窮未來劫住菩薩行教化調伏一切衆生願一切衆生爲壽命門十力善根於中增長願一切衆生善根具足得無盡命成滿大願願一切衆生悉見諸佛供養承事住無盡壽修習善根願一切衆生於如來處善學所學得聖法喜無盡壽命願一切衆生得不老不病常住命根勇猛精進入佛智慧。三結 是爲菩薩摩訶薩住三聚淨戒永斷殺業善根迴向。四所爲 爲令衆生得佛十力圓滿智故。西十五救於形殘。初施行中具足三施。初觀境興悲

佛子菩薩摩訶薩見有衆生心懷殘忍損諸人畜所有男形令身缺減受諸楚毒見是事已起大慈悲而哀救之令閻浮提一切人民皆捨此業俱舍論說昔有黃門救五百牛毀形之事。善根力故男形具足。二以法諫喻 菩薩爾時語其人言汝何所爲作是惡業我有庫藏百千萬億一切樂具悉皆充滿隨汝所須盡當相給汝之所作衆罪由生我今勸汝莫作是事汝所作業不如道理設有所獲於何可用損他益已終無是處如此惡行諸不善法一切如來所不稱歎。三財法雙救 作是語已即以所有一切樂具盡皆施與復以善語爲說妙法令其歡悅所謂示寂靜法令其信受滅除不善修行淨業互起慈心不相損害彼人聞已永捨罪惡。財救所害之現苦法救能害之當苦示寂靜滅修淨業道滅集因故。二迴向 菩薩爾時以此善根如是迴向所謂願一切衆生具丈夫形成就如來馬陰藏相願一切衆生具男子形發勇猛心修諸梵行願一切衆生具勇猛力恒爲主導住無礙智永不退轉願一切衆生皆得具足大丈夫身永離欲心無有染著願一切衆生悉得成就善男子法智慧增長諸佛所歎願一切衆生普得具於大人之力常能修習十力善根願一切衆生永不失壞男子之形常修福智未曾有法願一切衆生於五欲中無著無縛心得解脫厭離三有住菩薩行願一切衆生成就第一智慧丈夫一切宗信伏從其化願一切衆生具足菩薩丈夫智慧不久當成無上大雄二修諸梵行求必制心。四永離欲心必無身過。七具男子形但異女身。十具大丈夫必心懷道德。三雙結 是爲菩薩摩訶薩禁絕一切毀敗男形善根迴向。四迴向所爲 爲令衆生具丈夫形皆能守護諸善丈夫生聖賢家智慧具足先令得果 常勤修習丈夫

勝行(令得起行丈夫行者涅槃十八云一切男女一近善知識二聽聞正法三思惟其義四如說修行又四相品具四相故名爲丈夫又云雖是女人能信自身有佛性者即是丈夫故男子不信即是女人)有丈夫用巧能顯示七丈夫道(顯示七丈夫道即丈夫用道字梵本名爲揭底此云事業舊本云丈夫趣與道相近然七丈夫抱有多說一約世間瑜伽丈夫有其七義一長壽久住二妙色端嚴三無病少惱四非僕非女非半擇迦五智慧猛利六發言威肅七有大宗業具此七法名爲丈夫道即是彼七德之因即下所列六句小有開合可以思準前令具丈夫形即非女等也二依小乘有七丈夫即七賢聖一隨信行二隨法行三信解四見至五身證六慧解脫七俱解脫離世間品當說此應不願成彼小乘三依大乘瑜伽七地即七賢聖如十住品初說四依瓔珞六位及信即上生聖賢家也復有說言即七善知識謂知法知義知時知足知自知衆知尊卑故)具足諸佛善丈夫種(所謂大悲成十力等爲佛丈夫)丈夫正教(即內開三藏及外脫五明)丈夫勇猛丈夫精進丈夫智慧丈夫清淨普令衆生究竟皆得(餘文易了此下入第二十八經四十六歎佛出世如上大威光童子偈讚普告等初施行即法施行於中文三初見佛興世)佛子菩薩摩訶薩若見如來出興於世開演正法(三法施發生四初令聞名離慢益)以大音聲普告一切如來出世如來出世

令諸衆生得聞佛名捨離一切我慢戲論(二見身起行益)復更勸導令速見佛令憶念佛令歸向佛令攀緣佛令觀察佛令讚歎佛(三讚希增敬益)復爲廣說佛難值遇千萬億劫時乃一出衆生由此得見於佛生清淨信踊躍歡喜尊重供養(四展轉增長益)復於佛所聞諸佛名轉更值遇無數諸佛植諸善本修習增長(三稱所成益)爾時無數百千萬億那由他衆生因見佛故皆得清淨究竟調伏彼諸衆生於菩薩所皆生最上善知識想因菩薩故成就佛法以無數劫所種善根普於世間施作佛事(三迴向行)佛子菩薩摩訶薩開示衆生令見佛時以諸善根如是迴向所謂願一切衆生不待勸請自往見佛承事供養皆令歡喜願一切衆生常樂見佛心無廢捨

願一切衆生常勤修習廣大智慧受持一切諸佛法藏願一切衆生隨所聞聲皆悟佛法於無量劫修菩薩行願一切衆生安住正念恒以智眼見佛出興願一切衆生不念異業常憶見佛勤修十力願一切衆生於一切處常見諸佛了達如來徧虛空界願一切衆生皆得具足佛自在身普於十方成道說法願一切衆生遇善知識常聞佛法於諸如來得不壞信願一切衆生悉能稱歎諸佛出興令其見者普得清淨(三結)是爲菩薩摩訶薩歎佛出世善根迴向(四所爲)爲令衆生見一切佛供養承事於無上法究竟清淨故(四十七施大地但通相言也初施行)佛子菩薩摩訶薩捨於大地或施諸佛造立精舍或施菩薩及善知識隨意所用或施衆

僧以爲住處或施父母或施别人聲聞獨覺種種福田乃至一切貧窮孤露及餘四衆隨意悉與令無所乏或施造立如來塔廟於如是等諸處之中悉爲辦具資生什物令隨意用無所恐懼。略列諸田

實通一切二菩薩之言通於一切善知識者要在益我五别人即是有財之人非敬悲故。於中佛塔菩薩知識父母是恩田亦敬田衆僧二乘皆是德田亦敬田貧孤是悲亦是苦田此等諸人皆能生福如世之田。若敬田有病即亦敬亦悲乃成四句故智論十四云一憐愍施謂於貧窮下賤及畜生等二恭敬施謂於佛及法身菩薩等三憐愍恭敬施謂於老病貧窮阿羅漢辟支佛等。摠收爲二謂悲與敬非敬非悲亦悲田攝以無德可敬故。然此二田以理御心則等無優劣故淨名云最下乞人猶如如來福田無異無所分别等于大悲。若直就境論則敬強悲劣以恩深德厚故如校量功德經説。若就心則悲田爲勝覩引悲故敬則田強而悲心弱悲則田弱而悲心強各有其美俱爲良田。若等是敬田恩則勝德故校量經云造五供百羅漢不及供一生身父母阿含中説十八供養父母共一生補處功德齊等。若同是恩田在家人則父母恩勝出家則師僧恩勝如舍利弗請問經説或約生色身及生法身則優劣可知矣等是德田别不如普梵綱經説别請五百羅漢菩薩不如僧次一凡夫僧又由主財田異感報勝劣種種不同恐繁不載。然今此中菩薩施心悲智齊於虛空事物窮乎法界施田凡聖盡於十方故三事性空深無底三事殊特勝無

比三事廣大徧無涯三事相融俱無礙。三迴向行　菩薩摩訶薩隨何方所布施地時以諸善根如是迴向所謂願一切衆生具足清淨一切智地悉到普賢衆行彼岸願一切衆生得摠持地正念受持一切佛法願一切衆生得住持力常能守護一切佛教願一切衆生得如地心於諸衆生意常清淨無有惡念願一切衆生持諸佛種成就菩薩諸地次第無有斷絶願一切衆生普爲一切作安隱處悉令調伏住清淨道願一切衆生同諸如來利益世間普使勤修安住佛力造五願一切衆生普爲世間之所愛樂悉令安住無上佛樂願一切衆生獲善方便住佛諸力無畏法中願一切衆生得如地智自在修行一切佛法初一果地餘九因地各相似義如理應思。三雙結　是爲菩薩摩訶薩施大地時善根迴向。四所爲爲令衆生皆得究竟一切如來清淨地故。第十八施僮僕。初施行　佛子菩薩摩訶薩布施僮僕供養一切諸佛菩薩眞善知識或施僧寶或奉父母尊勝福田或復給施病苦衆生令無闕乏以存其命或復施與貧窮孤露及餘一切無瞻侍者或爲守護如來塔廟或爲書持諸佛正法以百千億那由他僕使隨時給施其諸僕使皆聰慧善巧性自調順常勤精進無有懈惰具質直心安樂心利益心仁慈心恭恪心無怨恨心無讎敵心能隨受者方俗所宜於彼彼中作諸利益又皆從菩薩淨業所感才能技藝工巧筭數靡不通達善能供侍悦可其心少美曰僮以擬瞻侍執守曰僕以備勞役然不放之從良而施與人還令成僕者以菩薩行海無善不修若唯放從良有三義闕一行海不具二彼僕本願不滿三佛果闕此應機

之德三迴向行菩薩爾時以諸善根如是迴向所謂願一切衆生得調順心一切佛所修習善根願一切衆生隨順供養一切諸佛於佛所說悉能聽受願一切衆生得佛攝受常觀如來更無餘念願一切衆生不壞佛種勤修一切順佛善根願一切衆生常勤供養一切諸佛無空過時願一切衆生攝持一切諸佛妙義言辭清淨游行無畏願一切衆生常樂見佛心無厭足於諸佛所不惜身命願一切衆生得見諸佛心無染著離世所依願一切衆生但歸於佛永離一切邪歸依處願一切衆生隨順佛道心常樂觀無上佛法。三雙結是爲菩薩摩訶薩施僕使時善根迴向。四所爲爲令衆生遠離塵垢淨治佛地能現如來自在身故自身爲給十九施

侍施行佛子菩薩摩訶薩以身布施諸來乞者布施之時生謙下心生如地心生忍受衆苦無變動心生給侍衆生不疲厭心生於諸衆生猶如慈母所有衆善悉迴與心生於諸愚險極惡衆生種種侵陵皆寬宥心安住善根精勤給事。二迴向二初十進善菩薩爾時悉以善根如是迴向所謂願一切衆生隨其所須常無闕乏修菩薩行恒不間斷不捨一切菩薩義利善住菩薩所行之道了達菩薩平等法性得在如來種族之數住眞實語持菩薩行令諸世間得淨佛法深心信解證法究竟令諸衆生出生清淨增上善根住大功德具一切智。三十住持又以此善根令一切衆生常得供養一切諸佛解一切法受持讀誦不忘不失不壞不散心善調伏

不調令調以寂靜法而調習之令彼衆生於諸佛所住如是事又以此善根令一切衆生作第一塔應受世間種種供養令一切衆生成最上福由得佛智慧開悟一切令一切衆生作最上受者普能饒益一切衆生令一切衆生成最上福利能使具足一切善根令一切衆生成第一好施處能使獲得無量福報令一切衆生於三界中皆得出離令一切衆生作第一導師能爲世間示如實道令一切衆生得妙摠持具持一切諸佛正法令一切衆生證得無量第一法界具足虛空無礙正道。三雙結是爲菩薩摩訶薩施自己身善根迴向。四所爲爲令衆生皆得應供無量智身故五十聞法喜悅捨身供佛初施行即財法二供文中三初摠標行體佛子菩薩摩訶薩聞法喜悅生淨

信心能以其身供養諸佛（二別顯行相。二初自利行）欣樂信解無上法寶於諸佛所生父母想讀誦受持無礙道法普入無數那由他法大智慧實諸善根門心常憶念無量諸佛入佛境界深達義理（二利他行）能以如來微密梵音興佛法雲雨佛法雨勇猛自在能分別說一切智人第一之地具足成就薩婆若乘以無量百千億那由他大法成滿諸根（三結行成益）佛子菩薩摩訶薩於諸佛所聞如是法歡喜無量安住正法自斷疑惑亦令他斷心恒怡暢功德成滿善根具足意恒相續利益衆生（二十三）心常不匱獲最勝智成金剛藏親近諸佛淨諸佛刹常勤供養一切如來（二迴向行）菩薩爾時以諸善根如是迴向所謂願一切衆生皆得圓滿最勝之身一切諸佛

之所攝受願一切衆生常近諸佛依諸佛住恒得覲仰未曾遠離願一切衆生皆得清淨不壞之身具足一切功德智慧願一切衆生常勤供養一切諸佛行無所得究竟梵行願一切衆生得無我身離我我所願一切衆生悉能分身徧十方刹猶如影現而無來往願一切衆生得自在身普往十方無我無受願一切衆生從佛身生處在如來無上身家願一切衆生得法力身忍辱大力無能壞者願一切衆生得無比身成就如來清淨法身願一切衆生成就出世功德之身生無所得清淨法界（三雙結）是爲菩薩摩訶薩以身供佛善根迴向（四所爲）爲令衆生永住三世諸佛家故（五十一以身普施一切衆生初施行中亦具事法二施。初總標）佛子菩薩摩訶薩以身布施

一切衆生爲欲普令成就善根憶念善根（二別顯）菩薩摩訶薩自願其身爲大明燈普能照耀一切衆生爲衆樂具普能攝受一切衆生爲妙法藏普能任持一切衆生爲淨光明普能開曉一切衆生爲世（二十四）光影普令衆生常得覩見爲善根因緣普令衆生常得值遇爲真善知識令一切衆生悉蒙教誨爲平坦道令一切衆生皆得履踐爲無有上具足安樂令一切衆生離苦清淨爲明淨日普作世間平等利益（若約事施身爲日月光明河池井泉以施於物以三種世間身得自在故若約法施法燈照耀法日利益等文中或法或事而義實兩兼。二迴向行）菩薩爾時以諸善根如是迴向所謂願一切衆生常親近佛入佛智地願一切衆生得隨順智住無上覺願一切衆生常處佛會意善調伏願一切衆生所行有則具佛威

儀願一切衆生悉得涅槃深解法義願
一切衆生具知足行生如來家願一切
衆生捨無明欲住佛志樂願一切衆生
生勝善根坐菩提樹願一切衆生斷煩
惱賊離冤害心願一切衆生具足護持
一切佛法（上之施行以身就生令此段中翻願衆生以身近佛隨義思之。三雙結）是
爲菩薩摩訶薩以身布施一切衆生善
根迴向（四所爲）爲欲利益一切衆生令得無
上安隱處故（五十二施身給侍諸佛。初施行）佛子菩薩摩訶
薩自以其身給侍諸佛於諸佛所念報
重恩如父母想於諸如來起深信樂以
清淨心護佛菩提住諸佛法離世間想
生如來家隨順諸佛離魔境界了達一
切諸佛所行成就一切諸佛法器（亦有身侍心侍）
（。二迴向行）菩薩爾時以此善根如是迴向所
謂願一切衆生得清淨心一切智寶而

自莊嚴願一切衆生住善調伏遠離一
切諸不善業願一切衆生得不可壞堅
固眷屬善能攝受諸佛正法願一切衆
生爲佛弟子到於菩薩灌頂之地願一
切衆生常爲諸佛之所攝受永離一
切不善之法願一切衆生隨順諸佛修
行菩薩最勝之法願一切衆生入佛境
界悉皆得授一切智記願一切衆生與
諸如來皆悉平等一切佛法無不自在
願一切衆生悉爲諸佛之所攝受常能
修行無取著業願一切衆生常爲諸佛
第一侍者一切佛所修智慧行（亦依身心二侍立願）
（。三雙結）是爲菩薩摩訶薩給侍諸佛善根
迴向（四所爲）爲欲證得諸佛菩提爲欲救護
一切衆生爲欲出離一切三界爲欲成
就無損惱心爲得無量廣大菩提爲欲

成就照佛法智爲欲常蒙諸佛攝受爲
得諸佛之所護持爲欲信解一切佛法
爲欲成就與三世佛平等善根爲欲圓
滿無悔恨心證得一切諸佛法故（五十三施國所有不）
（至王位文四初施行二。初明事捨）佛子菩薩摩訶薩布施國
土一切諸物乃至王位悉亦能捨（。二明心捨）於
諸世事心得自在無繫無縛無所戀著
（自在是總現棄萬乘猶如脱屣何繫縛哉下十句別）遠離惡業饒益衆
生不著業果不樂世法不復貪染諸有
生處雖住世間非此處生心不執著蘊
界處法於內外法心無依住常不忘失
諸菩薩行未曾遠離諸善知識持諸菩
薩廣大行願常樂承事一切善友（餘義見十藏品）
（。二迴向行）菩薩爾時以此善根如是迴向所謂
願一切衆生爲大法王於法自在到於
彼岸願一切衆生成佛法王摧滅一切

煩惱冤賊願一切衆生住佛王位得如來智開演佛法願一切衆生住佛境界能轉無上自在法輪願一切衆生生如來家於法自在護持佛種永使不絶願一切衆生開示無量法王正法成就無邊諸大菩薩願一切衆生住淨法界爲大法王現佛出興相繼不斷願一切衆生於諸世界作智慧王化導羣生無時暫捨願一切衆生普爲法界虚空界等諸世界中一切衆生作法施主使其咸得住於大乘願一切衆生得成具足衆善之王與三世佛善根齊等〔三雙結〕是爲菩薩摩訶薩布施王位善根迴向〔四所爲〕爲欲令彼一切衆生究竟住於安隱處故〔第五十四施王都城。初施行〕佛子菩薩摩訶薩見有人來乞王京都嚴麗大城及以關防所有輸税盡皆施與心無恡惜專向菩提發大誓願住於大慈行於大悲志意歡悦利益衆生以廣大智解了深法安住諸佛平等法性發心爲求一切智故於自在法起深樂故於自在智求證得故淨修一切諸功德故住於堅固廣大智故廣集一切諸善根故修行一切佛法願故自然覺悟大智法故安住菩提心無退故修習一切菩薩行願一切種智盡究竟故而行布施〔三迴向行〕以此善根如是迴向所謂願一切衆生悉能嚴淨無量剎土奉施諸佛以爲住處願一切衆生常樂居止阿蘭若處寂靜不動願一切衆生永不依止王都聚落心樂寂靜永得究竟願一切衆生永不樂著一切世間於世語言常樂遠離願一切衆生得離貪心施諸所有心無中悔願一切衆生得出離心捨諸家業願一切衆生得無悋心常行惠施願一切衆生得不著心離居家法願一切衆生得離衆苦除滅一切災横怖畏願一切衆生嚴淨十方一切世界奉施諸佛〔三雙結〕是爲菩薩摩訶薩布施王都善根迴向〔四所爲〕爲令衆生悉能嚴淨諸佛剎故

大方廣佛華嚴經疏卷第四十五　遠五

大方廣佛華嚴經疏卷第四十六 入第二十八經下半 遠六

清凉山沙門 澄觀述　晉水沙門 淨源録疏注經

第五十五施內宮眷屬初施行二○初女麗具德 佛子菩薩摩訶薩所有一切內宮眷屬妓侍衆女皆顔貌端正才能具足談笑歌舞悉皆巧妙種種衣服種種華香而以嚴身見者歡喜情無厭足如是寳女百千萬億那由他數皆由菩薩善業所生隨意自在敬順無失盡以布施諸來乞者 ○二施心清淨 而於其中無愛樂心無顧戀心無耽著心無繫縛心無執取心無貪染心無分別心無隨逐心無取相心無樂欲心 ○三迴向行二初迴向意以歷事將終文勢稍展此一段文貫於前後然其晉經迴向二字皆在句初則是迴向菩提意也今此經中在於句末則是迴向之意然迴向意與迴向所為大同小異小異云何謂有此意故所以迴向令迴向者為成此故又意則多通諸行所為別約施行言大同者意為此故就文又二○初正顯迴向之意文有十句 菩薩爾時觀諸善根為欲令一切衆生咸得出離故迴向得佛法喜故迴向於不堅固中而得堅固故迴向得金剛智不可壞心故迴向入佛道場故迴向到於彼岸故迴向得無上菩提心故迴向能以智慧了達諸法故迴向出生一切善根故迴向入三世諸佛家故迴向 ○二重牒前意欲將迴向 佛子菩薩摩訶薩住如是法生如來家 初句揔指上意故云住如是法生如來家下十句經文以第一句配前第十依次配盡理 無差錯 增長諸佛 牒入佛家 清淨勝因 勝因即出世善 出生最勝一切智道深入菩薩廣大智業滅除一切世間垢惱常能供施功德福田為諸衆生宣說妙法 次五可知 善巧安立 謂不堅易堅 令其修習諸清淨行 修習是得法喜 常勤攝取一切善根 常攝善根為令出離西域文勢義多如此反騰前辭○二正明迴向 菩薩爾時以諸善根如是迴向所謂願一切衆生常得無量三昧眷屬菩薩勝定相續不斷願一切衆生常樂見佛悉入諸佛莊嚴三昧願一切衆生成就菩薩不思議定自在游戲無量神通願一切衆生入如實定得不壞心願一切衆生盡獲菩薩甚深三昧於諸禪定而得自在願一切衆生得解脱心成就一切三昧眷屬願一切衆生種種三昧皆得善巧悉能攝取諸三昧相願一切衆生得勝智三昧普能學習諸三昧門願一切衆生得無礙三昧入深禪定終不退失願一切衆生得無著三昧心恒正受不取二法 文有十願隨一一願具前十意十願皆云三昧者禪定輕安身心柔輭猶彼女故故善財偈云定女常供侍○三雙結 是為菩薩摩訶薩布施一切內宮眷屬時善根迴向 ○四所為 為欲令一切衆生皆得不壞清淨眷屬故為欲令一切衆生皆得菩薩眷屬故為

欲令一切衆生悉得滿足佛法故為欲令一切衆生滿足一切智力故為欲令一切衆生證於無上智慧故為欲令一切衆生得於隨順眷屬故為欲令一切衆生得同志行人共居故為欲令一切衆生具足一切福智故為欲令一切衆生成就清淨善根故為欲令一切衆生得善和眷屬故為欲令一切衆生成就如來清淨法身故為欲令一切衆生成就次第如理辯才善說諸佛無盡法藏故為欲令一切衆生永捨一切世俗善根同修出世清淨善根故為欲令一切衆生淨業圓滿成就一切清淨法故為欲令一切衆生一切佛法皆悉現前以法光明普嚴淨故（五十六施妻子二事合顯。初施行二。初標章引例）佛子菩薩摩訶薩能以所愛妻子布施猶如往昔須達拏太子（須達拏此云善愛或云好愛事如彼經）現莊嚴王菩薩（如大莊嚴經說又如菩薩本緣經說一切持王施二子等）及餘無量諸菩薩等（二明能施心二。初自分所依）菩薩爾時乘薩婆若心行一切施淨修菩薩布施之道其心清淨無有中悔罄捨所珍求一切智令諸衆生淨深志樂成菩提行觀菩薩道念佛菩提住佛種性（二勝進所為）菩薩摩訶薩成辦如是布施心已（結前生後）決定志求如來之身自觀己身繫屬一切不得自在（觀身不堅況於妻子）又以其身普攝衆生猶如寶洲給施一切未滿足者令其滿足菩薩如是護念衆生欲令自身作第一塔普使一切皆生歡喜欲於世間生平等心欲為衆生作清涼池欲與衆生一切安樂欲為衆生作大施主智慧自在了知菩薩所行之行而能如是大檐莊嚴趣一切智願成無上智慧福田普念衆生常隨守護而能成辦自身利益智慧光明普照於世常勤憶念菩薩施心恒樂觀察如來境界（皆修堅固二利之法。二迴向行）佛子菩薩摩訶薩以無縛無著解脫心布施妻子所集善根如是迴向所謂願一切衆生住佛菩提起變化身周徧法界轉不退輪願一切衆生得無著身願力周行一切佛剎願一切衆生捨愛憎心斷貪恚結願一切衆生為諸佛子隨佛所行願一切衆生於諸佛所生自己心不可沮壞願一切衆生常為佛子從法化生願一切衆生得究竟處成就如來自在智慧願一切衆生證佛菩提永離煩惱願一切衆生能具演說佛菩提道常樂修行無上法施願一切衆生得正定心不為一切諸緣所壞願一切衆生坐菩提樹成最正覺開示無量從法化生諸善男女（有十一願初一依於施心欲令普徧故次二依妻立願次三及後一依子立願生自己心如己骨肉等故餘四通依上三立願然其所施化實二途應成四句一乞者是化所施為實如賢愚經說毗沙門王化作夜叉從王乞子等此破菩薩執故二乞者是實所施是化如攝論說毗荀陀王捨子與婆羅門是化無惱以菩薩方便滿乞意故三者俱化旁警衆生四者俱實復有二種一始行者欲將施時再三本問瑜伽四十九說施妻子時先當曉諭令喜終不強逼令其憂惱於來乞者雖以正言曉諭不施寬家等二根熟者其所施人多與菩薩同結志願互為主伴令將為施遂本所祈故下經云生生行施處願常以我施。三雙結）是為菩薩摩訶薩布施妻子善根迴向。（四所為）為令衆生皆悉證得無礙解脫無著智故。（第五十七施舍宅四。初施行）佛子菩薩摩訶薩莊嚴舍宅及諸資具隨有乞求一切施與行布施法於家無著遠離一切居家覺觀厭惡家業資生之具不貪不味心無繫著知家易壞心恒厭捨都於其中無所愛樂但欲出家修菩

薩行以諸佛法而自莊嚴一切悉捨心無中悔常為諸佛之所讚歎舍宅財物隨處所有悉以惠施心無戀著見有乞求心生喜慶。（二迴向行）菩薩爾時以此善根如是迴向所謂願一切衆生捨離妻子成就出家第一之樂願一切衆生解脫家縛入於非家諸佛法中修行梵行願一切衆生捨離慳垢樂一切施心無退轉願一切衆生永離家法少欲知足無所藏積願一切衆生出世俗家住如來家願一切衆生得無礙法滅除一切障礙之道願一切衆生離家屬愛雖現居家心無所著願一切衆生善能化誘不離家法說佛智慧願一切衆生身現在家心常隨順佛智而住願一切衆生在居家地住於佛地普令無量無邊衆生

發歡喜心。（三雙結）是為菩薩摩訶薩布施舍宅時善根迴向。（四所為）為令衆生成就菩薩種種行願神通智故。（第五十八施園林等初施行二。初標起念）佛子菩薩摩訶薩布施種種園林臺榭遊戲快樂莊嚴之處作是念言我當為一切衆生作好園林我當為一切衆生示現法樂我當施一切衆生歡喜之意我當示一切衆生無邊喜樂我當為一切衆生開淨法門我當令一切衆生發歡喜心我當令一切衆生得佛菩提我當令一切衆生成滿大願我當於一切衆生猶如慈父我當令一切衆生智慧觀察我當施一切衆生資生之具我當於一切衆生猶如慈母生長一切善根大願。（二明離過成德）佛子菩薩摩訶薩如是修行諸善根時於惡衆生不生疲厭亦不誤

起棄捨之心設滿世間一切衆生悉不知恩菩薩於彼初無嫌恨不生一念求反報心但欲滅其無量苦惱於諸世間心如虛空無所染著普觀諸法眞實之相發大誓願（違六）滅衆生苦永不厭捨大乘志願滅一切見修諸菩薩平等行願。（二廻向行）佛子菩薩摩訶薩如是觀察已攝諸善根悉以廻向所謂願一切衆生念念滋生無量善法成就無上園林之心願一切衆生得不動法見一切佛皆令歡喜願一切衆生樂法園苑得諸佛刹園苑妙樂願一切衆生得淨妙心常見如來神足園林願一切衆生得佛戲樂常善遊戲智慧境界願一切衆生得遊戲樂普詣佛刹道場衆會願一切衆生成就菩薩解脫遊戲盡未來劫行菩薩行

心無疲倦願一切衆生見一切佛充滿法界發廣大心住佛園林願一切衆生悉能徧往一切佛刹一一刹中供養諸佛願一切衆生得善欲心清淨莊嚴一切佛刹。（三結）（違六雙）是為菩薩摩訶薩布施一切園林臺榭善根廻向。（四所爲）為令衆生見一切佛遊戲一切佛園林故（五十九設大施會四。初施行）佛子菩薩摩訶薩作百千億那由他無量無數廣大施會（上總標下離過成德）一切清淨諸佛印可終不損惱於一衆生普令衆生遠離衆惡淨三業道成就智慧（擇薪而爨漉水而用不強乞求名不惱衆生令多反與宜成大益）開置無量百千億那由他阿僧祇清淨境界積集無量百千億那由他阿僧祇資生妙物（略顯儀式）發甚難得菩提之心行無限施令諸衆生住清淨道初中後善生淨信解隨百千億無

量衆生心之所樂悉令歡喜以大慈悲救護一切承事供養三世諸佛為欲成就一切佛種修行布施心無中悔增長信根成滿勝行念念增進檀波羅蜜（願施所依心成波羅蜜。二廻向）菩薩爾時以諸善根如是廻向所謂願一切衆生發大乘心悉得成就摩訶衍施願一切衆生皆悉能行大會施盡施善施最勝施無上施最無上施無等等施超諸世間施一切諸佛所稱歎施願一切衆生作第一施主於諸惡趣勉濟衆生皆令得入無礙智道修平等願如實善根得無差別證自境（違六）智願一切衆生安住寂靜諸禪定智入不死道究竟一切神通智慧勇猛精進具足諸地莊嚴佛法到於彼岸永不退轉願一切衆生設大施會終不疲厭給

濟衆生無有休息究竟無上一切種智願一切衆生恒勤種植一切善根到於無量功德彼岸願一切衆生常蒙諸佛之所稱歎普爲世間作大施主功德具足充滿法界徧照十方施無上樂願一切衆生設大施會廣集善根等攝衆生到於彼岸願一切衆生成最勝施普令衆生住第一乘願一切衆生爲應時施永離非時大施究竟願一切衆生成就善施到佛丈夫大施彼岸願一切衆生究竟常行大莊嚴施盡以一切諸佛爲師悉皆親近興大供養願一切衆生住清淨施集等法界無量福德到於彼岸願一切衆生於諸世間爲大施主攝度羣品住如來地。三雙結 是爲菩薩摩訶薩設大施會善根迴向。品所爲 爲令衆生行無上施究竟佛施成就善施不可壞施供諸佛施無恚恨施救衆生施成一切智施常見諸佛施善精進施成就一切菩薩功德諸佛智慧廣大施故。六十施資具者以別說諸門不可盡故來後總說一切資具文但有二一明施行二迴向行以鄰後都結故闕後二今初有四。初施時離過 佛子菩薩摩訶薩布施一切資生之物心無貪惜不求果報於世富樂無所希望離妄想心。二辨施所依 善思惟法爲欲利益一切衆生審觀一切諸法實性。三正明施行 隨諸衆生種種不同所用所求各各差別成辦無量資生之具所有嚴飾悉皆妙好行無邊施行一切施盡内外施四願所成德 行此施時增志樂力獲大功德成就心寶常能守護一切衆生皆令發生殊勝志願初未曾有求反報心所有善根等三世佛悉以圓滿一切種智。二迴向行二。初牒前起後 佛子菩薩摩訶薩以此布施所有善根迴向衆生。二正願迴向 願一切衆生清淨調伏願一切衆生滅除煩惱嚴淨一切諸佛刹土願一切衆生以清淨心於一念中周徧法界願一切衆生智慧充滿虛空法界願一切衆生得一切智普入三世調伏衆生於一切時常轉清淨不退法輪願一切衆生具一切智善能示現神通方便饒益衆生願一切衆生悉能悟入諸佛菩提盡未來劫於十方世界常說正法曾無休息令諸衆生普得聞知願一切衆生於無量劫修菩薩行悉得圓滿願一切衆生於一切世界若染若淨若小若大若麤若細若覆若仰或一莊嚴或種種莊嚴所可演說在世界數諸世界中修菩薩行靡不周徧願一

切衆生於念念中常作三世一切佛事
教化衆生向一切智文有十類資生多種類亦類別一施洗滌資具類二施掃拭資具類餘可準思又資具揔明類亦揔發未必別配合三揔結前文善根迴向別不可盡故此揔明文分二別先結善根即前施行於中三。初結施物 佛子菩薩摩訶薩
隨諸衆生一切所須以如是等阿僧祇
物而為給施謂菩薩所施非止六十故等以僧祇。二結施所為 為令
佛法相續不斷文含二意若以初句貫後即是所為若依大悲等而行布施是施所依所為即通為自他所依則自心所住瑜伽四十九云又諸菩薩於諸有冤以慈意樂而行惠施於諸有苦以悲意樂於諸有德以喜意樂於諸有恩親善同意以捨意樂而行惠施當知亦名菩薩巧慧而行布施上句揔明下別顯不斷之相以四等心而行萬行為相續不斷 大悲普救一
切衆生安住大慈修菩薩行於佛教誨
終無違犯以巧方便修行衆善初悲次慈不斷
一切諸佛種性隨求悉與而無患厭一
切悉捨未曾中悔常勤迴向一切智道明其大捨後段之中廣明大喜又下離相亦是大捨○三結能施心四。初對多田生喜離過 時十
方國土種種形類種種趣生種種福田
皆來集會至菩薩所種種求索菩薩見
已普皆攝受心生歡喜如見善友大悲
哀愍思滿其願捨心增長無有休息亦
不疲厭隨其所求悉令滿足離貧窮苦
二明其田彌多其喜彌廣 時諸乞者心大欣慶轉更稱
傳讚揚其德美聲遐布悉來歸往菩薩
見已歡喜無量○三校量顯廣 假使百千億那由他
劫受帝釋樂無數劫受夜摩天樂無量劫
受兜率陀天樂無邊劫受善變化天樂
無等劫受他化自在天樂不可數劫受
梵王樂不可稱劫受轉輪王王三千樂
不可思劫受徧淨天樂不可說劫受淨
居天樂悉不能及略舉十王所受之樂不及菩薩喜樂之心其中色天闕於光音若依瓔珞十五輪王則二禪王當第十三應言王二千樂若王三千即當第十四覺德光相輪作三界王當等覺菩薩也又依十大數不可思後有不可量今文闕此則似梵本脫於二禪四禪已上雖捨受相想地無報樂而有定樂凡是禪定皆有輕安適悅之樂又五那含分有解脫樂故無色界中非顯現故此不言若依丈夫行論菩薩喜樂過於世間及二乘涅槃今但過世間者淨居天中兼二乘樂○四結喜深廣 菩薩摩訶薩見乞者來歡喜愛樂欣
慶踊躍信心增長志樂清淨諸根調順
信解成滿乃至增進諸佛菩提何等菩薩見乞者生喜謂施行熟故施障盡故言施障者瑜伽四十九云又諸菩薩於施障及對治如實了知施障有四一先來串習二施物鮮闕三耽著上妙物四欣樂當來異足財果云何對治若現有施物乞者現前而施心不發應起四種對治之心一應觀此心由往來習故今若不施後世之中意皆行施故應勵力思擇而行惠施二應觀宿業過咎今受飢渴乏少之苦尚應亡軀況有少活命而不行施三應觀妄樂能生當苦四應觀當果是邪衆報速滅離散求大菩提○二結前迴向 佛子菩薩摩訶薩
以此善根為欲利益一切衆生故迴向
為欲安樂一切衆生故迴向為令一切
衆生得大義利故迴向為令一切衆生
悉得清淨故迴向為令一切衆生悉求
菩提故迴向為令一切衆生悉得平等
故迴向為令一切衆生悉得賢善心故
迴向為令一切衆生悉入摩訶衍故迴

向為令一切衆生悉得賢善智慧故迴向為令一切衆生悉具普賢菩薩行願滿十力乘現成正覺故迴向迴向隨義已具上文今但結其迴向所為則顯前來別別迴向不出於此。大文第二離相迴向即向實際行稱涅槃此彰行深前彰行廣深廣同時言不並彰編之作次一一隨相具多離相不欲繁文故併居一處文分為二先正明離相三初略標佛子菩薩摩訶薩以諸善根如是迴向時身口意業皆悉解脫無著無繫解脫是總不著於解不繫於縛是真解脫ム二別顯二初內絕想念故無縛解二初絕想二。初絕我想無衆生想無命者想無補伽羅想無人想無童子想無生者想無作者想無受者想具如前釋。二絕其法想無有想無無想前既以法奪我今則以我除法既無有我則無我法故法我無礙文有六對上一不於法體起增減想無今世後世想二於法時離三世想無死此生彼想三於分位離流轉想無常想四於法義離斷常想無無常想無三有想無無三有想五於影像離依處想非想非非想六於法本遣心非心想無之所以下經自釋今且略明初對為總言無有想者有即空故二空一味等無差故言無無想乃有五意一以事例無有法觸目尚不生想無法無物安可念耶二相無來去故謂有本自無非有去無來即以此義則無可無故云無無想三有即非有不可謂之為有況得言無則言思道斷四假非有以遣有非謂有於非有故復遣之五以是法無我理非是斷無必不礙有所以無也故下釋云非有非非有矣有無既寂俱及俱非豈當有寄餘對例知末對總結前有無等想總名為想一切都絕是曰無想假非想以遣想非有非想故云非非想。二彰行成文有五對如是非縛迴向非縛解迴向初對為總由絕如是我法想故無有縛解謂非想故非縛非非縛非非想故非解下四對別非業報迴向初對唯語於縛但因果之異由無作者及受者故非分別迴向非無分別迴向次對雙顯縛解由無有無等想故即顯上來有分別業無分別業二皆絕故非思迴向非思已迴向次對雙顯二業行俱為思行後為思已非心迴向非無心迴向後對亦雙明縛解即思所依王有心則生死波流無心則同乎外道又以無心為是則未免於有故皆非之。二顯境離染故無縛解文分為三初明無著次明不縛後明不解心染於境故名為著由境纏心故名為縛楞伽云心縛於境界覺相他隨轉此之謂也離於心境故名為解無著中二。初顯界處空不染著十句五對佛子菩薩摩訶薩如是迴向時牒前起後謂內無想念迴向之時則於諸境心無所著有十六句初有十句勸為五對不著內不著外初對顯十二處空故不染著內謂六入外謂六塵不著能緣不著所緣能前即十八界能緣是識所緣通於內外處為緣所生之法不著因不著果因果一對即界不著法不著非法法與非法總顯諸法通其三義一則有無二則善惡三則性相已如上辨不著思不著非思思別語業體性相。二顯不著蘊不著色大般若中觀於色等有其三義一相二生滅三無生滅今不著前二即契無生滅文有六句此一句即是色相知色緣成如聚沫故不著色生不著色滅生無所來滅無所至由此則入無生滅理不著受想行識不著受想行識生不著受想行識滅後之四蘊但相有異餘二並同已遣三料則無所遺矣。二明不縛佛子菩薩摩訶薩若能於此諸法不著則不縛色不縛色生不縛色滅不縛受想行識不縛受想行識生不縛受想行識滅縛著雖異義不出前。三明不解若能於此諸法不縛則亦於諸法不解若本無縛其誰求解離縛取解未免於縛故復遣之遣之又遣之以至於無遣儻然無寄理自玄會矣三徵釋二。初徵何以故徵意云設我假立法體不無今無念著其故何耶ム後釋意云法性爾故文分為二。初總顯法體離相無有少法若現生若已生若當生無法可取無法可著顯法體無生故不可取著即般若中第三義也。三世求生不可得故。從無而有故名為生，已生已有不可名生，如母已有不名生故。未生未有亦不名生，若未生名生，衆生菩提應名為生，諸未生法悉應名生。現在之法剎那不住，恒屬已未，離於已未無別現故。為生之理不出三世，三世既無生將安寄？既無有生，即亦無滅，無生無滅，即無境可取，於何執著。次應問云：生是能生之相，可許推無所相法體豈應非有？故次經釋云：一切諸法自相如是離生滅外有為法體不可得故，從緣而生相即無相，生即無生故。此顯相空。次應問云：法從緣生相可觀自，云何言無？故經釋云：無有自性從緣而生無自性故。此顯性空。自性相離雙結上二，又顯法本自離，非推之使離。二別彰所離。非一非二非多非無量上但云離，為離何相？謂一二等，文有十對。上二約數。非小非大非陋非廣次二約量，外望論大小，內望論廣陋。非深非淺非寂靜非戲論次二約理智，深淺約事理，靜論語識。非處非非處非法非非法次二約教法，處非處者邪正教相對，法非法善惡法相對。非體非非體非有非非有後二約體。相初對約體，色心之體不可得故，離色心外非體之法亦叵得故。後對約相，為法之相不出有無，設非有非無，若有此者亦不出有，若無此句亦不出無，但遣有無為法斯寂，由離性相故觸目斯非。二不礙隨相。凡情封執觸境生滯，闇於離相則乖前隨相之言，失於實果菩提之行，故須略為雙會二文。言隨相者約隨俗說，言離相者約勝義說，諸佛依二諦為衆生說法，此之謂也。三正釋融成無礙。菩薩如是觀察諸法則為非法然俗是即真之俗，則不壞假名而說實相，故云觀察諸法則為非法。於言語中隨世建立非法為法真是即俗之真，故不動真際建立諸法，故云於言語中隨世建立非法為法。不斷諸業道由建立故不斷諸業道，則不壞世間。不捨菩薩行求一切智終無退轉不壞出世因果。下卻釋觀察諸法則為非法，先明了俗即真而不壞俗。了知一切業緣如夢音聲如響衆生如影諸法如幻謂依他業緣等皆如夢幻，無真實故，俗即為真。而亦不壞因緣業力由即俗而真，故不壞因果，本來自真，不假壞故。了知諸業其用廣大不妨了業其用廣大，謂業雖如幻，一念幻惡長劫沈淪，一念幻善遠階佛果，故云廣大。後明了俗即真不礙修真。解一切法皆無所作行無作道未嘗暫廢無作真道尚須修行，若不修行不契真故，況不壞俗寧無修證。隨相離相準此應知，此二無礙異於凡小。三釋迴向名，文分為二。初總標。佛子此菩薩摩訶薩住一切智是自善根。由此能成下諸義故。若處非處皆迴向一切智性釋平等隨順義。若約對境，處即是善，非處為惡；若約自行，處即隨相，非處離相。處非處殊，皆向智性。於一切處皆悉迴向是隨順一切善根義。無有退轉是堅固義。又向智性是迴向義，亦堅固義。二別釋三。初假徵起釋迴向義。以何義故說名迴向然隨相之名，以堅固心修諸善行，皆願衆生向菩提果，不言自顯。而離相義非釋不知所以，偏明故徵起云：離相之中無能所殊，以何義故說名迴向？下隨順等例此可知。略顯十義，雖一離相得成迴向，謂但能離相順一切智，則自度世等至於彼岸，豈非迴向義耶？永度世間至於彼岸故名迴向過世八法至不動岸。永出諸蘊至於彼岸故名迴向度我我所至解脫岸。度言語道至於彼岸故名迴向離尋伺至實際岸。離種種想至於彼岸故名迴向滅盡諸想至實智岸。永斷身見至於彼岸故名迴向離煩惱本至有餘岸。永離依處至於彼岸故名迴向離苦依身至無餘岸。永絕所作至於彼岸故名迴向出一切業至施等岸。永出諸有至於彼岸故名迴向出三界至無住涅槃岸。永捨諸取至於彼岸故名迴向盡有漏至法身岸。永出世法至於彼岸故名迴向出生住異滅之見至自覺聖智岸。然下二段無顯益相，正為釋名。二釋隨順義。佛子菩薩摩訶薩如是迴向時亦應徵云：實際之內，誰是能隨，誰是所隨？故下釋云：則為隨順佛住隨順法住隨順智住隨順菩提住隨順義住隨順迴向住隨順境界住隨順行住隨順真實住隨順清淨住（但能如是離相迴向自然隨順佛法智等以佛法智實際為體故。三釋堅固一切善根一）佛子菩薩摩訶薩如是迴向（亦合徵云實際非相何名堅固實際無差何名一切此釋意云如是離相迴向方名堅固凡是有相可破壞故但能離相自成諸善諸善皆以實際為體故）則為了達一切諸法（不了法無相不名為了故）則為承事一切諸佛（佛以法為身心詣於法為事佛故）無有一佛而不承事（若身承事則有事不事若事於理則一事一切事佛無二體故）無有一法而不供養（如理修行真供養故）無有一法而可滅壞（相即無相不須滅壞）無有一法而可乖違（無非無相不可乖違）無有一物而可貪著無有一法而可厭離（染淨皆空無貪無厭）不見內外一切諸法有少滅壞違因緣道（世間常住故無少滅壞隨緣起滅故不違因緣）法力具足無有休息（究此根源法力方具又由無礙故名具足。三依釋結名）佛子是為菩薩摩訶薩第六隨順堅固一切善根迴向。（二明位果）菩薩摩訶薩住此迴向時常為諸佛之所護念堅固不退入深法性修一切智隨順法義隨順法性隨順一切堅固善根隨順一切圓滿大願具足隨順堅固之法一切金剛所不能壞於諸法中而得自在（隨離無二招斯十果。△二應頌二。初說因緣有十二句）爾時金剛幢菩薩觀察十方（上一總辨儀式後一總明所依）觀察眾會（前文屢釋中間十句別顯二義初二儀式）觀察法（觀所依故）界已（徹事理上觀察言通心及眼下辨所依）入於字句甚深之義（依教智大下三句依廣大心）修習無量廣大之心（初句為總）以大悲心普覆世間（即上廣心）長去來今佛種性心（即上大心文二句上依果德）入於一切諸佛功德（依說德）成就諸佛自在力身（依說身）觀諸眾生心之所樂（依權智觀樂觀宜）隨其善根所可成熟依法性身為現色身（依體起用後一總明所依）承佛神力而說頌言（△二正顯偈三。初頌行所依身）

菩薩現身作國王　於世位中最無等
福德威光勝一切　普為羣萌興利益
其心清淨無染著　於世自在咸遵敬
弘宣正法以訓人　普使眾生獲安隱
現生貴族升王位　常依正教轉法輪
稟性仁慈無毒虐　十方敬仰皆從化
智慧分別常明了　色相才能皆具足
臨馭率土靡不從　摧伏魔軍悉令盡
堅持淨戒無違犯　決志堪忍不動搖
永願蠲除忿恚心　常樂修行諸佛法
（△二頌依身起行三初隨相迴向三。初頌前總標八十種物）
飲食香鬘及衣服　車騎牀褥座與燈
菩薩悉以給濟人　并及所餘無量種（二頌別顯）
為利益故而行施　令其開發廣大心
於尊勝處及所餘　意皆清淨生歡喜
菩薩一切皆周給　內外所有悉能捨
必使其心永清淨

不令暫爾生陋劣　或施於頭或施眼
或於施手或施足　皮肉骨髓及餘物
一切皆捨心無悋　菩薩身居大王位
種族豪貴人中尊　開口出舌施羣生
其心歡喜無憂戀　以彼施舌諸功德
迴向一切諸衆生　普願藉此勝因緣
悉得如來廣長舌　或施妻子及王位
或施其身作僮僕　其心清淨常歡喜
如是一切無憂悔　隨所樂求咸施與
應時給濟無疲厭　一切所有皆能散
諸來求者普滿足　爲聞法故施其身
修諸苦行求菩提　復爲衆生捨一切
求無上智不退轉　以於佛所聞正法
自捨其身充給侍　爲欲普救諸羣生
發生無量歡喜心　彼見世尊大導師
能以慈心廣饒益　是時踴躍生歡喜

聽受如來深法味　菩薩所有諸善根
悉以迴向諸衆生　普皆救護無有餘
永使解脱常安樂　菩薩所有諸眷屬
色相端嚴能辯慧　華鬘衣服及塗香
種種莊嚴皆具足　此諸眷屬甚希有
菩薩一切皆能施　專求正覺度羣生
如是之心無暫捨　菩薩如是諦思惟
備行種種廣大業　悉以迴向諸含識
而不生於取著心　菩薩捨彼大王位
及以國土諸城邑　宮殿樓閣與園林
僮僕侍衛皆無悋（上十五頌皆頌前廣顯標顯二文影略不具。三頌前總結）
彼於無量百千劫　處處周行而施與
因以教導諸羣生　悉使超升無上岸
無量品類各差別　十方世界來萃止
菩薩見已心欣慶　隨其所乏令滿足
如三世佛所迴向　菩薩亦修如是業

調御人尊之所行　悉皆隨學到彼岸
（三有十一偈半頌離相迴向。四。初頌內絶想念）　菩薩觀察一切法
誰爲能入此法者　云何爲入何所入
如是布施心無住　菩薩迴向善巧智
菩薩迴向方便法　菩薩迴向眞實義
於其法中無所著　心不分別一切業
亦不染著於業果　知菩提性從緣起
入深法界無違逆　不於身中而有業
亦不依止於心住　智慧了知無業性
以因緣故業不失　心不妄取過去法
亦不貪著未來事　不於現在有所住
了達三世悉空寂（初句總顯觀力，次句入空，餘皆法空。知菩提等者，菩提性淨不礙從緣，淨法爲緣有菩提起，起即無性不違法界，是性起菩提。若業依身有，則不由心；着住心中，則有心皆業。既許有心無業，則業假緣生，其性安有。二頌觸境離染）
菩薩已到色彼岸　受想行識亦如是
超出世間生死流　其心謙下常清淨

諦觀五蘊十八界　十二種處及已身
於此一一求菩提　體性畢竟不可得
由到不可得岸故無所著。三頌前徵釋
不取諸法常住相
於斷滅相亦不著　遠六　法性非有亦非無
二十五
業理次第終無盡　不於諸法有所住
不見衆生及菩提　十方國土三世中
畢竟求之無可得。四有二偈半頌不礙隨相
若能如是觀諸法　則如諸佛之所解
雖求其性不可得　菩薩所行亦不虛
菩薩了法從緣有　不違一切所行道
開示解說諸業跡　欲使衆生悉清淨
是為智者所行道　一切如來之所說
。二有五偈半頌釋名中隨順等義無頌位果
隨順思惟入正義
自然覺悟成菩提　諸法無生亦無滅
亦復無來無有去　不於此死而生彼
是人解悟諸佛法　了達諸法真實性
而於法性無分別　知法無性無分別
此人善入諸佛智　法性徧在一切處
一切衆生及國土　三世悉在無有餘
亦無形相而可得　一切諸佛所覺了
悉皆攝取無有餘　雖說三世一切法
如是等法悉非有　如諸法性徧一切
菩薩迴向亦復然　如是迴向諸衆生
常於世間無退轉
二十六末

大方廣佛華嚴經疏卷第四十六　遠六

大方廣佛華嚴經疏卷第四十七入第二十九卷經 遠七

清涼山沙門 澄觀述 晉水沙門 淨源錄疏注經

第七等隨順一切衆生迴向長行亦二先位行三。初牒名徵起佛子云何為善薩摩訶薩等隨順一切衆生迴向。謂以善根等心順益故等即平等通於能所所順衆生無相平等能隨順心智照平等。此從所迴向受名等即隨順故本業云以觀察善惡父母無二相一合相故名隨順觀察一切衆生迴向。名無等字釋有等義。有云善恐即冤親此二平等俱生法身皆名父母。應云善父母者方便般若也。惡父母者無明貪愛也。不滅癡愛起於明脫故無二相智契無二名一合相。即以無貪等善根而為其性。二依徵廣釋二初明迴向二初辨所迴善根二初正修善根有三十一句分三初十一句明善根分齊次十善根所依緣後十善根體性。然其前十一徧從中十中十一能生後十後十一容具前十前十一該後二十思之自顯。初善根分齊佛子此善薩摩訶薩隨所積集一切善根列十一句即增數十也初三約分量所謂小善根大善根廣善根如小心施名為小善為菩提施名之為大為利他施名之為廣施行既爾餘之九度例此可知又從佛境所生之施有此小等從九境生亦有小等如施既爾餘九亦然此三既爾下八例知次三約類多善根無量善根種種善根謂有多色類乃至無量種種不同未至無量但可名多三五相望亦名種種餘五約數明多微塵數善根阿僧祇善根無邊際善根不可思善根不可量善根於中後二亦顯甚深難思傍無分量。二善所依緣十句前五為緣境佛境界善根法境界善根僧境界善根善知識境界善根上四智境一切衆生境界善根此一悲境後五道修境方便善巧境界善根能修智修諸善心境界善根能修心內境界善根外境界善根此二所觀境則是內外六根六塵無邊助道法境界善根此一所修法因觀此法能起十度等。三善根體性勤修一切捨善根立勝志究竟持淨戒善根一切捨無不受堪忍善根常精進心無退善根以大方便入無量三昧善根以智慧善觀察善根知一切衆生心行差別善根前七可知集無邊功德善根願心積德勤修習善薩業行善根念力智行辦力說法以為業行普覆育一切世間善根由智自在故能覆育。二因修成德二。初牒已修佛子菩薩摩訶薩於此善根下牒十句修行初句總餘九別安住住作意趣入加行趣入攝受攝行屬己積集漸集成多辦開示開顯指示具假緣資助悟解照其事理心淨感障不生此上自修後二轉教發起時勸如說行隨修一善則有斯十時之一字貫上讀之。二正顯成德二。初成自利德十得堪忍心閉惡趣門得忍息惡善攝諸根威儀具足攝根具戒遠離顛倒正行圓滿離倒行正堪為一切諸佛法器能作衆生福德良田上受下資為佛所念長佛善根佛護善增住諸佛願行諸佛業住願起業心得自在等三世佛趣佛道場心等諸佛行詣道場入如來力具佛色相內入佛力外相超世超諸世間不樂生天不貪富樂不樂當報不貪現樂不著諸行一切善根悉以迴向不著諸行而修迴向此雖有迴向之言意取迴向之善十中前八成德後二離過九離凡十離小。二成利他德為諸衆生功德之藏住究竟道普覆一切總明悲智雙運為究竟道於虛妄道中拔出衆生令其安住一切善法徧諸境界無斷無盡開一切智菩提之門建立智幢嚴淨大道普能示現一切世間令除垢染心善調伏生如來家淨佛種性功德具足作大福田為世所依安立衆生咸令清淨（別顯悲智文並易知）常勤修習一切善根（末句揔結上三橫將迴向二。初念修善根本因法應迴向）佛子菩薩摩訶薩以淨志願菩提心力修諸善根時作是念言（上經敘念時下正陳所念）此諸善根是菩提心之所積集是菩提心之所思惟是菩提心之所發起是菩提心之所志樂是菩提心之所增益（初之五句揔顯諸善由菩提心多門積集思惟義理發起修行志樂無厭惟深惟廣）皆為憐愍一切衆生皆為趣求一切種智皆為成就如來十力（此二句願菩提心三迴向衆種智證於實際即是菩提三心迴向三處）作是念時善根增進永不退轉（末句獲益上二正將迴向依上三章文為三別初向衆生及向菩提二初迴已修善願成資具以施衆生二。初揔顯要期）佛子菩薩摩訶薩復作是念願我以此善根果報盡

未來劫修菩薩行悉以惠施一切衆生悉以迴向一切衆生普徧無餘（所以偏願成施行者一則自具行緣故云修菩薩行二則衆生現益故云惠施一切三則檀為行首舉一例餘四則此一施行具一切行上三別彰施行二初願成外施二願成內施以情非情而為內外今初分四。初願施廣大各僧祇故）願令阿僧祇世界珍寶充滿阿僧祇世界衣服充滿阿僧祇世界妙香充滿阿僧祇世界莊嚴具充滿阿僧祇世界無量摩尼寶充滿阿僧祇世界妙華充滿阿僧祇世界上味充滿阿僧祇世界財貨充滿阿僧祇世界牀座充滿蓋以寶帳敷以妙衣阿僧祇世界種種莊嚴寶冠充滿（二辯施無限）假使一人盡未來劫常來求索以此等物而惠施之未曾厭倦而有休息如於一人於一切衆生悉亦如是（長時多田隨求無厭故。三明施殊勝）佛子菩薩摩訶薩如是施時（離過順理文有十句）無虛偽心無希望心無名譽心無中悔心無熱

惱心（前五離過追悔不已則生熱惱）但發專求一切智道心一切悉捨心哀愍衆生心教化成熟心皆令安住一切智智心（後五順理前二大智後三大悲。四結成二行）佛子菩薩摩訶薩以諸善根如是迴向盡未來劫常行惠施（謂由迴向行以成施行三願成內施四。初對一田願施廣大）佛子菩薩摩訶薩復作是念我為一衆生故欲令阿僧祇世界寶象充滿七支具足性極調順上立金幢金網彌覆種種妙寶而為莊嚴以用布施願令阿僧祇世界寶馬充滿如龍馬王種種衆寶莊嚴之具而嚴飾之持用布施願令阿僧祇世界妓女充滿悉能敷奏種種妙音持用布施願令阿僧祇世界男女充滿持用布施願令阿僧祇世界已身充滿發菩提心而用布施願令阿僧祇世界已頭充滿起不放逸心而用布

施願令阿僧祇世界已眼充滿而用布施願令阿僧祇世界已身血肉及以骨髓充滿其中心無顧戀持用布施願令阿僧祇世界自在王位充滿其中持用布施願令阿僧祇世界奴僕作使充滿其中持用布施謂一衆生即施多事各僧祇故。二以一例餘彰施無限菩薩摩訶薩以如是等種種諸物盡未來劫安住廣大一切施心施一衆生如一衆生盡衆生界一切衆生皆如是施上擧人例下擧處例佛子菩薩摩訶薩於一世界盡未來劫修菩薩行以是等物施一衆生如是給施一切衆生皆令滿足如於一世界於盡虛空徧法界一切世界中悉亦如是揔收其義有六無限一物二時三心四田五施六處。三結成所作該六無限大悲普覆終無間息普加哀愍隨其所須供給供養不令施行過緣而息乃至不於一彈指頃生疲倦心一處徧法界故普覆二時盡未來故無息三田盡生界而加哀四施隨所求而滿足五物該種種故行不息六心住大施而無疲。四顯施殊勝離過成德有二十句佛子菩薩摩訶薩如是施時生於此心上一牒前起後下別顯一十九心所謂無著心不滯施行無縛心不為施縛解脫心由遠前二故得解脫大力心不傾違緣甚深心諸甚深理善攝心無相善攝。上六皆巧便殊勝。次五清淨殊勝無執心上句為揔揔無二執故下四別明無壽者心無我執餘三無法執善調伏心不取法相故不散亂心了唯心性故不妄計心見性空故。次有三心即安住殊勝具種種寶性心上句為揔菩薩種性萬行齊修皆可貴故不求果報心了達一切法心此二心為別解脫而明故住大迴向心即迴向殊勝善決諸義具三迴向故令一切衆生住無上智心即意樂殊勝悲愍一切故生大法光明心入一切智智心依止殊勝依菩提心故。初句因後句果。上顯施中廣大無限即事業殊勝。具上七勝攝度行成。三迴上施行願令衆生具足財法。三初慈悲迴向三。初正明迴向佛子菩薩摩訶薩以所集善根於念念中如是迴向上揔標下別顯所謂願一切衆生財寶豐足無所乏少願一切衆生成就無盡大功德藏願一切衆生具足一切安隱快樂願一切衆生增長菩薩摩訶薩業願一切衆生成滿無量第一勝法願一切衆生得不退轉一切智乘願一切衆生普見十方一切諸佛願一切衆生永離世間諸惑塵垢願一切衆生皆得清淨平等之心願一切衆生離諸難處得一切智十願初一是財以財施故餘皆具法積善本故。二迴向所為三。初牒前起後佛子菩薩摩訶薩如是迴向時發歡喜心二隨義別顯揔有一百一十句分二前七十二句令成行布修因至果後三十八句令成圓融因圓果滿此二無礙為迴向意前中分六初為令修善趣賢首位之行為令一切衆生得利益安樂故為令一切衆生得平等心故為令一切衆生住能捨心故為令一切衆生住一切施心故為令一切衆生住歡喜施心故為令一切衆生住永離貧窮施心故爲令一切衆生住一切財寶施心故爲令一切衆生住無數財寶施心故爲令一切衆生住普施無量施一切施心故爲令一切衆生住盡未來劫無斷施心故爲令一切衆生住一切悉捨無悔無惱施心故爲令一切衆生住悉捨一切貲生之物施心故爲令一切衆生住隨順施心故爲令一切衆生住攝取施心故爲令一切衆生住廣大施心故爲令一切衆生住捨無量莊嚴具供養施心故爲令一切衆生住無著施心故爲令一切衆生住平等施心故爲令一切衆生住如金剛極大力施心故爲令一切衆生住如日光明施心故爲令一切衆生住攝如來智施心故（然純明施行末句云攝如來智施行者照三輪空離諸分別同菩提故。二成種性位中行）爲令一切衆生善根眷屬具足故爲令一切衆生善根智慧常現在前故爲令一切衆生得不可壞淨心圓滿故爲令一切衆生成就最勝清淨善根故爲令一切衆生於煩惱睡眠中得覺悟故爲令一切衆生滅除一切諸疑惑故爲令一切衆生得平等智慧淨功德故爲令一切衆生功德圓滿無能壞者故爲令一切衆生具足清淨不動三昧故爲令一切衆生住不可壞一切智智故（。三令成解行位中行）爲令一切衆生成滿菩薩無量清淨神通行故爲令一切衆生修集無著善根故爲令一切衆生念去來令一切諸佛心清淨故爲令一切衆生出生清淨勝善根故爲令一切衆生滅除一切魔所作業障道法故爲令一切衆生具足無礙清淨平等功德法故爲令一切衆生以廣大心常念諸佛無懈廢故爲令一切衆生常近諸佛勤供養故爲令一切衆生廣開一切諸善根門普能圓滿白淨法故爲令一切衆生無量心廣大心最勝心悉清淨故（無量心者四等也。四令成十地位中修十度行）爲令一切衆生成就清淨等施心故爲令一切衆生奉持諸佛尸波羅蜜等清淨故爲令一切衆生得大堪忍波羅蜜故爲令一切衆生住精進波羅蜜常無懈故爲令一切衆生住無量定能起種種神通智故爲令一切衆生得知一切法無體性般若波羅蜜故爲令一切衆生圓滿無邊淨法界故（淨法界此通事理故曰無邊是方便度也）爲令一切衆生成滿一切神通清淨善根故（成滿神通即是大願）爲令一切衆生住平等行積集善法悉圓滿故（住平等方可名力）為令一切衆生善入一切諸佛境界悉周徧故（入佛境是謂智圓。五令成等覺位中所修行故皆有普言）為令一切衆生身口意業普清淨故為令一切衆生善業果報普清淨故為令一切衆生了達諸法普清淨故為令一切衆生了達實義普清淨故為令一切衆生修諸勝行普清淨故為令一切衆生成就一切菩薩大願普清淨故為令一切衆生證得一切功德智慧普清淨故為令一切衆生成就一切同體善根迴向出生一切智乘普圓滿故為令一切衆生嚴淨一切諸佛國土普圓滿故為令一切衆生見一切佛而無所著普圓滿故（六令成佛果位中之行）為令一切衆生具諸相好功德莊嚴普圓滿故為令一切衆生得六十種音聲發言誠諦皆可信受百千種法而以莊嚴如來無礙功德妙音悉圓滿故（得六十種音聲者第十迴向有而不具至文當知密迹力士經第二具說莊嚴論亦引此經而云百千種法而以莊嚴者不思議法品云如來具足六十種音聲一一音聲有五百分一一分有無量百千清淨之音以為嚴好即其事也復有處說六十四音以聲有八轉謂體業具為從屬於呼是八轉聲各具八德所謂調和聲柔軟聲諦了聲易解聲無錯謬聲無雌小聲廣大聲深遠聲八八則有六十四種）為令一切衆生成就十力莊嚴無礙平等心故為令一切衆生得一切佛無盡法明一切辯才普圓滿故（無盡法明者第八地云如來法明有無量轉等）為令一切衆生得無上無畏人中之雄師子吼故為令一切衆生得一切智轉不退轉無盡法輪故為令一切衆生了一切法開示演說普圓滿故為令一切衆生以時修習清淨善法普圓滿故為令一切衆生成就導師無上法寶等清淨故為令一切衆生於一莊嚴無量莊嚴大莊嚴諸佛莊嚴普圓滿故（於一莊嚴者無二相故以一莊嚴嚴一切故無量莊嚴者衆多差別故大莊嚴者稱法界故若依若正皆具此嚴）為令一切衆生等入三世所有境界悉周徧故（二明圓融行因圓果滿明位位中有佛義故若將此下屬前佛果則令果中有修菩薩行遍善知識便違正理文分為四初令衆生於種性位因行圓滿）為令一切衆生悉能往詣一切佛剎聽受正法無不徧故為令一切衆生智慧利益為世所宗與佛等故為令一切衆生以一切智知一切法普圓滿故為令一切衆生行不動業得無礙果普圓滿故（行不動業得無礙果者毀譽不動則觸境無礙有云其因有四一就機法施二無障礙願三悲心亡己為物受生四修法性融之行感三業無功用盡衆生界同時普應無所障礙）為令一切衆生所有諸根咸得神通能知一切衆生根故為令一切衆生得無差別平等智慧於一相法普清淨故為令一切衆生與理無違一切善根悉具足故為令一切衆生於一切菩薩自在神通悉明達故為令一切衆生得一切佛無盡功德若福若智悉平等故為令一切衆生發菩提心解一切法平等一相無遺數故。二令解行位中因圓果滿為令一切衆生了達正法為世最上福德田故為令一切衆生成就平等清淨大悲為諸施者大力田故大力田者謂於其中種少善根能壞大惑故為令一切衆生堅固第一無能沮壞故堅固第一者悲智大願無能壞故為令一切衆生見必蒙益無能摧伏故為令一切衆生成滿最勝平等心故為令一切衆生善能了達一切諸法得大無畏故為令一切衆生放一光明普照十方一切世界故為令一切衆生普修一切菩薩精進行無懈退故為令一切衆生以一行願普滿一切諸行願故為令一切衆生

以一妙音普使聞者皆得解故。三令十地位中因行圓滿為令一切衆生悉能具足一切菩薩清淨心故晉經名直心平等即初證具如此約離障故云清淨為令一切衆生普得值遇諸善知識咸承事故晉經云見善知識生大歡喜正順初地得見多佛故云咸事為令一切衆生修菩薩行調伏衆生不休息故為令一切衆生以妙辯才具一切音隨機廣演無斷盡故為令一切衆生能以一心知一切心以一切善根等迴向故為令一切衆生常樂積集一切善根安立衆生於淨智故為令一切衆生得一切智福德智慧清淨身故為令一切衆生善知一切衆生善根觀察迴向普成就故。四令成佛果圓滿為令一切衆生得一切智成等正覺普圓滿故為令一切衆生得具足神通智於一處出興一切諸處皆出興故為令

一切衆生得普莊嚴智嚴淨一衆會一切衆會皆嚴淨故為令一切衆生於一佛國土普見一切佛國土故為令一切衆生以一切莊嚴具不可説莊嚴具無量莊嚴具無盡莊嚴具莊嚴一切諸佛國土普周徧故為令一切衆生於一切法悉能決了甚深義故為令一切衆生得諸如來最上第一自在神通故為令一切衆生得非一非異一切功德自在神通故非一非異等者即十通中無體性無作神通以了一切為無為等非一非異故於一切染淨自他等境轉變自在相即相作而非一異業用無礙又非一非異應成四句如十忍品説為令一切衆生具足一切平等善根普為諸佛灌其頂故為令一切衆生悉得成滿清淨智身於諸有中最尊勝故然上諸義望一一位各有所由恐厭繁文舉其大略耳又行布圓融無礙不可定執。三結成其益二。初結前生後佛子菩薩摩訶薩如是悲愍利益安

樂一切衆生。(二別顯益相文有十三句顯二種生攝一切德)咸令清淨遠離慳嫉受勝妙生具大威德(初之三句顯勝妙生二句為因一句為果清淨者戒受人天身離慳者施有大財位人天財位即勝妙生有大威德後之十句顯功德生功德生者即決定勝道有人天中具大財位無信解等非功德生)生大信解(一揀邪小異)永離瞋恚及諸翳濁(二永離三毒障翳即癡濁即是貪亦兼餘障故致諸言)其心清淨質直柔軟無有諂曲迷惑愚癡(三即離毒之德初句為總質直下別由離瞋故質直柔軟由離貪故無有諂曲由離癡翳故無有迷惑愚癡之過)行出離行堅固不壞(四修真定慧為出離道)平等之心永無退轉(五運同體悲為平等心)白淨法力具足成就(六入無漏因為白淨法)無惱無失善巧迴向(七由離前過不惱衆生自行無失兼能迴向)常修正行調伏衆生(八自他兼利)滅除一切諸不善業(九除滅惡因)修行苦行一切善根(十修行善本二勸物迴向初令悉智覺行而成迴向)又勸衆生令其修習普為含識具受衆苦以大智眼觀諸善根知其悉以智慧為性方便迴向一

切衆生。(二明迴向意)為令一切衆生悉得安住一切清淨功德處故(意通能所約能迴向菩薩為此故如是教約所教論當如是為)為令一切衆生悉能攝受一切善根知諸功德性及義故(性即體性義即所以通於理事)為令一切衆生普淨一切諸善根故為令一切衆生於福田境界中種諸善法心無悔故為令一切衆生普能攝受一切衆生一一皆令趣一切智故為令一切衆生普攝一切所有善根一一皆與平等迴向而相應故。(三究竟迴向)又以諸善根如是迴向所謂願一切衆生究竟安隱願一切衆生究竟清淨願一切衆生究竟安樂願一切衆生究竟解脫願一切衆生究竟平等願一切衆生究竟了達願一切衆生究竟安住諸白淨法願一切衆生得無礙眼願一切衆生善調其

心願一切衆生具足十力調伏衆生(上來長轉迴向以隨宜故或通因果世及出世今迴向既終惟願得成究竟之果安隱者無障惱故安樂者唯寂滅故。二迴向實際)佛子菩薩摩訶薩如是迴向時(上牒前隨相下正顯離相十句五對)不著業不著報(已業因果)不著身不著物(自己身財)不著剎不著方(起行方處)不著衆生不著無衆生(所化衆生)不著一切法不著無一切法(所迴向法亦通一切不著一切法者了法空故不著無一切者空亦空故。三總結三種迴向)佛子菩薩摩訶薩如是迴向時(近仍前起謂上離相不礙隨相遠結上文)以此善根普施世間(即向衆生)願一切衆生成滿佛智(即向菩提)得清淨心智慧明了內心寂靜外緣不動(即向實際)增長成就三世佛種(即總結三種迴向之能。大文第二迴向成益即此位行所成廣大之德有四佛子即為四段前之二段即隨相益後之二段即離相益又初一現成德次一當成德此二因果一對三是會相德四是得實德此二會違攝法對。初成因位廣大德)佛子菩薩摩訶薩修行如是迴向之時(牒成益之時顯正修時即成此益次正顯有十四句初二為總)超出一切無能過

者顯深無能過故一切世間所有言辭悉共稱
讚亦不可盡顯廣歎不盡故後十二句別攝為六對初二所行所見對普
修一切菩薩諸行悉能往詣一切佛土
先明所行初句行行後句詣刹普見諸佛無所障礙又能
普見一切世界菩薩所行次明所見初句見果後句見因三說法深
廣對以善方便為諸衆生分別諸法甚深
句義初事理善巧故法義甚深得陀羅尼演說妙法盡
未來劫無有斷絕後總持廣包辭辯無斷四現身嚴刹對為衆
生故念念於不可說不可說世界猶如影
像普現其身供養諸佛念念嚴淨不可
說不可說諸佛國土悉令周徧修行嚴
淨佛刹智慧而無厭足先果後因五成就攝生對念念
令不可說不可說百千億那由他衆生
清淨成就平等滿足於彼一切諸國土
中勤修一切諸波羅蜜攝取衆生成就
淨業初成就後於彼下攝生六遠聽遠往對得無礙耳於不可
說不可說諸佛世界一一如來所轉法
輪聽聞受持精勤修習不生一念捨離
之心初明遠聽聽必修行住無所得無依止無作無
著菩薩神通於一刹那一彈指頃分身
普詣不可說諸佛世界與諸菩薩等
同一見後明遠往往皆無得不假靜慮故曰無依不起加行故云無作不染通境故云無著依此無依故能刹那頓現等同一見者詣刹雖多道風無異ㄙ二成果位清淨德二○初牒現況當佛
子菩薩摩訶薩如是修習菩薩行時尚
能成滿無量不可說不可說清淨功德
憶念稱讚所不能盡況復得成無上菩
提謂結前因德尚爾無盡況當成果德豈可量耶○二懸解當相一切佛刹平
等清淨一切衆生平等清淨一切身平
等清淨一切根平等清淨一切業果平
等清淨一切衆會道場平等清淨一切
圓滿行平等清淨一切法方便智平等
清淨一切如來諸願迴向平等清淨一
切諸佛神通境界平等清淨謂成果之狀略舉此十前六果相圓備後四舉因顯果謂此果滿由因圓故皆言清淨者無染不盡言平等者無理不證染淨皆虛故云平等淨符乎理但云清淨此上因果德用若非圓教諸位相攝何容地前得斯無礙三會違自在德
一○初結前生後佛子菩薩摩訶薩如是迴向時
得一切功德清淨歡喜法門無量功德
圓滿莊嚴此結有二一近結上果德果德無邊上言無盡故云一切功德清淨二通結因果以隨相益竟欲明得隨相益即有離相故總結云得一切功德乃至圓滿莊嚴由此故有不違等也ㄙ二正顯會違之益有十五對大分為四初十一對法法相望無違三○初六對事事無違如是
迴向時衆生不違一切刹刹不違一切
衆生一依正刹衆生不違業業不違刹衆生
二業果思不違心心不違思三王所思心不違
境界境界不違思心四心境業不違報報不
違業五業報二是引業此是滿業業不違業道業道不
違業六正助無違行前之思方便造業但名為業思之所起身口意行名為業道以是思之所遊履故皆經名業迹迹即道也此之事事所以無違者隨性融通故緣起相由故同一緣起義故亦由後二段今此無違○二二對事理無違法性不違相法相不違性

初對約所相之法論性相無違性不違相者理能成事故相不違性者事能顯理故不動眞際建立諸法不壞假名說實相故法生不違性法性不違生後對約能相四相雖性相無違略擧一生耳。三理理無違三對剎平等不違衆生平等衆生平等不違剎平等。一依正一切衆生平等不違一切法平等一切法平等不違一切衆生平等二人法離欲際平等不違一切衆生安住平等一切衆生安住平等不違離欲際平等三能所證離欲際即所證理衆生安住即能證智冥於理故然上三段無違初後二段唯約異類相望由後段中以事取理有多平等故中間事理無違則有二義一自類相望如剎望剎平等二異類相望如剎望衆生平等即無性之理也開此則有四句若細論之則有五重四句第一四句者一剎二衆生三剎無性理四衆生無性理此四爲本第二四者一剎即無性以事不存故二剎不即無性以不壞事故三無性即剎以不守自性故四無性不即剎以性不變故第三四者衆生與無性亦同第二剎四句說上二四句各初及第三是第二段性相無違中自類相望各二又四雖非無礙亦不相違義如上說第四四者一剎無性即衆生無性以無二故二剎無性不即衆生無性以無可即故三剎即衆生以無性是衆生剎既無性即衆生故四剎不即衆生以不礙兩存故此中初二句是第三段理理無違以無可即亦無可違故第三句是第一段事事無違

第四句雖非無礙亦不相違第五四句者一剎即衆生無性二剎不即衆生無性三衆生即剎無性四衆生不即剎無性此中初及第三句是第二段理事無違中異類事理相望二四兩句雖不壞性相亦不相違然爲門不同有多差別理實諸句無不融通。二世世無違過去不違未來未來不違過去過去未來不違現在現在不違過去未來。三約世法無違世平等不違佛平等佛平等不違世平等。四約因果無違即是總結菩薩行不違一切智一切智不違菩薩行。四得相盡平等德二。初得平等離相益佛子菩薩摩訶薩如是迴向時得業平等得報平等得身平等得方便平等得願平等得一切衆生平等得一切剎平等得一切行平等得一切智平等得三世諸佛平等。二得不壞謂相益得承事一切諸佛得供養一切菩薩得種一切善根得滿一切大願得教化一切衆生得了知一切業得承事供養一切善知識得入一切清淨衆會道場得通

達一切正教得成滿一切白法。三依釋結名佛子是為菩薩摩訶薩第七等隨順一切衆生迴向。二辨果位菩薩摩訶薩成就此迴向位果與益異者成益約於位中得果就其位滿有二十一句上一牒前中間十九攝爲九果則能摧滅一切魔冤拔諸欲刺斷染果降魔冤謂止惡緣拔欲刺斷惡因也得出離樂住無二性入證果上句正證出離下句證因具大威德救護衆生益生果具大威德即護生之因爲功德王神足無礙內外超勝果謂內德外用往一切剎入寂滅處寂用無礙果具一切身成菩薩行於諸行願心得自在行願廣大果分別了知一切諸法悉能徧生一切佛剎智通殊勝果得無礙耳聞一切剎所有音聲得淨慧眼見一切佛未嘗暫捨見聞自在果於一切境界成就善根心無高下於一切法得無所得修行具足果初成就後無得後一句總結菩薩摩訶薩以一切善根等隨順一切衆生如是迴向三重頌二十一偈分三初頌迴向二

（初頌所迴善根）爾時金剛幢菩薩承佛神力普觀
十方而說頌言　菩薩所作諸功德
微妙廣大甚深遠（三頌標將迴向三。初頌迴已修之善願成資具以施衆生）
乃至一念而修行　悉能迴向無邊際
菩薩所有資生具　種種豐盈無限億
香象寶馬以駕車　衣服珍財悉殊妙
或以頭目并手足　或持身肉及骨髓
悉徧十方無量剎　普施一切令充徧
無量劫中所修習　一切功德盡迴向
為欲救度諸羣生　其心畢竟不退轉
（二復迴此施願令衆生具足財法）菩薩為度衆生故
常修最勝迴向業　普令三界得安樂
悉使當成無上果　菩薩普興平等願
隨其所集清淨業　悉以迴施諸羣生
如是大誓終無捨　菩薩願力無限礙
一切世間咸攝受　如是迴向諸羣生
未曾暫起分別心　普願衆生智明了
布施持戒悉清淨　精進修行不懈廢
如是大誓無休息　菩薩迴向到彼岸
普開清淨妙法門　智慧同於兩足尊
分別實義得究竟（三有二偈頌迴向實際）
菩薩言辭已通達　種種智慧亦如是
說法如理無障礙　而於其中心不著
常於諸法不作二　亦復不作於不二
於二不二並皆離　知其悉是語言道
（三三頌成益三。初二頌因德廣大）知諸世間悉平等
莫非心語一切業　衆生幻化無有實
所有果報從茲起　一切世間之所有
種種果報各不同　莫不皆由業力成
若滅於業彼皆盡（二有五偈頌果德清淨）
菩薩觀察諸世間　身口意業悉平等
亦令衆生住平等　猶如無等大聖尊
菩薩善業悉迴向　普令衆生色清淨
福德方便皆具足　同於無上調御士
菩薩利益諸羣生　功德大海盡迴向
願使威光特超世　得成雄猛大力身
凡所修習諸功德　願使世間普清淨
諸佛清淨無倫匹　衆生清淨亦如是
菩薩於義得善巧　能知諸佛最勝法
以衆善業等迴向　願令庶品同如來
（三有二偈頌相盡平等）菩薩了知諸法空
一切世間無所有　無有造作及作者
衆生業報亦不失　諸法寂滅非寂滅
遠離此二分別心　知諸分別是世見
入於正位分別盡（略不須會違者上已委具然頌三段勢少異前前直語益）
（令衆願迴向之因 三有一偈頌結數）如是真實諸佛子
從於如來法化生　彼能如是善迴向
世間疑惑悉除滅

大方廣佛華嚴經疏卷第四十七　違七

大方廣佛華嚴經疏卷第四十八 入第三十卷經 遠八

清涼山沙門 澄觀述 晉水沙門 淨源錄疏注經

第八真如相迴向長行二初廣明二初位行三初牒名徵起 佛子何者是菩薩摩訶薩真如相迴向 善根合如以成迴向從所依立名義通能所故本業云常照有無二諦一切法一合相故若梵本中具名真如相自性迴向相即德相性即體性以二非即離所以雙舉多說德相唐本單名即以法界印而為其性此與前後異者謂第七明會事向理故云平等此明事盡理現故行等同如第九明從體起用第十明用同體同體而用餘如第四迴向會釋三依微廣釋三初隨相迴向二初積集迴向二初所迴行體二初積集資糧 佛子此菩薩摩訶薩正念明了其心堅住 初一為總謂正念堅明下九為別初三正念菩提 遠離迷惑專意修行 離迷是明了義專意即為正念正念是定明了是慧定慧雙運為道之源 深心不動成不壞業 契理不動故曰深心緣不能沮成不壞業即自分堅住 趣一切智終不退轉 求佛不退即勝進堅住次四句正念化生初句總 志求大乘勇猛無畏 勇求無濟為大法故下三句別 植諸德本普安世間 悲智雙運是為明了般若為眾德之本故 生勝善根修白淨法 進善去漏為正念 大悲增長心實成就 悲增智圓為堅住後三正念三寶 常念諸佛護持正法於菩薩道信樂堅固 一念佛二護法三信僧上有正念下句堅固影略該攝二結德成就 文有四句 成就無量淨妙善根 非止上十故云無量 勤修一切功德智慧為調御師生眾善法 二句結而收之不出福智大悲前二句結前 以智方便而為迴向 末句生後迴向二攝將迴向二初觀察善根本期迴向三初總標 菩薩爾時慧眼普觀所有善根無量無邊 二別顯 其諸善根修集之時若求緣若辦具若治淨若趣入若專勵若起行若明達若精審若開示 三總結二初結種類多門 如是一切 隨前求緣等有多差別 有種種門 通遊非一故如一趣入為用有門為用空門乃至無量故慈行童女云諸佛各以異門令我入此普莊嚴門 遠八 種種境 隨其一門緣何為境為佛為法等 二 種種相 隨一境上相貌不同 種種事 相所依事謂色心等 種種分 隨一事上有多分位 種種行 施等萬行 種種名字 能詮名字 種種分別 分別決擇 種種出生 生多知見 種種修習 若定若慧上中下修二結修本意 其中所有一切善根悉是趣向十力乘心之所建立皆悉迴向一切種智唯一無二 本意既然寧不迴向二正明迴向二初向菩提有二十願分三初願成智行即菩提因果 以諸善根如是迴向所謂願得圓滿無礙身業修菩薩行願得清淨無礙口業修菩薩行願得成就無礙意業安住大乘願得圓滿無障礙心淨修一切諸菩薩行願起無量廣大施心周給無邊一切眾生願於諸法心得自在演大法明無能障蔽願得明達一切智處發菩提心普照世間願常正念三世諸佛諦想如來常現在前願住圓滿增上志樂遠離一切諸魔冤敵願得安住佛十力智普攝眾生無有休息 遠八 二周徧利生即化用因果 三 願得三昧遊諸世界而於世間無所染著 化所依 願住諸世界無有疲厭教化眾生恒不休息 化時處 願起無量思慧方便成

就菩薩不思議道（知樂治） 願得諸方不迷惑智悉能分別一切世間（識病宜。三普嚴佛剎即淨土因果） 願得自在神通智力於一念中悉能嚴淨一切國土（神通智嚴淨事土） 願得普入諸法自性見一切世間悉皆清淨（入理智嚴法性土亦非嚴嚴故） 願得生起無差別智於一剎中入一切剎（事理無礙智嚴帝網土） 願以一切剎莊嚴之事顯示一切教化無量無邊眾生（以前三嚴用化眾生上四因圓） 願於一佛剎中示無邊法界一切佛剎悉亦如是願得自在大神通智普能往詣一切佛土（此二果滿。二迴向眾生三。初牒前起後） 佛子菩薩摩訶薩以諸善根願得莊嚴一切佛國願得周徧一切世界願得成就智慧觀察如為已身如是迴向如是而為一切眾生（從後倒牒前之三段。二正顯迴向） 所謂願一切眾生永離一切地獄畜生閻羅王趣願一切眾生除滅一切障礙之業（初二願離三障一報障二業障障礙之言義兼煩惱） 願一切眾生得周普心平等智慧願一切眾生於冤於親等心攝受皆令安樂智慧清淨願一切眾生智慧圓滿淨光普照願一切眾生思慧成滿了真實義（次四成四智） 願一切眾生以淨志樂趣求菩提獲無量智願一切眾生普能顯示安隱住處（後二結二果謂菩提涅槃菩提不唯四智故云無量。三辨迴向意） 佛子菩薩摩訶薩恒以善心如是迴向為令一切眾生遇清涼雲霔法雨故為令一切眾生常值福田勝境界故為令一切眾生皆能善入菩提心藏自護持故為令一切眾生離諸蓋纏善安住故為令一切眾生皆獲無礙神通智故為令一切眾生得自在身普示現故為令一切眾生成就最勝一切種智普興利益無空過故為令一切眾生普攝羣品令清淨故為令一切眾生皆能究竟一切智故為令一切眾生心不動搖無障礙故（三觸境迴向大同淨行對境發願文五。初列所見境） 佛子菩薩摩訶薩見可愛樂國土園林草木華果名香上服珍寶財物諸莊嚴具或見可樂村邑聚落或見帝王威德自在或見住處離諸諠雜（二觀境成德） 見是事已以方便智精勤修習出生無量勝妙功德為諸眾生勤求善法心無放逸廣集眾善猶如大海以無盡善普覆一切為眾善法所依之處（謂增悲智。三總明迴向） 以諸善根方便迴向而無分別開示無量種種善根智常觀察一切眾生心恒憶念善根境界以等真如平等善根迴向眾生無有休息（亦是迴向之意。四別明迴向） 菩薩爾時以諸善根如是迴向初句摠標標將說別上起行中云以諸善根方便迴向未知迴向其相云何故云爾時如是迴向。二別顯顯如是言三十一願皆言令得可愛樂者由見可愛樂境起可愛樂善願成可愛樂德。初橫對上境發等流願且約之十願對上國土所謂願一切衆生得諸如來可愛樂見見法真性平等平等無所取著圓滿清淨一若見國土當願衆生見法性土願一切衆生見諸如來甚可愛樂圓滿供養二土之供具願一切衆生往生一切無諸煩惱甚可愛樂清淨佛剎三通受用變化淨土願一切衆生得見諸佛可愛樂法願一切衆生常樂護持一切菩薩可愛樂行願一切衆生得善知識可愛樂眼見無所礙願一切衆生常見一切可愛樂物無有違逆願一切衆生證得一切可愛樂法而勤護持願一切衆生於一切佛可樂法中得淨光明願一切衆生修諸菩薩一切能捨可愛樂心餘七皆是土中之事可以意得對此一境發十願者以一例諸皆應有多不欲繁文下漸從略願一切衆生得無所畏能說一切可愛樂法願一切衆生得諸菩薩極可愛樂甚深三昧願一切衆生得諸菩薩甚可愛樂陀羅尼門次三願對上園林無漏法林無所畏故三昧摠持為園苑故願一切衆生得諸菩薩甚可愛樂善觀察智次之一願對上華木善觀三乘三草二水智差別故願一切衆生能現菩薩甚可愛樂自在神通願一切衆生能於諸佛大衆會中說可愛樂甚深妙法願一切衆生能以方便開示演說甚可愛樂差別之句次三對華神通等法如華開敷處衆開演皆華敷故果之一種留在後明此下一願以對一境願一切衆生常能發起甚可愛樂平等大悲大悲熏心以對名香願一切衆生念念發起甚可愛樂大菩提心常令諸根歡喜悅豫令根喜悅如彼上服願一切衆生能入一切甚可愛樂諸如來家生如來家得珍寶分願一切衆生得可愛樂能調伏行調伏衆生無有休息以調伏行為聖財物願一切衆生得諸菩薩甚可愛樂無盡辯才演說諸法無礙辯說為莊嚴具願一切衆生於不可說不可說劫住於一切可樂世界教化衆生心無厭倦可樂世界猶如村落願一切衆生以無量方便普能悟入甚可愛樂諸佛法門悟入多門等彼城邑願一切衆生得可愛樂無礙方便知一切法無有根本無礙無本如彼聚落願一切衆生得可愛樂離貪欲際知一切法畢竟無二斷一切障畢竟無二若國無二王願一切衆生得可愛樂離貪欲際知一切法平等真實證離欲際方得自在願一切衆生具足成滿一切菩薩甚可愛樂無戲論法無戲論法為離諠雜願一切衆生得金剛藏精進之心成可愛樂一切智道願一切衆生具可愛樂無礙善根摧伏一切煩惱寃敵願一切眾生得可愛樂一切智門普於世間現成正覺後之三句即對前果。二將前經豎對地位以彰總顯謂隨見一境即發多願該因果故文分為二初二十八句以顯因圓後三果滿前中分三初七未入法者令得入法即是地前次十七句顯寂入法後之四句顯定入地令初入法一最初發心同佛見理二行法供養此二十信三生諸佛前四解心見法此二十住五如說行即是十行六同善友見七觸境無違此二十向。二證得下十七類已入法者令得入地初三初地一證如理二得教光三成施行次句二地行不虧誤犯故無所畏愛語偏多故能說法次二句三地行智諸禪定求多聞故次有三類如次三地謂鋮慧觀道品難勝具神通現前深般若次方便下二類七地行謂方便偏多故雖善修空無相而慈悲不捨眾生故云平等大悲次二句八地行謂諸佛勸起利他大心無間現前常悅豫故得無生忍真生佛家故次二句九地行善知稠林能調伏故四十無礙辯善說法故次二十地行得入劫智入微塵世界等廣利樂故能受如來大法雨故。三有四類已入地者成普賢位初一切境中得無礙見覺法本源無根本故二得無二住斷二障故三住真實際等如來故四得寂滅忍無戲論故。第二三類明果滿者即是三德初金剛智而為能斷次離二礙以為所斷此為無間道後一解脫道證成出現智周法界故用前二釋文旨有據次第無差金剛幢之巧該非說者之穿鑿也五迴向成益佛子菩薩摩訶薩修習如是諸善根時上明得時下明得智正顯十句攝為五對得智慧明為善知識之所攝受以因感緣由智內明外為友攝如來

慧日明照其心永滅癡冥以緣感因外蒙慧照內滅癡冥此除障益勤修正法入諸智業由勤修入三慧業此明學益善學智地流布善根充滿法界上學證智自善普充此證入益以智迴向盡諸菩薩善根源底以智深入大方便海成就無量廣大善根盡善福源入實智海此成二嚴益即為向實際之本以智窮入故。二離相迴向即向實際此與前諸迴向小異前多攝相歸性今有依性起相令此多顯性相無礙以為如相故上諸標文皆顯前隨相之時令不對前以成無礙故無時字文分為二初直明迴向二初順如之行二初約心明則止觀雙運不著有無二。初止寂妄取不違體用佛子菩薩摩訶薩以此善根如是迴向所謂不著世間不取眾生上二句標下二句釋其心清淨無所依止無所取故正念諸法離分別見離能取故次明其不違不捨一切佛自在慧不違因不違三世一切諸佛正迴向門不違法隨順一切平等正法不壞如來真實之相不違果所以不違者不著無故。二觀違空有信智雙融等觀三世無眾生相觀其真空善順佛道善說於法深了其義

入最勝地悟真實法智慧圓滿信樂堅固觀其妙有。二別約行明則權實雙行不違性相雖善修正業而知業性空初句立宗以無礙為宗了一切法皆如幻化次句同喻如幻相有即虛故後合及出所因知一切法無有自性法無性故觀一切義及種種行隨世言說而無所著除滅一切執著因緣觀無著故上二順於空如知如實理觀諸法性皆悉寂滅了一切法同一實相知一實故則順不空如知諸法相不相違背結成無違與諸菩薩而共同止修行其道善攝眾生入去來今一切菩薩迴向之門後二句結成所作謂能橫入一道豎入一門。二順如之益十句五對令四心獨圓於諸佛法心無驚怖以無量心令諸眾生普得清淨上安源法下淨眾生即廣大心於十方世界不起執取我我所心於諸世間無所分別二我不生世見斷絕即不顛倒心於一切境界不生染著勤修一切出世間法於境無染出世勤修於諸世間無取無

依於深妙道正見牢固不依世間正道唯固上二即第一心無住涅槃為第一故離諸妄見了真實法妄見斯寂了實體同即是常心常不捨離同體悲故。二對如廣辨如相迴向生此段文略以五門分別一釋名真謂真實顯非虛妄如謂如常表無變易此法相宗若法性宗云不變為真順緣曰如由不變故與有為法有非一義由順緣故與有為法有非異義而起信云無遣曰真無立曰如唯就遮詮頌彰真理。二明種類或唯一味無有差別或分為二即生空真如法空真如又安立非安立二又空不空二並如常釋或分為三約三性辨如瑜伽等或分為七謂一流轉真如即諸行流轉實性二實相真如謂思惟諸法無二我性三唯識真如即唯識性四安立五邪行六清淨七正行上四依次四諦體性如顯揚說或分為十十地當明或有百門十十無盡如今經辨上來所列皆是其中之一義耳設言通一切法亦一義耳。三辨德用三一成依持之用與一切法而為所依此能持故二成觀境謂為賢聖證觀境故亦是百門之一德耳。起信論中說有三大一體大真如平等不增減故二相大具足無量性功德故三用大能成一切世出世間善因果故。然彼依心說於三大真如乃是其一以一統二二皆屬如。然違與名惡契如則滅順真為善稱如則大約善順義故說如為善之因然違順雖殊若離於如則無可違故心亦以如為體若會此經百門之內或約體說或相說用或兼體用實則一一皆通體等故為百門融通現事使重重無盡猶如帝網。四約教不同可以準思五釋文者然此百門古釋非一英法師將百句經十十分之如其次第配於十位一賢首位二十住三十行四十向五淨心地六行迹地七決定地八究竟地九等覺十佛地中如更有諸德各分十門賢首大

師並皆不許遠公分三杓十配地前次八十八句配地上後二句佛地中如。理皆難通佛地何以無前如德如第一門第二句中真實為性何以不得通於諸位若取隨位之德以立如名如十地十如理則可通然又不出其相實則百門之德必貫之於一如能如之德豈無異相異相雖見且從不分分亦無過故末句云究竟清淨義同於果。今且十十科之以配十地十種真如。初徧一切及無相為相等即徧行真如之義二中無能測量無有比對即最勝義三中於法無礙為衆法眼即勝流義四中無著無住等即無攝受義五中畢竟無盡無有變易即類無別義六中無有分別體性無生即無染淨義七中無所不在住有無法即法無別義八中體性清淨體性平等即不增減義九中徧一切法是佛境界即智自在義十中住一切地成就一切諸佛菩薩等即業自在義已上十門每門各於本科之中取經二句配於十地十種真如餘八十句可以類取。隨地別顯唯說十如一具一切十十成百欲顯如德無量無邊。地前通修等覺徧等如來窮證然異從義別體本常融但契一如自會衆德非由作意順差別如能同迴向亦融攝無礙。稱如起行體即是如但人信如德尚迷迴向故以如德喻迴向德若取文義便者應云真如體相徧一切處善根迴向以同如故亦徧一切無邊際等又徧一切方得同如。百門之內各有二句上即所同之如德善根已下能同迴向之德初有十如顯徧行德譬如真如徧一切處無有邊際善根迴向亦復如是徧一切處無有邊際顯在緣中故無不徧譬如真如真實為性善根迴向亦復如是了一切法真實為

性明其不變故云真實譬如真如恒守本性無有改變善根迴向亦復如是守其本性始終不改明隨緣即不變云守本性譬如真如以一切法無性為性善根迴向亦復如是了一切法無性為性示其性譬如真如無相為相善根迴向亦復如是了一切法無相為相示其相此五一向如以辨就譬如真如若有得者終無退轉善根迴向亦復如是若有得者於諸佛法永不退轉譬如真如一切諸佛之所行處善根迴向亦復如是一切如來所行之處次二對智以說故為智境譬如真如離境界相而為境界善根迴向亦復如是離境界相而為三世一切諸佛圓滿境界顯真如非境為境謂要安境方契如境如之本性非安立故譬如真如能有安立善根迴向亦復如是悉能安立一切衆生即安立如譬如真如性常隨順善根迴向亦

復如是盡未來劫隨順不斷（即如常之義餘可思準逐）譬如真如無能測量善根迴向亦復如是等虛空界盡眾生心無能測量譬如真如充滿一切善根迴向亦復如是一剎那中普周法界（充滿一切者謂若色若心若大若小等極微剎那亦皆圓滿非離諸法故諸法分分則多過即由此義及下四十不分滿故如不可隨如遍一塵中故下界中得此門故一毛容納一切剎等）譬如真如常住無盡善根迴向亦復如是究竟無盡譬如真如無有比對善根迴向亦復如是普能圓滿一切佛法無有比對（無比對者真法性不並故）譬如真如體性堅固善根迴向亦復如是體性堅固非諸惑惱之所能沮（惑不能沮）譬如真如不可破壞善根迴向亦復如是一切眾生不能損壞（人不能壞）譬如真如照明為體善根迴向亦復如是以普照明而為其性（即寂而照如常用智故）譬如真如無所不在

善根迴向亦復如是於一切處悉無不在譬如真如遍一切時善根迴向亦復如是遍一切時譬如真如性常清淨善根迴向亦復如是住於世間而體清淨（三有十如顯勝流德）譬如真如於法無礙善根迴向亦復如是周行一切而無所礙譬如真如為眾法眼善根迴向亦復如是能為一切眾生作眼（既以照明為體何無照燭之眼又由見如成法眼故大燭若云）（三世諸佛皆以佛眼性空而為）譬如真如性無勞倦善根迴向亦復如是修行一切菩薩諸行恒無勞倦譬如真如體性甚深善根迴向亦復如是其性甚深譬如真如無有一物善根迴向亦復如是了知其性無有一物譬如真如性非出現善根迴向亦復如是其體微妙難可得見譬如真如離眾垢翳善根迴向亦復如是慧眼清

淨離諸癡翳譬如真如性無與等善根迴向亦復如是成就一切諸菩薩行最上無等譬如真如體性寂靜善根迴向亦復如是善能隨順寂靜之法譬如真如無有根本善根迴向亦復如是能入一切無根本法（無根本者前無所依故即無住本故四有十如顯無攝受德）譬如真如體性無邊善根迴向亦復如是淨諸眾生其數無邊譬如真如體性無著善根迴向亦復如是畢竟遠離一切諸著譬如真如無有障礙善根迴向亦復如是除滅一切世間障礙譬如真如非世所行善根迴向亦復如是非諸世間之所能行譬如真如體性無住善根迴向亦復如是一切生死皆非所住譬如真如性無所作善根迴向亦復如是一切所作悉皆捨離譬如真如體性

安住善根迴向亦復如是安住眞實（安住者由無所住安住眞實故）譬如眞如與一切法而共相應善根迴向亦復如是與諸菩薩聽聞修習而共相應譬如眞如一切法中性常平等善根迴向亦復如是於諸世間修平等行譬如眞如不離諸法善根迴向亦復如是盡未來際不捨世間○五有十如（顯類無別德）譬如眞如一切法中畢竟無盡善根迴向亦復如是於諸衆生迴向無盡（畢竟無盡者雖在諸法諸法盡而體常又正在法中取不可盡如芥子之空故）譬如眞如與一切法無有相違善根迴向亦復如是不違三世一切佛法譬如眞如普攝諸法善根迴向亦復如是盡攝一切衆生善根譬如眞如與一切法同其體性善根迴向亦復如是與三世佛同一體性譬如眞如與一切法不相捨離善根迴向亦復如是攝持一切世出世法譬如眞如無能映蔽善根迴向亦復如是一切世間無能映蔽譬如眞如不可動搖善根迴向亦復如是一切魔業無能動搖譬如眞如性無垢濁善根迴向亦復如是修菩薩行無有垢濁譬如眞如無有變易善根迴向亦復如是愍念衆生心無變易譬如眞如不可窮盡善根迴向亦復如是非諸世法所能窮盡○六有十如（顯無染淨德）譬如眞如性常覺悟善根迴向亦復如是普能覺悟一切諸法（性常覺悟者能內熏發起厭求故）譬如眞如不可失壞善根迴向亦復如是於諸衆生起勝志願永不失壞（不可失壞者在於生死染而不染故）譬如眞如能大照明善根迴向亦復如是以大智光照諸世間（即大智光明徧照法界義）譬如眞如不可言說善根迴向亦復如是一切言語所不可說（離言眞如）譬如眞如持諸世間善根迴向亦復如是能持一切菩薩諸行譬如眞如隨世言說善根迴向亦復如是隨順一切智慧言說譬如眞如徧一切法善根迴向亦復如是徧於十方一切佛刹現大神通成等正覺譬如眞如無有分別善根迴向亦復如是於諸世間無所分別譬如眞如徧一切身善根迴向亦復如是徧十方刹無量身中譬如眞如體性無生善根迴向亦復如是方便示生而無所生（七有十如顯法無差別德）譬如眞如無所不在善根迴向亦復如是十方三世諸佛土中普現神通而無不在（無所不在者上徧一切即無邊際今隨一一法皆全在中）譬如眞如徧在於夜善根迴向亦復如是於一切夜放大光明施作佛事（在晝夜乃

至第七盡未來者一念長劫各各收如各各依如故得念劫互收至入辟如眞如徧在於晝善根迴向亦復如是悉令一切在晝衆生見佛神變演不退輪離垢清淨無空過者辟如眞如徧在半月及以一月善根迴向亦復如是於諸世間次第時節得善方便於一念中知一切時辟如眞如徧在年歲善根迴向亦復如是住無量劫明了成熟一切諸根皆令圓滿辟如眞如徧成壞劫善根迴向亦復如是住一切劫清淨無染教化衆生咸令清淨辟如眞如盡未來際善根迴向亦復如是盡未來際修諸菩薩清淨妙行成滿大願無有退轉辟如眞如徧住三世善根迴向亦復如是令諸衆生於一刹那見三世佛未曾一念而有捨離辟如眞如徧一切處善根迴向亦復如是超出三界周行一切悉得自在辟如眞如住有無法善根迴向亦復如是了達一切有無之法畢竟清淨住有無者理無惑計有無常實故凡有十如顯無增減德辟如眞如體性清淨善根迴向亦復如是能以方便集助道法淨治一切諸菩薩行辟如眞如體性明潔善根迴向亦復如是令諸菩薩悉得三昧明潔之心性覺爲明離念爲潔辟如眞如體性無垢善根迴向亦復如是遠離諸垢滿足一切諸清淨意辟如眞如無我我所善根迴向亦復如是以無我我所清淨之心充滿十方諸佛國土辟如眞如體性平等善根迴向亦復如是獲得平等一切智智照了諸法離諸癡翳辟如眞如超諸數量善根迴向亦復如是與超數量一切智乘大力法藏而同止住興徧十方一切世界廣大法雲辟如眞如平等安住善根迴向亦復如是發生一切諸菩薩行平等住於一切智道辟如眞如徧住一切諸衆生界善根迴向亦復如是滿足無礙一切種智於衆生界悉現在前辟如眞如無有分別普住一切音聲智中善根迴向亦復如是具足一切諸言音智能普示現種種言音開示衆生辟如眞如永離世間善根迴向亦如是普使衆生永出世間

大方廣佛華嚴經疏卷第四十八　遠八

大方廣佛華嚴經疏卷第四十九(入第三十卷經下半)　違九

清涼山沙門　澄觀述　晉水沙門　淨源錄疏注經

(九有十如顯智自在所依德)譬如真如體性廣大善根迴
向亦復如是悉能受持去來今世廣大
佛法恒不忘失勤脩一切菩薩諸行譬
如真如無有間息善根迴向亦復如是
為欲安處一切衆生於大智地於一切
劫脩菩薩行無有間息譬如真如體性
寬廣徧一切法善根迴向亦復如是淨
念無礙普攝一切寬廣法門譬如真如
徧攝羣品善根迴向亦復如是證得無
量品類之智修諸菩薩真實妙行譬如
真如無所取着善根迴向亦復如是於
一切法皆無所取除滅一切世間取著
普令清淨譬如真如體性不動善根迴
向亦復如是安住普賢圓滿行願畢竟
不動譬如真如是佛境界善根迴向亦
復如是令諸衆生滿足一切大智境界
滅煩惱境悉令清淨譬如真如無能制
伏善根迴向亦復如是不為一切衆魔
事業外道邪論之所制伏譬如真如非
是可修非不可脩善根迴向亦復如是
捨離一切妄想取着於修不修無所分
別(非可修者無所得故非不可修者為聖境故)譬如真如無有退
捨善根迴向亦復如是常見諸佛發菩
提心大誓莊嚴永無退捨(十有十如顯業自在所依德)譬
如真如普攝一切世間言音善根迴向
亦復如是能得一切差別言音神通智
慧普發一切種種言辭譬如真如於一
切法無所希求善根迴向亦復如是令
諸衆生乘普賢乘而得出離於一切法
無所貪求譬如真如住一切地善根迴
向亦復如是令一切衆生捨世間地住
智慧地以普賢行而自莊嚴譬如真如
無有斷絕善根迴向亦復如是於一切
法得無所畏隨其類音處處演說無有
斷絕譬如真如捨離諸漏善根迴向亦
復如是令一切衆生成就法智了達於
法圓滿菩提無漏功德(捨離諸漏者準梵本云阿那薩擽嚩此云無漏今言捨者性本捨故由心體離念)譬如真如無有少法而
能壞亂令其少分非是覺悟善根迴向
亦復如是普令開悟一切諸法其心無
量徧周法界(無有少法而能壞亂令其少分非是覺悟者如徧非情則有少分非是覺悟況經云佛性除於瓦石論云在非情數中名為法性在有情數中名為佛性明知非情非有覺性故應釋言以性從緣則情非情異為性亦殊如涅槃等泯緣從性則非覺不覺本絕百非言亡四句若二性互融則無非覺悟起信云以色性即智性故說名智身以智性即色性故說名法身徧一切處論云菩提斷俱名為菩提說智及智處俱名為般若亦可證此既二性相即緣復即性故無少分非覺悟者況心為總相又融攝重重哉)譬如真如過去非始未來非

未現在非異善根迴向亦復如是為一切衆生新新恒起菩提心願普使清淨永離生死過去非始等者過去初際所以名始未來為終故偏為未現在似有已未今之無暫住時故名為異今明真如雖偏三世之中體絶三世初中後相故並言非迴向亦爾雖為衆生新新起願同依真如偏三世中而令永離三世生死之相方名清淨而晉本云過去非同未來非故現在非異若以今文會取非同過去之始雖在未來非是性本故有又晉經誤將後門三世無分別同入此門致令百數關一紛然異解繁不叙之言三世無分別者前約遮詮不同三世今約顯詮常無分別意言相似故晉本合之耳又上不同三世揔顯非新今無分別亦明非故而性相互融能新能故新故雙絶矣譬如真如於三世中無所分別善根迴向亦復如是現在念念心常覺悟過去未來皆悉清淨譬如真如成就一切諸佛菩薩善根迴向亦復如是發起一切大願方便成就諸佛廣大智慧譬如真如究竟清淨不與一切諸煩惱俱善根迴向亦復如是能滅一切衆生煩惱圓滿一切清淨智慧三迴向成益佛子菩薩摩訶薩如是迴向時得一切佛刹平等普嚴淨一切世界故得一切衆生平等普為轉無礙法輪故得一切菩薩平等普出生一切智願故得一切諸佛平等觀察諸佛體無二故違九得一切法平等四普知諸法性無易故得一切世間平等以方便智善解一切語言道故得一切菩薩行平等隨種種善根盡迴向故得一切時平等勤脩佛事於一切時無斷絶故得一切業果平等於世出世所有善根皆無染著咸究竟故得一切佛自在神通平等隨順世間現佛事故三依釋結名佛子是為菩薩摩訶薩第八真如相迴向二位果菩薩摩訶薩住此迴向上牒得因下正顯所得文有十句初揔證得無量清淨法門能為如來大師子吼自在無畏餘別以善方便教化成就無量善薩於一切時未曾休息得佛無量圓滿之身一身充徧一切世界得佛無量圓滿音聲一音開悟一切衆生得佛無量圓滿之力一毛孔中普能容納一切國土得佛無量圓滿神通違九直諸衆生於一五塵中得佛無量圓滿解脫於一衆生身示現一切諸佛境界成等正覺得佛無量圓滿三昧一三昧中普能示現一切三昧得佛無量圓滿辯才說一句法窮未來際而不可盡悉除一切衆生疑惑得佛無量圓滿衆生具佛十力盡衆生界示成正覺皆云無量者同如廣大無窮盡故皆云得佛者同佛所證故能作佛事故二揔以結示佛子是為菩薩摩訶薩以一切善根順真如相迴向三應頌四初隨相云初所迴行體爾時金剛幢菩薩承佛威力普觀十方而說頌言

菩薩志樂常安住　正念堅固離癡惑

其心善軟恒清涼　積集無邊功德行
菩薩謙順無違逆　所有志願悉清淨
已得智慧大光明　善能照了一切業
二有四偈頌前迴向之行　菩薩思惟業廣大
種種差別甚希有　決意修行無退轉
以此饒益諸群生　諸業差別無量種
菩薩一切勤修習　隨順衆生不違意
普令心淨生歡喜　已升調御人尊地
離諸熱惱心無礙　於法於義悉善知
為利群生轉勤習　菩薩所修衆善行
無量無數種種別　於彼一切分別知
為利群生故迴向五二頌離相迴向二。初九頌對如廣辨
以妙智慧恒觀察　究竟廣大真實理
斷諸有處悉無餘　如彼真如善迴向
譬如真如徧一切　如是普攝諸世間
菩薩以此心迴向　悉令衆生無所着

菩薩願力徧一切　譬如真如無不在
若見不見念悉周　悉以功德而迴向
夜中隨住晝亦住　半月一月亦隨住
若年若劫悉住中　真如如是行亦然
所有三世及刹土　一切衆生與諸法
悉住其中無所住　以如是行而迴向
譬如真如本自性　菩薩如是發大心
真如所在無不在　以如是行而迴向
譬如真如本自性　其中未曾有一法
不得自性是真性　以如是業而迴向
如真如相業亦爾　如真如性業亦爾
如真如性本真實　業亦如是同真如
譬如真如無邊際　業亦如是無有邊
而於其中無縛着　是故此業得清淨
二有七偈卸頌約法直明　如是聰慧真佛子
志願堅固不動搖　以其智力善通達

入於諸佛方便藏　覺悟法王真實法
於中無着亦無縛　如是自在心無礙
未曾見有一法起　如來法身所作業
一切世間如彼相　說諸法相皆無相
知如是相是知法　菩薩住是不思議
於中思議不可盡　入此不可思議處
思與非思皆寂滅　如是思惟諸法性
了達一切業差別　所有我執皆除滅
住於功德無能動　菩薩一切業果報
悉為無盡智所印　如是無盡自性盡
是故無盡方便滅　菩薩觀心不在外
亦復不得在於內　知其心性無所有
我法皆離永寂滅菩薩住是不思議等宜善思之。三六偈頌迴向成益
彼諸佛子如是知　一切法性常空寂
無有一法能造作　同於諸佛悟無我
了知一切諸世間　悉與真如性相等

見是不可思議相　是則能知無相法
若能住是甚深法　常樂修行菩薩行
為欲利益諸羣生　大誓莊嚴無退轉
是則超過於世間　不起生死妄分別
了達其心如幻化　勤修衆行度羣生
菩薩正念觀世間　一切皆從業緣得
為欲救度修諸行　普攝三界無遺者
了知衆生種種異　悉是想行所分別
於此觀察悉明了　而不壞於諸法性
（四有一偈結迴向意）　智者了知諸佛法
以如是行而迴向　哀愍一切諸衆生
令於實法正思惟（此下入第三十一經ㄙ第九無着無縛解脫迴向長行亦先位行三。初牒名徵起）佛子云何為菩薩摩訶薩無着無縛解脫迴向（謂理智無依不為能所見著相惑所縛由此即名解脫此約行體釋之故本業云以諸法無二般若無生二諦平等三世一合相故。又解脫者亦作用自在如不思議等此約行用由攝善根皆用迴向普賢三業無邊自在德用故。於何無縛着耶謂心等十以自身有心身口業果及所作佛事有世界佛刹衆生法智等故不為何等所縛着耶略如上說別有十事五對一由離凡故不縛生死以出小乘不着二乘二離六識取不縛外境離第七執不着於內三離現行縛無種子着四不取有縛不執空着五無惑障縛無智障着皆縛麤着細若約一事由着故縛義如總中或縛着一義。此約無礙大用受名通能所迴向。約脫惑障無縛無着即是解脫約用解脫乃無縛着之解脫若望心等亦是無縛着之心。即上體用並為其性ㄙ二依徵廣釋三。初明所迴善根）佛子是菩薩摩訶薩於一切善根心生尊重（揔標尊重以一毫之善皆佛因故無非從佛之所流故次別顯）所謂於出生死心生尊重於攝取一切善根心生尊重於希求一切善根心生尊重於悔諸過業心生尊重於隨喜善根心生尊重於禮敬諸佛心生尊重於合掌恭敬心生尊重於頂禮塔廟心生尊重於勸佛說法心生尊重（後揔結）於如是等種種善根皆生尊重隨順忍可（二能迴向行二。初仍前進修擬將迴向）佛子菩薩摩訶薩於彼善根皆生尊重隨順忍可時（先揔標前後別顯修相文有十句前五修前即釋尊重等言）究竟欣樂（欣樂故集重）堅固信解（信解故忍可）自得安住（自隨順）令他安住（令他順）勤修無著（揔顯無着以談上四後五進修）自在積集（積集勝進）成勝志樂（志樂普賢無方德用）住如來境（上入佛境）勢力增長（善根增勢）悉得知見（知見逾明。二正明顯行義有十門文分為二初廣顯其相二初明衆生及菩提迴向二實際迴向前明廣大後顯甚深廣大迴向有六十一門甚深之內有二十門并前尊重進修後二十門揔有百一門顯圓融無盡深廣無礙為大迴向就廣大中六十一門廣顯普賢自在德用大分為二。初四門揔顯）以諸善根如是迴向所謂以無着無縛解脫心成就普賢身業以無著無縛解脫心清淨普賢語業以無着無縛解脫心圓滿普賢意業以無着無縛解脫心發起普賢廣大精進（前三成三業以下諸門不出三業故後一精進通策萬行故於中無着無縛解脫心是能迴向之心成就普賢身業正是所向他皆倣此前諸善根即是所迴故以諸善根之言下流八十門內此一迴向不願成佛成普賢者以普賢通於位前及以位後得道不捨因行窮盡生界利樂有情故願成普賢兼二迴向三別顯一一門內皆攝法界自在德用或理或行或智或境或自行或化生或體或用或因或果或人或法皆各揔攝一切法故不可一一相從別料簡今為二初二十三門顯普賢自分究竟即位中普

（寶從三十三門顯普賢勝進究竟即位後普賢二分無礙是普賢德前即因圓果滿後即得道不捨因行故二段中皆含因果今初分三初四成普賢德持德二有十二頌成普賢自在力用三有七頌成普賢行然諸門德多約三業。初成普賢摠持德亦具三業）以無着無縛解脫心具足普賢無礙音聲陀羅尼門其聲廣大普徧十方（語業摠持）以無着無縛解脫心具足普賢見一切佛陀羅尼門恒見十方一切諸佛（身業見佛）以無着無縛解脫心成就解了一切音聲陀羅尼門同一切音說無量法（意業解了）以無着無縛解脫心成就普賢一切劫住陀羅尼門普於十方修菩薩行（三業用之時處標名約時辨用約處文互顯耳〇二成就普賢自在力用二。初一多攝入自在）以無着無縛解脫心成就普賢自在力於一衆生身中示修一切菩薩行盡未來劫常無間斷如一衆生身一切衆生身悉亦如是以無着無縛解脫心成就普賢自在力普入一切衆道場普現一切諸佛前修菩薩行以無着無縛解脫心成就普賢佛自在力於一門中示現經不可說不可說劫無有窮盡令一切衆生皆得悟入以無着無縛解脫心成就普賢佛自在力於種種門中示現經不可說不可說劫無有窮盡令一切衆生皆得悟入其身普現一切佛前以無着無縛解脫心成就普賢自在力念念中令不可說不可說衆生住十力智心無疲倦以無着無縛解脫心成就普賢自在力於一切衆生身中現一切佛自在神通令一切衆生住普賢行以無着無縛解脫心成就普賢自在力於一一衆生語言中作一切衆生語言令一切衆生一一皆住一切智地以無着無縛解脫心成就普賢自在力於一一衆生身中普容納一切衆生身令皆自謂成就佛身以無着無縛解脫心成就普賢自在力能以一華莊嚴一切十方世界（文有三業化時處等。二廣大自在）以無着無縛解脫心成就普賢自在力出大音聲普徧法界周聞一切諸佛國土攝受調伏一切衆生以無着無縛解脫心成就普賢自在力盡未來際不可說不可說劫於念念中悉能徧入一切世界以佛神力隨念莊嚴以無着無縛解脫心成就普賢自在力盡未來際所住之劫常能徧入一切世界示現成佛出興於世（三成普賢行二。初四頌成神通）以無着無縛解脫心成普賢行一光普照盡虛空界一切世界以無着無縛解脫心成普賢行得無量智慧具一切神通說種種法以無着無縛解脫心成普賢行入於如來盡一切劫不可測量神通智慧以無着無縛解脫心成普賢行住盡法界諸如來所以佛神力脩習一切諸菩薩行身口意業習無懈倦 二三類成四辯才 以無着無縛解脫心成普賢行不違於義不壞於法言辭清淨樂說無盡教化調伏一切衆生令其當得一切諸佛無上菩提以無着無縛解脫心脩普賢行入一法門時放無量光照不思議一切法門如一法門一切法門皆亦如是通達無礙究竟當得一切智地以無着無縛解脫心住菩薩行於法自在到於普賢莊嚴彼岸於一一境界皆以一切智觀察悟入而一切智亦不窮盡 初一總具四辯文二別顯法義初法後義即顯果海究竟二三十四門顯普賢勝進究竟即位中普賢而言因者乃果中之因文分爲三初九門攝法廣大自在德六初三顯成智 以無着無縛解脫心

始從此生盡未來際住普賢行常不休息得一切智悟不可說不可說真實法於法究竟無有迷惑以無着無縛解脫心脩普賢業方便自在得法光明於諸菩薩所行之行照了無礙以無着無縛解脫心脩普賢行得一切方便智知一切方便所謂無量方便不思議方便菩薩方便一切智方便一切菩薩調伏方便轉無量法輪方便不可說時方便說種種法方便無邊際無畏藏方便說一切法無餘方便 前一實智後二方便智初是照行方便後一照方便之方便 二有二類成利益不空三業 以無着無縛解脫心住普賢行成就身業令一切衆生見者歡喜不生誹謗發菩提心永不退轉究竟清淨以無着無縛解脫心修普賢行得了一切衆生語言清淨智一切言辭具足莊

嚴普應衆生皆令歡喜 三一類廣大三業 以無着無縛解脫心住普賢行立殊勝志具清淨心得廣大神通廣大智慧普詣一切廣大世間廣大國土廣大衆生所說一切如來不可說廣大法廣大莊嚴圓滿藏 廣大衆生者具大心故 四一類成清淨三業 以無着無縛解脫心成滿普賢迴向行願得一切佛清淨身清淨心清淨解攝佛功德住佛境界智印普照示現菩薩清淨之業善入一切差別句義示諸佛菩薩廣大自在爲一切衆生現成正覺 五一類種諸根三業 以無着無縛解脫心勤脩普賢諸根行願 別有十四 根皆以勝用增上光顯義故立以根名初三聰利等三根約眼等六教五受根 得聰利根調順根一切法自在根 聰利者領覽敏疾故調順者內無剛強故自在者外境不牽故餘約信等五根 無盡根勤修一切善根根一切佛境界平等根受一切菩薩不

退轉記大精進根初一信根信心無盡故亦兼命根次一進次一念唯念佛平等故次一定及精進以不退轉是定義餘七皆慧了知一切佛法金剛界根金剛界根義通定慧金剛三昧即是定故金剛正智即是慧故界即是性智了心性名上定故亦即未知當知根現觀位中得不壞故一切如來智慧光照金剛𦦨根金剛𦦨者𦦨通理事及能所故即已知根已成智故離世間品云如金剛根證知一切諸法性故即此界根又云金剛光𦦨根普照一切佛境界故佛境有二一所觀境通於事理二分齊境即能觀智亦得稱境分別一切諸根自在根安立無量衆生於一切智根無邊廣大根上三調化下二果圓惑淨一切圓滿根清淨無礙根上句果圓下句惑淨即具知根也六一類神力三業以無着無縛解脫心脩普賢行得一切菩薩神力所謂無量廣大力神力無量自在智神力不動其身普現一切佛剎神力無礙不斷自在神力普攝一切佛剎置於一處神力一身徧滿一切佛剎神力無礙解脫游戲神力無所作一念自在神力住無性無

依神力一毛孔中次第安立不可說世界徧游法界諸佛道場示諸衆生皆令得入大智慧門神力文雖闕語義亦兼具ム二相即相入重重德六。初三入普賢門以無著無縛解脫心入普賢門生菩薩行以自在智於一念頃普入無量諸佛國土一身容受無量佛剎獲能嚴淨佛國土智恒以智慧觀見無邊諸佛國土永不發起二乘之心行門以無著無縛解脫心修普賢方便行入智慧境界生如來家住菩薩道具足不可說不可說無量不思議殊勝心行無量願未曾休息了知三世一切法界智門以無著無縛解脫心成就普賢清淨法門於一毛端量處悉包容盡虛空徧法界不可說不可說一切國土皆使明見如一毛端量處徧法界虛空界一一毛端量處悉

亦如是法門。二三願成普賢方便以無著無縛解脫心成就普賢深心方便於一念心中現一衆生不可說不可說劫念心如是乃至現一切衆生爾許劫念心深心方便以契理深心故於一心能現多心以無著無縛解脫心入普賢迴向行方便地於一身中悉能包納盡法界不可說不可說身而衆生界無所增減如一身乃至周徧法界一切身悉亦如是迴向方便一身悉包一切諸身但向一身已向一切故云方便以無著無縛解脫心成就普賢大願方便捨離一切想倒心倒見倒普入一切諸佛境界常見諸佛虛空界等清淨法身相好莊嚴神力自在常以妙音開示演說無礙無斷令其聞者如說受持於如來身了無所得大願方便以無得心入佛境故。三二願入普賢位二。初一始入於地故能入剎無礙以無著無縛解脫心修普賢行住菩薩地於

一念中入一切世界所謂入仰世界覆世界不可說不可說十方網一切處廣大世界以因陀羅網分別方便普分別一切法界以種種世界入一世界以不可說不可說無量世界入一世界以一切法界所安立無量世界入一世界以一切虛空界所安立無量世界入一世界而亦不壞安立之相悉令明見。（後一終成故得灌頂）（成智）以無著無縛解脫心脩習普賢菩薩行願得佛灌頂於一念中入方便地成滿安住衆行智寶悉能了知一切諸想（標餘所知）所謂衆生想法想剎想方想佛想（進九）（十八）世想業想行想界想解想根想時想持想煩惱想清淨想成熟想見佛想轉法輪想聞法解了想調伏想無量想出離想種種地想無量地想菩薩了知想菩薩脩習想菩薩三昧想菩薩三昧起想菩薩成想菩薩壞想菩薩歿想菩薩生想菩薩解脫想菩薩自在想菩薩住持想菩薩境界想劫成壞想明想闇想晝想夜想半月一月一時一歲變異想去想来想住想坐想睡想覺想（列所知想有五十二）（共業行界解根皆十力智所知如初會釋餘亦攝在其內持謂執持善惡地謂斷證分齊菩薩成者解行立命菩薩壞者戒見邪命餘皆可知）如是等想於一念中悉能了知而離一切想無所分別斷一切障無所執著一切佛智充滿其心一切佛法長其善根與諸如來等同一身一切諸佛之所攝取離垢清淨一切佛法皆（進九）（十九）隨脩學到於彼岸（結能知德謂離四過失具五功德。四四願成普賢智）以無着無縛解脫心爲一切衆生修普賢行生大智寶於一一心中知無量心隨其依止隨其分別隨其種性隨其所作隨其業用隨其相狀隨其思覺種種不同靡不明見（成行智無機不知以化衆生爲其行故）以無著無縛解脫心成就普賢大願智寶於一處中知於無量不可說處如於一處於一切處悉亦如是（大願智無處不知願攝化故）以無着無縛解脫心修習普賢行業智地於一業中能知無量不可說不可說業其業各以種種緣造明了知見如於一業於一切業悉亦如是（窮業智了因緣故）以無着無縛解脫心脩習普賢知諸法智於一法中知不可說不可說法於一切法中而知一法如是諸法各各差別無有障礙無違無着（知法智知化法故。五二願成普賢聽說）以無着無縛解脫心住菩薩行得具普賢無礙耳根於一言音中知不可說不可說言音無量無邊種種差別而無所著如於一言音於一切言音悉亦如是（耳無不聽）以無着無縛解脱心修普賢智起普賢行住普賢地於一一法中演說不可說不可說法其法廣大種種差別教化攝受不可思議方便相應於無量時於一切時隨諸衆生所有欲解隨根隨時以佛音聲而爲說法以一妙音令不可說道場衆會無量衆生皆悉歡喜一切如來所無量菩薩充滿法界立殊勝志生廣大見究竟了知一切諸行住普賢地隨所說法於念念中悉能證入一刹那頃增長無量不可說不可說大智慧聚盡未來劫如是演說於一切刹修習廣大虛空等行成就圓滿（舌無不演。六一類成知根德一攝一切）以無着無縛解脱心脩習普賢諸根行門成大行王於一一根中悉能了知無量諸根無量心樂不思議境界所生妙行（大行王者以攝知根於諸化行皆自在故於一根知一切根者有其二義一約理融二約事別謂如一人有多乘根性一一乘中有無量品如敎聞中有信行法行等此二更有退思護住等上中下根隨於一品復有信等種種善根之異）

大方廣佛華嚴經疏卷第四十九　遠九

大方廣佛華嚴經疏卷第五十一(入第三十八經下半) 遠十

清涼山沙門澄觀述 晉水沙門淨源錄疏注經

○三明頻得普賢微細智法以所知之事幽微故能知之智微細有二一準無性攝論以難知故二就經宗於一法中有一切法炳然齊現故如文云衆生業報微細等此即初義如來在母胎等通於二義十門即為十段○初知世間法微細智 以無著無縛解脫心住普賢行大迴向心(上標德所依下列所得法)得色甚微細智身甚微細智刹甚微細智劫甚微細智世甚微細智方甚微細智時甚微細智數甚微細智業報甚微細智清淨甚微細智(瑜伽云色微細性有三一積滅微細性即析至極微二種類微細性謂如風等色中有色三心自在轉微細性即色無色界色如經說有天住一毛端量地處展轉無礙此三即難知微細也餘之難知類此各有異義後結能知之德)如是等一切甚微細於一念中悉能了知而心不恐怖(不怖甚深)心不迷惑(不迷理事)不亂不散(亂謂錯謬散謂不專)不濁不劣(濁謂掉涤劣無堪任今皆反此上明離過下顯成德)其心一緣(謂專注一境故不散)心善寂定(謂心境兩亡故不亂)心善分別(即定而知名善分別故不迷)心善安住(即照而止名善住故不怖此能知之德以在初門義通下九皆應爾知。二知衆生趣微細智) 以無著無縛解脫心住菩薩智修普賢行無有懈倦能知一切衆生趣甚微細衆生死甚微細衆生生甚微細衆生住甚微細衆生處甚微細衆生品類甚微細衆生境界甚微細衆生行甚微細衆生取甚微細衆生攀緣甚微細如是等一切甚微細於一念中悉能了知(住謂住壽餘並可知。三知菩薩行德微細智) 以無著無縛解脫心立深志樂修普賢行能知一切菩薩從初發心為一切衆生修菩薩行甚微細菩薩住處甚微細菩薩神通甚微細菩薩遊行無量佛刹甚微細菩薩法光明甚微細菩薩清淨眼甚微細菩薩成就殊勝心甚微細菩薩往詣一切如來道場衆會甚微細菩薩陀羅尼門智甚微細菩薩無量無畏地一切辯才藏演說甚微細菩薩無量三昧相甚微細菩薩見一切佛三昧智甚微細菩薩甚深三昧智甚微細菩薩大莊嚴三昧智甚微細菩薩法界三昧智甚微細菩薩大自在神通三昧智甚微細菩薩盡未來際廣大行住持三昧智甚微細菩薩出生無量差別三昧智甚微細菩薩出生一切諸佛前勤修供養恒不捨離三昧智甚微細菩薩修行一切甚深廣博無障無礙三昧智甚微細菩薩究竟一切智地住持行智地大神通地決定義地離翳三昧智甚微細如是等一切甚微細悉能了知(列所得中有二十一句前十別顯後十一同明三昧。四知菩薩位德大用智三。初標所修) 以無著無縛解脫心修普賢行(二列所得法有四十一種。初十一事位行成滿) 悉知一切菩薩安立智甚微細菩薩地甚微細菩薩無量行甚微細菩薩出生迴向甚微細菩薩得一切佛藏甚微細菩薩觀察智甚微細菩薩神通願力甚微細菩薩演説三昧甚微細菩薩自在方便甚微細菩薩印甚微細菩薩一生補處甚微細。二有三十事明位滿大用菩薩生兜率天甚微細菩薩住止天宮甚微細菩薩嚴淨佛國甚微細菩薩觀察人中甚微細菩薩放大光明甚微細菩薩種族殊勝甚微細菩薩道場衆會甚微細菩薩徧一切世界受生甚微細菩薩於一身示現一切身命終甚微細菩薩入母胎甚微細菩薩住母胎甚微細菩薩在母胎中自在示現一切法界道場衆會甚微細菩薩在母胎中示現一切佛神力甚微細菩薩示現誕生事甚微細菩薩師子遊行七步智甚微細菩薩示處王宮巧方便智甚微細菩薩出家修調伏行甚微細菩薩菩提樹下坐道場甚微細菩薩破魔軍衆成阿耨多羅三藐三菩提甚微細如來坐菩提座放大光明照十方界甚微細如來示現無量神變甚微細如來師子吼大涅槃甚微細如來調伏一切衆生而無所礙甚微細如來不思議自在力如金剛菩提心甚微細如來普護念一切世間境界甚微細如來普於一切世界施作佛事盡未來劫而無休息甚微細如來無礙神力周徧法界甚微細如來於盡虛空界一切世界普現成佛調伏衆生甚微細如來於一佛身現無量佛身甚微細如來於去來今三世中皆處道場自在智甚微細現八相等其中有菩薩因果之異皆用中之事耳其微細之事離世間品及不思議法品廣明。三結能知德如是等一切微細悉能了知成就清淨普能示現一切世間於念念中增長智慧圓滿不退善巧方便修菩薩行無有休息成就普賢迴向之地具足一切如來功德永不厭捨菩薩所行出生菩薩現前境界無量方便皆悉清淨普欲安隱一切衆生修菩薩行成就菩薩大威德地得諸菩薩心之樂欲獲金剛幢迴向之門出生法界諸功德藏常爲諸佛之所護念入諸菩薩深妙法門演説一切真實之義於法善巧無所違失起大誓願不捨衆生於一念中盡知一切心非心地境界之藏心非心者以識緣境名爲心地以智了境名非心地識所了境通於善惡善惟有漏智所了境唯無漏善漏無漏境心能含之心即名藏故晉經云究竟了知思議不思議地諸功德藏於非心處示生於心遠離語言安住智慧言於非心等者即非心量之心量也由此故能離言語道安住智等故晉經云於不思議出生思議示諸法門離言語道上經云菩薩住是不思議於中思議不可盡入此不可思議處思與非思俱寂滅即斯義也以心與非心生滅眞如非即離故不礙此釋令人誤解謂使無情有心設令無情有心既云示生於理無失同諸菩薩所行之行以自在力示成佛道盡未來際常無休息一切世間衆生劫數妄想言說之所建立神通願力悉能示現文並可知此段結德謂成普賢自在行德德亦名益此德通從信智而生亦可別配恐厭繁文。五知衆生界智其上第二知衆生趣即十力中自業智境此知生界即是性異十力之中種種界智境故晉經云入衆生性微細也文中亦三初標德所依以無著無縛解脫心修普賢行。二列所得智十句得一切衆生界甚微細智上總下別所謂衆生界分別甚微細智衆生界分別等亦可言衆生分別界等分別者自性強思趣邪見等衆生界言說甚微細智言說者依邪師敎名言熏習等衆生界執著甚微細智謂戒見等衆生界異類甚微細智衆生界同類甚微細智次二可知衆生界無量趣甚微

細智欲求趣天有求趣靜慮邪梵行求趣無色無想各謂爲涅槃故衆生界不思議種種分別所作甚微細智謂諸行界諸求衆生行各異故隨一邪求有裸形等種種殊故衆生界無量雜染甚微細智多貪瞋等雜染異故衆生界無量清淨甚微細智開一乘三乘無量乘等皆清淨故又染淨二句通前七句謂有染分別淨分別等又通有四義故甚深微細一顚倒即空故二理有眞實故三緣成離念故四相入無礙故。三結能知德業如是等一切衆生界境界甚微細於一念中能以智慧皆如實知結德廣攝衆生而爲說法開示種種清淨法門令修菩薩廣大智慧化身無量見者歡喜以智日光照菩薩心令其開悟智慧自在明作業亦有通別思以配之。六知世界智三。初總標以無著無縛解脫心爲一切衆生於一切世界修普賢行得盡虛空界法界一切世界甚微細智二別顯有二十一類所謂小世界甚微細智大世界甚微細智雜染世界甚微細智淸淨世界

甚微細智無比世界甚微細智種種世界甚微細智廣世界甚微細智狹世界甚微細智無礙莊嚴世界甚微細智直語器界遍一切世界佛出現甚微細智遍一切世界說正法甚微細智遍一切世界普現身甚微細智遍一切世界放大光明甚微細智盡一切世界示現諸佛自在神通甚微細智盡一切世界以一音聲示一切音甚微細智入一切世界一切佛剎道場衆會甚微細智以一切法界佛剎作一佛剎甚微細智以一佛剎作一切法界佛剎甚微細智明其受用其一多相作亦是莊嚴受用知一切世界如夢甚微細智知一切世界如像甚微細智知一切世界如幻甚微細智正知無取著故。三顯能知德如是了知出生一切菩薩之道入普賢行智慧神通具

普賢觀修菩薩行常無休息得一切佛自在神變具無礙身住無依智於諸善法無所取著心之所行悉無所得於一切處起遠離想於菩薩行起淨修想於一切智無取著想以諸三昧而自莊嚴智慧隨順一切法界亦有通別，別可思之。七知法界智此顯即理之事法界故云一切法界即事之理復云不生等文三。初標所修以無著無縛解脫心入普賢菩薩行門。二辯所得得無量法界甚微細智初句總餘十別演說一切法界甚微細智入廣大法界甚微細智分別不思議法界甚微細智分別一切法界甚微細智一念徧一切法界甚微細智普入一切法界甚微細智知一切法界無所得甚微細智觀一切法界無所礙甚微細智知一切法界無有生甚微細智於一切法界現神變甚微細智三結能知之德唯說通證

如是等一切法界甚微細以廣大智皆如實知於法自在示普賢行令諸衆生皆悉滿足上標二利滿足下釋成滿義普賢行滿不出二體一證道二化道先離二邊顯證道滿不捨於義不著於法出生平等無礙之智知無礙本不捨於義此離空邊不著於法此離有邊故得平等無礙之智知無礙本即是所證次雙照二諦明化道滿不住一切法不壞諸法性如實無染猶若虛空隨順世間起於言說開眞實義示寂滅性於一切境無依無住無有分別明見法界廣大安立了諸世間及一切法平等無二離一切著八知入劫智三。初釋所依以無著無縛解脫心修普賢行生諸劫甚微細智。二列所謂以不可說劫爲一念甚微細智以一念爲不可說劫甚微細智以阿僧祇劫入一劫甚微細智以一劫入阿僧祇劫甚微細智以長劫入短劫甚微細智以短劫入長劫甚微細智入有佛劫無佛劫甚微細智知一切劫數甚微細智知一切劫非劫甚微細智一念中見三世一切劫甚微細智。三結能知德亦是益相如是等一切諸劫甚微細以如來智於一念中皆如實知上結下益得諸菩薩圓滿行王心入普賢行心離一切分別異道戲論心發大願無懈息心普見無量世界網無量諸佛充滿心於諸佛善根諸菩薩行能聞持心於安慰一切衆生廣大行聞已不忘心能於一切劫現佛出世心於一一世界盡未來際行不動行無休息心於一切世界中以如來身業充滿菩薩身心充知法智三入初標所依以無著無縛解脫心修普賢行成不退轉得一切法甚微細智。二列文有十句義有四重所謂甚深法甚微細智廣大法甚微

細智種種法甚微細智莊嚴法甚微細智一切法無有量甚微細智（法體具德）一切法入一法甚微細智一法入一切法甚微細智（法用即入）一切法入非法甚微細智無法中安立一切法而不相違甚微細智（理事相即亦是有無相即以非法言乃有三義一非善法故二非即是無如兔角等三非即是理今是後二次云無法亦即非法皆本名非今譯以非通於二義故互明之依第二義則法本自無因緣生諸故云安立若依第三則從無住本立一切法故不相違）入一切佛法方便無有餘甚微細智（體用善巧。三結德）如是等一切世界一切言說所安立法諸微細智與彼同等其智無礙皆如實知得入無邊法界心於一一法界深心堅住成無礙行以一切智充滿諸根入諸佛智正念方便成就諸佛廣大功德徧滿法界普入一切諸如來身現諸菩薩所有身業隨順一切世界言辭演說於法得一切佛

神力所加智慧意業出生無量善巧方便分別諸法薩婆若智（。十總知一切盡無餘微細智四。初總標）以無著無縛解脫心修普賢行出生一切甚微細智（二列）所謂知一切剎甚微細智知一切眾生甚微細智知一切法果報甚微細智知一切眾生心甚微細智知一切說法時甚微細智知一切法界甚微細智知一切盡虛空界三世甚微細智知一切語言道甚微細智知一切世間行甚微細智知一切出世行甚微細智（即牒前十門名或小變次或不等會意皆同。三結前所不說）乃至知一切如來道一切菩薩道一切眾生道甚微細智修菩薩行住普賢道若文若義皆如實知（。四顯知文德亦有通別通從前生別依次第對前十句）生如影智（外剎是心影像故今能知剎剎知影像）生如夢智（眾生從想所現故云如夢）生如幻智（果報緣生故云如幻）生如響智（心性寂然緣感成興故云如響）

生如化智（說時如化）生如空智（即空界）生寂滅智（言語本寂）生一切法界智（即法界）生無所依智（世間無依）生一切佛法智（出世間行即是佛法。二迴向實際）佛子菩薩摩訶薩以無著無縛解脫心迴向（文有十對）不分別若世間若世間法（初假實對）不分別若菩提若菩提薩埵（二人法對求菩提故名薩埵）不分別若菩薩行若出離道（三體用對亦名能所。攝論云於分別依他起性不見所行行及能行道即此義也謂證智能行之行則出離相）不分別若佛若一切佛法不分別若調伏眾生若不調伏眾生不分別若善根若迴向不分別若自若他不分別若施物若受施者（次五文顯）不分別若菩薩行若等正覺（九因果對等正覺者約人契法異前菩提三中雖有菩薩行意取所行此約為因故不重也）不分別若法若智（十法即教法教智相對。二總結多門）佛子菩薩摩訶薩以彼善根如是迴向所謂心無著無縛解脫身無著無縛解脫口無著無縛解脫業無著

無縛解脫報無著無縛解脫世間無著無縛解脫佛刹無著無縛解脫衆生無著無縛解脫法無著無縛解脫智無著無縛解脫（由心無縛令身等皆無縛著也。三行成利益）菩薩摩訶薩如是迴向時（上牒下顯有十句初總）如三世諸佛爲菩薩時所修迴向而行迴向（餘別）學過去諸佛迴向成未來諸佛迴向住現在諸佛迴向（正趣修行）安住過去諸佛迴向道不捨未來諸佛迴向道隨順現在諸佛迴向道（常游徑法）勤修過去諸佛教成就未來諸佛教了知現在諸佛教（迴向教）滿足過去諸佛平等成就未來諸佛平等安住現在諸佛平等（平等智）行過去諸佛境界住未來諸佛境界等現在諸佛境界（所緣境）得三世一切諸佛善根（功行無修是佛善根）具三世一切諸佛種性（了見本源成如來性）住三世一切諸佛所行（無礙悲智是佛所行如出現品如來行說）順三世一切諸佛境界（無盡體用是分齊境。三結名）佛子是爲菩薩摩訶薩第九無著無縛解脫心迴向（從初廣說故有心言）

（三位果）菩薩摩訶薩住此迴向時（成三種果一現成果）一切金剛輪圍山所不能壞於一切衆生中色相第一無能及者悉能摧破諸魔邪業普現十方一切世界修菩薩行（自利行）爲欲開悟一切衆生以善方便說諸佛法得大智慧於諸佛法心無迷惑（利他）（行二成當得果）在在生處若行若住常得值遇不壞眷屬三世諸佛所說正法以淸淨念悉能受持（自利）盡未來劫修菩薩行常不休息無所依著（無於自他三終成果）普賢行願增長具足得一切智施作佛事成就菩薩自在神通（因果無礙。二應頌五十一偈分二初位行三。初三頌所迴善根）爾時金剛幢菩薩承佛神力普觀十方而說頌言

普於十方無等尊　未曾一起輕慢心
隨其所修功德業　亦復恭敬生尊重
所修一切諸功德　不爲自己及他人
恒以最上信解心　利益衆生故迴向
未嘗暫起高慢心　亦復不生下劣意
如來所有身等業、彼悉請問勤修習

（不爲自己等者無理大智無私自他同體大悲利益迴向。二有四十四偈頌迴向行但頌廣大略不頌甚深以編在廣大中故文二初頌普賢自分勝進究竟）

所修種種諸善根　悉爲利益諸含識
安住深心廣大解　迴向人尊功德位

（二有二頌勝進究竟於前長行文有三段一攝法廣大德二即入重重德三微細容持德令通頌之但顯微細於中分十。初有三偈頌世間微細智）

世間所有無量別　種種善巧奇特事
麤細廣大及甚深　靡不修行皆了達
世間所有種種身　以身平等入其中
於此修行得了悟　慧門成就無退轉
世間國土無量種　微細廣大仰覆別

菩薩能以智慧門　一毛孔中無不見
◦二有一偈頌衆生趣　衆生心行無有量
能令平等入一心　以智慧門悉開悟
於所修行不退轉　趣由行別故◦三有二偈趣頌第五衆生界
衆生諸根及欲樂　上中下品各不同
一切甚深難可知　隨其本性悉能了
衆生所有種種業　上中下品各差別
菩薩深入如來力　以智慧門普明見
界即根性故◦四三偈頌前第三菩薩行德　不可思議無量劫
能令平等入一念　如是見已徧十方
修行一切清淨業　過去未來及現在
了知其相各不同　而亦不違平等理
是則大心明達行　世間衆生行不同
或顯或隱無量種　菩薩悉知差別相
亦知其相皆無相　菩薩亦受衆生之稱神通等行名顯三昧等行名隱餘義
細詳◦五有二十七偈頌第四位德大用三◦初一頌總　十方世界一切佛

所現自在神通力　廣大難可得思議
菩薩悉能分別知◦二二十三偈別頌因果八相等
一切世界兜率中　自然覺悟人師子
功德廣大淨無等　如其體相悉能見
或現降神處母胎達十　無量自在大神變十六
成佛說法示滅度　普徧世間無暫已
人中師子初生時　一切勝智悉承奉
諸天帝釋梵王等　靡不恭敬而瞻侍
十方一切無有餘　無量無邊法界中
無始無末無遐邇　示現如來自在力
人中尊導現生已　遊行諸方各七步
欲以妙法悟羣生　是故如來普觀察
見諸衆生沉欲海　盲闇愚癡之所覆
人中自在現微笑　念當救彼三有苦
大師子吼出妙音　我爲世間第一等
應然明淨智慧燈　滅彼生死愚癡闇

人師子王出世時　普放無量大光明
令諸惡道皆休息　永滅世間衆苦難
或時示現處王宮　或現捨家修學道
爲欲饒益衆生故　示其如是自在力
如來始坐道場時達十　一切大地皆動搖十七
十方世界悉蒙光　六趣衆生咸離苦
震動一切魔宮殿　開悟十方衆生心
昔曾受化及修行　皆使了知眞實義
十方所有諸國土　悉入毛孔無有餘
一切毛孔刹無邊　於彼普現神通力
一切諸佛所開演　無量方便皆隨悟
設諸如來所不說　亦能解了勤修習
徧滿三千大千界　一切魔軍興鬭諍
所作無量種種惡　無礙智門能悉滅
如來或在諸佛刹　或復現處諸天宮
或在梵宮而現身　菩薩悉見無障礙

佛現無量種種身　轉於清淨妙法輪
乃至三世一切劫　求其邊際不可得
寶座高廣最無等　徧滿十方無量界
種種妙相而莊嚴　佛處其上難思議
諸佛子衆共圍繞　盡於法界悉周徧
開示菩提無量行　一切最勝所由道
諸佛隨宜所作業　無量無邊等法界
智者能以一方便　一切了知無不盡
諸佛自在神通力　示現一切種種身
或現諸趣無量生　或現采女衆圍繞
或於無量諸世界　示現出家成佛道
乃至最後般涅槃　分布其身起塔廟
如是種種無邊行　導師演說佛所住
世尊所有大功德　揞頌修行悉令盡
以彼善根迴向時　住於如是方便法
如是修習菩提行　其心畢竟無厭怠

○三有三頌前能知之德
如來所有大神通
及以無邊勝功德　乃至世間諸智行
一切悉知無不盡　如是一切人中主
隨其所有諸境界　於一念中皆了悟
而亦不捨菩提行　諸佛所有微細行
及一切剎種種法　於彼悉能隨順知
究竟迴向到彼岸。○六有一偈頌第八知劫智
有數無數一切劫　菩薩了知即一念
於此善入菩提行　常勤修習不退轉
○七有一偈頌第六世界智
十方所有無量剎
或有雜染或清淨　及彼一切諸如來
菩薩悉能分別知。○八有二偈頌第七法界智
於念念中悉明見　不可思議無量劫
如是三世無有餘　具足修治菩薩行
於一切心平等入　入一切法亦平等
盡空佛剎斯亦然　彼最勝行悉了知

○九有一偈頌第九知法智
出生衆生及諸法
所有種種諸智慧　菩薩神力亦復然
如是一切無窮盡以法與法界性相互舉前分二門義必相通偈居一處十
有二偈頌一切法智
諸微細智各差別
菩薩盡攝無有餘　同相異相悉善知
如是修行廣大行　十方無量諸佛剎
其中衆生各無量　趣生族類種種殊
住行力已悉能知。○三有二偈頌前行成利益
過去未來現在世　所有一切諸導師
若人知此而迴向　則與彼佛行平等
若人能修此迴向　則爲學佛所行道
當得一切佛功德　及以一切佛智慧後二位果
一切世間莫能壞　一切所學皆成就
常能憶念一切佛　常見一切世間燈
菩薩勝行不可量　諸功德法亦如是
已住如來無上行　悉知諸佛自在力

大方廣佛華嚴經疏卷第五十　二十末　遠十

大方廣佛華嚴經疏卷第五十一入第三十二經　緯一

清涼山沙門　澄觀述　晉水沙門　淨源　錄疏注經

今十等法界無量迴向長行中先位行三初牒名徵起佛子云何為菩薩摩訶薩等法界無量迴向。謂稱法界起大用故等者入義故本分中名入法界。法界無量即是所入何法能入略有其四一所迴行法謂法施之行稱法界施二所行行體廣大無邊故三能迴之智四所向之德。謂以稱法界之大智迴等法界之善根向同法界之大用成法界之行體。此則位滿至極故標法界之名當法受稱。等何法界此通四義一等理法界經云如法界一性如法界自性清淨善根迴向亦復如是其文非一二等事法界經云欲見等法界無量諸佛調伏等法界無量衆生或願起等法界無量行或願成等法界無量德或願得等法界無量果皆即理之事也三等理事無礙法界經云願一切衆生作修行無相道法師以諸妙相而自莊嚴則相無相無礙皆其類也四等事事無礙法界經云一佛刹中現一切佛刹等然其四事全等四種法界融而無二故此能等即是所等非有二物而可依之故上稱入入無所入本業但云法界無等入之言即斯意也彼釋云覺一切法第一義諦中道無相一切法皆一相照故第一義諦即是所入皆一相照即是能入此二無二即是法界。故不可但以事法界為名言無量者亦有二義一無分量即理法界二無數量即事法界。前迴向明依體起用此明體用無礙圓極自在即以法施及諸相應普賢自在大善巧德為其位體。二依徵廣釋三初明所迴善根二。初行所依身位佛子此菩薩摩訶薩以離垢繒

而繫其頂住法師位如第十地得離垢三昧受智職位內得此定灌心首故外示表彰白繒繫頂法從喻稱名離垢繒但有此相知得彼定表位成滿方能雲雨說法以益羣生名法師位然斯位滿總有五重一約信滿如賢首品說便得灌頂而升位等二約解滿如灌頂住及海幢處說三約行滿如第十行入因陀羅網法界等四善巧願滿如此位辨五約證滿如十地說此五重內隨一成處必具理行內相應故皆名位滿然信解等殊故不相濫若約圓融但一位滿即是究竟更不待餘又若得一即得餘位摠一法界受職之位隨門差別五位不同法體融通全攝無礙不同餘教。二依位起行二先明起行後顯其行成又前即利他後明自利又前明自分後顯勝進。今初廣行法施之初摠餘別別謂慈等皆是法施夫法施者生解之妙方起行之根本入聖道之階漸越苦海之津梁古德云此經中託人以弘道多歎法師之勝德寄行以表法每引普賢為末篇故知法施之功過財施之難喻於中十句起大慈悲安立衆生於菩提心慈悲安物於菩提心常行饒益無有休息益物無息上二即廣大心以菩提心長養善根大心長善揀非餘為為諸衆生作調御師示諸衆生一切智道究竟調御御以佛道上二即第一心為諸衆生作法藏日善根光明普照一切法日普照於諸衆生其心平等修諸善行無有休息等勤修善晉經云令使衆生修諸善根上二即常心常愛衆生

同於己故名為平等心淨無染智慧自在不捨一切善根道業即不顛倒心顛倒有二一心染能所之化令不生於化其化大焉名智自在二見無能所便趣寂滅令不捨善業無滯事理作諸衆生大智商主普令得入安隱正道示果實諸故云商主安隱正道俱通因果果即涅槃菩提因即八正萬行為諸衆生而作導首令修一切善根法行導以萬行之因上即作義利亦第一心也為諸衆生作不可壞堅固善友令其善根增長成就增長不壞為護念也初令發心終令成就有始有卒其唯聖人然廣等四心數若雖當發心住中位位皆用三顯其行成佛子此菩薩摩訶薩以法施為首發生一切清淨白法先牒前晉經云菩薩行法施等一切善法後正顯成相攝受趣向一切智心殊勝願力究竟堅固成就增益具大威德依善知識心無諂誑思惟觀察一切智門無邊境界。二攝將迴向文小異前諸段通下摠有二十一門若通將上十句法施善根共成諸段理無間然今且分三初九門別對十句善根以明迴向即自分迴向文九初願聞法見佛修二利行對前二句於中三初一願摠明以此善根如是迴向初句牒前起後大正顯願

辯 願得修習成就增長廣大無礙一切境界 一切境者文司初段義總該於二十一段迴向皆一切境此一切境廣大如法界理事事事皆無障礙如此之境皆得增長成就△三餘皆別顯二。初願聞法受持 願得於佛正教之中乃至聽聞一句一偈受持演說 即成上文廣行法施之義三願念佛修行成上饒益無休於中二。初正明念佛之行 願得憶念與法界等無量無邊一切世界去來現在一切諸佛既憶念已修菩薩行 三迴念佛善成二利行二。初總為一切徧於時處修菩薩行 又願以此念佛善根為一衆生於一世界盡未來劫修菩薩行如於一世界盡法界虛空界一切世界皆亦如是如為一衆生為一切衆生亦復如是以善方便一一皆為盡未來劫大擔莊嚴終無離佛善知識想常見諸佛現在其前無有一佛出興於世不得親近 三別明修行梵行為萬行之本故偏明之於中三。初總舉所願 一切諸佛及諸菩薩所讚所說清淨梵行摿

願修行悉令圓滿 三列所修之行 所謂不破梵行 有二十梵行與智論所列十戒多同所謂不缺不破不穿不雜隨道無著智所讚自在隨定具足通用性戒而為根本今開為二十不破在初者謂持四重十重若犯此者猶破器無用故 不缺梵行 謂持僧殘殘如器缺猶可修補 不雜梵行 持方便若念破戒事染心共語聞環釧聲皆名為雜 無點梵行 持波逸提如白珪之玷雖則可磨亦不為也 無失梵行 定心相應乃至吉羅亦不誤失 無能蔽梵行 緣不能壞上三皆不穿戒穿如漏器不堪受道前六皆律儀 佛所讚梵行 即智所讚謂事理無違契聖心故 無所依梵行 不依名利果報 無所得梵行 不得能持所持由有此二雖乘御自他於世間中得自在也次四皆隨道戒 增益菩薩清淨梵行 揀小道 三世諸佛所行梵行 顯是佛行 無礙梵行 兼能通達非道故云無礙皆隨中道也 無著梵行 即見真成聖次四即具足戒謂觀中道具事理故 無諍梵行 事理無違 無滅梵行 順理而行則常不滅 安住梵行 心能諳理 無比梵行 對餘超勝次三皆隨定戒謂隨首楞嚴定不起滅定現諸威儀 無動梵行 雖示十法界像無戒不行而寂然不動 無亂梵行 順境不能亂 無恚梵行 違境而無恚又安住無比即住大慈悲無動無亂即捨心常現無恚即喜是四等心亦名梵行三通難釋成有伏難云菩薩期心先人後己今

先自行豈不相違故下釋云但自修行便能益物此亦成上安立衆生於菩提心及以菩提心長養善根文二。初正明 佛子菩薩摩訶薩若能為己修行如是清淨梵行則能普為一切衆生 上總明次別顯有十二句總顯持犯前六明有持德 令一切衆生皆得安住 通住諸戒 令一切衆生皆得開曉 明闕持犯 令一切衆生皆得成就 善行 令一切衆生皆得清淨 惡止 令一切衆生皆得無垢 心無垢 令一切衆生皆得照明 智能照後明無犯過 令一切衆生離諸塵染 不起心過故無塵染 令一切衆生無諸障翳 不犯身口無業報障照明開曉不翳於理 令一切衆生離諸熱惱 由不犯則二世清涼 令一切衆生離諸纏縛 離無慙及悔纏所縛 令一切衆生永離諸惡 離惡因果 令一切衆生無諸惱害畢竟清淨 不自惱惱他成波羅蜜△三徵釋二。初正徵反釋 何以故 徵意云自他行異如何自行便是為他 菩薩摩訶薩自於梵行不能清淨不能令他而得清淨自於梵行而有退轉不

能令他無有退轉自於梵行而有失壞不能令他無有失壞自於梵行而有違離不能令他常不遠離自於梵行而有懈怠不能令他不生懈怠自於梵行不生信解不能令他心生信解自於梵行而不安住不能令他而得安住自於梵行而不證入不能令他心得證入自於梵行而有放捨不能令他恒不放捨自於梵行而有散動不能令他心不散動釋意云自身不正其令不從故上自行便為為物淨名云若自有縛能解彼縛無有是處攝論云若自住邪行設欲正他非是人終不能制止他過失文有十句例上可知。二重徵順釋何以故徵意云石雖不利而能利刀自雖不行何妨化物今云不能益者其故何耶次釋先摠明後菩薩下別顯菩薩摩訶薩住無倒行說無倒法所言誠實如說修行淨身口意離諸雜染住無礙行滅一切障菩薩摩訶薩自得淨心為他演說清淨心法自修和忍以諸善根調伏其心令他和忍以諸善根調伏其心自離疑悔亦令他人永離疑悔自得淨信亦令他得不壞淨信自住正法亦令眾生安住正法釋意云若自犯教他便成顛倒菩薩無倒必言行相符故要如說而行方能如行而說。二復次願得法廣演以益自他亦成上為調御師示一切智道文三。初牒前起後佛子菩薩摩訶薩復以法施所生善根如是迴向二正明二願。初一願摠明得法文有四節所謂願我獲得一切諸佛無盡法門得法普為眾生分別解說解說皆令歡喜心得滿足益機摧滅一切外道異論成自德。二一願別明演法釋前四段故晉經異論之下無願我之言文分為五。初摠明願我能為一切眾生演說三世諸佛法海二明得法於一一法生起一一法義理一一法名言一一法安立一一法解說一一法顯示一一法門戶一一法悟入一一法觀察一一法分位悉得無邊無盡法藏三能演獲無所畏具四辯才廣為眾生分別解說窮未來際而無有盡四所為機為欲令一切眾生立勝志願出生無礙無謬失辯為欲令一切眾生皆生歡喜為欲令一切眾生成就一切淨法光明隨其類音演說無斷為欲令一切眾生深信歡喜住一切智辯了諸法俾無迷惑五自修成德作是念言我當普於一切世界為諸眾生精勤修習即為物勤修自成己德成十種德得徧法界無量自在身得徧法界無量廣大心具等法界無量清淨音聲現等法界無量眾會道場修等法界無量菩薩業得等法界無量菩薩住證等法界無量菩薩平等學等法界無量菩薩法住等法界無量菩薩行入等法界無量菩薩迴向初二云徧徧於理事餘八云等兼等無礙影略其文其中云住者即聖天梵等。三摠結是為菩薩摩訶薩以諸善根而為迴向為令衆生悉得成就一切智故上成自德亦為攝生故復重云為令衆生成一切智。三復次願二利行圓成上作法藏日藏智見佛等皆普照故文二。初通明二利佛子菩薩摩訶薩復以善根如是迴向所謂為欲見等法界無量諸佛調伏等法界無量衆生住持等法界無量佛剎證等法界無量菩薩智獲等法界無量無所畏成等法界無量諸菩薩陀羅尼得等法界無量諸菩薩不思議住具等法界無量功德滿等法界無量利益衆生善根。二別明二利又願以此善根故令我得福德平等智慧平等力平等無畏平等清淨平等自在平等正覺平等說法平等義平等決定平等一切神通平等即成上文於諸衆生其心平等如是等法皆悉圓滿以自等理如我所得願一切衆生亦如是得如我無異今物等自。四復次願行稱法界佛子菩薩摩訶薩復以善

根如是迴向所謂如法界無量善根迴向亦復如是所得智慧終無有量如法界無邊善根迴向亦復如是見一切佛無有其邊如法界無限善根迴向亦復如是詣諸佛剎無有齊限如法界無際善根迴向亦復如是於一切世界修菩薩行無有涯際如法界無斷善根迴向亦復如是住一切智永不斷絕如法界一性善根迴向亦復如是與一切衆生同一智性如法界自性清淨善根迴向亦復如是令一切衆生究竟清淨如法界隨順善根迴向亦復如是令一切衆生悉皆隨順普賢行願如法界莊嚴善根迴向亦復如是令一切衆生以普賢行而為莊嚴如法界不可失壞善根迴向亦復如是令諸菩薩永不失壞諸清淨

行成上心淨無染及智慧自在以動合法界故無所染是以末云永不失壞諸清淨行此章多同理法界也如智因理發故同法界餘皆準之即向實際意也。五復次願得見佛解法佛子菩薩摩訶薩復以此善根如是迴向所謂願以此善根承事一切諸佛菩薩皆令歡喜願以此善根速得趣入一切智性願以此善根徧一切處修一切智成上大智商主。上三願自成智性是商主德，下十一願為衆生是商主事願以此善根令一切衆生常得往覲一切諸佛願以此善根令一切衆生常見諸佛能作佛事願以此善根令一切衆生恒得見佛不於佛事生怠慢心願以此善根令一切衆生常得見佛心喜清淨無有退轉願以此善根令一切衆生常得見佛心善解了願以此善根令一切衆生常得見佛不生執著願以此善根令一切衆生常得見佛了達無礙願以此善根令一切衆

生常得見佛成普賢行願以此善根令一切衆生常見諸佛現在其前無時暫捨願以此善根令一切衆生常見諸佛出生菩薩無量諸力願以此善根令一切衆生常見諸佛於一切法永不忘失（六復以願解法界）佛子菩薩摩訶薩又以諸善根如是迴向所謂如法界無起性迴向（即理法界豈以此文而名隨相然此中云如晉經云解解契於理故名爲如即是成前安隱正道上句不隨緣變）如法界根本性迴向（不守自性故爲法本）如法界自體性迴向（如亦復如是其自體故晉經中名爲如如）如法界無依性迴向（非是能所依）如法界無忘失性迴向（不暫離如）如法界空無性迴向（隨緣無性即是如性）如法界寂靜性迴向（無性亦無本來寂靜）如法界無處所性迴向（無二性離能所故）如法界無遷動性迴向（不隨三世）如法界無差別性迴向（一味平等。七復次願衆生成法師）佛子菩薩摩訶薩復以法施所有宣示所有開悟及因此起一切善根如是迴向（即成上而作導首導首即是法無上爲他作令令他作）所謂願一切衆生成菩薩法師常爲諸佛之所護念願一切衆生作無上法師方便安立一切衆生於一切智願一切衆生作無屈法師一切問難莫能窮盡願一切衆生作無礙法師得一切法無礙光明願一切衆生作智藏法師能善巧說一切佛法願一切衆生成諸如來自在法師善能分別如來智慧願一切衆生作如眼法師說如實法不由他教（如眼者現證非見聞故）願一切衆生作憶持一切佛法法師如理演說不違句義願一切衆生作修行無相道法師以諸妙相而自莊嚴放無量光善入諸法（無相之相是妙相故）願一切衆生作大身法師其身普徧一切國土興大法雲雨諸佛法願一切衆生作護法藏法師建無勝幢護諸佛法令正法海無所缺減願一切衆生作一切法日法師得佛辯才巧說諸法願一切衆生作妙音方便法師善說無邊法界之藏願一切衆生作到法彼岸法師以智神通開正法藏願一切衆生作安住正法法師演說如來究竟智慧願一切衆生作了達諸法法師能說無量無盡功德願一切衆生作不誑世間法師能以方便令入實際願一切衆生作破諸魔衆法師善能覺知一切魔業願一切衆生作諸佛所攝受法師離我我所攝受之心願一切衆生作安隱一切世間法師成就菩薩說法願力（作安隱者唯有說法能安世間仁王經說十三法師如來滅後流化不絕亦名法師如法華菩薩藏經各有其品今此多就極勝而說。八復次不取著迴向即向實際）佛子菩薩摩訶薩復以諸善根如是迴向所謂不以取著業故迴向不以取著報故迴向不以取著心故迴向不以取著法故迴向不以取著事故迴向不以取著因故迴向不以取著語言音聲故迴向不以取著名句文身故迴向不以取著迴向故迴向不以取著利益衆生故迴向此之一段明堅固緣佛子菩此及第九成上作不可壞堅固善友。九離過成德迴向。先十七句離過即離可壞緣薩摩訶薩復以善根如是迴向所謂不為耽著色境界故迴向不為耽著聲香味觸法境界故迴向上二不耽現境不為求生天故迴向此一不求當報下通三世不為求欲樂故迴向未得不求不為著欲境界故迴向已得不著不為求眷屬故迴向不為求自在故迴向不為求生死樂故迴向誰復求死所謂求生生必死故不為著生死故迴向不為樂諸有故迴向不為求

和合樂故迴向求和合者除涅槃樂皆有合故不為求可樂著處故迴向不為懷毒害心故迴向沙彌求龍是懷毒迴向不壞善根故迴向願為魔王即壞善迴向不依三界故迴向上十五事護煩惱行不著諸禪解脫三昧故迴向若解脫三昧唯小乘因諸禪三昧通生死因不住聲聞辟支佛乘故迴向上二護小乘行。二顯成德明其所為但為教化調伏一切衆生故迴向但為成滿一切智智故迴向但為得無礙智故迴向但為得無障礙清淨善根故迴向但為令一切衆生超出生死證大智慧故迴向但為令大菩提心如金剛不可壞故迴向但為成就究竟不死法故迴向但為以無量莊嚴莊嚴佛種性示現一切智自在故迴向但為求菩薩一切法明大神通智故迴向但為於盡法界虛空界一切佛剎行普賢行圓滿不退被堅固

大願鎧令一切衆生住普賢地故迴向但為盡未來劫度脫衆生常無休息示現一切智地無礙光明恒不斷故迴向為不可壞堅固善友亦是所求在文易了。大文第二四門揔顯迴向之意故初不云復以善根但云以彼善根迴向時居然揀別。初一門明應向實際及向衆生二。初明應向實際佛子菩薩摩訶薩以彼善根迴向時以如是心迴向所謂以本性平等心迴向本性即不變性以法性平等心迴向法性即隨緣性以一切衆生無量平等心迴向衆生是入即無分量以無諍平等心迴向無諍是法理事不乖以自性無所起平等心迴向自性則起無所起以知諸法無亂心迴向諸法則橫該本寂以入三世平等心迴向三世則豎入無差以出生三世諸佛種性心迴向以知法性為緣則生起佛種以得不退失神通心迴向依性作用無退失時以生成一切智行心迴向照斯實際實智行立。二應向衆生有二十所為又為令一切衆生永離一切地獄故迴向為令一切衆生不

入畜生趣故迴向為令一切衆生不往閻羅王處故迴向為令一切衆生除滅一切障道法故迴向為令一切衆生滿足一切善根故迴向為令一切衆生能應時轉法輪令一切歡喜故迴向為令一切衆生入十力輪故迴向圓滿摧伏故為令一切衆生滿足菩薩無邊清淨法願故迴向為令一切衆生隨順一切善知識教菩提心器得滿足故迴向為令一切衆生受持修行甚深佛法得一切佛智光明故迴向為令一切衆生修諸菩薩無障礙行常現前故迴向為令一切衆生常見諸佛現其前故迴向為令一切衆生清淨法光明常現前故迴向為令一切衆生無畏大菩提心常現前故迴向不畏生死長遠衆生難度轉依難證萬行難修菩提曠遠故為令一切衆生菩薩不思議智常現前故迴向為令一切衆生普救護衆生令清淨大悲心常現前故迴向為令一切衆生以不可說不可說勝妙莊嚴具莊嚴一切諸佛剎故迴向為令一切衆生摧滅一切衆十六魔鬬諍羅網業故迴向為令一切衆生於一切佛剎皆無所依修菩薩行故迴向為令一切衆生發一切種智心入一切佛法廣大門故迴向。二應向菩提有二十二迴向佛子菩薩摩訶薩又以此善根正念清淨迴向智慧決定迴向盡知一切佛法方便迴向上三無為字欲成二十故為成就無量無礙智故迴向為欲滿足清淨殊勝心故迴向為一切衆生住大慈故迴向為一切衆生住大悲故迴向為一切衆生住大喜故迴向為一切衆生住大捨故迴向為永離二著住勝善根故迴向為思惟觀察分別演說一切緣起法故迴向為立大勇猛幢心故迴向為立無能勝幢藏故迴向為破諸魔衆故迴向為得一切法清淨無礙心故迴向為修一切菩薩十七行不退轉故迴向為得樂求第一勝法心故迴向為得樂求諸功德法自在清淨一切智智心故迴向為滿一切願除一切諍得佛自在無礙清淨法為一切衆生轉不退法輪故迴向為得如來最上殊勝法智慧日百千光明之所莊嚴普照一切法界衆生故迴向上二十迴向明因圓果滿為欲調伏一切衆生隨其所樂常令滿足不捨本願盡未來際聽聞正法修習大行得淨智慧離垢光明斷除一切憍慢消滅一切煩惱裂愛欲網破愚癡闇具足無垢無障礙法故迴向為一切衆生於阿僧祇刧常勤修習一切智行無有退轉一一令得無礙妙慧示現諸佛自在神通無有休息故迴向（此二明得果不捨窮未來際以化物。三明應離過）佛子菩薩摩訶薩以諸善根如是迴向時不應貪著三有五欲境界（先標）何以故（下釋次徵）菩薩摩訶薩應以無貪善根迴向應以無瞋善根迴向應以無癡善根迴向應以不害善根迴向應以離慢善根迴向應以不諂善根迴向應以質直善根迴向應以精勤善根迴向應以修習善根迴向（四明有成益）佛子菩薩摩訶薩如是迴向時得淨信心於菩薩行歡喜忍受修習清淨大菩薩道具佛種性得佛智慧捨一切惡離衆魔業親近善友成已大願請諸衆生設大施會（三有八門更以異門）

（別明迴向即是勝進四初迴向衆生二。初願得圓音）佛子菩薩摩訶薩復以此法施所生善根如是迴向所謂令一切衆生得淨妙音得柔軟音得天鼓音得無量無數不思議音得可愛樂音得清淨音得周徧一切佛刹音得百千那由他不可說功德莊嚴音得高遠音得廣大音得滅一切散亂音得充滿法界音得攝取一切衆生語言音得一切衆生無邊音聲智得一切清淨語言音聲智得無量語言音聲智得最自在音入一切音聲智得一切清淨莊嚴音得一切世間無厭足音得究竟不繫屬一切世間音得歡喜音得佛清淨語言音得說一切佛法遠離癡翳名稱普聞音得令一切衆生得一切法陀羅尼莊嚴音得說一切無量種法音得普至法界無量衆會道場音得普攝持不可思議法金剛句音得開示一切法音得能說不可說字句差別智藏音得演說一切法無所著不斷音得一切法光明照耀音得能令一切世間清淨究竟至於一切智音得普攝一切法句義音得神力護持自在無礙音得到一切世間彼岸智音又以此善根令一切衆生得不下劣音得無怖畏音得無染著音得一切衆會道場歡喜音得隨順美妙音得善說一切佛法音得斷一切衆生疑念皆令覺悟音得具足辯才音得普覺悟一切衆生長夜睡眠音（以法師位故欲令物同得圓音演法要故有四十五種音聲即密迹經中六十種音但數不足次多不同名或小異彼第一名吉祥與此淨妙義同名異二名柔軟次第與名全同三可樂即此第五四悅意即此第二十一歡喜音五清淨即此第六六離垢即此二十三遠離癡翳七顯耀即此第三十一一切法光明照耀音乃至第六十宣諸德音即此第二十九）

能說不可說字句差別智藏音。然彼無天鼓令此闕彼師子龍鳴好雨海雷龍王真陀羅伎哀鸞鷹鶻鶴鳴等以從喻說此略不論。又此所明顯德廣大如彼但云普入衆會音此則云普至法界無量衆會道場等。法有所本不可不知名言不同無俟全會。中間云音聲智者在心為智宣吐稱音皆應具二影略而說第八云不可說功德莊嚴者大悲芬陀利經說以三千界衆生功德為一聚更增十倍不及如來一毛功德展轉乃至無見頂相將前一切功德摠為一聚更增百千萬億那由他阿僧祇倍不及如來胷中大種所發音聲一聲功德彼約摠說此即別明。然六十種中不出二種一約具德如梁輭等二約無失如不下劣等故不下劣初有又以此善之言。通言音聲者聲謂四聲為音之依音謂五音依五行別木聲壅其音角火聲纖其音徵土聲寬其音宮金聲清其音商水聲濁其音羽若一音之義廣在下文。二摠令具德十句

佛子菩薩摩訶薩復以諸善根如是迴向所謂願一切衆生得離衆過惡清淨法身願一切衆生得離衆過惡淨妙功德願一切衆生得離衆過惡清淨妙相願一切衆生得離衆過惡清淨業果願一切衆生得離衆過惡清淨一切智心上五果滿願一切衆生得離衆過惡無量清淨菩提心願一切衆生得離衆過惡了知諸根清淨方便願一切衆生得離衆過惡清淨信解願一切衆生得離衆過惡清淨勤修無礙行願願一切衆生得離衆過惡清淨正念智慧辯才此五因圓。二迴向菩提三初得正果。然上衆生得果有其十句各應有多今但廣初一身餘可例取文三。初明得身

佛子菩薩摩訶薩復以諸善根為一切衆生如是迴向願得種種清淨妙身上明摠相次明別相身是同相餘是異相成壞可知然此十身通法通智所謂光明身身光智光無不照故離濁身體無闇障能鑒徹故無染身體不受染若彼潤玉涅而不緇清淨身淨德內充如玉無瑕翳極清淨身非暫時淨揀異下流上三就體辯次三對境以明離塵身不為塵坌對上清淨極離塵身極微不著對極清淨離垢身垢穢無汙對上不染若就內德即煩惱障盡名為離塵習氣亦亡名極離塵所知不住名離心垢可愛樂身具相具德無障礙身形充法界智徧十方山河事理不能障礙二依身起用於一切世界現諸業像於一切世間現言說像於一切宮殿現安立像如淨明鏡種種色像自然顯現前三釋一身於法界後一收萬像於一身上四色身用示諸衆生大菩提行示諸衆生甚深妙法示諸衆生種種功德示諸衆生修行之道示諸衆生成就之行次五智身用示諸衆生菩薩行願示諸衆生於一世界一切世界佛興於世示諸衆生一切諸佛神通變化示諸衆生一切菩薩不可思議解脫威力示諸衆生成滿普賢菩薩行願一切智性通二身用。三摠結所成菩薩摩訶薩以如是等微妙淨身方便攝取一切衆生悉令成就清淨功德一切智身△二願二果因圓。二初即理起用行

佛子菩薩摩訶薩復以法施所生善根如是迴向願身隨住一切世界修菩薩行初成行緣身隨住故衆生見者皆悉不虛發菩提心永無退轉順真實義不可傾動於一切世界盡未來劫住菩薩道而無疲厭大悲均普量同法界

知衆生根應時說法常不休息（利他不空）於善知識心常正念乃至不捨一刹那頃、一切諸佛常現在前心常正念未曾暫懈修諸善根無有虚僞置諸衆生於一切智令不退轉具足一切佛法光明持大法雲受大法雨修菩薩行（兼通二利。二即事入玄行）入一切衆生入一切佛刹入一切諸法入一切三世入一切衆生業報智入一切菩薩善巧方便智入一切菩薩出生智入一切菩薩清淨境界智入一切佛自在神通入一切無邊法界於此安住修菩薩行（智契名入。無邊法界通身智入）

大方廣佛華嚴經疏卷第五十一　緣一

大方廣佛華嚴經疏卷第五十二 入第三十三經　緜二

清涼山沙門 澄觀 述　晉水沙門 淨源 録疏注經

三願成依果二初摠明二。初牒前起後 佛子菩薩摩訶薩復以法施所修善根如是迴向。二正顯願相九句 願一切佛剎皆悉清淨以不可說不可說莊嚴具而莊嚴之一一佛剎其量廣大同於法界 初三一願清淨二願莊嚴三分量普周 純善無礙清淨光明 次三一純善二無障礙三具淨光 諸佛於中現成正覺一佛剎中清淨境界悉能顯現一切佛剎如一佛剎一切佛剎亦復如是 後三一有佛現二融攝三舉一例餘一剎之展量同法界一剎之卷顯現無餘展卷無礙是一佛剎如一佛剎剎剎皆然準上華嚴及後人嚴塵塵尚然況復剎剎 三別顯二先顯寶嚴三。初摠標 其一一剎悉以等法界無量無邊清淨妙寶莊嚴之具而為嚴飾。二別顯二初通顯寶嚴以阿僧祇數但有九十四數以晉經皆云無量阿僧祇初肯數事但云無量則阿僧祇言非是數由之一但是無數之言若定是數便為限局今就九十四內寶樹之中有無量妙寶以為華果為一宮殿中有無量菩薩為二初段顯因之後有無數寶藏為三一瓔珞中百千菩薩上妙莊嚴為四下寶枝中有不思議鳥為五寶華中有無量菩薩為六足滿百數文中分二。初十八事略明顯勝先略明 所謂阿僧祇清淨寶座敷眾寶衣阿僧祇寶帳寶網垂布阿僧祇寶蓋一切妙寶互相映徹阿僧祇寶雲普雨眾寶阿僧祇寶華周徧清淨阿僧祇眾寶所成欄楯軒檻清淨莊嚴阿僧祇寶鈴常演諸佛微妙音聲周流法界阿僧祇寶蓮華種種寶色開敷榮耀阿僧祇寶樹周帀行列無量妙寶以為華果阿僧祇寶宮殿無量菩薩止住其中阿僧祇寶樓閣廣博崇麗延袤遠近阿僧祇寶却敵大寶所成莊嚴妙好阿僧祇寶門闥妙寶瓔珞周帀垂布阿僧祇寶牕牖不思議寶清淨莊嚴阿僧祇寶多羅形如半月眾寶集成 後舉因顯勝 如是一切悉以眾寶而為嚴飾離垢清淨不可思議無非如來善根所起具足無數寶藏莊嚴 二有八十二事廣顯五。初唯以外寶為嚴 復有阿僧祇寶河流出一切清淨善法阿僧祇寶海法水盈滿阿僧祇寶芬陀利華常出妙法芬陀利聲阿僧祇寶須彌山智慧山王秀出清淨阿僧祇八楞妙寶寶線貫穿嚴淨無比阿僧祇淨光寶常放無礙大智光明普照法界阿僧祇寶鈴鐸更相扣擊出妙音聲阿僧祇清淨寶諸菩薩寶具足充滿阿僧祇寶繒綵處處垂下色相光潔阿僧祇妙寶幢以寶半月而為嚴飾阿僧祇寶幡悉能普雨無量寶幡阿僧祇寶帶垂布空中莊嚴殊妙阿僧祇寶敷具能生種種微細樂觸阿僧祇妙寶旋示現菩薩一切智眼阿僧祇寶瓔珞一一瓔珞百千菩薩上妙莊嚴阿僧祇寶宮殿超過一切妙絶無比阿僧祇寶莊嚴具金剛摩尼以爲嚴飾阿僧祇種種妙寶莊嚴具常現一切清淨妙色阿僧祇清淨寶殊形異彩光鑒映徹阿僧祇寶山以爲垣牆周帀圍繞清淨無礙阿僧祇寶香其香普熏一切世界阿僧祇寶化事一一化事周徧法界阿僧祇寶光明一一光明現一切光（其間三兩亦標以事名釋以法門且從多判。二標以事名釋以法門）復有阿僧祇寶光明清淨智光照了諸法復有阿僧祇無礙寶光明一一光明周徧法界有阿僧祇寶處一切諸寶皆悉具足阿僧祇寶藏開示一切正法藏寶阿僧祇寶幢如來幢相迥然高出阿僧祇寶賢大智賢像具足清淨阿僧祇寶園生諸菩薩三昧快樂阿僧祇寶音如來妙音普示世間阿僧祇寶形其一一形皆放無量妙法光明阿僧祇寶相其一一相悉超衆相阿僧祇寶威儀見者皆生菩薩喜樂阿僧祇寶聚見者皆生智慧寶聚阿僧祇寶安住見者皆生善住寶心阿僧祇寶衣服其有著者生諸菩薩無比三昧阿僧祇寶袈裟其有著者纔始發心則得善見陀羅尼門（欲顯即事成法門故。三唯約法門顯即法可貴非要託事）阿僧祇寶修習其有見者知一切寶皆是業果決定清淨阿僧祇寶無礙知見其有見者得了一切清淨法眼阿僧祇寶光藏其有見者則得成就大智慧藏（四約於事寶能成法門）阿僧祇寶座佛坐其上大師子吼阿僧祇寶燈常放清淨智慧光明阿僧祇寶多羅樹次第行列緣以寶繩莊嚴清淨其樹復有阿僧祇寶幹從身聳擢端直圓潔阿僧祇寶枝種種衆寶莊嚴稠密不思議鳥翔集其中常吐妙音宣揚正法阿僧祇寶葉放大智光徧一切處阿僧祇寶華一一華上無量菩薩結加趺坐徧游法界阿僧祇寶果見者當得一切智智不退轉果阿僧祇寶聚落見者捨離世聚落法阿僧祇寶都邑無礙衆生於中盈滿阿僧祇寶宮殿王處其中具足菩薩那羅延身勇猛堅固被法甲冑心無退轉阿僧祇寶舍入者能除戀舍宅心阿僧祇寶衣著者能令解了無著阿僧祇寶宮殿出家菩薩充滿其中阿僧祇寶珍玩見者咸生無量歡喜阿僧祇寶輪放不思議智慧光明轉不退輪阿僧祇寶跋陀樹因陀羅網莊嚴清淨阿僧祇寶地不思議寶閒錯莊嚴阿僧祇寶吹其音清亮充滿法界阿僧祇寶鼓妙音克諧窮劫不絕或願依中有正明雜莊嚴。五願於內身六根三業阿僧祇寶衆生盡能攝持無上法寶阿僧祇寶身具足無量功德妙寶阿僧祇寶口常演一切妙法寶音阿僧祇寶心具清淨意大智願寶阿僧祇寶念斷諸愚惑究竟堅固一切智寶阿僧祇寶明誦持一切諸佛法寶阿僧祇寶慧決了一切諸佛法藏阿僧祇寶智得大圓滿一切智寶阿僧祇寶眼鑒十力寶無所障礙阿僧祇寶耳聽聞無量盡法界聲清淨無礙阿僧祇寶鼻常齅隨順清淨寶香阿僧祇寶舌能說無量諸語言法阿僧祇寶身徧遊十方而無罣礙阿僧祇寶意常勤修習普賢行願阿僧祇寶音淨妙音聲徧十方界阿僧祇寶身業一切所作以智為首阿僧祇寶語業常說修行無礙智寶阿僧祇寶意業得無障礙廣大智寶究竟圓滿皆名為寶並圓明可貴故此上諸事或純或雜或依正無礙皆以事事無礙法門因所感故若將一因各對一事如以寂忍為因所感衣等恐繁不顯觀者思之復將一因成一切果四句融通義如常說。二別明人寶佛子菩薩摩訶薩於彼一切諸佛剎中於一佛剎一方一處一毛端量有無量無邊不可說數諸大菩薩皆悉成就清淨智慧充滿而住如一佛剎一方一處一毛端量如是盡虛空徧法界一一佛剎一一方一一處一一毛端量悉亦如是法華云彼國何故名曰大寶莊嚴其國中以菩薩為大寶故所以楚魏之朝亦不以金玉為珍而以賢臣為寶徧法界微塵之處有多菩薩可謂大心嚴剎也。三結成寶嚴是為菩薩摩訶薩以諸善根而為迴向普願一切諸佛國土悉具種種妙寶莊嚴。二類顯餘嚴如寶莊嚴如是廣說如是香莊嚴華莊嚴鬘莊嚴塗香莊嚴燒香莊嚴末香莊嚴衣莊嚴蓋莊嚴幢莊嚴幡莊嚴摩尼寶莊嚴次第乃至過此百倍皆如寶莊嚴如是廣說有十一事一一皆有上之百事并前一百則一千二百言次第乃至過此百倍者若言嚴事過者則不應言皆如寶嚴若準晉經云衣蓋幢幡乃至百事莊嚴即以香等為百過此百之三字譯者不妙若別理通者以前寶嚴但列百事非止唯百應過百倍則百百為萬表圓融萬行則應迴文云摩尼寶嚴皆如寶莊嚴如是廣說次第乃至過此百倍理則無違。三摠顯所為言初一門應為衆生

佛子菩薩摩訶薩以法施等所集善根為長養一切善根故迴向為嚴淨一切佛剎故迴向為成就一切衆生故迴向為令一切衆生皆心淨不動故迴向為令一切衆生皆入甚深佛法故迴向為令一切衆生皆得無能過清淨功德故迴向為令一切衆生皆得不可壞清淨福力故迴向為令一切衆生皆得無盡智力度諸衆生令入佛法故迴向為令

一切衆生皆得平等無量清淨言音故迴向為令一切衆生皆得平等無礙眼成就盡虚空徧法界等智慧故迴向為令一切衆生皆得清淨念知前際劫一切世界故迴向為令一切衆生皆得無礙大智慧悉能決了一切法藏故迴向為令一切衆生皆得無限量大菩提周徧法界無所障礙故迴向為令一切衆生皆得平等無分別同體善根故迴向為令一切衆生皆得一切功德具足莊嚴清淨身語意業故迴向為令一切衆生皆得同於普賢行故迴向為令一切衆生皆得入一切同體清淨佛刹故迴向為令一切衆生悉觀察一切智皆趣入圓滿故迴向為令一切衆生皆得遠離不平等善根故迴向為令一切衆生皆得平等無異相深心次第圓滿一切智故迴向為令一切衆生皆得安住一切白法故迴向為令一切衆生皆於一念中證一切智得究竟故迴向為令一切衆生皆得成滿清淨一切智道故迴向（初之二句文雖在初義通二處第三成就衆生是為摠句下皆是別始自信心終成種智後一門應為菩提） 佛子菩薩摩訶薩以諸善根普為一切衆生如是迴向已復以此善根欲普圓滿演說一切清淨行法力故迴向欲成就清淨行威力得不可說不可說法海故迴向欲於一一法海具足無量等法界清淨智光明故迴向欲開示演說一切法差別句義故迴向欲成就無邊廣大一切法光明三昧故迴向欲隨順三世諸佛辯才故迴向欲成就去來現在一切佛自在身故迴向為尊重一切佛可愛樂無障礙法故迴向為滿足大悲心救護一切衆生常無退轉故迴向欲成就不思議差別法無障礙智心無垢染諸根清淨普入一切衆會道場故迴向欲於一切若覆若仰若麤若細若廣若陿小大染淨如是等諸佛國土常轉平等不退法輪故迴向欲於念念中得無所畏無有窮盡種種辯才妙法光明開示演說故迴向為樂求衆善發心修習諸根轉勝獲一切法大神通智盡能了知一切諸法故迴向欲於一切衆會道場親近供養為一切衆生演一切法咸令歡喜故迴向（因圓果滿大用無盡。四迴向實際） 佛子菩薩摩訶薩又以此善根如是迴向所謂以住法界無量住迴向以住法界無量身業迴向以住法界無量語業迴向以住法界無量意業迴向以住法界無量色平等迴向以住法界無量受想行識平等迴向以住法界無量蘊平等迴向以住法界無量界平等迴向以住法界無量處平等迴向以住法界無量內平等迴向以住法界無量外平等迴向以住法界無量發起平等迴向以住法界無量深心平等迴向以住法界無量方便平等迴向以住法界無量信解平等迴向以住法界無量諸根平等迴向以住法界無量初中後際平等迴向以住法界無量業報平等迴向以住法界無量淶淨平等迴向以住法界無量衆生平等迴向以住法界無量佛剎平等迴向以住法界無量法平等迴向以住法界無量世間光明平等迴向以住法界無量

諸佛菩薩平等迴向以住法界無量菩薩行願平等迴向以住法界無量菩薩出離平等迴向以住法界無量菩薩教化調伏平等迴向以住法界無量法界無二平等迴向以住法界無量如來衆會道場平等迴向皆云法界者理事無礙法界也皆云住者智契即事之理無所住故住即入義以安住故法界無二即是等義初云無量住者一切善根皆是所住令以無住之住便同法界無量他皆倣此。三迴向成益　佛子菩薩摩訶薩如是迴向時安住法界無量平等清淨身安住法界無量平等清淨語安住法界無量平等清淨心安住法界無量平等諸菩薩清淨行願安住法界無量平等清淨衆會道場安住法界無量平等為一切菩薩廣說諸法清淨智安住法界無量平等能入盡法界一切世界身安住法界無量平等一切法光明清淨無畏

皆言安住者由上智契故能得安也身等即差別事法令即平等清淨平等清淨即是法界無量法界清淨即是所得智能安住全同法界由八安住成後二用　能以一音盡斷一切衆生疑網隨其根欲皆令歡喜一音普斷物疑　住於無上一切種智力無所畏自在神通廣大功德出離法中上住佛德佛德雖多略舉其四謂十力四無畏十自在六神通名廣大德對上種智為佛二嚴是出離法。三依釋結名　佛子是為菩薩摩訶薩第十住等法界無量迴向二位果三初標得因　菩薩摩訶薩以法施等一切善根如是迴向時二列其所得略有三種果滿。初因果利益滿　成滿普賢無量無邊菩薩行願悉能嚴淨盡虛空等法界一切佛剎令一切衆生亦得如是具足成就無邊智慧了一切法於念念中見一切佛出興於世二見佛自在滿二。初總標　於念念中見一切佛無量無邊自在力三別顯　所謂廣大自在力無著自在力無礙自在力不思議自在力淨一切衆生自在

力立一切世界自在力現不可說語言自在力隨時應現自在力住不退轉神通智自在力演說一切無邊法界俾無有餘自在力出生普賢菩薩無邊際眼自在力以無礙耳識聞持無量諸佛正法自在力一身結加趺坐周徧十方無量法界於諸衆生無所迫隘自在力以圓滿智普入三世無量法自在力（皆以體用理量俱無障礙是佛自在三清淨果滿）又得無量清淨（上摠標下別列）所謂一切衆生清淨一切佛刹清淨一切法清淨一切處徧知智清淨徧虛空界無邊智清淨得一切差別言音智以種種言音普應衆生清淨放無量圓滿光普照一切無邊世界清淨出生一切三世菩薩行智清淨一念中普入三世一切諸佛衆會道場智清淨入無邊一切世間令一切衆生皆作所應作清淨（由淨藏障見性淨故三結能得之相）如是等皆得具足皆得成就皆已修治皆得平等皆悉現前皆悉知見皆悉悟入皆已觀察皆得清淨到於彼岸（平等者雖能所知故餘並易了長行已竟偈文在下六瑞應分二初地動生信）爾時佛神力故十方各百萬佛刹微塵數世界六種震動所謂動徧動等徧動起徧起等徧起踊徧踊等徧踊震徧震等徧震吼徧吼等徧吼擊徧擊等徧擊（二興供表行三初供因）佛神力故法如是故（二外事供）雨衆天華天鬘天末香天諸雜香天衣服天珍寶天莊嚴具天摩尼寶天沉水香天栴檀香天上妙蓋天種種幢天雜色幡（三內事三業供）阿僧祇諸天身無量百千億不可說天妙法音不可思議天讚佛音阿僧祇天歡喜音咸稱善哉無量阿僧祇百千那由他諸天恭敬禮拜無數天子常念諸佛希求如來無量功德心不捨離無數天子作衆伎樂歌詠讚歎供養如來百千阿僧祇諸天放大光明普照盡虛空徧法界一切佛刹現無量阿僧祇諸佛境界如來化身出過諸天（已結通十方）如於此世界兜率陀天宮說如是法周徧十方一切世界兜率天宮悉亦如是（以是通方之說故準上諸會或結瑞應今此結說故別開章八證成分）爾時復以佛神力故十方各過百萬佛刹微塵數世界外各有百萬佛刹微塵數諸菩薩而來集會周徧十方咸作是言善哉善哉佛子乃能說此諸大迴向佛子我等皆同一號名金剛幢悉從金剛光世界金剛幢佛所來詣此土彼諸世界悉以佛神力故而說是法衆會眷屬文辭句義皆亦如是

不增不減我等皆承佛神力從彼土來爲汝作證如我來此衆會爲汝作證十方所有一切世界兜率天宮寶莊嚴殿諸菩薩衆來爲作證亦復如是（云百萬者位過前故）

（九偈讚勸修分文二○初序意）爾時金剛幢菩薩承佛神力觀察十方一切衆會暨于法界已善知文義增廣大心大悲普覆一切衆生繫心安住三世佛種善入一切佛功德法成就諸佛自在之身觀諸衆生心之所樂及其所種一切善根悉分別知隨順法身爲現清淨妙色之身即於是時而說頌曰（二正說偈二初明第十迴向二○初頌所迴善根）

菩薩成就法智慧　悟解無邊正法門
爲法光明調御師　了知無礙眞實法
菩薩爲法大導師　開示甚深難得法
引導十方無量衆　悉令安住正法中
菩薩已飲佛法海　法雲普雨十方界
法日出現於世間　闡揚妙法利羣生
常爲難遇法施主　了知入法巧方便
法光清淨照其心　於世說法恒無畏
善修於法自在心　悉能悟入諸法門
成就甚深妙法海　普爲衆生擊法鼓
宣說甚深希有法　以法長養諸功德
具足清淨法喜心　示現世間佛法藏
諸佛法王所灌頂　成就法性智藏身
悉能解了法實相　安住一切衆善法
菩薩修行第一施　一切如來所讚喜
所作皆蒙佛忍可　以此成就人中尊
菩薩成就妙法身　親從諸佛法化生
爲利衆生作法燈　演說無量最勝法
（三有七偈頌迴向行三○初二偈揔頌前文九段迴向）隨所修行妙法施
則亦觀察彼善根　所作衆善爲衆生
悉以智慧而迴向　所有成佛功德法
悉以迴施諸羣生　願令一切皆清淨
到佛莊嚴之彼岸。（二有一偈頌前迴向嚴剎）
十方佛剎無有量　悉具無量大莊嚴
如是莊嚴不可思　盡以莊嚴一國土
（三有四偈頌二段中迴向所爲）如來所有清淨智
願令衆生皆具足　猶如普賢眞佛子
一切功德自莊嚴　成就廣大神通力
往詣世界悉周徧　一切衆生無有餘
皆使修行菩薩道　諸佛如來所開悟
十方無量諸衆生　一切皆令如普賢
具足修行最上行　諸佛菩薩所成就
種種差別諸功德　如是功德無有邊
願使衆生悉圓滿（三有二十偈頌位果分二○初一偈頌見佛自在）
菩薩具足自在力　所應學處皆往學
示現一切大神通　普詣十方無量土

由已自在方見佛自在。二有十七偈頌得清淨等經
菩薩能於一念頃
觀等衆生無數佛
又復於一毛端中
盡攝諸法皆明見
世間衆生無有量
菩薩悉能分別知
諸佛無量等衆生
大心供養咸令盡
種種名香上妙華
衆寶衣裳及幡蓋
分布法界咸充滿
發心普供十方佛
一毛孔中悉明見
不思議數無量佛
一切毛孔皆如是
普禮一切世間燈
舉身次第恭敬禮
如是無邊諸最勝
亦以言辭普稱讚
窮盡未來一切劫
一如來所供養具
其數無量等衆生
如是供養一如來
一切如來亦復然
供養讚歎諸如來
盡彼世間一切劫
世間劫數可終盡
菩薩供養無休懈
一切世間種種劫
於爾所劫修諸行
恭敬供養一如來

盡一切劫無厭足
如無量劫供一佛
供一切佛皆如是
亦不分別是劫數
於所供養生疲厭
法界廣大無邊際
菩薩觀察悉明了
以大蓮華徧布中
施等衆生無量佛
寶華香色皆圓滿
清淨莊嚴甚微妙
一切世間無可喻
持以供養人中尊
衆生數等無量剎
諸妙寶蓋滿其中
悉以供養一如來
供一切佛皆如是
塗香無比最殊勝
一切世間未曾有
以此供養天人師
窮盡衆生數等劫
末香燒香上妙華
衆寶衣服莊嚴具
如是供養諸最勝
歎喜奉事無厭足
等衆生數照世燈
念念成就大菩提
亦以無邊偈稱述
供養人中調御者
如衆生數佛世尊
皆修無上妙供養
如衆生數無量劫

如是讚歎無窮盡
如是供養諸佛時
以佛神力皆周徧
悉見十方無量佛
安住普賢菩薩行頌得清淨中一念普入三世一切諸佛衆會道場智清淨上云入者必在供養故此廣顯此是力能不可頌前願成所為。三有二偈頌總結第十迴向
過去未來及現在
所有一切諸善根
令我常修普賢行
速得安住普賢地
一切如來所知見
世間無量諸衆生
悉願具足如普賢
為聰慧者所稱讚
然上且依麤相而分菩薩縱任辯才體勢包攝大旨無異故不委論三數勝勸修通於十向於中九偈分之為二。初六偈舉人就行以歎勝
此是十方諸大士
共所修治迴向行
諸佛如來為我說
此迴向行最無上
十方世界無有餘
其中一切諸衆生
莫不咸令得開覺
悉使常如普賢行
如其迴向行布施
亦復堅持於禁戒
精進長時無退怯
忍辱柔和心不動
禪定持心常一緣

智慧了境同三昧　去来現在皆通達
世間無有得其邊　菩薩身心及語業
如是所作皆清淨　一切修行無有餘
悉與普賢菩薩等　辟如法界無分別
綿二　二十
戲論染著皆永盡　亦如涅槃無障礙
心常如是離諸取謂是菩薩所行如來所說六度隨相等行法界離相等行　智者所有迴向法
故是超勝，二有三偈結歎勸修
諸佛如来已開示　種種善根悉迴向
是故能成菩薩道　佛子善學此迴向
無量行願悉成滿　攝取法界盡無餘
是故能成善逝力　若欲成就佛所說
菩薩廣大殊勝行　宜應善住此迴向
此諸佛子號普賢十來後二偈挍量功德分
一切衆生猶可數　三世心量亦可知
如是普賢諸佛子　功德邊際無能測
一毛度空可得邊　衆刹為塵可知數
如是大仙諸佛子　所住行願無能量德既無限宜可修行然此顯德深勝高遠者一圓融數故二約殊勝願力故登地已上寄位階差故每結云若以殊勝願力復過於此不可數知，勿謂此深便言地劣
二十一來

大方廣佛華嚴經疏卷第五十二　綿二

大方廣佛華嚴經疏卷第五十三 入第三十四經　綿三

清涼山沙門 澄觀述 晉水沙門 淨源錄疏注經

十地品第二十六

初來意者爲荅普光十地問故。夫功不虛設終必有歸前明解滇行願賢位因終今明智冥真如聖位果立故有此會來也。前是教道此是證道教爲證因證即證前三心之數。故無性攝論云此聞熏習雖是有漏而是出世心種子性即斯義也。然會來即是品來一會之中唯一品故故釋名宗趣亦品會無差晉經此會有十一品則名等皆別矣釋名者會名有三一約人名金剛藏會。二約處名他化自在天會謂他化作樂具自得受用。表所入地證如無心不礙後得而起用故。事理存泯非即離故。因他受用而有所作非自事故。自他相作皆自在故。將證離欲之實際故。不處化樂者表凡聖隔絕故。三約法名十地會即同品名所以得此名者本業云地名爲持持百萬阿僧祇功德亦名生成一切因果故名爲地本論云生成佛智住持故即斯義也唯識第九云與所修行爲勝依持令得生故者但語其因關生果義。有別行譯本名十住經住是地中一義故仁王兼明云入理般若名爲住住生功德稱爲地而下經又名集一切智智法門亦兼因果復有別譯名漸備一切智德經以後後過前前故名爲漸漸備即是集義若名十地就義約齊以受其名若云十住唯就法稱。十是一周圓數十十無盡皆帶數釋後之二釋皆是依主一切智智之法門故漸備一切智之德故十之別名見於本分。三宗趣者先總後別總有二義一以地智斷證寄位修行爲宗以顯圓融無礙行相爲趣二前二皆宗爲成佛果爲趣。後別者別於上總略有十義。一約本唯是果海不可說性以離能所證故雖通一部此品正明。二約所證是離垢真如。三者約智謂根本後得亦通方便。四約所斷謂離二障種現。五約所修初地修願行二地戒行三禪行四道品行五四諦行六緣生行七菩提分行八淨土行九說法行十受位行。六約修成有四行謂初地信樂行二戒行三定行四地已上皆慧行於中四五六地是寄二乘慧七地已去是菩薩慧。七約寄位行十地各寄一度。八者約法有三德謂證德阿含德及不住道十地之德故。九約寄乘者謂初二三地寄世間人天乘四五六七寄出世三乘八地已上出出世間是一乘法故以諸乘爲此地法。十者攝要謂六決定宗辨此故。於此十中二三四八十通於圓融行布初一雙非餘皆行布多約寄法顯淺深故若以圓融融彼行布則無不圓融故以別從總皆十地宗若別中之別則地地別宗。別論其趣不異總趣。論其體性多不出前爲成十故小有加減一即離言體二所證體梁攝論云出離真如爲地體故三能證體無性論云法無我智分地位故此論亦名爲智地故其所斷約離故非地體若取離惑所顯又即真如四合能所證以爲地體故梁攝論云如如及如如智獨存故五六七及其第九爲隨相體此等皆爲成地法故六取光明三昧即證入體正相應故論云三昧是法體故七就德體即教證不住三道爲體八隨要體謂六決定九攝體成唯識云攝一切有爲無爲功德爲自性故十唯因體取其別相因果海故。收此十體不出三體一總含體二剋實體謂智與證三離言體配屬可知上二即因下一爲果因果非即離言雙絕以爲地體。問何爲地前顯圓融德地上行布彰淺劣耶荅顯乘故。云何顯耶。三乘之位地前行布地上圓融今一乘位地前地上俱有行布圓融若俱雙辨則前後不異若地前行布地上圓融則全同三乘前淺後深又似行布圓融各別教行不知法性教行非即非離。故於地前但顯圓融已過三乘地上多明行布以顯超勝勝相云何謂賢位始終已圓融自在登地已去則甚深甚深言所不至若不寄位何以顯深不包三乘何以顯廣。故虛空鳥迹迹迹合空大海十德德德皆海地地之中具攝一切諸地功德文文之內皆云若以殊勝願力復過於此不可數知。故剛藏偈五請而方說世親以六相而圓融意在斯矣。又此一會文唯一品闕於方便及勝進者正表斯義。所以闕方便者有二義故一表證法無二離方便故二攝三賢皆爲入地之方便故闕進趣者亦有二義一十地如佛更無趣故二以十定等品即勝進故。若爾何以別會說耶含二義故一開此勝進成等覺故二勝進趣佛行深遠故。若別立方便勝進即不得包攝前後顯地圓融。十地甚深良在於此地前乃我地之前安得云深異於地上此解尤妙學者應思。第四釋文 品分二初長行散說後偈頌總攝偈中雖有第十地 偈以後有總攝之偈前隔結通等文故從文便科之中間諸頌攝在當地初長行中二先正說十地後菩薩證成前中亦二先顯此果所說後通結十方齊說。前中或總爲一十地法門或爲二分謂初正說後顯實證成或爲三分謂序正流通然教證不同三分亦異就教三者初至起分是其由致以發起正說故二本分是其正宗正說地故三地利益分以爲流通益末代故二就證三者序分爲序三昧分爲正宗因入此定顯實證故論云三昧是法體故也加分已去皆是流通由說自所得令信行菩薩證入地故或爲四分於正說中初法說顯地後地影像分喻顯地故或教證準前或爲五分爲遠序三昧已下是近序故或爲六分隨行德分初至起分起化之由爲生物信二本分中畧說讚勝起衆樂欲三請分中彰地超言令生正解四說分中廣明修相令物起行五影像分寄喻顯德六利益分明德成證實感化斯現或爲七分從初至請分爲六說分稱通於十地故。問論云初地所攝八分第七說分八校量勝分明知說分唯說初地如何得通。答若不許通何爲初地獨受說名。故知標於總稱即受初地別名。若以論云初地所攝便定局者則前六分亦不應通。是知八中前七皆通後一方局。又下說分雖言自此已後正說初地既有初地說分則有二地乃至十地說分或爲八分開地利益異正說故或爲九分影像望前法喻別故或爲十分即是十地或於前九加後偈頌。此十次第有其三義一就化相通爲起說二就化意通爲顯證三隨宗要教證雙辯。初之一義隨文釋中論自具之今當略辯一起說由致故有序分二顯證能說有三昧分三示說不虛故有加分四定無言說故有起分五起先略陳故有本分六聞名渴仰故有請分七正爲廣陳故有說分已上七分依論次第八別說難曉以喻總明有影像分九爲說既覺顯勝勸修有利益分十歎說難知有偈頌分。二顯證者初分爲顯證由致餘九正顯證相於中前三就相顯證一寄入顯證二因加顯證由得加故顯證不虛三寄出顯證不起無言不能顯寂故次四就說顯證謂本分略說顯證請分辨相顯寂說及影像寄辭相以表德但法喻不同次一分就益顯證後一重述證德。三雙辨者初一爲由後九正顯教證之相於中三昧顯證後八顯教。教加已去即有說故八中次第同初門說。或爲四十八分謂初地十地各攝八分二地二分三四與九各攝四分五六各三七地五分八地七分故四十八。問初地八中前七十地八中後二義該十地何爲論判屬初十耶。答地論科文有其四例一以後攝前例以序等近初地故判屬於初二以前攝後例後二近於十地故法雲攝非謂不通三當相分文例如中間諸分四顯地該收例謂顯十地是陀羅尼法故諸地中文雖隨顯義必全收一一地中皆四十八如初六分屬於初地許該餘九類顯餘分無所不通。問初不說戒無彼二淨不說禪支無超歷等如何諸分地地皆通。答明言義通那引文局。豈不經說地地之中具足一切諸地功德寧許初地不持戒等已略料揀。次正釋文若依十地即爲十段初歡喜地文有八分七如前明第八名爲校量勝分文之分齊至下明顯今初序分論經別行具六成就今攝在大部故闕信聞但有餘四謂一時二主三處四衆雖有四事而論但云時處等校量顯示勝故此法勝故在於初時及勝處說而不言主衆勝者意明主衆餘經容有故若以相從主既十身衆不可說亦得名勝故論有等言。初時勝

爾時。時成就勝以是初時得名爲勝故論經云婆伽婆成道未久第二七日故。論經別行故標二七今經攝在大部但云爾時即是初會始成正覺時也。且依論明若以初表勝初七最初何故不說論云思惟行因緣行故因者能說之智緣者所化之機欲將所得妙法以逗物機故云思惟行行故法華云我所得智慧微妙最第一思惟因也衆生諸根鈍等思惟緣也。論云本爲利他成道何故七日思惟不說顯示自樂大法樂故此問意云在法身地見機堪化方應成佛。何用更思今答意云非是思而後知自爲受法樂故大法樂者即所得智慧寂靜樂也。論云何故顯己法樂爲令衆生於如來所增長愛敬心故捨如是妙樂悲愍衆生爲說法故。何故唯行因緣行耶顯示不共法故謂窮智究竟照機無遺除佛一人無能及者名不共法又因緣亦即所證深理唯佛窮故。二主勝

世尊義如前釋

三處勝

在他化自在天王宮摩尼寶藏殿處成就勝。論云此處宮殿勝故宮即自在天宮勝下五天故殿即摩尼寶藏純寶所成勝寶嚴故他化天宮既表地智無心而成化事摩尼寶殿亦表悲叢無心出用無盡。若以欲頂爲表勝者色界尤勝何不彼說。論云此處感果故。謂機感在此故又色界爲長壽天難不能感勝果必是欲界之身故密嚴中明此處十地菩薩常所游履大乘同性經云此處有報佛淨土故於此處說若唯約機感失所表義。四衆勝五初揀定衆類

與大菩薩衆俱。揀大異小同菩薩故

其諸菩薩皆於阿耨多羅三藐三菩提不退轉。揀尊異卑謂八地已上念不退轉故彌勒問經云自分堅固名不退勝進不壞名不轉若準論經又云皆一生得無上菩提則皆等覺等覺亦通念不退故又仁王經一生證得下寂滅忍言不退者不復退入無生忍故顯文雖爾本迹難量多是諸佛之所化故

悉從他方世界來集。揀新異舊他方集故。二歎其勝德三。初二句略明

住一切菩薩智所住境初句自分行滿謂權實無礙智住真俗雙融境境智一如無住住故

入一切如來智所入處勤行不息復句勝進行滿證佛所證則是如來勤行不息故名菩薩。二廣歎有十六句分二。初廣自分二。初行修具足

善能示現種種神通諸所作事神用善巧

教化調伏一切衆生而不失時調化應時

爲成菩薩一切大願於一切世一切劫一切剎勤修諸行無暫懈息行願偏於時處二德用圓備

具足菩薩福智助道普益衆生而恒不匱福智益而

不竭到一切菩薩智慧方便究竟彼岸（權實）（智慧雖已究竟）示入生死及以涅槃而不廢捨修菩薩行（以無住道不捨修行）善入一切菩薩禪定解脫三昧三摩鉢底神通明智（內證定智通明若頓三乘）（法相禪即四禪定即四無色定解脫謂八解脫三昧者此云等持平等持心趣一境故即三三昧諸有心定三摩鉢底此云等至由離沈掉至一境故爲在定地通無心定謂無想滅定等神通明智即通目一切有心無心定地所引功德今此菩薩皆善入善引若就一乘釋者禪定即十禪定解脫即不思儀等三昧等至各有無量百千通明及智皆各有十十十無盡是普賢位菩薩所得）諸所施爲皆得自在（外用施爲自在）獲一切菩薩自在神力（內獲自在幹能）於一念頃無所動作悉能往詣一切如來道場衆會爲衆上首請佛說法（外能一念周徧諸法）（辯三）護持諸佛正法之輪（護法）以廣大心供養承事一切諸佛（供養）常勤修習一切菩薩所行事業（二利勤修。二廣勝進）其身普現一切世間其音普及十方法界心智無礙普見三世（即三業廣大。三總結）一切菩薩所有功德

六

悉已修行而得圓滿於不可說劫說不能盡。（三依德列名）其名曰金剛藏菩薩寶藏菩薩蓮華藏菩薩德藏菩薩蓮華德藏菩薩日藏菩薩蘇利耶藏菩薩無垢月藏菩薩於一切國土普現莊嚴藏菩薩毗盧遮那智藏菩薩妙德藏菩薩栴檀德藏菩薩華德藏菩薩俱蘇摩德藏菩薩優鉢羅德藏菩薩天德藏菩薩福德藏菩薩無礙清淨智德藏菩薩功德藏菩薩那羅延德藏菩薩無垢藏菩薩離垢藏菩薩種種辯才莊嚴藏菩薩大光明網藏菩薩淨威德光明王藏菩薩金莊嚴大功德光明王藏菩薩一切相莊嚴淨德藏菩薩金剛餤德相莊嚴藏菩薩光明餤藏菩薩星宿王光照藏菩薩虛空無礙智藏菩薩妙音無礙藏菩薩

七

陀羅尼功德持一切衆生願藏菩薩海莊嚴藏菩薩須彌德藏菩薩淨一切功德藏菩薩如來藏菩薩佛德藏菩薩解脫月菩薩（前三十八同名藏者表地法有含攝衆德出生果周故後一名解脫月者即請法上首脫衆疑闇使得清涼如夜月故又藏表根本智包含出生月表後得清涼益物蘇利耶者此云月也俱蘇摩者悅意也即是華名餘之別名可隨義釋。四結數難測）如是等無數無量無邊無等不可數不可稱不可思不可量不可說諸菩薩摩訶薩衆。（五標說法主）金剛藏菩薩而爲上首。（論云何故菩薩說此法門爲令增長諸菩薩力故謂彼同類而能爾故。菩薩衆多何故唯金剛藏說論答云一切煩惱難壞此法能破善根堅實猶如金剛故不異名說此釋金剛謂表地智有堅利二義如金剛故能壞煩惱即是利義。下釋藏義論先問云何故名金剛藏此問意云爲以藏攝金剛名金剛藏爲以金剛而爲藏耶上即有財下即持業而論雙順二句順後句云藏即名堅其猶樹藏謂如樹心堅密能生長枝葉華實地智亦爾能生因果此說能藏名藏次順上句云又如懷孕在藏是故堅如金剛如金剛藏此謂子孕在胎藏中善業所持堅不可壞而得生長此說所藏名藏二喻俱有生長之義論下廣合云是諸善根一切餘善根中其力最上猶如金剛亦能生成人天道行諸餘善根所不能壞故名金剛藏此之一合通上二喻是諸善根謂

無漏華餘諸善根即二乘地前今無漏善於餘善中如孕在於胎藏其力最上雙合二嵛堅義亦能生成通合二嵛生長之義其力最上猶如金剛當體明堅餘不能壞對他名堅。二三昧分 爾時。衆已集時 金剛藏菩薩 標入定人為衆首故 承佛神力 辨入所依顯定深玄唯佛窮究故推功有在無我慢故 入菩薩大智慧光明三昧 顯所入定名三昧通稱餘皆別名智慧是體光明就用照二無我證如名慧照事名智此二無礙能破見惑及無明故名曰光明大有二義一揀異凡小二能斷大惑能證大理成大果故彰非果定故云菩薩即照之寂故云三昧智與理冥故稱為入論經名為大乘光明三昧則光明即智此與唯識第九四定初定名同。然其體性不出三種一定二慧三所證如以具能所證兼寂照故。所以入者意略有六論但有二一謂表深論云顯示此法非思量境界故二即以此義顯非證不說故餘四如十住品三加分六。初辨加所因 入是三昧已 若未入定佛不加故故下論云所以偏加金剛藏者得此三昧故十住會云以三昧力故。二能加佛現 即時。佛現時謂正入定時 十方各過十億佛剎微塵數世界外 來處遠近 各有十億佛剎微塵數諸佛 能加佛數 同名金剛藏 顯名同所加 而現其前 現身生信。上二三中意明多數勝前位故。若爾何以不言無量世界而云十億剎塵界耶論云方便顯多佛故謂無量雖多其言猶漫人不謂多今微以剎塵一塵一剎一剎一佛便謂細而叵測。若爾但應舉剎塵即已顯多何要定言十億有二意故一為就十地故二此經如是多說十數顯無盡故即由此義不云無量不得顯無盡故。何要顯此多佛加耶論云謂顯於法及法師所增長恭敬心故又表諸佛皆同說故。何要同名加。論有二意一云本願力故何故如來作如是願顯示多佛故謂此三昧是法體故本行菩薩時皆名金剛藏同說此法今成正覺亦名金剛藏故不異名加。此中論意云諸佛因中得定名金剛藏遂發願言我成佛時亦同其名所以同者為顯菩薩所得法體同於多佛明人異道同故論意正爾。若以義取亦通遮那本願以佛因中得定說法能加所加同名法爾亦發斯願以顯道同故下經云是毗盧遮那如來本願力故。第二意論云又是菩薩聞諸如來同己名已增勇悅故前就法理此就化儀。三同讚得定 作如是言善哉善哉金剛藏乃能入是菩薩大智慧光明三昧 顯有加因。四雙辨加定因緣 善男子此是十方各十億佛剎微塵數諸佛共加於汝以毗盧遮那如來應正等覺本願力故威神力故亦是汝勝智力故 有四因緣。一伴佛同加故二主佛本願故三主佛現威故四定者智力故。初之一事唯得定因先由佛加方能入故故論云彼佛先作是願今復自加後之三事通於二因由此能入定由此得加故非正加相故論云後餘佛加故言盧舍那佛本願力故加此論意云後文方顯諸佛加相即由此中本願力耳則此是加因若約得定由主佛加則此中願等已顯加相但意冥加故即前承佛神力耳是則定因有四加因亦四雖闕伴佛加因而有得定一因故有四也。所以第三會中後三因初有又是之言四五兩會同云亦是故不可將前一因為正作加若此已作加何用下文正顯加相餘如第三會辨。第五明加所為故論云何故加然直就經文則應分二初揔明後所謂下別顯論無所謂二字故取別中入智地句入初揔句揔別合明但有二十前十依自利行後十依利他行義雖兼通從多分判欲顯二利差別相故今依論釋初十句中論以二門解釋。初十依自利行 欲令汝為一切菩薩說不思議諸佛法光明故所謂令入智地故 彼經云又一切菩薩不可思議諸佛法明說令入智地故既將別句入揔即經論開合不同論經云明令經云光明但廣畧有異彼云明說此云說不思議彼未迴文即經論方言有異。既知二經同異次正釋經文初欲令汝為者標舉章門揔顯加意意為何事為一切菩薩說等此中三義一一切菩薩是所被機二不思議諸佛法光明是所說法三令入智地是說之益。被何等機。論云是中一切菩薩者謂住信行地。此通二類一為地前未證真如但依信心而起行故無著論中亦同此名。二通地上如初地加行位中名信行地即地地加行皆名信行。以攝論中意言無分別觀通於四位故知地上亦有信行。下釋所入智地及別入中皆通十地明知所被不唯地前況下請分中論云未入地者令得淨心已入地者令得十力必通被也。二能被中說何法被。此有二種。一所證法論云不可思議諸佛法者是出世間道品。此明十地法體是無漏故名出世間生佛果故名之為道十位行法類別名品。既是佛因是佛所證故云佛法心言路絕名不思議。二說能證論云光明者見智得證。此謂後得觀事差別名見根本觀理一相名智見達於事名得智契於理名證直語智體故言見智以智合境故言得證。地。法雖多不出此二。見智雖廣此釋正宜。故解深密第三云我無量門宣說智見今當為汝略說其相若緣總法修奢摩他毗鉢舍那所有妙慧是名為智若緣別法修奢摩他毗鉢舍那所有妙慧是名為見即斯義也。上云說者今分別上來能所證法。三說意中說此何益令入智地。論云入者信樂得證。此中信樂即所披擇得證即上二智契合。入何法耶所謂智地論云智慧地者謂十地智如本分中說即上不思議佛法也。上說能所證者意令菩薩以能證智入佛所證法是此總意。已說總句入地之相次下九句依本開末顯入差別。論云此修多羅中依根本入有九種入此九種入寄於四位初四願樂位次一見位次三修位後一究竟位。近地方便亦屬地故地後勝進趣究竟故皆十地攝**攝一切善根故**。言九入者一攝入謂聞慧中攝一切善根**善揀擇一切佛法故**二思義入思慧於一切道品中智方便故智方便者即善揀擇道品即是佛法**廣知諸法故**三法相入彼彼義中無量種種知故彼彼即是諸法種種知即廣知此即所聞思法成**善能說法故**四教化入隨所思義名字具足故能善說此知修慧修通**無分別智清淨故**五證入於二利菩薩利他即是自成佛法故入自利中收一切法中平等智見道時中善清淨故言平等者即無分別智無分別智正證真如離二取相故云平等二我分別隨眠不生名善清淨最初照理立見道名**一切世法不染故**六不放逸入於修道時中遠離一切煩惱障故世法不染**出世善根清淨故**七地地轉入出世間道品無貪等善根淨故此明修道位中離障證理智行轉進於地地中雙斷二愚是

無漏善能淨所知以此無漏淨三善根名淨煩惱論復云復有善根能為出世間道品因此明諸地中加行善根淨也**得不思議智境界故**八菩薩盡入於第十地中入一切如來祕密智故即下大盡分中入如來十種祕密之智是也如來祕密下地不測名不思議若入彼所入是智之境入彼能入即智是境得即是入故歎淨名云諸佛祕藏無不得入**得一切智人智境界故**九佛盡入於一切智入智故上一切智釋一切智人下智字即智境界入即得也上直釋竟自下論文融會本末初會末歸本謂上九種入為欲校量地智差別轉勝之相非根本入有此行布後明本末無礙欲顯前從本起末則無別之別次攝末歸本別而無別故以六相融而無礙論云一切所說十句中皆有六種差別相門者此標舉顯通故云一切皆有此言說解釋應知除事者此顯立意謂此六相為顯緣起圓融之法勿以陰界入等事相執取言六相者謂總相別相同相異相成相壞相此標列也下釋云總者是根本入者以初一入無不攝故別者餘九入別依止本滿彼本故者謂依一開九無總別不立故云依止由別方成總故云滿彼同相者入故者同名入故異相者別相增相故者九相漸增不相似故成相者略說故者總九緣以成一略言標顯故壞相者廣說故者分一作九九外無一此九因緣各住自相不相成也又云如世界成壞者猶如世界多緣共成六中事物一一推徵何者是界名壞亦如梁等共成一舍總則一舍別則諸緣同則互不相違異則諸緣各別成則諸緣辦果壞則各住自法餘一切十句皆應隨義類知。別章廣顯。二有十句依利他行**又令得菩薩十地始終故**是增數十經有十二句論經合七八二句故唯十一。初句為總始者

內起信欲外近善友聽聞終者憶念任持所聞地法地地皆爾故云十地始終此約教行。復有阿含為始以證為終則前皆是教。此教證義總有九重一教行相對言聲為教行德為證猶下請中字義二藏二地前地上相對如下請中歎衆以地前聞思修等為教淨地上行德為證淨三真偽相對即於地中聞思修慧報生識智緣照之解名曰阿含真智出言為證下論云聞思修等是則可說地智離言四修成相對一切地中真偽合修為教捨偽契真為證猶下所明義說二大五相實相對世間中修得彼證相名教契本相離為證猶下所說增上妙法光明法門光明是教增上是證六體德相對就彼離相所成行中顯本法性為證依本成德為教猶下鍊金金體與劍等七體用相對前體及德皆證依體起教智之用為教下珠放光光唯於教珠體喻證八自分勝進相對自分所成體德及用皆證進受佛教為教下歎金剛藏二力妙智及辯名為證力堅念教法為阿含九約詮就實相對真智之體為證約言分十為阿含猶下迹處虛空喻證空處之迹喻地阿含下論云字身住處證智所攝非無地智名句字身名句字身即阿含也。今當第四一經之內頻語教證理須通會勿厭繁文。又依根本始終有十始終。前三地前思修利物次一見道餘六修道。此隱前入謂初聞慧後無佛盡者理實齊通以此二並非正地前已說竟故此略無**如實說菩薩十地差別相故**二攝始終謂以思慧智攝持所聞攝思宣說故云如實**緣念一切佛法故**二欲始終緣念佛法意欲令物證故此即思慧上品求心**修習分別無漏法故**三行始終以是修慧故名修習言分別無漏法者謂於地上無漏道品趣意言分別觀行故以未證故但是觀分之時帶相觀心未甚無

相故云分別 善選擇觀察大智光明巧莊嚴故 四證始終即見道位大智者即真見道根本法無我智通小乘故名大治無明故云光明此智觀證真如平等平等離二取相名善觀察實斷二障分別隨眠名善選擇巧莊嚴者即相見道是後得智故論名方便方便即巧法真見道種種建立名為莊嚴又莊嚴者即二智成德由得此二善達法界於多百門已得自在故云莊嚴故論云此事中彼時中皆善知故由相見道復有二種一觀安立諦名此事中二觀非安立諦名彼時中以法真見道正證如時不可名事相望前真故名為彼 善入決定智門故 五修道始終論云出世間智智力得入法義故者以後得了俗由於證真名出世間智智故名善入智能入法即名為門上寄從二地至七地竟。下五句有五始終寄從八地至於佛地治菩薩於菩提五障五障在於七地至於等覺經文但有能治障在文外 隨所住處次第顯說無所畏故得無礙辯才光明故 初二句即能破邪論障始終不能破邪論障即是所治隨所住處者即邪論心住著之處言次第顯說者以宗因喻現比教量顯己正義隨病治之上皆論所據言無所畏者即論莊嚴後句辯才即是論體亦論莊嚴謂語具圓滿順言敬肅故名辯才又上皆論多所作法所作有三一善自他宗二勇猛無畏三辯才不竭配文可知言光明者性不闇故即論出離謂善觀察得失等故由具上諸義故不墮負由破此障得入八地 住大辯才地善決定故 二能善答難始終上明能破此顯能立第九善慧是辯才地住即證也 憶念菩薩心不忘失故 三樂著小乘對治始終不忘菩提上求下化故 成熟一切眾生界故 四化眾生懈怠對治始終成就不疲故 能徧至一切處決定開悟故 五無方便對治始終善達五明為一切處開悟故能巧化又上五障一不能破邪二雖能破而不能立三雖能破立情樂小乘四雖不樂小乘而不動化他五雖化不疲而無化方便治於此五行化略周。第六正顯加相論云已說何故加復云何加。加相有三謂口意身約別相說口加以益辯意加以與智身加以增威如實說者能加所加皆通。衆前語便故先口加得智堪說事須起定便身觸令覺故為此次此就十方佛辯若約舍那先意令得定當有所說次身光照觸以增威後要毫說偈而令演亦義次第非有優劣。初口加 善男子汝當辯說此法門差別善巧法。總中令以樂說辯說十地法門名相差別不違事理善巧成故故云汝當辯說等 所謂承佛神力如來智明所加故 別中依根本辯才有二種辯才一他力辯謂承佛力承何力耶如來智明故。二自力辯由自他因緣方有說故攝此九力為四種淨以因中有四義故一有力能作二無力不作三具二能引生四泯攝前三稱理成德故為四淨 淨自善根故 有作善法淨即是教行亦約相故名為有作 普淨法界故 無作善法淨此約證行亦約體故名為無作依此性相而有說故上二皆自利 普攝眾生故 教化眾生淨即是利他。餘六句經皆名身淨。攝為三種盡皆顯二利滿故成德成德有二義一當位顯益有菩薩盡二寄對辨勝有後二盡。初菩薩盡者因位窮終故攝經三句 深入法身智身故 初句位滿謂十地勝進破和合識顯現法身非心意識之所能得唯如智所依成於智身菩薩照寂故云深入後二句成益 受一切佛灌頂故 一成現報益得佛灌頂受佛位故 得一切世間最高大身故 二成後報益十地攝報生大自在云高大身高大二義一色形中極量最大故居有頂故二約三乘此成報身位極普周故云高大論云摩醯首羅智處生故者智處亦二義一摩醯首羅智自在故二攝報智滿成種智故二寄對顯勝中一對下彰出有二乘不同盡攝經二句 超一切世間道故 度五道故道即因義 清淨出世善根故 論云復涅槃道淨故以二乘雖度五道有三餘故不淨涅槃今無三餘故云復淨也由具此二故不同二乘後一 滿足一切智智故 等覺菩薩同滿望上顯同名為佛盡種智故自力辯中多義顯者校量後後勝前前故第二意加二。初正顯 爾時十方諸佛與金剛藏菩薩無能映奪身。總中身有二種一與無上勝威德身如王處眾無能映奪二與辯才無能映奪身前色身勝後名身勝後別開名身成九種身所加通三故增其色身在心名智在口稱辯經云與智論判為名二文影略顯義方備 與無礙樂說辯。一與不著辯才說法不斷無滯礙故謂無偏住著不滯事理云無礙樂說 與善分別清淨智。二與堪辯分別法相能正說故名為清淨。論云善淨堪智有四種一者緣二者法三者作四者成善知此義成不成相故。此言緣者即因緣生法亦名觀待二法者即法爾之法三作者此二作用四成者引正理例證成上三若順此四名爲成相不順此四名不成相菩薩善知故堪能有說名爲堪辯。然其此四經論多明相續解脫經名爲四成相續解脫即解深密經前後異譯深密第五名爲四種道理然上二經文博義隱。今依雜集十一釋之名次全同深密彼論云一觀待道理者謂諸行生時要待衆緣如芽生時要待種子時節水土等二作用者謂異相諸法各別作用如眼等根爲眼等識所依作用色等境界爲眼識等所緣作用等三證成者謂爲證成所應成義宣說諸量不相違語所應成義者謂自體差別所攝所應成義諸量不相違語者謂現量等不違立宗等言故四法爾者謂無始時來於自相共相所住法中所有成就法性法爾如火能燒等有爲法無常等。而彼經論次第爾者謂緣生之法有此作用以理成證後結諸法性相常爾今論義未巳如前說**與善憶念不忘力**三任放辯才說不待次言辯不斷處處隨意不忘名義故云善憶念不忘力謂隨門異說不忘本宗故**與善決定明了慧**四能說辯隨所應度種種譬喻能斷疑故謂應機斷疑故名決定能隨所應是謂明了**與至一切處開悟智**五不雜辯三種同智常現前故三同智者即自相同相及不二相自相者色心等殊故同相者同無常苦無我故不二相者即一實理又自相即俗諦同相即眞諦不二即中道第一義諦金剛仙等諸論皆明此三無法不爾故云徧至一切菩薩所了故云開悟**與成道自在力**六教出辯以十力智自在化物斷惑得果故云自在成道**與如來無所畏**七不畏辯於他言說不怯弱故**與一切智人觀察分別諸法門辯才智**八無量辯於一切智隨順宣說修多羅等六種正見故六正見者即是法門金剛仙論云一眞實智正見能知理法二行正見能知行法此二教言三教正見能知教法四離二邊正見知前理法不同情取五不思議正見知前行法成德出情六根欲性正見知前教法說隨物心瑜伽六十四名六種理門大旨無異**與一切如來上妙身語意具足莊嚴**九同化辯一切如來同以三輪化故三業殊勝故曰莊嚴上十巳辯他力二徵釋偏加所以以願自力堪加偏說悲業釋者意爲本故。初徵**何以故**意云諸佛慈力者隨闕者可許偏加既有力能與有慈能普何以上十偏加剛藏而不加餘。二釋**得此三昧法如是故**總明得此三昧法合偏加剛藏得此餘不得故何以得此三昧下別顯中有二因故**本願所起故**一本願所致故即上句顯示。二三昧身攝功德故此復八種淨依自利利他故謂前四自利後四利他**善淨深心故**是因淨信樂至趣能趣菩薩地盡皆清淨故故云善淨此一爲衆行本故名爲因次三明自利行德**善淨智輪故**即智淨趣菩薩地盡修道眞如觀如日輪圓滿普照法界故此即智德**善積集助道故**身轉淨謂生生轉勝集助道福德故**善修治所作故**心調伏淨善斷煩惱習故云修治此即斷德上三亦證助不住後四利他**念其無量法器故**開攝淨能聞持佛法故爲法器此利他方便餘三利他行體即語意**知其清淨信解故**通淨以勝神通生物信解故**得無錯謬摠持故**辯才淨由摠持力於一字中攝一切字句前後無違故無錯謬**法界智印善印故**離慢淨謂雖化衆生以實智印印之不違法界故無化慢。上八句中前四自利因一精進因二不忘因三勢力因四彼不染因如次配前四句謂由深心能起行等後四利他因謂五是斷疑因由知法故六是教重因以神通力令信入故七是轉法理因法若壞時假餘尊法誦持故八教授出離因論云如是化者得自利不忘故此意明若化時界相以法界印印之令離即自利不忘便能出離三身加**爾時十方諸佛各申右手摩金剛藏菩薩頂**增威令起故各申者不離本處而申即延促無礙諸佛皆摩故云各申即一多無礙即四通中如意通也餘義如前三會中說。四起分**摩頂已金剛藏菩薩從三昧起**所以起者三昧事訖故云何訖已得勝力故雖已得力何不且定說時至故何不定中說定無言說故。五本分略示綱要爲廣本故亦與下請爲其本故不請而說者不自說本衆則不知爲說不說又復不知欲說何法故。文分爲三初明六決定以爲地體巳如前辯次標列十名以顯地相後舉十方同說彰地要勝。今初六決定以爲地體**普告一切菩薩衆言諸佛子諸菩薩願善決定**先標告次正顯於中初句摠餘句別摠中標人列法故云菩薩。於大菩提立揩趣求故名爲願即下初地中發菩提心也。此願所以名善決定者以眞實智攝故謂攝導此願皆令順理決擇揩定故。眞智即菩善即決定持業受名故論云善決定者即是善決定此揀依他受名也。此巳入初地是證決定非是地前信地所攝之願受決定名。若通論決定有其六義一約行體決定堅固二望所證決定須證三定能斷惑四決信不疑五決能度生六決成佛果後別此善決定有六種即經六句瑜伽地持皆說此六名次小異大旨不殊。此六行相前五自分後一勝進五中前四自利後一利他四中前三明行體後一顯行功能三中前二行體周圓後一行德具備二中初一明行自體後一顯行離過是故自體離過攝德為因二利行圓成就佛果是此行相也**無雜**觀相善決定真如觀一味相故謂正體緣如境智一味為觀之相則無帶相之雜**不可見**真實善決定非一切世間境界出世間故謂此真智超出世間可壞之法故名真實真實故非世智所見**廣大如法界**。勝善決定論揔釋云大法界故一切諸佛根本故。此中上句出所如法界亦釋大義下句顯能如地智亦釋廣義法界所以名界者一是因義迷悟根故二是性義法本性故今能如地智為佛根本故得如之。況體合如無所如矣。下開義釋經標廣大釋以勝善此云何同。論揔釋云大勝高廣一體異名法相義故。言一體者唯一味故異名者隨法相故體無不在曰大而相非情取曰勝理超數表為高用無不該為廣上釋廣大二字。次釋法界名云一切法法爾故一切法者釋法字法爾者即是界義性自爾故下法爾字皆倣此知上釋所如法界。下辨能如地智亦受四名一雙釋大勝鈔三 十八 義云復法界大真如觀勝諸凡夫二乘智等淨法法爾故此云淨者異前所如體該染淨故此即根本智地當體獨如周徧名大形對凡小趣劣名勝二釋廣義云復法界大方便集地謂說大乘法法爾故者以證真了俗廣集大行既通二智故曰大乘三釋高義云大白法界善法法爾故謂無漏善法出世表故即二智所成之善故隨義立四不出境智一如**究竟如虛空盡未來際**。究竟等者是因善決定。此有二種一成無常愛果因是因如虛空依是生諸色色不盡故二常果因得涅槃道故故經云盡未來際。有釋云一為生因生菩提有為果故二為了因了涅槃無為果故。此順法相不順經宗以經宗常與無常非一異故。今更直釋論文明此地智有其二能一寂而常用故為無常因用雖斷盡而智無起滅如所依空非無常故經明此智究竟如空二用而常寂故為常果因雖涅槃永寂而智體不無不爾將何窮未來際。若會三身者用為化身寂為法身智為報身非無常矣。設智為了因亦變了菩提涅槃。故論云涅槃道道亦菩提故若相融攝固不在言。言無常愛者用遍機故**徧一切佛刹救護一切衆生**徧一切等是大善決定。隨順作利益他行故。即普覆名大。論又云大前善決定此顯世間涅槃中非一向住故者謂由前因善則大智不住生死由此大善則大悲不住涅槃前雖有應用亦智所成故有云取前常果因故不住生死取前無常果因及此大善為不住涅槃亦不違理。然約雙遮則俱不住若約雙照即二俱住謂大悲故常處生死等是故論云非一向住**為一切諸佛所護入過去未來現在諸佛智地**。為一切等是不怯弱善決定。上入智地不怯弱故。論經闕於一切諸十九佛所護一句但云入智地不怯弱若準此經由佛護故入智無怯言佛護者智造佛境佛智照故故佛所鈔三護與入智地反覆相成。論下六相圓融類前可見。二標列十名以顯地相四。初寄問徵起**佛子何等為菩薩摩訶薩智地**三舉數顯同**佛子菩薩摩訶薩智地有十種過去未來現在諸佛已說當說今說我亦如是說**以生成住持故三世同說同說之言文在地相義兼地體。三徵數列名**何等為十**為對治十障證十真如成十勝行說於十地及引諸論並如下文廣釋中辨**一者歡喜地**今依本論略釋地名論云成就無上自利利他行初證聖處多生歡喜故名歡喜地此有二義一二利剏成故二聖位新得故遂本期心故生歡喜**二者離垢地**離能起誤心犯戒煩惱垢等清淨戒具足故名離垢地此有三義一即因離謂離能起誤犯煩惱二果行離謂離犯戒惡業故云等也三對治離謂清淨戒具足**三者發光地**隨聞思修等照法顯現故名明地此唯一義謂三慧照當地所聞之法若準下論更有一義謂得四地慧光明相故如明得定等故下論云被無行無生行慧此名光明依是光明故名明地然唯識此經皆名發光謂成就勝定大法揔持能發無邊妙慧光故此則三義一定為能發二持為能持三後地慧光為所發所持然三慧就初發光約後故受名不同**四者燄慧地**不忘煩惱薪智火能燒故名燄地燄即慧燄故此名燄慧地此亦兼下二義今即根本智火能燒前地闇持不忘情以成慢之煩惱故二就後得智起用故下論云徤證智法明摩尼寶光中放阿含光明入無量法門義光明智慧普照示現以是義故此地釋名為燄聞約初義者前後諸地豈不燒惑有二義故此偏受名一就寄位言此地寄當出世間無漏故二以三學此地當慧初得慧故**五者難勝地**得出世間智方便善巧能度難度故名難勝此唯一義謂真俗無違極難勝故以三地同世未能得出四地雖出而不能隨多滯二邊難以越度今得出世又能隨俗巧達五明眞俗無违能度偏滯寶爲難勝此初得故偏受其名**六者現前地**般若波羅蜜行有間大智現前故名現前地謂妙達緣生引無分別名般若行觀如目覩名曰現前對後彰劣名爲有間以第七地常在觀故**七者遠行地**善修無相行功用究竟能過世間二乘出世間道故名遠行此或三義一善修無相到無相邊故名遠行二功用至極故名遠行三望前超過故名遠行合唯一義善修無相行釋行字功用下皆釋遠字然善修有二義一前地有間不名善修今常在觀故云善修二捨有之無非善修無今有無雙離故名善修云何雙離謂空中方便慧故雙有有中殊勝行故離無下釋遠中功用究竟正明遠義如極一累之邊故遠何所過望前三地相同世間過之已達望四五六相同二乘今亦超過五地眞俗無違何義此中有無雙離略有三異一彼猶未能過二乘故二難以眞入俗猶於雙行未自在故三彼尚未得甚深般若故於雙行非深妙故**八者不動地**一報行純熟無相無間故名不動地此亦三義一捨三界行生受變易果故云報行依此起行任運而成故功用不動二得無生忍無相妙慧則有相不動三此二無間煩惱不動合唯一義謂前地無相已得無間相及煩惱亦不能動而爲功用所動無不動名今由無功用故今無相觀任運無間故三不能動下輪王梵王之喻可以證此**九者善慧地**得無礙力說法成就利他行故名善慧地得無礙慧尚未稱善偏說偏益方名爲善**十者法雲地**得大法身具足自在故名法雲此有二義一得大法身語法雲體具足自在釋法雲義謂能雲雨說法自在用故此約能說爲名二得大法身此明法義是法器故具足自在此釋雲義能受如來雲雨說故下釋名分自當廣辯

此十得名略有四對一約法約喻慧法雲法喻合目餘皆就法二約體用歡喜善慧約體爲名餘皆就用三約自他難垢不動就他受稱餘皆自義立名四約當位相形難勝遠行形他受稱餘皆當之受名此十圓融地地皆具若約行布則前前之名應該後後後之稱不該前前如歡喜之名義該十地法雲之稱不預前九今爲顯別相各從初得受名下文重顯四結名顯勝**佛子此菩薩十地三世諸佛已說當說今說**三舉十方佛同說歎地要勝爲欲令物生渴仰故文二。初明不見不說反顯十方報化皆說**佛子我不見有諸佛國土其中如來不說此十地者**三徵釋所由二。初徵**何以故**徵云佛國不同化儀亦異如何十地要皆說耶。二釋文有四句初二句總標顯勝**此是菩薩摩訶薩向菩提最上道**釋意云此最勝故謂萬法皆如體如成聖雖斯證智亦是隨宜故爲要勝初句證行謂諸佛證此爲因成菩提故餘皆助道故此最上最勝**亦是清淨法光明門**次句阿含法門者名爲法體光明者顯照一切餘法門故後二句別顯其相**所謂分別演說菩薩諸地**初句釋前阿含云分別說即明前法光明是教體用此句是教所照法門故論云分別十地事者顯示世間智所知法故**佛子此處不可思議所謂諸菩薩隨證智**後句顯上證道非地前世智所知名不可思議故論云顯示出世間智故說證時照故呼佛子

大方廣佛華嚴經疏卷第五十三 肆三

大方廣佛華嚴經疏卷第五十四 入第三十四經第三十五 綿四

清涼山沙門　澄觀述　晉水沙門　淨源錄疏注經

六請分三初說已黙住二三家五請三許說分齊。所以黙者將欲演之必固黙之欲令大衆渴仰請說故所以後請者各有二意一增諸菩薩尊敬法故二前本分中　地難勝為增樂欲令此請中生正解故云何生解讚由請故將說黙之由顯地體甚深難於言念令衆先解後聞說分不隨數取離謬解故即復由此故有第三示說分齊初說已黙住

爾時金剛藏菩薩說此菩薩十地名已黙然而住不復分別。第二請中三家請殊即分三段謂初解脫月請二大衆請三如來請所以要三家者顯法深妙令聞解故。衆首顯揚當機渴仰化主加勸事方周故。道大兼亡法應請故為順請主此衆堪聞言不虛故為成請者如來護念而生信受言有徵故此約因請生請亦是次第。又佛請者即名為加謂衆雖已請要假主佛咸光方堪說故亦名為教如來教說顯剛藏說傳佛教故。又前二家請顯此地法因人修故後一家請顯此地法佛所證故前之二請餘經容有後之一請餘經所無法華三請但是一家良以地法甚深寄位難說故。又三請次第者初解脫月者彼衆上首故餘問則亂何緣大衆不亂問耶衆調伏故由前二止三請抑揚時衆故次衆請以表虔誠然非爭起依前請儀同敷齊請故亦不亂後聽說理窮故如來勸說。今初衆首請中揔有三請所以三者順世儀式少不厭重多則繁亂正得中故以止有三抑揚當時調伏機故。二家助成各唯一請。然似三請應分三段若兼三止應分為六以前黙住之止通為五請之本不可唯屬於初故正請相乘且為五段一怪黙騰疑請二法深難受止三歎衆堪聞請四不堪有損止謂雖有堪者亦有不堪故五雙歎人法請謂不堪聞者以法深故亦得佛護因應為說於是剛藏理窮更無遣請就初請中分一。初大衆觀黙生疑

是時一切菩薩衆聞菩薩十地名不聞解釋咸生渴仰作如是念何因何緣金剛藏菩薩唯說菩薩十地名而不解釋

言何因何緣者疑怪之辭為因說者不能說耶為緣聽者不堪聞耶金剛藏下出所疑事三解脫月騰疑為請二。初叙請因

解脫月菩薩知諸大衆心之所念

謂領衆疑故。二以頌正請文有五偈顯說聽無過是以應說即分為二初偈說者無過亦遣大衆何因之疑後四歎聽者無過亦遣大衆何緣之疑雖入初二徵黙所由為拂衆疑後三請說為遂衆欲文影略耳非不互通故依前判。初歎說者淨覺無過

以頌問金剛藏菩薩曰

何故淨覺人　念智功德具
說諸上妙地　有力不解釋

偈初二字偈末三字合為徵問之辭謂中間淨覺無過何故不解釋耶。聖德雖多偏歎淨覺者是說因故覺即覺觀由此得為口加行故。具能所治無思覺言故云淨覺淨覺之人名淨覺人三字為揔餘皆是別。別歎淨覺有二勝能一擇對治謂念智具念謂四念智謂如智二離諸過謂餘十字具字兩用。初中由有能治所治不生所治有二一者雜覺謂凡夫尋伺與四倒相應即迷事倒以四念為治二雜覺因憶想分別謂隨名相轉即迷理倒以真如智為治前唯凡夫後通凡小言離過者離三種過一由無瞋等功德具故離慳嫉過謂無瞋治嫉等取無貪無貪治慳不等無癡無癡即前念智擇故二由前已說上妙地故無說法懈怠過三由有樂說辯力無不樂說過。然念智正為治雜覺等故受治名而無瞋等本意不為治於嫉等有此任運自無彼故但名離過第二歎聽者無過四偈分三初二歎同生衆論云同法衆決定故有樂聞故次一偈歎異生衆論云復示餘者心淨故後一偈雙歎論云又顯此衆皆堪聞法故今初二偈前偈歎根故云決定後偈歎欲故云欲聞若有欲無根雖聞不解有根無欲設聞不受故須雙歎今初同法即是同生揀後異生決定即是根熟揀後樂欲初歎根

何故說地名　而不為開演
一切咸決定　勇猛無怯弱

初句為揔論云決定者黙慧明了故黙慧即根黙能知黙慧能入證故次二句別論云決定有三一上決定願大菩提故云勇猛二名聞決定他善敬重故云無怯弱由內無怯弱外著大名三攝受決定謂彼說者善知故即今說地名由堪攝受方為說耳下句徵黙可知。二歎欲

諸地妙義趣　此衆皆欲聞
其心無怯弱　願為分別說

初句所欲之法次二句正明有欲後句結請。論云是中若但有阿含決定無證決定但有非現前決定無現前決定如是決定法器不滿足故不能聽受者現前是欲現見起故非現前是根但實具故。此中意明但有根而無欲不堪聞法今前偈於歎決解於理決證具二決定為非現前之根後有今偈現前之欲欲證決定則具足決定故堪受也。其心無怯弱者論經云佛子智無畏無畏即無怯弱義理之心即名為智然智有二種一證法故此屬前根二

現受法故此爲令欲欲亦須智故於樂聞心無怯弱揔前二偈根欲雙具諸地妙義殞爲說之。二歎異生

衆會悉清淨　離懈怠嚴潔　能堅固不動

具功德智慧但云衆會故雙歎根欲初句爲揔心無濁故名爲清淨三句爲別別離六濁一不欲濁謂無心聽採故離懈怠治之二威儀濁不恭肅故嚴整治之三五蓋濁貪名等故潔淨治之四異想濁謂貢高雜染輕慢雜染等皆名異想令說行堅固不動治之五不具足功德濁善根微少故於彼說中心不樂住具功德治之六愚癡濁謂愚闇不了故智慧治之。三雙歎

相視咸恭敬　一切悉尊仰　如蜂念好蜜

如渴思甘露第三雙歎二衆云一切故相視爲揔論云迭共相瞻者示無雜染故餘皆是別成恭敬等無輕慢雜染下半喻顯敬法轉深何有雜染論經云如蜂欲熟蜜古釋云齊心趣證如蜂熟蜜專意求教如渴思露今但云念蜜則二句皆通教證然蜂之念蜜渴之思漿喻希法喜解脫之味更言好蜜復思甘露顯法之妙思渴情深。二法深難受止二。初敘意

爾時大智無所畏金剛藏菩薩聞說是已欲令衆會心歡喜故爲諸佛子而說頌言令衆歡喜是揔酬答相謂說偈本爲除前疑媚得心喜故酬答有二一堪酬答自有大智故二不怯弱酬答不畏大衆不堪聽故論云此二示現自他無過故故後偈意明法難說非已無智而不能說但言難聞非斥大衆全不堪聞二偈酬四初二頌明法難說遣上何因之疑成上有智次有一頌顯法難聞遣上何緣之疑成前無畏三有一偈喻顯說聞後有一偈舉難結默初中分二前偈顯難說之法後偈彰難說所以。今初

菩薩行地事　最上諸佛本　顯示分別說

第一希有難偈末難字即是揔相謂難得故難得所以後偈明之。此難有二種一最難體出名相故經云第一二末曾有難在相所無故經云希有上二明難相。何者是難法之體即偈初二句菩薩行者是出世間智謂即是證道證心涉境故名爲行地事者謂十地事行即是教道相差別故最上者通說上二勝故諸佛本者釋上證智得菩薩行名所以行是因義覺於佛智所以名佛今此證智亦覺佛智故爲彼本本即因也。此之教證於何處成難謂顯示分別說證道忘心故難顯示教道依證亦難分別。二釋難說所以

微細難可見　離念超心地

出生佛境界　聞者悉迷惑彼前菩薩行事所以難者由住微妙深義故故論云彼菩薩行事義住不可如是說。初二句對劣彰深次句就勝顯妙末句舉聞迷惑顯成難說於中難者是揔相云何難難得難證故。難得有四一微細難得顯非聞慧境故二難見難得亦非思慧心眼見故三離念難得亦非世間修慧境故以地智是於真修故非地前心數分別緣修之境。四超心地難得非唯不是地前之境亦非登地已上報生善得修道智境。言亦非登地已上等者謂變易所起異熟心識名爲報生生便能知無常等故名善得修道智也以非照實之智故亦不測地智。知無常等末忘心境名爲心地以七地已還皆容出觀故。又此善得修道智即加行後得智非根本故所以揀之故瑜伽五十五修道位中有出世斷道世出世斷道既通於世故非其境。既非四心之境是誰境耶即佛智境何者是智見實義故出生有二義一生彼佛智故二出離於生是無漏故末句云所以難說者恐彼聞者隨聞取著悉迷惑故三顯法難聞

知心地無我　能聞此勝法論云已辨難說復具德能聞反顯難聞兼欲使人學能聞故前三句舉德初句爲揔謂持聽法心堅如金剛則能得聞。下二句別堅有二種一決定信堅即第二句若無此堅於他分法不能入故二證得堅即第三句若無證堅於自分法不能入故深信之相云何謂於佛智說令心智不及仰推佛智非我境界是深信相即勝鬘三種正智中仰推智也所信是何謂佛勝智以此地智上同佛智佛智有二一菩提智是自行證法稱性無邊二化生權智是利他教法隨機應顯種種差別即是法華諸佛智慧及智慧門於此二深皆能信故云何證堅此亦有二一知是能證二心地是所說言無我者通能所證心地即二空真理所依之事謂唯識相論云隨心所受三界中報此即異熟識又隨心所行一切境界亦名心地此即前七轉識及通八識相分內外諸境於此二類如實了知我法二空成無我智下句結成難聞既知難聞之義如是具上二堅方聞上來微細勝智三喻顯說聞

如空中彩畫　如空中風相

牟尼智如是　分別甚難見上半舉喻下半法合此中喻意不單取虛空以無畫處空不爲喻故亦不單取畫以壁上之畫不將喻故正取空中之畫風喻亦然能依風畫以喻阿含所依之空以喻證智。然空中風畫不可言無謂若依樹壁則可見故亦不可言有依空不住故非有非無故不可說文意正爾。論有三段初釋喻相次釋合相後揀喻不同初中有三初離釋二喻以明

非有次。一釋二喻以明非無三雙結二喻成不可說前中畫喻有二一正顯喻相云此偈示現如空中畫色如壁者謂此空中畫色不異壁上畫色故云如壁若爾何以不見。二顯其非有論云是中不住故不可見謂壁上之畫有壁可住故可得見空中之畫無可依住故不可見。下風喻中有二段一云如空中風如樹葉者此正顯喻相。二是中不住故不可得見此顯非有謂樹葉上風有所可依故可得見空中之風無可依住故不可見。二合辯二喻以辨非無云此動作者非不空中有是二事此論意明但無可依故不得見非風動畫作其體全無。三結成不可說義云是虛空處事不可得說處者虛空處是風畫所依之空虛空事是空中風畫之相由前義故不可說有由後義故不可說無故此空處及畫事風事皆不可說其處所。第二釋合喻中次第合上三段論文而但雙合初論云是畫風如說者此合上喻相次論云以非自性不可得是不住故以其客故者合上非有即以非自性合上不住以其客故者出名無自性不住所以謂名是實之賓故無所住無自性也二合前非無云非不於中有此言說三合前結成不可說云如是佛智言說顯示地校量勝分別難見者佛智即所分別合上空處言說顯示下是能分別合上空中事以詮從旨故亦難見合上不可說麼然論經云佛智即今經牟尼智牟尼此云寂默以智相即智性故此即地智而名佛智者無二體故亦是譯人見牟尼之言謂是釋迦故耳。第三揀喻不同舉二喻者喻音別故論云畫者喻名字句依相說故謂畫有相狀如名句之屈曲能顯地相風者以喻音聲聲無屈曲如風一相假實既殊故雙舉之又假實相依闕一不可故云說者以此二事說聽者以此二事聞故舉二喻雙喻說聞。若將二喻喻所詮者仍有兩重一將風畫喻地相所以不可見者以同地智故如風畫合空二將風畫

後喻地智地智所以不可說者以即同果分離言說相故如風畫合空。若以果從因則亦可說以智從相地有差殊以旨從詮可聞可說是則無聞說之聞說也。四舉難結默**我念佛智慧　最勝難思議　世間無能受　默然而不說**若准上義以二事說以二事聞則可說可聞但是難見如何不說故有此偈。意云說聞本在證見既難證見說之何益況復加以難信難聞故我默然。初句所證見法次句難證難中之難故云最勝次句難信非地前證信故曰世間上三句舉難後一句結默。三解脫月歎眾堪聞請前已歎竟此復歎者由聞上言證信難得願示此眾有信有證有堪能故先長行分二。初敘請**爾時解脫月菩薩聞是說已白金剛藏菩薩言**二發言正請三初陳眾集**佛子今此眾會皆悉已集。**二歎眾具德**善淨深心。**初摠離數證過故名善淨深心有二一具修一切諸善行故即下教淨二與理相應故即下證淨下九別中前五阿含淨後四證淨謂順教修行名阿含淨證理起行名為證淨教通地前證唯地上**善潔思念。**即欲淨隨所念阿含得方便念覺淨謂得方便即不取念相名為善潔**善修諸行**即求淨三業敬順起求法行故**善集助道**即生得淨願得益眾生處上上勝生生而便得悲智勝念以助正道故**善能親近百千億佛**即受持淨親近多佛意在多聞憶持**成就無量功德善根**即行淨為求地上真證法故習少欲頭陀等離著善根**捨離癡惑**

得淨現智善決定故謂真見道中得無分別智非比智故名為現智相見道中以後得智審觀理智故決定無惑亦可俱通相見道中亦名現觀真見道中決定無惑皆破無明故云捨離癡惑**無有垢染。**即不行淨修道位中一切煩惱皆不行故相見道後直至金剛無間道中皆是修道復數修習無分別智故名修道滅二麤重皆使不行對見道中初斷所知故云垢染成唯識第十云煩惱障中修所斷種金剛喻定現在前時一切頓斷彼障現起地前漸伏初地已上能頓伏盡令永不行如阿羅漢由故意力前七地中雖暫現起而不為失八地已上畢竟不行等煩惱即是垢染不行即是無有然見道中非不斷惑見理義增修道位中審慮重觀除障義勝故此偏說**深心信解。**即無厭足淨不樂小乘但於上勝佛德深心希欲信解決定故**於佛法中不隨他教**不隨他教淨趣菩薩地盡道中自正行故。三結請**善哉佛子當承佛神力而為演說此諸菩薩於如是等甚深之處皆能證知。**二偈頌**爾時解脫月菩薩欲重宣其義而說頌曰**

願說最安隱　菩薩無上行
分別於諸地　智淨成正覺
此眾無諸垢　志解悉明潔
承事無量佛　能知此地義

初偈直舉法請不須前文上半舉法請說下半彰說有益後偈頌前請可知。四不堪有損止先長行二。初領前所歎**爾時金剛藏菩薩言佛**

子雖此衆集善淨思念捨離愚癡及以疑惑於甚深法不隨他教對下有損所以言雖△二舉損違請二先舉損 然有其餘劣解衆生劣解之人通九小等皆是迷法之器故 聞此甚深難思議事多生疑惑多生疑者正行相違猶豫義故惑者心迷於理能壞善法遠離善法故此明現損 於長夜中受諸衰惱明其當損。二結默違請 我愍此等是故默然。二偈頌 爾時金剛藏菩薩欲重宣其義而說頌曰

雖此衆淨廣智慧　甚深明利能決擇
其心不動如山王　不可傾覆猶大海
有行未久解未得　隨識而行不隨智
聞此生疑墮惡道　我愍是等故不說

初偈頌前段淨明有信餘皆有證如山如海雙喻教證後偈頌後段以取相故但依於識不能依智第五雙歎人法請復重請者示彼疑惑應須斷之豈可避之避之不說有多過咎何等過咎不得成就一切佛法△文中先長行三。初標請 爾時解脫月菩薩重白金剛藏菩薩言佛子願承佛神力分別說此不思議法此人當得如来護念而生信受△二釋請二初直徵釋二。初徵 何以故徵意云何以當得諸佛護念而能信耶△二釋 說十地時一切菩薩法應如是得佛護念得護念故於此智地能生勇猛釋意云法應得護由得護故必能信受△二轉徵釋二。初徵 何以故徵意云何以說十地時法爾應得佛護念耶下釋意云如来說法不離教證最所要故文中三。初法 此是菩薩最初所行依阿含行故 成就一切諸佛法故是證智故此即九種教證之中第四修成相對。二喻 譬如書字數說一切皆以字母為本字母究竟無有少分離字母者。以字母喻於地智為諸法本論云書者是字之相如斷字師子形相等者。以書記字非正字體言師子形者謂风字如師子蹲踞之形有云如呼師子為坐猊多故坐字像形似師子頭尾若作此釋全不似也字者論云噁阿等者即十四音正是字體字即文也等餘十二然有十四音内有二音不入字母謂里梨二字數者名句此二是數義者謂有二字多字為名必以多字成句故皆數也說者是語言一切皆以字母為本者明末依本喻果依因字母究竟者明本能攝末喻因無不攝上二順明無有少分離字母者反成上二言字母者即迦佉等三十四字以前十二音入此三十四字則一一字中成十二字復有二合三合乃至六合展轉相從出一切字故名為母論經名為初章者以梵章之中悉談字母最在初故然五天口呼則輕重有異書之貝葉則字體不殊梵天之書千古無易不同此上篆隸隨時故此為母亦常楷定。三合 佛子一切佛法皆以十地為本十地究竟修行成就得一切智初合末依於本後十地究竟合因無不攝所以須此本末二者若但言為本容非是末如以百鏹為本成多財貨等今明如水為海本無海非水故云究竟無有離者又為本者非但因為果本亦乃後為前本地前望證修阿含故初心即以智觀如故三結請 是故佛子願為演說此人必為如来所護令其信受依上問若義諸佛有力能令信者何故衆生於彼法中亦有謗惡眷有二種定則不可加一感報定以先世今世造定業故二作業定宿惡熏心猛利纏起難晚喻故上如釋種下如琉璃二偈頌 爾時解脫月菩薩欲重宣其義而說頌曰

善哉佛子願演說　趣入菩薩諸地行
十方一切自在尊　莫不護念智根本
此安住智亦究竟　一切佛法所從生
譬如書數字母攝　如是佛法依於地

初偈頌標請後偈頌釋請略不頌結釋中長行法中無究竟之言而喻中有今此反前欲顯具有又法中明本能生末合中明末依於本皆影略耳△二海會大衆請二。初敘請 爾時諸大菩薩衆一時同聲向金剛藏菩薩而說頌

言（上來衆首請說願衆堪聞樂聞令大衆展誠自陳有根有欲故。二正偈請二初歎人堪能請二。初歎說者）

上妙無垢智　無邊分別辯　宣暢深美言

第一義相應　念持清淨行　十力集功德

辯才分別義　說此最勝地（初五句歎說者自成數證前四歎證後一歎數自分所成一切行位通名為證上受佛教說為阿含即九種教證中第八門也上者是總然總有二義一變為教證之總二唯顯證力辯才對教名上此中歎證辯才有三一真實智為辯所依即經初句無漏故無垢過小故云妙二辯體性即第二句謂堪能分別無邊法義故三者辯果即下二句依前起辭樂說故名為果一詮表深旨字義成就即下一句二滑利勝上字義成就即宣暢句二有一句歎阿含謂念持於教得淨慧無礙名清淨行後三句歎能令他入初句令入證謂已入地者令得佛十力未入地者令得入地故云集功德集功德即論經淨心淨心即初地由集德成故後二句令入阿含辯才分別說者意令受持十地法故說主既內具二外令他入何故不說。二歎聽者二。初歎衆有根）

定戒集正心　離我慢邪見　此衆無疑念

惟願聞善說（由有根故堪受教證初句有能治次二句惟所治下句結請惟願是總十願有二一求阿含二求正證有二妄想不堪聞教一我二慢以我慢故於法法師不生恭敬以定戒為治謂若有定則心調伏故內無我慢戒則善住威儀外相不彰有二妄想不堪得證一邪見顛倒見故二疑念於不思議處不生信故有二對治則能得證一者正見善思義故即經集正謂積集深思故二者正心信心歎喜治經疑故。二歎衆有欲）

如渴思冷水　如飢念美食

如病憶良藥　如蜂貪好蜜　我等亦如是

願聞甘露法（顯示大衆求法轉深初一偈喻明後半偈法合前有四喻喻四義門顯示正受彼所說義一受持謂求聞慧初聞即受隨聞受持如水不嚼隨得而歡二助力謂求思慧嚼所聞法助成智力如食咀嚼以資身力三遠離謂求修慧依聞思行能除惑習如服良藥藥行除病上三三慧四安樂行謂求證智即三慧果聖所依處現法受樂行故如蜜衆蜂所依故云貪也後法合中能求一向是法所求猶通法喻以一甘露總合四喻甘露具有四種功能一能除渴二能去飢三能喻病四安樂故。二有一偈歎法利益請）

善哉廣大智　願說入諸地

成十力無礙　善逝一切行（直觀經文似當結請令依論判故云歎法善哉是總所說法中善具足故善哉有三一所依即廣大智說地必依此慧故二體性即第二句正說入諸地則地地轉勝故三者地果即後二句謂具十力無障礙佛菩提故行亦果行如出現品。自下第三如來加請前雖已有二家四請為顯法勝復待佛加。前來為分主伴主佛唯明意加令欲具於身口故復重加又前默與威神令有加請令加為說不與前同。若爾諸佛前已具於三業何得復加前但是加未是請故令以加為請並異於前。上力被下誠以為加因加勸說目之為請加即是請故云加請長行則以加為請偈頌則以請為加。不以常口求請而以雲臺發言不以常身展敬而以光業代者。為不輕尊位故要假請者為重法故。前加分中不加大衆令此加者前若即加大衆說主無由三止此若不加請至前言得佛護念便為無驗。文中通有八業二身且分為二先長行有二身七業後偈頌但明請業前中有二先此界佛光照十方後十方佛放光照此二光互照必互相見二段皆有二身七業今初分二。初光體業用）

爾時世尊從眉間（先明光本上加於下多用眉間之光亦表將說中正之道後正明用文有六業）出清淨光明名菩薩力燄明（一覺業即光名體謂是光照菩薩身已自覺如來力加故覺照光用故曰燄明）百千阿僧祇光明以為眷屬（二因業能生眷屬義故）普照十方一切世界靡不周遍（三來舒業舒則普照十方卷則還入常光今文略無來業若兼取下文如日身於空中住義則通有）三惡道苦皆得休息（四止業惡伏業論經云一切魔宮隱蔽不現今經闕此）又照一切如來衆會顯現諸佛不思議力（六歎業顯現佛會令物歎故）又照十方一切世界一切諸佛所加說法菩薩之身（七示現業正為令衆見說聽者皆得佛加堪說聽故長行受身加之名偏從此立三正顯所作）作是事已於上虛空中成大光明雲網臺而住（即二身之一言二身者一流星身二如日身。流星身者往他方世界故論不指經古德共指來舒歎示三業當之以是往來光體如星流故二如日身謂如日處空即此所作於上空中為臺是也故以身業相對應成四句一業而非身謂八中除三二身而非業即）

如日身三亦身亦業即演星身四非身非業此經所無即論經彼此相見。以身約有體業約有用三則雙具四則非正所為故。二十方佛放光照此 時十方諸佛悉亦如是從眉間出清淨光明其光名號眷屬作業悉同於此又亦照此娑婆世界佛及大衆并金剛藏菩薩身師子座已於上虛空中成大光明雲網臺 十三 正為照此然其作業亦周十方七業二身不殊此佛而加又亦照此娑婆經文以主佛普照此不待言伴佛普照正意為此加被相故。三偈頌明請業。二。初偈所依 時光臺中以諸佛威神力故而說頌言 望前猶屬於身。二正偈請。二。初加請所說二。初舉法請。二。初正顯作加。後顯加所為。今初 佛無等等如虛空 十力無量勝功德 人間最勝世中上 釋師子法加於彼 加於彼三字是總。此偈正為加故。其世中上亦總亦別。望加於彼是別。以二種加中是具果加故。望四勝義是總。以上即勝義。具四種勝為世中上故。言四勝者亦如世王一自在勝所作無礙故。即經初句言佛無等者由離二障解脫自在不染如空十地已還皆無等故。重言等者唯與佛等。欲顯佛佛等正覺故。二力勝即經十力能伏邪智之寬敵故。三眷屬勝即無量勝功德及人間最勝論經即當無量諸衆首謂具功德堪為衆首故云人間最勝論云諸衆首者佛於世間最上勝故。四種姓勝謂家姓勝故即釋師子法。於中又二。一釋師子是生家勝謂應生釋姓輪王貴胄故諸佛同加偏語釋者以現見故是主佛故。二法之一字是法家勝謂非但生家勝諸佛皆同真如法中住故。由上四義故稱法王名世中上。上云二種加者一具身加依法身故謂釋師子是有法所依之身故。二具果加證佛果故即是世中上及別明四勝具未成佛之色身故。今具德人加金剛藏。二顯加所為 佛子當承諸佛力 開此法王最勝藏 諸地廣智勝妙行 以佛威神分別說 欲令開現法藏義故。初句及下句以佛威神是說所依。餘文正辨加之所為開勝藏一句是總。下十字是別別歎勝藏有其二種一義藏成就二字藏成就。義藏即勝妙行行者諸菩薩行謂助道法故妙者真實智故即是證道勝者神力勝故是不住道染淨無礙故云神力如是顯示深妙勝上之義。二字藏者即諸地廣智及分別說謂說十地差別相故。二舉益請顯所說法利他有三時益。初半偈聞時益 若為善逝力所加 當得法寶入其心 若得上加則法寶入心成聞持故。二有半偈修時益 諸地無垢次第滿 亦具如來十種力 上句修時因圓。下句所修果滿。三有一偈轉生時益 十四 雖住海水劫火中 堪受此法必得聞 其有生疑不信者 永不得聞如是義 即具堅種人上半順明明有信之益。下半反顯舉無信之損。論經但有順明偈云雖在於大海及劫盡火中決定信無疑必得聞此經。今經堪受即決定信義。此中大意云若有信有機為堪受者無聞惡道善道難處生者皆得聞經。以難不障聞故言難也。海水劫火即是轉生難處。大海即是惡道畜生趣故。故論云龍世界長壽亦聞得此經。偈言雖在於大海故而言長壽者如有經說右脇著地未動之間已經賢劫千佛出世更一轉亦爾。但暫臥息尚爾。況其一生。劫火中者即是善趣。論云雖在色界光音天等亦得聞此經。偈言及劫盡火中故。此即指二禪已上為長壽天難。然論無長壽之言而前龍趣却有長壽。且三惡為難不必長壽。恐是譯人誤將此中長壽入於前文。然二經中文皆巧略。若具應言劫盡火起時在光音天中。故論為此釋以火起時初禪無人。二禪不為其壞。於中得聞故。等言等取三禪四禪免水風災長壽天難。乃至無色亦皆得聞。今舉初攝後及對水成文故云劫火。案智論等通上二界除五淨居皆長壽難。今不取初禪者以彼有梵王多好說法有覺有觀聞法障輕。又正已燒故不說之。上順論釋八難之中。舊惡一趣各舉其一。理實八難皆容得聞。又劫火之言兼佛前後劫壞之時無佛出故。條雖地獄容在海中則兼數難矣。今經但云劫火則正在火中亦容得聞以衆生見燒燒處有不燒故。問若依前義云何堪受法人復生難處。答此約乘戒緩急應成四句。一乘緩戒急生長壽北洲。不聞法要。二乘急戒緩生三塗中不礙聞法。故佛會中多列龍鬼等類。三乘戒俱急則人天聞法。四乘戒俱緩則處三塗諸根不具又不聞法。今海水劫火是二三兩句。餘二無乘故論不明。即後半意十五勉擒學徒願留心法要。故涅槃云於戒緩者不名為緩。於乘緩者乃名為緩。二教說分齊 應說諸地勝智道 入住展轉次修習 從行境界法智生 利益一切衆生故應說諸地者摠勸說也說地何義謂應說前字藏之中諸地廣智三漸次相故次修習言即為摠相言漸次者漸明非頓次辨不亂云何為三一觀漸次二證漸次三修行漸次此即十地之中加行根本後得三智為地地中初中後相也。勝智道者即觀漸次道者因也以加行智為正證勝智之漸次故名勝智道。論說此十地若加行觀若加行所依止理能生諸地實智故次入住展轉者是證漸次入者入地心住即住地心未轉向餘地故展轉即出地心地地轉所住處故即此三心證智自為漸次第三句即修行漸次以後得智要由證真修行方能了俗故名修行漸次言法智者正辨後得智體緣法別故名為法智此智從二境生一由證真故云從行生故論云行者入住展轉成就故二外能了俗故云從境界生故論云境界者此行種種異境界故謂以正證之行行於俗境是後得也利益眾生一句結說之益亦是後得智境。問地地正證者如初地中正智親證真如則後九地中不應更證以如無二無異故。古德釋云如雖一味約智明昧有十觀證。此亦順理。故唯識論云雖真如性實無差別而隨勝德假立十種此約所證德異故有十地觀證。又云雖初地中已達一切而能證行猶未圓滿為令圓滿後後建立此則亦約能證有明昧也。若唯取所證德異則初地未全證如亦未能全通如無異難。如人觀空小時不遠大則漸增空雖無差眼有明昧。三許說分齊謂所說不過義說二大是地分齊於中先敘說儀意後正顯偈辭。文二。初敘說儀意

爾時金剛藏菩薩觀察十方論云示無我慢無偏心故觀十方佛將欲承力故無我慢觀十方機擬將普被故無偏心故上下文皆云承佛神力普觀十方也亦可普觀物機不慢旁人普觀諸佛不偏一佛**欲令大眾增淨信故**

而說頌曰。謂眾先有信深渴所聞今更示說正地二大增益聞者堪受正義不如言取名增淨信。若準論經更有增喜故彼經云欲令大眾重增踊悅生正信故以踊悅即是淨信故今略無故論云踊悅者心清不濁故由信以心淨為性則攝理而悅。以前說主違請之中已令眾喜故今云增。如何得此踊悅論云踊悅有二種一義大踊悅為得義故二說大踊悅因此說大能得義故。義名所以深廣稱大即是當法受名說名詮表因於此說得彼義故依所得義故名為大大之說故依他受稱。聞於二大皆踊悅者因詮得旨湛淨無疑法喜內充故增踊悅大意如此。然二大體相古說不同。遠公云此地經中宗要有四一是言教二是所說教道之行三是所顯證道之行四是證道所表地法說此四中初二為說大以行依言成言依行發故合為說後二為義大以證依法成法由證顯故合為義。賢首釋云此經宗要有其六種一所依果海如太虛空二地智所證十種法界如空中所畫之處三根本智能證法界如能依畫相四此地後得隨事起行悲智不住五諸地加行所起行解為趣地方便六寄法顯成諸地差別如第二地中十善為正三地禪支等於此六中前三合為義大後三合為說大。然其後解不取能詮者意云如偈中七偈亦明義大豈無能詮正應用所以甚深故名之為義可寄言說故稱為說且依後解。古德因此復辨可說不可說義然下論自明因果二分說不說義非無眉目故今敘之。於中先就義大次約說大後辨雙融。義中有三一約果海可以標舉令人知有名為可說不可指斥示人名不可說二約證處既所證理離相離名還云此法不可說聞以此遣言之言當彼法故名為可說有言斯遣名不可說二約本智謂以遮詮易解故名可說貞詮不違故不可說攝論云無分別智離五相故謂離眠昏等以直詮不到故約遮詮以示彼法。二就說大中亦三一約後得智隨事行相可以言辭分別是則可說是出世間故不可說二約加行智謂是意言觀故是則可說觀中行相言不至故名不可說又諸法自相皆不可說諸法共相皆是可說此通一切法三約所寄法可以寄此表示令人解十地故名為可說不可以此即為十地名不可說。三約雙融此上六中各說即無說無說即說無二俱融準思可見又果海離緣故不可說所證說緣是則可說二所證非修故不可說能證修起是則可說三正證離相故不可說後得帶相是則可說四後得無分別故不可說加行有意言則是可說五加行觀無分別故不可說寄法表地是則可說。此上不可說皆各不異於可說以真理普徧故可說不異不可說以緣修無性故。是故下文雖說一分義亦不少故論云如實滿足攝取故意在於此。涅槃亦云不生生等皆不可說有因緣故亦可得說故說不說不可局執餘至下明。第二正顯偈辭二初顯義大四初摠顯地智微妙二初摠顯微二別顯微相。今初

如來大仙道　微妙難可知　非念離諸念
求見不可得　無生亦無滅　性淨恒寂然
離垢聰慧人　彼智所行處正顯地智微妙之相。故論云此偈依何義說依智地故。依者據也云何知依智地上來本分請分皆依智地後說分中亦說智地即今此中第六偈云智起佛境界亦依智地。明知此顯地智微妙非別明佛果於中論經但有六句初二句即此初偈彼云微難知聖道非分別離念言微妙者二偈摠相即前智地超言念故餘皆是別別相之中初句是微體餘皆是微所以於中難可知摠顯所以下六句別顯所以論云云何微偈言難知聖道故此即雙指謂

聖道是體難知故微也故淨名云微妙是菩提諸法難知故。云何難知此有二義一說時難知口欲辯而辭喪故二證時難知心將緣而慮息故上大仙道是所證說大仙是佛故言微妙道者是因謂是修行證智之因得大仙果故。六句別顯微所以初句即說時難知言非念者非有念慮分別心者之境界故何以非是念慮境耶以此地智自體無念故云離諸念也由上二義如是聖道名為甚微。下之五句明證時甚微復有總別初句為總求欲證見難證得故以無見無得方能證故。下四句別有四甚微。第一觀行第二依止第三清淨第四功德。初句即功德甚微不生者契理出世故不滅者非一往滅不捨利益眾生事故即無住涅槃寂用無礙功德。次句即清淨甚微性離煩惱非先有染後時離故名為性淨如此則無不離之時故恒寂然即性淨涅槃言離垢者即觀行甚微謂觀智中離無明垢不同世間八禪為無明離故總慧人下即依止甚微聰慧人者登地已上有智之者。彼人之智能行地智。何智能行若說總就實唯一實智見一實諦故若就別就權則通三智一加行智增上善勝解故二根本智增上善寂滅故謂滅諸惑證寂滅理故三後得智隨聞明了故。云何行處此之地智是彼證智自證知故依彼地智說證智生故說為行非正證時有能所行也。上四微中功德異小觀行異九依止清淨揀異外道自尊之者以智斷異故

十八 第四

前清淨微是斷德不同外道彼有見惑及滅心想為清淨故依止即是智德不同外道彼以六行而伏惑故。上依增勝若通說者並異九小。二別顯微相論云此甚深智復有何相此微體相也。是智有二相今明同相智體空寂故後明不同相智位差別故。今初二句明同相

無二亦無盡 上句總下句別總中此是誰相彼智相故故言自體此智自體以何為相

自性本空寂 謂本空寂。何以言同此即性淨涅槃。上同諸佛下同眾生一切眾生皆有此故攝同諸法諸法皆如此如即是自體空故一切皆以空為自性智性色性本無差別一切皆有安樂性故。下句別者論經加一有字云有不二不盡。釋云此智空寂其相云何謂離二種空攝是真空相。三種空者即地前空亂意菩薩有三種疑一疑空滅色取斷滅空此失空如來藏即損減也二疑空異色取色外空三疑空是物取空為有今云有者即初離謗攝不謂斷滅如兔角故言不二者即離異攝不謂異此空智更有異空言不盡者離盡滅攝不謂有彼此自體彼此轉滅故此明非滅有體之智成有體之空亦非空有物可轉滅也離此三空即見自性本空空如來藏。今闕有字如何會通此有二意一以不盡攝之謂有體故不盡無則異於斷滅若無可盡滅則非有物義如前說二者西域之經自有二本故論云有二種頌一有不二不盡二定不二不盡此頌雖異同明實有若非實有不得言定此云何定定能滅除諸煩惱故意云定即是有故能滅惑今經亦無定字義同定本謂定是有無不二去故離前二空謂無二中兼得空與有不二故非斷滅。三種空義如實性論第四所明。二有六句明不同相

解脫於諸趣

涅槃平等住　非初非中後

十九

非言辭所說

第四

出過於三世　其相如虛空。即方便淨涅槃。斷惑平等不同九小而能斷故不同外境但是所證有異相故不同於空涅槃是果此云何是約分證故又是所依果海如下十山十德不離海故此當義大不可說故。今明地智應是菩提耶言涅槃若分相門則所證為涅槃今顯相融即智之性為性淨涅槃智出惑障為方便淨涅槃二而不二難說甚深良在於此。文中解脫是總餘皆是別總一謂淨相解脫故異前也寶性論第四云清淨有二種一自性清淨謂性解脫即前同相二離垢清淨謂得解脫即此淨相解脫。別中以別顯總有二種一何處得解脫即經於諸趣也此顯所脫謂煩惱為趣緣業為趣因生為趣果故三雜染皆諸趣攝若脫因緣則無生果。二云何解脫即下五句此明解脫之體五句即顯五種解脫之相一等二際是觀智相二斷煩惱是離礙相後三體德圓備即是涅槃之相言平等者謂世間涅槃平等攝取非如聲聞一向背世間故以世間之性即涅槃故中觀云世間之實際即是涅槃際無毫釐差別故。二斷惑相者謂三時無斷方說斷故故云非初非中後。釋此有二義一約相翻二約相續言相翻者謂無間道正斷惑時為智先起惑後滅耶為惑先滅智後生耶為同時耶。此三惑智各有兩失故不成斷謂智先起智有自成無漏過不能滅惑過煩惱先滅煩惱有自滅過不障聖道過智後同時則雙具四過如燈不破闇可以喻此又涅槃云毘鉢舍那不破煩惱。若爾云何說斷。若依唯識第九明二真見道現在前時彼二障種必不成就猶明與闇定不俱生如秤兩頭低昂時等諸相違法理必應然是故二性無俱成失者。此中但舉法相一邊亦不違餘緣集斷義。若望此宗則有所遺謂秤衡是一低昂無妨惑解不爾豈得但時。明闇之喻雖則相頓到與不到俱不破闇同時則相非異時不相穨故。若此宗斷結要性相無礙。上明非先後俱為顯無性無性緣成則說斷結。由能斷無性方為能斷所斷本空方成所斷。若定有者則墮於常不可斷故若定無者則墮於斷失聖智故。言相續者不約惑智相對但就一智自有三時論依此釋。就此三時復有二種一約初心究竟通分三時二約無間道中剎那三時經論所明並通此二。論云此智盡漏為初智斷為中為後答云非初智斷亦非中後偈云非初中後故此

上順釋偈文兼定三時唯約智說故言是智斷惑若三時無斷云何斷耶論云如燈𦦨非唯初中後前中後取故此舉喻釋成謂實教斷惑必性相雙明經文正顯證智唯據甚深緣性不可說義論主兼明斷義故性相雙辯非初中後辯因緣無性是斷之不斷前中後取即不壞緣相是不斷之斷故大品云菩薩非初心得菩提亦不離初心後心亦爾而得菩提譬如然燈非初𦦨燋炷亦不離初𦦨後𦦨亦爾而炷實燋故龍樹判云佛以甚深因緣荅涅槃二十九亦云衆生五陰雖念念滅而有修道如燈雖念念滅而有光明上諸經論皆顯性相無礙無斷之斷又今經論反覆相成謂若定斷者一念便足何假三心既並取方成明知無性無初中後無初中後是無性故方得成於初中後斷此則因緣故無性無性故因緣也若云初念則能斷後念方究竟斷者不異毗曇一念有燒始終方盡若云初念獨不能斷積至中後方能斷者不異成實一念不燒相續方然勿失宗旨上猶通實教若依圓宗所斷之惑一迷一切迷一斷一切斷無斷無不斷若具顯諸宗差別如別行章非言辭下三句明三德者初句即般若是觀行相謂無分別觀體絕名言真智內發不同數聞依數而悟前云觀智約其決了此云觀行約行契極次句即法身是轉依相謂轉無常依云出過三世故此微智依常法身論云非如無常意識智依止無常因緣者此揀未轉依時今爲所轉依也無常意識智是彼能依無常因緣即是所依持種本識是無常因所持染淨諸種子等是無常緣依此因緣起無常意識今轉無常識成妙觀察智轉無常意成平等性智以爲能依依彼本識如來藏性真如法身以爲所依論云如修多羅中決定說者是了義故涅槃經說轉無常識獲常識故諸大乘經其文非一問所依本有可得是常能依修起寧無生滅若依唯識所依常故能依亦常非自性常是

有爲故若起信等始覺同本亦皆是常勝鬘經云一切法常住故三其相如虛空即解脫相不同數聞猶有智障令此二障雙亡故如空無礙三德之義已見上文然圓滿在佛圓教十住即許開發此中約因即言分得所依果海等佛無差轉依亦爾從因門中是見修轉就果辨者究竟廣大轉也此不同相由得前同成斯不同能顯前同令離障清淨無別不同如金成像像非金外論中結後五句云如是觀智如是斷煩惱如是觀如觀如如是依止依止如是解脫得解脫後三皆重言者皆上牒前下是結成謂如是觀而觀等也偏此後三有重牒者以前文後三對妄顯真故須牒真就以結之第二一偈類地行微

寂滅佛所行　言說莫能及　地行亦如是　難說難可受

上半牒前地智離言以爲能類下半正舉地行以爲所類初中謂前地智顯二涅槃皆言不及寂即同相性淨涅槃自性寂故滅即不同相方便淨涅槃要智緣滅非約性滅故此一涅槃是佛所行故言不及行者證也言不及者說聽皆難也何不直說無言而云言所不及若一向無言何由悟解令尋言求理而知理圓言偏故但云不及下半所類者謂非唯證智如是深玄而令智眷屬行亦難說受論云地者境界觀行者智眷屬智眷屬者謂同行同行者謂檀等諸波羅蜜言境界觀者如爲境界照達名觀此即加行說地是地體意在舉地取行故云地行將此地智修行檀等故名同行同彼事而行故斷即後得爲證智眷屬也第三一偈寄對彰微

智起佛境界　非念離心道　非蘊界處門　智知意不及

對聞思等以顯微故初句舉法體智是所起地智即前五偈所明根本之智起者即加行後得二皆觀如如即佛境並爲能起故論云以何觀以何同行能起此智此即前偈何觀者前境界觀何同行者前檀等行皆言何者隨何觀行是非一之言以加行隨地不同後得緣境各別故次二句明難說於中初句非心數故難說非念者非思慧境故離心道者非報生識智境故報生識者如上建請中辨後句明不同三科有色心根境故不可說論經云非陰界入說論釋非云離文字故今經略無說字門即是說故法華中以說爲智門下句明不可聞智知者唯證智知故意不及者如聞取故即依智不依識也四一偈喻顯地微

如空中鳥迹　難說難可示　如是十地義　心意不能了

上半喻下半合此中喻旨不唯取空餘處虛空不爲喻故不唯取迹砂土上迹不爲喻故正取空中鳥迹爲正論云鳥行空中迹處不可說相亦不可見者總顯喻相也處即迹處之空相即空處之迹不可示其長短大小令見不可說爲有無等此中迹處之空以喻證智空處之迹以喻阿含故論合云如是鳥迹住處名句字身住處也何以不可說論云虛空處鳥迹相不可分別故意云鳥是履沙則有迹及處由履空故處迹難分名句字身亦爾菩薩證智所攝故不可說聞若說若聽心意不能了也故以證攝教如空攝迹令名句等非如教性也以是證智之名等故上明麁相非有順喻不可說聞後明細相不無以喻可證論云非無虛空行迹故謂迹處之空異於餘空喻非無地智空處之迹異於無迹喻非無名句字身以有鳥行必有迹故故論云非無地智名句字身即雙合也謂有諸聖觀證如故證尚不無況於言教又以空攝迹迹不可示以迹攝空空亦非無喻以證攝教教不可示以教攝證可寄言喻意正爾若欲開鳥異迹則鳥喻言詮迹喻差別地相則有三事而迹處中以迹隨於鳥迹相非

無以迹隨於空迹相非有喻以差別隨於詮差別非無地相隨於證差別非有。若更開迹處之空異太空者則迹空喻證智太空喻果海迹空隨於迹則地智可說迹空隨太空則地智離言雖通此義在論無文吾以迹喻證智如前風畫中辯。以斷鳥迹之喻映下十地之文則寄位淺深之言施戒禪支之類一文一句莫不深玄豈謂地前為深地上為淺故論摠結云此中深故示義大踊悅。此中鳥迹亦雙喻教證難說難聞何異請中風畫之喻。故論問云云何復說論自答云汝等不應如穀取義。此論意云上喻及法是顯默不說之意此中喻及難說誠衆捨著許為宜說意不同也。若以著心隨穀取義有五過失一不正信以隨言解不稱實故二退勇猛不能忘相趣實理故三者誑他以己謬解為人說故四者謗佛指己謬解是佛說故五者輕法以淺近解深旨故謂法如言不殷重故。應令大衆各各自知無此五過所以酷明難說難聞。令人以地上為淺者並陷斯五失。故歎難說聞則斷斯五失以成五德已說深義令生正信信下第二復顯說大令生正信分三。初正顯說大三成就義

慈悲及願力　出生入地行　次第圓滿心　智行非處境　是境界難見　可知不可說。

言成就者一因成就大謂慈悲願力為起行本故名為因二因漸成就大謂聞思慧等為出世智因起之不頓故名為漸三教說修成就大謂即修慧真修契實如於正證可寄言詮故名教說說二字正揀義大非如果分不可說故。前二不似正證體非玄妙不假言揀但為出世智因故並稱因當分獲得三皆成就。此三地位為在何所此有二意一約初地則前二容在地前地加行故後一唯居地上二約通說地地之中加行修等慈悲願力即是因成聞思慧等即為因漸正證後得皆教說修聞慧等聞等說十地中在文易了正證之相何處是耶答此有二意一地體玄妙不可直彰寄法顯示即是其相謂如十善禪支道品諸諦等二因滿入處即是正證如初地云名住菩薩歡喜地不動相應故八地云入一切法如虛空性成就此忍名入不動地等即其文也以真實正證不可說示故此二類皆是說修着顯上三漸次何以諸佛教說證耶。彼從所表義大故名為證今從可說但得云說。故上論云因此說大能得彼義故。已知名意次正釋文。因成就大即初二句慈悲是利他願通二利力通上三以二利熏修不同二乘故名為力下句即二利之功出生地行正是因義。二因漸成就大即次第二字論云說聞思慧等次第乃至能成出世間智因故此云等者通有二義一者等上以其修慧是第三大故不等之二者等修修有二種一者緣修屬此門揀二者真修屬第三揀由等義有包含故但云等不爾何不但言聞思修而復重以等替修耶。三圓滿下明教說修成就大此有二種一滿足修即初八字二者觀修即後兩句真修位極世處都寂能滿地智名滿足修真智內發寂照分明名為觀修。初即稱性寂然後即寂而能照猶瑩明鏡垢無不淨如滿足修鑒無不徹如彼觀修。此二種修望於真證猶彼等妙等覺等於妙覺而但是因圓妙覺捨行方稱果滿此亦然也。二修如於出世但是因分之終正證捨修方名果分。諸有智者請鑒斯旨。文中處即聞思智即真修之智心即真修心體謂若無聞思緣處之心方名真修之心圓滿故是真修之智所能行耳。若準論經心是所如出世之心。故來經云非心境智滿如淨心論釋云滿足修者偈言二心境故非心境者此句示聞思慧等心境界處唯是智因能生出世智而此不能滿彼出世間智者。此云聞思是心境不能滿地智翻顯真修非心境方能滿地智故次便引偈云智滿如淨心已次牒釋云如淨心者如出世間清淨心能滿彼地智故。此明函蓋相稱謂欲滿地智非餘心能要真修處寂之心一如出世智心方能滿也其所如出世之心即是正證地智此言甚直。次觀修中是境界者即真修之境難見者非聞思能見可知者唯真修自心寂照方知知即見也故論經云月說自心知釋云自心清淨可見。既難可見亦難可說而隨修以顯說大中收不同果分但是深義三有三偈彰已無過誠衆除失二初半偈標明

汝等應敬受　佛力故開演

由說聽者各有二過不能得證故彰並離說二過者一佛不隨喜說今云佛力開演則知佛已隨喜二不平等說今云汝等應受則情無彼此聽二過者一見諍過言我法是彼法非如是執著種種諸見二於說法者不生恭敬今令敬受雙離二過謂敬法故無見諍過以敬人故無第二過。二別顯上雖離四過事但有三一承力二開演三敬受今此三段開章廣之。初廣開演

如是智入行　億劫說不盡　我今但略說　真實義無餘

上但云開演未知廣略今顯略而非廣上半顯智入之行深玄廣說不盡智入行者地法為所入證智為能入行此智行則入地法又智入是證智行是事行下之半頌令雖略說擇廣無遺真實義者即智入行也無餘者若事若理無不具故。三恭敬受

一心恭敬待

我承佛力故　勝法微妙音　譬喻字相應

即示恭敬相初句正明三句出因恭敬有二一身正恭敬待如威儀住堪受說法故二心正恭敬待如心決定堪能憶持故心敬則身必恭故偈但云心也下釋恭敬所因謂由善說故令物敬待初句對人彰已

善說說之一字論經名善說善說者對於當機無諂無憍慢故承佛力者示已無增上慢不言齊佛故次二句對法彰已善說勝法二字即是所詮次六字是能詮其相應二字通能所詮文雖三節義乃四重一令之所詮示現何事所謂勝上地法故云勝法二復微云所詮是地能詮多種或以色香威儀進止皆為能詮為用何法為能詮耶故論云以何事荅云我用八種梵響微妙音聲以為能詮不用香等故經云微妙音三復微云用此音聲復有多種為直爾用為喻類顯故論云云何事荅云非直爾顯寄喻類明故云譬喻然喻有二一是譬事為喻如下節節引金莊嚴具大海珠寶等二借法相事況出於理曉喻時聽亦名為喻今通此二四復微云雖知喻顯喻亦多種為依世間不善文字而為喻耶為依出世善字喻耶故論云依止何事荅云依於善字經闕善言論經具有云何相應通能所詮一以妙音聲與喻相應是約能詮二約善字與理相應是通所詮故論云善字有二種一隨方言音善隨順故二字句圓滿不增不減與理相應故又與能詮三事相應則與理相應也。三顯神力

無量佛神力　咸來入我身

論云前言承佛神力未說云何力故說此也無量佛者略有三類一是主佛二是十方金剛藏佛三是十方一切佛。三示說分齊

此處難宣示　我今說少分。

但是說因耳。半偈之中下之一句論經乃在說大五偈之初云我但說一分正是分月或是譯者廻文或是梵本有與義旨不殊前後何妨。於中上句牒前所請兼結上來義說二大為此處也難宣示義廣如上辨下句許說少分論上解云前言十地如是不可得說聞今言我但說一分此言有何義是地所攝有其二種一因分二果分說者謂解釋一分者是因分以於果分為一分故。然因果二分古有多釋全乖文旨者今所不論有可通者正而用之直望論意即指義大為果分故不可說說大為因分是則可說。更以義取略有二種一唯就十地以明以證智為果分方便寄法等並為因分此復二義一以修證相對則方便造修為因分息修契實為果分二以詮表相對則以寄法顯地差別為因分真實證智為果分。如約三地寄同世間次三寄二乘及禪支道品等令眾因此表解地義為因所表證智是此因之果。斯皆證智言所不及故不可說如彼鳥迹同於虛空方便寄法可以言顯故云可說如空中鳥迹約鳥說異是以一迹通有二分即可說不可說也。二約究竟佛果對普賢因說義通一部謂即此證智寘同究竟果海為果分如迹處之空不異太空地相之因同普賢因以廣說則有無量差別事殊勝願力復過於此故。是則迹處之空隨於空處之迹亦有說義地智亦可寄言標舉故聞上論云是地所攝有二如何說為究竟果耶。荅豈下句言寘同果海。故上論云此智是誰證偈言佛所行故。又上加分云不思議佛法又地影像分云彼十大山因大海得名大海亦因十山得名菩薩十地亦爾同在一切智因一切智得名彼因果相順故是知論主亦用究竟之果為十地攝。有云彼說十山依海不說大海即山者大海十德豈離海耶寶珠十義豈離珠耶。明知為此難者不見地智之旨。又且依一相不可指陳等云不可說及與可說若有因緣故果可寄言即事入玄因亦叵說故云說少分也不可局執

大方廣佛華嚴經疏卷第五十四

綿四

大方廣佛華嚴經疏卷第五十五 入第三十四經第九卷 綿五

清涼山沙門 澄觀述 晉水沙門 淨源錄疏注經

第七明說分三門分別一來意謂請儀既終已示分齊彰其地實地實難明寄顯在相相即因分從此已下廣明地相令尋相得實故有此來又請分生其正解此復顯其修行故次來也二釋名說暢宣陳十地差別故名說分以上請分通請十地對請辨說理必宜通爲歡喜在初受斯總稱故論云自此已後正說初地既有初地說分即知十地皆有說分又初地中皆應名說爲分地滿異於初住故十願下更與異名名挍量勝又論家科文但舉大格至於血脈殊不介懷隨時起盡不應執定三釋文十地即爲十段就初地中七門分別一來意十地之中最初斷障證理得聖性故二釋名此論所釋已見本分當經有釋備於下文今引他部成立正義唯識第九云初獲聖性具證二空能益自他生大喜故此有三義一得位二證理三成行由此三故名極歡喜攝大乘論第七云由此最初得能成辦自他義利勝功德故此文唯依第三成行義說十住毗婆沙云始得法味生大歡喜故此唯約證理義說瑜伽七十八引深密經云成就大義得未曾有出世間心生大歡喜故此約二義大義即是二利行成出世間心是得聖位此同本論本分中釋三所斷障者唯識第九中異生性障是此所斷謂二障中分別起者依彼種立異生性故二乘見道現在前時唯斷一種名得聖性菩薩見道現在前時具斷二種名得聖性此言異生即是凡夫深攝論中名凡夫性此論本分中名凡夫我相障此障障於初地上來就能起煩惱是根本故說斷二障若具說者亦斷惡趣諸業果等由斯初地就斷二愚及彼麁重一執著我法愚即異生性障二惡趣雜染愚即惡趣諸業果等此業果等雖非是愚愚品類故下九地中愚智準此斷義如前分齊中說四所證理者由斷前障證偏行真如謂此真如二空所顯無有一法而不在故深攝論中名爲偏滿偏滿一切有爲行故意明無有一法非二空故此地最初偏證偏滿五所成行略有四種一約增勝修成施行二約所成趣十大願三約修成謂信等十行四約實行謂十度等行無不皆修餘所修行釋文自顯六所得果略有四種一得常地滿時調柔等四果二得種行成大財果三依攝論通達障空得一切障滅果四通論得唯識三性三無性理智及奢摩他毗鉢舍那等果然上諸門多依行布若約圓融一斷一切斷一證一切證一行一切行一得一切得也第七釋文大分爲二先長行後偈頌前中若直就經文應分二對初明地法後明地果前中先廣明後總結前中有三初明入心次明住地心後明出心十地之文大體皆爾故依慈氏論於十地內皆有三心仁王上卷亦云於地地上中下三十忍地地中各有始生住生終生不可得等理必然也而論以出心爲調柔果出其所以至下當明今且依論判長行中二先明初地說分後明校量勝分前中依論總有百句分爲三分初四十句明住分二有三十句釋名分三有三十句安住分者通取校量勝即爲初地四分初云住者謂出世菩提心生堅守初地更不退失故稱爲住住即始住入心初雖住地未得名綿五善更起信等地中善住故名安住即地中正住及後一分並是住心其釋名分十地應齊但從義顯偏釋三地謂初及八十餘略不論以初地是得聖之始八地是無功用初法雲是菩薩地盡各無數劫滿故偏釋也然十地中既三心齊證則地地之中皆攝前之三位此中住分攝發心住其釋名分攝歡喜行後之二分攝救護衆生離衆生相迴向皆文義相順如文[illegible]今初住分文分爲二初別顯住法二結住入位前中有四十句分之爲四初十依何身次十爲何義三有十句以何因四有十句有何相。初謂深種善根爲所依身次爲得佛果爲所緣義上二皆發心緣三以大悲爲發心之因四以超凡得聖爲發心相利之相。瑜伽四十七亦有四相論依經造故同於此。又此四事即三種菩提心深種善根是深心次爲求菩提是直心三即人悲心具此三心成後入地之相又此四段各含三心可以思準。初依何身十句

佛子若有衆生深種善根。之人依地持論是若有衆生是具行解行人有如是心則入初地入已此心常現在前下諸地中初之十心類此可知深種善根正是總句論經名淳集厚即深也集即種也若約圓融則不定時數若依行布謂一僧祇已積資糧故云深種別有九種集前六護煩惱行後二護二乘行前中即增上戒學初戒次定餘四是慧慧中前三如次是聞思修後一所成出世之智後三中初二護二乘心謂大智護陋心大解護小心後一護二乘行

善修諸行。已知其意云何九集一行集善作眷屬持戒故三聚非一故名爲諸不淨尸羅不生三昧故首明矣

善集助道二定集善作眷屬三昧故即明得等及四靜慮以定親資慧故名助道皆云眷屬者慧爲主故 綿五

善供養諸佛三親近集供佛爲欲集聞慧故

善集白淨法四聞集聚思慧善思量波羅蜜等諸善法故謂依聞思彼若名若義自性差別有上下故成煖頂位治諸散濁故云白淨

爲善知識善攝五護集由內修行實證得外教授故修行實證即如實智亦分上下立於忍位及世第一上五皆同加行下四皆已入地

善清淨深心六淨心集以得出世間正智於所緣境無分別智都無所得不取種種戲論相

故名為善淨智能契理故曰深心立廣大志七廣集深心廣利故生廣大解八信心集以求一切智智故慈悲現前九現集謂多行慈悲無時暫捨故云現前。然小乘無求佛意故於護小心中明自利心求一切智小乘亦有自利三學之行故令護行之中但舉利他慈悲二事於中慈依苦苦及與壞苦以正在苦愚顯樂故悲依行苦拔彼妄樂不知行苦之所遷故三界不離三苦故為慈悲之境又明與樂即能拔苦故慈依二苦拔苦即與真樂故悲依行苦。已知總別集為同相戒等異相略說為成廣說為壞如上具明。二為何義為求佛果文云。初別顯求果之相為求佛智故。總云佛智謂無上智知斷修證故約無作四諦說此四別修究竟故亦得名修。餘別此智差別有九種業皆悉求之句句之中先揀智體後顯業用為得十力故一力佛智聞記為業以十種力隨機荅故為得大無畏故二無畏佛智破邪見業揀異三薩復稱為大為得佛平等法故三平等佛智得入法無我教授衆生證入之業故為救一切世間故四救護佛智以四攝法化衆生為淨大慈悲故五淨佛智能為救攝因業慈悲淨瞋恚故為得十力無餘智故六無餘佛智常以佛眼觀世間衆生業十方徧觀故云無餘為淨一切佛剎無障礙故七無染佛智若順今經以無障礙智嚴其依報自然應化令其信樂為業論經闕於淨剎為一念知一切三世故八覺佛智一念知三世衆生心心數法為業為轉大法輪無

所畏故九轉法輪佛智解脫方便善巧業故言善巧者於百億閻浮提同時轉大法輪即是能令衆生解脫方便然上九句初三自利後六利他利他之中四攝是利他之行慈悲是利他之心後四是利他之智三總結發心佛子菩薩起如是心若直望經文即指前十心。而論云即是本分中願善決定者上求佛智即是願故前本分中指此文云願善決定者如初地中發菩提心即此本分中願者即指此文生心即是生菩提心以上求佛智故願即願於菩提二體不殊故得互指。前指於此即攝上之十句佛智此指於前即攝前文六決定義彼是總句中指此是總結中指總攝別故。又但云生心者心是總即攝知斷證修故不云生智亦攝一切助道法故不云生餘心所。三以何因以大悲為首。明以何因生如是心。意云何因求大菩提謂以大悲為衆生故如三地中思惟度生不離佛智故下總句論經云是心以大悲為首是心即指前求佛智心也。十句中初總餘別別有九種大智慧增上一增上大細行苦智慧增上生故謂着了苦苦壞苦智非增上論又云智者因果逆順染淨觀故此約了事名智論云慧者自相同相差別觀故此約二諦通理為慧復是一門別義言自相者因緣之有是法自體故同相者二空真如等一味故念生迷此故起悲心同六地中大悲增上觀其逆順等亦如六地廣明善巧方便所攝二攝大四攝曲巧隨宜攝故最上深心所持三淳至大淳至即最上義謂向發大心許盡生界無盡利益故曰深心緣此悲增淳厚至到故云最上常以此二持此菩薩如來力無量四無量大攝取如來無量神力生物信故善觀察分別勇

猛力智力無礙智現前五決定大於上妙法決定信解名善觀分別於諸衆生決定能度為勇猛力於所治障決定能對治為智力無礙智現前通結上句隨順自然智六隨順大能受一切佛法以智慧教化七受持大能取大勝法授與衆生故大包一切勝即佛法授與即教化智慧故能授廣大如法界八最妙大攝受勝妙功德故究竟如虛空盡未來際九住盡大無量愛果因盡涅槃際故為成十句合於此二後之二大如本分說但前云無常愛此云無量者勝用非一故上九大中前七悲體次一悲德後一悲能七中前三自分一拔苦智二拔苦行三拔苦心後四勝進。四有何相正顯得位福利之相文有九句佛子菩薩始發如是心即得超凡夫地。初總始發如是心指前二段超凡夫地者以得出世間聖道故超即過義。餘別別有八種過論皆先法後喻此入聖位生如來家如世王子生王家故句句皆有相似法言入菩薩位。一入位過初成出世間心如始住胎相似法故瑜伽住品名入菩薩正性離生生如來家二家過生家相似法謂如世人雖受胎報若在凡家不足為勝要在王家方顯為勝菩薩亦爾若在外道法中出家不足為勝今得佛所證法方為尊勝梁攝論云生法二家具足尊勝下諸句例皆顯前揀勝無能說其種族過失三種姓過子相似法大乘行生故謂大行成立如得王體子堪紹佛種是子義也非賤非客故梁攝論云以過二乘及世間種性故離世間趣入出世道四道過以非有漏故離世間趣如非鬼畜

等王之體成無漏故入出世道如要人王之體子故梁攝論云永不作稜生等邪行故 **得菩薩法** 五法體過以同體大悲為菩薩體故以化他事即是自事若無大悲法身不具如棟異殘鈌瑜伽云設有問言菩薩以何為體應荅以大悲為體 **住菩薩處** 六處通謂不住道是其住處不同凡小染世捨世以帶二邊如世王子不爽部隨 **入三世平等** 七畫過謂證平等真如以資慧命棟無滋味則壽命夭促不任紹繼故是命相似法 **於如來種中決定當得無上菩提** 八畢定通佛種不斷顯因畢定得無一道顯果畢定如世王子雖依正精勝志氣不立所作不成今志氣成立決定紹位名成就相似法。論云如是示現凡夫生菩薩生不相似有煩惱無煩惱故者顯與地前不相似也。二結住入位 **菩薩住如是法** 指上四段 **名住菩薩歡喜地** 是初住地義 **以不動相應故** 釋上住義一證真理不復失故一乘異道不能動故然不動有五一種子不壞名不動即種性地已上二起行不退名不動即此初地已上地持論云初地已上如明月日夜增長善法不退亦復如是三空有無間名為不動即七地中四無功用不動即八地已上五究竟不動即佛地也 六

△二釋名分二○初總標 **佛子菩薩住歡喜地。** 二別顯於中分二初正明喜相二出喜所因然其喜相對依何身以深種善根得此位故後喜因中有念當得喜對為何義以所求果定當得故有念現得喜對有何相以現離凡得聖位故其第三以何因悲心惻愴喜義不顯故不對之○初正明喜相 **成就多歡喜。** 總有三喜云多歡喜一心喜謂入觀之心適悅二體喜出觀之心喜受相應三根喜由前心體歡喜內充外及五根輕安調暢故此喜者亦名為樂又內及觀心即無喜之喜不同二禪淨動之喜故梵本他經多名極喜喜之極故 **多淨信** ○別中九句敬喜證三寶體得不壞信增恭敬故 **多愛樂** 愛喜樂觀真如法故上二即喜行之心即是心喜次三正是喜之體相 **多適悅** 調柔喜身心偏益皆適悅故即諸根喜 **多欣慶** 慶喜自覺所證勝地前故此句論當第三前覺後悅義甚次第 **多踊躍** 踊躍喜身心偏益增上滿足故增上過前是踊躍義 **多勇猛** 勇猛喜自知堪受無上菩提去果不遠故 **多無鬬諍** 無鬬諍喜自心調伏云勇猛此一喜能上六皆自行喜下三化他離於喜障 **多無惱害** 無惱喜化攝眾生時但以慈柔不惱佗故論義解說時不今自佗心擾動故 **多無瞋恨** 不瞋恨喜見不如說行當時不瞋後無恨故此句不為他惱○二出喜所因二○初念當得喜十句 **佛子菩薩住此歡喜地念諸佛故生歡喜。** 初總餘別總云念諸佛者論云如佛所得我亦當得故者文中雖皆念他並是以他類己故判為念當得也以總該別皆屬已當 **念諸佛法故生歡喜** 別有九種一念佛法二念佛菩薩三念佛行四念佛淨五念佛勝六念佛不壞七念佛教化八念佛利益九念佛入以總該別皆名佛者為成佛故六相融故 七 ○若別顯義相統收十句不出因果人法一佛二法是果中人法論云初二念共者佛及佛法二事通二乘念故名為共則顯餘八不共二乘 **念諸菩薩故生歡喜。** 後八皆因上一是人謂二地已上乃至普賢之位餘七是法於中更有總別 **念諸菩薩行故生歡喜** 菩薩行為總別中六句次第顯前菩薩行 以何法為 **念清淨諸波羅蜜故生歡喜** 所顯謂波羅蜜淨以是行體故 **念諸菩薩地殊勝故生歡喜** 彼之行體顯相云何謂一地去一切淨一度即菩薩地殊勝故 **念菩薩不可壞故生歡喜** 於何位此行全顯謂第十菩薩地盡去障盡故則行不可壞上三自利餘三利他皆法雲之行 **念如來教化眾生故生歡喜** 能受諸法明為教化法 **念能令眾生得利益故生歡喜** 能雲雨說法則眾生得利益 **念入一切如來智方便故生歡喜** 受佛智職入大盡等是一切智行亦可後三通於諸地。又上十句初佛次法餘皆是僧僧中有人有德可知△二念現得故喜二○初正明所念 **復作是念我轉離一切世間境界故生歡喜。** 初總謂轉離一切凡夫取著事故然事有麤細麤則外六塵境通是一切凡夫取著境故細謂現前立少物謂是唯識性亦為地前凡夫取著境故別有九種轉離然此九種對前有何相中總別九句文雖不次法體全同以是念前福利相故故論二段之中皆以相似不相似揀謂與地前不相似故 **親近一切佛故生歡喜。** 一入轉離以了法如常見佛故此顯事不相似謂即前生如來家以佛法為事不似凡夫六塵事故 **遠離凡夫地故生歡喜** 二遠轉離即過凡夫地識為身

故近智慧地故生歡喜（三近至轉離即入菩薩位智為身故上二示自身不相似）永斷一切惡趣故生歡喜（四斷轉離即行不相似謂離世間趣行行出世淨行故）與一切衆生作依止處故生歡喜（五依止轉離即迭相依止不相似謂得菩薩法大悲為體依衆生起還與衆生為其所依不同凡夫不起悲心不為他依故）見一切如來故生歡喜（六近見轉離是他力不相似謂以大乘行成種性無過見佛得助道力不似凡夫非器不得故）生佛境界中故生歡喜（七生轉離即處不相似謂不住道是佛境界亦菩薩住處依之起行名生其中）入一切菩薩平等性中故生歡喜（八平等轉離即生業不相似謂證三世平等之性以資慧命而生智業不同凡夫雜染業也）遠離一切怖畏毛竪等事故生歡喜（九捨轉離即成就不相似謂成就離障畢定勝位捨約離障成約得位。即前第八畢定過成就相似法故由離怖畏決得無上菩提前就行位此就斷位。言怖畏者論云不愛疑慮憂想共心相應故生怖畏不愛是所畏事不活等五令心增懸故疑慮憂想正是畏體所畏不定便生疑慮所畏決定便生憂想由心畏故相現在身名毛竪等。然此九句與有相文同符契皆已義引不得異解由上諸義不相似故名為轉離非唯離障名轉離也。二隨難徵釋由捨轉離文義廣故重徵釋之。甚有四重謂怖畏與離各有因果而文分五節初總徵）何以故（徵意云何以此中說離畏耶。二列名總答）此菩薩得歡喜地已所有怖畏悉得遠離所謂不活畏惡名畏死畏惡道畏大衆威德畏如是怖畏皆得永離（答意云以五怖畏是初地障得初地時法爾離故又離此即是此地利益翻畏名喜此相最顯故於釋名分中辯之。三轉徵）何以故（此之一徵文含四意一云何以名為不活等畏耶二云何因而有此五畏耶此二是怖畏因果故論上生起云何者是怖畏云何怖畏因三何以名為得永離耶四因何令此得永離耶此二離畏因果若得離因自然無果故論上云遠離此因無怖畏故。四舉因顯相）此菩薩離我想故尚不愛自身何況資財是故無有不活畏不於佗所希求供養唯專給施一切衆生是故無有惡名畏遠離我見無有我想是故無有死畏自知死已決定不離諸佛菩薩是故無有惡道畏我所志樂一切世間無與等者何況有勝是故無有大衆威德畏（謂正舉離因顯離果相反顯畏因及畏果相故通有四意酬前四徵如不愛自身何況資財是離不活因則反顯愛身資財是不活畏因若不畏不活即是離畏果則反顯畏於不活是此畏果餘四例然又此離因即是能治其怖畏因即是所治五怖畏果不活與死二相何別懼無資緣身不存於朝夕名不活畏懼其因盡正捨報時名為死畏大怖之極無過死故又不活通於三業死唯約身故論云第一第二第五依身口意第三第四依身。死約受於善道懼捨身故惡道畏者懼於惡道懼得彼身故。但說五者打縛等畏皆五攝故此怖畏因善有二種一邪智妄取想見愛著故二善根微少故。然此二因通五怖畏善根少者言之資財懼不活等故有愛著者未能忘懷畏大衆等故。若取相顯初一為前三畏因後一為後二畏因。邪智即是分別身見取我爲理自之為邪。邪心決斷名之為智由有此智妄取於我及我所想以成執見而起愛著故我見為主我所隨生。愛著於我則有死畏見有我身懼捨分故愛著我所有前二畏但著財利有不活畏著利兼名有惡名畏。但無我我所則三畏因亡。然不活因舉我況所意但取所。後二因者功德善少畏墮惡道智慧善少畏於大衆又過去善少今畏大衆現在善少當畏惡道。今具福智無二世善以為對治故初三離因即二空智後二離因即二莊嚴。五結訓初徵）菩薩如是遠離驚怖毛竪等事。（前云何以能離今訓由上三段如是義故所以能離意正如此。而論云怖畏毛竪等事何故二處說耶前說身怖畏後說異身怖畏者意謂前第十句屬念現得故但云身今通當報惡道等故云異身。三安住地分三。初總明安住文有三句）佛子此菩薩以大悲為首（是安住因菩薩所行皆為衆生悲為行本故言為首）廣大志樂無能沮壞（是安住觀論云煩惱小乘不能壞此觀故謂契理深心為大故煩惱不能壞悲化無物為廣故小乘不能壞也）轉更勤修一切善根而得成就（是安住行此望初句是智導悲望第二句是行填顯此所修善即下三十句顯示。二別顯安住即顯前第三勤修善根云何勤修此有三十句顯三種成就一信心二修行三迴向信為行始次依信起行後迴行成德以為行修次第。初信心成就十句所謂信增上故初總云增上者隨所有事謂下所列諦實等境深信決定名為增上別有九句前六始起信心後三信增成欲多淨信故一歎信增上謂徧信三寶名多淨信解清淨故二淨信增上自證真淨智解故上二自利行皆云清淨是信之性下四利他信決定故三決定信增上分別令他證淨智故即利他之行發生悲愍故四悲成就大慈故五慈心無疲懈故六疲厭此三增上皆利他心慈悲明心大無厭明心常後三信增成欲慚愧莊嚴故七慚愧信增上是所成行體謂有慚愧故治慳等蔽不著世間成檀等度故成就柔和故八柔和信增上是得等侶於同法者不惱亂故敬順尊重諸佛教法故九敬法信增上於所入法益敬信故。二修行成就九句日夜修集善根無厭足故。初總無厭足者即無間修別有八集前七教行於中初二攝法方便親近善知識故親近集近善友意在不忘諸法常愛樂法故樂法集於問荅中論義解釋心喜樂故後五句次第修行前三內觀順理之行求多聞無厭足故多聞集斯即聞慧如所聞法正觀察故正觀集即是思慧心無依著故不著集即是修慧於三昧中無依著故次二隨緣離著行不耽著利養名聞恭敬故不貪集是知足行已得不貪故不求一切資生之物故不求集是少欲行未得不求故後一證行生如實心無厭足故如實心集圓明常現前故又難得無垢物力莊嚴殊勝不改證心同此具六義故。其第六七集更有一理謂第六心是遠離修修對治心離三過故諸說法者有三種過一著利養求四事故少欲知足則能治之二取名聞為勝他故正念定慧則能治之三為他屬過愛敬事故遠離精進則能治之此中能治即八大人覺其第七句是觀過條八種不淨是謂資生一切不求見不淨故此比論釋通屬有殊。三迴向成就謂求一切智是迴向菩提有十二句求一切智地故。初總即所求之事名之為家一切智地是求處故餘別別即能求之因有十一求求如來力無畏不共佛法故。初一顯能求之觀名為依家於前家中分別觀察具足十力無畏等故餘十能求之行并總都有三求於求行中又分總別求諸波羅蜜助道法故。總名無障求謂求諸度而著法故能除蔽障下九別別治諸障故初二對治檀中二垢離諂誑故離求治於諂曲見求乞者詐現方便一向無心與故如說能行故如說能行求治不隨先言許而不與或許多勝與少劣故又前是諂後則是妄常護實語故護求治戒一垢謂不護實語違本所受犯已覆蔽故不汙如來家故不汙求治忍一垢謂惱亂他業是汙如來利益家故不捨菩薩戒故不捨求治進一。垢謂菩薩戒法無量不可具持劫數長遠不可常持戒法精妙難持難行不可善持生退轉心今不捨菩薩戒具能持之不捨律儀故能持難持不捨三聚能行難行也進策萬行而偏就戒辨者有三義故一戒為三學之首故二戒具三聚故三戒通事理難行易敗故寄以策之生一切智心如山王不動故不動求治禪二垢一者亂心外攀如山治之二者不能調伏憶想分別一切智心治之下之三句治般若三垢即三道障不捨一切世間事成就出世間道故不捨成就求治障不住道垢謂無善巧方便一向涅槃現不捨世間治之一向世間現成就出世治之異於凡小成不住道集助菩提分法無厭足故集求治障助道垢常求上上殊勝道故常求求治障證道垢於上勝妙證法之中願欲心薄故。三總結安住佛子菩薩成就如是淨治地法名為安住菩薩歡喜地上三十句廣於勤行具是成就此勤行有四一信二欲三精進四方便信謂忍受決定欲謂希求趣彼行故初十句中前七是信後三是欲次十是精進對行進修後十是方便行成巧求故是名此地就分中安住故云成就如是淨治地法名為安住上依論辨更有別理上多淨信已能永斷闇提不信障發生悲愍尊重敬法等亦能永斷凡夫著我障日夜勤修無有疲倦又能永斷數聞畏苦障求一切智乃至常求上上勝道亦能永斷緣覺捨悲心障故云淨治地法。四校量勝分謂住此地中勝二乘故論主既云住此地中勝者明知顯等初住地分已有但文不累安故居安住之後非是地滿方有顯也。問經云初發已為天人師勝出聲聞及緣覺故沙彌發心羅漢推敬如何至此方辨勝耶。春然其勝義乃有衆多統而收之不出三種謂願行智。此三歷位故有衆多略明十位一初發心勝通於一切凡夫如沙彌等此通三心二信勝亦通三心三解勝四行勝五願勝此三即三賢別歷三心六證入勝齊證三心雙證二空是爲智勝起十大願即是願勝備修諸行即是行勝下辨果勝亦三心果此中行智得名勝者由願導故所以冣勝依行布說七地已上智方自勝故下經云從初地來彼悉超過但以願求諸佛法故非是自智觀察之力今此七地自智力故一切二乘所不能及論主立願爲校量勝憑此明文雖歷諸地戒定道品等地超勝亦不出三心故七從第七地去名權實自智勝八無功起行勝九上等諸佛勝十究竟勝所謂諸佛三心果滿。今此正明願行勝也。文分爲三一願勝謂標志遐廣二修行勝依願進修三果利益勝即位行成就今初二義故勝二乘一常勤修習無量行故二與一切衆生同行故同行即是十無盡句釋此願勝先以五門分別一名體二修證三行位四因果五立意圓融五各二義則有十門初中先名後體名中先總後別。總云願者是希求義故下論云發諸大願者隨心求義故。而言大者下論云光明善根轉勝增廣故謂教證二光與行願善根轉勝地前廣彌法界故十願中皆云廣大如法界也。瑜伽四十五云菩薩所修正願畧有五種一者發心願二受生願三所行願四者正願五者大願初求菩提次攝生處生三無倒思擇諸法願於境界修無量等四願當來攝受一切菩薩善法故名正願五大願即從正願所出此復有十全同今經。今揀異前四故云大願無取所從即後二願。別別大相至文當知。後顯別名瑜伽三十五及諸攝論皆有明文並如下文當願自釋今且依梁攝論略列一供養願二受持願三轉法輪願四修行二利願五成熟衆生願六承事願七淨土願八不離願九利益願十成正覺願緣體性者剋性即以欲勝解信三爲自性若取所依悲智相導即後得智以爲願體若并眷屬一一皆以一切俱行功德爲性故論云光明善根者光明即後得智善根即信等及行。二修證者先約修行初七修始次二修熟後一修成得果。後約證者地前已發今此十願齊證。三行位者先約於別初二自利次五利他一以何身謂攝法上首而爲利他轉法之身二以何心謂即令佗修行之心三何者衆生四衆生住處五自身住何處能化衆生上三可知後三不定八是自利滿九是利他滿十是二利得果或俱自利論云後三顯自身故或俱利他論云此三示現如實教化衆生故。若約通論十皆二利故論云校量勝有二一行無量行即是自利二與衆生同即是利他後約位者通則十皆初地所得別則前七明行已如上辨後三明位下論云一得地校量勝初地至九地二得菩薩地盡校量勝即第十地三得一切地盡究竟即如來地。四約因果者若就言顯前九求因後一求果若約具攝七亦求果是依果故十是正果餘皆是因。五立意圓融者先立意所以但說十者以攝二嚴二利因果行位無不周故又爲表此無盡願故下云一一皆攝阿僧祇願而爲眷屬。言圓融者以稱性故一願之中具一切願即入重重如帝所辨六相圓融正在此文。二正釋文文分爲二初正顯十願彰自勤行後明十盡句與衆生共今初分四。初總標

佛子菩薩住此歡喜地 明成願之位是歡喜地次正明總願 **能成就** 該下三句 **如是大誓願** 始起要期謂隨心求義故 **如是大勇猛** 方便起行謂成彼一一願中所作方便皆勇猛故 **如是大作用** 願遂行成謂如供養佛願便能供故餘例此知

故論云菩薩住此地漸次火習起此三行非一時故是知此願亦即是行稱願行故非如凡夫空有要期是以總言能成就也以總該別十願皆有此三。二別列中十願不同即爲十段一一願中文各有四皆初四字總標起願次顯願行相三彰願德能四明願分齊初後二段文通義局第二行相文義俱局第三德能文義俱通十願無別故。今初供養願準論供養勝田師及法主此則通供經從勝故但云供佛文中闕於總標以近前總如是大願故二三兩段各有三義通成六大願初供養大願之義。初彰願行相義有三大

所謂生廣大清淨決定解 心大謂增上敬重深稱佛境故云廣大迴向菩提決定信故名清淨決定解清淨解言信因果故此上論意局在初願若以義求通餘九願皆爲菩提廣大無限無礙淨信而起願故 **以一切供養之具** 供具大此是行緣 **恭敬供養一切諸佛令無有餘** 福田大於中令無有餘是總相無餘有三一一切佛無餘即是行境二一切供養無餘三一切恭敬無餘此二行體由上二義成上敬田上三皆云一切者佛即三身亦兼十身供養有三一衣等利養二香等敬養三戒等行供養恭敬亦三一給侍恭敬二迎送恭敬三修行恭敬即敬順佛故上三各三竪論一切若橫論一切則佛該十方無盡等餘二準思。二彰願德能亦具三大 **廣大如法界** 稱功德大一切餘善根中勝故 **究竟如虛空** 因大無常愛果無量因故 **盡未來際** 時大此因得涅槃常果故。三明願分齊 **一切劫數無有休息** 十願文同所作各異此應盡未來際行供養故。二受持願亦名護法願瑜伽云攝受防護願文四。初總標 **又**

發大願。二明行相願受一切佛法輪願攝一切佛菩提願護一切諸佛教願持一切諸佛法文有四句皆通二利然若約能受等說受謂受領攝謂攝屬故勝鬘云攝受正法護謂防護持即住持故勝鬘云護持正法若約所受初教次果三行四理而受等言文雖互舉義實互通亦初教次證三云護教而判為行者論經云一切諸佛所教化法皆悉守護論云謂修行法於修行時有諸障難攝護救濟故即攝護自行救濟於他上約始修願名受攝等者約終成名四成就故上總云成就如是大誓願也一法輪不斷成就二證智成就三修行成就四入理成就。三德能廣大如法界究竟如虛空盡未來際。四示齊一切劫數無有休息。三轉法輪願亦名攝法上首願先攝後轉。初總標又發大願二行相四初轉法處願一切世界佛興于世佛應處故二轉法時從兜率天宮沒入胎住胎初生出家成道說法示現涅槃謂現八相時八相之義離世間品廣明。三攝法方便皆悉往詣親近供養集功德方便為衆上首受行正法集智慧方便以此二種助菩提法故云方便。四轉法願周於一切處一時而轉。三德能廣大如法界究竟如虛空盡未來際。四示齊一切劫數無有休息。四修行二利願若約

成益名心增長論從此義故先標云第四大願心得增長以何等行令心增長一切菩薩所行教化一切今其受行心增長故文中亦四。初總標又發是願二行相三能增長行初願一切菩薩行一行相二行體三行業四行方便以此四種教化衆生令其受行廣大無量不壞不雜行相論云種種行世出世間各有多異故云種種廣大無量是世間行意明俗智之行廣從初地乃至六地大者七地無量者八地不壞不雜是出世行法無我平等觀出世間智故謂不雜世間有漏法故不壞者實同真性故者依瑜伽通論云地前名廣離行一切但得名廣一一行故非大無量地上名大一一各以一切成故不動已上乃名無量一切行中具一切故不壞者於前六地各得成一不可破壞論主意明此地中之願故不取地前之行義不異前攝諸波羅蜜行體廣大等相但辨此故淨治諸地行業以十度行淨十地蔽助眞如觀淨十障故總相別相同相異相成相壞相所有菩薩行皆如實說教化一切令其受行行方便然有二種一自行方便謂以六相圓融巧相集成一具一切仍不壞相故名方便六相之義廣如別章畧如前釋二皆如實下即化他方便不違實道而化物故。二所增長心心得增長化他受行他心增長化他成自自心增長。三德能廣大如法界究竟如虛空盡未來際。四示齊一切劫數無有休息。五成熟衆生願亦名教化。初總標又發大願二行相二初顯所化衆生後彰化所為。今

初願一切衆生界上總下別有六種差別有色無色有想無想非有想非無想一麤細差別此明報相上二界有色為麤無色為細於有色中有想天為麤無想天為細就無色中非有想為細謂第四空非無想為麤謂下三天此經文略論經具云非無想非想非非想謂非無想是麤餘即是細卵生胎生濕生化生二依止差別謂報之所依託故餘三可依化生依何依業染生故然其四生攝盡六趣而通局有異化生通六趣胎生不通地獄諸天濕卵唯局人畜又以六趣不攝中有是化生故寬陿有異餘如別章三界所繫三染淨處差別欲界不淨上二界淨就果以明故名為處就因以說故名為繫八於六趣四苦樂差別受種種身故亦名受生差別麤相而說三塗為苦上天為樂人及脩羅兼於苦樂一切生處五自業差別此以因釋果由業異故生處不同謂於一趣中有多不同如於人中有中有邊貴賤家異等故名色所攝六自體差別有體唯名謂無色界彼處有色非業果故有體唯色謂無想天彼所有想不可知故有體具二謂除前二。二彰化所為如是等類我皆教化結前生後次別明所為所為有三令入佛法為未信入者令信入佛法令永斷一切世間趣已信入者令其離惡為涅槃因世間趣者謂業惑故令安住一切智智道令修菩提道道通因果。三德能廣大如法界究竟如虛空盡未來際四示齊一切劫數無有休息。六承事願

願往諸佛土常見諸佛恒敬事聽受故瑜伽云願於一切世界中示現意明化生今經但云知見者知生佛住處故初摠標 又發大願。三行相二初明所知 願一切世界 初句摠餘別別有三種相一一切相界相不同故云一切於中又三初明分量 廣大無量 謂小中大千如次為廣大無量二明體貌麤妙 麤細 謂應報等珠論云細者隨可等世界意識身故麤者隨何等世界意識色身故者謂隨能依色心麤細世界麤細麤者云色三安立不同 亂住倒住正住 亂則不依行伍倒即覆刹正即仰刹 若入若行若去 論無此文文合二意一成前安立位前三顯世界道路往來二者順後入即攝他入已去即為他所攝行即往來不住故如帝網正喻於此二真實義相 如帝網差別 土土同體不守自性互相涉入如彼帝珠故名真實論云如業幻作故者釋以喻顯如世幻者大處見水大處見小等業所作土亦同於幻故得涉入重重無盡三無量相 十方無量種種不同 謂前二相周徧十方又上說不盡故結云無量大菩薩藏經說虛空中世界重數多於大千所有微塵但由業異不相障礙一處重重同彌況復橫周。二辯能知 智皆明了現前知見 者具實義相唯智能知餘一切相可現眼見。三德能 廣大如法界究竟如虛空盡未來際。四分齊 一切劫數無有休息。七淨土願何意立此有三義故願故淨自土安立正法及能修行諸衆生故。初摠標 又發大願。二明行相總有七淨 願一切國土入一國土一國土入一切國土。同體淨以同法性故乃一多互相即入 無量佛土普皆清淨 即自在淨如摩尼珠莫惡斯現淨穢圓通故云普皆清淨 光明衆具以為莊嚴 莊嚴淨即目淨也 離一切煩惱成就清淨道 受用淨謂受用土離過成德故初句成斷德後句成行德如受用者飲身諸惑滅入正位等 無量智慧衆生充滿其中 住處衆生淨謂具德人居今略語智慧 普入廣大諸佛境界 因淨因有二一者生因謂施戒等如淨名說二者依因此復有二一境智淨識為土所依二後智通慧為依如下第十地入佛國土體性三昧現淨土等此二皆是諸佛境界 隨衆生心而為示現皆令歡喜 果淨因既有二果亦二種一所生果即前相淨二所示現果即臨機示現令依此義。上七淨中前四當相明土次一就人顯勝後二舉因顯果就前四中初二土體第三上相後一土用就土體中初彰體同後明體淨故有七淨淨土義周。三德能 廣大如法界究竟如虛空盡未來際。四分齊 一切劫數無有休息。八不離願願於一切生處恒不離佛菩薩得同意行故亦名心行願願不離一乘故故論云第八大願不念餘乘故。初總標 又發大願。二行相三初句總顯 願與一切菩薩同一志行 同志一乘同修萬行。二別明菩薩行二。初修行同初二句自分二嚴 無有冤嫉集諸善根 福善同集 一切菩薩平等一緣 智觀齊均下三句勝進初一攝法方便 常共集會不相捨離 謂聚集解說論佛法故後二依法起行 隨意能現種種佛身 利他故隨意現身也 任其自心能知一切如来境界威力智慧 自利謂忘緣照境不由他教云任自心智契法身名知佛境威力外用智慧內明則兼報化分齊境也。二德用同亦有五句初一通體 得不退如意神通 如意所成無能退屈餘四通業於中前三如意通業 遊行一切世界 本身往餘世界 現形一切衆會 現多異身於一切佛會 普入一切生處 示同類生名一切生處後一法智通業 成就不思議大乘。三總結上十 修菩薩行。三德能 廣大如法界究竟如虛空盡未來際。四分齊 一切劫數無有休息。九利益願願於一切時恒作利益衆生之事無有空過故亦名三業不空瑜伽云願所有一切無倒加行皆不唐捐。初總標 又發大願。二明行相二先總明 願乘不退輪行菩薩行身語意業悉不唐捐 謂乘念不退圓滿教輪三業皆益又三業皆不唐捐即是不退摧障圓德所以名輪。二別顯行相有二不堅。初作業必定不空三業能安樂故 若暫見者則必定佛法 見身行行知佛法實故云必定 暫聞音聲則得實智慧 聞口

說法能生智慧纔生淨信則永斷煩惱念意實德諸惑不生
此從增勝故說三業成益不同實則互有二利益不空得如大藥王樹身
得如如意寶身修行一切菩薩行二喻皆喻拔衆
苦故一切衆生有二種苦一種諸苦謂逼迫等藥王樹身以為能治二貧窮苦如意寶身以為能拔種
種義無身心若麁若細貧窮通於世財法財論主對前安樂此為利益故作此釋實則前喻喻三業捨惡
離苦後喻喻三業進善得樂三德能廣大如法界究竟如虛空
盡未來際。四多齊一切劫數無有休息。十成正覺願願
與一切衆生同時得無上菩提恒作佛事故而論總顯領相云第十大願起大乘行者是果乘故雖得佛
道不捨菩薩所作利益名起大行故。初總標起願又發大願二別顯行相二初成菩提
體即自運已圓二菩提作業即運他不息今初願於一切世界成阿
耨多羅三藐三菩提菩提亦是總相一切世界即得菩提處謂徧於
十方同類異類一切諸剎其即攝性應即隨機故無不在二菩提作業即運他不息有七種業。初示正覺
業不離一毛端處於一切毛端處皆悉示
現初生出家詣道場成正覺轉法輪入
涅槃一切毛端是成佛處上來平漫徧於十方是故經云一切世界今明徧法界中一一毛端
極小量處皆於其中八相成道以彼皆有可化衆生故故離世間品云於一毛端量處有多衆生況於法

界然復不離一毛端處而於一切毛端處示現則不動而徧一多自在。二說實諦業得佛境
界大智慧力說四真諦令悟實故上明能說謂智慧力力兼二義謂神通力論經
具之此二力用唯是佛境下顯力用於念念中隨一切衆生心
示現成佛以神通力念念成佛以智慧力隨樂為說令得寂滅是說之益
謂能斷集修道即得苦滅證於滅理論釋成佛云除諸難處彼彼勝處生者以佛生處必非五難處亦無
佛前後難故云除諸難處。三證教化業以一三菩提知一切法界
即涅槃相以一極無二之菩提契差別之性淨涅槃則不復更滅說此證法令物生信名
教化業。四種種說法業以一音說法令一切衆生心皆
歡喜一音稱機故。五不斷佛種業示入大涅槃而不斷
菩薩行涅槃常住動寂無二雙林應盡增物戀情故云示入既非永滅常作佛事故云佛種
不斷此亦得果不捨因也。六法輪復住業示大智慧地安立一切
法。大智慧地唯一事實即是佛智能生萬物終歸於此故名為地示物同歸而智慧門隨機萬差名安
立一切。前即涅槃能建大事此即於一佛乘分別說三。對實施權故名復住。七自在業以法
智通神足通幻通自在變化充滿一切
法界。先顯自在所依所謂三通法智通者觀一切法無性相故神足通者自身現生住滅脩短
隨心自在故幻通者轉變外事無不隨意故此後二通但內外為異。由法智通見理捨相故不住世間由

後二通有自在事用故不住涅槃成無住道。又依智論說有四通前三同前四以聖自在種種變化通誦
十八變三輪化等取此則自在下當第四通。三彰願德能廣大如法界究竟
如虛空盡未來際。四明願分齊一切劫數無有
休息。三總結十願佛子菩薩住歡喜地發如
是大擔願如是大勇猛如是大作用不異前標
四揀眷屬以此十願門為首滿足百萬阿僧祇
大願若觀經文似此十之類有於百萬等依論釋云此十大願一一願中有百萬阿僧祇大願
以為眷屬則此十願攝無不盡如成正覺則攝藥師十二上願如淨土願則攝彌陀四十八願等故此經
他經所有諸願不出此十非唯攝願亦攝一切菩提分法如第七地辯上明十願彰自動行竟。二明十盡
句與衆生共謂前十願皆為衆生由十無盡成前大願皆無盡也文二。初總標舉佛子此
大願以十盡句而得成就晉經名為不可盡法下釋亦云皆不
可盡今言十盡句者窮彼無盡皆無有餘故名為盡斷則盡無盡之衆生等也故下論云盡者示現不斷
盡非念念盡由此故令前之十願得大願名故云此大擔願而得成就。二徵顯。二。初顯上十盡何
等為十所謂衆生界盡。先徵後顯初句為總十願皆是為衆生故
餘九別別皆集成度衆生義故世界盡衆生依何處住所謂世界故虛空界
盡世界依何謂盡虛空界故法界盡說何法化謂法界故涅槃界盡

隨所化生安置何處謂涅槃故佛出現界盡涅槃何用謂佛出現故如來智界盡以何方便巧化如來智故心所緣界盡此智何知謂知心所緣故佛智所入境界盡此心所緣今隨何境謂佛智所入境故即是眞性世間轉法轉智轉界盡後三轉盡略攝前九義含總別云何攝九謂世間轉攝前衆生界世界虛空界其法轉攝前法界涅槃界佛出現界其智轉者攝前如來智下三界而言轉者世法及智展轉攝前無窮盡故轉亦是無盡義耳又十中前四爲四種無量界後六皆調伏方便無量界十皆云盡者無斷盡故二願前大願成就若衆生界盡我願乃盡若世界乃至世間轉法轉智轉界盡我願乃盡先反顯後順明無盡而衆生界不可盡乃至世間轉法轉智轉界不可盡故我此大願善根無有窮盡所以十願同此十者前之十願不出此十故此十盡句增上力故諸佛以此力故常爲衆生作利益事我願同然

大方廣佛華嚴經疏卷第五十五　綿五

大方廣佛華嚴經疏卷第五十六 入第三十四經下半 綿六

清涼山沙門 澄觀 述 晉水沙門 淨源 錄疏注經

三修行勝依願造修即行校量有十種行就文分三。初明行所依心 **佛子菩薩發如是大願已** 由先大願熏心故則得利益等十心為起行依於後十行起作自在

然有二意一以十心通為十行之依隨釋易了二以十心別對十行以治十障文皆次第唯信行最初而不濁居末者以與釋文相接故也 **則得利益心** 利益拔苦即是悲心所依治損害障 能成悲行 **柔軟心** 與樂柔軟即是慈心治瞋恚獷強障 **隨順心** 隨順所求即是施心治於身命財生顧戀障 **寂靜心** 寂靜無求方能求而無厭故是無疲厭心治希求報恩貪著利養不寂靜障 **調伏心** 三學調伏是知經論心以經詮於定論詮於慧經兼於律復是調伏治無善巧求加行障有則調伏故 **寂滅心** 雖行世間妄惑不生故云寂滅是解世法心以治性不柔和不於他心隨順而轉不寂滅障 **謙下心** 高崇賢善拒惡不增故名謙下是慚愧心治於放逸之高舉障 **潤澤心** 能修出離以法潤澤即堅固莊嚴治於種種猛利無間無斷生死大苦生怯弱障 **不動心** 能知說行故心不動即供養佛行治於大師所猶豫疑惑障 **不濁心** 即第一信行信以心淨為性離不信濁故此治全未發心全未受持菩薩學處障由治十障故經名淨治地法地法通於教證此所治障具如瑜伽四十九說。二別顯所成行相略啓七門一釋名先列後釋列者一信行二悲三慈四施五無疲厭六知經論七了世法八慚愧莊嚴九堅固力十供養佛釋名隨文可見。二辨體多同十藏三明得處信位即修故信進念等大同於此三賢漸熟故十藏品有信等十行初地證得以淨治地障故此偏明下論云此信等十行盡是障地淨法故前將一行以對一障四約修分別十行分二前三是行意樂故名為心後七加行遣修故名為行故論云此十種行顯二種勝成就一深心成就謂信悲慈二修行成就謂餘七故瑜伽地持皆同此說。五約二利前七別顯二利信及無疲是自利行餘五利他後三通約二利攝護前七故於中前二護前七謂慚愧治障護令離惡能令信等成無著行由堅固力護令住善能令信等成不可動後一攝前七一攝令成行二攝令得果。六明次第者先自證信因果既自證信愍傷妄苦捨與眞樂為救他故捨而無悕求法無倦便能了知經論善量世法止惡慚愧進善堅固能眞供佛七釋文十行分之為九慈悲合故令初信行於中分二初攝德成人 **成淨信者有信功用**。二正顯信相初摠信因果 **能信如來本行所入** 如來是果本行是因所入通因果因果皆有證入義故。二別明因果 **信成就諸波羅蜜信入諸勝地** 前二句因上句行體下句行能。後七是果句雖有七攝為五勝合初三故並結有六五皆佛德故名為勝五中前四智德後一斷德 **信成就力信具足無所畏信生長不可壞不共佛法** 一對治勝即寄對顯勝謂十力降魔無畏制外不共過小故云對治云不壞者為對二乘非究竟故此三當相顯勝 **信不思議佛法** 二不思議神通力上勝所現跪畾度故 **信出生無中邊佛境界** 三不離勝謂證眞生智無中邊離是佛境故以即邊而中故無有邊二邊既無中云何有 **信隨入如來無量境界** 四一切種智勝證眞了俗故云隨入無量差別是種智境 **信成就果** 五離勝一切煩惱習常遠離故經但云果而論判為斷德以前四皆果今復云果明是果果故當涅槃。三舉略顯廣 **舉要言之信一切菩薩行乃至如來智地說力故** 摠信一切因果智地是證說即是教力通上二或謂威力亦是三輪化益。二雙辨悲悲二行先明三觀為方便後明所起之行相前中三觀即為三段第一遠離最上第一義樂觀二具足諸苦觀三救二顛倒觀但失眞樂已為可愍況加妄苦況復雙迷反本何日由初觀故起慈由次起悲由後雙起令初觀者性淨深寂名第一義不動為樂隨妄則離文二。初摠標起念 **佛子此菩薩復作是念** 二顯所離樂九句 **諸佛正法如是甚深** 初摠云佛法者唯佛教證所能顯故具下諸義所以甚深餘別別有九種甚深今經闕論中第九難得之句 **如是寂靜** 寂靜甚深謂法體離於妄計實有故名寂靜自是妄計於中正取非本不寂中論云虛誑妄取者是中何所取此一約遮詮 **如是寂滅** 寂滅甚深此約表詮論云法義定故謂一心體寂故云法定二門亦寂即是義定次三甚深對治三障成三脫門觀 **如是空** 治妄分別障 **如是無相** 治有相障 **如是無願** 治取眞捨妄障 **如是無染** 離雜染觀謂具方便道 **如是無量** 不可算數思量生善根觀故即是助道 **如是廣大** 依自

利利他增上智觀故云廣大即不住道九論云難得甚深三僧祇劫證智觀故即是證道證性淨信故今於廣大句中攝之大稱體故與證義同前二直就法體後七約智顯深故皆云觀。二具足諸苦觀約十二緣明之然十二緣具業惑苦但云苦觀者業惑苦因故又二流動當相即苦動即有苦故文分為二先別明緣相後結成妄苦前中分二初明前際三支後顯中後九支故論主分前三支一處解釋後九及結一處解釋欲顯前三是因因是倒惑邪見義同故識支約種是因義故亦顯前二前三與次七次八許與世故約果結苦苦義顯故。初明前際三支文有十句 **而諸凡夫心墮邪見** 摠云邪見者前明正法理本無偏今迷彼實義理外謀取皆名邪見通於業惑非獨撥無因果涅槃亦云一切煩惱邪見攝盡本在其中云何言墮。此有二義一約始起一分名之為墮二約迷眞隨妄義說為墮非有始也眞雖本有迷一無初相依無性故名為眞若定有眞眞還成妄若爾眞應同妄互相依故妄必可斷眞必可顯斯則不同不空之眞非由妄故但空妄執自見眞源。餘別別有九種邪見初五無明次三是行後一識支業及識種亦名邪見者義如前說又邪見俱故邪見引故所以無明具多句者一切煩惱例往過去摠名無名故今委說又顯一切煩惱皆能發潤而發業位無明力增故名無明今初五中有二初三根本迷法義過後二為求追求時過今初前一迷法後二迷義故論摠云此三依法義妄計如是次第斷則妄計之言通上法義亦可妄計別對第三愛念邪見 **無明覆翳** 初一句是蔽意邪見此依迷法謂無明住地迷覆法體所言法者謂眾生心名為蔽意故此無明迷眞之初妄惑之本。次二迷義者通四住惑由前癡故迷覆因緣無我之義妄立諸法所迷諸法有內有外 **立憍慢高幢** 二憍慢邪見此依迷內安立我法自高陵物故 **入渴愛網中** 三即愛念邪見此依迷外妄謂我所及外境界而生貪愛如渴鹿馳燄魚為網纏如今愛支。後二種邪見追求時過如今取支故俱舍云徧馳求名取。由上內計有我外見我所以我對所便生三過 **行諂誑稠林不能自出** 初一過即第四諂誑邪見初句於可得處起諂誑邪見諂誑歷曲虛而似實故喻稠林不能自出 **心與慳嫉相應不捨恒造諸趣受生因緣** 後二過即第五慳疾邪見於不可得處則生恚嫉於已得處則慳悋由嫉他身故生卑賤中形貌鄙陋由慳財故資財不足故云恒造諸趣受生因緣 **貪恚愚癡積集諸業日夜增長** 次三明行初句即第六集業邪見由前追求憎長煩惱起業行過此句摠明由惑造業故六地云不正思惟起於妄行亦是行俱無明正發業故諸業非一是為橫集日夜增長顯其竪集。然集業因由於三毒故云貪恚愚癡三毒緣於三受故論云受諸受時愛增彼二顛倒境界故謂樂受生愛苦受生嗔癡從中容故云彼二顛倒之言通於上三皆由無違順中妄謂有故。然愚癡無明行相何別愚即遲鈍多所封著癡者迷闇不別是非皆對現境不緣三世緣三世境而不了達乃名無明不見未來發現業故通義可知 **以忿恨風吹心識火熾然不息。** 次二別明行支即第七熾然邪見即內心思業為煩惱風動謂於忿恨時互相追念名為忿恨此思之始欲起報惡業故云熾然不息此思之終思通諸惡而發業在初故偏云忿恨下加害亦然 **凡所作業皆顛倒相應** 即第八起業邪見即兼動身口故云凡所作業論云於作惡時迷相加害故由倒造業業不離倒故曰相應。三一是識即第九心意識邪見明所引識支。以其識支通因果故經欲具明故具顯因果論欲分析故先明識種 **欲流有流無明流見流相續起心意識種子** 心意識三名有通別已如前釋今此文中義含通別別謂心是識種意識通餘四種種子之言揀異現行謂五果種。誰能起此謂善惡業無記非因故此不論善業云何復生苦種以與欲等四流相應令施戒等皆是有漏非無念智無有斷期若爾何不名為起業種子理實俱通望苦樂報業為正種望生心體識為正種以就本性一切生死皆心起故如芽肥瘦由於水土而生芽者正在穀子故諸經論互說二種第二明中後九支然論兼結文摠分三段初明自相二同相三顛倒相言自相者現在名色等支體狀別故言同相者釋有二義一未來二支亦現在有名色等故二約果相顯緣起過患通徧果位故名為同猶如色等礙等為自相苦等為共相共即同也。是則現在亦有同相未來非無自相但隱顯耳此釋順論論云二同相謂生老病死等過故三顛倒者緣體是空執有是倒。今初自相復有三種一報相二因相三彼果次第相言報相者即初受生異熟識體共名色生故。論云報相者名共阿賴耶識生。此含識支一半名色支全故攝論云本識有三相一自相謂本識自體二因相謂種子識三果相謂異熟識此論意明為因義邊名種子識即前能引識支為果義邊名異熟識即此報相名色所依若不埋因果直語自體名為自相。今論因相卻是彼中果相立名雖殊並通因果。五釋本文 **於三界田中復** 先明報相是所生處下六地中約因位說以業為田以識為種今約果位故以三界為田生前識種復生苦芽（標所生報前三支因必依苦果而起今更生苦所以稱復此顯展轉無窮之義）所謂名色共生（出苦芽體相。論云名色共生者名色共彼生故。謂名色共彼本識生也。恐人謬取名與色共故有此言。名謂非色四蘊色謂羯邏藍等。此二與識相依而住如二束蘆更互為緣恒時而不轉相捨離）不離（二是因相即顯本識為名色因謂是名色不離彼本識依彼本識故）此名色增長生六處（既依此釋定知此段具於二支謂識及名色）聚落於中相對生觸觸故生受因受生愛愛增長故生取取增長故生有（三彼果相。是彼報相名色之果由名色增長成體初生六處者名增成意處色增成餘五次六處增長成觸言於中者於六處中有根境故餘因緣義廣如六地。二同相）有生故有生老死憂悲苦惱（生及老死正顯同相）如是衆生生長苦聚（總結成苦何處是苦此有三重一論將入同相中則以生老憂悲苦惱明於苦聚文義顯故二近結於果名色共生此明苦生餘八苦長三遠結十二前二支半為能生長後九支半為所生長。三顯倒相）是中皆空（言是中者是前十二緣之中皆空已下明倒所以由空謂有所以名倒。此有四重一上句緣成無性所以言空）離我我所（二釋成空義離我人空離所法空）無知無覺無作無受（三釋無我所以）如草木石壁亦如影像（四以外事釋無知覺。三中四句通外及小初約外道外道雖衆不出僧佉及與衛世僧佉說覺以為神相衛世說知以為神相今無知覺成上自體本無有我作受二句通於能所能作能受故是於我所作所受即是我所在因名作在果名受今但緣成故無作受。若約小乘就五蘊說受蘊名覺三蘊名知。約六根說身識名覺餘五名知五陰造業故名作者當陰招報名為受者今並遣之。現有知覺云何言無隨俗故有約真故無。又心法有四一事二法三理四實謂隨境分別見聞覺知名之為事論體唯是生滅法數故名為法窮之空寂說以為理論其本性唯是真實如來藏法故名為實。此四重中就初即說知覺等名若就後三即無知等。四如草木下以彼外事喻釋無知覺等以諸衆生現見有於動止語言云何說言無知覺等故以外物動不動事示無知覺草木則動石壁不動皆無知覺故內動止豈當有之淨名云是身無知如草木瓦礫言亦如影像者顯從緣有似而非真即雙喻二諦若準論經無影像喻而有如響可喻言聲而無知覺。三彼二顛倒觀）然諸衆生不覺不知（妄苦本空得而不覺真樂本有失而不知遠樂就苦名彼二顛倒。二明所起之行相正起慈悲。初明興悲）菩薩見諸衆生於如是苦聚不得出離是故即生大悲智慧（謂見苦應拔。二明興慈）復作是念此諸衆生我應救拔置於究竟安樂之處是故即生大慈光明智（謂無樂應與既言具苦必知無樂故。四施行三。初總明施行文有五句）佛子菩薩摩訶薩隨順如是大悲大慈（明施所依以見有苦無樂故）以深重心住初地時（彰其施位此地檀度得圓滿故契理曰深不捨悲願為重此心住地故能檀滿）於一切物無所悋惜（明施體相）求佛大智（顯施所為）修行大捨（結施行名。二別顯施物二。初總偏顯上文一切無悋。二別）凡是所有一切能施所謂財穀倉庫金銀摩尼真珠瑠璃珂貝璧玉珊瑚等物珍寶瓔珞嚴身之具象馬車乘奴婢人民城邑聚落園林臺觀妻妾男女內外眷屬及餘所有珍玩之具頭目手足血肉骨髓一切身分皆無所惜（別顯一切略有二種一者外財所謂財等二者內財謂頭目等。三總結行成二。初結其所為）為求諸佛廣大智慧（二正結行成）是名菩薩住於初地大捨成就（然初地中應具三施從增勝說但舉於財故般若云二三地中方行無畏四地已上乃行法施。自下明無疲厭行文有三初先牒前起後次正顯行相後結其行成下五行中唯除第十顯相即是結名餘皆具三文處可見。五無疲厭行）佛子菩薩以此慈悲大施心為欲救護一切衆生（牒前起後）轉更推求世出世間諸利益事無疲厭故（正顯行相）即得成就無疲厭心結其行成。六成經論智行得無疲厭心已牒前起後於一切經論心無怯弱正顯行相無怯弱故即得成就一切經論智結其行成。七成世智行獲是智已牒前起後善能籌量應作不應作於上中下一切衆生正顯行相隨應隨機所應宜以何法隨力隨己智力所能隨他智力所堪隨其所習如是而行約機現作論釋隨宜言如論說者即瑜伽菩薩地菩提分品也是故菩薩得成世智。結其行成八慚愧行成世智已牒前起後知時知量正顯行相時有三種一者念時如是時中宜修定等剎那不閒故二日夜時晝則存心初中後夜皆勿廢故三所作得必不斷時此則知量謂量力所能亦受亦兼勿令過分後休廢故以慚愧莊嚴勤修自利利他之道以此三時修前八科二利之行煩惱睡蛇晝夜不雜為慚愧服而自莊嚴是故成就慚愧莊嚴結其行成。九成堅固力於此行中勤修出離牒前起後謂此即前慚愧二利行中欲早求度應當精勤不退不轉正顯行相不退自分不轉勝進成堅固力結其行成。十明供養行得堅固力已牒前起後勤供諸佛於佛教法能如說行正顯行相利養正行具二供養此顯相即是結名。三結十名體用佛子菩薩如是成就十種淨諸地法所謂信悲慈捨無有疲厭知諸經論善解世法慚愧堅固力供養諸佛依教修行。先結體用所謂下結名言體用者此十即是淨諸地法以治十障障如前說。然安住地分有三十句亦明信慈悲等與此何異論云前是清淨地法今盡是障地淨法者。前句文略若具應云前是清淨此地法以局初地故今盡是障地淨法者謂不局初地故云盡是盡淨諸地障故故經云淨諸地法瑜伽亦云此十種法於一切地能淨修治故下諸地中皆云信等皆轉淨等。第三果利益校量勝有四種果一調柔果二發趣果三攝報果四願智果。第二釋名通稱果者地中滿足故別言調柔者謂調鍊柔熟以供養攝化等為能調鍊信等十行為所調鍊由行供等令信等調柔隨意堪用故名調柔下鍊金喻其義甚顯。一發趣果發謂進發趣謂趣向於地滿中更求明解為能發趣發自此地趣向後地為所發趣下商人喻義甚相似。三攝報果王位之身酬因名報因成納果故名為攝。四願智果內證願力數智自在又以願力助智令業用無邊故稱願智。三明分齊初二是其行修方便後二是其報行純熟。行修唯在地滿報行該於始終從初住地乃至地滿所受王身說為攝報所有作用說為願智。又初二後一此地定有攝報一果有無不定容有不作故云多作而定能作故亦定有。又初二果亦是地法初行次解是所修故後之二果唯果非法初體後用非所修故是以經於二果之後便有結文云略說初地法門不得此意則似論家謬取法門濫為果稱。四辨通局發趣一果文局初地以在初故義通十地通解十地故餘之三果義局初地報等殊故文通十地十地皆有故第五釋文四果即為四別初調柔三初法四。初見佛為鍊行緣佛子菩薩住此歡喜地已以大願力得見多佛。大願力是見佛因力兼神力故瑜伽論住品中有二種力得見佛故一願二力論經具二論云以勝通力見色身佛以正願力見法身佛瑜伽正願得生受用土中常得見佛今云法身即功德法身所謂見多百佛多千佛多百千佛多億佛多百億佛多千億佛多百千億佛多億那由他佛多百億那由他佛多千億那由他佛多百千億那由他佛。見多百佛等者論云方便善巧示現多佛善巧有二一不直云無量而巧歷百千等數為方便顯多二言多百者是多箇百多千等亦然是為一數之中已攝於多故名善巧理實入於華藏剎海見法界身雲也。二所鍊行體以行入行故名為鍊如金入火有三種入即分為三悉以大心深心恭敬尊重承事供養衣服飲食卧具醫藥一切資生悉以奉施亦以供養一切衆僧一入切德即供佛行去滿福垢亦兼供僧以此善根皆悉迴向無上菩提二入無上果即迴向行去下劣垢論當第三意明通迴二行故佛子此菩薩因供養諸佛故得成就衆生法三入大悲心即利生行去懈怠垢。二別地行相以前二攝攝取衆生謂布施愛語後二攝法但以信解力故行未善通達然四攝望前猶是利衆生法望後為別地行相以因利生之便故於此明下二地中乃在鍊行成就之後四攝雖不足全別十地為是化生之法故用之耳愛語是法施初地檀滿故說二增是菩薩十波羅蜜中檀波羅蜜增上餘波羅蜜非不修行但隨力隨分。然證相難分寄十度等以顯差別各說一增。若不爾者何不二地言二度增檀度初地先已增故乃至九地應言九增九地尚云餘非不修隨力隨分顯寄明矣。是以具論諸地所行略有五義一為別地各說一增如今文是二辨勝過前初地檀勝二地二度勝故二地文云遠離慳嫉破戒垢故乃至十地十度皆勝是則後後皆勝前前三論其實行地地具修四證理平等非多非一五約圓融一具一切。四所鍊行成揔收三入是菩薩隨所勤修供養諸佛教化衆生牒供佛化生以為能鍊皆以修行清淨地法信等淨法以為所鍊所有善根悉以迴向一切智地舉前迴向能鍊令信等淨也轉轉明淨調柔成就隨意堪用言轉轉者此之信等於初地中有三即淨謂初住地時證前緣修令成真修已是一淨二行校量中對除障法復一度淨令此地後更歷三修故云轉轉。二喻佛子譬如金師善巧鍊金數數入

火轉轉明淨調柔成就隨意堪用。金師喻菩薩金喻信等火喻供等三行三行非一名數數入調柔成就喻鍊行成。金性本有從緣始顯信等修生云何同喻。信等有二一未證真前但約緣修為對治行妄識為體二證真之後乃知信等非是今有即如來藏中恒沙佛法真心為體真心為體即是理性信等相殊說為行性此二不二並可喻金雖假供等緣修以成真德德由真起後成嚴具亦不異金既了於真真非妄外故全妄識即是真心寄相顯真故分能所三法合菩薩亦復如是供養諸佛教化衆生皆為修行清淨地法所有善根悉以迴向一切智地轉轉明淨調柔成就隨意堪用準喻可知。第二發趣果二初正明發趣果四初法亦四一問二知三行四到知是明解正能發趣然由問故知所以先問知意在行行必能到。初問佛子菩薩摩訶薩住於初地應從諸佛菩薩善知識所推求請問於此地中相及得果無有厭足為欲成就此地法故亦應從諸佛菩薩善知識所推求請問第二地中相及得果無有厭足為欲成就彼地法故亦應如是推求請問第三第四第五第六

第七第八第九第十地中相及得果無有猒足為欲成就彼地法故。具問諸地初地已滿而更問者一問勝進非問自分二者一地之中具攝一切諸地功德故問所攝容許未知。於中云相及得果者相即隨諸地中所有諸障及對治相故謂諸地能所觀相皆別十地故得者即正證出世間智故果者因證智力得世間出世間智故。相即方便智得是根本果即後得後得緣俗故名世間無分別故復名出世又此三者即是三道初是無間與惑相翻二是解脫正證無為三是勝進後智進修不說加行者地前加行非地攝故地上加行勝進收故言為欲成就此地法者當地法也後云彼地法者後地法也若準論意成就地法即是信等。二明知是菩薩善知諸地障對治善知地成壞。由問故知知不異問經展問中相及得果以為十句。論攝十句為五方便言方便者行修善巧也第一觀方便觀謂觀解攝初二句上句以能治觀解治十種障立十地別本文具之此約所斷明觀下句攪行成位集故名成諸行各住散故名壞此約所知明觀第二得方便得謂證入攝次三句曲有三種方便善知地相果欲入方便是方便智帶相觀終故名相果善知地得修已入方便即根本智顯是證修故善知地法清淨勝進方便即後得智謂信等成地之法離障清淨第三增上方便進修後位故名增上亦攝三句善知地地轉行依前起後地地展轉背地相捨故善知地地處非處二執名非處二空為住處亦是相應不相應也善知地

地殊勝智以後勝前增長善巧名殊勝智善知地地不退轉第四不退轉方便前三方便無退息故善知淨治一切菩薩地乃至轉入如來地第五盡至方便淨治菩薩地盡轉至佛智地故。若以相等攝五方便，初一是相，二具於三，如次三句配相得果，第三唯果，第四摠明三事不退，五通明三因窮入果。若攝十句，初三為相，第四是得，第五是果，後五具三。三行佛子菩薩如是善知地相，始於初地起行不斷，如是乃至入第十地無有斷絕。四到由此諸地智光明故，成於如來智慧光明。二喻佛子譬如商主善知方便，欲將諸商人往詣大城，未發之時，先問道中功德過失及住止之處安危可不，喻前問有二方便，一不迷方便，多約利他，道中喻行，因住止喻得地，各有障治，故曰安危。然後具道資糧作所應作。二資具方便，多明自利具資糧故。佛子彼大商主雖未發足，能知道中所有一切安危之事，喻知善以智慧籌量觀察，備其所須令無乏少，將諸商衆喻行乃至安隱到彼大城，身及衆人悉免憂患。喻到行中語略，故云乃至。三合佛子菩薩商主亦復如是，住於初地，善知諸地障對治，乃至善知一切菩薩地清淨轉入如來地。合知然後乃具福智資糧，將一切衆生經生死曠野險難之處，合行安隱得至薩婆若城，身及衆生不經患難。合到喻中略行，此中略問，欲影顯耳。四結勸是故菩薩常應匪懈勤修諸地殊勝淨業，乃至趣入如來智地。三摠結地相佛子是名略說菩薩摩訶薩入菩薩初地門，廣說則有無量無邊百千阿僧祇差別事。行修已竟，故於此結。前說分齊深，故說其一分；此中廣，故說所不盡。三攝報果利益勝二：初明在家果二：初上勝身顯其報勝佛子菩薩摩訶薩住此初地，多作閻浮提王。即鐵輪王。然瓔珞、仁王地前四位已配四輪，今在初地方作鐵輪，正明皆寄，不可定執。豪貴自在，常護正法。常護正法應是行勝，如何輪主将屬身勝？護法有二：一護國正法，則賞罰以宜；二護佛正法，謂教理等興建擯斥。論依初義。二上勝果顯其行勝，依前王報起於勝行，是身之果。於中二：初行二：初大悲利他能以大施攝取衆生，善除衆生慳貪之垢，常行大施無有窮盡。布施、愛語、利行、同事，謂若施若攝。二不失自利如是一切諸所作業，皆不離念佛，不離念法，不離念僧。正作利他業時，即不離念佛等故。謂利他事中迴向菩提故，成大恭敬事；不生分別故，除諸妄想；順理合體故，云不離。所念有十一，論分為四：一初三是上合，三寶在己上故，不離三輪故。不離念同行菩薩，此一是同法念。不離念菩薩行，不離念諸波羅蜜，不離念諸地，此三功德念：一自身他身菩薩行，二度行自體，三諸地轉勝故。不離念力，不離念無畏，不離念不共佛法，乃至不離念具足一切種一切智智。此四求義念，以力等是真實究竟義故，已所求故。二明猶有十一句復作是念：我當於一切衆生中為首、為勝、為殊勝、為妙、為微妙、為上、為無上，前七自德。此云殊勝，論經名大，餘名並同。首唯是總，謂大菩提位尊高故。妙等唯別，勝大亦總亦別故。首有二種：一勝首，光明功德故；二殊勝首，獨無二故。勝亦二種：一妙智自在勝故，二微妙離一切煩惱自在勝故。殊勝亦二：一上，無與等故；二無上，無能過故。為導、為將、為帥，乃至為一切智智依止者。後四攝化初一約教謂導者於阿含中分別法義正說故餘三顯證將者令他得證義滅諸煩惱故此約斷德後二約智前因後果師者教令入正道故後句以大菩提而教化故二出家果二初捨俗出家是善薩若欲捨家於佛法中勤行精進便能捨家妻子五欲依如來教出家學道三修行剋證禪定勝業既出家已勤行精進於一念頃得百三昧。勝業有二一者三昧勝即勝定體二三昧所作勝謂因三昧得見佛等有十一句明其二利分為三對初六句橫論二利初二自利得見百佛十方各十他受用身瑜伽住品能於種種國土見百如來寄位顯百理實如前見多佛也知百佛神力論意取神力所加說法菩薩於上二處修習智慧次四利他能動百佛世界上一有信機者動刹現通次三有悟機者能過百佛世界往刹能照百佛世界光照能教化百世界衆生正授以法能住壽百劫。次有二句豎論二利自攝勝生瑜伽云若欲留命能住百劫能知前後際各百劫事三明窮照示物善惡能入百法門後三句一對明二利速疾一為增長自智思惟種種法門能示現百身於一一身能示百菩薩以為眷屬二分身速疾作多利益故。四顯智果若以菩薩殊勝願力自在示現過於是數百劫千劫百千劫乃至百千億那由他劫不能數知正頌久積以智內證故其自在示現難可窮究則顯上來百數彰地階差非定爾也令行合法界是圓融實德故云過此論後結云略說諸地各有因體果相者以此地中相及得果類後九地也因即是相體即是得果名不殊應知此三通於下九所以於此結者顯上廣說不出此故二應頌二初正頌前四初頌住分四。初頌依何身爾時金剛藏菩薩欲重宣其義而說頌曰

若人集衆善　具足白淨法　供養天人尊　隨順慈悲道
信解極廣大　志樂亦清淨　為求佛智慧　發此無上心三為何義
淨一切智力　及以無所畏　成就諸佛法　救攝羣生衆
為得大慈悲　及轉勝法輪　嚴淨佛國土　發此最勝心
一念知三世　而無有分別　種種時不同　以示於世間
略說求諸佛　一切勝功德　發生廣大心　量等虛空界三以何因
悲先慧為主　方便共相應　信解清淨心　如來無量力
無礙智現前　自悟不由他　具足同如來　發此最勝心四有何相
佛子始發生　如是妙寶心　則超凡夫位　入佛所行處
生在如來家　種族無瑕玷　與佛共平等　決成無上覺
纔生如是心　即得入初地　志樂不可動　譬如大山王。二頌釋名分文二。初二偈半頌喜相
多喜多愛樂　亦復多淨信　極大勇猛心　及以慶躍心
遠離於鬪諍　惱害及瞋恚　慙敬而質直　善守護諸根
救世無等者　所有衆智慧　此處我當得三頌喜因二。初半偈頌念當得　憶念生歡喜
二有二偈頌念現得始得入初地　即超五怖畏　不活死惡名　惡趣衆威德
以不貪著我　及以於我所　是諸佛子等　遠離諸怖畏
常行大慈愍　恒有信恭敬　慙愧功德備　日夜增善法三頌安住地分文三。初頌信心成就
樂法真實利　不愛受諸欲二有一偈半頌修行成就　思惟所聞法　遠離取著行
不貪於利養　唯樂佛菩提

一心求佛智　專精無異念。三有三偈頌前迴向成就
修行波羅蜜　遠離諂虛誑　如說而修行
安住實語中　不汙諸佛家　不捨菩薩戒
不樂於世事　常利益世間　修善無厭足
轉求增勝道　如是好樂法　功德義相應
四頌校量勝分於中三。初頌願校量　恒起大願心　願見於諸佛
護持諸佛法　攝取大仙道　常生如是願
修行最勝行　成熟諸羣生　嚴淨佛國土
一切諸佛剎　佛子悉充滿　平等共一心
所作皆不空　一切毛端處　一時成正覺
如是等大願　無量無邊際　虛空與衆生
法界及涅槃　世間佛出興　佛智心境界
如來智所入　及以三轉盡　彼諸若有盡
我願方始盡　如彼無盡期　我願亦復然
二有六偈頌行校量　如是發大願　心柔輭調順
能信佛功德　觀察於衆生　知從因緣起

則興慈念心　如是苦衆生　我今應救脫
為是衆生故　而行種種施　王位及珍寶
乃至象馬車　頭目與手足　乃至身血肉
一切皆能捨　心得無憂悔　求種種經書
其心無厭倦　善解其義趣　能隨世所行
慙愧自莊嚴　修行轉堅固　供養無量佛
恭敬而尊重。三頌果校量分四。初頌調柔果　如是常修習
日夜無懈倦　善根轉明淨　如火鍊真金
菩薩住於此　淨修於十地　所作無障礙
具足不斷絕。二發趣果　譬如大商主　為利諸商衆
問知道險易　安隱至大城　菩薩住初地
應知亦如是　勇猛無障礙　到於第十地
三攝報果　住此初地中　作大功德王
以法化衆生　慈心無損害　統領閻浮地
化行靡不及　皆令住大捨　成就佛智慧
欲求最勝道　捨己國王位　能於佛教中

勇猛勤修習　則得百三昧　及見百諸佛
震動百世界　光照行亦爾　化百土衆生
入於百法門　能知百劫事　示現於百身
及現百菩薩　以為其眷屬。四頌智果　若自在願力
過是數無量。二頌結說　我於地義中　略述其少分
若欲廣分別　億劫不能盡　菩薩最勝道
利益諸羣生　如是初地法　我今已說竟

大方廣佛華嚴經疏卷第五十六　綿六

大方廣佛華嚴經疏卷第五十七 八第三十五經 緜七

清涼山沙門澄觀述 晉水沙門淨源錄疏注經

第二離垢地所以來者論云如是已證正位依出世間道因清淨戒說第二菩薩離垢地。言正位者即初地見道是出世間菩薩依此修於三學戒最在初故先來也前地雖亦證眞有戒未能無誤又以十度明義前施此戒故次明之下之八地依十度次以辯來意準此可知。言離垢者慈氏論云由極遠離犯戒垢故。謂性戒成就非如初地思擇護戒。唯識亦云具淨尸羅遠離能起微細毀犯煩惱垢故。十住婆沙雖云行十善道離諸垢故亦不異戒。瑜伽亦名增上戒住故此地中斷邪行障證最勝眞如皆約戒明。言邪行障者謂所知障中俱生一分及彼所起誤犯三業能障二地。由斷二地說斷二愚及彼麤重一微細誤犯愚即上俱生一分此能起業二種種業趣愚即彼所起誤犯三業。言最勝者謂此眞如具無邊德於一切法最爲勝故此亦由翻破戒之失爲無邊德。是以成於戒行。得於最勝無等菩提之果並寄於戒顯地相別雖經論文異大旨不殊。次正釋文文分三分初讃請分二初慶聞初地二。初經家敘其三業慶喜

諸菩薩聞此 最勝微妙地 其心盡清淨

一切皆歡喜 皆從於座起 踊住虛空中

普散上妙華 同時共稱讚 然此慶聞亦屬前地以領前請後故皆判屬後。二發言申讚

善哉金剛藏 大智無畏者

善說於此地 菩薩所行法 二有二偈請說二地

解脫月菩薩 知衆心清淨 樂聞第二地

所有諸行相 即請金剛藏 大慧願演說

佛子皆樂聞 所住第二地 先敘後請。二正說分初明地相二初發起淨即是入心二自體淨即住地心三聚無誤地中正行名自體淨直心趣彼名發起淨前中三。初結前標後

爾時金剛藏菩薩告解脫月菩薩言佛子菩薩摩訶薩已修初地欲入第二地當起十種深心 標云深心者深契理事故論經云直心而下列中總句同名直心明知深直義一名異論云十種直心者依清淨戒直心性戒成就隨所應作自然行故謂發起淨中順理事持是淨戒直心則令自體淨中性戒成就然性戒有二一久積成性二眞如性中無破戒垢令縛如持使得性成故云成就。二徵列十名

何等爲十所謂正直心 總云直心者瑜伽云於一切師長尊重福田不行虛誑意樂此約隨相別釋令論主爲順一乘緣起義故分爲總別皆成總則令總中具於別義故不別釋總句。別中九句初四律儀次三攝善後二饒益 緜七 柔輭心 柔輭直心共喜樂意持戒故。二瑜伽云於同法菩薩忍辱柔和易可共住 堪能心 有自在力性善持戒煩惱魔事不能動轉離持能持故所以鵝珠草繫盡命無違 調伏心 守護根門不誤犯戒如良慧馬性自調伏以於諸行深見過故 寂靜心 論云調伏柔輭不生高心故則似不恃前三所持是事寂靜瑜伽云於大涅槃深見勝利者斯即釋理寂靜 純善心 謂純修妙善菩提分法能忍諸惱如眞金故 不雜心 論云所得功德不生厭足依清淨戒更求勝戒樂寂靜故謂雖得前句妙善而求不厭則不雜懈怠樂於寂靜則不雜事亂身心俱寂即是勝戒 無顧戀心 諸有勢力棄而不顧不似難陀爲欲持戒 廣心 大悲爲物不斷有願爲廣 大心 大智隨有而無染故能作有情一切義利。三結行入位

菩薩以此十心得入第二離垢地 由上十心成於上品極圓滿故入斯戒住。二自體淨明三聚淨戒即分爲三初律儀淨論云離淨謂離根等故此約隨戒亦名正受淨此約初受二攝善法淨三攝衆生淨。此三聚戒攝前三位初攝治地住次攝饒益行思彼衆生遭惡等故後攝不壞迴向謂有智願等於法實等皆不壞故。律儀通於止作攝善唯約善行前二通於自利後一唯約益物。又初律儀中雖有善行而施忍等不行非過故攝善中無所不行。若爾令經前二同離殺等二相寧分。古釋有二一同體義分約離過義邊說爲律儀順理能益判爲攝善二者隱顯相成律儀中有止作因離果離是其止行對治離者是其作行舉作助止說爲律儀攝善戒中亦有止作以止助作說爲攝善。今更一釋此中唯約自修正行下攝善中亦令他修則攝二利之善及悲智之善又此唯已分之善下攝善中上修佛善豈得同耶。令初律儀分三。初標所依

佛子菩薩住離垢地 謂離垢地戒增上故。二正顯戒相文有十善業道即爲十段今初離殺二。初總明 性自遠離一切殺生 性自遠離文屬殺生義該下九謂自性成就十善業道即自性戒然離有三一要期離謂諸凡夫二方便離所謂二乘三自體離謂諸菩薩契窮實性自體無

染然諸菩薩同修自體而復有四一雜現行所謂地前二除種子即是初地三除誤犯四顯性淨此之二門當於此地然性淨難彰寄除殺等以顯彼淨此通餘教若依此經地體懸絕寄顯地勝豈可地前位位皆深今居地上方行十善。三別顯有三種離一因離謂離殺因緣二對治離謂離殺法三果行離即離殺業。初因離**不畜刀杖**復有二種一離受畜因謂不畜刀杖此離是緣從通名因畧舉此二餘咒樂等皆是此因**不懷怨恨**二明離起因此正是因因即三毒謂明離瞋因殺父害毋亦不加報次二句明離貪因貪有二種**有慙有愧**一為財利故造諸惡業乃至沒命心無恥悔今有慙愧故能離之**仁恕具足**二貪眾生捕養籠繫今生苦惱今有慈傷之仁恕已為喻便能離之然起殺之癡必是邪見邪見難遣非對治不離是故論主就對治中明離於癡此畧不說三對治離**於一切眾生有命之者常生利益慈念之心。**亦有二種一生利益心是與眾生世出世間二種樂因二生慈念心謂令眾生得人天涅槃之果既於如是因果二處不顛倒求則離愚癡心起於殺因殺生祭祠等。此中慈益約能對治即名為離不同前後殺因殺果而為所離若爾前有仁恕故離起貪因仁恕之心豈非能治前約本有仁等不起貪等非是發起仁恕之心今約於物發生慈益之心以為能治故不同也。三果行離**是菩薩尚不惡心惱諸眾生何況於他起眾生想故以重意而行殺害。**攬因成殺諸業為果今不正殺故名果離於中亦二一微細謂心念害二麤重謂身行害今經大意以細況麤麤中成殺有多

因緣一身謂於他故他是所殺之體故名為身二據自身此事謂眾生故此據非情三想謂起眾生想據作杌木等想四行謂故以重意重意是思故名為行此據錯誤五體謂身行加害斷命落究竟正是殺業故名為體則據前四以為方便。然雜集瑜伽緣皆有五而但合於初二為事復加煩惱今以煩惱是前起因故不重明。又境想輕重等非此全要故畧不明。二離盜。初句摠明**性不偷盜**非理損財不與而取故名為盜三別顯三。初因離**菩薩於自資財常知止足**止謂少欲足謂知足自之所有尚生止足故無盜因然止足有二義一內心止足即離起因若廉貞之士渴死不飲盜泉二此地具無盡財故離受畜因然殺中以殺具畜為因婬盜妻財以不足為因。二對治離**於他慈恕不欲侵損**由發起慈心恕已為喻則於自資財尚捨而安彼豈侵損他然他有二一則他人二則他世不盜則不損當來資生。三果行離**若物屬他起他物想終不於此而生盜心乃至草葉不與不取何況其餘資生之具**亦有麤細不取草葉名之為細餘資生具名之為麤。而文通為五緣一者身謂若物屬他此據於自是他物體故名為身二事經闕此句論經云他所用事三想謂起他物想四行謂翻終不盜心五體謂舉離本處乃至已下以細況麤。殺婬於他正報成業故以身心而分麤細盜戒雖通依正但約損財故唯就外物以論麤細又殺有多類唯人成重故就麤中方說具緣盜易成犯故摠明具緣若麤若細皆成盜體。三離邪婬初摠明**性不邪婬**非禮曰邪染愛曰婬三別顯三。初因離**菩薩於自妻知足。**此亦二意一內心知足離於起因二自足妻色離受畜因。晉譯論經皆云自足妻色足妻乃由寄報輪王相同世間故得示有。知足約心亦不妨梵行。二對治離**不求他妻**現在梵行淨故不求未來妻色他人之妻蓋不在言三果行離亦有麤細細約起心麤約從事而文分二初舉邪境**於他妻妾他所護女親族媒定及為法所護**邪境有三一不正二非時三非處非處一種在後況中初不正中他守護女此為摠句護有二種一不共護謂他妻妾唯夫護故二者共護謂親族媒定親謂父母族即宗族謂二親亡歿六親所護夫亡之後子等所護媒定謂已受禮聘二非時者即為法所護然法有二種一王法二佛法佛法謂修梵行時此復有二一分謂八戒二全謂具足等然此非時準智論十五及諸論中廣有其相今之所列意在不起染心故於自妻不委其事。二以細況麤**尚不生於貪染之心何況從事況於非道。**有二重況一以染心況於正道從事二以染心及正道以況非道非道即前非處亦應以人況於餘類以後後麤影於前前故。以其婬境無想疑故論主於此不約具緣經文不言作他女想約邪婬說亦有想疑為顯此中自妻正境亦定無犯故不說也。四離妄語二初摠明**性不妄語**違想背心名之為妄。二別顯中初對治離即是因離不別明因何者有二義故一無外事故謂無刀杖妻財之外事故無受畜因二無異因故謂但用誑他思心即妄語因無別貪等以為異因異因即起因故離彼誑心即成實語實語即是誑心對治故對治離即是因離不同身三故。身三各具三離口四唯二意三唯一。二正釋**菩薩常作實語**隨心

想故謂縱實不見而心謂見而言見者亦名實語真語審善思量如事眞故謂由心思與事相似稱此而言若唯稱事而不稱心亦名妄語故加善思量時語論云知時語不起自身他身衰惱事故謂心事雖實而迴改見時或令自他而有衰惱今菩薩朝見言朝暮見言暮故曰知時晉經名隨亦順時義。二果行離乃至夢中亦不忍作覆藏之語無心欲作何況故犯亦以細況麤夢中是細故犯是麤此言覆藏之語者論經云不起覆見忍見婆沙云覆相妄語名爲覆見覆心妄語名爲忍見謂實見事心謂見言不見此爲覆已所見事相此翻眞語若實不見心生見想誑言不見於事雖實於見有違名爲忍見忍却自已所見事故此翻實語夢中眼見但是智見。五離兩舌。初標明性不兩舌言不乖離名離兩舌兩舌成事能令離間二別顯二。初對治離菩薩於諸衆生無離間心無惱害心不將此語爲破彼故而向彼說不將彼語爲破此故而向此說即不破壞行此唯約心謂傳說者必於心中憶持惡言欲將破壞方成離間是故文云無離間心論經則云無破壞心及爲破彼故等而論釋云二種朋心受憶持者謂詐現親朋如野干詐親師子等又抑寄成疎曰離間親舊成冤曰惱害。二果行離未破者不令破已破者不增長通心及事即是差別差別有三謂身心業各有二義一身壞二義謂已破未破是離間體故名爲身不喜離間不樂離間二心壞二義一隨喜他二自心

樂不作離間語不說離間語若實若不實三業壞二義謂若知若麤細則實有惡言麤則不實虛構正傳離間之言故名爲業今菩薩並離故皆云不。六離惡口二。初標明性不惡口。言不麤鄙名離惡口二別顯二初果行離二對治離前後諸業治望果行非全次第故先顯治後能離果今此歷別相對先舉果行一時影離後說能治次第翻前文義便故先明果行文二。初列所離有十七語句各一義而其論意展轉相釋所謂毒害語麤獷語苦他語令他瞋恨語前四一重總顯惡言體用四語次第相釋初一總明語體次云何毒害以麤惡獷戾故云何麤獷苦他故如何苦他令他瞋恨故此之四語義一名異後十三語重顯前四現前語不現前語。初四語總釋前四初二明其語時謂前四有對面不對面鄙惡語庸賤語後二明前語體用不出二類一鄙惡謂不遜故二庸賤常無教訓故餘九別釋上苦他令瞋爲損之相不可樂聞語聞者不悅語。初二明說前麤鄙之言自違於戒何以違戒以能苦他令他瞋故云何苦他不喜聞故云何令瞋聞不悅故。後有七語明自瞋忿心中發言令他違戒起瞋生苦瞋忿語是自瞋語體下能令他瞋他瞋有二無饒益事一初五語翻喜生瞋如火燒心語冤結語熱惱語不可愛語不可樂語謂聞時不喜如火燒心憶時不樂故生冤結及生熱惱熱惱者令心胷悶塞二末後句違樂致苦能壞自身他身語謂已有同意樂事自身失壞令他失壞失

壞相知之樂故。二明能離如是等語皆悉捨離。二對治離有十種語翻前諸語而小不次常作潤澤語翻苦他令他瞋二語柔軟語翻毒害麤獷其現前不現前無別體故不翻悅意語翻上瞋忿謂和悅意中而發言故可樂聞語聞者喜悅語翻不樂不悅上說麤鄙故不悅樂令說順人天故生悅樂又悅意下三語展轉相釋善入人心語翻如火燒心熱惱冤結上以忿心發言故如火燒等今以言順涅槃故令善入人心風雅典則語卻翻上鄙惡庸賤前則街巷陋音今則言含經史故多人愛樂語多人悅樂語翻不可愛樂生三昧故身心踊悅語翻壞自身他身生親善故七離綺語二。初標明性不綺語言辭不正故云綺語其猶綺文二別顯二。初對治離菩薩常樂思審語。初一爲總故下結云戲笑尚恒思審是以菩薩常樂三思而後言則無數亂矣時語下七句別時之一字亦總亦別總者上言思審者謂思合其時語默得中也云何爲時謂彼此無損自他成益時故論云善知言說時依彼此語故時語有數略說有三一教化時語謂見非善衆生勸發生信令捨惡就善即時字別義次三教授時語令其憶念實語不顛倒故謂學承有本轉相教論下二釋上云何不倒義語以言含於義故法語稱法行故後二教誡時語令其修行他持教誡差別有五一制二聽三舉四折伏五令喜今以三句攝之順道理語一謂有罪者制無罪者聽爲順道理巧調伏語二於制聽有犯加法舉之數數發犯折伏

與念云巧調伏**隨時籌量決定語**三有實德者稱揚令喜故云決定又此一句總結上四謂若制若聽若舉若折皆須適時。二果行離**是菩薩乃至戲笑尚恒思審何況故出散亂之言**亦以輕況重。八離貪此下意三一貪中亦二。初總明**性不貪欲**謂離求欲心故但有對治者以貪等是有之本更無所依故非果行以非果故不可對之更立異因故但有其一。二別顯**菩薩於他財物。**他所攝故此揀於己他攝有二一已現攝用二已離不在作攝護想**他所資用。**謂所貪物體然用含二義一所用事謂金銀等二資用事謂飲食等**不生貪心不願不求。**正顯能治一始欲名求即他物想二悕得屬已為願即是樂欲三終起奪想為貪此即方便及究竟并前他物即是五緣故意三中要具五緣若闕究竟但名煩惱今皆性離故以不不之。九離瞋恚二初總明**性離瞋恚**心不含毒故名離瞋。二別顯**菩薩於一切衆生恒起慈心**為於六種衆生起六種治論攝為五一於冤生慈治於冤者欲加害故**利益心**二於惡行者生利益心治當危害故**哀愍心歡喜心**三於貧及苦生哀愍歡喜二心以此二心有通有別通則可知故論合此別則貧窮者愍之憂苦者令其喜樂**和潤心**四於樂衆生生和潤心論名利潤治彼染著無利潤故**攝受心**五於發菩提心人起攝受心攝令成故**永捨瞋恨冤害熱惱。**總離障亦有六種通障前六非一一別對故云總也於此六中攝為三對初二以已對他用辯冤親生冤故瞋敵親故恨冤則未生已生令其生長親則未生已生令不生長次二唯約於已善不善法以明主長障善名冤增惡名害皆有已生未生後二唯就於他愛不愛事明其生長忌勝名熱謂見他愛事苦他名惱謂見他不愛事皆有已生未生等瑜伽云瞋恚方便究竟者謂於損害事期心決定正能成業今並不行故上云永離**常思順行仁慈祐益。**類通治益謂前所不說者亦常思慈祐。十離邪見二。初總明**又離邪見**乖理推求名為邪見不言性離者蓋文畧耳。二別顯治於七種邪見**菩薩住於正道。**治異乘見小乘對大道非正故**不行占卜**治虛妄分別見即是邪見夫吉凶悔吝由愛惡生故云虛妄**不取惡戒**治於戒取**心見正直**治於見取**無誑**治覆藏見**無諂**治詐現不實見**於佛法僧起決定信**治非清淨見。此所治七見釋有二門一約行二約人初約行中初一顯邪顯小乘故次三解邪顛倒見故然邪見惡戒唯是外邪見取一種通於內邪謂學大乘者執語成見故次二行邪蔽非詐善故後一信邪信世間故又於三寶決不信故故瑜伽邪見方便究竟者誹謗決定故。二約人初四是邪梵行求衆生於中初一同法小乘後三外道次二是欲求後一有求今性不求名離邪見。三結成增上**佛子菩薩摩訶薩如是護持十善業道常無間斷**此有三義一徧護十善即不闕義二常無間即清淨義誤犯之垢不間起故三常無斷即常護義具斯三義得增上戒名二攝善法戒謂非唯律儀不闕不斷常攝善法亦無斷闕文三初畧觀不善起攝善行二初辯觀智後明起願行令物**復作是念一切衆生墮惡趣者莫不皆以十不善業**墮惡道者有三種義一者衆惡行往故此即集因經云皆以十不善業二者依止自身能生苦惱此即能墮一切衆生三常懼種種苦相處斯即所墮惡趣上二皆苦果業者因義道者通到義既用不善方隨惡道則非無因所用唯是不善故非邪因。二明起願行**是故我當自修正行亦勸於他令修正行**由念衆生惡因果故便起大悲要心二利先正修二利次徵以反釋**何以故若自不能修行正行令他修者無有是處。**三廣觀障治明攝善法謂觀人等五重善法於彼上上清淨佛善起增上心求學修行攝善法戒清淨行故若直就經文亦分二別先明觀智後要心攝善今論將後段攝屬佛善故且分為二。初觀不善唯是所治**佛子此菩薩摩訶薩復作是念十不善業道是地獄畜生餓鬼受生因**具有苦集此中為明攝善義故畧示其惡旣果舉三塗則知顯因亦有三品如後段中攝衆生戒經文自具。二觀於善法通能所治攝觀十善具諸法門然通相而辯善皆能治以順理益物正反惡故若隨相分人天之善猶為所治是苦集故文分五重。初人天十善**十善業道是人天乃至有頂處受生因**以人天是世間之善故不分之實則亦具三品謂人善為下欲天為中色無色界為上言三品者或由三時之心或約境有勝劣或心有輕重或自作敎他等細論其義多品不同累言三五耳不善者反此可知瑜伽六十廣顯差別二聲聞十善又此上品十善業道標所修善同以智慧修習次顯所用功異於中初句對前影勝以實相智修不同人天無智善故通觀上來善惡因果皆是苦集所觀境故次對後顯劣有五種相心陋劣故一因集由集小因故心陋劣陋謂修行少善劣謂但能自利怖三界故二謂苦厭大悲故三捨心捨衆生故上三唯劣菩薩下二兼劣緣覺從他四依止謂必藉師教故聞聲而解了故五觀謂聞人無我法聲心通達故成聲聞乘後結成自乘然能治十善及與智慧即是道諦悉因果滅善因果中使滅名爲滅諦成聲聞乘義含道滅。三緣覺十善又此上品十善業道。標所修善同修治清淨所用功異初句總明以能修習名修清淨未能圓修不名具足不從他教自覺悟故。別顯三相一自覺謂異聲聞不從他聞顯依止勝大悲方便不具足故二不能說法大悲不具無心起說方便不具力不堪說若有利物多但現通此劣菩薩悟解甚深因緣法故三觀少境界少有二義一對前顯勝以是利根但觀苦集便悟甚深之觀勝於聲聞二對後彰劣但觀人無我法不同菩薩求佛大智等故上之二乘廣如瑜伽本地中說成獨覺乘結成自乘。四菩薩十善又此上品十善業道。上標所修善同修下明所用功異有四種相一因集二用三彼力四地。然此四中初一行因次二行相後一行位

治清淨心廣無量故。言因集者宿習善根依之起行此又三義一依一切善根起行故即修治清淨具足具足即一切善義今經闕此具足二字則不能異上辟支此明自利二心廣者即利他心三無量者即大乘心是二利行體具足悲愍故二用是菩薩用方便所攝故三彼力即以四攝攝生是彼悲力此下皆顯第四地義地雖有十就三祇滿處畧舉三地以攝餘七發生大願故一淨深心地即初地不捨衆生故二不退轉地難得寂滅不捨衆生即八地三受大位地即第十地此有三句希求諸佛大智故觀求行證智度滿故淨治菩薩諸地故盡淨諸地障故淨修一切諸度故盡淨諸度蔽故成菩薩廣大行。結成自乘五佛十善又此上上十善業道上上是總次別別有四種義顯上上事前三屬佛後一菩薩思齊一切種清淨故一者滅謂不善業道共習氣滅故種智清淨乃至證十力四無畏故二者捨謂證十力無畏不共之法捨二乘故一切佛法皆得成就三者方便謂於菩薩乘一切佛法皆善巧成就故是故我今等行十善四菩薩求無厭足故云是故我今等行十善上應令一切具足清淨雖列於五重十善九小但將化物非己所行菩薩十善先已安住故唯要心等行佛善佛望已是餘殘來修一切智中自在純熟方爲具足亦滅習氣故云清淨。三總結勸修如是方便菩薩當學。三利益衆生戒二初廣明攝生二結成益宜前中顯此戒增上有五種義初智謂善知衆生苦因果故文三。初總明知因佛子此菩薩摩訶薩又作是念十不善業道上者地獄因中者畜生因下者餓鬼因果有三塗不同因有三時階降輪名時差別三時復二一者約心謂如殺生欲殺正殺殺已三時俱重名爲上品隨一時輕名爲中品三時俱輕名爲下品二約時謂少時多時盡壽作等餘有三品如上十善中說復應於一一塗中各有三品等然依正法念經三塗各有邊正正者爲重邊者爲輕正鬼望邊畜則餓鬼罪重故雜集等鬼次於獄若正畜望邊鬼則畜生罪重故今云下者餓鬼因。二別顯知果十不善中各有二果差別一報果差別所謂三塗異熟二習氣果差別即人中殘報是正報之餘如次經云若生人中得二種是然雜集瑜伽等論開習氣果以之爲二一約內報名等流果集如經辯二約外報感增上果今經闕此下依彼顯異熟報果十惡皆同今但解釋等流增上然二等流多是前重後輕輕即方便等流重即正惡等流十十惡義殊即分爲十。初殺生於中殺生之罪能令衆生墮於地獄畜生餓鬼若生人中得二種果報一者短命二者多病殺令夭斷不終天年故得短命即正惡等流二未死受苦故嬰多病即方便等流怖無精光感外增上資具等物之少光澤。二偷盜偷盜之罪亦令衆生墮三惡道若生人中得二種果報一者

貧窮二者共財不得自在盜損彼財故養貧窮令其不得稱意受用故云共財不得自在感外田苗霜雹損耗。三邪婬邪婬之罪亦令衆生墮三惡道若生人中得二種果報一者妻不貞良二者不得隨意眷屬令其自妻不貞良故方便誑誘故婬之殲汙感外臭惡塵坌之事。四妄語妄語之罪亦令衆生墮三惡道若生人中得二種果報一者多被誹謗二者爲他所誑妄語等流又誹謗約違境被誑約違心言無實故外感衆作事業多不諧偶。五兩舌兩舌之罪亦令衆生墮三惡道若生人中得二種果報一者眷屬乖離二者親族弊惡令他離間故親友成冤故由出不平之言外多險阻。六惡口惡口之罪亦令衆生墮三惡道若生人中得二種果報一者常聞惡聲二者言多諍訟語體惡故語用惡故言恒有諍違惱他人外感荊棘砂鹵等事。七綺語綺語之罪亦令衆生墮三惡道若生人中得二種果報一者言無人受二者語不明了言無人受機不領故語不明了自綺錯故以言錯故外感果物不應其時。八貪欲貪欲之罪亦令衆生墮三惡道若生人中得二種果報一者心不知足二者多欲無厭已得不足故未得欲求故貪則念念欲多感外增上日日減少。九瞋恚瞋恚之罪亦令衆生墮三惡道若生人中得二種果報一者常被他人求其長短二者恒被於他之所惱害二種等流似前輕後重見其不可意故被求長短惱害彼故瞋不順物之情外感增上其味辛苦又多惡獸毒蟲之報。十邪見邪見之罪亦令衆生墮三惡道若生人中得二種果報一者生邪見家二者其心諂曲還生邪見之家若水之流涇心見不正故多諂曲撓由不正故外感上妙華果悉皆隱沒似淨不淨似安不安是以觀果知因應當除斷。三結成苦因佛子十不善業道能生此等無量無邊衆大苦聚無邊苦聚由此生故。二明願是故菩薩作如是念依智起願願爲衆生自修善故我當遠離十不善道但離惡因惡果自亡以十善道爲法園苑愛樂安住願修善因善果自至問惡名殺等離即不殺不殺即善離惡住善二相寧分答此有二意一離殺謂離作犯住善謂住止持體則不殊約持犯分二作持止犯反此可知二離惡但是惡止住善兼於善行具有止作二持止如前釋作義云何前三聚初已略指陳今當重釋謂非唯不殺護衆生命如護己命是第一善守他財物如自己有他妻亦然實語輭語和合饒益是語四善非直無貪更能惠施非唯不瞋慈悲和悅何但無於邪見乃能成就正見智慧廣思十義即名作也。三明行依願起行如稽修故自住其中依於前願以起自行亦勸他人令住其中依於自行正攝衆生。四明集因佛子此菩薩摩訶薩復於一切衆生依增上悲念衆生故生十種心此十亦可俱通一切論就別相爲八種衆生生利益心於惡行衆生令住善行故名利益安樂心爲苦衆生令得安樂慈心於冤增衆生慈不加報悲心於貧苦衆生悲欲拔之憐愍心於樂衆生愍其放逸攝受心於外道攝令正信守護心於同行者護令不退自己心於一切菩提願衆生取如自己以願同故。後之二心亦約此願但後勝於前攝師心觀彼衆生乘大乘道進趣之者敬之如師大師心觀衆具足功德者敬如大師。五集果依前悲心起勝上欲欲拔濟故文中救攝十類衆生皆言又作文各有二先觀所化後興濟拔心前即所治後即能治前集之中欲顯差別以其十心對八衆生令十類中一一生所容有如前十心故拔十中初一解邪故論云依增上顛倒爲首餘九行邪論開爲三初五化欲求衆生求外五欲故次二化有求衆生求三有中正報之果故後二化梵行求衆生求出道故過上爲四然此所化但攝集中前六而闕後二者以集者益物之心起心義寬乃至緣於具德生師仰故今此正論救拔是故後二並非所救縱其同行退轉須化亦無大乘之外別有安處可云拔出△初化顛倒眾生二。初所治作是念言眾生可愍墮於邪見邪見是總謂四顛倒理外推求故名邪見次二是別惡慧可樂二倒名為惡慧専念分別方得行故惡欲我淨二倒名為惡欲不假専念即能行故以性成故由計我淨便欲名等如涅槃說惡道稠林結其邪見為諸過因惡道者非正道故顯前顛倒為現行煩惱行處稠林者亦為隨眠之因。二能治我應令彼住於正見通翻上邪行眞實道行於實道翻惡道稠林△二化欲求眾生二初化現得五欲受用生過三初化受不共財眾生二。初所治又作是念一切眾生分別彼我互相破壞鬬諍瞋恨熾然不息已得之物不與他共於費用時生瞋過也互相破壞以為總句破壞有二一鬬諍於言中二對冤於心中即分別彼我瞋恨已下結其增長由瞋恨故思念作報身心惡行熾然不息。二能治我當令彼住於無上大慈之中慈能治瞋如來之慈乃名無上△三化受無厭財眾生二。初所治又作是念一切眾生貪取無厭求時無厭以生貪過乃有二意一內心難滿唯求財利二形於身口邪命自活結上三業三能治我當令彼住於清淨身語意業正命法中三業正命以為能治△三化受貯積財眾生二。初所治

又作是念一切眾生常隨三毒積而不散順生三毒增煩惱過染著生貪散用生瞋若積而能散何有貪瞋癡迷上二種種煩惱因之熾然直觀經意因上三毒更生煩惱若準論意因貯積財積財即是煩惱因體云何熾然謂寶翫受用數為煩惱之所燒故不解志求出要方便然癡有二過一迷前二亦復不知何者是火云何為失二無求出意故云不解出要謂既迷火宅之爲樂寧有出心。二能治我當令彼除滅一切煩惱大火安置清涼涅槃之處涅槃清涼煩惱火滅上三即起煩惱眾生△三有二類化未得五欲追求時過即造業眾生分二初追求現報造諸惡行二。初所治又作是念一切眾生為愚癡重闇妄見厚膜之所覆故愚癡覆心過愚癡是癡體重闇是癡相亦是癡過餘皆癡過一重闇者迷現在苦不知是苦二妄見者於現下苦妄見樂故如見空華三厚膜者不見未來當受苦報如眼厚膜都無所見也入陰翳稠林。增惡遠善過上句增惡由迷異熟愚順不善行增長結使名入陰翳稠林失智慧光明遠善也癡為善行障故行曠野險道。明受苦報過生死長廣迥無所依喻之曠野多難障礙復名險道流轉羈行起諸惡見。無正對治過論云謂多作罪因於臨終時見惡報相心生悔見者或悔先所修或起惡見故名悔見而不能集正對治行所以名過三能治我當令彼得無障礙清淨智眼

知一切法如實相不隨他教先得淨慧眼是體此眼有二能一見如實相二由見實相即不隨他具斯二義名眞慧眼以此二句總翻前過見前皆實故△三追求後報習有漏善業二。初辯所治又作是念一切眾生在於生死險道之中。即隨順險道過謂以迷出世勝義愚造福不動業求未來報則常在險道初句自體謂即生死故由世間少善為根本故則人天報危故名險道將墮地獄畜生餓鬼。明障礙謂在之難出故皆是人天險道中事文有八句迷於苦集道滅如次各二初句明有苦謂心雖求出而行順三塗如臨深淵故云將墮入惡見網中二明迷苦於苦果中妄生樂想為惡見網縈如世險道蔦蔂交加為愚癡稠林所迷迷於集因謂為愚癡所覆不知煩惱不覺業空若加深林不見危險隨逐邪道行顛倒行明其造集世寡正道學即隨邪復起邪業為行顛倒行如險路多岐動入豺狼之徑雖疲行不已欲進反迴譬如盲人顯無道體無正慧眼但得果貪著愛欲所盲故法華云著樂癡所盲即斯義也如無目涉險茫無所之無有導師明闕道緣導師者謂佛菩薩既離明導有二種失一當生惡道二今世後世雖處人天放逸障見故佛雖出世有不見聞如盲無導師若不陷深坑則坐而不進非出要道謂為出要正迷於滅佛求涅槃而趣異處謂於梵天乃至自在依正之所以為涅槃推斯邪解以為正見如在險道以塞為通入魔境界惡賊所攝顯有滅障五種妙欲是魔境界貪著為入

六塵劫善謂之惡賊被牽為播隨順魔心。明失謂住之失於出離善故初句依止冤故失離惡法遠離佛意後句遠善友故失進善法人法俱失。二能治我當拔出如是險難令住無畏一切智城拔出險道揔離前惡住無畏城是離之處若曠野過城衆難何畏近對上文若無知動念則順魔心而遠佛意寂照雙運即出險難而入智城。三有二段化有求衆生初道差別謂五趣流轉二。初過又作是念一切衆生為大瀑水波浪所沒。初句揔即沒在大河過六道漂溺如彼大河求有沒中所以是過然其揔中含下別義亦是顛耶瀑流七識波浪別中謂彼大瀑流水波浪有三種相入欲流有流無明流見流。自體漂流謂五趣因果有五種相謂一深二流三名四漂五廣但有其一已為難度況具斯五漂沒何疑一深即具足四流無量水故為煩惱河生死洄澓二流上揔四流煩惱因深故此苦果常流無竭上二即漂溺處於此生死而漂溺故愛河漂轉三名前明四流雖無惑不攝愛潤生死由此漂溺徧受河名如愚墮河愛即難出湍馳奔激不暇觀察四漂此有二義一顯河急故云湍馳奔激謂雖實愛身欲令長久而念念不住是漂溺時二由急故不能如實知其過失亦復不見涅槃彼岸故云不暇觀察是為如此漂溺為欲覺恚覺害覺隨逐不捨五廣謂隨欲等覺徧覺五塵故名為廣依此漂溺涅槃則以欲等以為毒蟲身見羅刹於中執取。為因

起難謂處之多害起難有四一者執著我所窟宅不能動發故云身見羅刹等言於中者於陰窟之中執取之言亦含戒取將其永入愛欲稠林二轉還謂先捨欲已得生上界由身見執還生下界欲惡之中若準涅槃愛見皆為羅刹論經云愛見水中羅刹者譯者迴文不盡於所貪愛深生染著三中著謂於受用時求欲等樂著故住我慢原阜四增慢謂於受用事時中我慢大慢憍慢自高輕彼故慢令心高故喻原阜上不停法雨下不見性水廣平曰原原自是高原上加阜則慢上過慢對涅槃岸以水為患對佛性水則原阜為非賢首云四中初一見次二愛後一慢愛中一種子不滅故還來二現行深著故泥溺如人在河四事難出一被執住二被迴流三為泥溺四滯枯洲不到彼岸合喻思之安六處聚落。便成大失失出離道於善道無出意失此無善因無善救者惡道無救失此無救緣無能度者異處去失謂離自善行生諸難處不值佛故此雙闕因緣通甚惡道三治我當於彼起大悲心初起化心以諸善根而為救濟令無災患離染寂靜住於一切智慧寶洲成其化行化行有六一與善因謂六度萬行以為船筏二作救緣三令無苦患四令離集染五證涅槃寂靜六得菩提大智皆翻上三段說者思之云何能得此之六益論云以如實法云何如實了生死實性本如即苦患而證涅槃見煩惱本源性離即集染而成大智如斯救者與與苦因與能救也。三界差別謂三界繫閉文二。初明過又作是念一切衆

生處世牢獄初句為揔三界繫縛猶如牢獄求有處之所以為過次別明世獄有五過隨逐一苦事二財盡三愛離四有縛五障礙三界之獄其義亦然此五示五種難差別多諸苦惱一無病難無病是樂病則有苦與彼為難下難義準之苦謂身諸病苦惱謂心病愁惱常懷愛憎二資生難愛彼資生求而不得憎彼貪窮遠之強會自生憂怖三親難親愛別離故生憂怖貪欲重械之所繫縛四戒難難生上界暫離犯戒不免戒行相違還為貪械所縛謂報盡起於欲惡明上二界非欲永滅故此貪欲通繫三界無明稠林以為覆障於三界內莫能自出五見難雖得世間八禪定智亦為無明所覆與彼正見相違。二能治我當令彼永離三有住無障礙大涅槃中若如實了知三界之相無有生死非實非盡則自無障礙果證圓寂。四化兜行求衆生二初化邪梵行求令捨邪歸正。初過又作是念一切衆生執著於我。初揔謂執著於我過然諸外道執見雖多以我為本斷常等見皆因此生餘別別有六句於諸蘊窟宅不求出離前三失道故遠第一義樂無始我方便謂彼外道欲趣涅槃以有我故於五陰舍不能發動依六處空聚所起不真內入無我故名空聚我想妄計徧於六根故名為依起四顛倒行造行不正既求涅槃應行八正翻行邪道四顛倒行以彼計蘊身受心法以為淨等為四大毒蛇之所侵惱。後三失滅故具足諸

苦四大乖違苦謂老病死苦人皆欲遠由計我故四毒常侵 五蘊冤賊之所殺害 五陰隨逐苦五蘊具諸結過常能害人善法故云冤賊 受無量苦 不說者皆在其中亦是摠結前五也。二治 我當令彼住於最勝無所著處所謂滅一切障礙無上涅槃 綽七 二十 上由計我處處生著唯大涅槃是無著處云何能得謂如實法如實法者畧有三義一上冤賊等外道不知計我處之令菩薩歎之觀過了無有人二假以世俯喻所不及則五陰等過於冤等三知其實性人法俱空皆是最勝無所著處餘如涅槃二十一說三化同法小乘令捨權歸實。初起過乃有三意 又作是念一切衆生其心隱劣 不求大因過利生懈怠名之爲隱佛法無量退沒不證名之爲劣 不行最上一切智道 不願大果過 雖欲出離但樂聲聞辟支佛乘 修行過不定聚衆生實有大乘出離之法而修行小乘。三能治 我當令住廣大佛法 即諸度萬行登地已上名爲廣大皆佛因法 廣大智慧 通於因果翻前隱劣摠名廣大。二結成攝生之戒 佛子菩薩如是護持於戒 即前律儀及攝善法 善能增長慈悲之心 即益生戒。二位果唯無發趣三果同前故論云有同者有無者亦名果校量勝謂此三果皆勝初地故初調柔中有三種相初調柔相三初法三。初見佛爲練行緣 佛子菩薩住此離垢地

以願力故得見多佛所謂見多百佛多千佛多百千佛多億佛多百億佛多千億佛多百千億佛如是乃至見多百千億那由他佛 三明能練行二。初供養 於諸佛所以寶大心深心恭敬尊重承事供養衣服飲 綽七 二十一 食卧具醫藥一切資生悉以奉施亦以供養一切衆僧以此善根迴向阿耨多羅三藐三菩提 二明其受法 於諸佛所以尊重心復更受行十善道法隨其所受乃至菩提終無忘失 更受十善即學佛善也是戒地故。三所練清淨 是菩薩於無量百千億那由他劫遠離慳嫉破戒垢故布施持戒清淨滿足 對前勝者以離慳嫉及與破戒二種垢故初地菩薩戒未淨故施亦未淨前說初地說檀度滿今更轉淨以離二垢名離垢故 三喻 譬如真金置礬石中如法鍊已離一切垢轉更明淨 初地金但火鍊以除外垢今此復置礬石之中兼內淨體明云一切淨 三。法合 菩薩住此離垢地亦復如是於無

量百千億那由他劫遠離慳嫉破戒垢故布施持戒清淨滿足 二別地行相 佛子此菩薩四攝法中愛語偏多十波羅蜜中持戒偏多餘非不行但隨力隨分 以離語四過說愛語偏多。三摠結地名 佛子是名畧說菩薩摩訶薩第二離垢地 三攝報果二初在家二。初上勝身 菩薩住此地多作轉輪聖王爲大法主具足七寶有自在力 即金輪王二。上勝果 能除一切衆生慳貪破戒垢以善方便令其安住十善道中爲大施主周給無盡布施愛語利行同事如是一切諸所作業皆不離念佛不離念法不離念僧乃至不離念具足一切種 綽七 二十二 一切智智又作是念我當於一切衆生中爲首爲勝爲殊勝爲妙爲微妙爲上爲無上乃至爲一切智智依止者 二辨出家 是菩薩若欲捨家於佛法中勤行精進

便能捨家妻子五欲既出家已勤行精進於一念頃得千三昧得見千佛知千佛神力能動千世界乃至能示現千身於一一身能示現千菩薩以為眷屬〇三願智果若以菩薩殊勝願力自在示現過於是數百劫千劫乃至百千億那由他劫不能數知〇三重頌三初頌位行四〇初頌十種直心爾時金剛藏菩薩欲重宣其義而說頌曰

質直柔軟及堪能　調伏寂靜與純善
速出生死廣大意　以此十心入二地〇二儀戒
住此成就戒功德　遠離殺生不惱害
亦離偷盜及邪婬　妄惡乖離無義語
不貪財物常慈愍　正道直心無諂偽
離險捨慢極調柔　依教而行不放逸〇三攝善戒
地獄畜生受衆苦　餓鬼燒然出猛焰
一切皆由罪所致　我當離彼住實法
人中隨意得受生　乃至頂天禪定樂
獨覺聲聞佛乘道　皆因十善而成就
如是思惟不放逸　自持淨戒教他護〇四攝生戒
復見羣生受衆苦　轉更增益大悲心
凡愚邪智不正解　常懷忿恨多諍訟
貪求境界無足期　我應令彼除三毒
愚癡大闇所纏覆　入大險道邪見網
生死籠檻冤所拘　我應令彼摧魔賊
四流漂蕩心沒溺　三界焚如苦無量
計蘊為宅我在中　為欲度彼勤行道
設求出離心下劣　捨於最上佛智慧
我欲令彼住大乘　發勤精進無厭足〇二頌位果
菩薩住此集功德　見無量佛咸供養
億劫修治善更明　如以好藥鍊真金
佛子住此作輪王　普化衆生行十善
所有善法皆修習　為成十力救於世
欲捨王位及財寶　即棄居家依佛教
勇猛精勤一念中　獲千三昧見千佛
所有種種神通力　此地菩薩皆能現
願力所作復過此　無量自在度群生〇三頌結歎
一切世間利益者　所修菩薩最勝行
如是第二地功德　為諸佛子已開演

大方廣佛華嚴經疏卷第五十七　綿七

淨名為能發明知以十淨心為能發也。攝論金光明經意皆同此。二以聞持為能發勝定為所發。以聞法竟靜處修行方發定故。瑜伽亦說等持為光明故此約地中釋之。三以勝定摠持並為能發彼四地證光明相以為所發。故下論云彼無生慧此名光明依此光明故名明地此約地滿心釋。唯識亦云成就勝定大法摠持能發無邊妙慧光故。謂由得勝定發修慧光由得摠持教法發聞思光彼無邊慧即是三慧故上本分論云隨聞思修照法顯現謂說此慧中四地證法為所照三慧光明為能照三慧是彼證智光明之相餘諸經論言雖少異並不出此故十淨心唯是能發證光明相唯是所發勝定一種通能所發是以此地偏得增上心名。若所離障通約三慧故本分論云闇相於聞思修諸法忘障。唯識論中名闇鈍障謂所知障中俱生一分令聞思修法忘失彼障三地勝定摠持及彼所發殊勝三慧入三地時便能永斷由斯三地說斷二愚及彼麤重一欲貪愚此障勝定及彼修慧二圓滿聞持陀羅尼愚此障聞思慧及障彼圓滿陀羅尼故。若約所證唯就摠持名勝流真如唯識云謂此真如所流教法於餘教法極為勝故梁攝論云從真如流出正體智正體智流出後得智後得智流出大悲大悲流出十二部經名為勝流法界故下經中能捨身命求此善說。其所成行亦唯禪及求法行。其所得果亦法及禪梁攝論云通達勝流法界得無邊法音果。金光明云三地發心得難動三昧果下文四無量五神通等皆定所攝矣正釋文摠分三分初讚請六偈分二初前三慶前二。初偈集經者序

佛子得聞此地行　菩薩境界難思議
靡不恭敬心歡喜　散華空中為供養。二有二頌發言讚能所說

讚言善哉大山王　慈心愍念諸眾生
善說智者律儀法　第二地中之行相
是諸菩薩微妙行　真實無異無差別
為欲利益諸羣生　如是演說最清淨

善哉是摠別明能說乃有二意前偈有慈後偈有悲故云利益所說亦二前偈教相故云律儀後偈證相故云微妙真實者契理故無異者千聖同轍故無差別者理貫事故末句摠結。二請後二。初大眾同請

一切人天供養者　願為演說第三地
與法相應諸智業　如其境界希具聞
大仙所有施戒法　忍辱精進禪智慧
及以方便慈悲道　佛清淨行願皆說

前偈摠請三地之法謂如彼教法相應三智之業後偈別請十度行法以地地通有故慈悲是願道謂道力佛清淨行即無漏智。二上首獨請

時解脫月復請言　無畏大士金剛藏
願說趣入第三地　柔和心者諸功德。

三正說分二初地行四一起厭行分二厭行分三厭分四厭果分此地修禪厭伏煩惱亦厭於禪故名厭地說欣大法亦為厭故正住地心住於八禪故但名厭初入地心觀修彼行名厭行分趣地方便起彼厭行地滿心中得無量等是厭之果亦可初一是入心餘三皆是住心今初有三。初結前生後

爾時金剛藏菩薩告解脫月菩薩言：佛子，菩薩摩訶薩已淨第二地，欲入第三地，當起十種深心。論經云深念心則異前二地單云深心謂更以十心念前十深心故瑜伽云若菩薩先於增上戒住已得十種清淨意樂復由餘十淨心意樂作意思惟成上品故入增上心住。二徵列十心

何等為十。義分四對。初二一對根本建立次三一對方便發修次三一對修已成就後二一對德用自在此四對中皆前離過後明成善

所謂清淨心、安住心、根本建立初言清淨者離過也論云依彼淨深念心謂依二地淨心起此趣地淨心故瑜伽云一者作意思惟我於十種淨心意樂已得清淨故言安住

者依不捨自乘及前十故此二依前故云根本建立後八依前趣後**厭捨心離貪心不退心**方便發修論云志求勝法趣善方便三地之中勝定摠持名為勝法於中前二句離過一懸厭當欲二離於現貪後一造行進善若不勝進則名為退故異第二若準瑜伽所脩對治不復退失故下頌云不害若失對治則有害故**堅固心明盛心勇猛心**修已成就初一離過謂自地煩惱不能壞故名堅固心自地即是第二地也以初十心未增未入三地故後二成善初句體成依等至八禪出入自在故云明盛後句用成即依前句禪定自在力雖生下地而不退失故云勇猛故下經云於禪能出能入者即明盛也又云不隨禪解脫力生者是勇猛也地滿方成今此作意是思惟即得入地故瑜伽十心皆有作意思惟之言**廣心大心**。德業自在初句自行離過依欲界生煩惱不能染故論名快心晉經名勝心皆以有智故不染煩惱今言廣者兼不樂陋小故後句利他自在依利衆生不斷諸有故云大心此廣大二心與前後有異。三結行入地**菩薩以是十心得入第三地**謂於前十心作意思惟便入增上心住。二厭行分三初修行護煩惱行以觀有為可厭患故二護小乘行求一切智深念衆生捨陋劣心故三修行方便攝行欲攝衆生不離無障礙智究竟方便等故又此三段攝前三位初及第二一半攝修行住次護小乘陋心下攝無恚恨行以慈悲故後段攝等一切佛迴向思惟佛智度衆生故今初二十句分二初十觀無常即知有為體性**佛子菩薩摩訶薩住第三地已**。顯觀時謂住地已揀前趣入**觀一切有為法如實相**。摠辨所觀如實相者此有二義一事實謂無常等二理實即不生等今文具二**所謂無常**。別示其相十句初摠云無常者論云是中命行不住故謂命行二字是所無常法不住二字是無常義相續名命遷流名行命舉於內行通內外故下別中分出依正。別中九句初之五句云何此無常即前命行後之四句何者是無常即前不住初中有二一隨事前三內報以顯無常後二外報以顯無常二據義五句以苦等四觀共顯無常**苦**論云依身轉時力生三種苦故謂三苦依三受三受依觸生故依身轉力方能生苦即是無常**不淨**依飲食力形色增損故**不安隱**依不護諸惡力橫夭壽等**敗壞**依世界成力成必滅故**不久住**此句依無我謂資生依主無有定力屬於五家非一處住不定我所反顯我無後四何者是無常然無常有二種**剎那生滅**。一者少時無常。二自性不成實無常謂三世緣生俱無自性故不成實體即下三句**非從前際生**過去已滅故**非向後際去**現在即滅無容從現轉至未來故**非於現在住**念念遷謝求其住相不可得故約三世遷滅求生等相皆不可得即入不生不滅是無常義。此中三世約相續門如因前身有今身等者依生滅門則應從未來藏流入現在遷至過去二門不同也。第二**又觀此法無救**初句十句觀無救者即就人彰過摠顯言此法者即前無常今入觀之不出生老病死如四方山來無逃避處無能救者別有九句約主者病死**無依**。初四句約死以顯無救此相顯故所以先明無依者謂於無常來至中間無所依告救令不至**與憂**無常既至無能救者意地懼死所以懷憂**與悲**生陰轉壞死相現前於此中間彌增涕泗**苦惱同住**正捨壽時四大分散在於五根苦惱事中其力羸弱更以憂悲隨逐則憂苦轉增心生熱惱**愛憎所繫**。次二句資生苦約資生事不知是苦妄生樂想對治不入故無救也上一追求資生境有違順故愛憎所繫**愁感轉多**於受用時苦多樂少謂愛而不散衆禍皆集用而毀損如損身命故曰苦多**無有停積**次一句約老於身老時盛年壯色不可救令停積**貪恚癡火熾然不息**。後二句約病上一病因謂於少壯時具樂等三受故貪等常燒不容法水熾然難救**衆患所纏日夜增長**於年衰時衆患所纏如樹將朽日夜增長無能令免然病通始終老時多故論偏說老老即病緣故論云後二句皆明身患事也何故不在初說示身數患事可卒加故**如幻不實**摠結前九。二護小乘行二初十護小心二初摠**見如是已**初結前謂先觀無常已厭有為**於一切有為倍增厭離**次觀無救故倍增厭**趣佛智慧**明其生後正護小心求佛大智故。二別十句分二初五攝功德大即求佛菩提後五清淨大即求涅槃果菩提是德修成名攝涅槃本有離障稱淨此二無礙菩提菩提斷俱名為菩提智相智性皆名佛智。初功德大即求佛菩提**見佛智慧不可思議**神力攝功德大智用不測故**無等**無比德學地無等故上二妙用自在**無量**三大義德利他無量故**難得**四無譏嫌德自行難得故**無雜**五不同德不同外道故云無雜顯上二利不同外道無利勤苦上三德行圓滿二清淨大即求涅槃果義攝有三謂離惑苦得涅槃故無惱即離惑習無明不雜故無憂離苦苦依根本亡故憂悲隨盡至無畏城得涅槃有二義一得體謂無憂畏城亦是無餘涅槃二得用謂能建大事亦無住涅槃即後二句不復退還不住生死能救無量苦難衆生不住涅槃由俱不住方是世間涅槃勝事以斯為業則翻有為之業矣。三護惡劣心二初十悲其淪溺二。初牒前標後菩薩如是見如來智慧無量利益見一切有為無量過患則於一切衆生十種哀愍心謂見佛智勝利傷物不得有為過患愍物處之此是牒前則起悲心是為生後。二正顯悲行文有十句何等為十所謂見諸衆生孤獨無依生哀愍心。初句總由孤獨無依故生哀愍少而無父曰孤老而無子曰獨令衆生上遠慈尊又無方便下不利物又闕善心故云孤獨既孤且獨何所依救餘句別別有九種孤獨無依見諸衆生貧窮困乏生哀愍心。初二依欲求衆生於已得心無厭足故貧窮無依經云知足之人雖貧而富不知足者雖富而貧未必無財方曰貧也見諸衆生三毒火然生哀愍心未得他財求無休息故三毒火然此即多欲多欲之人多求利故苦惱亦多。初求生貪不遂生瞋非理為癡見諸衆生諸有牢獄之所禁閉生哀愍心。次三依有求衆生上句閉苦果獄見諸衆生煩惱稠林恒所覆障生哀愍心集因覆障見諸衆生不善觀察生哀愍心無觀察道由生八難不聞法故由上三故安能得滅見諸衆生無善法欲生哀愍心。後四依梵行求衆生行小因不求大因勝善之法見諸衆生失諸佛法生哀愍心保執小果不求菩提為失佛法當知此輩皆是增上慢人見諸衆生隨生死流生哀愍心不得大般涅槃長隨變易生死上三小乘下一外道見諸衆生失解脫方便生哀愍心雖求解脫以行邪故失於方便是為十又上總別十句亦可通為五對一無觀無財二有惑有苦三有障無治四闕因失緣五順流背滅。二決志悲濟菩薩如是見衆生界無量苦惱發大精進。結前生後次正顯救心文有十句作是念言此等衆生我應救初總餘別別分為三初三何處救度謂三道中我應脫脫業結我應淨淨惑染我應度度苦果次五以何行度謂授三學初二正授應著善處著戒善處應令安住勸住定慧三昧地故定慧合說謂四地已去方是慧地此地定增故慧是定中之慧耳後三明授法利益初二戒益應令歡喜將受戒者令除疑生信衆生受戒便同大覺固應歡喜應令知見已受者令知持犯見其勝益安固不動次一定慧益應令調伏滅除沈掉故云調伏後一度果應令涅槃云何救度令得有餘無餘涅槃故。上皆論意更有一理授行五句初三是戒初著戒處次由持戒得心不悔故云安住後由不悔得心歡喜次一授慧故云知見後一授定故云調伏。然其三學對於三道有通有別別則戒無業結慧能斷惑定度苦果為別對前次故先說慧然猶附論。若直就經文對前十類生此十心一救孤獨故二脫貧窮故三淨三毒故四度有獄故五著無覆障處靈地生故六住善觀察故七得善法欲生歡喜故八知見性相同佛法故九調伏諸根不隨流故十應令涅槃得解脫方便故論非無理未若此釋謂順經文。第三修行方便攝行謂修攝生方便之行故下經云以何方便而能拔濟即知不離佛智等故佛智即是攝生方便文四初發起攝行之因二。先牒前二行以為三因菩薩如是厭離一切有為牒護煩惱行為離安穩因如是愍念一切衆生牒護隨心為不捨一切世間因知一切智智有勝利益牒護小心為發精進因謂既知佛智勝益則修行彼道以趣入故然三因中初後是智中一是悲悲智為因能求方便。二依前三因以明發起欲依如來智慧救度衆生既思三因欲將有益之智救度可愍之生故說經者為此發起故論云此言示現發起方便攝行故。二思求方便攝行作是思惟此諸衆生墮在煩惱大苦之中以何方便而能拔濟令住究竟涅槃之樂。亦祇思前衆生墮有為惑業苦中欲令永滅得大涅槃未知方便故思求之令經闕一業字論經具有。問前決志救中知授三學滅業惑苦令何故言以何方便。答令但思其能授智慧耳。若爾前護小中已知如來智慧有大勢力及上因中云知一切智有勝利益今何更思。答前知智勝欲令物得令亦思其令得攝生方便下乃知之要自得佛智方令他得三思得攝生方便方便有五自古皆將配於地位論雖無文於理無失。言有五者一佛無礙智二八地如實覺三四地無行慧四三地禪定五亦三地多聞。然此五中從微至著則後後起於前前故令觀求逆尋其本展轉相因並云不離。此五之中多聞唯能起佛智唯約所起中間三種通能所起。論依此義攝五為三一佛智窮盡果海名證畢竟盡二以中三皆有下從他起上能起他漸增至佛故攝為一名起上上證畢竟盡二以聞慧為彼中間起行所依名彼起依止行以其聞慧未是證行不得名起而忘軀求聞亦得攝行。五釋經文義　便作是念欲度眾生令住涅槃不離無障礙解脫智。一佛智名無障礙解脫者無二障故是離障解脫具十智力權實無礙故是作用解脫此是究竟攝生方便　無障礙解脫智不離一切法如實覺二此智要依如實覺者八地得無生忍覺一切法如實性故若覺實性方能盡惑於事理無礙故佛智由起論釋一切法云如來所說一切法者因音聲忍方得無生尋於能詮悟所詮故釋如實覺云隨順如實覺者因於順忍得無生故　一切法如實覺不離無行無生行慧光三此覺不離無生慧者欲覺一切法一切法者不出二種一自相謂色心等殊是有為法體故名為行二者同相色心雖殊同皆生住異滅所遷舉初攝後故但名生今四地

菩薩了自及同皆緣生無性成無分別慧故云無行無生下一行字是慧行相以無行無生為慧行相若如是行則得八地覺法自性　無行無生行慧光不離禪善巧決定觀察智四此慧不離禪等者謂此無生慧非定不發言禪善巧者得三地滿勝進分禪故出入自在亦不染禪故名善巧決定者於四地中決能發也觀察智者論云自智慧觀故謂即三地禪中之智非前所發第四地中無生之慧彼前四地之慧此中名光明依此光明故名明地故四地證慧由三地禪中修慧而發　禪善巧決定觀察智不離善巧多聞五此禪不離善巧多聞者此中修慧由後聞慧方得起故三節皆慧而慧不同言善巧多聞者不取聞相故然佛智之因乃通十地而偏舉三者此地聞修近所行故四地是慧增之首故八地無功用之初故。四依思修行上既逆推本由多聞今則順行先求聞慧而起聞行文二初結前標後　菩薩如是觀察了知已倍於正法勤求修習二正起求行二光明求法行文有十句　日夜唯願聞法。無慢心故　喜法無厭心故　樂法無折伏他心問義故此三約聽聞時　依法依大乘教自見正取不忘失故此揀求小不名善故自見正取者不由他悟故　隨法隨自讀誦故　解法為他說故　順法順所聞法靜處思義故此三約已得法自他利時　到法依定修行到究竟故　住法住出世間智故　行法順佛解脫行故上三皆約修行然後二揀不同世間之行唯後三句如說修行故。若望後厭分正修此十皆是

聞慧若望依思而行此十皆名為行。初日夜常聞以顯勤行喜法等九顯正修行。又此十句若約所受唯教與義聞約教成修依於義思通教義。二求行因二初常勤求因二正修行因以前十句有此二故今初論云彼常勤行以何為因示現恭敬重法畢竟盡故於中分六。初總明輕財重法　菩薩如是勤求佛法所有珍財皆無恪惜不見有物難得可重但於能說佛法之人生難遭想。二雙捨內外　是故菩薩於內外財為求佛法悉能捨施。三內財敬事　無有恭敬而不能行無有憍慢而不能捨無有承事而不能作無有勤苦而不能受謂心恭敬則捨慢身承事則忘苦。四況捨外財　若聞一句未曾聞法生大歡喜勝得三千大千世界滿中珍寶。五輕位重法　若聞一偈未聞正法生大歡喜勝得轉輪聖王位若得一偈未曾聞法能淨菩薩行勝得帝釋梵王位住無量百千劫人天王位終是無常句偈數義法王為果一句一偈約聞教法淨菩薩行約聞義法。六廿苦重法　若有人言我有一句佛所說法能淨菩薩行汝

今若能入大火坑受極大苦當以相與菩薩爾時作如是念我以一句佛所說法淨菩薩行故假使三千大千世界大火滿中尚欲從於梵天之上投身而下親自受取況小火坑而不能入然我今者為求佛法應受一切地獄衆苦何況人中諸小苦惱以一句之法能盡苦源地獄多勤誠可甘也。二正修行因菩薩如是發勤精進求於佛法結前下正顯因相如其所聞觀察修行謂於靜處思惟正觀為修行因然論經但云正觀無修行字故是思慧為修行因若順今經此一段文乃是後文標舉耳。三厭分前明聞思今顯修慧即五種方便中第四禪善巧決定觀察智也。論云云何厭分是菩薩聞諸法已知如說行乃得佛法入禪無色無量神通彼非樂處於中不染必定應作故。謂不樂不染即是厭義。其無量神通是厭之果皆修行力乘便舉來經文七相。一依何修二云何修三何處修四何故修五何時修六何所修七何為修。束此七相大為三段初四修行次二證入後一入意。今初修行此菩薩得聞法已。一即依何修以依正法故攝心安住二即云何修攝散住法是修相故即攝樂作意於空閑處三即何處修空閑通於事理則無處非修即遠離作意作是思

惟如說修行乃得佛法非但口言而可清淨四即何故修要必修行方證得故即勝解作意然口言者通於說聽故瑜伽云非但聽聞文字音聲而得清淨也。瑜伽三十三明修行八定皆有七種作意一了相作意謂了欣厭相故二勝解作意正是修行三遠離作意謂與斷道俱四攝樂作意謂少分觸證喜樂故五觀察作意謂重觀試練六加行究竟作意謂心得離繫七加行究竟果作意謂無間證入。上修行中已攝其四前修行因中有觀察作意後二作意在證入中七中前五通貫八定下八定中各有後二故此摠修下亦摠發。然皆即妄即真圓融自在又任運而發不同欣厭故下論云三昧地故得不退禪不退即無漏定也又釋內淨云修無漏不斷三昧故故知一一皆同鳥迹。二二證入二。初結前即何時修證佛子是菩薩住此發光地時謂在三昧地是修行時正修行因如說行故今經闕如說行言若但云住地宜初安住即得此禪但前已有修行之言故今略耳。二即何所修何所證謂證八定八定之義廣如別章略有四門分別一入意二釋名三體性四釋文即當辨相今初下經云但隨順法故行而無所染著。論云以何義故入禪無色無量神通為五種衆生故一為禪樂憍慢衆生故入禪謂得世禪恃以生慢二為無色解脫憍慢衆生故入無色定謂外道證此以為涅槃恃以生慢菩薩示入八禪一一過彼故攝伏之三為苦惱衆生入慈悲無量令安善處永與樂故入慈無量應解彼苦令不受故入悲無量四為得解脫衆生故入喜捨無量謂喜其所得自離動亂故五為邪歸依衆生故入勝神通力令正信故。又示入禪定示定寂靜超欲等過令物傚故善自調練知純熟故寄位次第

法應爾故尚不同於二乘自為豈與凡外而同年哉然無量神通即是厭果論主併舉者欲顯皆為順法故云何順法為順菩薩大悲化生法故。二釋名先通後別通中先釋四禪禪那西音此云靜慮靜謂寂靜慮謂審慮故瑜伽三十三云於一所緣繫念寂靜而審思慮故名靜慮。是以靜能斷結慮能正觀諸無色定有靜無慮雖能斷結不能正觀欲界等持有慮無靜雖能正觀不能斷結故唯色界獨受斯稱。次無色定者婆沙百四十一云此四地中超過一切有色法故違害一切有色法故色法於彼無容生故俱舍云無色謂無色若大衆部及化地部亦許有色細故名無俱舍論中廣破有色。次釋別名者初四禪者一有尋有伺靜慮二無尋無伺靜慮三離喜靜慮四離樂靜慮俱舍定品云初具伺喜樂後漸離前支即斯義也無色別名至文當釋。三體性婆沙云四靜慮有二種一修得俱舍論云是善性攝心一境性以善等持為自性故若并助伴五蘊為性二生得隨地所繫五蘊為性皆有色者定共戒故。無色體性但除於色餘義同前故俱舍云無色亦如是四蘊離下地。大乘宗中亦無異轍若會相歸性則八定支林一切皆空若事盡理現皆如來藏泯絕無寄則定亂兩亡若事理圓融一即一切。第四釋文分之為二初明四禪後說四空四禪定中雖支有多少論主就文並勸為四一離障二對治三利益四以彼二依止三昧。四中後三是支前一非支。雖後後所離是前前支望於當地並皆非支。然四禪通說有十八支謂初三各五二四皆四。為欲惡難除第二禪喜深難拔故初三各五初三不然故二四唯四。其間除重則唯有十謂一覺二觀此唯初禪三捨四念此通後二五喜局於前兩六樂該於前三七者一心徧於諸地八內淨唯二九正知唯三十捨受唯四若分二樂則有十一若內淨無別體則唯有九。此等皆為順益於禪故立支名故瑜伽

十一云諸靜慮中雖有餘法然此勝故於修定者為恩重故偏立為支。初初禪**即離欲惡不善法。**此明離障以一即離貫於下三然諸論說大同小異若毗曇中離五欲故名為離欲斷十惡故名為離惡除五蓋故名離不善法若智度論八十八云離欲者謂離五欲惡不善法謂離五蓋五蓋將人入於惡道故名為惡障善法故名不善法若辨蓋欲二法之相廣如智論十九及瑜伽十一雜集第八斷欲恚害恚即是惡害即不善法瑜伽三十三亦合惡不善法彼論云離欲者欲有二種一煩惱欲二事欲離亦有二一相應離二境界離言離惡不善法者煩惱欲因所生種種惡不善法即身口惡行此意則總辨欲界諸惡不善**有覺有觀。**修行對治此二支新譯名尋伺皆初麤後細俱舍云尋伺心麤細智論云譬如振鈴麤聲喻覺細聲喻觀瑜伽十一以尋求伺察不淨慈悲治欲界欲恚害障又五蓋中有欲恚害不死親里國土等覺今對惡覺起善覺察又智論四十四云小乘以欲恚惱覺為麤親里國土覺為細又雜善覺為細準摩訶衍八覺皆麤覺空為細**離生喜樂。**修行利益厭離欲惡等是故生喜身心猗息及得解脫之樂故名為樂由此名利益支瑜伽三十三云離者已得加行究竟作意故所言生者由此為因為緣無間生故已獲加行究竟果作意故喜樂者謂已獲得所希義故得大輕安身心調暢有堪能故**住初禪。**彼二依止三昧謂於所緣審正觀察心一境性為彼對治及利益支之所依止依止定力尋等轉故其所離障以無行體非是支故不為彼依。而言初者欲界上進此最初故而言住者即安住義瑜伽云安住者謂於後時由所修習多成辦故得隨所樂得無艱難乃至七日七夜能正安住四禪此句大旨不殊。二二禪**滅覺觀。**是所離障覺觀麤動發生三識亂於二禪如淨水波動則無所見故初禪能治為此所治則病盡藥亡**內淨。**修行對治小乘是信能淨心相離外散動定等內流大乘即攬三禪三支以成故顯揚十九瑜伽六十三皆云內淨以捨念正知為體以此三法尚為喜覆力用未勝但能離外尋伺故合名內淨**一心**釋於內義雖緣法塵不同初禪有三識故故身子阿毗曇云欲界地中心行六處初禪地中心行四處謂無鼻舌識二禪已上心行一處唯意識身緣法塵故**無覺無觀**釋於淨義不同初禪有覺觀故前滅覺觀顯於所治此復言無顯能治無故非重也故本論釋一心云修無漏不斷三昧行一境故欲異世間是如實修故不斷者相續一心行一境者對緣一心由此即名三昧無漏**定生喜樂。**此二支是修行利益初禪厭背欲惡之法故名離生今此厭於覺觀心息故名定生如淨鑑止水故身心適悅若智論意即從初禪定生欲界無定故初但云離二禪雖離初禪煩惱以初禪中已有定故又初禪離欲大障故**住第二禪。**彼二依止三昧。三三禪**離喜。**是所離障謂二禪利益支喜心分別想生動亂三禪轉寂故須除遣如貧人得實生大歡喜失則深憂莫若雙絕喜憂方為快樂**住捨**修行對治亦有三支即是捨數棟非捨受故諸經論皆名行捨行心調停捨彼喜過故顯揚云住於捨者於已生喜不忍可故平等正直無動安住**有念**於喜不行中不忘明記故**正知**或時失念喜行於此分別正知而住謂住於捨瑜伽論大同於此此上三即前內淨漸修轉勝至此別開沈細寂靜故能治下地喜踊浮動行**身受樂。**修行利益正顯支體正對二禪喜心浮動是故但言身受於樂數是心樂亦名身受故瑜伽云由捨念正知數修習故令心踊躍俱行喜受便得除滅離喜寂靜最極寂靜與喜相違心受生起彼於爾時色身意身領納受樂及輕安樂是故說言有身受樂又初禪喜樂如土石山頂有水二禪喜樂如純土山頂而有池水三禪之樂如純土山在大池內樂徧身外身在樂中是故心樂亦名身受**諸聖所說能捨有念受樂**釋成勝義謂下諸地無如是樂及無間捨上地有捨而復無樂是故諸佛及佛弟子說第三禪具有能捨及念正知而復受樂故諸樂中三禪樂勝此瑜伽意有文有理不應別解文中略牒尚闕正知但有捨念已殊上下**住第三禪。**彼二依止三昧。四第四禪**斷樂先除苦喜憂滅。**是所離障三禪勝樂於此為害如重病人觀妙音樂為障四禪故須除遣故云斷樂得此定者即於爾時所有苦樂皆得超越故總集說先除苦等先之一字總貫下三二禪先除苦受三禪先滅喜受初禪先滅憂受并今斷樂則已滅四受依禪次第應先明憂為對前樂先言除苦。瑜伽十一云何故苦根初禪未斷答彼品麤重猶未斷故。若爾何不現行答由其助伴相對憂根所攝諸苦彼已斷故若初靜慮已斷苦根是則行者入初靜慮及第二時受所作住差別應無由二俱有喜及樂故此意明不斷麤重故異二禪而無現行故立樂支。若依小乘初二禪樂但是輕安而非樂受三是樂受故不同也**不苦不樂。**是利益支餘禪文中皆先明治今此第四先明益者乘前總無四受便故所以便舉不苦不樂明五受內唯有於捨是不動故。若爾前來亦滅憂喜此何不言不憂不喜。答五受明義無別不憂不喜。三受明義苦樂攝於憂喜故但對之。又此正斷於樂故宜對之**捨念清淨。**此二是對治支三禪捨念與樂受俱此斷樂受故云清淨然其能治大同三禪但所治喜樂故分二別。喜心淨動常須正知樂受沉細但須捨念。若遠顯清淨者瑜伽云從初靜慮一切下地災患已斷謂尋伺喜樂入息出息是故此中捨念清淨解白由是此禪心住無動。此論略舉尋等六事應兼無苦及憂故俱舍等明此禪中離八災患然四禪雖曰不動而猶有捨受未名無受瑜伽十一云又無相者經中說為無相心定於此定中捨根永滅若非無相乃至有頂皆有捨受 **住第四禪**。彼二依止三昧然入上色定其身相狀如處室中入下四空如處虛空

第二四空空處等名同心一境性有何差別俱舍定品顯此差別由離下地染故立四名謂離第四禪立空無邊處離空無邊處立識無邊處等差別既爾從何得名。彼次頌云空無邊等三名從加行立非想非非想昧劣故立名。謂修定前起加行位厭壞色故作勝解想思無邊空加行成時名空無邊處厭空想識厭識想無所有準此可知其第四空由想昧劣謂緣下地明慧勝想得非想名有昧劣想名非非想故前三無色加行受名第四無色當體受稱。以前三近分加行位中唯緣空等入根本位亦緣餘蘊故皆從加行受名第四非想加行根本同一所緣故當體受稱瑜伽論中亦同於此。加行等想空識等殊至文當辨然此四空亦各有三離障等而經文中但各三句義含於四謂初段離障具對治義。問若有治等為有支不。答準雜集等論諸無色奢摩他一味相故無有支分建立若依瓔珞本業四無色定各有五支謂想護止觀一心。經論相違云何會通論依相似不同四禪覺觀等異又慧用劣名無支分經就相似同皆有五。如初空定厭下色相起於空想即令對治護彼色想令不現前若超色想即名為止是令離障空無邊行照了分明即是觀義是令利益一心即是彼二所依故。五支顯然豈得判無違經依論。初空處 **超**

一切色想。謂觀虛空作無邊行相能滅色想心安空定名空無邊處。文中三句初句含二義一明離障二明對治。言離障者曲有三句謂離三有對等色。論云超一切色想者過眼識相此明超可見有對 **滅有對想** 耳鼻舌身識和合想滅故此滅不可見有對 **不念種種想** 不念意識和合想故意識分別一切法故說名種種此滅不可見無對意識雖緣非色之境今但取緣色自有種種。皆云想者小乘以在欲色修超此定未捨色形故不言滅色但言滅想想取色相故偏滅之。大乘之中決唯滅想。若超色想說無色者後滅空識應無識空。問香味之想初禪已離色觸想二禪已除今云何言空定滅耶。遠公答云香味二想雖盡初禪今云滅者治有四種一壞對治謂方便道觀下有漏無常等故二斷對治謂無礙道正斷下過三持對治謂解脫道及後一切無間解脫持彼無為不令失壞四遠分對治謂解脫為首及後一切無礙解脫遠令前障畢竟不起令此空定據第四治。又色聲觸三云二禪雖滅者二禪已上乃至四禪當地雖無得借初禪三識之心見聞覺觸是故乃至第四猶有此想空定滅之此上所釋約次第修若於色界頓修空定則六識行境並皆得滅故論上言意識緣一切法亦無揀故。已明離障云何對治前三句中不念之言含於對治謂不分別色等境故何以不念見無我故約菩薩實治故云無我若依有漏但厭苦麤以為加行順正理云謂若有法雖與色俱而其自體不依屬色諸有於色求出離者必應最初思惟彼法謂虛空體雖與色俱而待色無方得顯了外法所攝其相無邊思惟彼時而能離色此即加行之相也。**入無邊虛空** 修行利益謂三色想絕則入空理廓爾無邊故 **住虛空無邊處**。彼二依止三昧瑜伽云由已超過近分加行究竟作意入上根本加行究竟果作意是故說言空無邊處具足安住。準瑜伽意四義之中離障是超下地對治是加行究竟作意利益是勝解作意彼二依止是加行究竟果作意前三為近分後一是根本。後之三定一同於此。又此四義初何所超次云何能超三超前何緣四超何所證。二識無邊處 **超一切虛空無邊處**。心緣內識作無邊行相故以為名上句是所離障彼何所障外念麤故云何對治見彼外念麤分別過患故 **入無邊識** 修行利益前明捨外今辨緣內正理云謂於純淨六識身能了知中善取相已安住勝解由假想力思惟觀察無邊識想由此加行為先得入根本 **住識無邊處**。彼二依止三昧三無所有處 **超一切識無邊處**。即內外皆無也初超無邊識是所離障何過須超事念麤故云何對治見麤念事分別過患 **入無少所有** 修行利益前以捨內緣外故為麤念既無所取能取亦無故內外俱無斯為利益正理云見前無邊行相麤動起此加行是故此處名最勝捨以於此中不復樂作無邊行相心於所緣捨諸所有寂然而住瑜伽云從識處上進時離其識外更求餘境都無所得此中意明識既為麤識外復無故無所有 **住無所有處**。彼二依止三昧。四非非想處 **超一切無所有處**。無下七地明了之想有昧劣想故以為名。超一切無所有是所離障。云何對治無彼無所有以見麤念分別過患故為能治既寂無所有云何名麤猶有無所有想故。經闕一句論經則具彼云知非有想非無想安隱即修行利益 **住非有想非無想處**。即入非有想非無想處行是二依止。瑜伽云先入無所有處定超過一切有所有想

今復超過無所有想故言非想。又言非無想者非如無想及滅盡定一切諸想皆悉滅盡。唯有微細想緣無想境轉故即於此處發起勝解則超近分而入根本。此中所以不出三界者由緣無想境即是細想外道不了謂為涅槃未能無緣豈離心境況計此為我復生愛味故法華喻頭上火然若知此患更求上進求上進時求上所緣竟無所得無所得故滅而不轉則得滅受想定也若未得此定厭想為先後想不行即入無想定。然婆沙百四十一顯揚第三及諸論皆明而文言浩博上引二論文略義顯。今更約第一義修略示四空謂觀色即空心安於空是空處定次知空色不出於心是識處定次心境兩亡為無所有次亦亡其無所有想緣無想住名非想非非想若不緣此無想則諸漏永寂。三後一入意 但隨順法故行無所樂著 但為隨順化眾生法不同凡小有愛味等

如前已釋。四厭果即前八定之所等引故名為果文三初四無量即行方便果次五神通即功用果三總結自在今初所以先明者凡夫味定三界輪迴二乘上升多皆趣滅菩薩因定發生慈悲廣利有情成菩薩性。然入之所以前論已辨。為對生死涅槃分四為二準瑜伽等四種無量為四有情謂緣求樂眾生興慈有苦興悲有喜隨喜有惑不染後應此四通緣一切以智導之則無所著。此四皆緣無量境故名四無量。若總相說皆以定慧而為其體。若別明之慈即與樂無瞋為體拔苦不害慶他不嫉自他捨惑即是善捨文二。初別顯慈行有十一句 佛子此菩薩心隨於慈 初句為總。隨有二義一心不趣寂動皆合慈二以此慈心隨逐於物如犢逐母。次十句別明慈之種類總有其三初有七句八義眾生緣慈次一法緣後二無緣緣謂緣念初緣假者欲與其樂次緣人空但有蘊等善惡行法以用教化後緣眾生體空欲令悟入。初一通凡次一通小後一唯大今初八義曲復有四 廣 。初四與樂正顯行相廣者與欲界樂欲境廣多故 大 與同喜樂謂初二禪喜受俱故高出名大 無量 與不同喜樂三禪已上離苦離喜故深故名無量 不二 三樂平等與故上皆論意 更有一理廣則無樂不與大謂菩提涅槃無量謂窮未來際不二者無一不與故 無冤。次二 治障不受之冤亦與其樂故無冤障 無對 是受之親亦與其樂非是偏情故無對礙中容之人無受不受故非障也 無障。次一清淨謂無身心不調五蓋等障是行清淨慈 無惱 後一攝果慈定起於色界上果慈之餘勢起欲界習果皆無苦惱之事。故修慈經說修慈有十五利謂卧安覺安天護人護眠無惡夢瘡常歡喜水不能漂火不能燒刀不能傷毒不能害常生善處瞋受決樂三報梵世殘報人王遠果作佛皆慈之果。然此中有多種果初現報果常生下後報果正報梵世望上生報望下正報殘報人王即是習果又初士用果水不漂等是增上果常生下異熟果殘報等流果作佛是離繫果。修一慈心三報不斷五果俱圓無費一毫而功報無極幸諸後學思而修之 徧至一切處。即法緣慈橫徧十方竪通三界彼中所有一切諸法皆能緣念然法有二種一緣聖凡五蘊之法二者眾生所有分別作業之法此即所化差別故涅槃云緣利眾生法名為法緣 盡法界。即無緣慈無緣有二一自體空無分齊二徧至無緣顯 虛空界 橫盡虛空無緣竪窮法空云盡法界 徧一切世間 末句總結上慈成無量義也。二類顯餘三 住悲喜捨亦復如是。三得五神通明行功用果前內懷慈濟之心此外現救生之用從多分說但為邪歸。妙用難測曰神自在無擁曰通。文中有五一神境二天耳三他心四宿住五天眼寄同世間故但得五。外色內身皆神之境轉變多種偏受神名亦名神足依欲勤心觀之所成故亦名如意隨意成故餘名易了。若語其體通是慧數別則前四是智後一是見見亦是智照了分明順眼義故偏立見名。餘處天眼居神境次者顯自修者先成自根勝用次知他心後知往業故今約利他三業故天眼居末初一身業到化機所次二口業天耳聞佛說法聞眾方言以他心智隨種種言音皆盡知已將前所聞之法隨其方言之異復宜用何言之異而授與之後二意業宿住知其過去是何界種天眼見其未來遠近成益隨應化之餘如十通品辨。今初身通文二。初總明 佛子此菩薩得無量神通力 得者總修總得若準瑜伽三十三說得四靜慮竟各各別修皆有厭想則別修別得既寄位次第別亦無違然通依四禪多依第四。後別顯得三種自在 能動大地 世間自在 以一身為多身多身為一身或隱或顯 得身自在 石壁山障所往無礙猶如虛空於虛空中加趺而去同於飛鳥入地如水履水如地身出煙焰如大火聚復雨於水猶如大雲日月在空有大威力而能以手捫摸摩觸其身自在乃至梵世 作業自在。二天耳通 此菩薩天耳清淨過於人耳

先揔標其體謂天耳清淨清淨有二義一離欲界法得靜慮引生清淨大種所造故二離於障礙審諦聞故由此故云過於人耳後顯其業用 悉聞人天若近若遠所有音聲乃至蚊蚋䖟蠅等聲亦悉能聞 釋過人義遠細皆知故。三他心通 此菩薩以他心智如實而知他衆生心。初揔知他心通於王所。別中有二十六心行相各異然除小等四心餘皆障治開明善惡對顯揔攝爲九 所謂有貪心如實知有貪心離貪心如實知離貪心有瞋心離瞋心有癡心離癡心。一以初六心明隨煩惱謂隨緣現起煩惱相應故名爲隨非約小惑名隨言有貪者謂於可愛所緣貪纏所纏繞故離貪者遠離如是貪纏故。下四例知即三不善根及三善根以爲能治。論令但以三種能治亦因煩惱而得成故皆名隨煩惱下使亦然 有煩惱心無煩惱心二有二心明使即是隨眠 小心廣心大心無量心三有四心名之爲生約無記報心人心小欲天廣色天大無色二解脫無量以作空識無邊行相故上二不爾故非無量而論不明上二空處意明無所有及昧劣故或是略非略攝之 略心非略心散心非散心四有四心學三昧行略者謂由止行於內所緣繫縛其心故非略者太沉昧故或不一所緣故散者太舉於五妙欲境隨順流散故非散者於妙所緣明了顯現故前二約定後二約慧定等均者則名等持論經之中合之爲二名攝不攝故論以散不散釋之

定心非定心五有二心明得三昧定者正入根本定故不定者未入及起時故 解脫心非解脫心六有二心明得解脫有縛無縛故 有上心無上心七有二心餘諸凡夫增上慢即前類之餘以得四禪謂爲四果即麁習行名上無此即細習行名無上 雜染心非雜染心八有二心妄行正行論經名爲求不求心希求名聞即是雜染反此非染 廣心非廣心九有二心大乘得失悲智兼濟名爲廣心隨關非廣論闕此二上之九類不出三道初二煩惱次一是苦餘皆是業業有善惡耳亦即四諦聞解脫爲滅善業爲道故 皆如實知審於事實見理實故亦非心外見法亦非無境可知若自他相絕則與衆生心同一體故無心外也不壞能所故能知也又他心是揔餘皆是別六相圓融一乘之實知也 菩薩如是以他心智知衆生心 結成上義 四宿住智通 此菩薩念知無量宿命差別 先揔標誰能念即宿住之智次別顯 所謂念知一生念知二生三生四生乃至十生二十三十乃至百生無量百生無量千生無量百千生成劫壞劫成壞劫無量成壞劫 念何等事謂一生乃至多劫中事此顯念時分 我曾在某處如是名如是姓如是種族如是飲食如是壽命如是久住如是苦樂我於彼死生於某處從某處死生於此處如是形狀如是相貌如是言音 云何念即念相差別也念彼因中名字不同姓謂父母家姓如迦葉等種族即刹利等貴賤餘文可知後揔結多念 如是過去無量差別皆能憶念。五天眼智通中名爲生死智通約根約境以爲異故 此菩薩天眼清淨過於人眼 先揔顯能見誰能見斯謂天眼故清淨見者審見故過人者遠見故 次別顯所見 見諸衆生生時死時好色惡色善趣惡趣隨業而去 見生死本有之果隨業之因 若彼衆生成就身惡行成就語惡行成就意惡行誹謗賢聖具足邪見及邪見業因緣身壞命終必墮惡趣生地獄中若彼衆生成就身善行成就語善行成就意善行不謗賢聖具足正見正見業因緣身壞命終必生善趣諸天之中 云何見別見因果不同如第二地攝善戒中辨後結 菩薩天眼皆如實知。三揔結自在 此菩薩於諸禪三昧 近結厭果遠結前厭於何自在即前禪等禪謂四禪三昧者四無量慈等三昧故 三

摩鉢底論云五神通此應譯者之誤合云三摩四多以此云等引五通即所引故三摩鉢底此云等至非神通故能入能出云何自在智能入出則散動不能縛即生心時隨心用現在前故然不隨其力受生大悲方便不隨受生則定不能縛但隨能滿菩提分處以意願力而生其中若不隨禪生當何所生不揀淨穢但能滿菩提分處即生其中論主從勝及自利說謂諸佛菩薩共生一處是能滿處以願力者非業繫生故△二位果三果即為三△別初調柔果三初調柔行體三初法三初練行緣佛子是菩薩住此發光地以願力故得見多佛所謂見多百佛見多千佛見多百千佛乃至見多百千億那由他佛二能練行悉以廣大心深心恭敬尊重承事供養衣服飲食臥具湯藥一切資生悉以奉施亦以供養一切眾僧修福行以此善根迴向阿耨多羅三藐三菩提迴向行於其佛所恭敬聽法聞已受持隨力修行修智行此菩薩觀一切法不生不滅即法性觀於清淨法中不見增故不生煩惱妄想中不見滅故不滅因緣而有此具二義

一者成上由淨法從緣生故無可增妄法從緣滅故無可減二約不壞相故雖體不生滅不礙生滅依對治因緣離煩惱妄想故滅轉勝清淨般若現前故生以一切法不生般若生故知一切法不滅妄想滅故以此該後則見縛等滅是不滅之滅也又以此三地世間滿故於禪定中為此實觀生起後地無生行慧亦即善巧決定觀察智也。三所練淨見縛先滅一切欲縛色縛有縛無明縛皆轉微薄。正明斷惑五縛即五住煩惱若合色有即是四縛縛眾生故亦名四流見縛先滅者初地見道已斷分別惑故一切欲等者論云一切修道中三縛及彼因同無明習氣皆悉微薄謂煩惱障三縛現行及種故云彼因與當地所知障種同滅故云同無明習氣習氣即種義瑜伽四十八云捨欲貪故無欲縛棄捨靜慮等持故斷有縛於無量百千億那由他劫不積集故。揀細異麤謂是斷細入多劫不積三不善根故細種漸斷善根轉淨言多劫者仁王經說初地經四阿僧祇劫二地五三地六細障難斷經劫轉多邪貪邪瞋及以邪癡悉得除斷多劫不積故邪貪等斷然但斷細習非是斷麤麤障見道初地已斷麤障修者二地已斷故[illegible]所有善根轉更明淨善根轉淨即前信等△二喻佛子譬如真金善巧鍊治秤兩不減轉更明淨言秤兩不減者厭離世間勝於前地信等入於厭火是故自在不失減也△三合二。初正合前所行淨菩薩亦復如是住此發光地不積集故邪

貪邪瞋及以邪癡皆得除斷所有善根轉更明淨。二別顯忍淨此地忍增故偏明之有十三心此菩薩忍辱心。他加惡辱能忍受故柔和心善護他心謂他人陵我以剛強我則驕之以柔和故上二句為總下十一句別釋上二分之為四諧順心悅美心。初二心分別善護他心諧順者以他人於菩薩作惡疑菩薩瞋恨菩薩而能現同伴侶與之諧和悅美者愛語誨誘不瞋心不動心不濁心。次有三心分別加惡忍受謂身加惡而不瞋口毀辱而不動心嫉害而憂惱不能濁以萬頃之陂方其量故無高下心不望報心報恩心。次有三心出上二因無高下者過去久離憍慢故不自高舉輕下於彼由此能柔和護他後二即加惡不改之因一不望報恩故益他被辱而能忍受二受恩常念小恩大報故眾生於我有恩法爾應忍不諂心不誑心無險詖心皆轉清淨。後三顯上二心離障雖柔順護他而非諂實為利益故不誑心無隱覆諂佞故無險詖險詖者諂佞也。二別地行相此菩薩於四攝中利行偏多十波羅蜜中忍波羅蜜偏多餘非不修但隨力隨分。三結說地相佛子是名菩薩第三發光地△二攝報果此下諸地攝報文皆分二。初上勝身菩薩住此地多作三十三天王。△二上勝果二初自分果能以方便令

諸衆生捨離貪欲布施愛語利行同事如是一切諸所作業皆不離念佛不離念法不離念僧乃至不離念具足一切種一切智智（三二勝進果）復作是念我當於一切衆生中為首為勝為殊勝為妙為微妙為上為無上乃至為一切智智依止者若勤行精進於一念頃得百千三昧得見百千佛知百千佛神力能動百千佛世界乃至示現百千身一一身百千菩薩以為眷屬（三願智果）若以菩薩殊勝願力自在示現過於此數百劫千劫乃至百千億那由他劫不能數知（三重頌分五 初起厭行分）爾時金剛藏菩薩欲重宣其義而說頌曰

清淨安住明盛心　厭離無貪無害心
堅固勇猛廣大心　智者以此入三地
（三有十二頌頌厭行分於中分三 初二頌厭煩惱行）
菩薩住此發光地　觀諸行法苦無常
不淨敗壞速歸滅　無堅無住無來往
觀諸有為如重病　憂悲苦惱惑所纏
三毒猛火恒熾然　無始時來不休息（三二護小乘）
厭離三有不貪著　專求佛智無異念
難測難思無等倫　無量無邊無逼惱
見佛智已愍衆生　孤獨無依無救護
三毒熾然常困乏　住諸有獄恒受苦
煩惱纏覆盲無目　志樂下劣喪法寶
隨順生死怖涅槃　我應救彼勤精進（三有七頌頌前方便攝行）
將求智慧益衆生　思何方便令解脫
不離如來無礙智　彼復無生慧所起
心念此慧從聞得　如是思惟自勤勵
日夜聽習無間然　唯以正法為尊重
國城財貝諸珍寶　妻子眷屬及王位
菩薩為法起敬心　如是一切皆能捨
頭目耳鼻舌牙齒　手足骨髓心血肉
此等皆捨未為難　但以聞法為最難
設有人來語菩薩　孰能投身大火聚
我當與汝佛法寶　聞已投之無怯懼
假使火滿三千界　身從梵世而投入
為求法故不為難　況復人間諸小苦
從初發意至得佛　其間所有阿鼻苦
為聞法故皆能受　何況人中諸苦事
（三有一頌頌前厭分及果）
聞已如理正思惟　獲得四禪無色定
四等五通次第起　不隨其力而受生（四位果）
菩薩住此見多佛　供養聽聞心決定
斷諸邪惑轉清淨　如鍊真金體無減
住此多作忉利王　化導無量諸天衆
令捨貪心住善道　一向專求佛功德
佛子住此勤精進　百千三昧皆具足
見百千佛相嚴身

若以願力復過是嘉說一切衆生普利益
彼諸菩薩最上行　如是所有第三地
我依其義已解釋

大方廣佛華嚴經疏卷第五十八　綿八

大方廣佛華嚴經疏卷第五十九 入第三十六經 鞠九

清涼山沙門　澄觀述　晉水沙門　淨源録疏注經

第四燄慧地所以來者瑜伽七十八引解深密明四種清淨能攝諸地前三即意樂戒定增上王清淨該此下第四說於佛地明慧增上故次來也。又慧有多種四地正明覺分相應增上慧住故次來也。又前地雖得世定揔持而未能得菩提分法捨於定愛及與法愛今修證彼行故次來也。若依本論前三寄世間今此出世次第故來若近望前地因前定聞發此證智故次來也故論云依彼淨三昧聞持如實智淨顯示故。言燄慧者法喻雙舉亦有三義一約初入地釋初入證智能燒前地解法慢新故本分云不忘煩惱薪智火能燒故。二約地中釋成唯識云安住最勝菩提分法燒煩惱薪慧燄增故。由住第四地竟方修菩提分法明是地中。若唯取此而爲慧者未修道品應非燄地。以此地正明菩提分法中該初後諸論多依此釋。攝論云由諸菩提分法焚燒一切障故障即二障莊嚴論云以菩提分慧爲燄自性以惑智二障爲薪自性此地菩薩能起燄慧燒二障薪名燄慧地瑜伽七十八引深密經大同此說彼云所得菩提分法能燒煩惱智火如燄金光明經顯揚論不殊此意。三約地滿從證智摩尼放阿含光故名爲燄下論具之。然所燒煩惱即所離微細煩惱現行障謂所知障中俱生一分亦攝定愛法愛菩提分法特違於彼故能燒之。由斷四地說斷二愚及彼麁重一等至愛愚味八定故二法愛愚即解法慢今得無漏定及無漏教故違於彼由此證得無攝受真如謂此真如無所繫屬非我執等所依取故得此真如寧有定法之愛。便能成菩提分行及不住道行精進不退。由違無攝受真如便得攝生之果。今次正釋文文亦三分初讃請二

○初集經者序述

可樂深妙殊勝法　佛子聞此廣大行
普散衆華供養佛　心皆勇悅大歡喜
大地海水皆震動　演說如是妙法時
悉吐妙音同讃歎　一切天女咸歡喜
雨摩尼寶供養佛地海動者表無明厚地大愛海水可傾竭故。二有三偈半　自在天王大欣慶
正明讃請於中分二。初天王請
演說第一功德行　讃言佛爲我出興
於百千劫甚難得　如是智者諸地義
菩薩勝行妙法音　我今忽然而得聞
後地決定無餘道　願更演說聰慧者
此諸佛子皆樂聞　利益一切諸天人
二衆首請
請金剛藏言佛子　勇猛大心解脫月
所有行相願宣說　從此轉入第四地

○二正說分中有二初明地相論爲四分一清淨對治修行增長因分謂清淨等是次二分今趣地方便爲彼之因二佛子菩薩住此燄慧下清淨分是初入地出障行故三佛子菩薩住此第四下對治修行增長分即正住地行道品等行能有所除故云對治進習上上名修行增長四佛子至所有身見下明彼果分此即地滿是中二分之果。又此四分即加行無間解脫勝進四道。又四中初一入心後三住心出心局在調柔果中住心中三分攝前三位初清淨分即攝生貴住次攝至一切處迴向後攝無盡行至文當知。今初因分文三。初結前標後

爾時金剛藏菩薩告解脫月菩薩言佛子菩薩摩訶薩第三地善清淨已欲入第四燄慧地當修行十法明門。十法明門者即通入之義。故論經名入。明爲能入之門法爲所入之處。故論云得證地智光明依彼智明入如來所說法中。言證地智者即四地證智也光明者即三地慧光謂三地中得此四地證智前相故併舉二處之智以釋於明。亦猶地前明得定也故地論云彼慧此中名光明即其義也言所說法者前求多聞從佛聞說衆生法界等十種之法。便以智光游入數數游入即是修行修行即下觀察觀察增上極圓滿故方得證入四地。二徵列別名

何等爲十。有十種差別觀察此十略以三重釋之一初句爲揔本爲衆生故餘九爲別皆衆生事故。二前八爲染後二爲淨。三前五推能依至所依後五依所依立能依

所謂觀察衆生界假名差別假有三種一因成假二相續假三相待假假爲空詮故先觀之因成有二一五蘊和合假名某甲則入衆生空二陰亦因緣而有則入法空二空所顯即是真如不壞假名空有不二即是中道言相續假者由前陰滅後陰續生念念相續假而非實亦入二空真實言相待假者待非衆生以說衆生入實亦然此一推假入實餘九例知故論但顯差別之相

觀察法界

論當第三是依正之因即染法界此從別義若淨法界通為十依則十與法界究竟無別觀察世界彼假名衆生所住依報觀察虛空界依正所依虛空瑜伽名平等勝義即是理空皆無盡故觀察識界。染淨所依是本識界後五依此所依立後能依故此識界前後兩向向前則為依正所依向後則為染淨所依觀察欲界觀察色界觀察無色界。上三句由煩惱使染成染分依他有三界差別著欲著受及著想故三界唯心故觀察廣心信解界觀察大心信解界。此二句廣大信解成淨分依他論經前是勝心信解依煩惱不染與聲聞同後大心信解依不捨衆生不同聲聞今經既前云廣則明護曆兼濟之心後是大心則是護小求大菩提則二心俱異二乘前觀衆生同體大悲後觀衆生具佛知見誓令同得又皆言界者通事理也事即曲盡差別理則一一入實即淨法界故皆為明門。三結行入位菩薩以此十法明門得入第四燄慧地觀察圓滿與十理真則入四地故瑜伽四十八云先於增上心住以求多聞增上力故已得十法明入由此十法明入成上品故極圓滿故入初增上慧住二清淨分即攝生貴住故前文云於諸佛聖教中生云何清淨於如來家轉有勢力故文二初摠明佛子菩薩住此燄慧地則能以十種智成熟法故得彼內法生如來家文有三句末句生家是摠相初句十智為能生因次句內法為所生家由以十智觀察下文諸行等十法得成熟故成熟則除滅三地解法智障攝四地出世勝智契於法體故云得彼內法內法者謂顯非外相比法即如來所說教化之法名如來家此地寄出世之首故名為生。然如來家略有三種一菩提心家初住即生二大教家四住即生三法界家初地證故生今此攝四住故以智契教法合於法界具下十義故名為生若瑜伽但云長如來家論經亦但云於如來家轉有勢力意明初地已得生家二三地中起修方便早有勢力今依三地之聞成出世智故云轉有此中智契即無行無生行慧光。二徵列何等為十所謂深心不退故。列有十句論攝為四初句住處畢竟智謂大乘是菩薩自所住處深心相應為住畢竟即是不退於三寶中生淨信畢竟不壞故。二同敬三寶畢竟智謂證三寶同體成不壞信故上二約行德差別初自分後勝進故下有二智約智解差別初證後教。三有二句明真如智謂見第一義證二無我故觀諸行生滅故。一但有蘊等諸行而生滅流轉故無人我觀諸法自性無生故。二即此蘊等諸法本來不生故無法我。四餘六句明分別說智謂是教智故名為說知世諦故名為分別分別染淨故謂初二句是染後三句是淨第六句具染淨各有因果即是四諦故觀世間成壞故觀因業有生故。上二句名隨煩惱染即是苦諦依正二報隨煩惱集因所生故初句依報次句正報故云有生同因於業業與煩惱二俱集因故論與經影略而說觀生死涅槃故。初觀生死論經名世間即煩惱染上句以因顯果云因業有生此句以果顯因故云生死生死以煩惱為體故即是集諦此順論意次觀涅槃是所有淨即是滅諦若直就經文亦可因業有生是集諦生死涅槃復雙觀苦滅耳。後之三句隨所淨即是道諦隨順前滅故觀衆生國土業故初一句明利他行論云諸佛世界中教化衆生自業成熟故準此論意譯此初句應言觀諸國土化衆生業則不濫前因業有生。後二句自利行謂觀煩惱染及涅槃淨為順滅之道觀前際後際故約事觀煩惱無始故為前際涅槃無終故為後際觀無所有盡故順理觀煩惱本空無有損減故無可盡涅槃性淨非新增益自性盡故是以皆名無所有盡。煩惱影取生死涅槃影取菩提。菩提之智亦符理故。然是世諦中觀故異前如智。又後二句即是本有今無偈意亦是觀緣起法無明行為前際生老死為後際無明滅行滅自性滅故名無所有盡如六地中。三摠結是為十

三對治修行增長分中二初護煩惱行二護小乘行前是大智自利異凡後是大悲利他異小此二相導成不住道無所不至故攝至一切處迴向也今初即修菩提分法論主別有道品論故此不釋今略為四門一釋名菩提是覺分是因義此三十七為諸乘覺因故亦云道品品即是類因為果類故別名至文自顯。二顯同異瑜伽四十四大乘菩提分乃有多種三十七品是其中別義通於大小涅槃亦說三十七品為涅槃因非大涅槃因無量阿僧祇道品為大涅槃因故下五地中說無量道品及離世間品說道及助道皆各無量今約寄位故但三十七耳。若準智論但三十七無所不攝則無量道品亦在其中。如分別四諦有無量相。但心行大小不同。淨名云道品是道場是法身因大集名菩薩實炬陀羅尼涅槃云若人能觀八正道即見佛性名得醍醐皆約大說。三明體性雖三十七品但以十法而為根本謂信戒念精進

定慧除喜捨思惟。由信二戒三念開為四精進定慧此二各八餘四各一故成三十七品。復束此十以三蘊為體謂戒是無表色喜支是受餘皆行蘊。五類法中摠而論之但二為體謂色及心所。若取助伴則通五蘊。若取所緣通一切法。廣顯差別如智論二十一二及五十三瑜伽二十八九及四十五雜集第十下所解釋依此諸論。四正釋文即是行相。三十七品摠有七類一對治顛倒道即四念處二斷諸懈怠道謂四正勤三引發神通道謂四神足四現觀方便道所謂五根五親近現觀道即是五力六現觀自體道謂七覺分七現觀後起道謂八正道。此七次者若聞法已先當念持次即勤修勤故攝心調柔柔故信等成根根增為力次七覺分別八正正行。有時八正在前則未辦名道已辦名覺。然上猶寄位。若約行者初心通修。況入地菩薩。今初對治顛倒道名四念處四謂身受心法念謂念慧身等為其念慧所安住處故亦名念住瑜伽云若於此住即是身等若由此住即是念慧。體實是慧以慧觀守境由念得住與念相近鄰近名念。雜集論云一切菩提分法皆由五門而得建立一所緣二自體三助伴四修習五修果文或略無義必須具。今初念處身等是所緣念慧為自體循身觀等為修習破四顛倒趣入四諦身等離繫以為其果。此身等四前三即三蘊而合想行為法念者為明我所依事我受用事我自體事我染淨事故。要此四者治四倒故謂觀身不淨治於淨倒觀受是苦觀心無常觀法無我治三可知。此次第者從麤至細教對治故智度論云此身既兩不淨衆生貪者以其情塵生諸受故計之為樂誰受此樂故次觀心念念生滅後觀二蘊皆不自在破此四倒行四正行開實相門若爾說四倒中何以常樂我淨而為其次此約先重後輕為次第故。然此四處皆容各起四倒從多計說各語其一。然觀不淨等通於大小瑜伽四十五云菩薩於數聞道品如實了知如數聞地云何大乘如實了知謂勝義修及世俗修世俗修者即不淨觀等然不計實勝義修者謂離相性。大集般若等皆性相雙觀智論亦爾乃至不念身受心法無行經云觀身畢竟空觀受內外空觀心無所有觀法但有名此約如實然有二意一則法性湛然常樂我淨即遣無常等八倒二此入法空俱遣八倒。勝鬘亦說四念處能除八倒既除八倒則成八行涅槃雙樹四雙八隻四枯四榮正表於此。大品經明以一切種修四念處。云何一切種修。應觀此身之色法性緣生故一色一切色緣生即空故一切色一色法性中故非一非一切雙照一一切。亦非色非不色雙照色不色。身念既爾餘三亦然。云何枯榮表此念處謂法性之色實非是淨凡夫計淨是名顛倒實非不淨二乘計不淨是名顛倒。今觀色種即空一切即空空中無淨云何染著則凡淨倒破枯念處成色種不壞假名則一切皆假分別名相不可盡極假智常淨云何滯空而取灰斷言色不淨是名二乘不淨倒破榮念處成。是以八倒俱破枯榮雙立觀色本際非空非假則一切非空非假非空故非不淨倒非假故非淨倒既非二邊乃名中道佛會此理故於中間而般涅槃。餘三類此。是則對治法藥其數有四法性觀智名之為念一諦二諦名之為處。一切即空諸倒枯榮無不空寂一切即假二邊雙樹無不成立一切即中無非法界。秖一念心廣遠若此故深觀念處即坐道場更不須餘機宜不同故說餘品一科既爾深奧餘六倣此可知下文之中但略釋相說者有力一一開示。今經但云觀身不言淨不淨等從通相說顯包含故文二。初別觀身念

佛子菩薩住此第四地觀內身。今初觀身自有內等三觀此三種觀智論瑜伽廣顯其相今略舉一兩瑜伽云內自有情色為內身外非情色為外身他有情數為內外身初即自身我愛愛故次即資具等我所愛故後即眷屬妻子彼我我愛我所愛故智論二十八亦廣明此五十三又云自身名內他身名外而不別明第三內外取下釋意但合前二所以有此三種觀者破三種邪行故有人著內情多捨妻財以全自身有人著外情多貪財喪軀為妻捨命有二俱著破此三邪成三正行此約三人對治各別若約一人起觀始終謂先觀自身求淨等不可得或當外有次便觀外復不可得便生疑云我觀內時於外或錯觀外之時於內或錯次內外俱觀亦不可得初二是別後一是總以斯二釋明知但合前之二句為內外身。今初觀內身別標所緣

循身觀摠顯修相智度論云尋隨觀察知其不淨等然循有二義一尋求義五種不淨徧尋求故二隨順義謂雖冥目而能了見身之影像隨順本質相似性故前標內身即是本質今云循身即是影像此雜集意

勤勇念知。顯修之儀以貪等世事無始惡習難離之甚難過於世間慈父離於孝子故須精進方能除遣。勤即欲勤策勵勇謂勇猛不息念則明記不忘知則決斷無悔。又心若馳散當念老病死苦三惡道苦身命無常佛法欲滅名為念知則能鞭心令復本觀便生勤勇具上諸義則不放逸

除世間貪憂。即觀之果有所離故觀身不淨本為治貪行者既離五欲世樂未得定樂或時生憂如魚樂水常求樂事還念本欲多生此二故偏遣之又貪為五蓋之首貪除則五蓋盡去如破竹初節憂於五受之中偏能障定如滅惡賊先除巨害故偏說之。其不淨等廣如二論如實觀相已如上說

觀外身循身觀勤勇念知除世間貪憂觀內外身循身觀勤勇念知除世間貪憂

次觀外身及內外身所觀小異觀相大同。二例餘三念處如是觀內受外受內外受循受觀觀內心外心內外心循心觀觀內法外法內外法循法觀勤勇念知除世間貪憂。準瑜伽意依前內等三身生受心法故受心法隨所依生亦有內等。智論之意大同於此。論自問云於四念中心唯是內受法唯外身通內外云何於四皆有內等答受有二種一身二心心受名內身受名外又意識相應受名內五識相應受名外等心雖是內緣外法故名外五識一向是外又定心為內散心為外法雖是外緣內法心數法名內緣外法心數法及無為心不相應行是外。後三念處亦合前二以為內外。餘如二論其循歷觀相如先摠說。第二正勤者四念智火若得勤風則無所不燒故次辨之。精進為其自體。故摠名勤離於外道九十五種相違之勤故名為正雖是一勤隨義分四。前二勤斷二惡是止惡行後二勤修二善是作善行。二善二惡皆所緣境。前中未生之惡遏令不生已生之惡斷令不續後二未生之善令生已生令廣。亦名正斷。後二是修而言斷者。善是斷緣正修斷者斷懈怠故。故瑜伽云一律儀斷二者斷斷三修習斷四防護斷。然其善惡有通有別別而論之正取前來念處觀中懈怠五蓋等以為不善其能對治為所生善。約大乘說勤觀法性則名為善除實相之外皆名為惡。四釋文就一一勤中文皆有四復次此菩薩未生諸惡不善法。此舉所緣為不生故明修觀意欲生起希願心是修習依止即增上意樂圓滿勤精進發心正斷正顯修習即加行圓滿勤精進者常自策勵發心正斷者謂策心持心已生諸惡不善法為斷故欲生勤精進發心正斷未生諸善法為生故欲生勤精進發心正行已生諸善法為住不失故修令增廣故欲生勤精進發心正行。餘文三四例前可知。若二惡不生棄捨已生二善得生增廣已生是正勤果第三四神足者以勤過散亂智火微弱故須定制則所欲自在。神即神通足即是定瑜伽論云如有足者能往能還騰躍勇健能得能證世間勝法世殊勝法說名為神彼能到此故名神足此舉喻也由出世法最勝自在是最勝神欲等四定能證此故名為神足亦名如意足所欲如心故。神之所緣即種種變事。神足自體即三摩地。欲勤心觀皆是助伴欲謂猛利樂欲勤謂精進無間心即是定謂專心守境觀即是慧由聞教法內自揀擇由欲增上力證心一境性名為欲定餘三亦然勤觀心性名為上定皆從加行而受其名。此四加行即前正勤中欲生勤精進發心正斷等以發心中持心能生心定持太舉故策心能生觀定策太沈故是以隨一念處有四正勤隨一正勤有四神足。二正釋文云初別明欲定復次此菩薩修行欲定斷行言修行欲定者標舉所修助伴自體斷行二字摠顯修相亦修之果云何修相此復二種一修習欲定能斷現行諸惑纏故二為欲永害所有隨眠修八斷行謂欲勤信安念正知思及與捨云何亦果若將斷行二字屬下成就則斷行成就亦神足果成就神足唯是彼果次文復顯修相兼辨所緣準雜集論五根已下方緣四諦為境七覺已下方有依止厭等以為修相今經神足即緣四諦而修依止厭謂緣若修必依厭苦依止離若緣集修必依離欲依止滅若緣滅修必求證滅迴向於捨若緣道修必趣滅苦之行能捨於苦緣此境時必求修習故云迴向亦是加行等四道下文依止厭等四義並同此釋。二通顯餘三修行精進定心定觀定斷行成就神足依止厭依止離依止滅迴向於捨。第四五根現觀方便道增上名根。五根自體即信等五此五通於生起出世間法而為增上。前四復能起後得增上名而信為首能起餘四。文中亦先別明信根後通顯餘四二段之中各先標舉所修之行後依止等別顯修相下之三科例此可知。二顯相復次此菩薩修行信根標舉所修之行令此所修即於諦實深忍樂欲依止厭依止離依止滅迴向於捨別顯修相上別明信根下通顯餘四修行精進根即於前所修信策勤而行念根明記不忘定根一繫緣一境慧根揀擇是非皆揀舉所修之行依止厭依止離依止滅迴向於捨別顯修相。然始入佛法即有信心未有定慧不得名根令由前三科則信不可拔。此中念即念處中念進即正勤定即神足慧即緣四諦慧前三至此摠得名根。若依位者在於見道之前則以速發現觀而為其果今在四地即應以發後地為果。五親近現觀道所謂五力復次此菩薩修行信力。標舉所修之行即前五根增長故也。魔梵惑等不能屈伏故名為力。又能摧滅不信等障故復名力。智度論云能破煩惱得無生忍故名為力。依止厭依止離依止滅迴向於捨別顯修相上別明信力下通顯餘四修行精進力念力定力慧力標舉所修之行依止厭依止離依止滅迴向於捨別顯修相。第六七覺覺謂覺了。若依位說即現觀自性如實覺慧覺法自性。覺支自體即念等七。文中亦二先別明念覺後通顯餘六。二辨相復次此菩薩修行念覺分。標舉所修之行。然七覺分七皆自體而差別者念覺為自體餘之六法皆覺之分。謂念是所依支由繫念故令諸善法皆不忘失依止厭依止離依止滅迴向於捨別顯修相上別明念覺下通顯餘六修行擇法覺分是自體支覺自相故精進覺分是出離支由此勢力能到所到故喜覺分是利益支由心勇悅身調適故次三是不染汙支猗覺分猗即輕安由此不染汙故謂由安故能除麤重定覺分依此不染汙故謂依止定得轉依故捨覺分體是不染汙故謂行捨平等永除貪憂不染汙位為自性故皆標舉所修之行依止厭依止離依止滅迴向於捨別顯修相。總收七覺不出三品念通定慧次三是慧後三定攝。雖是前三至此增故。依位所明能斷見惑以為其果。又雖一剎那七法俱起而隨行相各說功能念除忘念擇除不正知餘除懈怠惛沈麤重散亂掉舉上約通說。大乘七覺不念諸法故決擇不可得故離進怠相故絕憂喜故除安心緣皆叵得故性定之中無定亂故亦不見於能所捨故。第七八正若依位說即現觀後趣道為斷修道諸煩惱故。離八邪故名為八正開通涅槃故名為道亦云八聖道聖者道故。八正自體即正見等。四釋文文中亦二復次此菩薩修行正見標舉所修之行言正見者是分別支依前所證真實揀擇故依止厭依止離依止滅迴向於捨別顯修相上別明正見下通顯餘七修行正思惟是誨示他支如其所證方便安立思惟名義發語言故次三是令他信支正語善依所證問答決擇令他信有見清淨故正業身業進止正行具足令他信有戒清淨故正命如法乞求依聖種住離五邪命令他信有命清淨故正精進是淨煩惱障支由此永斷一切結故正念是淨隨煩惱支由不忘失正止舉相永不容受沈掉等故正定是能淨最勝功德障支由此引發神通等無量勝功德故皆標舉所修之行依止厭依止離依止滅迴向於捨別顯修相。若能如上分別誨示等即是八聖道支之果。然其八中語業命三是戒蘊攝念定是定餘三是慧。定慧大同諸品但增勝耳戒則前來未有覺支雖有定共律儀無表相微此中正行故新建立此寄位說。若依此經離世間品八正乃是菩薩之道一者正見遠離邪見乃至第八正定善巧方便於一三昧出生菩薩不可思議法一切三昧則與前說皆極懸殊。上之七類總以喻顯法性如大地念處如種子正勤為種植神足如抽芽五根如生根五力猶如莖葉增長開七覺華結八正果。三護小乘行十句菩薩修行如是功德為不捨一切衆生故。初總修行如是功德指前道品為不捨衆生正明護義不同二乘之獨善故。餘別別中具有悲智二行已出於小況以此導前九句為四一始二益三悕四行前二護小心後一護小行本願所持故一始大願起行之本為大悲為首故大慈成就故二益慈悲益物上二護愜心思念一切智智故三悕此護小也四行有五句前四自利初二求果成就莊嚴佛土故修淨土行求佛依報成就如來力無所畏不共佛法相好音聲悉具足故修起佛法行求佛十力等正報之法後二求因求於上上殊勝道故求彼地方便無厭足行謂五六七地故云上上勝道隨順所聞甚深佛解脫故修入不退轉地行即八地已上覺法自性順佛解脫也思惟大智善巧方便故後一利他即教化衆生行必須善巧。大文第四波果分中即攝無盡行離障成德窮盡生界為利樂故果有二種一離障果從護煩惱生二成德果從護小乘生前中又二一煩惱染生遠離果此離惑障二業染生遠離果此離業障皆言生者煩惱雖染猶如生食今是寄位出世之首能離彼生今初離惑。一初標舉所離佛子菩薩住此燄慧地所有身見為首我人衆生壽命蘊界處所起執著出沒。所起執著出沒此是總相以執著是前地中解法慢也論云我知大知者我知謂執我能知大知謂執所知大法出沒者是前地中止受慢也出者三昧起義故謂修起彼定沒者三昧滅義故謂定所除今計我能修此定此定即我所修故論云我修我所修。別有五種一本二起三行四護五過本即所有身見至蘊界處於中身見爲摠我等爲別中我人等四爲人我慢蘊界處三是法我慢。而云本者有二義故一以此我爲解法正受二慢之本二者身見復爲二我及六十二見之本有此差別。經九 此中身見若約實位準唯識論此地斷第六識中俱生身見及所起過由得出世道品治故以分別起者初地斷故是以瑜伽名爲微細薩迦耶見若約寄位準仁三經四地名須陀洹位以寄出十三 世之首故則亦得斷分別身見思惟明起謂不正思惟而起慢故觀察。明行謂心行緣中多觀所得若法若定求見勝相令他知故。次三句明護治故數數觀察修治所見我所故起於我想取彼勝相屬我已故財物故如畜財者受用護持故以上三事防護自已所得著處故。明過謂心堅安處法定二事故五中前三起慢方便後二隨助慢心上摠顯相正是所起。二結成能離於如是等一切皆離由得道品正助方便無不離也。二明離業染生違離果此菩薩若見業是如來所訶煩惱所染皆悉捨離。上修道品正離煩惱煩惱既去業亦隨亡亡不善業而修善業先亡惡惡有二義故不應作一佛所不讚者尊敬佛故所以不爲二煩惱染者畏惡名故所以不作惡名則違利生道故若見業是順菩薩道如來所讚皆悉修行。後進善亦有二義反前可知又不作煩惱所染異凡夫業作則順於菩薩道業則異二乘。第二成德四果中四一於勝功德生增上心欲果二彼說法尊中起報恩心果三彼方便行中發勤精進果四彼增上欲本心界滿足果此之四果前三從前生後一復從此三果生前三之中初二護小心果後一護小行果前中初果者由本欲願上求下救令更爲物轉轉上求故云增上文中二先牒前修因後顯所得果令初即牒前護小乘中摠句也。初牒前修因佛子此菩薩隨所起方便慧牒前不捨一切衆生故不捨衆生而修道品是有方便則道品慧解修集於道及助道分即前經云菩薩修行如是功德也道即四地證智助道即菩提分法。二顯所得果有十句如是而得潤澤心初摠深欲愛敬故由修二道自有所潤深欲敬上由爲物修潤及舍生深欲愛下。餘別別中九句釋彼潤澤有三種勝柔輭心明樂行勝謂證法適神故調順心調和善順緣中無礙是三昧自在勝上二是行體次七句明離過對治勝此是行用利益安樂心初句摠明利他無過故云利益自利無過故云安樂下之六句隨過別顯若不寄對難顯性淨之德六句即離六過經中皆是能治無雜染心治爲利於食過及爲名姤心過求十四 經九 上上勝法心二治少欲功德過求殊勝智慧心三治不求勝智過上三皆自利救一切世間心四治懈息不攝衆生過上四皆離於行生過後二離於教生過恭敬尊德無違教命心五治自見取不違勝教過隨所聞法皆善修行心六治捨爲首不隨說行過如說修行於聞思中最爲其首今捨彼首所以爲過又上救生即前悲果求殊勝智即上求果。三彼說法尊中起報恩心果謂前地中從佛聞法是說法尊今起傳法修行之心則爲以報諸佛恩也上希求種智由知佛有恩故今思報亦上求果文云。先別明有十句此菩薩知恩初摠謂若隨順師教行報恩行方是知恩故餘別別中彼行具有九種類攝爲七知報恩一依尊起報恩心尊即是佛此爲恩主故偏名報恩心極和善同住安樂二有二句依同法起報恩心此明隨順同行善友意質直柔輭三有二句依法起行謂隨順受教不違師命故云質直發修行事逢若能忍故云柔輭無稠林行四依受用衣食於施主所自過不覆故無有我慢五雖實有德而不高慢善受教誨六得師言詮得說者意七於教不倒得師意旨上七類中初二依人次三依行後二依教所依雖異皆同報恩。二摠結前十句不出此三此菩薩如是忍成就忍即心極和善同住安樂如是調柔成就調柔質直柔輭如是寂滅成就寂滅即通結餘句三彼方便行中發勤精進果謂行經九 二利行勤無息故於前不捨衆生護小行中修勤十五 故名方便行中正是無盡行相文云先牒其得時如是忍調柔寂滅成就淨治後地業作意修行時三正顯進相十句得不休息精進初摠餘別別有九種不休息義不雜染精進彼精進行平等流注故離染者共懈息共染故染則著而太過懈則墮而不及若琴絃之急緩若不進不息爲平等流不退轉精進不退自乘上二自利廣大精進起廣念利他之心無邊精進爲無邊衆生作利益願起攝取行上二利他上皆自分下四勝進熾然精進常志順行猶如熾火上進亘滅論經名光明精進兼照他地無等等精進六修習過餘無能壞精進魔惑莫壞上三自利成熟一切衆生精進攝取衆生即是利他上八皆行後一是解善分別道非道精進九自斷疑惑決是非故能伏他言如四無畏故若能具此爲正修習。四彼增上欲本心果滿足果菩提分心是本心界正念眞如修上道品故云滿足。由精進故。瑜伽四十八蹋前精進後即云由此因緣所有意樂增上意樂勝解界性皆得圓滿。故知此果從前二果中生謂意樂即第一果增上意樂即第二果勝解界性即此心界謂由第三精進令前二果增長故云滿足。二釋經文是菩薩心界清淨初總餘別別有九種深心不失彼道品心修行增益故此一自分下皆勝進悟解明利於五地已上勝上證中明鑒決斷善根增長即彼上證因謂對治善根治行過前故云增長離世垢濁除滅所治煩惱障垢斷諸疑惑斷此地中祕密疑事即是智障微細法慢爲祕密疑事由無攝受眞如則能除之上二除內障明斷具足觸境明斷喜樂充滿依勝禪行三昧通神佛親護念上依佛力化衆生故無量志樂皆悉成就論云依現

無量三昧心智障清淨故此除定中智障若直就經文總顯本願皆得成就ム二位果三初調柔四初調柔行三。初練行緣佛子菩薩住此𦦨慧地以願力故得見多佛所謂見多百佛見多千佛見多百千佛乃至見多百千億那由他佛ム二能練行三。初供佛福行皆恭敬尊重承事供養衣服臥具飲食湯藥一切資生悉以奉施亦以供養一切衆僧。二迴向大行以此善根皆悉迴向阿耨多羅三藐三菩提。三聽法慧行於彼佛所恭敬聽法聞已受持具足修行上在家下出家復於彼諸佛法中出家修道然登地已上具十法界身若出若在何礙不可然隨義隱顯有無前却以前三地寄同世間還依世法初二人王故有三地天王故無四地已上寄出世之首故重明有表心出家故於調柔行中明之欲順天無出家不於攝報中辨六地已上表證法平等無出無在故皆無出家。三所練淨又更修治深心信解經無量百千億那由他劫令諸善根轉復明淨上法下喻佛子辟如金師鍊治真金作莊嚴具以三地阿含金現作此四地證

智嚴具故餘所有金皆不能及即未作嚴具之金後合菩薩摩訶薩亦復如是住於此地所有善根下地善根所不能及。二教智淨如摩尼寶清淨光輪以此地成就證淨從體起用故偏有此文前所練行以教成證故喻金爲嚴具今從證起教故喻摩尼放光摩尼寶珠即證智體無垢名淨寂照名光圓滿名輪具上三義故攝證智能放光明即放阿含光也謂以此證智證入無量教法門義故故能照光明即是證智所照教法以爲智處證能普照示現於教得教光名依證起𦦨故地名𦦨慧次對前顯勝非諸餘寶之所能及風雨等緣悉不能壞風等不壞對他彰堅菩薩摩訶薩亦復如是住於此地下地菩薩所不能及衆魔煩惱悉不能壞。二別地行相此菩薩於四攝中同事偏多十波羅蜜中精進偏多餘非不修但隨力隨分。四總結地相佛子是名略說菩薩摩訶薩第四𦦨慧地。二攝報果二。初上勝身菩薩住此地多作須夜摩天王以善方便能除衆生身見等惑令住正見布施愛語利行同事如是

一切諸所作業皆不離念佛不離念法不離念僧乃至不離念具足一切種一切智智（△二上勝果　○初自分）復作是念我當於一切衆生中爲首爲勝爲殊勝爲妙爲微妙爲上爲無上乃至爲一切智智依止者（○二勝進）是菩薩若發勤精進於一念頃得入億數三昧得見億數佛得知億數佛神力能動億數世界乃至能示現億數身一一身億數菩薩以爲眷屬（○三願智果）若以菩薩殊勝願力自在示現過於此數百劫千劫乃至百千億那由他劫不能數知（△三重頌分三　初位行四　○初增長因分）爾時金剛藏菩薩欲重宣其義而說頌言

菩薩已淨第三地　次觀衆生世法界
空界識界及三界　心解悉了能趣入（○二清淨分）
始登焰地增勢力　生如來家永不退
於佛法僧信不壞　觀法無常無有起
觀世成壞業有生　生死涅槃刹等業
觀前後際亦觀盡　如是修行生佛家
（△三有四頌頌修行增長分　於中○初二頌護煩惱）得是法已增慈愍
轉更勤修四念處　身受心法內外觀
世間貪愛皆除遣　菩薩修治四勤行
惡法除滅善增長　神足根力悉善修
七覺八道亦如是（○二護小乘）爲度衆生修彼行
本願所護慈悲首　求一切智及佛土
亦念如來十種力　四無所畏不共法
殊特相好深美音　亦求妙道解脫處
及大方便修行彼（○四有五頌頌修行增長果）
身見爲首六十二　我及我所無量種
蘊界處等諸取著　此四地中一切離
如來所訶煩惱行　以無義利皆除斷
智者修行清淨業　爲度衆生無不作
菩薩勤修不懈息　即得十心皆具足
專求佛道無厭倦　志期受職度衆生
恭敬尊德修行法　知恩易誨無慍暴
捨慢離諂心調柔　轉更精勤不退轉
菩薩住此焰慧地　其心清淨永不失
悟解決定善增長　疑網垢濁悉皆離（在果）
此地菩薩人中勝　供那由他無量佛
聽聞正法亦出家　不可沮壞如眞金
菩薩住此具功德　以智方便修行道
不爲衆魔心退轉　譬如妙寶無能壞
住此多作焰天王　於法自在衆所尊
普化羣生除惡見　專求佛智修善業
菩薩勤加精進力　獲三昧等皆億數
若以願智力所爲　過於此數無能知
（○三有一頌顯名結說）如是菩薩第四地
所行清淨微妙道　功德義智共相應

我爲佛子已宣説

大方廣佛華嚴經疏卷第五十九　綿九

二十丈

大方廣佛華嚴經疏卷第六十（入第三十六經下中）　緜十

清涼山沙門澄觀述　晉水沙門淨源錄疏注經

第五難勝地所以來者略有四義一約寄位四五六地寄出世間前寄初果此寄羅漢義次第故雖有四果舉於始終以攝中間此依本論若約地中所觀行相以後六地既觀緣起寄同緣覺故但二地寄於聲聞。仁王下卷瓔珞上卷約人配位以第七地來離分段故四五六七寄同聲聞。二前明覺分相應慧今辯諸諦相應慧故。三前得出世未能順世今此能以五明攝化故次明之。四前得三十七菩提分今辨方便所攝菩提故此後三意出於瑜伽。言難勝者解深密云即由於彼菩提分法方便修習最極艱難名極難勝。此從初說故初分經云善修菩提分法等攝大乘云由真諦智與世間智更互相違合此難合令相應故。唯識同此世親釋云由此地中知真諦智是無分別知世間工巧等智是有分別此二相違應修令合能合難合令相應故名極難勝此通初中後。瑜伽論云今此地中顯示菩薩於諸聖諦決定妙智極難可勝名難勝地唯約地中莊嚴論云於此五地有二種難一勸化無惱難二生不從心無惱難此地菩薩能退二難於難得勝此多約地滿顯揚論云證得極淨緣諦所知諸微妙慧成極難成不住流轉寂靜聖道名極難勝此大同本分。上諸經論多是舉於難勝之法未知何等無能勝耶十住論云功德力成一切諸魔不能壞故此對人顯勝亦兼於惑煩惱魔故。然諸經論言異意同皆辯真俗無礙若攝實位約仁王經初地菩薩四天王雙照二諦平等道今約寄位前寄出世此方却入故云無礙。故此地中斷於下乘般涅槃障者即前四地出世厭生死苦樂趣涅槃此障五地令入真俗無差別道便能斷之此斷欣厭即是二愚。由此證得類無差別真如亦約生死涅槃皆平等故其所成行亦成二種謂諸諦增上慧行五明處徽化行。此二無礙故得無差別法身之果皆義言相順矣正釋文三初讚請分二初供讚三。初菩薩供讚

菩薩聞此勝地行　於法解悟心歡喜
空中雨華讚歎言　善哉大士金剛藏（二天王衆）
自在天王與天衆　聞法踊躍住虛空
普放種種妙光雲　供養如來喜充徧（三有六偈半皆天女讚於中三。初一偈標）
天諸婇女奏天樂　亦以言辭歌讚佛
悉以菩薩威神故　於彼聲中發是言（二有四偈半正明中讚於中二。初二偈美感應）
佛願久遠今乃滿　佛道久遠今乃得
釋迦文佛至天宮　利天人者久乃見
大海久遠今始動　佛光久遠今乃放
衆生久遠始安樂　大悲音聲久乃聞（皆言久者佛應由機機難有故大海動者動佛智海竭苦海故。二有二偈半讚具三德）
功德彼岸皆已到　憍慢黑闇皆已滅
最極清淨如虛空　不染世法猶蓮華
大牟尼尊現於世　譬如須彌出巨海
供養能盡一切苦　供養必得諸佛智
此應供處供無等　是故歡心供養佛（初偈具智斷次半具恩後一具三是故應供。三結讚）
如是無量諸天女　發此言辭稱讚已
一切恭敬喜充滿　瞻仰如來默然住（二請說）
是時大士解脫月　復請無畏金剛藏
第五地中諸行相　唯願佛子為宣說（二正說分先位行依論分之為三初勝慢對治二不住道行勝三明彼果勝。初即加行道及初住地無間道次即正住地解脫道後即地滿勝進道初言勝慢者慢有二種一他地慢謂四地中得出世智取其勝相名為勝慢今以十種淨心為治二自地慢謂於此十心希求勝相復以為慢以隨順如道為治此二通名勝慢故此一分有其二道論云勝慢對治者謂十平等深淨心者前段能治也又云同念不退轉心者後段能治也言同念者即後總句隨順真如與彼真如同一念故不退轉者即後段末句略舉初後以該中間前地治解法慢此治身淨分別慢所治有殊不濫前地言身淨者得出世智不染身故文二先治他地慢三。初結前生後）

爾時金剛藏菩薩告解脫月菩薩言佛子菩薩摩訶薩第四地所行道善圓滿已欲入第五

難勝地當以十種平等清淨心趣入。平等有其二義一是如理二是因果清淨之法千聖同規名深淨心是此地中觀解之心故本論云於平等中心得清淨故。此復何異後地觀察十平等法。此有三異一此地治前於淨起慢故偏明淨法平等後地對此依真入俗故通觀染淨諸法皆悉平等二此約舉等理以顯心淨後地舉觀察以入等理三此通理事二等後地之中一向約理融二諦故此皆地地背相捨離後漸勝故。二微起正顯 何等為十所謂於過去佛法平等清淨心未來佛法平等清淨心現在佛法平等清淨心初三明諸佛法論云謂三世力等者即果位十力等也。後七明隨諸佛法二利因行順成果故前六自利後一利他。前中六句合為三學初戒次定餘四慧故離為七淨 戒平等清淨心一戒淨 心平等清淨心二定淨 除見疑悔平等清淨心三見淨四度疑淨見疑相顯經合一句為成十故 道非道智平等清淨心五道非道淨此前五淨大小名同 修行智見平等清淨心小乘則以六名行淨七行斷淨以彼宗中趣寂滅故今約大乘六名行斷經云修行智見略無斷字 於一切菩提分法上上觀察平等清淨心七名思量菩提分法上上淨以依行斷起勝求故下一利他 教化一切衆生平等清淨心二若約位者初之二句在見道前

以創背凡過宜以戒防欲生真慧理須習定然來合理判屬世間次三在見道以見道中斷身見故斷疑故斷戒取故戒取是非道知無漏慧是正道入見道時十使俱斷偏言三者涅槃經說此三重故又十使中五見及疑但障見道餘四通於見修二道故略不言就其六中三本三隨偏語其本遣見隨身見邪見隨疑見取隨戒取故斷三結三隨亦斷但立三淨上之五義大小並同小乘行淨在於修道起斷行故行斷在於無學道攝依行證斷故大乘後二皆在修道斷障成德故有二也行實同時若約位分七地已還名為行斷修道斷結故八地已上入法流中順菩提故名思量上上。三結能入地 菩薩摩訶薩以此十種平等清淨心得入菩薩第五地。二治自地慢明如道行又順經意前明入心從此已下皆明住心應分為三此攝方便具足住修行十心是方便義不退轉者即是住義二不住道行勝攝離癡亂行智清淨等無癡亂故三彼果勝攝無盡功德藏迴向攝德無盡故今且順論此明如道行於中三。初標位 佛子菩薩摩訶薩住此第五地已初標分位為顯隨如已入五地 以善修菩提分法故即四地修菩提分 善淨深心故以前十心能善清淨得入五地於此淨心希求勝相即復是慢慢在文外故以後二而為能治 復轉求上勝道故轉求不住道行勝為能治謂不住淨心而起諸行即治住淨慢故 隨順真如故雖起諸行不退失前平等深淨之心則能隨順真如平等即如故。後別明顯上隨如之行

有其八種經有九句前七各一後二為一八中前二是起行心 願力所持故一自利願即修菩提心 於一切衆生慈愍不捨故二利他慈即不疲倦心後六是行 積集福智助道故三得善根力 精勤修習不息故四不捨衆行 出生善巧方便故五善巧修行 觀察照明上上地故六無厭足故照明上上 受如來護念故七得他勝力 念智力所持故得不退轉心八自得勝力此有二句上句具三慧念是聞思智即慧修下句勝進究竟上六行中前三自分後三勝進各有初中後思之。二不住道行勝有二種觀一所知法中智清淨勝二利益衆生勤方便勝初即自利護煩惱行不住世間後即利他護小乘行不住涅槃同時相導名不住道今初智勝於中分二初明四諦實法分別二復就此四明十觀門化生差別此乃十種觀於四諦非謂四諦有其十種故瑜伽云此地於四聖諦由十行相如實了知。今初 佛子此菩薩摩訶薩如實知此是苦聖諦此是苦集聖諦此是苦滅聖諦此是苦滅道聖諦言實法者有佛無佛苦集二諦體是妄想雜染因果滅道二諦體是出世清淨因果此約諦實義釋若約審諦釋者前二無佛不能知此是苦是集寧有後二滅道果因餘如本品。後十觀中略啓四門一制立謂四聖諦義含法界菩薩大智窮照無遺隨此大智異說難窮略舉十法以明無盡然十皆菩薩自智智相難明故論

約化生以明其異以此通名所知法中智清淨也。二明開合然此十句總唯是一化生分別若隨所化大小分二前九化小後一化大若隨化所起法不同則分為三前五生解次四起行後一令證約人不同離以為七初為根未熟乃至七為大乘可化故至文當知。三對實法以明通別此中十句望前四諦前五通觀四諦一世俗者觀四諦法相二觀其性空三通觀性相無礙四觀性相各異五觀此四緣起集成餘之四句別觀四諦謂六七八九如次觀苦集滅道後一但觀滅道菩薩地因證佛智故遠公後五亦通觀四諦謂迷於四諦故為苦集悟其四諦故成滅道後一窮四諦緣起實性清淨法界成大乘道亦有此理。四正釋文文分為二初正列名

善知俗諦善知第一義諦善知相諦善知差別諦善知成立諦善知事諦善知生諦善知盡無生諦善知入道智諦善知一切菩薩地次第成就諦乃至善知如來智成就諦二次第解釋**此菩薩。**二釋初依瑜伽瑜伽十句不顯文辭而略所說義闕其第十知菩薩地亦有十句文有三節初三名為此說謂是所為故一依曉悟他故知俗諦二依自內智知第一義三依俱處所故知相諦謂自相是俗共相是真二體不分故名俱處次今經兩句彼應有三名由此說謂由三藏教之所說故云依於契經調伏本母名由此說經中分位差別應是調伏知蘊界處義當本母此中第十義當契經三有四句名如此說謂如四諦相各別知故即依於現在眾苦自性故知事諦依於未來苦生因性依於因盡彼盡無生性依於修習彼斷方便性如次可知。二依本論攝十為七**隨眾生心樂令歡喜故知俗諦**初一為根未熟眾生謂未堪入大為說四諦十六行等名知世諦即四重二諦中第三重內俗也不同瑜伽通於大小及根生熟**通達一實相故知第一義諦**二為根熟堪入大故為說法空第一義諦**覺法自相共相故知相諦**三為疑惑眾生故知相諦謂有聞第一義諦猶豫不決若是空耶則無因果若是有耶云何言空今明即俗自相是空共相俱處無違故名相諦**了諸法分位差別故知差別諦**四為謬解迷惑深法眾生故知差別謂前緣二境故名為疑今聞俱處便謂是一名為謬解今明體雖不異性相分位歷然差別**善分別蘊界處故知成立諦**五為離正念眾生故知成立諦謂既聞差別謂皆有體名離正念今明差別但是緣成無有自性故云成立隨言顯示故論經中名說成諦六為正見眾生知事等四諦由無前疑執故名正見可令知苦斷集證滅修道**覺身心苦惱故知事諦**事即苦諦**覺諸趣生相續故知生諦**生即集因**一切熱惱畢竟滅故知盡無生智諦**無生是滅因亡曰盡即盡智也後果不起名為無生即無生智也若小乘說現在惑亡說名為盡利根之人保彼煩惱當更不起名曰無生此盡無生是共滅體無學之智如是而知意在取滅故為滅諦**出生無二故知入道智諦**道言無二者論下重釋云一行謂滅而知故云一行前列實法四諦明其所觀此中諦名當如是觀七為大乘可化眾生故知菩薩乃至如來成就諦謂先住大乘可化令進故**正覺一切行相故善知一切菩薩地**正覺一切行相者大乘要須於五明處善巧知故菩薩地是因**次第相續成就乃至如來智成就諦**次第相續者如從初地入於二地乃至十地入於佛地趣大果也**以信解智力知非以究竟智力知**為釋外疑六地已上乃至佛智未曾證入彼云何知故此釋云信解鏡像觀智力知非成就智鏡像則影像觀未得本質故。第二利益眾生勤方便勝二。初總起悲觀**佛子此菩薩摩訶薩。**文分為三初結前次觀過後起悲**得如是諸諦智已**結前也次觀過明其非真**如實知一切有為法虛妄詐偽**虛妄二字觀內五蘊謂妄想常等不相似無故虛此明所取非真理無不同情有故云不相似無也常作我想慢事故妄此辨能取不實非有計有常樂我淨皆名我想非唯我見我為本故獨云我想也詐偽二字觀外六塵世法牽取愚夫故詐此顯能取迷真謂由妄取令彼世法隱虛詐實使其貪取也世法盡壞故偽此明所取不實世法相似相續似有義利而實速滅無利故偽**誑惑愚夫**。對人彰過三虛偽二境引心總名為誑妄詐二心迷境皆名為惑論云常等相無非有似有故虛事中意正取者此解虛是誑義謂令意正取故是誑也又云我想慢事正取故妄事是息此解妄是惑義世法盡剎故誑事牽心此解偽是

（誑義世法愚癡凡夫牽取故詐事相現此解詐是感義愚夫即是依彼正取我慢之人）菩薩爾時於諸衆生轉增大悲生大慈光明（後起慈悲憐愍故悲勝利益故慈不住道行勝故云轉增皆言大者勝前地故言光明者救生方便智成就故轉增光明俱通慈悲文有影略轉前慈愍分同諸佛故名為生。二別起悲觀二。初明化生願）佛子此菩薩摩訶薩得如是智力（牒前智力近牒）（觀有為遠牒觀諸諦）不捨一切衆生（牒前慈悲）常求佛智（正明起願）（願救衆生義故。二明化他心二初大悲觀悲有二相一如實觀苦因緣集故即知苦體性二觀深重苦久而多故即就人彰過前中四。初總標二際）如實觀一切有為行前際後際（前即過去後即未來顯無始終流轉相故。三順觀二際初正明前際復二初顯緣集苦聚後顯二空無我。今初）知從前際無明有愛（顯流轉因能發能潤此二為本）故生（即是果故涅槃云生死本際凡有二種一者無明二者有愛是二中間有生老死今菩薩觀此而起大悲亦同淨名從癡有愛即我病生矣然生果有三）生死流轉（一欲求衆生欲貪即是受身本故）於諸蘊宅不能動出（二妄梵行求衆生外道計我常住其中故）增長苦聚（三有求衆生三有皆苦故。二顯二空無我）無我無壽者無養育者無更數取後趣身者離我我所（三類顯後際）如前際後際亦如是皆

無所有（二逆觀二際）虛妄貪著斷盡出離（順即苦集逆即道滅虛妄斷盡即是滅也出離是道。四結如實知）若有若無皆如實知（即雙結二際逆順有無三義一約凡夫但有苦集而無滅道二約菩薩順有逆無三雙約凡聖真滅本有道亦符之妄苦本空集亦同爾凡夫迷故不覺不知菩薩正知故名如實。三觀深重苦者無始隨逐故深種種苦事故重文二。初總標可愍）佛子此菩薩摩訶薩復作是念此諸凡夫愚癡無智甚為可愍（不知本空故名愚癡不知厭離故云無智亦可俱通故為可愍。二釋可愍所由由迷二苦故。初明深苦不知故為可愍）有無數身已滅今滅當滅（三明重苦不知故為可愍。二初牒前詞後）如是盡滅不能於身而生厭想（三正明重苦三。初觀生苦）轉更增長機關苦事（機關者顯無我故抽之則動息手便無若造業因生生不息）隨生死流不能還返（明有集愛）於諸蘊宅不求出離（明離滅道。二觀老病死）不知憂畏四大毒蛇（是不知病苦次明彼集文有四句）不能拔出諸慢見箭（一妄梵行求衆生外道多起故）不能息滅貪恚癡火（二欲求衆生受五欲者不能息滅三毒之火）不能破壞無明黑闇（三欲求衆生行惡行者不破無明以見少利行大惡行後受大苦故云黑闇）不

能乾竭愛欲大海（四有求衆生不竭愛欲大海三有之愛廣無邊故觀如實中說彼三求以為苦果今為集者三求皆能為集因而受果故二文互舉）不求十力大聖導師（明遠彼滅不向滅者故）入魔意稠林（明遠彼道順寃道故三總結過患）於生死海中（總顯於苦）為覺觀波濤之所漂溺（總明有集此中兼顯死苦之義略不明老。二大慈觀二初觀境興慈二。初觀境）佛子此菩薩摩訶薩復作是念此諸衆生受如是苦孤窮困迫（即觀前衆生受深重苦以為慈境無父曰孤明前無所恃塗盡曰窮明後無所依任重無替曰困常受生死故強力所逼曰迫業惑所陵故上總下別）無救無依（釋上孤義論云謂現報受不可救脫當報因招無喜為依）無洲無舍（釋上窮義溺於覺觀波濤之中不聞正法智洲為對治故在於生死曠野不為善交慈舍庇故）無導無目（釋上困義離於寂靜正念思惟究竟前導故離於正見之明目故既無導無目非困如何）無明覆翳黑闇纏裹（釋上迫義無明者無明住地舊煩惱故黑闇者四住客塵故常起邪念故為其覆翳不聞正法故為彼纏裹。二興慈）我今為彼一切衆生修行福智助道之法獨一發心不求伴侶以是功德令諸衆生畢竟清淨乃至獲得如來十

力無礙智慧獨拔修善令諸情物皆得菩提涅槃之樂三廣願饒益有情亦是彰前興慈所為文二初牒前總明佛子此菩薩摩訶薩以如是智慧觀察所修善根皆為救護一切眾生上來修善皆為救護即是悲相二別顯救護有十種相前二為救未來後八通於現未利益一切眾生住不善眾生令住善法利益安樂一切眾生住善法眾生令得樂果謂成拔善哀愍一切眾生愍貧之者與資生具成就一切眾生修行多障者令其成就上二救順緣不足苦解脫一切眾生世間繫閒者令得解脫下有五種令諸外道信邪正法攝受一切眾生未信正教攝令正信令一切眾生離諸苦惱令其得離無利勤苦令一切眾生普得清淨疑惑眾生疑除解淨令一切眾生悉皆調伏已住決定勤修三學以調三業令一切眾生入般涅槃已住三學令得涅槃上三即解行證若準論意總十十一皆為外道理實後三乘通餘類。自下第三明波果勝即不住道行勝之果有四勝果一攝功德勝二修行勝三教化眾生勝四起隨順世間智勝初二時共自利即所知法中智清淨果初自分後勝進後二即利他勤方便果前化他行後化他智令初攝功德勝十句佛子菩薩摩訶薩住此第五難勝地名為念者不忘諸法

故名為智者能善決了故名為有趣者知經意趣次第連合故。初三攝聞勝然有二義一則三慧如次配聞思修二顯二持念即聞持智及有趣即是義持義有多種略說二種善巧謂智即法智勝有趣即義智勝然其二釋皆聞在初故本論中名攝聞勝名為慚愧者自護護他故次二攝戒勝上句忍辱柔和勝即戒因成也謂內懷慚愧不誑幽明自護七支不招譏毀故能持戒名為堅固者不捨戒行故此句戒無缺勝即戒體成也乃至命難不捨戒故名為覺者能觀是處非處故後五攝智勝因緣集智此知法相智無因倒因名為非處正因緣集名之為處智處治於非處故名覺者名為隨智者不隨於他故證智知魔事對治隨識分別皆魔事故名為隨慧者善知義非義句差別故知妄說智異說對治即知教智正說為義句邪說為非義句邪正交雜揀邪得正名善分別名為神通者善修禪定故神力起用智依定起通治邪故依名為方便善巧者能隨世行故化眾生智折伏攝受適世宜故上五句中前三自利後二利他。三修行勝有十一句名為無厭足者善集福德故前四自分一增長因行集五度福故名為不休息者常求智慧故二依止因行慧為所依故此二自利福智

相對名為不疲倦者集大慈悲故三化生不疲行名為為他勤修者欲令一切眾生入涅槃故四令物證滅行此二利他因果相對名為勤求不懈者求如來力無畏不共法故後七勝進五起佛法行十二名總十為發意能行者成就莊嚴佛土故六起淨土行上之二句依正相對名為勤修種種善業者能具足相好故七依佛法身起行相好法身故名為常修修習者求莊嚴佛身語意故八依佛所作起行顯三密用故此二外相內密相對上之四句皆起菩提名為大尊重恭敬法者於一切菩薩法師處如教而行故九敬重法行進依勝已故上五自利後二利他名為心無障礙者以大方便常行世間故十願取有行名為日夜遠離餘心者常樂教化一切眾生故十一離小乘行斯即顯是揀非相對三教化眾生勝二初正明化生二初總以四攝攝生佛子菩薩摩訶薩如是勤修行時以布施教化眾生以愛語利行同事教化眾生三別明四攝文有八句示現色身教

化眾生示色身是同事攝隨順眾生應化自眾故演說諸法教化眾生演說法即愛語攝諦語法語為愛語性一切種愛語中多約開演論云為疑惑眾生即一切門中之語也下皆利行攝開示菩薩行教化眾生為於菩提緜方便眾生示菩薩行即利行自性錦十顯示如來大威力教化眾生於大乘疲倦眾生示佛威力即一切利行未成令成故示生死過患教十三化眾生為樂世間眾生著財位故示其過患明位大憂大財多禍多稱讚如來智慧利益教化眾生為不信大乘先來未行殊勝善者讚如來智現大神通力教化眾生為無智外道示以神通上三即難行利行以種種方便行教化眾生總顯一切門一切種利行故云種種方便然利行愛語亦可參用由彼愛語示其所學即為利行故次廣明布施故別中略無四攝廣義如瑜伽四十三辨。第二結行成益佛子此菩薩摩訶薩能如是勤方便教化眾生上結前下成益心恒相續趣佛智慧為化眾生更求勝力所作善根無有退轉已作不退常勤修學殊勝行法未作增修第四起隨順世間智勝明染障對治染即煩惱障即所知文三。初總標多門佛子此菩薩摩訶薩為利益眾生故世間技藝靡不該

習二別示其相顯示五明之相故大般若云五地菩薩學五明故即分為五。初聲明通而論之治懦智障所謂文字名句文身即聲論中法施設建立故算數即數建立故又治取與生疑障。二因明圖書印璽即尚論隨世所聞故又此圖書亦正教量即治所用事中忘障論云取與寄付即事中障聞法思義即解中障作不作已作未作應作不應作皆中障印璽亦是現量又治所取物不守護障璽即王印地水火風即是諍論中攝謂諸邪見計不同故順世外道唯地為因一切皆以微塵成故水風二外道以水風為因世界水成故風輪持故事火外道以火為因火成熟故種種諸論言論尚論諍論毀謗論順正論教導論等類非一故咸所通達正是明義。三醫方明又善方藥療治諸病即四大不調眾生毒相病障對治故顛狂乾消病相即內四大鬼魅病因即外眾生蠱毒通二有草毒蛇等毒故論經說呪藥等即病因死因對治即善方藥攝悉能除斷善療能斷皆除斷方便斷已不生故名為善。四工巧明文筆讚詠即書算計度數印工業中書所攝故韻屬曰文對辭曰筆顯德為讚寄情曰詠錦十十四歌舞技樂戲笑談說即音樂工業悉善其事通上二文皆憂惱障對治國城村邑宮宅園苑泉流陂池草樹華藥凡所布列咸得其宜即營造工業草樹華果亦兼營農工業此即不喜樂障對治金銀摩尼真珠瑠璃螺

貝璧玉珊瑚等藏悉知其處出以示人即生成工業繫閉障對治次下即占相工業是所得繫分過惡因障對治謂皆由前世惡因感此吉凶等故日月星宿日月五星以為七曜及二十八宿並上知天文鳥鳴即察鳥獸之情亦是人情之所感故地震即下知地理夜夢吉凶身相休咎即中知人情咸善觀察一無錯謬總究上三才。五內明治五種染持戒治破戒染入禪治貪欲染神通治邪歸染無量治安行功德染謂治殺生祀祠求梵福故四無色等四無色定治安修解脫染上來所釋多依本論及瑜伽十三四其中更有別理恐厭繁文又論與經有不次者但可以論就經不可迴經從論。三總結成益及餘一切世間之事此起世智具四種相但於眾生不為損惱一與障中無障事中不知名之為障損惱生事復是事中異障令無此捕獵等之異障為利益故二與無過樂謂雖不惱令其染著亦不為之咸悉開示三獲起清淨謂能起助道之事錦十漸令安住無上佛法四所用清淨謂用此得淨故。二明位果亦有三果初調柔果亦四初調柔行三。初法十五佛子菩薩住是難勝地以願力故得見多佛所謂見多百佛見多千佛見多百千佛乃至見多百千億那由他佛悉恭敬尊重

承事供養衣服飲食卧具湯藥一切資生悉以奉施亦以供養一切衆僧以此善根迴向阿耨多羅三藐三菩提於諸佛所恭敬聽法聞已受持隨力修行復於彼諸佛法中而得出家既出家已又更聞法得陀羅尼爲聞持法師住此地中經於百劫經於千劫乃至無量百千億那由他劫所有善根轉更明淨正起行内又更聞法得陀羅尼者論云非得義持者對勝顯劣般若未現前故所以得聞持者得二難故一此地初十平等心難得能得故二此地中難出世間智現世間智此不住道難得能得故此之二難對劣顯勝故得聞持不同三地唯世間聞持○二喻佛子譬如真金以硨磲磨瑩轉更明淨證智喚如事爲真金數智光明能示現如事猶彼硨磲○三合此地菩薩所有善根亦復如是以方便慧思惟觀察轉更明淨○二智淨佛子菩薩住此難勝地以方便智成就功德下地善根所不能及佛子如日月星宿宮殿光明風力所持不可沮壞亦非餘風所能傾動此地菩薩所有善根亦復如是以方便智隨逐觀察不可沮壞亦非一切聲聞獨覺世間善根所能傾動日月等者論云依阿含增長智慧光明勝前地智故謂勝前地摩尼珠光餘文如前○三別地行相此菩薩十波羅蜜中禪波羅蜜偏多餘非不修但隨力隨分○四結說地相佛子是名略說菩薩摩訶薩第五難勝地○二攝報果菩薩住此地多作兜率陀天王於諸衆生所作自在摧伏一切外道邪見能令衆生住實諦中布施愛語利行同事如是一切諸所作業皆不離念佛不離念法不離念僧乃至不離念具足一切種一切智智復作是念我當於衆生中爲首爲勝爲殊勝爲妙爲微妙爲上爲無上乃至爲一切智智依止者此菩薩若發勤精進於一念頃得千億三昧見千億佛知千億佛神力能動千億佛世界乃至示現千億身一一身示千億菩薩以爲眷屬○三願智果若以菩薩殊勝願力自在示現過於此數百劫千劫乃至百千億那由他劫不能數知○三重頌分三初地行三○初五偈三句頌勝慢對治爾時金剛藏菩薩欲重宣其義而說頌曰

菩薩四地已清淨　思惟三世佛平等
戒心除疑道非道　如是觀察入五地
念處爲弓根利箭　正勤爲馬神足車
五力堅鎧破冤敵　勇健不退入五地
慚愧爲衣覺分鬘　淨戒爲香禪塗香
智慧方便妙莊嚴　入摠持林三昧苑
如意爲足正念頸　慈悲爲眼智慧牙
人中師子無我吼　破煩惱冤入五地
菩薩住此第五地　轉修勝上清淨道

志求佛法不退轉　思念慈悲無厭倦
積集福智勝功德　精勤方便觀上地
佛力所加具念慧（初有四偈頌十平等後有一偈三句頌如道行三頌不住道文二○初兩偈一句頌所知法中智清淨勝）　了知四諦皆如實
善知世諦勝義諦　相諦差別成立諦
事諦生盡及道諦　乃至如來無礙諦
如是觀諦雖微妙　未得無礙勝解脫
以此能生大功德　是故超過世智慧
（三有四偈半頌教化衆生勤方便勝）既觀諦已知有為
體性虛偽無堅實　得佛慈愍光明分
為利衆生求佛智　觀諸有為先後際
無明黑闇愛纏縛　流轉遷迴苦聚中
無我無人無壽命　愛取為因受來苦
欲求邊際不可得　迷妄漂流無返期
此等可愍我應度　蘊宅界蛇諸見箭
心火猛熾癡闇重　愛河漂轉不暇觀
苦海淪滑闕明導　如是知已勤精進
所作皆為度衆生（初一偈頌撫觀有為虛偽起慈悲二心次一偈半頌悲觀中觀緣集苦次一頌半頌觀深重苦後半頌大慈觀○三有四頌半頌彼果勝）
名為有念有慧者　乃至覺解方便者
習行福智無厭足　恭敬多聞不疲倦
國土相好皆莊嚴　如是一切為衆生
為欲教化諸世間　善知書數印等法
亦復善解諸方藥　療治衆病悉令愈
文辭歌舞皆巧妙　宮宅園池悉安隱
寶藏非一咸示人　利益無量衆生故
日月星宿地震動　乃至身相亦觀察
四禪無色及神通　為益世間皆顯示
（初半偈頌攝功德勝次一頌修行勝於中如是一切為衆生句兼頌教化衆生勝後三頌起世智勝即是前來五明工巧二有四頌頌位果又有三果）
智者住此難勝地
供那由佛亦聽法　如以妙寶磨真金
所有善根轉明淨　譬如星宿在虛空
風力所持無損動　亦如蓮華不著水
如是大士行於世　住此多作兜率王
能摧異道諸邪見　所修諸善為佛智
願得十力救衆生　彼復修行大精進
即時供養千億佛　得定動剎亦復然
願力所作過於是（二頌結說）　如是第五難勝地
人中最上真實道　我以種種方便力
為諸佛子宣說竟

大方廣佛華嚴經疏卷第六十　綿十

大方廣佛華嚴經疏卷第六十一 入第三十七經　遵一

清涼山沙門澄觀述　晉水沙門淨源錄疏注經

六現前地所以來者已說諸諦相應慧次說緣起流轉止息相應慧寄緣覺地故次來也。又四地出世昧能隨世五地能隨而不能破染淨之見此地觀察無染淨法界破彼見故。故瑜伽云前地雖能於生死涅槃棄捨一向背趣作意而未能於生死流轉如實觀察又由於彼多生厭故未能多住無相作意為令此分得圓滿故精勤修習令得圓滿故次來也。名現前者莊嚴論云不住生死涅槃觀慧現前故此約初住地以前五地雙觀故今得現前十住論云降魔事已菩薩道法皆現在前亦約初說瑜伽引深密經云現前觀察諸行流轉又於無相多修作意方得現前者。多修無相此約地初觀十平等故觀察流轉此約地中已入地竟方觀緣起。故攝論云由緣起智能令般若波羅蜜多現在前故此釋正順今經約地中說無性釋云謂此地中住緣起智由此智力令無分別智而得現前悟一切法無染無淨唯識論意同於攝論上本分云有間般若現前者揀後地故。故所斷障亦斷染淨唯識名為麤相現行障謂所知障中俱生一分執有染淨麤相現行彼障六地無染淨道入六地時便能永斷。以此地中觀十平等故斷彼障。由斯六地說斷二愚及彼麤重一現觀察行流轉愚即是此中執有染者諸行流轉染分攝故二相多現行愚即是此中執有淨者取淨相故相觀多行未能多時住無相觀初愚即執苦集後愚即執滅道本分名微細煩惱習者執細染淨即是煩惱形於前地故說為微唯識形後名為麤相。由斷此愚便證無染淨真如謂此真如本性無染亦不可說後方淨故攝論名為無染淨法界。後成般若行。亦得自他相續無染淨果其

攝一也。後正釋文亦有三分初讚請分九頌分二初讚二。初一偈菩薩供讚

菩薩既聞諸勝行　其心歡喜雨妙華
放淨光明散寶珠　供養如來稱善說

三有七偈半諸天供讚於中分三。初天衆

百千天衆皆欣慶　共在空中散衆寶
華鬘瓔珞及幢幡　寶蓋塗香咸供佛

二天王

自在天王幷眷屬　心生歡喜住空中
散寶成雲持供養　讚言佛子快宣說

三有五頌半天女三。初三句集經者敘述標讚佛果

無量天女空中住　共以樂音歌讚佛
音中悉作如是言

二正讚

佛語能除煩惱病
法性本寂無諸相　猶如虛空不分別
超諸取著絕言道　真實平等常清淨
若能通達諸法性　於有於無心不動
為欲救世勤修行　此佛口生真佛子
不取衆相而行施　本絕諸惡堅持戒
解法無害常堪忍　知法性離具精進
已盡煩惱入諸禪　善達性空分別法
具足智力能博濟　滅除衆惡稱大士

初句讚教次一偈讚理次三偈讚行初偈悲智無礙行後二讚十度圓修行本絕諸惡者見惡可除非真持戒善達性空即般若度分別法者即方便度智力即二度博濟兼顧三結默

如是妙音千萬種　讚已默然瞻仰佛

三半偈請

解脫月語金剛藏　以何行相入後地

三正說亦分為二初明地行後明地果前中同於前地地行亦有三分一勝慢對治二明不住道行勝三明彼果勝。亦初分即入心後二即住心住心之中前即攝正心住後即攝善現行及隨順堅固善根迴向

至文當知今且依論然三分雖同而漸超勝。勝相云何。謂第四地說衆生我慢解法慢治第五地中說身淨慢治今第六地說取染淨相慢治所治漸細故曰勝也所治既細後二亦過。染淨慢者前觀四諦苦集名染滅道為淨又十平等隨順如道但約淨說染相未亡對染者淨亦名取淨今以十種染淨平等法而為能治下觀緣起雖有染淨悟空深故不名取慢今初勝慢對治四。初牒前標後

爾時金剛藏菩薩告解脫月菩薩言佛子菩薩摩訶薩已具足第五地欲入第六現前地當觀察十平等法。二徵列十心　何等為十所謂一切法無相故平等。總云一切法者論云是十二入以三科中蘊不

攝無為處界攝盡而處次於蘊又名生門順無生義 / 故偏舉之言無相者論云自性無相故謂十二入緣成之相有來即無非推之使無故云自性無也故瑜伽云由有勝義自性無相平等性故亦同淨名不念內外行於平等等別中九句明九種相皆自性無故論云相分別對治有九種謂能生等九是其所治無之一字是自性無以為能治論以初自性無貫下九句故但顯所治相之差別**無體故平等**論經云無想論云十二入自相想謂內六根取外六塵之相想名為想即十二入之體故今經云體謂想取像以為體故亦自性無故經云無體故平等下皆準此上遣分別心**無生故平等**生者論云念展轉行相謂諸入苦果虛妄分別而為本故**無成故平等**成者生展轉行相謂生即苦果從果起因故云展轉上二遣染分依他但舉緣成已顯無生無成義矣**本來清淨故平等**即遣淨相謂本來自淨非滅惑方淨故云平等**無戲論故平等**遣分別相謂道能分別揀擇滅惑若有分別則有戲論今本無戲論故無分別上二遣淨分依他**無取捨故平等**遣出沒謂真如之性在妄為沒離垢為出今妄體即真故無可捨真體即空故無可取**寂靜故平等**遣染相即由上義染本寂靜即是真如無別真矣上二遣圓成即十二入之真性**如幻如夢如影如響如水中月如鏡中像如焰如化故平等**遣我非有相此有二意一顯前釋謂有執言但我非有不無於事故云如幻等事有亦不實二者此句遣無由上以無遣有恐便執無故此遣云如幻夢等但無其實非是全無故不應執我非有相諸會歸異大言無殊寄可入會別對前來總別八句謂如幻無相故如夢想現故果生如影故因成如響故本淨如水月不可取故正智但是鏡智現故焰不可攬亦叵捨故化無心現常寂然故**有無不二故平等**遣成壞相成即是有壞即是無緣起為成無性為壞緣成即無性故有無不二。上之九句初七以無遣有次一以有遣無後一不二遣俱則雙非入中矣。又此不二則不壞有無謂說空遣於有執說有為遣空遣有是不異空之有空是不異有之空無別空有而為二也是遣俱句。又既不二亦不壞有無。則不異無之有是不有之有不異有之無是不無之無則亦遣俱非。斯乃四句百非諸見皆絕方為般若現前之因。三結行入地文有五句**菩薩如是觀一切法**牒前所觀十平等法**自性清淨**遣離前地染淨慢垢**隨順**隨順真如十平等法**無違**以無分別心無違所觀**得入第六現前地**由前四能得入六地。四辨行分齊**得明利隨順忍未得無生法忍**上句對前顯勝下句對後彰劣。仁王經中說有五忍謂伏信順無生寂滅前四各有下中上品地前但得伏忍三品九地如次配次三忍十地及佛得寂滅忍若瓔珞經開等覺位則亦有三品。今四五六皆得順忍此當上品治於細慢故云明利言隨順者順於後地無生忍故無約實位纔入初地即得無生今約寄位當七八九。者位何以有此不同。謂若約空無我理為無生者即初地證如所以名得。今不得者有四義故。一約空理謂深論者初地之中觀法虛假破性顯空但名無我今此地中破相趣寂但名平等若約證實反望由來常寂無相可生斷理轉深故七地方得若約與本常寂斯理最妙故十地後得。二說行分別六地已前漸起諸行謂初顯次戒等故名為生七地已上念念頓起一切智行故名無生。三約空有二法說者六地已前空有成起名之為生七地已上寂用雙行故名無生。四約修分別行修未熟名之為生行修純熟名曰無生此則七地已還未得無生故經說八地方顯無生

第二不住道行勝三。初總明心境**佛子此菩薩摩訶薩如是觀已**。結前所以結者由前觀察隨順得至不住道故。次正顯不住文有四句前之三句辯能觀心後之一句標所觀境前三皆悲後一是智由此相導故名不住故論結云不住生死涅槃故今初為物觀緣總稱大悲隨觀不同故分三別**復以大悲為首**首者初義先起大悲而觀緣故是故論云不捨過去現在未來大悲攝勝故以雖同一切智觀觀三世流轉厭離有為而以大悲為先故勝二乘**大悲增上**論云一切法中智清淨故謂以道相智觀不唯但觀三世而編了諸法故云一切法中以此導前令悲增上故下經云大悲轉增**大悲滿足**論云一切種微細因緣集觀故謂以一切種智妻照無遺故名微細。三悲為次後後轉深智轉勝故。據論現文初則雙明悲智俱護煩惱小乘後二唯語於智義當但護煩惱。既三俱稱悲即下三觀則皆雙護凡小俱通二利。皆雙不住也**觀世間生滅**。標所觀者前滅後生染生淨滅故。二別明觀相即緣起觀然緣起深義佛教所宗乘智階差淺深多種。龍樹論云因緣有二一內二外外即水土穀等內即十二因緣今正辯內。然外由內變本末相收即攝合法界一大緣起染淨交徹義門非一下當略示。今經文內略顯十重窮究性相以顯無盡非唯寄位同於二乘言十重者一有支相續二攝歸一心三自業

助成四不相捨離五三道不斷六三際輪迴七三苦集成八因緣生滅九生滅繫縛十隨順無所有盡各有逆順即成二十故下經云如是十種逆順觀察逆即緣滅順即緣生此約逆順生死流注以為逆順若準對法第四此中逆順彼名染淨染淨之中各有逆順則成四十至下當說今以易故經中略無但二十重論主復以上三悲觀門解此十重則成六十古人兼取彼果分中三空觀歷之則有一百八十重觀於緣起論三觀者一相諦差別觀二大悲隨順觀三一切相智觀初但觀二諦有為無有我故即上經云大悲為首觀也二悲隨物增即是第二大悲增上觀三即委悉窮究因緣性相諸門觀故即大悲滿足觀初一下同二乘一切智也次一自願菩薩道相智後即上同諸佛一切種智故涅槃云十二因緣下智觀故得聲聞菩提中智觀故得緣覺菩提上智觀故得菩薩菩提上上智觀故得佛菩提初二菩提即初觀意餘二各一文意可知前約為物三皆攝悲今約觀心三皆智觀是知三句各有悲智互為相導融此三觀唯在一心甚深難若於是而現然論三觀雖備釋經而與十門開合不等初相諦差別觀攝經十門總為三段一成答相差別觀此攝十中初之一門二第一義差別觀攝經第二門中前半三世諦差別觀攝餘八門半所以分此三種觀者初一顯妄我非有後二顯真俗非無真辯緣性俗明緣相義理周備故第二大悲隨順觀攝十為四一觀眾生愚癡顛倒觀攝十門中第一門二餘處求解脫觀攝第二門三異道求解脫觀攝次四門四求異解脫觀攝後四門此之四觀所以分者初一就情彰過後三就法辯非於中二是所依理非對彼正理諦所取我以為餘處三是所依行法非舉其法非明其行失後一明所求果非以苦欲捨苦故第三一切相智觀攝十為九一染淨分別觀攝初門前半二依止觀攝初門後半及第二門三方便觀四因緣相觀五入諦觀六力無力信入依止觀七增上慢非增上慢信入觀上五如次各攝一門八無始觀攝八九二門九種種觀攝第十門釋相差別至文當知然其三觀俱通二利若隨相分別初相諦觀即是自利次大悲觀明其利他一切相智通於二利於中分別復各不同前五自利次二利他後二二利成熟前五門中初之二門通於染淨一示染淨相二示染淨體後之三門唯觀染法初二建立染法一染法之因二染法之緣後一就染觀過次二利他初一化凡後一化小後之二門二利成熟初真諦觀見法緣集無本性故名為無始後俗諦觀但順緣轉故云種種已知大意次正釋文依經十段而並以論三觀次第釋之更無別理經之十段前五佛子次三復次後二又字以為揀別唯初門中中間有一佛子言今初有文相續門先依相諦差別觀下三段之中當成答相三字即分為三初辯定無我即論明惑謂雙舉解惑釋成無我則知緣集但是妄我二倒惑緣起即論明答謂對難釋通無我義故三迷真起妄緣相次第即論明相此三若望十門皆顯妄我非有三自相望合之為二前二顯起因緣明緣無我後一起緣次第明緣有相經依此義中間加一佛子皆有染淨今初辯定無我即論明成者將觀緣起先釋成無我辯定所宗一以貫諸則顯十門皆作是念世成無我此是正破我執習氣三正釋文

間受生皆由著我即反舉惑情明我非理但是苦集故**若離此著則無生處**即順舉解心明理非我是滅道故此直順經文以知無我義已成矣論經言受身處生者以我執習氣但令有情自他差別故本論云五道之中所有生死差別若五道差別自由業招耳又論主反徵惑情顯成無我初徵著我明凡應同聖過云若第一義中實有我相者此宗定所執著我之心即是第一義智此反以縱立謂轉會我知故次云不應世間受身處生者以理正徵謂若我是滅理著心是道則凡應同聖得於涅槃何以著我世間受生耶此中應為立過云若第一義中實有我者凡應同聖為立宗以有能證第一義中實我智故為出因如諸生盡聖人為同喻此則凡應同聖凡既同聖即無凡夫復成一過次反徵後句明聖應同凡過云又復若第一義中實有我相者若離著我應常生世間以不稱實同於妄執非第一義智故此中應為立過云以實有我聖應同凡為宗以聖證無我違理倒惑非聖智故為出因如諸凡夫為同喻此則結成聖應同凡過聖既同凡則無聖人復是一過是以經云若離此著則無生處則反顯妄情定是過也二過既成則無我理昭然可見二倒惑起緣即論明答答伏難故兩難二答一執情徵理難情乖正理答二常求下執相徵實難相不依我答今初難云若實無我云何著我如空中無人豈計有人既著於我不著無我明知有我答云由無智故於無我處執著於我非由有我譬如翳眼見空中華豈空中有華為二難云若實無我何以現見貪著於我世間受生為緣次第明知有我方得為緣次第生起答云正由無我計我由癡愛為本倒惑進集乃至老死何要我耶答意正爾就文分三初明倒惑顛起染緣二正智逆觀結酬無我三就人結觀今初染緣謂十二支即為十二亦無間然而諸論中多攝為四一能引支謂無明行能引識等五果種故二所引支謂識等五是前二支所引發故三能生支謂愛取有近生當來生老死故四所生支即生老死是愛取有近所生故此約二世一重因果以明其義若依三世兩重因果則生引互通今經並具且依十二文分為五初無明支

復作是念凡夫無智執著於我常求有

無正辨無明。無智是癡，常求有無即是有愛。然依三世諸惑謝往總名無明，略舉發潤有支本故。若約二世，雖諸煩惱皆能發潤，而發業位無明力增故名無明。唯取能發正感後世善惡業者以為其體。倖常為有，於有樂事欲常住故，求斷為無，於有苦事願斷滅故。二行支文有七句。不正思惟初三行過云不正思惟是行俱無明，涅槃說此為無明因，亦無明攝，請前起後故，因果互舉。起於妄行就人彰過，謂起妄行者必是凡夫，無明為因，求有造業故。故初地云凡所作業皆顛倒相應，反示菩薩勝義，謂菩薩雖行於有起於善行，以明為因，不為求有起造諸業，不名妄行。行於邪道就法彰過，論云示於解脫處不正行故。若行涅槃路方為正道。次三辨行體相以三業相應思造三行故。罪行謂由迷異熟愚違正信解故起感招三塗惡業及人天別報，若業皆名罪行，然別必兼總，唯感別報非行支故。福行由迷異實義愚不知三界皆苦，妄謂為樂，是故起於欲界善業名為福行。不動行八禪淨業名不動行。積集增長一後結成行支，謂作已無悔積集增長有遷流故。三識支於諸行中植心種子謂既發行已由行熏心，令此本識能招當來生老死故，名之為種。若無行熏終不成種。即是所引識等五種於一剎那為行所集，無有前後。約為異熟六根之種名六處支，為異熟觸受種名觸受支，除本識種為識支體及此三種，諸餘異熟蘊種皆名色支，故無前後。因位難知，但依當來所起分位說五有殊，五不離心但名為種，又隱餘四就現行說故。然唯識論但識等種以為所引，而集論中說此識支通於能引，正取業種為識支故，識種乃是名色支攝。緣起經說通能所引，業種識種俱名識故，識種但是名色所依

非名色故，不同攝論。今經意同緣起經說取二故雙舉行識。論云此中起心種子者，示生老死體性者，謂未來二果以此識種為親因故。有漏有取成上種義，謂行及識等名言種子皆通無漏，今與三漏相應故名有漏。有支，如初地中以欲等四流起心種故有漏，有漏是愛，有取是取，愛取潤故能招後有。四名色支復起後有生及老死。初之二句文合二意：一者成上種義，由起生死心得種名；二者總標後義，現行名等皆生老死故，即同初地於三界田中復生苦芽。次別亦有二意：一通約十二，自此至生名色芽是識生名色；二為顯前來已具十因，則辨有支生於生死名色居初，次第辨耳。謂由前心等五種有漏有取愛取潤故復起後有，是標有支生於二果。今此別顯有支之相。故唯識云愛取合潤能引業種及所引因轉名為有，俱能近有後有果故。瑜伽第十唯說業種名為有者，此能正感異熟果故，如後段說。三十八中復說唯識等五名為有者，親生當來識等五故。實則總有八支共立有名，唯除無明通有成九。今此經中復加無明通前十因共招二果。若以十二是前世二果，則一世中具十二矣。且約有支文有六緣。所謂業為田。即是行種望所生果但為增上緣故。識為種。即是識等五種為後生死作親因故，如世種植依田肥瘦，然其莖麥隨自種生。論總釋云隨順攝取罪福等行業為地故，此正明隨順於愛攝前行識之種而成有支也。無明闇覆。論主取前經無明故，云前說無智闇障無明覆蔽故，此則依於等能發起邊為助故，亦是舉於前世例今世故。準唯識意非前發業無明，即是覆業無明，亦是愛攝，即是迷外增上果愚。又諸煩惱皆能潤故，以約十因同一世故。愛水為潤。論主指前常求有無之愛，即是舉例，亦即

是前標中有漏，以前有愛無明攝故。我慢溉灌。即是取支，要盡溉灌方生有芽。我諸等取為我慢故。若悟無我，容不生故。見網增長。亦是取支，見取攝故。我見為本，諸見生故。令無漏法不能壞故，名之為網。論總釋云如是住如是生心者，總顯生名色芽由無明愛令上識種安住業地，是故能令名色心生。次卻釋我慢，論經即云我心溉灌，論云我是我所、我我想是慢者，謂我是我所是釋我字，以非但執我，亦執行業是我所依故。次我我想是釋想字，心字心即想義，依我起於我想以陵他，故名之為慢，正同今經。次釋見網云我生不生，生即是常，不生是斷，斷常為本，由此具足六十二見，故末句云如是種種諸見也。如初地中始於無明終至識支皆名邪見。然遠公諸德皆云我我所者，受生之時自見己身名之為我，見父母精血名為我所。又謂父母是我夫妻，當受生時與父母識色謂己諍得，便起勝想，故名為慢。言我生者，我唯此處生，不於餘處生，此取中有求生之愛，於理無失。然上諸句皆明能生。生名色芽。即是所生當報五果，初結生蘊即是識支。今以前辨識種隱於餘四，今辨現行略其第八總報所依。欲顯識與名色次第相生義故，復欲顯其通種現故，故有隱顯。然名色等必有所依本識，故初地云於三界田復生苦芽，所謂名色共生。論云共阿賴耶識生故，即此後文云與識共生。五合辨餘支。名色增長生五根，諸根相對生觸，觸對生受，受後希求生愛，愛增長生取，取增長生有，有生已於諸趣中起五蘊身名生，生已衰變為老，終殁為死。於

老死時生諸熱惱因熱惱故憂愁悲歎衆苦皆集。辨六入等八支如後段明然此一段意欲答於受生所以故具出諸惑隱顯等殊不在顯相顯相在於後段說故二正智迷觀結酬無我此因緣故集無有集者約生以明無我但由無明等集非由我集又上句揀無因下句揀邪因任運而滅亦無滅者約滅以明無我剎那性滅無使之然三就人結觀菩薩如是隨順觀察緣起之相如是觀者即隨順緣起之理三迷真起妄緣相次第者即論相差別也論云若因緣無我以何相住因緣集行謂當相名住生後爲行故經意云迷諦理起相集耳然成答相三通是有支相續而兩重緣相差別云何略有五異一前約妄我起緣即迷我執此約迷諦起緣即迷真實義二前約緣起此約緣次故前通取十因一處共起名色此中一向單說次第三前通三世二世以許十因同一世故以義取之亦通五世此唯三世以名色等唯約現故以義取之亦通一世四前文欲明三世並備於無明中說有受故於現在中說無明故此中三世互有隱顯不許相通五前爲答難此爲辯相如論意故有斯五異兩處辯緣共明相續撥破癡倒故但束爲十門之一文中亦二初順後逆今初順觀十二支佛子此菩薩摩訶薩復作是念於第一義諦不了故名無明第一義不了者然十二支皆因具起無有自性故下偈云觀諸因緣實義空也而無明最初親迷諦理而起於行既横從空起不可復原故令無明特受迷稱論經云諸諦第一義者即四諦也故對法云真實義愚者謂迷四聖諦所迷即是實義能迷即愚別有闇法名爲無明非但遮詮明無而已所作業果是行行者行支也業即罪等三業是彼無明所起果故故偈中云所作思業愚癡果而本論云是中無明所作業果者所謂名色者此出果體體謂行體即名色故遠公釋論云行有三業意業爲名身口爲色故婆沙云名色有二一方便名色二報名色若云名色緣識即方便名色若云識緣名色即報名色今以行爲方便名色行依止初心是識識支論云於中識者彼依止故彼即是行此中語倒應言依彼故論經云依行有初心識謂由行熏心有當果種乃至現行故瑜伽云因識爲緣相續果識前後次第與識共生四取蘊爲名色。名色支初一識字即是現行識支識爲種邊唯是賴耶在現行位通於六識識今揀現行非是種子故云共生名色四蘊識蘊已屬所依識故若言四蘊曰名羯剌藍等爲色則所依現行之識亦唯賴耶瑜伽論云俱有依根曰色等無間依根曰名則通五蘊爲體即四七日來根未滿位論云名色與識共生故者此言揀濫恐人誤謂名共色生故又云識名色遞相依故者釋前共義謂識由名色方可得起名色依識方可得存如水與塵互相依持以爲泥團亦如束蘆乃至命終相依而轉故上答文總結苦果爲名色芽名色增長爲六處。六處支謂四七日後諸根滿位六處明盛名增成第六意處色增則成餘之五處俱舍偈云從生眼等根三和前六處前段爲明意根本有云生成五根耳俱舍十一五果之中前三胎內餘二胎外根境識三事和合是觸觸支謂觸對雖有三和於三受因尚未了知但能觸對觸共生有受。受支謂分別三受領納於觸名觸共生此前四支唯約現行於受染著是愛。愛支以三受中樂受纏綿希求故云染著即是中下品貪此雖通緣內外二果諸論多取緣外境受增上果生愛增長是取。取支雖攝餘惑而愛潤勝故說是愛增然上二支通現及種取所起有漏業爲有。有支由四取心中所起諸業故名有漏此業親能招當果故名之爲有此約三世不同前段愛取合潤業等名有此前之業已隔現行名色等故從業起蘊爲生。生支約增上緣云從業起始從中有未衰變來皆名爲生蘊熟爲老蘊壞爲死死時離別愚迷貪戀心胷煩悶爲愁涕泗咨嗟爲歎在五根爲苦在意地爲憂憂苦轉多爲惱。老死支即諸衰變位名爲蘊熟故上二支體通五蘊唯是現行欲令生厭合立成支以顯三苦老非定有附死立支死時等五餘時雖有死時多故偏就死說然此一段有支亦通一生前後建立餘支可知唯生一種通取於前耳。二逆觀如是但有苦樹增長結是苦樹謂無明行引識至受爲苦芽愛緣引受至有是守養生老死爲苦樹從芽守養是增長義又於現法中無明造業爲小苦樹若愛取潤則得增長不潤尚滅況更增耶又初二爲根次二爲身次三爲枝次三爲華後二爲果無我無我所結成無我無作無受者結成於空復作是念若有作者則有作事若無作者亦無作事第一義中俱不可得。以我況法結成勝義故瑜伽說由十種相緣起甚深六義依無常一義依苦一義依空二義依無我一從自種子亦待他緣二從他亦待自三俱從無作用四此二因性非不是有此四義即前段中但因緣故集無有集者五雖無始其相成說而剎那滅六雖剎那滅而似侍住此二即前任運而滅亦無滅者一義依苦無一味苦相而似三相故結云若謂一義依空者謂離有情作者受者然似不離顯現即今無作無受二義依無我者一雖實無我似我相現即今無我我所二依勝義諦雖不可說而言諸法自性可說即今復作是念已下經文十義備矣。由前緣相皆是似義故逆觀中直顯真實性相無礙故為甚深緣起之觀正在於此。又無作者即顯緣生非天人作若佛出世若不出世安住法性法住法界故於此一觀已為甚深況加後二。二約大悲隨順觀者四觀之中此第一門即當第一悉癡顛倒觀。論攝釋云隨所著處悉癡及顛倒此事觀故謂十二因緣是所著處癡迷性相倒執我所。下別釋意明癡隨所迷立二顛倒一從初至則無生處明迷緣性之無我執我成倒以著我故則世間受生明是顛倒若離此著則無生處反顯此著必是顛倒二復作下覺初一門明悉緣相之緣生疑惑顛倒謂無智故常求有無滯斷常之二塗故云疑惑致緣相之相續明是顛倒。今此菩薩順彼眾生惡倒之事起悲觀察名為事觀。三約一切相智觀九觀之中此門攝第一觀全及第二之半。謂初成答二文名染淨分別觀此有二意一著我為染離我為淨二著我故緣相生為染離我故緣相滅為淨後相經文即屬第二依止觀謂雖依第一義以不知故即起諸緣是為染依見第一義諸緣則滅便為淨依。相諦觀中不知故成緣相大悲觀中不知便為顛倒。然上細續一門經文無二隨義分三初明倒惑起緣實無有我成一切智觀。次順癡倒事成道相智觀後委究解惑染淨性相成種智觀。文初順根本次順後得後即無礙。雖無我所不壞相故而起大悲能所本空悲而無著雙窮性相不滯自他三觀一心成無礙智甚深般若寧不現前一門尚然況加餘九。第二一心所攝門然此一門乃含多意且分二別。初推末歸本門

佛子此菩薩摩訶薩復作是念三界所有唯是一心。依論三觀初約相諦即當第二第一義諦差別觀論主生起云云何第一義差別如是證第一義即得解脫彼觀故。此明修觀所以以第一義是緣生之性若見緣性即脫緣縛故修彼觀。而論經雖云皆一心作意取能作一心故云第一義觀。論云但是一心者一切三界唯心轉故此言則攝轉者起作義亦轉變義。然此一文諸數同引證成唯心。云何一心而作三界略有三義一二乘之人謂有前境不了唯心縱聞一心但謂具諦之一或謂由心轉變非皆是心二異熟賴耶名為一心揀無外境故說一心三如來藏性清淨一心理無二體故說一心此初一心菩薩不為此觀後二一心經意正明通於三觀約清淨一心為第一觀通此二心為後二觀後二一心略如問明廣開有十初之一門假說一心謂實有外法但由心變動故下之九門皆唯一心二相見俱存故說一心此通八識及諸心所并所變相分本影具足由有支等熏習力故變現三界依正等報如攝大乘及唯識諸論廣說三攝相歸見故說一心亦通王所但所變相分無別種生能見識生帶彼影起如解深密經二十唯識觀所緣論具說斯義四攝數歸王故說一心唯通八識以彼心所依王無體亦心變故如莊嚴論說五以末歸本故說一心謂七轉識皆是本識差別功能無別體故楞伽云藏識海常住境界風所動種種諸識浪騰躍而轉生又云譬如巨海浪無有若干種諸識心如是異亦不可得既云離水無別有浪明離本識無別前七六攝相歸性故說一心謂此八識皆無自體唯如來藏平等顯現餘相皆盡經云一切眾生即涅槃相等楞伽云不壞相有八無相亦無相如是等文誠證非一七性相俱融故說一心謂如來藏舉體隨緣成辦諸事而其自性本不生滅即此理事渾融無礙是故一心二諦皆無障礙起信云依一心法有二種門乃至不相離故又密嚴云佛說如來藏以為阿賴耶及如金與指環展等又勝鬘云自性清淨心不染而染難可了知染而不染亦難可了知皆明性淨隨染舉體成俗即生滅門染性常淨本來真淨即真如門斯則即淨之染不礙真而恒俗即染之淨不破俗而恒真是故不礙一心雙存二諦深思有味八融事相入故說一心謂由心性圓融無礙以性成事事亦鎔融不相障礙一入一切一中解無量等一一塵內各見法界天人脩羅不離一塵其文非一九令事相即故說一心謂依性之事事無別事心性既無彼此之異事亦一切即一故上文云一即是多多即一等十帝網無礙故說一心謂一中有一切彼一切中復有一切重重無礙皆以心識如來藏性圓融無礙故上之十門初一小教次涉權次三就實後三約圓中不共若下同諸乘通十無礙一部大宗非獨此品隨一一門成觀各具可以虛求第一本末依持門自此已下終於十門皆是世諦差別緣相本寂但應觀具何以復觀世諦差別論云隨順觀世諦即入第一義故俗為真詮了俗無性方見真耳中觀論云若不知世諦不得第一義故此觀有六一何者是染染依止觀即雙辯能依所依攝此半門二因觀觀染因故攝次二門三攝過觀唯苦集故四護過觀護凡邪見故五不厭厭觀防小慢故上三次第各攝一門六深觀顯因

緣之理妙過情取故此一觀稱後三門。六中初一建立染相次一就染觀過次二正觀防非後一觀行深極令此半門即染依止觀因緣有分爲染而此染相依止一心故本論云此是真俗二諦差別以純具不生單妄不成一心之真雖染之俗此二和合有因緣集。經文分三。初總 如來於此分別演說十二有支皆依一心如是而立 謂依一心分別十二則此十二爲一心所持而特言如來說者一心頓具非佛不知故謂顯如來先於過去覺緣性已等相續起 徵意云十二有支三世展轉傳說故。二徵 何以故 行列前後引生何以今說皆依一心。三釋 隨事貪欲與心共生心是識 論無別解古來諸德但云離本識心一切不成而其釋相經生越世此雖不失依持之義未爲得旨。今謂說主巧示非唯三世不離具心今既一念心頓具十二彌顯前後不離一心此同俱舍第九明剎那十二因緣也。是以此一門中含多緣起一含攝論二種緣起彼第二云若略說緣起乃有二種一分別自性緣起謂依阿賴耶識諸法生起即今一心依持二分別愛非愛緣起謂十二緣起於善惡趣能分別愛非愛種種自體以爲緣性故即通今釋文及前後九段。二含俱舍第九四種緣起一者剎那二者連縛三者分位四者遠續後三通餘九門。此中正當四門第一彼云云何剎那謂剎那頃由貪行殺等具有十二彼廣說相與此大同故今經文不必依次意顯一心剎那頓具隨事貪欲等者此則總指所行之事貪事非一隨取一事於一念中則具十二謂行此貪事必依心起復了別前境故心即是識 事是行 貪事即是意業之行若形身口亦是二行 於行迷惑是無明 不知貪過能招於苦 與無明及心共生是名色 名色是總爲二所依名與共生故晉經云識所依處爲名色故俱舍云識俱三蘊總稱名色意明以受蘊自是受支故 名色增長是六處 不生五識唯名十界五識依生乃名十處識依相顯即是增長增長之言宜譯爲開顯俱舍云住名色根說爲六處謂六根是別名色爲總以別依總開成於六稱住名色 六處三分合爲觸 貪必對境爲觸 觸共生是受 受必領觸 受無厭足是愛 貪即是愛名受無厭 愛攝不捨是取 即是欲取 彼諸有支生是有 愛取潤前六支成有故但前諸有支生即是有義 有所起名生 即前諸法起便是生義 生熟爲老 物生即異故 老壞爲死 剎那滅故又依大乘當相壞故經云初生即有滅不爲愚者說故。此若不斷則名連縛十二支位所有五蘊皆名分位即此順後等無始來有名爲遠續。大小理通或六八識異耳非聖教量孰信斯言論主不輕殆以疎遠。此文正辯同時異體十二有支若同時同體亦異十二謂迷第一義即是無明有漏有爲便名爲行體即是識亦即名色即是意處對境名觸領境名受染境名愛著境名取招報爲有體現名生即異滅爲老死。以此十二有支約時通說總有六種一依五世說十二支謂過去無明行復從過去過去煩惱生此則煩惱生惑業過去二因生現五果則惑業生苦若現生來來未來更生未來則若復生苦。此依三世推因徵果假說有五非約展轉不壞無窮。二依三世三依二世四依一世前後建立並如初門中辯五同時異體六同時同體即如此文。二約大悲隨順觀中即當第二餘處求解脫。謂是凡夫愚癡顛倒常應於阿賴耶識及阿陀耶識中求解脫乃於餘處我我所中求解脫故。經明唯是一心則心外無我法當於一心中求亦同淨名諸佛解脫當於衆生心行中求言阿賴耶此云藏識能藏一切雜染品法令不失故我見愛等執藏以爲自內我故此名唯在異生有學阿陀那者此云執持執持種子及色根故此名通一切位此二即心之別名論主意明心含染淨故雙舉二名釋一心義。求義云何若有我執成阿賴耶若我執亡即捨賴耶名唯阿陀那持無漏種則妄心斯滅真心顯現故下偈云心若滅者生死盡即妄滅也非心體滅三約一切相智觀即當第二依止觀明此緣集依於二種一依第一義已如前說二依心識即是今文前唯約淨此通染淨依義如前又前即依真起妄此則顯妄依真。第三自業助成門亦二初約相諦觀者此下二門即當因觀因觀有二一他因觀二自因觀遠公云行望無明異故名爲他因從前無明生後無明名爲自因。他因小通自因有妨以論云自因觀者離前支無後支經言無明因緣能生諸行故。今謂他因者全賴前支生後支故此揀自性故大悲觀中揀於冥性一切相觀名爲方便唯從無明生於行故名爲自因此揀餘因能生於行亦猶於酪定從乳生不從石出故大悲觀破於自在等因一切相智顯因緣相故。三觀取意小異文旨大同諸德不尋論文妄爲異釋今此一門即他因觀。二別釋此段 佛子此中無明有二種業 一令衆生迷於所緣二與行作生起因 經明各有二業一是自業二是助成而並云他者特由無明迷於所緣方爲行因若了所緣寧起妄行又初明自業顯是他義二明生後顯是因義餘十一支傚此思準 行亦有二種業一能生未來報二與識作生起因識亦有二種業一令諸有相續二與名色作生起因名色亦有二種業一互相助成二與六處作生起因六處亦有二種業一各取自境界二與觸作生起因觸亦有二種業一能觸所緣二與受作生起因受亦有二種業一能領受愛憎等事二與愛作生起因愛亦有二種業一染著可愛事二與取作生起因取亦有二種業一令諸煩惱相續二與有作生起因有亦有二種業一能令於餘趣中生二與生作生起因生亦有二種業一能起諸蘊二與老作生起因老亦有二種業一令諸根變異二與死作生起因死亦有二種業一能壞諸行二不覺知故相續不絕衆生起之因即增上緣以緣諂因從遍義說於四緣中諸支相望增上定有故

緣起經及此文中唯明有一餘之三緣有無不定故略不明。謂愛望於取有望於生有因緣義。以愛增為取識增為有故。若說識支是業種者。行望於識亦作因緣。餘支相望無因緣義。而集論說無明望行有因緣者。依無明時業習氣說。無明俱故假說無明實是行種。瑜伽論說諸支相望無因緣者。依現愛取唯業有說。上四位相望明有因緣。初二定有。次一不定。後一假說。無明望行愛望於取生望老死有餘二緣並以現行相望無間引生故。行等思心可反緣故。有望於生受望於愛無等無間有所緣緣。以種望現故所生現行却緣種故。餘支相望二俱非有。此中且依鄰近順次不相雜亂實緣起說。異此相望為緣不定。以其逆順各有次第及超間故為緣。既多義不同經約簡要從定有說。又約因言已含餘三。其十二支各初自業不異前之二門。論主唯解老死二業者以此難故。舉一例諸。然無明無因老死無果故前十一各與後支為生起因。老死無果。與誰為因。經文意顯。與無明為因則無明非無因。老死非無果。故云不覺知故相續不絕。不覺知者即無明也。是以十二因緣猶如尋環。如汲井輪無有斷絕。反顯若能覺知則無復生死。論主總以二業為後生因故云壞五陰身能作後生因以不覺知故能作後生因。意明前陰但滅則後陰生故初為因。後意不知即是無明。無明為因則十二支相續不絕。不見此意徒自云云。二約大悲隨順觀四觀之中。此下四段明第三異道求解脫。論云顛倒因有三種。謂性因自在因苦行因及無因。此有四因。如次四門破之。前三是邪因。故併云顛倒。一性即冥性。謂僧佉計此為所知因。謂知此冥性即得解脫故。前云異處求解脫。顯其理非此中雖云所知意取行非。二即迦羅鳩䭾計自在天為所求因。謂自在天瞋衆生受苦自在天喜衆生受樂。求其喜故。三刪闍夜計苦行為所修因。但修苦行以酬往業則得解脫故。四無因即阿耆多計衆生不由因得萬法自然。若知此者便得解脫。衆生於上邪因無因異道中求經欲以正折邪故舉四門令於中求。不應於上邪見中求。此門即破冥性。謂因緣有支各二種業而能生彼因緣果事不由冥性。故斷前支緣則後支不續。一生之中便得解脫。汝之冥性縱八萬劫知亦無脫期。三約一切相智觀即當第三方便觀。謂因緣有支各二業為起後方便若滅前前則不生後後。是解脫方便第四不相捨離門三門同前。初約相諦即當自因觀自因之義已見上文。又論云自因觀者無明等自生因觀緣事故。謂離前支無後支故如不離無明有行等則無明唯是行自因也。以是自故令行不斷。以是行因故但云助成。若唯不離無明有行則成太即。不應言無明緣行。若全離無明有行則成太離。無明則非行因。故論云異則不成。不即不離則名自因。亦二義成矣。故論主引中論偈云。衆因緣生法。是則不即因亦復不異因非斷亦不斷。初句汎舉也。次句以是所生非能生。故亦復不異因者。從於能生生所生故。末後一句結歸中道。非斷亦非常者。不即故不常。不異故不斷。文不即因故果不斷。因不常不異因故果不常。因不斷。文以不即故因果俱不斷不異故因果俱不常非無因常故。文亦反此非相續常故。文以不離是不即故即不常。為不斷思之。文二。初順觀

佛子此中無明緣行乃至生緣老死者由無明乃至生為緣令行乃至老死不斷助成故。論云無明有二種一子時二果時是中子時者令行不斷有二種義故緣事示現者子是種子果是現行現行之果雖前已謝故不取之種子續故令行不斷能助成行故取子時亦可初起無明名之為子還至行時名之為果由前等引

之力令行不斷助成行故偏取子時餘十一支皆有二時例此可了三逆觀 **無明滅則行滅乃至生滅則老死滅者由無明乃至生不為緣令諸行乃至老死斷滅不助成故** 論云先際後際滅中際亦無是故不說者十二因緣不出三際過未既無中豈得有是故不說有不斷助成義又不說者滅則滅前諸義故不假說子果等殊。二約大悲隨順觀破顛倒因中以自在天為衆生因今以無明等為行等因尚不從於餘支豈得從乎自在。三約一切相智觀即當第四因緣相觀有支無作故者既由前前令後後不斷助成後後則後後無性何有前前能作後後即以無作為緣之相是種智境第五三道不斷門一依論相諦中六觀之內名攝過觀謂以三道攝十二支則顯有支但攝於苦因果過患業惑是因苦即是果亦有順逆初順觀 **佛子此中無明愛取不斷是煩惱道** 文含二義一約三世則過去無明現在愛取名為煩惱雖同煩惱過去迷於本際與無明名現在當生後果由於愛取從其本末隱顯互彰 **行有不斷是業道** 宿業名行現業名有雖同是業過去已定當相名行未來未有業能有之功能立稱 **餘分不斷是苦道** 現在五果未來二果同皆是苦現報已定當相受名未來未起從過患立。若約二世前十同世則煩惱有二能發能潤雖諸煩惱皆能發潤於發業位無明力增潤業受生愛取力勝各偏受名以無氣發唯一無明數數溉灌故分愛取業亦有二未潤已潤未潤名行初造作故已潤名有近生當有故若總取識等種為所潤則亦苦攝故唯識云有支一分是業所攝就苦七中五約種說二約現行種位難知依當果位別顯為五果位易了故唯立二至如前說三道皆言不斷者謂從三煩惱生於二業從彼二業復生七苦七復生三故如輪轉如淨意菩薩十二因緣論廣明。三逆觀 **前後際分別滅三道斷** 明對治斷謂斷前際無明行及後際愛取有則七苦不生 **如是三道離我我所但有生滅猶如束蘆** 明自性斷故淨意云一切世間法唯因果無人但從諸空法還生於空法是則生滅因果如二束蘆互相依立不能獨成則知無性二我俱空。二約大悲觀中即當破異道求中苦行因計謂以業惑而為苦因欲求脫苦當斷業惑反修苦行是起妄業計苦行心即是煩惱如是妄想寧是解脫樂因。三一切相智觀中即第五入諦觀三道苦是集諦故謂業惑皆集故瑜伽云生老死現法為苦識等五支當來為苦者五約種說故唯識云十二皆苦諦攝取蘊性故五亦集諦業煩惱性故此則業惑通於二諦約其逆觀即滅道諦滅分別心亦即道故。又體三道即性淨三德涅槃佛性一實諦故。第六三際輪迴門初約相諦名護過觀謂說三際護三過故。三際不同諸教三說一依唯識合能所引同能所生故前十現在後二未來十因二果定不同世因中前七與愛等三或同或異謂生報定同後報便異若二三七各定同世如是一重因果是顯輪轉及離斷常此則但以二世具十二支不許三世兩重因果若爾云何三際今之二果乃是前際十因之果。二依智論俱舍生引俱開初二過去次八現在後二未來故成三世現八之中前五是果酬於過去後三是因復招未來則二重因果各具三道可得抗行。三依此經意明三世故開能所引為前中際為遮前七定同世故復示無明迷本際故二屬過去合能所生總為後際為遮愛等但是潤故示因招果令厭因故以因從果故五屬未來則能所引生及所發潤皆容至有經無生死者同許為果略不明之論經具也明文昭然何為唯取二世不受三耶。已知大意次正釋文初順觀有二初明一往三世 **復次無明緣行者是觀過去** 觀有二義一觀現在生是過去二因所作二則知識等是彼過去當來之果因果相屬反覆相成如是方名見過去因義能防三過 **識乃至受是觀現在** 亦有二義一觀現在識等由過業得二復知識等能得來果報以不得對治依起愛等故現在目覩故分兩向明其二義 **愛乃至有是觀未來** 此未來因決得來果一往定故。二流轉三世 **於是以後展轉相續** 謂不得對治復有後世於後世上轉生後世後後無窮。已知三際云何護過謂外與內因緣之法立三種過一者一切身一時生過何以故無異因故此過從前自因而生謂既無自在等而為異因唯無明行為識等因行有多種何以不得六道齊生二者自業無受報過何以故無作者故此過從於無作緣生作者即我三者失業過何以故未受果報業已謝故此過從於無常緣生。此上辨過云何護耶。若見三際則能護之。然過去業有三種義故不得報一未作二作已未潤三得對治。今無明緣行則顯已作現識等五則顯已潤已受愛取有三則知未得對治。於已作業既有潤未潤殊斯為異因。已潤則受生報未潤則受後報潤未潤殊豈得六道一時齊受此為異因何用自在既自造異因自招二報非他身受何言自業無受報耶假者自造何用我耶若已作業不得對治潤則便生知業不失因雖先滅勢力續故現見得報不可言失三過度矣。二逆觀 **無明**

滅行滅者是觀待斷卽待對治義此滅則彼滅據自性滅故云觀待然十二支三世並備但隨化迹隱顯分三令知過去因招今苦果令斷愛等當果不生則悉疑絕命於慧刃愛水燋乾於智火高羅四開於六趣無生超逸於八極矣二約大悲隨順觀治異遺求中無因之見示三際因果既先際二是中際五因中際之三是後際二因若無如是等事衆生亦無斷因有矣何得言無三約一切相智中當力無力信入依觀論云先中後際化勝故謂此三際為因義邊皆名有力為果義邊名為無力若依三世前際於現五有力於當二無力中際愛等於當有力於現無力以斷三際化彼凡夫令信入依行化中之勝如是窮究為種智境第七三苦聚集門初約相諦卽當六觀之中第五不厭厭觀論云厭種種微苦分別所有愛皆是苦故此約微細行苦而說又云及厭種種麤苦故此約壞苦及苦苦說皆凡夫不厭菩薩厭故又初微苦二乘不厭菩薩亦厭二乘雖知捨受行苦不窮委細有無量相及變易苦故云不知文二初順觀**復次十二有支名為三苦**順中且從相增而說以配三苦**此中無明行乃至六處是行苦**前五遷流其相顯故名為行苦**觸受是苦苦**觸受因於二支觸對生苦故云苦苦**餘是壞苦**餘但壞樂故名壞苦老死壞生亦名壞樂若準瑜伽唯識二論十二支全分皆行苦攝有漏法故十二支少分苦苦攝以十二支中各容有苦故十一少分壞苦所攝以老死位中多無樂受依樂立壞所以言無若約壞生如今經說若依捨受以立行苦則除老死老死位中無容捨故以此三苦從三受生謂苦受生苦苦樂受生壞苦捨受生行苦故二苦皆言少分者十二支中具三苦性若是二苦必是行苦故言全分有是行苦而非二苦又是二苦各不攝二故云少分三逆觀**無明滅行滅者是三苦斷**二約大悲隨順觀此下四段當第四求異解脫謂不識真解脫求三界苦等為解脫故名為求異真解脫者有四種相一離一切苦相二無為相三遠離染相四出世間相此四種相卽是涅槃常淨我故涅槃云於世間法自在遠離名為我故故下四段經明其但有四種虛妄而無四德令此明其有苦無樂故本論云彼行苦事隨逐乃至無色有行苦縛彼計無色為涅槃者豈非妄苦耶三約一切相智觀此當第七增上慢非增上慢信入觀不如實知微苦我慢卽增上慢若知微苦非增上慢不知令知名為信入

大方廣佛華嚴經疏卷第六十一　邊一

大方廣佛華嚴經疏卷第六十二八三十七 遇二

清涼山沙門 澄觀 述 晉水沙門 淨源 錄疏注經

八因緣生滅門亦名推緣無性初約相諦觀此下三門皆明深觀謂四句求緣皆無有生無生而生故曰深觀。此門明不自生不他生第九門明不共生第十門明不無因生。釋此四句略有二意 一 破邪二顯理理外妄計曰邪邪亡則理顯理顯則惑亡反覆相順然自他等四是計是假不之一字是樂是理齊生之理不出自等自等若無生將安寄故以不不之則惑亡理顯。然其所計略有三類一者外道謂異性為自梵天為他微塵和合為共自然為無因又此四計亦是僧佉衛世若提子勤沙婆也。二小乘計同顯因為自異熟因為他俱有因為共許無明支託虛而起亦曰無因上計亦通大乘執相之者。三約大乘采法為自衆緣為他合此為共離此為無因又頓邪自體為自衆緣為他合此為共離此為無因又法從真起為自從妄起為他合此為共離此為無因。所計雖衆但顯正理諸計自亡。顯理復二一約無生以顯深觀二約一生與無生二俱無礙以顯深觀。先無生中略為二解一約展轉釋法從緣起故不自生既無有自對誰說他又一切法總為自故又他望於他亦是自故既無有他故不他生自他不立合誰為共有因尚不生無因何得生。二約因緣形奪釋故對法云自種有故不從他待衆緣故非自作無作用故不共生有功能故非無因論編同此若爾自種有故即是自生豈曰無生此乃假自破他非立於自次句既中遣自故中論云如諸法自性不在於緣中也下二句例然惟審詳之。二約無礙者但因緣生果各有二義謂全有力全無力緣望於果若全有力則因全無力故云因不生緣生故故不自生二因望果全有力亦然故云緣不生自因生故故不他生三二力不俱故不共生四二無力不俱故不無因。此復二義一約用則力用交徹有相入義謂有力攝無力故故十住品云菩薩善知緣起法於一法中解衆多衆多法中解了一等二據體有空不空有相即義謂非但因力攝緣亦乃因體由緣而顯全攝因緣因如虛空故上文云一即是多多即一等力無力必俱故常相即入是為無礙大緣起甚深之觀也。文二。初順觀**復次無明緣行者**牒也**無明因緣能生諸行**釋也論云有分非他作自因生故此以不他生釋經因字謂如行支唯從無明故云自因即上自因觀也二者非自作緣生故此以不自生釋經緣字謂行支但假無明為緣非有行自體在無明中從自而生即他因觀但取據餘不觀生故名因顯前非後疎故名緣非謂四緣之因緣也。二逆觀**無明滅行滅者以無無明諸行亦無**三例餘**餘亦如是**餘並可知。二約大悲觀即異求中計非想等以為涅槃又計妙行為解脫者非是常德但是生滅故可悲之。三約一切相智觀此及後門名無始觀此有二意一若約俗說因緣為生滅之本生死無際故因緣無始二約真說見法緣集無有本性可依故名無始即淨名云從無住本立一切法故染淨真性皆無始終顯深可除但云無始餘如別說論云中際因緣生故後際生即舉此第八門隨順縛故即第九門謂但一念從緣生即是不生故無始也不言初際生者意顯無初故今不起妄即不生故。九生滅繫縛門亦名似有若無初一切智觀中明不共生文三。初順觀**又無明緣行者是生繫縛**但明無明為緣縛行令行繫屬無明斯則緣生而為不共者。論云非二作但隨順生故無知者故作時不住故。意謂但行順無明緣不得不生互無知者故非二作。若爾但隨順生即是共生何要知者故末句云既從緣生則念念不住誰為共耶此同對法無作用故又中論云和合即無性云何和合生。二逆觀**無明滅行滅者是滅繫縛**謂滅但滅於繫縛既無共生安有共滅言有生滅皆是繫縛。三類餘**餘亦如是**。二約大悲觀謂彼外道異求非想天等為解脫者菩薩觀之但是染縛非是涅槃真淨之德。三約一切相智觀明無始觀中隨順縛故而生非有本也。十無所有盡觀亦名洪同平等三觀之中初一切智觀即深觀中顯非無因經亦三節。初順觀**又無明緣行者是隨順無所有觀**由行從無明緣生緣生即無性故云隨順無所有。二逆觀**無明滅行滅者是隨順盡滅觀**滅亦緣滅緣滅無滅方順盡滅之理。然論經順觀云是隨順有者顯無性緣生故不能不有二經雖殊同明緣生故非無因無因何失若無因生生應常生非不生也何以故以無定因故此即縱破亦可恒不生何以故無因生故此即奪其生義故無因生非佛法所樂以無因能生大邪見故。二類餘**餘亦如是**。二約大悲隨順觀即異求解脫中外道計非想無所有處等為涅槃以順有故非是出世故無我德而妄計解脫故可悲之。三約一切相智觀當第九種觀此即世諦觀由隨順有故有欲色無色愛等之殊故云種種即是順有來失順無上來別釋十門竟自下第三總結十名**佛子菩薩摩訶薩如是十種逆順觀諸緣起**既云逆順觀察則前二門闕逆觀皆乃文略耳。然此逆順者對治第四名為染淨染淨中各有逆順論云雜染逆順故清淨逆順故雜染中順者無明緣行等故逆者謂誰老死集乃至無明故。緣起經云由誰有故而有老死如是老死復由何緣初句推因後句審因清淨逆順者無明滅則行滅順也由誰滅無故老死滅無逆也今文略無但約染淨為逆順耳。言諸緣起者十二非一日諸前前為緣令後後起又由煩惱繫縛往諸趣中數數生起故名緣起亦云緣生生即起義亦約果說餘如瑜伽第九第十三十一九十三唯識第八上來多依此諸論解十名可知然各攝三觀體勢星羅今重以十門本意収攝所謂有支相續故初染淨因起一心所攝故二緣起本源自業差別故三因果有空不相捨離故四相成無作三道不斷故五陳其諦理觀過去現在未來故六力用交奪三苦聚集故七窮苦慢除因緣生滅故八形奪無始生滅繫縛故九有無無本無所有盡觀故十眞俗無違復収十門不出五意初門迷理成事次門理事依持次六成事義門第九事理雙泯後一事理無礙故唯四門不出事理若從事理無礙交徹則涉入重重若依事理逆順雙融則眞門寂寂法性緣起甚深甚深即此因緣名因佛性觀緣之智即因因性因因至果成菩提性因性至果成涅槃性因果無礙是緣起性惟虛已而忍之。三明彼果勝亦前攝正心住故知緣生此下攝善現行故三空等觀現前依論云果者有五種相一得對治行勝及離障勝故得稱果二得修行勝三得三昧勝四得不壞心勝五得自在力勝各有佛子以為揀別唯第二段有二佛子初中分二初明對治勝即三解

脫門亦名三三昧三昧即當體受名解脫即依他受稱此三俱能通涅槃解脫故名為門。文二。初標前佛子菩薩摩訶薩以如是十種相觀諸緣起。意通五果由前十觀得此三空等果故謂以三空觀緣得第一第三果三悲觀緣得第二第四果三望於初初是能治三是所成四望於二二是能修四是堅固第五通從二觀而生亦可展轉而生由有治故離障離障故行勝行勝故三昧勝三昧勝故心不壞心不壞故得自在也。二正顯三空三空各有別顯總結。即分為三。初空門知無我無人無壽命別顯有三。上明眾生空自性空明其法空此上二句明二我體空無作者無受者顯二我作用空由體空故並不能作因受果即得空解脫門現在前總結云現前者智與境冥故。二無相門觀諸有支皆自性滅。別顯亦三一滅障。謂若入空門不得空亦不取空相則事已辦。若見法先有後說為空及取空相非眞知空故名為障。故修無相了自性滅則不取空障畢竟解脫二所以不取者得對治故謂知空亦復空無有少法相生三既有能治治於所治則念想不行即時得無相解脫門現在前總結能所斯寂則無相現前。三無願門如是入空無相已亦有三種相一依止謂依前入空無相方得無願故無有願求二體不求三界等故唯除大悲為首教化眾生三昧即大悲生勝二乘故即時得無願解脫門

現在前總結又上三空通緣諸法實相觀於世間即涅槃相故亦不同二乘餘如智論二十二說。三明離障勝菩薩如是修三解脫門先標前修由修得離故離彼我想離作者受者想離三想是空門所離離有無想是無相門所離亦無願門所離不見有可求故已知離障云何為勝經中三句次第勝於五四二地及此地中初方便故謂一於五地中以十平等深淨心遠離四地身淨我慢此用深空滅離二我故此為勝也二四地中以道品法治三地中正受出沒等慢此用空觀以離作受故為勝也三此地方便但用十平等破顯有無令此地滿用深無相破遣有無一切蕩盡故此勝也。二修行勝二。初總明修心佛子此菩薩摩訶薩大悲轉增精勤修習悲增心中修故是利他心言悲增者前觀十平等已起三悲今十門觀緣彌悲眾生纏於妄法為未滿菩提分法令圓滿故兼於自利亦修所為。二別顯二先明修行二初發勇猛修行謂勵志始修故二丈夫志修行謂果決終成故又初則悲智勇修後則窮證性相本初中文分為二初智作是念一切有為有和合則轉無和合則不轉。明緣有合離謂業惑相資有為方生如無明緣行等緣集則轉緣不集則不轉明緣有具闕集即是具謂業惑隨闕必不轉生如雖有行無愛潤等我如是知有為法多諸過患當斷此和合因緣。既知有為苦過必斷和合集因

三悲然為成就衆生故亦不畢竟滅於諸行成修悲益物不盡有為。二丈夫志修佛子菩薩如是觀察有為多諸過患初厭相見彼有為多過是對礙法是故厭之無有自性不生不滅後證性由了有為自性同相本無生滅便能滅於對礙而興理冥。二明修勝而恒起大悲不捨衆生謂不住勝相現前故有三種勝上一般若因勝是不住所以躡前大智而起悲故即得般若波羅蜜現前名無障礙智光明二般若體現勝般若是通名無障礙智是別稱無礙佛智雖未成就今般若能照此智此智前相名曰光明光明即門也成就如是智光明已三般若用勝亦是不住之相雖修習菩提分因緣而不住有為中涉事不失理故不住有為雖觀有為法自性寂滅亦不住寂滅中見理不壞事故不住無為即有為涅槃平等證故次明不住所為以菩提分法未圓滿故智慧助道未滿是故不住有為功德助道未滿是故不住無為又俱未滿故俱不住廣如淨名下卷大品之中亦云菩薩念言今是行時非證時故即此所為亦是所以。三三昧勝先明空定二。初畢十上首佛子菩薩住此現前地論分為四一除第四前五名觀二以第四名不放逸三以第七名得增上四以餘三名為因事。今初觀是觀解前三就相觀空得入空三昧是人空亦是總句自性空三昧即法空第一義空三昧即取前二空為第一義觀之亦空第一空三昧即不放逸後二就實觀空大空三昧觀本識空如來藏包含無外故云大空合空三昧識觀七轉識不離如來藏和合而起皆無自體故云合空楞伽經云七識亦如是心俱和合生又云不壞相有八無相亦無相也。一不放逸者依解起行行修究竟故名第一論云分別善修行故自分第一也修行無厭足故勝進也第一起空三昧三得增上者因修成德功德起故四因事者依德起用故有三種用如實不分別空三昧初一自利名智障淨因事謂分別是智障今得如實空能淨分別不捨離空三昧一教化衆生因事依空起悲故不捨後二利他離不離空三昧二願取有因事由得空故雖衆隨順有故不離諸有上依論解已為深妙又此十空與涅槃經十一種空多同少異更依釋之前八證實空後二起用空入空即彼內空外空謂即內外十二入故自性即彼無始空非今始無故第一義空名義全同第一空者彼名空空謂前空但空第一義今明若有若無本來自空故彼經云是有是無是名空空是是非是是名空空謂是非亦當體空故如是空空乃是二乘所證淺處十地菩薩通達少分故名第一今此地中亦約少分也大空名同彼名般若波羅蜜合空即彼內外空也合無合故起即有為空八即無為空如實即無為故不捨等二名義俱別若欲會者九即無始空無不離生死而即空故十即無所有空謂離與不離皆無所有故三總結多門此菩薩得如是十空三昧門為首百千空三昧皆悉現前。二例顯餘二如是十無相十無願三昧門為首百千無相無願三昧門皆悉現前。四不壞心果此下二段亦即揀隨順堅固一切善根迴向此為進善後起大行。今初不壞心勝佛子菩薩住此現前地復更修習滿足不可壞心由障滅行成若智若悲皆不退壞上句總餘句別別有九種不壞決定心信理決定純善心行堪調柔甚深心不怖甚深不退轉心自乘不退不休息心勝進無息廣大心泯絕自他無邊心利生無邊求智心上求地智方便慧相應心巧化衆生亦可對前十三昧心以明不壞恐厭繁文皆悉圓滿九並堅固皆云不壞十皆具足名悉圓滿。五自在力勝文分為二。初顯其相佛子菩薩以此心順佛菩提總云此心者此前十心順佛菩提者能深入趣向故論云得般若波羅蜜行力勝能深入故則知此前十心皆是般若現前心也。二別有九句依上十不壞心而得自在趣向不懼異論即能伏他力入諸智地上入智地名斷疑力得法空故離二乘道自乘不動力以離小故趣於佛智密處決信力趣鏡智故此與前二前御者此二相成故諸煩惱魔無能沮壞諸魔不壞力以精進故住於菩薩智慧光

明(治惑堅固力住智明故)於空無相無願法中皆善修
習(徧治力具三空故處有不染故)方便智慧恒共相應(化生
力即前第九方便相應)菩提分法常行不捨(智障淨力即前上求
智地前智居中導二悲故此智居後顯悲智相異故二結分齊)佛子菩薩住此
現前地中得般若波羅蜜行增上得第
三明利順忍以於諸法如實相隨順無
違故(由般若現前故順忍明利言第三者三品忍中為最上故三位果三果同前就調柔中分
四初調柔行先法復三初鍊行鍊)佛子菩薩住此現前地已
以願力故得見多佛所謂見多百佛乃
至見多百千億那由他佛(二能鍊行)悉以廣大
心深心供養恭敬尊重讚歎衣服飲食
卧具湯藥一切資生悉以奉施亦以供養
一切衆僧以此善根迴向阿耨多羅三
藐三菩提於諸佛所恭敬聽法聞已受
持(是得義持)得如實三昧智慧光明(是所持義)隨
順修行(此句示現得義持因因何事耶謂因依前三昧廣故得如實答學化等)憶

持不捨(正顯能持)又得諸佛甚深法藏(亦是所持)
(三所鍊淨)經於百劫經於千劫乃至無量百
千億那由他劫所有善根轉更明淨(明淨
者解脫彼障故又由前證得彼佛法藏義故二喻)譬如真金以毗瑠
璃寶數數磨瑩轉更明淨(真金喻於證智亦喻信等瑠璃
喻方便智由方便智數數磨瑩令出世證智發教智光轉勝前也三合)此地菩薩所
有善根亦復如是以方便慧(即上不住道合前瑠璃)
隨逐觀察(合數磨瑩)轉更明淨(般若現前故)轉復
寂滅無能映蔽(證智脫彼障故二教智淨)譬如月光照
衆生身令得清涼(以月光寛大勝於前地但取月輪為能喻也)四種
風輪所不能壞(出現品有能持等四種風輪非令四輪以彼不是散壞風故有
散壞風復無四種未見經論不可定斷且就義擇即四時之風春曰和風喻煩惱魔順安心故夏曰炎風
喻於蘊魔多熱惱故秋曰涼風亦曰金風喻於死魔果熟收殺故冬曰寒風喻於天魔敗壞人善故)此
地菩薩所有善根亦復如是能滅無量
百千億那由他衆生煩惱熾火四種魔
道所不能壞(行四魔行即是魔道三別地行相)此菩薩十

波羅蜜中般若波羅蜜偏多餘非不修
但隨力隨分(四結說地名)佛子是名略說菩薩
摩訶薩第六現前地(二攝報果)菩薩住此地
多作善化天王所作自在一切聲聞所
有問難無能退屈(已知二乘緣諦等故)能令衆生除
滅我慢深入緣起布施愛語利行同事
如是一切諸所作業皆不離念佛乃至
不離念具足一切種一切智智復作是
念我當於一切衆生中為首為勝乃至
為一切智智依止者此菩薩若勤行精
進於一念頃得百千億三昧乃至示現
百千億菩薩以為眷屬(三願智果)若以願力
自在示現過於此數乃至百千億那由
他劫不能數知(三重頌三初位行三初二頌一句頌勝慢對治)爾時
金剛藏菩薩欲重宣其義而說頌曰
菩薩圓滿五地已　觀法無相亦無性

無生無滅本清淨　無有戲論無取捨
體相寂滅如幻等　有無不二離分別
隨順法性如是觀　此智得成入六地
明利順忍智具足○二十偈三句頌不住道行勝三。初一句頌總顯心境
觀察世間生滅相○二別明觀相即爲十段。初有二偈半頌有支行列
以癡闇力世間生　若滅癡闇世無有
觀諸因緣實義空　不壞假名和合用
無作無受無思念　諸行如雲徧興起
不知眞諦名無明　所作思業愚癡果
識起共生是名色　如是乃至衆苦聚
○二有一偈頌前攝歸一心
了達三界依心有　十二因緣亦復然
生死皆由心所作　心若滅者生死盡既云心滅則生死盡故知不可唯約眞心以眞妄和合是說依心即眞之妄既滅即妄之眞不無故起信云但心相滅非心體滅。三有一偈頌自業差別
無明所作有二種　緣中不了爲行因
如是乃至老死歿　從此苦生無有盡
○四有半偈頌前不相捨離
無明爲緣不可斷　彼緣若盡悉皆滅○五有半偈頌前三道不斷
愚癡愛取煩惱支　行有是業餘皆苦
○六有一偈越頌第七三苦聚集
癡至六處是行苦　觸受增長是苦苦
所餘有支是壞苦　若見無我三苦滅○七有一偈却頌第六三際輪環
無明與行爲過去　識至於受現在轉
愛取有生未來苦　觀待若斷邊際盡
○八有半偈越頌第九生滅繫縛
無明爲緣是生縛　於緣得離縛乃盡○九有半偈却頌第八因緣生滅
從因生果離則斷　觀察於此知性空
○十有三句頌無所有盡觀
隨順無明起諸有　若不隨順諸有斷
此有彼有無亦然
○三有五句頌前總結十名
十種思惟心離著　有支相續一心攝
自業不離及三道　三際三苦因緣生
繫縛起滅順無盡
○三有四頌頌彼果勝文分四別。初二頌對治勝
如是普觀緣起行　無作無受無眞實
如幻如夢如光影　亦如愚夫逐陽燄
如是觀察入於空　知緣性離得無相
了其虛妄無所願　唯除慈愍爲衆生○二有一偈頌修行勝
大士修行解脫門　轉益大悲求佛法
知諸有爲和合作　志樂決定勤行道
○三有半偈頌三昧勝
空三昧門具百千　無相無願亦復然○四有半偈通頌四五二種心勝以義通故
般若順忍皆增上　解脫智慧得成滿
○二有四偈前頌位果
復以深心多供佛　於佛教中修習道
得佛法藏增善根　如金瑠璃所磨瑩
如月清涼被衆物　四風來觸無能壞
此地菩薩超魔道　亦息羣生煩惱熱
此地多作善化王　化導衆生除我慢
所作皆求一切智

悉已超勝聲聞道　此地菩薩勤精進
獲諸三昧百千億　亦見若干無量佛
譬如盛夏空中日　甚深微妙難見知
聲聞獨覺無能了　如是菩薩第六地
我為佛子已宣說。七遠行地所以來者已說緣起相應慧住寄於緣覺次說有加行有功用無相住寄菩薩地故次來也瑜伽論云前地雖能多住無相作意而未能令無相作意無間無缺多修習住為令滿故次有此來又前功用未滿令令滿故言遠行者通有四義。成唯識云至無相住功用後邊出過世間二乘道故此有三義同於本分已如前釋解深密云能遠證入無缺無間無相作意與清淨地共相鄰接故名遠行此有二義初義即三中無間揀異前地云無間缺後義由鄰後地即能遠去故下經云二界中間此能過故亦是前行後遠攝大乘云至功用行最後邊者但是一義世親釋云雖一切相不能動搖而於無相猶名有行者此解功用之言謂起功用住無相故金光明經同深密初義莊嚴論中同深密後義。雖有四義然通有二意立遠行名一從前遠來至功用邊二從此功用行邊能遠去後位故十住論云去三界遠近法王位故名遠地仁王名為遠達地者亦通二義。然其能遠遠去之行正是無相。故所離障離細相現行障謂六地執生滅細相現行故此生滅相即是二愚一細相現行愚謂由執有緣生流轉細生相故二純作意求無相愚即執有細還滅相故以純作意於無相勤求未能空中起有勝行至此地中方能斷之。以常在無相故不執生更不作意勤求無相。故能證得法無差別真如以了種種教法同真無相故。以能空中起有勝行故知以純成方便度二行雙行乃至亦得無相之果故知以純無相不礙起行為此地別義。決正釋文亦有三分初讚請分二先讚四。初天眾讚說法主

是時天眾心歡喜　散寶成雲在空住
普發種種妙音聲　告於最勝清淨者
了達勝義智自在　成就功德百千億
人中蓮華無所著　為利群生演深行

二有一頌天主光雲供佛表智契法身故

自在天王在空中　放大光明照佛身
亦散最上妙香雲　普供除憂煩惱者。三有一頌天眾慶聞
爾時天眾皆歡喜　悉發美音同讚述
我等聞斯地功德　則為已獲大善利

四有六頌天女樂音讚佛於中二。初一頌顯聲因緣

天女是時心慶悅　競奏樂音千萬種
悉以如來神力故　音中共作如是言。二餘五頌正顯讚辭於中二。初四頌讚歎寂用無礙
威儀寂靜最無比　能調難調世應供
已超一切諸世間　而行於世闡妙道
雖現種種無量身　知身一一無所有
巧以言辭說諸法　不取文字音聲相
往詣百千諸國土　以諸上供供養佛
智慧自在無所著　不生於我佛國想
雖勤教化諸眾生　而無彼已一切心
雖已修成廣大善　而於善法不生著

二有一頌明其起用所由

以見一切諸世間　貪恚癡火常熾然
於諸想念悉皆離　發起大悲精進力即悲智無礙將說雙行故承力讚此。二二頌請
一切諸天及天女　種種供養稱讚已
悉共同時默然住　瞻仰人尊願聞法
時解脫月復請言　此諸大眾心清淨
第七地中諸行相　唯願佛子為宣說

二正說二先位行後位果位行中有五種相差別即分為五一樂無作行對治差別二彼障對治差別三雙行勝差別四前上地勝差別五彼果差別五中初一是趣地方便即當入心餘四為住出心在果又住四中初即初住地次一正住地次一說雖在後義該始終後一地滿初言樂無作者樂著般若觀空故即

細相現行障此地隨有不著爲能對治二謂句雖能治前地樂空之心以其有量有功用即復是障故作無量無功用行以爲對治三治障既盡故止觀雙行四明此地功用過前六地勝後三地上即後也五由地滿故說雙行果令初分四。初結前標後 爾時金剛藏菩薩告解脫月菩薩言佛子菩薩摩訶薩具足第六地行已。即是結前義含所治無相行故以般若無相行滿於此生著非增上行故欲入第七遠行地當修十種方便慧起殊勝道 明其標後十種方便即是能治。謂前樂無作不名方便不能起增上行非殊勝道今以十種不捨衆生法無我智以爲能治治前樂心名方便慧便能攝取增上行故名起殊勝道。是則即有修空故不住空是空中方便慧即空涉有故不住有是有中殊勝道道即行也所行殊勝故名增上。於何增上謂前所寄世出世中即有修空故勝於世間即能涉有故勝出世間。前六地中雖亦修悲不住於無而在空行有而多著空但名樂無作治。二徵顯其勝 何等爲十。所以勝行得此增上無能勝行者由下十義故義各二句皆上句觀空下句涉有上句得下句即成空中方便慧下句得上句即成有中殊勝行不滯空有並致雙言論主攝十爲四種功德謂前三各一後七爲一故 所謂雖善修空無相無願三昧而慈悲不捨衆生 一初句即護惡行因事菩薩惡行有其二種一不樂利樂二起愛見令由上句故無愛見由於下句故能利樂若二中互闕皆有惡行令由二句護之爲無愛見之悲因事 雖得諸佛平等法而樂常供養佛 二即財及身勝因事由供佛故棄財及身由得平等故二事皆勝勝財則隨物所須勝身則隨意取其何類 雖入觀空智門而勤集福德 三護善根因事善根即勤集福德爲菩提資糧今以即空智而集是得彼勝因增上令所集功德法皆成增上波羅蜜行名之爲護雖有慈悲但是增上意樂故三皆自利。後七同是利他合爲第四攝衆生因事即爲七種 雖遠離三界而莊嚴三界 初一隨物受生願力受生爲作衆生上首故須莊嚴三界但是願生非由業惑故云遠離 雖畢竟寂滅諸煩惱餤而能爲一切衆生起滅貪瞋癡煩惱餤。次二化令離障說對治故謂示起煩惱欲令治斷而知性寂方爲第一義治令見常自寂故 雖知諸法如幻如夢如影如響如餤如化如水中月如鏡中像自性無二而隨心作業無量差別 爲滅智障故障有四種如五地隨世智中說令隨衆生心作書論等無量事業而爲能治 雖知一切國土猶如虛空而能以清淨妙行莊嚴佛土。四後攝令善住於大法衆會集故爲物起嚴土行此明依報下三明正報三輪益物 雖知諸佛法身本性無身而以相好莊嚴其身 即身業無身現身者令生五福謂見聞親近供養修行故自身無身同佛法身故下二亦然 雖知諸佛音聲性空寂滅不可言說而能隨一切衆生出種種差別清淨音聲 即口業轉法輪故 雖隨諸佛了知三世唯是一念而隨衆生意解分別以種種相種種時種種劫數而修諸行 即意業於無長短中隨問善釋記三世事起三世行故第三總結勝能 菩薩以如是十種方便慧起殊勝行從第六地入第七地 論釋云此十種發起殊勝行共對攝取對治攝取者皆上下二句相對名爲共對由此上下各能對治皆上句治凡下句治小隨治不同義如前說由二攝取名殊勝行對治前障四彰其分齊 入已此行常現在前名爲住第七遠行地 明無相無間故無相地名從此而立此亦即攝前不退住不同前六前六得住地已捨入地心以修解入非以行入此以行入故常行不捨名不退住。三彼障對治差別即攝無著行有量功用皆不著故言對治者有二種相一修行無量種治前有量障二修行無功用行治前有功用障。今初 佛子菩薩摩訶薩住此第七地已 有二十句攝成十對一一對中皆上句明境界無量爲所知所化後句明佛德業無量爲能知能化菩薩入彼化佛以用化生要則攝十爲五即五無量界 入無量衆生界入無量諸佛教化衆生業。初之一對衆生無量論云隨所化何等衆生此對爲揔十對皆爲利衆生故言何等者類非一故釋經無量之言隨所化者隨多類所宜而以無量化衆生業而化之故入無量世界網入無量諸佛清淨國土。次有一對世界無量衆生住何等處謂住世界無量以淨土行化故入無量種種差別法入無量諸佛現覺智。三有二對以何等智慧化物對橫窮諸法智入無量劫數入無量諸佛覺了三世智後對竪窮三世智二對皆是種智約其所知皆是法界無量入無量衆生差別信解入無量諸佛示現種種名色身。四有三對明調伏界無量初二對明以何等心化對隨衆生信樂種種天身菩薩以名色身化故謂心隨其樂同修天行得天身故口隨其信以名句身說彼行故入無量衆生欲樂諸根差別入無量諸佛語言音聲令衆生歡喜第二對知普根欲不同以類音稱根說故隨入無量衆生種種心行入無量諸佛了知廣大智次一對以何等行謂知現在心行不同以循趣行說對治故入無量聲聞乘信解入無量諸佛說智道令信解。五有三對明調伏方便界論云置何等乘謂置三乘

故初對爲聲聞說智道令證滅故入無量辟支佛所成就入無量諸佛說甚深智慧門令趣入次對爲緣覺說深智令知因緣故入無量諸菩薩方便行入無量諸佛所說大乘集成事令菩薩得入後對爲菩薩說地度集成事攝彼方便而涉有故三修無功用行治前有功用障二初加行趣求二正顯修行令初此菩薩作是念如是無量如來境界乃至於百千億那由他劫不能得知牒前無量爲所趣求我悉應以無功用無分別心成就圓滿要期以無功無相攝取彼境無分別者謂不取性相忘緣等照即無相觀也加以無功無相尤勝。然彼任天性不由勤策自然而行亡功合道名無功用八地方證今要心住彼故云應以由功用行此已滿故。此則修行無功非八地任運無功也。二正顯修行如佛子此菩薩以深智慧如是觀察牒前觀智常勤修習是修行相方便慧起殊勝道是所依法即前空中方便慧有中殊勝行既以無功無相智修能治功用有相之障安住不動顯觀成相此即行成不動非如八地相用不動第三辨雙行勝文分四別一二行雙無間二信勝三能作大義四菩提分差別四中前三別顯後一總該三中前一自分後二勝進令初先正顯雙行無間之義無有一念休息

厭捨謂不捨前不動之止觀察之觀爲止觀二行雙行一念不休即無間義行住坐卧乃至睡夢未曾暫與蓋障相應顯無間時謂四儀睡寤睡夢者以昧況審。二信勝常不捨於如是想念論云彼無量智中殊異義莊嚴相現前尊念故者尊念忍可即是信義常信前十無量二嚴佛境故名爲勝。三作大義一念頓具十度之行義利廣故念念修起故名爲作文中分二。初揔明此菩薩於念念中常能具足十波羅蜜二徵釋二。初徵何以故徵云十度行異一念寧圓釋文分二。初明能具所以念念皆以大悲爲首修行佛法向佛智故由悲智雙運故。二顯所具之相所有善根爲求佛智施與衆生是名檀那波羅蜜能滅一切諸煩惱熱是名尸羅波羅蜜慈悲爲首不損衆生是名羼提波羅蜜求勝善法無有厭足是名毗梨耶波羅蜜一切智道常現在前未嘗散亂是名禪那波羅蜜能忍諸法無生無滅是名般若波羅蜜。檀通悲智忍唯約悲餘皆約智然此十相意令一念十相不同故三種等中隨取其一可以意得理實無所不具故下菩提分中云

一切皆滿能出生無量智是名方便波羅蜜方便涉事云無量智以是智故又能出生施等行願以攝眾生故名方便能求上上勝智是名願波羅蜜由此願智能求八地已上上上大波羅蜜攝取彼勝行故一切異論及諸魔眾無能沮壞是名力波羅蜜以是智故遠離布施等障故不爲彼動如實了知一切法是名智波羅蜜以是智故布施等一切種差別如實了知爲化眾生進二故此之四相皆從用立名通成前六亦有別成前六等並如初會中辨一念具十念念皆然初心欲修至此方得四菩提分差別佛子此十波羅蜜菩薩於念念中皆得具足。有四種相前二攝善後二離過前中上一依大乘行謂十度自利此即第三大義結文爲顯十度適二義故論特屬後巧用經文如是四攝即依教化眾生四持三十七品三解脫門即依煩惱障增上淨故謂依四持爲所住處以三解脫爲所依門修行三十七品則行煩惱清淨任持自分故名爲持亦名四家所住處故四者一般若家此是能照二者諦家即是所照三捨煩惱家四苦清淨家由初二勝業離此惑苦若約別說初一見道前次三即見修無學略說乃至一切菩提分法於念念中皆悉圓滿。依智障清淨以無所不具故離塵沙無明等障四前上地勝差別二初明勝前六地二明勝後三地勝即增上義前中又二初明爾時解

脫月菩薩問金剛藏菩薩言佛子菩薩但於此第七地中滿足一切菩提分法爲諸地中亦能滿足問意云若先已具菩提分法此何獨言若先未具何得成此進二三答三初標金剛藏菩薩言佛子菩薩於十地中皆能滿足菩提分法然第七地二十一最爲殊勝二徵何以故三釋二初別顯此地勝相此第七地功用行滿自分滿足得入智慧自在行故勝進趣後由此二義故能勝前智慧即八地證智自在即五通大用十自在等二通示諸地滿相即遠釋十地皆滿足言近釋七地功用滿語。故論徵云云何此地中方便行滿足方便即功用也具十方便故論自釋云彼餘世間出世間中更起殊勝行是故此七地中起一切佛法故者謂前三世間次三出世此則更互各一殊勝行令一切中各能具起所以名滿。三正辨經文佛子菩薩於初地中緣一切佛法願求故滿足菩提分法初地願中具第二地離心垢故二地戒中具第三地願轉增長得法光明故三地聞中具而云願增長者欲依如來智慧利眾生故第四地入道故第五地順世所作故第六地入甚深法門故此三可知第七地起

一切佛法故皆亦滿足菩提分法一切者瑜伽論中說佛功德七地皆得八地成就九地具足十地圓滿有少餘障未名清淨離已即是清淨菩提三明勝後三地文中分四初法二初徵何以故徵意云何以前六各一至七方具一切二釋菩薩從初地乃至第七地成就智功用分釋意云從初積集至此成故此酬前徵以此力故從第八地乃至第十無功用行皆悉成就由此便能令後三地勝行成就斷乃勝後勝前但約能入八地勝後則令後地之無功行成乃至十地要由積功以至無功之功故二喻喻佛子辟如有二世界一處雜染一處純淨是二中間難可得過唯除菩薩有大方便神通願力二合佛子菩薩諸地亦復如是有雜染行合雜染世界然有二義一即前六二通前七有清淨行合純淨界即後三地是二中間難可得過亦有十二二義一若六地爲雜則七地爲中間若七地皆雜則從七至八即曰中間難過者猶娑婆之於極樂淨穢城絕前六後三難過亦爾唯除菩薩有大願力方便智慧乃能得過要得此地大願方便方能超之淨由此到染由此過故此一地最爲勝要四因論生論二初問解脫月菩薩言佛子此七地

菩薩為是染行為是淨行（問意云前後可知但言中間為何所屬二答意明非染非淨亦得名為亦染亦淨故名中間於中分二先通將七地對後影劣攝此第七通於染淨則成前七地皆是染淨相雜非純染行故論云從初地來離一切煩惱示現如是此地名為染淨非染行故二別將此地對前影勝顯此第七雙非染淨故成第七是中間義今初通中文二二初法）金剛藏菩薩言佛子從初地至七地所行諸行皆捨離煩惱業（標離惑業顯是淨故）以迴向無上菩提故分得平等道故（釋上淨義以二因故）然未名為超煩惱行（即由上二顯同前染非惑行故二喻）佛子如轉輪聖王乘天象寶遊四天下知有貧窮困苦之人而不為彼衆患所染然未名為超過人位（輪王喻於七地菩薩已隨分捨功用道故）若捨王身生於梵世乘天宮殿見千世界遊千世界示現梵天光明威德爾乃名為超過人位（梵王喻於八地菩薩報得初禪游千界故然法中對間但明前七喻中舉勝顯劣故兼明上地三合）佛子菩薩亦復如是始從初地至於七地乘波羅蜜遊行世間知諸世間煩惱過患以乘正道故不為煩惱過失所染然未名為超煩惱行若捨一切有功用行從第七地入第八地乘菩薩清淨乘遊行世間知煩惱過失不為所染爾乃名為超煩惱行以得一切盡超過故（準喻可知二別將此地對前彰勝）佛子此第七地菩薩盡超過多貪等諸煩惱衆。（初句總明盡超過多貪等者盡超故勝。前求佛之心為貪厭世為瞋取空著有為癡至此盡超。又初地超貪種度滿故二三超瞋尸忍滿故三亦超癡得聞持故四地超慢道品念處離我相故五地超疑了諸諦故六地超見入般若故此地總超根隨惑等常在觀故云盡超而云多者顯非報行故則是細者猶未超故）住此地不名有煩惱者不名無煩惱者。（影前望後以顯雙非）何以故一切煩惱不現行故不名有者（釋雙非義常在觀故惑不現行即過前也）求如來智心未滿故不名無者（有功用行名求未滿即劣後也功用即是煩惱以有起動故）

大方廣佛華嚴經疏卷第六十二　遐二

大方廣佛華嚴經疏卷第六十三 入三十七卷經第十五 邇三

清涼山沙門 澄觀 述 晉水沙門 淨源 錄疏注經

畢五彼果差別論主此中名雙行果此果實通諸分以雙行是正住行親生此果故又以雙行故於諸分皆雙行故名雙行果文分四果一業清淨二得勝三昧三得通地四得勝行遠公釋云初即破障對治果二即雙行果三即前上地勝果勝行轉增故四即離無作行對治果以彼方便及起勝行滿足在此故又初一即自他二行雙行二即定慧雙行三即悲智雙雙行四即寂用雙行就初果中復分四種。初戒清淨

佛子菩薩住此第七地以深淨心成就身業成就語業成就意業 約性戒以明戒體但云業淨 所有一切不善業道如來所訶皆已捨離一切善業如來所讚常善修行 約制戒以明戒相則惡止善行。二世間智淨 世間所有經書技術如五地中說皆自然而行不假功用 此辨行用。三得身勝 此菩薩於三千大千世界中為大明師唯除如來及八地已上其餘菩薩深心妙行無與等者 此明行體論云心行二平等無與等者謂深心及妙行為二深心即證行猶是前來十種方便妙行即觀行非是前來雙起勝行此二齊起故云平等不同前地有無間

生自下明得勝力謂得禪等五類現前勝功德力故上三自分此一勝進第四得勝力 諸禪三昧三摩鉢底神通解脫皆得現前然是修成非如八地報得成就 明離定障謂禪等義已見品初論云寂滅樂行故此釋三昧是現法樂住禪次云滅定三摩跋提者以三摩鉢底有其五種一四無色二八勝處三十徧處四滅盡定五無想定前四菩薩多入為化眾生後一不入非聖法故今於五中正意在於第四滅定故論別明下解脫月亦因此言問何位能入滅定也 此地菩薩於念念中具足修集方便智力及一切菩提分法轉勝圓滿 明離智障二得三昧勝文二。初別舉十名 佛子菩薩住此地 前五自利後五利他又前五起解後五成行又前五現法樂住後五利益眾生自利中初二知理 入菩薩善觀擇三昧 依未觀義伏心令觀 善擇義三昧 依已觀義重更思審故論經云善思義三昧次二知教義 最勝慧三昧 依一名句說無量義故云最勝 分別義藏三昧 依一義說無量名故云分別藏含於名故稱為藏後一知事 如實分別義三昧 依通一切五明處如是實故 善住堅固根三昧 依煩惱障淨真如觀堅固根故若云不動法界故真如觀為堅起信云依如三昧為諸定之本故此云根此一顯行障後四依智障淨以顯行廣為治四障故經即能治障在文外 智慧神通門三昧 初一勝道治勝功德障智通即是勝進下三證此以智與通化利生二類令入一實故名為門 法界業三昧 次二證道治無礙治障雙照事理二種法界以為業故 如來勝利三昧 治於深上佛治怯弱障大悲勝利安住涅槃能建大事是佛深上 種種義藏生死涅槃門三昧 後一不住道治不住道行障種種義藏者種種善根故此善能生不住故名為藏修有為善根故不住涅槃修無為善根故不住生死種種善根即無住之門。二總結多類 入如是等具足大智神通門百千三昧淨治此地 三明得通地文三初修行善巧通 是菩薩得此三昧 通法有二 善治淨方便慧故 一巧智 大悲力故 二深悲通相亦二 超過二乘地 一下通二乘 得觀察智慧地 二上通智地即是八地無功用智由此地中雙觀止觀便至彼岸法流水中任運雙流趣佛智海二作業廣大通二。初正顯通 佛子菩薩住此地善淨無量身業無相行善淨無量語業無相行善淨無量意業無相行 對下影出通言無相者即前樂無作行對治無量者即前無量對治入定離相二乘容有而非無量故此無量顯異而無善淨之言顯過下地謂修方便行滿足故 故得無生法忍光明 對上影入過是彼入地無生法忍明相現前故下地未得故。二影過分齊二。初顯即敘前同後難 解脫

月菩薩言佛子菩薩從初地來所有無量身語意業豈不超過二乘耶三答即根後異前答三。初法金剛藏菩薩言佛子彼悉超過然但以願求諸佛法故非是自智觀察之力今第七地自智力故一切二乘所不能及非自力者偉現行故。二喻譬如王子生在王家即如來家王后所生即是得真法喜具足王相修二利故名為王相生已即勝一切臣衆但以王力非是自力若身長大藝業悉成乃以自力超過一切三。合菩薩摩訶薩亦復如是初發心時以志求大法故即前法中佛果之法超過一切聲聞獨覺今住此地以自所行即殊勝行智慧力故即方便智出過一切二乘之上於此行智中常不出觀故是自力能過此約寄位廣如初地中辨。三修行勝入過佛子菩薩住此第七地謂非但如前廣多無量而力用難測深無分量勝而過也論云神力亦無量者神即難測義也得甚深即遠入無底故遠離即彼前障滅故無行無相之行無所行故彼前六地不能行故常行此無間故身語意業得此三業即當體深入過勤求上道而不捨離即起後勝入過二乘亦有離彼相業而得少為足不能上求菩提求故所以過也是故菩薩雖行實際而不作證結雙行過。四明得勝行二初得滅定勝行在定不住故即方便智也文二。初問解脫月菩薩言佛子菩薩從何地來能入滅定二答二。初明得法分齊金剛藏菩薩言佛子菩薩從第六地來能入滅定六地入深緣起之實際來念念入者有出觀故二辨勝過劣三。初法今住此地能念念入亦念念起而不作證正明得而不證故此菩薩名為成就不可思議身語意業行於實際而不作證出不證所以以得方便即寂起用故威不思議三業故能不起滅定現諸威儀二喻譬如有人乘船入海以善巧力不遭水難善巧力者知行船法知水相故準大品經來善巧前亦有其喻方便來成入水便敗故。三合此地菩薩亦復如是乘波羅蜜船即般若等也行實際海以願力故是即方便不捨有因而不證滅二。明發起勝即起殊勝行亦是上來已攝無著行此下攝千等隨順一切衆生迴向且依晉經勝行文二。初顯前標後佛子此菩薩得如是三昧智力以大方便由得滅定不作證智故能威後大方便也。二正顯勝行經有十句論為八種共對治攝謂後三為一故能治所治二行共俱互相攝故如示生死為所治以恒住涅槃為能治能治攝於所治則不為生死所染亦得以涅槃為所治示現生死為能治能治攝於所治而不證於涅槃他皆做此。二對文別釋雖示現生死而恒住涅槃。初一為總故云生死涅槃論云一起功德行謂入生死為福業事故淨名云生死長中當依如來功德之力不入生死海不得無價寶珠何有功德雖眷屬圍繞而常樂遠離二上首攝餘行謂既示生死必為上首攝眷屬故雖以願力三界受生而不為世法所染三顧取有行非業所拘故處而不染雖常寂滅以方便力而還熾然雖然不燒四家不斷行謂雖言不染而示有妻子名家不斷雖然不燒者示有常修梵行故唯此一句具空中方便慧有中殊勝行上下皆應做此從略故無雖隨順佛智而示入聲聞辟支佛地五入行謂非獨化凡亦轉二乘入佛慧故雖得佛境界藏而示住魔境界六資生行謂默知五欲即道會攝佛法而飲食資身睡夢資神皆順五欲十軍是魔境界雖超魔道而現行魔法七退行謂示老病死衰退即四魔等法不行其因名超魔道。八者轉行謂初四化凡次一化小次二化魔今由自行

不染故轉凡之惑今絕其因此有三種雖示同外道行而不捨
佛法一見轉外道著諸見故如佛示學二仙今彼轉捨諸見著故雖示隨順
一切世間而常行一切出世間法二慚愧轉如佛
示學書算等所有一切莊嚴之事出過一切天
龍夜叉乾闥婆阿脩羅迦樓羅緊那羅
摩睺羅伽人及非人帝釋梵王四天王
等之所有者而不捨離樂法之心三貪轉如佛處
於王宮不生染著二位果初調柔果文亦有四初調柔行體三初法亦三初練行緣佛子菩
薩成就如是智慧住遠行地以願力故
得見多佛所謂見多百佛乃至見多百
千億那由他佛二能練行淨於彼佛所以廣大心
增勝心供養恭敬尊重讚歎衣服飲食進三
臥具醫藥一切資生悉以奉六施亦以供
養一切眾僧以此善根迴向阿耨多羅
三藐三菩提復於佛所恭敬聽法聞已
受持獲如實三昧智慧光明隨順修行

於諸佛所護持正法常為如來之所讚
喜一切二乘所有問難無能退屈言護持正
法者由方便行滿守護他故得於三界為大法師所以能護。三明所練淨論云此地釋名應知者即以經
文為釋名利益眾生是有中殊勝行法忍清淨即空中方便智此二
是行如是經無量百千億那由他劫所有善
根轉更增勝明功用究竟即是遠義。二喻譬如真金金喻
證智信等善根以眾妙寶間錯莊嚴即一切菩提分法轉
更增勝倍益光明方便行功用滿足故令前善根至此轉勝餘莊
嚴具所不能及。三合菩薩住此第七地所
有善根亦復如是以方便慧力轉更明
淨非是二乘之所能及三教智淨光喻佛子譬如
日光星月等光無能及者此數如前地說而此日光盛故勝於七
月光以月光清涼如數若故日光用廣如方便故進三閻浮提地所有泥
潦悉能乾竭。後合此遠行地菩薩亦復如
是一切二乘無有能及悉能乾竭一切
眾生諸惑泥潦三別地行相此菩薩十波羅蜜

中方便波羅蜜偏多餘非不修但隨力
隨分。四結說地名佛子是名略說菩薩摩訶
薩第七遠行地。二攝報果二初上勝身菩薩住此地
多作自在天王。三上勝果二初明自分行善為眾生說
證智法令其證入布施愛語利行同事
如是一切諸所作業皆不離念佛乃至
不離念具足一切種一切智智。二勝進果復
作是念我當於一切眾生中為首為勝
乃至為一切智智依止者此菩薩若發
勤精進於一念頃得百千億那由他三
昧乃至示現百千億那由他菩薩以為
眷屬。三願智果若以菩薩殊勝願力自在示
現過於此數乃至百千億那由他劫不
能數知。三重頌分文三初頌位行五初四頌頌樂無作行對治爾時金剛
藏菩薩欲重宣其義而說頌曰
第一義智三昧道　六地修行心滿足

即時成就方便慧　菩薩以此入七地
雖明三脫起慈悲　雖等如來勤供佛
雖觀於空集福德　菩薩以此外七地
遠離三界而莊嚴　滅除惑火而起燄
知法無二勤作業　了刹皆空樂嚴土
解身不動具諸相　達聲性離善開演
入於一念事各別　智者以此外七地
二有二偈頌彼障對治中無量畧不頌無功用行
觀察此法得明了
廣為群迷興利益　入衆生界無有邊
佛教化業亦無量　國土諸法與劫數
解欲心行悉能入　說三乘法亦無限
如是教化諸群生三有三頌頌前雙行無間
菩薩勤求最勝道　動息不捨方便慧
一一迴向佛菩提　念念成就波羅蜜
發心迴向是布施　滅惑為戒不害忍
求善無厭斯進策　於道不動即修禪
忍受無生名般若　迴向方便希求願
無能摧力善了智　如是一切皆成滿
四有五頌頌前上地勝分
二地離垢三諍息　初地攀緣功德滿
第六無生智光照　四地入道五順行
種種大願皆具足　七住菩提功德滿
一切所作咸清淨　以是能令八地中
譬如世界二中間　此地難過智乃超
然未名為總超度　亦如聖王無染著
爾乃踰於心境界　若住第八智地中
如蓮處水無染著　如梵觀世超人位
不名有惑非無惑　此地雖超諸惑衆
而求佛智心未足言三諍息者約忍度故又得法光明故無有諍。五頌雙行果
以無煩惱於中行
世間所有衆技藝　經書辭論普明了
禪定三昧及神通　如是修行悉成就
菩薩修成七住道　超過一切二乘行
初地願成此由智　譬如王子力具足
成就甚深仍進道　心心寂滅不取證
譬如乘船入海中　在水不為水所溺
方便慧行功德具　一切世間無能了二頌住果
供養多佛心益明　如以妙寶莊嚴金
此地菩薩智最明　如日舒光竭愛水
又作自在天中主　化導群生修正智
若以勇猛精勤力　獲多三昧見多佛
百千億數那由他　願力自在復過是
此是菩薩遠行地
三有一頌讚勝結說
方便智慧清淨道　一切世間天及人
聲聞獨覺無能知自下入第三十八卷經。八不動地所以來者瑜伽云雖於無相作意無缺無間多修習住而未能於無相住中捨離功用又未能得於相自在修習得滿故次來也。又約寄位初之三地寄同世間次有四地寄三乘法第八已去寄顯一乘莊嚴論釋第七地云近一乘故攝論亦說八地已上以為一乘是知從前差別進入一乘故次來也。言不動者攝有三義故成唯識云無分別智任運相續相用煩惱不能動故。謂任運故功用不能動相續故相不能動總由上二煩惱不動與

本分大同。金光明云無相正思惟修得自在諸煩惱行不能令動但有二義由相於前已不動故行即功用攝論釋云由一切相有功用行不能動故此則略無煩惱無性釋意云第七地行動相不動此中行相二俱不動世親同此。解深密云由於無相得無功用於諸法中不為現前煩惱所動此但約煩惱不動上二十住論云若天魔梵沙門婆羅門無能動其願故此即約人明不能動人亦是相。仁王名為等觀地者上皆對他立名此約當體受稱即無相觀。下顯自有釋名至彼當知若不動名諸論雖異並不出前三故所離障亦離無相中作加行障由有加行未能任運現相及土此地能斷說斷二愚一於無相作功用愚二於相自在愚令於相中不自在故。其所證如名不增減以住無相不隨淨染有增減故即此亦名相土自在所依真如證此真如現相現土皆自在故。故所成行亦名無生法忍相土自在。及所得果即定自在等皆由無相無功用故次正釋文亦有三分初讚請分二初讚二。初二頌天王天衆供讚

是時天王及天衆　聞此勝行皆歡喜
為欲供養於如來　及以無央大菩薩
雨妙華幡及幢蓋　香鬘瓔珞與寶衣
無量無邊千萬種　悉以摩尼作嚴飾

二有八頌天女樂音稱讚於中二別。初二標讚所依

天女同時奏天樂　普發種種妙音聲
供養於佛并佛子　共作是言而讚歎
一切見者兩足尊　哀愍衆生現神力
令此種種諸天樂　普發妙音咸得聞

二有六頌正顯讚德

於一毛端百千億　那由他國微塵數
如是無量諸如來　於中安住說妙法
一毛孔內無量刹　各有四洲及大海
須彌鐵圍亦復然　悉見在中無迫隘
一毛端處有六趣　三種惡道及人天
諸龍神衆阿修羅　各隨自業受果報
於彼一切刹土中　悉有如來演妙音
隨順一切衆生心　為轉最上淨法輪
刹中種種衆生身　身中復有種種刹
人天諸趣各各異　佛悉知已為說法
大刹隨念變為小　小刹隨念亦變大
如是神通無有量　世間共說不能盡

總讚如來身土自在將說身土自在地故於中毛端約刹論處毛孔約身六中前四依正互在五依正重重六轉變自在無盡結。二有二頌請

普發此等妙音聲　稱讚如來功德已
衆會歡喜默然住　一心瞻仰欲聽說
時解脫月復請言　今此衆會皆寂靜
願說隨次之所入　第八地中諸行相

第二正說分初明地行乃有七種差別一總明方便集作地分二得淨忍分三得勝行分四淨佛國土分五得自在分六大勝分七釋名分。初二是趣地方便一是遠方便總前七地集作此地方便故二是近方便前地得忍光明此修熟令淨故三是初住地行謂依前淨忍法起勝修故次二即安住地行謂四是正住之始依前勝行更起修淨佛土之行五即正住之終由淨土行成德無礙六是地滿行此地望前通皆是勝今復地滿勝中之勝故云大勝七即辨德彰號通於始終又前二分即是入心餘是住心今初分二。初標集德處

爾時金剛藏菩薩摩訶薩告解脫月菩薩言佛子菩薩摩訶薩於七地中謂總前七地非獨第七第七雖亦有下十法而非次第以是功用行滿無功用際故總集之即四節中當第三也。二正顯所集有十一句分二。初三同相讚地通行故善修習方便慧一二種無我上上證故此即證道地地轉勝今上上證巧證不著經云方便善清淨諸道二不住道清淨故悲智雙運故名為諸善集助道法三彼方便智行所攝滿足助菩薩分法故方便是前證道行即不住道悲智等行故菩提分法即是前二所攝之助助前二故。二八別顯讚地異修故攝八為七雜二合故大願力所

攝初地大願攝持能至此故如來力所加二地攝善戒中如來力加故彼經爲證十力四無所畏等故是故我今等行十善等即上承佛力自善力所持三地中由修自證禪定神通常念如來力無所畏不共佛法論云四地中所說法分別智教化智障淨勝念通佛法者謂前十法明門是智分別即前觀察依彼智明入如來所說法中次教化智即是彼經清淨分中以十種智已成熟法故生如來家障淨勝者即彼論釋謂滅三地智障攝四地勝智故上之二段皆念通達佛法故與此同善清淨深心思覺五地中有十種平等深淨心此心即是思覺能成就福德智慧六地中三種大悲故云成就福德三皆觀因緣集即成就智慧大慈大悲不捨衆生入無量智道七中二句以近此地故初空中方便智有中殊勝行皆是大慈大悲不捨衆生行次句即前以無量衆生界故入無量智道第二淨忍分有十五句分三初十正明無生法忍次四明其無生忍淨後一結得忍名然無忍生略有二種一約法則諸無起作之理皆曰無生慧心安此故名爲忍此即初段正明中意二約行則報行純熟智寔於理無相無功稱若虛空湛猶淨海心識妄惑寂然不起方曰無生此即次段淨忍中意前一猶通諸地來得於後不稱淨忍今初正明無生法忍入一切法一切法中總謂萬有理事之法入即證達以歷事難窮略限其十十中相從爲四無生前七爲一名事無生後三各一二自性無生三數差別無生四作業無生四中一破相二破性三因滅四果離即前二破相入如後二證實捨相著的等位初加行二正體四後得三通始終又四段中約法性故不出真妄妄法本空稱曰無生真法離相亦曰無生依佛性等論說三性攝生如初會說事無生中前四不增正顯無生後三不滅亦即無滅法本不生今則無滅以初攝後皆曰無生別中七者爲治七種實故實者隨相執定故本來無生一淨分法中本有實謂計自性住性爲事物有今爲治此故云本來無生本性離故若先有生後應滅故無起二新新生實計智所成性爲實今爲治此故云無起從緣起故無相三相實即計前二性所生行相今爲治此故云無相相前二能生本相無故無成四後際實謂計於佛果後際出纏治云無成真如出纏非新成故菩薩成佛時煩惱作菩提故上四初一自性住佛性次二引出後一至得果性又此四句展轉釋疑無壞五先際實謂對佛果後際衆生煩惱名爲先際治云無壞煩惱即空無可壞故菩薩未成佛時菩提作煩惱故染淨和合而爲衆生前違淨分此違染分又前即不空藏此即空藏皆不可得無盡六論云盡實諸衆生者謂執衆生念念盡故揀上煩惱故特云諸衆生故上經云一切凡夫行莫不速歸盡治云無盡其性如虛空故無轉七論云離染實淨分中者謂修行位中轉染向淨治云無轉若定有實不可轉故論經云不行謂能轉之行不可得故第二自性無生此則顯詮論經云非有有性者明非有彼定執自性此則遮詮遮顯雖殊義旨不異無性爲性無性即是法無我理此理既以無性爲性則自體無性非是先有今無亦非此詮無真體故云爲性以前觀事無生正忍此理故故論云彼觀事故是此忍不得言無斯則非有非無以顯中道上二不二又此理亦乘所觀事外故論云所有觀法無我理無二相故斯則非即乘離無二爲中道義初中後際皆悉平等第三數差別無生於三時中染淨法不增減故謂先際非染增淨減後際非淨增染減中際亦非半增半減以如三際皆空無自性故然準瑜伽前三句約三世此中約位以明三際故論就染淨明之無分別如如智之所入處第四作業差別無生果位作用名業差別如智貫之則無差別無差別即是無生下如是理如上如是智如智如於真理故無分別此智是佛究竟入處今菩薩證如同佛入處故論云於真如中淨無分別佛智故如是四種皆是示現無生忍觀第二明無生忍淨離一切心意識分別想初句離障離者論云示現行遠離謂契實捨妄名行遠離揀非心體離也所離一切略有二種一離一切心分別想者離報心憶想分別謂第八異熟識轉現稱行亦不行故二離一切意識分別想者離方便心憶想分別論云離攝受分別性想故謂六七謂及中心所等亦不行故是則心行處滅名離一切想次明能治上但明於所治非有今此明其能治不無故論云想者違離障法想非無治法想者治想即無分別智所以明此有二義故一揀異斷滅外道無想二亦滅盡故二揀異如來尚是照寂非寂照故故云此想對於下地有三殊勝無所取著一無功自然行謂無取果心任性自運故此顯治妙猶如虛空二徧一切法想此顯治廣入一切法如虛空性三入真如不動自然行此顯治深此則入於起信離念相者等虛空界無所不徧法界一相故云入一切法如虛空性然地論云不動自然行者任性進故非謂有減自然行心故上離即止此治即觀無功雙運唯證相應無滯言也三結得忍名是名得無生法忍三得勝行分於中分

二初明深行勝對前影出亦是攝童真住文二。初結前生後佛子菩薩成就此忍即時得入第八不動地入第八地是結前入位生後深行為所依故。二正顯深行二。初法八句為深行菩薩。初一總相位行玄奧故餘七別難可知即難入深正是對下影出無差別同行深與諸無漏淨地菩薩同故如夢在事聚故難知差別離一切相一切想一切執著境界深分齊殊絕故由所取相及能取想不現前故復言離一切執著者為護此地一切所治障想故無量無邊即修行深自利無分量利他無邊故一切聲聞辟支佛所不能及明不過深二乘不能壞其勝故前句當相辯大此句寄對以明離諸諠諍即離障深謂離功用障故寂滅現前即對治現前深以證真如為能治故一切寂滅上七別中相從束為三分能離前地四種惱患謂初三明此地境界殊絕離第四微細想行過謂求如來智猶未息等次二明正行廣大離前第三化生動方便過謂十無量等猶有動故後二明離障寂滅離前二過一離第二淨地動方便過即前修無功用日夜常修及行住坐臥皆起道等二離第一有行有開發過此之四過如地持說瑜伽論中名四災患義次第同彼二喻中文有三喻從粗次第喻前三段為顯治障從細至麤法中顯深故從麤至細三段文中各有喻合今初滅定喻譬如比丘具足神通得心自在次第乃至入滅盡定。喻前經中離障寂滅那含及阿羅漢心解脫多能入之九次第定滅盡靜慮當其第九故云乃至一切動心憶想分別悉皆止息謂以所依六七心王皆已滅故能依心所憶想自忘此菩薩摩訶薩亦復如是住不動地。合入滅定下合動心止息即捨一切功用行遍所治故得無功用法明得彼治法故過三身口意業念務皆息十六以得無功用法自然行故即同前經無所取著離第一有行有開發過住於報行。文合二意一亦成上示現得有功用行相違法謂得無功用地故此約教道即同前經無所取著。二者謂善住阿賴耶識真如法中故。此約證道即同前經入一切法如虛空性。即離第二淨地動方便過不同前地修無功用故云報行言報行者前地所修報熟現前故住真如者謂以本識有其二分一妄染分凡夫所住二真淨分此地所住與住真如故捨梨耶之名。又佛地畢住真如不云梨耶真如令此為有變易報在是故雙舉則梨耶言約異熟識如來但名無垢識。二夢寤喻譬如有人夢中見身墮在大河為欲度故發大勇猛施大方便以大勇猛施方便故即便覺寤既覺寤已所作皆息喻前正行廣大論云示此行體彼過想者離彼化生動方便過故有正智想者非無此地無功智故如從夢寤離無夢想非無寤想但此行寂滅故云所作皆息菩薩亦爾見衆生身在四流中為救度故發大勇猛起大精進以勇猛精進故至此不動地既至此已一切功用靡不皆息合中勇猛約心精進約行合上方便並是功用二行相行悉不現前出所息障依內證清淨生死涅槃二心不行名二行不現如彼寤時此彼岸無依外緣境界受用念想不喻三行故云相行不現即離化生聖道等想如彼寤時人船俱無合云見衆生身在四流河喻中卻云身自在十七者見衆生病即菩薩病故。三生梵天喻佛子如生梵世欲界煩惱皆不現前喻境界殊絕住不動地亦復如是一切心意識行皆不現前。初合中正合下地心意識不現合欲界心不現行也。所以不行者得報行故。此離微細想行過故論云此說遠離勝也此菩薩摩訶薩菩薩心佛心菩提心涅槃心尚不現起況復起於世間之心。舉勝況劣謂佛等不顧行出世間一分心等尚自不行況更顧行世間一分心耶佛心等者即七地求如來智心也此中但況世間亦應以大況小大尚不行況小乘耶則若世若出世若人若法若因若果若智若斷皆不行也。二明勝起勝對後影入此下亦是稱尊重行因勸起行智尊重故勝亦尊重之義文四。初就主總叙佛子此地菩薩本願力故願即勸因如第三勸諭云本願力住故者廻文未盡應云住本願力故諸佛世尊親現其前與如來智令其得入法流門中總顯勸相諸佛所以與智勸者轉彼深行樂足之心令其得入法流門故法流者決彼無生止水令起無功用行河任運趣佛智海即以能趣為門又法流者即是行海言與智者有二意故一現與覺念猶彼意加二令起修取故名為與下之七勸皆佛智攝故但云與智前地未淨此忍故此方與以得此忍攝德本故一與之後不復欲沈三正顯勸辭二初讚作如是言善哉善哉善男子此忍第一順諸佛法將欲取之必固與之。二勸於中有七一勸修如來善調御智二勸悲愍眾生三勸成其本願四勸求無礙智五勸成佛外報六勸證佛內明無量勝行七勸總修無遺成徧知道遠公解釋攝七為二謂將前六舉多來作轉其住心後一明其少作能成增其去心經無此文論似有意於理無違令攝為三前三勸其下化初一化法次一正化後一化願次三勸其上求初一折其所得非勝後二引其求佛勝果若外若內三最後一勸總結多門以所作無邊別說難盡故然七皆含轉住增去令初勸修如來善調御智然善男子我等所有十力無畏十八不共諸佛之法汝今未得明多來作以來勸三汝應為欲成就此法勤加文得修十力等教授眾生法故精進勸令修習勿復放捨於此忍門莫捨忍門捨有二義一若以放捨身心住此忍門斯則不應故云勿復是以論云若不捨此忍行不得成就一切佛法此令捨著二全棄捨則所不應故論云依彼有力能作故故云勿復放捨此令依之。二勸悲愍眾生又善男子汝雖得是寂滅解脫明自所得忍然諸凡夫未能證得種種煩惱皆悉現前種種覺觀常相侵害明他無忍故多起過在家多有煩惱出家多起覺觀皆是眾生無利益事汝當愍念如是眾生勸起悲心愍心依上而轉三勸成其本願又善男子汝當憶念本所誓願願有二種普大饒益一切眾生一依廣心下化眾生皆令得入不可思議智慧之門二依於大心然有二義一令他得二本自得自得佛智依此智行能廣利故。四勸求無礙智又善男子此諸法法性若佛出世若不出世常住不異法性真常定其所尚諸佛不以得此法故名為如來舉其異佛勤其上求以有甚深無礙之智大用無滯方能不共二乘故也一切二乘亦能得此無分別法初同二乘令不住忍三歎浚河同涉理故功行幾倦趣寂為堉故應文勸三勿住。五勸成佛外報又善男子汝觀我等身相無量智慧無量國土無量方便無量光明無量清淨音聲亦無有量汝今宜應成就此事眾身相等六皆是化生事業若能成就此之六法則有力化生是故勸修令其成就六勸證佛內明無量勝行又善男子汝今適得此一法明所謂一切法無生無分別明其所得未廣善男子如來法明無量入示與諸佛無量勝行無量入者所入法門差別故無量作作是法門業用無量轉轉是業用上上不斷乃至百千億那由他劫不可得知汝應修行成就此法結勸令修也。七勸總修無遺成徧知道又善男子汝觀十方無量國土無量眾生無量法種種差別舉三種世間無量知淨土中三自在行悉應如實通達其事結勸令修意明少作速成無量既言悉應如實通達明少分觀察即能成就去佛非遠此同德生勸於善財勿以少行而生知足故云無量三顯勸所為令起智業佛子諸佛世尊與此菩薩如是等無量起智門令其能起無量無邊差別智業四彰勸之益亦是所為為是故勸於中有二。初明不勸之損故不得不勸佛子若諸佛不與此菩薩起智門者彼時即入究竟涅槃。二者自損既不與智即入涅槃故應須與故論云即入涅槃者與智慧示現棄捨一切利眾生業二者損他不利生故問始行之流尚修無住豈深智地取滅須勸答有四義是以須勸一爲引序史性二衆明菩薩此地大寂滅處獨有勸起況彼所得穿爲究竟二爲警覺漸悟菩薩樂寂之智三爲發起始行之者無厭上求四爲顯此地甚深玄奧難爲輕捨所以須勸顯有一人佛不與智便取滅否但有此深奧法流之處必有諸佛作七勸扶故無一人便取永寂又設佛不勸亦無趣寂爲顯勸益假以爲言二彰勸之益是故須勸以諸佛與如三初法三初釋前與智彰益之因是等無量無邊起智門故故論云彼行中攝功德因勝故云何勝諸佛同作教授說故。二明起行遲疾於一念頃所生智業從初發心乃至七地所修諸行百分不及一乃至百千億那由他分亦不及一如是阿僧祇分歌羅分筭數分辟喻分優波尼沙陀分亦不及一。三釋疾所由何以故佛子是菩薩。謂先唯一身故長時劣此一念此地身等無量故一念頓超長時有十一句前十別明後一總結十中初六依教化衆生次二依自集助道後二依障淸淨先以一身起行今住此地得無量身多身隨現所以多者論云一切菩薩身信解如自一身故謂智契同體故能即一爲多此實報能爲不同前諸地示現變化此對前一身既爾餘音聲等對前起行類亦無量無量音聲圓音隨說無量智慧遣所知智無量受生隨取何顯生無量淨國隨感以何

圖教化無量衆生隨其教化何類衆生供養無量諸佛隨供養集福德助道入無量法門隨入何法門集智慧助道具無量神通隨神通障淨有無量衆會道場差別隨智慧障淨故能處於無量衆會隨機說法皆言隨者隨宜非一釋無量言故隨時之義其大矣哉住無量身語意業集一切菩薩行。從一結釋謂起行衆多不離三業上結下釋以不動法故由無相無功無有間斷故相用不動任運集成。二喻佛子譬如乘船欲入大海未至於海多用功力若至海已但隨風去不假人力以至大海一日所行比於未至其未至時設經百歲亦不能及船喻彼行遲疾論云應知因勝示現者釋疾所由船由入海故疾行入無生故疾。三合佛子菩薩摩訶薩亦復如是積集廣大善根資糧乘大乘船合未至海即前七地到菩薩行海合若至海即第八地無生之智亦是行故名爲行海又頓能攝起即深而廣亦得名海於一念頃以無功用智以合上風入一切智智境界明其趣果前喻所無以無生智同佛智海故喻不分本有功用行經於無量百千

億那由他劫所不能及合前校量大文第四淨土分者問經中但云大方便智一切觀察皆如實知廣說化生應形作用瑜伽論中十自在前起智門後但云得分身智何以論主判爲淨土分耶答淨土有一一是能淨之因二是所淨之果此有二對一相淨果謂寶嚴等以行業爲因謂直心等二自在淨果謂三世間圓融等以德業爲因謂淨上三昧等今約後對然淨土行業始起在凡滿在十地淨土德業始起不動終在如來文分三別一器世間自在行二衆生世間自在行三智正覺世間自在行初是化處次是所化後是能化具後二淨方名淨土然其初一多約能淨後二多約所淨文影略耳就初分二。初總標舉佛子菩薩住此第八地以大方便善巧智即無功用因在於七地修無功用今得自在所起無功用覺慧爲能觀智觀一切智智所行境爲所觀處。三別顯其相有五種自在。初隨心欲所謂觀世間成觀世間壞論云隨心所欲彼能現及不現故者謂約能淨論隨隨自心欲知即能知故約所淨論隨隨衆生心樂欲見者則現成現壞不欲見者則不現故經云觀知則唯約因論主欲顯義兼於果故云隨現即轉變自在下之四段隨現準知。二隨何欲由此業集故成由此業盡故壞謂隨物欲知何業成壞皆能現故。三隨時欲幾時成幾時壞謂隨時長短即能現故若約能淨即隨時智幾時成住如此世界成二十劫初劫成器餘成衆生幾時壞住壞亦二十先壞衆生後一壞器皆如

實知（並標事標理名如實知四隨廣隱故）又知地界小相（非定地取識境界）大相（定地境界乃至四禪緣三千故）無量相（如來境界上三是事分齊皆以境界智知）差別相（是法分齊以相智知）無量相（實自相同相差別故知）知水火風界小相大相無量相差別相（二知隱相類餘易了）知微塵細相（細者遠全塵故論經次云麤相者集塵故）差別相（前同）無量差別相（一塵之中含多法故）隨何世界中所有微塵聚及微塵差別相皆如實知（塵之麤細俱通定散故不云大小三知能所成即雙明廣隱相二。初總知內外）微塵所有寶物若干微塵眾生身若干微塵國土身若干微塵皆如實知知眾生大身小身各若干微塵成（三別明六道）二十五 知地獄身畜生身餓鬼身阿脩羅身天身人身各若干微塵成得如是知微塵差別智（斯即楞伽責所不問意顯窮幽又云無性故五隨心數許欲即能現故文二。初約智知自在）又知欲界色界無色界成知欲界色界無色界壞知欲界色界無色界小相、大相（上即三界互望論大小今即一界之中自分大小欲界中人境為小天境為大色界中覺觀為小無覺觀為大無色界中論云佛法中凡境為小聲聞緣覺菩薩為大者為揀外道妄取涅槃故特云佛法）無量相（如來所知一切三界皆名無量相）差別相得如是觀三界差別智（三約通明自在隨物現化文三。初隨機現化）

佛子此菩薩復起智明教化眾生（上標能化智下明所知機文有三句）所謂善知眾生身差別（知身類不同故）善分別眾生身（智隨身宜用方便異故）善觀察所生處（生何等界能利生故）隨其所應而為現身教化成熟（正明隨化雖言現身意在身處故屬器界二明化分齊）此菩薩於一三千大千世界隨眾生身信解差別以智光明普現受生如是若二若三乃至百千乃至不可說三千大千世界隨眾生身信解差別普於其中示現受生（三明現自在）此菩薩成就如是智慧故於一佛剎其身不動乃至不可說佛剎眾會中悉現其身（謂不動而徧猶月入百川三眾生世間自在行謂隨感能應調伏眾生自在故於中三。初總明感應）

佛子此菩薩隨諸眾生身心信解種種差別於彼佛國眾會之中而現其身（二別顯感應於中顯化生行有二自在。初化同物身）二十四 所謂於沙門眾中示沙門形婆羅門眾中示婆羅門形剎利眾中示剎利形如是毗舍眾首陀眾居士眾四天王眾三十三天眾夜摩天眾兜率陀天眾化樂天眾他化自在天眾魔眾梵眾乃至阿迦尼吒天眾中各隨其類而為現形（即身自同事二化應物心）又應以聲聞身得度者現聲聞形應以辟支佛身得度者現辟支佛形應以菩薩身得度者現菩薩形應以如來身得度者現如來形（以身不必同其所化即心自同事故論云彼行化眾生身心自同事三總結感應）

佛子菩薩如是於一切不可說佛國土中隨諸眾生信樂差別如是如是而

爲現身如是如是者現類衆多故若身若心無偏頓應故論結云自身心等分示現也

平五末

大方廣佛華嚴經疏卷第六十三 遯三

大方廣佛華嚴經疏卷第六十四（經第三十八）　逃四

清涼山沙門澄觀述　晉水沙門淨源錄疏注經

三明智正覺世間自在行遠公釋云若就行境應名二諦自在行今就行體名智正覺智於二諦正覺無礙故名自在今更一釋以所知十身皆是毗盧遮那正覺之體亦得從境名智正覺能令相作亦自在故文二。初明第一義智 佛子此菩薩遠離一切身想分別住於平等 上句離妄下句住實由自身他身不分別故住於平等不分別言非唯照同一性亦乃能所照亡論云此不同二乘第一義智示現者以彼不得法空不能即俗而具非一異詮二明世諦智有三初總知十身論攝為三初三染分次六淨分後一不二分。皆言分者同一廣大緣起法界分為十段故即染分依他淨分依他同依一實故。三依料釋經 此菩薩知衆生身。初三染分一衆生世間 國土身 二國土世間 業報身 彼二生因謂業煩惱經略煩惱故論具之而云報者業能招報從果立名若是所招寧異上二然國土身含通於淨且從一類以判為染 聲聞身獨覺身菩薩身如來身 次六總以三乘為其淨分此四是人菩薩及佛但因果之異 智身法身 上是能證智下是所證法故論聞云此三乘隨何智隨何法彼淨顯示謂因法智殊顯三乘別 虛空身。後一不二分通為二依非染淨故觀下別顯多約事空義兼於理△二令十身相作顯通自在皆究明相作所由隨機故文二初別顯相作略有四類 此菩薩知諸衆生心之所樂能以衆生身作自身亦作國土身業報身乃至虛空身又知衆生心之所樂能以國土身作自身亦作衆生身業報身乃至虛空身又知諸衆生心之所樂能以業報身作自身亦作衆生身國土身乃至虛空身又知衆生心之所樂能以自身作衆生身國土身乃至虛空身 云何令彼法智虛空得為自身入法智中自然應現自己身故今於虛空忽見自身故名為作作餘亦爾。二總結例餘 隨諸衆生所樂不同則於此身現如是形 上但舉四翻理應具十成一百身然其自身即是菩薩若將自身望菩薩別則有百一十身故云則如是現所以相作得無礙者廣如懸談而今文中略有三意一由謙即事第一義故事無理外之事事隨理而融通故此章初先明勝義二者緣起相由故三業用自在故晉經偈云菩薩於因緣和合中自在乃至能隨意為現於佛身今新經中略無此偈論主但釋相作之意云彼自在中所作攝取行種種示現者謂彼正覺自在中作攝取衆生行故隨心樂種種示現。三別顯知相彰智自在十身為八以三乘合故然其類例應各具十文或闕略且從顯說。初衆生身 此菩薩知衆生集 有五相 業身報身煩惱身 初三衆生唯論妄想深去別此約總明三界 色身無色身 後二約上二界即就報顯別若總開三界五趣則十具矣。二國土身 又知國土身 具有十相前八一切相 小相大相無量相 分齊相即小中大千 染相淨相 染淨差別 廣相 寬陿差別此略無陿 倒住相正住相 依住差別後二異實義相 普入相 九重頓入名為普入 方網差別相 十方交絡故云方網又重重現故多同初地。三業報身 知業報身假名差別。四聲聞等三身知共有四身皆云假名差別者但有自相同相差別假名分別實無我人餘亦假名偏語此四者業因尚假 聲聞身獨覺身菩薩身假名差別 三四二段苦果可知聖人尚假況於凡類又三乘聖人方能知假佛德超絕不得云假。五佛身 知如來身 自有十相餘之九身既是佛身一一有此則已成百若更相作則重重無盡 有菩提身 示成正覺故 願身 願生兜率故 化身 所有佛應化故據異類難鹿馬等化故云應化即王宮生身 力持身 自身舍利住持故上四於三身中皆化身攝 相好莊嚴身 所有實報身無邊相海等攝三十二等故云實報即三中報身 威勢身 所有光明攝伏衆生故云威勢即通報化 意生身 論云所有同異世出世間心得自在解脫故者同謂同類異謂異類世即地前出世地上謂若凡若聖若同若異由得自在解脫故隨意俱生即種類俱生無作行意生身也此通變化及他受用 福德身 所有不共二乘之福能作廣大利益因故故令衆生種少善根必之佛果　**法身**　所有如來無漏界故斷即所證法體故雖世間品十佛中名法界佛諸漏永盡非漏隨增性淨圓明故名無漏界是廣義亦是生義含無邊德生世出世諸樂事故　**智身**　所有無障礙智謂大圓鏡智已出障治證平等性故次云此智能作一切事者即成所作智彼事差別皆悉能知者即妙觀察智此通四身但兩重十身一一圓融故異諸教六智身　**知智身**　有十一相攝為三類　**善思量相如實決擇相**　初二約體分別上句通聞思下句即修慧俱通理教　**果行所攝相**　即因果分別行即是因通於三慧果唯證入相離前三餘有八智皆約位分別　**世間出世間差別相**　此一是總世間俗智名之為世三乘聖智名為出世又道前名為世見道已去名為出世　**三乘差別相**　於出世中大小分別小乘十智等中乘七十七智等大乘權實無量　**共相不共相**　六七二相於大乘中麤妙分別甚深般若不共二乘相似般若是則名共　**出離相非出離相**　八九二相通既三乘縛解分別於斷未斷性智故　**學相無學相**　後二通於三乘修成分別。七法身　**知法身**。前能知智此所知法並通一切智法不同前佛法聖唯局如來文有五相　**平等相**　即是理法論云無量法明門等一法身故者謂法門雖殊同詮平等法身佛無二故揀理異事皆世諦攝門　**不壞相**　即是行法論云如聞取故謂攝理起行名如聞取行符平理則冥之菩提名不可壞　**隨時隨俗假名差別相**　即教法隨所化衆生根性相應時說差別故理本無言假言顯理若權若實皆是隨俗假名　**衆生非衆生法差別相**　即重顯理法所徧之境此通染淨平等法身徧情非情故　**佛法聖僧法差別相**　即果法唯約於淨故論云第一相差別三乘同證第一義故隨智有異三種不同故所顯理亦說深淺若約功德等異如常所辨。八虛空身　**知虛空身**　文有六相　**無量相**　芥子中空亦無分量　**周徧相**　徧至一切色非色處故　**無形相**　不可見故今世人見者但見空一顯色想心謂見故涅槃經中廣破見空又此舍無為空故亦不可見　**無異相**　無障礙故謂不同色法彼此相異有障礙故　**無邊相**　謂無始終起盡之邊　**顯現色身相**　能遍受色相持所持故故下經云辟如虛空究竟非色而能顯現一切諸色既因色分別彼是虛空則知因空顯彼為色。大文第五自在分三。初標前為因　**佛子菩薩成就如是身智已**　修行三種世間自在行故得十自在此但約智通說若依攝論以六度為因如下別明。二顯自在果　**得命自在**。不可說不可說劫命住持故　**心自在**　無量阿僧祇三昧智入故　**財自在**　能一切世界無量莊嚴嚴飾住持示現故上三自在以施為因如次以一切時一切處一切物施故　**業自在**　如現生後時業報住持示現故　**生自在**　一切世界示現故上二自在以戒為因以戒調身語成勝業故復由戒淨隨欲生故　**願自在**　隨心所欲佛國土時示現成就三菩提故此則由進策勤無懈廢故　**解自在**　一切世界中徧滿示現故論經名信解攝論名勝解會一義可兩意為因以修忍時隨衆生意故得一切皆隨心轉謂變地為金等　**如意自在**　一切佛國中如意作變化事示現故以定為因　**智自在**　如來力無所畏不共佛法相好莊嚴三菩提示現故　**法自在**　無中無邊法門明示現故上二同以般若為因內照所知得智自在應根宜說得法自在。於此十中若智若通皆無壅滯故云自在論以此十治十怖畏一治死怖畏二治煩惱垢染怖畏三治貧窮四治惡業五治惡道六治求不得七治誹法罪業八治追求時縛不活九法自在治云何云何疑十智自在治大衆威德此二如其本論次第。此十亦即初地五畏細故漸開此中二四及第七句則近惡名惡名本故三六屬不活九屬第十故。約因而論此地方得約果而論圓滿在佛此約行布下離世間立賢首品皆有此十約普賢位通貫始終。六明大勝分文三。初智大智解殊勝故　**得此十自在故**　上牒前為因下正顯四智　**則為不思議智者**　初標謂不住世間涅槃寂用難測名不思議此不思議有其三義　**無量智者**　一修行盡至不思議謂證涅槃無分量故　**廣大智者**　二所知不思議廣照世境故　**無能壞智者**　三除障不思議謂令具知出所知障天魔外道不能壞故二業大行業竟廣故有三。初牒前為因　**此菩薩如是入已**　一入自在　**如是成就已**　二成就智。二正顯業大有十二句　**得畢竟無過失身業無過失語業無過失意業**　初之三句明三業淨當攝辦意後九約得辦業滿為四辦　**身語意業隨智慧行**　初一句明經論不能起能起同時謂身語意是所起智慧為能起此二業起必與能起同時故經云隨行智為導首故般若波羅蜜增上大悲為首方便善巧善能分別二四句智攝不染作利衆生行等謂由般若攝彼大悲故不染受見能起方便利衆生行善起大願佛力所護三二句因攝謂內由大願而為自行他行之因外蒙佛攝得成二因常勤修習利衆生智普住無邊差別世界四後二句作業所持上句利益衆生下句淨佛國土。三總結多門佛子舉要言之菩薩住此不動地身語意業諸有所作皆能積集一切佛法第三彼二所住功德大智業所成故文三。初標所住分齊佛子菩薩住此地二顯所住德得善住深心力一切煩惱不行故得善住勝心力不離於道故十句依七種功德謂初四為一善住道功德此是德體以二利行為菩薩道故上二自利先契理離障名為深心後對治堅固名為勝心得善住大悲力不捨利益衆生故得善住大慈力救護一切世間故此二慈悲利他後六各一約修辯德得善住陀羅尼力不忘於法故得善住辯才力善觀察分別一切法故

得善住神通力普往無邊世界故上三三輪化益修上利他得善住大願力不捨一切菩薩所作故得善住波羅蜜力成就一切佛法故得如來護念力一切種一切智智現前故此三願行相符外相佛護修上自利。三結成功德近結此段遠結前三此菩薩得如是智力結前智大以智證理得無惜愛故能現一切諸所作事結作業大平等作故於諸事中無有過咎結成所住功德大故得七功德無過咎故。七釋名分亦攝如相迴向稱如不動等故釋名分二一地釋名即約法明位二智者釋名即約人彰德。今初佛子此菩薩智地。十句論攝為六達公復攝此六為二初二自分後四勝進勝進復三初一發修離過次二因修成德一成教道德二成證道德後一依德成位亦有斯理名為不動地無能沮壞故言為六者一初二句名深對治上句治下地功用之行小乘之願諸魔之業故名不動地名為不退轉地智慧無退故此句治煩惱行故名不轉上二即是相用煩惱不能動也名為難得地一切世間無能測故二此一句得甚深故名為童真地離一切過失故三有二句發行清淨上句發淨謂得真無漏三業無失不破觀心能發起行然其八地應對八住合

名童真而論經中名王子者似不順文名為生地隨樂自在故四次二句此句行淨正行之時離障自在故名為成地更無所作故名世間出世間有作淨勝上句悲故隨世有作自無所作名為究竟地智慧決定故此句出世有作以智善分別故智障淨故皆決定義名為變化地隨願成就故五此一句彼二無作淨勝謂於世出世名為彼二願力變化而不滯寂故云經作即無住涅槃名為力持地他不能動故六有二句菩薩地勝即分位過前上句勝六地以六地觀空為他有動今念念發起殊勝行故名為無功用地先已成就故此句勝七地上依論釋。今更指文別為一解謂此諸名對前經立初二從淨忍分受名得無生忍入不動故此句為總此智現前故無退壞次二約得勝行分受名一得為深行菩薩不可知故二離一切相等諸過失故次三約淨土分受名生地謂器世間自在隨樂生故成地衆生世間自在隨物成身自無作故究竟地者正覺世間決二諦故次一約自在分隨願成就方名自在次一約大勝分得深心等十種力持故後無功用通該始終依此釋者似若論家闕指明攝三智者釋名約人彰德文二。初牒前為因佛子菩薩成就如是智慧由得智地故。二正就人顯二初總明文有四句皆含二義入佛境界論攝釋云佛性隨順因故佛性即初句以梵云馱都譯通界性致揮論經云得入佛性即是法身果性故論云佛性者界滿足勝故究竟見性故云滿足此即分齊境界菩薩由得地智能上入之隨順因者即下三句

由三為因故能隨順佛境 佛功德照 一攝佛功德善清淨義故謂以無垢慧普照佛德即是攝義 順佛威儀 二者正行謂正行威儀順同佛故 佛境現前 三者近近如可觀故二別釋以何義故菩薩名為不動地有二義故初一向不動謂行修上願故二一體不動謂與諸菩薩行體同故今初明一向不動論經十一句今經闕二 常為如來之所護念 初之一句總顯佛加解叅玄極上德故已故既常為佛加故名一句不動餘句別依五種功德以顯不動 梵釋四王 一供養功德論經一王下有奉迎之言 金剛力士常隨侍衛 二守護功德謂金剛等現形衛故 恒不捨離諸大三昧 三依止功德恒不捨三昧故 能現無量諸身差別 四國土清淨功德若器若衆生皆能隨現故云無量五敎化衆生功德此復有五種前三自分 於一一身有大勢力 一類取諸有多為主導故云有大勢力 報得神通 二根心使智力轉三際中衆生根欲等故 三昧自在 三無量法力自在轉法輪故後二勝進四受力授經云能受無量記故今經闕此 隨有可化衆生之處示成正覺 五說力隨有可化具能說法論經此後更有一句結云是菩薩如是通達論云一句不動故二明一體不動 佛子菩薩如是入大乘會 初總謂入同類大乘衆數故入數者不破壞義和合如一故餘別別有九種具此九種堪入衆數 獲大神通 一智不壞護法智通故 放大光明 二說不壞謂教數智光故 入無礙法界 三解脫不壞謂不住行證入空有等無礙法界業用無礙故 知世界差別 四佛國清淨不壞知世界自在故 示現一切諸大功德 五入大乘不壞智能示現大功德故 隨意自在 六神通不壞隨意自在故 善能通達前際後際 七能解釋義不壞稱三際說故 普伏一切邪魔之道 八坐道場不壞菩提樹下伏魔邪故 深入如來所行境界 九正覺不壞入如來境同佛覺故三總結所住 於無量國土修菩薩行以能獲得不退轉法是故說名住不動地 行無障礙不斷不轉念不退故二位果謂乘中先調柔行三初法 佛子菩薩住此不動地已以三昧力常得現見無量諸佛恒不捨離承事供養此菩薩於一一劫一一世界見無量百佛無量千佛乃至無量百千億那由他佛恭敬尊重承事供養一切資生悉以奉施於諸佛所得於如來甚深法藏受世界差別等無量法明若有問難世界差別如是等事無能屈者如是經於無量百劫無量千劫乃至無量百千億那由他劫所有善根轉增明淨 受世界差別等無量法明者等取衆生智正覺故論名欲因相故者以所受法為自在因故二喻 譬如真金治作寶冠置閻浮提主聖王頂上 真金作閻浮主頂上冠者喻得清淨地身心勝故以此地中報行純熟三世間自在故特加於王 一切臣民諸莊嚴具無與等者 喻善根光明轉更明淨三合 此地菩薩所有善根亦復如是一切二乘乃至第七地菩薩所有善根無能及者以住此地大智光明普滅衆生煩惱黑闇善能開闡智慧門故 三教智淨 佛子譬如千世界主大梵天王能普運慈心普放光明滿千世界此地菩薩亦復如是能放光明照百萬佛刹微塵數世界令諸衆生滅煩惱火而得清涼 梵王普放光明者勝前日光勝有三義一多故二淨故三廣故三別地行相 此菩薩十波羅蜜中願波羅蜜增上餘波羅蜜非不修行

但隨力隨分(四結說地名)是名略說諸菩薩摩訶薩第八不動地若廣說者經無量劫不可窮盡。(二攝報果)佛子菩薩摩訶薩住此地多作大梵天王主千世界最勝自在善說諸義能與聲聞辟支佛諸菩薩波羅蜜道若有問難世界差別無能退屈布施愛語利行同事如是一切諸所作業皆不離念佛乃至不離念一切種一切智智復作是念我當於一切衆生中為首為勝乃至為一切智智依止者此菩薩若以發起大精進力於一念頃得百萬三千大千世界微塵數三昧乃至示現百萬三千大千世界微塵數菩薩以為眷屬。(三願智果)若以菩薩殊勝願力自在示現過於是數乃至百千億那由他劫不能數知(三重頌分三初頌位行頌上七分即為七段。初一偈半頌集作地分)

爾時金剛藏菩薩欲重宣其義而說頌曰

七地修治方便慧　善集助道大願力
復得人尊所攝持　為求勝智登八住
功德成就恒慈愍　智慧廣大等虛空(二淨忍分)
聞法能生決定力　是則寂滅無生忍
知法無生無起相　無成無壞無盡轉
離有平等絕分別　超諸心行如空住(三有七偈頌得勝行分於中二。初二頌深行勝)
甚深不動恒寂滅　一切世間無能知
心相取著悉皆離　住於此地不分別
譬如比丘入滅定　如夢渡河覺則無
如生梵天絕下欲(二發起勝)　以本願力蒙勸導
歎其忍勝與灌頂　語言我等衆佛法
汝今未獲當勤進　汝雖已滅煩惱火
世間惑燄猶熾然　當念本願度衆生
悉使修因趣解脫　法性真常離心念
二乘於此亦能得　不以此故為世尊
但以甚深無礙智　如是人天所應供
與此智慧令觀察　無邊佛法悉得成
一念超過曩衆行　菩薩住茲妙智地
則獲廣大神通力　一念分身徧十方
如船入海因風濟(但以甚深無礙智者長行所無故知唯念法性則同二乘事理事事皆無障礙是菩薩故晉經全有一偈不但以得無礙甚深微妙智通達三世故乃得名為中無此一句亦可攝頌餘勸。四有六偈頌淨佛國土但即三種世間於中三。初二偈頌器世間)　心無功用任智力
悉知國土成壞住　諸界種種各殊異
小大無量皆能了　三千世界四大種
六趣衆生身各別　及以衆寶微塵數
以智觀察悉無餘(二有三偈頌衆生世間)　菩薩能知一切身
為化衆生同彼形　國土無量種種別
悉為現形無不徧　譬如日月住虛空
一切水中皆現影

住於法界無所動　隨心現影亦復然
隨其心樂各不同　一切衆中皆現身
聲聞獨覺與菩薩　及以佛身靡不現
三有一偈頌智正覺世間
種種聖人智法身　衆生國土業報身
普為衆生而示作。五有半偈頌十自在　虛空身相皆平等
十種聖智普觀察　復順慈悲作衆業
晉經云能得於十種妙大自在智。六一偈頌大勝分　所有佛法皆成就
持戒不動如須彌　十力成就不動搖
一切魔衆無能轉。七釋名分　諸佛護念天王禮
密跡金剛恒侍衛　此地功德無邊際
千萬億劫說不盡。密跡者古譯為力士。二有二偈半頌位果
復以供佛善益明　如王頂上莊嚴具
菩薩住此第八地　多作梵王千界主
演說三乘無有窮　慈光普照除衆惑
一念所獲諸三昧　百萬世界微塵等

諸所作事悉亦然　願力示現復過是
三有一頌頌前結說分齊　菩薩第八不動地
我為汝等已略說　若欲次第廣分別
經於億劫不能盡。九善慧地所以來者瑜伽意云前雖於無相住中捨離功用亦能於相已得自在而未能於異名衆相訓辭差別一切品類宣說法中得大自在為令此分得圓滿故次有此來。言善慧者攝大乘云由得最勝無礙智故無性釋云謂得最勝四無礙解無礙解脫智於諸智中最為殊勝智即是慧故名善慧即下文中十種四無礙是也莊嚴論云於九地中四無礙慧最為殊勝云何勝耶於一剎那三千世界所有人天異類異音各以異義問此菩薩菩薩能以一音普荅徧斷衆疑故此同下文金光明云說法自在無患累故增長智慧自在無礙者此兼顯離障名勝深密經中憶不同此瑜伽住品十住婆沙論成唯識等文辭小異義旨無殊仁王名為慧光者言兼法俞智論名善相從所了得名能所雖殊皆明說法之慧。故所離障離利他中不欲行障有四辯故四無礙障分成二愚前三為一名於無量所說法無量名句字後後慧辯陀羅尼自在愚謂所說法是義名句字是法後後慧辯是辭陀羅尼自在愚通於上三二辯自在愚即愚第四無礙。故所證真如名智自在所依謂若證得此真如已於無礙解得自在故。便成善達法器自在說法之行。梁論云由通上真如得應身果金光明中得智藏三昧皆一義耳。次正釋文三分之內初讚請中三。初二頌如來現相
說此菩薩八地時　如來現大神通力

震動十方諸國土　無量億數難思議
一切知見無上尊　其身普放大光明
照耀彼諸無量土　悉使衆生獲安樂
顯說無功用行無動之動難思議故特此現通。二有十頌別讚文分三別。初一頌菩薩供
菩薩無量百千億　俱時踊在虛空住
以過諸天上妙供　供養說中最勝者。二天王供
大自在王自在天　悉共同心喜無量
各以種種衆供具　供養甚深功德海
三有八頌即天女供讚於中分二。初一頌供　復有天女千萬億
身心歡喜悉充徧　各奏樂音無量種
供養人中大導師　三有七頌讚讚中有二。初一頌標
是時衆樂同時奏　百千萬億無量別
悉以善逝威神力　演出妙音而讚歎
後六頌顯辭二。初二頌讚菩薩通於八地及說法主　寂靜調柔無垢害
隨所入地善修習　心如虛空詣十方
廣說佛道悟羣生　天上人間一切處

悉現無等妙莊嚴　以從如來功德生
今其見者樂佛智。二有四頌雙讚佛及菩薩二三輪化益
不離一剎詣眾土　如月普現照世間
音聲心念悉皆滅　辟猶谷響無不應
若有眾生心下劣　為彼演說聲聞行
若心明利樂辟支　則為彼說中乘道
若有慈悲樂饒益　為說菩薩所行事
若有最勝智慧心　則示如來無上法
辟如幻師作眾事　種種形相皆非實
菩薩智幻亦如是　雖現一切離有無
此中文云菩薩智幻後結即云歎讚佛已故知文中通讚八九地如月普現前地有故此法師位能隨機宜說權實故文中分三初一身無心而普應次二口隨機而演說後一喻結心常契中既特云最勝智心示如來法權實明矣故瓔珞經中說十種菩前九依三乘人各成三乘第十名佛乘種性謂初開佛法即發佛心唯觀如如修佛智慧終不為彼悲願纏心一向不起二乘作意今第九地正為悲願纏其心故此云慈悲樂饒益明文若斯云何不信。三結請
如是美音千萬種
歎讚佛已默然住　解脫月言今眾淨

願說九地所行道。第二正說分先明地行文有四分一法師方便成就謂此地中能起辯才說差別法名法師地以起地行立名方便故二智成就具能知法之大智慧故三入行成就達此所化器之心行故四說成就稱根正授故四中初一入心餘三住心亦攝三位至下當知然第八地中但淨佛土教化眾生此地即由辯才力故教化眾生成一切相能教化故一切相者具上四分故初分中三。初牒前起後 爾時金剛藏菩薩告解脫月菩薩言佛子菩薩摩訶薩以如是無量智思量觀察。前得二諦等智故。二正顯方便 欲更求轉勝寂滅解脫。文中十句不離二利論云一一五三句示現者初句利他次句自利故云一一次五句依無色得解脫想可化眾生利益他故化其令得利他後三自利故云五三示現之言通上四段上一大般涅槃故云轉勝論主謂菩薩不求自滅故作此釋然經既云更求寂滅何妨自求以七八九地同得無生八地得忍寂滅現前依勸起修此眾上品名為轉勝即用而寂真解脫故若依此義前二自利亦可十句俱通二利於理無失且依論解 復修習如來智慧。依來得究竟自利之益故 入如來祕密法。依根熟菩薩化令得入如來祕密三密化益故 觀察不思議大智性。依邪念修行可化眾生令其觀察不思議智得正念故謂觀無念見智性故 淨諸陀羅尼三昧門。依未知法眾生轉正法輪令得知故四五皆是說法所依故 具廣大神通。依邪歸依眾生令入正法故

入差別世界。依作生天眾生今入差別世界佛淨土故上五句中一無謗二無行三無解後二無信 修力無畏不共法。依正覺內證智德故修力等 隨諸佛轉法輪。依轉法輪外化恩德 不捨大悲本願力。依無住涅槃斷德。三結行入位 得入菩薩第九善慧地。二明智成就此下二段攝王子住知法知根皆是法王教度等故且依智成就文中分二。初總知三性 佛子菩薩摩訶薩住此善慧地如實知善不善無記法行。謂淨染不二不二即無記。二展轉別開 有漏無漏法行。一於淨法開漏無漏謂施戒等取相心修與漏相應名為有漏無漏反此 世間出世間法行。二於無漏開出見道已前名為世間見道已去名為出世 思議不思議法行。三即就上之世出世異名為思議世即出世名不思議亦可但於出世行中約教證二道 定不定法行。四彼有漏思議法中定所動名為不定亦可佛性定有餘一切法皆悉不定三聚定等下文自說 聲聞獨覺法行菩薩行法行如來地法行。五攝上諸普開出三乘謂諦緣度等皆通上四故唯佛果一是唯無漏等而屬菩薩乘果 有為法行無為法行。六於三乘法中顯示有為無為依順行故此是善體故後明之謂滅諦緣性彼岸具理皆名無為道諦緣智能證修起皆名有為如來一切皆是無為佛智有為非極說故涅槃今復有為相

故三乘聖人依此起行依此差別故名順行三入行成說三。初總標章門有十一稠林此菩薩以如是智慧如實知衆生心稠林。一初是總論云依共以通是下十染淨法共所依故菩薩依此而知故名為依下依義準之煩惱稠林業稠林根稠林。餘十是別不出三雜染故論云依煩惱業生生是苦果今當第九解稠林性稠林樂欲稠林論釋餘七依共煩惱染淨等依定不定時謂次根等四同是業故所以名共隨眠稠林即煩惱種名染眠伏藏識今心染汙故受生稠林受生即生如前已說二通三故不出三也餘習氣相續稠林云何通謂習氣無別體定染淨等氣分故三聚差別稠林但是約時定不定故。論又別釋根信性欲相似之義云彼復定不定時根等次第根等相似信等者由下經文以根例三故此重釋相似之義必須約時故云彼復定時約何論時亦約根等四事次第也云何次第謂根等相似似何等耶如宿習名報印持名解依根起解故云次第解必似根故云相似習解成性性必似解依性起欲欲復似性若相似未熟時即名不定熟名正定全無性欲即名邪定故時依根等論經諸解為信是信解故十皆名稠林者多故名林難知曰稠論經十林皆有行字謂不正信義故名心行等稠林心行若總證信圓明非稠林行然此十名多如發心品辨而習氣一通於二義一者殘習二者種子熏習如下當辨二依章廣釋文分九段以解性欲合一例故今初心稠林此菩薩如實知衆生心種種相上總下別別中略舉十門辨之

為八二三後二四句合故所謂雜起相一是別相心意及識六種別故此八緣境許得弟起故名雜起又雜起者必與所俱極少猶有徧行五故遠轉相壞不壞相二有二句明行相四相遷流故遷即是住住體無危遷說異故轉者是異壞即是滅不壞是生故論經但一句與輕轉生不生相論云住異生滅行故無形質相三第一義相總彼心離心故云何離謂心身不可得故身者體依聚義即同起信心體離念等無邊際相四自相順行無量境界取境不同故名為自上之四相初一是所相二是能相此二並心之相三是心之空性性相不同合為心體四即心用此四並通染淨後四淨心隨緣由第五句隨煩惱緣成六七句隨業生緣成第八句清淨相五自性不染相即自覺聖智異妄所依不空性也染而不染名自性淨次下二句即不染而染垢無垢相六同煩惱不同煩惱相隨緣有垢性常離故縛不縛相七同使不同使相義不異前但種現有別耳幻所作相隨諸趣生相八有二句同名因相隨因受生故菩薩以幻智願力生故餘衆生隨業諸類生故如是百千萬億乃至無量皆如實知後結。二煩惱稠林又知諸煩惱種種相。亦三初總次別後結別中九句攝為三種事後七合故所謂久遠隨行相。一遠入相乃至有頂故此約四住現行下至金剛目約種說久者無始常隨故無邊引起相。二難知相言無邊者修習無量善根故引起者引起惑故惑與善俱所以難知即勝鬘中恒河沙等上煩惱也上明

豎深此辨橫廣。三有七句合為染相即三雜染謂此煩惱亦與業生二俱起故即分為三初三句當體明煩惱染俱生不捨相。初明隨所縛此句總明能所所縛即妄心謂惑與妄心遍共同事故云俱生生即是事然離惑不名妄心離心惑依何住故遂共相依名為不捨眠起一義相。二以何縛謂使為能縛使即隨眠起即現行現行由使不得解脫以現及種同一惑義故然下辨使不必與現行俱此中現行必由於使如有種子未必有芽若已有芽必依種子故云一義與心相應不相應相。三所縛事事即真心即此真心若被妄染名與相應是縛非解心性淨故名不相應是可解脫隨趣受生而住相三界差別相二有二句約生明煩惱染論云身事生道界因故者若報集起名身事生上句是道因下句是界因愛見癡慢如箭深入過患相後二句約業明煩惱染上句明於三分中業因障解脫故言三分者愛是欲求中追求現報受欲行者見是邪梵行求癡是欲求中追求現報習惡行者故論云無戒衆生為現少樂習衆惡行愚癡之甚慢通上三而多屬見有求屬生染所攝故此略無上三俱障解脫過患難拔如箭入木故外道得非想定尚與見慢相應上即論意亦可見愛等通七識中煩惱故云深入三業因緣不絕相明此惑隨順世間身口意業不斷起因故略說乃至八萬四千皆如實知後結八萬四千煩惱隨好品中經文自明賢劫經中亦有其相。第三業稠林又知諸業種種相亦三初總別中十句為九種差別後二合故所謂

善不善無記相。二通因差別謂通說三性為六趣因引業唯善惡各有三品二地已說滿業通三性名言熏習亦通三性許為因種故又俱舍十七以三性因對五種果是則無記亦能招果故論主意通以三性而為通因感既無記不招異熟則知論主言總意別有表示無表示相。二自性差別然論經此句云作未作相此則並以思為自性故論云此有二種一籌量時此在意地唯有審慮一種思故釋未作義二作業時釋經作字有決定思若在身語唯發動思成唯識云動身之思名為身業發語之思名為語業然今既云有表示等即表無表業各通三業表則三皆是思無表則非心非色或說色收義如別說與心同生不離相。三方便差別心業共生熏心不別生果故謂此業思與等起意識共生隨其善惡生已即熏本識成名言等種種似能熏故云不別生果即不離義因自性剎那壞而次第集果不失相。四盡集果差別謂無始業因以是有為故自性剎那滅壞故云盡也此顯非常而得持至果功不敗亡故云集果不失此顯非斷前念雖滅後念續存故云次第亦是因則頓熏果則次第如識等五也有報無報相。五論云已受果未受果差別過去生中所有報業現在已受名為有報後報未受名為無報非謂全無更有一理謂已悔之業則許無報有報可知受黑黑等眾報相。六對差別謂四業相對成差別故初二黑白相對後二有漏無漏相對。言黑黑者即四句中初一因果俱惡故又因果俱與無明相應故即三塗業等者等於餘三。謂二名白白業因果俱善故俱與智明相應故即色界善業三黑白業即欲界善業因中善惡雜故受報亦令受非受雜四非黑非白業謂諸無漏業無異熟故對上黑白二業立雙非名。言眾報相者上之三句各有報故論云業集成就故若俱舍意其黑白業約相續說以無一業及一異熟是黑亦白互相違故言相續者謂或意樂黑方便白如為誑他行於敬事等或意樂白方便黑如慈父調子現麤語等者以義推正以諂心而行敬事亦可同時餘義廣如雜集第八俱舍十六如田無量相。七因緣差別謂識種為因業田為緣隨田高下等殊令種亦多差別故論經云業田無量相凡聖差別相。八已集未集差別出世未集世已集故現受生受後受相九十二句定不定差別。上句明三種時報定不定。謂現作現報名為現受現作來生獲報名為生受現作其因第一生去方可得報名為後受。於此三中各有定不定。謂前二時定報通定不定後一時報俱通定不定乘非乘定不定相。乘即三乘唯修自乘之業則名為定。乍修此乘復修彼乘名為不定非乘謂世間無運出義故定者難度不定易度故略說乃至八萬四千皆如實知。亦言八萬四千者感因既門皆成八萬翻此即顯波羅蜜門三昧門等。第四根稠林又知諸根輭中勝相別中十相為九差別五六合故一說器差別謂說法所授之器信等五根有下中上亦是鈍中利謂於教理受有遲速及多少故先際後際差別無差別相。二根轉差別過去未來為先後際現在已定兩望論差故經不說謂上中下根於三際中互望轉變看後際轉為中上前根則下後轉為下前根則增是差別義不轉則平是無差別故論云前後根前根下增平故上中下相三三性差別謂約菩薩等三乘根性遞互相形為上中下故不同第一通於三乘煩惱俱生不相離相四煩惱淨差別謂喜樂等五受根隨貪等煩惱得增上故乘非乘定不定相五六二相明定不定差別上句皆約熟不熟明大乘之中熟者則定不熟不定小乘之中熟者不定可轉向於大乘中故不熟者定各隨自乘而解脫故若世間非乘熟者不定可化入道故不熟之者報已定故且輸捨之即離世間中待時方化清淨捨也淳熟調柔相一向是定隨根網輕轉壞相六順行差別此知眼等根順行境界得增上故於中有三種順行一依身順行謂六入展轉迭共相縛如網魚為不得解脫故云根網此行內境二生滅順行謂體是有為生住不久故云輕易可異滅故云轉壞三觀行取相順行此行外境即論經云取相今文闕此或根網中收增上無能壞相七聲聞淨差別望凡夫二乘之行為增上故以二乘根由滅障能成故煩惱無能壞退不退差別相八菩薩淨差別此通三種退不退也遠隨共生不同相九示一切根攝差別謂三無漏根攝攝諸根三無漏者一始行即未知當知根二方便即已知根正在修道故名方便三報熟者即具知根謂前信等共三無漏根生而隨優劣三位不同自始至末故名遠隨此之三根於修無學涅槃得增上故此上九中初二約信等三五七八並約三乘通於諸根四約五受六約眼等九約三無漏根二十二根已明十九男女命根不足可辯餘如俱舍根品廣說即無細分無量故結云乃至八萬四千略說乃至八萬四千皆如實知。五例釋餘三稠林　又知諸解輭中上諸性輭中上樂欲輭中上謂解性欲此三與根性相順入舉一可反三隅皆略説乃至八萬四千故皆略例

大方廣佛華嚴經疏卷第六十四　遊四

大方廣佛華嚴經疏卷第六十五 入三十八 嚴經下本 遜五

清涼山沙門 澄觀述 晉水沙門 淨源 錄疏注經

六隨眠稠林 又知諸隨眠種種相。先總晉及論經皆名使論云隨順逐縛義故如世公使隨逐衆生得便繫縛即是隨眠眠伏藏識隨逐犍䏒故門唯約種不同小宗。後別釋有十二句論攝為二前六明何處隨逐後六明以何隨逐今初為五 所謂與深心共生相。一合初二句約心明處上句於報心隨逐正顯眠伏藏識即久安眠處而言深者無始來有微細難知故 與心共生相此句於非報心隨逐即轉識今別事識不雜現事而生故但云心即暫迴轉處 心相應不相應差別相二約三界明處唯與當界心相應不與異界心相應故故論云欲色無色處上中下差別無色處微所以名下等雖則隨眠性皆成就隨其現處亦有不相應義 久遠隨行相三約地明處論云隨順乃至有頂故然有頂之言通有二義一至金剛之頂二至三有之頂今取通大小義直云有頂論經但云遠入今云久遠亦無始來常至九地頂故 無始不拔相四約時明處處眠無邊時亦無始唯智能怖隨眠冤賊既未曾有聞思修智故不能拔出 與一切禪定解脫三昧三摩鉢底神通相違相五約行明處由隨眠隨逐令世間禪定等不能滅愛見等心不能隨順正修行故名為相違故下偈云禪定境排仍退轉也。二以何隨逐即顯隨逐之相由此相故名為隨眠此有六種 三界相續

受生繫縛相。一於上三有不斷隨逐所以三有不斷相似相續者由有此使作警縛故如世眠者不能起林 令無邊心相續現起相二違特隨逐即於上無始時令心相續現起無邊如世眠者夢心相續 開諸處門相三一身生隨逐謂於前一身之上報非報心明隨逐也如世眠者夢中見聞於中二義一令眼等諸根門集生六種識時使與同生故云閉門此明外逐方便心二論云及阿賴耶熏故此明內熏報心論經門字之下更有集字即是阿賴耶集起之心然賴耶識是諸處通依故今經義含耳 堅實難治相四不實隨逐謂修禪等時不得真實對治故不實堅實如世重眠不得重驚及大聲等無由起故 地處成就不成就相五微細隨逐此於上有頂處九地中六入處顯惱身隨逐故然其九地具有二義一約三界九地之頂雖並成就細故不知成處多少名不成就如世眠者夢中謂覺二若以善惡為九地者十地猶有故名微細不成就者以此地中分有斷除故下偈云金剛道滅方畢竟故 唯以聖道拔出相六離皆隨逐謂唯無分別智出世間聖道方能拔出如眠待觸。七受生稠林 遜五 又知受生種種相先總後別論通攝別為其八句上一身種種謂形類多故 所謂隨業受生相二業因種種 二 六趣差別相三住處種種 有色無色差別相 有想無想差別相四五二句色想上下種種 業為田愛水潤無明闇覆識為種子生後有芽相

名色俱生不相離相五同外色因種種謂田等取外同喻故 癡愛希求續有六自體種種名色與識俱生相依不相捨離是報自體故 相七本順生因種種謂癡愛為本順生求有令有續故八末後二句集諦種種謂三求不同皆是集因但集苦果故云種種 欲受欲生無始樂著相顯於欲有二求欲受即欲求貪愛共取追求不已故欲生即有求愛生三有自得勝身復攝眷屬故言無始樂著者顯上欲有二求之過 妄謂出三界貪求相即邪梵行求由心取著是故不知三界輪迴貪求三界小大無量之相妄謂涅槃謂戒指腹為道或計無想非想為涅槃故。第八習氣稠林 又知習氣種種相先總後別總云習氣既通二義不可局於聲聞餘習雖標習氣別中十句皆言熏習熏謂熏炒如外香熏習謂習學唯約有情習必能熏以成氣分故云習氣即賴耶識以為所熏以恒住一類是無記性可受熏故前七轉識以為能熏由有生滅勢力增盛有增減故能所二法共相和合故名熏習此如攝論及唯識論第二卷說若依起信真如亦能內熏佛及善友以為外熏內外和合以成氣分前中雖聞教等亦因識能領受故判識為能熏今並通此文中既有因熏與 遜五 果等定知熏習種成為氣分義別中乃有十種差別 所謂行不行差別 三 相。一與果現在非現在差別謂過去善惡業因與今現果同起名行不同起者則名不行如人行施今得人身亦常好施此即因習 隨趣熏習相二道熏差別如從天來今猶鮮淨蘑明道習如大威登光仙人所問經此即果習上二皆是對過說今 隨衆生行熏

習相三觀近眾生熏差別此是歸習故宜遠惡近善慎所習也所以昔王不立廄於寺而立之於屠**隨業煩惱熏習相**四功業煩惱熏差別功業者釋經業字謂是起作事業據非業因如鍜金之子宜數數息等煩惱習者如人喜眠眠則滋多等**善不善無記熏習相**五善業等熏差別此業即是業因以是善等三性望來果而辨業故如火行施者施心轉濃等上三唯約現世以明習氣**隨入後有熏習相**六中陰熏差別中有即是本有後故如梵行人至中有內亦無染欲**次第熏習相**七與果次第熏差別謂修善惡業於後有位諸趣之中受果次第習亦與果次第無差上二約現望後以說熏**不斷煩惱遠行不捨熏習相**八離世間禪因習熏差別謂諸無漏定名離世間禪修學無漏即是從因由未斷煩惱雖修無漏亦為煩惱牽煩惱隨至無漏名為遠行行亦入義**實非實熏習相**九同法異外道行解脫熏差別同法釋實即是三乘同佛法故異外道釋非實在佛法外故名為異行者上二之因解脫者上二之果各有熏習好習本法故曾修小乘今雖學大先發小習餘可準知此即邪正雙明約修證說亦含三乘餘習之相**見聞親近聲聞獨覺菩薩如來熏習相**十乘熏差別唯就於正約其見聞故法華安樂行令不觀近二乘恐習成種故上來十種前七約時三世三有互望明習通於善惡八明惡隨於善後二約入種種習氣皆能了之令成如來無習氣之智故九釋三乘調伏**又知眾生正定邪定不定相**

後別論通為五趣即第一有涅槃法無涅槃法三乘之中一向定差別無即邪定有即正定各於自乘得正定故離此不定論略不釋此就種性約位以明外凡無涅槃三乘聖人皆悉定有內凡不定又約一期久遠而說非究竟無**所謂正見正定相邪見邪定相**二善行惡行因差別此約解感以分三聚謂正見是善行因邪見是惡行因二見定起二種行故名之為定**二俱不定相**三無正慧決擇又離無因果寧之則可清升任之則便墮惡下隨善惡也故曰不定下不定言微此可知故論皆不釋**五逆邪定相五根正定相二俱不定相**三惡道善道因差別此約行業以辨**八邪邪定相正性正定相更不作二俱離不定相**四外道聲聞因差別此約位以分翻彼八正名曰八邪外道邪位定正性離生聖人位定已入見道故前三善根則名不定**深著邪法邪定相習行聖道正定相二俱捨不定相**五菩薩差別此約修大乘者謂得失以分著邪是失所謂六蔽聖道為得即六度等。三總結安住**佛子菩薩隨順如是智慧名住善慧地**文屬入行論意釋此總結前三故云前三種事成就方能安住此第九地。四明說成就亦攝善法行辯才饒益多同彼故文二先總前總顯**住此地已了知眾生諸行差別教化調伏令得解脫**謂了心行方善說故二別顯說成有三成就一智成就謂知法知器

知化儀故二口業成就能起說故三法師自在成就得陀羅尼成彼德故各有佛子以為揀別今初分二先明隨所知之法後明隨所依之器此二何異前文智成入成前二各別而知今此總收以法逗器今初隨所知之法**佛子此菩薩善能演說聲聞乘法獨覺乘法菩薩乘法如來地法**即三乘一乘解脫差別各含教證教道以將化生令器熟故證道以將度生令得解脫體正度故。二隨所依之器**一切行處智隨行故**文有三節先總明次別顯後結益論主通收為七種器一即總中二句下句是說所說法上句即所對之器說所說法對器論自釋云隨應度者授對治法故**能隨眾生根性欲解**別中初能隨及後而為說法即上說所說法中間根等諸林即是所對之器若準論經眾生字下更有心字即心稠林通為五種器。初眾生心根性欲解明所說法成器謂十林中此五正顯已成信等法器可隨根欲等說故別顯之**所行有異**合其二義一約能行之行名種種異行器即上根等能行二所行之境即上根等所行名辟喻器總喻上五故如世稼穡具五因緣彼所種物成就堪用一有心物二須有根益其力生三有可生之性四含潤欲發五決定所生喻上心等故云辟喻**諸聚差別**即定不定聚轉器亦通上根等**亦隨受生煩惱眠縛諸業習氣而為說法**隨辦難器以彼生煩惱業熏習難捨要作同行善巧辯才方能化故**令生信解增益智慧各於其乘而得解脫**。結益即隨乘因能乘

出現以上諸義不離自身得解脫故△二口業成就由分爲二初總明具說之德二正明口業成就。今初

佛子菩薩住此善慧地作大法師具法師行善能守護如來法藏。亦是智成就以具法師行即是智故而言說者護如來法藏通於說故斷則內持於智外口說故。何名具法師行謂妙義中具二十種功德法故一知時二正意三頓四相續五漸六次七句義漸次八示九喜十勸十一具德十二不毀十三不亂十四如法十五隨衆十六慈心十七安隱心十八憐愍心十九不著名利二十不自讚毀他廣釋如論涅槃具七善知名大法師與此畧同。慈氏論說具十德者名大法師攝義具足一善知法義二能廣宣說三處衆無畏四無斷辯才五巧方便說六法隨法行七威儀具足八勇猛精進九身心無倦十成就忍力會之亦同△二正明口業成就二。初畧明

以無量善巧智起四無礙辯用菩薩言辭而演說法。總顯名體謂外由菩薩美妙言辭而演法義名四無礙辯內由智起名四無礙智次辯體者此智即無漏後得爲體故云善巧即上知法知機智也義無礙解或通正體

此菩薩常隨四無礙智轉無暫捨離。約位顯勝以初地分得此地任運故無暫捨離

何等爲四。徵列名字智緣法等無拘礙故法等皆是智之境界從境分四

所謂法無礙智。法者法體謂法自體即二空所攝即真之俗境故論云遠離二邊生法所攝如彼色法質礙爲相等

義無礙智。義者法境界體謂於法體之上差別境義即上二空所攝真諦之境故論云即彼遠離二邊生法所攝中如實智境界故然得此真智者由菩薩於生法二執所攝境中以智安住求彼色等但是虛妄即俗而真是彼色等之中別義上即遠公之意其由不生不滅是無常義亦可不約二諦法約自體義約差別謂十一色等虛妄分別之相即是別義言如實智者稱事實也

辭無礙智。辭者正得與衆生語得彼方言與他說故故論云於彼下實智境中隨他所喜言說正知此釋正得隨他言說正知而與故此釋與衆生

樂說無礙智。樂說者正求與無量門謂樂說乃辭中別義七辯剖析名無量門論云於彼隨他所喜言語正知無量種種義語隨知而與故。二廣顯中理實此四通該一切且約圓數以列十門各有復次以爲揀別論云後五是淨者謂三乘行果則顯前五是三乘教理通於染淨言十者一依自相謂知事法體各殊故二依同相謂知理法若性若相同歸一理故三依行相此約時辯法三世遷流故上三知義即是所詮四依說相此約教法上四皆約所知五依智相此約能知六無我慢相此約所離明淨七小乘大乘相此約所行相上二通辯諸乘之果後三別約一乘八菩薩地相此約因行後二知果九如來地相此約體說十作住持相此約用論。然上十中法義則別後二多同皆辭則說於法義樂說乃辭中別義七辯剖析名無量門亦多以辭宣說於法樂說說義十段文中皆四無礙當知即四相故更無別理初依自相

此菩薩以法無礙智知諸法自相。有四種者一生法自相謂知、是變礙相等

義無礙智知諸法別相。二義差別自相謂知色有十一處等上二約總別以分法義後二約同體義分

辭無礙智無錯謬說。三想堅固自相想者堅固自相者起言所依亦以善心取彼二種相故一隨自所覺諸法相二隨彼彼所化言辭所宜相以所覺法隨彼言辭爲彼生說說無錯謬名爲堅固論經云不壞者壞即錯也

樂說無礙智無斷盡說。四彼想差別自相想義同上此中但以次第不息以多異名堅固彼義令他愛樂名不斷盡。然此自相一門是總是故本論前總之中亦依此釋諸經論中亦多依此。第二依同相

復次以法無礙智知諸法自性。約性與相分於法義。一一切法同相謂諸法同以無性爲自性故

義無礙智知諸法生滅。二有爲法同相同生滅故謂觀無常門生滅相得入初句法無我性故令無我智境得成是則生滅是常義也

辭無礙智安立一切法不斷說。三一切法假名同相故云安立所立之法已是假名更以言詮假名而說名不斷說

樂說無礙智隨所安立不可壞無邊說。四假名假名同相謂不壞前假名更能以於異異無邊假名宣說故。重言假名。第三依行相此約三世以分法義

復次以法無礙智知現在法差別。一生行相現法緣生故知過未亦名現在以彼三世皆是當世現在故也故論云過去未來彼彼世間攝受故

義無礙智知過去未來法差別。二已生未生行相詮知現在亦名過未以現在世是過家未來家過故是則當世而知名法遂見過未能知現在是則名義爲菩薩智境

辭無礙智於去來今法無錯謬說。三物假名行相總說

三世之物不錯謬故樂說無礙智於一一世無邊法明了說四說事行相然所說事不出三世攝相物中故云一一世但由明異異事法故云無邊法明。第四依說相約本釋以分法義復次以法無礙智知法差別一修多羅相故但云法義無礙智知義差別二解釋相所以名義辭無礙智隨其言音說三隨順相隨類言音故樂說無礙智隨其心樂說四相似說相謂隨物心樂聞何法宜何辭喻說似彼心故。第五依智相此約法顯以分法義一現見智二比智比即類也然所知境即是二諦法比等智是無礙體從體立稱不同前後文法比等智通於大小四無礙智唯局大乘故涅槃說唯菩薩有餘聞故有少故名無學若就二智所觀並通大小約能觀智唯局大乘於大乘中觀依所取能取以立法顯復次法無礙智以法智知差別不異一法智觀如故云現見謂觀差別二諦同如不異義無礙智以比智知差別如實二比智者即觀前能觀如實分別之智類餘亦爾類何等耶比智如前分別即如實故辭無礙智以世智差別說五欲得方便智謂比是相見道後真俗說技得智稱故云世智若欲得第一義似說以為方便樂說無礙智以第一義智善巧說四得智謂離以世智相宣說而與第一義相應樂顯到果方名樂說故云善巧可以證得第一義故。論如唯識及雜集論並第九卷瑜伽十六說上廻向品既已略明。第六無我便相此約真俗以分法義復次法無礙智知諸法一相不壞一第一義諦無我故云一相言不壞者不壞無我故若言我知無我我證無我則壞無我以有能所故義無礙智知蘊界處諦緣起善巧二世諦無我故云蘊等迷於五蘊著積聚我迷十八界著異因我謂計種族因各別故迷十二處則著欲我計為生門能受入故迷諦緣起則著作我皆明因果有造作故並是法我亦通人我今隨順觀察世諦緣生無實以為對治得入第一義法無我名善巧方便故蘊界等是菩薩智境所治之我辭無礙智以一切世間易解了美妙音莊文字說三說美妙無我慢情稱美順理為妙樂說無礙智以轉勝無邊法明說四說無上無我故云轉勝辭中差別故云無邊法明。第七大小乘相此約權實以分法義復次法無礙智知一乘平等性一觀相謂一觀不異唯一事實故義無礙智知諸乘差別性二性相就彼根性有三乘故辭無礙智說一切乘無差別三解脫相會彼三乘同歸一實解脫相中無差別故論云依同解脫不懼者法華云今我喜無畏但說無上道故樂說無礙智說一一乘無邊法四念相即聞方便門隨機念異心行不同以多法明說諸乘法無智為一事故論云隨順解脫。第八菩薩地相約地體相以分法義復次法無礙智知一切菩薩行智行法行智隨證一智相一切菩薩行者總攝也何者是耶謂能證智行所證法行何以此二名菩薩行以智契如故經云智隨證論云觀智說故此菩薩行即十地智體義無礙智知十地分位義差別二說相謂體唯一智相有十地分位故不同然此分位由心差別故論云十地差別者謂心而名說相者約口言也以論經云義無量者說十地差別故作是釋斯則異前義大辭無礙智說地道無差別相一與方便相謂巧說十地教與衆生不顛倒教授與地證道無有差別故樂說無礙智說一一地無邊行相四入無量門相入諸地相差別故。第九如來地相此約真應以分法義復次法無礙智知一切如來一念成正覺一法身相即始本無二之法身故云一念成正覺也義無礙智知種種時種種處等各差別二色身相種種時者隨何劫中種種處者隨何國土依報之事各差別者隨何等佛身正報之事辭無礙智說成正覺差別三正覺相通說正覺十佛差別故樂說無礙智於一一句法無量劫說不盡四說相佛德無盡故說亦無盡。第十作住持相復次法無礙智知一切如來語力無所畏不共佛法大慈大悲辯才方便轉法輪一切智智隨證此約諸佛能說之法所詮教以分法義一覺相即作住持德覺法性相故語者隨自意語隨他意語隨自他意語此能說法故十力破魔憍慢無畏伏外道不共異二乘悲悲故常說辯才故能說方便者隨順物樂轉法輪者正說此上皆一切智智隨證義無礙智知如來隨八萬四千眾生心行根解差別音聲二差別相知佛隨心種性等差別聲教故辭無礙智隨一切眾生行以如來音聲差別說三說相用前音聲差別說故樂說無礙智隨眾生信解以如來智清淨行圓滿說四彼無量相異異說故隨信解者示現菩薩無盡樂說故以如來故等者諸佛法身以利生為行此行合智故云清淨不可破壞故云圓滿此地分得清淨智故用之而說△三法師自在成就二○初牒前標後佛子菩薩住第九地得如是善巧無礙智得如來妙法藏作大法師二正顯成就有四種事一持成就得不失故二說成就巧能演故三問答成就斷疑網故四受持成就更受勝法故則前三自分後一勝進又前一釋得妙法藏後三釋作大法師○於此四種皆無縛著即攝第九無著迴向△今初分二○初列十持持先已得得義陀羅尼五從所起業用立名○初三起意業次三起身業後四起口業○一持義法陀羅尼二持教法智陀羅尼三持能知智光照陀羅尼四善巧者慈光攝受善慧陀羅尼五明強者善慧降伏種種旋為故眾財陀羅尼六上供諸佛下攝貧窮故名眾財威德陀羅尼七於大眾中隨眾生示教大眾威德勝利令生喜故無礙門陀羅尼八不斷辯才智常說故無邊際陀羅尼九無盡辯才樂說深說故種種義陀羅尼十樂說廣說故如是等百萬阿僧祇陀羅尼門皆得圓滿上總結下顯持之用以百萬阿僧祇善巧音聲辯才門而演說法二用前十持當所得此菩薩得如是百萬阿僧祇陀羅尼門已於無量佛所一一佛前悉以如是百萬阿僧祇陀羅尼門聽聞正法聞已不忘聞已不忘正顯持義以無量差別門為他演說為他演說亦持之用△二說成就○初顯所受法多此菩薩初見於佛頭頂禮敬即於佛所得無量法門此所得法門非彼聞持諸大聲聞於百千劫所能領受△二能廣開演此菩薩得如是陀羅尼如是無礙智坐於法座而說於法大千世界滿中眾生隨其心樂差別為說唯除諸佛及受職菩薩其餘眾會威德光明無能與比三明地說自在此菩薩處於法座欲以一音令諸大眾皆得解了即得解了或時欲以種種音聲令諸大眾皆得開悟或時心欲放大光明演說法門或時心欲於其身上一一毛孔皆演法音或時心欲乃至三千大千世界所有一切形無形物皆悉演出妙法言音或時心欲發一言音周徧法界悉令解了或時心欲一切言音皆作法音恒住不滅或時心欲一切世界簫笛鍾鼓及以歌詠一切樂聲皆演法音或時心欲於一字中一切法句言音差別皆悉具足或時心欲令不可說無量世界地水火風四大聚中所有微塵一一塵中皆悉演出不可說法門

如是所念一切隨心無不得者。(三問答成就二。初一界答難)佛子此菩薩假使三千大千世界所有衆生咸至其前一一皆以無量言音而興問難一一問難各各不同菩薩於一念頃悉能領受仍以一音普爲解釋令隨心樂各得歡喜。(二明一切世界)如是乃至不可說世界所有衆生一剎那間一一皆以無量言音而興問難一一問難各各不同菩薩於一念頃悉能領受亦以一音普爲解釋各隨心樂令得歡喜乃至不可說不可說世界滿中衆生菩薩皆能隨其心樂隨根隨解而爲說法承佛神力廣作佛事普爲一切作所依怙。(四受持成就)佛子此菩薩復更精進成就智明假使一毛端處有不可說世界微塵數諸佛衆會一一衆會有不可說世界微塵數衆生一一衆生有不可說世界微塵數性欲彼諸佛隨其性欲各與法門如一毛端處一切法界處悉亦如是如是所說無量法門菩薩於一念中悉能領受無有忘失。(三住果三。初調柔果。四。初行體三。初法)佛子菩薩住此第九地晝夜專勤更無餘念唯入佛境界親近如來(依內證近佛法身)入諸菩薩甚深解脫常在三昧恒見諸佛未曾捨離一一劫中見無量佛無量百佛無量千佛乃至無量百千億那由他佛(依三昧見佛色身)恭敬尊重承事供養於諸佛所種種問難得說法陀羅尼所有善根轉更明淨。(二喻)譬如真金善巧金師用作寶冠轉輪聖王以嚴其首四天下內一切小王及諸臣民諸莊嚴具無與等者。(三合)此第九地菩薩善根亦復如是一切聲聞辟支佛及下地菩薩所有善根無能與等。(三教智淨)佛子譬如二千世界主大梵天王身出光明二千界中幽遠之處悉能照耀除其黑闇此地菩薩所有善根亦復如是能出光明照衆生心煩惱黑闇皆令息滅。(三別地行相)此菩薩十波羅蜜中力波羅蜜最勝餘波羅蜜非不修行但隨力隨分。(四結說地名)佛子是名略說菩薩摩訶薩第九善慧地若廣說者於無量劫亦不能盡。(二攝報果)佛子菩薩摩訶薩住此地多作二千世界主大梵天王善能統理自在饒益能爲一切聲聞緣覺及諸菩薩分別演說波羅蜜行隨衆生心所有問難無能屈者布施愛語利行同事如是一切諸所作業皆不離念佛乃至不離念一切種一切智智復作是念我當於

一切衆生中爲首爲勝乃至爲一切智
智依止者此菩薩若發勤精進於一念
頃得百萬阿僧祇國土微塵數三昧乃
至示現百萬阿僧祇國土微塵數菩薩
以爲眷屬（三願智果）若以菩薩殊勝願力自
在示現過於此數乃至百千億那由他
劫不能數知（三重頌分三初頌地行具頌上四分。初法師方便） 爾時
金剛藏菩薩欲重宣其義而說頌曰

無量智力善觀察　最上微妙世難知
普入如來祕密處　利益衆生入九地
總持三昧皆自在　獲大神通入衆刹
力智無畏不共法　願力悲心入九地（二智成就）
住於此地持法藏　了善不善及無記
有漏無漏世出世　思不思議悉善知
若法決定不決定　三乘所作悉觀察
有爲無爲行差別　如是而知入世間（三行成就）
若欲知諸衆生心　則能以智如實知
種種速轉壞非壞　無質無邊等衆相
煩惱無邊恒共伴　眠起一義續諸趣
業性種種各差別　因壞果集皆能了
諸根種種下中上　先後際等無量別
解性樂欲亦復然　八萬四千靡不知
衆生惑見恒隨縛　無始稠林未除翦
與志共俱心並生　常相羈繫不斷絶
但唯妄想非實物　不離於心無處所
禪定境排仍退轉　金剛道滅方畢竟
六趣受生各差別　業田愛潤無明覆
識爲種子名色芽　三界無始恒相續
惑業心習生諸趣　若離於此不復生
衆生悉在三聚中　或溺於見或行道
（二有八偈頌說成就於中三。初半偈頌智成就）住於此地善觀察
隨其心樂及根解（二有二偈頌前口業成就）
悉以無礙妙辯才　如其所應差別說
處於法座如師子　亦如牛王寶山王
又如龍王布密雲　霔甘露雨充大海
善知法性及奧義　隨順言辭能辯說
（其中諸喻長行所無三頌法師成就分四。初一偈半頌持成就）總持百萬阿僧祇
譬如大海受衆雨　總持三昧皆清淨
能於一念見多佛　一一佛所皆聞法
復以妙音而演暢（次一頌說成就）若欲三千大千界
教化一切諸群生　如雲廣布無不及
隨其根欲悉令喜（三頌問荅成就）毛端佛衆無有數
衆生心樂亦無極　悉應其心與法門
一切法界皆如是（四有二偈受持成就無頌問荅）
菩薩勤加精進力　復獲功德轉增勝
聞持爾所諸法門　如地能持一切種
十方無量諸衆生　咸來親近會中坐
一念隨心各問難　一音普對悉充足（三頌果）

住於此地為法王　隨機誨誘無厭倦
日夜見佛未曾捨　入深寂滅智解脫
供養諸佛善益明　如王頂上妙寶冠
復使衆生煩惱滅　譬如梵王光普照
住此多作大梵王　以三乘法化衆生
所行善業普饒益　乃至當成一切智
一念所入諸三昧　阿僧祇剎微塵數
見佛說法亦復然　願力所作復過此三頌結說
此是第九善慧地　大智菩薩所行處
甚深微妙難可見　我為佛子已宣說

自下入第三十九經。第十法雲地所以來者，瑜伽意云：前地雖於一切品類宣說法中得大自在，而未能得圓滿法身現前證受，今精勤修習已得圓滿，故有此來。論云：於九地中已作淨佛國土及化衆生，第十地中修行令智覺滿，此是勝故。以八九二地同無功用，故對之顯勝，有此地來。又一乘中最居極故。次釋地名，下自有釋名分，今且略解。雲者是喻，略有三義：一含水義，二覆空義，三霔雨義。約法說喻，則有多義。雲有四義：一喻智慧，二喻法身，三喻應身，四喻多聞熏因。空亦四義：一喻真如，二喻麤重，三喻法身，四喻梨耶。攝大乘論云：由得總緣一切法智，含藏一切陀羅尼門、三摩地門，此喻含水義。總緣一切法契經等智不離真如，如雲合空。總持三昧即是水也。又云：譬如大雲能覆如空，廣大障故，此喻覆空義。即以前智，此智能覆藏智二障。又於法身能圓滿故，此有二義。故二喻偏滿，亦即前之智自滿法身耳。故金光明云：法身如虛空，智慧如大雲。感識中亦有三義，全同攝論。而瑜伽云：麤重之身廣如虛空，法身圓滿譬如大雲，皆能偏覆。此同攝論第二義釋，而無性釋以智覆空。此以法身者，智滿則法身圓滿故。起信論云：顯現法身智純淨故。本分中云：得大法身具足自在。亦以法身喻於雲也。真諦三藏釋金光明經云：空喻法身，雲喻三道之智。此法喻亦齊似非經意，此喻位極非道前故。大莊嚴論第十三云：於第十地中，由三昧門及陀羅尼門攝一切聞熏習因偏滿阿梨耶識中，譬如浮雲偏滿虛空，能以此聞熏習雲，於一一剎那、於一一相、於一一好、於一一毛孔，雨於無量無邊法雨，充足一切所化衆生，由能如雲雨法雨故，故名法雲。此從法身未及佛故，立類耶名。十住論云：於無佛世界能雨法雨故。瑜伽又意云：言大雲者，未現等覺，若現等覺能雨大雨作利益故。是則密雲不雨，含德而已。然諸釋雖衆，不出三義：謂智慧含德，偏斷諸障，偏證法身。所覆麤重即所離障，謂於諸法中未得自在障。此障十地大法智雲及所含藏所起事業，斷則二愚障：所起業大神通愚障，大智雲即悟入微細秘密愚。斷此障故，便能證得業自在等所依真如，謂神通作業、總持定門皆自在故。便成受位等行，具智波羅蜜，得化身三昧等果，即是雲雨究竟成佛法身。及所證如，皆亦所偏虛空，其首一可知。正釋文三：初讚請二：初偈讚二。初但中供讚

淨居天衆那由他
聞此地中諸勝行　空中踊躍心歡喜
悉共虔誠供養佛　不可思議菩薩衆
亦在空中大歡喜　俱然最上悅意香
普熏衆會令清淨　自在天王與天衆
無量億數在虛空　普散天衣供養佛
百千萬種繽紛下人有三類，文相可知。二天女供讚，於中亦二。初總標供讚
天諸采女無有量　靡不歡欣供養佛
各奏種種妙樂音　悉以此言而讚歎
佛身安坐一國土三正顯讚辭二：初讚佛德能二：初讚大用自在二。初用益普周
一切世界悉現身　身相端嚴無量億
法界廣大悉充滿　於一毛孔放光明
普滅世間煩惱闇　國土微塵可知數
此光明數不可測二有三偈頌隨見不等。於中亦二。初一偈總明
或見如來具衆相　轉於無上正法輪
或見遊行諸佛剎　或見寂然安不動
或現住於兜率宮　或現下生入母胎
或示住胎或出胎　悉令無量國中見

或現出家修世道　或現道場成正覺
或現說法或涅槃　普使十方無不覩
三有二偈顯自在所由亦二初一偈智了世幻　譬如幻師知幻術
在於大衆多所作　如來智慧亦復然
於世閒中普現身前半偈喻後半偈合二有二偈證窮性相
佛住甚深眞法性　寂滅無相同虛空
而於第一實義中　示現種種所行事
所作利益衆生事　皆依法性而得有
相與無相無差別　入於究竟皆無相
初有半偈明其證體次半偈起用三有半偈用不離體四有半偈體用泯絶。二有一偈須勤修利益
若有欲得如來智　應離一切妄分別
有無通達皆平等　疾作人天大導師
二有三偈請文分為二初一偈結默念請　無量無邊天女衆
種種言音稱讚已　身心寂靜共安樂
瞻仰如來默然住。二有二偈上首言請
即時菩薩解脫月　知諸衆會咸寂靜

向金剛藏而請言　大無畏者眞佛子
從第九地入十地　所有功德諸行相
及以神通變化事　願聰慧者為宣說

第二正說論分八分一方便作滿足地分攝前九地所修衆行總為方便滿此地故二得三昧分初住地行行德無量備舉受職之所依故三得受位分正住地行依前定力攝佛智故四入大盡分是地滿行望前諸地行已窮盡今復地滿盡之極故五釋名分謂此地中學窮辯德顯名稱故六神通力有上無上分地滿足已妙用自在形前無上形佛劣故七地影像分以喻顯法如因影像知形質故八地利益分彰說殊勝勸修趣入故後之二分通該十地將前攝後云此地有八若依前長科後二分通則此地分二先明地行後彰位果地行之中方有六分如上所列六中初一是入心餘是住心出心即是調柔之果已如前說今初分二。初總明

爾時金剛藏菩薩摩訶薩告解脫月菩薩言佛子菩薩摩訶薩從初地乃至第九地以如是無量智慧無量智者阿含廣故觀察覺了已證智深故善思惟修習實性論中地上菩薩起二修行一約根本智名如實修即此證智二約後得智名徧修行即此廣智諸地具起上二種行今於上二決擇思修。二別顯善滿足白法集無邊助道法增長大福德智慧十句攝為七相初三七八二與合故七中一善修行故即是同相謂上三句正助不住諸地同修初句證道謂即無漏白淨法故何以得證由次句助道何因成助由後句不住道增福德故不住有為後六別相廣行大悲二即普徧隨順自利利他相此總前七地合為一相以七地中差別之相八地之初已辨其相故此總舉普徧釋廣隨順釋行大悲利他而成自業故云自利知世界差別三今佛土淨即八地相下三相即九地以觀證此故多舉之入衆生界稠林四教化衆生相即九地自分行入十一稠林故入如來所行處隨順如來寂滅行五有二句名善解相謂解達眞如是佛所行處故善順如來能證寂滅行故常觀察如來力無所畏不共佛法六無厭足相謂常[illegible]察力等功德欲趣入故上句是解此句是行並九地勝進故前地云晝夜專勤更無餘念唯入佛境界故名為得一切種一切智智受職位七地盡至入相謂十地證窮故同前諸地結行入位已屬第十故云名為得受職位。二三昧分二。初牒前起後佛子菩薩摩訶薩以如是智慧入受職地已三正顯三昧四初別舉十名即得菩薩離垢三昧初總離垢者離煩惱垢故是障盡地偏受此名餘別別中九定離八種垢入法界差別三昧。一入密無垢謂解入事事法界深密之處不與惑俱故莊嚴道場三昧二近無垢萬行已圓道場斯近故如淨名說上來初一解次一行下三成德一切種華光

三昧三放光無垢謂光明心華令其見實亦能生種種大寶蓮華光無不照故海藏三昧四陀羅尼無垢如海包藏海印三昧五起通無垢則無心頓現上五皆起法身之定也虛空界廣大三昧觀一切法自性三昧六有二定清淨佛土無垢上句無量則盡法界之體域下句正觀窮國土之體性上六自利知一切眾生心行三昧七化生無垢上之一二利皆自分行一切佛皆現前三昧八正覺無垢謂勝進上覺將成菩提時一切諸佛速共現前而證知故如下段中受職處說謂以本覺將現前故。二結所得數亦是眷屬如是等百萬阿僧祇三昧皆現在前久修成就不加功力自然現故。三彰入滿足菩薩於此一切三昧若入若起皆得善巧能入者通方便定體入起相即隱顯無方故云善巧亦善了知一切三昧所作差別即知業用。四顯最後名其最後三昧名受一切智勝職位將說菩薩受位分證一切智者即佛世尊無分別智也論經之中重言智者無後得智二智平等名受位也

大方廣佛華嚴經疏卷第六十五　邀五

大方廣佛華嚴經疏卷第六十六入三十九經第三卷　邇六

清涼山沙門　澄觀述　晉水沙門　淨源録疏注經

大文第三明受位分於中有四初法有六一座二身三眷屬四相五出處六得位前五自分德備後一上攝佛果前自分中初三位體次一位相後一位用前三即是依正眷屬今初隨何等座謂大寶華王座故於中有二。初明主華自有十相

此三昧現在前時有大寶蓮華忽然出生主相其華廣大量等百萬三千大千世界量相以衆妙寶間錯莊嚴勝相具衆德故超過一切世間境界地相法生處故出世善根之所生起因相知諸法如幻性衆行所成成相恒放光明普照法界第一義相正觀普照法界現事故知世蓮華開敷萬爲第一故非諸天處之所能有功德相謂即菩薩德所招故毗琉璃摩尼寶爲莖栴檀王爲臺碼碯爲鬚閻浮檀金爲葉體相其華常有無量光明衆寶爲藏寶網彌覆莊嚴相。二明眷屬華十三千大千世界微塵數蓮華以爲眷屬二隨何等身爾時菩薩坐此華座身相大小正相稱可殊妙之身稱於座故。三隨何眷屬無量菩薩以爲眷屬各坐其餘蓮華之上周帀圍繞一一各得百萬三昧向大菩薩一心瞻仰四隨何等相佛子此大菩薩幷其眷屬坐華座時所有光明及以言音普皆充滿十方法界一切世界咸悉震動惡趣休息國土嚴淨同行菩薩靡不來集人天音樂同時發聲所有衆生悉得安樂以不思議供養之具供一切佛諸佛衆會悉皆顯現周徧作業爲其相故。五隨何出處十處出光令其惡道皆得出離菩薩增行故文分爲四初舒光作業乃至第四同聲相應然其十處放光有三種業一利益業二發覺業三攝伏業。初前之七光但有益業　邇六

佛子此菩薩坐彼大蓮華座時於兩足下放百萬阿僧祇光明普照十方諸大地獄滅衆生苦於兩膝輪放百萬阿僧祇光明普照十方諸畜生趣滅衆生苦於臍輪中放百萬阿僧祇光明普照十方閻羅王界滅衆生苦從左右脇放百萬阿僧祇光明普照十方一切人趣滅衆生苦從兩手中放百萬阿僧祇光明普照十方一切諸天及阿脩羅所有宮殿前五益凡從兩肩上放百萬阿僧祇光明普照十方一切聲聞從其項背放百萬阿僧祇光明普照十方辟支佛身後二益小。二第八一光有二業半從其面門放百萬阿僧祇光明普照十方初始發心乃至九地諸菩薩身一者益益九地已還菩薩故。二者發覺令彼知故言半業者但有斷義攝彼令來故。三第九一光亦二業半從兩眉間放百萬阿僧祇光明普照十方受職菩薩令魔宮殿悉皆不現　邇六　一者益於等位菩薩故下文中彼放光明既令此益此中放光即益於彼二者發覺令彼知故言半業者魔宮不現是伏業故。四第十頂光但有發覺文分爲三。初顯照分齊從其頂上放百萬阿僧祇三千大千世界微塵數光明普照十方一切世界諸佛

如来道場衆會。二正顯作業右繞十帀住虛空中成光明網名熾然光明發起種種諸供養事供養於佛餘諸菩薩從初發心乃至九地所有供養而比於此百分不及一乃至算數譬喻所不能及其光明網普於十方一一如来衆會之前雨衆妙香華鬘衣服幢幡寶蓋諸摩尼等莊嚴之具以為供養皆從出世善根所生超過一切世間境界若有衆生見知此者皆於阿耨多羅三藐三菩提得不退轉謂興供成益。益言不退大菩提者，論有四義：一於登地證決定故；二者得入正定聚故；三者定離放逸惡故；四者定得集善事故。三事訖收光佛子此大光明作於如是供養事畢復繞十方一切世界一一諸佛道場衆會經十帀已從諸如来足下而入足下入者，若約教相，頂光入足，顯深敬故；若約證實，終極之智從下趣入諸佛境故。故論釋後段云平等攝故，顯證佛境即自證故。二衆聖咸知爾時諸佛及諸

菩薩知某世界中某菩薩摩訶薩能行如是廣大之行到受職位。三下位奔風佛子是時十方無量無邊乃至九地諸菩薩衆皆来圍繞恭敬供養一心觀察正觀察時其諸菩薩即各獲得十千三昧中敬獲益。四同贊相應當爾之時十方所有受職菩薩皆於金剛莊嚴臆德相中出大光明名能壞魔冤百萬阿僧祇光明以為眷屬普照十方現於無量神通變化作是事已而来入此菩薩摩訶薩金剛莊嚴臆德相中其光入已令此菩薩所有智慧勢力增長過百千倍以修平等因行互相資故。表內吉祥深廣之德嚴心已圓故，外於此相放光相益。又上此照彼放眉間光，表中道已照令彼照此，乃於胷相者，表心契懸同德圓，魔盡名壞魔冤。六隨所得位二。初放光於中十業爾時十方一切諸佛從眉間出清淨光明名增益一切智神通益業益一切智令成佛故無數光明以為眷屬普照十

方一切世界右繞十帀因業示現如来廣大自在敬業開悟無量百千億那由他諸菩薩衆開悟業周徧震動一切佛刹振動業滅除一切諸惡道苦止惡業隱蔽一切諸魔宮殿降伏業示一切佛得菩提處道場衆會莊嚴威德示現業如是普照盡虛空徧法界一切世界已而来至此菩薩會上周帀右繞卷舒業示現種種莊嚴之事變化業。二入頂成益現是事已從大菩薩頂上而入其眷屬光明亦各入彼諸菩薩頂入頂者，若約化相，上收於下；若約實義，照極心源，名為智頂，成果在已，是為光入。故本論云諸如来光明彼菩薩遮互智平等攝受故，謂菩薩頂光入佛足，因進於果也；佛光入菩薩頂，果收於因，亦因收果，入則無迹，因果雙亡，名平等也當爾之時此菩薩得先所未得百萬三昧得益名為已得受職之位結位入佛境界所證同也具足十力行德同也墮在佛數如始出家便墮僧數。二喻喻上六事文少不次佛子如轉輪聖王所生太子

母是正后身相具足喻隨何身其轉輪王令此太子坐白象寶妙金之座喻隨何座張大網幔建大幢幡然香散華奏諸音樂喻隨何相取四大海水置金餅內王執此餅灌太子頂是時即名受王職位墮在灌頂剎利王數喻隨所得位王喻真身手喻應身餅喻白毫水喻於光應有第三隨何眷屬文武百寮而為輔弼即能具足行十善道亦得名為轉輪聖王明隨何等出熱三合菩薩受職亦復如是諸佛智水灌其頂故名為受職具足如來十種力故墮在佛數但合隨所得位正意在此故四總結佛子是名菩薩受大智職菩薩以此大智職故能行無量百千萬億那由他難行之行增長無量智慧功德名為安住法雲地結斷一分第四明大盡分有五種大一智大二解脫大三三昧大四陀羅尼大五神通大此五依五種義一依正覺實智義離智障故二依心自在義離煩惱障故三依發心即成就一切事義意定力故四依一切世間隨利益衆生義意能徧持口能徧隨故五依堪能度衆生義身及諸通廣餘

運故前二自利後三利他文中有二前二別明後三合例令初智大分二先別明後總結令初別明有七大智一集智大二應化智大三加持智大四入微細智大五密處智大六入劫智大七入道智大此之七智展轉相生令初集智大佛子菩薩摩訶薩住此法雲地如實知依能斷疑力了法緣集故文中有二先別明後舉要下總結前中文有二十種集皆因緣集欲界集色界集無色界集世界集法界集有為界集無為界集衆生界集識界集虛空界集涅槃界集此菩薩如實知諸見煩惱行集知世界成壞集知聲聞行集辟支佛行集菩薩行集如來力無所畏色身法身集一切種一切智智集示得菩提轉法輪集入一切法分別決定智集然通真妄及與和合故文有三分一染分二淨分三滅分在文六重一唯染謂初四及衆生集諸見煩惱集二唯淨謂聲聞已下七集三唯滅謂虛空四淨染合說謂有為及識世界成壞五淨滅合說謂無為及涅槃擇滅無為為淨非擇滅為滅性淨涅槃稱滅餘三涅槃為淨六通染淨滅謂法界故論云隨所正不正以法界通善不善及無為故而論諸句皆有隨所言者隨何等差別皆能知故舉要言之以一切智知一切集

第二明應化智大佛子此菩薩摩訶薩以如是上上覺慧先辯前起後以依前緣集智身之上起化用故故論云依彼身起力次正顯十句後如是下總結如實知衆生業化煩惱化諸見化上三句衆生世間自在化起衆生善惡之業及利鈍使令衆生見似真遣作故世界化此一器世間自在化次五智正覺世間自在化三乘皆得名為正覺故法界化為三乘所說法聲聞化辟支佛化菩薩化如來化行此之四化為三乘人及三乘果一切分別無分別化此一通三世間有情有分別器無分別智正覺通上二也如是等皆如實知三加持智大又如實知論云依如是如是轉行力謂依彼應化當不絕為加持行其事非一重言如是有十一句佛持法持僧持上之三句不斷三寶是業持境界持餘八是行持持煩惱持此二逆行勝熱炙身無厭行處婆須染欲徧行處邪皆其事也後六順行時持持願持供養持行持此四起因時謂起因之時願等因體劫持智持此二得果在時所謂長劫智即果體謂一切智智如是等皆如實知四入微細智大又如實知諸佛如來入微細智所謂修行微細智命終微細智受生微細智出家微細智現神通微細智成正

覺微細智轉法輪微細智住壽命微細智般涅槃微細智教法住微細智。謂知佛化用微細自在。故本論云依彼應化加持善集不二作故。謂依前應化等三智合為不二之智作此微細化用故隨一事即具前三非但八相一具餘七文並可知如是等皆如實知五秘密處智大又入如來秘密處。依護根性未熟眾生不令驚怖現麤隱細而秘密俱成所謂身秘密語秘密心秘密。初三即總顯三密次三別顯起化秘密時非時思量秘密意知化時授菩薩記秘密口與其記謂懈怠之者邊與授記怯退之者遠與授記或引實行聲聞方便與其應化者記又昔但記菩薩則於聲聞為秘密隨機隱顯攝眾生秘密論經云攝伏謂攝受折伏皆通身口種種乘秘密此一教密約昔論即無三說三三即為密但為化於菩薩乘故約機而論非一說一一亦為密後三唯約所知明秘密一切眾生根行差別秘密知根種種業所作秘密知業萬差得菩提行秘密知逆順行皆得菩提故為秘密也如是等皆如實知。六入劫智大又知諸佛所有入劫智所謂一劫入阿僧祇劫阿僧祇劫入一劫有數劫入無數劫無數劫入有數劫一念入劫劫入一念劫入非劫非劫入劫有佛劫入無佛劫無佛劫入有佛劫過去未來劫入現在劫現在劫入過去未來劫過去劫入未來劫未來劫入過去劫長劫入短劫短劫入長劫如是等皆如實知。依命行加持捨自在意。謂劫時遷流名為命行一攝一切名曰加持一入一切名之為捨謂以發已而隨他故劫隨心轉名為自在。亦約十世隔法異成門也。以得不思議解脫不見長短一多等相故令大小互相即入廣釋其相如發心品七入道智大又知如來諸所入智。論云依對治意說。謂徧入諸道若逆若順皆為對治無非入道此中唯約知凡夫道若約知化凡夫之道即逆順等便是佛道別中有十五句所謂入毛道智。初句為總入於所化謂毛道凡夫隨風不定故論經云入凡夫道論云依凡夫地餘十四句別顯所化略有三種入微塵智一依我慢行者令入微塵智觀破搏聚唯塵無我故入國土身正覺智二依信求生天者入淨國土過於所信故餘皆依覺觀者入眾生身正覺智起覺觀身入眾生心正覺智入眾生行正覺智此二句正顯覺觀心行差別入隨順一切處正覺智明所覺境上四即所化之覺觀次四句能化之行入示現徧行智總顯徧行入示現順行智入示現逆行智此二隨宜若逆若順入示現思議不思議世間了知不了知行智此句若深若淺入示現聲聞智辟支佛智菩薩行如來行智化令得入三乘之果二總結佛子一切諸佛所有智慧廣大無量此地菩薩皆能得入總結前七皆佛之智菩薩能入故名智大二明解脫大三初標得位佛子菩薩摩訶薩住此地。二顯有十即得菩薩不思議解脫依於神通轉變自在言念不及故如彼淨名所得之事無障礙解脫能至無量世界以願智力無拘礙故淨觀察解脫明離障得解脫故故云淨觀離障有二並皆知之一者約位即世出世間所離不同二就出世中學無學別此學無學並通三乘上三之中前二約通此一約智共為一對趣相以明約身明通就人顯智次三一對一通二智普照明解脫約心明通普照物機隨意轉變一時普應如觀世音普門示現故次有二句約法明智如來藏解脫即法陀羅尼顯如來藏中蘊恒沙德故隨順無礙輪解脫即能破他言辯圓滿故次二一對此約相入以明通智通達三世解脫約時明通由達三世隨意住持互相入故法界藏解脫約因緣集以顯智也一切種智包藏法界故覺中但有一箇解脫之言後二一對此約相即以明通智解脫光明輪解脫約身明通不離一身光明輪而普照故是解脫光輪無餘境界解脫約時明智即一能知多故。三結廣此十為首有無量百千阿僧祇解脫門皆於此第十地中得。三總例餘三如是乃至無量百千阿僧祇三昧門無量百千阿僧祇陀羅尼門無量百千阿僧祇神通門皆悉成就。五釋名分文中亦三一能受如來大法雲雨故名法雲二能霔雨滅衆生惑故名法雲三明能霔雨生衆生善故名法雲然後之二段從自受名今初一段從所受立名而本論云雲法相似以徧覆故謂此地中聞法相似猶如虛空身徧覆故謂佛身雲徧覆法界法雨亦多唯此能受故名法雲文二。初總明能受之德佛子此菩薩摩訶薩通達如是智慧隨順無量菩提成就善巧念力由前七智成就念力能受多法此智實能成就多德故云無量菩提皆約近說受持之義二別顯菩薩受法之相三初總顯受多三。初法有三十方無量諸佛所有無量一所受法多大法明大法照二所受法妙故下合云祕密藏也文有三句上二句性故謂三慧所知名法自性大法明是聞思智所攝受故照是修慧所攝受故大法雨下句作故謂說妙法授衆生如雲與他雨法雨故於

一念頃三顯能受德一念者時速故既多又速展轉顯勝皆能安堪能受文能受信受故上二受文能攝謂能思惟攝取義故能持攝彼文義成二持故此但順說。二喻譬如娑伽羅龍王所霔大雨唯除大海餘一切處皆不能安不能受不能攝不能持喻與合反顯不能。三合如來祕密藏大法明大法照大法雨亦復如是唯除第十地菩薩餘一切衆生聲聞獨覺乃至第九地菩薩皆不能安不能受不能攝不能持二歷數顯多二。初喻佛子譬如大海能安受一切水故能受不濁故濁如不信能攝餘水數入失本名故能持用無盡故一大龍王所霔大雨若二若三乃至無量諸龍王雨於一念間一時霔下皆能安能受能攝能持何以故以是無量廣大器故。二合住法雲地菩薩亦復如是能安能受能攝能持一佛法明法照法雨若二若三乃至無量於一念頃一時演

說悉亦如是是故此地名為法雲二問答顯多二。初問解脫月菩薩言佛子此地菩薩於一念間能於幾如來所安受攝持大法明大法照大法雨二答二。初校量於一佛所受法廣多金剛藏菩薩言佛子不可以算數能知我當為汝說其譬喻佛子譬如十方各有十不可說百千億那由他佛剎微塵數世界其世界中一一衆生皆得聞持陀羅尼為佛侍者聲聞衆中多聞第一如金剛蓮華上佛所大勝比丘然一衆生所受之法餘不重受佛子於汝意云何此諸衆生所受之法為有量耶為無量耶解脫月菩薩言其數甚多無量無邊金剛藏菩薩言佛子我為汝說令汝得解佛子此法雲地菩薩於一佛所一念之頃所安所受所攝所持大法明大法照大

法雨二世法藏前爾所世界一切衆生所聞持法於此百分不及一乃至譬喻亦不能及（二類顯多佛）如一佛所如是十方如前所說爾所世界微塵數佛復過此數無量無邊於彼一一諸如來所所有法明法照法雨三世法藏（三世法藏者三世諸佛法藏故也而本論云於法界中三種事藏者意取法明法照法雨並在法界故以彼經云法界藏故爲此釋）皆能安能受能攝能持是故此地名爲法雲（三明霔雨滅惑釋名）佛子此地菩薩以自願力起大悲雲震大法雷（悲雲普覆法雷驚蟄）通明無畏以爲電光（照燭速疾令見道故）福德智慧而爲密雲現種種身周旋往返（以福智因成種種身如雲之形顯其多故）於一念頃普徧十方百千億那由他世界微塵數國土演說大法摧伏魔冤（法雨正能破四魔故）復過此數於無量百千億那由他世界微塵數國土隨諸衆生心之所樂霔甘露雨滅除一切衆惑塵燄是故此地名爲法雲（此中雲等如出現品廣明。三霔雨生善釋名八相漸增）佛子此地菩薩於一世界從兜率天下乃至涅槃隨所應度衆生心而現佛事若二若三乃至如上微塵數國土復過於此乃至無量百千億那由他世界微塵數國土皆亦如是是故此地名爲法雲。六（神通力有上無上分有六種相一依內二依外三自相四作住持五令歡喜六大勝相若就經文前之四段合之爲一正顯神通後二爲一斷疑顯勝今初分二先別明三。初依內）佛子此地菩薩智慧明達（起通之智亦陀羅尼）神通（是通之體）自在（即通之德亦攝不思議解脫及與三昧具此三事即通無上。二依外謂以業用依仗外境而得起故亦是第三依自相門謂轉變作用是神通相故此之二段經文是一義分爲二今依自相以釋經文自有二種一轉變外事三。初同類略廣轉）隨其心念能以陿世界作廣世界廣世界作陿世界。二（垢淨異事轉）垢世界作淨世界淨世界作垢世界亂住次住倒住正住如是無量一切世界皆能互作。三（塵容世界等是自在轉）或隨心念於一塵中置一世界須彌盧等一切山川塵相如故世界不減或復於一微塵之中置二置三乃至不可說世界須彌盧等一切山川而彼微塵體相如本於中世界悉得明現或隨心念於一世界中示現二世界莊嚴乃至不可說世界莊嚴或於一世界莊嚴中示現二世界乃至不可說世界或隨心念以不可說世界中衆生置一世界或隨心念以一世界中衆生置不可說世界而於衆生無所嬈害。二（應化自身）或隨心念於一毛孔示現一切佛境界莊嚴之事。三（作住持相謂常用不絕故）或隨心念於一念中示現不可說世界微塵數身一一身示現如是微塵數手一一手各執恒河沙數華奩香篋鬘蓋幢幡周徧十方供養於佛一一身復示現爾許微塵數頭一一頭復現爾許微塵數舌於念念中周徧十方歎佛功德或隨心念於一念間普徧十方示成正覺乃至涅槃及以國土莊嚴之事或現其身普徧三世而於身中有無量諸佛及佛國土莊嚴之事世界成壞靡不皆現或於自身一毛孔中出一切風而於衆生無所惱害或隨心念以無邊世界爲一大海此海水中現大蓮華光明嚴好徧覆無量無邊世界於中示現大菩提樹莊嚴之事乃至示成一切種智或於其身現十方世界一切光明摩尼寶珠日月星宿雲雷等光靡不皆現或以口噓氣能動十方無量世界而不令衆生有驚怖想或現十方風災火災及以水災或隨衆生心之所樂示現色身莊嚴具足或於自身示現佛身或於佛身而現自身或於佛身現己國土或於己國土而現佛身。二總結 佛子此法雲地菩薩能現如是及疑六餘無量百千億那由他自在神力。十六二斷疑顯勝二先斷疑後顯勝今初即論生喜由疑除故於中有二先示自神通力斷疑有二問答初一問答顯神力無上令衆歎喜先問有二。初大衆生疑 爾時會中諸菩薩及天龍夜叉乾闥婆阿脩羅護世四王釋提桓因梵天淨居摩醯首羅諸天子等咸作是念若菩薩神通智力能如是者佛復云何舉佛疑菩薩如上之事佛可得爾菩薩豈然二上首爲請 爾時解脫月菩薩知諸衆會心之所念白金剛藏菩薩言佛子今此大衆聞其菩薩神通智力墮在疑網善哉仁者爲斷彼疑當少示現菩薩神力莊嚴之事二答二初入定現通即當爲驗故於中三。初法主入定 時金剛藏菩薩即入一切佛國土體性三昧國土體性無所不融故能一身包含無外二衆觀希奇 入此三昧時諸菩薩及一切大衆皆自見身在金剛藏菩薩身內於中悉見三千大千世界所有種種莊嚴之事經於億劫說不能盡又於其中見菩提樹其身疑六周圍十萬三千大千世界高百萬三十七千大千世界枝葉所蔭亦復如是稱樹形量有師子座座上有佛號一切智通王表通自在故佛號通王 一切大衆悉見其佛坐菩提樹下師子座上種種諸相以爲莊嚴假使億劫說不能盡。三攝用增發 金剛藏菩薩示現如是大神力已還令衆會各在本處時諸大衆得未曾有生奇特想默然而住向金剛藏一心瞻仰二問答決擇三。初問名字 爾時解脫月菩薩白金剛藏菩薩言佛子今此三昧甚爲希有有大勢力其名何等金剛藏言此三昧名一切佛國土體性。二業用自在 又問此三昧境界云何答言佛子若菩薩修此三昧隨心所念能於身中現恒河沙世界微塵數佛刹復過此數無量無邊。三類顯廣多二初但結多定 佛子菩薩住法雲地得如是等無量百千諸大三昧故此菩薩身身業不可測知語語業意意業神通自在觀察三世三昧境界智慧境界游戲一切諸解脫門變化所作神力所作光明所作略說乃至舉足下足如是一切諸有所作乃至法王子住善慧地菩薩皆不能知。已顯業用難思二結略顯廣 十八 佛子此法雲地菩薩所有境界略說如是若廣說者假使無量百千阿僧祇劫亦不能盡。則歎德無盡此中亦即大盡中事。二一問答顯神力有上令衆歡喜有上者謂劣於佛故文二初問 解脫月菩薩言佛子若菩薩神通

境界如是佛神通力其復云何。即舉菩薩疑佛謂菩薩既實得爾則佛應不勝若言勝者其相云何故問辭則同疑意懸隔三答三初總訶問非顯佛德無量 金剛藏言佛子譬如有人於四天下取一塊土而作是言為無邊世界大地土多為此土多我觀汝問亦復如是如來智慧無邊無等云何而與菩薩比量。二舉所來說顯佛德無量 復次佛子如四天下取少許土餘者無量此法雲地神通智慧於無量劫但說少分況如來地。謂向所說乃是十地德之少分如四天下之少土全將菩薩之德以比如來狀如四天下土以比無邊大地況將已說之少分以比如來則如一塊以比無邊大地佛證極故。三引事顯顯佛德無量 佛子我今為汝引事為 十九 證令汝得知如來境界佛子假使十方一一方各有無邊世界微塵數諸佛國土一一國土得如是地菩薩充滿如甘蔗竹葦稻麻叢林彼諸菩薩於百千億那由他劫修菩薩行所生智慧比一如

來智慧境界百分不及一乃至優波尼沙陀分亦不能及。二就法斷疑 佛子此菩薩住如是智慧不異如來身語意業不捨菩薩諸三昧力於無數劫承事供養一切諸佛一一劫中以一切種供養之具而為供養一切諸佛神力所加智慧光明轉更增勝於法界中所有問難善為解釋百千億劫無能屈者。謂此地菩薩智慧能令衆生入一切智復顯上說其德不虛故疑除生喜然此已下文當出地心比前諸地即調柔果而論復將此下經文入前神通分中收攝欲顯義門含多勢況終似感人若準上例上來地行竟二明其果位亦三初調柔果五初調柔行 佛子譬如金師以上妙真金作嚴身具大摩尼寶鈿廁其間自在天王身自服戴其餘天人莊嚴之具所不能及此地菩薩亦復如是始從初地乃至九地一切菩薩所有智行皆不能及。二歎智淨 此地菩薩智慧光明能令衆生乃至入於

一切智智餘智光明無能如是佛子辟如摩醯首羅天王光明能令衆生身心清涼一切光明所不能及此地菩薩智慧光明亦復如是能令衆生皆得清涼乃至住於一切智智一切聲聞辟支佛二十乃至第九地菩薩智慧光明悉不能及前之二段依論合為說法令喜後之三段及餘二果俱名大勝顯義多含論連前勢為果已定更不重言就大勝中文分為二初之三段明神通勝二攝報中一念證得十不可說佛剎塵等名筭數勝此二種事勝一切地故名大勝所以偏舉此二文者以是神通有上無上門中明故就前三中。初明勝過自在佛子此菩薩摩訶薩已能安住如是智慧上隣前下別顯文有五句義合為三諸佛世尊復更為說三世智初句即能斷疑行謂令通達三世之中所有遍義故法界差別智次句速疾神通之行聞說如來秘密法界三餘三句等作助行謂以平等三道助通化益徧一切世界智作淨佛國平等化即是助道照一切世界智作法明平等化謂教智化慈念一切衆生智作正覺平等化謂慈念令得證智故論經云令一切衆生得證法故後總結舉要言之乃至為說得一切智智。四別地行相此菩薩十波羅蜜中智波羅蜜最為增上餘波羅蜜非不修行。五總結地名佛子是名略說菩薩摩訶薩第十法雲地若廣說者假使無量阿僧祇劫亦不能盡。二攝報果佛子菩薩住此地多作摩醯首羅天王於法自在能授衆二十一生聲聞獨覺一切菩薩波羅蜜行於法界中所有問難無能屈者布施愛語利行同事如是一切諸所作業皆不離念佛乃至不離念具足一切種一切智智復作是念我當於一切衆生為首為勝乃至為一切智智依止者若勤加精進於一念頃得十不可說百千億那由他佛剎塵數三昧乃至示現爾所微塵數菩薩以為眷屬。三願智果若以菩薩殊勝願力自在示現過於此數所謂若修行若莊嚴若信解若所作若身若語若光明若諸根若神變若音聲若行處乃至百千億那由他劫不能數知

大方廣佛華嚴經疏卷第六十六　遞六

大方廣佛華嚴經疏卷第六十七 入三十九卷經下半 遊七

清涼山沙門 澄觀述　晉水沙門 淨源錄疏注經

矣文第八地影像分於中四喻謂池山海珠喻四功德前之二喻是阿含德後二證德前中池喻修行功德即諸地中起修之行二山喻上勝功德即依修成德位高出故三海喻難度能度大果功德即修所成德能至大果故謂大海難度十德皆徧故名能度大海難成由攬十德能成智海故云大果此之一釋法喻兼合矣四珠喻轉盡堅固功德謂從初地轉至法雲障盡證堅。二十地有三一是修地因前果後故以初次二喻顯之二是成地隨分修成即是佛智故以第四珠喻顯之三是法地說佛智法關之為十故以地海二喻顯之以後一喻融於前二無有障礙。又此四喻皆喻十地與彼佛智非一非異即無差別之差別也而言趣各殊。初之一喻始異終同次山喻能所依別所依之地則一能依之山不同此則無差之差故也上之二喻有能所依下之二喻直喻地智不立能所三海喻全一佛智之體而十德不同德非別物又互相徧不同於山斯乃無差別之差別差即無差四珠喻唯是一珠前後之異唯一智體前後增明喻雖無差不礙差別。又初一喻前後體別前非是後而後包前次喻前前非後後後非前前而同依一體海喻前後雖殊而前後相徧珠喻前後一體而前前定非後後後後必具前前。初一即是圓家漸次喻圓中漸珠喻即是漸圓海喻即圓圓也四喻圓融上來所解在論雖無理必應爾若得斯旨不疑十地差別等相。今初池喻 三初法 修行功德

佛子此菩薩摩訶薩十地行相次第現前 始從歡喜終至法雲名次第行相 則能趣入一切智智 次第既具則入智海。二喻 譬如阿耨達池出四大河 四大河者面各出一故具釋其相如十定品而言大者阿含婆沙經論中云出二十河四河去池皆四十里各分為四并本四河合為二十今就本河所以言大下云增長攝餘十六而勝鬘經復云八者以東五河人皆具見餘三大河名聲曾聞十二小河不聞不見故但言八 其河流注徧閻浮提既無盡竭復更增長乃至入海令其充滿。三合 佛子菩薩亦爾從菩提心 合池 流出善根大願之水以四攝法充滿眾生 合四河依菩提心修四攝行自善增長故准十定品說有四河今文含具一顯智河即大願之水二波羅蜜河三三昧河此二合喻即今善根四大悲河即以四攝法充滿眾生 無有窮盡復更增長乃至入於一切智海令其充滿 合上經文無盡竭故大願善等皆無盡也。二山喻上勝功德四。初總擧於法 佛子菩薩十地因佛智故而有差別 為修平等佛智而起諸行修既未窮故隨十地所修之行各一增上斯乃為修無差而成於差以本統末非全隔越。第二總顯於喻 如因大地有十山王何等為十所謂雪山王香山王鞞陀黎山王 鞞陀黎此云種種持 神仙山王由乾陀山王 由乾陀此云雙持迦文即云持雙山也 馬耳山王尼民陀羅山王 尼民陀羅此云持邊 斫羯羅山王 斫迦羅此曰輪圍 計都末底山王 計都末底此云幢慧 須彌盧山王 法喻意可知。三 佛子如雪山王一切藥草咸在其中取不可盡。語其山體前二土山餘八是寶故論云是中純淨諸寶山喻八種地三地世間云何言淨論云厭地善清淨故謂能修善厭伏煩惱亦得為淨喻以寶山。若語山中所有即明各有增上義也 菩薩所住歡喜地亦復如是一切世間經書技藝文頌呪術咸在其中說不可盡 初地聖智法藥 佛子如香山王一切諸香咸集其中取不可盡菩薩所住離垢地亦復如是一切菩薩戒行威儀咸在其中說不可盡 二地戒香 佛子如鞞陀梨山王純寶所成一切眾寶咸在其中取不可盡菩薩所住發光地亦復如是一切世間禪定神通解脫三昧三摩鉢底咸在其中說不可盡 三地禪等可貴如寶 佛子如神仙山王純寶

所成五通神仙咸住其中無有窮盡菩薩所住燄慧地亦復如是一切道中殊勝智慧咸在其中說不可盡四地出世世如仙佛子如由乾陁羅山王純寶所成夜叉大神咸住其中無有窮盡菩薩所住難勝地亦復如是一切自在如意神通咸在其中說不可盡五地善巧自在如夜佛子如馬耳山王純寶所成一切諸果咸在其中取不可盡菩薩所住現前地亦復如是入緣起理聲聞果證咸在其中說不可盡六地以五地修四諦因相同聲聞末能出彼六地超彼成果無盡如尼民陁羅山王純寶所成大力龍神咸住其中無有窮盡菩薩所住遠行地亦復如是方便智慧獨覺果證咸在其中說不可盡十方便善巧如彼龍神起前緣起之因名緣覺果如斫羯羅山王純寶所成諸自在衆咸住其中無有窮盡菩薩所住不動地亦復如是一切菩薩自在行差別世界咸在其中說不可盡八地無功心自在故此自在衆即是審達諸仲如計都山王純寶所成大威德阿脩羅王咸住其中無有窮盡菩薩所住善慧地亦復如是一切世間生滅智行咸在其中說不可盡九地善巧攝生大力相故如須彌盧山王純寶所成大威德諸天咸住其中無有窮盡菩薩所住法雲地亦復如是如來力無畏不共法一切佛事咸在其中問答宣說不可窮盡十地佛德如天已淳淨故論云前三及六非衆生數餘皆衆生數就非衆生數中有二種事一初二及六是受用事資內報故第三寶是守護積聚事受用中有二一藥是四大增損對治二香及果即長養衆生以健闥婆常食香氣故衆生數中復有六種難對治一五通福田治貧窮難以供彼仙能生福故二夜叉治死難威制眷屬不令害人故三龍治儉難降時雨故四諸自在衆治不調伏難調難調故五脩羅治惡眷難以呪術力制諸眷屬不令造惡故六大威德天治餘羅究竟難以四天王三十三天俱處此山故論但顯喻義舍於法今略合之初地法樂初破無明故二地戒六地無漏慧資法身故三地禪等可蘊積故四地道品資助能生福故五地修無住不永滅故七地功用滿足無所少故八地三世間化得自在故九地善知稱材得無礙辯破惑業故十地如佛降四魔故皆言集在其中者如所說事能生一切物故不可盡者隨順修行不永斷盡不暫息故。四總結法喻佛子此十寶山王同在大海差別得名菩薩十地亦復如是同在一切智中差別得名。結成本意本意有二一既同一智海得差別名則差非差也。二互相顯義謂彼十大山因海得高勝名若在餘處不是為高故大海亦因大山得深廣名含斷大義故十地亦爾因修佛智故得高勝佛智亦因十地所不能窮方顯深廣故論云因果相顯。前言依地即一切智地生長住持故此言依海即一切智海由深廣故以山依二處法合二義故更一顯之。又山則但依海兼明入故一一山皆深入大海一一地智皆入佛智又一一山下皆有於地則一一地中皆有佛地。又山在海海則非山山若依地山即是地法合是顯非一異義思之。又山出海上高下等殊若入海中量皆齊等十地教行則優劣懸差若證如入智量皆平等。三大海十相明難度能度大果功德二初喻二初總佛子譬如大海以十種相得大海名不可移奪二別何等為十一次第漸深二不受死屍三餘水入中皆失本名四普同一味五無量珍寶六無能至底七廣大無量八大身所居九潮不過限十普受大雨無有盈溢。二合復二初總後別。今初 菩薩行亦復如是以十相故名菩薩行不可移奪 不可移奪者此有二義一果海因十地相不可奪其果海深廣之名二地行因相由依智海不可奪其因行之稱以是海家之相果家之因故若奪因相則果亦不成喻中約果名不可奪法中舉因名不可奪文影略耳故論云因果相順故云何相順謂十地如大海此揔舉也能度難度者顯因順果也如海十相方能成海得大菩提果果順因也如海成時不失十相離十相而無海離十地而無佛智故十地即智海也。二別 何等為十 揀十為八六七九十合為二故 所謂歡喜地出生大願漸次深故 一易入功德以漸深故 離垢地不受一切破戒屍故 二淨功德 發光地捨離世間假名字故 三平等功德 燄慧地與佛功德同一味故 四護功德以同一味恒不失故 難勝地出生無量方便神通世間所作衆珍寶故 五利益功德利世間故 現前地觀察緣生甚深理故 遠行地廣大覺慧善觀察故 六上二句合為不竭功德以深廣故 不動地示現廣大莊嚴事故 七住處功德無功用行是菩薩所住故經云大身者以無量身修菩薩行十身相作故八入九十二句為護世間功德 善慧地得深解脫行於世間如實而知不過限故 潮不過限不誤傷物知機授法不差根器 法雲地能受一切諸佛如來大法明雨無厭足故 若無大海水溺四洲餘不能受必生默謗又得此二法用護世間。四實珠喻轉盡堅固功德二初喻二。初揔 佛子譬如大摩尼珠有十種性出過衆寶 論經則云過十寶性雖不列名而論但云過瑠璃等論意但取頗黎等十不能出實者以況小乘八輩及緣覺行果但有淨相無利生用今以出實乃至放光出過衆寶故取為喻故論云以出故取亦可以出海故取喻之除不出者闕餘義故。二別 何等為十 揀十為八合六七八為一功德 一者從大海出 一出生功德可取者選擇出海故由初地中如智善觀出煩惱海也 二者巧匠治理 二色功德由治理之則色明淨故 三者圓滿無缺 三形相功德 四者清淨離垢 四無垢功德 五者內外明徹 五明淨功德六起行功德即次三句 六者善巧鑽穿 智行穿徹 七者貫以寶縷 方便行攝持 八者置在瑠璃高幢之上 自在行高顯相用不染猶彼瑠璃頌云金剛取不動不壞上三皆是異相莊嚴故合為一後一句明功用殊勝 九者普放一切種種光明 七神力功德聞持普照幹用微妙故 十者能隨王意雨衆寶物如衆生心充滿其願 八不護功德謂隨王雨寶無護惜故約法而論得佛正智受位如王令一切衆生同己善根藏故如隨意雨實故下合云廣作佛事。二合。初揔 佛子當知菩薩亦復如是有十種事出過衆聖。二別 何等為十一者發一切智心二者持戒頭陀正行明淨三者諸禪三昧圓滿無缺四者道行清白離諸垢穢五者方便神通內外明徹六者緣起智慧善能鑽穿七者貫以種種方便智縷八者置於自在高幢之上九者觀衆生行放聞持光十者受佛智職墮在佛數能為衆生廣作佛事。九地利益分於中有三初顯法利益二初生信功德謂欲令物生決定正信故說利益文二。初揔歎難聞 佛子此集一切種一切智功德菩薩行法門品若諸衆生不種善根不可得聞 三問答顯益二。初問 解脫月菩薩言聞此法門得幾所福 二答二。初正顯等於佛智 金剛藏菩薩言如一切智所集福德聞此法門福德如是（三二歎以釋成）何以故非不聞此功德法門而能信解受持讀誦何況精進如說修行（上反下順）是故當知要得聞此集一切智功德法門乃能信解受持修習然後至於一切智地（然聞有二一者況聞為遠益故二不取聞相初後圓融真實聞故聞已等佛何更修耶若更修行等多佛故。二動地生信）爾時佛神力故（佛力為緣而動地者亦為生信）法如是故（亦是動因）十方各有十億佛剎微塵數世界六種十八相動所謂動遍動等遍動起遍起等遍起踊遍踊等遍踊震遍震等遍震吼遍吼等遍吼擊遍擊等遍擊（。二供養功德）雨眾天華天鬘天衣及諸天寶莊嚴之具幢幡繒蓋奏天妓樂其音和雅同時發聲讚一切智地所有功德（。三遍結十方）如此世界他化自在天王宮演說此法十方所有一切世界悉亦如是

（三他方證成）爾時復以佛神力故十方各十億佛剎微塵數世界外有十億佛剎微塵數菩薩而來此會作如是言善哉善哉金剛藏快說此法我等悉亦同名金剛藏所住世界各各差別悉名金剛德佛號金剛幢我等住在本世界中皆承如來威神之力而說此法眾會悉等文字句義與此所說無有增減悉以佛神力而來此會為汝作證如我等今者入此世界如是十方一切世界悉亦如是而往作證（△十重頌分於中有二先說偈儀意二初說儀）爾時金剛藏菩薩觀察十方一切眾會普周法界（。二說意）欲讚歎發一切智智心（意有九句大旨將前諸會不別而今且約當會以釋上句即顯初地）欲示現菩薩境界（即二地以三聚戒為行境故）欲淨治菩薩行力（即三四二地厭禪出世智皆淨治行力故）欲說攝取一切種智道（即五地五明工巧成種智故）欲除滅一切世間垢（即六地般若現前能除垢故）欲施與一切智（即七地空有無礙與一切智故）欲示現不思議智莊嚴（即八地無功用道不思議智而以莊嚴三世間故）欲顯示一切菩薩諸功德（即九地及第十地能說能受諸功德故）欲令如是地義轉更開顯（即總結便相上八句如是地義以頌說之云更開顯△二正顯偈辭三。初總讚勸聽）承佛神力而說頌言

其心寂滅恒調順　平等無礙如虛空
離諸垢濁住於道　此殊勝行汝應聽
（△二正顯諸地入分初方便作滿足地分有二。初總頌前九地）
百千億劫修諸善　供養無量無邊佛
聲聞獨覺亦復然　為利眾生發大心
精勤持戒常柔忍　慚愧福智皆具足
志求佛智修廣慧　願得十力發大心
三世諸佛咸供養　一切國土悉嚴淨
（同相善揮功德。二有十偈半頌諸地別義）了知諸法皆平等
為利眾生發大心　住於初地生是心

永離衆惡常歡喜　願力廣修諸善法
以悲愍故入後位　戒聞具足念衆生
滌除垢穢心明潔　觀察世間三毒火
廣大解者趣三地　三有一切皆無常
如箭入身苦熾然　厭離有爲求佛法
廣大智人趣餤地　念慧具足得道智
供養百千無量佛　常觀最勝諸功德
斯人趣入難勝地　智慧方便善觀察
種種示現救衆生　復供十力無上尊
趣入無生現前地　世所難知而能知
不受於我離有無　法性本寂隨緣轉
得此微妙向七地　智慧方便心廣大
難行難伏難了知　十一 雖證寂滅勤修習
能趣如空不動地　佛勸令從寂滅起
廣修種種諸智業　具十自在觀世間
以此而升善慧地　以微妙智觀衆生
心行業惑等稠林　爲欲化其令趣道
演說諸佛勝義藏　次第修行具衆善
乃至九地集福慧　常求諸佛最上法
得佛智水灌其頂（若依提稱即依次第頌前十地前八地中略第三地但有半偈餘各一頌九地之中獨有三頌兼結入位。入有一偈頌三昧分）
獲得無數諸三昧　亦善了知其作業
最後三昧名受職　住廣大境恒不動（三受位分）
菩薩得此三昧時　大寶蓮華忽然現
身量稱彼於中坐　佛子圍繞同觀察
放大光明百千億　滅除一切衆生苦
復於頂上放光明　普入十方諸佛會
悉住空中作光網　供養佛已從足入
即時諸佛悉了知　令此佛子登職位
十方菩薩來觀察　受職大士舒光照
諸佛眉間亦放光　普照而來從頂入
十方世界咸震動　一切地獄苦消滅
是時諸佛與其職　如轉輪王第一子
若蒙諸佛與灌頂　是則名登法雲地（四大盡分）
智慧增長無有邊　開悟一切諸世間
欲界色界無色界　法界世界衆生界
有數無數及虛空　十二 如是一切咸通達
一切化用大威力　諸佛加持微細智
祕密劫數毛道等　皆能如實而觀察
受生捨俗成正道　轉妙法輪入涅槃
乃至寂滅解脫法　及所未說皆能了（五釋名分）
菩薩住此法雲地　具足念力持佛法
譬如大海受龍雨　此地受法亦復然
十方無量諸衆生　悉得聞持持佛法
於一佛所所聞法　過於彼數無有量
以昔智願威神力　一念普徧十方土
霔甘露雨滅煩惱　是故佛說名法雲（六神通分）
神通示現徧十方　超出人天世間境

復過是數無量億　世智思惟必迷悶
一舉足量智功德　乃至九地不能知
何況一切諸衆生　又以聲聞辟支佛
頌神通力有上無上。七前位果　總七
十方國土悉周徧　此地菩薩供養佛
具足莊嚴佛功德　亦供現前諸聖衆 十三
三世法界無礙智　住於此地復爲說
乃至一切佛功德　衆生國土悉亦然
能示衆生正法路　此地菩薩智光明
此光滅闇亦如是　自在天光除世闇
善能演說三乘法　住此多作三界王
所見諸佛亦如是　無量三昧一念得
若欲廣說不可盡（亦是神通分之所攝。如長行辨八地影像分三。初頌山喻）　此地我今已略說
如是諸地佛智中　如十山王嶷然住
初地藝業不可盡　譬如雪山集衆藥
二地戒聞如香山　三如毗陀發妙華

餘慧道寶無有盡　譬如仙山仁善住
五地神通如由乾　六如馬耳具衆果
七地大慧如尼民　八地自在如輪圍
九如計都集無礙　十如須彌具衆德（二文海喻）
初地願首二持戒　三地功德四專一
五地微妙六甚深　七廣大慧八莊嚴
九地思量微妙義　出過一切世間道
十地受持諸佛法　如是行海無盡竭（三寶珠喻）
十行超世發心初　持戒第二禪第三
行淨第四成就五　緣生第六貫穿七
第八置在金剛幢　第九觀察衆稠林
第十灌頂隨王意　如是德寶漸清淨
總七　阿耨池喻及地利益文略不須其利益分亦可得在末頌中攝義而頌之。三有一偈頌結說無盡　十七
十方國土碎爲塵　可於一念知其數
毫末度空可知量　億劫說此不可盡
自此已下入第四十卷經

十定品第二十七。初明來意先辨會來有二。一約圓融謂前明普門中所具差別正位故寄歷人天今明位後德用不離普門是則會別入普有此會來重會普光意在斷是等妙二位全同如來普光明智。二約次第前明十地今顯等妙二覺故來。以其極果由於始信是故此會重會普光。謂前依本不動智體起差別位今位極成果不離本智之因。後出現因果因是果中之因得果不捨因故果是果中之果大用無涯故。二品來者爲荅第二會中十定問故。二釋名一會名有二一約勳名重會普光明殿會由第二會已曾會此重意如前二約法名說普法會。二品名者定謂心一境性十是數之圓極以普賢深定妙用無涯寄於十數以顯無盡故云十定品即帶數釋若依梵本具云如來十三昧品以等覺三昧上同佛故三世諸佛之所行故云如來三昧令譯家以義通因果是故略去如來二字然三昧爲定雖非故對由等持心至一境故義言相順從略云定又別行本名等目菩薩所問三昧經皆人法雙舉梵本是依主釋別行即依士釋。三宗趣者會以普賢因果德用圓備爲宗令物證入爲趣品以普賢三昧無礙自在無邊大用而爲宗趣。次正釋文此會共有十一品經大分爲二前六明因圓後五明果滿若依古德前九明生解因果後二明平等因果前中亦二前六品明位後因相後三品明差別果相 總七　然六品之因若約次第與前五會俱是差別之因。若約圓融等同果相故與果同會。果是對因之果與因同會平等因果由差別成亦與此同會。今初此因即是等覺然文但有等覺之義而無等覺之名者以此等覺亦即十地之勝進故。是以諸數閑合不同仁王經等合此勝進入於十地是以不立等覺位故教化品約五忍分位於寂滅忍唯有上下下忍中行名爲菩薩即第十地上忍中行爲薩婆若即是如來若依 十五

瓔珞開廿。勝進爲無垢地，即是等覺。然其等覺名無寂慧妙覺寂照慧賢聖觀品說六種性及六堅六忍等瑜伽具有二義：第七十八引深密經說十一地，第十法雲，即第十一名爲佛地。唯有二十二愚，得佛地時由斷二愚：一於一切所知境極微細著愚，即是俱生極微細所知障；二極微細礙愚，即是任運煩惱障種。斷此便能證大菩提，更不別說等覺。斷證論復有文亦立等覺。又瑜伽論菩薩地云：此菩薩者雖已修行功德海滿，由未能捨三種法故，不名妙覺：一由未捨劣無漏法，二由未捨白淨無記法，三由未捨有漏善法。至妙覺位方捨此三。今經欲顯閉合無礙，故存其義，不彰其名。下離世間品智慧助道具中既云隨順六種堅固之法，證有等覺，其義明矣。文中分二：前之三品正答前問，後之三品總顯深廣。今初分二：前二品明業用廣大，後一品明智慧深玄。前中亦二：初品就定明用，後品就通明用。前中分五：一序分三，初總顯三種成就。

爾時世尊在摩竭提國阿蘭若法菩提場中，二別顯三種成就三。初約主顯時。始成正覺。二約主彰處。於普光明殿。三就德顯主。入剎那際諸佛三昧。於中十句，即攝二十一種功德中二十句。別總句即前始成正覺。上句即窮法源，謂時之極，假名曰剎那，窮彼剎那時相都寂，無際之際名剎那際。即攝二句，謂二行永絕，及達無相法。若有二行則有剎那，二行既絕，則剎那無際，由達清淨真如本無相故。所以此中特標名入剎那際者，爲顯時說等覺位故。菩薩地盡，唯有果累，無常生相未寂，猶名識藏。若無間智覺心初起，心無初相，遠離微細，合故即無剎那。若入此際，即見心性，常住名究竟覺，故云諸佛三昧。亦顯前來盡別歷位，不離最初剎那際故。

以一切智自神通力現如來身。依通起用。此攝二句：一切智通，即住於佛住，謂由一切智無有功用自神通力常作佛事故；次現如來身，即攝得佛平等，謂依上來一切智現身利樂有情。清淨無礙。此攝三句，謂清淨攝二句，一攝到無障礙，謂慣習覺慧永斷所治，故云清淨；二攝不可轉法，由清淨故他不能轉；無礙著即所行無礙，世間八法不能礙故。無所依止無有攀緣。即立不思議，謂雖立教法不依世間，非諸世間所能攀緣。住奢摩他最極寂靜。即曾見三世，以見三世平等如理無異，爲最極寂靜。具大威德。即身恒充滿一切世間，現於受用變化之身大利樂故。無所染著。即智恒明達一切諸法，謂於諸法善決定故無有染著也。能令見者悉得開悟。此攝二句：一攝了一切行，謂知有情性行差別隨開悟故；二攝除一切疑，謂知彼遠劫微少善根亦令開悟故。隨宜出興不失於時。亦攝二句：一攝無能測身，謂如其勝解而示現身，如摩尼珠名隨宜出生不失於時；二攝一切菩薩等所求智，謂調伏有情攝受付囑等皆不失時。恒住一相所謂無相。攝餘五句，謂到佛究竟無二彼岸等，隨義雖殊，皆由一相無相而成，餘如升兜率品辨。三別顯衆成就五。初舉數。與十佛剎微塵數菩薩摩訶薩俱。三歎德有十一句。靡不皆入灌頂之位具菩薩行初二句總位攝行圓，餘九爲別；前四自分德。等于法界無量無邊此二行相：一深二廣。獲諸菩薩普見三昧大悲安隱一切衆生此二行體：一定二悲。後五勝進德。神通自在同於如來智慧深入演眞實義具一切智降伏衆魔此三同佛三業大用。雖入世間心恒寂靜住於菩薩無住解脫此二同佛無住涅槃。初句釋，謂不住涅槃故入於世間，不住生死故心恒寂靜；後句結德屬人。三列名。一百菩薩分之爲二。初同名。其名曰金剛慧菩薩、無等慧菩薩、義語慧菩薩、最勝慧菩薩、常捨慧菩薩、那伽慧菩薩、成就慧菩薩、調順慧菩薩、大力慧菩薩、難思慧菩薩、無礙慧菩薩、增上慧菩薩、普供慧菩薩、如理慧菩薩、善巧慧菩薩、法自在慧菩薩、法慧菩薩、寂靜慧菩薩、虛空慧菩薩、一相慧菩薩、善慧菩薩、如幻慧菩薩、廣大慧菩薩、勢力慧菩薩、世間慧菩薩、佛地慧菩薩、眞實慧菩薩、尊勝慧菩薩、智光慧菩薩、無邊慧菩薩，三十菩薩同名慧者

心王菩薩一行菩薩常現神通菩薩智
大光明菩薩常光明菩薩了佛種菩薩
嚴菩薩甚深境菩薩善解處非處菩薩
表純德故○二別名 念莊嚴菩薩達空際菩薩性莊
慧芽菩薩功德處菩薩法燈菩薩照世
菩薩持世菩薩最安隱菩薩最上菩薩
無上菩薩無比菩薩超倫菩薩無礙行
菩薩光明燄菩薩月光菩薩一塵菩薩
堅固行菩薩霔法雨菩薩最勝幢菩薩
普莊嚴菩薩智眼菩薩法眼菩薩慧雲
菩薩總持王菩薩無住願菩薩智藏菩
薩心王菩薩內覺慧菩薩住佛智菩薩
陀羅尼勇健力菩薩持地力菩薩妙月
菩薩須彌頂菩薩寶頂菩薩普光照菩
薩威德王菩薩智慧輪菩薩大威德菩
薩大龍相菩薩質直行菩薩不退轉菩

薩持法幢菩薩無忘失菩薩攝諸趣菩
薩不思議決定慧菩薩遊戲無違智菩
薩無盡妙法藏菩薩智日菩薩法日菩
薩智藏菩薩智澤菩薩普見菩薩不空
見菩薩金剛蹈菩薩金剛智菩薩金剛
燄菩薩金剛慧菩薩普眼菩薩佛日菩
薩持佛金剛秘密義菩薩普眼境界智
莊嚴菩薩 七十菩薩皆別名者表離德故○四結數 如是等菩薩
摩訶薩十佛刹微塵數。○五集意 往昔皆與
毗盧遮那如來同修菩薩諸善根行○三請
分四。初普眼請問 爾時普眼菩薩摩訶薩承佛神
力從座而起偏袒右肩右膝著地合掌
白佛言世尊我於如來應正等覺欲有
所問願垂哀許 普眼問者要以普眼方見普法○二如來許問 佛言
普眼恣汝所問當為汝說令汝心喜○三乘法正
問 普眼菩薩言世尊普賢菩薩及住普

賢所有行願諸菩薩衆成就幾何三昧
解脫而於菩薩諸大三昧或入或出或
時安住以於菩薩不可思議廣大三昧
善入出故能於一切三昧自在神通變
化無有休息○四歎問利益 佛言善哉普眼汝
為利益去來現在諸菩薩衆而問斯義
○三示說者分以此會法屬普賢故示其令請於中有六初示人令問 三○初示處 普眼普
賢菩薩今現在此○二歎德 已能成就不可思
議自在神通出過一切諸菩薩上難可
值遇從於無量菩薩行生菩薩大願悉
已清淨所行之行皆無退轉無量波羅
蜜門無礙陀羅尼門無盡辯才門皆悉
已得清淨無礙大悲利益一切衆生以
本願力盡未來際而無厭倦○三教問 汝應
請彼彼當為汝說其三昧自在解脫○二聞
名獲益 爾時會中諸菩薩衆聞普賢名即時

獲得不可思議無量三昧其心無礙寂然不動智慧廣大難可測量境界甚深無能與等現前悉見無數諸佛得如來力同如來性去來現在靡不明照所有福德不可窮盡一切神通皆已具足（十獲種益文並可知。三推求不見有三。推求皆悉不見，文各有釋。今初渴仰推求不見）其諸菩薩於普賢所心生尊重渴仰欲見悉於衆會周徧觀察而竟不覩亦不見其所坐之座（上推求不見，下釋不見所以）此由如來威力所持（威力持者，欲令大衆渴仰得顯深旨故）亦是普賢神通自在使其然耳（三重觀察不見。三。初審問重示）爾時普眼菩薩白佛言世尊普賢菩薩今何所在佛言普眼普賢菩薩今現在此道場衆會親近我住初無動移（法本湛然，故初無移動。二推求不見）是時普眼及諸菩薩復更觀察道場衆會周徧求覓白佛言世尊我等今者猶未得見普賢菩薩其身及座（以可見相而求故也。倘謂可見故。二釋不見所由。二。初印定徵起）佛言如是善男子汝等何故而不得見（二正釋所由）善男子普賢菩薩住處甚深不可說故（以住處甚深故。文有十句，初句為總，次八句別，別有四對）普賢菩薩獲無邊智慧門入師子奮迅定（一廣智勝定深，謂智門無邊，有邊之智焉觀；定用起伏無畏，展促自在，唯以出世定求，故不可見）得無上自在用入清淨無礙際（次二外用內證深）生如來十種力以法界藏為身（次二得力成身深）一切如來共所護念於一念頃悉能證入三世諸佛無差別智（次二多護速證深）是故汝等不能見耳（此一句結由上八深故不能見。三以三昧力推求不見。四。初新獲三昧）爾時普眼菩薩聞如來說普賢菩薩清淨功德得十千阿僧祇三昧（二以定推求）以三昧力復徧觀察渴仰欲見普賢菩薩亦不能覩其餘一切諸菩薩衆俱亦不見（三自陳不見）時普眼菩薩從三昧起白佛言世尊我已入十千阿僧祇三昧求見普賢而竟不得不見其身及身業語及語業意及意業座及住處悉皆不見（四釋不見所由。五。初約法總標）佛言如是如是善男子當知皆以普賢菩薩住不思議解脫之力（由住難思解脫，翻上三昧可思入故。二以近況遠）普眼於汝意云何頗有人能說幻術文字中種種幻相所住處不答言不也佛言普眼幻中幻相尚不可說何況普賢菩薩祕密身境界祕密語境界祕密意境界而於其中能入能見（三擬釋所由。二。初擬何以故）何以故（二釋。二。初略標深廣）普賢菩薩境界甚深不可思議無有量已過量（翻上三昧尚有數故。二舉略顯廣，文有十句）舉要言之普賢菩薩以金剛慧普入法界（初句為總，以金剛慧普達甚深法界俱空；餘句為別，由了空故）於一切世界無所行無所住（世界無住處）知一切衆生身皆即非身（衆生無可化）無去無來（寂無去來）得無斷盡

(竪無斷盡)無差別(種派差別)自在神通(體無體故不礙現通)無依
無作(用無用故無依無作)無有動轉(不離如如故無動轉)至於
法界究竟邊際(理事圓故窮法界邊○彰見之益)善男子若
有得見普賢菩薩若得承事若得聞名
若有思惟若有憶念若生信解若勤觀
察若始趣向若正求覓若興誓願相續
不絕皆獲利益無空過者(五歸敬彌增)爾時普
眼及一切菩薩衆於普賢菩薩心生渴
仰願得瞻覲作如是言南無一切諸佛
南無普賢菩薩如是三稱頭頂禮敬(○四敬)
佛子汝等宜更禮敬普賢殷勤求請(先令衆勤)
(現見方法)爾時佛告普眼菩薩及諸衆會言諸
(前心)又應專至觀察十方想普賢身現在
其前如是思惟周徧法界深心信解厭
離一切(別示深觀上來捨境別求所以來深其體七今令十方齊觀知其體周下依此觀是以)
(得見)捨與普賢同一行願入於不二眞實

之法其身普現一切世間悉知衆生諸
根差別徧一切處集普賢道若能發起
如是大願則當得見普賢菩薩(起願思齊具上三心)
(則能得見○五依教修行)是時普眼聞佛此語與諸菩
薩俱時頂禮求請得見普賢大士(然普眼位深而)
(猶重習觀修之者略有二意一位未等故二示深獎物故○六爲現身相五○初爲衆現身)爾時
普賢菩薩即以解脫神通之力如其所
應爲現色身令彼一切諸菩薩衆皆見
普賢親近如來於此一切菩薩衆中坐
蓮華座亦見於餘一切世界一切佛所從
彼次第相續而來亦見在彼一切佛所
演說一切諸菩薩行開示一切智智之
道闡明一切菩薩神通分別一切菩薩
威德示現一切三世諸佛(上來不見意顯位深今現色身不礙)
(用故○二衆覩喜敬)是時普眼菩薩及一切菩薩衆
見此神變其心踊躍生大歡喜莫不頂

禮普賢菩薩心生尊重如見十方一切
諸佛(三現瑞成益)是時以佛大威神力及諸菩
薩信解之力普賢菩薩本願力故自然
而雨十千種雲所謂種種華雲種種鬘
雲種種香雲種種末香雲種種蓋雲種
種衣雲種種嚴具雲種種珍寶雲種種
燒香雲種種繒綵雲不可說世界六種
震動奏天音樂其聲遠聞不可說世界
放大光明其光普照不可說世界令三
惡趣悉得除滅嚴淨不可說世界令不
可說菩薩入普賢行不可說菩薩成普
賢行不可說菩薩於普賢行願悉得圓
滿成阿耨多羅三藐三菩提(○四歎德廣深十句)爾
時普眼菩薩白佛言世尊普賢菩薩是
住大威德者住無等者(下無等故)住無過者(上無)
(過故)住不退者住平等者住不壞者住一切

差別法者住一切無差別法者住一切衆生善巧心所住者住一切法自在解脫三昧者（五如來印述）佛言如是如是（上印下述中有十一句）普眼如汝所說普賢菩薩有阿僧祇清淨功德（上句總餘句別別有一德）所謂無等莊嚴功德（平等果）（二嚴德）無量寶功德（圓明德）不思議海功德（深廣德）無量相功德（色相德）無邊雲功德（慈嚴德）無邊際不可稱讚功德（超勝德）無盡法功德（知法德）不可說功德（絶言德）一切佛功德（同佛之德）稱揚讚歎不可盡功德（讚無盡德）

大方廣佛華嚴經疏卷第六十七　邇七

大方廣佛華嚴經疏卷第六十八 入第四十經第七卷 遮八

清涼山沙門 澄觀 述 晉水沙門 淨源 錄疏注經

四本分有四。初舉益令說。二。初勸說成益 爾時如來告普賢菩薩言普賢汝應為普眼及此會中諸菩薩衆說十三昧令得善入成滿普賢所有行願。二引例證勸 諸菩薩摩訶薩說此十大三昧故令過去菩薩已得出離現在菩薩令得出離未來菩薩當得出離 以三世諸菩薩若說此定皆成益故。二列所說名 何者為十 十皆云大者周滿一之定稱法界故 一者普光大三昧 身心業用周徧全包為普智照自在名光 二者妙光大三昧 身智徧照為光勝用交映為妙 三者次第徧往諸佛國土大三昧 十方無餘之剎皆至入定名為徧往往無雜亂不礙時節歷然 四者清淨深心行大三昧 明達諸法本自清淨離於想念契理深心依此起用徧供諸佛請法起說名之為行 五為次第即能起用名神通以智用如理本自徧故 五者知過去莊嚴藏大三昧 佛土劫剎等事皆名莊嚴過去門中包此無盡為藏亦名過去清淨藏者入定能入劫一念無緣起定能受法三輪無著皆名清淨 六者智光明藏大三昧 未來藏中包含諸佛及佛法等名之為藏智慧徹照稱曰光明 七者了知一切世界佛莊嚴大三昧 現在諸佛作用衆會身相益物皆曰莊嚴橫徧十方故云一切現可目觀故不云藏 八者衆生差別身大三昧 於差別衆生身內外入定起定皆自在故雖通三種世間從多分說但云衆生前後諸定皆從多說 九者法界自在大三昧 於眼等十八界自在入出又知事法界邊際與理法界無礙自在故 十者無礙輪大三昧 三輪攝化皆自在故又得十無礙滿佛果故無盡大用一一無礙皆悉圓滿能摧伏故尋初後際不得邊故。三歎定勝德四。初約人以歎 此十大三昧諸大菩薩乃能善入去來現在一切諸佛已說當說現說 人勝故法勝。二約修以歎二。初修成 若諸菩薩愛樂尊重修習不懈則得成就 二修益二。初有十句明上等佛果 如是之人則名為佛則名如來亦則名為得十力人亦名導師亦名大導師亦名一切智亦名一切見亦名住無礙亦名達諸境亦名一切法自在。二身智周徧 此菩薩普入一切世界而於世界無所著普入一切衆生界而於衆生無所取普入一切身而於身無所礙普入一切法界而知法界無有邊親近三世一切佛明見一切諸佛法巧說一切文字了達一切假名成就一切菩薩清淨道安住一切菩薩差別行於一念中普得一切三世智普知一切三世法普說一切諸佛教普轉一切不退輪於去來現在一一世普證一切菩提道於此一一菩提中普了一切佛所說 皆言普入者一一皆窮帝網境故。三直就法數明此十定 此是諸菩薩法相門是諸菩薩智覺門 該攝諸法體相用等一一超勝十門五對上一對境智通悟 是一切種智無勝幢門是普賢菩薩諸行願門 二果因游入 是猛利神通誓願門是一切總持辯才門 三通辯用處 是三世諸法差別門是一切諸佛示現門 四佛法所從 是以薩婆若安立一切衆生門是以佛神力嚴淨一切世界門（五嚴土橋）（生因不由此。四約證以歎前約修歎望於佛果以顯終同此約證歎直就此定以明業用亦二十句。初十明勝德無限）若菩薩入此三昧得法界力無有
窮盡得虛空行無有障礙得法王位無
量自在譬如世間灌頂受職得無邊智
一切通達得廣大力十種圓滿成無諍
心入寂滅際大悲無畏猶如師子為智
慧丈夫然正法明燈一切功德歎不可
盡聲聞獨覺莫能思議（二明智德自在）得法界
智住無動際而能隨俗種種開演住於
無相善入法相得自性清淨藏生如來
清淨家善開種種差別法門而以智慧
了無所有善知於時常行法施開悟一
切名為智者普攝眾生悉令清淨以方
便智示成佛道而常修行菩薩之行無
有斷盡入一切智方便境界示現種種

廣大神通（四結勸成益）是故普賢汝今應當
分別廣說一切菩薩十大三昧令此眾
會咸皆願聞（第五說分三。初承旨總告）爾時普賢菩薩
承如來旨觀普眼等諸菩薩眾而告之
言（二別釋十定令初分三。初標）佛子云何為菩薩摩訶薩普
光明三昧（二釋分五。初二定方便次一定體後二定用又前三各有標徵釋結今初智無盡四。初標）佛子此菩薩摩訶薩有十種無盡
法（二徵）何者為十（三釋十句五對）所謂諸佛出現智
無盡眾生變化智無盡（所事所化）世界如影智
無盡深入法界智無盡（化處化法如影者無真實故隨質現故）
善攝菩薩智無盡菩薩不退智無盡（攝護）
（始終）善觀一切法義智無盡善持心力智
無盡（所持能持）住廣大菩提心智無盡住一切
佛法一切智願力智無盡（始心終願四結）佛子是
名菩薩摩訶薩十種無盡法（二心無邊）佛子
此菩薩摩訶薩發十種無邊心（前明所知無盡今辨）

（對境發心以境無邊故心無邊上標下徵）何等為十（次釋）所謂發度
脫一切眾生無邊心發承事一切諸佛
無邊心發供養一切諸佛無邊心發普
見一切諸佛無邊心發受持一切佛法
不忘失無邊心發示現一切佛無量神
變無邊心發為得佛力故不捨一切菩
提行無邊心發普入一切智微細境界
說一切佛法無邊心發普入佛不思議
廣大境界無邊心發於佛辯才起深志
樂領受諸佛法無邊心發示現種種自
在身入一切如來道場眾會無邊心（有十）
（一句者增數十也後結）是為十（三定自在）佛子此菩薩摩訶
薩有十種入三昧差別智（由前大智大心故於三昧自在方便）
（非一入出不同故云差別上標下徵）何者為十（次釋）所謂東方入
定西方起西方入定東方起南方入定
北方起北方入定南方起東北方入定

西南方起西南方入定東北方起西北
方入定東南方起東南方入定西北方
起下方入定上方起上方入定下方起
後結是為十四智巧現三初標佛子此菩薩摩訶薩
有十種入大三昧善巧智三徵何者為十三釋初法
說二初十句別明展轉深細佛子菩薩摩訶薩以三千
大千世界為一蓮華現身徧此蓮華之
上結加趺坐身中復現三千大千世界
其中有百億四天下一一四天下現百
億身一一身入百億百億三千大千世
界於彼世界一一四天下現百億百億
菩薩修行一一菩薩修行生百億百億
決定解一一決定解令百億百億根性
圓滿一一根性成百億百億菩薩法不
退業二揔顯離相分明然所現身非一非多入定
出定無所錯亂三舉喻佛子如羅睺阿脩

羅王本身長七百由旬化形長十六萬
八千由旬於大海中出其半身與須彌
山而正齊等佛子彼阿脩羅王雖化其
身長十六萬八千由旬然亦不壞本身
之相諸蘊界處悉皆如本心不錯亂不
於變化身而作他想於其本身生非已
想本受生身恒受諸樂化身常現種種
自在神通威力三以劣況勝佛子阿脩羅王有
貪恚癡具足憍慢尚能如是變現其身
何況菩薩摩訶薩能深了達心法如幻
一切世間皆悉如夢一切諸佛出興於
世皆如影像一切世界猶如變化言語
音聲悉皆如響見如實法以如實法而
為其身知一切法本性清淨了知身心
無有實體其身普住無量境界以佛智
慧廣大光明淨修一切菩提之行五觀照絕三初

法佛子菩薩摩訶薩住此三昧超過世
間遠離世間無能惑亂無能映奪二喻佛
子譬如比丘觀察內身住不淨觀審見
其身皆是不淨三合菩薩摩訶薩亦復如
是住此三昧觀察法身異前化現故云法身見諸世
間普入其身法性包含故一時頓見由此義故無能映奪於中明
見一切世間及世間法於諸世間及世間
法皆無所著三揔結佛子是名菩薩摩訶
薩第一普光明大三昧善巧智二妙光明大三昧三
初標佛子云何為菩薩摩訶薩妙光明三
昧二釋二初法四初身雲展入佛子此菩薩摩訶薩能
入三千大千世界微塵數三千大千世
界於一一世界現三千大千世界微塵
數身一一身放三千大千世界微塵數
光一一光現三千大千世界微塵數色
一一色照三千大千世界微塵數世界

一一世界中調伏三千大千世界微塵數衆生。（二身智俱入）是諸世界種種不同菩薩悉知所謂世界雜染世界清淨世界所因世界建立世界同住世界光色世界來住如是一切菩薩悉知菩薩悉入。（三明其卷入）是諸世界亦悉來入菩薩之身。（四展卷無礙）然諸世界無有雜亂種種諸法亦不壞滅。（二喻文有二喻前喻互入無雜亂義文分爲二一寶山光影喻二先喻有五。初日光現影喻）佛子辟如日出繞須彌山照七寶山其七寶山及寶山間皆有光影分明顯現（七寶山者即七金山如十地來所到其名但餘妙高及雪香二山山間有七香海海現日影山以淨金亦能現影二兩影互現喻）其寶山上所有日影莫不顯現山間影中其七山間所有日影亦悉影現山上影中如是展轉更相影現（正喻菩薩自他互入以彼影明淨如今之鏡故能互現。三得名不同喻）或說日影出七寶山或說日影出七山間或說日影入七寶山或說日影入七山間（謂水中本影現山上影時此所現影從山上出來入山間若山上本影現水中影時此所現影從山間出入七金山上故正入時即名爲出所喻可知四明重現無盡喻）但此日影更相照現無有邊際。（喻菩薩帝網身土。五體離二邊喻）體性非有亦復非無（既離二邊故能互現而無雜亂謂取不可得故非有影現分明故非無）不住於山不離於山不住於水亦不離水（不住成上非有不離成上非無若有定住則不能相入若其離者則無可相入故不離不住方能相入。二法合）佛子菩薩摩訶薩亦復如是（直明不壞不住故得互入無亂）住此妙光廣大三昧不壞世間安立之相不滅世間諸法自性（明不壞性相謂若壞性相則無可相入）不住世界內不住世界外（若住內外則不能相入謂若住世間內則不能身包世界若住世界外則不能徧入世界由俱無住故能互入次釋其所以）於諸世界無所分別亦不壞於世界之相（由定無分別而不壞相）觀一切法一相無相亦不壞於諸法自性（慧觀一相而不壞諸事理雙游故不壞不住）住眞如性恒不捨離（既若不壞不住則住眞如恒不捨離既即事不捨故相即性而融通如無不在故同眞如而內外互入。二幻術善巧喻初總喻二初喻三初總明能幻）佛子辟如幻師善知幻術（二依本時起）住四衢道作諸幻事於一日中一須臾頃或現一日或現一夜或復現作七日七夜半月一月一年百年隨其所欲皆能示現城邑聚落泉流河海日月雲雨宮殿屋宅如是一切靡不具足（現幻時延喻互相入三本末無礙）不以示現經年歲故壞其根本一日一時不以本時極短促故壞其所現日月年歲幻相明現本日不滅（互不相礙喻不壞相二合五初明一多相容不同）菩薩摩訶薩亦復如是入此妙光廣大三昧現阿僧祇世界入一世界其阿僧祇世界一一皆有地水火風大海諸山城邑聚落園林屋宅天宮龍宮夜叉宮乾闥婆宮阿脩羅宮迦樓羅宮緊那羅宮摩睺羅伽宮種種莊嚴皆悉具足欲界色界無色界小千世界大千世界業行果報死此生彼一切世間所有時節須臾晝夜半月一月一歲百歲成劫壞劫雜染國土清淨國土廣大國土陿小國土於中諸佛出興于世佛刹清淨菩薩衆會周帀圍繞神通自在教化衆生其諸國土所在方處無量人衆悉皆充滿殊形異趣種種衆生無量無邊不可思議去來現在清淨業力出生無量上妙珍寶如是等事咸悉示現入一世界。合上現多時處。二智鑒不昧 菩薩於此普皆明見普入普觀普思普了以無盡智皆如實知合前能幻之術。三合不壞本末之相 不以彼世界多故壞此一世界不以此世界一故壞彼多世界。四徵釋所由。二初徵 何以故徵意云何以互入得不壞相。二釋釋意有三。初由知人無我 菩薩知一切法皆無我故是名入無命法無作法者菩薩於一切

世間勤修行無諍法故是名住無我法者菩薩如實見一切身皆從緣起故是名住無衆生法者菩薩知一切生滅法皆從因生故是名住無補伽羅法者菩薩知諸法本性平等故是名住無意生無摩納婆法者人我之相已見上文。二知法無我 菩薩知一切法本性寂靜故是名住寂靜法者菩薩知一切法一相故是名住無分別法者菩薩知法界無有種種差別法故是名住不思議法者三明同體大悲 菩薩勤修一切方便善調伏衆生故是名住大悲法者由此故能融通事理。三結成上義三。初結上多入於一 佛子菩薩如是能以阿僧祇世界入一世界知無數衆生種種差別見無數菩薩各各發趣觀無數諸佛處處出興彼諸如來所演說法其諸菩薩悉能領受亦見自身於中

修行。二結上不壞性相 然不捨此處而見在彼亦不捨彼處而見在此彼身此身無有差別入法界故。三結明鑒不昧 常勤觀察無有休息不捨智慧無退轉故。二別喻文中有三逆喻前來揔中三段初幻不壞本喻別喻不壞相二。初喻 如有幻師隨於一處作諸幻術不以幻地故壞於本地不以幻日故壞於本日。二合二。初正合喻 菩薩摩訶薩亦復如是於無國土現有國土於有國土現無國土於有衆生現無衆生於無衆生現有衆生無色現色色現無色初不亂後後不亂初。二釋其所以 菩薩了知一切世法悉亦如是同於幻化知法幻故知智幻知智幻故知業幻知智幻業幻已起於幻智觀一切業。二幻必依處喻別喻前依本時處現多時處二初喻 如世幻者不於處外而現其幻亦不於幻外而有其處。畧無幻必依時準合應有。二合二初合依處三。初揔合所見 菩

薩摩訶薩亦復如是不於虛空外入世間亦不於世間外入虛空以託物現故空即事空。二徵釋所由何以故虛空世間無差別故以理無差故。三結成自在住於世間亦住虛空菩薩摩訶薩於虛空中能見能修一切世間種種差別妙莊嚴業二合前依時二。初正顯於一念頃悉能了知無數世界若成若壞亦知諸劫相續次第能於一念現無數劫亦不令其一念廣大三釋其所由菩薩摩訶薩以得幻智同於佛故文中有三。先明得智得不思議解脫幻智總得難思到於彼岸到究竟岸住於幻際見如幻際入世幻數以斯如幻之智等能入世幻思惟諸法悉皆如幻用上幻數思諸幻法不違幻世不違幻數盡於幻智盡於幻智則不礙幻亡則不礙幻存了知三世與幻無別存亡無礙故鑒達三際皆不異幻決定通達心無邊際得斯決定則橫盡幻邊次舉其所同如諸如來住如幻智其心平等後明其能同菩薩摩訶薩亦復如是

知諸世間皆悉如幻於一切處皆無所著無有我所三幻師不迷喻別喻前能幻如彼幻師作諸幻事雖不與彼幻事同住而於幻事亦無迷惑菩薩摩訶薩亦復如是知一切法到於彼岸心不計我能入於法亦不於法而有錯亂三結是為菩薩摩訶薩第二妙光明大三昧善巧智自下入第四十一卷經二次第徧往諸佛國土神通大三昧三。初標佛子云何為菩薩摩訶薩次第徧往諸佛國土神通三昧二釋三。初法五。初徧剎入定佛子此菩薩摩訶薩過於東方無數世界復過爾所世界微塵數世界於彼諸世界中入此三昧二入時次第或剎那入或須臾入或相續入或日初分時入或日中分時入或日後分時入或夜初分時入或夜中分時入或夜後分時入或一日入或五日入或半月入或一月

入或一年入或百年入或千年入或百千年入或億年入或百千億年入或百千那由他億年入或一劫入或百劫入或百千劫入或百千那由他億劫入或無數劫入或無量劫入或無邊劫入或無等劫入或不可數劫入或不可稱劫入或不可思劫入或不可量劫入或不可說劫入或不可說不可說劫入。三總結多門若久若近若法若時種種不同四心契定體菩薩於彼不生分別心無染著不作二不作不二不作普不作別五不礙起通雖離此分別而以神通方便從三昧起於一切法不忘不失至於究竟二喻譬如日天子周行照曜晝夜不住日出名晝日沒名夜晝亦不生夜亦不滅三合菩薩摩訶薩於無數世界入神通三昧入三昧已明見爾

所無數世界亦復如是。三結 佛子是為善
薩摩訶薩第三次第徧往諸佛國土神
通大三昧善巧智。四清淨深心行大三昧三。初標 佛子云何
為菩薩摩訶薩清淨深心行三昧。二釋二初明定
內深心行二初起行二。初舉由 佛子此菩薩摩訶薩知諸
佛身數等衆生見無量佛過阿僧祇世
界微塵數。二起行二。初明外事供養行 於彼一一諸如
來所以一切種種妙香而作供養以一
切種種妙華而作供養以一切種種蓋
大如阿僧祇佛剎而作供養以超過一
切世界一切上妙莊嚴具而作供養散
一切種種寶而作養以一切種種莊嚴
具莊嚴經行處而作供養以一切無數
上妙摩尼寶藏而作供養以佛神力所
流出過諸天上味飲食而作供養一切
佛剎種種上妙諸供養具能以神力普

皆攝取而作供養。二明三業供養行 於彼一一諸
如來所恭敬尊重頭頂禮敬舉身布地
請問佛法讚佛平等稱揚諸佛廣大功
德入於諸佛所入大悲得佛平等無礙
之力於一念頃一切佛所勤求妙法。二明深心
二。初法說 然於諸佛出興於世入般涅槃如
是之相皆無所得。三喻況以明文二。初妄念無知喻 如散動
心了別所緣心起不知何所緣起心滅
不知何所緣滅。喻其契實無念後合 此菩薩摩訶薩
亦復如是終不分別如來出世及涅槃
相。二陽燄似水喻先喻 佛子如日中陽燄不從雲生
不從池生不處於陸不住於水非有非
無非善非惡非清非濁不堪飲漱不可
穢汙非有體非無體非有味非無味以
因緣故而現水相為識所了遠望似水
而興水想近之則無水想自滅。喻其了妄同真後合

此菩薩摩訶薩亦復如是不得如來出
興於世及涅槃相諸佛有相及以無相
皆是想心之所分別。二明起定深心行三。初法 佛子此
三昧名為清淨深心行菩薩摩訶薩於
此三昧入已而起起已不失。二喻 譬如有人
從睡得寤憶所夢事覺時雖無夢中境
界而能憶念心不忘失。三合 菩薩摩訶薩
亦復如是入於三昧見佛聞法從定而
起憶持不忘而以此法開曉一切道場
衆會莊嚴一切諸佛國土無量義趣悉
得明達一切法門皆亦清淨然大智炬
長諸佛種無畏具足辯才不竭開示演
說甚深法藏。上明供養自利行今明開演利他行文影畧耳開演深理即深心起行也 三結 是為菩薩摩訶薩第四清淨深心
行大三昧善巧智。五知過去莊嚴藏大三昧三。初標 佛子云
何為菩薩摩訶薩知過去莊嚴藏三昧

三釋有五。初對境辨智佛子此菩薩摩訶薩能知過去諸佛出現所謂劫次第中諸刹次第刹次第中諸劫次第劫次第中諸佛出現次第佛出現次第中說法次第說法次第中諸心樂次第心樂次第中諸根次第根次第中調伏次第調伏次第中諸佛壽命次第壽命次第中知億那由他年歲數量次第。二正顯智知佛子此菩薩摩訶薩得如是無邊次第智故則知過去諸佛則知過去諸刹則知過去法門則知過去諸劫則知過去諸法則知過去諸心則知過去諸解則知過去諸衆生則知過去諸煩惱則知過去諸儀式則知過去諸清淨上之二段各有十句皆是過去藏中之法。三所知時分佛子此三昧名過去清淨藏於一念中能入百劫能入千劫能入百千劫能入百千億那由他劫能入無數劫能入無量劫能入無邊劫能入無等劫能入不可數劫能入不可稱劫能入不可思劫能入不可量劫能入不可說劫能入不可說不可說劫有十四重即是解釋過去之義。四顯知相狀佛子彼菩薩摩訶薩入此三昧不滅現在即不捨也不緣過去即不取也謂但約過去門顯非有取捨而緣。五明出定獲益有三。初舉數辨相文有十句佛子彼菩薩摩訶薩從此三昧起於如來所受十種不可思議灌頂法上一句摠位終成果所以名受灌頂法也餘九句別亦得圓已亦清淨淨障亦成就究竟亦入始入亦證正證亦滿滿終亦持持令不失平等了知無知而知三輪清淨淨三輪摠該前九約知辨三輪者謂無能知所知乃正知故。二徵列其名何等為十初四是四無礙辨一者辯不違義二者說法無盡三者訓辭無失四者樂說不斷二次自利五者心無恐畏不畏深法六者語必誠實如言能行。次二利他七者衆生所依為善者依八者救脫三界為惡者救九者善根最勝十者調御妙法此二摠明二利勝妙。三結得速疾佛子此是十種灌頂法若菩薩入此三昧從三昧起無間則得上法下會如歌羅邏此云薄酪入胎藏時於一念間識則託生後合菩薩摩訶薩亦復如是從此定起於如來所一念則得此十種法。三結佛子是名菩薩摩訶薩第五知過去莊嚴藏大三昧善巧智六智光明藏大三昧三。初標佛子云何為菩薩摩訶薩智光明藏三昧二釋二初定業用六初揔知諸佛佛子彼菩薩摩訶薩住此三昧能知未來一切世界一切劫中所有諸佛二知多名号若已說若未說若已授記若未授記種種名號各各不同所謂無數名無量名無邊名無等名不可數名不可稱名不可思名不可量名不可說名。三知當所作當出現於世當利益衆生當作法王當興佛事當說福利當讚善義當說白分義當淨治諸惡當安住功德當開示第一義諦當入灌頂位當成一切智。四知彼因圓果滿彼諸如來修圓滿行發圓滿願入圓滿智有圓滿衆備圓滿莊嚴集圓滿功德悟圓滿法得圓滿果具圓滿相成圓滿覺。五知現所作彼諸如來名姓種族方便善巧神通變化成熟衆生入般涅槃如是一切皆悉了知。六知時分齊此菩薩於一念中能入一劫百劫千劫百千劫百千億那由他劫入閻浮提微塵數劫入四天下微塵數劫入小千世界微塵數劫入中千世界微塵數劫入大千世界微塵數劫入佛刹微塵數劫大千即是佛刹而重言者多是遺脫應言百佛刹也入百千佛刹微塵數劫入百千億那由他佛刹微塵數劫入無數佛刹微塵數劫入無量佛刹微塵數劫入無邊佛刹微塵數劫入無等佛刹微塵數劫入不可數佛刹微塵數劫入不可稱佛刹微塵數劫入不可思佛刹微塵數劫入不可量佛刹微塵數劫入不可說佛刹微塵數劫入不可說不可說佛刹微塵數劫如是未來一切世界所有劫數能以智慧皆悉了知。二彰定利益文四初令心入持益二得善巧益三得不空益四十王敬護益前二自利後二利他。今初令心入持益以了知故其心復入十種持門即由上知故持之不失由持不失得持之益何者爲十所謂入佛持故得不可說佛刹微塵數諸佛護念心中持佛得佛護益入法持故得十種陀羅尼光明無盡辯才心入持法得總持辯才益餘句做此入行持故出生圓滿殊勝諸願入力持故無能映蔽無能摧伏入智持故所行佛法無有障礙入大悲持故轉於不退清淨法輪入差別善巧句持故轉一切文字輪淨一切法門地入師子受生法持故開法關鑰出欲淤泥師子受生者不畏生死苦故示生死實性名開法關鑰了生死本空故出欲淤泥入智力持故修菩薩行常不休息定慧雙運也入善友力持故令無邊衆生普得清淨入無住力持故入不可說不可說廣大劫則大劫不離一念入法力持故以無礙方便智知一切法自性清淨句有十二者增數十也。二得善巧益三。初法佛子菩薩摩訶薩住此三昧已善巧住不可說不可說劫善巧住不可說不可說刹善巧知不可說不可說種種衆生善巧知不可說不可說衆生異相善巧知不可說不可說同異業報善巧知不可說不可說精進諸根習氣相續差別諸行善巧知不可說不可說無量染淨種種思惟善巧知不可說不可說法種種義無量文字演說言辭善巧知不可說不可說種種佛出現種族時節現相說法施為佛事入般涅槃善巧知不可說不可說無邊智慧門善巧知不可說不可說一切神通無量變現喻二佛子辟如日出世間所有村營城邑宮殿屋宅山澤鳥獸樹林華果如是一切種種諸物有目之人悉得明見佛子日光平等無有分別而能令目見種種相合三此大三昧亦復如是體性平等無有分別能令菩薩知不可說不可說百千億那由他差別之相然善巧有二一如事善巧故法中云不可說無量喻云見種種物二如理善巧故喻云日光平等又由此二無礙方名善巧故合云無分別而能知　三得不空益佛子此菩薩摩訶薩如是了知時令諸衆生得十種不空何等為十一者見不空令諸衆生生善根故二者聞不空令諸衆生得成熟故三者同住不空令諸衆生心調伏故四者發起不空令諸衆生如言而作通達一切諸法義故五者行不空令無邊世界皆清淨故六者親近不空於不可說不可說佛刹諸如來所斷不可說不可說衆生疑故七者願不空隨所念衆生令作勝供養成就諸願故八者善巧法不空皆令得住無礙解脫清淨智故九者雨法雨不空於不可說不可說諸根衆生中方便開示一切智行令住佛道故十者出現不空現無邊相令一切衆生皆蒙照故。四十五敬養益　佛子菩薩摩訶薩住此三昧得十種不空時諸天王衆皆來頂禮諸龍王衆興大香雲諸夜叉王頂禮其足阿脩羅王恭敬供養迦樓羅王前後圍繞諸梵天王悉來勸請緊那羅王摩睺羅伽王咸共稱讚乾闥婆王常來親近諸人王衆承事供養三結　佛子是為菩薩摩訶薩第六智光明藏大三昧善巧智

大方廣佛華嚴經疏卷第六十八　遍八

大方廣佛華嚴經疏卷第六十九入第四十一經下半 邈九

清涼山沙門 澄觀述 晉水沙門 淨源錄疏注經

八七了知一切世界佛莊嚴大三昧 三○初標 佛子云何爲菩薩摩訶薩了知一切世界佛莊嚴三昧 二釋 先明定體 用二 ○初徵 佛子此三昧何故名了知一切世界佛莊嚴 所以重徵者前通徵一定此則別徵莊嚴 二釋 二○初釋一切世界 佛子菩薩摩訶薩住此三昧能次第入東方世界能次第入南方世界西方北方四維上下所有世界悉亦如是能次第入 以是現在故但云十方 二釋其莊嚴 二 初總列十門 皆見諸佛出興於世亦見彼佛一切神力亦見諸佛所有遊戲亦見諸佛廣大威德亦見諸佛最勝自在亦見諸佛大師子吼亦見諸佛所修諸行亦見諸佛種種莊嚴亦見諸佛神足變化亦見諸佛衆會雲集 皆是莊嚴其中第八別明莊嚴者即功德智慧以嚴其心色相光明以嚴身也 二別顯嚴相以顯前二 一廣衆會三 初見他 三 ○初見衆會體相 衆會清淨衆會廣大衆會一相衆會多相衆會處所衆會居止衆會成熟衆會調伏衆會威德如是一切悉皆明見 二門見分量 亦見衆會其量大小等閻浮提亦見衆會等四天下亦見衆會等小千界亦見衆會等中千界亦見衆會量等三千大千世界亦見衆會充滿百千億那由他佛刹亦見衆會充滿阿僧祇佛刹亦見衆會充滿百佛刹微塵數佛刹亦見衆會充滿千佛刹微塵數佛刹亦見衆會充滿百千億那由他佛刹微塵數佛刹亦見衆會充滿無數佛刹微塵數佛刹亦見衆會充滿無量佛刹微塵數佛刹亦見衆會充滿無邊佛刹微塵數佛刹亦見衆會充滿無等佛刹微塵數佛刹亦見衆會充滿不可數佛刹微塵數佛刹亦見衆會充滿不可稱佛刹微塵數佛刹亦見衆會充滿不可思佛刹微塵數佛刹亦見衆會充滿不可量佛刹微塵數佛刹亦見衆會充滿不可說佛刹微塵數佛刹亦見衆會充滿不可說不可說佛刹微塵數佛刹 三見佛作用 亦見諸佛於彼衆會道場中示現種種相種種時種種國土種種變化種種神通種種莊嚴種種自在種種形量種種事業 ○二明見自 菩薩摩訶薩亦見自身往彼衆會亦自見身在彼說法亦自見身受持佛語亦自見身善知緣起亦自見身住在虛空亦自見身住於法身亦自見身不生染著亦自見身不住分別亦自見身無有疲倦亦自見身普入諸智亦自見身普知諸義亦自見身普入

諸地亦自見身普入諸趣亦自見身普知方便亦自見身普住佛前亦自見身普入諸力亦自見身普入真如亦自見身普入無諍亦自見身普入諸法（三明能見言初法）如是見時不分別國土不分別衆生不分別佛不分別法不執著身不執著身業不執著心不執著意（明無分別而畧二辭）譬如諸法不分別自性不分別音聲而自性不捨名字不滅（明能所詮不自云我是能所詮而不捨能所詮以辭無分別而知也三合）菩薩摩訶薩亦復如是不捨於行隨世所作（上合不捨下合不別）而於此二無所執著（二廣上莊嚴二先以法說言初標示章門）佛子菩薩摩訶薩見佛無量光色無量形相圓滿成就平等清淨一一現前分明證了（略舉四種莊嚴皆分明證了二依章別釋即分爲四初釋無量光色）或見佛身種種光明或見佛身圓光一尋或見佛身如盛日色或見佛身微妙光色或見佛身作清淨色或見佛身作黃金色或見佛身作金剛色或見佛身作紺青色或見佛身作無邊色或見佛身作大青摩尼寶色（二釋無量形相）或見佛身其量七肘或見佛身其量八肘或見佛身其量九肘或見佛身其量十肘或見佛身二十肘量或見佛身三十肘量如是乃至一百肘量一千肘量或見佛身一俱盧舍量或見佛身半由旬量或見佛身一由旬量或見佛身十由旬量或見佛身百由旬量或見佛身千由旬量或見佛身百千由旬量或見佛身閻浮提量或見佛身四天下量或見佛身小千界量或見佛身中千界量或見佛身大千界量或見佛身百大千世界量或見佛身千大千世界量或見佛身百千大千世界量或見佛身百千億那由他大千世界量或見佛身無數大千世界量或見佛身無量大千世界量或見佛身無邊大千世界量或見佛身無等大千世界量或見佛身不可數大千世界量或見佛身不可稱大千世界量或見佛身不可思大千世界量或見佛身不可量大千世界量或見佛身不可說大千世界量或見佛身不可說不可說大千世界量（三釋上圓滿成就）佛子菩薩如是見諸如來無量色相無量形狀無量示現無量光明無量光明網其光分量等于法界於法界中無所不照普令發起無上智慧（顯前二皆圓滿故四釋上平等清淨）又見佛身無有染著無有障礙上妙清淨（即能內二嚴二以辭顯三初空無增減辭）佛子菩薩如是見於佛身而如來身不

增不減譬如虛空於蟲所食芥子孔中亦不減小於無數世界中亦不增廣其諸佛身亦復如是見大之時亦無所增見小之時亦無所減（喻法性身無可增減空之大小在於世界及於芥子非空體然如法性之身應器成異。二月無增減喻）佛子譬如月輪閻浮提人見其形小而亦不減月中住者見其形大而亦不增菩薩摩訶薩亦復如是住此三昧隨其心樂見諸佛身種種化相言辭演法受持不忘而如來身不增不減（喻真常色身體不易故證有近遠隨心見殊前喻但喻佛身此喻兼喻光色及圓滿成就。三隨心現境喻）佛子譬如眾生命終之後將受生時不離於心所見清淨菩薩摩訶薩亦復如是不離於此甚深三昧所見清淨（喻上清淨菩薩心淨則見佛淨在於如來何淨何垢厶二明定利益略舉七種益。初速成行願益）佛子菩薩摩訶薩住此三昧成就十種速疾法（上標下徵）何者為十（次釋）所謂速增諸行圓滿大願速以法光照耀世間速以方便轉於法輪度脫眾生速隨眾生業示現諸佛清淨國土速以平等智趣入十力速與一切如來同住速以大慈力摧破魔軍速斷眾生疑令生歡喜速隨勝解示現神變速以種種妙法言辭淨諸世間。二法印同佛益）佛子此菩薩摩訶薩復得十種法印印一切法（上標下徵）何等為十（次釋文有十句）（勸為五對）一者同去來今一切諸佛平等善根（相慧）二者同諸如來得無邊際智慧法身（同）三者同諸如來住不二法四者同諸如來觀察三世無量境界皆悉平等（二諦）（境智同）五者同諸如來得了達法界無礙境界六者同諸如來成就十力所行無礙（體用同）七者同諸如來永絕二行住無諍法八者同諸如來教化眾生恒不止息（二利）（同）九者同諸如來於智善巧義善巧中能善觀察十者同諸如來與一切佛平等無二（善巧平等同。三以德成人益）佛子若菩薩摩訶薩成就此了知一切世界佛莊嚴大三昧善巧方便門是無師者不由他教自入一切佛法故是丈夫者能開悟一切眾生故是清淨者知心性本淨故是第一者能度脫一切世間故是安慰者能開曉一切眾生故是安住者未住佛種性者令得住故是真實知者入一切智門故是無異想者所言無二故是住法藏者擔願了知一切佛法故是能雨法雨者隨眾生心樂悉令充足故（四智德包含益二初喻）佛子譬如帝釋於頂髻中置摩尼寶以寶力故威光轉盛其釋天王初獲此寶則得十法出過一切三十三天何等為十一者色相二者形體三者示現四者眷屬五者資具六者音聲七者神通八者自在九者慧解十者智用如是十種悉過一切三十三天（合二）菩薩摩訶薩亦復如是初始獲得此三昧時則得十種廣大智藏（總標也合初獲即得）何等為十（合前十事唯八九不次以智雖是一從所知別故）一者照耀一切佛剎智（合色相）二者知一切眾生受生智（合形體）三者普作三世變化智（合示現）四者普入一切佛身智（合眷屬以互為主伴知眷屬故）五者通達一切佛法智（通達佛法為助道資具）六者普攝一切淨法智（普攝淨法則圓音示人）七者普令一切眾生入法身智（皆令入法身是神通）八者現見一切法普眼清淨智（超合慧解）九者一切自在到於彼岸智（却合自在）十者安住一切廣大法普盡無餘智（合智用。五身成超勝益）佛子菩薩摩訶薩住此三昧復得十種最清淨威

德身（上總標下徵釋）何等為十一者為照耀不可說不可說世界故放不可說不可說光明輪（上標所為下出其相餘九倣此）二者為令世界咸清淨故放不可說不可說無量色相光明輪三者為調伏眾生故放不可說不可說光明輪四者為親近一切諸佛故化作不可說不可說身五者為承事供養一切諸佛故雨不可說不可說種種殊妙香華雲六者為承事供養一切佛及調伏一切眾生故於一一毛孔中化作不可說不可說種種音樂七者為成熟眾生故現不可說不可說種種無量自在神變八者為於十方種種名号一切佛所請問法故一步超過不可說不可說世界九者為令一切眾生見聞之者皆不空故現不可說不可說種種無量

清淨色相身無能見頂十者為與眾生開示無量祕密法故發不可說不可說音聲語言（六令佛圓滿益）佛子菩薩摩訶薩得此十種最清淨威德身已能令眾生得十種圓滿（上牒前起後下徵列名相）何等為十一者能令眾生得見於佛二者能令眾生深信於佛三者能令眾生聽聞於法四者能令眾生知有佛世界五者能令眾生見佛神變六者能令眾生念所集業七者能令眾生定心圓滿八者能令眾生入佛清淨九者能令眾生發菩提心十者能令眾生圓滿佛智（七轉作佛事益）佛子菩薩摩訶薩令眾生得十種圓滿已復為眾生作十種佛事（上牒前起後下徵列名相）何等為十所謂以音聲作佛事為成熟眾生故以色形作佛事為調伏眾生故以憶念作佛事

爲清淨衆生故以震動世界作佛事爲令衆生離惡趣故以方便覺悟作佛事爲令衆生不失念故以夢中現相作佛事爲令衆生恒正念故以放大光明作佛事爲普攝取諸衆生故以修菩薩行作佛事爲令衆生住勝願故以成正等覺作佛事爲令衆生知幻法故以轉妙法輪作佛事爲衆説法不失時故以現住壽命作佛事爲調伏一切衆生故以示般涅槃作佛事知諸衆生起疲厭故(三結)佛子是爲菩薩摩訶薩第七了知一切世界佛莊嚴大三昧善巧智(自下入第四十二經)十一

(八一切衆生差別身大三昧文三。初標)懸九 佛子云何爲菩薩摩訶薩一切衆生差別身三昧(ム二釋。吾初明能入智)佛子菩薩摩訶薩住此三昧得十種無所著何者爲十所謂於一切刹無所著於一切方無所著於一切劫無所著於一切衆無所著於一切法無所著於一切菩薩無所著於一切菩薩願無所著於一切三昧無所著於一切佛無所著於一切地無所著是爲十(由得十種無著成後出入自在一切地者佛地菩薩地等ム二顯入出之相。二ㄅ初微起)佛子菩薩摩訶薩於此三昧云何入云何起(ム二釋相二初法略辨十類以表無盡。初諸類正報相對明入出)佛子菩薩摩訶薩於此三昧内身入外身起外身入内身起同身入異身起異身入同身起人身入夜叉身起夜叉身入龍身起龍身入阿脩羅身起阿脩羅身入天身起天身入梵王身起梵王身入欲界身起(二六趣依報明出入)天中入地獄起地獄入人間起人間入餘趣起(三一多相對)千身入一身起一身入千身起那由他身入一身起一身入那由他身起(四明大海相對)閻浮提衆生衆中入西瞿陀尼衆生衆中起西瞿陀尼衆生衆中入北拘盧衆生衆中起北拘盧衆生衆中入東毗提訶衆生衆中起東毗提訶衆生衆中入三天下衆生衆中起三天下衆生衆中入四天下衆生衆中起四天下衆生衆中入一切海差別衆生衆中起一切海差別衆生衆中入一切海神衆中起(五大種事法相對)一切海神衆中入一切海水大中起一切海水大中入一切海地大中起一切海地大中入一切海火大中起一切海火大中入一切海風大中起一切海風大中入一切四大種中起一切四大種中入無生法中起無生法中入妙高山中起妙高山中入七寶山中起七寶山中入一切地種種稼穡樹林黑山中起一切地種種稼穡樹林黑山中入一切妙香華寶莊嚴中起（其無生法衆四大種生便故來。六諸方相對）一切妙香華寶莊嚴中入一切四天下下方上方一切衆生受生中起（七衆數多少相對）一切四天下下方上方一切衆生受生中入小千世界衆生衆中起小千世界衆生衆中入中千世界衆生衆中起中千世界衆生衆中入大千世界衆生衆中起大千世界衆生衆中入百千億那由他三千大千世界衆生衆中起百千億那由他三千大千世界衆生衆中入無數世界衆生衆中起無數世界衆生衆中入無量世界衆生衆中起無量世界衆生衆中入無邊佛刹衆生衆中起無邊佛刹衆生衆中入無等佛刹衆生衆中起無等佛刹衆生衆中入不可數世界衆生衆中起不可數世界衆生衆中入不可稱世界衆生衆中起不可稱世界衆生衆中入不可思世界衆生衆中起不可思世界衆生衆中入不可量世界衆生衆中起不可量世界衆生衆中入不可說世界衆生衆中起不可說世界衆生衆中入不可說不可說世界衆生衆中起（八染淨相對）不可說不可說世界衆生衆中入雜染衆生衆中起雜染衆生衆中入清淨衆生衆中起清淨衆生衆中入雜染衆生衆中起（九諸界相對）眼處入耳處起耳處入眼處起鼻處入舌處起舌處入鼻處起身處入意處起意處入身處起自處入他處起他處入自處起（十雜明諸類相對）一微塵中入無數世界微塵中起無數世界微塵中入一微塵中起聲聞入獨覺起獨覺入聲聞起自身入佛身起佛身入自身起一念入億劫起億劫入一念起同念入別時起別時入同念起前際入後際起後際入前際起前際入中際起中際入前際起三世入刹那起刹那入三世起真如入言說起言說入真如起（謂麤細凡聖念劫真妄等其出入等義如賢首品。二喻顯文有四喻喻前十須各有法合。初鬼力持人喻）佛子譬如有人爲鬼所持其身戰動不能自安鬼不現身令他身然（喻前第一第四多約身故）菩薩摩訶薩住此三昧亦復如是自身入定他身起他身入定自身起（三呪起死屍喻）佛子譬如死屍以呪力故而能起行隨所作事皆得成就屍之與呪雖各差別而能和合成就彼事（喻前第二及與五六多約依報境故）菩薩摩訶薩住此三昧亦復如是同境入定異境起異境入定同

境起（二顯遊現通竟）佛子辟如比立得心自在
或以一身作多身或以多身作一身非
一身沒多身生非多身沒一身生（前第三第七）
（多約數故）菩薩摩訶薩住此三昧亦復如是
一身入定多身起多身入定一身起（四地一前多齊）
佛子辟如大地其味一種所生苗稼種
種味別地雖無差別然味有殊異（前後三門）
（雜明種種故）菩薩摩訶薩住此三昧亦復如是
無所分別然有一種入定多種起多種
入定一種起（前合相映文理自顯△三入定之益三子初得讚同佛果益）佛子
菩薩摩訶薩住此三昧得十種稱讚法
之所稱讚何者為十所謂入真如故名
為如來（上句顯義下句餘名餘九準此）覺一切法故名之為
佛為一切世間所稱讚故名為法師知
一切法故名一切智為一切世間所歸
依故名所依處了達一切法方便故名

為導師引一切眾生入薩婆若道故名
大導師為一切世間燈故名為光明心
志圓滿（明力自利）義利成就（顯力利他）所作皆辦（彰力）
（圓滿）住無礙智（揔顯力體）分別了知一切諸法故（通名）
（力用）名為十力自在通達一切法輪故名
一切見者是為十（二身智光照益）佛子菩薩摩訶
薩住此三昧復得十種光明照耀何者
為十所謂得一切諸佛光明與彼平等
故得一切世界光明普能嚴淨故得一
切眾生光明悉往調伏故得無量無畏
光明法界為場演說故得無差別光明
知一切法無種種性故得方便光明於
一切法離欲際而證入故得真實光明
於一切法離欲際心平等故得徧一切
世間神變光明蒙佛所加恒不息故得
善思惟光明到一切佛自在岸故得一

切法真如光明於一毛孔中善說一切
故是為十（三業用無作益）佛子菩薩摩訶薩住此
三昧復得十種無所作何者為十所謂
身業無所作語業無所作意業無所作
神通無所作了法無性無所作知業不
壞無所作無差別智無所作無生起智
無所作知法無滅無所作隨順於文不
壞於義無所作是為十（四明境界自在二初法）佛子
菩薩摩訶薩住此三昧無量境界種種
差別（前二段但明入起今兼明逆順有無等為種種境界）所謂一入多
起多入一起同入異起異入同起細入
麤起麤入細起大入小起小入大起順
入逆起逆入順起無身入有身起有身
入無身起無相入有相起有相入無相
起（可知）起中入（即用之寂）入中起（即寂之用）如是皆是
此之三昧自在境界（是知菩薩之定常入常起常雙入出常無入出方為）

（自在為顯自在寄諸境界交絡而明ㄙ二喻文有六喻皆自有合。初幻現六境喻）佛子譬如幻師持呪得成能現種種差別形相呪與幻別而能作幻呪唯是聲而能幻作眼識所知種種諸色耳識所知種種諸聲鼻識所知種種諸香舌識所知種種諸味身識所知種種諸觸意識所知種種境界（前喻同異）菩薩摩訶薩住此三昧亦復如是同中入定異中起異中入定同中起（三脩羅寬陿喻）佛子譬如三十三天共阿脩羅鬪戰之時諸天得勝脩羅退衄阿脩羅王其身長大七百由旬四兵圍繞無數千萬以幻術力將諸軍衆同時走入藕絲孔中（前喻麤細小大二對）菩薩摩訶薩亦復如是已善成就諸幻智地幻智即是菩薩菩薩即是幻智是故能於無差別法中入定差別法中起差別法中入定

無差別法中起（若約理事相望則無差別為細差別為麤理細事麤故或無差別為麤攝相入故差別為細別相入故無差則大同法界差則隨事成小若唯約事明大小者並在差別義中所收。三農夫下種喻）佛子譬如農夫田中下種種子在下果生於上（明上下合辨一多文影略耳）菩薩摩訶薩住此三昧亦復如是一中入定多中起多中入定一中起（四受胎生長喻）佛子譬如男女赤白和合或有衆生於中受生爾時名為歌羅邏位從此次第住母胎中滿足十月善業力故一切支分皆得成就諸根不缺心意明了其歌羅邏與彼六根體狀各別以業力故而能令彼次第成就受同異類種種果報（喻上有身無身如彼從無之有故）菩薩摩訶薩亦復如是從一切智歌羅邏位信解願力漸次增長其心廣大任運自在無中入定有中起有中入定無中起（五龍下雲上喻）佛子譬如龍宮依地而立不依

虛空龍依宮住亦不在空而能興雲徧滿空中有人仰視所見宮殿當知皆是乾闥婆城非是龍宮佛子龍雖處下而雲布上（喻有相無相）菩薩摩訶薩住此三昧亦復如是於無相入有相起於有相入無相起（六梵宮普現喻）佛子譬如妙光大梵天王所住之宮名一切世間最勝清淨藏此大宮中普見三千大千世界諸四天下天宮龍宮夜叉宮乾闥婆宮阿脩羅宮迦樓羅宮緊那羅宮摩睺羅伽宮人間住處及三惡道須彌山等種種諸山大海江河陂澤泉源城邑聚落樹林衆寶如是一切種種莊嚴盡大輪圍所有邊際乃至空中微細游塵莫不皆於梵宮顯現如於明鏡見其面像（喻上入中起起中入入又逆順相對故下合云種種體）菩薩摩訶薩住此一切衆生差別

身大三昧知種種剎見種種佛度種種衆證種種法成種種行滿種種解入種種三昧起種種神通得種種智慧住種種剎那際。五總結究竟 佛子此菩薩摩訶薩到十種神通彼岸何者爲十所謂到諸佛盡虛空徧法界神通彼岸到菩薩究竟無差別自在神通彼岸到能發起菩薩廣大行願入如來門佛事神通彼岸到能震動一切世界一切境界悉令清淨神通彼岸到能自在知一切衆生不思議業果皆如幻化神通彼岸到能自在知諸三昧麤細入出差別相神通彼岸到能勇猛入如來境界而於其中發生大願神通彼岸到能化作佛化轉法輪調伏衆生令生佛種令入佛乘速得成就神通彼岸到能了知不可說一切祕密文句而轉法輪令百千億那由他不可說不可說法門皆得清淨神通彼岸到不假晝夜年月劫數一念悉能三世示現神通彼岸是爲十。三結 佛子是名菩薩摩訶薩第八一切衆生差別身大三昧善巧智。△九法界自在大三昧三。初標 佛子云何爲菩薩摩訶薩法界自在三昧。△二釋四。初顯定體用三。初總顯名體 佛子此菩薩摩訶薩於自眼處乃至意處入三昧名法界自在。謂於根等法界得自在。△二彰入定處 菩薩於自身一一毛孔中入此三昧。謂於毛孔中入眼等定顯互用自在故。△三明定功用四。初了三世間 自然能知諸世間知諸世間法知諸世界知億那由他世界知阿僧祇世界知不可說佛剎微塵數世界見一切世界中有佛出興菩薩衆會悉皆充滿光明清淨淳善無雜廣大莊嚴種種衆寶以爲嚴飾。二多劫修行 菩薩於彼或一劫百劫千劫億劫百千億那由他劫無數劫無量劫無邊劫無等劫不可數劫不可稱劫不可思劫不可量劫不可說劫不可說不可說劫不可說不可說佛剎微塵數劫修菩薩行常不休息。三出入無礙 又於如是無量劫中住此三昧亦入亦起亦成就世界亦調伏衆生亦徧了法界亦普知三世亦演說諸法亦現大神通種種方便無著無礙。四結成自在 以於法界得自在故善分別眼善分別耳善分別鼻善分別舌善分別身善分別意如是種種差別不同悉善分別盡其邊際。此有二義一於理法界自在故善能分別眼等十八界二善分別眼等十八界即是事法界自在此二無礙及事事無礙故云如是種種皆橫盡其邊豎窮其際。△二明定成益。益有十種。初生多功德益 菩薩如是善知見已能生起十千億陀羅尼法光明成就十千億清淨行獲得十千億諸根圓滿十千億神通能入十千億三昧成就十千億神力長養十千億諸力圓滿十千億深心運動十千億力持示現十千億神變具足十千億菩薩無礙圓滿十千億菩薩助道積集十千億菩薩藏照明十千億菩薩方便演說十千億諸義成就十千億諸願出生十千億迴向淨治十千億菩薩正位明了十千億法門開示十千億演說修治十千億菩薩清淨（有二十一句，各十千億。ム二具無盡德，並隨前一事皆至無盡故。於中二十句：初十句所具之多）佛子菩薩摩訶薩復有無數功德無量功德無邊功德無等功德不可數功德不可稱功德不可思功德不可量功德不可說功德無盡功德。（後十句狀具之相）佛子此菩薩於如是功德皆已辦具皆已積集皆已莊嚴皆已清淨（清淨者除垢故）皆已瑩徹（瑩徹者發本智光故）皆已攝受皆能出生皆可稱歎皆得堅固皆已成就（ム三諸佛攝受益三。初明攝受）佛子菩薩摩訶薩住此三昧為東方十千阿僧祇佛剎微塵數名号諸佛之所攝受一一名号復有十千阿僧祇佛剎微塵數佛各各差別如東方南西北方四維上下亦復如是（ム二現身說法）彼諸佛悉現其前為現諸佛清淨剎為說諸佛無量身為說諸佛難思眼為說諸佛無量耳為說諸佛清淨鼻為說諸佛清淨舌為說諸佛無住心為說如來無上神通（ム三令其修證）令修如來無上菩提令得如來清淨音聲開示如來不退法輪顯示如來無邊眾會令入如來無邊祕密讚歎如來一切善根令入如來平等之法宣說如來三世種性示現如來無量色相闡揚如來護念之法演暢如來微妙法音辯明一切諸佛世界宣揚一切諸佛三昧示現諸佛眾會次第護持諸佛不思議法說一切法猶如幻化明諸法性無有動轉開示一切無上法輪讚美如來無量功德令入一切諸三昧雲令知其心如幻如化無邊無盡（ム四諸佛護念益）佛子菩薩摩訶薩住此法界自在三昧時彼十方各十千阿僧祇佛剎微塵數名号如來一一名中各有十千阿僧祇佛剎微塵數佛同時護念令此菩薩得無邊身令此菩薩得無礙心令此菩薩於一切法得無忘念令此菩薩於一切法得決定慧令此菩薩轉更聰敏於一切法皆能領受令此菩薩於一切法悉能明了令此菩薩諸根猛利於神通法悉得善巧令此菩薩境界無礙周行法界恒不休息令此菩薩得無礙智畢竟清淨令此菩薩以神通力一切世界示現成佛攝受攝之屬佛護念即佛力來加。五得十海深廣益佛子菩薩摩訶薩住此三昧得十種海何者爲十所謂得諸佛海咸覩見故得衆生海悉調伏故得諸法海能以智慧悉了知故得諸刹海以無性無作神通皆往詣故得功德海一切修行悉圓滿故得神通海能廣示現令開悟故得諸根海種種不同悉善知故得諸心海知一切衆生種種差別無量心故得諸行海能以願力悉圓滿故得諸願海悉使成就永清淨故。六得殊勝超絶益佛子菩薩摩訶薩得如是十種海已復得十種殊勝何等爲十一者於一切衆生中最爲第一二者於一切諸天中最爲殊特三者於一切梵王中最極自在四者於諸世間無所染著五者一切世間無能映蔽六者一切諸魔不能惑亂七者普入諸趣無所罣礙八者處處受生知不堅固九者一切佛法皆得自在十者一切神通悉能示現

大方廣佛華嚴經疏卷第六十九 邀九 二十六末

大方廣佛華嚴經疏卷第七十（入第四十二經下半）　還十

清涼山沙門 澄觀 述　晉水沙門 淨源 錄疏注經

（七得諸力幹能益。二初列十力）佛子菩薩摩訶薩得如是十種殊勝已，復得十種力，於衆生界修習諸行。何等為十？一謂勇健力，調伏世間故；二謂精進力，恒不退轉故；三謂無著力，離諸垢染故；四謂寂靜力，於一切法無諍論故；五謂逆順力，於一切法心自在故；六謂法性力，於諸義中得自在故；七謂無礙力，智慧廣大故；八謂無畏力，能說諸法故；九謂辯才力，能持諸法故；十謂開示力，智慧無邊故。（二明其勝）佛子此十種力是廣大力、最勝力、無能摧伏力、無量力、善集力、不動力、堅固力、智慧力、成就力、勝定力、清淨力、極清淨力、法身力、法光明力、法燈力、法門力、無能壞力、極勇猛力、大丈夫力、善丈夫修習力、成正覺力、過去積集善根力、安住無量善根力、住如來力力、心思惟力、增長菩薩歡喜力、出生菩薩淨信力、增長菩薩勇猛力、菩提心所生力、菩薩清淨深心力、菩薩殊勝深心力、菩薩善根熏習力、究竟諸法力、無障礙身力、入方便善巧法門力、清淨妙法力、安住大勢一切世間不能傾動力、一切衆生無能映蔽力。（隨前一一力皆具此三十八力。八結能圓滿益）佛子此菩薩摩訶薩於如是無量功德法，能生、能成就、能圓滿、能照明、能具足、能徧具足、能廣大、能堅固、能增長、能淨治、能徧淨治。（九自德無邊故他不能說益）此菩薩功德邊際、智慧邊際、修行邊際、法門邊際、自在邊際、苦行邊際、成就邊際、清淨邊際、出離邊際、法自在邊際，無能說者。此菩薩所獲得、所成就、所趣入、所現前、所有境界、所有觀察、所有證入、所有清淨、所有了知、所有建立一切法門，於不可說劫無能說盡。（十明三昧無邊目無不了益）佛子菩薩摩訶薩住此三昧，能了知無數、無量、無邊、無等、不可數、不可稱、不可思、不可量、不可說、不可說不可說一切三昧。（上十段中前七別明，後三總結。三以喻寄顯，正顯前體用及益，亦明前所未顯，故不全似上文。文中有二，初總舉喻體）彼一一三昧所有境界無量廣大，於境界中若入、若起、若住，所有相狀、所有示現、所有行處、所有等流、所有自性、所有除滅、所有出離，如是一切靡不明見。（此之一段有十三喻，文雖不全，意中含喻，下合方見，文兼不次。二對喻別合，有十三門，各先喻後合。初合流沙入海喻，二：初總明）佛子辟如無熱惱大龍王宮流出四河，無濁無雜，無有垢穢，光色清淨，猶如虛空。其池四面各有一口一一口中流出一河於象口中出恒伽河師子口中出私陀河於牛口中出信度河於馬口中出縛芻河其四大河流出之時恒伽河口流出銀沙私陀河口出金剛沙信度河口流出金沙縛芻河口出瑠璃沙恒伽河口作白銀色私陀河口作金剛色信度河口作黃金色縛芻河口作瑠璃色一一河口廣一由旬其四大河既流出已各共圍繞大池七帀隨其方面四向分流澒涌奔馳入於大海其河旋繞一一之間有天寶所成優鉢羅華波頭摩華拘物頭華芬陀利華奇香發越妙色清淨種種華葉種種臺蘂悉是眾寶自然映徹咸放光明互相照現其無熱池周圍廣大五十由旬眾寶妙沙徧布其底種種摩尼以為嚴飾無量妙寶莊嚴其岸栴檀妙香普散其中優鉢羅華波頭摩華拘物頭華芬陀利華及餘寶華皆悉徧滿微風吹動香氣遠徹華林寶樹周帀圍繞日光出時普皆照明池河內外一切眾物接影連輝成光明網如是眾物若遠若近若高若下若廣若陿若麁若細乃至極小一沙一塵悉是妙寶光明鑒徹靡不於中日輪影現亦復展轉更相現影如是眾影不增不減非合非散皆如本質而得明見佛子如無熱大池於四口中流出四河入於大海菩薩摩訶薩亦復如是從四辯才流出諸行究竟入於一切智海（喻合雖舉四河意在四口出沙故下第九別明四河。二別明）如恒伽大河從銀色象口流出銀沙菩薩摩訶薩亦復如是以義辯才說一切如來所說一切義門出生一切清淨白法究竟入於無礙智海如私陀大河從金剛色師子口流出金剛沙菩薩摩訶薩亦復如是以法辯才為一切眾生說佛金剛句引出金剛智究竟入於無礙智海如信度大河從金色牛口流出金沙菩薩摩訶薩亦復如是以訓辭辯說隨順世間緣起方便開悟眾生令皆歡喜調伏成熟究竟入於緣起方便海如縛芻大河於瑠璃色馬口流出瑠璃沙菩薩摩訶薩亦復如是以無盡辯雨百千億那由他不可說法令其聞者皆得潤洽究竟入於諸佛法海（四辯即喻四口所說即喻四沙若開四辯摠別為五則有十七門。三合遶池入海喻二。初喻）如四大河隨順圍遶無熱池已四方入海（三合二。初合遶池）菩薩摩訶薩亦復如是成就隨順身業隨順語業隨順意業成就智為前導身業智為前導語業智為前導意業四方流注究竟入於一切智海菩提心智名之為池三業隨順智慧即為遶義。二合其四方佛子何者名為菩薩四方佛子所謂見一切佛而得開悟聞一切法受持不忘圓滿一切波羅蜜行大悲說法滿足衆生。三合池間寶華喻如四大河圍遶大池於其中間優鉢羅華波頭摩華拘物頭華芬陀利華皆悉徧滿菩薩摩訶薩亦復如是於菩提心中間不捨衆生說法調伏悉令圓滿無量三昧見佛國土莊嚴清淨說法有開敷之義三昧有感果之能莊嚴清淨皆華上之別義。四合寶樹遶池喻如無熱大池寶樹圍遶菩薩摩訶薩亦復如是現佛國土莊嚴圍遶令諸衆生趣向菩提。五合大池清淨喻如無熱大池其中縱廣五十由旬清淨無濁菩薩摩訶薩亦復如是菩

提之心其量無邊善根充滿清淨無濁即是池體。六合栴檀香岸喻如無熱大池以無量寶莊嚴其岸散栴檀香徧滿其中菩薩摩訶薩亦復如是以百千億十種智寶嚴菩提心大願之岸普散一切衆善妙香十種智寶約有二義一即離世間品中十種如實智二即他心等十種智也。七合底布金寶喻如無熱大池底布金沙種種摩尼間錯莊嚴菩薩摩訶薩亦復如是微妙智慧周徧觀察不可思議妙智合金沙菩薩解脫種種法寶間錯莊嚴解脫合摩尼得一切法無礙光明合二種寶所放之光住於一切諸佛所住入於一切甚深方便合布其底。八合龍王無惱喻如阿那婆達多龍王永離龍中所有熱惱菩薩摩訶薩亦復如是永離一切世間憂惱雖現受生而無染著即合池名名因龍得故。九合四河潤澤喻如四大河潤澤一切閻浮提地既潤澤已入於大海菩薩摩

訶薩亦復如是以四智河潤澤天人沙門婆羅門令其普入阿耨多羅三藐三菩提智慧大海以四種力而為莊嚴何者為四一者願智河救護調伏一切衆生常不休息二者波羅蜜智河修菩提行饒益衆生去來今世相續無盡究竟入於諸佛智海三者菩薩三昧智河無數三昧以為莊嚴見一切佛入諸佛海四者大悲智河大慈自在普救衆生方便攝取無有休息修行祕密功德之門究竟入於十力大海十合四河無盡喻如四大河從無熱池既流出已究竟無盡入於大海菩薩摩訶薩亦復如是以大願力修菩薩行自在知見無有窮盡究竟入於一切智海。十一合入海無障喻如四大河入於大海無能為礙令不入者菩薩摩訶薩亦復如

是常勤修習普賢行願成就一切智慧光明住於一切佛菩提法入如來智無有障礙。十二合入海無厭喻如四大河奔流入海經於累劫亦無疲厭菩薩摩訶薩亦復如是以普賢行願盡未來劫修菩薩行入如來海不生疲厭上之十喻皆以菩薩而為合初十三衆寶交影喻二。初喻佛子如日光出時無熱池中金沙銀沙金剛沙瑠璃沙及餘一切種種寶物皆有日影於中顯現其金沙等一切寶物亦各展轉而現其影互相鑒徹無所妨礙上二合三初正合菩薩摩訶薩亦復如是住此三昧於自身一一毛孔中悉現不可說不可說佛刹微塵數諸佛如來亦見彼佛所有國土道場衆會一一佛所聽法受持信解供養各經不可說不可說億那由他劫而不想念時節長短其諸衆會亦無迫隘。二微釋涉入所由何以故以微妙心入無邊法界故入無等差別業果故入不思議三昧境界故入不思議思惟境界故入一切佛自在境界故得一切佛所護念故得一切佛大神變故得諸如來難得難知十種力故入普賢菩薩行圓滿境界故得一切佛無勞倦神通力故四揔結雙行謂權實定散無障礙故文三。初法佛子菩薩摩訶薩雖能於定一念入出而亦不廢長時在定亦無所著雖於境界無所依住而亦不捨一切所緣雖善入刹那際而為利益一切衆生現佛神通無有厭足雖等入法界而不得其邊雖無所住無有處所而恒趣入一切智道以變化力普入無量衆生衆中具足莊嚴一切世界雖離世間顛倒分別超過一切分別之地亦不捨於種種諸相雖能具足方便善巧而究竟清淨雖不分別菩薩諸地而皆已善入即寂而用。二喻佛子辟如虛空雖能容受一切諸物而離有無。三合菩薩摩訶薩亦復如是雖普入一切世間而離世間想雖勤度一切衆生而離衆生想雖深知一切法而離諸法想雖樂見一切佛而離諸佛想雖善入種種三昧而知一切法自性皆如無所染著雖以無邊辯才演無盡法句而心恒住離文字法雖樂觀察無言說法而恒示現清淨音聲雖住一切離言法際而恒示現種種色相雖教化衆生而知一切法畢竟性空雖勤修大悲度脫衆生而知衆生界無盡無散雖了達法界常住不變而以三輪調伏衆生恒不休息雖常安住如來所住而智慧清淨心無怖畏分別演說種種諸法轉於法輪常不休息（上二段中即用而寂對前法中文顯略耳）（三結）佛子是為菩薩摩訶薩第九法界自在大三昧善巧智（自下入第四十三卷經第十無礙輪大三昧文亦分三。初標）佛子云何為菩薩摩訶薩無礙輪三昧（二釋三初明入時方便文有二十二句兼顯定名即分為二。初十一句因用無礙是無礙義）佛子菩薩摩訶薩入此三昧時住無礙身業無礙語業無礙意業（即此無礙無所不摧亦即輪義上三是三業無礙）住無礙佛國土（器世間無礙）得無礙成就衆生智（衆生世間無礙）獲無礙調伏衆生智放無礙光明現無礙光明網示無礙廣大變化轉無礙清淨法輪得菩薩無礙自在（皆智正覺無礙。二有十句住果圓滿即是輪義）普入諸佛力普住諸佛智（智通權實故云普住）作佛所作（作利樂事）淨佛所淨（淨二障種）現佛神通令佛歡喜行如來行（行如來行即智契佛境）住如來道常得親近無量諸佛

作諸佛事紹諸佛種（二明入已智用四初攝佛功德即攝如來二十一種殊勝功德以此位中德等佛故其間或全同佛相或有約因相似而次第無差於中三。初總明妙悟皆滿十句）佛子菩薩摩訶薩住此三昧已（上句標滿時餘九顯滿之相然一切智若對種智即是根本智若直語佛智則通權實今此顯通於中初三句始觀）觀一切智（標也云何觀有二種）總觀一切智（一總觀謂權實齊觀故）別觀一切智（二別觀此是實此是權權中有多差別皆審照了故次三句隨順）隨順一切智（標也）顯示一切智（云何隨順由前總觀故須隨順顯示）攀緣一切智（由前別觀故各各攀緣後三句終契）見一切智總見一切智別見一切智（釋同前觀但由前察今證見分明。二別明二十一種功德分二十段後二合故今初第一明二行永絕即於所知一向無障轉功德然有二義一謂非如二乘有無智故二不同凡夫現行生死起諸雜染不同二乘現行涅槃棄利樂事世尊無彼今此等覺菩薩亦無文中廣顯利樂即不同二乘皆與智俱即不同凡夫就文分二初總明大用常恆二初法說。二初正明。二初明行體）於普賢菩薩廣大願廣大心廣大行廣大所趣廣大所入廣大光明廣大出現廣大護念廣大變化廣大道（二辨常恆）不斷不退無休無替無倦無捨無散

無亂常增進恒相續（三徵釋二初徵）何以故（徵意云何以得此智滿行常。二釋）此菩薩摩訶薩於諸法中成就大願發行大乘入於佛法大方便海以勝願力於諸菩薩所行之行智慧明照皆得善巧具足菩薩神通變化善能護念一切衆生如去來今一切諸佛之所護念於諸衆生恒起大悲成就如來不變異法（釋意云願行善成智慧善巧故。二喻顯四。初喻）佛子譬如有人以摩尼寶置色衣中（即總喻菩薩心智置佛智中）其摩尼寶雖同衣色（喻前智滿十句故合云觀一切智等）不捨自性（喻前行常十句。二合）菩薩摩訶薩亦復如是成就智慧以為心寶觀一切智普皆明現然不捨於菩薩諸行（如喻辨。三徵）何以故（徵意云何得以能滿之智而不斷行耶。二釋云。初法說）菩薩摩訶薩發大誓願利益一切衆生度脫一切衆生承事一切諸佛嚴淨一切世界安慰衆

生深入法海為淨衆生界現大自在給施衆生普照世間入於無邊幻化法門不退不轉無疲無厭（意云菩薩無障礙願法無窮故窮盡生界益無疲故。二轉以喻況，於中三喻皆喻菩薩利生無厭各有法合。初虛空持刹喻）佛子譬如虛空持衆世界若成若住無厭無倦無羸無朽無散無壞無變無異無有差別不捨自性何以故虛空自性法應爾故（喻大願法爾是故無猒）菩薩摩訶薩亦復如是立無量大願度一切衆生心無猒倦（二涅槃普滅喻）佛子譬如涅槃去來現在無量衆生於中滅度終無猒倦何以故一切諸法本性清淨是謂涅槃云何於中而有猒倦（喻為淨衆生是故無猒）菩薩摩訶薩亦復如是為欲度脫一切衆生皆令出離而現於世云何而起疲猒之心（上二喻悲三佛智普成喻）佛子如薩婆若能令過去未來現在一切菩薩於

諸佛家已現當生乃至令成無上菩提終無疲猒何以故一切智與法界無二故於一切法無所著故（喻能所不二是故無厭）菩薩摩訶薩亦復如是其心平等住一切智云何而有疲猒之心（此一喻智既非愛見之悲何有猒乎。三別顯一用二。初明依果殊勝二。初明相嚴）佛子此菩薩摩訶薩有一蓮華其華廣大盡十方際（過前十地故窮十方際）以不可說葉不可說寶不可說香而為莊嚴其不可說寶復各示現種種衆寶清淨妙好極善安住其華常放衆色光明普照十方一切世界無所障礙真金為網彌覆其上寶鐸徐搖出微妙音其音演暢一切智法（二辨德嚴）此大蓮華具足如來清淨莊嚴一切善根之所生起吉祥為表神力所現有十千阿僧祇清淨功德菩薩妙道之所成就一切智心之所

流出十方佛影於中顯現世間瞻仰猶如佛塔衆生見者無不禮敬從能了幻正法所生一切世間不可為喻（自內而觀量周法界自外而觀許衆生見斯乃即小之大也。二正報自在二。初身量大小）菩薩摩訶薩於此華上結加趺坐其身大小與華相稱（二佛加放光）一切諸佛神力所加令菩薩身一一毛孔各出百萬億那由他不可說佛刹微塵數光明一一光明現百萬億那由他不可說佛刹微塵數摩尼寶其寶皆名普光明藏種種色相以為莊嚴無量功德之所成就衆寶及華以為羅網彌覆其上散百千億那由他殊勝妙香無量色相種種莊嚴復現不思議寶莊嚴蓋以覆其上一一摩尼寶悉現百萬億那由他不可說佛刹微塵數樓閣一一樓閣現百萬億那由他不可說佛

剎微塵數蓮華藏師子之座一一師子座現百萬億那由他不可說佛剎微塵數光明一一光明現百萬億那由他不可說佛剎微塵數色相一一色相現百萬億那由他不可說佛剎微塵數光明輪一一光明輪現百萬億那由他不可說佛剎微塵數毗盧遮那摩尼寶華一一華現百萬億那由他不可說佛剎微塵數臺一一臺現百萬億那由他不可說佛剎微塵數佛一一佛現百萬億那由他不可說佛剎微塵數神變一一神變淨百萬億那由他不可說佛剎微塵數衆生衆一一衆生衆中現百萬億那由他不可說佛剎微塵數諸佛自在一一自在雨百萬億那由他不可說佛剎微塵數佛法一一佛法有百萬億那由

他不可說佛剎微塵數修多羅一一修多羅說百萬億那由他不可說佛剎微塵數法門一一法門有百萬億那由他不可說佛剎微塵數金剛智所入法輪差別言辭各別演說一一法輪成熟百萬億那由他不可說佛剎微塵數衆生界一一衆生界有百萬億那由他不可說佛剎微塵數衆生於佛法中而得調伏有二十重後後重中皆倍前前百萬億那由他不可說佛剎微塵數倍則數難量矣。二達無相法德即同諸如來於最清淨真如能入功德。二合初結前生後 佛子菩薩摩訶薩住此三昧示現如是神通境界無量變化悉知如幻而不染著由達無相是故不染。三正顯安住即是入義 安住無邊謂此真如非有非無故云無邊定有定無即是邊故 不可說法自性清淨即離言真如 法界實相即真如異名 如來種性諸佛以無性真如而為性故出現品云皆同一性所謂無性法華云知法常無性佛種從緣生 無礙際中亦真如異名 無去無來非先非

後甚深無底重顯真如即是中道故深無底 現量所得以智自入不由他悟心不迷亂亦無分別別明能入之義。三明住於佛住德 為去來今一切諸佛之所稱讚謂心無功用常住聖天梵住故上三世佛讚文通前後二段 從諸佛力之所流出入於一切諸佛境界體性如實正顯其義謂入一切佛境即聖天等所住境也 淨眼現證慧眼普見成就佛眼為世明燈行於智眼所知境界廣能開示微妙法門明其住相十眼圓明而安住故文有五眼餘但義含。四明得佛平等德 成菩提心趣勝丈夫於諸境界無有障礙入智種性出生諸智謂佛佛相望有三平等故文即為三。上明所依平等諸佛皆依清淨智故始發菩提心終成種智出生智用皆所依也 離世生法而現受生次明意樂平等同以調生為意樂故 神通變化方便調伏如是一切無非善巧後作業平等同作受用變化業故。五明到無障礙德 功德解欲悉皆清淨最極微妙具足圓滿智慧廣大猶如虛空善能觀察衆聖境界以修一切障對

（治故福智皆淨離於二障上四句初二句功德次二句智慧各上句清淨下句德滿）信行願力堅固不動功德無盡世所稱歎（重顯功德）於一切佛所觀之藏大菩提處一切智海集衆妙寶為大智者猶如蓮華自性清淨衆生見者皆生歡喜咸得利益智光普照見無量佛淨一切法（重顯智慧六明不可轉法德）所行寂靜於諸佛法究竟無礙（謂教證二法他不能轉上二句略標教證謂寂靜證也諸佛法教也）恒以方便住佛菩提功德行中而得出生具菩薩智為菩薩首一切諸佛共所護念得佛威神成佛法身（別顯教道十七）念力難思於境一緣而無所緣其行廣大無相無礙等于法界無量無邊所證菩提猶如虛空無有邊際無所縛著（重顯證道說如空無著等他安能轉十八所行無礙德）於諸世間普作饒益一切智海善根所流悉能通達無量境界已善成就清淨施法（謂畢於世間作利樂事世間入法不能礙故）住菩薩心淨菩薩種能隨順生諸佛菩提於諸佛法皆得善巧具微妙行成堅固力（住菩薩心成堅固力等即不礙之因。八明立不忍礙德）一切諸佛自在威神衆生難聞菩薩悉知（謂安立正法凡愚不能思故揀顯一切教法皆是如來威力之所建立菩薩能知反顯凡夫不忍）入不二門住無相法雖復永捨一切諸相而能廣說種種諸法隨諸衆生心樂欲解悉使調伏咸令歡喜（別顯安立難思之相謂依無相而廣說故隨諸衆生欲解之多端故並難思。九普見三世德）法界為身無有分別智慧境界不可窮盡志常勇猛心恒平等見一切佛功德邊際了一切劫差別次第（以身心等於法界故於三世事記別無盡。十身恒充滿一切國土德）開示一切法安住一切刹嚴淨一切諸佛國土顯現一切正法光明演去來今一切佛法示諸菩薩所住之處為世明燈生諸善根永離世間常生佛所（謂聞法故示現受用變化之身偏諸世界而為利樂。十一智恒明達一切諸法德）得佛智慧明了第一一切諸佛皆共攝受已入未來諸佛之數從諸善友而得出生所有志求皆無不果（謂於境善決能斷他疑故。十二了一切行德）具大威德住增上意隨所聽聞咸能善說（謂具增上意樂能了有情意樂住行如其所應而為現身即有威德。十三除一切疑德）亦為開示聞法善根住實際輪於一切法心無障礙不捨諸行離諸分別（謂聞人言其全無少分善根令能開示令知當生如來妙智故心不障礙。十四明無能測身德然有二義）於一切法心無動念得智慧明滅諸癡闇悉能明照一切佛法（一其身非虛妄分別所起無煩惱業生離染故不可測）不壞諸有而生其中了知一切諸有境界從本已來無有動作身語意業皆悉無邊（二其身雖無分別如摩尼珠然由佛增上及衆生勝解力見金色等而佛無有分別。十五明一切菩薩平等所求智德）雖隨世俗演說種種無量文字而恒不壞離文字法深入佛海知一切法但有假名於諸境界無繫無著（謂菩薩以無量文字調伏有情要依佛所聞法為先獲博妙智故諸菩薩等皆求也。十六到佛無二究竟彼岸德）了一切法空無所有所修諸行從法界生（謂了一切法空法界等即佛無二法身依此法身修波羅蜜多等行而得圓滿為從法界生。十七明具足如來平等解脫德）猶如虛空無相無形深入法界（謂一一如來所現身土皆徧法界猶如虛空無相無形不相障礙而不相雜隨其化緣現各別故故次云）隨順演說於一境門生一切智（謂各順一一境故。十八證無中邊佛平等地德）觀十力地以智修學智為橋梁（謂三種佛身平等徧滿無有中邊之異智為橋梁即通變化）至薩婆若（即自受用）以智慧眼見法無礙（即是法身）善入諸地（即佛十地。十九盡於法界德）知種種義一一法門悉得明了（謂此法界最清淨故能起等流契經等法極此法界於當來世作諸有情隨應利樂今文但有所起略無能起。二十即等虛空界窮未來際德）所有大願靡不成就（無有盡故方云成就。上來略辨若廣引諸論如升兜率品。二顯德勝能二。初德明）佛子菩薩摩訶薩以此開示一切如來無差別性（先總。謂開此會事之德開示佛平等性者同有二十一種功德故）此是無礙方便之

門此能出生菩薩衆會此法唯是三昧境界此能勇進入薩婆若此能開顯諸三昧門此能無礙普入諸剎此能調伏一切衆生此能住於無衆生際此能開示一切佛法此於境界皆無所得（總歎前德。二別顯）雖一切時演說開示而恒遠離妄想分別雖知諸法皆無所作而能示現一切作業雖知諸佛無有二相而能顯示一切諸佛雖知無色而演說諸色雖知無受而演說諸受雖知無想而演說諸想雖知無行而演說諸行雖知無識而演說諸識恒以法輪開示一切雖知法無生而常轉法輪雖知法無差別而說諸差別門雖知諸法無有生滅而說一切生滅之相雖知諸法無麤無細而說諸法麤細之相雖知諸法無上中下而能

宣說最上之法雖知諸法不可言說而能演說清淨言辭雖知諸法無內無外而說一切內外諸法雖知諸法不可了知而說種種智慧觀察雖知諸法無有真實而說出離真實之道雖知諸法畢竟無盡而能演說盡諸有漏雖知諸法無違無諍然亦不無自他差別雖知諸法畢竟無師而常尊敬一切師長雖知諸法不由他悟而常尊敬諸善知識雖知法無轉而轉法輪雖知法無起而示諸因緣雖知諸法無有前際而廣說過去雖知諸法無有後際而廣說未來雖知諸法無有中際而廣說現在雖知諸法無有作者而說諸作業雖知諸法無有因緣而說諸集因雖知諸法無有等比而說平等不平等道雖知諸法無有

言說而決定說三世之法雖知諸法無有所依而說依善法而得出離雖知法無身而廣說法身雖知三世諸佛無邊而能演說唯有一佛雖知法無色而現種種色雖知法無見而廣說諸見雖知法無相而說種種相雖知諸法無有境界而廣宣說智慧境界雖知諸法無有差別而說行果種種差別雖知諸法無有出離而說清淨諸出離行雖知諸法本來常住而說一切諸流轉法雖知諸法無有照明而恒廣說照明之法餘九不言且廣初無礙之義自有四十一句初句有不礙無以有示無之有故後四十句明無不礙有以無是有之無故又前是二而不二後是不二而二及寂用相即等知

大方廣佛華嚴經疏卷第七十　　遬十

大方廣佛華嚴經疏卷第七十一　一　入第四十三經下卷

清涼山沙門　澄觀　述
晉水沙門　淨源　錄疏注經

△二證入諸法用文四初明證入十句

佛子菩薩摩訶薩入如是大威德三昧智輪

初句明能證之定三昧智輪尚順梵語若正應云智輪三昧因定最勝名大威德次顯所證法謂證佛果法初總明

則能證得一切佛法

無爲果爲證有爲果曰得餘八句別

則能趣入一切佛法

趣入釋證

則能成就

成就釋得

則能圓滿

圓滿通二

則能積集

積集約因圓　二

則能清淨

清淨謂障盡

則能安住

定能安住

則能了達

慧能了達

與一切法自性相應

定慧兩亡則自性相應爲證入也

△二明離證相

而此菩薩摩訶薩不作是念至若干趣向若干境界

以無念方證故尚不念無礙慧境況所證法有若干耶△三徵

何以故

徵意有三一何以證而無念耶二何以一定得多果耶三何以因定得果法耶△四釋二初略別釋答前三徵

菩薩三昧如是體性

一體性離念故

如是無邊

二定體雖一用無邊故

如是殊勝故　三

三以殊勝故因得果法△二廣以通釋謂文廣義通通明上三句於中分二初總標

此三昧種種境界

境是定之所緣

種種威力

威力是定之用

種種深入

深入是定證契三皆定體皆言種種故上云無邊具三又多故云殊勝△二別顯

所謂

有二十八句句句皆有上之三義

入不可說智門

入即前深入義不可說者即無邊義智門既境界義知智在說說爲智門餘句或有闕無邊義蓋文略耳

入離分別諸莊嚴

入功德智慧不二之莊嚴

入無邊殊勝波羅蜜至那由他不可說廣大智

四

可知
入見無邊佛勝妙藏
入不空如來藏
入於境界不休息
悲智之境觀度無休
入清淨信解助道法至入知一切諸
佛心
△三普德無盡四初正顯無盡
佛子此菩薩摩訶薩至及佛境界莊
嚴前際
謂非唯上列諸用又能念念入多
三昧亦不能盡
△二徵
何以故
徵意云既念念入多何以不盡△
三釋文有十句
知一切法究竟無盡故
釋意云此三昧緣境究竟無盡故
上總下別
知一切佛刹無邊故至知一切幻心
所緣法無量故
△四喻況於中有其三喻喻前無
盡各有喻合前二合中復加徵釋

五

初如意隨求喻
佛子如如意珠隨有所求至而珠勢
力終不匱止
喻定心隨應出法無盡
菩薩摩訶薩亦復如是至不匱不息
何以故
徵意云何以出法不盡不匱息耶
菩薩摩訶薩成就普賢至猶如影像
無增減故
釋意云了多幻境皆同影像緣至
則生何有盡耶體無增減何有匱
息耶△二生心各別喻
佛子譬如凡夫各別生心至相續不
絕不可思議
喻緣境無盡
菩薩摩訶薩亦復如是至普幻門無
量法故
△三龍王附降喻二初喻
佛子譬如難陀跋難陀至此是諸龍
無作境界
喻入法無盡△三合三初正明入
法
菩薩摩訶薩亦復如是

六

合滴如車軸謂入廣大法故
住此三昧入普賢菩薩諸三昧門
初句總餘句別
智門法門見諸佛門至不可說廣大
幻網門
幻網者一切皆幻互爲緣起相交
映故
知不可說不可說差別至有體性無
體性世界門
世界性空是故無體隨緣染淨是
故有體又法性土故有體事土從
緣故無體又淨刹順理故有體染
刹妄成故無體
知不可說不可說衆生想門至覆住
仰住諸佛刹門
皆云門者自他游入故△二入法
時分
於一念中皆如實知
合前降雨之時△三入時相用合
前無邊無盡無作境界於中三初
十句明其相狀
如是入時無有邊際無有窮盡
合云無邊雨無盡次合無作境無

七

作即無功用故
不疲不厭
身不疲心不厭
不斷不息
不求斷不暫息
無退無失
謂未入常入故不退已入永常故
不失
於諸法中不住非處
無法所入所門故不住非處
恒正思惟
無心不契故
不沈不舉
正是入相△二明其業用
求一切智常無退捨至色相身無有
斷絶
隨入一一門皆有斯業門門即不
可盡△三徵釋所由二初徵
何以故
徵意有二一云菩薩豈無行滿成
佛何以業用無際限耶二云設橫
顯無盡可爾何以一一門中用即
無盡△二釋亦二一云菩薩本爲

八

衆生生無盡故用亦無盡二釋後
意云生及世界即如虚空故隨一
門即用無盡如芥子中空由此不
但一門成多一念亦能成多事矣
文三初喻
譬如然火隨所有緣於爾所時火起
不息
火隨薪緣薪多火在喻菩薩生界
緣廣用無有涯
△二合
菩薩摩訶薩亦復如是至一切衆生
悉使無餘
△三轉徵釋
何以故
徵意云菩薩何以起多業用
此菩薩摩訶薩爲欲度脫至滿足普
賢所有行願
釋意云爲普度生滿普願故△四
結示勸修二初結勸勤修謂此菩
薩心窮生界定用無涯故應修習
文二初舉所修之法
是故諸菩薩
此五字該下二段其所修法有十

九

一句前之十句別明無礙輪之業
用於中倒牒前來諸文
應於如是種類
業用非一故如合龍喻中入法衆
多是種類義
如是境界
即定所緣如前妄念緣境喻
如是威德
即通顯定用如前寶珠能出生喻
如是廣大
此上三種皆悉廣大一一無涯如
前不見三昧前際故
如是無量
數不可極如前入不可說智門等
既無邊故
如是不思議
并絶心言如前不作是念有若干
菩薩等故
如是普照明
皆與智俱如前雖知諸法無作而
能示現一切作業是權實明照故
如是一切諸佛現前住
體用齊於佛境則諸佛現前如前

十

觀十力地至薩婆若故
如是一切如來所護念
如來護念如前諸佛攝受已入未
來諸佛數故
如是成就往昔善根
非但現用自在亦成昔善如前功
德解欲悉清淨故後之一句舉定
名體
如是其心無礙不動三昧之中
△二示勸修之相二初略示離過
進德
勤加修習離諸熱惱至順三昧境界
入難思智地
△二別示離過進德二初離過
不依文字不著世間至不染著世事
不分別境界
△二進德
於諸法智但應安住至知時說法不
休息
△二總結顯示
佛子菩薩摩訶薩如是修行至如是
攝受一切衆生
遠則通結前來諸段近則逆結上

十一

來進德之文欲一一配屬恐厭繁
文△三定滿成益文屬此定意兼
前九於中有四初外感佛加益五
初辨加所依
佛子菩薩摩訶薩至如是大智慧三
昧時
謂在定時故△二顯能加佛
十方各有不可說不可說至微塵數
諸佛而現其前
△三正顯加相
與如來念力令不念失至皆悉成就
無空過者
△四加以成用
佛子菩薩摩訶薩如是滿足至轉一
切佛微妙法輪
△五徵釋所由二初徵
何以故
徵意云普行既滿何須盡未來際
行調生行耶△二釋
佛子此菩薩摩訶薩至廣大行三昧
現大自在
釋意云無障礙願法應爾故已成
大願真能調故

十二

△二内德圓滿益四初牒前住定
因圓
佛子此菩薩摩訶薩至住師子奮迅
智心意無礙
通牒上文△二別示所滿
其心恒住十大法藏至一切世智無
能稱述
十表無盡△三總結究竟
佛子此菩薩摩訶薩已到至示現調
伏一切衆生
△四徵釋所由二初徵
何以故
徵意云菩薩以何能滿爾所德耶
△二釋
菩薩摩訶薩住此三昧法如是故
△三上攝佛果益三初正明
佛子菩薩摩訶薩以此三昧至令入
最上智
△二徵
何以故
徵意云上是佛德何能攝耶△二
釋意云住此三昧所以能令所作
無餘同如來故於中有三初正顯

十三

無餘之業故皆云一切
菩薩摩訶薩如是修行至則住一切
智平等性
△二明作業行相
於此法中作如是業不作餘業
初句總顯依前而作更不作餘不
足之業次顯其作義
住未足心住不散亂心至住決定心
住不變異心
後總結前作
如是思惟如是作業如是究竟
△三逐難重釋謂廣前作如是業
不作餘業文三初略標舉
佛子菩薩摩訶薩無異語異作有如
語如作
如作通身及意△二徵
何以故
徵意云何以不作餘耶△三廣釋
釋意云若作異前非菩薩故文有
十喻即爲十段各自有合初金剛
不壞喻
譬如金剛以不可壞而得其名終無
有時離於不壞

十四

喻行體堅牢
菩薩摩訶薩亦復如是至終無有時
離諸行法
△二真金少色喻
譬如真金以有妙色而得其名終無
有時離於妙色
喻善業外飾
菩薩摩訶薩亦復如是至終無有時
離諸善業
△三日輪光明喻
譬如日天子以光明輪得其名終無
有時離光明輪
喻智慧圓明
菩薩摩訶薩亦復如是至終無有時
離智慧光
△四須彌四峰喻
譬如須彌山王以四寶峰至終無有
時捨離四峰
喻善根超出
菩薩摩訶薩亦復如是至終無有時
捨離善根
不合四峰若合可以四菩薩行而
合之也△五大地能持喻

十五

譬如大地以持一切而得其名終無
有時捨離能持
喻大悲荷負
菩薩摩訶薩亦復如是至終無有時
捨離大悲
△六大海含水喻
譬如大海以含衆水而得其名終無
有時捨離於水
喻大願普育
菩薩摩訶薩亦復如是至終不暫捨
度衆生願
△七軍將明戰喻
譬如軍將以能慣習至終無有時捨
離此能
喻習定防寃
菩薩摩訶薩亦復如是至終無有時
捨離此行
△八輪王護世喻
如轉輪王馭四天下至令無橫死恒
受快樂
喻定清物感
菩薩摩訶薩亦復如是至乃至令其
究竟清淨

十六

△九植種生長喻
譬如種子植之於地乃至能令莖葉
增長
喻行增物善
菩薩摩訶薩亦復如是至能令一切
衆生善法增長
△十時雨生種喻二初喻
譬如大云施夏暑月降霔大雨乃至
增長一切種子
喻法雨普成△二合二初正合
菩薩摩訶薩亦復如是至修菩薩行
雨大法雨乃至
云乃至者越初生種真合終成就
由應時而降故
護斯十四種益
能令一切衆生究竟清淨
得智果淨二障故
究竟涅槃
得斷果達無相法故
究竟安隱
得恩果住大悲故
究竟彼岸
得所依清淨究竟彼岸果上四自

十七

利餘皆利他
究竟歡喜
了有情行令他歡喜自離十怖則
自歡喜
究竟斷疑
得斷疑
爲諸衆生究竟福田
成應供次下七句由此而成
令其施業皆得清淨至置諸衆生一
切智處
文并可知△二徵釋二初徵
何以故
徵意云菩薩依何行力說法成斯
大益△二釋釋意云由成大智證
法界故尚能嚴淨無量勝行豈止
成衆生耶文二初標
菩薩摩訶薩成就此法至不可思議
無量諸行
△二釋文三初列所淨功德
所謂能淨諸智求一切智故至常見
一切佛興世故
△二結其廣多
佛子菩薩摩訶薩住此三昧至不可

十八

說清淨功德
以別說難盡故△三顯能淨因
於如是等三昧境界至同分善根淳
淨力故
同分善根者一一善根回向法界
成主伴故
廣大誓願欲樂力故至無盡之福無
對力故
超諸世間等法性相應所修之福
故超於世法性不并真故無有對
△四正同佛果益二初正顯同佛
佛子菩薩摩訶薩住此三昧至同去
來今一切諸佛
先標次徵
何者爲十
後列
所謂得諸相好種種莊嚴至諸佛境
界同於諸佛
等覺之名由此而立△二問答料
揀先問二初牒前同佛
爾時普眼菩薩白普賢菩薩至得如
是法同諸如來
△二陳已所疑

十九

何故不名佛何故不名十力至何故不名住實際者

上九句疑不名爲果下二句問不捨於因

何故修行普賢行願至不能究竟法界捨菩薩道

△二答二初譛問牒疑

爾時普賢菩薩告普眼菩薩至乃至不能捨菩薩道

△二正答所問三初法說

佛子此菩薩摩訶薩至是則說名普賢菩薩

文有十一段次第答前十一句問在文易了意猶難見謂何得已入十力而普行無息耶今總以喻顯如人習誦雖已得通而數數溫習不如久精下香象喻顯相雖相似而體不同故纓絡云等覺照寂妙覺寂照亦似功用滿位比無功用也亦顯得果不捨於因盡未來際皆位後普賢故△喻中分三初舉象王依正勝嚴

佛子譬如伊羅鉢那象王住金脅山

二十

七寶窟中

伊羅鉢那此云香葉常居第一金山之脅

其窟周圍悉以七寶至調良善順心無所逆

△二象王神變自在喻

若天帝釋將欲游行至於一一頭化作七牙

準賢首品但有六牙或是譯者類後三七便言七耳若作表義于何不可

於一一牙化作七池至象之與天更互相似

無能分別此象此天者正意取此以喻菩薩等佛之義△三不壞本質而能現

佛子彼伊羅鉢那象王至受天快樂與天無异

△三法合四初具衆行嚴

佛子菩薩摩訶薩亦復如是

合前依正

修習普賢菩薩行願至到諸菩薩行願彼岸

二十一

△二明因果無礙二初明修無礙行所爲

爲欲安處菩提之座成一切智得最正覺

合前神變自在上爲果下爲因

增長普賢廣大行願至度脫一切苦惱衆生

△二正顯無礙行相二初總明不捨普賢道現成最正覺

以法界因果無障礙故△二別顯三初顯因門果行文有四果

現不可說不可說成正覺門

智果

現不可說不可說轉法輪門

說法果

現不可說不可說住深心門

般若相應果

於不可說不可說廣大國土現涅槃變化門

斷果△二顯果從因行

於不可說不可說差別世界至修普賢行而成正覺

明果從因行及說得時不同隨物

二十二

現故△二顯果門因行

復於一切諸佛刹中至種種教化調伏之法

△三結成不壞因而現果

佛子菩薩摩訶薩

此下合前不壞本質而能現本身不滅

即因不壞合在窟無變

以行願力於一切處如是變現

即能現果合在天神變△四徵釋重合二初徵

何以故

徵意云因果相違云何因門現果復爲因△二釋意云調衆生法應如是故文二初釋果作因意

欲以普賢自在神力至自在能證一切知故

△二釋因現果意四初法説

佛子汝應觀此菩薩摩訶薩至自在受用一切智法

謂不捨因而現果△二舉前喻顯

如伊羅鉢那象王不捨象身至同於諸天無有差別

二十三

△三重以法合

佛子菩薩摩訶薩亦復如是至於佛法中無所分別

上明不捨因而現果下明不壞果而現因

雖知諸法普皆平等至而修菩薩行相相續不斷

△四嘆勝

佛子菩薩摩訶薩安住如是至當知是人心得清淨

△三結

佛子此是菩薩至無礙輪大三昧殊勝心廣大智

△三總結十數

佛子此是菩薩摩訶薩所住普賢行十大三昧輪

大方廣佛華嚴經疏卷第七十一

大方廣佛華嚴經疏卷第七十二　一　第八
四十
四經
清涼山沙門　澄觀　述
晉水沙門　淨源　錄疏注經

○十通品第二十八

△初來意爲答第二會中十通問故以二品明業用廣大前定此通義次第故亦由依定發通

二釋名者通即神通謂妙用難測曰神自在無擁曰通妙用無極寄十顯圓晉經本業俱稱十明者委照無遺故然通與明經論皆異故智度論第三云直知過去宿命之事爲通若知過去因緣行業爲明等今以此經通即委照亦得稱明如文廣說故下經云非諸菩薩通明境界晉經意存順義今譯務不違文

三宗趣者智用自在爲宗爲滿等覺無方攝化爲趣

次正釋文長分爲四初標告擧數

爾時普賢菩薩摩訶薩至菩薩摩訶

二

薩有十種通

言十者一他心二天眼三知過去劫宿住四盡未來際劫五無礙清淨天耳六無體性無動作往一切佛刹七善分別一切言辭八無數色身九一切法智十入一切法滅盡三昧此十皆言智通者皆以大智爲體性故若隨相說前八量智後二理智據實唯一無礙大智此十亦是開彼六通天眼天耳神足漏盡各分爲二故天眼約見現未分成二四天耳約音聲言辭分出五七亦是約聞聖教及諸類言辭故神足約業用及色身分成六八漏盡約慧定分成九十一三不分故六爲十然小乘六通智用有分三乘平遍亦非曲盡今一乘十通智用重重遍周法界猶如帝網念劫圓融故尚越彼明況於通用爲顯圓旨開成十通△二徵數列釋二初總徵

何者爲十

△二別釋十初他心智神通三初標

三

佛子菩薩摩訶薩以他心智通

今初標云他心者智以他心爲所緣故若直就所緣應名心差別通若所若王種類多種皆能知故并依主受名然智緣他心諸說不同安慧論詩云佛智緣他心緣得本質餘皆變影護法論師則佛亦變影若緣本質得心外法壞唯識故但極似本質有异因人依唯識宗護法爲正以今經望前亦未爲失以攝境緣心不壞境故能所兩亡不礙存故第一義唯心非一非异正緣他時即是自故以即佛心之衆生心非即衆生心之佛心爲所緣以即衆生心之佛心非既佛心之衆生心爲能緣如是熔融故非一非异若離佛外別有衆生更須變影却失真唯識義△二釋相二初知一刹三初總知一三千大千

世界衆生心差別

△二別有三十類心闕第三無記晉經具有於中分二初八約相總

四

顯
所謂善心不善心
此二約性總該諸心
廣心陿心
此二約行兼濟獨善故
大心小心
此二約報天大人小故上四唯善
順生死心背生死心
此二約向背而順通三性善唯有
漏背唯是善通漏無漏△二二十
一心約人別顯
聲聞心獨覺心至獨覺行心菩薩行
心
此六約乘前三是果後三是因即
前皆生心及廣陿心
天心龍心夜叉心至緊那羅心摩睺
羅伽心
八部約類即前順生死及大小心
人心非人心地獄心𤺺餓鬼心諸難
處衆生心
地獄等五約趣以明亦順生死是
不善心餘二可知△三結
如是等無量差別種種衆生心悉分

五

別知
△二以少類多
如一世界如是百世界至所有衆生
心悉分別知
△三結
是名菩薩摩訶薩第一善知他心智
神通
△二天眼智神通三初標
佛子菩薩摩訶薩以無礙
見自在故
清淨
離障故
天眼智通
天眼即通△二釋三初總明多界
相殊
見無量不可說不可說至如是品類
無量衆生
其善惡趣等後後展開如問明品
△二別明多類非一
所謂天衆龍衆夜叉衆至廣大身衆
生衆小衆大衆
隨一一類有前福等△三委照分
明如是種種衆生衆中以無礙眼悉

六

皆明見
前但睹其現相此則照其因緣十
明之目由此而立上辯能見分明
下辯所見委悉
隨所積集業隨所受苦樂至隨所緣
隨所起
言隨所者所知非一故後結其無
謬
悉皆見之無有錯謬
△三結
是名菩薩摩訶薩第二無礙天眼智
神通
△三宿住智神通三初標
佛子菩薩摩訶薩以宿住隨念智通
謝往之事名爲宿住在於過去明
了記憶名爲隨念即宿住之隨念
宿住隨念之通△二釋相二初知
凡事二初總
能知自身及不可說不可說至微塵
數劫宿住之事
△二別
所謂某處生如是名如是姓至如是
等事皆悉了知

七

△二知聖事二初約界顯多
又憶過去爾所佛剎至如是一切悉
能憶念
　但知其果△二約人顯多
又憶念不可說不可說至種植善根
皆悉能知
　兼知其因皆以菩薩得九世眼如
見現在故若不爾者過去之法若
不落謝不名過去若已落謝無法
可知若但曾經心中有種影現前
故說憶知者是則但見自心不見
彼法又曾不經事應不憶知又但
見現在非是過去何名宿住△三
結
是名菩薩摩訶薩第三知過去際劫
宿住智神通
　△四知未來際劫智通三初標
佛子菩薩摩訶薩以知盡未來際劫
智通
　亦從境受名△二釋相二初知凡
　二初明所依劫
知不可說不可說佛剎微塵數世界
中所有劫

八

　但寄多界以顯多劫非有際限名
及後段皆盡未來此位所知同於
佛故△二顯能依事
一一劫中所有衆生至如是一切皆
能了知
　義如十地文中所辯然大乘宗未
來世法體用俱無今云何知依方
便教但見現在因種知當果相非
見未來法體若一乘宗於九世中
現在體用俱有今稱實而知然非
現在之現在故稱未來此有若是
性有即同小乘若是緣有緣今未
會云何言有若今時看緣性俱無
以是現在未來定非有故若逐未
來時看以是未來之現在故還如
今有△三知佛
又知不可說不可說佛剎至如是等
事悉能了知
　△三結
是名菩薩摩訶薩第四知盡未來際
劫智神通
　△五天耳智神通三初標
佛子菩薩摩訶薩成就無礙清淨天

九

耳
　略無智通若直云天耳即當體受
名若取無礙清淨之天耳即依有
德業受稱△二釋相三初總顯德
業自在九句皆約用辯德前之標
名即是總句
圓滿
　能至用故
廣大
　遍聞十方及九世故
聰徹
　一時領覽通其源故
離障
　離二障故
了達
　了所知故
無礙
　緣不能礙故
具足
　非如權小聞有分限不盡重重故
成就
　已證得故
於諸一切所有音聲欲聞不聞隨意

十

自在

於一切皆自在故謂欲聞則細遠無逃欲不聞則近大不撓故云自在△二別示一方業用二初舉多佛欲顯聞廣

佛子東方有不可說不可說佛剎微塵數佛

△二顯聞憶持二初聞持教法

是諸佛所說所示所開所演至於彼一切皆能受持

△二顯持圓滿即能持之相二初舉所持

又于其中若義若文至如其所依如其出道

上文通顯佛所說法今辨所說差別△二辨能持相

於彼一切悉能記持至終不忘失一文一句

兼明轉化△三舉一例餘

如東方南西北方四維上下亦復如是

△三結

是名菩薩摩訶薩第五無礙清淨天

十一

耳智神通

△六無體性智神通三初標有十四名

佛子菩薩摩訶薩住無體性神通

初一是總通即無體性餘皆是別

無作神通

無功作用

平等神通

同理平等

廣大神通

能普遍故

無量神通

量難知

無依神通

非謂依體起用

隨念神通

但隨念即形

起神通

現有作用

不起神通

不動本處

不退神通

作必究竟

十二

不斷神通

用無間歇亦不斷佛種

不壞神通

他不能壞

增長神通

能生善根

隨詣神通

隨何所詣於十三中初二五八是無體性義餘即神通義此二無礙故受斯名△二釋相三初明廣大

此菩薩聞極遠一切世界中至即自見身在彼佛所謂聞多剎佛名即見身在彼多剎故即前廣大義

△二明無量不起等義

彼諸世界或仰或覆至至於究竟無所取著

謂又於彼佛重聞佛名便往敬事受道無著故△三明不斷義

如是經不可說不可說佛剎至廣大種性不斷絕故

謂於多時體用無疑故△三結

是名菩薩摩訶薩第六至往一切佛剎智神通

十三

△七善分別言音智神通三初標

佛子菩薩摩訶薩以善分別一切衆生言音智通

從所了得名即依主立稱若從所發得名即通持業△三釋二初知言辭

知不可說不可說佛刹微塵數世界衆生種種言辭

上標下列

所謂聖言辭非聖言辭至各各表示種種差別

後結

如是一切皆能了知

△二發言辭

此菩薩隨所入世界至悉令解了無有疑惑

謂隨樂差別而發言故上法下喻

如日光出現普照衆色令有目者悉得明見

後合

菩薩摩訶薩亦復如是至聰慧之者悉得解了

△三結

十四

是名菩薩摩訶薩第七善分別一切言辭智神通

△八色身莊嚴智神通三初標

佛子菩薩摩訶薩至阿僧祇色身莊嚴智通

依所現得名即有財立稱△二釋三初知無色以色即空故二明能現色以空即色故三雙明無色現色所爲不礙悲故今初由了法界無定實色舉體即空非斷空故空中無色不礙色故存亡隱顯皆自在故方能隨樂現種種色故先明之二正釋文文有六句

知一切法遠離色相

初一總知色性離相亦無有法而爲空故餘五別明離何等相

無差別相

離粗妙長短等同一無生體故

無種種相

種種異相虛故

無無量相

離多相故又非大小絶分量故

無分別相

十五

但妄分別求叵得故色空二見皆是情取即與不即二見絶故上通形顯

無有黄赤白相

離顯相依形有故△二明能現色以空即色故文二初結前標後

菩薩如是入於法界能現其身作種種色

以即空之色爲妙色故又空色不二成上真空不二而二現斯妙色色空融即爲真法界緣起無盡即一現多△二別顯不同

所謂無邊色無量色至具足一切普賢行色

有一百三種或從色相立名或就德用受稱可以意求然皆是稱法界之色不同變礙但隨所顯以立色名△三雙明無色現色所爲不礙悲故二初結前

佛子菩薩摩訶薩深入如是至能現此等種種色身

△二顯其所爲

令所化者見令所化者念至爲所化

十六

者施種種能事
十句并可智△三結
是名菩薩摩訶薩至第八無數色身
智神通
△九知一切法智神通三初標
佛子菩薩摩訶薩以一切法智通
從所知真俗等法受稱△二釋相
二初明知法即內證事理二明演
法即外益衆生亦是前明即事常
理後明即理恒事用寂寂用無障
礙故今初又二初約離言顯實
知一切法無有名字
初之三句一向顯實上句名無得
物之功故
無有種性
緣成無性
無來無去
體絶去來下有三句相對顯實然
此三對釋有三義
非异非不异
一唯約顯實則相待而空故异相
互無故云不异爲遮异言故云不
异亦無不异之相可得故云非不

十七

异二約雙顯體即不异相非不异
三約雙遮相即性故非异性即相
故非不异又相非相故不异性非
性故非不异故離二邊不住中道
下二對例知
非種種非不種種非二非不二
△二約二空顯實
無我無比
亦初三對一向顯實上對無有我
所與我爲比對故
不生不滅不動不壞
餘二可知次下諸對亦通三釋準
前知之且約顯實以釋
無實無虛
虛實皆緣顯故
一相無相
法性不并真故一相一亦非爲一
所以云無相
非無非有
有無皆法待對故無
非法非非法
法與非法但假施設并就實求能
治所治無不雙寂餘倣此

十八

不隨於俗非不隨俗至非如理非不
如理
△二明演法即外益衆生三初牒
前成智爲起用所依
此菩薩不取世俗諦至不建立文字
隨順寂滅性
△二正明演法
不捨一切願見義知法興布法雲降
霔法雨
△三寂用無礙三初寂不礙用雖
知實相不可言說至爲說諸法悉從
緣起
△二用不礙寂
雖有言說而無所著至雖攝衆生不
捨真實
△三寂用無二
於不二法而無退轉至普雨法雨而
不失時
△三結
是名菩薩摩訶薩第九一切法智神
通
△十一切法滅盡定智通三初標
佛子菩薩摩訶薩以一切法滅盡三

十九

昧智通

一切法滅盡者謂五聚之法皆當體寂滅故斯即理滅不同餘宗但明事滅唯滅六七心心所法不滅第八但事滅故不能即定而用證理滅故定散無礙由即事而理故不礙滅即理而事故不礙用是以文云雖念念入而不廢其菩薩道等亦非心定而身起用亦不獨明定散雙絕但是事理無礙故七地云雖行實際而不作證能念念入亦念念起及淨名云不起滅定現諸威儀皆斯義也事理非一故一切法滅盡之神通非异故滅盡即神通通二釋也△二釋二初明即定體用自在二初標入定

於念念中入一切法滅盡三昧

△二明不礙用

亦不退菩薩道不捨菩薩事

初二句總未作不退現作不捨正揀事滅以顯真滅餘句別明

不捨大慈大悲心至方便爲説種種諸法

二十

△二入定時分自在三初長短隨心

此菩薩住三昧時隨其心樂至住不可説不可説劫

△二威儀不忒

菩薩入此一切法滅盡三昧至不疲不懈不可盡竭

△三不礙起用定散雙行

雖於有於無悉無所作至神通變化無有休息

上六句法下二句喻

譬如光影普現一切而於三昧寂然不動

光影普現寂然無心菩薩亦爾隨器虧盈體無來去△三結

是爲菩薩摩訶薩入一切法滅盡三昧智神通

△三總嘆勝能二初形劣顯勝

佛子菩薩摩訶薩住於如是至智慧境界不可思議

劣不測故△二以勝顯勝

唯除諸佛及有得此神通至此人功德稱揚讚嘆

二十一

謂佛等方測故△四結數辨果

佛子是爲菩薩摩訶薩至一切三世無礙智神通

○十忍品第二十九

△初來意者爲答普光十頂問故義如前釋前二已明定通用廣今此辨其智慧深奥故次來也

二釋名者忍謂忍解印可即智照觀達寄圓顯十三宗趣者智行深奥爲宗爲得佛果無礙無盡爲趣然此忍行約位即在等覺後心爲斷微細無明煩惱若約圓融實通五位寄終極説體即是智不同餘宗忍因智果雖是一智隨義别説二三四五等諸教不同今此圓教故説十忍

四正釋文文有長行偈頌前中有四初舉數嘆勝二初舉數

爾時普賢菩薩告諸菩薩言至有十種忍

△二嘆勝

若得此忍則得到於一切菩薩無礙忍地

二十二

即自分因圓
一切佛法無礙無盡
即勝進果滿△二列名顯要初徵
數
何者爲十
△二列名
所謂
前三約法後七約喻
音聲忍
約教謂忍於教聲從境爲名音聲
之忍
順忍
約行順諸法故順即是忍
無生法忍
若約忍無生理即無生之忍若約無生之智及煩惱不生則無生即忍通二釋也又此三忍若通相説前二皆是無生忍之加行順向無生後一方契若約當位三忍條然以不應此位方有順無生忍故順但順理不是順忍若爾何异無生順忍通順事理二法不同無生偈云法有亦順知等又依五忍位當

二十三

寂滅今約三忍明義故當無生如地持説後七約喻并是依主謂如幻之忍等故
如幻忍如燄忍如夢忍至如化忍如空忍
光統云前四喻音聲電化喻順忍空喻無生電即今之影喻又云幻者起無起相燄者境無境相夢者知無知相響者聞無聞相電者住無住相今既云影應云現無現相化者有無有相空者爲無爲相此則能喻局於一相所喻義通多法在文雖無於理無失又賢首云觀識如幻想如燄受如夢聲如響行如電色如化總觀一切蘊界處等畢竟空故如虛空也此釋順於後偈文意故今影喻亦喻於行若依攝論第五八喻皆喻依他起性然并爲遣疑所疑不同故所喻亦异一以外人聞依他起相但是妄分別有非真實義遂即生疑疑云若無實義何有所行境界故説如幻謂幻者幻作所緣六處豈有實耶

二十四

二疑云若無實何有心心法轉故説如燄飄動非水似水妄有心轉三疑云若無實何有愛非愛受用故説如夢夢中實無男女等相從何而有愛非愛等受用之事覺時亦爾四疑云若無實何有戲論言説故説如響實無有聲聽者謂有五疑云若無實何有善惡業果故説如影謂如鏡影像故亦非實六疑云若無實何以菩薩作利樂事故説如化謂變化者雖知不實而作化事菩薩亦爾然彼論無空喻而影喻是鏡像更有映質光影喻喻種種識無實又有水月喻喻定地境界無實今經以義類同故合在影中至文當知遠公見其無空便以空喻喻無爲法非不有理而違下經云衆生及諸法皆如空故若爾云何釋空喻耶謂彼疑情雖遣猶謂諸法有不實相故云如空畢竟無物餘義廣如攝論及別章説金剛般若九喻亦皆喻有爲若大品智論十喻通喻一切楞伽

亦通令經長行多同前通而偶所
喻亦有局者顯義無方故△二顯
要
此十種忍三世諸佛已說今說當說
要故同說△三依名廣釋十初音
聲忍三初徵起
佛子云何爲菩薩摩訶薩音聲忍
△二釋義十一句
謂聞諸佛所說之法
初一總舉所聞謂三無性等法餘
十句顯能聞入法
不驚
謂聞無相不驚以解遍計無所有
故
不怖
聞無生不怖以解依他必無生故
不畏
聞無性不畏以解真如無性性故
又釋於真空法聞時不驚越思時
不續怖修時不定畏又聞有無所
有不驚聞空無所有不怖聞斯二
無所有不畏并如諸般若論說
深信

聞慧之始
悟解
聞慧之終初信久解故
愛樂
思慧之初受法樂觀故
趣向
爲終久思向修故
專心憶念
修慧之初起加行故
修習
爲終正明造修至定根本故
安住
依定發慧證理相應故具如瑜伽
菩薩地中△三結名
是名菩薩摩訶薩第一音聲忍
△二順忍三初徵起
佛子云何爲菩薩摩訶薩順忍
△二釋中具有四重止觀
謂於諸法思惟觀察
一創修止觀謂止思一境觀觀事
理
平等無違隨順了知
二漸次止觀謂止安事境順其理

故名平等無違觀達事理名隨順
了知偈云法有亦順知法無亦順
知故
令心清淨正住修習
三純熟止觀謂止惑不生名令心
清淨觀徹前境爲正住修習
趣入成就
四契合止觀寂冥理境止也名爲
趣入智顯於心觀也故云成就上
四皆止觀俱行如是方爲真實順
忍△三結名
是名菩薩摩訶薩第二順忍
△三無生法忍三初徵起
佛子云何爲菩薩摩訶薩無生法忍
△二釋義二初總明
佛子此菩薩摩訶薩至亦不見有少
法滅
若具皆應牒無盡等此二爲總故
略標之釋中具有皆此別義△二
徵釋二先徵
何以故
徵意有二一云何以得知無生滅
耶二云既稱無生法忍何以復言

二十八

不見法滅△三釋
若無生則無滅
釋初徵意云真法本自不生從緣
之法無性故不生以無生故何有
於滅此則以緣集釋無生以無生
釋無滅此中略無緣集偈文具有
云何無生釋無滅耶此有二意一
云若先是生後必可滅本既不生
今則無滅二云既即緣無性稱曰
無生則不待滅竟方無故次云無
滅此二爲總餘可倣之釋第二徵
意云夫無生忍非獨無生必諸法
都寂今從初義立無生稱故無滅
等成無生義若從別義亦可得稱
無滅忍等是以信力入印度經明
此忍能淨初歡喜地云一謂得無
生忍亦令他住又云無生忍者謂
證寂滅故二得無滅忍亦令他住
又云無滅忍者證無生故斯文可
據
若無滅則無盡至若無住則無去無
來
又此諸句各有二義一以前前釋

二十九

於後後以後後句成於前前前前
有故後後方有前前無故後後亦
無二者諸句一一皆在無生句中
正無生時諸義頓足以是即事之
理非斷滅故即理之智無能所故
然文旨包含略爲三釋一唯約理
二具理智三唯約智今初云何前
前有故得後後有謂生法既滅滅
則終盡盡則是垢染法染則前後
別异別則方處不同有處則能所
非寂不寂則有所欲有欲則有營
作作則有所願求願則心住願事
住則有去有來今由前前無故後
後斯寂故以後後顯成無生此順
長行二雙約理智者初二是總合
於理智次四顯理無生後六顯智
無生故偈中云其心無染著等理
智契合名無生忍三唯約智者由
了從緣無生則智無有起故名無
生無生之忍湛然不遷故云無滅
無滅故用無斷盡次垢念皆離常
無差异旁無方所照而常寂遍境
無染雖爲而無作雖悲而無願處

三十

世而爲住等法界而無去來皆以
前釋後以後成前言亡慮絕寂照
湛然名無生忍若唯約知無生理
名無生忍未足深玄△三結名
是名菩薩摩訶薩第三無生法忍
△四如幻忍三初徵起
佛子云何爲菩薩摩訶薩如幻忍
△二釋義初略後廣略中有二初
了幻緣相二成就忍行今初
佛子此菩薩摩訶薩
文三初指法同前次彰幻所由緣
生不實故後顯幻相
知一切法皆悉如幻
一切法即是所喻所喻通局已見
上文此意明通通爲無爲故大品
云設有一法過涅槃者我亦說言
如夢如幻涅槃雖真從緣顯故遣
著心故廣中合云了世如幻則似
有爲然有法世亦通無爲此爲有
爲所隱覆故所以名世故後云菩
提涅槃亦皆不見者了平等故
從因緣起
就法喻中各開五法喻開五者如

三十一

結一巾幻作一馬一有所依之巾二幻師術法三所現幻馬四馬生即是馬死五愚小謂有法有五者初巾喻法性二術喻能起因緣謂業惑等三喻依他起法即衆生等四喻依他無性即圓成故故下廣說皆云非也五喻取爲人法今菩薩反此故云解了令經既云從因緣起能起即第二所起即第三以第二爲因令悟第三成於第四遣第五病歸第一理然緣亦從緣故緣果俱幻中觀論云譬如幻化人復作幻化人即斯意也然上五義各具有無一巾性有相無爲馬所隱故二術用有體無以依巾無體故三馬相有實無以實無而現故四生即是無死即是有以無礙故五情有理無但妄見故又此五中各有四句唯思可知然皆具德不同四謗若以諸門交絡成多四句亦可思準

於一法中解多法於多法中解一法

後顯幻相略爲二解一約相類謂

三十二

解一無實則知一切皆然并從緣故故云一中解多等二約圓融復有三義一以理從事說相即性如馬頭之巾不異足之巾說頭即足故一即多等無行經云貪欲即是道者貪欲性故諸法即貪欲者即貪欲實性故二以理融事一多相即如馬頭無別有即以巾爲頭以巾體圓融故令頭即足故云一中解多等三約緣起相由力則法界同一幻網令一多相即如幻師術力令多即一等賢首品云或現須臾作百年等以幻法虛無障礙故相即既爾相入亦然入則一中有多等异體既爾同體亦然一門既爾餘門思準△二成就忍行

此菩薩知諸法如幻已至成就種種神通變化

由知法幻成二種行一忍智現前云了平等二幻用無礙云成通化云何平等釋有三義一理事平等如巾馬無二故色即空等二理理平等如頭足俱巾巾無別故如賢

三十三

聖同如三事事平等如前一多中說△二廣三初喻二初明性無即體空義

譬如幻非象非馬非車非步至非是一切種種衆物

所非之事亦可次第對前情非情境△二明其相有即差別義

種種非幻幻非種種

初二句結前生後種種非幻者象等非術故下句反此法合可知

然由幻故示現種種差別之事

正顯相有雖互相非然由因起果虛而假現又喻智了平等而起化用△二法合

菩薩摩訶薩亦復如是觀一切世間如幻

上總下別皆言世間者有其二義一可破壞故即喻有爲二隱覆名世亦通無爲

所謂業世間煩惱世間至時世間趣世間

法通五類趣謂五趣

成世間壞世間

成壞約器一期說故 三十四
運動世間
通情非情念念移故
造作世間
唯情現營爲故△二成忍行二初
成真智行
菩薩摩訶薩觀一切至不見入正位
不出平等性
由了體空故故經結云不出平等
性又前法中明即寂之照云了平
等此明即智之止故云不見是知
無幻之幻方是幻法絕見之見方
爲見幻△二明動靜無二
是菩薩雖成就佛國土至知因緣性
無有動轉
亦權實不二故經云智不得有無
而與大悲心由了體空不壞幻相
差別故如象生即是象死此二相
對應成四句謂此二無二故非异
無不二故非一非一即非异故非
非一非异即非一故非非异亦絕
雙照故非亦一亦异若以巾上二
義對象上二義辨非一异略有十

句一以巾上成象義對象上差別 三十五
義合爲一際名不异此是以本隨
末就末明不异經云法身流轉五
道名爲衆生如來藏受苦樂與因
俱若生若滅等二以巾上住自位
義與象上體空義合爲一際名不
异此是以末歸本就本明不异經
云一切衆生即如不復更滅等三
以攝末所歸之本與攝本所從之
末此二雙融無礙不异此是本末
平等爲不异以前二經文不相離
故四以所攝歸本之末亦與所攝
隨末之本此二相奪故名不异此
是本末雙泯明不异以真妄平等
异不可得故次下四門明非一謂
五以巾住自位義與象上相差別
義此二本末相違背故名非一楞
伽經云如來藏不在阿賴耶中是
故七識有生滅如來藏者不生滅
此之謂也六巾上成象義與象上
體空義此二本末相反相害故非
一勝鬘經云七識不流轉不受苦
樂非涅槃因唯如來藏受苦樂等

七以初相背與次相害此二義別 三十六
故名非一謂相背則各相背捨相
去懸遠相害則相與敵對親相食
害是故近遠非一以前經文不相
離故八以極相害俱泯而不泯與
極相背俱存而不存不存不泯義
爲非一此是成壞非一以七識即
空而是有故真如即隱而是顯故
九上四非一與次四非异而亦非
一以義不離故十然亦不异以理
遍通故法無二故若以不异門取
諸門極相和會若以非一門取諸
門極相違害極違而極順者是無
障礙法也巾象相對既爾術等相
對交絡諸句準之上下諸文非一
异義皆準此釋△三結名
是名菩薩摩訶薩第四如幻忍
結文可知
華嚴經疏卷第七十二

大方廣佛華嚴經疏卷第七十三　一　第入

四十四
經下卷

清涼山沙門　澄觀　述
晉水沙門　淨源　錄疏注經

△五如焰忍三初徵起

佛子云何爲菩薩摩訶薩如焰忍

△二釋義三初指法同喻

佛子此菩薩摩訶薩知一切世間同於陽焰

△二別顯喻相二初喻體空

譬如陽焰無有方所至非種種色亦非無色

若開義門亦具五義一空地二陽氣三氣與空地合而有焰四焰似水即無水五令渴鹿謂有初喻如來藏二喻無明習氣三喻習氣熏動心海起於緣生似有之法四喻依他無生五喻凡小執實若十喻論法喻各有多義如彼廣說其有無等義如幻忍說△二喻其相有

但隨世間言說顯示

△三總以法令

菩薩如是如實觀察了知諸法　二

上明了法下明成忍行

現證一切令得圓滿

△三結名

是名菩薩摩訶薩第五如焰忍

△六如夢忍三初徵

佛子云何爲菩薩摩訶薩如夢忍

△二釋三初標法同喻

佛子此菩薩摩訶薩知一切世間如夢

△二正舉喻相

譬如夢非世間非離世間至非染非淨而有示現

然開此夢義亦有五法一所依謂寤心以喻本識二所因謂睡蓋以喻無明習氣三所現謂夢相差別以喻緣所起法四此夢事非有而有但心變故非現前法五令夢者取以爲實初明俱非喻法非有後云而示現有喻法而有雙辯爲俱句五奪爲雙非然此四句皆由以是夢故謂一以是夢故有夢事現於夢者爲有二既言是夢其性必虛於無實處而見實故然語有則　三

全攝無而爲有言無則全攝有而爲無以非二相故非但相有性無而已思之三以是夢故必具二義全有之無與全無之有二門峙立不相是故非是半有半無四既言是夢必是雙非形奪俱融二相盡故然此俱非不違雙是以若不奪無令盡無以爲無若不奪有令盡無以爲有是故存亡不礙俱泯自在方爲如夢自在法門是故經云世間恒如夢智不得有無此之謂也△三合喻十句

菩薩摩訶薩亦復如是知一切世間悉同於夢

上句爲總下九句爲別別中初句近上總句所以略無如夢二字於九句中前八辯夢後一明覺就前八中攝爲四對

無有變异故如夢自性故

初二明常無常門體虛無變即是常義自性無恒是無常義

如夢執著故如夢性離故

此二辨真妄門妄由著生真由性 四
離
如夢本性故如夢所現故
此二性相門性本一如相現多種
如夢無差別故如夢想分別故
後二明一异門但是一心一而無
別隨相分別异异不同又唯是一
夢想現多種上之四門各雙存互
奪以爲四句思之可見
如夢覺時故
後一句明覺即止觀門謂要在覺
時方知是夢正夢之時不知是夢
純昏心故設知是夢亦未覺故覺
時了夢知實無夢然由於夢方有
覺故所以須辨夢覺之時若離於
夢夢覺斯絶觀了上之多門止不
取於夢妄如此方爲了夢法門△
三結
是名菩薩摩訶薩第六如夢忍
△第七如響忍三初徵
佛子云何爲菩薩摩訶薩如響忍
△二釋三初忍行所因
佛子此菩薩摩訶薩至修學成就到

於彼岸
由聞起觀能成忍故△二成忍之
相二初法二初指法同喻略顯其 五
相
知一切音聲悉同於響
通知一切音聲如響
無來無去
明其體空
如是示現
彰其相有△二了知佛聲如響
佛子此菩薩摩訶薩觀如來聲
非獨但喻世間聲故
不從內出
離機無聲故非內
不從外出
離佛無聲故非外
亦不從於內外而出
二法相依故非內外若言內外和
合有者便有二聲內外相依即顯
無性上明即有之無下明即無之
有
雖了此聲非內非外至善巧名句成
就演說

牒非前三而能巧現△二喻顯四 六
初喻
譬如谷響從緣所起
真舉從緣所起明響無性無性之
相已見法中然有五法一空谷二
有聲此二是緣三聲擊空谷便有
響應此明所起四有而非真此彰
無性五愚小謂有亦有有無等義
如上準之然此一喻通喻三法一
喻上一切聲則谷喻喉顙聲喻風
氣二喻上如來聲則谷喻如來聲
喻緣感三喻一切法今經略無晋
本具有大品十喻亦響喻一切則
谷喻如來藏聲喻無明習氣△二
合
而與法性無有相違令諸衆生隨類
各解
但合佛聲以從近故然初至令諸
衆生隨類各解言含法喻謂約法
則如來之聲不違法性而能隨類
合於上文能巧示現約喻則不違
本聲事法之性隨其呼人類別各
解

而得修學

△三轉以喻顯

如帝釋夫人阿修羅女至亦不心念令如是出

此有二意一則喻上佛聲一音隨類二則喻下菩薩無心方能普演

△四重合

菩薩摩訶薩亦復如是至於無邊世界中恒轉法輪

△三忍成之益二初隨機遍說

此菩薩善能觀察一切衆生至令隨所宜聞法各异

△二權實雙行

雖知聲無起而普現音聲至悉以智慧而能了達

以同於響性相無礙故是則由聞如響之教了如響之聲發如響之音演如響之法也△三結

是名菩薩摩訶薩第七如響忍

△八如影忍文有△四別初標

佛子云何爲菩薩摩訶薩如影忍

△二釋三初法有十一對分三初七對雙遮顯性以成止行如影無

七

實故

佛子此菩薩摩訶薩至非是世間非出世間

△二二對雙照性相以成觀行如影雖虛而能現故

非修菩薩行

性則非修

非捨於大願

相乃不捨

非實

真即俗故非實

非不實

俗即真故非不實△三二對遮照無礙成雙運自在行

雖常行一切佛法而能辦一切世間事

雙照真俗即權實雙行

不隨世間流亦不住法流

雙遮真俗即權實雙寂遮照一時爲雙運互奪無礙爲自在以此結上二段同斯無礙爲忍相之深玄

△二喻文具五法初爲所依本質

譬如日月男子女人捨宅山林河泉

八

等物

若約影喻別喻菩薩現身則日等喻悲智願等若約影喻通喻一切法則日等喻因其河泉二種雖通能現且爲所現長河飛泉入鏡中故△二明能現之處

於油於水於身於寶於明鏡等清淨物中

亦有通別別喻機感及應現處通喻於緣謂無明等然此文具攝論三喻一以油水對上日月爲水月喻喻於定地所引境界以水有潤滑澄清性故鏡等影像闕此潤等喻非定地二以於身對上日月爲光影喻身映日等而有影故弄影多端故喻於諸識三以寶鏡等對上男子等爲影像喻喻定地果報以鏡中影像離於本質別現鏡等之中故喻於果與因處別前映質之影雖因日等影乃隨身不於日內而現故喻諸識雖託境生异自在我非在於境上所依能現二段是緣△三明緣之所起

九

而現其影
亦有通別二果可知△四明有之
非有
影與油等非一非异非離非合
攝義多門於中一异合離通顯影
義初一异約此影彼影合離約影
對於水等次別顯影義
於川流中亦不漂度於池井内亦不
沉沒
不通二影如月映淮流流水不將
月去光臨潭上萬仞不見光沉喻
菩薩同世遷流不漂生死證真寂
滅不沉涅槃後雙結有無
雖現其中無所染著
喻性相交徹兼於鏡像△五愚小
取爲有
然諸衆生知於此處有是影現亦知
彼處無如是影
由以有無定爲有無不知即影了
不可取故成執著上明取有無故
爲執著
遠物近物雖皆影現影不隨物而有
近遠

十

舉影正義顯上爲執不知此影無
遠近故△二合二初正合前文
菩薩摩訶薩亦復如是至不作二解
謂自他別
舉智境合前本質
而於自國土於他國土
合前油等
各各差別一時普現
合前現影△二轉以喻合非有之
有
如種子中無有根芽莖節枝葉而能
生起如是等事
上喻下合
菩薩摩訶薩亦復如是至善巧方便
通達無礙
有無無礙名爲方便等△三結
是名菩薩摩訶薩第八如影忍
△四果三初約法性身
菩薩摩訶薩成就此忍至同於世間
竪實之相
得稱性之身如影不往而至不分
而遍故△二結成無礙
然此差別即非差別別與不別無所

十一

障礙
以無差是差之無差故雖不往而
遍令物見殊差是無差之差故雖
遍而不在彼此△三顯此身因
此菩薩從於如來種性至無邊色相
清淨之身
其無邊身近局果中亦通前法△
九如化忍四初標
佛子云何爲菩薩摩訶薩如化忍
化者無而忽有故△二釋三初法
二初總標
佛子此菩薩摩訶薩知一切世間皆
悉如化
標法同喻具能所知既知一切世
間不但局於所化情類略標世間
應具出世△二別顯二初顯所知
十句初五染化
所謂
此五不出惑業苦三前四是苦即
五蘊相
一切衆生意業化覺想所起故
一識由想起
一切世間諸行化分別所起故

十二

二行因識生分別是識故
一切苦樂顛倒化妄取所起故
三受因想起想取愛憎相故
一切世間不實法化言說所現故
四色亦行生無記報色如沫不實
名言熏習即是行故
一切煩惱分別化想念所起故
五即是惑惑由想行念即行故業
通二處初句意業此句分別皆是
業故此中意等從緣無性如化不
實本無今有如化相現故仁王經
云法本自無因緣生諸淨化二義
做此可悉△二五淨化
復有清淨調伏化無分別所現故
一方便調生依真智故
於三世不轉化無生平等故
二湛然真智由理成故故上文云
智入三世了法平等
菩薩願力化廣大修行故
三願由行滿
如來大悲化方便示現故
四慈悲復依方便立故
轉法輪方便化智慧無畏辯才所說

故
五具無畏辯能轉法故△二別顯
能知
菩薩如是了知世間出世間化
結前生後世間結前染出世結前
淨亦結餘所不盡謂乃至一法過
於涅槃亦如化故或說涅槃不如
化者大品云爲新發意菩薩恐其
驚怖分別生滅方如化故了知之
言即是生後次正顯能知上言了
知知有六義
現證知
若事若理非比度故
廣大知
旁無遺故
無違知
契中道故
如事知
稱俗境故
自在知
真俗無礙故
真實知
歸一實諦故

非虛妄見所能傾動隨世所行亦不
失壞
結上六知處真道而不傾行非道
而不壞△二喻
譬如化
應開四義一能化者以喻因緣二
化現事喻所起果三現用而無實
四愚小謂真故十喻傳云猶如化
事雖空無實能令衆生憂苦瞋恚
喜樂癡惑諸法亦爾云何無實如
彼化人無生老死苦樂异餘人故
有四十句初句標次三十七句一
向雙非以顯無實
不從心起不從心法起至非生死非
涅槃
後二句義通二種
非有非無有
一亦是雙非謂無有亦無故二雙
融性相化不實故非有現化事故
非無有對成四句及一异等準前
思之△二合二初化行四初起化
用
菩薩如是善巧方便至了知世法分

身化往
以同化相有故然但云菩薩如是[十六]
者以上諸非一一通法故指上如
是爲善巧方便△二明化智
不著世間不取自身至不住於法不
離於法
以了化不實故△三雙非顯中
以本願故不弃捨一衆生至雖無所
有而滿足佛法
△四結示化旨
了法如化非有非無
二化益
佛子菩薩摩訶薩如是安住至菩提
之道利益衆生
△三結
是名菩薩摩訶薩第九如化忍
△四果二初得利他業用之果
菩薩摩訶薩成就此忍至明照法性
平等圓滿
△二得依自利立勝名果
佛子此菩薩摩訶薩至不能爲障名
無礙者
△十如空忍四初標

佛子云何爲菩薩摩訶薩如空忍[十七]
標云如空如空所喻通一切法佛
地論喻清淨法界以離差別相故
及中邊等論喻圓成實但是此中
一義然其喻相小异諸喻諸喻開
義多分有五雖然正取所成幻等
以喻於法而亦取緣等以顯無性
此中喻相不閒別法直指於空具
含多義以喻於法又此諸喻若約
能喻五多喻中多取似有以破實
有化喻以不有之有破於似有此
喻以性相俱絶破於一切又前六
遣有會空多依空立有少此一遣
有入空少依空立有多又上所喻
則通一切此中能喻則具多義所
喻各隨別義喻一類法龍樹十喻
以四復次釋如空義一近無遠有
謂如虛空非可見法以遠視故眼
光迴轉則見縹色一切諸法亦復
如是空無所有以凡夫人遠無漏
慧弃捨實相則見彼我男女等物
而實此物竟無所有二約性淨不
染三約無初中後四約體實無物

及佛地論有十復次上八地中空[十八]
有十義皆是略明然約別義有此
不同若約同義諸喻無別故叡公
云十喻以喻空空必待此喻借言
以會意意盡無會處若得出長羅
住此無所住若能映斯照萬象無
來去餘有無無礙等義如前後說
△二釋二初忍解之相二初別明
佛子此菩薩摩訶薩
以空九義喻九種法隨義雖別然
其總意亦以緣成無性故空然九
句各初標法同喻後出所以
了一切法界猶如虛空以無相故
一標事法界如空下出所以者以
無相故謂從約無性其相自虛即
事當體是理法界故此句爲總
一切世界猶如虛空以無起故
二世界共業所起故
一切法猶如虛空以無二故
三軌儀教法一味法界之所流故
及餘六句并準初句
一切衆生行猶如虛空至猶如虛空
無著無礙故

三總結
菩薩如是以如虛空方便了一切法　九
皆無所有
△二忍行成益三初總明得如空
三業業具
佛子菩薩摩訶薩以如虛空忍智至
如虛空意意業
△二別顯德齊虛空
譬如虛空一切法依至智慧諸力不
可破壞
上二句一向喻實無依爲依
譬如虛空一切世間至而菩薩心無
有邊際
餘九句皆顯性相無礙從緣有故
無性空故又此二相即故便成四
句一緣生故空緣生故有二無性
故空無性故有三緣生故有無性
故空四即反此餘一异等并例此
知無法出空故皆現其前空不可
見是故不現諸法之前餘文并顯
△三徵釋得益之由二初徵
何以故
徵意云所以得者△二釋意云空
觀成故於中有二初智證齊空　十
菩薩所作如虛空故至皆悉平等一
體一味
一體者真如平等故一味者解脱
不殊故
一種分量
大小皆稱性故
如虛空清淨遍一切處至於一切法
無有分別
△二德用滿空
嚴淨一切諸佛國土至轉於法輪未
曾失時
△三結
是名菩薩摩訶薩第十如空忍
△四果
菩薩摩訶薩成就此忍至身智慧力
如虛空故
得二十種身前十與十行及離世
間大分相似然通相多從德用以
立其名可以意得△四總結十忍
佛子是名菩薩摩訶薩十種忍
△二偈頌一百七頌大分爲二初
百頌頌前但頌廣釋即爲十段段
各十偈初有十頌頌音聲忍於中　十一
二初二偈頌所聞佛説
爾時普賢菩薩摩訶薩欲重宣其義
而説頌言
譬如世有人聞有寶藏處至甚深寂
滅相
△二有八偈頌能入佛法
聞此深法時其心得安隱至供佛令
歡喜
於中一偈頌不驚怖畏一偈深信
一偈悟解二偈愛樂一偈修習安
住後二偈頌趣向而專心憶念△
二頌順忍
如有大福人獲得真金藏至亦不分
別法
初一偈三、頌思惟次二偈一句
頌隨順了知令心清淨次一却頌
觀察平等無違餘頌正住修習△
三頌無生忍於中三初三頌標
三十三天中所有諸天子至無生故
無滅
以前三忍皆是法説故偈初各加
其喻△二有四偈頌釋

無滅故無盡無盡故無染至方便善三二
說法
△後三結難
此忍最爲上了法無有盡至置於善
道中
△四頌如幻忍二初六偈頌前略
說於中有二初四頌指法同喻及
顯緣相
世間種種法一切皆如幻至示現有
種種
△二有二偈頌成就忍行
度脫諸衆生令知法如幻至一切皆
如幻
△二有四頌頌廣說三初二頌喻
幻作男女形及象馬牛羊至但隨分
別現
△次一頌合
菩薩能如是普見諸世間有無一切
法了達悉如幻
△三忍行成
衆生及國土種種業所造入於如幻
際於彼無依著
△五如焰忍初一蹋前生後以明

觀意三三
如是得善巧寂滅無戲論住於無礙
地普現大威力
△二有五偈指法同喻
勇猛諸佛子隨順入妙法至遠離三
顛倒
△三頌喻
譬如熱時焰世見謂爲水至智者不
應求
△四頌合
衆生亦復然世趣皆無有至是菩薩
方便
△六頌如夢忍正頌前合兼頌標
喻
菩薩了世法一切皆如夢至廣度諸
群生
十頌頌前九句一頌無斐异次一
頌頌自性上二兼頌標法三頌執
著翻則解脫兼頌前喻四頌性離
五超頌所現六却頌本性七八二
頌頌無差別九頌想分別十頌覺
時△七頌如響忍四初一偈頌忍
行所因

修行如是行出生廣大解巧知諸法三四
性於法心無著文云修行如是行似
結前喻既言知諸法性義同忍行△
二二偈頌聞一切聲如響
一切諸世間種種諸音聲至其心亦
如是
△三有二偈頌知如來聲如響
瞻仰諸如來及聽說法音至與法無
乖謬
△四餘頌忍成之益其喻遍諸偈
中
善了諸音聲於聲不分別至於世無
所著
△八頌如影忍頌法說十對喻合
含在其中十頌分九初二偈頌非
世生沒
爲欲利世間專意求菩提至修行意
不動
謂了寂故不生饒益故不沒△二
有一偈頌不在內外
不住於世間不離於世間於世無所
依依處不可得
不住故不內不離故不外△三有

一偈頌非行不行
了知世間性於性無染著雖不依世 三五
間化世令超度
了無染故非行化世故非不行△
四有一偈頌非同非异
世間所以法悉知其自性了法無有
二無二亦無著
知自性故非同了無二故非异△
五有一偈頌非往非不往
心不離世間亦不住世間非於世間
外修行一切智
第二句不往而行餘三句非不往
△六有一偈半頌非住非不住
譬如水中影非內亦非外至以世不
可說
初半偈兼別頌喻故云非內外△
七有二句頌非是出間非出出間
亦不在內外如影現世間
△八頌非修菩薩行非捨於大願
入此甚深義離垢志明徹不捨本誓
心普照智慧燈
△九頌雖常行一切法而能辨一
切世間事

世間無邊際智入悉齊等普化諸群
生令其捨衆著 三六
其實不實及不住世流法流義通
結上故略不頌△九有十頌頌如
化忍四初三偈頌總知一切世間
如化
觀察甚深法利益群生衆至菩薩行
亦然
△二染法化
一切諸世間及以無量業平等悉如
化畢竟住寂滅
△三淨法化
三世所有佛一切亦如化至化力爲
說法
言度脫亦如化者爲釋疑故謂觀
察衆生如化何用化之故此答云
化若有實可招來難度既如化化
之何妨△四有四偈頌合
知世皆如化不分別世間至智慧亦
如是
△十如空忍二初一頌忍解之相
第十忍明觀衆生及諸法體性皆寂
滅如空無處所

△二忍行成益三初頌別顯德齊 三七
虛空
獲此如空智永離諸取著至菩薩之
所得
△二有三偈頌徵釋得忍之由
自住如空法復爲衆生說至悉等虛
空性
△三有一偈都頌上總名得如空
三業
智慧與音聲及以菩薩身其性如虛
空一切皆寂滅
△二頌結嘆二初三偈二利行圓
如是十種忍佛子所修行至轉於無
上輪
言超過一切衆者正顯十頂之義
△二有四偈顯深難測上智所知
所修廣大行其量不可得至衆生莫
能測

大方廣佛華嚴經疏卷第七十三

大方廣佛華嚴經疏卷第七十四　入第四十五經　一

清涼山沙門　澄觀　述

晉水沙門　淨源　錄疏注經

○阿僧祇品第三十

△初來意有二一通辨者謂前三品別答前問此下三品總明等覺勝德深奧故二別辨者前既智圓證極此品校量行德難思故次來也又難思佛德菩薩盡窮故亦爲遠答變化海故下偈廣明變化大用即其意也又通顯一部之數量故二釋名者阿之言無僧祇曰數全帶數名若晉本云心王菩薩問阿僧祇品兼能問人即人法雙舉及菩薩所問之算數梵本同此然僧祇是十大數之創首經論多用故以標名亦顯此數即離數故寄無數標名

三宗趣者寄數顯德分齊爲宗令知普賢及知諸佛離數重重無盡爲趣

二

四釋經文此下三品總顯深奧即爲三別此品明勝德無數次品明盡一切時後品明遍一切處然此三品初一通明佛菩薩德次品正顯佛之勝德兼明菩薩後品唯明菩薩之德所以爾者亦是等覺亦名佛故位後普賢是佛菩薩故今初一品文分爲二先問二初牒佛所說

爾時心王菩薩

所以心王問者表數不離心數與非數皆自在故又顯此數統收前後辨超勝故

白佛言世尊諸佛如來至不可說不可說

所以偏問十者舉後攝初顯無盡故前後文中多用此故故後文云如來演說但問本數已攝諸轉

△二正明諮問

世尊云何阿僧祇乃至不可說不可說耶

△二答四初讚問成益

佛告心王菩薩言善哉善哉至而問

三

如來應正等覺

令入佛所知數者以是圓數所明深廣無涯唯佛方測不同凡小之所能知如黃帝算法但有二十三數始從一二終至正載已說天地不容小乘六十已至無數此有百二十四倍倍變之故非餘測故數終極寄不可說況復偈初更積不可說歷諸塵刹以顯無盡所以佛自答者表難思故又明此品統語因位終德故佛說之△二戒聽許說

善男子諦聽諦聽善思念之當爲汝說

△三敬受尊命

時心王菩薩唯然受教

△四正答所疑二初長行明能數之數廣多

佛言善男子一百洛叉至爲一不可說不可說轉

問乃舉後難知答則始終具說初言一百洛叉爲一俱胝者是中等數洛叉是萬俱胝是億故光明覺

品云過一億梵本皆云俱胝故若四依俱舍以洛叉爲億則俱胝當兆也若兼取一十百千萬等下等數法則通有百三十七數由前易故略不說之俱胝已下并是上等數法倍倍變故餘如光明覺品中說其中多存梵音但是數名更無別理末後云此又不可說不可說者若類前具牒便有四個不可說字故譯家云此又二字替一不可說不可說爲譯之巧△二偈頌顯所數之德無盡有一百二十偈大分爲二初六偈明普賢德廣說不可盡二初四偈半明能數多

爾時世尊爲心王菩薩而說頌言不可言說不可說至一塵十萬不可說

積數自有十重以顯無盡是知上至不可說轉尚約順機據佛所知實無盡故言十重者一初句積不可說至不可說然此應積最後不可說不可說轉而但積不可說者有二義故一取言易故下偈多用故二表言所不及之數故次三句將上所積充滿一切不可說初句五標後二句釋謂何者是一切不可說釋云不可說劫中說不盡者三半偈將上諸不可說一一是一刹皆碎爲塵四半偈即前一一塵有不可說刹五有半偈將前諸塵中刹一念遍碎爲塵六有半偈念念碎塵復盡多劫七有一句明前所碎塵復有多刹八有一句即此多刹復碎爲塵九有半偈以多算數經於多劫數上諸塵云如是數十以上諸塵數劫一塵有十萬個不可說劫如是重重無盡無盡△二一偈半顯所數廣

爾劫稱讚一普賢至如是乃至遍法界

略舉三重一將上諸劫讚一普賢之德不盡二況一塵中有多普賢三況遍法界塵皆有多矣是知普賢德無盡故若不以稱性之心思之心惑狂亂△二有一百一十四偈明佛德深廣普賢窮究即廣顯變化之相文二初明果德無礙因位善窮二明果德深廣因能趣入六初中分二初果法無礙二初三偈依報自在

一毛端處所有刹至種種奇妙不可說

△二明依正融攝即入自在於中五初依中現正

於彼一一毛端處至咸放光明不可說

△二有十一偈半明正中現依文二初現蓮華光明

於彼一一光明中至不可言說不可說

△二有二偈半現淨土之用

彼如須彌一妙寶至皆出光明不可說

△三有五偈依中現正說法調伏

光中現佛不可說至調伏衆生不可說

△四有二偈明現時常住

或復於一毛端處至復現於化不可說

△五有九偈半明自在調生

七

彼佛法身不可說至於中差別不可
說　△第二明因位善窮文分爲二初
有半偈結前生後
菩薩悉能分別說諸明算者莫能辦
△二正顯因德於中有十初八偈
明帝網身土是起行處
一毛端處大小剎至入已所作不可
說　又前文明其展遍此明包容文影
略耳言毛孔悉能受諸剎等者稱
法性之一毛故受多剎而無外不
壞相之多剎安遍語者之一毛內
外緣起非即離故△二三業勤勇
行
意根明了不可說至了達一切不可
說　△三有四偈半明應器攝生行
一切衆生不可說至利益一切諸世
間　△四有五偈半明游方供佛行
普現其身不可說至恭敬諸佛不可
說

八

△五有十一偈半明廣修十度行
修行於施不可說至念念恒住不可
說　△六有二偈半游剎自在行
諸佛剎海不可說至雜染世界不可
說　△七有四偈明調伏衆生行
了知衆生不可說至令衆生淨不可
說　△八有七偈半三業深淨行
一一毛孔不可說至演說讚嘆不可
說　△九有八偈半願智自在行
彼諸菩薩不可說至哀愍世間不可
說　△十有一偈結德無盡
不可言說一切劫至不可說德不可
盡　△二明果德深廣因能趣入文二
初果三初六偈總嘆佛德
不可言說諸如來至嘆佛功德無能
盡　△二有三偈別明依報

九

一微塵中能悉有至剎海分布不可
說　此中所明蓮華世界賢首如來即
是次品最後世界賢勝如來勝者
爲首其義可知△三有三偈別明
正報
一一剎中有如來至獲深智藏不可
說　△三明因德趣入於中二初有六
偈半明自分行
種種數量不可說至一一了知不可
說　△二有三偈半明勝進行
能於一時證菩提至菩薩一切皆明
見
且從相顯略申科判然上諸德德
德圓融無盡無盡惟忘懷體之

○壽量品第三十一

△初來意者夫玄鑒虛朗出乎數
域之表豈有殊形萬狀修短之壽
哉然應物隨機寧無不形而無不
壽故上品彰其實德此品以辦隨
機雖積少至多顯時無不遍即前

多德之一故粗廣之亦爲遠答壽量海故所以來也

二釋名者壽謂報命量即分限染淨土之報壽隨機見之分限以顯無盡之命無限之量壽之量故壽有斯量通二釋也別行經名無邊佛土經即以處顯人

三宗趣者應物修短爲宗顯窮來際無限爲趣以就同教且積劣之勝若就別教則修短圓融故次正釋文二初集經者敘

爾時心王菩薩摩訶薩於衆會中告諸菩薩言

而心王說者以領旨故佛壽自在故△二正說三初別舉十剎相望巧明

佛子此娑婆世界至月智佛剎爲一日一夜

△二舉略顯廣

佛子如是次第乃至過百萬阿僧祇世界

△三舉其玄極

最後世界一劫至大菩薩等充滿其

中

且如以劫爲日未歷十重則劫不可說況百萬僧祇則最後之剎已鄰剎海平等故舉普賢等充滿其中者明極位所居由此名爲兼顯菩薩

大方廣佛華嚴經疏卷第七十四

大方廣佛華嚴經疏卷第七十五 一

第入 四十五 經卷末

清涼山沙門 澄觀 述

晉水沙門 淨源 錄疏注經

○諸菩薩住處品第三十二

△初來意者上約化益盡一切時今明菩薩遍一切處故次來也故僧祇中明法界毛端之處皆有多多普賢此則據實而談今約機緣所宜指有方所使物欣厭翹心有歸若知能住菩薩毛含剎海所住之處塵納無邊則未有一方非菩薩住亦遠答前壽量海問菩薩隨機住壽异故昔將此品遠答第二會初問意十句非唯義意不同抑亦文不相次

二釋名者菩薩大悲隨機住處能住非一故名曰諸菩薩之住處故以爲名

三宗趣者隨機應感方所爲宗使物歸憑及悟無方以爲其趣

次正釋文分二初集經者叙

二

爾時心王菩薩摩訶薩於衆會中告諸菩薩言

亦心王說者隨所統王皆自在故亦表心隨智住無障礙故△二正說住處有二十二處前十依八方山海以上下二方非凡能至故不明之山海包藏仁智栖止表大智高深故能止能照故後十二處城邑雜居曲盡物機表大悲無遺故則知菩薩無不在矣今初第六是海中之山第十海中之窟餘皆是山文十初仙人山

佛子東方有處名仙人山至常在其中而演說法

仙人山者相傳是東海蓬萊山若爾則亦兼海△二勝峰山

南方有處名勝峰山至常在其中而演說法

勝峰即德云所住晉本名樓閣山即娑施羅所住△三金剛焰山

西方有處名金剛焰山至常在其中而演說法

金剛焰在西海之濱△四香積山

三

北方有處名香積山至常在其中而演說法

香積山昔云應是雪北香山△五清涼山

東北方有處名清涼山至常在其中而演說法

清涼山即代州雁門郡五臺山也於中現有清涼寺以歲積堅冰夏仍飛雪曾無炎暑故曰清涼五峰聳出頂無林木有如壘土之臺故曰五臺表我大聖五智已圓五眼已淨總五部之真秘洞五陰之真源故首戴五佛之冠頂分五方之髻運五乘之要清五濁之災矣然但云東北方者其言猶漫按寶藏陀羅尼經云我滅度後於贍部洲東北方有國名大振那其國有山號爲五頂文殊師利童子游行居住爲諸菩薩衆於中說法及與無量無數藥叉羅剎緊那羅摩睺羅伽人非人等供養恭敬斯言審矣其山靈迹備諸傳記余幼尋茲典每至斯文皆掩卷長嘆遂不遠萬

四

里委命栖託聖境相誘十載于茲其感應昭著盈于耳目及夫夏景勝事尤多歷歷龍宮夜開千月纖纖細草朝開百華或萬聖羅空或五雲凝岫圓光映乎山翠瑞鳥翥于烟霄唯聞大聖之名無復人間之慮入聖境者接武革凡心者架肩相視至謂非凡觸目皆爲佛事其山勢寺宇難以盡言自大師晦迹於西天妙德揚輝於東夏雖法身長在而鷲山空掩於荒榛應現有方鷲嶺得名於茲土神僧顯彰於靈境宣公上稟於諸天漢明肇啓於崇基魏帝中孚於至化北齊數州以傾俸有唐九帝之迴光五天殉命以奔風八表亡軀而競託其有居神州而一生不到亦奚异舍衛三億之徒哉願皆修敬△六金剛山

海中有處名金剛山至常在其中而演說法

金剛山謂東海近東有山名之爲金剛雖非全體是金而上下四周

五

乃至山間流水砂中皆悉有金遠望即謂全體是金又海東人自古相傳此山往往有聖人出現然晉本此處當其第九以與第十莊嚴窟俱在海中故而今居此者意是八方之内東北方攝故若不然者何以正說八方忽然語海又晉本海中有二住處一名枳怛那現有菩薩名曇無竭有萬二千菩薩眷屬言枳怛者具云昵枳多此云踴出金剛語體踴出語狀曇無竭者此云法生亦云法勇亦云法尚今言法起與生勇義同即常啼之友也菩薩眷屬十倍今經或前譯之誤

△七支提山

東南方有處名支提山至常在其中而演說法

支提山者此云生淨信之所有舍利者爲塔無舍利曰支提或山形似塔或彼有支提故以爲名昔云即指清涼爲東北則東南影響吳越然吳越靈山雖衆取其形似者

六

天臺之南赤城山也直聳云際赩若霞起岩樹相映分成數重其間有白道猷之遺踪或即當之矣然劍川有三學山中有歡喜王菩薩屢持燈而出名雖不同而天竺望之即是東南亦有見其持寶冠者則密示其名也希後賢以審之△八光明山

西南方有處名光明山至常在其中而演說法

光明山昔云應是與補怛洛迦山相連以晉譯觀音住山爲光明今文非觀音住處而云光明故言連也△九香風山

西北方有處名香風山至常在其中而演說法

香風山疑是香山西畔△十莊嚴窟大海之中復有住處至諸菩薩衆於中止住

對上第六海中故云復有晉本云二名功德莊嚴窟△後十二處城邑雜居初毗舍離

毗舍離南有一住處至諸菩薩衆於

七

中止住
毗舍離者即毗耶離此云廣嚴城
亦曰廣博即是中印度淨名所居
之城言南者按西域記第七云此
城南十四五里有塔是七百賢聖
重結集處更南八九十里有僧伽
藍其側有過去四佛座及經行遺
迹之處應是其所晋本第二更有
一處名巴連弗邑有處名金燈僧
伽藍昔云具言波吒補怛羅此云
黃華子即黃華女之子創居此處
亦中天摩伽陀國具如西域記第
八今經闕此一處△二摩度羅城
摩度羅城有一住處至諸菩薩衆於
中止住
云摩度羅者亦曰摩偷羅此云孔
雀亦云密蓋并是古世因事爲名
亦中印度言滿足窟者彼國有舍
利佛等塔及文殊師利塔於王城
西五六里有山寺是烏波毱多所
造寺北有岩中間有石窟是毱多
度人安籌之所具如西域記第四
説安籌雖是後事多是安聖窟中

八

△三俱珍那
俱珍那城有一住處至諸菩薩衆於
中止住
俱珍那者具云俱陳那耶俱珍姓
也此云大盆耶耶法律也謂池形
如大盆住昔有仙於側修法律後
人以此爲姓因爲城名△四清淨
彼岸
清淨彼岸城有一住處至諸菩薩衆
於中止住
清淨彼岸城是南印度目真此云
解脱即龍之名鄰陀云處即龍所
居處△五摩蘭陀國
摩蘭陀國有一住處至諸菩薩衆於
中止住
摩蘭陀國未詳所在晋經無國但
云風地謂有風孔處即龍所居△
六甘菩遮國
甘菩遮國有一住處至諸菩薩衆於
中止住
甘菩遮國正云紺蒲即是果名其
果赤白圓滿乍似此方林擒而復
三約横文此國多端正女人頸似

九

紺蒲三約文成以女名國出生慈
者大集經中但名慈窟△七震旦
國
震旦國有一住處至諸菩薩衆於中
止住
震旦國即此大唐亦云真丹或云
支那皆梵音楚夏此云多思惟以
情慮多端故前爲成八方故清凉
直云東北今在諸國之類故舉國
名那羅延者此云堅固昔云即青
州界有東牢山現有古佛聖迹此
應是也然牢山乃是登州亦青州
分野其山靈迹亦多然今之到此
山者在蔚州界靈迹顯著不減清
凉時人稱謂普賢所居往往有睹
彼亦有五臺南臺有窟難究其底
時稱那羅延窟或即是此△八疏
勒國
疏勒國有一住處至諸菩薩衆於中
止住
疏勒國具云佉路數怛勒是彼國
山名因山立號或翻爲惡性因國
人以立名然牛頭山在今于闐國

此云地乳佛滅百年方立此國具如西域記以集經之時未聞尚屬疏勒故耳晋本但云邊國故或指江表牛頭今譯既明定非此也△九迦葉彌羅

迦葉彌羅國有一住處至諸菩薩衆于中止住

迦葉彌羅晋譯爲罽賓此翻爲阿誰入即末田地乞地之所略如音義廣出西域記第三△十增長歡喜城

增長歡喜城有一住處至諸菩薩衆於中止住

增長歡喜城古釋云即南印度尊者窟者即上座部所居之所△十一菴浮梨摩

菴浮梨摩國有一住處至諸菩薩衆於中止住

菴浮梨摩此云無垢即是果名此國豐而且勝故以爲名在中印度境△十二乾陀羅國

乾陀羅國有一住處至諸菩薩衆於中止住

十

乾陀羅國此云持地多得道果者護持不爲他國侵害故或云香遍遍國香草先發生故苫婆羅者是香華樹名與初品苫末羅梵言輕重耳遍窟側近多生此故相傳云是佛留影之所具如西域記及大集月藏分第十此品之終都無結束或是經來不盡閻浮既爾餘界异類界等可以倣之法界身雲則無在無不在矣

自下入第四十六卷經

○佛不思義法品第三十三

△初明來意先通後別通則此下五品爲答第二會初如來地等十句問故古德但有三品答前謂前明修生之因今辨修生之果因圓果滿故次來也若答前問何以重請由因果隔絶念法希聞因德尚深果必玄妙故念請耳別明此品則前品因終此品果始故次來也△二釋名者如來果法迴超言慮故以爲名斯即佛之不思議法也△三宗趣先總後別總明說佛果

十一

德體用心言罔及而爲其宗令諸物情亡言絶想速滿爲趣別就宗中三門分別一通辨佛德若說百四十不共佛法通於權小若五法攝大覺性猶通於權若言唯一味實德者約理頓說若言具足無盡德者是此所明故後文中初標十問答具多門類通十方一一無盡二別顯義相諸佛功德不出二種一者修生二者本有初謂信等本無今有後謂真如具性功德此二無礙應成四句一唯修生二唯本有以性相區分故三本有修生謂如來藏待彼了因本隱今顯故四修生本有無分別智冥符理故若權教所明二德不雜法報四句亦有差殊依此經宗雖有四義而無四事本有如真金修生如嚴具然由嚴具方顯金德嚴具無體全攬金成故唯金不礙嚴具唯法身而不礙報化唯嚴具亦然既至全收故十身無礙八相該於法界丈六遍於十方諸根毛孔各無限量亦

十二

十三 不礙量量與無量無有障礙三顯
不思議之義泛明有四一理妙難
測二事廣難知三行深越世四果
用超情今文通四正辨後一就後
一中復開爲四一何者不思議略
辨十種一智超世表二悲越常情
三無思成事四同染恒淨五所作
秘密六業用廣大七多少即入八
分圓自在九依正無礙十理事一
味文并具之恐繁不引二於何不
思議此有四位一過世間二越權
小三超因位四顯法體三云何不
思議亦有四種謂非聞思修及報
智境四何用不思議亦有四種謂
令信向故起行求故隨分證故圓
滿得故前三是宗唯取第四何用
爲越即此宗趣可以釋名
次正釋文五品分二初之一品總
明佛德後之四品別顯佛德古德
將後二品爲平等因果此但三品
今依賢首初品總顯佛德體用次
品別顯勝德之相後品別明勝德
益用又初品明德次品明相後品

十四 明好今初分四初請分二初明請
人
爾時大會中有諸菩薩作是念
△二正顯所念
諸佛國土云何不思議至諸佛解脫
云何不思議
十法皆云不思議者即前果用超
情離於說相故此十句義并多含
皆通真應不得一向就應而辨然
此十問攝前普光後二十句所成
果問謂身攝六根智攝佛境佛地
及最勝三問自在攝五一神力曰
神通三十力四無畏五三昧此并
前開此合前境界中開出國土所
化所依之境故前所行中開出出
現本願種性種性即是悲智之行
本願唯就因辨行故出現是佛普
賢行故出現與行互有寬陿下出
現品行是其一故前之無礙此開
解脫作用無礙名解脫故所以開
合者顯義無方故名多同者顯不
异故音聲即辨才雖無開合名有
寬陿義旨大同此十義相第二會

十五 中已曾解釋至下說分文中重明
△二加分三初加因
爾時世尊知諸菩薩心之所念
神知機故△二顯加相
則以神力加持
三業加故上句爲總下三句別
智慧攝受光明照耀威勢充滿
謂意語身以光照者即教光故△
三加所爲
令青蓮華藏菩薩
爲具說德故文有八句
住佛無畏
外制無畏
入佛法界
內證深寂此意業勝
獲佛威德
威德內充
神通自在
神用外徹此身業勝
得佛無礙
具四無礙是語業勝
廣大觀察
遍觀機教爲廣大

知一切佛種性次第
知性無差是爲次第
住不可說佛法方便
授記善巧是爲方便皆說德也所以加青蓮華藏者果德離言藉因顯故因果同時故性德無染最超勝故一德具含一切德故△三證分十句

十六

爾時青蓮華藏菩薩至則能知見一切佛法
上四自利下三利他
以大悲心觀察衆生至受行一切諸菩薩法
上皆自分後三勝進
於一念中出生佛智至總持辯才皆悉具足
△四說分二初承力總告
承佛神力告蓮華藏菩薩言
告蓮華藏者非同佛心無以受佛之德故亦名蓮華不言青者不礙能說爲最超勝故△二正顯佛德略有二義一總下五品共答十問此之一品答佛種性佛以功德爲種性故次有二品答於佛身次一品答本願後一品答出現其國土問初會已廣餘或經來未盡或前後攝之二者此品具答十問謂佛德無量略顯三十二門門皆具十則有三百二十種德以顯無盡昔以初十標宗略答具答十問所餘唯有別答而超次答前十問今謂三十二門如次答前十句問故而門門中皆含答十欲顯佛德一具一切亦顯所問包含廣故而標門名多不同前者爲顯佛德無邊際故文分爲十初之二門答國土問次二門答本願問三二門答種性問四二門答出現問五五門答佛身問六二門答音聲問七三門答智慧問八八門答自在問九三門答無礙問十有三門答解脫問以身及自在含前普光諸問多故用門亦多而文多有三謂標釋結其中義相至文當顯今初二門答國土問者國土即是所依所住即分爲二初門明其常住法門後門明

十七

其遍住法界不唯國土不在方所爲真土也今初文二初標
佛子諸佛世尊有無量住
△二釋相
所謂
文有九句顯於如來應機說法合答十問則知十問皆成住處下皆傚之
常住大悲
起應之心答種性問悲爲種性故
住種種身作諸佛事
演法之身答佛身問
住平等意轉淨法輪
轉法之意答本願問本願平等利一切故
生四辯才說無量法
能轉之辯答音聲問音出辯故
住不思議一切佛法
所轉之法答自在問自在不思議故
住清淨音遍無量土
轉音周遍答國土國土是音所至故

十八

十九

住不可說甚深法界

所顯之理答智慧智慧能住法界故

住現一切最勝神通

能化之通答神通問

住能開示無有障礙究竟之法

演法之益答無礙問文唯九句脱於出現或通諸句出現皆能作前九故答此品中十問既爾答初二會類例可知△二普遍法界明其遍住謂六根三業遍法界土文分爲三初標

佛子諸佛世尊有十種法普遍無量無邊法界

無量是事法界無邊是理此二無礙及事事無礙法界并爲所遍△二列釋

何等爲十所謂一切諸佛至普入諸趣而無染著

含答三問一正答身其普遍諸趣是有悲性及出現義

一切諸佛有無邊際至住於無礙平等法身

二十

次之六句是身別相亦是於身兼答普光眼等六問出妙音聲答音聲問

一切諸佛有無邊際無礙解脱示現無盡大神通力

答三問謂無礙答第九解脱答第十神通力答自在

一切諸佛有無邊際至而於其中不生染著

別答國土

一切諸佛有無邊際至悉能通達一切佛法

答本願及智慧問△三結

佛子是爲如來應正等覺至法界無邊際十種佛法

△二有二門答本願問二初明乘願現其八相

佛子諸佛世尊有十種念念出生智

然願以後得智爲體從其願智生八相等非生智也上標次徵列結下文倣此

何等爲十所謂一切諸佛至無量世界從天來下

二十一

乘願下生

一切諸佛於一念中悉能示現無量世界菩薩受生

受生種族

一切諸佛於一念中悉能示現無量世界出家學道

學解脱道

一切諸佛於一念中至菩提樹下成等正覺

明其出現

一切諸佛於一念中至無量世界轉妙法輪

音聲

一切諸佛於一念中至教化衆生供養諸佛

化生嚴國

一切諸佛於一念中至不可言說種種佛身

現佛身

一切諸佛於一念中至如來自在一切智藏

自在相嚴福嚴嚴如來藏故

一切諸佛於一念中至無量無數清

二十二

淨衆生
　是無礙故
一切諸佛於一念中至於三世中成
等正覺
　即智慧正遍知故
是爲十
△二明願不失時
佛子諸佛世尊有十種不失時
　行止在緣根熟化現本熟便捨非
　願不周若機熟失時便違本願
何等爲十所謂一切諸佛成等正覺
不失時
　出現
一切諸佛成熟有緣不失時
　成本願有緣
一切諸佛授菩薩記不失時
　知種性與記
一切諸佛隨衆生心示現神力不失
時
　自在
一切諸佛隨衆生解示現佛身不失
時
　現身

二十三

一切諸佛住於大捨不失時
　智住於捨
一切諸佛入諸聚落不失時
　六根無礙
一切諸佛攝諸淨信不失時
　淨國攝信
一切諸佛調惡衆生不失時
　强音調惡
一切諸佛現不思議諸佛神通不失
時
　即不思議解脫
是爲十
△三有二門答種性問二初門雙
　明報化種性皆真正故
佛子諸佛世尊有十種無比不思議
境界
　體相迢言念故云不思議下位不
　及故云無比
何等爲十所謂一切諸佛至遍滿十
方無量世界
　現身
一切諸佛說一義句悉能開示一切
佛法

二十四

　音聲
一切諸佛放一光明悉能遍照一切
世界
　乘願放光如其本願所得光故
一切諸佛於一身中悉能示現一切
諸身
　出現
一切諸佛於一處中悉能示現一切
世界
　國土
一切諸佛於一智中悉能決了一切
諸法無所罣礙
　智慧
一切諸佛於一念中悉能遍往十方
世界
　自在
一切諸佛於一念中悉現如來無量
威德
　威德種族
一切諸佛於一念中普緣三世佛及
衆生心無雜亂
　無雜之礙
一切諸佛於一念中與去來今一切

二十五

諸佛體同無二
解脱體同
是爲十
上之五段皆略指陳兼答十問已
下恐繁説者隨宜△二唯明法身
爲種性
佛子諸佛世尊能出生十種智
從無性中出其智慧非答智慧故
何者爲十所謂一切諸佛至了生滅
智是爲十
十句句各分二皆上句知性即無
性之性爲其能生下句即是出生
智用△四有二門答出現問二初
門明遍現常現
佛子諸佛世尊有十種普入法
非有出没方爲真現
何等爲十所謂一切諸佛至三種自
在普化衆生
三種自在即三業化也
一切諸佛皆悉具足至一念普現三
世諸佛
普現三世諸佛況自身耶又一現
即一切現以三世佛無二體故如

二十六

文殊般若中辨
一切諸佛皆悉具足至普立三世劫
數是爲十
△二明出現之相
佛子諸佛世尊有十種難信受廣大
法
謂大用無涯故云廣大凡小莫測
故難信受
何等爲十所謂一切諸佛至住十力
中是爲十
△五有五門答佛身問即分爲五
初總顯無過
佛子諸佛世尊有十種大功德離過
清淨
如來三業隨智慧行故三業等事
不出於身
何等爲十所謂一切諸佛至離過清
淨是爲十
別中多同出現品身之十相△二
明過不生
佛子諸佛世尊有十種究竟清淨
揀异因淨故云究竟惑障諸垢永
不起故

二十七

何等爲十所謂一切諸佛至所有眷
屬究竟清淨
上之五句功德身淨
一切諸佛所有種族究竟至色身相
好究竟清淨
此二色身
一切諸佛法身無染究竟清淨
法身
一切諸佛一切智智無有障礙究竟
清淨
智身
一切諸佛解脱自在所作已辦到於
彼岸究竟清淨
後一意生等身淨也
是爲十
△三身之業用
佛子諸佛世尊於一切世界至能遍
觀察是爲十
亦多同出現品身相△四智慧相
應
佛子諸佛世尊有十種無盡智海法
至是爲十
即如來六根三業皆智慧深廣相

二十八

應故亦是別廣智身問故△五業
用無斷

佛子諸佛世尊有十種常法至無邊
際故是爲十

助佛身中意業恒常用無斷故△
六有二門答音聲問二初明以音
聲辯說兼答普光辯才問

佛子諸佛世尊有十種演說無量至
是爲十

△二明種種說法

佛子諸佛世尊有十種爲衆生作佛
事

謂六塵四大舉動施爲皆能顯法
成其利益無非佛事非獨音聲如
淨名說

何等爲十所謂一切諸佛至爲衆生
作佛事

上二一身二音

一切諸佛有所受爲衆生作佛事至
爲衆生作佛事

此二皆智受爲成檀故不受令彼
做佛行少欲故又以無所受受諸
受故

二十九

一切諸佛以地水火風爲衆生作佛
事至是爲十

△七有三門答智慧問初明智慧
最勝

佛子諸佛世尊有十種最勝法

此之一門總明權實因果之智兼
答普光最勝之問智慧最勝故結
云住十力地兼答佛地之問

何等爲十所謂一切諸佛大願堅固
至是爲十

四即三念處行餘可思之△二明
智慧離障

佛子諸佛世尊有十種無障礙住

以其智慧無礙故一切無礙

何等爲十所謂一切諸佛皆能往至
是爲十

△三智慧成益由內具智嚴故外
具諸嚴文三初標

佛子諸佛世尊有十種最勝無上莊
嚴

超下位故所以最勝上無加過故
云無上△二別中十義結名自顯
初相好身

三十

何等爲十一切諸佛至第一最勝無
上身莊嚴

△二圓滿音

一切諸佛皆悉具足至第二最勝無
上語莊嚴

△三以功德嚴意

一切諸佛皆具十力至第三最勝無
上意莊嚴

△四放光

一切諸佛皆悉能放至第四最勝無
上光明莊嚴

△五微笑

一切諸佛現微笑時至最勝無上現
微笑莊嚴

授菩提記其緣甚衆離世間品亦
復重明△六法身

一切諸佛皆有法身清淨無礙

真如出纏故云清淨無礙即法性
法身本智反照故

於一切法究竟通達住於法界無有
邊際

即是智慧法身智契法界俱無邊
際

雖在世間不與世雜
　應化法身
了世實性行出世法
　功德法身嚴理智故了世實性成
　上不雜生下出世行出世法則功
　德備矣
言語道斷
　即虛空法身亦是實相法身體絶
　百非言亡四句唯證相應故
超蘊界處
　顯是無爲翻有漏蘊成五分法身
　若翻界處則外六塵亦國土身則
　十身圓融成真法身矣
是爲諸佛第六最勝無上法身莊嚴
　△七常光
一切諸佛皆有無量至最勝無上常
妙光明莊嚴
　△八金等妙色
一切諸佛皆有無邊妙色
　上句爲總餘五是別
可愛妙色清淨妙色至第八最勝無
上妙色莊嚴
　△九具真應種

三十一

一切諸佛皆於三世佛種中生
　三世佛種即真如無性故應種可
　知
積衆善寶究竟清淨至第九最勝無
上種族莊嚴
　△十慈悲
一切諸佛以大慈力至無諸渴愛身
行永息
　起必智俱故無渴愛動與道合故
　身行永息
心善解脱
　成上無愛
見者無厭
　成上行息此皆功德亦無愛見成
　下大悲
大悲救護一切世間第一福田無上
受者
　既爲第一福田故受施中更無過
　上
哀愍利益一切衆生至大慈大悲功
德莊嚴
　△三結
是爲十

三十二

大方廣佛華嚴經疏卷第七十五

三十三

大方廣佛華嚴經疏卷第七十六　一　入第

四十六
經下半

清涼山沙門　澄觀　述

晉水沙門淨源　錄疏注經

△八有八門答自在問即分爲八初
初一總明自在兼攝加持文二初
總

佛子諸佛世尊有十種自在法

△二別全同八地之中十種自在
但此深廣文不次耳初法自在

何等爲十所謂一切諸佛至是爲諸
佛第一自在法論經云無中邊法
門示現故△二心自在

一切諸佛教化衆生至是爲諸佛第
二自在法

無量阿僧祇劫三昧入智故由在
三昧觀機故化不失時△三勝解
自在

一切諸佛能令盡虛空界至是爲諸
佛第三自在法大小淨穢隨解轉
變故△四財自在

一切諸佛以神通力至是爲諸佛第
四自在法

二

一切世界無量莊嚴嚴飾住持故

△五命自在

一切諸佛見一衆生至是爲諸佛第
五自在法

不可說劫命住持故△六如意自
在

一切諸佛悉能遍往至是爲諸佛第
六自在法

一切國土中如意變化故△七智
自在

一切諸佛爲欲調伏至成阿耨多羅
三藐三菩提如來力無畏不共法
相好莊嚴三菩提示現故

而於一切佛法非已現覺至亦不住
於有學之地

生界無邊機熟相應故念念應成
而真成在昔故佛於三世非是新
覺亦非不覺住在學地又顯雖念
念覺離覺相故非三世覺亦離不
覺故不住學地

而悉知見通達無礙無量智慧無量
自在

即十力等

三

教化調伏一切衆生是爲諸佛第七
自在法

△八業自在

一切諸佛能以眼處作耳處佛事至
第八自在法

六根互用廣大佛事是佛業故然
非改轉一根不變本來具故△九
生自在

一切諸佛其身毛孔至是爲諸佛第
九自在法

一切世界生示現故△十願自在

一切諸佛

隨心所欲佛國土時示成三菩提
故文有四節

於一念頃現一切世界至示現諸佛
自在神力

一一念現多佛於一類界成佛

如於衆妙蓮華廣大莊嚴至種種劫
數清淨世界

二類顯餘界

如於一念如是於無量無邊阿僧祇
劫一切念中

三類顯餘念

一念一切現
四總結深廣一切現者一念便現
法界諸形諸神力故
一念無量住
常無現故
而未曾用少方便力是爲諸佛第十
自在法
而不動如來少許方便故云自在
上來十段唯三與八取意而釋餘
八并論經之文△二圓滿自在
佛子諸佛世尊有十種無量不思議
圓滿佛法
謂前一自在八地容有故顯如來
十種圓滿又無一法不自在故方
云圓滿
何等爲十所謂一切諸佛至皆悉成
就一切佛法
一切佛法即證成菩提十力等
一切諸佛皆悉成就一切善根
善根通福智
一切諸佛皆悉成就一切功德
功德唯福
一切諸佛皆能教化至見者護益功

四

不唐捐
可知
一切諸佛皆具諸佛平等正法
即具有法輪教法
一切諸佛作佛事已莫不示現入於
涅槃是爲十
△三善巧方便三初總
佛子諸佛世尊有十種善巧方便
即於法自在皆權實等無礙故△
二別十初言說自在
何等爲十一切諸佛至是爲第一善
巧方便
知實離言絕動搖之戲論而起權
開示善根故爲自在△二知見自
在
一切諸佛知一切法至是爲第二善
巧方便
證實無能所見而不礙於法真實
知見無縛無解而至大自在△三
示現自在
一切諸佛永離諸相至是爲第三善
巧方便
無相知相無性入性亦能示現依

五

正調生△四三世自在
一切諸佛住於法界至是爲第四善
巧方便
證冥三際之理而演三際益生△
五性相自在
一切諸佛身語意業至是爲第五善
巧方便
三業湛然而包含示現△六調生
自在
一切諸佛知一切法至是爲第六善
巧方便
知非一异而見一切法△七時分
自在
一切諸佛於一時中至是爲第七善
巧方便
知時融入故不住不捨而不壞年
劫演法無休△八辯才自在
一切諸佛恒住法界成就諸佛無量
無畏
恒住法界則寂無所住而成就無
量無畏十辯演法
及不可數辯
數多故

六

七

不可量辯
非心測故
無盡辯
隨說一事窮劫不盡
無斷辯
任放辯才無有間故
無違辯
觸類成辯故
不共辯
下位中之所無故
無窮辯
無能難屈故
真實辯
皆契事理故
方便開示一切句辯
無一句義不能顯故
一切法辯
無有一法不能演故
隨其根性及以欲解至初中後善皆
悉究竟
明說之德具七善故或開爲十瑜
伽八十五云一初善聽聞時生歡
喜故二中善修行時無有難苦遠

八

離二邊依中道行故三後善謂究
竟離垢等故今文云皆悉究竟諸
經論中更有多說恐厭繁文餘七
經文略無
是爲第八善巧方便
△九勝義自在
一切諸佛住淨法界至遠離一切虛
妄想著
離說而說故無想著
如是究竟到於彼岸是爲第九善巧
方便
△十了寂用於中先知本寂二初
正顯
一切諸佛知一切法至無所得故非
界
△二釋成
然亦不壞一切諸法至非因緣非無
因緣
謂色等性無非違之使無故不壞
諸法即空無業等△二不廢起用
而能了知正定邪定至是爲第十善
巧方便
△三結

九

佛子是爲諸佛成就十種善巧方便
自下入第四十七卷經
△四廣大佛事明神通自在即
答前二會神通問文三初總
佛子諸佛世尊有十種廣大佛事
謂八相等中皆有大用微細相容
故以此攝物故名佛事上標名下
顯勝
無量無邊不可思議至唯除如來威
神之力
△二別二初徵
何等爲十
△二釋十初明上生佛事四初別
明能攝
所謂一切諸佛於盡虛空至無量智
慧所行境界
△二所攝廣多
攝取一切人天魔梵沙門婆羅門阿
修羅等
△三能攝殊勝
大慈無礙大究竟平等饒益一切衆
生
△四所攝成益

十
或令生天或令生人至是爲第一廣
大佛事
△二降神處胎佛事二初智德內
圓
佛子一切諸佛從兜率天至成就廣
大妙莊嚴藏
△二神通外用二初一處一時作
佛事
受最後身住大寶莊嚴樓閣至諸三
昧起而作佛事
△二總攝時處作佛事
佛子如來爾時在母胎中至如是皆
以種種方便
此中多處準下瞿波乃至十重此
略舉五皆後後廣前前
於一切方
即娑婆與能繞十三剎塵數剎十
方無間住故
一切網
彼上諸剎復有眷屬剎等圍繞交
絡成網故
一切旋
繞中間海十右旋海故

十一
一切種
盡華藏剎海諸剎種故
一切世界中
盡法界故
而作佛事是爲第二廣大佛事
△三現生處宮佛事二初無生現
生是誕生相
佛子一切諸佛一切善業至爲衆生
故示誕王宮
△二無染處染是處王宮相於中
四初三學自圓
一切諸佛於諸色欲宮殿妓樂皆已
捨離無所貪染無染是定
常觀諸有空無體性一切樂具悉不
真實
此一是慧
持佛淨戒究竟圓滿
此一是戒△二明四心愍物
觀諸內宮妻妾侍從至心得自在而
起大捨
△三具德攝益
具佛功德現生法界至令其聞悟心
得清淨

十二
△四攝益深廣
雖處內宮衆所咸睹至是爲第三廣
大佛事
△四出家佛事二初明出家之意
佛子一切諸佛亦處種種至修清淨
行利益衆生
△二出家相
當出家時捨俗威儀至長爲世間智
慧高幢
三業二利故
是爲第四廣大佛事
△五成道佛事三初真覺普圓
佛子一切諸佛具一切智於無量法
悉已知見
△二應身今滿
菩提樹下成最正覺至修諸功德悉
已圓滿
△三演法益生
其菩提座具足莊嚴至是爲第五廣
大佛事
此頓演華嚴△六轉法輪佛事義
通權實文二初列
佛子一切諸佛轉不退法輪令諸菩

十三

薩不退轉故
唯菩薩乘通四不退
轉無量法輪令一切世間咸了知故
通五乘世咸了故
轉開悟一切法輪能大無畏師子吼故
開權顯實令悟知見決定有故
轉一切法智藏法輪開法藏門除闇障故
通三藏三藏除疵及三障故
轉無礙法輪等虛空故
唯頓法事理雙絶故
轉無著法輪觀一切法非有無故
中道法不著二邊故
轉照世法輪令一切衆生淨法眼故
世諦法淨所知故
轉開示一切智法輪悉遍一切三世法故
唯佛法智遍知故
轉一切佛同一法輪一切佛法不相違故
唯圓法無异味故△二結
一切諸佛以如是等至心行差別而

十四

作佛事
即無量乘爲第十輪隨機演故
不可思議
十皆圓融爲不思議
是爲第六廣大佛事
△七威儀佛事四初別舉入城益物
佛子一切諸佛入於一切至衆生聞者無不欣樂
△二通顯威儀益物
一切諸佛色身清淨至皆爲衆生而作佛事
△三言談示現益物
一切諸佛昔於一切至問訊起居而作佛事
其昔字晋本所無即是現益若言昔者乃是擧因顯果必是普字△四總結深廣
一切諸佛以如是等至是爲第七廣大佛事
△八起行佛事四初身心安住行
佛子一切諸佛或住阿蘭若處而作佛事

十五

蘭若唯語山林
或住寂靜處而作佛事
寂靜通城邑
或住空閑處而作佛事
空閑在無物處
或住佛處而作佛事至無有休息而作佛事
△二起應上求行
或以天身求一切智至求一切智而作佛事
△三說默下化行
或時說法或時寂默至即非境界而作佛事
△四時分進修行
或住一日或住一夜至是爲第八廣大佛事
△九起用佛事二初起用所依
佛子一切諸佛是生清淨善根之藏
以是能生功德藏故
令諸衆生於佛法中至具智慧明不由他悟
△二正明起用
或現涅槃而作佛事至是爲第九廣

十六

大佛事
△十涅槃佛事別顯用中之一於
中有三初明涅槃悲戀益
佛子一切諸佛入涅槃時至悲號戀
慕而作佛事
△二舍利流布益
復爲化度一切天人至永與世間作
所歸依
△三總結益物
佛子諸佛世尊雖般涅槃至是爲第
十廣大佛事
若將此十配答十問一答本願二
即種性及國土三是無礙四十皆
解脱五出現六音聲七佛身八智
慧九自在△三結
佛子此諸佛事無量廣大至唯除如
來威神所加
△五無二自在法
佛子諸佛世尊有十種無二行自在
法
明無畏自在兼答普光無畏之問
故於事明審決定無疑故無二不
畏他難名爲自在

十七

何等爲十所謂一切諸佛至諸佛智
慧決定無二
上四可知
一切諸佛悉知三世至即一佛語決
定無二
此三通二義一以理融相二事事
即入
一切諸佛悉知三世至性無差別決
定無二
此二唯理
一切諸佛悉知三世一切諸佛至是
爲十
有三義一同性修故二互回向故
三互主伴故△六明住一切法
佛子諸佛世尊有十種住住一切法
明三昧自在兼答普光三昧問故
如來所住無非三昧故遍住一切
何等爲十所謂一切諸佛住覺悟至
是爲十
△七知一切法盡無有餘
佛子諸佛世尊有十種知一切法盡
無有餘
明十力自在兼答普光十力之問

十八

故十力智慧照境無遺
何等爲十所謂知過去一切法盡無
有餘至是爲十
△八廣大力明神力自在亦答普
光十力之問文三初標
佛子諸佛世尊有十種
十力是別名大那羅延等是總稱
故下列中但依總名是則標中十
力一一遍下別中別中十門一一
具前標中十力則成百門古德將
標中十力次第配下十勇健法謂
初爲廣大力等則令別中一門不
攝前十不成百門亦令餘門無廣
大義初門無最上等設欲從勝配
者應逆次配之
廣大力
周法界故
最上力
無加過故
無量力
無分量故
大威德力
可敬畏故

十九

難獲力
唯佛得故
不退力
作無屈故
堅固力
當體堅故
不可壞力
緣不壞故
一切世間不思議力
超召言念故
一切衆生無能動力
不可搖故
大那羅延幢勇健法
△二徵釋二初徵
何者爲十
二釋分十初身命不可壞力今逆次配此即不可動力乃至一毛不搖動故文二初正明不可動壞
所謂一切諸佛身不可壞至而從雨之終不爲損
謂情非情境俱不能壞△二舉況顯勝
若有衆生爲佛所持至第一大那羅延幢勇健法
如令者婆入火取子入獄問罪等

二十

△二毛孔容持力
佛子一切諸佛至第二大那羅延幢勇健法
即是不可思而諸衆生不覺知故
△三毛持大山力
佛子一切諸佛至第三大那羅延幢勇健法
即當不可壞以雖持多大山身心無勞損故文中速行廣步多劫行剎爲一山之量此山已無邊矣況有多山在於一毛況復多毛窮劫持住實謂難思之境矣△四定用自在力
佛子一切諸佛至第四大那羅延幢勇健法
即是堅固定力安住故

大方廣佛華嚴經疏卷第七十六

一

大方廣佛華嚴經疏卷第七十七 入第四十 七經下半

清涼山沙門 澄觀 述

晉水沙門淨源 錄疏注經

△五常遍演法力此即不退言音無變無斷盡故文二初明一身轉法三初顯所說多

佛子一切諸佛能於一身至佛刹微塵數文字句義

△二明所說常

如是演說盡不可說不可說至所轉法輪無有窮盡

△三示所說體

所謂智慧演說法輪至辯才無畏種種莊嚴法輪

△二明多身轉法

如一佛身以神通力至第五大那羅延幢勇健法

是則常恒之說前後無涯生盲之徒對而莫睹隨所感見說有始終

△六德相降魔力

佛子一切諸佛至第六大那羅延幢

二

勇健法

即當難獲然十皆難獲世多魔惑所以偏立難獲之名△七圓音遍徹力

佛子一切諸佛至第七大那羅延幢勇健法

即是威德聞皆調伏故△八心無障礙力即無量力離量非量故文二初無塵惑障礙

佛子一切諸佛心無障礙至絕爲無爲一切言說

△二起用無障礙

於不可說無邊境界至盡諸有漏心善解脫

心善解脫者由三種相一於諸行遍了知故二於彼相應諸煩惱斷得作證故三煩惱斷已於一切處離愛住故

慧善解脫住於實際至第八大那羅延幢勇健法

△九法身微密力

佛子一切諸佛至第九大那羅延幢勇健法

三

即是最上此總收前八後一更無加故文列二十五身或即應之真即真之應即性之相即理之智十身圓融同一法界之身不可配於報化故云最上微密△十具足行智力即是廣大力因行如海果智普周五無邊界大用無涯故文四初萬行圓淨

佛子一切諸佛等悟一切至身語意行悉皆無雜

△二智用周圓

住佛所住諸佛種性至成不退智入諸佛數

△三動寂自在

雖已證得不可言說至以無礙智悉能知見

△四用無涯畔

佛子一切諸佛至第十大那羅延幢勇健法

上之十力不出三業可以思準△三結

佛子此一切諸佛大那羅延至唯除如來神力所加

△九有三門答無礙門初明所作四
決定無能爲礙
佛子諸佛世尊有十種決定法
此約一類世界故云決定法异類
界未必定然又約佛定能爲故云
決定耳
何等爲十所謂一切諸佛定從兜率
至是爲十
△二明令他無礙
佛子諸佛世尊有十種速疾法
如如意寳見速獲益薄福不睹
何等爲十
十句五對
所謂一切諸佛若有見者至速得圓
滿殊勝功德
離惡趣圓勝德
一切諸佛若有見者至速得往生淨
妙天上
成善因感樂果
一切諸佛若有見者至阿耨多羅三
藐三菩提心
除疑惑滿大心
一切諸佛若未入正位至清淨世出
間一切諸根
始入位終清淨
一切諸佛若有見者至速能獲得無五
畏辯才是爲十淨二礙具四辯△
三念持無礙
佛子諸佛世尊有十種應常憶念清
淨法
舉佛無二礙勸物念持
何等爲十所謂一切諸佛過去因緣
至是爲十
△十有三門答解脱問初門明智
障解脱
佛子諸佛世尊有十種一切智住
智安事理故名爲住由離障故一
切能知
何等爲十所謂一切諸佛於一念中
至是爲十
△二定障解脱
佛子諸佛世尊有十種無量不可思
議佛三昧
由離障故用廣爲無量體深不可
思故十種之中各先明在定後一
念遍用
何等爲十所謂一切諸佛恒在正定六
至是爲十
△三業用解脱
佛子諸佛世尊有十種無礙解脱
智論云菩薩有不思議解脱諸佛
有無量解脱所作無障脱拘礙故
故各於一塵頓爲徼細作用今約
別答十問
何等爲十所謂一切諸佛至不可説
諸佛出興於世
答出現
一切諸佛能於一塵至不可説諸佛
轉淨法輪
答音聲
一切諸佛能於一塵至不可説衆生
受化調伏
答本願願化盡故
一切諸佛能於一塵現不可説不可
説諸佛國土
答國土
一切諸佛能於一塵現不可説不可
説菩薩授記
答智慧能授菩薩之記

七

一切諸佛能於一塵現去來今一切諸佛
答佛身
一切諸佛能於一塵現去來今諸世界種
答種性云世界種入世化物之種應非世界海中之種以前有國土竟故
一切諸佛能於一塵現去來今一切神通
答自在
一切諸佛能於一塵現去來今一切衆生
答無礙利益衆生無障礙故
一切諸佛能於一塵現去來今一切佛事
答解脱無不爲故既隨一門皆答十問則知包含該攝無盡是以名爲不思議也然此文末既少結束似經來未盡或顯佛德無盡故相海等品猶答前問故
是爲十
此下入第四十八卷經．

八

○如來十身相海品第三十四

△初來意者前品總明果法此品別顯相德近答前品佛身之問遠答普光眼等六根非唯眼等遍於法界而其各各具多相用難思議故

二釋名者如來十身標人顯德言相海者依人顯相如來十身并如前釋福報奇狀炳著名相相德深廣故稱爲海故經文有十蓮華藏微塵數相相體廣矣一一用遍相用廣矣一一難思互相融入體用深矣若此之相唯屬圓教所以但標十身故也觀佛三昧海經辨相有三類一略中略説有三十二相二略説八萬四千相三廣説有無量相如雜華經中爲普賢賢首等説雜華即此經异名三中初通權小示同於人端正不亂故次唯大乘菩薩修八萬四千波羅蜜故後唯一乘謂一乘修無盡行故又初約化次約報身後屬十身十身之相海依主釋也又初凡聖同見次

九

唯地上後唯圓機然通五位若語其體初以形色次即定慧後以無盡法界若語其因後通純雜如初會説故一一相果皆周法界前二相因如瑜伽智度等論涅槃大集等經廣如別章説

三宗趣者顯説無盡相海爲宗令物共修無盡之行顯成爲趣

後正釋文文有三別初告衆許説
爾時普賢菩薩摩訶薩至演説如來所有相海
所以普賢説者相海普周故令行普行獲普相故普賢本是會主前説已窮此便説故或前品末經來未盡更應別答國土等問△二正陳相狀略舉九十七相相之中文通有五一依處二列名三體嚴四業用五結數或略不具至文當知或加成益業用中攝然名但依體用以立是故皆以體用釋名或單從體用或雙從二隨文思之或名與體用義不相似者即是文略義則包含細論一相各依一處則

十

爲九十七段經自標次今以類例相從依十八處即爲十八段始自於頂終至於足斯即順觀如來相海今初依頂文三初約處總標

佛子如來頂上有三十二寶莊嚴

通顯體嚴事寶則云皆摩尼等爲莊嚴故亦顯智寶圓淨嚴故一一相中皆有事理二嚴隨宜解釋

大人相

大人之相故△二別列名相三十二相文各唯四以依處一種已總標故此處獨有三十二相者理實應多爲顯圓融一即一切故一頂中便具權教三十二數若爾餘何不然顯頂尊勝故善生經云一切世間福不及如來一毛功德一切毛功德不及一好功德一切好功德不及一相一切相不及白毫白毫不及無見頂相故知勝也此約相好相對明之若約人具有好爲勝故相伏於人好勝天故餘處則說好爲微細△三正釋文

其中有大人相名光照一切方普放無量大光明網

十一

第一相中四者一列名名從用立

一切妙寶以爲莊嚴寶髮周遍柔軟密緻

二體嚴

一一咸放摩尼寶光至悉現佛身色相圓滿

三業用

是爲一

四結數下之四節皆倣此例

次有大人相名佛眼光明雲

雲義如初會

以摩尼王種種莊嚴至如眉間毫相所放光明

體嚴即釋光明義毫相放光如現相品說

其光普照一切世界

業用釋佛眼義佛眼無不照故餘體嚴業用并皆準思

是爲二次有大人相至摩尼王寶以爲莊嚴

摩尼名意故不同如意

常放菩薩焰燈光明至出妙音聲充滿法界

十二

辯業用

如是皆從諸佛智慧大功德海之所化現

因亦業用攝

是爲十一次有大人相至具足莊嚴彌覆法界

辯業用

自然演說四菩薩行其音普遍諸法界海

四菩薩行者瑜伽菩薩地云一切菩薩略有四行一波羅蜜行二菩提分法行三神通行四成熟有情行

是爲十四次有大人相至以爲莊嚴具足千輪

梵本云具千輻輪

內外清淨從於往昔至諸佛菩薩智慧妙藏

示身智二光俱顯智慧

是爲二十一次有大人相至如來淨眼以爲莊嚴

此通十眼下顯業用

十三

光照十方一切世界
亦通身智二光淨眼及光釋前普
照
於中普現去來今佛所有一切莊嚴
之具
是上輪義即法輪故
復出妙音演不思議廣大法海是爲
二十六
從二十七至三十一并略無莊嚴
亦由名中已含有故
次有大人相名光照佛海雲至一切
法界莊嚴雲
下辨體嚴
最處於中
此居頂極特顯別處故云處中則
知所餘皆繞此相略不明取
漸次隆起
正顯其相智論第五云如來頂有
骨髻如拳觀佛三昧經云如合拳
即隆起之相也
閻浮檀金因陀羅網以爲莊嚴至是
爲三十二
△三總結爲嚴

十四

佛子如來頂上有如是三十二種大
人相以爲嚴好
△二眉間唯有一相自下諸文并
有依處故文有五
佛子如來眉間有大人相
依處
名遍法界光明雲
顯名
摩尼寶華以爲莊嚴至猶如日月洞
徹清淨
明其體嚴謂此相若收則右旋如
覆琉璃之碗若展則具十楞有大
光明嚴唯一寶光具多色中表皆
空即是洞徹
其光普照十方國土至復出妙音宣
暢法海
明其業用復出已下即是法光故
此光名從用而立
是爲三十三
結數△三眼有一相
如來眼有大人相至是爲三十四
△四鼻有一相
如來鼻有大人相至是爲三十五

十五

△五舌有四相初一即舌廣長相
如來舌有大人相名示現音聲影像
雲
上顯名下體嚴
衆色妙寶以爲莊嚴宿世善根之所
成就
宿善成者此舉因嚴偏此說因者
令諧演一乘故
其舌廣長遍覆一切諸世界海
即語其體福德之人舌長至鼻權
佛至於髮際餘大乘中明現神足
方至梵世或覆三千今直語體便
覆一切不假神變次辨業用
如來若或熙怡微笑至遍一切剎住
無量劫
演法之言釋上音聲現佛之言釋
上影像
是爲三十六
△二舌掌之相
如來舌復有大人相至猶如眉間所
放光明
掌謂近根次辨業用
其光普照一切佛剎唯塵所成無有

十六
自性
光照諸刹令應度者無俟更假觀
破摶聚自曉佛刹但合塵成何性
之有
光中復現無量諸佛至是爲三十七
△三有二相同在舌端或居左右
或在上下觀文業用但有展卷二
義不同今依此科初卷佛海於舌
端
如來舌端有大人相至是爲三十八
△二展諸佛於法界
如來舌端復有大人相至是爲三十
九
△六上腭有一相
如來口上腭有大人相至是爲四十
上腭既有下亦宜然或是梵本脱
漏故也△七牙有四相
如來口右輔下牙有大人相至是爲
四十一
謂左右上下四大牙故故佛涅槃
四牙不碎輔者頰也亦有處云頰
車骨也
如來口右輔上牙有大人相名寶焰

十七
彌盧藏雲
名彌盧者顯妙高故
摩尼寶藏以爲莊嚴至於虚空中流
布法乳
四中有法乳等三同一演法約資
法身名爲法乳
法燈
照了萬境故稱爲燈
法寶
令其圓淨故稱爲寶即演三德涅
槃之法亦成三德涅槃之益也
教化一切諸菩薩衆是爲四十四
△八齒有一相
如來齒有大人相至是爲四十五
△九唇有一相
如來唇有大人相名影現一切寶光
雲
上顯名下體嚴
放閻浮檀真金色蓮華色
以唇色赤好如日初出紅蓮葉故
一切寶色廣大光明
次辯業用
照于法界悉令清淨是爲四十六

十八
上二各應分出上下△十頸有一
相
如來頸有大人相至紺蒲成就柔軟
細滑
紺蒲者形如林檎紋有三約如前
已辯
放毗盧遮那清淨光明至是爲四十
七
△十一肩有五相
如來右肩有大人相至是爲五十二
右二左三或亦脱也△十二胸有
十二相初一當中
如來胸臆有大人相形如卍字名吉
祥海雲
卍字正翻應云吉祥海雲謂以依
形而立名故先標形相應回卐字
安名之下以屬體攝無違前後
摩尼寶華以爲莊嚴至是爲五十三
△二右有五相
吉祥相右邊有大人相至是爲五十
八
△三左有五相
吉祥相左邊有大人相至是爲六十

三　十九

大方廣佛華嚴經疏卷第七十七

大方廣佛華嚴經疏卷第七十八 入第四十八經下半

清涼山沙門　澄觀　述

晉水沙門淨源　錄疏注經

△第十三手有十三相文分爲三
初九真語手相二初五明右
如來右手有大人相至是爲六十八
△二後四明左
如來左手有大人相至及衆妙相以
爲莊嚴
因陀羅網以爲嚴者即是網鞔之
相至涉入故
放大光明普照十方至是爲七十二
右五左四者或左脱一或表右邊
恒常用故而前肩右二左三相通
正等△二有二相在左右指
如來右手指有大人相至是爲七十
四
△三有二相在左右掌
如來右手掌有大人相至是爲七十
六
皆有千輪者謂輪轂輻輞三事具
足自然成就不待人功△十四陰
藏一相
如來陰藏
猶如馬王
有大人相名普流出佛音聲雲至是
爲七十七
△十五坐處二相
如來右臀有大人相至是爲七十九
△十六髀有二相
如來右髀有大人相至隨順安住以
爲莊嚴
隨順安住者髀多行動故須多寶
隨順而嚴
廣大游行放淨光明至是爲八十一
△十七腨有三相
如來右邊伊尼延鹿王腨至如來寶
腨上毛
腨毛通於二腨若準晉經直云毛
端則通全身一切毛也義應如晉
則處成十九
有大人相名普現法界影像雲至是
爲八十四
△十八足有十三相通分爲七初
足下一相
如來足下有大人相
略無左右而晉經中足趺之後別
有足下十輻輪相此必合有故後
品明足下輪相名普照王今經中
千輪之言乃在後段指間收故或
以常明易知故此不説指間有异
故舉之耳
名一切菩薩海安住雲
名安住者以足下安平一切著地
不容針故
色如金剛閻浮檀金至是爲八十五
△二足上有二相
如來右足上有大人相至是爲八十
七
△三足指間二相
如來右足指間有大人相至是爲八
十九
△四足跟二相
如來右足跟有大人相至是爲九十
一
△五足趺二相
如來右足趺有大人相至是爲九十

三
四
△六足四周二相
如來右足四周有大人相至金剛寶
以爲莊嚴
因陀羅尼羅者此云帝青
故寶光明充滿虛空至是爲九十五
△七足指端二相
如來右足指端有大人相至是爲九
十七
上來略例九十七相次第名數譯
者安置既不說盡豈不盈百足下
闕一唇齶不開設合此二六根皆
辨耳何闕如若加兩耳及足下一
則圓百數以顯無盡豈不妙哉况
此中所列於三十二尚有未盡豈
普賢力不及百耶晉經有遺但九
十四亦無次第之數故知九十七
數不在生情配屬諸法△三結略
顯廣
佛子毗盧遮那如來至衆寶妙相以
爲莊嚴
別說難周故須結略非略能盡故
須顯廣一華藏塵相已無邊况十

華藏則無盡無盡非普眼者安能
五
睹歎既三十二相權實不同互有
互無故不會釋
○如來隨好光明功德品第三十五
△初來意者前品明相此品辨好
相好雖殊俱用嚴身以答前身及
眼等六兼自在問好依相有德劣
於相故次明之劣德之用用成頓
益翻顯大相德難思矣
二釋名者如來標人表德隨好等
顯德依人隨好是體隨逐大相德
姿好故光明是用功德者德謂從
好發光光能益物顯好之德故以
爲名如來之隨好等亦如來有隨
好等通二釋也
三宗趣者明好勝德爲宗令物修
敬爲趣
次釋文二先略二初標果好
爾時世尊
佛自說者有二意故一僧祇因終
此品果極故茲二品皆佛自說二
好用劣相而用難思恐物不信故
佛自說

告寶手菩薩言
六
告寶手者亦有二義一說手隨好
彼主此門故二令當寶重起信手
故
佛子如來應正等覺有隨好
有隨好者總相舉也即是足下之
好與後名同故
名圓滿王
德用周備故云圓滿攝益自在最
勝名王
此隨好中出大光明至阿僧祇光明
而爲眷屬
光明熾盛者如日具德由此復能
攝諸眷屬百萬等顯數多也復云
七者淨七支故修七覺故照七地
故△二舉因對顯者爲顯勝故此
有數重一以相德深廣言不能備
是故置之但隨說好二好德復多
以三十二相既有八十隨好十蓮
華藏之相好彌多矣且舉其一三
一中置勝但說劣者故明足下四
足下一好復有多光但說一光五
果位一光亦不可說故寄因顯因

光成益三重頓圓況果一光[七]如是
展轉況於諸相況復總說如來諸
德果海絕言亦斯義矣文二初光
照分齊
佛子我為菩薩時至照十佛刹微塵
數世界
即前圓滿好中放光故不別標放
光之處而非前光好具多故△二
光所成益二初令離苦淨宿善益
彼世界中地獄衆生至咸生歡喜踴
躍稱慶
△二轉報生天得聞法益
從彼命終生兜率天至往昔親近衆
善知識
示宿因心不放逸顯曾修行於如
來所種諸善根通見聞等親近知
識必聞普法成金剛種
毗盧遮那大威神力
顯其現緣
於彼命終來生此天
結因屬果文從略故結屬生天理
實息苦及淨眼等皆由於此二種
因緣是知佛光平等而照不種善

因無斯勝益何以一光頓[八]成斯益
無盡功德之所顯故純淨法界之
所流故非如權教八十隨好但嚴
於形生信而已此中略無墮獄之
因謂雖修乘戒行寬故△二廣辯
因相但廣於因果難說故文二初
廣前段淨宿善益
佛子菩薩足下千輻輪至常放四十
種光明
摧下惡趣之苦放於足下千輻輪
光四十光者表四十位無不照故
中有一光名清淨功德
置廣說略
能照億那由他佛刹微塵數世界
分齊過前
隨諸衆生種種業行至皆悉命終生
兜率天
淨惑成德故前光受清淨等名以
重況輕舉阿鼻耳△二廣聞法益
六初略標勸誨
既生天已聞天鼓音至入離垢三昧
汝當敬禮
△二聞已生疑

爾時諸天子聞天鼓音至何[九]因發此
微妙之音
△三總示所因
是時天鼓告諸天子言至諸善根力
之所成就
△四正明勸教四初以己喻佛無
我無來
諸天子如我說我而不著我至亦復
如是非十方來方中二段各有喻
合上喻無我下喻無來△二以他
喻己顯來即無來
諸天子譬如汝等昔在地獄至亦復
如是非十方來文有三喻并顯可
知然惡業善根是來因緣因緣無
性故來即無來非先有法在十方
中從彼來也故因緣者即是智慧
智慧之法本非因緣云何念言有
何因緣△三以己況佛難思之境
諸天子譬如億那由他佛刹至一隨
好中放一光明舉手隨好者別舉
顯勝上救下趣故舉足光今約現
通故說手也
出現無量自在神力至尚不能知況

諸衆生
△四正勸往詣誡不應留二初總 十
誡勸
諸天子汝當往詣彼菩薩所至勿復
貪著五欲樂具
△二廣釋二初釋前誡
著五欲樂障諸善根
上法下喻
諸天子譬如劫火燒須彌山悉令除
盡無餘可得
後合
貪欲纏心亦復如是終不能生念佛
之意
△二釋前勸有六初順釋
諸天子汝等應當知恩報恩
△二反釋
諸天子其有衆生不知報恩多遭橫
死生於地獄
△三示其恩相
諸天子汝等昔在地獄之中蒙光照
身捨彼生此
△四勸往增善
汝等今者宜疾回向增長善根

△五示法令修謂說二空 十一
諸天子如我天鼓非男非女至種種
上妙宮殿園林非男女喻以顯人
空
如我天鼓不生不滅至亦復如是不
生不滅
不生滅喻以顯法空△六勸修成
益
汝等若能於此悟解應知則入無依
印三昧
既解悟無生則能所雙絕儻然靡
據故曰無依以斯智印印定萬法
不收不攝住心自安故稱三昧
△五依勸詣佛五初獻供不過
時諸天子聞是音已至欲申瞻覲而
不得見
△二問其所在
時有天子作如是言至乘栴檀樓閣
處摩耶夫人胎
△三觀見下生
時諸天子以天眼觀至梵天欲天承
事供養
△四發心欲往

諸天子衆咸作是念至十那由他眷 十二
屬欲下閻浮提
△五教見佛儀二先教識受生令
捨曲見由前不遇後睹下生不離
有無情存彼此故示體用顯無生
現生文三初法二初誡其曲見
時天鼓中出聲告言至非此命終而
生彼間
△二示其正見
但以神通隨諸衆生心之所宜令其
得見
是知佛化所生非歿生也△二喻
諸天子如我今者非眼所見而能出
聲
△三合
菩薩摩訶薩入離垢三昧亦復如是
非眼所見
法身無生遍而叵見
而能處處示現受生
應無不生即處處皆有有感此中
亦見何須更下閻浮
離分別
顯應生之德拂其諸見以無分別

智而生非謂有其迸生之處十三
除惰慢
雖處王宮而無憍慢
無染著
諸天圍繞而無染著△二教發心誨過令其得見三先標教誨次徵問其方後如法正教夫欲悔過須識逆順二十種心謂先識十種順生死心以爲所治一妄計人我起於身見二內具煩惱外遇惡緣我心隆盛三內外既具滅善心事不喜他善四縱恣三業無惡不爲五事雖不廣惡心遍布六惡心相續晝夜不斷七覆諱過失不欲人知八虜扈抵突不畏惡道九無慚無愧不懼凡聖十撥無因果作一闡提次起十種逆生死心從後翻破一明信因果二自愧剋責三怖畏惡道四不覆瑕疵五斷相續心六發菩提心七修功補過八隨喜他善九念十方佛十觀罪性空今此三段文皆具有而爲次不同向以起心之次第此以勝劣而言故今

初總標教誨
諸天子
文有四節治前六種順生死失十四
汝等應發阿耨多羅三藐三菩提心
發菩提心爲懺所依以是行本含攝衆德故首明之翻前第五惡心遍布自危危人今發悲心遍覆法界廣利有情
淨治其意住善威儀
令淨三業爲能懺體上句是惡止行下句義通止作翻前第六惡心相續及翻第七覆諱過失
悔除一切業障煩惱障報障見障
今懺四障即所滅之非謂惑業苦業報二障約因果异既懺報障則怖畏惡道翻前不畏以諸天子新從彼來故不廣明於煩惱中利鈍分二邪見斷善最可畏故別明見障又障所知亦見障故餘如別說
以盡法界衆生數等身至悔除所有諸障過惡
運心普遍令無不盡由昔起過既遍諸境今悔昔非普運三業等衆

生界於一一佛及衆生前發露懺十五悔既於人天凡聖之前皆對懺悔則是第二自愧剋責翻無慚愧由意遍運令身口遍頭即頂禮兼身爲總五輪著地此言遍者爲以何遍故經云善三業遍此則第四修功補過翻前縱恣身等三業△二徵問其方
時諸天子聞是語已至云何悔除一切過惡
上經猶略餘義未盡故次徵之△三如法正教正教觀罪性空兼顯妄計我人撥無因果外遇惡緣而文分二初明發聲之因
爾時天鼓以菩薩三昧善根力故發聲告言
△二正說教誨五今初別觀業空
諸天子菩薩知諸業至而共積集止住於心
業爲報因三障首故非先有體從十方來正顯空義
但從顛倒生無有住處
釋空所以由業障海從忘想生故

無自性
菩薩如是決定明見無有疑惑
今此空慧與心相應決定無疑能
如是知即名菩薩△二總觀四障
文有喻合以喻俗有約真即無文
二初喻
十六
諸天子如我天鼓說業說報
舉所治謂業報二障
說行說戒說喜說安說諸三昧
即是能治行善止惡喜他安他△
二合
諸佛菩薩亦復如是說我說我所
即是見障
說衆生說貪恚癡
即煩惱障
種種諸業
上明隨俗說有下辯勝義實無
而實無我無有我所至十方推求悉
不可得
有無二文三障影略既無我所翻
破第一忘計我人△三別破見惑
見惑深險故廣破之文有三喻初
鼓無生滅隨所聞喻

諸天子譬如我聲不生不滅至隨有
十七
修集則受其報
喻業雖無生隨修感報向觀業空
爲遣執有若謂爲空諸佛不化故
今顯非是斷無翻破第十撥無因
果△二聲無去來喻
諸天子如我天鼓所出音聲至若來
若去皆不可得
喻歸中道上喻下合
諸天子若有去來則有斷常
定有則常定無則斷俱亦是二是
故雙破去來二見顯離斷常
一切諸佛終不演說有斷常法除爲
方便成熟衆生若有可來即墮於
常去而不來即墮於斷故雖空不
斷雖有不常△三鼓聲隨心喻
諸天子譬如我聲至隨衆生心悉令
得見
喻佛由心見遣其心外定執讖主
令其真念十方諸佛翻破外遇惡
緣△四對業觀報二初鏡像體虛
喻
諸天子如有頗黎鏡至諸業果報無

來去處
十八
喻雖有而無謂其鏡像依鏡而現
像非去來報從業生何有來去△
二幻師惑眼喻
諸天子譬如幻師幻惑人眼當知諸
業亦復如是
喻業招報雖無而有又業亦如幻
又幻非有無即中道矣△五總結
懺益
若如是知是真實懺悔一切罪惡悉
得清淨
△六見聞獲益二初明餘衆益
說此法時百千億那由他至發於無
上菩提之意
以三昧力聲普聞故△二當機得
益二初一重益亦二今初得法益
爾時諸天子聞說普賢至獲諸力莊
嚴三昧故
皆有故字義似牒前爲因則見佛
爲益前來未有得十地處爲何所
牒是以晉經皆無故字應言聞說
普賢廣大回向故便得十地獲諸
力莊嚴三昧上句得位下句成行

分得十力爲莊嚴故△二[十九]見佛益
三初明見因
以衆生數等清淨三業悔除一切諸
重障故
△二正明見佛
即見百千億那由他佛殺至離垢三
昧少分之力
△三敬心興供
爾時彼諸天子以上衆華
言以上者上來持華詣菩薩所獻
供不遇猶未散故
復於身上一一毛孔化作衆生數等
衆妙華雲
毛孔出華者已得地位故華在最
初故略舉之上所持中有香蓋等
故下諸文見香見蓋并皆成益
供養毗盧遮那如來持以散佛一切
皆於佛身上住
△二展轉獲益二一聞香益二見
蓋益并是從前獻供不過文中所
來前中有三初法
其諸香雲普雨無量佛刹至身蒙香
者其身安樂

由脫障故得解脫樂△二[廿]喻
譬如比丘入第四禪一切業障皆得
消滅
喻四禪無八災患△三合由滅障
故得淨善根是爲益相文二初顯
所滅
若有聞者彼諸衆生至等分行者二
萬一千
即是八萬四千煩惱古有二釋一
云煩惱根本有十然一惑力復各
有十即爲一百應分九品今但上
品重故開三中下輕故各爲一品
則成五品每品一百則成五百復
於自他內外境起謂自五塵名之
爲內以他五塵名之爲外一一塵
上各有五百即爲五千別迷四諦
則成二萬并本一千通前都有二
萬一千却配三毒及等分成則八
萬四千煩惱經文自具二者有云
十惡爲本展轉相成一一各十故
成一百亦約迷於自他五塵則爲
一千正迷十諦十諦則是四諦三
諦二諦一諦則成一萬或迷說成

諦等十諦或迷十善故成[廿一]一萬然
迷十諦空有不同分成二萬或迷
十善真俗二諦亦分二萬并本一
千餘如經辨二皆有理任情去取
更有異釋如賢劫經等非今經意
△二明其能滅
了知如是悉是虛忘
謂了惑本虛居然不生故晉經云
此諸煩惱皆悉除滅
如是知已成就香幢雲自在光明清
淨善根
由滅惑故清淨惑亡智顯自在光
明善根成就香幢即是九地所有
舌根至下當明△二見蓋益文二
今初正明得益
若有衆生見其蓋者至金網轉輪王
一恒河沙善根
準晉經云種一恒河沙轉輪聖王
所植善根所謂白淨寶網輪王等
是知則有多個輪王非一輪王之
多善也梵本亦然而言清淨金網
者準瓔珞上卷金輪位在十回向
中初地已上皆是琉璃輪而增寶

數以爲其別是知舊譯爲寶網者勝金網也故彼經云歡喜地百寶瓔珞七寶相輪爲四天王乃至一萬福子以爲眷屬見百法身游百佛刹寶數一一增至七地以十三寶以爲相輪八地但云大寶相輪九地中云以白雲寶而爲相輪十地中云百萬神通寶光瓔珞無畏珠寶而爲相輪若順晋經白淨之言則是九地則同前文有香幢雲自在光明若然彼白淨寶但是所等則金網無失若取十地爲清淨金網正當十地以無畏珠爲清淨義又攝化分齊與第十地攝報果同證爲十地其義明矣故下此王放光遇者亦登十地一恒沙者謂從九地已還乃至十住銅輪以此十地所化分齊此前諸位如河沙矣故晋經云寶網輪王等等取前也△二攝化轉益二初得位益三

初法

佛子菩薩住此轉輪王位至塵數世界中教化衆生直明菩薩攝化分齊已如前釋△二喻

佛子譬如明鏡世界至未曾一念而有間斷

喻上法中教化衆生

若有衆生聞其佛名必得往生彼佛國土

喻下合中遇斯光明獲十地位△三合

菩薩安住清淨金網轉輪王位亦復如是

初句總合

若有暫得遇其光明

準晋經中亦復如是下欠放漫陀羅自在光明之言今經影在後喻合中若便直云得遇斯光前文未有放光之處爲何遇耶

必獲菩薩第十地位

得十地者此品之中總有三重皆得十地名展轉益一諸天子聞鼓說法證得十地二此天子毛孔出華并前香蓋見者證得輪王之位即是十地三輪王放光衆生遇者復得十地此三所證位皆齊等同時頓成約人各有塵數多類總是菩薩一隨好中一光之力餘光好等彌更難說

以先修行善根力故

即顯前來頓益之因因聞普法修普善故△二成德益二初喻

佛子如得初禪雖未命終至得諸禪者悉亦如是

意云欲界修得色界中定以欲界眼見色界境喻於菩薩頓證十地未轉凡身見十地境以法力故是以三祇而一念可屆者明一攝一切故塵劫不窮於一位者明一切攝一故如是遲速皆悉自在是此圓教非餘宗也△二合二初正明得益

菩薩摩訶薩住清淨金網至皆得菩薩第十地位

猶是牒前合中經文謂以德依地成所以重牒不然則成兩度放光各得十地

成就無量智慧光明至成就如是清淨肉眼

三五
謂上諸德及與十眼皆依凡身肉
眼而成故就結之△二顯境分齊
即顯肉眼境界廣大肉眼尚爾餘
眼玄妙不可說也文三初假設譬
喻以顯境多三初一重境界廣大
佛子假使有人以億那由他至悉以
集成一佛國土
△二問答顯廣令信成益
寶手於汝意云何至當獲如來無上
智慧
△三復積前數重顯廣大
寶手設復有人以千億佛刹至展轉
乃至經八十反
△二正明能見
如是一切廣大佛土至於一念中悉
能明見
見前廣刹之塵肉眼能見已是超
勝況一念耶
亦見百億廣大佛刹微塵數佛
明見多佛
如頗梨清淨光明照十佛刹微塵數
世界
明見佛之相無心分別無來去故

△三結德有歸
三六
寶手如是皆是清淨金網至福德善
根之所成就
歸於輪王此品之末經來未盡

大方廣佛華嚴經疏卷第七十八

大方廣佛華嚴經疏卷第七十九 一 第入 四十九經

清涼山沙門　澄觀　述

晉水沙門　淨源　錄疏注經

○普賢行品第三十六

△初來意者先通後別通謂二品明出現因果故次來也亦名平等因果謂會前差別之因成此普賢之圓因會前差別之果成於性起出現之果又前約修生此約修顯若爾何以更無別問復何以前品差別果終而無瑞證平等因竟便有瑞耶即以此義顯是會前若更別問便有隔絕欲會前故不以瑞隔普法希奇因果各瑞又前應有瑞證經來未盡所以無也別謂此品先因後果義次第故亦遠答前第二會初所行問故及不思議品念請種性本願問故前雖已答下二深妙故重明之亦猶相海及與隨好妙中之妙古德別爲一段因果二釋名者初則通顯二品義名依性起修依性起用差別相盡因果體均故云平等因果又因是果因量周法界果是果果境界如空因果二俱盡未來際利樂含識故名出現別則品名普賢即標人顯法明此行法非次第法行者顯法非人品中正明所行之法非說人體德周法界爲普至順調善曰賢依性造修曰行然普賢行諸經文中多有其名品中雖廣今但略顯束爲十義以表無盡一所求普謂要求證一切如來平等所證二所化普一毛端處有多衆生皆化盡故三所斷普無有一惑而不斷故四所行事行普無有一行而不行故五所行理行普即上事行皆徹理源性具足故六無礙行普上之二法互交徹故七融通行普隨一一行融攝無盡八所起用普用無不能無不周故九所行處普上之八門遍帝網剎而修行故十所行時普窮三際時念劫圓融無竟期故上之十行參而不雜涉入重重是故善財祇入普賢一毛孔中所得法門過諸善友不可說倍又上十行通收爲二若約位後普賢說者則是得果不捨於因徹窮來際爲普賢行以人彰法則普賢之行若約位前位中普賢則是以德成人但修普行即曰普賢亦普賢即行但從行名若獨約於位後普賢則普賢之行無施下位廣釋普賢如初會辨

三宗趣者亦先通後別通以二品明其平等因果爲宗會前差別以爲其趣別以此品明其平等圓因爲宗成平等果無二爲趣

釋文中二此品辨因後品明果前中二先長行後偈頌前中文二先正說二先明說因二初標前略說

爾時普賢菩薩摩訶薩復告諸菩薩大衆言

普賢說者以人表法

佛子如向所演至略說如來少分境界

言如向者一近指向前隨好一品

爲於障重地獄衆生略說隨好少四
分力用廣說難思二通指前所說
之果爲少分境果海絕言故三遠
通前差別因果前文雖有圓融之
義以隨方便五位漸次因果殊分
逐機就病未盡法源故名少分則
顯向下平等因果逆法性說因果
圓融名廣大說△二徵釋所由二
初徵

何以故

徵意云何以前文名略說耶△二
釋

諸佛世尊爲諸衆生

釋文二意一者成止諸佛世尊所
以出世者以諸衆生有無明等十
種過惡未宜廣說是故先明差別
因等二者生後謂諸衆生既過滋
多障累無盡則一治一切治一現
一切現衆生無盡因果亦窮未來
際故前之所隨由未盡故次明十
過

無智

一無明

作惡五

二作惡行晉經名諸纏則亦是惑
此二爲總次六皆無明

計我我所

三可知

執著於身

四著身見故六地云世間受身皆
由著我

顛倒疑惑

五三倒四倒等不能決斷

邪見

六乖僻正理

分別

七遍計分別

與諸結縛恒共相應

八結縛恒隨

隨生死流

九義通業苦即因果流

遠如來道

十行邪經故此句結成諸句過失

故出興于世

結縛等名如常所辯△二正陳今
義普賢之行文二初明所治廣多

既一惑成百萬障則一障一切障六
義則惑惑皆然今從重說文三初
總標

佛子我不見一法爲大過失至於他
菩薩起瞋心者

標瞋毒最重除瞋之外更遍推求
無有一惡如瞋之重故晉經云起
一瞋心一切惡中無過此惡決定
毗尼經中亦云菩薩寧起百千貪
心不起一瞋以能違害菩薩大悲
莫過此故菩薩善戒亦同此說於
他菩薩起瞋心者若於菩薩起其
瞋其過尤重以令菩薩廢大行故
是以大般若中諸天魔王見諸菩
薩互相是非過常大喜△二徵釋
二初徵

何以故

△二釋二初總顯

佛子若諸菩薩於餘菩薩至即成就
百萬障門故

△二徵列名相

何等爲百萬障

標雖百萬略列百門古人寄位分

爲五段
所謂不見菩提障不聞正法障至惡
羅刹中障
障十信行
不樂佛法障至不喜見聞佛自在神
通障
障十住行
不得菩薩諸根障至不護持菩薩諸
行障
障十行之行
樂誹謗一切智語障至不決定發菩
薩弘誓障
障十向行此下障十地行
不樂與菩薩同住障至不聞無礙法
故口如啞羊障
啞羊者此是耳根障以生邊地不
聞法處故口無所說舌根之障次
下自明
不具相好故鼻根破壞障至三世諸
佛菩薩種性障
昔人結云菩薩萬行不過此五起
一嗔心一切頓障作此釋者非不
有理如賊心求法豈獨障於十地
七

行耶是知通障一切善法信尚不
起況後位耶又所障法界如帝網
重重能障同所亦皆無覆故知百
萬猶是略明△三結成
佛子若菩薩於諸菩薩至於餘菩薩
起瞋心者
△二能治深妙二初正顯文中別
有六位位各十行初一始修後五
成益故後五段展轉依初是爲初
即攝後一治一切治也說有前後
得即一持今初分二初標舉勸修
是故諸菩薩摩訶薩至應勤修十種
法
△二徵數列結
何等爲十
於中十法攝爲五對辦五種修初
二約人明謙敬修
所謂心不弃捨一切衆生於諸菩薩
生如來想
敬上愛下故次二約法明真正修
永不誹謗一切佛法知諸國土無有
窮盡
順教知事故次二約心行明廣大
八

修
於菩薩行深生信樂不捨平等虛空
法界菩提之心
愛樂大行堅大心故次二約智明
增勝修
觀察菩提入如來力精勤修習無礙
辨才
內入果智外起勝辨故後二約悲
願明長時修
教化衆生無有疲厭住一切世界心
無所著
衆生無盡悲化不疲世界無邊願
住不著
是爲十
△第二十種清淨二初躡前起後
佛子菩薩摩訶薩至則能具足十種
清淨
依於前來正修行時成離染故△
二徵數列名
何等爲十
次第從前十句而成
所謂通達甚深法清淨
一由不捨諸衆生故達深法淨以
九

十

諸衆生皆有佛性即妄而真爲深
法故
親近善知識清淨
二由敬上故能近善
護持諸佛法清淨
三由不謗故能護法
了達虚空界清淨
四由知無盡故了如空
深入法界清淨
五由菩薩行不離法界故能深入
觀察無邊心清淨
六知菩薩心等虚空故觀察無邊
與一切菩薩同善根清淨
七觀察菩薩皆同此觀能入佛力
故名爲根
不著諸劫清淨
八精修不懈故不著劫數
觀察三世清淨
九由化無厭故觀三世一切衆生
化未化等
修行一切諸佛法清淨
十由住世界是故能修一切佛法
是爲十

十一

△第三十種廣大智二初躡前起
後
佛子菩薩摩訶薩住此十法已則具
足十種廣大智
垢染既拂本智自明稱性相知故
云廣大△二徵數列名
何等爲十所謂知一切衆生心行智
至是爲十
亦從前十及與次十而成於此然
有開合恐煩不配説者隨宜△第
四十種普入二初躡前起後
佛子菩薩摩訶薩住此十智已則得
入十種普入
事隨理融本來即入智了法爾無
境不通故能身心皆得相入亦從
前三生於此十可以意得△二徵
數列名
何等爲十所謂一切世界入一毛至
非根入一切根
非根者境識及理皆非根也
一切想入一想至一世入一切三世
是爲十
△第五十種勝妙心二初躡前起

十二

後
佛子菩薩摩訶薩如是觀察已則住
十種勝妙心
由前如法本性圓融則令事理二
但無礙應機成益名勝妙心從前
四生亦可意得△二徵數列名
何等爲十所謂住一切世界語言至
是爲十
△第六十種善巧二初躡前起後
佛子菩薩摩訶薩住此十種至十種
佛法善巧智
由上理事無礙故今則權實皆能
決斷名善巧智△二徵數列名
何等爲十
有十一句後二合一餘皆如次從
前十成
所謂了達甚深佛法善巧智
一即言亡言名爲甚深
出生廣大佛法善巧智
二無依故故出生廣大
宣説種種佛法善巧智
三如依空生於色故能説種種
證入平等佛法善巧智

四住無二邊故證平等　十三
明了差別佛法善巧智
五由了種智甚深秘密故了差別
悟解無差別佛法善巧智
六無差別二文全同
深入莊嚴佛法善巧智
七若無疑惑則是佛法之所莊嚴
一方便入佛法善巧智
八以平等心成一方便
無量方便入佛法善巧智
九三世之法約差別門所以名爲
無量方便
知無邊佛法無差別至於一切佛法
不退轉善巧知
十由住佛力所以得知佛法無邊
自力不退
是爲十
從前十展轉既爾從前四段義亦
應然如是展轉不離始修故隨一
法具一切矣△二結勸
佛子菩薩摩訶薩聞此法已至悉與
三世諸佛法等
一行能具一切行故疾得菩提△

大文第二證成文二初現瑞證二　十四
初此界
爾時佛神力故法如是故至雨不可
說神力說法雲
△二結通十方
如此世界四天下至十方一切諸世
界中悉亦如是
△二諸菩薩證亦二初此土
爾時佛神力故法如是故至最大誓
願授記深法
授記深法者少用功力疾得菩提
故
佛子我等一切同名普賢
同名普賢勝者皆有此行故
各從普勝世界
依此普法最爲勝故
普幢自在如來所
此行成果高出無礙故
來詣此土悉以佛神力故至來此道
場爲汝作證
△二結通
如此道場我等十佛剎至一切諸世
界中悉亦如是

△二以偈重顯二先敘述二初說　十五
偈儀
爾時普賢菩薩摩訶薩至觀察十方
洎乎法界
△二說偈意
欲開示菩薩行至令其開悟而說頌
言
此有十意偈中并具△二正頌有
百二十一頌大分爲二初二十四
頌顯說分齊餘皆正辨普賢行相
此是伽陀與前長行綺互共顯普
賢之行前是略明十法展轉相生
此則廣顯諸門略無展轉又前多
顯體此多辨用前中又二初一頌
誡聽許說
汝等應歡喜捨離於諸蓋一心恭敬
聽菩薩諸願行
△二正示分齊文二初許說過去
菩薩之行
往昔諸菩薩最勝人師子至說名論
師子
△二許說三世佛菩薩行於中二
初有三偈舉所說時處二初二舉

時

於一賢劫中千佛出于世至我當分別說

△二舉處

如一佛刹種無量刹亦然未來十力尊諸行我今說

△二明所說行亦二初諸佛出世之行

諸佛次興世隨願隨名號至化彼令修習

即普賢行是故名爲因果圓融△二有七偈菩薩三輪願智之行即普賢行

入於如是智修其最勝行至我當說彼行

△二九十七頌正顯普賢行分二初即悲大智行有十種行初有五頌明善入帝網行

於一微塵中悉見諸世界至悉能分別知

△二有十七頌深入時處微細行

深入微細智分別諸世界至唯除佛開示

△三有三頌明了佛心秘密行

世界及如來種種諸名號至得至於彼岸

前一偈半躡前起後後一偈半正顯難了能了之慧△四了三世佛攝化之行

過云諸世界廣大及微細至一切悉能知

△五有二偈明於六根無礙之行

出生無礙眼無礙耳鼻身至悉知三世法

△六有三偈明如化無方行

善學一切化刹化衆生化至度脫無邊衆

△七有十頌明器世間自在行

諸佛甚深智如日出世間至知無二非二

此中玄妙宜審思之△八有六頌明智正覺世間自在行

了知諸世間如焰如光影至一切無差別

△九有五頌明非身示身行

如來法身藏普入世間中至不著我我所

法身藏者即前藏身普賢菩薩自體遍言亦同此也△十非量示量行

譬如工幻師示現種種事至度無量衆生

△二即智之悲行亦有十行初無住攝化行

未安者令安安者示道場至未曾有退轉

△二有四偈明非身現身行

世間種種身一切悉了知至稱揚不可盡

△三有一頌明分布舍利行

諸佛能現身處處般涅槃一念中無量舍利各差別

△四有二頌明知佛大心行

如是未來世有求於佛果至名住普賢行

△五有三頌明法輪深入行

如是分別知無量諸行地至得無上菩提

△六有五頌明了知根器行

無量無邊心各各差別業至得名爲普賢

△七有三頌明了世業惑行

衆生皆妄起善惡諸趣想至一念悉能入

△八有五頌明了達根境無礙行

眼耳鼻舌身意根亦如是至亦復無退轉

△九有一頌知四種說法行

佛說衆生說及以國土說三世如是說種種悉了知

刹說等者略有三義一約通力二約融通一說一切說故三約顯理是說菩薩觸境皆了知故則觸類成教如香飯等△十有二頌三世攝化行

過去中未來未來中現在至邊際不可得

平等因竟

大方廣佛華嚴經疏卷第七十九

大方廣佛華嚴經疏卷第八十 一 入第五十卷經

清涼山沙門　澄觀　述
晉水沙門　淨源　錄疏注經

○如來出現品第三十七

△初來意者前品明稱果之因此品辨如因之果體雖平等不壞二相先因後果義次第故亦爲答前不思議品出現念故答第二會所行問故會釋如前

二釋名者如來是有法之人即三身十身之通稱出現是依人之法果用化用之總名如來雖見上文對出現故重辨十身十身皆有出現之義而今且寄三身以明然來即出現爲分人法曉喻分明故重辨之若依法身如來者即諸法如義如理常現名爲出現故下文云普現一切而無所現又云體性平等不增不減等若依報身乘如實道來成正覺故曰如來本性功德一時頓顯名爲出現故下文云如來成正覺時於一切義無所疑惑 二 普見一切衆生成正覺等若依化身則乘薩婆若乘來化衆生故曰如來即應機大用一時出現故偈文云以本願力現佛身令見如來大神變又云隨其勢力於菩提樹下以種種身成正覺等今以新佛舊成曾無二體新成舊佛法報似分無不應時故即真而應應隨性起故即應而真三佛圓融十身無礙故辨應現即顯真成是以晉經名性起品性字雖是義加未爽通理以應雖從緣不違性故無不從此法界流故以淨奪染性即起故若離於緣性回説故下加性起菩薩表所説故妄雖即性不順性故今以起義多含直云出現從性從因從真從感皆出現故若言唯辨應身出現非唯失前性因二義亦未足顯深何能融前差別之果若以來爲現義如來即出現持業釋也若分人法三身皆如來之出現揀餘出故

第三宗趣即以平等出現爲宗融 三 差別果而爲其趣

四正釋文文爲七分初加分二初毫光加請主文三初光中有十義束爲三初一出處次一名體餘八業用初光出處

爾時世尊從眉間

眉間放者表證中道離有無二邊故表無住道離真應二邊故

白毫相中

白毫者表所出現性無垢故能詮出現諸教本故

△二辨光名體

放大光明名如來出現

如所説故後有八段皆是光業△三眷屬光即是因業

無量百千億那由他阿僧祇光明以爲眷屬

總攝諸法皆此生故△四舒業

其光普照十方盡虛空法界一切世界右繞十帀

△五敬業

顯現如來無量自在

四

△六覺業
覺悟無數諸菩薩衆震動一切十方
世界
△七止業
除滅一切諸惡道苦
△八降伏業
映蔽一切諸魔宮殿
△九示現業
顯示一切諸佛如來至及以一切道
場衆會
△十卷業
作是事已而來右繞菩薩衆會
△二正明加相
入如來性起妙德菩薩頂
所以偏加此菩薩者如名所顯故
性有二義一種性義因所起故二
法性義若真若應皆此生故亦有
釋云性起妙德即是文殊說此法
門加性起稱作此釋者無違大理
以文殊大智爲能顯普賢法界爲
所顯共成遮那之出現故亦是解
行滿故佛出現也從頂入者是加
持相妙智之極方能顯故△三加

五

益二初大衆同欣知法將被
時此道場一切大衆至必當演說甚
深大法
△二妙德領旨知佛世尊令求說
主二初長行身心致敬
爾時如來性起妙德菩薩至一心向
佛而說頌言
跽者跪也△二偈頌讚請十偈分
二初五偈讚二初一總讚申敬
正覺功德大智出至是故我今恭敬
禮
△二有四偈別讚
已升無相境界岸至與一切佛同其
性
初三讚果後一讚因△二偈請五
初一自叙得益即是領旨
導師放此大光明至而復還來入我
身
△二有一偈領衆意請
決定法中能善學至是故我令請法
王
△三有一偈嘆衆堪聞
令此衆會皆清淨至如是賢勝咸來

六

集
△四有一偈敘佛令請
利益世間尊導師至令我問於無上
法
△五有一偈正求法主
誰於大仙深境界至世間尊導願顯
示
已領佛意故不請佛△二口光加
說主者示所請故文中有三初光
亦十初出處
爾時如來即於口中
口中放者表教道傳通故△二光
名
放大光明名無礙無畏
令得無礙辯不畏大衆及深理故
△三因業
百千億阿僧祇光明以爲眷屬
△四舒業
普照十方盡虛空等法界一切世界
△五敬業
右繞十帀
△六覺業
顯現如來種種自在

開悟無量諸菩薩衆震動一切十方 七
世界
△七止業
除滅一切諸惡道苦
△八降伏業
映蔽一切諸魔宮殿
△九示現業
顯示一切諸佛如來至及以一切道
場衆會
△十眷業
作是事已而來右繞菩薩衆會
△二正明加相
入普賢菩薩摩訶薩口
光入口者教以口傳故如佛説故
加普賢者是普賢行之果故所證
法界由理顯故△三明得益
其光入已普賢菩薩身至唯除如來
師子之座
唯除如來揀師資故△二本分二
初徵事而問
爾時如來性起妙德菩薩至世莫能
知是何瑞相
△二引例以答答即是本

普賢菩薩摩訶薩言至今現此相當 八
說其法
△三表瑞證成
說是語時一切大地悉皆震動
顯說希奇繞聞其名已有徵故大
地動者大法將顯大惑將傾故
出生無量問法光明
出問法光者冥加智慧助發請故
△三請分二初長行四初總舉法
請
時性起妙德菩薩至出現之法願爲
我說
△二嘆衆堪聞
佛子此諸無量百千億至無量功德
皆已來集
△三嘆說主具德別嘆十事
佛子汝已曾於無量百千億那由他
佛所承事供養供多佛必曾聞故
成就菩薩最上妙行
成妙行曾已修故
於三昧門皆得自在
定自在有所依故
入一切佛秘密之處

親證入故 九
知諸佛法
如教道故
斷衆疑惑
除他疑故
爲諸如來神力所加
上力加故
知衆生根
審相器故
隨其所樂爲說真實解脱之法
能隨說故
隨順佛智演說佛法到於彼岸
順智到岸得意深故後總結十德
有如是等無量功德
既有說德堪宜說故△四標章別
請
善哉
初句讚善躡前三段次別十事以
顯無盡
佛子願說如來應正等覺出現之法
此是總相總集多緣成出現法法
舍持軌餘九是別
身相言音心意

即三業秘密
境界
即智之所緣亦分齊境
所行之行
依境修行通因通果
成道
成菩提道
轉法
既成菩提心轉法輪
乃至示現入般涅槃
應成菩提必示涅槃
見聞親近所生善根
若存若亡見聞皆益備斯九事一
化始終有云初一所依之法餘九
能依之德亦有斯理
如是等事願皆爲說
即結請也△二偈請十偈分三初
一讚德標請頌前三段
時如來性起妙德菩薩至向普賢菩
薩而說頌曰
善哉無礙大智慧至佛子聞已皆欣
慶
△第二有四偈舉法別請頌前第

十

四段
菩薩云何隨順入至有何等利願宣
說
△三有五偈嘆德勸請通頌後三
段於中有四初總讚以諸
此諸菩薩皆合掌至淨衆生有願爲
說
△二有二偈勸說之方
願以因緣及譬喻至示佛菩提亦如
彼
以法探難領故請說因喻△三有
一偈半嘆衆堪聞
十方千萬諸佛士至於微妙義生渴
仰
△四有半偈結請所說
願以淨心具開演如來出現廣大法
淨心顯說無過具演文義周圓△
四說分大分爲二初別答十問十
段各有長行及與偈頌一一具十
今初答出現之法長行二初標告
嘆深
爾時普賢菩薩摩訶薩至佛子此處
不可思議

十一

△二隨義別顯三初法說十二廣酬前
因緣三初標
所謂如來應正等覺以無量法而得
出現
總標多因成出現果△二釋二初
徵以總釋
何以故非以一緣非以一事如來出
現而得成就
緣約能成之緣事即所成因體上
反釋下順釋
以十無量百千阿僧祇事而得成就
向言無量乃是總相今此明有十
個無量以顯無盡理實則有百千
阿僧祇數無量此十無量皆徧十
喻言百千者古人云以十無量入
中十喻已成一百以後結中十句
一一結前百門爲千其中更有別
義方成無量今以下別列十門之
中門門皆云以無量因則不俟相
入是知百千之言但是數之總稱
耳△二徵數別明
何等爲十所謂過去至一切衆生菩
提心所成故

一始發大心誓期出現故此心何十三
相
過去無量清淨殊勝志樂所成故
二明上求勝志
過去無量救護一切衆生大慈大悲
所成故
三明下化慈悲
過去無量相續行願所成故
四行以續願此行謂何
過去無量修諸福智心無厭足所成
故
五明不出福智
過去無量供養諸佛教化衆生所成
故
六別顯福嚴
過去無量智慧方便清淨道所成故
七別明智嚴
過去無量清淨功德藏所成故
八淨前功德
過去無量莊嚴道智所成故
九嚴前智慧所謂方便道教道證
道無住道正道助道一道二道等
皆莊嚴故

過去無量通達法義所成故十四
十窮究法願真實智故△三結
佛子如是無量阿僧祇法門圓滿成
於如來
既皆過即積因多法圓滿令二利
果一時出現故出現言通真通應
△二喻明深廣雙酬因喻十喻分
十每喻各三謂喻合結喻酬譬喻
合酬因緣故云非以一緣一事而
得出現又前法說多約往因此中
合文多約現緣今初大千興造喻
也此喻爲總總喻衆緣以成出現
故經云以無量緣等下說雲雨皆
此所霔文中分三初喻四初總辯
多緣
佛子譬如三千大千世界至非以一
事而得成就
上反下順
以無量緣
緣即因緣如衆生業及風雨等
無量事
事即事相如所持水及宮殿等
方乃得成

△二別顯緣相十五
所謂與布大雲降霔大雨
先明雲雨上霔次明風輪下持
四種風輪相續爲依其四者何至能
持大水故
能持者若無此輪雨無停處
二名能消能消大水故
水若不滅凝起天宮
三名建立建立一切諸處所故
水雖已滅假此成立謂減一節水
起一重天如嚴冬急流重重冰結
四名莊嚴莊嚴分布咸善巧故
雖起總處無別莊嚴故須第四△
三顯彼因起
如是皆由衆生共業
謂上雲等略由二因一衆生外增
上業言共業者謂多有情應生此
界共業同變於中有四句謂共中
共等
及諸菩薩善根所起
二菩薩善根此有二意一約同居
謂地前菩薩二約能化謂隨諸衆
生應以何國起菩薩根等便修彼

十六

因以取彼國故有衆生之類即菩
薩佛國次顯受用果
令於其中一切衆生
謂先成器界後起衆生依之而住
如俱舍婆沙等辨
各隨所宜而得受用
謂水族衆生得水受用等又人天
羅刹宮殿無礙菩薩衆生淨穢同
居△四性相結成
佛子如是等無量因緣乃成三千大
千世界
結前生後
法性如是
正結此句爲總此法性言通於性
相餘句別顯性空亦遮其妄計
無有生者
謂非冥性微塵等生
無有作者
亦非自在梵王等作
無有知者
亦無神我而爲能知上三顯能作
空
無有成者

十七

顯所作空
然彼世界而得成就
雖能所俱空不礙相有故云而得
成就如是無礙方爲法性如是之
義△二法合
如來出現亦復如是至成就如來無
漏善根力故
前三是因圓後一二利果滿因圓
果滿佛出現故一品之內多以依
報喻正報者非唯義類於似實則
外由內變故令外器全似於內是
以上云皆由菩薩善根所起衆生
共業之所生等華藏品中已略開
顯
如來如是成等正覺法性如是無生
無作而得成就
略不合第三顯彼所因以次下二
喻自別合故△三結
佛子是爲如來應正等覺至菩薩摩
訶薩應如是知
△二洪霔大千喻
復次佛子譬如三千大千至唯除大
千界將欲成時

十八

此之雲雨即前喻中興雲降雨正
喻如來出現法門廣大難知周十
方故上喻△下合
佛子如來應正等覺至唯除諸大菩
薩心相續力
心相續力者若約信受如來大法
但是圓機堅種相續能受深者若
約具受則八地已上由得無盡陀
羅尼力方能受持乃至下地方受
如來雲雨說法是以文言除大菩
薩由初義故但揀二乘△後結
佛子是爲如來應正等覺至菩薩摩
訶薩應如是知
△三雲雨無從喻
復次佛子譬如衆生至來無所從去
無所至
上喻△下合
如來應正等覺亦復如是至亦無所
從來無所至去菩薩善根如生共
業感彼出現法雲法雨機感而現
非是先有一方一所從彼而來機
謝而去亦非歸生舊所故體無生
滅△後結

佛子是爲如來應正等覺至菩薩摩〔九〕
訶薩應如是知
△四大雨難知喻喻深果行非心
境故
復次佛子譬如大雲至乃至一滴無
不明了
上喻△下合
佛子如來應正等覺至若欲思量心
必狂亂
古人釋云教廣行大因深果遠故
非預二乘亦不乖理
唯除一切世間主菩薩至入衆生心
無不明了
但是大機即世間主無能所行即
能知之△後結
佛子是爲如來應正等覺至菩薩摩
訶薩應如是知
△五大雨成敗喻況佛滅惑成福
智德三初喻
復次佛子譬如大雲至名爲能滅能
滅火炎
即壞界之時
有大雲雨名爲能起至名爲能止能
止大水
即以水止水
有大雲雨名爲能成至分別三千大〔十〕
千世界
△二合
佛子如來出現亦復如是至能起一
切衆生善根
上二滅惑成福
有大法雨名爲能止至能成一切智
慧法寶
此二滅障成智即是止觀雙運
有大法雨名爲分別分別一切衆生
心樂
後一權智照機若無第二則同二
乘無三同外道無四增無明無五
非種智此即分上總中法雨令差
△三結
佛子是爲如來應正等覺至菩薩摩
訶薩應如是知
△六一雨隨別喻
復次佛子譬如大雲雨一味水隨其
所雨無量差別
喻佛一味隨諸根器合前差別上
喻△下合
如來出現亦復如是至隨宜說法無〔十一〕
量差別
△後結
佛子是爲如來應正等覺至菩薩摩
訶薩應如是知
△七勝處先成喻文二初正明
復次佛子譬如三千大千至及餘衆
生諸所住處
喻佛勝緣先濟之德△下合
佛子如來出現亦復如是至有爲善
根諸行智慧
△二牒以釋疑
佛子譬如大雲雨一味水至隨衆生
器而有差別
前中先成由於業力此中法异由
於機殊不乖第六一味之言△後
結
佛子是爲如來應正等覺至菩薩摩
訶薩應如是知
△八事別由因喻喻佛成辦大事
之德亦是德殊由於智故文中分
三初蓮華表佛總中略無

復次佛子譬如世界至名如來出現
功德寳莊嚴
名出現者表佛現故而言大者準
五卷大悲經第三云有千葉故
徧覆水上光照十方一切世界
光照十方金色光也
時摩醯首羅淨居天等至有爾所佛
出興于世
有爾所佛者有千枚華表千佛故
故劫名賢賢善多故餘多同此△
二風輪起處
佛子爾時其中有風輪起至能成一
切諸如意樹
即有力遍持廣前第三 建立風輪
△三結因有屬
佛子大雲所雨一味之水至風輪差
別故世界差別
△二合三初合蓮華表佛喻
佛子如來出現亦復如是具足一切
善根功德
合上大水徧滿
故於無上大智光明名不斷如來種
不思議智

合生蓮華謂不斷種性如華表佛
故
普照十方一切世界
合上光照十方
與諸菩薩一切如來灌頂之記當成
正覺出興於世
合知佛當出△二合風輪起處喻
佛子如來出現復有無上至殊勝壽
命無有窮盡
此十智光次第合前所成唯果德
能成通因果又能成即實之權所
成唯差別之德故下結云一體等
△三合結因有屬三初結因
佛子如來大悲一味之水至成就如
來出現之法
即能成之智合上一味之水風輪
不同此輪由一節水減一重輪生
如澄水淫今推能成由一味大悲
故△二結果
佛子一切如來同一體性至出生種
種智慧光明
即所成之大智從一實智隨權而
生合上風輪有差別故世界差別

△三結緣由衆生异合上衆生善
根不同兼釋外疑於中分三初牒
前正理
佛子汝等應知如來於一解脫味
一解脫味即能成之水水具二義
悲及解脫二文影略
出生無量不可思議種種功德
種種功德通能所二智△二舉外
疑情
衆生念言此是如來神力所
然感應之道略有三義一互相成
二互相奪三緣成性空而今衆生
以緣奪因純推佛力失因緣義△
三如來爲釋
佛子此非如來神力所造至少分智
慧無有是疑
上以因奪緣一向言非下爲說正
義
但以諸佛威德力故令諸衆生具佛
功德
因緣相成
而佛如來無有分別
復有二義一成上因緣雖隨衆生

心無分別二成第三義了性空故[三五]
無成無壞
緣成故無成無成故無壞
無有作者亦無作法
所成既空何有能成并能作者及
作法耶△三結
佛子是爲如來應正等覺至菩薩摩
訶薩應如是知
△九四輪相依喻況佛體用依持
之德亦廣建立風之別義文三初
喻二初能持之風
復次佛子如依虛空至何等爲四一
名安住
一時持水
二名常住
多時不動
三名究竟
與劫齊量
四者堅個
體性堅密俱舍論云假使有一大
諾健那以金剛輪奮威懸擊金剛
有碎風輪無損其量廣無數厚十
六洛叉彼但有一與此不同△二

四輪相依
此四風輪能持水輪至令三千大千
世界而得安住[三六]
準俱舍論次上水輪厚八洛叉洛
叉億也次上更有一重金輪厚計
三億二萬由旬然其世界或說三
輪而得成就謂風水金或說五輪
下加虛空上加大地今欲稱法合
成四輪地中含金金亦地也△二
合二初合能持四種風輪
佛子如來出現亦復如是至能持一
切衆生善根
有配四攝義則少似既合如來出
現則成太局今謂通四
何等爲四所謂普攝衆生皆令歡喜
大智風輪
一未信入者以四攝法普皆攝取
示以正理
建立正法令諸衆生皆生愛樂大智
風輪
二已信受者建立教法
守護一切衆生善根大智風輪
三已入法者令其成行

是一切方便通達無漏界大智風輪[三七]
四已成行者令其得果
是爲四
△二合四輪相依
佛子諸佛世尊大慈救護至依大方
便善巧
一慈悲合地能厚載故
大方便善巧依如來出現
二方便合水曲隨器故
如來出現依無礙慧光明
三出現合風力能持故
無礙慧光明無有所依
四無礙合空如空無礙故故淨名
云其無礙慧無若干故文雖但取
展轉相依不妨有以無若干故若
準偈中慈悲之前更有一切佛法
之言以況樹林如是則有五重相
依△三結
佛子是爲如來應正等覺至菩薩摩
訶薩應如是知
△十大千饒益喻況佛出現利世
之德三初喻
復次佛子譬如三千大千至虛空衆

生得虛空饒益
一切衆生各隨所宜而得受用△
二合
如來出現亦復如是種種饒益無量
衆生
三八
次第合前四益
所謂見佛生歡喜者得歡喜益
見佛生喜如魚得水
住淨戒者得淨戒益
戒如平地萬善由生
住諸禪定及無量者得聖出世大神
通益
定如宮室得安息故
住法門光明者得因果不壞益至得
一切法不壞益
慧如虛空不可壞故上句不壞事
下句不壞理
是故說言如來出現饒益一切無量
衆生
△三結
佛子是爲如來應正等覺至菩薩摩
訶薩應如是知
△三總結成益結上十喻

佛子菩薩摩訶薩知如來出現
三九
有十一句次第各別結上十門以
九十二句結第九門故有十一
則知無量知成就無量行故
多因出現
則知廣大和周徧十方故
廣故難受
則知無來去知離生住滅故
無生故無從
則知無行無所行知離心意識故
非心識故思必狂亂
則知無身知如虛空故
如空故惑見雙亡
則知平等知一切衆生皆無我故
平等無我故唯一味
則知無盡知徧一切剎無有盡故
由無盡故諸乘徧化
則知無退知盡後際無斷絕故
後際無斷故佛種不斷
則知無壞知如來智無有對故
無對者即無礙慧
則知無二知平等觀察爲無爲故
爲無爲平等觀者即攝三輪歸無

礙慧
四十
則知一切衆生皆得饒益本願回向
自在滿足故
本爲衆生故令利益自在滿足若
將一一通前十門末爲得意△二
偈頌三十七頌分三初嘆深許說
二初嘆深難量二初一偈總嘆
爾時普賢菩薩摩訶薩欲重明此義
而說頌言
十力大雄最無上至功德第一超世
間
頌前標告不思議言△二有十偈
別嘆
十力功德無邊量至今見如來大神
變
次第頌前總結之中十一句亦第
九偈頌九十二句結既結喻今此
亦即通頌前喻喻則性相雙明此
則多就性說古稱性起彌復有由
一無邊量即無量義二一毛巨量
即廣大義三空際叵得即無生義
然此第三似頌第五如空之喻第
六似頌第三無生滅喻取義不同

故皆案次四不能知者離心識故五徧於一切非一者即如空義六體性平等即是平等無我義也七前徧諸剎此徧三世文綺至耳八無變易故盡後際九離言說故無二無對十本願現身故能成益△二誠聽許說二初誠聽勸修

若有欲知佛境界至令心所向皆無礙

半上偈云淨意如空總以喻顯下半別顯一離於忘取如彼淨空無雲翳故斯即真止二觸境無滯如彼淨空無障礙故斯即真觀此觀不作意以照境則所照無涯此止體性離而息忘故諸取皆寂若斯則不拂不瑩而自淨矣無淨之淨則暗蹈佛境矣此爲心要後學思行△二許說分齊

是故佛子應善聽至一切善根我今說

初有半偈結前生後後一偈半正示分齊牒舉十門略無行者三業攝故闕正覺者導師中攝或復略無△二頌前十喻即爲十段初大千興造喻有其四頌以是總故文二初總顯多緣

譬如世界初安立至十力生因莫能測

前一喻況後一法合下皆倣此△二有二偈別顯緣相

譬如劫初雲霔雨至普導令成無上果

△二有十八偈如次頌前洪霔已下九段經文

如有大雨名洪霔至悉使滅除諸惑惱

每段二頌前八文顯其第九云方便依智者智即頌前出現然無礙慧是佛實智中二皆權於中智即知事方便隨機合上即是權實無礙對初即成悲智雙游△三結說無盡

如來出現法無邊至無譬喻中說其譬

大方廣佛華嚴經疏卷第八十

大方廣佛華嚴經疏卷第八十一（入第五十本經下半） 岫一

清涼山沙門澄觀述　晉水沙門淨源錄疏注經

（二別釋其相。文三：初就法總明，次約喻別顯，後就法總結。然總中五偏，通向下喻中十身；結中十句，別結十喻，同前出現。今初就法總明，文有四節。） 佛子諸菩薩摩訶薩應於（子別答出現九門。先明身者，後八依故。長行文二。初標告）

佛子諸菩薩摩訶薩應云何見如來應正等覺身

無量處見如來身（先總教廣見） 何以故（次徵其所由） 諸

菩薩摩訶薩不應於一法一事一身一

國土一衆生見於如來（三反釋所以，總舉五法。法是所知，法界及調伏法事是調伏衆生行事，晉經名行身，即是正國土是依，生是所化） 應徧一切

處見於如來（四順以結酬應。翻上五成五無量界身，為能徧；四為所徧。一徧法界，二徧調伏界，三徧調伏加行界，四徧世界，五徧衆生界。唯有五界，非是略也。二約喻別顯明如來出現有十種身：一周徧十方身，二無著無礙身，三普入成益身，四平等隨應身，五無生潛益身，六圓妙等住身，七無心普應身，八窮盡後際身，九嚴剎益生身，十嚴好滿願身。此即八地後十身也，而為次不同。一法身，二智身，三威勢，四菩提，五莊嚴，六意生，七化，八力持，九福德，十願。四是菩提者，初成先照是故。偈云日光出現五莊嚴者，一一毛孔隨好光明所莊嚴故。餘文並顯顯此十身，舉十喻況。一一喻中文各有三，謂喻合）

（結。今初虛空周徧喻，況周徧十方身故。下結云以其心無量徧十方故。文三。初喻） 佛子譬

如虛空徧至一切色非色處非至非不

至（上直示，下徵釋） 何以故（徵云至不至別，何得俱耶） 虛空無身故

（以一無身釋上二義。由無身故無可得至，亦以無故無所不至。如色中空，空若有身，即質乘便礙於色）

如來身亦如是徧一切

處徧一切衆生徧一切法徧一切國土（如蠟入水，水不入蠟。今由無身故能徧入。二合）

非至非不至何以故如來身無身故（合準） 為衆生

故示現其身（喻知此以事空以況理空，理空即是法身。故經偈云佛以法為身，清淨如虛空故。即釋外疑。三結） 佛子是為如來身

第一相諸菩薩摩訶薩應如是見（二空無分別喻） 復次佛子譬如虛

空寬廣非色而能顯現一切諸色而彼（況無著無礙身故。下結云所行無礙，如虛空故。文三。初喻）

虛空無有分別亦無戲論（空無分別不礙顯色，智無分別不礙） 如（岫二　利生。二合） 如來身亦復如是以智光明普照明

故令一切衆生世出世間諸善根業皆

得成就而如來身無有分別亦無戲論

何以故從本已來一切執著一切戲論

皆永斷故（三結） 佛子是為如來身第二相

諸菩薩摩訶薩應如是見（三日光饒益喻，況普入成益身。普入法界故。初喻） 復次佛子譬如日出於閻浮提無

量衆生皆得饒益（上總，下別） 所謂破闇作明變

濕令燥生長草木成熟穀稼廓徹虛空

開敷蓮華行者見道居者辦業（後釋成） 何

以故日輪普放無量光故（三合） 佛子如來

智日亦復如是以無量事普益衆生（上總，下別）

（別有十種益，合前八句） 所謂滅惡生善破愚為智（初合之）

（二句合初二句，世出世間二相異故） 大慈救護大悲度脫（三拔四流之苦，與出世之樂；拯二乘沈定水之苦，與菩提之樂，皆合變濕令燥之義） 令其增長

根力覺分（四即道品，通長三乘草木） 令生深信捨離濁心

（五信合二義：一成上義，信能增長一切法故；二合成熟，信能必到如來地故） 令得見聞

不壞因果令得天眼見歿生處（六七二句，合前廓徹虛空）

（六得見聞四諦因果智，七得三明十力智，如空有日廓淨照徹故） 令心無礙不

壞善根八有二義令心無礙成上徹空不壞善根成下蓮華如赤蓮華不遇日光瞖死無疑三乘善根若遇智日則便不壞令智修明開敷覺華九正合開華上已開者合其不壞令未開者令得開故令其發心成就本行十合後二句發菩提心即見大道成就本行是辦家業後釋成何以故如來廣大智慧日身放無量光普照耀故三結佛子是為如來身第三相諸菩薩摩訶薩應如是見四日光等照喻平等隨應身由住真際故無私平等文三初正喻二初喻復次佛子辟如日出於閻浮提先照一切須彌山等諸大山王喻菩薩十大山王表十地故次照黑山黑山喻緣覺以無法空之慧光故不能出生諸功德故次照高原高原喻聲聞不生佛法蓮華故然後普照一切大地大地一種通含三乘取於決定能生之靈喻正定聚得緣方生喻不定聚砂鹵等地喻邪定聚然亦不捨故皆等照日不作念我先照此後照於彼但以山地有高下故照有先後二合如來應正等覺亦復如是成就無邊法界智輪常放無礙智慧光明先照菩薩摩訶薩等諸大山王次照

緣覺次照聲聞次照決定善根眾生隨其心器示廣大智然後普照一切眾生乃至邪定亦皆普及為作未來利益因緣令成熟故而彼如來大智日光不作是念我當先照菩薩大行乃至後照邪定眾生但放光明平等普照無礙無障無所分別二釋疑佛子辟如日月隨時出現大山幽谷普照無私如來智慧亦復如是普照一切無有分別隨諸眾生根欲不同智慧光明種種有異疑云日月光明是一佛智萬殊豈為同喻釋云豈不向說但隨山地有其高下耶故知但隨眾生智慧高下不同佛無私智無差也未違前喻又既約機說異則照高未能兼下照下而猶照高又若捨化先捨於小大捨於中唯菩薩高山盡日蒙照三結佛子是為如來身第四相諸菩薩摩訶薩應如是見五日益生盲喻喻佛無生潛益身文三。初喻復次佛子辟如日出生盲眾生無眼根故未曾得見雖未曾見然為日光之所饒

益何以故因此得知晝夜時節受用種種衣服飲食令身調適離眾患故有目者觀非是獨為生盲不見亦未曾滅以潛益故二合二。初略如來智日亦復如是無信無解毀戒毀見邪命自活生盲之類無信眼故不見諸佛智慧日輪略中五事皆合於盲而無信為總故云無信眼故此即涅槃闡提三罪無信斷善即闡提無解毀見即謗方等毀戒邪命即犯四重作五逆罪雖不見佛智慧日輪亦為智日之所饒益何以故以佛威力令彼眾生所有身苦及諸煩惱未來苦因皆消滅故無解等四至惡猶有佛性亦為饒益令離苦集二廣顯二初能益光二。初列十光佛子如來有光明名積集一切功德初三句成觀二種莊嚴上一福嚴下二慧嚴有光明名普照一切普照事有光明名清淨自在照照淨理次三成三慧有光明名出大妙音有光明名普解一切語言法令他歡喜此二成聞慧有光明名示現永斷一切疑自在境界此一成思修後四成四智有光明名無

住智自在普照（大圓鏡智無住普照故）有光明名永斷一切戲論自在智（平等性智絶戲論故）有光明名隨所應出妙音聲（妙觀察智隨應演故）有光明名出清淨自在音莊嚴國土成熟衆生（成所作智嚴土化生。三結數分齊）佛子如來一一毛孔放如是等千種光明（以日有千光故結云千實乃無數）五百光明普照下方（五位自分行）五百光明普照上方（五位勝進行）種種剎中種種佛所諸菩薩衆（三所益衆。四初益菩薩）其菩薩等見此光明一時皆得如來境界十頭十眼十耳十鼻十舌十身十手十足十地十智皆悉清淨（有二種益上益圓機頓證佛境下益權機令熟權趣實）彼諸菩薩先所成就諸處諸地（處謂五眼等地謂種性地）見彼光明轉更清淨一切善根皆悉成熟趣一切智（二益二乘）住二乘者滅一切垢（三益生盲）其餘一分生盲衆生身既快樂心亦清淨柔輭調伏堪修念智（四光益惡趣六。初拔苦與樂）地獄餓鬼畜生諸趣所有衆生皆得快樂解脫衆苦命終皆生天上人間（二目起邪見）佛子彼諸衆生不覺不知以何因緣以何神力而來生此彼生盲者作如是念我是梵天我是梵化（三懸音是正）是時如來住普自在三昧出六十種妙音而告之言汝等非是梵天亦非梵化亦非帝釋護世所作皆是如來威神之力（四迴邪報恩）彼諸衆生聞是語已以佛神力皆知宿命生大歡喜心歡喜故自然而出優曇華雲香雲音樂雲衣雲蓋雲幢雲幡雲末香雲寶雲師子幢半月樓閣雲歌詠讚歎雲種種莊嚴雲皆以尊重心供養如來何以故此諸衆生得淨眼故（五佛與授記）如來與彼授阿耨多羅三藐三菩提記（六結光利益）佛子如來智日如是利益生盲衆生令得善根具足成熟（此中諸益多同隨好。三結）佛子是為如來身第五相諸菩薩摩訶薩應如是見（第六月光奇特喻。喻佛圓廻等住身謂等住三世無增減故文三。初喻）復次佛子譬如月輪有四奇特未曾有法何等為四一者映蔽一切星宿光明二者隨逐於時示現虧盈三者於閻浮提澄淨水中影無不現四者一切見者皆對目前而此月輪無有分別無有戲論（二合）佛子如來身月亦復如是有四奇特未曾有法何等為四所謂映蔽一切聲聞獨覺學無學衆（一圓智映二乘）隨其所宜示現壽命脩短不同而如來身無有增減（二常身示延促）一切世界淨心衆生菩提器中影無不現（三由其機器所見有無菩提器者堪受菩提之人觀意生身若心海澄清妄念都寂則真見佛矣）一切衆生有瞻對者皆謂如來唯現我前隨其心樂而為說法隨其地位令得解脫隨所應化

令見佛身而如来身無有分別無有戲
論所作利益皆得究竟（四所見無向背初及後二皆圓廻義。三結）佛子是為如来身第六相諸菩薩摩訶
薩應如是見（七梵王普現喻喻佛無心普應身不分而徧文三。初喻）復
次佛子辟如三千大千世界大梵天王
以少方便於大千世界普現其身一切
衆生皆見梵王現在已前而此梵王亦
不分身無種種身（二合）佛子諸佛如来亦
復如是無有分別無有戲論亦不分身
無種種身而隨一切衆生心樂示現其
身亦不作念現若干身（二結）佛子是為如
来身第七相諸菩薩摩訶薩應如是見
（八醫王延壽喻喻佛窮盡後際身初喻二。初彰其現德）復次佛子辟如醫
王善知衆藥及諸呪論閻浮提中諸所
有藥用無不盡復以宿世諸善根力大
明呪力為方便故衆生見者病無不愈

（三呪力持身）彼大醫王知命将歿作是念言我
命歿後一切衆生無所依怙我今宜應
為現方便是時醫王合藥塗身明呪力
持令其歿後身不分散不萎不枯威儀
視聽與本無別凡所療治悉得除差（三合二。初合現德）
佛子如来應正等覺無上醫王亦復
如是於無量百千億那由他劫鍊治法
藥已得成就（合用藥無不盡）修學一切方便善巧
大明呪力皆到彼岸（合呪力為方便）善能除滅一
切衆生諸煩惱病（合見者病愈。二合呪力持身）及住壽命
經無量劫其身清淨無有思慮無有動
用一切佛事未嘗休息衆生見者諸煩
惱病悉得消滅（前呪藥持住多劫故略不重明藥呪能持。三結）佛子
是為如来身第八相諸菩薩摩訶薩應
如是見（九摩尼剎物喻喻佛嚴剎益生身雨寳離貧即嚴剎故各有體用文三。初喻）復
次佛子辟如大海有大摩尼寳名集一

切光明毗盧遮那藏若有衆生觸其光
者悉同其色若有見者眼得清淨隨彼
光明所照之處雨摩尼寳名為安樂令
諸衆生離苦調適（二合）佛子諸如来身亦
復如是為大寳聚一切功德大智慧藏
若有衆生觸佛身寳智慧光者同佛身
色若有見者法眼清淨隨彼光明所照
之處令諸衆生離貧窮苦乃至具足佛
菩提樂佛子如来法身無所分別亦無
戲論而能普為一切衆生作大佛事（三結）佛
子是為如来身第九相諸菩薩摩訶薩
應如是見（十寳王滿願喻喻佛相嚴滿願身文三。初喻）復次佛子
辟如大海有大如意摩尼寳二名一切
世間莊嚴藏具足成就百萬功德隨所
住處令諸衆生災患消除所願滿足然
此如意摩尼寳王非少福衆生所能得

見〔三合二初正合〕如来身如意寶王亦復如是名為能令一切衆生皆悉歡喜若有見身聞名讚德悉令永離生死苦患假使一切世界一切衆生一時專心欲見如来悉令得見所願皆滿〔二釋疑〕佛子佛身非是少福衆生所能得見〔初難合喻已是釋疑謂有疑云若念皆見今何不見是故經云少福不見〕唯除如来自在神力所應調伏〔次疑云亦有貧下薄福之人何以得見故經釋云除可調者〕若有衆生因見佛身便種善根乃至成熟為成熟故乃令得見如来身耳〔三結〕佛子是為如来身第十相諸菩薩摩訶薩應如是見〔三就法總結〕以其心無量徧十方故所行無礙如虛空故普入法界故住真實際故無生無滅故等住三世故永離一切分別故住盡後際誓願故嚴淨一切世界故莊嚴一一佛身故〔十句次第結前十身其有難者前已會釋 二偈頌有二十偈次第頌前長行十喻喻各二偈皆前偈喻後偈法合喻各二偈〕爾時普賢菩薩摩訶薩欲重明此義而說頌言

譬如虛空徧十方　若色非色有非有
三世衆生身國土　如是普在無邊際
諸佛真身亦如是　一切法界無不徧
不可得見不可取　為化衆生而現形
譬如虛空不可取　普使衆生造衆業
不念我今何所作　云何我作為誰作
諸佛身業亦如是　普使群生修善法
如来未曾有分別　我今於彼種種作
譬如日出閻浮提　光明破闇悉無餘
山樹池蓮地衆物　種種品類皆蒙益
諸佛日出亦如是　生長人天衆善行
永除癡闇得智明　恒受尊榮一切樂
譬如日光出現時　先照山王次餘山
後照高原及大地　而日未始有分別
善逝光明亦如是　先照菩薩次緣覺
後照聲聞及衆生　而佛本来無動念
譬如生盲不見日　日光亦為作饒益
令知時節受飲食　永離衆患身安隱
無信衆生不見佛　而佛亦為興義利
聞名及以觸光明　因此乃至得菩提
譬如淨月在虛空　能蔽衆星示盈缺
一切水中皆現影　諸有觀瞻悉對前
如来淨月亦復然　能蔽餘乘示脩短
普現天人淨心水　一切皆謂對其前
譬如梵王住自宮　普現三千諸梵處
一切人天咸得見　實不分身向於彼
諸佛現身亦如是　一切十方無不徧
其身無數不可稱　亦不分身不分別
如有醫王善方術　若有見者病皆愈
命雖已盡藥塗身　令其作務悉如初

最勝醫王亦如是　具足方便一切智
以昔妙行現佛身　衆生見者煩惱滅
譬如海中有寶王　普出無量諸光明
衆生觸者同其色　若有見者眼清淨
最勝寶王亦如是　觸其光者悉同色
若有得見五眼開　破諸塵闇住佛地
譬如如意摩尼寶　隨有所求皆滿足
少福衆生不能見　非是寶王有分別
善逝寶王亦如是　悉滿所求諸欲樂
無信衆生不見佛　非是善逝心棄捨

此下入第五十一經三出現語業長行有三初標佛子菩薩摩訶薩應云何知如來應正等覺音聲二釋三。初說法略說佛子菩薩摩訶薩昔人亦以初十入於中十為百後十通前則為千數此亦可通今更一解後結則容通結中十中十則別喻初十但小不次耳今初略說圓音之義略啓四門一敘昔二辨違三會通四正釋前三非要廣在別章但正釋文自含衆妙四釋文者文有十音以顯無盡各上句標名下句釋相應知如來音聲徧至普徧無量諸音聲故一普徧者即隨類音然有二義一約體廣無聲不至故云普徧無量音聲斯則人天等異萬類齊聞上云衆生隨類各得解二者隨前一一之音皆能獨徧如日連不究其邊應知如來音聲隨其心樂皆令歡喜說法明了故二隨樂音謂趣舉一一類音能隨樂欲說種種法上經云如來於一語言中演說無邊契經海又云佛以一妙音周聞十方國衆音悉具足法雨皆充徧此文通證前之二義應知如來音聲隨其信解皆令歡喜心得清涼故三隨根解音謂即上說中隨說一法大小各聞故云隨其信解故寶積云佛以一音演說法衆生各各隨所解應知如來音聲化不失時所應聞者無不聞故四隨時音謂即上大小之法今聞不聞皆自在故云不失時亦兼隨聞一法欣憂不同寶積云或有恐畏或歡喜上四多約即體之用是圓音義後六多約即用之體顯一音義應知如來音聲無生滅如呼響故五外隨緣叩我無生滅應知如來音聲無主修習一切業所起故六內集緣成何有主宰應知如來音聲甚深難可度量故七甚深者欲言其一則萬類殊應欲言其異則一體無生又欲言其一隨一音中能具多音故上文云一切衆生語言法一言演說盡無餘欲言其異即上多音唯宜闡一故下喻云譬如天鼓發種種音懈怠諸天唯聞無常覺悟之音故甚深也應知如來音聲無邪曲法界所生故八純稱法界應知如來音聲無斷絕普入法界故九橫入無斷應知如來音聲無變易至於究竟故十豎歸一極此十圓融一味是如來圓音是知或謂無聲隨叩發響或謂如來唯一直聲無宮商等異皆大地之一塵耳二約喻廣說三初結前生後佛子菩薩摩訶薩應知如來音聲收上十聲要不出三約相則廣無量約體則無主宰約用則有顯示今並雙非以顯中道非量莫窮其邊故非量非無量隨機隨時有聞不聞故非無量非主多緣集故非有主非無主純一法界生故非無主非示當體無生故無能示非無示巧顯義理故非無示更以四句明體用無礙謂一以用從體由體無不在故能令上十類皆徧一切非唯徧聲亦徧一切時處衆生如來法界等雖復於色等皆徧恒不雜亂若不等徧則音非圓若由等徧失其音曲則圓非音今不壞曲而等徧不動徧而差韻方成圓音二以體從用其一一音皆具含眞性三用即體故上十類聲皆不可得唯第一義永離所執故法螺常震妙音常寂名寂靜音如空谷響有而即虛若不即虛非但失於一音亦不能令圓融自在四體即用故寂而恒宣若天鼓無心而應一切長風隨竅萬吹不同若不徧同非但失於能圓亦非眞一梵音隨緣自在名為如來圓音妙音非是心識思量境界二徵釋所以何以故徵意云前言無量等今何雙非三舉喻廣釋其大意云性相無礙體用相即約法難顯寄喻以明有十大喻即為十段段各有三今初劫盡唱彀喻喻前第六無主文中分三○初喻 佛子譬如世界將欲壞時無主無作法爾而出四種音敎 言法爾者俱舍第二云生無色界有二種因一者因力謂由近習及數習故二者業力謂上界後報業果欲至故若生色界則有三因謂加法爾力但器壞時法爾有敎故 其四者何一曰汝等當知初禪安樂離諸欲惡超過欲界衆生聞已自然而得成就初禪捨欲界身生於梵天二曰汝等當知二禪安樂無覺無觀超於梵天衆生聞已自然而得成就二禪捨梵天身生光音天三曰汝等當知三禪安樂無有過失超光音天衆生聞已自然而得成就三禪捨光音身生徧淨天四曰汝等當知四禪寂靜超徧淨天衆生聞已自然而得成就四禪捨徧淨身生廣果天是為四 然四種音非是一時初二火劫將壞欲界及初禪時三即水災壞二禪時四即風災壞三禪時 佛子此諸音敎無主無作但從衆生諸善業力之所

出生 四敎各別故非無主但從緣生故非有主○二合 佛子如來音敎亦復如是無主無作無有分別非入非出但從如來功德法力出於四種廣大音敎其四者何一曰汝等當知一切諸行皆悉是苦所謂地獄苦畜生苦餓鬼苦無福德苦著我我所苦作諸惡行苦欲生人天當種善根生人天中離諸難處衆生聞已捨離顛倒修諸善行離諸難處生人天中二曰汝等當知一切諸行衆苦熾然如熱鐵丸諸行無常是磨滅法涅槃寂靜無為安樂遠離熾然消諸熱惱衆生聞已勤修善法於聲聞乘得隨順音聲忍三曰汝等當知聲聞乘者隨他語解智慧陿劣更有上乘名獨覺乘悟不由師汝等應學樂勝道者聞此音已捨聲聞道修獨覺乘四曰汝等

當知過二乘位更有勝道名為大乘菩薩所行順六波羅蜜不斷菩薩行不捨菩提心處無量生死而不疲厭過於二乘名為大乘第一乘勝乘最勝乘上乘無上乘利益一切衆生乘若有衆生信解廣大諸根猛利宿種善根為諸如來神力所加有勝樂欲希求佛果聞此音已發菩提心佛子如來音敎不從身出不從心出而能利益無量衆生 明佛欲壞生死世間亦有四敎說五乘法初一人天合上火災後三三乘如次合前三結 佛子是為如來音敎第一相諸菩薩摩訶薩應如是知 ○二響敎隨緣喻 復次佛子譬如呼響因於山谷及音敎起無有形狀不可覩見亦無分別而能隨逐一切語言 喻上第五無生次合 如來音敎亦復如是無有形狀不可覩見非有方所非無方所但隨衆生欲解緣出其

性究竟無言無示不可宣說後結佛子是為如來音聲第二相諸菩薩摩訶薩應如是知三天鼓開覺喻喻合各三。初能開覺復次佛子譬如諸天有大法鼓名為覺悟若諸天子行放逸時於虛空中出聲告言汝等當知一切欲樂皆悉無常虛妄顛倒須臾變壞但誑愚夫令其戀著汝莫放逸若放逸者墮諸惡趣後悔無及喻第九無斷絕聲徧入法界化無斷故。二開覺益放逸諸天聞此音已生大憂怖捨自宮中所有欲樂詣天王所求法行道三結用歸體佛子彼天鼓音無主無作無起無滅而能利益無量衆生二合三。初合能開覺廿一 十八當知如來亦復如是為欲覺悟放逸衆生出於無量妙法音聲上總下別別有十一聲義分四節而有二意一者初二通五乘所謂無著聲不放逸聲次六通三乘無常聲苦聲無我聲不淨聲寂滅聲涅槃聲次一

通於第一第二乘無有量自然智聲後二唯大乘不可壞菩薩行聲至一切處如來無功用智地聲二者初一節配人天餘三節配三乘以此音聲徧法界中而開悟之二合開覺一無數衆生聞是音已皆生歡喜勤修善法各於自乘而求出離所謂或修聲聞乘或修獨覺乘或習菩薩無上大乘三合結用歸體而如來音不住方所無有言說由不住方等故上能普徧是以莊嚴論云若不普聲是有法非非法者不能徧至十方反此故能。三結佛子是為如來音聲第三相諸菩薩摩訶薩應如是知四天女妙聲喻復次佛子譬如自在天王有天采女名曰善口於其口中出一音聲其聲則與百千種樂而共相應一一樂中復有百千差別廿二 十九音聲佛子彼善口女從口一聲出於如是無量音聲喻上第三隨信解聲多音隨樂故次合當知如來亦復如是於一音中出無量聲隨諸衆

生心樂差別皆悉徧至悉令得解後結佛子是為如來音聲第四相諸菩薩摩訶薩應如是知五梵聲及衆喻復次佛子譬如大梵天王住於梵宮出梵音聲一切梵衆靡不皆聞而彼音聲不出衆外諸梵天衆咸生是念大梵天王獨與我語喻化不失時熟者必聞即以根熟為所化衆次合如來妙音亦復如是道場衆會靡不皆聞而其音聲不出衆外何以故根未熟者不應聞故其聞音者皆作是念如來世尊獨為我說佛子如來音聲無出無住而能成就一切事業後結是為如來音聲第五相諸菩薩摩訶薩應如是知六衆水一味喻復次佛子譬如衆水皆同一味隨器異故水有差別水無念慮亦無分別喻無邪曲聲從法界生一體性故次合如來言音亦復如是唯是一味謂解脫味隨諸衆

生心器異故無量差別而無念慮亦無分別（後結）佛子是為如來音聲第六相諸菩薩摩訶薩應如是知（七降雨滋榮喻）復次佛子譬如阿那婆達多龍王興大密雲徧閻浮提普霔甘雨百穀苗稼皆得生長江河泉池一切盈滿此大雨水不從龍王身心中出而能種種饒益衆生（喻歡喜穀稼根增長故次合）佛子如來應正等覺亦復如是興大悲雲徧十方界普雨無上甘露法雨令一切衆生皆生歡喜增長善法滿足諸乘佛子如來音聲不從外來不從內出而能饒益一切衆生（離佛無聲不從外來離機無聲不從內出後結）是為如來音聲第七相諸菩薩摩訶薩應如是知（八漸降成熟喻）復次佛子譬如摩那斯龍王將欲降雨未便即降先起大雲彌覆虛空凝停七日待諸衆生作務究竟

何以故彼大龍王有慈悲心不欲惱亂諸衆生故過七日已降微細雨普潤大地（喻無變教以皆至究竟故上先照高山以顯頓圓此先小益即是漸圓次合）佛子如來應正等覺亦復如是將降法雨（思欲說一乘法也）未便即降（恐破法壞惡道故）先興法雲（是說方便方便含實如雲含水）成熟衆生為欲令其心無驚怖待其熟已然後普降甘露法雨演說甚深微妙善法漸次令其滿足如來一切智智無上法味（後結）佛子是為如來音聲第八相諸菩薩摩訶薩應如是知（九降霔難思喻）復次佛子譬如海中有大龍王名大莊嚴於大海中降雨之時或降十種莊嚴雨或百或千或百千種莊嚴雨佛子水無分別但以龍王不思議力令其莊嚴乃至百千無量差別（喻上甚深教雖多差別皆於甚深法界之所流故次合）如來應正等覺亦復如是為諸衆生說法之

時或以十種差別音說或百或千或以百千或以八萬四千音聲說八萬四千行乃至或以無量百千億那由他音聲各別說法令其聞者皆生歡喜如來音聲無所分別但以諸佛於甚深法界圓滿清淨能隨衆生根之所宜出種種言音皆令歡喜（後結）佛子是為如來音聲第九相諸菩薩摩訶薩應如是知

大方廣佛華嚴經疏卷第八十一　岫一

大方廣佛華嚴經疏卷第八十二（入第五十一經下半）　岫二

清涼山沙門　澄觀　述　晉水沙門淨源錄疏注經

（千徧降種種喻喻普徧聲非唯普徧四洲亦徧出多雷音文三初喻亦二。初總）復次佛子譬如娑竭羅龍王欲現龍王大自在力饒益衆生咸令歡喜（二別有五。初雲）從四天下乃至他化自在天處興大雲網周帀彌覆其雲色相無量差別或閻浮檀金光明色或毗瑠璃光明色或白銀光明色或頗黎光明色或牟薩羅光明色或碼碯光明色或勝藏光明色或赤真珠光明色或無量香光明色或無垢衣光明色或清淨水光明色或種種莊嚴具光明色如是雲網周帀彌布（二電）既彌布已出種種色電光所謂閻浮檀金色雲出瑠璃色電光瑠璃色雲出金色電光銀色雲出頗黎色電光頗黎色雲出銀色電光牟薩羅色雲出碼碯色電光碼碯色雲出牟薩羅色電光勝藏寶色雲出赤真珠色電光赤真珠色雲出勝藏寶色電光無量香色雲出無垢衣色電光無垢衣色雲出無量香色電光清淨水色雲出種種莊嚴具色電光種種莊嚴具色雲出清淨水色電光乃至種種色雲出一色電光一色雲出種種色電光（三雷）復於彼雲中出種種雷聲隨衆生心皆令歡喜所謂或如天女歌詠音或如諸天技樂音或如龍女歌詠音或如乾闥婆女歌詠音或如緊那羅女歌詠音岫二或如大地震動聲或如海水波潮聲或如獸王哮吼聲或如好鳥鳴囀聲及餘無量種種音聲（四風）既震雷已復起涼風令諸衆生心生悅樂（五雨）然後乃降種種諸雨利益安樂無量衆生從他化天至於地上於一切處所雨不同所謂於大海中雨清冷水名無斷絕於他化自在天雨簫笛等種種樂音名為美妙於化樂天雨大摩尼寶名放大光明於兜率天雨大莊嚴具名為垂髻於夜摩天雨大妙華名種種莊嚴具於三十三天雨衆妙香名為悅意於四天王天雨天寶衣名為覆蓋於龍王宮雨赤真珠名涌出光明於阿修羅宮雨諸兵仗名降伏寃敵於北鬱單越雨種種華名曰開敷岫二餘三天下悉亦如是然各隨其處所雨不同（此與賢首品文有影略。三結）雖彼龍王其心平等無有彼此但以衆生善根異故雨有差別（三合）

（文亦有三。初總）佛子如來應正等覺無上法王亦復如是欲以正法教化衆生（二別亦五。初以身合雲有覆陰）

(等故)先布身雲彌覆法界隨其樂欲爲現不同所謂或爲衆生現生身雲或爲衆生現化身雲或爲衆生現力持身雲或爲衆生現色身雲或爲衆生現相好身雲或爲衆生現福德身雲或爲衆生現智慧身雲或爲衆生現諸力不可壞身雲或爲衆生現無畏身雲或爲衆生現法界身雲(即菩提等十身之中有其四身名異義同一即願身願生兜率故四即意生身隨意所生同世色故八即菩提身具佛十力成菩提故九即威勢具四無畏能伏外故亦可十力降魔爲威勢無畏爲正覺有正覺義故餘之六身名義俱同。二合電光不出通明無畏)佛子如來以如是等無量身雲普覆十方一切世界隨諸衆生所樂各別示現種種光明電光所謂或爲衆生現光明電光名無所不至或爲衆生現光明電光名無邊光明或爲衆生現光明電光名入佛祕密法或爲衆生現光明電光名影現光明或爲衆生現光明電光名光明照耀或爲衆生現光明電光名入無盡陀羅尼門或爲衆生現光明電光名正念不亂或爲衆生現光明電光名究竟不壞或爲衆生現光明電光名順入諸趣或爲衆生現光明電光名滿一切願皆令歡喜(。三以三昧合雷聲)佛子如來應正等覺現如是等無量光明電光已復隨衆生心之所樂出生無量三昧雷聲所謂善覺智三昧雷聲明盛離垢海三昧雷聲一切法自在三昧雷聲金剛輪三昧雷聲須彌山幢三昧雷聲海印三昧雷聲日燈三昧雷聲無盡藏三昧雷聲不壞解脫力三昧雷聲(略有三義一若秋之雷蟄蟲藏匿若入三昧諸惡不行二若春之雷則發蟄蘖萌猶彼三昧發生功德三雷是雨之先相三昧是說之先兆有十種名思而釋之。四以大智合風)佛子如來身雲中出如是等無量差別三昧雷聲已將降法雨先現瑞相開悟衆生所謂從無障礙大慈悲心現於如來大智風輪名能令一切衆生生不思議歡喜適悅(以後得智觀機警覺加被令成法器故。五以說法合雨二。初結前標後)此相現已一切菩薩及諸衆生身之與心皆得清涼然後從如來大法身雲大慈悲雲大不思議雲雨不思議廣大法雨令一切衆生身心清淨(二別有十法)所謂爲坐菩提場菩薩雨大法雨名法界無差別(一將成正覺念相欲盡聞斯法雨便細念都亡得見心性等虛空界法界一相始本無二契同諸佛平等法身故云法界無差別)爲最後身菩薩雨大法雨名菩薩游戲如來祕密教(二出胎已後坐道場前後更無身故云最後法雨名游戲等者此有三義一開爲二謂游戲是神通大用祕教即心智所契二合爲一令於祕教出沒自在故云游戲言祕教者即詮如來三德涅槃故涅槃經名祕密藏安住於此能建大事神通作用故名游戲在法華經以體從用名如來知見深固幽遠名爲祕密雖初心同稟而窮究在斯故亦爲說)爲一生所繫菩薩雨大法雨名清淨普光明（三一生所繫者謂如彌勒更一下生故所以更一生者由微細無明能障所知故令為說令淨彼細惑成種智普照上三皆等覺位）為灌頂菩薩雨大法雨名如來莊嚴具所莊嚴（四灌頂菩薩即十地受職位十方諸佛法水灌頂墮在佛數能受如來大法雲雨令具佛功德智慧廣作佛事為莊嚴故）為得忍菩薩雨大法雨名功德寶智慧華開敷不斷菩薩大悲行（五得忍菩薩若取忍淨八地已上將止此忍勸滿福智不斷悲故若取初得有說初地即得為說信等功德後後圓淨十地地智一一開發不斷二利故）為住向行菩薩雨大法雨名入現前變化甚深門而行菩薩行無休息無疲厭（六住向行三即三賢位令其入證真如現前依此變化為甚深門而勝進不息）為初發心菩薩雨大法雨名出生如來大慈悲行救護眾生（七初發心者通信初發心及信滿發心既發上求下化之心令依願行故上皆已得本位故並為說勝進上位之法此下二門通有二意）為求獨覺乘眾生雨大法雨名深知緣起法遠離二邊得不壞解脫果（八一約初求顯說其自乘二約已住寄說寄授大乘如緣覺中約自乘說則因謝非常果續非斷逆觀非有順觀非無為離二邊雖離二邊而不壞自乘之果約寄十二因緣即是中道中道者名為佛性故曰甚深緣起是為上上智觀故得不壞佛解脫果故）為求聲聞乘眾生雨大法雨名以大智慧劒斷一切煩惱怨（九一約顯說由彼厭患苦集故說人空智劒斷之二約寄說應以法空斷一切惑故名大劒）為積集善根決定不決定眾生雨大法雨名能令成就種種法門生大歡喜（十為二聚眾生故云集善根者其邪定聚未堪法雨未定令得名為成熟已定令增種種法門〇二合上結文二〇初合結數）佛子諸佛如來隨眾生心雨如是等廣大法雨充滿一切無邊世界（〇二合心等以釋外疑）佛子如來應正等覺其心平等於法無悋但以眾生根欲不同所雨法雨示有差別（〇三結）是為如來音聲第十相（〇三以法結通）諸菩薩摩訶薩應如是知　復次佛子應知如來音聲有十種無量何等為十所謂如虛空界無量至一切處故如法界無量無所不徧故如眾生界無量令一切心喜故如諸業無量說其果報故如煩惱無量悉令除滅故如眾生言音無量隨解令聞故如眾生欲解無量普觀救度故如三世無量無有邊際故如智慧無量分別一切故如佛境界無量入佛法界故（通結十喻皆無分量三結）佛子如來應正等覺音聲成就如是等阿僧祇無量諸菩薩摩訶薩應如是知（〇二偈頌頌上十喻喻各二頌）爾時普賢菩薩摩訶薩欲重明此義而說頌言

三千世界將壞時　眾生福力聲告言
四禪寂靜無諸苦　令其聞已悉離欲
十力世尊亦如是　出妙音聲徧法界
為說諸行苦無常　令其永度生死海
譬如深山大谷中　隨有音聲皆響應
雖能隨逐他言語　而響畢竟無分別
十力言音亦復然　隨其根欲為示現

令其調伏生歡喜　不念我今能演說
如天有皷名能覺　常於空中震法音
誡彼放逸諸天子　令其聞已得離著
十力法皷亦如是　出於種種妙音聲
覺悟一切諸群生　令其悉證菩提果
自在天王有寶女　口中善奏諸音樂
一聲能出百千音　一一音中復百千
善逝音聲亦如是　一聲而出一切音
隨其性欲有差別　各令聞已斷煩惱
譬如梵王吐一音　能令梵衆皆歡喜
音唯及梵不出外　一一皆言已獨聞
十力梵王亦復然　演一言音充法界
唯霑衆會不遠出　以無信故未能受
譬如衆水同一性　八功德味無差別
因地在器各不同　是故令其種種異
一切智音一如是　法注一味無分別

隨諸衆生行不同　故使聽聞種種異
譬如無熱大龍王　降雨普洽閻浮地
能令草樹皆生長　而不從身及心出
諸佛妙音亦如是　普雨法界悉充洽
能令生善滅諸惡　不從內外而得有
譬如摩那斯龍王　興雲七日未先雨
待諸衆生作務竟　然後始降成利益
十力演義亦如是　先化衆生始成熟
然後為說甚深法　令其聞者不驚怖
大莊嚴龍於海中　霔於十種莊嚴雨
或百或千百千種　水雖一味莊嚴別
究竟辯才亦如是　說十二十諸法門
或百或千至無量　不生心念有殊別
最勝龍王娑竭羅　興雲普覆四天下
於一切處雨各別　而彼龍心無二念
諸佛法王亦如是　大悲身雲徧十方

為諸修行雨各異　而於一切無分別（四出現意業文中分三先身次語後意義次第故長行中二初微起）佛子諸菩薩摩訶薩應云何知如來應正等覺心（二正釋三。初約法總辨）佛子如來心意識俱不可得（約體遮詮）但應以智無量故知如來心（寄用表詮。然此一文古有多說。一云識等有二一染二淨佛地無彼有漏染心心所而有淨分心及心所。果位之中智强識劣故於王上以顯染無約彼智所以明無量。若必無王所依何立。故成唯識第二引如來功德莊嚴經云如來無垢識是淨無漏界解脫一切障圓鏡智相應則有王明矣。言轉識者智依識轉非轉識體。二云以無積集思量等義故說心等叵得就無分別智以顯無量非無心體。故攝論第八云無分別智所依非心非思義故。亦非非心為所依止心種類故以心為因數習勢力引得此位名心種類。上之二解俱明心意識有。二云佛果實無心意識及餘心法云不可得唯有大智故言智無量故知如來心。故金光明經及梁攝論皆云唯如如及如如智獨存佛性論中五法攝大覺性唯一真法界及四智菩提不言更有餘法。上之二宗備取皆妨。若依前有未免增益亦不能通不可得言。又此淨分此何不說。彼無垢識而得說耶經何不言染不可得。若依後義未免損減亦不能通知佛心言既云以智無量故知如來心不言無心可知明非無心矣。又心既是無智何獨立非唯違上二論亦違涅槃滅無常識獲常識義。若二義雙取未免相違若互泯雙非寧逃戲論。若爾何以指南。今釋此義文中分二先會前二宗後消經意。今初文也若後宗言唯也。智者以心即同真性，故曰唯如，照用不失，故曰如智，豈離心外而智別有如？是則唯如不乖於有。前宗以純如之體故有淨心，心既是如，有之何失？是知即真之有與即有之真二義相成，有無無礙，復消經意。言不可得者，以心義深玄，言不及故，寄遮顯深。言但以智知如來心者，託以心所寄表顯深，故晉經云：但知如來智無量，故知心無量。云何深玄？欲言其有，同如絕相；欲言其無，幽靈不竭；欲言其染，萬累斯亡；欲言其淨，不斷性惡；欲言其一，包含無外；欲言其異，一味難分；欲謂有情，無殊色性；欲謂無情，無幽不徹。合欲說而辭喪，心將緣而慮亡，亦猶果分不可說故。是知佛心即有即無，即事即理，即王即數，即一即多。心王中非有意，亦非不有意；中非有心，亦非不有心。王中非有數，亦非不有數；數非依於王，亦非不依王。一一皆爾，圓融無礙，則令上諸義各隨一理，不爽玄宗。言寄表顯深者，既心不可以智知，且託智以稱歎智是心所尚，以十喻明玄，則所依之心玄矣。玄矣，故十喻之末皆結為心之相。然佛尚不說，凡何敢思？有因緣故，輒憑教理以示玄宗，望無咎其繁而不要也。二寄與別顯，舉十大喻以喻如來十種大智，即為十段。十智體用非一非異，文各有三，謂喻、合、結。今初辟。虛空無依為依，喻佛無依成事之智。三，初喻

如虛空為一切物所依，而虛空無所依。二合

十二

如來智慧亦復如是，為一切世間出世間智所依，而如來智無所依。謂諸乘之智依佛智生，如十地云此十地智皆因佛智而有差別，離佛智外無所依，學而佛果滿，更不依他，豈不依心及依理耶？豈不向言王所無二耶？良以佛智照極，無有智外如為智所依，故智體全如，若有所依，不名如智，亦猶淨名云法隨於如，無所隨故。文殊般若云：若無境界，則無所依，況佛智外無法可得，以一切法即佛智故。三結

佛子，是為如來心第一相，諸菩薩摩訶薩應如是知。二法界湛然喻，喻佛體無增減智，即轉釋前依，依者依此出生故。文三，初喻

復次佛子，譬如法界常出一切聲聞獨覺菩薩解脫，而法界無增減。雖出諸智亦不減，少菩薩解脫成佛智時亦不增，是以同體均故，如上海中板喻，水有高下，板無增減。二合

如來智慧亦復如是，恒出一切世間出世間種種智慧，而如來智無增減。三結

佛子，是為如來心第二相，諸菩薩摩訶薩應如是知。三大海潛益喻，喻佛體均益生智，即雙釋前依及出生義。文三，初喻

復次佛子，譬如大海，其水潛流四天下地及八十億諸小洲中，有穿鑿者無不得水，而彼大海不作分別我出於水。二合

佛智海水亦復如是，流入一切眾生心中。謂與眾生心體同故，義曰潛流。穿鑿自心得智慧時，即是見他佛智，是曰依之出生；又由體同，令外佛加持資其念力，亦是流入。

若諸眾生觀察境界修習法門，則得智慧清淨明了，而如來智平等無二、無有分別，但隨眾生心行異故，所得智慧各各不同。三結

佛子，是為如來心第三相，諸菩薩摩訶薩應如是知。四大寶出生喻，喻佛用與體容智，釋上能生，以何義故而能生耶？具四寶故。文三，初喻有三，初總明出處體用

十三

復次佛子，譬如大海有四寶珠，具無量德，能生海內一切珍寶，若大海中無此寶珠，乃至一寶亦不可得。二徵列寶名

何等為四？一名積集寶，二名無盡藏，三名遠離熾然，四名具足莊嚴。三結其深勝

佛子，此四寶珠，一切凡夫、諸龍神等悉不得見。何以故？娑竭龍王以此寶珠端嚴方正置於宮中深密處故。二合，三，初合出處體用

佛子，如來應正等覺大智慧海亦復如是，於中有四大智寶珠，具足無量福智功德，由此能生一切眾生、聲聞、獨覺、學無學位及諸菩薩智慧之寶。二合

徵列實名何等為四。衍英諸公皆云初證道智斷惑障二助道智斷智障三不住道智捨於報障上三自利四利益衆生智即利他行。此釋亦無大過果地具此三道能令學者入菩薩地故。令更一解若直就文文自明顯令以法相收之即四智菩提所謂無染著巧方便大智慧寶。一大圓鏡智以離諸分別名無染著所緣行相微細難知不忘不愚十三一切境相若巧方便卅二善分別有為無為法大智慧寶二即平等性智觀一切法若為無為自他平等名善分別分別說無量法而不壞法性大智慧寶三即妙觀察智善觀諸法自相共相無礙而轉說無量法而不壞法性無量法者即攝觀無量總持定門等而言說者雨大法雨斷一切疑故知時非時未曾誤失大智慧寶四即成所作智知機知時作所應作故三合前深勝二初用勝體深若諸如來大智海中無此四寶有一衆生得入大乘終無是處此四智寶薄福衆生所不能見何以故置於如來深密藏故此中用勝喻在總中此中體深同法華經髻中明珠不妄與人然約下智不及故稱密藏不全同喻故涅槃中明有密語而無密藏。二體勝用深此四智寶平均正直平均正直即平等性智大慈悲等常共相應故曰平均一味相續名為正直端潔即大圓鏡智端者純淨圓德現種依持故潔者性相清淨離諸雜染

妙好即妙觀察智普能利益諸菩薩衆即成所作智此約別配。今以四智圓融故四德亦該四實況四智乃十中之一明永異餘宗令其悉得智慧光明。三結佛子是為如來心第四相諸菩薩摩訶薩應如是知△五珠消海水喻喻佛滅惑成德之智由有前智無智不生由有此智無惑不斷又前則橫具四智此則豎具四智皆是釋前為依之義文三初喻二。初總明體用復次佛子辟如大海有四熾然光明大寶布在其底性極猛熱常能飲縮百川所注無量大水是故大海無有增減何等為四一名日藏二名離潤三名火燄光四名盡無餘佛子若大海中無此四寶從四天下乃至有頂其中所有悉被漂沒。二別顯用相佛子此日藏大寶光明照觸海水悉變為乳離潤大寶光明照觸其乳悉變為酪火燄光大寶光明照觸其酪悉變為酥盡無餘大寶光明照觸其酥變成醍醐如火熾然悉盡卅二十四

無餘此為極教了義之說而起世婆沙等說阿鼻地獄在下火氣上吞銷鑠海水蓋是少分方便之說而俗典云以沃燋石銷海水者或測度而知或見實不辯謂之石耳又云注於尾廬壑者但見其銷以詺之耳二合二初合總明體用佛子如來應正等覺大智慧海亦復如是有四種大智慧寶具足無量威德光明此智寶光觸諸菩薩乃至令得如來大智何等為四所謂滅一切散善波浪大智慧寶除一切法愛大智慧寶慧光普照大智慧寶與如來平等無邊無功用大智慧寶。二合別顯用相佛子諸菩薩。然此四智古德有配四種三昧初是大乘光明三昧智二是集福德王三是賢護四是首楞嚴。此釋配定理則可爾案次乘理以第三名智光普照故若將初為三以三為初乃順文理。今更一解標其所成即是四定約能成智應別立名又若將此豎配諸位尤異昔解十五修習一切助道法時起無量散善波浪一切世間天人阿修羅所不能壞如來以滅一切散善波浪大智慧寶光明觸彼菩薩令捨一切散善波浪持心一境住於三昧。謂一佛以

即是而真智治於地前成初四地令得賢守定以此三昧能守世間及出世間賢善法故前之三地名為世間四為出世既了即事而真則即散而定 又以除一切法愛大智慧寶光明觸彼菩薩令捨離三昧味著起廣大神通〇二以即體之用智治於四地未能起用令得五地入俗成集福德王定 又以慧光普照大智慧寶光明觸彼菩薩令捨所起廣大神通住大明功用行〇三以平等無相智治五地中雖能隨俗未得平等令得六七二地般若大光功用後邊成光明定 又以與如來平等無邊無功用大智慧寶光明觸彼菩薩令捨所起大明功用行乃至得如來平等地息一切功用令無有餘〇四以平等無功用智治七地功用令入八地乃至佛果得首楞嚴定所作究竟果既具四因亦通修且約相顯為此豎配不可偏局 佛子若無如來此四智寶大光照觸乃至有一菩薩得如來地無有是處〇三結 佛子是為如來心第五相諸菩薩摩訶薩應如是知〇六虛空含受喻喻佛依持無礙之智亦釋前依義文三〇初喻 復次佛子如從水際上至

非想非非想天其中所有大千國土欲色無色衆生之處莫不皆依虛空而起虛空而住何以故虛空普徧故雖彼虛空普容三界而無分別〇二合 佛子如來智慧亦復如是若聲聞智若獨覺智若菩薩智若有為行智若無為行智一切皆依如來智起如來智住何以故如來智慧徧一切故雖復普容無量智慧而無分別上但云依猶尚通於外依他力令明體徧普能容受是則五乘等智皆是如來大智中物肇公亦云夫聖人虛心冥照理無不統懷六合於胸中而靈鑒有餘鏡萬有於方寸而其神常虛即斯義也〇三結 佛子是為如來心第六相諸菩薩摩訶薩應如是知〇七藥王生長喻喻佛窮劫利樂智文三初喻四〇初總明體用 復次佛子如雪山頂有藥王樹名無盡根彼藥樹根從十六萬八千由旬下盡金剛地水輪際生〇二別顯用相 彼藥王樹若生根時令閻浮提一切樹根生若生莖時令

閻浮提一切樹莖生枝葉華果悉皆如是〇三得名所由 此藥王樹根能生莖莖能生根根無有盡名無盡根〇四釋其非處 佛子彼藥王樹於一切處皆令生長唯於二處不能為作生長利益所謂地獄深坑及水輪中上揀下收 然亦於彼初無厭捨故者亦不厭故晉經云不捨生住〇二合亦有四段而文不次〇初合攝體用有六 佛子如來智慧大藥王樹亦復如是以過去所發成就一切智慧善法普覆一切諸衆生界除滅一切諸惡道苦廣大悲願而為其根一以悲願菩提合根此為諸佛之本深難拔故文有四弘 於一切如來真實智慧種性中生堅固不動善巧方便以為其莖二依實智所生方便為莖能幹事故菩提體故 徧法界智諸波羅蜜以為其枝三依前二智分為諸度麥陰為枝 禪定解脫諸大三昧以為其葉四戒定息熱別受其名 總持辯才菩提分法以為其華五辯才道品等觀生菩提開發為華 究竟無

變諸佛解脫以為其果（六果可知上六亦可豎配地位而其下文別顯用相既云一切菩薩故但從通二越次合後得名所由）佛子如來智慧大藥王樹何故得名為無盡根以究竟無休息故（窮未來際）不斷菩薩行故（得果不捨其因）菩薩行即如來性如來性即菩薩行是故得名為無盡根（由不捨因故得因果交徹展轉相生。三却合前段別顯用相）佛子如來智慧大藥王樹其根生時令一切菩薩生不捨眾生大慈悲根其莖生時令一切菩薩增長堅固精進深心莖（深心樂修善行即前方便）其枝生時令一切菩薩增長一切諸波羅蜜枝其葉生時令一切菩薩生長淨戒頭陀功德少欲知足葉（淨戒亦能息熱）其華生時令一切菩薩具諸善根相好莊嚴華（相好如華為嚴）其果生時令一切菩薩得無生忍乃至一切佛灌頂忍果（文多影略者為分能所成故。四合揀非器）佛子如來智慧大藥

王樹唯於二處不能為作生長利益所謂二乘墮於無為廣大深坑（先揀非器無為正位一墮難出故喻深坑又無悲水取灰斷故如彼地獄）及壞善根非器眾生溺大邪見貪愛之水（邪見撥無貪愛浸爛皆喻於水不容善根又闕土緣非生處故）然亦於彼曾無厭捨（後收上揀現惡闕緣令生厭怖直進一乘故除二處而同有佛性久久當成故不厭捨是知現惡明無則知無惡必有故涅槃云一闡提人雖復斷善猶有佛性若能發心非闡提也法華亦云決了聲聞法餘諸聲聞眾亦當復如是）佛子如來智慧無有增減以根善安住生無休息故（結云根善安住者常住大悲故有引向來所揀證無佛性及定性義不觀次後不捨之言況第十喻平等共有減損佛性恐毀謗一乘頓謗後學當誠慎之莫滯權說。三結）佛子是為如來心第七相諸菩薩摩訶薩應如是知（六八劫火燒盡喻文三。初喻）復次佛子譬如三千大千世界劫火起時焚燒一切草木叢林乃至鐵圍大鐵圍山皆悉熾然無有遺餘佛子假使有人手執乾草投彼火中於意云何得不燒不答言不也（喻徧知無

不盡智由此佛智更無所依。二合）佛子彼所投草容可不燒如來智慧分別三世一切眾生一切國土一切劫數一切諸法無不知者若言不知無有是處何以故智慧平等悉明達故（三結）佛子是為如來心第八相諸菩薩摩訶薩應如是知（九劫風持壞喻文三。初喻）復次佛子譬如風災壞世界時有大風起名曰散壞能壞三千大千世界鐵圍山等皆成碎末復有大風名為能障周帀三千大千世界障散壞風不令得至餘方世界佛子若令無此能障大風十方世界無不壞盡（喻佛巧令留惑智非但能斷亦復能留。二合）如來應正等覺亦復如是有大智風名為能滅能滅一切諸大菩薩煩惱習氣有大智風名為巧持巧持其根未熟菩薩不令能滅大智風輪斷其一切煩惱習氣佛

子若無如来巧持智風無量菩薩皆墮聲聞辟支佛地由此智故令諸菩薩超二乘地安住如来究竟之位謂佛有斯巧授與根未熟未具萬行菩薩令留潤生之惑由此留惑方至盡得一切智不同二乘不為菩提心期遠出曆明留惑潤生具如別章三結佛子是為如来心第九相諸菩薩摩訶薩應如是知十塵含經卷喻文四初法復次佛子如来智慧無處不至何以故無一衆生而不具有如来智慧喻於佛性通平等智所以得知佛智徧者無一衆生不有本覺與一切佛體無殊故上言潛流則似佛智徧他衆生令顯衆生各各自有故云徧耳此有三意一明無一衆生不有佛性則知無性者非衆生數謂草木等此釋已過五性之見二者衆生在經之因已具出經之果故云具有如来智慧非但有性後方當成亦非理先智後是知涅槃對昔方便且說有性後學尚謂謗有藏無況聞衆生等有果智誰當信者三彼衆生因中果智即說佛之果智以圓教宗自他因果無二體故不爾此他衆生有果何名說佛智耶斯則玄又玄矣非華嚴宗無有斯理三決釋疑謂有疑云涅槃又云佛性者名為智慧有智慧時則無煩惱今有佛智那作衆生故釋疑中先傾疑前義但以妄想顛倒執著而不證得謂倒故不證豈得言無如壯士迷於額珠豈是貧中無寶若離妄想一切智自然智

無礙智則得現前後反以理成謂若先無離倒寧有既離倒現明本不無如貧得珠非令授與是以涅槃恐不修行故云若言定有則為執著恐不信有故云若言定無則為妄語作可執著不可妄語自然智者自覺聖智也無礙智者始本無二絕一礙也二喻二初明大經潛塵以喻上文妄纏佛智佛子譬如有大經卷大經卷者佛智無涯性德圓滿量等三千大千世界書寫三千大千世界中事一切皆盡所謂書寫大鐵圍山中事量等大鐵圍山書寫大地中事量等大地書寫中千世界中事量等中千世界書寫小千世界中事量等小千世界如是若四天下若大海若須彌山若地天宮殿若欲界空居天宮殿若色界宮殿若無色界宮殿一一書寫其量悉等書寫一一各稱境者智如理故此大經卷雖復量等大千世界而全住在一微塵中潛一塵者略有三義一妄覆真故二小含大故三一具多故如一微塵一切微塵皆亦如是一切塵者無一衆生不具佛智故二明出經益物喻上離妄佛智現前時有一人智

慧明達具足成就清淨天眼見此經卷在微塵內於諸衆生無少利益即作是念我當以精進力破彼微塵出此經卷令得饒益一切衆生作是念已即起方便破彼微塵出此大經令諸衆生普得饒益如於一塵一切微塵應知悉然三合二初合大經潛塵佛子如来智慧亦復如是無量無礙普能利益一切衆生合上書寫多事具足在於衆生身中但諸凡愚妄想執著不知不覺不得利益衆生身及妄想俱合上塵二合出經益物爾時如来以無障礙清淨智眼普觀法界一切衆生而作是言奇哉奇哉此諸衆生云何具有如来智慧愚癡迷惑不知不見我當教以聖道令其永離妄想執著自於身中得見如来廣大智慧與佛無異即教彼衆生修習聖道令離妄想離妄想

已證得如來無量智慧利益安樂一切衆生。如來合上一人智眼合上天眼是知不信衆生等有佛智智眼未開復何可怪。如來藏經說九種喻喻如來藏謂如青蓮華在泥水中未出泥水人無貴者又如貧女而懷聖胎如大價實垢衣所纏如摩尼珠落在深厠如真金像弊衣所覆如菴羅樹華實未成亦如稻米在糠糩中如金在鑛如像在模皆是塵中有佛身義與此大同。三結佛子是爲如來心第十相諸菩薩摩訶薩應如是知。三摠結勸知佛子菩薩摩訶薩應以如是等無量無礙不可思議廣大相知如來應正等覺心上十喻初摠明無依爲依二能出生三能潛徧四横具四智五竪具四智六體廣包含七用無終竟八智無不盡九巧能攝持十處處具足前九直語佛智後一乃融自他此十圓融略顯佛智之相寄顯如來之心未盡佛心一毫。故應更以無量無礙是故知也。二偈頌二十二偈分二。初兩句頌約法摠顯

爾時普賢菩薩摩訶薩欲重明此義而說頌曰卌二

明託心所以知心。二餘頌頌上喻文三。初一頌半頌於初喻

欲知諸佛心　當觀佛智慧廿三
佛智無依處　如空無所依
衆生種種樂　及諸方便智
皆依佛智慧　佛智無依止。次十六頌頌次八喻喻各二偈

聲聞與獨覺　及諸佛解脫　皆依於法界
法界無增減　佛智亦如是　出生一切智
無增亦無減　無生亦無盡　如水潛流地
求之無不得　無念亦無盡　功力徧十方
佛智亦如是　普在衆生心　若有勤修行
疾得智光明　如龍有四珠　出生一切寶
置之深密處　凡人莫能見　佛四智亦然
出生一切智　餘人莫能見　唯除大菩薩
如海有四寶　能飲一切水　令海不流溢
亦復無增減　如來智亦爾　息浪除法愛
廣大無有邊　能生佛菩薩　下方至有頂
欲色無色界　一切依虛空　虛空不分別
聲聞與獨覺　菩薩衆智慧　皆依於佛智
佛智無分別　雪山有藥王　名爲無盡根
能生一切樹　根莖葉華實　佛智亦如是
如來種中生　既得菩提已　復生菩薩行

如人把乾草　置之於劫燒　金剛猶洞然
此無不燒理　三世劫與刹　及其中衆生
彼草容不燒　此佛無不知　有風名散壞
能壞於大千　若無別風止　壞及無量界
大智風亦爾　滅諸菩薩惑　別有善巧風
令住如來地。三有四偈頌第十喻　如有大經卷
量等三千界　在於一塵內　一切塵悉然
有一聰慧人　淨眼悉明見　破塵出經卷
普饒益衆生　佛智亦如是　徧在衆生心
妄想之所纏　不覺亦不知　諸佛大慈悲
令其除妄想　如是乃出現　饒益諸菩薩

大方廣佛華嚴經疏卷第八十二卌二

大方廣佛華嚴經疏卷第八十三 一
入第五十二經

清涼山沙門 澄觀 述
晉水沙門 淨源 錄疏注經

△五明出現境界正顯分齊之境
兼辨所緣之境依初義者前約智
以顯心今此正明智用分齊依後
義者前明能知今辨所緣由所緣
無邊故顯分齊難思分齊難思故
方窮所緣之境二義相成函蓋相
稱文中有三長行分三初標

佛子菩薩摩訶薩應云何知如來應
正等覺境界

△二釋二初法二初廣取所緣顯
分齊境二初列所緣無邊

佛子菩薩摩訶薩以無障無礙智慧
先令以無障礙智爲能知者非此
不能量佛境故後正顯所緣文有
十句

知一地世間境界是如來境界
通舉所化

知一切三世境界
化時

一切剎境界
化處

一切法境界
化法

一切衆生境界
所化人次三句皆明所證

真如無差別境界
真如語其體常一味故云無差別

法界無障礙境界
法界生法所依故云無礙

實際無邊際境界
實際是窮事至實故云無邊

虛空無分量境界
化處分齊

無境界境界是如來境界
後一遍通若約二諦境前五爲俗
次三爲真九通真俗事空理空俱
是空故後一雙非顯前九境即同
無故若約三諦空即是真三真爲
中道若以五界攝之初三是世界
無量四即調伏及調伏加行界五
即衆生次三即法界餘二雙非△
二顯分齊無量

佛子如一切世間境界無量至如來
境界亦無量
先約十境以顯分齊境智相稱故
皆無量

如無境界境界一切處無有至一切
處無有
後約無境顯其非有乃至真如皆
不可得故是以諸境雲興而常寂
也如無既爾如真如等無變易等
亦然△二近取諸心以況佛境二
初正明

佛子菩薩摩訶薩應知至無量無邊
無縛無脫
無量無邊語其相用廣大無縛無
脫明其體性甚深寂滅△二徵釋

何以故
徵意云何以將心況於佛境

以如是如是思惟分別如是如是無
量顯現故
釋意云菩薩自心隨思即顯故無
分量佛境亦爾隨機顯現若身若
智何有量耶智假思顯性無縛脫

不爲相縛後無脱故△二喻顯文
四
有三初二喻於無縛無脱後一喻
於無量無邊無量無邊通前二段
前中分二初降雨無從喻
佛子如大龍王隨心降雨至於十方
中悉無來處
喻無縛無脱既無來處有何縛脱
△二海水從心喻
佛子如大海水皆從龍王至往昔大
願之所生起
喻於無縛無脱所因水從龍王心
力爲因非定內外智從往昔顯緣
起故來即無來△二海水宏深喻
喻無量無邊文二初標章誡聽
佛子一切智海無量無邊至略説譬
喻汝應諦聽
△二喻顯三初別顯水多文有四
節初四洲水
佛子此閻浮提有二千五百河至答
言甚多
△二龍王雨水
佛子復有十光明龍王至雨大海中
水復倍前

△三宮殿出水
五
佛子十光明龍王宮殿中水至流入
大海復倍過前
△四娑竭龍王兼雨兼出
佛子娑竭羅龍王連雨大海至涌出
入海復倍於前
皆後倍前以顯深廣△二通顯水
相
其所出水紺琉璃色涌出有時是故
大海潮不失時
涌出故潮上速爲寶消故潮下此
爲極説△三通顯無量兼水有四
佛子如是大海其水無量至實爲無
量不可爲喻
△三法合二初合水無量
佛子此大海無量至而佛境界非譬
所及
佛智一念尚無窮盡況盡三際周
乎十方重重重重安可喻顯△二
合通顯無量
佛子菩薩摩訶薩應知至修一切菩
薩行不斷故
智海合水

應知寶聚無量至無障礙地諸菩薩
六
所居故
餘合寶等非唯智爲佛境菩提分
等皆分齊境也
△三總結
佛子菩薩摩訶薩爲入無量至等覺
境界應如是知
結令知意不知佛境安能利生△
二偈頌五偈分二初一頌法説
爾時普賢菩薩摩訶薩欲重明此義
而説頌言
如心境界無有量至佛境如是應觀
察
△二餘頌前喻文亦二初二合頌
前之二喻
如龍不離於本處至量等法界入毛
孔
喻無縛脱△二有二偈頌大海宏
深喻
如海珍奇無有量至悉在其中得饒
益
俱頌通顯無量餘文略無△六答
出現之行前明分齊境智無邊今

彰運用則悲智無盡雖智海已滿 七
悲無息故文分爲二初長行二初
標舉
佛子菩薩摩訶薩應云何知如來應
正等覺行
△二釋相三初雙標二行
佛子菩薩摩訶薩至應知真如行是
如來行
義有多含一無礙行者即理之事
真如行者即事之理行前即行相
後即行體前是即智之悲後是即
悲之智前即真之欲後即欲之真
融而無礙爲如來行△二雙釋二
行二初釋真如行真如之名言含
法喻文中有三初牒名以解
佛子如真如前際不生後際不動現
在不起
體絶三際故同真如契如成行行
即如也
如來行亦如是不生不動不起
過未非緣故不生不動現在離緣
故非起也△二復舉法界無形明
雙非契中

佛子如法界非量非無量至非量非 八
無量無形故
是知實相皆如來行△三鳥飛虛
空喻釋其非量義
佛子譬如鳥飛虛空至如來行無邊
際故
非量有二一行廣無量故云如來
行無邊際故二即事同真更無分
量故以空喻既無有量何有無量
若謂無量即是量故雙非永寂爲
如來行故心彌虛行彌曠絡日行
而未曾行故涅槃經云復有一行
是如來行所謂大乘大般涅槃△
二釋無礙行二初約法總明
佛子如來應正等覺至出過一切諸
障礙道
智無所住悲示所行即悲智無礙
自無二礙令他無礙皆無礙行也
△二以喻別顯二初金翅闢海喻
佛子譬如金翅鳥王至命獎盡者而
搏取之
喻即智之悲
如來應正等覺金翅鳥王至如來無

分別無礙行 九
△二日月無思喻
佛子譬如日月獨無等侶至我從何
來而至何所
喻悲不失智
諸佛如來亦復如是至我從彼來而
向彼去
△三雙結二行
佛子菩薩摩訶薩應以如是等無量
方便無量性相
性結真如相結無礙
知見如來應正等覺所行之行
△二偈頌五頌分二初頌真如
爾時普賢菩薩欲重明此義而說頌
言
譬如真如不生滅至教化衆生無動
念
△七出現菩提圓行之果對緣造
修必有示成故長行文三初徵起
佛子諸菩薩摩訶薩至應正等覺成
正覺
言正覺者略顯五門初釋名晋經
名菩薩存其梵語此翻爲覺正揀

十

二乘成异菩薩初會已顯又單語菩提但是所覺之道今云成者即理智契合之名△二明體性梁攝論云二智二斷爲菩提體智度論云菩提菩提斷但名爲菩提若依此經通一切法如文具之三辨種類或說唯一如智契合無二相故故淨名云夫如者不二不异或開爲二大品明有性淨菩提及修成故或分爲三約三乘故如十地論或開爲四涅槃經云下智觀者得聲聞菩提乃至上上智觀得佛菩提又四智菩提亦是四義或分爲五如大品經及智度論說發心等故或具明十次品當明唯十爲圓是此所辨三除前二四除前三五除前四餘皆兼通同教一乘之所攝故若業用所現無所不收四明業用文有十門而體用參顯各隨別義以立名目今統收之謂緣二諦斷二障證二空起二智即群機現萬像具十身遍十方周於毛端微塵等處通因及果業用無邊具如文顯五者辨相即當釋文略辨十門一總明體相二印現萬機三體相甚深四三輪平等五因果交徹六體離虧盈七相無增減八用該動寂九周于法界十普遍諸心十門之中亦司當門別釋文義今且以初爲總餘九爲別別雖九門而釋十義初釋第一二釋第十謂舉初括後三從第二次第解釋第十一門釋於八九二義至文當知

十一

今初總明體相

佛子菩薩摩訶薩應知如來成正覺

具有十門皆含體相用三

於一切義無所觀察

一寂照爲菩提體一切義者真俗境也觀極於無觀故淨名云不觀是菩提離諸緣故如海無心而能頓鑒非無所了故晋經云解一切義二經合明義方圓妙解即是觀觀即無觀既觀念斯寂無惑習種無觀是體照斷爲用合之爲相

於法平等無所疑惑

二等同萬法爲菩提體謂智與理冥同一圓覺故云於法平等而不失照決斷分明云無疑惑既無所疑則所知永寂上二已攝攝論之體

十二

無二

三一成一切成不見生佛有异相故故云無二以知一切衆生即菩提相亦是能所不二故淨名云不二是菩提離意法故

無相

四總指前三體相寂滅寂滅是菩提滅諸相故

無行

五即心行處滅湛然不遷亦是不行是菩提無憶念故

無止

六雖覺而常定不住定故

無量

七有二義一横遍十方廣無量故二體無生滅絶分量故

無際

八亦二義一竪念念成無際畔故二一得永常無後際故心無初相

冥符於理無前際故
遠離二邊住於中道
九離二邊契於中道晋經此前有無縛無脱并皆含在二邊之内謂苦染若淨若縛若脱有無一异等斯邊皆離不遍住著故曰離邊非見有邊邊即中故無邊無中方住中道
出過一切文字言説
十總顯離言上之九句寄言顯深斯乃未盡菩提之奥收歸性離令亡言契之△二印現萬機即海印三昧文三初法
知一切衆生心念所行至悉知三世一切諸法
祇於一念知三世者名一切智△二喻
佛子譬如大海普能印現至是故共説以爲大海
即舉海印以喻菩提無心頓現△三合
諸佛菩提亦復如是至是故説名諸佛菩提

十三

言無所現者有其三義一無心現故如海二所現空故如像三無別體故如水與像不可分异自體顯現故名爲覺起信論云諸佛如來離於見相無所不遍心真實故即是諸法之性自體顯照一切妄法有大智用斯即無思顯照同體之境爲菩提相用故上文云於一切義無所觀察△三性相甚深
佛子諸佛菩提一切文字至但隨所應文便開示
性離言故理圓言谝故△四三輪平等釋上總中於法平等等諸法故意輪等故何所疑哉文二初別舉身等有十三身
佛子如來應正等覺至得一切語言量等身
上六等事
得真如量等身得法界量等身得虚空界量等身
此三等理
得無礙界量等身
此一等於事理事事二種無礙

十四

得一切願量等身至得寂滅涅槃界量等身
後三等因果略舉十三結云無量皆言量者是所等之分量皆言等者即能等之三輪等有二義一者等彼事理之量二者等彼事理之體所以等者彼諸理事即我所證能所冥合彼尚即我等之何難是以聖入空洞無像物無非我會萬物以成已△二類結顯多
佛子如所得身言語及心至無量無數清淨三輪
△五因果交徹釋上無二同一性故文三初標
佛子如來成正覺時至普見一切衆生入涅槃
八相之中略舉其二故云乃至此文正同淨名之言若彌勒得菩提者一切衆生皆亦應得一切衆生即菩提彌勒示迷此旨但謂理詰之言不知真得菩提實如所詰又前章中以我等彼故遍同彼量今明以彼等我故全現我中是知一

十五

性平等反覆相成此中之成爲理十六
爲事若是事成何以釋云同一性
故若是理成何以此云成正覺入
涅槃耶此是華嚴大節圓宗之義
不對諸宗難以取解然諸衆生若
於人天位中觀之具足人法二我
小乘唯是五蘊實法大乘或説但
心所現或説幻有即空人法俱遣
或説唯如來藏具恒沙性德故衆
生即在纏法身法身衆生義一名
异猶據理説更有説言本自盡性
本自現不可説言即佛不即佛等
若依此宗舊來成竟亦涅槃竟非
約同體此成即彼成若爾何以現
在衆生非即佛耶若就衆生位看
者尚不能見唯心即空安見第六
圓教中事譬如有人迷東謂西正
執西故若諸情頓破則法界圓現
無不已成猶彼悟人西處全東若
爾諸佛何以更化衆生不如是知
所以須化如是化者是究竟化如
是化者無不化時故下結云大悲
相續救度衆生隨門不同種種有

异約成佛門一切成也十七又此衆生
乃是像上之摸令其去摸自見已
佛亦見他成如第十段△二釋
皆同一性所謂無性
先總釋云同一無性故得現成妄
性本虛生元是佛真性巨得非今
始成故皆成也次轉徵所無
無何等性
同菩提性後釋所無有十三句前
之四句通生及佛次之四句唯約
衆生後四約佛非獨要空真有亦
非妄有真空以性融相法界圓現
由此無性説成正覺又攝十二總
爲六對
所謂無相性無盡性
一能相所相對謂染相淨相相待
有故念念之盡緣所盡故煩惱永
盡本自盡故
無生性無滅性
二生滅對約凡夫則本自不生即
涅槃相不復更滅故約佛菩提非
始生故何有滅耶
無我性無非我性

三我非我對有緣無主故十八我尚不
可得非我何可得諸法實相中無
我無非我
無衆生性無非衆生性
四緣非緣對攬緣生故緣尚不可
得
無菩提性無法界性
五能所證對能證菩提因所證故
所證法界由智顯故
無虛空性亦復無有成正覺性
六合不合對虛空非合因有顯故
所以性無成覺是合理智契合即
爲緣起故非有也△三結
知一切法皆無性故得一切智大悲
相續救度衆生
物物無性故成種智證斯同體而
起大悲一得永常故云相續又祇
由不知佛證無性故謂令知故教
化不絶△六明體離虧盈釋上無
相
佛子譬如虛空一切世界至無一無
種種故
虛空無生體無增減菩提無相成

不寧殊△七明相無增減釋上無九
行菩提之體湛然不异行豈能遍
文三初舉喻問答
佛子假使有人能化作恒河沙等心
化多心者喻修多因
一一心復化作恒河沙等佛
化成多佛喻修多因
皆無色無形無相
以化現無形喻成不成二義莫异
如是盡恒河沙等劫至云何問言凡
有幾何
△二讚善以合
普賢菩薩言善哉善哉至若無有相
則無增無減
△三結前生後
佛子菩薩摩訶薩應如是知至同於
菩提一相無相
△八用該動寂釋上無上不滯定
故文四初舉所依三昧
如來成正覺時以一相文便入善覺
智三昧
覺不滯寂故名善覺覺彼一相故
用爲方便△二顯一身之用

入已於一成正覺廣大身至衆生數十
等身住於身中
既以一相爲方便則物皆一相故
一既現多△三類顯餘身
如一成正覺廣大身一切成正覺廣
大身悉亦如是
謂以如來成正覺時廣布身云彌
於法界一一皆是廣大之身并如
前來一身之現△四總結多門
佛子如來有如是等至爲無量界等
衆生界
上來所現一定爲門餘定亦爾定
門既然悲智總持等門亦爾以是
故有無量界矣是謂高而無上廣
不可極△九周于法界釋上無量
無量有二一廣多無量一毛含多
遍法界故二無分量皆不生故文
三初明一毛含多
佛子菩薩摩訶薩應知至究竟無生
滅故
釋以不生故此與前段有分無分
二門异故又此唯現佛既同類相
望前通多類即异類相入又前則

住體遍應此則如理而含亦如理十一
而遍△二類顯多毛
如一毛孔遍法界一切毛孔悉亦如
是
但容毛處即是毛孔
當知無有少許處空無佛身何以故
微意云身契無生可許能含法界
虛空無有能契何能亦含
如來成正覺無處不至故
釋云無處不至則無非佛身矣是
謂大包天地細入無間△三釋外
疑情
隨其所能隨其勢力至以種種身成
等正覺
疑云若爾何以須要就於覺樹釋
云隨機所能受耳是知覺樹多身
頓成尚曰隨宜有頂鹿園豈爲真
極△十明普遍諸心釋前二門即
分爲二初正明普遍釋上無際念
念常成無際畔故亦二初指一心
佛子菩薩摩訶薩應知自心念念常
有佛成正覺
先標次徵

何以故
後釋
諸佛如來不離此心成正覺故
意云不離心者有二義故一衆生
身心是佛所證二全即佛菩薩性
故此即他果在我之因非約因人
自有佛性此文正顯佛菩提故△
二例一切心
如自心一切衆生心亦復如是悉有
如來成等正覺
△二總結雙非釋上第九遠離二
邊住於中道
廣大周遍無處不有不離不斷
釋有二意一不離結上無處不有
不斷生下無有休息二不離者生
佛非异故不斷者生佛非一不同
衆生可斷壞故
無有休息入不思議方便法門
是以不得意者作衆生恩故是不
可設作佛思又亦不可即亦不可
非即非當淨智眼無取諸情△三
總結
佛子菩薩摩訶薩應如是知如來成
正覺
令依此知映前十門無幽不盡離
此何有真菩提耶△二偈頌
爾時普賢菩薩摩訶薩欲重明此義
而說頌言
正覺了知一切法至是故正覺名無
量
文有六頌頌前十門初二次第頌
初二門次三如次頌六七八後一
通頌四五九十以此四門同是普
現無量義故其第三門但顯離言
故略不頌△八明出現轉大法輪
得大菩提理必轉授文二長行中
三初標徵
佛子菩薩摩訶薩應云何知如來應
正等覺轉法輪
△二釋相二初顯體用三初法文
有九句滅數十也皆先標後釋文
二今初五句顯體性寂寥
佛子菩薩摩訶薩
一能轉心二所轉體三所得果四
能詮教五所顯理夫轉法輪不過
此五今皆即事契真
應如是知如來以心自在力至知一
切法恒無起故
一能轉心由知法無起故正轉法
時不起念言我轉授人名心自在
如是方爲能轉也
以三種轉斷所應斷而轉法輪知一
切法離邊見故
二所轉體即勸證名爲三轉此三
名輪者摧障惱故言離邊見者若
有惑可摧未離於常無惑可摧寧
免於斷今永離斷常等邊方爲真
能斷所應斷知與證修亦然
離欲際非際而轉法輪入一切法虛
空際故
三所得果由斷惑故得離欲際由
證性空本無可離斯際亦遣
無有言說而轉法輪一切法不可說
故
四能詮教理假言詮今了本寂滅
不可說故終日言而未曾言也
究竟寂滅而轉法輪知一切法涅槃
性故
五所顯理謂即寂滅今了性淨涅

槃法本不然今則無滅方得名爲
究竟之滅是知其輪本來常清淨
也△二四句明相用深廣 三五
一切文字一切言語至如來音聲無
處不至故
觸言皆輪即是廣也
知聲如響而轉法輪了於諸法真實
性故
即用而寂即是深也下之二句亦
深亦廣
於一音中出一切音而轉法輪畢竟
無主故
一即多而無主
無遺無盡而轉法輪內外無著故
即橫竪而恒虛謂橫則無遺無所
不轉故竪則無窮盡未來際故而
不著內外則深廣無涯矣△二喻
二初文字無盡喻第九無盡
佛子譬如一切文字語言至無有休
息無有窮盡
△二徧入無住喻喻六七八用而
常寂文三初法
佛子如來法輪悉入一切語言文字

而無所住
△二喻
譬如書字普入一切事至出世間處 三六
而無所住
△二合有二初合普入一切
如來音聲亦復如是至一切報中而
無所住
以上法中但云入於一切語言今
明入餘法則解類皆法輪也豈同
三乘但用佛聲爲輪等耶△二正
合前文入一切語
一切衆生種種語言至言音實相即
法輪故
前五易故略不明之△三結勸
佛子菩薩摩訶薩於如來轉法輪應
如是知
△二顯法輪所因三初辨法輪起
之所因
復次佛子菩薩摩訶薩至若干音聲
而轉法輪
因機差故若離物機佛無說故△
二明因所起
佛子如來應正等覺有三昧名究竟

無礙無畏
說法所依之定得究竟者唯佛有
故名無畏者無礙辨才無所怯畏 三七
入此三昧已於成正覺至令一切衆
生皆生歡喜
輪既爲力不同教須適宜差別△
三結其得文
能如是知轉法輪者至不知是知則
非隨順
△三總結
佛子諸菩薩摩訶薩至普入無量衆
生界故
△二偈頌有五頌分之爲二初二
偈頌法輪體用
爾時普賢菩薩摩訶薩欲重明此義
而說頌言
如來法輪無所轉至能令衆生悉歡
喜
△二有三偈頌法輪所因
佛有三昧名究竟至如是自在甚奇
特
△九出現涅槃轉化既周安住秘
藏爲物示滅故次明之然大涅槃

蓋衆聖歸宗冥會之所寂二八寥無爲
而廣大悉備形色絶朕而識智難
思今以無名强名亦爲五別一者
釋名梵語涅槃正名爲滅取其義
類乃有多方總以義翻稱爲圓寂
以義充法界德備塵沙曰圓體窮
真性妙絶相累爲寂而言大者橫
無不包豎無初際此約三德涅槃
以解若約義開略明三義一者體
大自性清淨故二者相大方便修
淨累亡德備故三者用大化用無
盡故般者入義性入真入示現入
故若圓融無礙即大涅槃二出體
性涅槃既妙絶常數恬怕希夷雖
回出百非而靡所不在今以義求
不出三法即摩訶般若解脫法身
以爲其體所以三者翻三雜染故
成智恩斷故成法門法性應化身
故能證大智冥所證理累永寂故
寂之照爲般若即照之寂爲解脫
然此三種不離一如德用分异即
寂照之體爲法身如明淨圓珠明
即般若淨即解脫圓體法身約用

不同體不相離故此三法二九不縱不
橫不并不別如天之目如世之伊
名秘密藏爲大涅槃三顯種類雖
理無不統義類塵沙今自陋之寛
略分一兩或唯說一即大涅槃或
說有二自有三門一餘無餘二性
淨方便淨三真與應或分爲三此
有二種一約三乘二即自性真應
或分爲四一自性清淨涅槃二有
餘依三無餘依四無住處有餘無
餘義通大小今唯說大於三種内
不明二乘餘皆具論融而無礙爲
大涅槃如文具之非獨應滅四彰
業用囊括終古導達群方靡不度
生靡不成就故涅槃云能建大事
則出現諸門皆斯用也然諸門廣
義備於別章略在文具五釋文先
長行分二初徵起

佛子菩薩摩訶薩應云何知如來應
正等覺般涅槃

△二正釋有十一體性真常二德
用圓備三出沒常湛四虧盈不遷
五示滅妙存六隨緣起盡七存沒
互現八大用無涯九體離三〇二邊十
結歸無住然斯十段隨義雖殊皆
含體用互相交徹顯大涅槃今初
分三初舉法勸知

佛子菩薩摩訶薩欲知如來至當須
了知根本自性

今初本自性者即下所列真如等
十爲真應涅槃之根本故體即自
性清淨涅槃以出二礙名方便淨
爲真涅槃大悲應物亦此流故故
名爲本以是本故但了真如即了
涅槃△二指理同事

如真如涅槃如來涅槃亦如是至如
來涅槃亦如是

皆云如者如即同義能同涅槃通
真及應所同如等即自性涅槃故
上句皆有涅槃之稱真應無本應
非不生何出現之爲妙故以本該
末以體顯用令皆圓寂爲大涅槃
所以列十名者欲明究竟妙道窮
理盡性無不同故德無盡故後之
五句加際字者窮真於無真爲真
如際等故△三釋顯同相

何以故
向言亦如是者云何如耶
涅槃無生無出故若法無生無出則無有滅
釋云如真如等不生滅故何以不生以但了因所顯非生因所生故既無有生亦非出障始既無生則永常不滅是知玄道存於妙悟在於即真即真則生滅齊觀齊觀則彼此莫二所以真如與我同根法性與我一體真既不滅應滅寧真是知涅槃名滅者斯乃在於無滅者矣△二德用圓備謂如來身色相圓備常現大機衆生前故文二初標舉
佛子如來不爲菩薩至亦不爲彼示現其事
約人顯實云不爲菩薩明說永滅是爲二乘迹盡雙樹并爲凡小據此亦名揀异灰斷△二徵釋二初正徵釋
何以故
釋有二義

爲欲令見一切如來常住其前
一令稱實見受用身既同法身常住其前涅槃經云涅槃不空者謂有善色常樂我淨故因滅無常獲此常故
於一念中見過去未來至色相圓滿皆如現在
二令見三際應用之身亦即是常是故經云皆如現在涅槃經云吾今此身即是常身法身下開栴檀座佛塔見三世佛無涅槃者楞伽經亦云有佛涅槃無有涅槃佛
亦不起二不二想
遠離能覺所覺故謂既知幽靈不竭妙色湛然三際大均何生滅之動靜故不起二也亦復不取此一常故無不二也△二重徵釋
何以故
徵意云菩薩何以能不起相
菩薩摩訶薩永離一切諸想著故
釋云菩薩由了法空本無相著故既無心於動靜終不謂佛常與非常△三出没常湛

佛子諸佛如來爲令衆生至隨衆生心示現涅槃
謂涅槃無爲而無所不爲無不爲故能建大事不礙出没以無爲故住淨法界體常湛然不礙出没顯迹爲生即是有餘息迹爲滅即是無餘故有餘無餘其爲應物之假號耳體性常湛故存不爲有亡不爲無是知寂然不動未當無爲應迹無方未當有爲豈可隨於見聞以滯殊應之迹△四虧盈不遷二初喻
佛子譬如日出普照世間至但由器壞非日有咎
△二合
佛子如來智日亦復如是至若心濁器破則不得見
然法身無像故無器而不形聖智無心故無感而不應像非我有自彼器之虧盈心非我生豈普現之前後故梁攝論第十頌云衆生罪不見如月於破器遍滿諸世間由法光如日是以經言非日咎也持

戒器破定水無依菩提器破智水[三十四]
寧止無信清珠心水渾濁何由見
佛也然此文中雖明現身即是三
德涅槃之中所流大用亦涅槃攝
若爾寧殊出現之身出現則以法
身爲門而論真應非無般若解脱
二德智慧日身無不照故永離戲
論即解脱故醫王之喻即示滅故
此有般若寧异菩提若分相説菩
提但是能證之智唯是修生涅槃
乃是所證之理喻約修顯故涅槃
經説菩提必從生因所生涅槃必
從了因所顯若攝相説菩提乃是
即理之智涅槃乃是即智之理即
智之理不礙摩訶般若即理之智
不礙寂滅菩提智性本有亦是性
淨涅槃修顯亦是方便淨也隨一
爲門則皆收盡即大涅槃真菩提
也今以涅槃收之非喻菩提及身
前後諸門皆從三德所流能建大
事△五示滅妙存

佛子若有衆生應以涅槃至無生無
殁無有滅度

爲物示滅即體無滅△六隨緣起[三十五]
盡三初喻

佛子譬如火大於一切世間至火皆
滅耶答言不也

△二合

佛子如來應生等覺至諸佛如來悉
皆滅度

以機喻薪涅槃喻火衆生善根未
全成熟隨可熟者示成正覺而成
熟之如爲火事若有衆生所應度
者皆已度竟則現涅槃寂無所爲
如火息滅故法華云佛此夜滅度
如薪盡火滅然現滅現生皆是涅
槃廣大業用故攝論第十謟涅槃
如火既起滅在緣則益不可盈損
不可虧云云自彼非佛然也△三
結

佛子菩薩摩訶薩至如來應正等覺
大般涅槃

△七存亡互現

復次佛子譬如幻師至皆隱滅耶答
言不也

前喻唯約見滅見成此喻但約常
見不見△次合

佛子如來應正等覺至便謂一切悉[三十六]
皆滅度

由順機故此滅彼存非如來身不
能長外△後結

佛子菩薩摩訶薩至如來應正等覺
大涅槃

△八大用無涯

復次佛子如來應正等覺示涅槃時
入不動三昧

不動三昧者究竟寂滅也由寂無
動故無所不動耳

入此三昧已於一一身至化度一切
衆生未曾失時

謂正示涅槃而便分身處無邊座
窮於來際涅槃經説受純陀供處
大同於此而佛數少機不同故△
九體離二邊

佛子如來身者無有方處非實非虛

身若是實有不可滅身若是虛何
能起滅若有方所此現彼無由非
實故起滅無恒由非虛故能無不
現無方所故感處即形

但以諸佛本誓願力衆生堪[三七]度則便
出現
本願力故化周法界隨堪度故見
則不同
菩薩摩訶薩應如是知如來應正等
覺大般涅槃
△十倍歸無住
佛子如來住於無量無礙至無生無
滅及以實際
上來九門初門之中多顯其體餘
八皆以體用雙明今此分二上通
結前來九門之體下通結中間八
門之用
爲諸衆生隨時示現
正顯於用
本願持故
顯用所因
無有休息
皆窮來際此下明用分齊
不捨一切衆生一切刹一切法
誰獨非涅槃而欲捨之耶是則初
住實際故不住生死後不捨衆生
故不住涅槃由雙住故能俱不住

前即大智後即大悲[三八]大悲般若常
所輔翼所以名爲無住涅槃自性
涅槃衆生等有二乘無學容前前
三喻佛世尊獨言具四故就無住
總以結之即安住涅槃建大事也
△二偈頌有六分五初頌第四
爾時普賢菩薩摩訶薩欲重明此義
而說頌言
如日舒光照法界至衆生無信見涅
槃
△二頌第六
如火世間作火事至化事訖處示終
盡
△三頌第七
幻師現身一切刹至於餘國土常見
佛
△四頌第八
佛有三昧名不動至壽命莊嚴皆具
足
△五頌第十
如無生性佛出興至一切義成無與
等
初句無生之生次句無滅之滅次

句結歸涅槃無名後句結[三九]其大用
無盡此二無礙是無住義餘不頌
責含在其中

大方廣佛華嚴經疏卷第八十三

大方廣佛華嚴經疏卷第八十四入第五十二經下半　岫四

清涼山沙門　澄觀述　晉水沙門　淨源錄疏注經

十明出現見聞親近所生善根前九出現一期始終今此意明於上見聞功深益遠要物進修文三初總起佛子菩薩摩訶薩應云何知於如來應正等覺見聞親近所種善根二正顯二初見聞位向益二初法二初摠佛子菩薩摩訶薩應知於如來所見聞親近所種善根皆悉不虛見等如後喻合之中所明二別出生無盡覺慧故離於一切障難故決定至於究竟故無有虛誑故一切願滿故不盡有為行故隨順無為智故生諸佛智故盡未來際故成一切種勝行故到無功用智地故別明信益示不虛相有十一句不出智斷恩等三德二喻文有三喻喻其三德初少服金剛喻佛子譬如丈夫食少金剛終竟不消要穿其身出在於外何以故金剛不與肉身雜穢而同止故喻於智德智慧破惑如金剛故於如來所種少善根亦復如是要穿一切有為諸行煩惱身過到於無為究竟智處何以故此少善根不與有為諸行煩惱而共住故以有智者必無煩惱故不共住二小火燒多喻佛子假使乾草積同須彌投火於中如芥子許必皆燒盡何以故火能燒故喻於斷德於如來所種少善根亦復如是必能燒盡一切煩惱究竟得於無餘涅槃何以故此少善根性究竟故性究竟者了惑本寂故三藥王偏益

喻二初喻佛子譬如雪山有藥王樹名曰善見若有見者眼得清淨若有聞者耳得清淨若有齅者鼻得清淨若有嘗者舌得清淨若有觸者身得清淨若有衆生取彼地土亦能為作除病利益喻佛恩德種種方便利衆生故二合二初明為六根境界之益佛子如來應正等覺無上藥王亦復如是能作一切饒益衆生若有得見如來色身眼得清淨若有得聞如來名號耳得清淨若有得齅如來戒香鼻得清淨若有得嘗如來法味舌得清淨具廣長舌解語言法若有得觸如來光者身得清淨究竟獲得無上法身若於如來生憶念者則得念佛三昧清淨合上藥王偏益六根皆通在世及與滅後亦有得見佛故況憶念等寶性論中亦明如來與菩薩為六根境界大同於此二明供養遺迹益若有衆生供養如來所經土地及塔廟者亦具善根滅除一切諸煩惱患得賢聖樂合上衆生取彼地土所經土地猶通現滅其塔廟者唯約滅後亦同法華乃至舉一手等皆已成佛道二見聞不信益佛子我今告汝設有衆生見聞於佛業障纏覆不生信樂亦種善根無空過者乃至究竟入於涅槃此明益深如來秘密藏經中明罵藥服之猶能得力罵況燒已還具香氣罵佛猶勝敬諸外道若爾豈無罵藥之罪罵罪非無今語遠益故法華中跋陀婆羅罵常不輕千劫處於阿毗地獄受大苦惱畢是罪已還遇常不輕菩薩復蒙教化涅槃中喻以毒塗鼓欲聞不聞無不死者菩薩之名起自聞謗之口謗尚遠益況深信耶況解行耶況證悟耶弘持之者勉思此文第三結示　佛

子菩薩摩訶薩應如是知於如來所見聞親近所種善根悉離一切諸不善法具足善法（二總以結酬）佛子如來以一切譬喻說種種事無有譬喻能說此法何以故心智路絕不思議故諸佛菩薩但隨衆生心令其歡喜為說譬喻非是究竟（揀喻異法上來性起請說因窮普賢依請明十出現皆借象取喻意顯佛旨深玄深玄之旨尚不可以智知豈言象之能及故令外亡言象内絕思惟則庶幾於出現之旨。五顯名受持分先長行若準晉經此文之前有諸菩薩發二種問謂何名此經云何奉持今但有答即分為二先顯名後正明受持令知經名尋名求言識受持法依之修持。今初顯名）佛子此法門（十名分為五對）名為如來祕密之處（内證三德祕密藏故外則凡小不能測故内深外絕對謂内證）名一切世間所不能知名入如來印名開大智門（證寂開智對）名示現如來種性名成就一切菩薩（現果成因對謂性淨萬德即是佛種令此十門出現之法即示現義）名一切世間所不能壞名一向隨順如來境界（越世順佛對世尚不知安能破壞此十通是佛分齊境）名能淨一切諸衆生界名演說如來根本實性不思議究竟法（淨機演實對知生佛同源則能淨故隨緣不變之性乃為諸佛之本故而性相無礙因果圓融為不思議過此更無為究竟法前九別義後一總該。二明受持初辯定法器二初法二合初標器非器）佛子此法門如來不為餘衆生說（非器）唯為趣向大乘菩薩說（器）（不為所謂權小乘可思議乘歷次修故名餘衆生）唯為乘不思議乘菩薩說（是器即為所謂圓機不揀凡聖趣向大乘揀於小乘不思議乘揀於權乘一運一切遝十信滿心即攝諸位圓融無礙名不思議乘）（四）

（二明受非受）此法門不入一切餘衆生手唯除諸菩薩摩訶薩（釋於上來為與不為有圓信手能受衆行故上為之權小於斯不盡能受是故不為法集經云是經難行閻浮提中於能信深法者常住如是正信衆生心手中行亦有人以信解行證皆有手義以後後破前前亦是一釋。二喻）佛子譬如轉輪聖王所有七寶因此寶故顯示輪王此寶不入餘衆生手唯除第一夫人所生太子具足成就聖王相者若轉輪王無此太子具衆德者王命終後此諸寶等於七日中悉皆散滅（二合）佛子此經珍寶亦復如是（以此經文合七寶者若無此法非真佛故）不入一切餘衆生手唯除如來法王真子生如來家（生如來家合上喻中第一夫人所生太子）種如來相諸善根者（初心頓行佛大行故）佛子若無此等佛之真子如是法門不久散滅（五）（言散滅者有二義故一不能信受則教法不行二不能修行則行不行嚴若論云法欲滅時修行滅故）何以故一切二乘不聞此經何況受持讀誦書寫分別解說唯諸菩薩乃能如是（釋散滅所由可知二舉益勸修三初略標釋）是故菩薩摩訶薩聞此法門應大歡喜以尊重心恭敬頂受何以故菩薩摩訶薩信樂此經疾得阿耨多羅三藐三菩提故（二廣釋所由二初反顯）佛子設有菩薩於無量百千億那由他劫行六波羅蜜修習種種菩提分法若未聞此如來不思議大威德法門或時聞已不信不解不順不入不得名為真實菩薩以不能生如來家故（若有菩薩不依此教）

縱經多劫修諸勝行尚非真實況能疾得無上菩提設有之言似當假設若望慈氏讚善財言餘諸菩薩百千萬億那由他劫乃能滿足菩薩願行今此善財一生能淨佛剎等事則舉權以顯於實非假設也若實有此不信人者為在何位文無定判義當三賢入地證理必信圓故若約教道縱經三祇亦未入玄所以凡夫頓能信者宿因聞熏為種別故今更不信當來豈聞二順釋二初明聞信生家益若得聞此如來無量不可思議無障無礙智慧法門辨定所聞即不思議乘故聞已信解隨順悟入揔翻上文不信等故當知此人生如來家上八字為揔餘句為別別中有九隨順一切如來境界以如來境為家無性論云生如來家者謂佛法界於此證會故名為生具足一切諸菩薩法以菩薩行法為家具家法故安住一切種智境界以俗境為家世親釋云由此能令諸佛種性不斷絕故遠離一切諸世間法遠離非家出生一切如來所行以佛行為家十住毗婆沙第一卷云今此菩薩行如來道六相續不斷故廣如彼釋卌四通達一切菩薩法性菩薩法性為家亦是佛種性故亦同如來一如境故於佛自在心無疑惑淨當佛家住無師法住本佛家深入如來無礙境界摠明因果事理無礙家前六自分家後三勝進家前來初見心性故名為生家四地已去寄出世故生道品家八地由得無功用故生於無生法忍之家今此通三無顯凡夫悟解之心亦名生家因果無礙故。二信聞成行益佛子菩薩摩訶薩聞此法已十句分為五對無礙則能以平等智知無量法則能以正直心離諸分別即觀不礙於止則能以勝欲樂現見諸佛則能以作意力入平等虛空界見佛不礙入法則能以自在念行無邊法界則能以智慧力具一切功德智行法界不礙起福則能以自然智離一切世間垢則能以菩提心入一切十方網智不染世不礙悲入則能以大觀察知三世諸佛同一體性則能以善根迴向智普入如是法不入而入體絕三世不礙用而迴向不入而入釋上入義不於一法而有攀緣恒以一法觀一切法卌四復釋不入而入智體即如如外無法而可攀緣故無可入心行處滅豁然無入不失照用故恒以一如而觀諸法故名而入此二無礙方為真入又一即是如便於一中已見一切。二總結成益七佛子菩薩摩訶薩成就如是功德少作功力得無師自然智無師自然即是佛智。一偈頌即屬第十見聞之益不須此段顯名受持顯名受持後文自頌此頌應在棟法異喻經文之前以前長行餉鐶顯名亦是見聞所得益故若迴此偈於現瑞後與後偈文連環相續文理甚順四偈分二初一頌法說爾時普賢菩薩欲重明此義而說頌言

見聞供養諸如來　所得功德不可量
於有為中終不盡　要滅煩惱離眾苦三有三偈如次頌前三喻
譬人吞服少金剛　終竟不消要當出
供養十力諸功德　滅惑必至金剛智
如乾草積等須彌　投芥子火悉燒盡
供養諸佛少功德　必斷煩惱至涅槃
雪山有藥名善見　見聞齅觸消眾疾
若有見聞於十力　得勝功德到佛智六現瑞證成文二初現瑞

爾時佛神力故法如是故十方各有十不可說百千億那由他世界六種震動所謂東踊西沒西踊東沒南踊北沒北踊南沒邊踊中沒中踊邊沒十八相動

所謂動徧動等徧動起徧起等徧起踊徧踊等徧踊震徧震等徧震吼徧吼等徧吼擊徧擊等徧擊雨出過諸天一切華雲一切蓋雲幢雲幡雲香雲鬘雲塗香雲莊嚴具雲大光明摩尼寶雲諸菩薩讚歎雲不可說菩薩各差別身雲雨成正覺雲嚴淨不思議世界雲雨如來言語音聲雲充滿無邊法界先明此界動刹雨華及香雲等數皆廣多者法難思故後類通十方如此四天下如來神力如是示現令諸菩薩皆大歡喜周徧十方一切世界悉亦如是。三證成先果人證後因人證所以要具二種人者法玄妙故亦是因果交徹法故亦是因圓果滿法故前來諸會唯菩薩者唯因行故發心品中唯果證者果之本故初心成佛難受信故隨義各別所以互無唯斯具二今初分四初現身是時十方各過八十不可說百千億那由他佛刹微塵數世界外各有八十不可說百千億那由他佛刹微塵數如來同名普

賢皆現其前。二讚說而作是言善哉佛子乃能承佛威力隨順法性演說如來出現不思議法。二引說證成佛子我等十方八十不可說百千億那由他佛刹微塵數同名諸佛皆說此法如我所說十方世界一切諸佛亦如是說此中兼明結通所說一說一切說故。四舉益證成。四初得因位圓滿之益佛子今此會中十萬佛刹微塵數菩薩摩訶薩得一切菩薩神通三昧即十通及十定我等皆與授記一生當得阿耨多羅三藐三菩提一生當得大菩提故。二得發心益佛刹微塵數衆生發阿耨多羅三藐三菩提心我等亦與授記於當來世經不可說佛刹微塵數劫皆得成佛與遠記者由纖本願不期速成故又前明一生即多之一此辨多劫即一之多一多圓融何定劫數妄生多劫智日不遷尚執短長未期成佛同號佛殊勝境界謂緣諸佛出現境故。三護持久遠益我等為令未來諸菩薩聞此法故皆共護

持。四結益廣徧如此四天下所度衆生十方百千億那由他無數無量乃至不可說不可說法界虛空等一切世界中所度衆生皆亦如是。三因人證亦四。初明集因爾時十方諸佛威神力故毗盧遮那本願力故法如是故善根力故如來起智不越念故如來應緣不失時故隨時覺悟諸菩薩故往昔所作無失壞故令得普賢廣大行故顯現一切智自在故前果人證承於前來現瑞之因故略不敘今此要顯因果別故廣出集因。二明現身十方各過十不可說百千億那由他佛刹微塵數世界外各有十不可說百千億那由他佛刹微塵數菩薩來詣於此充滿十方一切法界雖來自十方而周徧法界來即無來。三辨其德用示現菩薩廣大莊嚴放大光明網震動一切十方世界壞散一切諸魔宮殿消滅一切諸惡道苦顯現一

切如來威德歌詠讚歎如來無量差別功德法普雨一切種種雨示現無量差別身領受無量諸佛法（十句文顯。四發言誠證）以佛神力各作是言善哉佛子乃能說此如來不可壞法佛子我等一切皆名普賢（皆同普者普法同故）各從普光明世界（常寂光土無不徧故）普幢自在如來所而來於此（本智高出無所不攝事理無礙世間與佛名字異者要顯不失主伴故也）彼一切處亦說是法如是文句如是義理如是宣說如是決定皆同於此不增不減我等皆以佛神力故得如來法故來詣此處為汝作證如我來此十方等虛空徧法界一切世界諸四天下亦復如是（卌四）（無亦結通所說。△七以偈總攝文二初敘意二。初說偈儀 十一）爾時普賢菩薩承佛神力觀察一切菩薩大眾（二辨說偈意）欲重明（欲重顯前十門出現文有十句句各一門而約利生為次不等）如來出現廣大威德（一成正覺）如來正法不可沮壞（二即法輪）無量善根皆悉不空（三是第十是見聞生善上之三句正顯益故）諸佛出世必具一切最勝之法（四即第一出現之法是前總門）善能觀察諸衆生心（五即是心約智顯故）隨應說法未曾失時（六即圓音）生諸菩薩無量法光（七即境界境界無量出光亦多）一切諸佛自在莊嚴（八即涅槃動寂自在大般涅槃為佛莊嚴）一切如來一身無異（九即身業約本說故）從本大行之所生起（十即是果中說因故）而說頌言（△第二正頌四頌分二。初有一頌頌說分中總以結酬）

一切如來諸所作　世間譬喻無能及

為令衆生得悟解　非喻為喻而顯示

（此一總包十段意故三有三頌顯名受持初句顯名餘皆勸持且分為三。初偈歎深難聞）

如是微密甚深法　百千萬劫難可聞

精進智慧調伏者　乃得聞此祕奧義

（三有一偈聞由多善）

彼曾供養無量佛　為佛加持所攝受

人天讚歎常供養（三有一偈舉勝勸持）

此為超世第一財　此能救度諸群品

此能出生清淨道　汝等當持莫放逸

（然此一品文旨宏奧能頓能圓究衆生之本源體諸佛之淵海根本法輪之內更融其心生在金輪種中復為嫡子妙中之妙玄中之玄並居凡類之心以少功而速證安得自欺不受長淪生死之中今幸遭逢尤須自慶 卌四 此下入第五十三經 十二）

離世間品第三十八

（初明分來前明修因契果生解分則於法起解今明託法進修成行分則依解起行義次第故。二會來者前會明其因圓果滿生解之終此會正行處世無染通於始終故次來也。三品來者前品出現辨果殊勝今明依彼起行圓融故次來也雖一分一會一品是同所對既殊來意亦別。初分名者依託行法修成正行故以為名。二會名者約法而論不異分名約處名為三會普光明殿之會第七重會會終歸始故雖越四天莫非同為生解之會今復重會通對彼分始終依解以成勝行故會普光。而前分中生解差別故寄歷處以顯淺深今分起行圓融一會並收因果亦表成行不離普光明智故也。此中不隔餘處何有重會之義。若約次第前時後時即是重義。若約圓頓說義名重所以不動前二而升四天二七相望亦何所隔明知約義亦猶燈光涉入無礙亦似燈炷重發重明約人名為普慧普賢問荅之會。三品名者初明異名下文十義至彼當辨有別行本名度世經度即離義又有別行名普賢菩薩荅難二千經此就能離人法受稱。二辨本稱總由超絕世間離染故受其名。二約事相有二世間謂器及有情此約依正分之。二約麤細亦有二義一有為世間二無為世間此約分）

段變易之謂以變易非三有攝故名無為故勝鬘云有為生死無為生死然麤細雖殊體不出三三約染淨乃有三義於初二中加智正覺亦同世間不同世故如地持辯二明離者有二義一者性離世間性空即是出世二明事離行成無染故稱為離力林頌云三世五蘊法說名為世間彼滅非世間如是但假名滅通二義於事離有中似離真離分離全離次下當辯二約行者略為四句一隨世間二離世間三俱四泯言隨世者凡夫沉溺三世五蘊非離非隨二乘無悲不能隨世雖離非真菩薩能隨方為真離故以隨釋離二離世者有大智故了世性離而不染亦異凡小三俱者有大悲故常行世間有大智故不染世法既以世與性離無二為其境以悲智無二為其行境行融通有其三句一悲無不智則世無不離是以常在世間而未曾不出二智無不悲故離無不世是以恒超世表而無不游世三雙融故動靜無二唯是一念所謂無念念等故世與出世無有障礙。四俱泯者謂唯一境既世與性離形奪兩亡故令悲智俱融二念雙絕又由境行相由形奪齊離則絕待離言融前四句皆無障礙方得名為真離世間。三約位者凡夫染而非離二乘分離非真謂界離分段因唯事離非今所明菩薩具上真實之行可得名離然非究竟唯佛為離是故經云佛常在世間而不染世法。然今文備六位之行即是行離行所依位即是位離故若事若理若因若果皆名離也。二釋名者約法事離無他受稱離非世間即相違釋若約性離通持業釋約行四句前之三句俱通持業相違二釋謂具事理二種離故泯句並非六釋所攝亦可持業泯即離故第三宗趣頓彰六位理事二離而為其宗令體性離頓成真離究竟為趣四釋文長科十分初序分有三初明器世間圓滿

爾時世尊在摩竭提國阿蘭若法菩提場中普光明殿坐蓮華藏師子之座義如前釋此段文含三種或說。二智正覺世間圓滿**妙悟皆滿**明佛二十一種殊勝功德廣引諸論已見前來升兜率品令但略明上句為揔具下二十一種功德故云妙悟皆滿下別前四自利餘皆利他前中有四一智德二斷德三恩德四作用平等德**二行永絕**一即於所知一向無障轉功德佛地經名不二現行不字約義應言無字即永絕義謂佛智德離所知障非如聲聞極遠時處有不知故有知不知即是二行令無不知故云永絕**達無相法**二即於有無無二相真如最勝清淨能入功德彼經名趣無相法趣謂趣入即此達義然無相法體即真如無彼有無二相故名無相諸法中最淨無客塵令自他入勝於二乘名最勝清淨**住於佛住**三即無功用佛事不休息功德世親釋云謂住佛所住無所住處此即釋經於此住中常作佛事無有休息此即解論**得佛平等**四即於法身中所依意樂作事無差別功德謂諸佛有三事無差一所依智同二益生意樂同三報化作業同故云平等**到無障礙**五即修一切障對治功德世親釋云謂一切時常修覺慧對治一切障故此明覺慧以為能治一切障者即二障也此為所治**不可轉法**六即降伏一切外道功德謂教證二道他不能動**所行無礙**七即生在世間不為世法所礙功德謂利衰等八法不能拘故**立不思議**八即安立正法功德謂安住十二分教餘不能惡故**普見三世**九即授記功德謂記別過未皆如現在故**身恒充徧一切國土**十即一切世間示現受用變化身功德謂二種身徧二種國故**智恒明達一切諸法**十一即斷疑功德謂自於一切境善決定故能決他疑**了一切行**十二即令入種種行功德二本釋論易故不解意云攝了一切有情性行隨根令入**盡一切疑**十三即當來發生妙智功德謂聲聞人言其全無少分善根如來知其久遠微善後當生故**無能測身**十四即如其勝解示現功德謂隨諸有情種勝解現金色等雖現此身而無分別如摩尼等故無能測**一切菩薩等所求智**十五即無量所依調伏有情加行功德謂由無量菩薩所依為欲調伏諸有情故發起加行佛增上力聞法為先獲得妙智異類菩薩攝受付囑展轉傳來前後相續無間而轉由此證得一切菩薩等所求智意云佛智為一切菩薩等所求故**到佛無二究竟彼岸**十六即平等法身波羅蜜多成滿功德平等即無二義無二法身為波羅蜜多所依**具足如來平等解脫**十七即隨其勝解示現差別佛土功德此中解脫即是勝解隨諸物情勝解所宜如來勝解能現金銀等土佛佛皆然故云平等**證無中邊佛平等地**十八即三種佛身方處無分限功德世親釋云謂佛法身不可分限爾所方處受用變化亦不可說爾所世界**盡於法界**十九即窮生死際常現利樂一切有情功德**等虛空界**二十即無盡功德謂佛實智如空無盡故令經闕最後窮未來際揔別合有二十一句義如前說然佛地攝論約受用身此約十身所以知者處摩竭提國是變化土而文既歎受用功德明知報化二身二土本相融故不須要約地前地上則知五位通得見故三眾生世間

圓滿文二初舉數歎德二列名歎德前則多人具德後則勝人具德前中二初舉數標定與不可說百千億那由他佛刹微塵數菩薩摩訶薩俱皆一生當得阿耨多羅三藐三菩提各從他方種種國土而共來集二顯具勝德二初總標悉具菩薩方便智慧二別顯文有一十九句大意不出方便智慧分二初十歎自分德所謂善能觀察一切衆生以方便力令其調伏住菩薩法善能觀察一切世界以方便力普皆往詣善能觀察涅槃境界思惟籌量永離一切戲論分別而修妙行無有間斷善能攝受一切衆生善入無量諸方便法前八皆有智慧方便依體起用上五皆以善能為首知諸衆生空無所有而不壞業果知空不壞業果善知衆生心使諸根境界方便種種差別知根器別明識病悉能受持三世佛法自得解了復為他說持法化之於世出世無量諸法皆善安住知其真實於有為無為一切諸法悉善觀察知無有二後二明有方便慧皆即事歸實二九句歎勝進德於一念中悉能獲得三世諸佛所有智慧上一總明速成果智下八皆是果智之用於念念中悉能示現成等正覺令一切衆生發心成道於一衆生心之所緣悉知一切衆生境界雖入如來一切智地而不捨菩薩行諸所作業智慧方便而無所作為一一衆生住無量劫而於阿僧祇劫難可值遇轉正法輪調伏衆生皆不唐捐三世諸佛清淨行願悉已具足三總結成就如是無量功德一切如來於無邊劫說不可盡三列名歎德二初列名結歎其名曰普賢菩薩普眼菩薩普化菩薩普慧菩薩普見菩薩普光菩薩普觀菩薩普照菩薩普幢菩薩普覺菩薩如是等十不可說百千億那由他佛刹微塵數三正明歎德皆悉成就普賢行願文有十句一切上一總餘九別深心大願皆已圓滿契理願圓普眼滿故一切諸佛出興世處悉能往詣請轉法輪攝法上首為普化故善能受持諸佛法眼受持正法有普慧故不斷一切諸佛種性不斷佛種普見有性故善知一切諸佛興世授記次第名號國土知佛化儀光普徹故成等正覺轉於法輪無佛世界現身成佛示現成佛觀彼無故能令一切雜染衆生皆悉清淨淨染觀照其源故能滅一切菩薩業障摧他障有智幢故入於無礙清淨法界證法界覺法性故上之九句若約別明初句為願餘八為行通說則皆普賢行願宿誓今滿如十大願並普賢行現緣所作故總句云成就行願又此十句十人通具初句文云皆悉成故亦句各顯一人之德當釋名故故總句為普賢故餘九如次前已配釋此段即是衆成就也二三昧分爾時普賢菩薩摩訶薩入廣大三昧普賢入者是會主故說普行故名佛華莊嚴萬行披敷嚴法身故即以法界行門心海為三昧體持無限故說法成行發起為用依此體故三發起分入此三昧時十方所有一切世界六種十

八相動先明地動警覺機故出大音聲靡不皆聞後顯出聲令聞法故前皆有加而無發起此有發起而無加者前表解從他緣故有他加此表行由己立故自發起又表行依解起無別法故所以不加攝解成行亦須入定聖旨多端不可一準。四起分然後從其三昧而起三義如前解釋五請分分二初標問意爾時普慧菩薩知眾已集問普賢菩薩言當機眾集說法時至此為問意何以前來諸會經文先問後定今乃翻此此有二意一說儀無定前表重法感而後應此明悲深觀機欲說眾既已集故先入定令知說主二約所表前來意明從相入實以成正解此中意明依體起用以成正行故不同也普慧問者稱法界慧能發行故一人問者行獨己成非如解故二正顯問端有二百問其別行度世經別作六番問答番番之中先問次答動地現瑞顯益證成古來諸德皆依彼文用科此經以為六段。初二十句問十信行佛子願為演說何等為菩薩摩訶薩依何等為奇特想何等為行何等為善知識何等為勤精進何等為心得安隱何等為成就眾生何等為戒何等為自知受記何等為入菩薩何等為入知來何等為入眾生心行何等為入世界何等為入劫何等為說三世何等為入三世何等為發無疲厭心何等為差別智何等為陀羅尼何等為演說佛。二有二十句問十住行何等為普賢行法以何等故而起大悲何等為發菩提心因緣何等為於善知識起尊重心何等為清淨何等為諸波羅蜜何等為智隨覺何等為證知何等為力何等為平等何等為佛法實義句何等為說法何等為持何等為辯才何等為自在何等為無著性何等為平等心何等為出生智慧何等為變化。三有三十句問十行之行何等為力持何等為得大欣慰何等為深入佛法何等為依止何等為發無畏心何等為發無疑惑心何等為不思議何等為巧密語何等為巧分別智何等為入三昧何等為徧入何等為解脫門何等為神通何等為明何等為解脫何等為園林何等為宮殿何等為所樂何等為莊嚴何等為發不動心何等為不捨深大心何等為觀察何等為說法何等為清淨何等為印何等為智光照何等為無等住何等為無下劣心何等為如山增上心何等為入無上菩提如海智。四有二十九句問十迴向行何等為如實住何等為發如金剛大乘擔願心何等為大發起何等為究竟大事何等為不壞信何等為授記何等為善根迴向何等為得智慧何等為發無邊廣大心何等為伏藏何等為律儀何等為自在何等為無礙用何等為眾生無礙用何等為制無礙用何等為法無礙用何等為身無礙用何等為願無礙用何等為境界無礙用何等為智無礙用何等為神通無礙用何等為神力無礙用何等為力無礙用何等為游戲何等為境界何等為力何等為無畏何等為不共法何等為業何等為身。五有五十句問十地行何等為身業何等為身何等為語何等為淨修語業何等為得守護何等為成辦大事何等為心何等為發心何等為周徧心何等為諸根何等為深心何等為增上深心何等為勤修何等為決定解何等為決定解入世界何等為決定解入衆生界何等為習氣何等為取何等為修何等為成就佛法何等為退失佛法道何等為離生道何等為決定法何等為出生佛法道何等為大丈夫名號何等為道何等為無量道何等為助道何等為修道何等為莊嚴道何等為足何等為手何等為腹何等為藏何等為心何等為被甲何等為器仗何等為首何等為眼何等為耳何等為鼻何等為舌何等為身何等為意何等為行何等為住何等為坐何等為臥何等為所住處何等為所行處。六有五十一句問因圓果滿行何等為觀察何等為普觀察何等為奮迅何等為師子吼何等為清淨施何等為清淨戒何等為清淨忍何等為清淨精進何等為清淨定何等為清淨慧何等為清淨慈何等為清淨悲何等為清淨喜何等為清淨捨何等為義何等為法何等為福德助道具何等為智慧助道具何等為明足何等為求法何等為明了法何等為修行法何等為魔何等為魔業何等為捨離魔業何等為見佛何等為佛業何等為慢業何等為智業何等為魔所攝持何等為佛所攝持何等為法所攝持何等為住兜率天所作業何故於兜率天宫歿何故現處胎何等為現微細趣何故現初生何故現微笑何故示行七步何故現童子地何故現處內宫何故現出家何故示苦行云何往詣道場云何坐道場何等為坐道場時奇特相何故示降魔何等為成如來力云何轉法輪何故因轉法輪得白淨法何故如來應正等覺示般涅槃。第四段中句雖三十以無礙用一句經文是摠標虛句故彼但有二十九句此段有五十一句

此經前後摠經三徧開說六位此當第二約行說也以普賢行該六位故。故度世經最初請云唯願解說諸菩薩行從始至終令無礙故。彼經雖然不配信等既云從始至終末後復明成佛之事則知決是六位之行。此經所以不將問答相開者意取位中殊勝之行不取位故如下圓融若剋定約位何殊差別因果此經上下及本業經等判於六位皆以十信未得入位十住為首謂三賢十聖等妙覺故今此何以不開

等覺而取信耶。此有深意彼及此前意在於位取位成說今此文意正明於行十信之行正居行始寄覺之位有其三義或攝屬前十地勝進或攝屬後即名佛故或別開位無垢地故今為說行是故攝屬因圓之中經文雖有五十一句唯後四句屬妙覺位餘皆等覺若爾此中依言依菩提心等豈非發心住耶此難尤非第二段初發普賢心豈非發心住耶十信之初豈無發心耶故賢首云菩薩發意求菩提非是無因無有緣等正是發心所依。示究斯旨空張捷擭。三結請為說

善哉佛子如是等法願為演說

大方廣佛華嚴經疏卷第八十四 岫四

大方廣佛華嚴經疏卷第八十五 入五十三經下半 岫五

清涼山沙門 澄觀述 晉水沙門 淨源錄疏注經

ム六說分文二○初總告 **爾時普賢菩薩告普慧等諸菩薩言** 三正答前來二百句問問一答十以顯無盡成其二千普賢勝行故英公數云雲興二百問瓶寫二千酬釋此二千略爲五門一約因果二分行位三顯普別四明統收五辨行相前問例此今初有四一約大位於六位中前五爲因後一爲果或後四門爲果餘皆是因二約細辨一一行門皆徹佛果故諸文末皆結得佛是則二千普通因果三或總屬因普賢行位示成佛故四或皆屬果下文多云雖得成佛不斷菩薩行故。二分行位者亦有四義一東行成位成六分故二總屬位以行並是位中行故三總屬行普賢行體不依位故四一行徧通於六位位位徧修故如此無礙方爲普賢行然文正顯後之二段以攬行成位位虛行實故問答併擧不分六普意在此也。三普別者謂一行相必徧一切然恒不雜以不雜故六義殊分以必徧故普義該攝猶如錦文衆色成文常普常別纏纏交徹非如繡成行法亦爾即普是別即別成普皆無障礙若爾此則普別具足何以獨名普賢行耶非謂守普而不能別亦非作別而失於普實謂能別而不壞普故名普賢行也又普必有別但語一別未必有普譬如一縷非錦故也以其非是錦中縷故。四統收攝者復有四重一以位收位六位各各收一切位故一位即具二千行門爲萬二千故上經云一地之中具足一切諸地功德二以門收門即二百門一一各收一切行門即成二百箇二百爲四萬行三以行收行一一行具收一切行故則有二千箇二千行成四兆行四以略攝廣此二千行下頌結云如大地一塵以此一塵之略說不離十方之廣地是故攝廣亦無不盡此乃等無極之法界越無際之虛空故下頌云虛空可度量菩薩德無盡斯之謂矣。五辨行相即隨文釋釋寄相別即分六段今初二百句答前信行二十句問又分三別初九門明自分行滿次八門勝進行圓後三門明二行究竟今初一門以爲一類即爲九段然二百門多分五別一總標二徵數三列釋四結數五顯修勝益或闕後二或闕第五至文當知今此依中文具有五。初總標 **佛子菩薩摩訶薩有十種依** 首明依者起行所依故謂以依託菩提心等成萬行故賢首品云菩薩發意求菩提非是無因無有緣等。二徵數 **何等爲十。** 三列釋 **所謂** 十句各先標名後釋義 **以菩提心爲依恒不忘失故** 依菩提心者十皆名依已爲衆行之首而菩提心復是十中之初以是萬行之本故貫二千行門之首釋云不忘失者忘失菩提心修諸善根則是魔業故依斯不忘能成萬行此句爲總 **以善知識爲依和合如一故** 上雖內有勝心若外不依善友行亦無成是故大聖謂善財言求善知識是無上菩提最初因緣釋云如一者若不心行符契豈爲親友 **以善根爲依修集增長故** 若不增修善根過支何益 **以波羅蜜爲依具足修行故** 隨所修善須到彼岸 **以一切法爲依究竟出離故** 非獨十度觸境皆通上四自利 **以大願爲依增長菩提故以諸行爲依普皆成就故** 六願七行並通自他上皆依法後三依人 **以一切菩薩爲依同一智慧故** 勝侶智同 **以供養諸佛爲依信心清淨故** 心淨供養以成福德 **以一切如來爲依如慈父教誨不斷故** 依長養悲訓以成智嚴九十唯佛究竟能爲所依處故又前五自分後五勝進六廣菩提心七廣三四五後三廣第二四結數 **是爲十。** 五顯修勝益 **若諸菩薩安住此法則得爲如來無上大智所依處** 由依上十成佛大智爲一切所依斷爲勝益豈可不修而得亦名勸修ム二奇特想五初總標 **佛子菩薩摩訶薩有十種奇特想** 前依因緣以成諸行今依勝想以攝善根斷妄想源次所依故並出常想受奇特名即上文中常欲利樂諸衆生等利益想也二徵數 **何等爲十。** 三列釋 **所謂於一切善根生自善根想** 以他善同己善者隨喜於他情無彼此故互爲生伴相資益故同體性故即我所行故自他相即故 **於一切善根生菩提種子想** 一毫微善皆是佛因故法華中擧手低頭皆已成佛 **於一切衆生生菩提器想** 下至闡提皆有佛性故 **於一切願生自願想** 義如初句 **於一切法生出離想** 思益云知離名爲法故 **於一切行生自行想** 亦如初句 **於一切法生**

佛法想諸性相法皆佛所證故文殊云我不見一法非佛法者皆不可得故諸軌儀法皆佛所流涅槃經云外道之法亦是如來正法之餘於一切語言法生語言道想因言契理而理非言故名言道於一切佛生慈父想佛以覺他令悉圓滿故爲慈父於一切如來生無二想如來即諸法如義故無有二。四結數是爲十。五顯修勝益若諸菩薩安住此法則得無上善巧想無想之想名善巧想。三行五。初總標佛子菩薩摩訶薩有十種行以依前來勝想之解造修大行想唯在心行通三業空想不行亦無成辦即上文中修學勉也。二徵數何等爲十。三列釋爲五對所謂一切眾生行普令成熟故一切求法行咸悉修學故下化上求對若準晉本此脫第三善學一切戒一切善根行悉使增長故止惡進善對一切三昧行一心不亂故一切智慧行無不了知故妙止深觀對一切修習行無不能修故一切佛剎行皆悉莊嚴故修因嚴剎對一切善友行恭敬供養故一切如來行尊重承事故敬友事師對。四結數是爲十。五顯修勝益若諸菩薩

安住此法則得如來無上大智慧行。四善知識四。初總標佛子菩薩摩訶薩有十種善知識行起必依善友故次明之。二徵數何等爲十。三列釋所謂令住菩提心善知識令生善根善知識令行諸波羅蜜善知識令解說一切法善知識令成熟一切眾生善知識令得決定辯才善知識令不著一切世間善知識令於一切劫修行無厭倦善知識令安住普賢行善知識令入一切佛智所入善知識未知之善能令知故未識之惡能令識故凡所順益皆我善友故十皆益也上十信云即得親近善知識是。四結數是爲十。五勤精進三。初總標佛子菩薩摩訶薩有十種勤精進行友既具必須策勤於此十事離身心相而進修不離故上文云勤修佛功德。二徵數何等爲十。三列釋所謂教化一切眾生勤精進深入一切法勤精進嚴淨一切世界勤精進修行一切菩薩所學勤精進滅除一切眾生惡

勤精進止息一切三惡道苦勤精進摧破一切眾魔勤精進願爲一切眾生作清淨眼勤精進供養一切諸佛勤精進令一切如來皆悉歡喜勤精進。四結數是爲十。五修益若諸菩薩安住此法則得具足如來無上精進波羅蜜。六心得安隱五。初總標佛子菩薩摩訶薩有十種心得安隱進成二利故獲心安由自利故得智心安由利他故得悲心安即上文云增上最勝心。二徵數何等爲十。三列釋所謂自住菩提心亦當令他住菩提心心得安隱上一行本次二離過自究竟離忿諍亦當令他離忿諍心得安隱無諍三昧離一切諍自離凡愚法亦令他離凡愚法心得安隱越凡小謂凡夫愚即愚法小乘次二進善自勤修善根亦令他勤修善根心得安隱自住波羅蜜道亦令他住波羅蜜道心得安隱次三證入自生在佛家亦當令他生於佛家心得安隱入位自深

入無自性眞實法亦令他入無自性眞實法心得安隱法入自不誹謗一切佛法心得安隱入益亦令他不誹謗一切佛法心得安隱謂謗有二義一麤言此非佛法等共過彌大二細謂說不契實共過則微若無細謗證實方能後二因圓果滿自滿一切智菩提願亦令他滿一切智菩提願心得安隱自深入一切如來無盡智藏亦令他入一切如來無盡智藏心得安隱究竟安隱四結數是爲十。五修益若諸菩薩安住此法則得如來無上大智安隱謂菩提涅槃△七成就衆生五。初摠標佛子菩薩摩訶薩有十種成就衆生上則通明二利心安今則別明利物成就故上文云則能慈愍度衆生故然有二義一以此十通用成就一切衆生二各成就一類衆生。二徵數何等爲十三列釋所謂以布施成就衆生成就慳貪貧窮衆生以色身成就衆生成恃形色憍慢衆生以說法成就衆生疑法以同行成就衆生假戾之者以無染著成就衆生貪愛衆生以開示菩薩行成就衆生二乘者以熾然示現一切世界成就衆生不樂嚴刹以示現佛法大威德成就衆生不欣佛果以種種神通變現成就衆生邪歸依者以種種微密善巧方便成就衆生邪智狡猾四結數是爲十。五修益菩薩以此成就衆生界△八戒五。初摠標佛子菩薩摩訶薩有十種戒欲成就衆生須自止惡而行衆善。二徵數何等爲十。三列釋所謂不捨菩提心戒遠離二乘地戒觀察利益一切衆生戒令一切衆生住佛法戒修一切菩薩所學戒於一切法無所得戒以一切善根迴向菩提戒不著一切如來身戒思惟一切法離取著戒諸根律儀戒若忘菩提心乃至諸根犯境皆悉名爲破菩薩戒故上文云堅固大悲心則不破也此十三聚總細思之。四結數是爲十。五修益若諸菩薩安住此法則得如來無上廣大戒波羅蜜△九受記法四。初摠標佛子菩薩摩訶薩有十種受記法菩薩以此自知受記既離過成德自驗己行必招當果由此故餘自知受記故上文云若得無生深法忍則爲諸佛所授記即此中義。二徵數何等爲十。三列釋所謂以殊勝意發菩提心自知受記見理深悲即發心殊勝得果無疑若因他厭若則非殊勝未定得記永不厭捨諸菩薩行自知受記無厭住一切劫行菩薩行自知受記長時修修一切佛法自知受記無餘修於一切佛教一向深信自知受記契理修修一切善根皆令成就自知受記置一切衆生於佛菩提自知受記於一切善知識和合無二自知受記於一切善知識起如來想自知受記恒勤守護菩提本願自知受記餘五可知於此十中隨有其一即自知得記此辯得記之行非顯受記相殊如瑜伽等又此約十信攝具餘約豎位不同。四結數是爲十△二有八門明勝進行既自分行成故進入諸所入處等即爲八段今初入菩薩。先摠標佛子菩薩摩訶薩有十種入入諸菩薩入有二義一證得義二觀達義入因則能通證通達入果唯達未能證故此下五門皆是智入四五二入亦通身入今此入者即是入因。二徵數何等爲十。三列釋 所謂入本願入行入聚入諸波羅蜜入成就入差別願入種種解入莊嚴佛土入神力自在入示現受生。所以入者，即彼所修是我所修，互相資益，爲自行故；故度世經名不相求短，即上神通潔密用等。四結數 是爲十。五修益 菩薩以此普入三世一切菩薩。△二入諸如來。五。初總標 佛子菩薩摩訶薩有十種入入諸如來。二徵數 何等爲十。三列釋 所謂入無邊成正覺入無邊轉法輪入無邊方便法入無邊差別音聲入無邊調伏衆生入無邊神力自在入無邊種種差別身入無邊三昧入無邊力無所畏入無邊示現涅槃。即是入果，所以入者，必當證入故，上文云則以佛德自莊嚴。四結數 是爲十。五修益 菩薩以此普入三世一切如來。△三入衆生行。五。初總標 佛子菩薩摩訶薩有十種入衆生行。前二入能化，此中明入所化心行故，上文云悉能調伏諸衆生等，聞中有心字。行有多種，如文可知。二徵數 何等爲十。三列釋 所謂入一切衆生過去行入一切衆生未來行入一切衆生現在行入一切衆生善行入一切衆生不善行入一切衆生心行入一切衆生根行入一切衆生解行入一切衆生煩惱習氣行入一切衆生教化調伏時非時行。時非時謂熟未熟，不知時者非大法師。四結數 是爲十。五修益 菩薩以此普入一切諸衆生行。△四入世界。五。初總標 佛子菩薩摩訶薩有十種入世界。對佛是依報，對生是化處，故上文云普隨諸趣而現身。二徵數 何等爲十。三列釋 所謂入染世界入淨世界入小世界入大世界入微塵中世界入微細世界入覆世界入仰世界入有佛世界入無佛世界。四結數 是爲十。五修益 菩薩以此普入十方一切世界。普入者，不離此十故，一時頓入非前後故。△五入劫。五。初總標 佛子菩薩摩訶薩有十種入劫。即是化時。此下三門皆是成上一念悉知無有餘也。二徵數 何等爲十。三列釋 所謂入過去劫入未來劫入現在劫入可數劫入不可數劫入可數劫即不可數劫入不可數劫即可數劫入一切劫即非劫入非劫即一切劫入一切劫即一念。此相即相入。上五直入，下之五句約相即入。有二種意：一彼劫相即，智入彼故；二由彼劫相攝相入故，但入能攝，即入彼所攝等，餘如前來數心品辨。四結數 是爲十。五修益 菩薩以此普入一切劫。△六說三世。五。初總標 上五門皆是智入，四五二入亦通身入。佛子菩薩摩訶薩有十種說三世。前劫此世，長短有異，通皆時分，並是十世隔法異成。二徵數 何等爲十。三列釋 所謂。前九是別，後一爲總，別中三世每世各三，故成九世。過去世說過去世過去世說未來世過去世說現在世。過去乃是已起法故，過去過去不名無盡。未來世說過去世未來世說現在世未來世說無盡。未來乃是續起法故，未來未來名爲無盡。現在世說過去世現在世說未來世現在世說平等。現在即事可見，例於過未之現在，故故云平等，過未二世兩箇現在非可見，故但對前後立現在名。現在世說三世即一念。然此三世何以成九？古釋云義說爲九，實唯有五意云如以五日相望前三爲過去三世後起復取三爲未來三世處中取三爲現在三世。若依此釋進無九世之體退過三世之數云何一念得具九耶。本意不然合將九日大分三世互爲緣起既不依此但以三世緣起相由即九世成矣。謂過去因現未則過去之中已有現未現未各因二世亦然是以三世各具三也。故中觀云若法所因出是法不異因。中論破執則一中有三爲過此明離過之用則一中有三爲德以病成藥豈不良哉。總句中云即一念者前之九世相望以立今此意明攝末歸本不離一念。即此一念現在是過去家未來亦是未來過去世也自具三世三世相由九十具矣。故以一融九雖九而常一以九別一雖一而常九九一無礙沒果絕言。假十圓融爲入門矣況積念成世念外無世耶又無念等故又法性同故此有四義後之三義通於餘宗四結數 是爲十。五修益 菩薩以此普說三世。△七知三世。初總標 佛子菩薩摩訶薩有十種知三世即前之二段明法上之時此辨時中之法即化生之法隨彼機宜安立而化故即是上文所知之法故晉經中名三世間度世經名入於三處皆是意取其中事也。二徵數 何等爲十。三列釋 所謂知諸安立 知諸語言 知諸談議 知諸軌則 知諸稱謂 知諸制令 知其假名上之七句知安立諦 知其無盡此一通二成上安立事無有盡生下非安立性無可盡 知其寂滅 知一切空後之二句知非安立諦。四結數 是爲十。五修益 菩薩以此普知一切三世諸法。△八無疲厭心五。初總標 佛子菩薩摩訶薩發十種無疲厭心所化無邊求法化之而無厭怠由上即知煩惱無所起故。二徵數 何等爲十。三列釋 所謂供養一切諸佛無疲厭心 親近一切善知識無疲厭心 求一切法無疲厭心 聽聞正法無疲厭心前四上求次四下化 宣說正法無疲厭心 教化調伏一切衆生無疲厭心 置一切衆生於佛菩提無疲厭心 於一一世界經不可說不可說劫行菩薩行無疲厭心後二通二 游行一切世界無疲厭心 觀察思惟一切佛法無疲厭心謂游剎近佛化生是故思惟二利行法。四結數 是爲十。五修益 若諸菩薩安住此法則得如來無疲厭無上大智。△三有三門即是明前二行究竟初差別智五。初總標 佛子菩薩摩訶薩有十種差別智明所持差別智究竟上文云則以智慧辯才力隨衆生心而化誘也。二徵數 何等爲十。三列釋 所謂知衆生差別智 知諸根差別智 知業報差別智 知受生差別智 知世界差別智 知法界差別智 知諸佛差別智 知諸法差別智 知三世差別智 知一切語言道差別智。四結數 是爲十。五修益 若諸菩薩安住此法則得如來無上廣大差別智。△二陀羅尼五。初總標 佛子菩薩摩訶薩有十種陀羅尼即能持究竟上文云修行諸度勝解脫等。二徵數 何等爲十。三列釋 所謂聞持陀羅尼持一切法不忘失故上一聞持次四義持 修行陀羅尼如實巧觀一切法故 思惟陀羅尼了知一切諸法性故 法光明陀羅尼照不思議諸佛法故 三昧陀羅尼普於現在一切佛所聽聞正法心不亂故次四廣聞持之用 圓音陀羅尼解了不思議音聲語言故 三世陀羅尼演說三世不可思議諸佛法故 種種辯才陀羅尼演說無邊諸佛法故 出生無礙耳陀羅尼不可說佛所說之法悉能聞故後一收上義持一切佛法陀羅尼安住如來力無畏故又初四如次持教行理果次二重顯持行即定慧故次一持理不思議故次二重顯數後一重顯果。四結數是為十五結益若諸菩薩欲得此法當勤修學△三說十種佛四初總標佛子菩薩摩訶薩說十種佛上能持所持皆是佛法今知法主究竟故上文云則得灌頂而升位十信滿心便得佛故。二徵數何等為十此然十佛與下十種見佛名義全同與前十身名有同異義亦不殊。三列釋所謂成正覺佛示成正覺故即前菩提身願佛願生兜率與前全同業報佛萬行因感故即前相好莊嚴身住持佛自身舍利住持故即力持身涅槃佛化必示滅故即前化身法界佛真無漏界故即前法身心佛依唯心故即威勢身雖光明亦能摧伏心最勝如慈心降魔等三昧佛常在定故即福德身定為福之最故本性佛了本性故即前智身大圓鏡智平等性智皆本有故故下云明了見隨樂佛隨所欲樂無不現故即意生身故晉經云如意佛然佛就內覺身多就相故立名不同餘廣如別章略如八地。四結數是為十。二有二十門答前二十句問明十住行。古德同分為四初六門別明發心住義次六門明餘九住中所成內德之行次三門明諸住中外化之行後有五門明無礙殊勝行。非不得理。今取順十住經文二十門如次明十住行但與前行互有廣略影顯解中之行廣無盡故。若依圓

融行行徧通若不壞相不妨次第。初之四門明初住行二三各有二門四五各一後五二門。今初四門明發心住初一總明後三別顯今初文五。初總標佛子菩薩摩訶薩發十種普賢心前十住中自分之內緣佛十力發心但廣發心之相影略明故普賢心者即菩提心菩提心就果以明普賢心約相用說橫周法界豎窮未來。二徵數何等為十三列釋所謂發大慈心救護一切衆生故發大悲心代一切衆生受苦故發一切施心悉捨所有故前三悲護衆生心次六起願心念一切智為首心樂求一切佛法故求果智即前緣佛十力發功德莊嚴心學一切菩薩行故求因行發如金剛心一切處受生不忘失故竪窮發如海心一切白淨法悉流入故廣徧四皆上求願發如大山王心一切惡言皆忍受故發安隱心施一切衆生無怖畏故此二忍施皆下化願發般若波羅蜜究竟心巧觀一切法無所有故後一智心即三心菩提也。又前七護小乘初三護隱心後四護小心餘三護煩惱心故異凡小是菩提心。又初三衆生無邊誓願度度生無怯故一切施也次一佛道無上誓

願成次三法門無盡誓願學後三煩惱無邊誓願斷即四弘誓願觀理發心。四結數是為十五顯益若諸菩薩安住此心疾得成就普賢善巧智△二普賢行法五。初總標佛子菩薩摩訶薩有十種普賢行法別明菩提心此門即大願心。二徵數何等為十三列釋所謂願住未來一切劫普賢行法願供養恭敬未來一切佛普賢行法願安置一切衆生於普賢菩薩行普賢行法願積集一切善根普賢行法願入一切波羅蜜普賢行法願滿足一切菩薩行普賢行法願莊嚴一切世界普賢行法願生一切佛剎普賢行法願善觀察一切法普賢行法願於一切佛國土成無上菩提普賢行法亦即是前勝進之行所謂勤供養佛樂住生死等文音相同恐繁不會。四結數是為十五顯益若諸菩薩勤修此法疾得滿足普賢行願△三別明悲心五。初總標佛子菩薩摩訶薩以十種觀衆生而起大悲

三徵數 何等爲十。三列釋 所謂觀察衆生無依無怙而起大悲上一爲惣，謂外無善友可依，內無自德可怙故。餘九是別。觀察衆生性不調順而起大悲觀察衆生貧無善根而起大悲觀察衆生長夜睡眠而起大悲觀察衆生行不善法而起大悲觀察衆生欲縛所縛而起大悲上五欲求衆生但纏目前貪欲之情 觀察衆生沒生死海而起大悲此一有求衆生故沒生死海 觀察衆生長嬰疾苦而起大悲觀察衆生無善法欲而起大悲觀察衆生失諸佛法而起大悲後三邪覺行求衆生無明邪見之所病故但欲邪法故。四結數 是爲十。五顯益 菩薩恒以此心觀察衆生。四發心因緣四。初惣標 佛子菩薩摩訶薩有十種發菩提心因緣別明智心觀境推理發心別故此與前自分行中發心因緣亦互影略。二徵數 何等爲十。三列釋 所謂爲教化調伏一切衆生故發菩提心前五以隆達爲緣上一爲惣下四是別 爲除滅一切衆生苦聚故發菩提心本滅妄苦 爲與一切衆生具足安樂故發菩提心得眞滅 爲斷一切衆生愚癡故發菩提心斷癡集 爲與一切衆生佛智故發菩提心證眞道即推無作四諦之理發菩提心後五以善提爲緣 十六 爲恭敬供養一切諸佛故發菩提心爲隨如來教令佛歡喜故發菩提心此二福智因 爲見一切佛色身相好故發菩提心爲入一切佛廣大智慧故發菩提心爲顯現諸佛力無所畏故發菩提心此三奉福智果然上二段文含二意一成上發心住中行二成下治地住中行謂十種大悲即廣彼自分中十心之一菩提因緣前五即彼自分中初之五心一利益二大悲三安樂四憐愍五安住後之五句彼此互闕。四結數 是爲十。二有二門正明治地住中行 如近善知識四。初惣標 佛子若菩薩發無上菩提心爲悟入一切智智故親近供養善知識時應起十種心此門即勝進中近善知識文中標內數是顯意。二徵數 何等爲十。三列釋 所謂起給侍心歡喜心無違心隨順心無異求心無異求者不求名聞利養及過失故 一向心前六事友後四同修 同善根心同願心如來心同圓滿行心。四結數 是爲十。一近友之果四。初惣標 佛子若菩薩摩訶薩起如是心則得十種清淨即勝進近友之果故標中云起如是心則得此十即是前文了達於義如法修行遠離愚迷安住不動梵云波利戍提翻有二義一徧清淨即此十種二極清淨即下第六十四段。二徵數 十七 何等爲十。三列釋 所謂深心清淨到於究竟無失壞故色身清淨隨其所宜爲示現故音聲清淨了達一切諸語言故前六三業淨上三體淨 辯才清淨善說無邊諸佛法故智慧清淨捨離一切愚癡暗故受生清淨具足菩薩自在力故此三用淨 眷屬清淨成就過去同行衆生諸善根故果報清淨除滅一切諸業障故此二主伴果報淨 大願清淨與諸菩薩性無二故諸行清淨以普賢乘而出離故後二願行淨。四結數 是爲十。三有二門明修行住中之行 初自分波羅蜜五。初惣標 佛子菩薩摩訶薩有十種波羅蜜此門即自分行缺闕一慧爲十觀察今揔顯修具修十度。二徵數何等爲十。三列釋所謂施波羅蜜悉捨一切諸所有故十度皆以揔相而釋二多含故云一切皆捨等戒波羅蜜淨佛戒故忍波羅蜜住佛忍故精進波羅蜜一切所作不退轉故禪波羅蜜念一境故般若波羅蜜如實觀察一切法故智波羅蜜入佛力故智即方便進趣佛力權智立以智名願波羅蜜滿足普賢諸大願故神通波羅蜜示現一切自在用故神通即力度晉經名神力法波羅蜜普入一切諸佛法故法即是智此從所知立以法名。四結數是爲十。五顯益若諸菩薩安住此法則得具足如來無上大智波羅蜜△三勝進知隨覺五。初揔標佛子菩薩摩訶薩有十種智隨覺由前行成無倒了達隨事隨理善覺知故。二徵數何等爲十。三列釋所謂一切世界無量差別智隨覺一切衆生界不可思議智隨覺一切諸法一入種種種種入一智隨覺一切法界廣大智隨覺一切虛空界究竟智隨覺一切世界入過去世智隨覺一切世界入未來世智隨覺一切世界入現在世智隨覺一切如來無量行願皆於一智而得圓滿智隨覺三世諸佛皆同一行而得出離智隨覺即前勝進十法觀察衆生界等亦有影略恐繁不會。四結數是爲十。五顯益若諸菩薩安住此法則得一切法自在光明所願皆滿於一念頃悉能解了一切佛法成等正覺△四一門明生貴住中行五。初揔標佛子菩薩摩訶薩有十種證知即彼自分行由前了達故能證知由證故於聖教中生。二徵數何等爲十。三列釋所謂知一切法一相知一切法無量相知一切法在一念上三揔知一切法知一切衆生心行無礙知一切衆生諸根平等知一切衆生煩惱習氣行知一切衆生心使行知一切衆生善不善行此五廣前知衆生知一切菩薩願行自在住持變化即前業行中業攝知一切如來具足十力成等正覺即知涅槃對生死故其勝進行但了佛法無別行相故略不明。四結數是爲十。五顯益若諸菩薩安住此法則得一切法善巧方便△五有一門即具足方便住中之行五。初揔標佛子菩薩摩訶薩有十種力若準梵本此名積集即是方便具足之義下第九十五正是十力。二徵數何等爲十。三列釋所謂入一切法自性力入一切法如化力入一切法如幻力入一切法皆是佛法力於一切法無染著力於一切法甚明解力上六解法力餘四上求力於一切善知識恒不捨離尊重心力令一切善根順至無上智王力於一切佛法深信不謗力令一切智心不退善巧力前十住中但云所修諸行皆爲衆生不知修何今顯所修之行又入即了達兼其勝進解衆生等。四結數是爲十。五顯益若諸菩薩安住此法則具如來無上諸力△六有二門明正心住此門即自分行平等五。初摠標 佛子菩薩摩訶薩有十種平等 由了平等故聞讚毀心定不動然平等之言通有三義一者事等謂十類各各相望說如衆生等有佛性乃至諸佛同一法身一心一智等二者理等謂此十類等一眞故三者心等由了前二即之於心故於十境不生高下。二徵數 何等爲十。三列釋 所謂於一切衆生平等 謂無冤親故 一切法平等 於善惡不生分別故 一切刹平等 見淨見穢無高下故 一切深心平等 一同眞道而出離故 一切善根平等 無一善根不爲佛故 一切菩薩平等 於諸同行如自己故 一切願平等 一一大願徹來際故 一切波羅蜜平等 不謂般若勝檀等故 一切行平等 隨一一行徹事理故 一切佛平等 不謂此佛此最勝故。四結數 是爲十。五明修益 若諸菩薩安住此法則得一切諸佛無上平等法 △二佛法實義句五。初摠標 佛子菩薩摩訶薩有十種佛法實義句 即彼勝進中行與前雖少前却而義多同。二徵數 何等爲十。三列釋 所謂一切法但有名 上一約遍計都無實故 一切法猶如幻一切法猶如影一切法但緣起一切法業清淨 次四約依他 後五約圓成 一切法但文字所作 無名相中假名說故 一切法實際一切法無相一切法第一義一切法法界 餘四各一義。四結數 是爲十。五顯修益 若諸菩薩安住此法則善入一切智智無上眞實義 △七有二門明不退住中行初一自分五。初摠標 佛子菩薩摩訶薩說十種法 由能宣說深廣法故所以聞說心不退轉。二徵數 何等爲十。三列釋 所謂說甚深法說廣大法說種種法說一切智法說隨順波羅蜜法說出生如來力法 說業性等成如來力 說三世相應法說令菩薩不退法 隨宜演說令菩薩不退涅槃二十八中廣明退不退相 說讚歎佛功德法說一切菩薩學一切佛平等一切如來境界相應法 餘八可知。四結數 是爲十。五顯修益 若諸菩薩安住此法則得如來無上巧說法 △二勝進行五。初摠標 佛子菩薩摩訶薩有十種持 謂受持奉行非但宣之於口。二徵數 何等爲十。三列釋 所謂持所集一切福德善根持一切如來所說法持一切譬喻持一切法理趣門持一切出生陀羅尼門持一切除疑惑法持成就一切菩薩法持一切如來所說平等三昧門持一切法照明門持一切諸佛神通遊戲力。四結數 是爲十。五顯修益 若諸菩薩安住此法則得如來無上大智住持力 △八有二門明童眞住中行令初此門即自分行五。初摠標 佛子菩薩摩訶薩有十種辯才。二徵數 何等爲十。三列釋 所謂於一切法無分別辯才於一切法無所作辯才於一切法無所著辯才 由身口等三業無失故有無著辯才 於一切法了達空辯才於一切法無疑暗辯才於一切法佛加被辯才於一切法自覺悟辯才於一切法文句差別善巧辯才於一切法眞實說辯才隨一切衆生心令歡喜辯才 由知衆生心樂欲故辯令他喜 餘八可知。四結數 是爲十。五顯修益 若諸菩薩安住此法則得如來無上巧妙辯才（△三後門勝進行五。初總標）佛子菩薩摩訶薩有十種自在（△二徵數）何等爲十。（三列釋）所謂教化調伏一切衆生自在普照一切法自在修一切善根行自在廣大智自在無所依戒自在一切善根迴向菩提自在精進不退轉自在智慧摧破一切衆魔自在隨所樂欲令發菩提心自在隨所應化現成正覺自在（即彼勝進現變化自在身等皆自在義。四結數）是爲十。（五顯修益）若諸菩薩安住此法則得如來無上大智自在

（△九有二門明法王子住中行初自分無著五。初總標）佛子菩薩摩訶薩有十種無著（由無著故故能善知。二徵數）何等爲十。（三列釋）所謂於一切世界無著於一切衆生無著於一切法無著於一切所作無著於一切善根無著於一切受生處無著於一切願無著於一切行無著於一切菩薩無著於一切佛無著。（四結數）是爲十。（五顯修益）若諸菩薩安住此法則能速轉一切衆想得無上清淨智慧心

（△二後門勝進平等心五。初總標）佛子菩薩摩訶薩有十種平等心（由平等故勝進智學法王處法。二徵數）何等爲十。（三列釋）所謂積集一切功德平等心發一切差別願平等心於一切衆生身平等心於一切衆生業報平等心於一切法平等心於一切淨穢國土平等心於一切衆生解平等心於一切行無所分別平等心於一切佛力無畏平等心於一切如來智慧平等心。（四結數）是爲十。（五顯修益）若諸菩薩安住其中則得如來無上大平等心

（△十有二門明灌頂住中之行初明學智五。初總標）佛子菩薩摩訶薩有十種出生智慧（義當勝進此門明其成就十智學佛十智。二徵數）何等爲十。（三列釋）所謂知一切衆生解出生智慧知一切佛刹種種差別出生智慧知十方網分齊出生智慧知覆仰等一切世界出生智慧知一切法一性種種性廣大住出生智慧知一切種種身出生智慧知一切世間顛倒妄想悉無所著出生智慧知一切法究竟皆以一道出離出生智慧知如來神力能入一切法界出生智慧知三世一切衆生佛種不斷出生智慧。（四結數）是爲十。（五顯修益）若諸菩薩安住此法則於諸法無不了達

（△二辨變化五。初總標）佛子菩薩摩訶薩有十種變化（即自分中十種變依故能動刹等。二徵數）何等爲十。（三列釋）所謂一切衆生變化一切身變化一切刹變化一切供養變化一切音聲變化一切行願變化一切教化調伏衆生變化一切成正覺變化一切說法變化一切加持變化（然此變化即實如化非要化作。四結數）是爲

十（五願修益）若諸菩薩安住此法則得具足一切無上變化法

大方廣佛華嚴經疏卷第八十五（二十五卷）　岫五

大方廣佛華嚴經疏卷第八十六入第五十三經末　岫六

清涼山沙門　澄觀　述　晉水沙門　淨源　錄疏注經

三有三十門，前十行三十句問，古德分三：初六門明大志曠遠行，次九門明定慧業用行，後十五門明德備成滿行。然約圓融，此意非無；今不壞次，亦次第顯十行，中行第一行有三門，次二三行各十，第四行二門，第五行六門，次四行各二門，第十行中目有九門。至文當知。所以用門多少者，檀度在初，故具三；戒忍通世間，故唯一；定慧尊勝，故有多門；智中既多，故般若中略，餘次勝故，但用二門。又此十行雖約十度而義多含，是故文中或就十度明義，或就行名以釋。今初三門明歡喜行中之行，即分為三：初明力持五。初總標

佛子菩薩摩訶薩有十種力持此含總別。總者以是十行之首，依此十事加持建立，能起諸行故。度世經名十建立，別即局在歡喜行中，凡所布施皆為修習諸佛本所修行等，故是建立行意。二徵數何等為十三列釋所謂佛力持、法力持、眾生力持。上三三寶，即境。眾持眾生即僧寶，菩薩之僧即眾生世間故。餘七行持。業力持悲所作業故行力持正起行故願力持願持行故境界力持有悲智境行方成故時力持時即起行之時善力持智力持上二福智。然第十地大盡分中有十一持，於第四位加煩惱持故，論判行持中初二逆行，彼約應化不斷所以加之，今但約為行本故無煩惱，彼有供養持及劫持，無境界持及善力持，此以第八時中攝劫，彼以行攝此善力，依境起供故，並無異，餘名並同，具如彼釋。既數名不同，案名以釋，此無僧寶，有教化眾生，亦未爽通理。上辨陀羅尼即總持，文義次云受持即領納受行，今云力持即是加持任持故不相濫。四結數是為十五顯修益若諸菩薩安住此法，則於一切法得無上自在力持。此下入第五十四經三大欣慰五。初標佛子菩薩摩訶薩有十種大欣慰。正辨歡喜行義，彼但見乞者來倍復歡喜，今則知由施故見佛供佛等心大歡喜，初行多同歡喜地。二徵何等為十三釋五。初事佛供佛對所謂諸菩薩發如是心：盡未來世所有諸佛出興于世，我當皆得隨逐承事，令生歡喜。如是思惟，心大欣慰。復作是念：彼諸如來出興於世，我當悉以無上供具恭敬供養。如是思惟，心大欣慰。二聞法近友對復作是念：我於諸佛所興供養時，彼諸如來必示誨我法，我悉以深心恭敬聽受，如說修行，於菩薩地必得已生、現生、當生。如是思惟，心大欣慰。復作是念：我當於不可說不可說劫行菩薩行，常與一切諸佛菩薩而得共俱。如是思惟，心大欣慰。三二利行成對復作是念：我於往昔未發無上大菩提心，有諸怖畏，所謂不活畏、惡名畏、死畏、墮惡道畏、大眾威德畏；自一發心，悉皆遠離，不驚不恐，不畏不懼，不怯不怖，一切眾魔及諸外道所不能壞。如是思惟，心大欣慰。復作是念：我當令一切眾生成無上菩提；成菩提已，我當於彼佛所修菩薩行，盡其形壽，以大信心興所應供佛諸供養具而為供養，及涅槃後各起無量塔供養舍利，及受持守護所有遺法。如是思惟，心大欣慰。四嚴土化生對又作是念：十方所有一切世界，我當悉以無上莊嚴而莊嚴之，皆令具足種種奇妙平等清淨；復以種種大神通力住持震動，光明照耀，普使周

徧如是思惟心大欣慰復作是念我當斷一切衆生疑惑淨一切衆生欲樂啓一切衆生心意滅一切衆生煩惱閉一切衆生惡道門開一切衆生善趣門破一切衆生黑闇與一切衆生光明令一切衆生離衆魔業使一切衆生至安隱處如是思惟心大欣慰（五難見能見難成能成對）菩薩摩訶薩復作是念諸佛如來如優曇華難可值遇於無量劫莫能一見我當於未來世欲見如來則便得見諸佛如來常不捨我恒住我所令我得見為我說法無有斷絕既聞法已心意清淨遠離諂曲質直無偽於念念中常見諸佛如是思惟心大欣慰復作是念我於未來當得成佛以佛神力於一切世界為一切衆生各別示現成等正覺清淨無

畏大師子乳以本大願周徧法界擊大法鼓雨大法雨作大法施於無量劫常演正法大悲所持身語意業無有疲厭如是思惟心大欣慰（四結）佛子是為菩薩摩訶薩十種大欣慰（五勸）若諸菩薩安住此法則得無上成正覺智慧大欣慰（三深入佛法三初標）佛子菩薩摩訶薩有十種深入佛法（上經意明預欣當成此中辨其現能證了即前法施之行故彼文云我當盡學諸佛所學證一切智知一切法為衆生說。二徵）何等為十（三釋）所謂（前六有入字後四以知字為初）（證入了知二文影顯於中初四入器世間）入過去世一切世界入未來世一切世界入現在世世界數（數謂多少）入世界行（行謂剎因）入世界說（說謂彼彼剎中說法）入世界清淨（清淨謂剎體此是通體上三別明下一總顯）入一切世界種種性（種種性即染淨等殊斯即別體）入一切衆生種種業報入一切菩薩種種行（上二入衆生世間後四入智正覺世間）知過去一切佛次第知未來一切佛次第知現在

十方虛空法界等一切諸佛國土衆會說法調伏（上三入三世佛下一入法）知世間法聲聞法獨覺法菩薩法如來法（知差別五衆）雖知諸法皆無分別而說種種法（明權實雙行以性不壞相故雖無分別而說種種此中分別即是差別故晉經云雖諸法無一無異而說一異）悉入法界無所入故（釋成上義謂悉入法界故無差別無所入失本相不得說種種以當法自虛名入法界無別可入則不壞種種矣上則辨知此下明說）如其法說無所取著（夫說法者當如法說法既權實雙融說亦即說無著。四結）是為十（五勸）若諸菩薩安住此法則得入於阿耨多羅三藐三菩提大智慧甚深性（三有一門明饒益位中行五初標）佛子菩薩摩訶薩有十種依止菩薩依此行菩薩行（上明證入令託良緣徧依此十方能饒益非但依戒況戒有攝善何所不具。二徵）何等為十（三釋）所謂依止供養一切諸佛行菩薩行依止調伏一切衆生行菩薩行依止親近一切善友行菩薩行依止積集一切善根行菩薩

行依止嚴淨一切佛土行菩薩行依止不捨一切衆生行菩薩行依止深入一切波羅蜜行菩薩行依止滿足一切菩薩願行菩薩行依止無量菩提心行菩薩行依止一切佛菩提行菩薩行。四結是為十。五勸 菩薩依此行菩薩行。三有一門即無違逆位中行五 初標 佛子菩薩摩訶薩有十種發無畏心由依菩薩止善則能於十難作能作難忍能忍為發無畏心。二徵 何等為十。三釋 所謂滅一切障礙業發無畏心障礙難滅 於佛滅後護持正法發無畏心遺法難護 降伏一切魔發無畏心惡魔難降 不惜身命發無畏心身命難捨 摧破一切外道邪論發無畏心外道難摧 令一切衆生歡喜發無畏心物心難稱 令一切衆會皆悉歡喜發無畏心大衆難喜 調伏一切天龍夜叉乾闥婆阿脩羅迦樓羅緊那羅摩睺羅伽發無畏心八部難調 離二乘地入甚深法發無畏心下乘難離 於不可說不可說劫行菩薩行心無疲厭發無畏心上行難修於此十難皆無所畏豈畏衆生相惱害耶。四結 是為十。五勸 若諸菩薩安住此法則得如來無上大智無所畏心四有二門明無屈撓位中之行初被甲行無疑惑心。四初標 佛子菩薩摩訶薩發十種無疑心於一切佛法心無疑惑此門由前於難無懼故於十所作決志無疑即被甲精進中行後門攝善利樂精進徧在二門二徵 何等為十。三釋十。初十度攝生 所謂菩薩摩訶薩發如是心我當以布施攝一切衆生以戒忍精進禪定智慧慈悲喜捨攝一切衆生發此心時決定無疑若生疑心無有是處是為第一發無疑心初則正明次顯無疑三反顯失四結次第下九準例。二事佛供佛 菩薩摩訶薩又作是念未來諸佛出興于世我當一切承事供養發此心時決定無疑若生疑心無有是處是為第二發無疑心。三光明嚴刹 菩薩摩訶薩又作是念我當以種種奇妙光明網周徧莊嚴一切世界發此心時決定無疑若生疑心無有是處是為第三發無疑心。四長時調熟 菩薩摩訶薩又作是念我當盡未來劫修菩薩行無數無量無邊無等不可數不可稱不可思不可量不可說不可說不可說過諸筭數究竟法界虛空界一切衆生我當悉以無上教化調伏法而成熟之發此心時決定無疑若生疑心無有是處是為第四發無疑心。五具一切智 菩薩摩訶薩又作是念我當修菩薩行滿大誓願具一切智安住其中發此心時決定無疑若生疑心無有是處是為第五發無疑心。六作世明燈 菩薩摩訶薩又作是念我當普為一切世間行菩薩行為一切法清淨光明照明一切所有佛法發此心時決定無疑若生疑心無有是處是為第六發無疑心。七說法開悟　菩薩摩訶薩又作是念我當知一切法皆是佛法隨衆生心為其演說悉令開悟發此心時決定無疑若生疑心無有是處是為第七發無疑心。八滅障成佛　菩薩摩訶薩又作是念我當於一切法得無障礙門知一切障礙不可得故其心如是無有疑惑住真實性乃至成於阿耨多羅三藐三菩提發此心時決定無疑若生疑心無有是處是為第八發無疑心。九離妄自覺　菩薩摩訶薩又作是念我當知一切法莫不皆是出世間法遠離一切妄想顛倒以一莊嚴而自莊嚴而無所莊嚴於此自了不由他悟發此心時決定無疑若生疑心無有是處是為第九發無疑心。十決成菩提　菩薩摩訶薩又作是念我當於一切法成最正覺離一切妄想顛倒故得一念相應智故若一若異不可得故離一切數故究竟無為故離一切言說故住不可說境界際故發此心時決定無疑若生疑心無有是處是為第十發無疑心於此十事發誓要期故名被甲。四勸　若諸菩薩安住此法則於一切佛法心無所疑三一揀善行不可思議五，初標　佛子菩薩摩訶薩有十種不可思議即所攝之善由決志無疑故所為難測二徵　何等為十三釋，初三單約善根顯智稱性名不思議　所謂一切善根不可思議一切誓願不可思議知一切法如幻不可思議三餘七權實雙運故不思議於中分二初四約行後三約智智約內明行就外相令初　發菩提心修菩薩行善根不失無所分別不可思議涉有而一道清淨　雖深入一切法亦不取滅度以一切願未成滿故不可思議悟空而萬行沸騰　修菩薩道而示現降神入胎誕生出家苦行詣道場降伏衆魔成最正覺轉正法輪入般涅槃神變自在無有休息不捨悲願救護衆生不可思議脩因而八相果成　雖能示現如來十力神變自在而亦不捨等法界心教化衆生不可思議現果而大用不捨皆難思也二後三約智文三，初約二諦相即　知一切法八中十句勸為五對一境二心三通一切四約修起五即名言亦即五法一相二妄想三如如四正智五名。然各有二意一直就法體無相是真相即是俗常互相即下四例然二約迷悟五對大同小異　無相是相迷如無相以成於相　相是無相悟相無相即是如如　無分別是分別迷於正智無分別即成妄想分別　分別是無分別悟妄分別即正智無分別　非有是有了如非有真有如如　有是非有若執有如則非如有　無作是作智若無作是作正智　作是無作若有所作非作正智　非說是說知名非說是真說名　說是非說謂名有說非是說名　不可思議三融而不融　知心與菩提等知菩提與心等心及菩提與眾生等九中初融三事即心佛眾生皆無差別如覺林偈 亦不生心顛倒想顛倒見顛倒顯離融相名為不融 不可思議三權實即而不即三句。初明盡而不盡 於念念中入滅盡定盡一切漏而不證實際亦不盡有漏善根此約斷時以明體用。二無而不無 雖知一切法無漏而知漏盡亦知漏滅此將法性對斷以明體用二句雖殊俱是權實雙行。三即而不即二。初正明 雖知佛法即世間法世間法即佛法而不於佛法中分別世間法不於世間法中分別佛法。二釋成上 一切諸法悉入法界無所入故悉入義法界故說相即無所入故不應世中分別佛法等謂以當法自虛故名相即非世間中有法可得下重釋云 知一切法皆無二不得二中互求 無變易故卅六亦非世法作彼佛法思之 十一 是為第十不可思議。四結 佛子是為菩薩摩訶薩十種不可思議。五勸 若諸菩薩安住其中則得一切諸佛無上不可思議法。五有六門明無癡亂中行於中有三初二門即無癡之行次二門明無亂之行後二門雙明二門引生功德雖癡亂有通今從別說又此三段即是三禪初即饒益有情禪二即正法樂住禪三即引生功德禪令初分二初門不愚巧密之言五。初標 佛子菩薩摩訶薩有十種巧密語前既明內行今辨外言彼行文云以正念故善解世間一切言說能持出世諸法言說等皆言密語者汎明有五一說深密法故如出現品名如來密藏等二一言說一切法故上云如來於一語言中等亦如仙陀四實九義瞿聲等三近而不聞如身子在座遠而無隔如目連尋聲等四言近意遠如說三乘為究竟等言遠意近如說寒時得火名涅槃等亦名隱實說權五以異言說意法如覺不堅為堅固云二徵 何等為十。三釋 所謂於一切佛經中巧密語初一具五以是總故一切教故 於一切受生處巧密語於一切菩薩神通變現成等正覺巧密語此二含二意謂示而謂實故即第四意此二皆是深密之法即第一意 於一切眾生業報巧密語於一切眾生所起染淨巧密語於一切法究竟無障礙門巧密語於一切虛空界一一方處悉有世界或成或壞間無空處巧密語於一切法界一切十方乃至微細處悉有如來示現初生乃至成佛入般涅槃充滿法界悉分別見巧密語見一切眾生平等涅槃無變易故而不捨大願以一切智願未得圓滿令滿足故巧密語雖知一切法不由他悟而不捨離諸善知識於如來所轉加尊敬與卅六 十三 善知識和合無二於諸善根脩集種植迴向安住同一所作同一體性同一出離同一成就巧密語餘通前二或並兼五可以意得。四結 是為十。五勸 若諸菩薩安住其中則得如來無上善巧微密語三不愚善巧之智文五。初標 佛子菩薩摩訶薩有十種巧分別智外言既密內智又巧故於剎生無有癡闇故彼文云菩薩於善知識所聽聞正法所謂甚深法等文義多同。二徵 何等為十。三釋 所謂入一切剎巧分別智入一切眾生處巧分別智入一切眾生心行巧分別智入一切眾生根巧分別智入一切眾生業報巧分別智入一切聲聞行巧分別智入一切獨覺行巧分別智入一切菩薩行巧分別智入一切世間法巧分別智入一切佛法巧分別智。（四結）是為十（五勸）若諸菩薩安住其中則得一切諸佛無上善巧分別諸法智（三正法樂住禪即無亂行）（二門皆是定體初門明入三昧顯處等不同。五初標）佛子菩薩摩訶薩有十種入三昧（彼文云善入一切諸禪定門此中明十皆通一切。二徵）何等為十。（三釋）所謂（通辨緣斷十境入定不同別則十門緣境各異）於一切世界入三昧於一切衆生身入三昧於一切法入三昧見一切佛入三昧住一切劫入三昧（上五一重之事下五涉入圓融）從三昧起現不思議身入三昧於一切佛身入三昧覺悟一切衆生平等入三昧一念中入一切菩薩三昧智入三昧一念中以無礙智成就一切諸菩薩行願無有休息入三昧（九十皆即一而多故彼行云一念中得無數三昧但從多分對前後說判為定體非無其用。四結）是為十（五勸）若諸菩薩安住其中則得一切諸佛無上善巧三昧法（三明徧入則觸類皆徧。五初標）佛子菩薩摩訶薩有十種徧入（亦猶小乘說十徧處即令三昧漸更增廣。二徵）何等為十。（三釋）所謂衆生徧入國土徧入世間種種相徧入火災徧入水災徧入佛徧入莊嚴徧入如來無邊功德身徧入一切種種說法徧入一切如來種種供養徧入（前明一切如衆生身謂童子身等雖能一切身入而不必一時今此隨入一類皆徧一切如海初來一切皆水等。四結）是為十。（五勸）若諸菩薩安住其中則得如來無上大智徧入法（三有二門明引生功德禪初門明作用無礙故稱解脫。五初標）佛子菩薩摩訶薩有十種解脫門（即不思議解脫梵云毗木叉此云勝解脫謂殊勝作用亦由依禪成八解脫。二徵）何等為十。（三釋）所謂一身周徧一切世界解脫門於一切世界示現無量種種色相解脫門以一切世界入一佛刹解脫門普加持一切衆生界解脫門以一切佛莊嚴身充滿一切世界解脫門於自身中見一切世界解脫門一念中往一切世界解脫門於一世界示現一切如來出世解脫門一身充滿一切法界解脫門一念中示現一切佛游戲神通解脫門。（四結）是為十。（五勸）若諸菩薩安住其中則得如來無上解脫門（三於境無壅故曰神通。五初標）佛子菩薩摩訶薩有十種神通（如依四禪引六通用。二徵）何等為十。（三釋）所謂憶念宿命方便智通天耳無礙方便智通知他衆生不思議心行方便智通天眼觀察無有障礙方便智通（此十若以六攝前四可知次五神境）隨衆生心現不思議大神通力方便智通一身普現無量世界方便智通一念徧入不可說不可說世界方便智通出生無量莊嚴具莊嚴不思議世界方便智通示現不可說變化身方便智通（後一漏盡成菩提故）隨不思議衆生心於不可說世界現成阿耨多羅三藐三菩提方便智通（約位不同與十通小異。四結）是為十。（五勸）若諸菩薩安住其中則得如来無上大善巧神通為一切衆生種種示現令其脩學（六有二門明善現位中行初門正明行體五。初標）佛子菩薩摩訶薩有十種明（正顯行體即是般若故曰智明然皆權實無礙之智故稱善巧非如十度唯約根本但約增微分成五行。三徵）何等為十。（三釋二前七單約一智分三。初三約所化）所謂知一切衆生業報善巧智明知一切衆生境界寂滅清淨無諸戲論善巧智明知一切衆生種種所緣唯是一相悉不可得一切諸法皆如金剛善巧智明（先事次理後即事歸理。次三約能化）能以無量微妙音聲普聞十方一切世界善巧智明普壞一切心所染著善巧智明能以方便示現受生或不受生

善巧智明（亦初約事次句約理後即事歸理。三離能所想會歸般若。）捨離一切想受境界善巧智明（念想麁除不受境界為入理善巧故亾二。後有三句辯雙行三。初明無說之說無成之成善巧智明）知一切法非相非無相一性無性無所分別而能了知種種諸法於無量劫分別演說（謂雙非照寂離於言道而能差別照事有說非相遺相非無遺無一性遺多無性遺有即性相俱寂）住於法界成阿耨多羅三藐三菩提善巧智明（無成之成法界之體實無所成照斯法界即說成佛亾二明無生起生智明文三初正明無緣之緣兼顯無化之化於中二。初明無緣）菩薩摩訶薩知一切衆生生本無有生了達受生不可得故（謂衆生眞心稱理不可得故若無於緣即無所化亾二明眞心隨緣不壞緣起則亦有所化於中二初知所化文有三節初有八句別知緣相）而知因（謂無明等）知緣（謂業行）知事（即識名色等）知境界（即觸受）知行（即愛取有）知生（即生支）知滅（即老死）知言說（揔是隨俗緣生不離三世故。二有十二句六對通知染淨迷悟）知迷惑知離迷惑知顛倒知離顛倒知雜染知清淨知生死知涅槃（迷理則倒惑雜染悟皆反此）

知可得知不可得知執著知無執著（隨俗則俱可得第一義中二俱叵得得非得約理著非著約智。三明知心行）知住知動（住謂本性動謂客塵）知去知還（隨客塵則去而莫歸見本性則還源反本）知起知不起（有還有去皆是起心還住兩亡寂然不起）知失壞知出離（起則諸善失壞不起則出離蓋纏）知成熟（觸境寂知是為成熟上通物我後知根機唯約自說）知諸根知調伏（根謂六根不為境牽即是調伏。二結雙行）隨其所應種種教化未曾忘失菩薩所行（謂智隨曲化不失無行。二徵釋）何以故菩薩但為利益衆生故發阿耨多羅三藐三菩提心無餘所為是故菩薩常化衆生身無疲倦不違一切世間所作（所以爾者為物發心故。三結名）是名緣起善巧智明（三平等教化智明三。初明實不礙權）菩薩摩訶薩於佛無著不起著心於法無著不起著心於剎無著不起著心於衆生無著不起著心不見有衆生而行教化調伏說法然亦不捨菩薩諸行大悲大願見佛聞

法隨順修行依於如來種諸善根恭敬供養無有休息能以神力震動十方無量世界其心廣大等法界故(三明權不礙實)知種種說法知眾生數知眾生差別知苦生知苦滅知一切行皆如影像行菩薩行永斷一切受生根本但為救護一切眾生行菩薩行而無所行隨順一切諸佛種性發如大山王心知一切虛妄顛倒入一切種智門智慧廣大不可傾動當成正覺(三結名)於生死海平等濟渡一切眾生善巧智明(四結數)是為十(五勸)若諸菩薩安住其中則得如來無上大善巧智明(三明離智障解脫五初標)佛子菩薩摩訶薩有十種解脫(脫二障故梵云毘木底此云解脫與前不同二徵)何等為十(三釋)所謂煩惱解脫(此二煩惱障)邪見解脫諸取解脫(業障取增為業故)蘊處界解脫(報障上四脫凡二障下六脫智障)

超二乘解脫(此一揀劣)無生法忍解脫於一切世間一切剎一切眾生一切法離著解脫無邊住解脫發起一切菩薩行入如來無分別地解脫於一念中悉能了知一切三世解脫(餘皆顯勝四結)是為十(五勸)若諸菩薩安住此法則能施作無上佛事教化成熟一切眾生(七有二門明無著位中行初門明遊處縱情後門明棲止適悅皆通二利權實方便而無所著今初五初標)佛子菩薩摩訶薩有十種園林(二徵)何等為十(三釋)所謂生死是菩薩園林無厭捨故教化眾生是菩薩園林不疲倦故住一切劫是菩薩園林攝諸大行故清淨世界是菩薩園林自所止住故一切魔宮殿是菩薩園林降伏彼眾故思惟所聞法是菩薩園林如理觀察故六波羅蜜四攝事三十七菩提分法是菩薩園林紹繼慈父境界

故十力四無所畏十八不共乃至一切佛法是菩薩園林不念餘法故示現一切菩薩威力自在神通是菩薩園林以大神力轉正法輪調伏眾生無休息故一念於一切處為一切眾生示成正覺是菩薩園林法身周徧盡虛空一切世界故(四結)是為十(五勸)若諸菩薩安住此法則得如來無上離憂惱大安樂行(二棲止適悅五初標)佛子菩薩摩訶薩有十種宮殿(二徵)何等為十(三釋)所謂菩提心是菩薩宮殿恒不忘失故十善業道福德智慧是菩薩宮殿教化欲界眾生故四梵住禪定是菩薩宮殿教化色界眾生故生淨居天是菩薩宮殿一切煩惱不染故生無色界是菩薩宮殿令諸眾生離難處故生雜染世界是菩薩宮殿令一切眾生

斷煩惱故現處內宮妻子眷屬是菩薩宮殿成就往昔同行眾生故現居輪王護世釋梵是菩薩宮殿為調伏自在心眾生故住一切菩薩行游戲神通皆得自在是菩薩宮殿善游戲諸禪解脫三昧智慧故一切佛所受無上自在一切智王灌頂記是菩薩宮殿住十力莊嚴作一切法王自在事故四梵住者即四無量亦色因故度世云修四梵行慈悲喜捨餘九可知。四結是為十。五勸若諸菩薩安住其中則得法灌頂於一切世間神力自在。八有二門明難得位中行初門內心願樂願即行體五。初標佛子菩薩摩訶薩有十種所樂既處宮殿則情欣勝樂故。二徵何等為十三釋所謂樂正念心不散亂故樂智慧分別諸法故樂往詣一切佛所聽法無厭故樂諸佛充滿十方無邊際故樂菩薩自在為諸眾生以無量門而現身

故樂諸三昧門於一三昧門入一切三昧門故樂陀羅尼持法不忘轉授眾生故樂無礙辯才於一文一句經不可說劫分別演說無窮盡故樂成正覺為一切眾生以無量門示現於身成正覺故樂轉法輪摧滅一切異道法故四結是為十五勸若諸菩薩安住此法則得一切諸佛如來無上法樂三外德莊嚴五。初標佛子菩薩摩訶薩有十種莊嚴具以眾德莊嚴類故。二徵何等為十三釋所謂力莊嚴不可壞故無畏莊嚴無能伏故義莊嚴說不可說義無窮盡故法莊嚴八萬四千法聚觀察演說無忘失故願莊嚴一切菩薩所發弘誓無退轉故行莊嚴修普賢行而出離故剎莊嚴以一切剎作一剎故普音莊嚴周徧一切諸佛世界雨法雨故力持莊嚴於一切劫行

無數行不斷絕故變化莊嚴於一眾生身示現一切眾生數等身令一切眾生悉得知見求一切智無退轉故四結是為十五勸若諸菩薩安住此法則得如來一切無上法莊嚴九有二門明善法位中行初門明外緣不動後門明內心不捨又此明心堅後明深入皆是力義今初分五。初標佛子菩薩摩訶薩發十種不動心二徵何等為十三釋所謂於一切所有悉皆能捨不動心思惟觀察一切佛法不動心憶念供養一切諸佛不動心於一切眾生誓無惱害不動心普攝眾生不揀冤親不動心求一切佛法無有休息不動心一切眾生數等不可說不可說劫行菩薩行不生疲厭亦無退轉不動心十中二三及第九是思擇力餘皆修習力第八句中有十一信成就有根信生佛果故無濁信不雜不信濁故清淨信淨無煩惱故極清淨信無細念故離垢信離所知垢故明徹信徹事源故恭

敬供養一切佛信向果位故不退轉信自分堅故不可盡信德無盡故無能壞信緣不動故大歡喜踊躍信證真如故不動心成就出生一切智方便道不動心聞一切菩薩行法信受不謗不動心四結。是為十五勸。若諸菩薩安住此法則得無上一切智不動心五二內心不捨五初標。佛子菩薩摩訶薩有十種不捨深大心由不動故能窮理事理深事廣故云深大二徵何等為十三釋。所謂不捨成滿一切佛菩提深大心不捨教化調伏一切眾生深大心不捨不斷一切諸佛種性深大心不捨親近一切善知識深大心不捨供養一切諸佛深大心不捨尊求一切大乘功德法深大心廿三末不捨於一切佛所脩行梵行護持淨戒深大心不捨親近一切菩薩深大心不捨求一切佛法方便護特深大心不捨滿一切菩薩行願集一切諸佛法深大心四結。是為十五勸。若諸菩薩安住其中則能不捨一切佛法

大方廣佛華嚴經疏卷第八十六 岫六

大方廣佛華嚴經疏卷第八十七 入第五十四經下半 岫七

清涼山沙門澄觀述　晉水沙門淨源錄疏注經

午有九門明真實位中行初觀察智五。初標 佛子菩薩摩訶薩有十種智慧觀察亦由不捨深大故能觀察。二徵 何等為十。三釋 所謂善巧分別說一切法智慧觀察了知三世一切善根智慧觀察了知一切諸菩薩行自在變化智慧觀察了知一切諸法義門智慧觀察了知一切諸佛威力智慧觀察了知一切陀羅尼門智慧觀察於一切世界普說正法智慧觀察入一切法界智慧觀察知一切十方不可思議智慧觀察知一切佛法智慧光明無有障礙智慧觀察前問但言觀察者脫智慧言十句準思。四結 是為十。五勸 若諸菩薩安住其中則得如來無上大智慧觀察二說法智五。初標 佛子菩薩摩訶薩有十種說法由能內觀故能外說。二徵

何等為十。三釋 所謂說一切法皆從緣起說一切法皆悉如幻上二說俗下八說真 說一切法無有乖諍無二可諍 說一切法無有邊際體德兼廣 說一切法無所依止相深遠 說一切法猶如金剛體堅利 說一切法皆悉如如如如不動 說一切法皆悉寂靜體絕百非 說一切法皆悉出離在纏不染 說一切法皆住一義本性成就體相一味。四結 是為十。五勸 若諸菩薩安住其中則能善巧說一切法三離障智五。初標 佛子菩薩摩訶薩有十種清淨此離障智晉名無垢。二徵 何等為十。三釋 所謂深心清淨斷疑清淨離見清淨境界清淨求一切智清淨辯才清淨無畏清淨住一切菩薩智清淨受一切菩薩律儀清淨具足成就無上菩提三十二種百福相白淨法一切善根清淨雖同清淨所淨不同十中與七淨有開合不同在文易了七淨如五地初辨。四結 是為

十。五勸 若諸菩薩安住其中則得一切如來無上清淨法四審決智印五。初標 佛子菩薩摩訶薩有十種印以清淨智決定印可一切法故故晉本中名為智印後所結益亦是智印亦猶三法印等。二徵 何等為十三釋。初於安受苦境忍智不動 所謂菩薩摩訶薩知苦苦壞苦行苦專求佛法不生懈怠行菩薩行無有疲懈不驚不畏不恐不怖不捨大願求一切智堅固不退究竟阿耨多羅三藐三菩提是為第一印。二他不饒益忍行決定 菩薩摩訶薩見有衆生愚癡狂亂或以麤弊惡語而相毀辱或以刀杖瓦石而加損害終不以此境界捨菩薩心但忍辱柔和專修佛法住最勝道入離生位是為第二印。三諦察法忍 菩薩摩訶薩聞說與一切智相應甚深佛法能以自智深信忍可解了趣入是為第三印於深佛法信忍決定。四決定成佛度脫衆生 菩薩

摩訶薩又作是念我發深心求一切智我當成佛得阿耨多羅三藐三菩提一切衆生流轉五趣受無量苦亦當令其發菩提心深信歡喜勤修精進堅固不退是爲第四印。五決定知佛智無邊菩薩摩訶薩知如來智無有邊際不以齊限測如來智菩薩曾於無量佛所聞如來智無有邊際故能不以齊限測度一切世間文字所說皆有齊限悉不能知如來智慧是爲第五印。六決欲佛果不退菩薩摩訶薩於阿耨多羅三藐三菩提得最勝欲甚深欲廣欲大欲種種欲無能勝欲無上欲堅固欲衆魔外道幷其眷屬無能壞欲求一切智不退轉欲菩薩住如是等欲於無上菩提畢竟不退是爲第六印。七決不顧身命以觀人法菩薩摩訶薩行菩薩行不顧身命無能沮壞發心趣向一切智故一切智性常現前故得一切佛智光明故終不捨離佛菩提終不捨離善知識是爲第七印。八決度已入大乘法者菩薩摩訶薩若見善男子善女人趣大乘者令其增長求佛法心令其安住一切善根令其攝取一切智心令其不退無上菩提是爲第八印。九決平等度菩薩摩訶薩令一切衆生得平等心勸令勤修一切智道以大悲心而爲說法令於阿耨多羅三藐三菩提永不退轉是爲第九印。十決同佛體因圓果滿菩薩摩訶薩與三世諸佛同一善根不斷一切諸佛種性究竟得至一切智智是爲第十印。四結佛子是爲菩薩摩訶薩十種印。五勸菩薩以此速成阿耨多羅三藐三菩提具足如來一切法無上智印。五照微智五。初標佛子菩薩摩訶薩有十種智光照由印定故照微無礙。二徵何等爲十。三釋所謂知定當成阿耨多羅三藐三菩提智光照見一切佛智光照見一切衆生死此生彼智光照解一切修多羅法門智光照依善知識發菩提心集諸善根智光照示現一切諸佛智光照教化一切衆生悉令安住如來地智光照演說不可思議廣大法門智光照善巧了知一切諸佛神通威力智光照滿足一切諸波羅蜜智光照。四結是爲十五勸若諸菩薩安住此法則得一切諸佛無上智光照。六無等住智五。初標佛子菩薩摩訶薩有十種無等住一切衆生聲聞獨覺悉無與等由前照微故不偏住著。雙住事理名無與等。二徵何等爲十。三釋所謂菩薩摩訶薩雖觀實際而不取證以一切願未成滿故是爲第一無等住菩薩摩訶薩種等法界一切善根而不於中有少執著是為第二無等住菩薩摩訶薩修菩薩行知其如化以一切法悉寂滅故而於佛法不生疑惑是為第三無等住菩薩摩訶薩雖離世間所有妄想然能作意於不可說劫行菩薩行滿足大願終不中起疲厭之心是為第四無等住菩薩摩訶薩於一切法無所取著以一切法性寂滅故而不證涅槃何以故一切智道未成滿故是為第五無等住菩薩摩訶薩知一切劫皆即非劫而真實說一切劫數是為第六無等住菩薩摩訶薩知一切法悉無所作而不捨作道求諸佛法是為第七無等住菩薩摩訶薩知三界唯心三世唯心而了知其心無量無邊是為第八無等住菩薩摩訶薩為一衆生於不可說劫行菩薩行欲令安住一切智地如為一衆生為一切衆生悉亦如是而不生疲厭是為第九無等住菩薩摩訶薩雖修行圓滿而不證菩提何以故菩薩作如是念我之所作本為衆生是故我應久處生死方便利益皆令安住無上佛道是為第十無等住（皆權實雙行或即寂之用即用之寂等並顯可知。四結）佛子是為菩薩摩訶薩十種無等住（三勸）若諸菩薩安住其中則得無上大智一切佛法無等住（此下入第五十五經。七無劣智五。初標）佛子菩薩摩訶薩發十種無下劣心（上既望下無等今亦望上無劣於十勝事皆決作故名無下劣所以晉經名無怯弱。二徵）何等為十（三釋十句五對初降魔制外對）佛子菩薩摩訶薩作如是念我當降伏一切天魔及其眷屬是為第一無下劣心又作是念我當悉破一切外道及其邪法是為第二無下劣心（二喜他自滿對）又作是念我當於一切衆生善言開喻皆令歡喜是為第三無下劣心又作是念我當成滿徧法界一切波羅蜜行是為第四無下劣心（三積福成智對）又作是念我當積集一切福德藏是為第五無下劣心又作是念無上菩提廣大難成我當修行悉令圓滿是為第六無下劣心（四下化上成對）又作是念我當以無上教化無上調伏教化調伏一切衆生是為第七無下劣心又作是念一切世界種種不同我當以無量身成等正覺是為第八無下劣心（上四單辨五悲智究竟對即是雙行。初即智之悲而悲智雙行）又作是念我修菩薩行時若有衆生來從我乞手足耳鼻血肉骨髓妻子象馬乃至王位如是一切悉皆能捨不生一念憂悔之心但為利益一切衆生不求果報以大悲為首大慈究竟是為第九無下劣心（雖悲而不求果報二即悲之智而權實雙行四初列所知）又作是念三世所有一切諸佛一切佛法一切衆生一切國土一切世間一切三世一切虛空界一切法界一切語言施設界一切寂滅涅槃界（二辨能知）如是一切種種諸法我當以一念相應慧悉知悉覺悉見悉證悉修悉斷（謂知苦覺妄見理證滅修道斷集三拂彼知相）然於其中無分別離分別無種種無差別無功德無境界（能知無分別故無功德所知無種種故無境界四會歸中道廣辨雙行二初揔辨中道）非有非無非一非二（二境智對明）以不二智知一切二以無相智知一切相以無分別智知一切分別以無異智知一切異以無差別智知一切差別以無世間智知一切世間以無世智知一切世以無衆生智知

一切衆生以無執著智知一切執著以無住處智知一切住處以無雜染智知一切雜染以無盡智知一切盡（皆以實智知權顯雙）以究竟法界（行無礙於中異約豎論雙異差別約橫辨不同三即體起用以辨雙行）智於一切世界示現身以離言音智示不可說言音以一自性智入於無自性以一境界智現種種境界知一切法不可說而現大自在言說證一切智地為教化調伏一切衆生故於一切世間示現大神通變化是為第十無下劣心（四結）佛子是為菩薩摩訶薩發十種無下劣心（五勸）若諸菩薩安住此心則得一切最上無下劣佛法（六八高出智五初標）佛子菩薩摩訶薩於阿耨多羅三藐三菩提有十種如山增上心（由無下劣故萬行迴出難仰其高於勝決作故直趣菩提不可傾動二徵）何等為十（二釋十初勤修能證智）佛子菩薩摩訶薩常

作意勤修一切智法是為第一如山增上心（二常觀所證理）恒觀一切法本性空無所得是為第二如山增上心（二內修無漏）願於無量劫行菩薩行修一切白淨法以住一切白淨法故知見如來無量智慧是為第三如山增上心（四外近善人）為求一切佛法故等心敬奉諸善知識無異希求（為名利為異求）無盜法心（從他聞言已解為盜法觀佛三昧經說此人墮地獄如箭射後學誡之）唯生尊重未曾有意一切所有悉皆能捨是為第四如山增上心（五大忍度生）若有衆生罵辱毀謗打捧屠割苦其形體乃至斷命如是等事悉皆能受終不因此生動亂心生瞋害心亦不退捨大悲弘誓更令增長無有休息（弘誓更增者若薪熾於火）何以故菩薩於一切法如實出離捨成就故證得一切諸如來法忍辱柔和已自在故是

為第五如山增上心（六決超魔境）菩薩摩訶薩成就增上大功德所謂天增上功德人增上功德色增上功德力增上功德眷屬增上功德欲增上功德王位增上功德自在增上功德福德增上功德智慧增上功德雖復成就如是功德終不於此而生染著所謂不著味不著欲不著財富不著眷屬但深樂法隨法去隨法住隨法趣向隨法究竟以法為依以法為救以法為歸以法為舍守護法愛樂法希求法思惟法佛子菩薩摩訶薩雖復具受種種法樂而常遠離衆魔境界何以故菩薩摩訶薩於過去世發如是心我當令一切衆生皆悉永離衆魔境界住佛境故（由成勝德而不著唯法樂以自資則魔境皆為佛境）是為第六如山增上心（七勤勇修行）菩薩摩訶薩為

求阿耨多羅三藐三菩提已於無量阿僧祇劫行菩薩道精勤匪懈猶謂我今始發阿耨多羅三藐三菩提心行菩薩行亦不驚亦不怖亦不畏雖能一念即成阿耨多羅三藐三菩提然為衆生故於無量劫行菩薩行無有休息（攝論云愚修雖少時急心疑已久佛於無量劫勤勇謂須臾）是為第七如山增上心（八不捨惡人）菩薩摩訶薩知一切衆生性不和善難調難度不能知恩不能報恩是故為其發大誓願欲令皆得心意自在所行無礙捨離惡念不於他所生諸煩惱是為第八如山增上心（九孤標等佛）菩薩摩訶薩復作是念非他令我發菩提心亦不待人助我修行我自發心集諸佛法誓期自勉盡未來劫行菩薩道成阿耨多羅三藐三菩提是故我今修菩薩行當淨

自心亦淨他心當知自境界亦知他境界我當悉與三世諸佛境界平等是為第九如山增上心（十權實雙行四心。初正辨雙行）菩薩摩訶薩作如是觀無有一法修菩薩行無有一法滿菩薩行無有一法教化調伏一切衆生無有一法供養恭敬一切諸佛無有一法於阿耨多羅三藐三菩提已成今成當成無有一法已說今說當說說者及法俱不可得而亦不捨阿耨多羅三藐三菩提願（二徵釋二。初徵）何以故（徵意有二一云修須稱理理既無得願何不捨既不捨願何用觀無進退有妨。二釋）菩薩求一切法皆無所得如是出生阿耨多羅三藐三菩提（釋亦二意一云若有所得不得菩提以無得故出生菩提雖不捨願須觀無得二云無得之法非在得外要求一切法方盡無得之源故欲證無得須不捨菩提之願。三結成雙行）是故於法雖無所得而勤修習增上善業清淨對治智慧圓滿念念增長一切具足其心於此不驚不怖(四顯其離過)不作是念若一切法皆悉寂滅我有何義求於無上菩提之道(謂不怖空而不求故)是為第十如山增上心(四結)佛子是為菩薩摩訶薩於阿耨多羅三藐三菩提十種如山增上心(五勸若諸)菩薩安住其中則得如來無上大智山王增上心(大九深廣智五初標)佛子菩薩摩訶薩有十種入阿耨多羅三藐三菩提如海智(非但求升聳峻抑亦智體包含二徵)何等為十(三釋二初四即四無量界)所謂入一切無量衆生界是為第一如海智入一切世界而不起分別是為第二如海智知一切虛空界無量無礙普入十方一切差別世界網是為第三如海智菩薩摩訶薩善入法界所謂無礙入不斷入不常入無量入不生入不滅入一切入悉了知故是為第四如海智(後六並佛界無量開出初入三世佛善根)菩薩摩訶薩於過去未來現在諸佛菩薩法師聲聞獨覺及一切凡夫所集善根已集現集當集三世諸佛於阿耨多羅三藐三菩提已成今成當成所有善根三世諸佛說法調伏一切衆生已說今說當說所有善根於彼一切皆悉了知深信隨喜願樂修習無有厭足是為第五如海智(二入過去佛界)菩薩摩訶薩於念念中入過去世不可說劫於一劫中或百億佛出世或千億佛出世或百千億佛出世或無數或無量或無邊或無等或不可數或不可稱或不可思或不可量或不可說或不可說不可說超過筭數諸佛世尊出興于世及彼諸佛道場衆會聲聞菩薩說法調伏一切衆生壽命延促法住久近如是一切悉皆明見如一劫一切諸劫皆亦如是其無佛劫所有衆生有於阿耨多羅三藐三菩提種諸善根亦悉了知若有衆生善根熟已於未來世當得見佛亦悉了知如是觀察過去世不可說不可說劫心無厭足是為第六如海智(三入未來佛界)菩薩摩訶薩入未來世觀察分別一切諸劫無量無邊知何劫有佛何劫無佛何劫有幾如來出世一一如來名號何等住何世界世界名何度幾衆生壽命幾時如是觀察盡未來際皆悉了知不可窮盡而無厭足是為第七如海智(四入現在佛界)菩薩摩訶薩入現在世觀察思惟於念念中普見十方無邊品類不可說世界皆有諸佛於無上菩提已成今成當成往詣道場菩提樹下坐吉祥草降伏魔軍成

阿耨多羅三藐三菩提從此起已入於城邑外天宮殿說微妙法轉大法輪示現神通調伏衆生乃至付囑阿耨多羅三藐三菩提法捨於壽命入般涅槃入涅槃已結集法藏令久住世莊嚴佛塔種種供養亦見彼世界所有衆生值佛聞法受持諷誦憶念思惟增長慧解如是觀察普徧十方而於佛法無有錯謬何以故菩薩摩訶薩了知諸佛皆悉如夢而能往詣一切佛所恭敬供養菩薩爾時不著自身不著諸佛不著世界不著衆會不著說法不著劫數然見佛聞法觀察世界入諸劫數無有厭足是為第八如海智。五供多佛菩薩摩訶薩於不可說不可說劫一一劫中供養恭敬不可說不可說無量諸佛示現自身歿此生彼以出過三界一切供具而為供養幷及供養菩薩聲聞一切大衆一一如來般涅槃後皆以無上供具供養舍利及廣行惠施滿足衆生佛子菩薩摩訶薩以不可思議心不求報心究竟心饒益心於不可說不可說劫為阿耨多羅三藐三菩提故供養諸佛饒益衆生護持正法開示演說是為第九如海智。六求多法菩薩摩訶薩於一切佛所一切菩薩所一切法師所一向專求菩薩所說法菩薩所學法菩薩所教法菩薩修行法菩薩清淨法菩薩成熟法菩薩調伏法菩薩平等法菩薩出離法菩薩摠持法得此法已受持讀誦分別解說無有厭足令無量衆生於佛法中發一切智相應心入真實相於阿耨多羅三藐三菩提得不退轉菩薩如是於不可說不可說劫無有厭足是為第十如海智。四結佛子是為菩薩摩訶薩十種入阿耨多羅三藐三菩提如海智由此因海得入果海。五勸若諸菩薩安住此法則得一切諸佛無上大智慧海。大文第四有二十九門答二十九句迴向位中行若并無礙摠句有三十門古德分三初十一門明迴向位中行體堅固次一一二門明行用自在後七門明行德圓備今亦隨次配十迴向於四初有四門明初迴向二三迴向各有二門四五六七各唯一門第八迴向即十無礙九有三門十有四門至文當知今初四門明救護衆生離衆生相迴向位中之行即分為四初明迴向善根四。初標佛子菩薩摩訶薩於阿耨多羅三藐三菩提有十種如寶住所住善根可貴圓滿故。二徵何等為十三釋。初供事多佛佛子菩薩摩訶薩悉能往詣無數世界諸如來所瞻覲頂禮承事供養是為第一如寶住。二聞法受持於不思議諸如來所聽聞正法受持憶念不令忘失分別思惟覺慧增長如是所作充滿十方是為第二如實住。三自在受生 於此剎歿餘處現生而於佛法無所迷惑是為第三如實住。四說本末法 知從一切法出一切法而能各各分別演說先從本起末如無量義從一法生其一法者所謂無相 以一切法種種義究竟皆是一義故後攝末歸本釋成上義 是為第四如實住。五知斷自在 知厭離煩惱知止息煩惱資糧道厭息 知防護煩惱加行道防護 知除斷煩惱無間道斷除而不取 修菩薩行不證實際究竟到於實際彼岸解脫道證入為異二乘留惑不斷方能究竟斷證故 方便善巧善學所學令往昔願行皆得成滿身不疲倦云何不證方便巧學無邊佛法滿昔弘願故如箭射空箭箭拄故 是為第五如實住。六悲智雙行 知一切眾生心所分別皆無處所而亦說有種種方處雖無分別無所造作為欲調伏一切眾生而有修行而有所作是為第六如實住。七知性相無礙 知一切法皆同一性所謂無性無種性無無量性無可筭數性無可稱量性無色無相若一若多皆不可得而決定了知此是諸佛法此是菩薩法此是獨覺法此是聲聞法此是凡夫法此是善法此是不善法此是世間法此是出世間法此是過失法此是無過失法此是有漏法此是無漏法乃至此是有為法此是無為法是為第七如實住。八無得之得 菩薩摩訶薩求佛不可得求菩薩不可得求法不可得求眾生不可得而亦不捨調伏眾生令於諸法成正覺願何以故菩薩摩訶薩善巧觀察知一切眾生分別知一切眾生境界方便化導令得涅槃為欲滿足化眾生願熾然修行菩薩行故是為第八如實住。九觀空滿願 菩薩摩訶薩知善巧說法示現涅槃為度眾生所有方便一切皆是心想建立非是顛倒亦非虛誑何以故菩薩了知一切諸法三世平等如如不動實際無住不見有一眾生已受化今受化當受化亦自了知無所修行無有少法若生若滅而可得者而依於一切法令所願不空是為第九如實住。十受行無厭 菩薩摩訶薩於不思議無量諸佛一一佛所聞不可說不可說授記法名號各異劫數不同從於一劫乃至不可說不可說劫常如是聞聞已修行不驚不怖不迷不惑上正顯下釋成 知如來智不思議故如來授記言無二故自身行願殊勝力故隨應受化令成阿耨多羅三藐三菩提滿等法界一切願故是為第十如實住。四結勸 佛子是為菩薩摩訶薩於阿耨多羅三藐三菩提十種如實住名諸菩薩安住此法則得諸佛無上大智慧寶（二大願救護。四。初標）佛子菩薩摩訶薩發十種如金剛大乘誓願心（雖迴向皆願此在初故謂於當作事及現作行皆無齊限要心堅固窮其際故。二徵）何等為十（三釋十。初法門無盡誓願知）佛子菩薩摩訶薩作如是念一切諸法無有邊際不可窮盡我當以盡三世智普皆覺了無有遺餘是為第一如金剛大乘誓願心（二眾生無邊誓願度）菩薩摩訶薩又作是念於一毛端處有無量無邊眾生何況一切法界我當皆以無上涅槃而滅度之是為第二如金剛大乘誓願心（三嚴剎）菩薩摩訶薩又作是念十方世界無量無邊無有齊限不可窮盡我當以諸佛國土最上莊嚴莊嚴如是一切世界所有莊嚴皆悉真實是為第三如金剛大乘誓願心（四迴向）菩薩摩訶薩又作是念一切衆生無量無邊無有齊限不可窮盡我當以一切善根迴向於彼無上智光照耀於彼是為第四如金剛大乘誓願心（五供佛）菩薩摩訶薩又作是念一切諸佛無量無邊無有齊限不可窮盡我當以所種善根迴向供養悉令周徧無所闕少然後我當成阿耨多羅三藐三菩提是為第五如金剛大乘誓願心（上三願成佛果上五皆約當成並橫論無畔次二約其現作皆豎深無際六見聞無著）佛子菩薩摩訶薩見一切佛聞所說法生大歡喜不著自身不著佛身解如來身非實非虛非有非無非性非無性非色非無色非相非無相非生非滅實無所有亦不壞有何以故不可以一切性相而取著故是為第六如金剛大乘誓願心（七安忍不亂）佛子菩薩摩訶薩或被衆生訶罵毀呰撾打楚撻或截手足或割耳鼻或挑其目或級其頭（斬首為級）如是一切皆能忍受終不因此生恚害心於不可說不可說無央數劫修菩薩行攝受衆生恒無廢捨何以故菩薩摩訶薩已善觀察一切諸法無有二相心不動亂能捨自身忍其苦故是為第七如金剛大乘誓願心（上二誓斷煩惱後三亦約當成。八徧於時處修行二利）佛子菩薩摩訶薩又作是念未來世劫無量無邊無有齊限不可窮盡我當盡彼劫於一世界行菩薩道教化衆生如一世界盡法界虛空界一切世界悉亦如是而心不驚不怖不畏何以故為菩薩道法應如是為一切衆生而修行故是為第八如金剛大乘誓願心（九以心要成無際大行）佛子菩薩摩訶薩又作是念阿耨多羅三藐三菩提以心為本心若清淨則能圓滿一切善根於佛菩提必得自在欲成阿耨多羅三藐三菩提隨意即成若欲除斷一切取緣住一向道我亦能得而我不斷為欲究竟佛菩提故亦不即證無上菩提何以故為滿本願盡一切世界行菩薩行化衆生故是為第九如金剛大乘誓願心（五十即寂起用亍初悟寂）佛子菩薩摩訶薩知佛不可得菩提不可得菩薩不可得一切法不可得衆生不可得心不可得行不可得過去不可得未來不可得現在不可得一切世間不可得有為無為不可得菩薩如是寂靜住甚深住寂滅住無諍住無言住無二住無等住自性住如理住解脫住涅槃住實際住（二起用）而亦不捨一切大願不捨薩婆若心不捨菩薩行不捨教化衆生不捨諸波羅蜜不捨調伏衆生不捨承事諸佛不捨演說諸法不捨莊嚴世界（三釋成於中文有三重徵釋初一番）何以故菩薩摩訶薩發大願故雖復了達一切法相大慈悲心轉更增長無量功德皆具修行於諸衆生心不捨離（意云所以即寂而用者由以本願智不捨悲故二次番）何以故一切諸法皆無所有凡夫愚迷不知不覺我當令彼悉得開悟於諸法性分明照了（所以智不捨悲者智亦為物故三後番云初徵）何以故（徵意云何以要此雙行二釋有二義初諸佛皆爾）一切諸佛安住寂滅而以大悲心於諸世間說法教化曾無休息我今云何而捨大悲（二我先願勝）又我先發廣大誓願心發決定利益一切衆生心發積集一切善根心發安住善巧迴向心發出生甚深智慧心發含受一切衆生心發於一切衆生平等心作真實語不虛誑語願與一切衆生無上大法願不斷一切諸佛種性今一切衆生未得解脫未成正覺未具佛法大願未滿云何而欲捨離大悲（四結勸）是為第十如金剛大乘誓願心佛子是為菩薩摩訶薩發十種如金剛大乘誓願心若諸菩薩安住此法則得如來金剛性無上大神通智

大方廣佛華嚴經疏卷第八十七　岫七

大方廣佛華嚴經疏卷第八十八 入第五十五經下半　岫八

清涼山沙門 澄觀 述　晉水沙門 淨源 錄疏注經

（第三迴向所為。初標）佛子菩薩摩訶薩有十種大發起（迴向發起令現前故。二徵）何等為十（三釋。初六自分二。初三福業大）佛子菩薩摩訶薩作如是念我當供養恭敬一切諸佛是為第一大發起又作是念我當長養一切菩薩所有善根是為第二大發起又作是念我當於一切如來般涅槃後莊嚴佛塔以一切華一切鬘一切香一切塗香一切末香一切衣一切蓋一切幢一切幡而供養之受持守護彼佛正法是為第三大發起（二三化業大）又作是念我當教化調伏一切眾生令得阿耨多羅三藐三菩提是為第四大發起又作是念我當以諸佛國土無上莊嚴而以莊嚴一切世界（嚴土亦為攝生故）是為第五大發起又作是念我當發大悲心為一眾生於一切世界一一各盡未來際劫行菩薩行如為一眾生為一切眾生悉亦如是皆令得佛無上菩提乃至不生一念疲懈是為第六大發起（二四勝進二。初二勝進攝福）又作是念彼諸如來無量無邊我當於一如來所經不思議劫恭敬供養如於一如來於一切如來悉亦如是是為第七大發起菩薩摩訶薩又作是念彼諸如來滅度之後我當為一一如來所有舍利各起寶塔其量高廣與不可說諸世界等造佛形像亦復如是於不可思議劫以一切寶幢幡蓋香華衣服而為供養不生一念厭倦之心為成就佛法故為供養諸佛故為教化眾生故為護持正法開示演說故是為第八大發起（二後二勝進起化行。初證體）菩薩摩訶薩又作是念我當以此善根成無上菩提得入一切諸如來地與一切如來體性平等是為第九大發起（二起用）菩薩摩訶薩復作是念我當成正覺已於一切世界不可說劫演說正法示現不可思議自在神通身語及意不生疲倦不離正法以佛力所持故為一切眾生勤行大願故大慈為首故大悲究竟故達無相法故住真實語故證一切法皆寂滅故知一切眾生悉不可得而亦不違諸業所作故與三世佛同一體故周徧法界虛空界故通達諸法無相故成就不生不滅故具足一切佛法故以大願力調伏眾生作大佛事無有休息是為第十大發起（四結）佛子是為菩薩摩訶薩十種大發起（五勸）若諸菩薩安住此法則不斷菩薩行具足如來無上大智△五所作成滿四。初標 佛子菩薩摩訶薩有十種究竟大事△二徵 何等為十△三釋 所謂恭敬供養一切如來究竟大事隨所念衆生悉能救護究竟大事專求一切佛法究竟大事積集一切善根究竟大事思惟一切佛法究竟大事滿足一切誓願究竟大事成就一切菩薩行究竟大事奉事一切善知識究竟大事往詣一切世界諸如來所究竟大事聞持一切諸佛正法究竟大事△四結勸 是為十若諸菩薩安住此法則得阿耨多羅三藐三菩提大智慧究竟事△二有二門明不壞迴向中行初正明不壞四初標 佛子菩薩摩訶薩有十種不壞信△二徵 何等為十△三釋 所謂於一切佛不壞信於一切佛法不壞信於一切聖僧不壞信於一切菩薩不壞信於一切善知識不壞信於一切衆生不壞信於一切菩薩大願不壞信於一切菩薩行不壞信於恭敬供養一切諸佛不壞信於菩薩巧密方便教化調伏一切衆生不壞信十句義如前說。四結勸 是為十若諸菩薩安住此法則得諸佛無上大智慧不壞信△三迴向行成四。初標 佛子菩薩摩訶薩有十種得授記△二徵 何等為十△三釋 所謂內有甚深解得授記解會佛心 能順起菩薩諸善根得授記具解脫分善 修廣大行得授記大行已修上三多約三賢 現前得授記不現前得授記此二約對面不對面法華云其不在此會汝當為宣說等 因自心證菩提得授記初地證如 成就忍得授記八地成忍 教化調伏衆生得授記九地具調化方 究竟一切劫數得授記十地三大劫滿 一切菩薩行自在得授記等覺已入重玄故云自在如記慈氏等者約行布此迴向位但有前五因便故來若因圓融並通斷十。四結勸 是為十若諸菩薩安住此法則於一切諸佛所而得授記△三有二門等一切佛迴向中行二初等佛善根四。初標 佛子菩薩摩訶薩有十種善根迴向菩薩由此能以一切善根悉皆迴向此門正明等佛佛為真善知識同即等義。二徵 何等為十△三釋 所謂以我善根同善知識願如是成就莫別成就以我善根同善知識心心即悲智為心 如是成就莫別成就以我善根同善知識行如是成就莫別成就以我善根同善知識善根如是成就莫別成就以我善根同善知識平等平等契理 如是成就莫別成就以我善根同善知識念如是成就莫別成就以我善根同善知識清淨如是成就莫別成就以我善根同善知識所住如是成就莫別成就以我善根同善知識成滿如是成就莫別成就以我善根同善知識不壞如是成就莫別成就（餘各一義皆云同者同一體故不見二相故標中云由此能以一切善根悉皆迴向。四結勸）是爲十若諸菩薩安住此法則得無上善根迴向（△三迴向行成。四初標）佛子菩薩摩訶薩有十種得智慧（彼文云住此三昧入深清淨智慧境界等故。二徵）何等爲十（三釋）所謂於施自在得智慧深解一切佛法得智慧入如來無邊智得智慧於一切問答中能斷疑得智慧入於智者義得智慧深解一切如來於一切佛法中言音善巧得智慧深解於諸佛所種少善根必能滿足一切白淨法獲如來無量智得智慧成就菩薩不思議住得智慧於一念中悉能往詣不可說佛刹得智慧覺一切佛菩提入一切法界聞持一切佛所說法深入一切如來種種莊嚴言音得智慧（四結勸）是爲十若諸菩薩安住此法則得一切諸佛無上現證智（△四至一切處迴向中行四初標）佛子菩薩摩訶薩有十種發無量無邊廣大心（無量無邊故無不至境既無量無邊心如境而廣大。二徵）何等爲十（三釋）所謂於一切諸佛所發無量無邊廣大心觀一切衆生界發無量無邊廣大心觀一切刹一切世一切法界發無量無邊廣大心觀察一切法皆如虛空發無量無邊廣大心觀察一切菩薩廣大行發無量無邊廣大心正念三世一切諸佛發無量無邊廣大心觀不思議諸業果報發無量無邊廣大心嚴淨一切佛刹發無量無邊廣大心徧入一切諸佛大會發無量無邊廣大心觀察一切如來妙音發無量無邊廣大心（四結勸）是爲十若諸菩薩安住此心則得一切佛法無量無邊廣大智慧海（△五即無盡功德藏迴向中行四初標）佛子菩薩摩訶薩有十種伏藏（一於一切法蘊斯十義故名爲藏即法而觀惑者不見故名爲伏。二徵）何等爲十（三釋）所謂知一切法是起功德行藏知一切法是正思惟藏知一切法是陀羅尼照明藏知一切法是辯才開演藏知一切法是不可說善覺眞實藏知一切佛自在神通是觀察示現藏知一切法是善巧出生平等藏知一切法是常見一切諸佛藏知一切不思議劫是善了皆如幻住藏知一切諸佛菩薩是發生歡喜淨信藏（一切各十是名無盡功德矣。四結勸）是爲十若諸菩薩安住此法則得一切諸佛無上智慧法藏悉能調伏一切衆生（△六即隨順堅固一切善根迴向中行四初標）佛子菩薩摩訶薩有十種律儀（彼約行首故廣就施以明善根今約行本略辨律儀善根皆順平等之理實通一切故第八云一切善根皆令究竟即是順堅固義。二徵）何等爲十（三釋）所謂於一切佛法不生誹謗律儀於一切佛所信樂心不可壞律儀於一切菩薩所起尊重恭敬律儀於一切善知識所終不捨愛樂心律儀於一切聲聞獨覺不生憶念心律儀遠離一切退菩薩道律儀不起一切損害衆生心律儀修一切善根皆令究竟律儀於一切魔悉能降伏律儀於一切波羅蜜皆令滿足律儀（通明十句攝善饒益無所不具通一切善居然可知。四結勸）是為十若諸菩薩安住此法則得無上大智律儀（七即平等隨順一切衆生迴向中行具十自在能隨順故。四。初標）佛子菩薩摩訶薩有十種自在（二徵）何等為十（三釋）所謂命自在於不可說劫住壽命故心自在智慧能入阿僧祇諸三昧故資具自在能以無量莊嚴莊嚴一切世界故業自在隨時受報故受生自在於一切世界示現受生故解自在於一切世界見佛充滿故願自在隨欲隨時於諸剎中成正覺故神力自在示現一切大神變故法自在示現無邊諸法門故智自在於念念中示現如來十力無畏成正覺故（十自在義如八地辨。四結勸）是為十若諸菩薩安住此法則得圓滿一切諸佛諸波羅蜜智慧神力菩提自在（此下入第五十六經。八即真如相迴向中行如於真如無障礙故彼位果云住於此位得一切剎平等平等即是無礙之因亦無礙之義又云得佛無量圓滿之身一身充滿一切世界等即正顯無礙之義文四初總標十章。三。初標）佛子菩薩摩訶薩有十種無礙用（前明自在即作用任運今明無礙顯作用無拘。二徵）何等為十（三列）所謂衆生無礙用國土無礙用法無礙用身無礙用願無礙用境界無礙用智無礙用神通無礙用神力無礙用力無礙用（又無礙有二一智二事十中有通有局然法智無礙多唯約智如身剎等多唯約事如衆生等通於事智然事無礙必通於智智無礙境未必通事二皆即體之用是故並云無礙用也然十皆通二利且約化說初一所化二是化處餘皆能化謂化法化身等可以意得。二總徵十章）佛子云何為菩薩摩訶薩衆生等無礙用（三依章別釋即為十段文皆有四謂標徵釋結今初所化衆生無礙用。初標）佛子菩薩摩訶薩有十種衆生無礙用（二徵）何者為十（三釋）所謂知一切衆生無衆生無礙用（了性空故）知一切衆生但想所持無礙用（唯心現故上二實智）為一切衆生說法未曾失時無礙用（知時說法即是權智）普化現一切衆生界無礙用（上三約智辨無礙餘七約事無礙）置一切衆生於一毛孔中而不迫隘無礙用（能現衆生近收一毛）為一切衆生示現他方一切世界令其悉見無礙用（遠示他剎）為一切衆生示現釋梵護世諸天身無礙用為一切衆生示現聲聞辟支佛寂靜威儀無礙用為一切衆生示現菩薩行無礙用為一切衆生示現諸佛色身相好一切智力成等正覺無礙用（餘四皆示上首之身。四結）是為十（三刹無礙用四。初標）佛子菩薩摩訶薩有十種國土無礙用（二徵）何等為十（三釋）所謂一切刹作一刹無礙用，一切刹入一毛孔無礙用，知一切刹無有盡無礙用，一身結加坐充滿一切刹無礙用，一身中現一切刹無礙用，震動一切刹不令衆生恐怖無礙用，以一切刹莊嚴具莊嚴一刹無礙用，以一刹莊嚴具莊嚴一切刹無礙用，以一如來一衆會徧一切佛刹示現衆生無礙用，一切小刹中刹大刹廣刹深刹仰刹覆刹側刹正刹徧諸方網無量差別，以此普示一切衆生無礙用（知刹無盡即通智通事也，故晉經云於一切刹深入無盡，方便度世經云一切佛界所入無盡，皆通事也。餘九唯事無礙，深即微細刹，餘並可知。四結）是為十（亖法無礙用四。初標）佛子菩薩摩訶薩有十種法無礙用（謂皆約智於性相無礙之法皆能知說悉自在故。二徵）何等為十（三釋）所謂知一切法入一法，一法入一切法，而亦不違衆生心解無礙用（一多即入而不壞本）從般若波羅蜜出生一切法，為他解說悉令開悟無礙用（實智出權）知一切法離文字，而令衆生皆得悟入無礙用（無文示文）知一切法入一相，而能演說無量法相無礙用（一說多相）知一切法離言說，能為他說無邊法門無礙用（無說之說）於一切法善轉普門字輪無礙用（一言圓備輪字之義，猶伽履釋）以一切法入一法門而不相違，於不可說劫說不窮盡無礙用（門門互收）以一切法悉入佛法，令諸衆生皆得悟解無礙用（以真收俗）知一切法無有邊際無礙用（橫知無邊）知一切法無障礙際，猶如幻網無量差別，於無量劫為衆生說不可窮盡無礙用（豎窮其際。四結）是為十（四身無礙用四。初標）佛子菩薩摩訶薩有十種身無礙用（二徵）何等為十（三釋）所謂以一切衆生身入己身無礙用，以己身入一切衆生身無礙用，一切佛身入一佛身無礙用，一佛身入一切佛身無礙用，一切刹入己身無礙用，以一身充徧一切三世法示現衆生無礙用，於一身示現無邊身入三昧無礙用，於一身示現衆生數等身成正覺無礙用，於一切衆生身現一衆生身，於一衆生身現一切衆生身無礙用，於一切衆生身示現法身，於法身示現一切衆生身無礙用（四結）是為十（五願無礙用四。初標）佛子菩薩摩訶薩有十種願無礙用（二徵）何等為十（三釋）所謂以一切菩薩願作自願無礙用，以一切佛成菩提願力示現自成正覺無礙用，隨所化衆生自成阿耨多羅三藐三菩提無礙用，於一切無邊際劫大願不斷無礙用遠離識身不著智身以自在願現一切身無礙用捨棄自身成滿他願無礙用普教化一切衆生而不捨大願無礙用於一切劫行菩薩行而大願不斷無礙用於一毛孔現成正覺以願力故充徧一切諸佛國土於不可說不可說世界為一一衆生如是示現無礙用說一句法徧一切法界與大正法雲耀解脫電光震實法雷音雨甘露味雨以大願力充洽一切諸衆生界無礙用（四結）是為十（六境界無礙用四。初標）佛子菩薩摩訶薩有十種境界無礙用（謂於此十勝劣相違境中於勝現劣迴轉無礙是為菩薩分齊之境）（三徵）何等為十（三釋）所謂在法界境界而不捨衆生境界無礙用在佛境界而不捨魔境界無礙用在涅槃境界而不捨生死境界無礙用入一切智境界而不斷菩薩種性境界無礙用住寂靜境界而不捨散亂境界無礙用住無去無來無戲論無相狀無體性無言說如虛空境界而不捨一切衆生戲論境界無礙用住諸力解脫境界而不捨一切諸方所境界無礙用入無衆生際境界而不捨教化一切衆生無礙用住禪定解脫神通明智寂靜境界而於一切世界示現受生無礙用住如來一切行莊嚴成正覺境界而現一切聲聞辟支佛寂靜威儀無礙用（四結）是為十（七智無礙用四。初標）佛子菩薩摩訶薩有十種智無礙用（前來諸段雖亦有智各從本類攝之今則一向辯其智用然智無若干因法顯別以法從智前法無礙以智從法）（二徵）何等為十（三釋）所謂無盡辯才無礙用一切摠持無有忘失無礙用（此二能化智）能決定知決定說一切衆生諸根無礙用於一念中以無礙智知一切衆生心之所行無礙用知一切衆生欲樂隨眠習氣煩惱病隨應授藥無礙用（此三知所化智）一念能入如來十力無礙用（此一上入佛智前六皆權智）以無礙智知三世一切劫及其中衆生無礙用於念念中現成正覺示現衆生無有斷絕無礙用（此二權實無礙智）於一衆生想知一切衆生業無礙用於一衆生音解一切衆生語無礙用（此二事事無礙智。四結）是為十（八神通無礙用四。初標）佛子菩薩摩訶薩有十種神通無礙用（三徵）何等為十（三釋）所謂於一身示現一切世界身無礙用（無數色身通）於一佛衆會聽受一切佛衆會中所說法無礙用（天耳）於一衆生心念中成就不可說無上菩提開悟一切衆生心無礙用（他心）以一音現一切世界差別言音令諸衆生各得解了無礙用（分別言辭）一念中現盡前際一切劫所有業果種種差別令諸衆生悉得知見無礙用 宿住通故度世經名見前世 令一切世界具足莊嚴無礙用 往一切佛刹通莊嚴乃是其中別義 普入一切三世無礙用 未來劫通前已明過去故通舉三世 放大法光明現一切諸佛菩提衆生行願無礙用 即一切法智通故度世云一切諸佛菩薩所建立行演法光明而照耀之即是法光照佛法也 善守護一切天龍夜叉乾闥婆阿脩羅迦樓羅緊那羅摩睺羅伽釋梵護世聲聞獨覺菩薩所有如來十力菩薩善根無礙用 即天眼度世云知見一切等故謂見有所作而守護之十華晉本云佛子略說菩薩平等觀一切諸法通自在此即一切法滅盡三昧通平等寂滅故故度世云菩薩平等寂諸音響則以平等制御衆生今文脫此文中略舉故不由盡大旨不異十通品辨。四結勸 是為十若諸菩薩得此無礙用則能普入一切佛法 ㄙ九神力無礙。四初標 佛子菩薩摩訶薩有十種神力無礙用 神通多約外用無壅神力多約內有幹能故其中十力多約一毛含攝等。二徵 何等為十 三釋 所謂以不可說世界置一塵中無礙用於一塵中現等法界一切佛刹無礙用以一切大海水置一毛孔周旋往返十方世界而於衆生無所觸嬈無礙用以不可說世界內自身中示現一切神通所作無礙用以一毛繫不可數金剛圍山持以游行一切世界不令衆生生恐怖心無礙用以不可說劫作一劫一劫作不可說劫於中示現成壞差別不令衆生心有恐怖無礙用於一切世界現水火風災種種變壞而不惱衆生無礙用一切世界三災壞時悉能護持一切衆生資生之具不令損缺無礙用以一手持不思議世界擲不可說世界之外不令衆生有驚怖想無礙用說一切刹同於虛空令諸衆生悉得悟解無礙用 此即身力後是智力若以通攝力十種神力但是一神足通耳既分通力兩殊故十通中少說神境。四結 是為十 ㄙ十力無礙用。四初標 佛子菩薩摩訶薩有十種力無礙用 悲智之力皆無礙故亦有事用無礙從多說之。二徵 何等為十 三釋 所謂衆生力無礙用教化調伏不捨離故刹力無礙用示現不可說莊嚴而莊嚴故法力無礙用令一切身入無身故劫力無礙用修行不斷故佛力無礙用覺悟睡眠故行力無礙用攝取一切菩薩行故如來力無礙用度脫一切衆生故無師力無礙用自覺一切諸法故一切智力無礙用以一切智成正覺故大悲力無礙用不捨一切衆生故 四結 是為十 四總結成益 佛子如是名為菩薩摩訶薩十種無礙用若有得此十無礙用者於阿耨多羅三藐三菩提欲成不成隨意無違雖成正覺而亦不斷行菩薩行何以故菩薩摩訶薩發大摿願入無邊無礙用門善巧示現故欲成不成已得無礙得果不捨因尤顯無礙。九有三門明無縛無著解脫迴向中行彼有百門廣顯以無縛著解脫成就普賢自在智用今略辯其三即分三段此門任志游戲次門明境界難量後門明智用幹能皆由無縛無著故今初文四。初標佛子菩薩摩訶薩有十種游戲任志行成游賞自在。二徵何等為十三釋擴為五對所謂以衆生身作剎身而亦不壞衆生身是菩薩游戲以剎身作衆生身而亦不壞於剎身是菩薩游戲依正染淨相作而皆不壞本相正顯游戲之義如世縱情游戲無損動故他皆倣此於佛身示現聲聞獨覺身而不損減如來身是菩薩游戲於聲聞獨覺身示現如來身而不增長聲聞獨覺身是菩薩游戲大小乘互現於菩薩行身示現成正覺身而亦不斷菩薩行身是菩薩游戲於成正覺身示現修菩薩行身而亦不減成菩提身是菩薩游戲因果互現於涅槃界示現生死身而不著生死是菩薩

游戲於生死界示現涅槃亦不究竟入於涅槃是菩薩游戲生死涅槃互現入於三昧而示現行住坐卧一切業亦不捨三昧正受是菩薩游戲在一佛所聞法受持其身不動而以三昧力於不可說諸佛會中各各現身亦不分身亦不起定而聞法受持相續不斷如是念念於一一三昧身各出生不可說不可說三昧身如是次第一切諸劫猶可窮盡而菩薩二昧身不可窮盡是菩薩游戲定散自在謂初即定中起用而常定後即用中入定而常用。四結勸是為十若諸菩薩安住此法則得如來無上大智游戲二境界難量四。初標佛子菩薩摩訶薩有十種境界通二種境一即游戲所行之境故晉經名為勝行二即分齊之境謂出沒無礙唯菩薩能故。二徵何等為十三釋所謂示現無邊法界門令衆生得入是菩薩境界示現一切世界無

量妙莊嚴令衆生得入是菩薩境界化往一切衆生界悉方便開悟是菩薩境界上三通所行境下七皆分齊境於如來身出菩薩身於菩薩身出如來身是菩薩境界於虛空界現世界於世界現虛空界是菩薩境界於生死界現涅槃界於涅槃界現生死界是菩薩境界於一衆生語言中出生一切佛法語言是菩薩境界以無邊身現作一身一身作一切差別身是菩薩境界以一身充滿一切法界是菩薩境界於一念中令一切衆生發菩提心各現無量身成等正覺是菩薩境界四結勸是為十若諸菩薩安住此法則得如來無上大智慧境界三智用幹能四。初標佛子菩薩摩訶薩有十種力二徵何等為十三釋所謂深心力不雜一切世情故一向深求故釋以不雜增上深

心力不捨一切佛法故（深求佛法佛法即是增上）方便力諸有所作究竟故（所作究竟者由有善巧上三自利）智力了知一切心行故願力一切所求令滿故（此二利他）行力盡未來際不斷故乘力能出生一切乘而不捨大乘故（此二通二利前七自分力）神變力於一一毛孔中各各示現一切清淨世界一切如來出興世故菩提力令一切衆生發心成佛無斷絶故轉法輪力說一句法悉稱一切衆生諸根性欲故（此三勝進力四結勸）是為十若諸菩薩安住此法則得諸佛無上一切智十力（十有四門明法果無量迴向中行分之為三初門明所迴善根四初標）佛子菩薩摩訶薩有十種無畏（即是法施善根無畏即說法之德。二徵）何等為十（三釋十初聞持無畏）佛子菩薩摩訶薩悉能聞持一切言說作如是念設有衆生無量無邊從十方来以百千大法而問於我我於彼問不見微少難可荅相以不見故心得無畏究竟到彼大無畏岸隨其所問悉能訓對斷其疑惑無有怯弱是為菩薩第一無畏（二辯才無畏）佛子菩薩摩訶薩得如来灌頂無礙辯才到於一切文字言音開示祕密究竟彼岸作如是念設有衆生無量無邊從十方来以無量法而問於我我於彼問不見微少難可荅相以不見故心得無畏究竟到彼大無畏岸隨其所問悉能訓對斷其疑惑無有恐懼是為菩薩第二無畏（上一不畏不能荅難。三二空無畏）佛子菩薩摩訶薩知一切法空離我離我所無作無作者無知者無命者無養育者無補伽羅離蘊界處永出諸見心如虛空作如是念不見衆生有微少相能損惱我身語意業何以故菩薩遠離我我所故不見諸法有少性相以不見故心得無畏究竟到彼大無畏岸堅固勇猛不可沮壞是為菩薩第三無畏（了達二空不畏妄念。四威儀無缺無畏）佛子菩薩摩訶薩佛力所護佛力所持住佛威儀所行真實無有變易作如是念我不見有少分威儀令諸衆生生訶責相以不見故心得無畏於大衆中安隱說法是為菩薩第四無畏（五三業無過無畏）佛子菩薩摩訶薩身語意業皆悉清淨鮮白柔和遠離衆惡作如是念我不自見身語意業而有少分可訶責相以不見故心得無畏能令衆生住於佛法是為菩薩第五無畏（上二不畏外譏。六外護無畏）佛子菩薩摩訶薩金剛力士天龍夜叉乾闥婆阿脩羅帝釋梵王四天王等常隨侍衛一切如來護念不捨菩薩摩訶薩作如是念我不見有衆魔外道有見衆生能來障我行菩薩道少分之相以不見故心得無畏究竟到彼大無畏岸發歡喜心行菩薩行是為菩薩第六無畏(不畏衆魔外道。七正念無畏) 佛子菩薩摩訶薩已得成就第一念根心無忘失佛所悅可作如是念如來所說成菩提道文字句法我不於中見有少分忘失之相以不見故心得無畏受持一切如來正法行菩薩行是為菩薩第七無畏(不畏遺忘。八方便無畏) 佛子菩薩摩訶薩智慧方便悉已通達菩薩諸力皆得究竟常勤教化一切衆生恒以願心繫佛菩提而為悲愍衆生故成就衆生故於煩惱濁世示現受生種故尊貴眷屬圓滿所欲從心歡娛快樂而作是念我雖與此眷屬聚會不見少相而可貪著廢我修行禪定解脫及諸三昧摠持辯才菩薩道法何以故菩薩摩訶薩於一切法已得自在到於彼岸修菩薩行誓不斷絕不見世間有一境界而能惑亂菩薩道者以不見故心得無畏究竟到彼大無畏岸以大願力於一切世界示現受生是為菩薩第八無畏(不畏生死如善治船不懼海難。九一切智心無畏) 佛子菩薩摩訶薩恒不忘失薩婆若心乘於大乘行菩薩行以一切智大心勢力示現一切聲聞獨覺寂靜威儀作如是念我不自見當於二乘而取出離少分之相以不見故心得無畏到彼無上大無畏岸普能示現一切乘道究竟滿足平等大乘是為菩薩第九無畏(不畏二乘。十具行無畏) 佛子菩薩摩訶薩成就一切諸白淨法具足善根圓滿神通究竟住於諸佛菩提滿足一切諸菩薩行於諸佛所受一切智灌頂之記而常化衆生行菩薩道作如是念我不自見有一衆生應可成熟而不能現諸佛自在而成熟相以不見故心得無畏究竟到彼大無畏岸不斷菩薩行不捨菩薩願隨所應化一切衆生現佛境界而化度之是為菩薩第十無畏(不畏不能化生。四結勸) 佛子是為菩薩摩訶薩十種無畏若諸菩薩安住此法則得諸佛無上大無畏而亦不捨菩薩無畏

大方廣佛華嚴經疏卷第八十八 卅八

大方廣佛華嚴經疏卷第八十九 入第五十六經下半　岫九

清涼山沙門 澄觀 述　晉水沙門 淨源 録疏注經

三正明法界行體四。初標 佛子菩薩摩訶薩有十種不共法 以稱法界起行故不共凡小又悟不由他亦非他共。二徵 何等為十 三釋。初自利行 佛子菩薩摩訶薩不由他教自然修行六波羅蜜常樂大施不生慳悋恒持淨戒無所毀犯具足忍辱心不動搖有大精進未曾退轉善入諸禪永無散亂巧修智慧悉除惡見是為第一不由他教隨順波羅蜜道修六度不共法 二化他行 佛子菩薩摩訶薩普能攝受一切衆生所謂以財及法而行惠施正念現前和顔愛語其心歡喜示如實義令得悟解諸佛菩提無有憎嫌平等利益是為第二不由他教順四攝道勤攝衆生不共法 三上求行 佛子菩薩摩訶薩善巧迴向所謂不求果報迴向順佛菩提迴向不著一切世間禪定三昧迴向為利益一切衆生迴向為不斷如来智慧迴向是為第三不由他教為諸衆生發起善根求佛智慧不共法 四善巧行於中五。初巧離二乘 佛子菩薩摩訶薩到善巧方便究竟彼岸心恒顧復一切衆生不厭世俗凡愚境界不樂二乘出離之道不著己樂唯勤化度 二巧修三昧 善能入出禪定解脫於諸三昧悉得自在 三巧順世間 往来生死如遊園觀未曾暫起疲厭之心或住魔宮或為釋天梵王世主一切生處靡不於中而現其身或於外道衆中出家而恒遠離一切邪見一切世間文辭呪術字印筭數乃至遊戲歌舞之法悉皆示現無不精巧或時示作端正婦人智慧才能世中第一於諸世間出世間法能問能說問答斷疑皆得究竟一切世間出世間事亦悉通達到於彼岸一切衆生恒来瞻仰。四巧住諸乘 雖現聲聞辟支佛威儀而不失大乘心。五巧窮因果 雖念念中示成正覺而不斷菩薩行是為第四不由他教方便善巧究竟彼岸不共法。五雙行不共行 佛子菩薩摩訶薩善知權實雙行道智慧自在到於究竟 上標下釋 所謂住於涅槃而示現生死知無衆生而勤行教化究竟寂滅而現起煩惱住一堅密智慧法身而普現無量諸衆生身常入深禪定而示受欲樂常遠離三界而不捨衆生常樂法樂而現有采女歌詠嬉戲雖以衆相好莊嚴其身而示受醜陋貧賤之形常積集衆善無諸過惡而現生地獄畜生餓鬼雖已到於佛智彼岸而亦不捨菩薩智身菩薩摩訶薩成就如是無量智慧嚴聞獨覺尚不能知何況一切童蒙衆生後結是為第五不由他教權實雙行不共法。六三業隨智慧行佛子菩薩摩訶薩身口意業随智慧行皆悉清淨所謂具足大慈永離殺心乃至具足正解無有邪見是為第六不由他教身口意業隨智慧行不共法。七大悲代他苦行佛子菩薩摩訶薩具足大悲不捨衆生代一切衆生而受諸苦所謂地獄苦畜生苦餓鬼苦為利益故不生勞倦唯專度脫一切衆生未曾耽染五欲境界常為精勤滅除衆苦是為第七不由他教常起大悲不共法。八大慈攝物行佛子菩薩摩訶薩常為衆生之所樂見梵王帝釋四天王等一切衆生見無厭足

何以故菩薩摩訶薩久遠世來行業清淨無有過失是故衆生見者無厭是為第八不由他教一切衆生皆悉樂見不共法。九堅淨自他行佛子菩薩摩訶薩於薩婆若大誓莊嚴志樂堅固雖處凡夫聲聞獨覺險難之處終不退失一切智心明淨妙寶上法下喻佛子如有寶珠名淨莊嚴置泥潦中光色不改能令濁水悉皆澄淨後合菩薩摩訶薩亦復如是雖在凡愚雜濁等處終不失壞求一切智清淨寶心而能令彼諸惡衆生遠離妄見煩惱穢濁得求一切智清淨心寶是為第九不由他教在衆難處不失一切智心寶不共法涅槃香池可於中戲。十位滿常修行佛子菩薩摩訶薩成就自覺境界智無師自悟究竟自在到於彼岸離垢法繒以冠其首而於善

友不捨親近於諸如来常樂尊重是為第十不由他教得最上法不離善知識不捨尊重佛不共法。四結勸佛子是為菩薩摩訶薩十種不共法若諸菩薩安住其中則得如来無上廣大不共法三有二門明所成之德初明業用四。初標佛子菩薩摩訶薩有十種業。二徵何等為十。三釋所謂一切世界業悉能嚴淨故一切諸佛業悉能供養故一切菩薩業同種善根故一切衆生業悉能教化故一切未来業盡未来際攝取故一切神力業不離一世界徧至一切世界故一切光明業放無邊色光明一一光中有蓮華座各有菩薩結加趺坐而顯現故一切三寶種不斷業諸佛滅後守護住持諸佛法故一切變化業於一切世界說法教化諸衆生故一切加持業於一念

中隨諸衆生心之所欲皆為示現令一切願悉成滿故。四結勸 是為十若諸菩薩安住此法則得如來無上廣大業三顯得其體。四初標 佛子菩薩摩訶薩有十種身然若身若業皆同法界無量略舉十身。二徵 何等為十。三釋 所謂不來身於一切世間不受生故不去身於一切世間求不得故此中十身與第九行十身大同小異謂此不來不去即彼不生不滅 不實身一切世間如實得故不虛身以如實理示世間故不實不虛即彼不實不安 不盡身盡未來際無斷絕故堅固身一切衆魔不能壞故不盡堅固即彼不遷不壞不遷則橫無邊變不盡則豎說無窮 不動身衆魔外道不能動故不動即彼一相故文殊般若云不動法界法界即一相由得一相魔不能動 具相身示現清淨百福相故無相身法相究竟悉無相故此具相無相即彼無相身開之成二 普至身與三世佛同一身故即彼初二謂入一切世界非趣身及入一切世界諸趣身此合彼開所以開合不同者約位別故此位既勝合初體用同於佛故能於無相以示相故或更有深致非此所知餘如十行辨。四結勸 是為十若諸菩薩安住此法則得如來無上無盡之身。五有五十門答五十問明十地位中行相古德分四初十二門明十地中三業殊勝行寄在初地次九門明造修唯障行寄二三地次九門明造修純熟行寄在四地已上位後二十門報相圓滿行寄八地九地已上位此釋猶稍近文亦未盡理今亦依次分配十地初地十門次八漸略文勢爾故謂二地六門三四各五門五二六一七八各三九地二門十地十三門至文當知今初十門明歡喜地中行若麤相分揔為三段初二約身次四辨語後四明意揔顯彼地三業殊勝若順彼文且分為二初九明初住地中行後一明安住地中行前中分四初六門明依何身次心一門辨以何因三數心門明為何義四周徧門顯有何相今初分二前二約身後四就語辨身語屬身故皆是深種善根之所攝故今初分二初約身業用四。初標 佛子菩薩摩訶薩有十種身業約色身業用明身。二徵 何等為十。三釋 所謂一身充滿一切世界身業於一切衆生前悉能示現身業於一切趣悉能受生身業游行一切世界身業往詣一切諸佛衆會身業能以一手普覆一切世界身業能以一手摩一切世界金剛圍山碎如微塵身業於自身中現一切佛刹成壞示於衆生身業以一身容受一切衆生界身業於自身中普現一切清淨佛刹一切衆生於中成道身業。四結勸 是為十若諸菩薩安住此法則得如來無上佛業悉能覺悟一切衆生。三約法自體。四初標 佛子菩薩摩訶薩復有十種身此門約法門自體明身故但云身。二徵 何等為十。三釋 所謂諸波羅蜜身悉正修行故四攝身不捨一切衆生故大悲身代一切衆生受無量苦無疲厭故大慈身救護一切衆生故福德身饒益一切衆生故智慧身與一切佛身同一性故法身永離諸趣受生故方便身於一切處現前故神力身示現一切神變故菩提身隨樂隨時成正覺故十中度攝福智等即前深種善根集助道等互有影略。四結勸 是為十若諸菩薩安住此法則得如来無上大智慧身。（二就語辯身業四門皆是所種善根是知彼文雖無義已含有若全異彼豈為彼行若全同彼何須重說故彼經文節節皆云若廣說者不可窮盡小異何疑即分為四初語體用四。初標）佛子菩薩摩訶薩有十種語。（二徵）何等為十。（三釋）所謂柔輭語使一切衆生皆安隱故甘露語令一切衆生悉清涼故不誑語所有言說皆如實故眞實語乃至夢中無妄語故廣大語一切釋梵四天王等皆尊敬故甚深語顯示法性故堅固語說法無盡故正直語發言易了故種種語隨時示現故開悟一切衆生語隨其欲樂令解了故（若約遮釋十中初一離惡口二離兩舌次二離妄語一麤二細餘六離綺語若約表釋十種各顯一德。四結勸）是為十若諸菩薩安住此法則得如来無上微妙語（△二顯語淨因四。初標）佛子菩薩摩訶薩有十種淨修語業。（二徵）何等為十。（三釋）所謂樂聽聞如来音聲淨修語業樂聞說菩薩功德淨修語業（此二讚法）不說一切衆生不樂聞語淨修語業眞實遠離語四過失淨修語業（此二離過）歡喜踊躍讚歎如来淨修語業如来塔所高聲讚佛如實功德淨修語業（此二讚善）以深淨心施衆生法淨修語業音樂歌頌讚歎如来淨修語業（此二法施）於諸佛所聽聞正法不惜身命淨修語業捨身承事一切菩薩及諸法師而受妙法淨修語業（後二求法行由此十事能令語淨。四結）是為十（△三淨語之果四。初標）若菩薩摩訶薩以此十事淨修語業則得十種守護（發其言善幽冥應之況其人乎然地經中善知識善護意通由諸善不獨由語故度世經亦不蹋前此中標章兩向用之若在前段便當顯益下二準悉。二徵）何等為十。（三釋）所謂天王為首一切天衆而為守護龍王為首一切龍衆而為守護夜叉王為首乾闥婆王為首阿脩羅王為首迦樓羅王為首緊那羅王為首摩睺羅伽王為首梵王為首一一皆與自己徒衆而為守護如来法王為首一切法師皆悉守護。（四結）是為十（△四能成所作四。初標）佛子菩薩摩訶薩得此守護已則能成辦十種大事（按經即內善外護故能成所作然則地經善集白法善淨深心等餘句中義亦不獨蹋於語然皆蹋者以語例餘於理無爽。二徵）何等為十。（三釋）所謂一切衆生皆令歡喜一切世界悉能往詣一切諸根皆能了知一切勝解悉令清淨一切煩惱皆令除斷一切習氣皆令捨離一切欲樂皆令明潔一切深心悉使增長一切法界悉令周徧一切涅槃普令明見（十句文意並通二利。四結）是為十（△三明以何因四。初標）佛子菩薩摩訶薩有十種心（以大悲為首荷負一切等故。二徵）何等為十。（三釋）所謂如大地心能持能長一切衆生諸善根故（荷負心由如大地荷負四重法故）如大海心一切諸佛無量無邊大智法水悉流入故深廣心包含無外故 如須彌山王心置一切衆生於出世間最上善根處故勝心 如摩尼寶王心樂欲清淨無雜染故淨心 如金剛心決定深入一切法故利心 如金剛圍山心諸魔外道不能動故堅心 如蓮華心一切世法不能染故無染心 如優曇鉢華心一切劫中難值遇故希有心 如淨日心破暗障故智慧心 如虛空心不可量故無邊心此十並語心體也。四結勸 是為十若諸菩薩安住其中則得如來無上大清淨心。三明為何義。四。初標 佛子菩薩摩訶薩有十種發心為上求下化故發起勝用。二徵 何等為十。三釋 所謂發我當度脫一切衆生心發我當令一切衆生除斷煩惱心發我當令一切衆生消滅習氣心發我當斷除一切疑惑心發我當除滅一切衆生苦惱心發我當除滅一切惡道諸難心發我當敬順一切如來心發我當善學一切菩薩所學心發我當於一切世間一一毛端處現一切佛成正覺心發我當於一切世界擊無上法鼓令諸衆生隨其根欲悉得悟解心。四結勸 是為十若諸菩薩安住其中則得如來無上大發起能事心。四顯有何相。四。初標 佛子菩薩摩訶薩有十種周徧心以過凡夫地入真如法中故。二徵 何等為十三釋 所謂周徧一切虛空心發意廣大故總明悲廣智大曠若虛空 周徧一切法界心深入無邊故智契深極 周徧一切三世心一念悉知故周徧一切佛出現心於入胎誕生出家成道轉法輪般涅槃悉明了故周徧一切衆生心悉知根欲習氣故周徧一切智慧心隨順了知法界故周徧一切無邊心知諸幻網差別故周徧一切無生心不得諸法自性故周徧一切無礙心不住自心他心故周徧一切自在心一念普現成佛故。餘八可知。四結勸 是為十若諸菩薩安住其中則得無量無上佛法周徧莊嚴。三即安住地中行。四。初標 佛子菩薩摩訶薩有十種根由前初住之行令此勝用增上皆光顯故名之為根。二徵 何等為十三釋 所謂歡喜根見一切佛信不壞故上一信成就次六修行成就 希望根所聞佛法皆悟解故樂欲根即近友樂法多聞能正觀故 不退根一切作事皆究竟故不退者即不著名利於三昧中亦無愛著及貪求故 安住根不斷一切菩薩行故安住者萬行念念現在前故 微細根入般若波羅蜜微妙理故不休息根究竟一切衆生事故此二悲智不斷上皆教道 如金剛根證知一切諸法性故即證道之修後三即迴向成就 金剛光燄根普照一切佛境界故總求一切地智故即金剛智照徹法性故 無差別根一切如來同一身故別求法身 無礙際根深入如來十種力故(求功德身謂十力等。四結勸)是為十若諸菩薩安住其中則得如來無上大智圓滿根(二有六門明第二地中行初二明發起淨初門自分直明深心。四。初標)佛子菩薩摩訶薩有十種深心(晉經及論皆名直心者然深心有二義一於法殷重名深即樂修善行二契理名深深入理故若語直心但有後之一義正念真如法故今文具二。二徵)何等為十。(三釋)所謂不染一切世間法深心(由契理)不雜一切二乘道深心(由修)了達一切佛菩提深心隨順一切智智道深心不為一切衆魔外道所動深心淨修一切如來圓滿智深心受持一切所聞法深心不著一切受生處深心具足一切微細智深心(此七廣上契理)修一切諸佛法深心(此一顯前修行。四結勸)是為十若諸菩薩安住其中則得一切智無上清淨深心(三勝進加以增上。四。初標)佛子菩薩摩訶薩有十種增上深心(即勝進上求增殷重故。二徵)何等為十。(三釋)所謂不退轉增上深心積集一切善根故(樂修離)疑惑增上深心解一切如來密語故(標契理文三成上離疑)正持增上深心大願大行所流故(出所因)最勝增上深心深入一切佛法故(彰所入)為主增上深心一切佛法自在故(德成自在後五成上積集善根)廣大增上深心普入種種法門故上首增上深心一切所作成辦故自在增上深心一切三昧神通變化莊嚴故安住增上深心攝受本願故無休息增上深心成熟一切衆生故(四結勸)是為十若諸菩薩安住此法則得一切諸佛無上清淨增上深心(二有四門自體淨中行校約別地之行但明於戒而有三聚今文分二初攝善律儀。四。初標)佛子菩薩摩訶薩有十種勤修(通修十度即攝善法十律儀亦在其中以地相望是修位之首故特名勤修晉經名方便方便修起故。二徵)何等為十。(三釋)所謂布施勤修悉捨一切不求報故持戒勤修頭陀苦行少欲知足無所欺故忍辱勤修離自他想忍一切惡畢竟不生恚害心故精進勤修身語意業未曾散亂一切所作皆不退轉至究竟故禪定勤修解脫三昧出現神通離一切欲煩惱鬪諍諸眷屬故智慧勤修修習積聚一切功德無厭倦故大慈勤修知諸衆生無自性故大悲勤修知諸法空普代一切衆生受苦無疲厭故覺悟如來十力勤修了達無礙示衆生故不退法輪勤修轉至一切衆生心故(四結勸)是為十若諸菩薩安住此法則得如來無上大智慧勤修(二有三門饒益有情戒中行初解諸善。四。初標)佛子菩薩摩訶薩有十種決定解(此門總顯智於諸善決起勝解地經約戒但解十善晉經名樂修由有決解故樂修習。二徵)何等為十。(三釋)所謂最上決定解種植尊重善根故莊嚴決定解出生種種莊嚴故廣大決定解其心未曾隱劣故寂滅決定解能入甚深法性故普徧決定解發心無所不及故堪任決定解能受佛力加持故堅固決定解摧破一切魔業故明斷決定解了知一切業報故現前決定解隨意能現神通故紹隆決定解一切佛所得記故自在決定解隨意隨時成佛故。四結勸 是為十若諸菩薩安住此法則得如來無上決定解。二解世界四。初標 佛子菩薩摩訶薩有十種決定解知諸世界。二徵 何等為十。三釋 所謂知一切世界入一世界知一世界入一切世界知一切世界一如來身一蓮華座皆悉周徧知一切世界皆如虛空知一切世界具佛莊嚴知一切世界菩薩充滿知一切世界入一毛孔知一切世界入一衆生身知

一切世界一佛菩提樹一佛道場皆悉周徧知一切世界一音普徧令諸衆生各別了知心生歡喜。四結勸 是為十若諸菩薩安住此法則得如來無上佛刹廣大決定解。三解衆生四。初標 佛子菩薩摩訶薩有十種決定解知衆生界。二徵 何等為十。三釋 所謂知一切衆生界本性無實知一切衆生界悉入一衆生身知一切衆生界悉入菩薩身知一切衆生界悉入如來藏知一衆生身普入一切衆生界知一切衆生界悉堪為諸佛法器知一切衆生界隨其所欲為現釋梵護世身知一切衆生界隨其所欲為現聲聞獨覺寂靜威儀知一切衆生界為現菩薩功德莊嚴身知一切衆生界為現如來相好寂靜威儀開悟衆生。四結勸 是為十若諸菩

薩安住此法則得如來無上大威力決定解。此下入五十七經。三有五門明三地中行分二。前二門明能起厭行二。初熏習成氣四。初標 佛子菩薩摩訶薩有十種習氣。由此地中厭伏煩惱故於諸行積習熏成氣分。乃能究竟斷伏煩惱故名習氣。二徵 何等為十。三釋 所謂菩提心習氣行本 善根習氣成行 教化衆生習氣下化 見佛習氣上見 於清淨世界受生習氣受生 行習氣大行 願習氣十願 波羅蜜習氣十度 思惟平等法習氣理智 種種境界差別習氣量智。四結勸 是為十若諸菩薩安住此法則永離一切煩惱習氣得如來大智習氣非習氣智。二增盛攝取四。初標 佛子菩薩摩訶薩有十種取以此不斷諸菩薩行。晉經中名熾然由前積習愛樂得增長故。二徵 何等為十。三釋 所謂取一切衆生界究竟教化故取一切世界究竟嚴淨故取如來修菩薩行為供養故取善根積集諸佛相好功德故

取大悲滅一切眾生苦故取大慈與一切眾生一切智樂故取波羅蜜積集菩薩諸莊嚴故取善巧方便於一切處皆示現故取菩提得無礙智故略說菩薩取一切法於一切處悉以明智而現了故。（四結勸）是為十。若諸菩薩安住此取則能不斷諸菩薩行得一切如來無上無所取法。（三有三門明所起厭行四。初標）佛子菩薩摩訶薩有十種修。（二徵）何等為十。（三釋）所謂修諸波羅蜜修學修慧修義修法修出離修示現修勤行匪懈（前八修因後二修果）修成等正覺修轉正法輪。（四結勸）是為十。若諸菩薩安住其中則得無上修修一切法。（二修成勝緣四。初標）佛子菩薩摩訶薩有十種成就佛法（依託此十能成就故。二徵）何等為十。（三釋）所謂不離善知識成就佛法深信佛語成就佛法不謗正法成就佛法以無量無盡善根迴向成就佛法信解如來境界無邊際成就佛法知一切世界境界成就佛法不捨法界境界成就佛法遠離諸魔境界成就佛法正念一切諸佛境界成就佛法樂求如來十力境界成就佛法。（四結勸）是為十。若諸菩薩安住此法則得成就如來無上大智慧。（三明修行離過四。初標）佛子菩薩摩訶薩有十種退失佛法應當遠離（別舉十過總令遠離。二徵）何等為十。（三釋）所謂輕慢善知識退失佛法畏生死苦退失佛法厭修菩薩行退失佛法不樂住世間退失佛法耽著三昧退失佛法執取善根退失佛法誹謗正法退失佛法斷菩薩行退失佛法樂二乘道退失佛法嫌恨諸菩薩退失佛法。（四結勸）是為十。若諸菩薩遠離此法則入菩薩離生道。（四有五門明四地中行分三。初門明清淨對治修行增長因四。初標）佛子菩薩摩訶薩有十種離生道。（前三地寄同世間有見等惑猶如生食在腹四地寄同出世對治清淨能離彼生。謂雖有行得無生故顯行純熟離生澀故廣如婆沙今是彼清淨對治之因故名為道。地經有十法明門初是觀察眾生今但廣斯一句餘略不具。結云不離二乘者以於下句雙行而修故不同二乘見道離生矣。二徵）何等為十。（三釋）所謂出生般若波羅蜜而恒觀察一切眾生是為一。遠離諸見而度脫一切見縛眾生是為二。不念一切相而不捨一切著相眾生是為三。超過三界而常在一切世界是為四。永離煩惱而與一切眾生共居是為五。得離欲法而常以大悲哀愍一切著欲眾生是為六。常樂寂靜而恒示現一切眷屬是為七。離世間生而死此生彼起菩薩行是為八。不染一切世間法而不斷一切世間所作是為九。諸佛菩提已現其前而不捨菩薩一切

願行是為十。四結勸 佛子是為菩薩摩訶
薩十種離生道出離世間不與世共而
亦不雜二乘之行若諸菩薩安住此法
則得菩薩決定法。二明其清淨。四初標 佛子菩薩
摩訶薩有十種決定法上明能離今顯所得出世決定法故彼
文云得彼內法生如來家。二徵 何等為十。三釋 所謂決定於如
來種族中生決定於諸佛境界中住決
定了知菩薩所作事決定安住諸波羅
蜜決定得預如來眾會前五自分後五勝進 決定
能顯如來種性決定安住如來力決定
深入佛菩提決定與一切如來同一身
決定與一切如來所住無有二。四結 是為
十上三有三門明對治修行增長分二此二門明修行增長初門正明增長。四初標 佛子
菩薩摩訶薩有十種出生佛法道從緣出生
即增長義亦猶出息增長其多。二徵 何等為十。三釋 所謂隨
順善友是出生佛法道同種善根故深

心信解是出生佛法道知佛自在故上二
順人信法 發大捨願是出生佛法道其心寬
廣故忍自善根是出生佛法道知業不
失故此二願智不盡 一切劫修行無厭足是出生
佛法道盡未來際故阿僧祇世界皆示
現是出生佛法道成熟眾生故此二時處廣長
不斷菩薩行是出生佛法道增長大悲
故無量心是出生佛法道一念徧一切
虛空界故此二無閒普徧 殊勝行是出生佛法
道本所修行無失壞故如來種是出生
佛法道令一切眾生樂發菩提心以一
切善法資持故後二勝行攝生。四結勸 是為十若諸
菩薩安住此法則得大丈夫名號上二顯立殊勝之
名。四初標 佛子菩薩摩訶薩有十種大丈夫名
號由德行內增故嘉名外立。二徵 何等為十。三釋 所謂名為
菩提薩埵菩提智所生故名為摩訶薩

埵安住大乘故名為第一薩埵證第一
法故名為勝薩埵覺悟勝法故上四從境立名 名為上薩
名為最勝薩埵智慧最勝故名為上薩
埵起上精進故此二約當體受名上皆自利 名為無
上薩埵開示無上法故名為力薩埵廣
知十力故此二利他 名為無等薩埵世閒無
比故通顯勝具二利故上皆自分因名 名為不思議薩埵
一念成佛故後一勝進果稱上皆隨德立假名故瑜伽四十六明菩薩隨德假名
有十六種初名菩提薩埵十六名為法師顯揚第八莊嚴論十二皆同此說又商主天子經五義立名恐繁不會。四結勸 是為十若諸菩薩得此名號則成
就菩薩道上二修行對治。四初標 佛子菩薩摩訶薩
有十種道地經寄位廣明三十七品今約實位故增數顯十皆為對治並是正道。二徵
何等為十。三釋 所謂一道是菩薩道不
捨獨一菩提心故二道是菩薩道出生
智慧及方便故上二幷後一名義皆不共 三道是菩薩
道行空無相無願不著三界故三道則名義俱共次

六名共小乘義唯實數四行是菩薩道懺除罪障隨喜福德恭敬尊重勸請如来善巧迴向無休息故五根是菩薩道安住淨信堅固不動起大精進所作究竟一向正念無異攀緣巧知三昧入出方便善能分別智慧境界故定根知三昧入出六通是菩薩道所謂天眼悉見一切世界所有衆色知諸衆生死此生彼故天眼通見死此生彼天耳悉聞諸佛説法受持憶念廣為衆生隨根演暢故他心智能知他心自在無礙故宿命念憶知過去一切劫數增長善根故神足通隨所應化一切衆生種種為現令樂法故漏盡智現證實際起菩薩行不斷絶故七念是菩薩道所謂念佛於一毛孔見無量佛開悟一切衆生心故念法不離一如来衆會於一切如来

衆會中親承妙法隨諸衆生根性欲樂而為演説令悟入故念僧恒相續見無有休息於一切世間見菩薩故念捨了知一切菩薩捨行增長廣大布施心故念戒不捨菩提心以一切善根迴向衆生故念天常憶念兜率陀天宮一生補處菩薩故念衆生智慧方便教化調伏普及一切無間斷故於六念上加念衆生為大悲故亦是廣大覺中一念覺故餘例此知隨順菩提八聖道是菩薩道八正思惟順一切智所謂行正見道遠離一切諸邪見故起正思惟捨妄分別心常隨順一切智故常行正語離語四過順聖言故恒修正業教化衆生令調伏故安住正命頭陀知足威儀審正隨順菩提行四聖種一切過失皆永離故起正精進勤修一切菩薩苦行入佛十力無罣礙故心常

正念悉能憶持一切言音除滅世間散動心故心常正定善入菩薩不思議解脱門於一三昧中出生一切諸三昧故入九次第定是菩薩道九次第定皆寂用雙行所謂離欲恚害而以一切語業説法無礙初禪離欲恚害而逆化衆生亦用欲等言説故云一切語業滅除覺觀而以一切智覺觀教化衆生二禪雖無覺觀不壞淨覺以為説因捨離喜愛而見一切佛心大歡喜三禪離喜而生法喜離世間樂而隨順出世菩薩道樂四禪離樂而受解脱道樂從此不動入無色定而亦不捨欲色受生明四無色定但想相顯勝雖住滅一切想受定而亦不息菩薩行故即滅盡定此定雖盡滅諸不恒行心心所法及滅恒行染汙一分而以厭患想受為先故名滅想受定由非麤想猶有細想是捨受故今實教明即受等性滅故不息菩薩行是以七地云能念念入亦念念起等餘如三地及七地中辨學佛十力是菩薩道所謂善知是處非處智善知一切衆生去来現在業報因果智善知

一切衆生上中下根不同隨宜說法智善知一切衆生種種無量性智善知一切衆生輭中上解差別令入法方便智徧一切世間一切剎一切三世一切劫普現如來形相威儀而亦不捨菩薩所行智善知一切諸禪解脫及諸三昧若垢若淨時與非時方便出生諸菩薩解脫門智知一切衆生於諸趣中死此生彼差別智於一念中悉知三世一切劫數智善知一切衆生樂欲諸使惑習滅盡智而不捨離諸菩薩行（六徧一切下是一切至處道智八是天眼九是宿命今三世悉知況乎宿命餘如初會中辨。四結勸）是為十若諸菩薩安住此法則得一切如來無上巧方便道

大方廣佛華嚴經疏卷第八十九　岫九

大方廣佛華嚴經疏卷第九十(入第五十七經下半) 岫十

清涼山沙門澄觀述 晉水沙門淨源錄疏注經

(五有二門明五地中行初門明勝慢對治行後門明後二分中行今初分二。初揔標四門)佛子菩薩摩訶薩有無量道無量助道無量修道無量莊嚴道(以此四門同顯道義義皆無量類例相從故揔標之)佛子菩薩摩訶薩有(約義須分故後二屬後三別明初門四。初標)十種無量道(謂十平等心及隨如道行皆是菩薩正道所游路故以觸境皆如道無不在況虛空等十一一無量遊豈有涯。二徵)何等為十(三釋)所謂(十中初四各一無量後四即佛界無量)虛空無量故菩薩道亦無量(虛空無量亦橫亦豎)法界無邊故菩薩道亦無量(法界非橫非豎虛空法界約無分量餘八廣多無量兼無分量)眾生界無盡故菩薩道亦無量世界無際故菩薩道亦無量劫數不可盡故菩薩道亦無量(劫數即豎論無量餘七橫論無量)一切眾生語言法無量故菩薩道亦無量(語言亦屬眾生亦是調伏界無量)如來身無量故菩薩道亦無量佛音聲無量故菩薩道亦無量如來力無量故菩薩道亦無量一切智智無量故菩薩道亦無量。(四結)是為十(三無量助道法四。初標)佛子菩薩摩訶薩有十種無量助道。(即不住道行勝及彼果勝中行以智契如是謂正道萬行資緣皆為助道此二合行名不住道。今以圓融之修無不契如並為正道皆互相資並為助道故舉虛空等十不異前章。然正道不隨事轉同稱無量助道隨事故隨所等事名無邊無盡等。二釋)所謂如虛空界無量菩薩集助道亦無量如法界無邊菩薩集助道亦無邊如眾生界無盡菩薩集助道亦無盡如世界無際菩薩集助道亦無際如劫數說不可盡菩薩集助道亦一切世間說不能盡如眾生語言法無量菩薩集助道出生智慧知語言法亦無量如如來身無量菩薩集助道徧一切眾生一切剎一切世一切劫亦無量如佛音聲無量菩薩出一言音周徧法界一切眾生無不聞知故所集助道亦無量如佛力無量菩薩承如來力積集助道亦無量如一切智智無量菩薩積集助道亦如是無有量(三結勸)是為十若諸菩薩安住此法則得如來無量智慧(第六有一門明六地中行四。初標)佛子菩薩摩訶薩有十種無量修道。(般若現前為眞修故。無去來等即十平等等故。前四即勝慢對治中行攝十平等後六即彼果勝中行不住道行勝十種觀緣彼已廣故此略不明。四中前三約法後一約喻法中彼從別義開成前八今揔明之。二徵)何等為十(三釋)所謂不來不去修身語意業無動作故(不起心)不增不減修如本性故(稱本性)非有非無修無自性故(遣修相亦可配三性三無性如理思之)如幻如夢如影如響如鏡中像如熱時燄如水中月修離一切執著故(舉七喻通顯無著後六果勝中行)空無相無願無作修明見三界而集福德不休息故(雖證三空而集福德)不可說無言說離言說修遠離施設安立法故(不著教法不可說者理圓言偏言不能詮故無言說者性無言故離言說者忘言方會故不壞法界修智慧現知一切法故不壞事法界不壞眞如實際修普入眞如實際虛空際故不壞眞理廣大智慧修諸有所作力無盡故總明權實之智故力無盡上皆自分修住如來十力四無所畏一切智智平等修現見一切法無疑惑故即勝進修。四結勸是為十若諸菩薩安住此法則得如來一切智無上善巧修今七有三門明七地中行。初門權實雙行。初標佛子菩薩摩訶薩有十種莊嚴道即彼地中樂無作行對治十種方便智及雙行果發起勝行中以權實交飾故曰莊嚴。一徵何等為十今三釋三。初五自行無染佛子菩薩摩訶薩不離欲界入色界無色界禪定解脫及諸三昧亦不因此而受彼生是為第一莊嚴道智慧現前入聲聞道不以此道而取出離是為第二莊嚴道智慧現前入辟支佛道而起大悲無有休息是為第三

莊嚴道雖有人天眷屬圍繞百千婇女歌舞侍從未曾暫捨禪定解脫及諸三昧是為第四莊嚴道與一切衆生受諸欲樂共相娛樂乃至未曾於一念閒捨離菩薩平等三昧是為第五莊嚴道二隨有攝化四初無染而化已到一切世間彼岸於諸世法悉無所著而亦不捨度衆生行是為第六莊嚴道三處正入邪安住正道正智正見而能示入一切邪道不取為實不執為淨令彼衆生遠離邪法是為第七莊嚴道三持犯權實常善護持如來淨戒身語意業無諸過失為欲教化犯戒衆生示行一切凡愚之行雖已具足清淨福德住菩薩趣而示生於一切地獄畜生餓鬼及諸險難貧窮等處令彼衆生皆得解脫而實菩薩不生彼趣是為第八莊嚴道四人法權實不由

他教得無礙辯智慧光明普能照了一切佛法為一切如來神力所持與一切諸佛同一法身成就一切堅固大人明淨密法安住一切平等諸乘諸佛境界皆現其前具足一切世智光明照見一切諸衆生界能為衆生作知法師而示求正法未曾休息雖實與衆生作無上師而示行尊敬闍梨和尚何以故菩薩摩訶薩善巧方便住菩薩道隨其所應皆為示現是為第九莊嚴道三總顯因果權實三。初因圓示缺善根具足諸行究竟一切如來所共灌頂到一切法自在彼岸無礙法繒以冠其首其身徧至一切世界普現如來無礙之身於法自在最上究竟轉於無礙清淨法輪一切菩薩自在之法皆已成就而為衆生故於一切國土示現受

生示現受生是因未滿故。二同果境界而不捨因因有十句與三世諸佛同一境界而不廢菩薩行行通二利不捨菩薩法法即教法不懈菩薩業業謂利他不離菩薩道道謂正智不弛菩薩儀儀謂制聽不斷菩薩取取即願求不息菩薩巧方便巧謂權變上皆所作不絕菩薩所作事事總語因體不厭菩薩生成用用即因成大用不止菩薩住持力力即長用不絕。三徵釋何以故菩薩欲疾證阿耨多羅三藐三菩提觀一切智門修菩薩行無休息故是為第十莊嚴道。四勸若諸菩薩安住此法則得如來無上大莊嚴道亦不捨菩薩道。二明念念進趣行四。初標佛子菩薩摩訶薩有十種足即彼障對治中修行無量種及雙行分中菩提分差別等。二徵何等為十。三釋所謂持戒足殊勝大願悉成滿故精進足集一切菩提分法不退轉故上二約行一戒二進神通足隨眾生欲令歡喜故神力足不離一佛剎往一

切佛剎故此二約通一總二別深心足願求一切殊勝法故堅擔足一切所作咸究竟故此二約心一願二擔隨順足不違一切尊者教故樂法足聞持一切佛所說法不疲懈故此二約法一順二持法雨足為眾演法無怯弱故修行足一切諸惡悉遠離故後二約德一演二伏。四結勸是為十若諸菩薩安住此法則得如來無上最勝足若一舉步悉能徧至一切世界。三明取授自在行四。初標佛子菩薩摩訶薩有十種手即雙行分中能作大義。二徵何等為十。三釋所謂深信手於佛所說一向忍可究竟受持故上一約取謂念念修習一切佛法向佛智故餘九約授於中前五明四攝布施手有來求者隨其所欲皆令充滿故先意問訊手舒展右掌相迎引故上布施下愛語供養諸佛手集眾福德無疲厭故多聞善巧手悉斷一切眾生疑故此二句皆利行攝令超三界手授與眾

生拔出欲泥故即同事共一手作而拔出故。後四即四家置於彼岸手四暴流中救溺眾生故苦清淨故不悋正法手所有妙法悉以開示故示諸諦故善用眾論手以智慧藥滅身心病故般若力故恒持智寶手開法光明破煩惱闇故捨煩惱故。四結勸是為十若諸菩薩安住此法則得如來無上手普覆十方一切世界。八有三門明第八地中行以內證無生故皆約內事明內德圓滿即分為三。初腹四。初標佛子菩薩摩訶薩有十種腹明含容清淨德即彼集地分中無住道清淨等故及淨忍分中得無生故亦是得勝行分中離一切貪等故世人之腹多含穢惡。二徵何等為十。三釋所謂離諂曲腹心清淨故離幻偽腹性質直故不虛假腹無險詖故無欺奪腹於一切物無所貪故斷煩惱腹具智慧故清淨心腹離諸惡故上六明惡無不離觀察飲食腹念如實法故觀察無作腹覺悟緣起故覺悟一切出離道腹善成熟深心故此三

明善無不積若能如是凡即佛腹遠離一切邊見垢腹令一切衆生得入佛腹故後一亦悉無不離。四結勸是為十若諸菩薩安住此法則得如來無上廣大腹悉能容受一切衆生三藏四初標佛子菩薩摩訶薩有十種藏前總舉其腹令別明五藏由得勝行諸佛勸起一念出生含攝成熟無量德故。二徵何等為十三釋所謂不斷佛種是菩薩藏開示佛法無量威德故增長法種是菩薩藏出生智慧廣大光明故住持僧種是菩薩藏令其得入不退法輪故上三出生三寶覺悟正定衆生是菩薩藏善隨其時不踰一念故究竟成熟不定衆生是菩薩藏令因相續無有間斷故為邪定衆生發起大悲是菩薩藏令未來因悉得成就故此三成熟三聚邪定亦有佛性為未來因故起悲為緣涅槃云一闡提人雖復斷善由佛性力未來善根還得生長即其義也滿佛十力不可壞因是菩薩藏具降伏魔軍無對

善根故最勝無畏大師子吼是菩薩藏令一切衆生皆歡喜故得佛十八不共法是菩薩藏智慧普入一切處故普了知一切衆生一切剎一切法一切佛是菩薩藏於一念中悉明見故後四攝授佛果最後即一切智也。四結勸是為十若諸菩薩安住此法則得如來無上善根不可壞大智慧藏三心四初標佛子菩薩摩訶薩有十種心即五藏之一最為勝故五藏主故即此地能成諸善無功用心前初地中明心梵云質多即慮知心對身口故今此梵云纈喇陀耶此云肉團心對餘藏故。二徵何等為十。三釋所謂精勤心一切所作悉究竟故不懈心積集相好福德行故上二攝善一勤二策大勇健心摧破一切諸魔軍故如理行心除滅一切諸煩惱故此二破惡一破緣二破因不退轉心乃至菩提終不息故性清淨心知心不動無所著故此二成行一堅二淨前六自利知衆生心隨其解欲令出離故令入佛法

大梵住心知諸衆生種種解欲不以別乘而救護故此二攝生一智令悟二慈拯救大梵住即四無量空無相無願無作心見三界相不取著故卍字相金剛堅固勝藏莊嚴心一切衆生數等魔來乃至不能動一毛故後二成德一深二固。四結勸是為十若諸菩薩安住此法則得如來無上大智光明藏心九有二門明九地行法師入有備外嚴故初門四。初標佛子菩薩摩訶薩有十種被甲明入地十心如被甲胄防外護內將趣入故。二徵何等為十三釋所謂被大慈甲救護一切衆生故被大悲甲堪忍一切諸苦故被大願甲一切所作究竟故被迴向甲建立一切佛莊嚴故被福德甲饒益一切諸衆生故被波羅蜜甲度脫一切諸含識故被智慧甲滅一切衆生煩惱闇故被善巧方便甲生普門善根故被一切智心堅固不散亂甲不樂餘

乘故被一心決定甲於一切法離疑惑故四結勸是為十若諸菩薩安住此法則被如來無上甲冑悉能摧伏一切魔軍二住地心四初標佛子菩薩摩訶薩有十種器仗器仗破外以住地心窮十稠林無不破故二徵何等為十三釋所謂布施是菩薩器仗摧破一切慳悋故持戒是菩薩器仗棄捨一切毀犯故平等是菩薩器仗斷除一切分別故智慧是菩薩器仗消滅一切煩惱故正命是菩薩器仗遠離一切邪命故上五順伏破障善巧方便是菩薩器仗於一切處示現故略說貪瞋癡等一切煩惱是菩薩器仗以煩惱門度衆生故生死是菩薩器仗不斷菩薩行教化衆生故此三句違伏破障如令賊破賊故說如實法是菩薩器仗能破一切執著故此一非順非違伏如以良謀不用兵伏無不破故一切智是菩薩器仗不捨菩

薩行門故後一功成立德器仗四結勸是為十若諸菩薩安住此法則能除滅一切衆生長夜所集煩惱結使六十有十三門明十地行十地德圓故寄六根四儀業用明之且分為三初一總標德首四初標佛子菩薩摩訶薩有十種首居受職位首出衆聖故二徵何等為十三釋所謂涅槃首無能見頂故尊敬首一切人天所敬禮故廣大勝解首三千界中最為勝故上三果首第一善根首三界衆生咸供養故荷戴衆生首成就頂上肉髻相故不輕賤他首於一切處常尊勝故此三標之以因般若波羅蜜首長養一切功德法故方便智相應首普現一切同類身故教化一切衆生首以一切衆生為弟子故守護諸佛法眼首能令三寶種不斷絕故後四直明行首四結勸是為十若諸菩薩安住此法則得如來無上大智慧首三六根勝德初明十眼四初標佛

子菩薩摩訶薩有十種眼明十眼者即大書分中如實知見一切法故二釋所謂肉眼見一切色故前五名同諸教而體用不同諸宗肉眼見障內色故智論三十七說肉眼見近不見遠見前不見後等天眼方見遠等仍有分齊令肉眼見一切色已過二眼故四十四自指云不思議經應見遠此中不說天眼見一切衆生心故然天眼是假和合不見實相今明見心即似同於彼然心通性相則亦不同慧眼見一切衆生諸根境界故此中慧眼似彼法眼此中法眼似彼慧眼所以互者以彼慧眼不能見衆生盡滅一異不能度生今顯實過權反此明能法眼見一切法如實相故彼中法眼雖知於法不能徧知衆生方便道令反此故明知一切意欲異權故耳佛眼見如來十力故彼佛眼無細不知今舉勝況劣又十力無不該故智眼知見諸法故智眼見事即法眼開出光明眼見佛光明故光明眼通身智光義兼法慧出生死眼見涅槃故然涅槃不可見絕見方見見圓寂故無礙眼所見無障故總見諸眼境界皆無障故此即一眼具多為不壞相須列十眼一切智眼見普門法界故即是普眼非但見法界重重亦乃法界即眼故為普門故知十眼全以無礙法界而為其體若辨次第以肉眼見生受苦次以天眼了知其心次別知根境次引入如實次得佛力次尋光而見次同歸寂滅後等同法界餘如別章

三結勸是為十若諸菩薩安住此法則得如來無上大智慧眼。三耳四初標佛子菩薩摩訶薩有十種耳然眼等六根由得解脫神通無上故今見聞嗅觸等皆自在故總就行辨此門亦即釋名分中聞持如來大法而故二徵何等為十三釋所謂聞讚歎聲斷除貪愛聞毀呰聲斷除瞋恚上二離順違聞說二乘不著不求聞菩薩道歡喜踊躍此二棄小欣大聞地獄等諸苦難處起大悲心發弘誓願聞說人天勝妙之事知彼皆是無常之法此二悲苦厭樂聞有讚歎諸佛功德勤加精進令速圓滿聞說六度四攝等法發心修行願到彼岸此二滿果圓因聞十方世界一切音聲悉知如響入不可說甚深妙義菩薩摩訶薩從初發心乃至道場常聞正法未曾暫息而恒不捨化衆生事後二了俗同真悲智俱運四結勸是為十若諸菩薩成就此法則得如來無上大智

慧耳。三鼻四初標佛子菩薩摩訶薩有十種鼻嗅行香故二徵何等為十。三釋所謂聞諸臭物不以為臭聞諸香氣不以為香香臭俱聞其心平等非香非臭安住於捨上四聞香體俱舍有四總名為香一好香謂沉檀香二惡香謂葱薤等三等香四不等香謂於前二增益依身名為等香損滅依身名不等香故亦不離好惡今此中俱聞聞其上二更無別體非香非臭對前成三謂如柴炭等若聞衆生衣服卧具及其支體所有香臭則能知彼貪恚愚癡等分之行若聞諸伏藏草木等香皆如對目前分明辨了若聞下至阿鼻地獄上至有頂衆生之香皆知彼過去所行之行此三聞香表用瑜伽中上二界既無鼻舌二識亦無香味二塵語其無麤此聞有頂香者明其聞細菩薩力故又有頂言餘處多明是色究竟準晉經中聞非想香則有頂言亦是三有之頂既有通果之色亦有通果之香若聞諸聲聞布施持戒多聞慧香住一切智心不令散動若聞一切菩薩行香以平等慧入如來地聞一切佛智境界香亦不廢

捨諸菩薩行後三聞出世人法。四結勸是為十若諸菩薩成就此法則得如來無量無邊清淨鼻。四舌四初標佛子菩薩摩訶薩有十種舌演法味故下三為成六根非顯三業三業前已有故。二徵何等為十。三釋所謂開示演說無盡衆生行舌開示演說無盡法門舌讚歎諸佛無盡功德舌演暢辭辯無盡舌開闡大乘助道舌前五約辯顯德後五約用徧覆十方虛空舌普照一切佛刹舌普使衆生悟解舌悉令諸佛歡喜舌降伏一切諸魔外道除滅一切生死煩惱令至涅槃舌降四魔即天魔生即蘊魔死及煩惱文中皆具。四結勸是為十若諸菩薩成就此法則得如來徧覆一切諸佛國土無上舌。五身四初標佛子菩薩摩訶薩有十種身隨行成故。二徵何等為十。三釋所謂人身為教化一切諸人故非人身為教化地獄畜生餓鬼故天身為教化

欲界色界無色界衆生故學身示現學地故無學身示現阿羅漢地故獨覺身教化令入辟支佛地故菩薩身令成就大乘故如来身智水灌頂故意生身善巧出生故無漏法身以無功用示現一切衆生身故(四結勸)是為十若諸菩薩成就此法則得如来無上之身(六意四初標)佛子菩薩摩訶薩有十種意(二徵)何等為十(三釋)所謂上首意發起一切善根故(上一摠明餘九別顯)安住意深信堅固不動故深入意隨順佛法而解故内了意知諸衆生心樂故無亂意一切煩惱不雜故明淨意客塵不能染著故善觀衆生意無有一念失時故善擇所作意未曾一處生過故密護諸根意調伏不令馳散故善入三昧意深入佛三昧無我我所故(四結勸)是為十若諸

菩薩安住此法則得一切佛無上意(三有四門明四儀動上行初行四初標)佛子菩薩摩訶薩有十種行(動游行法故二徵)何等為十(三釋)所謂聞法行愛樂於法故説法行利益衆生故離貪恚癡怖畏行調伏自心故欲界行教化欲界(十六)衆生故色無色界三昧行令速轉還故(轉還者轉有漏定還無漏故)趣向法義行速得智慧故一切生處行自在教化衆生故一切佛剎行禮拜供養諸佛故涅槃行不斷生死相續故(不斷生死者若斷生死非真涅槃故)成滿一切佛法行不捨菩薩法行故(四結勸)是為十若諸菩薩安住此法則得如来無来無去行(三住四初標)佛子菩薩摩訶薩有十種住(止息散動故二徵)何等為十(三釋)所謂菩提心住曾不忘失故波羅蜜住不厭助道故説法住增長智慧故阿蘭若住證大禪定故隨順一切

智頭陀知足四聖種住少欲少事故深信住荷負正法故親近如来住學佛威儀故(前七自分住後三勝進住)出生神通住圓滿大智故得忍住滿足授記故道場住具足力(十七)無畏一切佛法故(四結勸)是為十若諸菩薩安住此法則得一切智無上住(三坐四初標)佛子菩薩摩訶薩有十種坐(多時安處故二徵)何等為十(三釋)所謂轉輪王坐興十善道故四天王坐於一切世間自在安立佛法故帝釋坐與一切衆生為勝主故梵天坐於自他心得自在故(前四世坐以攝物後六法坐以成德)師子坐能説法故正法坐以摠持辯才力而開示故堅固坐誓願究竟故大慈坐令惡衆生悉歡喜故大悲坐忍一切苦不疲厭故金剛坐降伏衆魔及外道故(四結勸)是為十若諸菩薩安住此法則得如

来無上正覺坐(㊃卧四、初標) 佛子菩薩摩訶薩有十種卧(放捨身心合法體故十事各同卧之一義。二徵) 何等為十(三釋) 所謂寂靜卧身心憺怕故(加行調身心) 禪定卧如理修行故(習修) 三昧卧身心柔輭故(得定前三顯定後七定並亦兼餘善) 梵天卧不惱自他故(獨已卧) 善業卧於後不悔故(離尸伏故) 正信卧不可傾動故(離依倚) 正道卧善友開覺故(思明相故互警覺故) 妙願卧善巧迴向故(右脇卧) 一切事畢卧所作成辦故捨諸功用卧一切慣習故(㊃結勸) 是為十若諸菩薩安住此法則得如来無上大法卧悉能開悟一切衆生(㊄所住處四、初標) 佛子菩薩摩訶薩有十種所住處(知有棲止之處所故前明能住此辦所住。二徵) 何等為十(三釋) 所謂以大慈為所住處於一切衆生心平等故以大悲為所住處不輕未學故以大喜為所住處離一切憂惱故以大捨為所住處於有為無為平等故以一切波羅蜜為所住處菩提心為首故以一切空為所住處善巧觀察故以無相為所住處不出正位故以無願為所住處觀察受生故以念慧為所住處忍法成滿故以一切法平等為所住處得授記莂故(㊃結勸) 是為十若諸菩薩安住此法則得如来無上無礙所住處(㊅所行處四、初標) 佛子菩薩摩訶薩有十種所行處(前辦能行此辦所行。二徵) 何等為十(三釋) 所謂以正念為所行處滿足念處故(初四自行上一依四念阿難四問佛令依住令辦依行餘可思準) 以諸趣為所行處正覺法趣故以智慧為所行處得佛歡喜故以波羅蜜為所行處滿足一切智智故以四攝為所行處教化衆生故以生死為所行處積集善根故以與一切衆生雜談戲為所行處隨應教化令永離故以神通為所行處知一切衆生諸根境界故以善巧方便為所行處般若波羅蜜相應故以道場為所行處成一切智而不斷菩薩行故(㊃結勸) 是為十若諸菩薩安住此法則得如来無上大智慧所行處(㊅有五十一門答上因圓果滿若剋實而論成如来力下四門方明果滿前皆因圓以八相前五猶屬因故為明八相皆示現故通入果中即分為二初三十二門明因圓究竟即等覺位後一十九門明現果圓滿行即妙覺位前中分三初一十四門明因行體性二初四門起行方便三初二門意業觀察二初觀察四、初標) 佛子菩薩摩訶薩有十種觀察(解方便故達通塞故。二徵) 何等為一(三釋) 所謂知諸業觀察微細悉見故知諸趣觀察不取衆生故知諸根觀察了達無根故(上三觀所化次四觀能化法) 知諸法觀察不壞法界故(理法) 見佛法觀察勤修佛眼故(果法) 得智慧觀察如理說法故(教法) 無生忍觀察決了佛法故(行法後三觀位) 不退地觀察滅一切煩惱超出三界二乘地故（超劣）灌頂地觀察於一切佛法自在不動故（得位）善覺智三昧觀察於一切十方施作佛事故（同果用）（四結勸）是為十若諸菩薩安住此法則得如來無上大觀察智（二十三普觀察 四初標）佛子菩薩摩訶薩有十種普觀察（審慮周徧故 二徵）何等為十（三釋）所謂普觀一切諸來求者以無違心滿其意故普觀一切犯戒衆生安置如來淨戒中故普觀一切害心衆生安置如來忍力中故普觀一切懈怠衆生勸令精勤不捨荷負大乘擔故普觀一切亂心衆生令住如來一切智地無散動故普觀一切惡慧衆生令除疑惑破有見故（前六以六度治六蔽衆生後四雙明二利之行）普觀一切平等善友順其教命住佛法故（順人）普觀一切所聞之法疾得證見最上義故（證法）普觀一切無邊衆生常不

捨離大悲力故（化下）普觀一切諸佛之法速得成就一切智故（上成 四結勸）是為十若諸菩薩安住此法則得如來無上大智慧普觀察（二十四身業自在 四初標）佛子菩薩摩訶薩有十種奮迅（謂實德內充威德外溢如師子王奮迅威勢更有異釋如法界品辨 二徵）何等為十（三釋）所謂牛王奮迅映蔽一切天龍夜叉乾闥婆等諸大衆故象王奮迅心善調柔荷負一切諸衆生故龍王奮迅興大法密雲耀解脫電光震如實義雷降諸根力覺分禪定解脫三昧甘露雨故大金翅鳥王奮迅竭貪愛水破愚癡縠搏撮煩惱諸惡毒龍令出生死大苦海故大師子王奮迅安住無畏平等大智以為器仗摧伏衆魔及外道故（前五寄喻）勇健奮迅能於生死大戰陣中摧滅一切煩惱怨故大智奮迅知蘊界處及

諸緣起自在開示一切法故陀羅尼奮迅以念慧力持法不忘隨衆生根為宣說故辯才奮迅無礙迅疾分別一切咸令受益心歡喜故（此四約法上皆自分後一勝進）如來奮迅一切智智助道之法皆悉成滿以一念相應慧所應得者一切皆得所應悟者一切皆悟坐師子座降魔怨敵成阿耨多羅三藐三菩提故（四結勸）是為十若諸菩薩安住此法則得諸佛於一切法無上自在奮迅（二十五語業宣暢 四初標）佛子菩薩摩訶薩有十種師子吼（既勇健無畏則能決定宣唱 二徵）何等為十（三釋）所謂唱言我當必定成正等覺是菩提心大師子吼我當令一切衆生未度者度未脫者脫未安者安未涅槃者令得涅槃是大悲大師子吼（次句令物度苦脫集安道證滅）我當令佛法僧種無有斷絕是報如來恩

大師子吼我當嚴淨一切佛刹是究竟
堅檐大師子吼我當除滅一切惡道及
諸難處是自持淨戒大師子吼我當滿
足一切諸佛身語及意相好莊嚴是求
福無厭大師子吼我當成滿一切諸佛
所有智慧是求智無厭大師子吼我當
除滅一切衆魔及諸魔業是修正行斷
諸煩惱大師子吼我當了知一切諸法無
我無衆生無壽命無補伽羅空無相無
願淨如虛空是無生法忍大師子吼最
後生菩薩震動一切諸佛國土悉令嚴
淨是時一切釋梵四王咸來讚請唯願（丗十）（二十二末）
菩薩以無生法而現受生菩薩則以無
礙慧眼普觀世間一切衆生無如我者
即於王宮示現誕生自行七步大師子
吼我於世間最勝第一我當永盡生死

邊際是如說而作大師子吼（四結勸）是為十
若諸菩薩安住此法則得如來無上大
師子吼

大方廣佛華嚴經疏卷第九十　（丗十）

大方廣佛華嚴經疏卷第九十一八五十八卷經　杳一

清涼山沙門澄觀述　晉水沙門淨源錄疏注經

三有十門明其行體於中有二先明六度後顯四等十度之義已如前釋皆言清淨者離蔽障故不同世間施戒等故然皆寄十表圓各為一義與九三施等開合不同若具會釋恐厭繁文故隨顯直釋今初十

施文四初標佛子菩薩摩訶薩有十種清淨施。二徵何等為十三釋所謂平等施不揀眾生故無向背施即清淨施中別義隨意施滿其所願故遂求施不亂施令得利益故二世樂施梵本中云應時及濟難不失益故餘七皆一切施隨宜施知上中下故即觀其可不有損不宜等極貧下者應先施等不住施不求果報故不希異熟亦清淨施開捨施心不戀著故亦難行施所愛重物無戀著故一切施究竟清淨故內外財等無不捨故八九與十皆巧慧施迴向菩提施遠離有為無為故此迴向巧治二過故一觀諸行性不堅牢治於當果有為見勝功德二由具大悲治於二乘趣證無為故行不住道而向菩提教化眾生施乃至道場不捨故益生施常以財法施之故名不捨三輪清淨施於施者受者及以施物正念觀察如虛空故亡相成度然其十度皆有三輪而義有小異如瑜伽說此十施皆通三施。四結勸是為十若諸菩薩安住此法則得如來無上清淨廣大施。三戒四初標佛子菩薩摩訶薩有十種清淨戒。二徵何等為十前三律儀七十攝生餘皆攝善。三釋所謂身清淨戒護身三惡故語清淨戒離語四過故心清淨戒永離貪瞋邪見故律儀可知不破一切學處清淨戒於一切人天中作尊主故即廣攝戒守護菩提心清淨戒不樂小乘故迴向戒上二皆一切種戒守護如來所制清淨戒乃至微細罪生大怖畏故持微細故亦難行戒隱密護持清淨戒善拔犯戒眾生故令他悔除亦善士戒不作一切惡清淨戒誓修一切善法故軌則具足所攝受戒一切惡止善行故遠離一切有見清淨戒於戒無著故亦永出離戒上二即清淨戒守護一切眾生清淨戒發起大悲故亦令他得二世樂戒。四結勸是為十若諸菩薩安住此法則得如來無上無過失清淨戒。三忍四初標佛子菩薩摩訶薩有十種清淨忍。二徵何等為十三釋所謂安受呰辱清淨忍護諸眾生故安受刀杖清淨忍善護自他故不生恚害清淨忍其心不動故上三耐冤害忍他三業惱害故不責卑賤清淨忍為上能寬故有歸咸救清淨忍捨自身命故遠離我慢清淨忍不輕未學故此三安受苦忍初後忍不稱情中一忍身苦以濟物殘毀不瞋清淨忍觀察如幻故有犯無報清淨忍不見自他故此二通後二忍不隨煩惱清淨忍離諸境界故隨順菩薩真實智知一切法無生清淨忍不由他教入一切智境界故此二諦察法忍又四難行忍於下能忍恕不逮故五亡身濟難六忍已傾他皆遂求忍餘如前判。四結勸是為十若諸菩薩安住其中則得一切諸佛不由他悟無上法忍。四精進四。初標佛子菩薩摩訶薩有十種清淨精進。二徵何等為十二與第十是饒益有情五是被甲餘皆攝善。三釋所謂身清淨精進承事供養諸佛菩薩及諸師長尊重福田不退轉故語清淨精進隨所聞法廣為他說讚佛功德無疲倦故意清淨精進善能入出慈悲喜捨禪定解脫及諸三昧無休息故上三三業即精進自體正直心清淨精進無誑無諂無曲無偽一切勤修無退轉故離雜染增勝心清淨精進志常趣求上上智慧願具一切白淨法故引白法上二一切門精進不唐捐清淨精進攝取布施戒忍多聞及不放逸乃至菩提無中息故無所棄捨及無所退滅推伏一切魔清淨精進悉能除滅貪欲瞋恚愚癡邪見一切煩惱諸纏蓋故無下劣成滿智慧光清淨精進有所施為悉善觀察咸使究竟不令後悔得一切佛不共法故無顚倒及勤勇加行上三即善士精進無來無去清淨精進得如實智入法界門身語及心皆悉平等了相非相無所著故平等相應即一切種精進上皆自分成就法光清淨精進超過諸地得佛灌頂以無漏身而示歿生出家成道說法滅度具足如是普賢事故旨一四即勝進迴向菩提清淨精進四結勸是為十若諸菩薩安住此法則得如來無上大清淨精進。五禪四初標佛子菩薩摩訶薩有十種清淨禪。二徵何等為十。三釋所謂常樂出家清淨禪捨一切所有故得眞善友清淨禪示教正道故住阿蘭若忍風雨等清淨禪離我我所故離憒閙衆生清淨禪常樂寂靜故心業調柔清淨禪守護諸根故上五方便心智寂滅清淨禪一切音聲諸禪定刺不能亂故此一正定堅成覺道方便清淨禪觀察一切皆現證故離於味著清淨禪不捨欲界故此二發慧斷惑上八現法樂住禪發起通明清淨禪知一切衆生根性故利益衆生禪自在游戲清淨禪入佛三昧知無我故引生功德禪又五六奢摩他品七毗鉢舍那品上三一切種禪八無愛味及慈悲俱行故不捨欲界並善七禪九難發通明而利衆生十能速入佛境皆難行禪旨一四五結勸是為十若諸菩薩安住其中則得如來無上大清淨禪。六慧四初標佛子菩薩摩訶薩有十種清淨慧初三解法即加行慧次四攝生即後得慧後三證理即正體慧。二徵何等為十。三釋所謂知一切因清淨慧不壞果報故知一切緣清淨慧不違和合故知不斷不常清淨慧了達緣起皆如實故拔一切見清淨慧於衆生相無取捨故觀一切衆生心行清淨慧了知如幻故前五於所知如實通達慧廣大辯才清淨慧分別諸法問答無礙故於五明處及三聚中決定善巧慧一切諸魔外道聲聞獨覺所不能知清淨慧深入一切如來智故知能引義利慧謂同佛差別智故非凡小所知上皆一切慧見一切佛微妙法身見一切衆生本性清淨見一切法皆悉寂滅見一切剎同於虛空清淨慧知一切相皆無礙故難行慧滯達無我於境無礙故一切總持辯才方便波羅蜜清淨慧令得一切最勝智故具數具行慧一念相應金剛智了一切法平等清淨慧得一切法最尊智故具證智慧上二即善士慧餘義並如十行品所引。四結勸是為十若諸菩薩安住其中則得如來無障礙大智慧。二有四門明四等者多約利他然其四等於境有別已見十地今文從通約與樂等以為顯別今初明慈四。初標佛子菩薩摩訶薩有十種清淨慈。二徵何等為十。三釋所謂等心清淨慈普攝衆生無所揀擇故饒益清淨慈隨有所作皆令歡喜故攝物同己清淨慈究竟皆令出生死故不捨世間清淨慈心常緣念集善根故能至解脫清淨慈普使衆生除

滅一切諸煩惱故出生菩提清淨慈普使衆生發求一切智心故世間無礙清淨慈放大光明平等普照故充滿虛空清淨慈救護衆生無處不至故法緣清淨慈證於如如眞實法故無緣清淨慈入於菩薩離生性故前八衆生緣九十文顯然瑜伽四十四三緣之中初一共外道次一共二乘後一方不共此中三緣皆不共凡小如文思之。四結勸是為十若諸菩薩安住此法則得如來無上廣大清淨慈。二悲四。初標佛子菩薩摩訶薩有十種清淨悲。二徵何等為十。三釋所謂無儔伴清淨悲獨發其心故無疲厭清淨悲代一切衆生受苦不以為勞故難處受生清淨悲為度衆生故善趣受生清淨悲示現無常故為邪定衆生清淨悲歷劫不捨弘誓故不著己樂清淨悲普與衆生快樂故不求恩報清淨悲修潔其心故上七

衆生緣能除顛倒清淨悲說如實法故此一法緣後二無緣菩薩摩訶薩知一切法本性清淨無染著無熱惱以客塵煩惱故而受衆苦如是知已於諸衆生而起大悲名本性清淨為說無垢清淨光明法故傷其眞隱故為顯菩薩摩訶薩知一切法如空中鳥跡衆生癡翳不能照了觀察於彼起大悲心名眞實智為其開示涅槃法故念彼不知故令悟。四結勸是為十若諸菩薩安住此法則得如來無上廣大清淨悲。三喜四。初標佛子菩薩摩訶薩有十種清淨喜。二徵何等為十。三釋所謂發菩提心清淨喜悉捨所有清淨喜不嫌棄破戒衆生而教化成就清淨喜能忍受造惡衆生擔願救度清淨喜上四衆生緣捨身求法不生悔心清淨喜自捨欲樂常樂法樂清淨喜令一切衆生捨

資生樂常樂法樂清淨喜（此三法緣）見一切佛恭敬供養無有猒足法界平等清淨喜令一切衆生愛樂禪定解脫三昧游戲入出清淨喜心樂具行順菩薩道一切苦行證得牟尼寂靜不動無上定慧清淨喜（此三無緣。四結勸）是為十若諸菩薩安住此法則得如來無上廣大清淨喜（△四捨四。初標）佛子菩薩摩訶薩有十種清淨捨（二徵）何等為十（文列十一晉本初二但合為一今依現文。三釋）所謂一切衆生恭敬供養不生愛著清淨捨一切衆生輕慢毀辱不生瞋恚清淨捨常行世間不為世間八法所染清淨捨於法器衆生待時而化於無法器亦不生嫌清淨捨（上四衆生緣）不求二乘學無學法清淨捨心常遠離一切欲樂順煩惱法清淨捨不歎二乘猒離生死清淨捨遠離一切世間語非涅槃語非離欲語不順理語惱亂他語聲聞獨覺語略說乃至一切障菩薩道語皆悉遠離清淨捨或有衆生根已成熟發生念慧而未能知最上之法待時方化清淨捨或有衆生菩薩往昔已曾教化至於佛地方可調伏彼亦待時清淨捨（此六法緣）菩薩摩訶薩於彼二人無高無下無取無捨遠離一切種種分別恒住正定入如實法心得堪忍清淨捨（此一無緣。四結勸）是為十若諸菩薩安住其中則得如來無上廣大清淨捨。（二有八門明造修方便行前五門明自分行後三門明勝進行前中三初二門明法義次二門說福智後一門顯圓足今初分二先義後法以彼法義成於行故若以能詮為法則以所詮為義今此不取能詮為法然法約自體義是所以法攝義別餘如九地四無礙中辨今初十義四。初標）佛子菩薩摩訶薩有十種義（二徵）何等為十（三釋）所謂多聞義堅固修行故（以修行為多聞之義意在於修不在聞故淨名亦云多聞是道場如聞行故）法義善巧思擇故（思為法家之義餘倣此知法即事法）空義第一義空故寂靜義離諸衆生諠憒故不可說義不著一切語言故如實義了達三世平等故法界義一切諸法一味故真如義一切如來順入故實際義了知究竟如實故大般涅槃義滅一切苦而修菩薩諸行故（餘八理法理法所以在於證入。四結勸）是為十若諸菩薩安住此法則得一切智無上義（△二法四。初標）佛子菩薩摩訶薩有十種法（二徵）何等為十（三釋）所謂真實法如說修行故離取法能取所取悉離故無諍法無有一切惑諍故寂滅法滅除一切熱惱故離欲法一切貪欲皆斷故無分別法攀緣分別永息故無生法猶如虛空不動故（法有二義一持自性二軌生物解上七通二）無為法離生住滅諸相故本性法自性無染清淨故（此二

(唯自性)捨一切為波提涅槃法能生一切菩薩行修習不斷故(此一唯執生為波提者此云有苦即二乘涅槃佛性論第二說二乘無餘尚有三餘一無明住地惑二無漏業三變易苦故非真無餘今以涅槃為安樂義略舉有苦故應捨之執令衆生不應修此。四結勸)是為十若諸菩薩安住其中則得如來無上廣大法(第二二門明福智者福智即正道成福智緣名助道具如云三寶不斷是福勸衆生發為緣等又具二莊嚴方為正道偏語一嚴互為助道斯則福智即助道具又以正道福智相絶故文中說法布施皆即是福非福緣故今初福德助道具四。初標)佛子菩薩摩訶薩有十種福德助道具(三徵)何等為十(三釋)所謂勸衆生起菩提心是菩薩福德助道具不斷三寶種故隨順十種迴向是菩薩福德助道具斷一切不善法集一切善法故智慧誘誨是菩薩福德助道具超過三界福德故心無疲倦是菩薩福德助道具究竟度脫一切衆生故悉捨內外一切所有是菩薩福德助道具於一切物無所著

故為法足相好精進不退是菩薩福德助道具開門大施無所限故上中下三品善根悉以迴向無上菩提心無所輕是菩薩福德助道具善巧方便相應故於邪定下劣不善衆生皆生大悲不懷輕賤是菩薩福德助道具常起大人弘誓心故恭敬供養一切如來於一切菩薩起如來想令一切衆生皆生歡喜是菩薩福德助道具守本志願極堅牢故菩薩摩訶薩於阿僧祇劫積集善根自欲取證無上菩提如在掌中然悉捨與一切衆生心無憂惱亦無悔恨其心廣大等虛空界此是菩薩福德助道具起大智慧證大法故(二順迴向因七不雜小善迴向於果餘可知。四結勸)是為十若諸菩薩安住其中則具足如來無上廣大福德聚(二智慧助道具四。初標)佛子菩薩

摩訶薩有十種智慧助道具(二徵)何等為十(三釋十。初外近善緣)所謂親近多聞眞善知識恭敬供養尊重禮拜種種隨順不違其教是為一一切正直無虛矯故(二內調法器)永離憍慢常行謙敬身語意業無有麤獷柔和善順不偽不曲是為二其身堪作佛法器故(三念慧安庇)念慧隨覺未曾散亂慚愧柔和心安不動常憶六念常行六敬(六念自持六和衆法並見上文)常隨順住六堅固法(六堅順位本業上卷以三賢十聖等妙二覺為六謂信堅法堅修堅德堅頂堅覺堅亦名六忍謂信法修正無垢一切智復名六慧謂聞思修無相照寂寂照復名六觀謂住行向地無相一切種智亦即六性謂習種性等一切諸佛無不入此故常隨順)是為三與十種智為方便故(十種智謂法智比智他心智世智四諦智盡智無生智若開如實異前則有十一智今以如實貫上故但說十如智論二十六辦由念成智故為方便。四法樂怡神)樂法樂義以法為樂常樂聽聞無有猒足捨離世論及世言說專心聽受出世間語遠離小乘入

大乘慧是為四一心憶念無散動故（五眞實修行）六波羅蜜心專荷負四種梵住行已成熟隨順明法悉善修行聰敏智人皆勤請問遠離惡趣歸向善道心常愛樂正念觀察調伏已情守護他意是為五堅固修行眞實行故（六自他雙淨）常樂出離不著三有恒覺自心曾無惡念三覺已絕（三覺謂欲恚害也）三業皆善決定了知心之自性是為六能令自他心清淨故（七稱觀法性）觀察五蘊皆如幻事界如毒蛇（淨名涅槃皆以四大為毒蛇性違害故今居蘊入之中義當十八界以四大即內界故俱舍云大種謂四界今取揔中別義亦可十八界皆不可執取）處如空聚（中無人故並如涅槃二十三說）一切諸法如幻如燄如水中月如夢如影如響如像如空中畫如旋火輪如虹蜺色如日月光無相無形非常非斷不來不去亦無所住如是觀察知一切法無生無滅是為

七知一切法性空寂故（八深解二空）菩薩摩訶薩聞一切法無我無衆生無壽者無補伽羅（上明人空下顯法空）無心無境無貪瞋癡無身無物無主無待無著無行如是一切皆無所有悉歸寂滅聞已深信不疑不謗是為八以能成就圓滿解故（九止觀雙游二初揔修止觀）菩薩摩訶薩善調諸根如理修行恒住止觀（三雙釋二門。初釋止）心意寂靜一切動念皆悉不生無我無人無作無行無計我想（欲取我相為我想）無計我業（正計為我業）無有瘡疣（正損法身為瘡疣）無有瘢痕（餘過未滅為瘢痕）亦無於此所得之忍身語意業無來無去（能所忍寂故無來去）無有精進亦無勇猛（二釋觀）觀一切衆生一切諸法心皆平等而無所住非此岸非彼岸此彼性離無所從來無所至去常以智慧如是思惟是為九到分別相彼岸處故（說雖先後運在一時）

（十修習種智）菩薩摩訶薩見緣起法故見法清淨（謂見法從緣則知國由心現）見法清淨故見國土清淨（國由心現故有而即空）見國土清淨故見虛空清淨（空為法性萬法由生）見虛空清淨故見法界清淨（見法性源是真智慧皆離妄始並云清淨）見法界清淨故見智慧清淨是為十修行積集一切智故（五重積集一切智圓。四結勸）佛子是為菩薩摩訶薩十種智慧助道具若諸菩薩安住此法則得如來一切法無障礙清淨微妙智慧聚（三明足四。初標）佛子菩薩摩訶薩有十種明足（揔顯圓足感闇斯亡智解斯顯故稱為明足有二義一智圓備故二有進趣故其猶脚足斯即十号明行足義果稱圓足因為脚足又準涅槃十八以明為果所謂菩提以行為足謂戒定等廣如彼說此居等覺義通二足理脚足義此門亦得名為勝進。二徵）何等為十（三釋）所謂善分別諸法明足不取著諸法明足離顛倒見明足智慧光照諸根明足巧發起正精進明足能深入眞諦智明足滅煩惱

業成就盡智無生智明足前七約行天眼智普
觀察明足宿住念知前際清淨明足漏
盡神通智斷眾生諸漏明足此三別舉三明。四結勸
是為十若諸菩薩安住此法則得如來
於一切佛法無上大光明三有三門明進勝行初更求法要四
初標佛子菩薩摩訶薩有十種求法依此成行故。二
徵何等為十三釋所謂直心求法無有諂誑
故初心唯直精進求法遠離懈慢故中後無懈一向
求法不惜身以不顧身為除一切眾生煩
惱求法不為名利恭敬故外亡名利為饒益自
他一切眾生求法不但自利故雙圓二利為入
智慧求法不樂文字故得意亡言為出生死求
法不貪世樂故果不近求為度眾生求法發
菩提心故因酬所為為斷一切眾生疑求法
令無猶豫故普決疑惑為滿足佛法求法不
樂餘乘故唯滿佛乘離此十求皆邪求也。四結勸是為十若諸

菩薩安住此法則得不由他教一切佛
法大智慧ム二得已明了四。初標佛子菩薩摩訶薩
有十種明了法二徵何等為十三釋所謂隨順
世俗生長善根是童蒙凡夫明了法。得不
照達求之何用。總以普賢勝智了知三乘凡聖差別。二是凡夫若童稚蒙昧未能出世故隨世俗長四善
根得無礙不壞信覺法自性是隨信行
人明了法二謂鈍根隨信他言而行道故名隨信行勤修習法隨
順法住是隨法行人明了法三是利根由自披閱契經
等法而行道故名隨法行然今既云覺法自性等則知十中前九亦兼含大是以智度論明有三乘共十地法此上二人約根分異遠離八邪向八正道是第八
人明了法四第八人者即初果向俱舍賢聖品中云第八人者謂苦法忍八忍之中從後數之為第八故故智度論中有八人地若約超斷容具二三果向謂具修道惑及斷一至五皆初果向斷次三向二斷九乃至八地惑盡至苦法忍即為第三向也除滅眾結斷生死
漏見真實諦是須陀洹人明了法五初果法斷眾結者謂三正三隨已如十地亦可見所斷惑八十八使名為眾結由見諦理斷無明漏無明是生死根本名生死漏觀味是患知無往來是斯陀含

人明了法六一來果觀欲味過患已斷六品雖三品惑能潤一生故一往來而知無往來也不樂三界求盡有漏於受生法乃至
一念不生愛著是阿那含人明了法七不還果斷九品盡故不還欲界乃至八地惑皆斷故總云不樂三界獲六神通得八
解脫九定四辯悉皆成就是阿羅漢人
明了法八無學果八解脫者一內有色觀外色解脫二內無色觀外色解脫三淨解脫初二如大依初二禪三依四禪次四無色為四解脫八即滅受想解脫餘義已見上文廣如諸論性
樂觀察一味緣起心常寂靜知足少事
解因自得悟不由他成就種種神通智
慧是辟支佛人明了法智慧廣大諸根
明利常樂度脫一切眾生勤修福智助
道之法如來所有十力無畏一切功德
具足圓滿是菩薩人明了法九十可知。四結勸是為
十若諸菩薩安住此法則得如來無上
大智明了法ム三如說修行四。初標佛子菩薩摩訶薩
有十種修行法如說修行方得佛法故。二徵何等為十三釋

所謂恭敬尊重諸善知識修行法，常為諸天之所覺悟修行法（為字去聲。故晉經云覺悟諸天），於諸佛所常懷慙愧修行法，哀愍衆生不捨生死修行法，事必究竟心無變動修行法，專念隨逐發大乘心諸菩薩衆精勤修學修行法，遠離邪見勤求正道修行法，摧破衆魔及煩惱業修行法，知諸衆生根性勝劣而為說法令住佛地修行法，安住無邊廣大法界除滅煩惱令身清淨修行法。（四結勸）是為十。若諸菩薩安住其中，則得如來無上修行法。（三有十門明因行除障分二。前五門明離障成行。三初所離障體。二初顯魔體。四。初標）杳一 佛子，菩薩摩訶薩有十種魔。（令初十魔能障道故。二徵）何等為十。十八（三釋）所謂：蘊魔，生諸取故（身為道器體與佛同。豈即是魔。蘊魔之名特由取著。下九例爾皆以下句釋成魔義）；煩惱魔，恒雜染故；業魔，能障礙故；心魔，起高慢故；死魔，捨生處故；

天魔，自憍縱故；善根魔，恒執取故；三昧魔，久耽味故；善知識魔，起著心故；菩提法智魔，不願捨離故（是知以心分別萬法皆魔。何但此十。故舉菩提法智以勝況劣。若不以心分別一切皆佛。豈捨魔界求佛界耶。然四魔直就體明。十魔多約執取十義無盡故與四不同。若欲攝者除三同外皆煩惱魔攝。法即所證智是能證。能所實合故名菩提。若不捨於分別菩提之見即是魔矣。餘文自顯。四結勸）。是為十。菩薩摩訶薩應作方便速求遠離。（二辨魔因。四。初標）佛子，菩薩摩訶薩有十種魔業。（二徵）何等為十。（三釋）所謂：忘失菩提心修諸善根，是為魔業。（此一行十事皆能說善亦招天魔故為其業。上句由忘本令所修善感生死果不至菩提故是其業）惡心布施，瞋心持戒，捨惡性人，遠懈怠者，輕慢亂意，譏嫌惡慧，是為魔業。（二於蔽度不平等故）十九（初二蔽俱行度後四嫌棄有蔽之人文影略耳。夫真道者不施不慳不戒不犯不忍不恚不進不怠不定不亂不智不愚也。不忍忍度豈成他皆倣此。又悲化惡故況惡為善資不愛其資是大迷也）於甚深法心生慳悋，有堪化者而不為說；若得財利恭敬供養，雖非法器而強為

說，是為魔業。不樂聽聞諸波羅蜜，假使聞說而不修行，雖亦修行多生懈怠，以懈怠故志意陋劣，不求無上大菩提法，是為魔業。遠善知識，近惡知識，樂求二乘，不樂受生，志尚涅槃離欲寂靜，是為魔業。於菩薩所起瞋恚心，惡眼視之，求其罪釁，說其過惡，斷彼所有財利供養，是為魔業。誹謗正法不樂聽聞，假使得聞便生毀呰，見人說法不生尊重，言自說是，餘說悉非，是為魔業。樂學世論，巧述文辭，開闡二乘，隱覆深法，或以妙義授非其人，遠離菩提住於邪道，是為魔業。已得解脫已安隱者，常樂親近而供養之；未得解脫未安隱者，不肯親近亦不教化，是為魔業。增長我慢，無有恭敬，於諸衆生多行惱害，不求正法真實智

慧其心弊惡難可開悟是為魔業餘八易知然觀此文難免魔業頻諸後學審此省躬。四結勸是為十菩薩摩訶薩應速遠離勤求佛業三離障方便。四。初標佛子菩薩摩訶薩有十種捨離魔業對障修治故云捨離二徵何等為十然此十句敵對反前但略不次。三釋所謂近善知識恭敬供養捨離魔業第一反第五不自尊舉不自讚歎捨離魔業第二反第二於佛深法信解不謗捨離魔業第三反第七未曾忘失一切智心捨離魔業第四反第一勤修妙行恒不放逸捨離魔業第五反第四常求一切菩薩藏法捨離魔業第六反第八恒演說法心無疲倦捨離魔業第七反第三歸依十方一切諸佛起救護想捨離魔業八反第九敎護彼故信受憶念一切諸佛神力加持捨離魔業九反第十若得佛加蔽惡息故與一切菩薩同種善根平等無二捨離魔業十反第六同一善根豈求惡故然復欲顯隨其一善攝反前十感以多善共反前一令不定執故不次耳。四結勸是為十若諸菩薩安住此法則能出離一切魔道三有二門顯見佛成行由障離故果現行成於中有二初見佛四。初標佛子菩薩摩訶薩有十種見佛二徵何等為十三釋所謂於安住世間成正覺佛無著見即是果現此中所見即前十佛亦是八地中明見皆稱彼佛而見如云無著自屬正覺非謂菩薩於彼不著若菩薩於此不著下九豈當著耶是知皆就所見明見亦復不得半就所見半就能見。一無著者安住世間故不著涅槃成正覺故不著生死乘無住道示成正覺故名無著稱此而見是見正覺他皆倣此又無邪慧而不離故云無著無正德而不圓故云正覺則佛見影略此即攝句下九皆此別義願佛出生見二乘願出生故上文云佛願力故無不現乘此願能生一切功德故業報佛深信見三報即相好莊嚴身業即萬行之因而深信為首云深信見故下善財云一切諸佛從信心起亦能令見者信故住持佛隨順見四隨順衆生住持舍利等故又隨順衆生以圓音周偏三世住持佛法故涅槃佛深入見五即是化身化身示滅故名涅槃深入者深入涅槃故能示滅深入生死故示滅非真法界佛普至見六法身佛身充滿於法界普現一切衆生前故此從所徧受名名法界佛亦由法界為體故心佛安住見七湛然安住真唯識性是心佛故三昧佛無量無依見八寂然無依心言路絕即三昧義關類皆然故三昧無量本性佛明了見九平等性智了本性故本覺真性性本了故隨樂佛普受見十隨自他意無身所受故。依上十見則真見佛既知十佛總別六相圓融則亦十見無有障礙。又此十種攝為五對一所出能出對二正報住持對三真常普徧對四內住外寂對五體深用廣對如文思之上十佛十身類此成對。又此十見各有十種並如不思議法品所辨。四結勸是為十若諸菩薩安住此法則常得見無上如來二成行四。初標佛子菩薩摩訶薩有十種佛業前見佛體今辨佛因又智順佛行故名佛業佛以利生為事業故。二徵何等為十三釋初總餘別又總別合為五對。初覺道夢化對所謂隨時開導是佛業令正修行故夢中令見是佛業覺昔善根故二開經淨戒對為他演說所未聞經是佛業令生智斷疑故為悔纏所纏者說出離法是佛業令離疑心故犯戒疑悔故為彼纏令其懺除故名出離戒有多種出離亦多總相言之不過二種一事二理事隨輕重篇聚悔除理觀性空是真奉律若具二者罪無不離又瑜伽九十九有五惡作即是悔纏一謂作是思惟後定自責二諸天訶責三大師同行責四惡名流布五死墮惡趣亦有五相能除此惡作謂佛許還淨故由無知等我已滅故當來無犯意我已生故已於同梵行悔故佛說悔除為善哉惡作相續以為蓋故餘如淨名第一及隨好品辨。三現相說法對若有衆生起慳悋心乃至惡慧心二乘心損害心疑惑心散動心憍慢心為現如來衆相莊嚴身是佛業生長過去善根故由如來相從六度生故除六蔽見此殊勝不希二乘觀慈心善根決知尊勝住心佛境自失威光故無害等於正法難遇時廣為說法令其聞已得陀羅尼智神通智普能利益無量衆生是佛業勝解清淨故。四降魔護小對若有魔事起能以方便現虛空界等聲說不損惱他法以為對治令其開悟衆魔聞已威光歇滅是佛業志樂殊勝威德大故其心無間常自守護不令證入二乘正位若有衆生根性未熟終不為說解脫境界是佛業本願所作故。五悲攝雙行對生死結漏一切皆離修菩薩行相續不斷以大悲心攝取衆生令其起行究竟解脫是佛業不斷

修行菩薩行故次雙行有十一句初一總名無作四諦菩薩摩訶薩了達自身及以衆生本來寂滅不驚不怖妄惑本無今有故應驚妄苦逼害身心故應怖今皆了本寂即同滅理故不驚怖而勤修福智無有厭足雖了本寂而修福智為能治道餘十句別初一約苦雖知一切法無有造作而亦不捨諸法自相次一約集雖於諸境界永離貪欲而常樂瞻奉諸佛色身次七約道雖知不由他悟入於法而種種方便求一切智雖知諸國土皆如虛空而常樂莊嚴一切佛剎雖恒觀察無人無我而教化衆生無有疲厭雖於法界本來不動而以神通智力現衆變化雖已成就一切智智而修菩薩行無有休息雖知諸法不可言說而轉淨法輪令衆心喜雖能示現諸佛神力而不厭捨菩薩之身後一約滅雖現入於大般涅槃而一切處示現受生

能作如是權實雙行法是佛業。四結勸是為十若諸菩薩安住其中則得不由他教無上無師廣大業

大方廣佛華嚴經疏卷第九十一　杳一

大方廣佛華嚴經疏卷第九十二 入第五十八經下半 杳二

清涼山沙門澄觀述 晉水沙門淨源 錄疏注經

三有五門明離障加持行二初二門內成離障行初門舉障慢業四。初標 佛子菩薩摩訶薩有十種慢業。二徵 何等為十。三釋 所謂於師僧父母沙門婆羅門住於正道向正道者尊重福田所而不恭敬是慢業。慢者恃己於他高舉為性能障不慢生苦為業然經論中多說差別具明七慢俱舍十九云一慢二過慢三慢過慢四我慢五增上慢六卑慢七邪慢今文開十四五與九具有其名餘之七句但有其義。上一輕人次二慢法 或有法師獲最勝法乘於大乘知出要道得陀羅尼演說契經廣大之法無有休息而於其所起高慢心及於所說法不生恭敬是慢業於衆會中聞說妙法不肯歎美令人信受是慢業前三即慢但約有高心故故被論云一慢者謂於他劣謂己勝於他等謂己等雖能稱境以心高舉說名為慢 好起過慢自高陵物不見己失不知自短是慢業四自高陵物是於他等謂己勝即當過慢過前慢故 好起過過慢見有德人應讚不讚見他讚歎不生歡喜是慢業五即慢過慢令言過過者過前過慢故有德應讚即於他勝見讚不喜是謂己勝應合讚我故 見有法師為人說法知是法是律是眞實是佛語為嫌其人亦嫌其法自起誹謗亦令他謗是慢業六即邪慢謂於無德謂己有德故名邪慢成就惡行名為無德恃惡高舉名之為慢自起誹謗即惡行故 自求高座自稱法師應受供給不應執事見有耆舊久修行人不起逢迎不肯承事是慢業七即卑慢耆舊有德即是彼人多分勝不應執事即謂自己小劣故何得事他 見有德人頻蹙不喜言辭麤獷伺其過失是慢業八亦邪慢起惡行故 見有聰慧知法之人不肯親近恭敬供養不肯諮問何等為善何等不善何等應作何等不應作作何等業於長夜中而得種種利益安樂愚癡頑佷我慢所吞終不能見出要之道是慢業九即我慢我慢所吞故 復有衆生慢心所覆諸佛出世不能親近恭敬供養新善不起舊善消滅不應說而說不應諍而諍未來必墮險難深坑於百千劫尚不值佛何況聞法但以曾發菩提心故終自醒悟是慢業十即增上慢新善未起即是未得不應諍而諍即是謂得但以曾發下準梵本應迴安於百千劫前深坑之下彼梵本從消滅下云不應說而說言多鬬諍法起惑嫌數行此法應墮大坑然以曾集菩提心力得受豪貴自在之力於百千劫尚不見佛何況聞法晉本度世大意皆同梵本若但依今釋當墮深坑語其慢過終自醒悟明非長沒若約八慢前三皆是憍慢亦名傲慢皆於尊境不肯禮敬故。餘如別說 四結 是為十。二顯對治行二。初結前生後文通兩段 若諸菩薩離此慢業則得十種智業謂既識障惑不令增長制情從理敬重法行故名智業。二正顯智業先徵 何等為十次釋 所謂信解業報不壞因果是智業不捨菩提心常念諸佛是智業近善知識恭敬供養其心尊重終無厭怠是智業樂法樂義無有厭足遠離邪念勤修正念是智業於一切衆生離於我慢於諸菩薩起如来想愛重正法如惜已身尊奉如来如護己命於修行者生諸佛想是智業身語意業無諸不善讚美賢聖隨順菩提是智業不壞緣起離諸邪見破暗得明照一切法是智業十種迴向隨順修行於諸波羅蜜起慈母想於善巧方便起慈父想以深淨心入菩提舍是智業施戒多聞止觀福慧如是一切助道之法常勤積集無有厭倦是智業若有一業為佛所讚能破眾魔煩惱鬪諍能離一切障蓋纏縛能教化調伏一切眾生能隨順智慧攝取正法能嚴淨佛剎能發起通明皆勤修習無有懈退是智業 並是菩薩智之作用故名為業後結勸 是為十若諸菩薩安住其中則得如来一切善巧方便無上大智業 三有三門辨外得加持初門所離障四初標 佛子菩薩

摩訶薩有十種魔所攝持 即究障加持由內行乖理外魔得便名為攝持又行乖理即是魔攝二徵 何等為十 三釋 所謂懈怠心魔所攝持志樂陿劣魔所攝持 上二心怠二歷 於少行生足魔所攝持受一非餘魔所攝持 此二行少解滯 不發大願魔所攝持樂處寂滅斷除煩惱魔所攝持 此二捨願趣斷 永斷生死魔所攝持捨菩薩行魔所攝持 此二成小捨大 不化眾生魔所攝持疑謗正法魔所攝持 此二捨悲謗法四結 是為十 後二門明能治行由離於邪自然合正於中先佛四。初結前生後 若諸菩薩能棄捨此魔所攝持則得十種佛所攝持 二正說先徵 何等為十 次釋 所謂初始能發菩提之心佛所攝持於生生中持菩提心不令忘失佛所攝持覺諸魔事悉能遠離佛所攝持聞諸波羅蜜如說修行佛所攝持知生死苦而不厭惡佛所攝持觀甚深法得無量果

佛所攝持為諸眾生說二乘法而不證取彼乘解脫佛所攝持樂觀無為法而不住其中於有為無為不生二想佛所攝持至無生處而現受生佛所攝持雖證得一切智而起菩薩行不斷菩薩種佛所攝持 後結勸 是為十若諸菩薩安住其中則得諸佛無上攝持力 五 三法四。初標 佛子菩薩摩訶薩有十種法所攝持 二徵 何等為十 三釋 所謂知一切行無常法所攝持知一切行苦法所攝持知一切行無我法所攝持知一切法寂滅涅槃法所攝持 上四即四法印 知諸法從緣起無緣則不起法所攝持知不正思惟故起於無明無明起故乃至老死起不正思惟滅故無明滅無明滅故乃至老死滅法所攝持 此二知總別緣生 知三解脫門出生聲聞乘證無

諍法出生獨覺乘法所攝持知六波羅蜜四攝法出生大乘法所攝持（此二大小）知一切刹一切法一切衆生一切世是佛智境界法所攝持知斷一切念捨一切取離前後際隨順涅槃法所攝持（後二智斷。四結勸）是為十若諸菩薩安住其中則得一切諸佛無上法所攝持（二有一十九門明果圓滿行多約八相顯果用者明是普賢大用之果不就淨土實報處說又顯實報不可說故又顯八相通因果故長分為十初之二門合屬第三即是八相今初住天四。初標）佛子菩薩摩訶薩住兜率天有十種所作業（欲說下生且須先明在天所作。二徵）何等為十（三釋分十。初化欲天）所謂為欲界諸天子說厭離法言一切自在皆是無常一切快樂悉當衰謝勸彼諸天發菩提心是為第一所作業（二化色天）為色界諸天說入出諸禪解脫三昧若於其中而生愛著因愛復起身見邪見無明等者則為其說如實

智慧若於一切色非色法起顛倒想以為清淨為說不淨皆是無常勸其令發菩提之心是為第二所作業（三化大千）菩薩摩訶薩住兜率天入三昧名光明莊嚴身放光明徧照三千大千世界隨衆生心以種種音而為說法衆生聞已信心清淨命終生於兜率天中勸其令發菩提之心是為第三所作業（四同類共設）菩薩摩訶薩在兜率天以無障礙眼普見十方兜率天中一切菩薩彼諸菩薩皆亦見此互相見已論說妙法謂降神母胎初生出家往詣道場具大莊嚴而復示現往昔已來所行之行以彼行故成此大智所有功德不離本處而能示現如是等事是為第四所作業（五為同類說）菩薩摩訶薩住兜率天十方一切兜率天宮諸菩

薩衆皆悉來集恭敬圍繞爾時菩薩摩訶薩欲令彼諸菩薩皆滿其願生歡喜故隨彼菩薩所應住地所行所斷所修所證演說法門彼諸菩薩聞說法已皆大歡喜得未曾有各還本土所住宮殿是為第五所作業（六善巧降魔）菩薩摩訶薩住兜率天時欲界主天魔波旬為欲壞亂菩薩業故眷屬圍繞詣菩薩所爾時菩薩為摧伏魔軍故住金剛道所攝般若波羅蜜方便善巧智慧門以柔軟麤獷二種語而為說法令魔波旬不得其便魔見菩薩自在威力皆發阿耨多羅三藐三菩提心是為第六所作業（七樂音說法）菩薩摩訶薩住兜率天知欲界諸天子不樂聞法爾時菩薩出大音聲徧告之言今日菩薩當於宮中現希有事若欲見

者宜速往詣時諸天子聞是語已無量百千億那由他皆來集會爾時菩薩見諸天衆皆來集已為現宮中諸希有事彼諸天子曾未見聞既得見已皆大歡喜其心醉沒又於樂中出聲告言諸仁者一切諸行皆悉無常一切諸行皆悉是苦一切諸法皆悉無我涅槃寂滅又復告言汝等皆應修菩薩行皆當圓滿一切智智彼諸天子聞此法音憂歎咨嗟而生厭離靡不皆發菩提之心是為第七所作業八詣佛聞法菩薩摩訶薩住兜率宮不捨本處悉能往詣十方無量一切佛所見諸如來親近禮拜恭敬聽法爾時諸佛欲令菩薩獲得最上灌頂法故為說菩薩地名一切神通以一念相應慧具足一切最勝功德入一切智智

位是為第八所作業。九供養多佛菩薩摩訶薩住兜率宮為欲供養諸如來故以大神力興起種種諸供養具名殊勝可樂徧法界虛空界一切世界供養諸佛彼世界中無量衆生見此供養皆發阿耨多羅三藐三菩提心是為第九所作業。十多身益生菩薩摩訶薩住兜率天出無量無邊如幻如影法門周徧十方一切世界示現種種色種種相種種形體種種威儀種種事業種種方便種種譬喻種種言說隨衆生心皆令歡喜是為第十所作業四益佛子是為菩薩摩訶薩住兜率天十種所作業若諸菩薩成就此法則能於後下生人間二示沒四。初標佛子菩薩摩訶薩於兜率天將下生時現十種事時至示沒名將下生大乘方便經下卷云菩薩如其本願處兜率天宮能得菩提轉於法輪非惟不能菩薩思惟閻浮提人不能至此兜率天上聽受法教兜率天人能下閻浮是故下生。二徵何等為十三釋十。初廣拔衆苦佛子菩薩摩訶薩於兜率天下生之時從於足下放大光明名安樂莊嚴普照三千大千世界一切惡趣諸難衆生觸斯光者莫不皆得離苦安樂得安樂已悉知將有奇特大人出興于世是為第一所示現事。二偏警有緣佛子菩薩摩訶薩於兜率天下生之時從於眉間白毫相中放大光明名曰覺悟普照三千大千世界照彼宿世一切同行諸菩薩身彼諸菩薩蒙光照已咸知菩薩將欲下生各各出興無量供具詣菩薩所而為供養是為第二所示現事。三嚴刹揀非佛子菩薩摩訶薩於兜率天將下生時於右掌中放大光明名清淨境界悉能嚴淨一切三千大千世界其中若有已得無漏諸辟支佛覺斯光者即捨壽命若不覺者光明力故徙置他方餘世界中一切諸魔及諸外道有見衆生皆亦徙置他方世界唯除諸佛神力所持應化衆生是為第三所示現事。四覺諸導從　佛子菩薩摩訶薩於兜率天將下生時從其兩膝放大光明名清淨莊嚴普照一切諸天宮殿下從護世上至淨居靡不周徧彼諸天等咸知菩薩於兜率天將欲下生俱懷戀慕悲歎憂惱各持種種華鬘衣服塗香末香幡蓋妓樂詣菩薩所恭敬供養隨逐下生乃至涅槃是為第四所示現事。五寄名侍衛　佛子菩薩摩訶薩在兜率天將下生時於卍字金剛莊嚴心藏中放大光明名無能勝幢普照十方一切世界金剛力士時有百億金剛力士皆悉來集隨逐侍衛始於下生乃至涅槃是為第五所示現事。六先告當機　佛子菩薩摩訶薩於兜率天將下生時從其身上一切毛孔放大光明名分別衆生普照一切大千世界徧觸一切諸菩薩身復觸一切諸天世人諸菩薩等咸作是念我應住此供養如來教化衆生是為第六所示現事。七令輔翼知　佛子菩薩摩訶薩於兜率天將下生時從大摩尼寶藏殿中放大光明名善住觀察照此菩薩當生之處所託王宮其光照已諸餘菩薩皆共隨逐下閻浮提若於其家若其聚落若其城邑而現受生為欲教化諸衆生故是為第七所示現事。八淨所生處　佛子菩薩摩訶薩於兜率天臨下生時從天宮殿及大樓閣諸莊嚴中放大光明名一切宮殿清淨莊嚴照所生母腹光明照已令菩薩母安隱快樂具足成就一切功德其母腹中自然而有廣大樓閣大摩尼寶而為莊嚴為欲安處菩薩身故是為第八所示現事。九長延天壽　佛子菩薩摩訶薩於兜率天臨下生時從兩足下放大光明名為善住若諸天子及諸梵天其命將終蒙光照觸皆得住壽供養菩薩從初下生乃至涅槃是為第九所示現事。十廣現難思　佛子菩薩摩訶薩於兜率天臨下生時從隨好中放大光明名日明莊嚴示現菩薩種種諸業時諸人天或見菩薩住兜率天或見入胎或見初生或見出家或見成道或見降魔或見轉法輪或見入涅槃是為第十所示現事。四益　佛子菩薩摩訶薩於身於座於宮殿於樓閣中放如是等百萬阿僧祇光明悉現種種諸菩薩業現是業已具足一切功德法故從兜率天下生人間此下入第五十九經三正明入胎四初標佛子菩薩摩訶薩示現處胎有十種事如有問言於四生中化生為上佛為最勝何故胎生諸經論中多用初段以通此問今明具十以表無盡二徵何等為十三釋釋中曲分十段初為化劣解佛子菩薩摩訶薩為欲成就小心劣解諸眾生故不欲令彼起如是念今此菩薩自然化生智慧善根不從修得是故菩薩示現處胎是為第一事此通凡小二攝眷屬菩薩摩訶薩為成熟父母及諸眷屬宿世同行眾生善根示現處胎何以故彼皆應以見於處胎成熟所有諸善根故是為第二事化生段有父母等恩養少故三三時無亂菩薩摩訶薩入母胎時正念正知無有迷惑住母胎已心恒正念亦無錯亂是為第三事但有入住二時出時無亂在後初生文中

收故俱舍世品明輪王唯入胎無亂緣覺兼住唯佛三時無亂以福智俱勝故瑜伽同此上之三段小教亦說次下四事兼於推大四演法益物菩薩摩訶薩在母胎中常演說法十方世界諸大菩薩釋梵四王皆來集會悉令獲得無量神力無邊智慧菩薩處胎成就如是辯才勝用是為第四事五乘願化生菩薩摩訶薩在母胎中集大眾會以本願力教化一切諸菩薩眾是為第五事六破胎生慢菩薩摩訶薩於人中成佛應具人間最勝受生以此示現處於母胎是為第六事誰能於佛恃種族耶七胎障不隔菩薩摩訶薩在母胎中三千大千世界眾生悉見菩薩如明鏡中見其面像爾時大心天龍夜叉乾闥婆阿脩羅迦樓羅緊那羅摩睺羅伽人非人等皆詣菩薩恭敬供養是為第七事由不隔故故令大心同得瞻覲後之三段唯實教有八同類共集菩薩摩訶薩在母胎中他方

世界一切最後生菩薩在母胎者皆來共會說大集法門名廣大智慧藏說智慧藏為胎藏故是為第八事九定力現嚴菩薩摩訶薩在母胎時入離垢藏三昧以離垢藏為胎藏故以三昧力於母胎中現大宮殿種種嚴飾悉皆妙好兜率天宮不可為比而令母身安隱無患是為第九事十興供開法菩薩摩訶薩住母胎時以大威力興供養具名開大福德離垢藏普徧十方一切世界供養一切諸佛如來彼諸如來咸為演說無邊菩薩住處法界藏是為第十事以法界藏為胎藏故此一是總八九即是法界別義法界寂然是離垢義寂而常照是智慧義又前二是能證後一是所證能所冥合諸佛生故又前二不壞小而廣容後一不動此而普徧如是自在是佛生故四益佛子是為菩薩摩訶薩示現處胎十種事若諸菩薩了達此法則能示現甚微細趣由住胎相四初標佛子菩薩摩訶薩有十種甚微

細趣○二徵何等為十○三釋所謂在母胎中示
現初發菩提心乃至灌頂地上一通現地位次八明現七相在
母胎中示現住兜率天在母胎中示現
初生在母胎中示現童子地在母胎中
示現處王宮在母胎中示現出家在母
胎中示現苦行往詣道場成等正覺在
母胎中示現轉法輪在母胎中示現般
涅槃以處胎為能現餘皆是所現童子處處宮相故在母胎中示現大
微細謂一切菩薩行一切如來自在神
力無量差別門此一總結多門並一相中同時齊現深密難知故名微細○四荅
佛子是為菩薩摩訶薩在母胎中十種
微細趣若諸菩薩安住此法則得如來
無上大智慧微細趣五有三門明初生相三初正辨即右脇生時四
初標佛子菩薩摩訶薩有十種生○二徵何等
為十○三釋所謂遠離愚癡正念正知生放
大光明網普照三千大千世界生住最
後有更不受後身生不生不起生知三
界如幻生於十方世界普現身生證一
切智智身生放一切佛光明普覺悟一
切眾生身生入大智觀察三昧身生佛
子菩薩生時震動一切佛剎解脫一切
眾生除滅一切惡道映蔽一切諸魔無
量菩薩皆來集會初一出時無亂後一動剎益生中八可知○四結益
佛子是為菩薩摩訶薩十種生為調伏
眾生故如是示現六三現微笑四○初標佛子菩薩摩
訶薩以十事故示現微笑心自誓在行七步時故
瑞應經云菩薩示生即行七步一手指天一手指地天上天下唯我獨尊即自誓也○二徵何等為
十○三釋所謂菩薩摩訶薩念言一切世間
沒在欲泥除我一人無能勉濟如是知
已熙怡微笑心自誓復念言一切世間
煩惱所盲唯我今者具足智慧如是知
已熙怡微笑心自誓又念言我今因此
假名身故當得如來充滿三世無上法
身如是知已熙怡微笑心自誓上三自慶次六慶能
偏益群品菩薩爾時以無障礙眼徧觀十方
所有梵天乃至一切大自在天作是念
言此等眾生皆自謂為有大智力如是
知已熙怡微笑心自誓無智自憍我能摧故菩薩爾
時觀諸眾生久種善根今皆退沒如是
知已熙怡微笑心自誓昔善今退我能續故菩薩觀
見世間種子所種雖少獲果甚多如是
知已熙怡微笑心自誓能為眾生作良福田故菩薩
觀見一切眾生蒙佛所教必得利益如
是知已熙怡微笑心自誓見生聞教益不虛故菩薩
觀見過去世中同行菩薩染著餘事不
得佛法廣大功德如是知已熙怡微笑
心自誓傷諸同行不成佛故菩薩觀見過去世中共
同集會諸天人等至今猶在凡夫之地

不能捨離亦不疲厭，如是知已熙怡微笑心自擡（慜諸同會滯凡地故）菩薩爾時為一切如來光明所觸倍加欣慰熙怡微笑心自擡（此一得佛故四結益）是為十佛子菩薩為調伏衆生故如是示現（三行七步四○初標）佛子菩薩摩訶薩以十事故示行七步（謂初生在地十方各行七步顯自在希奇故三○徵）何等為十（三○釋）所謂現菩薩力故示行七步現施七財故示行七步滿地神願故示行七步現超三界相故示行七步（七數過三名過三界）現菩薩最勝行超過象王牛王師子王行故示行七步現金剛地相故示行七步（隨所履地皆現金剛）現欲與衆生勇猛力故示行七步現修行七覺寶故示行七步現所得法不由他教故示行七步現於世間最勝無比故示行七步（四結益）是為十佛子菩薩為調伏衆生故如是

示現（六有二門明在家同俗行並處王宮相童子已在王宮但此門明幼懷德藝顯是超絕四○初標）佛子菩薩摩訶薩以十事故現處童子地（三○徵）何等為十（三○釋）所謂為現通達一切世間文字筭計圖書印璽種種業故處童子地為現通達一切世間象馬車乘弧矢劒戟種種業故處童子地為現通達一切世間文筆談論博奕嬉戲種種事故處童子地為現遠離身語意業諸過失故處童子地為現入定住涅槃門周徧十方無量世界故處童子地為現其力超過一切天龍夜叉乾闥婆阿脩羅迦樓羅緊那羅摩睺羅伽釋梵護世人非人等故處童子地為現菩薩色相威光超過一切釋梵護世故處童子地為令耽著欲樂衆生歡喜樂法故處童子地（令樂法者幼而梵行德業殊倫後見道成必樂其法）為尊重正

法勤供養佛周徧十方一切世界故處童子地為現得佛加被蒙法光明故處童子地（四○結）是為十（三○貴極無染以彰德高四○初結前生後）佛子菩薩摩訶薩現童子地已以十事故現處王宮（三○徵）何等為十（三○釋）所謂為令宿世同行衆生善根成熟故現處王宮（化同行謂諸同行處王宮故如瞿波處）為顯示菩薩善根力故現處王宮為諸天人耽著樂具示現菩薩大威德樂具故現處王宮順五濁世衆生心故現處王宮（濁世欣貴故）為現菩薩大威德力能於深宮入三昧故現處王宮為令宿世同願衆生滿其意故現處王宮欲令父母親戚眷屬滿所願故現處王宮欲以妓樂出妙法音供養一切諸如來故現處王宮欲於宮內住微妙三昧始從成佛乃至涅槃皆示現故現處王宮

為隨順守護諸佛法故現處王宮。四結示是為十最後身菩薩如是示現處王宮已然後出家。七有二門明捨家期道行初明出家四。初標佛子菩薩摩訶薩以十事故示現出家二十雖能深宮入道而出家者示斯十意。二徵杳二何等為十。三釋所謂為厭居家故示現出家為著家衆生令捨離故示現出家上之二句令厭苦果為隨順信樂聖人道故示現出家為宣揚讚歎出家功德故示現出家此二欣揚勝道為顯永離二邊見故示現出家此二令離利鈍集因著常見者貴常為貴故不出家著斷見者身滅無餘何須出家既非常斷明可修進云離二邊又非苦樂等為先現出三界相故示現出家為令衆生離欲樂我樂故示現出家為現自在不屬他故示現出家為顯當得如來十力無畏法故示現出家此二顯於三界家繫求證滅故最後菩薩法應爾故示現出家此二顯其得果同因。四結益是為十菩薩以此調伏衆生。三顯修行四。初標佛子菩薩摩訶薩為十種事故示行苦行行有苦樂而偏苦者有斯十意。二徵何等為十。三釋所謂為成就劣解衆生故示行苦行為小乘要為勤苦方得道故為拔邪見衆生故示行苦行不同異道杳二摧邪見故謂六年自餓無能二十一得道後受乳糜方得大果顯餓非眞為不信業報衆生令見業報故示行苦行一言屬佛六載受飢故緣如大乘方便經第二為隨順雜染世界法應爾故示行苦行五濁衆生皆有重罪憂惱覆心不能得道令彼念言毀謗於佛尚得解脫況我等耶即悔除故亦如彼說示能忍劬勞勤修道故示行苦行為策勤懈怠衆生故為令衆生樂求法故示行苦行令知為法忌飢故為著欲樂我樂衆生故示行苦行示著樂非道故為顯菩薩起行殊勝乃至最後生猶不捨勤精進故示行苦行始末精勤故第九句準晉經云欲令未來衆生發精進故令精進之言合在前句闕斯一句為諸天世人諸根未熟待時成熟故示行苦行苦行待機者顯悲深故。四結益是為十菩薩以此方便調伏一切衆生

大方廣佛華嚴經疏卷第九十二　杳二

大方廣佛華嚴經疏卷第九十三（入第五十九經下卷） 杳三

清涼山沙門澄觀述　晉水沙門淨源錄疏注經

（八有五門道成證入行初進趣所安四。初標）佛子菩薩摩訶薩往詣道場有十種事（從苦行所向於道樹顯捨邪徒趣正道故因圓趣果故行行後邊故。二徵）何等為十（三釋）所謂詣道場時照耀一切世界詣道場時震動一切世界詣道場時於一切世界普現其身詣道場時覺悟一切菩薩及一切宿世同行眾生詣道場時示現道場一切莊嚴詣道場時隨諸眾生心之所欲而為現身種種威儀及菩提樹一切莊嚴詣道場時現見十方一切如來詣道場時舉足下足常入三昧念念成佛無有超隔詣道場時一切天龍夜叉乾闥婆阿脩羅迦樓羅緊那羅摩睺羅伽釋梵護世一切諸王各不相知而興種種上妙供養詣道場時以無礙智普觀一切諸佛如來於一切世界修菩薩行而成正覺（四結）是為十菩薩以此教化眾生（二正坐道場明自力安處四。初標）佛子菩薩摩訶薩坐道場有十種事（二徵）何等為十（三釋）所謂坐道場時種種震動一切世界坐道場時平等照耀一切世界坐道場時除滅一切諸惡趣苦坐道場時令一切世界金剛所成（上四嚴處次三三業現相）坐道場時普觀一切諸佛如來師子之座（觀師子座者知將說故晉經云觀一切佛師子之吼）坐道場時心如虛空無所分別坐道場時隨其所應現身威儀（後三成德）坐道場時隨順安住金剛三昧坐道場時受一切如來神力所持清淨妙處（受佛所處將契同法界）坐道場時自善根力悉能加被一切眾生（大悲同體故能徧加。四結）是為十（三外感奇特大果先非故文。四初標）佛子菩薩摩訶薩坐道場時有十種奇特未曾有事（二徵）何等為十（三釋）佛子菩薩摩訶薩坐道場時十方世界一切如來皆現其前咸舉右手而稱讚言善哉善哉無上導師是為第一未曾有事菩薩摩訶薩坐道場時一切如來皆悉護念與其威力是為第二未曾有事菩薩摩訶薩坐道場時宿世同行諸菩薩眾悉來圍繞以種種莊嚴具恭敬供養是為第三未曾有事菩薩摩訶薩坐道場時一切世界草木叢林諸無情物皆曲身低影歸向道場是為第四未曾有事菩薩摩訶薩坐道場時入三昧名觀察法界此三昧力能令菩薩一切諸行悉得圓滿是為第五未曾有事菩薩摩訶薩坐道場時得陀羅尼名最上離垢妙光海藏能受一切諸佛如來大雲法雨是為第六未曾有事菩薩摩訶薩坐道場時以威德力興上妙供具徧一切世界供養諸佛是為第七未曾有事菩薩摩訶薩坐道場時住最勝智悉現了知一切衆生諸根意行是為第八未曾有事菩薩摩訶薩坐道場時入三昧名善覺此三昧力能令其身充滿三世盡虛空界一切世界是為第九未曾有事菩薩摩訶薩坐道場時得離垢光明無礙大智令其身業普入三世是為第十未曾有事(四結)佛子是為菩薩摩訶薩坐道場時十種奇特未曾有事(四正覺將顯先摧邪故文四。初標)佛子菩薩摩訶薩坐道場時觀十種義故示現降魔(皆言示者久已降故魔王多是大菩薩故無有惡魔能惱佛故亦如野干豈能於彼師子之前以振威勢大衆方便經下卷云若非佛力召來使等惡魔豈得近佛魔為欲界等勝勝既先降餘皆伏故。二徵)何等為十

(三釋)所謂為濁世衆生樂於鬬戰欲顯菩薩威德力故示現降魔(示以德詳)為諸天世人有懷疑者斷彼疑故示現降魔(破人天疑魔佛諍愈)為教化調伏諸魔軍故示現降魔(波旬兵衆滿三十六由旬圍菩提樹欲作留難菩薩住於慈悲智慧以手指地一切散壞八萬四千一部大衆皆發無上大菩提心故云教化調伏廣如方便經及本行集說)為欲令諸天世人樂冥障者咸來聚觀心調伏故示現降魔為顯示菩薩所有威力世無能敵故示現降魔(上二可知)為欲發起一切衆生勇猛力故示現降魔(未免魔者勿懈怠故)為哀愍末世諸衆生故示現降魔(一被降伏及至末世翻護法故)為欲顯示乃至道場猶有魔軍而來觸惱此後乃得超魔境界故示現降魔為顯煩惱業用羸劣大慈善根勢力彊盛故示現降魔為欲隨順濁惡世界所行法故示現降魔(四結)是為十(五正覺現前四。初標)佛子菩薩摩訶薩

有十種成如來力(前之二門當無間道此當解脫道更前二門即方便道。二徵)何等為十。(三釋)所謂超過一切衆魔煩惱業故成如來力(上一障無不寂)具足一切菩薩行遊戲一切菩薩三昧門故成如來力具足一切菩薩廣大禪定故成如來力(此二因無不圓)圓滿一切白淨助道法故成如來力得一切法智慧光明善思惟分別故成如來力(此二果無不滿)其身周徧一切世界故成如來力所出言音悉與一切衆生心等故成如來力能以神力加持一切故成如來力(此三德無不普)與三世諸佛身語意業等無有異於一念中了三世法故成如來力得善覺智三昧具如來十力所謂是處非處智力乃至智漏盡智力故成如來力(後二佛無不同是故結名如來力也。四結)是為十若諸菩薩具此十力則名如來應正等覺(九有二門明轉法輪道成

機熟開甘露門故於中初門所轉法輪體用四。初標佛子如來應正等覺轉大法輪有十種事流演圓通目之為輪自我之彼名之為轉小乘以眼智明覺四行繫於四諦令顯無盡故有十行應於十諦以成百行餘如法輪章中廣說。二徵何等為十三釋一者具足清淨四無畏智二者出生四辯隨順音聲上二能詮智辯圓備三者善能開闡四眞諦相四者隨順諸佛無礙解脫此二所轉深妙五者能令衆生心皆淨信六者所有言說皆不唐捐能拔衆生諸苦毒箭此二生信拔苦七者大悲願力之所加持八者隨出音聲普徧十方一切世界此二因深量廣九者於阿僧祇劫說法不斷十者隨所說法皆能生起根力覺道禪定解脫三昧等法後二時遠益高四結佛子諸佛如來轉於法輪有如是等無量種事二轉法輪因緣。初標佛子如來應正等覺轉法輪時以十事故於衆生心中種白淨法無空過者白淨法者即所轉輪體謂佛無漏清淨法界轉入一切衆生心中成聞熏種子故名為種說應時機言不虛發還生無漏聖智故無空過故攝論中多聞熏習從最清淨法界等流生無漏現行是此義也亦此前章無礙解脫所以能種此種因者有十事故。二徵何等為十三釋所謂過去願力故上一宿因餘皆現因於中前六德具初二悲具大悲所持故內持不捨衆生故外攝次四智具即四悉檀智慧自在隨其所樂為說法故一為人所樂不同故必應其時未曾失故二第一義應時令悟故隨其所宜無妄說故三對治隨病所宜故知三世智善了知故四世界了世而順故後三用勝其身最勝無與等故言辭自在無能測故智慧自在隨所發言悉開悟故四結是為十今涅槃四。初標佛子如來應正等覺作佛事已觀十種義故示般涅槃二徵何等為十三釋所謂示一切行實無常故示一切有為非安隱故。謂應盡還源有斯十意。初二明生死過患上句無常下句無樂故云非安隱示大涅槃是安隱處無怖畏故明涅槃是樂翻上無樂以涅槃寂滅為眞樂故以諸人天樂著色身為現色身是無常法令其願住淨法身故翻色身無常法身為常故晋經云今求常住淨法身故今闕常字以法身是三德之一性出自古體無變異偏語其常今已出纏故名為淨次三句明生死無我不自在故示無常力不可轉故一翻無常不自在故云不可轉示一切有為不隨心住不自在故別明念念無常不自在故此通變易生死示一切三有皆如幻化不堅牢故即分段不能堅住亦非自在示涅槃性究竟堅牢不可壞故明涅槃是堅固法即自在我亦兼常義示一切法無生無起而有聚集散壞相故翻有為以明淨德不淨者即有為法故言聚散淨者諸佛菩薩正法名無生起然是性淨涅槃隨緣生死即相之性方為正法然涅槃第二翻破凡小四德通諸佛法故以如來為我此正顯涅槃故亦就涅槃明我餘並相順然常等四德雖偏通佛法從其別義各顯不同上以四榮翻其四枯具遣八倒佛子諸佛世尊作佛事已所願滿已轉法輪已應化度者皆化度已有諸菩薩應受尊號成記莂已法應如是入於不變大般涅槃明法爾諸佛常規。四結佛子是為如來應正等覺觀十義故示般涅槃七結勸修學分於中二初結義勸修二。初舉名結義佛子此法門名菩薩廣大清淨行無量諸佛所共宣說能令智者了無量義皆生歡喜令一切菩薩大願大行皆得相續（二勸信修行）佛子若有衆生得聞此法聞已信解解已修行必得疾成阿耨多羅三藐三菩提何以故以如說修行故佛子若諸菩薩不如說行當知是人於佛菩提則為永離是故菩薩應如說行（二結名勸學先顯十）佛子此一切菩薩功德行處（初一約能詮依名此生行故名爲處前約所詮行體但云清淨行餘九皆約所詮功能以立其稱）決定義華（決彼行義定能感果）普入一切法（證彼所證）普生一切智（能證分明）超諸世間（由有智超勝故）離二乘道（悲與萬行）不與一切諸衆生共（一圓融故）悉能照了一切法門（軌則具足）增長衆生出世善根（即理涉事）離世間法門品（即事而真後勸學）應尊重應聽受應誦持應思惟應願樂應修行若能如是當知是人疾得阿耨多羅三藐三菩提（八現瑞分）說此品時佛神力故及此法門法如是故十方無量無邊阿僧祇世界皆大震動大光普照（九證成分於中有二初讚法證）爾時十方諸佛皆現普賢菩薩前讚言善哉善哉佛子乃能說此諸菩薩摩訶薩功德行處決定義華普入一切佛法出世間法門品（二歎人證）佛子汝已善學此法善說此法汝以威力護持此法我等諸佛悉皆隨喜如我等諸佛隨喜於汝一切諸佛悉亦如是佛子我等諸佛悉共同心護持此經令現在未來諸菩薩衆未曾聞者皆當得聞（十偈頌分揔有二百一十五頌半就文分三初有八偈句皆七言數德深廣明說分齊二有百三十頌半揔示行德略顯深廣上二並是伽陁三有七十六偈頌前長行方是祇夜今初分四初許說深廣）爾時普賢菩薩摩訶薩承佛神力觀察十方一切大衆洎于法界而說頌言

於無量劫修苦行　從無量佛正法生
令無量衆住菩提　彼無等行聽我說
供無量佛而捨著　廣度羣生不作想
求佛功德心無依　彼勝妙行我今說
離三界魔煩惱業　具聖功德最勝行
滅諸癡惑心寂然　我今說彼所行道
永離世間諸誑幻　種種變化示衆生
心生住滅現衆事　說彼所能令衆喜（次有二偈舉德誡聽）
見諸衆生生老死　煩惱憂横所纏迫
欲令解脫教發心　彼功德行應聽受
施戒忍進禪智慧　方便慈悲喜捨等
百千萬劫常修行　彼人功德仁應聽（三有一偈重揔許說）
千萬億劫求菩提　所有身命皆無悋
願益羣生不為己　彼慈愍行我今說（四有一偈示說分齊）

無量億劫演其德　如海一滴未為少
功德無比不可喻　以佛威神今略說
三總示行德略顯深廣文三。初略標法喻
其心無高下
求道無厭倦　普使諸衆生　住善增淨法
智慧普饒益　如樹如河泉　亦如於大地
一切所依處二三託事表法以明深廣總有五十喻難以區分今類例相從具分為十。初
四偈半二喻明悅物饒益行
菩薩如蓮華　慈根安隱莖
智慧為衆藥　戒品為香潔　佛放法光明
令彼得開敷　不著有為水　見者皆欣樂
菩薩妙法樹　生於直心地　信種慈悲根
智慧以為身　方便為枝幹　五度為繁密
定葉神通華　一切智為果　最上力為鳥
垂陰覆三界二有十偈明摧邪遠迷行
菩薩師子王
白淨法為身　四諦為其足　正念以為頸
慈眼智慧首　頂繫解脫繒　勝義空谷中
吼法怖衆魔　菩薩為商主　普見諸群生

在生死曠野　煩惱險惡處　魔賊之所攝
癡盲失正道　示其正直路　令入無畏城
菩薩見衆生　三毒煩惱病　種種諸苦惱
長夜所煎迫　為發大悲心　廣說對治門
八萬四千種　滅除衆苦患　菩薩為法王
正道化衆生　令遠惡修善　專求佛功德
一切諸佛所　灌頂受尊記　廣施衆聖財
菩提分珍寶　菩薩轉法輪　如佛之所轉
戒轂三昧輞　智莊慧為劍　既破煩惱賊
亦殄衆魔冤　一切諸外道　見之無不散
師子吼義法界初說。三高深堅密行
菩薩智慧海　深廣無涯際
正法味盈洽　覺分寶充滿　大心無邊岸
一切智為潮　衆生莫能測　說之不可盡
菩薩須彌山　超出於世間　神通三昧峯
大心安不動　若有親近者　同其智慧色
迴絕衆境界　一切無不覩　菩薩如金剛

志求一切智　信心及苦行　堅固不可動
其心無所畏　饒益諸群生　衆魔與煩惱
一切悉摧滅　菩薩大慈悲　譬如重密雲
三明發電光　神足震雷音　普以四辯才
雨八功德水　潤洽於一切　令除煩惱熱
菩薩正法城　般若以為牆　慚愧為深塹
智慧為却敵　廣開解脫門　正念恒防守
四諦坦王道　六通集兵仗　復建大法幢
周迴徧其下　三有諸魔衆　一切無能入
。四有六偈明觀機照益行
菩薩迦樓羅　如意為堅足
方便勇猛翅　慈悲明淨眼　住一切智樹
觀三有大海　搏撮天人龍　安置涅槃岸
菩薩正法日　出現於世間　戒品圓滿輪
神足速疾行　照以智慧光　長諸根力藥
滅除煩惱闇　消竭愛欲海　菩薩智光月
法界以為輪　遊於畢竟空　世間無不見

三界識心内　隨時有增減　二乘星宿中
一切無儔匹。五有六偈明自在統御行　菩薩大法王
功德莊嚴身　相好皆具足　人天悉瞻仰
方便清淨目　智慧金剛杵　於法得自在
以道化羣生　菩薩大梵王　自在超三有
業惑悉皆斷　慈捨靡不具　處處示現身
開悟以法音　於彼三界中　拔諸邪見根
菩薩自在天　超過生死地　境界常清淨
智慧無退轉　絶彼下乘道　受諸灌頂法
功德智慧具　名稱靡不聞。六有二偈明包含無染行
菩薩智慧心　清淨如虛空　無性無依處
一切不可得　有大自在力　能成世間事
自具清淨行　令衆生亦然。七有二偈明周徧成益行
菩薩方便地　饒益諸衆生　菩薩慈悲水
浣滌諸煩惱　菩薩智慧火　燒諸惑習薪
菩薩無住風　遊行三有空。八有六偈明撿束修身行

菩薩如珍寶　能濟貧窮厄　菩薩如金剛
能摧顛倒見　菩薩如瓔珞　莊嚴三有身
菩薩如摩尼　增長一切行　菩薩德如華
常發菩提分　菩薩猶如鬘　恒繫衆生首
菩薩淨戒香　堅持無缺犯　菩薩智塗香
普熏於三界　菩薩力如帳　能遮煩惱塵
菩薩智如幢　能摧我慢敵　妙行如繒綵
莊嚴於智慧　慙愧作衣服　普覆諸羣生
。九有二偈明調御運載行　菩薩無礙乘　巾之出三界
菩薩大力象　其心善調伏　菩薩神足馬
騰步超諸有　菩薩説法龍　普雨衆生心
。十有六偈明外用遊處行　菩薩優曇華　世間難值遇
菩薩大勇將　衆魔悉降伏　菩薩轉法輪
如佛之所轉　菩薩燈破闇　衆生見正道
菩薩功德河　恒順正道流　菩薩精進橋
廣度諸羣品　大智與弘誓　共作堅牢船

引接諸衆生　安置菩提岸　菩薩遊戲園
眞實樂衆生　菩薩解脱華　莊嚴智宫殿
菩薩如妙藥　滅除煩惱病　菩薩如雪山
出生智慧藥。三即法明行以彰廣大二初十偈揔明深廣許説誡聽三。初三上同佛覺
菩薩等於佛　覺悟諸羣生　佛心豈有他
正覺覺世間　如佛之所來　菩薩如是來
亦如一切智　以智入普門　菩薩善開導
一切諸羣生　菩薩自然覺　一切智境界
。二有三偈下超羣品　菩薩無量力　世間莫能壞
菩薩無畏智　知衆生及法　一切諸世間
色相各差別　音聲及名字　悉能分別知
雖離於名色　而現種種相　一切諸衆生
莫能測其道。三有四偈許説誡聽　如是等功德
菩薩悉成就　了性皆無性　有無無所著
如是一切智　無盡無所依　我今當演説
令衆生歡喜　雖知諸法相　如幻悉空寂

而以悲願心　及佛威神力　現神通變化
種種無量事　如是諸功德　汝等應聽受
三有六十四頌別明深廣以酬前許束為十行。初六偈三業深廣行　一身能示現
無量差別身　無心無境界　普應一切衆
一音中具演　一切諸言音　衆生語言法
隨類皆能作　永離煩惱身　而現自在身
知法不可說　而作種種說　其心常寂滅
清淨如虛空　而普莊嚴剎　示現一切衆
於身無所著　而能示現身　一切世間中
隨應而受生　雖生一切處　亦不住受生
知身如虛空　種種隨心現　二有五頌明二嚴無礙行
菩薩身無邊　普現一切處　常恭敬供養
最勝兩足尊　香華衆妓樂　幢幡及寶蓋
恒以深淨心　供養於諸佛　不離一佛會
普在諸佛所　於彼大衆中　問難聽受法
聞法入三昧　一一無量門　起定亦復然

示現無窮盡　智慧巧方便　了世皆如幻
而能現世間　無邊諸幻法　三有三頌明逆順成滿行
示現種種色　亦現心及語　入諸想網中
而恒無所著　或現初發心　利益於世間
或現久修行　廣大無邊際　施戒忍精進
禪定及智慧　四梵四攝等　一切最勝法
四有十頌明普門示現行　或現行成滿　得忍無分別
或現一生繫　諸佛與灌頂　或現聲聞相
或復現緣覺　處處般涅槃　不捨菩提行
或現為帝釋　或現為梵王　或天女圍繞
或時獨宴默　或現為比丘　寂靜調其心
或現自在王　統理世間法　或現巧術女
或現修善行　或現受五欲　或現入諸禪
或現初始生　或少或老死　若有思議者
心疑發狂亂　或現在天宮　或現始降神
或入或住胎　成佛轉法輪　或生或涅槃

或現入學堂　或在釆女中　或離俗修禪
或坐菩提樹　自然成正覺　或現轉法輪
或現始求道　或現為佛身　宴坐無量剎
或修不退道　積集菩提具　五有四頌明時處圓融行
深入無數劫　皆悉到彼岸　無量劫一念
一念無量劫　一切劫非劫　為世示現劫
無來無積集　成就諸劫事　於一微塵中
普見一切佛　十方一切處　無處而不有
國土衆生法　次第悉皆見　經無量劫數
究竟不可盡　六有六頌明知根說法行　菩薩知衆生
廣大無有邊　彼一衆生身　無量因緣起
如知一無量　一切悉亦然　隨其所通達
教諸未學者　悉知衆生根　上中下不同
亦知根轉移　應化不應化　一根一切根
展轉因緣力　微細各差別　次第無錯亂
又知其欲解　一切煩惱習　亦知去來今

所有諸心行　了達一切行　無来亦無去
既知其行已　為說無上法。七有四頌明寂用迅疾行
雜染清淨行　種種悉了知　一念得菩提
成就一切智　住佛不思議　究竟智慧心
一念悉能知　一切衆生行　菩薩神通智
功力已自在　能於一念中　往詣無邊剎
如是速疾往　盡於無數劫　無處而不周
莫動毫端分。八有十頌明悲不失智行　譬如工幻師
示現種種色　於彼幻中求　無色無非色
菩薩亦如是　以方便智幻　種種皆示現
充滿於世間　譬如淨日月　皎鏡在虛空
影現於衆水　不為水所雜　菩薩淨法輪
當知亦如是　現世間心水　不為世所雜
如人睡夢中　造作種種事　雖經億千歲
一夜未終盡　菩薩住法性　示現一切事
無量劫可極　一念智無盡　譬如山谷中

及以宮殿間　種種皆響應　而實無分別
菩薩住法性　能以自在智　廣出隨類音
亦復無分別　如有見陽燄　想之以為水
馳逐不得飲　展轉更增渴　衆生煩惱心
應知亦如是　菩薩起慈愍　救之令出離
九有十四頌明智不失悲行　觀色如聚沫　受如水上泡
想如熱時燄　諸行如芭蕉　心識猶如幻
示現種種事　如是知諸蘊　智者無所著
諸處悉空寂　如機關動轉　諸界性永離
妄現於世間　菩薩住真實　寂滅第一義
種種廣宣暢　而心無所依　無來亦無去
亦復無有住　煩惱業苦因　三種恒流轉
緣起非有無　非實亦非虛　如是入中道
說之無所著　能於一念中　普現三世心
欲色無色界　一切種種事　隨順三律儀
演說三解脫　建立三乘道　成就一切智

了達處非處　諸業及諸根　界解與禪定
一切至處道　宿命念天眼　滅除一切惑
知佛十種力　而未能成就　了達諸法空
而常求妙法　不與煩惱合　而亦不盡漏
廣知出離道　而以度衆生　於此得無畏
不捨修諸行　無謬無違道　亦不失正念
精進欲三昧　觀慧無損減　三聚皆清淨
三世悉明達　大慈愍衆生　一切無障礙
謂末後二句明不失悲前頌智德圓滿。十有二偈明結德無盡行　由入此法門
得成如是行　我說其少分　功德莊嚴義
窮於無數劫　說彼行無盡　我今說少分
如大地一塵。三頌前長行二初三十九偈頌前說分六位分六。初四偈頌十信位中行
依於佛智住　起於奇特想　修行最勝行
具足大慈悲　精勤自安隱　教化諸含識
安住淨戒中　具諸授記行　能入佛功德
衆生行及剎　劫世悉亦知　無有疲厭想

差別智揔持　通達眞實義　思惟說無比
寂靜等正覺。二有四偈頌十住行　發於普賢心
及修其行願　慈悲因緣力　趣道意清淨
修行波羅蜜　究竟隨覺智　證知力自在
成無上菩提　成就平等智　演說最勝法
能持具妙辯　逮得法王處　遠離於諸著
演說心平等　出生於智慧　變化得菩提
三有六偈頌十行行　住持一切劫　智者大欣慰
深入及依止　無畏無疑惑　了達不思議
巧密善分別　善入諸三昧　普見智境界
究竟諸解脫　遊戲諸通明　纏縛悉永離
園林恣遊處　白法爲宮殿　諸行可欣樂
現無量莊嚴　於世心無動　深心善觀察
妙辯能開演　清淨菩提印　智光照一切
所住無等比　其心不下劣　立志如大山
種德若深海。四有五偈頌迴向行　如寶安住法

被甲擐願心　發起於大事　究竟無能壞
得授菩提記　安住廣大心　祕藏無窮盡
覺悟一切法　世智皆自在　妙用無障礙
衆生一切剎　及以種種法　身願與境界
智慧神通等　示現於世間　無量百千億
遊戲及境界　自在無能制　力無畏不共
一切業莊嚴。五有九頌半十地行　諸身及身業
語及淨修語　以得守護故　成辦十種事
菩薩心發心　及以心周徧　諸根無散動
獲得最勝根　深心增勝心　遠離諸諂誑
種種決定解　普入於世間　捨彼煩惱習
取茲最勝道　巧修使圓滿　逮成一切智
離退入正位　決定證寂滅　出生佛法道
成就功德号　道及無量道　乃至莊嚴道
次第善安住　悉皆無所著　手足及腹藏
金剛以爲心　被以慈哀甲　具足衆器仗

智首明達眼　菩提行爲耳　清淨戒爲鼻
滅闇無障礙　辯才以爲舌　無處不至身
最勝智爲心　行住修諸業　道場師子座
梵臥空爲住。六有十偈半頌因圓果滿　所行及觀察
普照如來境　徧觀衆生行　奮迅及哮吼
離貪行淨施　捨慢持淨戒　不瞋常忍辱
不懈恒精進　禪定得自在　智慧無所行
慈濟悲無倦　喜法捨煩惱　於諸境界中
知義亦知法　福德悉成滿　智慧如利劒
普照樂多聞　明了趣向法　知魔及魔道
捨願咸捨離　見佛與佛業　發心皆攝取
離慢修智慧　不爲魔力持　爲佛所攝持
亦爲法所持　現住兜率天　又現彼命終
亦現住母胎　亦現微細趣　現生及微笑
亦現行七步　示修衆技術　亦示處深宮
出家修苦行　往詣於道場　端坐放光明

覺悟諸羣生　降魔成正覺　轉無上法輪
所現悉已終　入於大涅槃（其初所行二字義屬前段。二有三十七偈頌結勸修學，然小異前，辨分之為四。初一偈結前所說為少）彼諸菩薩行
無量劫修習　廣大無有邊　我今說少分
（二有三十偈別顯德用深廣。二初結約法顯行五。初於剎自在）雖令無量衆
安住佛功德　衆生及法中　畢竟無所取
具足如是行　游戲諸神通　毛端置衆剎
經於億千劫　掌持無量剎　徧往身無倦
還來置本處　衆生不知覺　菩薩以一切
種種莊嚴剎　置於一毛孔　眞實悉令見
復以一毛孔　普納一切海　大海無增減
衆生不嬈害。（二有六偈三業自在行）無量鐵圍山
手執碎為塵　一塵下一剎　盡此諸塵數
以此諸塵剎　復更末為塵　如是塵可知
菩薩智難量　於一毛孔中　放無量光明
日月星宿光　摩尼珠火光　及以諸天光
一切皆映蔽　滅諸惡道苦　為說無上法
一切諸世間　種種差別音　菩薩以一音
一切皆能演　決定分別說　一切諸佛法
普使諸羣生　聞之大歡喜。（三有三偈三世自在行）
過去一切劫　安置未來今　未來現在劫
迴置過去世　示現無量剎　燒然及成住
一切諸世間　悉在一毛孔　去來及現在
一切十方佛　靡不於身中　分明而顯現
（四有五偈身智自在行）深知變化法　善應衆生心
示現種種身　而皆無所著　或現於六趣
一切衆生身　釋梵護世身　諸天人衆身
聲聞緣覺身　諸佛如來身　或現菩薩身
修行一切智　善入輭中上　衆生諸想網
示現成菩提　及以諸佛剎　了知諸想網
於想得自在　示修菩薩行　一切方便事
（五有二偈半總結難測）示現如是等　廣大諸神變
如是諸境界　舉世莫能知　雖現無所現
究竟轉增上　隨順衆生心　令行眞實道
身語及與心　平等如虛空。（二有八偈半結託事顯法）
淨戒為塗香　衆行為衣服　法繒嚴淨髻
一切智摩尼　功德靡不周　灌頂升王位
波羅蜜為輪　諸通以為象　神足以為馬
智慧為明珠　妙行為采女　四攝主藏神
方便為主兵　菩薩轉輪王　三昧為城郭
空寂為宮殿　慈甲智慧劍　念弓明利箭
高張神力蓋　迥建智慧幢　忍力不動搖
直破魔王軍　總持為平地　衆行為河水
淨智為涌泉　妙慧作樹林　空為澄淨池
覺分菡萏華　神力自莊嚴　三昧常娛樂
思惟為采女　甘露為美食　解脫味為漿
游戲為三乘（或前來所無，或事同義異，並可意得。三總結深廣。二初結前已說）
此諸菩薩行　微妙轉增上　無量劫修行

其心不厭足　供養一切佛　嚴淨一切剎
普令一切衆　安住一切智〇三有二頌結未說難窮
一切剎微塵　悉可知其數　一切虛空界
一沙可度量　一切衆生心　念念可數知
佛子諸功德　說之不可盡〇四有二偈結勸修行
欲具此功德　及諸上妙法　欲使諸衆生
離苦常安樂　欲令身語意　悉與諸佛等
應發金剛心　學此功德行

大方廣佛華嚴經疏卷第九十三　二之末　沓三

大方廣佛華嚴經疏卷第九十四 入第六十卷經　杳四

清涼山沙門 澄觀 述　晉水沙門 淨源 錄疏注經

入法界品第三十九

初來意者先辨分來夫行因成故此依人入證亦為遠答解脫海問故次來也。會品來意不異分來無別會品故。二釋名中復有三義初分名謂依佛菩薩諸勝善友深證法界故名依人入證證法在己謂之成德。二會名約處名逝多林園重閣會林名戰勝以表依人園名給孤用表悲厚重閣之義以顯二智更互莊嚴悲智二法並為能證亦為重義若兼城名閣物亦表依人約法如品名。釋三品名者入通能所謂悟解證得之名法界是所入之法謂理事等別然法含持軌界有多義梁攝論十五云欲顯法身包含法界五種義故轉名法界一性義以無二我為性一切眾生不過此性故二因義一切聖人四念處等法緣此生故三藏義一切虛妄法所隱覆故非凡夫二乘所能緣故四真實義過世間法故世間法或自然壞或對治壞然今離此二種壞故五甚深義若與此相應自性成淨善故若不相應自性成殼故上之五義皆理法界復有持義族義及分齊義然持曲有三一持自體相二持諸法差別三持自種類不相雜亂故與法義同族者種族即十八界上二並通事理法界分齊者緣起事法不相雜故。於此八中性通依主持業因唯依主後六唯持業心境合目名入法界始則相違終則持業入即法界故。三明宗趣者分會品同既入法界為目即以為宗於中略以三門分別一者約義二者約類三者約位初中有二先明所入總唯一真無礙法界語其性相不出理事隨義別顯略有五門一有為法界二無為法界三俱是四俱非五無障礙然五各二門。初有為二者一本識能持諸法種子名為法界唯識論云無始時來界等此約因義而其果體不約法身二三世之法差別邊際名為法界不思議品云一切諸佛知過去一切法界悉無有餘等此即分齊之義。二無為法界二者一性淨門謂在凡位中性恒淨故真空一味無差別故二離垢門謂由對治方顯淨故隨行淺深分十種故。三亦有為亦無為法界二者一隨相門謂受想行及五種色并八無為此十六法唯意所知十八界中名為法界二無礙門謂一心法界具含二門一心真如門二心生滅門雖此二門皆各總攝一切諸法然其二位恒不相雜其猶攝水之波其波非靜攝波之水其水非動故第四迴向云於有為界示無為法而不滅壞有為之相於無為界示有為法而不分別無為之性此明事理無礙。四非有為非無為法界二門者一形奪門謂緣無不理之緣故非有為理無不緣之理故非無為法體平等形奪雙泯所以大品三十九中須菩提白佛言世尊是法平等為是有為為是無為佛言非有為法非無為法何以故離有為法無為法不可得離無為法有為法不可得故須菩提是有為性及無為性不合不散此之謂也二無寄門謂此法界離相離性故非此二又非二諦故又非二種名言所至是故俱非解深密經第一云一切法者略有二種所謂有為無為是中有為非有為非無為無為非無為非有為等。五無障礙法界二門者一普攝門謂於上四門隨一即攝餘一切是故善財或覩山海或見堂宇皆名入法界二圓融門謂以理融事故令事無分齊微塵非小能容十剎剎海非大潛入一塵以事顯理故令理非一非多無礙或云一法界或云諸法界然由一非一故即一即諸非諸故即一乃至重重無盡無盡是以善財暫時執手遂經多劫纔入樓閣普見無邊皆此類也上來五門十義總明所入法界皆應以六相融之。二明能入亦有五門一淨信二正解三修行四證得五圓滿。此五於前所入法界有其二門一隨一能入通五所入隨一所入遍五能入二此五能入如其次第各入一門此上心境二義十門六相圓融總為一聚無障礙法界第二法界類別亦有五門謂一所入二能入三無二四俱泯五存亡無礙初所入中亦有五重一法法界二人法界三俱融四俱泯五無障礙初中有十一事法界謂十重居宅等二理法界謂一味甚深等三境法界謂所知分齊等四行法界謂悲智廣深等五體法界謂寂滅無生等六用法界謂勝通自在等七順法界謂六度正行等八違法界謂五熱無厭等九教法界謂所聞言說等十義法界謂所詮旨趣等此十法界同一緣起無礙鎔融一具一切。二人法界亦有十門謂人天男女在家出家外道諸神菩薩及佛此並緣起相分恭而不雜善財見已便入法界故名人法界。三人法俱融法界者謂前十人十法同一緣起隨義相分融攝無二。四人法俱泯法界者謂平等果海離於言數緣起性相俱不可說。五無障礙法界者謂合前四句於彼人法一異無障存亡不礙自在圓融如理思之。二明能入亦有五重一身二智三俱四俱泯五圓謂入樓觀而還合身證也鑒無邊之理事智證也同普賢而普徧俱證也身智相即而兩亡俱泯也一異存亡而無礙自在圓融也餘可準知。三能所渾融無有二相際限不分就義開殊理仍不雜此。五能所如次及通可以意得。四能所圓融形奪俱泯。五一異存亡無礙具足如理思之上來約類辨竟。第三約位明入法界者準下文中所入法界大位有二即因與果於前人法無不皆是佛果所收即如來師子頻伸三昧所現法界自在是也又於前人法無不皆屬因位所攝即文殊普賢所現法界法門是也因中曲有信等五位法界不同。二明能入準文亦有二對前果位明諸菩薩頓入法界對前因位寄顯善財漸入法界。三因果既其無礙漸頓亦乃圓融但以布敎成詮寄斯位別者耳。次正釋文大分爲二初明本會二明末會亦前明果法界後明因法界又前頓入法界後漸入法界又前總後別總別圓融本末無礙又前即亡修頓證是正宗之極後是寄人修入以辯流通通正圓融中後無礙就本會中長科十分今初序分雖義貫末會以從處別獨判在初文分爲三。初智正覺世間圓滿

爾時世尊梵云薄伽梵包含六義如佛地論云一自在義永不繫屬諸煩惱故二熾盛義猛燄智光所燒鍊故三端嚴義三十二相所莊嚴故四名稱義一切殊勝功德圓滿無不知故五吉祥義一切世間親近供養咸稱讚故六尊貴義具一切德常起方便利益世間安樂一切無懈廢故今舉後該初亦是標人取法具無盡德故曰世尊。二器世間圓滿

在室羅筏國此云聞者西域記云昔有老仙住於此處後有少仙名爲聞者於彼稟學老仙沒後少仙於此建立城郭故取其名亦云聞物以此城中多出聰敏博達名聞人物故即中印度境

逝多林給孤獨園言逝多者梵音華言戰勝即太子之名給孤獨者梵云須達多此方正言賑濟無依義云給孤獨也即長者之稱長者仁而聰敏積而能散拯之濟貧哀孤䘏老時美其德故立斯稱長者側金買地太子奉施樹林同成功業二人式崇共立伽藍之号

大莊嚴重閣即說法之所表所證法果體無不周曰大德無不備曰嚴依體起用名爲重閣厶三衆生世間即輔翼圓滿於中有三初菩薩亦三。初舉數

與菩薩摩訶薩五百人俱此會菩薩標名乃少列名乃多者有所表故欲顯五位同證入故位各十度一一相融成五百故第六妙覺是所入故又表解行者多證者稀故厶二列名三。初標上首

普賢菩薩文殊師利菩薩而爲上首以二大聖是助化主故又有所表故至下當明。厶二列衆名大位俱十四位位各有十其間數目亦有增減成百四十一人以名各一義皆有深旨今且寄表大分爲二前四十一人通表住等四位。初十幢

其名曰光燄幢菩薩須彌幢菩薩寶幢菩薩無礙幢菩薩華幢菩薩離垢幢菩薩日幢菩薩妙幢菩薩離塵幢菩薩普光幢菩薩幢表十迴向行德高出故。二九威力

地威力菩薩寶威力菩薩大威力菩薩金剛智威力菩薩離塵垢威力菩薩正法日威力菩薩功德山威力菩薩智光影威力菩薩普吉祥威力菩薩威力表行能進修故。三列十藏

地藏菩薩虛空藏菩薩蓮華藏菩薩寶藏菩薩日藏菩薩淨德藏菩薩法印藏菩薩光明藏菩薩齋藏菩薩蓮華德藏菩薩藏表地義已如前釋。四列十二眼

善眼菩薩淨眼菩薩離垢眼菩薩無礙眼菩薩普見眼菩薩善觀眼菩薩青蓮華眼菩薩金剛眼菩薩寶眼菩薩虛空眼菩薩喜眼菩薩普眼菩薩眼表解能照法故所以不次者欲表圓融之位無前後故厶二有十位百人如次別表行布十地十度。初冠表初地

天冠菩薩普照法界智慧冠菩薩道場冠菩薩普照十方冠菩薩一切佛藏冠菩薩超出一切世間冠菩薩普照冠菩薩不可壞冠菩薩持一切如來師子座冠菩薩普照法界虛空冠菩薩十冠表者初地冠於諸地之首檀冠衆行之先故又一一位中各具十者一地之中具足一切諸地功德故一度之中具足十度爲莊嚴故。二髻表二地

梵王髻菩薩龍王髻菩薩一切化佛光明髻菩薩道場髻菩薩一切願海音寶王髻菩薩一切佛光明摩尼髻菩薩示現一切虛空平等相摩尼王莊嚴髻菩薩示現一切如來神變摩尼王幢網垂覆髻菩薩出一切佛轉法輪音髻菩薩說三世一切名字音髻菩薩十髻

者持戒無垢檢束尊高故。三光表三地 大光菩薩離垢光菩薩寶光菩薩離塵光菩薩燄光菩薩法光菩薩寂靜光菩薩日光菩薩自在光菩薩天光菩薩 十光者發聞持光照法忍故。四幢表四地 福德幢菩薩智慧幢菩薩法幢菩薩神通幢菩薩光幢菩薩華幢菩薩摩尼幢菩薩菩提幢菩薩梵幢菩薩普光幢菩薩 十又名幢者燄慧超世高出故又道品伏或精進伏慢故。五音表五地 梵音菩薩海音菩薩大地音菩薩世主音菩薩山相擊音菩薩徧一切法界音菩薩震一切法海雷音菩薩降魔音菩薩大悲方便雲雷音菩薩息一切世間苦安慰音菩薩 十音者禪定發生難勝悅懌故。六上表六地 法上菩薩勝上菩薩智上菩薩福德須彌上菩薩功德珊瑚上菩薩名稱上菩薩普光上菩薩大慈上菩薩智海上菩薩佛種上菩薩 十上者般若現前最

勝華上故。七勝表七地 光勝菩薩德勝菩薩上勝菩薩普明勝菩薩法勝菩薩月勝菩薩虛空勝菩薩寶勝菩薩幢勝菩薩智勝菩薩 十勝者遠行方便空中殊勝行故。八自在表八地 娑羅自在王菩薩法自在王菩薩象自在王菩薩梵自在王菩薩山自在王菩薩衆自在王菩薩速疾自在王菩薩寂靜自在王菩薩不動自在王菩薩勢力自在王菩薩最勝自在王菩薩 十一自在王者相用不動大願無礙故。九音表九地 寂靜音菩薩無礙音菩薩地震音菩薩海震音菩薩雲音菩薩法光音菩薩虛空音菩薩說一切衆生善根音菩薩示一切大願音菩薩道場音菩薩 十又名音者善慧演法自力生故。十覺表十地 須彌光覺菩薩虛空覺菩薩離染覺菩薩無礙覺菩薩善覺菩薩普照三世覺菩薩廣大覺菩薩普明覺菩薩

法界光明覺菩薩 九人同名覺者法雲受職證佛數故智覺諸法無所遺故然其幢等亦有通義類釋可知。三總結數 如是等菩薩摩訶薩五百人俱。三歎德有十一句 此諸菩薩皆悉成就普賢行願。初句爲總上名以隨宜別願各有一德立名今德以據實內通故言皆悉成就普賢行願。二餘十句別於中分二前六明智用普周後四明智用離障通爲五對 境界無礙普徧一切諸佛刹故現身無量親近一切諸如來故 一境徧身多對窮依近正故 淨眼無障見一切佛神變事故至處無限一切如來成正覺所恒普詣故 二見用詣實對十眼離障不往而見一念契實身心普周 光明無際以智慧光普照一切實法海故說法無盡清淨辯才無邊際劫無窮盡故 三內照外演對 等虛空界智慧所行悉清淨故無所依止隨衆生心現色身故 四淨色智隨對 除滅癡翳了衆生界無衆生故等虛空智以大光網照法界故 五悲深智廣對以即智之悲故於生無翳無外之智故照同虛空前對虛空自取淨義今取廣義。三辨聲聞衆二。初標數類 及

與五百聲聞衆俱二歎德悉覺真諦文有十句然此聲聞皆是菩薩欲顯深法託為聲聞故所歎德言含本迹故今釋為二門一就迹約小十句所歎皆聲聞德上一得現觀於四真諦善覺了故皆證實際二入正性離生無方便慧已作道故深入法性三所覺已窮故云深入法華云我等同入法性即三獸渡河理無二故古人亦將上三如次配見修無學永出有海四生分已盡由闕大悲故自永出依佛功德五有為無為之德依佛成故即逮得己利離結使縛六已盡有結謂九結十使住無礙處七無煩惱礙現行離故種子亡故其心寂靜猶如虛空八心善解脫寂如虛空故於諸佛所永斷疑惑九慧善解脫於佛無惑於佛智海深信趣入十明非定性皆可迴心信入佛智○二約本門就菩薩歎故如來不思議境界經云復有無量百千億菩薩現聲聞形亦來會坐其名曰舍利弗大目揵連等廣如彼說明皆是權故下身子令海覺等觀文殊德故今十中一覺第一義二方便已具善能入於無際際故三二空真理窮其源故四具足大悲能入不染方永出故五依十力等離小見故六不斷不俱方能離故七已淨所知無二礙故八處亂恒寂了入空故九佛不共德雖未證德亦無疑故十一切種智證信入故○三諸世主衆文中亦二○初標數辯類及與無量諸世主俱○二歎德悉曾供養無量諸佛初一歎福次四歎悲常能利益一切衆生上句總歎餘三句別為不請友無緣普應恒勤守護護念初心攝願不捨攝不捨惡次二句歎智德入於世間殊勝智門智入權門從佛教生護佛正法行護理教正法兼理護衆行故上七皆行起於大願不斷佛種願行具故生如來家入位上九自分求一切智即勝進分○三請分衆集本為要聞經故文分為二○初標衆念請時諸菩薩大德聲聞世間諸王并其眷屬咸作是念其聲聞人下經既云如盲如聾此中何以亦能念請釋有二義一約本迹就本能念就迹不知二唯就迹意法師云理應不隔故得同疑未積大心故不爾其次此亦有理其猶葉公好龍真龍難視同居法會同仰法門所現越倫故如聾瞽○二顯所請法有六十句初有十句幷後二十共三十句是所請法中三十句但是請儀其請法多同初會四十句法以初會為總此說將終會同本故就文分二前三十句念德難思後唯願下三十句請隨機演以初十句明自體圓著寄顯果海絕言最後十句明化用普周令寄言顯果由斯義故文有影略理實兼請如初會辯今初念德文三初十句正明所念果法如來境界前之八句攝於初會最初十句即是內行成滿之德以此如來自在一句攝彼神通及無能攝取二句上一即所緣分齊境故如出現等品辯如來智行悲智無礙無功用行亦如出現品辯如來加持謂勝力住持令諸菩薩有所作故如不思議法品辯如來力謂十力等如來無畏即四種十種无畏等如來三昧即師子奮迅等如來所住即初會佛地佛所住地故若別釋者即常住大悲等如不思議品如來自在謂十自在等及攝二句如向所辯廣引諸文解釋其義並如初會後之二句即攝初會次十句經體相顯著德如來身如來智前有六根三業今身合六根及於二業智即意業心意二法俱不可知但以智知故所以合者欲顯身兼十身故合六根三業之中智為先導故但云智○二有十句皆明玄妙難思人天莫測一切世間諸天及人無能通達無能趣入初二句總明解行不及上句智慧不能通暢下句心行不能諧證次五句明三慧莫測是故不能成自利行無能信解妙故不能印持於境無能了知深故不能曉了於心無能忍受廣故不能忍可包納上三句聞慧莫測無能觀察玄故修慧不能觀察委照無能揀擇融故思慧不能揀其優劣此經三慧其文不次晉本揀擇名思惟在觀察上後之三句四辯莫宣是故不能成利他行無能開示法義不能大開曲示無能宣明辭辯不能宣明無有能令衆生解了樂說不能令他解了○三有十句緣會可了唯除諸佛加被之力佛神通力佛威德力佛本願力前四佛力上加為緣後六自根堪受為因具此可知前中二意前三句現緣後一宿願及其宿世善根之力諸善知識攝受之力深淨信力大明解力趣向菩提清淨心力求一切智

廣大願力初一宿善餘五現德於上十句分有分知全有全知又此十句通有二意一成上願深二起後請說〇二請隨機演〇二初十一句請隨機宜唯願世尊隨順我等及諸衆生前云緣會可知今請文中以緣隨器種種欲種種解種種智上三句約內心麤殊種種語約外類音異上四通於凡聖後之七句多約菩薩種種自在財等有殊種種住地地位優劣種種根清淨依根除障種種意方便化業差異種種心境界緣境不同種種依止如來功德曾依何德種種聽受諸所說法曾聽何法為種又後二句宜依何德以化而修宜何廣略而說種種不同皆請隨順〇三所請說法二先列所請〇二初十句請說往因顯示如來往昔趣求一切智心往昔所起菩薩大願往昔所淨諸波羅蜜往昔所入菩薩諸地往昔圓滿諸菩薩行往昔成就方便此中方便即前智海則名異義同往昔修行諸道十二七典初會名義全同諸道即彼助道海往昔所得出離法往昔所作神通事往昔所有本事因緣彼有乘海無此本事則名義俱異以彼通請一切菩薩故願衆不同今約本師為問故加本事則衆通諸句為成十故所以略之或本事即是乘海昔所乘故餘如初會〇二有十句請今果用及成等正覺此十塑初會第三十句義即多同而文多異大意欲顯果用無邊故影略其文上一因圓果成即彼佛海轉妙法輪成必演法即演說海淨佛國土法詮淨國即世界海調伏衆生皆為調生即名號海開一切智法城雙開菩提涅槃之果城即涅槃防非止惡故即解脫海示一切衆生道示生行業斷為至果之因即衆生海入一切衆生所住徧入機處隨機立壽即壽量海受一切衆生所施為衆生田令得常命即波羅蜜海檀為最初故為一切衆生說布施功德說施度為安立世界海立法式故為一切衆生現諸佛影像三輪變化猶水月鏡像即變化海〇三結請如是等法願皆為說三三昧現相分酬前念請示相答故於中先明三昧為能現無方大用依體起故故先入定。即以此義先明入定後集衆海前來諸會為明從相入實前集後定與此不同。佛自入者表證法界唯佛窮故不以言答者表證法界離言說故又今自證而自證故後正釋文分為三。初入定緣

爾時世尊知諸菩薩心之所念領前念故〇二入定因大悲為身就入因中有四種悲以為入定益物之本各有二義一身二義者一是入定定所依之身悲所熏故二身者體義依義欲入深定全依大悲而為體故大悲為門二門二義者一佛有大智大定大悲等門今欲益生唯依悲門令物入故二者定為所入悲為能入故大悲為首三首二義者一首者初義凡所益物皆以大悲為先導故二首者勝上義謂非不用智定之門此增勝故以大悲法而為方便四方便二義者一悲智相導互為方便今以悲為入定益物之方便故二者以是即智定之悲不滯愛見故名方便方能令物普入法界又此四悲亦是從佛向機之漸次矣充徧虛空此上四悲皆徧虛空亦有二義一廣周故二無緣故〇三正明入定入師子嚬申三昧。以定業用從喻為名。言嚬申者有人釋云梵音訛略具正應云毗實慶多此方翻為自在無畏如師子王處群獸中自在無畏然義經翻為師子奮迅且嚬毗二言小有相濫則可然也奮迅之語殊不似於毗實慶多。涅槃二十五中既云嚬申欠呿明知嚬申奮迅俱是此言下婆須蜜女亦云見我嚬申但歡對而翻為自在無畏從義而譯以為嚬申曾何訛略故依古德用此方言就義釋之嚬申奮迅俱是師子展舒四體通暢之狀總相釋者即用之體寂而造極則差別萬殊無非法界即體之用不為而周故小大相參緣起無盡名曰嚬申自在之義。若別解者按涅槃經師子吼品明師子王自知身力牙齒鋒鋩乃至晨朝出穴而吼為十一事故彼經中廣有喻合。又離世間品顯菩薩師子王白淨法為身等合首足等與涅槃稍異此文則以大悲為身故知但取義似未必指定。今會取諸文先以十義合彼師子後依涅槃為十一事今初合中謂以同體大悲為身以增上大悲為首以即智大慈為眼純以智慧為牙爪大悲方便為振尾悲為方便居其末故方便亦是振動義故總取大悲以為其足依此立故以法界三昧為窟所入證故以無緣大悲為窟門入出由此故以體用無礙為嚬申舒展自在故以演法界法門為哮吼決定宣說一切衆生本與如來同法界故

如此師子隨一一毛皆稱法界。次言為十一事而嚬申者一摧破魔軍詐師子故二示衆神力故十力等力為身力故三淨法界土佛住處故四為邪見凡夫知歸處故五安撫生死怖羣黨故六覺悟無明眠衆生故七為行惡獸捨放逸故八令諸菩薩及邪見獸來歸附故九調諸外道二乘香象令如盲聾捨憍慢故十教諸菩薩子息令頻證故十一莊嚴正見四部眷屬俱增威勢由是不怖一切邪黨一切邪黨皆怖畏故。又野干隨逐師子百年終不能作師子哮吼二乘之人安處法會如聾如盲五十七中十十一番迅義亦應此說。第二所現淨土者總相即前十一事中淨所住處別相而論具前多義然此現相云何卻將訓前諸問令其目擊可現證故云何目擊此淨土分具答三十句問且從相顯此中答初果體十問所現境界答境界問四種大悲為衆生現即答智行問令衆證見即答加持智是如來威力答佛力問三昧之用答無畏問正入三昧答三昧問淨法界土答住處問令大小融攝答自在問見如來身徧於法界答佛身問則見如來大悲方便答智慧問餘二十句集衆中答衆集亦是三昧力故是知能現所現種種境事無非數體又二聖開顯文中廣明無盡之用亦顯答相至文當知就文分三。初結前標後

入此三昧已一切世間普皆嚴淨。二嚴此園林有二初正顯嚴即器世閒嚴文三初嚴重閣二嚴園林三嚴虛空從略之廣說有此三表三緣起謂嚴閣顯自體緣起嚴林表有為緣起嚴空表無為緣起今初分二。初明廣處

于時此大莊嚴樓閣忽然廣博無有邊際謂破情顯法即事會真故自內而觀廣博無際然不壞事故自外而觀閣外有園園外有空莊嚴各異斯即事理交徹十方三際無不圓融林空例然。二正顯莊嚴

金剛為地寶王覆上無量寶華及諸摩尼普散其中處處盈滿瑠璃為柱衆寶合成大光摩尼之所莊嚴閻浮檀金如意寶王周置其上以為嚴飾危樓迥帶閣道傍出棟宇相承隱闥交映階墀軒檻種種備足一切皆以妙寶莊嚴其寶悉作人天形像堅固妙好世中第一摩尼寶網彌覆其上於諸門側悉建幢幡咸放光明普周法界道場之外階隥欄楯其數無量不可稱說靡不咸以摩尼所成表緣起萬德無不備故其閒以意消息。二嚴園林

爾時復以佛神力故其逝多林忽然廣博與不可說佛剎微塵數諸佛國土其量正等一切妙寶閒錯莊嚴不可說寶徧布其地阿僧祇寶以為垣牆寶多羅樹莊嚴道側其閒復有無量香河香水盈滿湍激洄澓一切寶華隨流右轉自然演出佛法音聲不思議寶芬陀利華菡萏芬敷彌布水上衆寶華樹列植其岸種種臺榭不可思議皆於岸上次第行列摩尼寶網之所彌覆阿僧祇寶放大光明阿僧祇寶莊嚴其地燒衆妙香香氣氛氳復建無量種種寶幢所謂寶香幢寶衣幢寶幡幢寶繒幢寶華幢寶瓔珞幢寶鬘幢寶鈴幢摩尼寶蓋幢大摩尼寶幢光明徧照摩尼寶幢出一切如來名號音聲摩尼王幢師子摩尼王幢說一切如來本事海摩尼王幢現一切法界影像摩尼王幢周徧十方行列莊嚴。三嚴虛空

時逝多林上虛空之中有不思議天宮殿雲無數香樹雲不可說須彌山雲不可說技樂雲出美妙音歌讚如來不

可說寶蓮華雲不可說寶座雲數以天衣菩薩坐上歎佛功德不可說諸天王形像摩尼寶雲不可說白真珠雲不可說赤珠樓閣莊嚴具雲不可說雨金剛堅固珠雲皆住虛空周帀徧滿以為嚴飾（△二出嚴所因顯智正覺世間嚴文二。初徵）何以故（○二釋是前為衆示其身力佛力上加文有十句）如來善根不思議故（慈善根力）如來白法不思議故（無漏智力以上二力而加衆故）如來威力不思議故（福威德力餘皆自在神通之力）如來能以一身自在變化徧一切世界不思議故（一展）如來能以神力令一切佛及佛國莊嚴皆入其身不思議故（二卷）如來能於一微塵內普現一切法界影像不思議故（三橫包）如來能於一毛孔中示現過去一切諸佛不思議故（四豎攝）如來隨放一一光明悉能徧照一切世界不思議故（五一切即一）如來能於一毛孔中出一切佛剎微塵數變化雲充滿一切諸佛國土不思議故（六一即一切）如來能於一毛孔中普現一切十方世界成住壞劫不思議故（七成壞相即△三結通法界二。初結前標後）如於此逝多林給孤獨園見佛國土清淨莊嚴十方一切盡法界虛空界一切世界亦如是見（○二正顯所見嚴相）所謂見如來身住逝多林（住彼十方界中之林此明一會徧一切處如光明覺品非是彼界遙見此佛住於園林下諸嚴事一一皆爾）菩薩衆會皆悉徧滿見普雨一切莊嚴雲見普雨一切寶光明照曜雲見普雨一切摩尼寶雲見普雨一切莊嚴蓋彌覆佛剎雲見普雨一切天身雲見普雨一切華樹雲見普雨一切衣樹雲見普雨一切寶鬘瓔珞相續不絕周徧一切大地雲見普雨一切莊嚴具雲見普雨一切如衆生形種種香雲見普雨一切微妙寶華網相續不斷雲見普雨一切諸天女持寶幢幡於虛空中周旋来去雲見普雨一切衆寶蓮華於華葉間自然而出種種樂音雲見普雨一切師子座寶網瓔珞而為莊嚴雲。（四明集新衆分即遠集同證亦三昧中令諸菩薩皆来歸附文中有三初別集十方即為十段段各有十。今初東方）爾時東方過不可說佛剎微塵數世界海外（一来處遠近皆遠集者来證入甚深故唯初會及此皆遠集者初為所信此為證入證入於初一合相故中間隨位深淺不同）有世界名金燈雲幢（二世界名可以義思）佛號毗盧遮那勝德王（三本事佛号勝德王者福德有於光明徧照所以為勝二嚴無礙自在稱王）彼佛衆中有菩薩名毗盧遮那願光明（四主菩薩名願光明者於徧照光中主此願光故上皆帶此佛号者願是此佛勝德願力故）與不可說佛剎微塵數菩薩俱来向佛所（五眷屬俱来者對上成主伴故）悉以神力與種種雲所謂天華雲天香雲天末香雲天鬘雲天寶雲天莊嚴具雲天寶蓋雲天微妙衣雲天寶幢幡雲天一切妙寶諸莊嚴雲充滿虛空六廣興雲供表因嚴果故皆云天者自在成故至佛所已頂禮佛足七詣佛作禮表因趣果故即於東方化作寶莊嚴樓閣及普照十方寶蓮華藏師子之座八化座本方者表參而不雜故座表法空閣表空有重顯如意寶網羅覆其身九寶網嚴身以顯勝德嚴法身故與其眷屬結加趺坐十眷屬同坐表主伴同證故餘方十段倣此可知其間剎佛菩薩之名本意難定但可試者隨宜數揚初二及六無珠冠者蓋文略耳又此等供具非唯表法並是以人同法依正因果無礙法界自在之德耳〇二南方南方過不可說佛剎微塵數世界海外來處遠近有世界名金剛藏世界名別佛號普光明無勝藏王本事佛號彼佛眾中有菩薩名不可壞精進王主菩薩名與香四十八不可說佛剎微塵數菩薩俱來向佛所眷屬俱來持一切寶香網持一切寶瓔珞持一切寶華帶持一切寶鬘帶持一切金剛瓔珞持一切摩尼寶網持一切寶衣帶持一切寶瓔珞帶持一切最勝光明摩尼帶持一切師子摩尼寶瓔珞悉以神力充徧一切諸世界海廣興雲供供具之物皆云持者表修持故到佛所已頂禮佛足詣佛作禮即於南方化作徧照世間摩尼寶莊嚴樓閣及普照十方寶蓮華藏師子之座化座本方以一切寶華網羅覆其身華網嚴身與其眷屬結加趺坐眷屬同坐〇三西方西方過不可說佛剎微塵數世界海外來處遠近有世界名摩尼寶燈須彌山幢世界名別佛號法界智燈本事佛號彼佛眾中有菩薩名普勝無上威德王主菩薩名與世界香四海微塵數菩薩俱來向佛所眷屬俱來十九悉以神力興不可說佛剎微塵數種種塗香燒香須彌山雲不可說佛剎微塵數種種色香水須彌山雲不可說佛剎微塵數一切大地微塵等光明摩尼寶王須彌山雲不可說佛剎微塵數種種光燄輪莊嚴幢須彌山雲不可說佛剎微塵數種種色金剛藏摩尼王莊嚴須彌山雲不可說佛剎微塵數普照一切世界閻浮檀摩尼寶幢須彌山雲不可說佛剎微塵數現一切法界摩尼寶須彌山雲不可說佛剎微塵數現一切諸佛相好摩尼寶王須彌山雲不可說佛剎微塵數現一切如來本事因緣說諸菩薩所行之行摩尼寶王須彌山雲不可說佛剎微塵數現一切佛坐菩提場摩尼寶王須彌山雲充滿法界廣興雲供皆云須彌山者慈悲喜捨四德妙高清涼益物故至佛所已頂禮佛足詣佛作禮即於西方化作一切香王樓閣真珠寶網彌覆其上及化作帝釋影幢寶蓮華藏師子之座化座本方以妙色摩尼網羅覆其身

心王寶冠以嚴其首（冠網嚴身）與其眷屬結加趺坐（眷屬同坐四北方）北方過不可說佛刹微塵數世界海外（來處遠近）有世界名寶衣光明幢（世界名別）佛號照虛空法界大光明（本事佛號）彼佛衆中有菩薩名無礙勝藏王（主菩薩名）與世界海微塵數菩薩俱來向佛所（眷屬俱來）悉以神力興一切寶衣雲所謂黃色寶光明衣雲種種香所熏衣雲日幢摩尼王衣雲金色熾然摩尼衣雲一切寶光燄衣雲一切星辰像上妙摩尼衣雲白玉光摩尼衣雲光明徧照殊勝赫奕摩尼衣雲光明徧照威勢熾盛摩尼衣雲莊嚴海摩尼衣雲充徧虛空（廣興雲供皆言衣者寂忍斷愧嚴法身故）至佛所已頂禮佛足（詣佛作禮）即於北方化作摩尼寶海莊嚴樓閣及毗瑠璃寶蓮華藏師子之座（化座本方）以師子威德摩尼王網羅覆其身清淨寶王為髻明珠（冠網嚴身有髻珠者表一乘圓旨居心頂故）與其眷屬結加趺坐（眷屬同坐五東北方）東北方過不可說佛刹微塵數世界海外（來處遠近）有世界名一切歡喜清淨光明網（世界名別）佛號無礙眼（本事佛號）彼佛衆中有菩薩名化現法界願月王（主菩薩名）與世界海微塵數菩薩俱來向佛所（眷屬俱來）悉以神力興寶樓閣雲香樓閣雲燒香樓閣雲華樓閣雲栴檀樓閣雲金剛樓閣雲摩尼樓閣雲金樓閣雲衣樓閣雲蓮華樓閣雲彌覆十方一切世界（廣興雲供皆云樓閣者悲智二利相因顯故）至佛所已頂禮佛足（詣佛作禮）即於東北方化作一切法界門大摩尼樓閣及無等香王蓮華藏師子之座（化座本方）摩尼華網羅覆其身著妙寶藏摩尼王冠（冠網嚴身）與其眷屬結加趺坐（眷屬同坐六東南方）東南方過不可說佛刹微塵數世界海外（來處遠近）有世界名香雲莊嚴幢（世界名別）佛號龍自在王（本事佛號）彼佛衆中有菩薩名法慧光燄王（主菩薩名）與世界海微塵數菩薩俱來向佛所（眷屬俱來）悉以神力興金色圓滿光明雲無量寶色圓滿光明雲如來毫相圓滿光明雲種種寶色圓滿光明雲蓮華藏圓滿光明雲衆寶樹枝圓滿光明雲如來頂髻圓滿光明雲閻浮檀金色圓滿光明雲日色圓滿光明雲星月色圓滿光明雲悉徧虛空（廣興雲供皆云圓滿光者權實二智無闕行故）到佛所已頂禮佛足（詣佛作禮）即於東南方化作毗盧遮那最上寶光明樓閣金剛摩尼蓮華藏師子之座（化作本方）衆寶光燄摩尼王網羅覆其身（冠網嚴身）與其眷屬結加趺坐（眷屬同坐七西南方）西南方過不可說佛刹微塵數世界海

外（來處遠近）有世界名日光摩尼藏（世界名別）佛號普照諸法智月王（本事佛號）彼佛衆中有菩薩名摧破一切魔軍智幢王（主菩薩名）與世界海微塵數菩薩俱來向佛所（眷屬同來）於一切毛孔中出等虛空界華燄雲香燄雲寶燄雲金剛燄雲燒香燄雲電光燄雲毗盧遮那摩尼寶燄雲一切金光燄雲勝藏摩尼王光燄雲等三世如來海光燄雲一一皆從毛孔中出徧虛空界（廣興雲供皆云燄者以淨智慧燒惑薪故亦表諸法皆想所持不可取故上之七方興供表法通答神通下之三段表明別答前來問中後二十句）到佛所已頂禮佛足（詣佛作禮）即於西南方化作普現十方法界光明網大摩尼寶樓閣及香燈燄寶蓮華藏師子之座（化座本方）以離垢藏摩尼網羅覆其身著出一切衆生發趣音摩尼王嚴飾冠（冠網嚴身）與其眷屬結加趺坐（眷屬同坐又西北方）西

北方過不可說佛剎微塵數世界海外（來處遠近）有世界名毗盧遮那願摩尼王藏（世界名別）佛號普光明最勝須彌王（本事佛號）彼佛衆中有菩薩名願智光明幢（主菩薩名）與世界海微塵數菩薩俱來向佛所（眷屬同來）於念念中一切相好一切毛孔一切身分皆出三世一切如來形像雲一切菩薩形像雲一切如來衆會形像雲一切如來變化身形像雲一切如來本生身形像雲一切聲聞辟支佛形像雲一切如來菩提場形像雲一切如來神變形像雲一切世間主形像雲一切清淨國土形像雲充滿虛空（廣興雲供十句皆答前最後爲一切衆生現諸佛影像若約表者爲顯緣有似非真故）至佛所已頂禮佛足（詣佛作禮）即於西北方化作普照十方摩尼寶莊嚴樓閣及普照世間寶蓮華藏師子之

座（化座本方）以無能勝光明真珠網羅覆其身著普光明摩尼寶冠（冠網嚴身）與其眷屬結加趺坐（眷屬同坐又下方）下方過不可說佛剎微塵數世界海外（來處遠近）有世界名一切如來圓滿光普照（世界名別）佛號虛空無礙相智幢王（本事佛號）彼佛衆中有菩薩名破一切障勇猛智王（主菩薩名）與世界海微塵數菩薩俱來向佛所（眷屬俱來）於一切毛孔中出說一切衆生語言海音聲雲（廣興供雲毛孔中十句答前九問十句皆言方便海者通答往昔成就方便初一句通顯所隨衆生言音次五句答因中五問）出說一切三世菩薩修行方便海音聲雲（二答諸行此句應願趣求一切智心以第五明行圓滿此爲行初故）出說一切菩薩所起願方便海音聲雲（三答所起菩薩大願）出說一切菩薩成滿清淨波羅蜜方便海音聲雲（四答所淨諸波羅蜜）出說一切菩薩圓滿行徧一切剎音聲雲（五正答圓滿諸菩薩行）出說一切菩

薩成就自在用音聲雲（六別答所作神通然問就如來因中此中通答一切菩薩通別之異耳其助道及出離問亦是通答以諸句中皆是助道並即出離故餘四句答果用中五問）出說一切如來往詣道場破魔軍衆成等正覺自在用音聲雲（七答第一出正覺問）說一切如來轉法輪契經門名號海音聲雲（八答轉法輪）出說一切隨應教化調伏衆生法方便海音聲雲（九答調伏衆生其國土一種現淨土分通答）出說一切隨時隨善根隨願力普令衆生證得智慧方便海音聲雲（十開示一切智法城及示一切衆生道以能證是道所證是智故而皆言音聲者表無言之法假言顯故）到佛所已頂禮佛足（詣佛作禮）即於下方化作現一切如來宮殿形像衆寶莊嚴樓閣及一切寶蓮華藏師子之座（化座本方）著普現道場影摩尼寶冠（冠網嚴身）與其眷屬結加趺坐（眷屬同坐）上方（十上方）過不可說佛刹微塵數世界海外（來處遠近）有世界名說佛種性無有盡（世界名別）佛號普智輪光明音（本事佛號）彼佛衆中有菩薩名法界差別願（主菩薩名）與世界海微塵數菩薩俱發彼道場來向此娑婆世界釋迦牟尼佛所（眷屬供來）於一切相好一切毛孔一切身分一切支節一切莊嚴具一切衣服中現毗盧遮那等過去一切諸佛未來一切諸佛已得授記未授記者現在十方一切國土一切諸佛并其衆會亦現過去行檀那波羅蜜及其一切受布施者諸本事海亦現過去行尸羅波羅蜜諸本事海亦現過去行羼提波羅蜜割截支體心無動亂諸本事海亦現過去行精進波羅蜜勇猛不退諸本事海亦現過去求一切如來禪波羅蜜海而得成就諸本事海亦現過去求一切佛所轉法輪所成就法發勇猛心一切皆捨諸本事海亦現過去樂見一切佛樂行一切菩薩道樂化一切衆生界諸本事海亦現過去所發一切菩薩大願清淨莊嚴諸本事海亦現過去菩薩所成力波羅蜜勇猛清淨諸本事海亦現過去一切菩薩所修圓滿智波羅蜜諸本事海如是一切本事海悉皆徧滿廣大法界（廣興供具相好等中十句通答第十本事因緣集答）（波羅蜜及所入諸地以十度即是別地行故別約答者初句答入一切衆生所住處及受一切衆生所施并爲一切衆生說布施功德如文思之其答問中或不次者以十方齊來諸供齊現文不累書隨方異說以問次往叔無不次矣又皆言本事者表三世之法體常住故由得體用非一異智以用隨體無不存故德相業用皆自在故蜜嚴經第三云金剛菩薩現種種形說種種法乃至云淨所依止入於佛地如來藴界常無變異故若理事別修不得爾故不同餘處現在之法體用俱有過未二世體用皆無況於小乘三世有耶以彼過未有體無用故）於上方化作一切金剛藏莊嚴樓閣及帝青金剛王蓮華藏師子之座（化座本方）以一

切寶光明摩尼王網羅覆其身以演說
三世如來名摩尼寶王爲髻明珠冠網嚴身
與其眷屬結加趺坐眷屬同坐
大方廣佛華嚴經疏卷第九十四　杳四

大方廣佛華嚴經疏卷第九十五入第六十卷經下半 香五

清涼山沙門澄觀述 晉水沙門淨源錄疏注經

屬皆從普賢菩薩行願中生二別讚有三十四句二三通讚行德文中分二。初摠讚如是十方一切菩薩并其眷分三初有五句明上近諸佛德二有十四句下攝衆生德三有十五句大用自在德亦名五種三業。今初以淨智眼見三世佛淨眼見佛即是意業普聞一切諸佛如來所轉法輪修多羅海聞如來法即淨修語業已得至於一切菩薩自在彼岸於念念中現大神變親近一切諸佛如來一身充滿一切世界一切如來衆會道場上三句顯身業自在。二下攝生衆德三。初微細化生於一塵中普現一切世間境界教化成就一切衆生未曾失時一毛孔中出一切如來說法音聲二有七句明攝衆生之智知一切衆生悉皆如幻緣集非真知一切佛悉皆如影由隨機本質映光有勝劣故知一切諸趣受生悉皆如夢諸趣者思所起故知一切業報如鏡中像隨照映質有姸媸故知一切諸有生起如熱時燄想所持故知一切世界皆如變化無而忽有暫有還無成就如來十力無畏前六別明末句結云十力無畏故云攝生智。三有五句明攝生語業勇猛自在能師子吼初句摠顯決定下之四句別明四辯深入無盡辯才大海得一切衆生言辭海諸法智於虛空法界所行無礙知一切法無有障礙三明大用自在德一切菩薩神通境界悉已清淨初句摠顯所得餘句別明神通之用勇猛精進摧伏魔軍上句三業摧邪勇猛精進通三故次五句明意業自在皆權實雙行故恒以智慧了達三世智了三世事慧達三世空知一切法猶如虛空無有違諍亦無取著知法如空空無可諍而不壞有故不著空雖勤精進而知一切智終無所來進無進相故曰無來雖觀境界而知一切有悉不可得即有而空以方便智入一切法界即空而有故云方便以平等智入一切國土智入性土以自在力令一切世界展轉相入於一切世界處處受生見一切世界種種形相於微細境現廣大剎於廣大境現微細剎於一佛所一念之頃得一切佛威神所加普見十方無所迷惑於剎那頃悉能往詣後七句身業自在在。三摠結集因如是等一切菩薩滿逝多林皆是如來威神之力五舉失顯得分亦名舉劣顯勝明不共故於中有三初明不見之人二明所不見境三釋不見所由。今初于時上首諸大聲聞舍利弗舍利此云鶖鷺其母目睛明利似彼鳥故弗者子也從母立稱故鶖子言大目揵連目揵連此云採菽氏上古仙人山居菽食尊者母是彼種從外氏立名有大神通揀餘此姓故復云大摩訶迦葉此云大飲光本族仙人及尊者身並有光明飲蔽日月頭陀第一揀餘迦葉故云大也離婆多此云室星祀之而生故或云供養或云假和合即智論云二鬼食人之事須菩提此云善現生而室空現善相故阿㝹樓馱此云無滅一食之施九十一返天上人間不滅恐趣故難陀此云歡喜性極聰敏音聲絕倫劫賓那此云黃頭黃頭仙人之種族故迦旃延此云扇剃富樓那此翻滿願具云滿慈子其母甚慈亦從母稱而言等者等取五百諸大聲聞在逝多林廣辨古今翻譯委殊德行緣起如智論及書義中。三明所不見境一

（初不見果）皆悉不見如來神力、如來嚴好、如來境界、如來遊戲、如來神變、如來尊勝、如來妙行、如來威德、如來住持、如來淨刹，（初揔餘別。多同念請果中。初不壞樓閣園林本相即是遊戲，重閣同空等即是神變，餘可準思。二明不見因，即諸菩薩。）亦復不見不可思議菩薩境界、（初揔。明其分齊境界，次別顯。）菩薩大會、（會通新舊）菩薩普入、（入謂身徧剎塵，智入諸法等）菩薩普至、（普至即新來）菩薩普詣、（普詣即此往。皆言普者，有二義故：一、橫竪徧故；二、一即一切故。）菩薩神變、菩薩遊戲、菩薩眷屬、菩薩方所、菩薩莊嚴師子座、菩薩宮殿、菩薩住處、菩薩所入三昧自在、菩薩觀察、菩薩頻申、菩薩勇猛、菩薩供養、菩薩受記、菩薩成熟、菩薩勇健、菩薩法身清淨、菩薩智身圓滿、菩薩願身示現、菩薩色身成就、菩薩諸相具足清淨、菩薩常光衆色莊嚴、菩薩放大光網、菩薩起變化雲、菩薩身徧十方、菩薩諸行圓滿，（餘句準上諸來菩薩作用中辨，及上離世間品十十所明。三揔結不見。）如是等事，一切聲聞諸大弟子皆悉不見。（三釋不見所由。然皆廢本從迹，以顯一乘因果不共深玄，警諸後學令習因種。文云：初徵。）何以故？（徵意云：身廁祇園，目對尊會，而不覩神變，其故何耶？二釋意云：彼境殊勝，宿因現緣並皆闕故。其猶日月麗天，盲者不覩；雷霆震地，聾者不聞。道契即鄰，不在身近，故菩薩自遠而至，聲聞在會不知。文自廣釋，分爲三別。初法，二初明闕宿因四。初一揔標大小善差。）以善根不同故。（有小善根得廁嘉會，大小善異，不覩希奇。三舉劣顯勝，有十八句，就文分二：前十二句釋不見佛果之因二。初句揔顯。）本不修習見佛自在善根故。（三餘句別明。初二句不讚果。）本不讚說十方世界一切佛刹清淨功德故，本不稱歎諸佛世尊種種神變故。（初不讚依，後不讚正。由不讚等，即是不見佛自在善根，亦二。初闕自分行。）本不於生死流轉之中發阿耨多羅三藐三菩提心故，本不令他住菩提心故，本不能令如來種性不斷絕故，本不攝受諸衆生故，本不勸他修習菩薩波羅蜜故。（此明隨心故不能見。二闕勝進行。）本在生死流轉之時，不勸衆生求於最勝大智眼故，本不修習生一切智諸善根故，本不成就如來出世諸善根故，本不得嚴淨佛刹神通智故。（此顯劣心故不能見。二釋不見菩薩所因。）本不得諸菩薩眼所知境故，（不見十眼所見無礙法界）本不求超出世間不共菩提諸善根故，（闕無障礙智之因。若但修真常離念，即共二乘菩提之善。法華游戲神通，即聞而不樂；此經之中，樂而不聞。）本不發一切菩薩諸大願故，本不從如來加被之所生故，本不知諸法如幻、菩薩如夢故，本不得諸大菩薩廣大歡喜故。（餘四可思。既本因中不修，不見願諸後學修見佛因，勿滯寘寂。三舉勝揀劣。）如是皆是普賢菩薩智眼境界，不與一切二乘所共。（言如是等者，即指前來佛神通等所不見法，普賢智境即是舉勝，不共二乘名爲揀劣。四結不見聞。）以是因緣，諸大聲聞（以前闕因，境勝因緣故，不能見。上一揔明，次十別顯。）不能見，（眼不見）不能知，（心不知）不能聞，（耳不聞）不能入，（本有不證）不能得，（新成不獲）不能念，不能觀察，（上二無方便慧）

不能念觀不能籌量無後得智不能籌量淺深不能思惟思惟旨趣不能分別分別事理是故雖在逝多林中不見如來諸大神變後一亦摠明。二明闕現緣是故不見文三初明無勝德行故不見二先十句明無勝德行復次諸大聲聞無如是善根故即是前乘所不見境亦即是前宿因不修勝進六句不修故無無故不見上句摠餘句別無如是智眼故無如是三昧故無如是解脫故無如是神通故無如是威德故無如是勢力故無如是自在故無如是住處故無如是境界故勢力即是加持餘皆同前。二顯不能見是故於此不能知不能見不能入不能證不能住不能解不能觀察不能忍受不能趣向不能游履又亦不能廣為他人開闡解說稱揚示現引導勸進令其趣向令其修習令其安住令其證入入有二義前文約證令約了達餘九可知。二明住自乘解脫故不見於中有二先徵後釋以此二段反覆相成故徵以釋之。初徵何以故意云何以無如是善根等由住自乘作證故亦應徵云何以作證由無上善根

故所無在前故略不明耳此段亦同法華自釋心不善樂云何以故世尊令我出於三界得涅槃證故二釋亦二初明住自乘作證十句諸大弟子依聲聞乘而出離故初摠餘別成就聲聞道一道者以見修等道斷惑集故不同菩薩無住道等滿足聲聞行安住聲聞果上二行果如次可知於無有諦得決定智觀諦智別謂我空法有不能我有法空名無有諦以證現觀名決定智故無菩薩中道第一義三諦之理亦如涅槃聲聞有諦而無真實常住實際已證理故究竟寂靜捨事故下三句成上聲聞行遠離大悲內無悲捨於眾生外捨物住於自事但自調又上十句摠為四失初句出麤而不出細但出分段麤生死故次有四句得權失實次有三句滯寂失悲後二句捨生自度二結成所無亦十句於彼智慧不能積集不能修行不能安住不能願求不能成就不能清淨不能趣入不能通達不能知見不能證得即由住自乘故無前智等但於前一智有十不能餘三昧等例此可知。三結成不見是故雖在逝多林中對於如來不見如是廣大神變。二喻顯文有十喻自古諸德皆將配前所述佛果十句經文唯第九段二天一喻喻上第二如來嚴好餘皆如次此亦有理。今解有二一者隨一一喻摠喻不見因

界等境以合文中亦言不見菩薩眾故又不喻菩薩之德義不盡故又合文中多從摠合但言不見如來神變明通諸句。二者別喻諸德若全不別何候多喻然雖別喻亦通因果而前九約勝境為喻謂恒河須彌等喻佛德故後一就劣法為喻入滅盡定喻二乘故於前九中配所述菩薩之德其義則次配所述如來之德義少不次所喻義別至文當知又一及十單喻聲聞不見二三四七雙喻菩薩聲聞見不見別餘二佛對聲聞論見不見有此三類者文影略耳又唯約聲聞說者十喻皆喻彼無德故就中初一兼喻有障故後一兼喻住自乘故且就前九約勝境為喻顯九種勝德其後一種摠明不共顯十無盡前九德中一一皆具通別二意。今初鬼對恒河喻二。初喻佛子如恒河岸有百千億無量餓鬼。其恒河清流通喻佛及菩薩潤益甚深德別喻佛神力及菩薩境界德以此二句為初摠故鬼喻二乘有所知障故所以不見亦喻不得諸法喜故。言餓鬼等者生分已盡為鬼裸形飢渴未得無生忍衣為裸形不得法界行食為飢不得真解脫味為渴由此因緣故稱為餓。此上並無真道即是業餘舉體燋然行苦所逼為舉體燋然即是苦餘烏鷲豺狼競來搏撮空見為烏鷲有見為豺狼於斯作決定解為搏撮為渴所逼欲求水飲內含大機有真解脫分雖住河邊身在法會而不見河不覩神變設有見者見其枯竭雖觀世等但見丈六何以故深厚業障之所覆故無明闇瞋名為業障即煩惱餘。二合彼大聲聞亦復

如是雖復住在逝多林中不見如來廣大神力捨一切智無明瞖瞙覆其眼故上合業障下合穢形等不曾種植薩婆若地諸善根故三覺夢相對喻。二。初喻譬如有人於大會中昏睡安寢忽然夢見須彌山頂帝釋所住善見大城宮殿園林種種嚴好天子天女百千萬億普散天華徧滿其地種種衣樹出妙衣服種種華樹開敷妙華諸音樂樹奏天音樂天諸采女歌詠美音無量諸天於中戲樂其人自見著天衣服普於其處住止周旋其大會中一切諸人雖同一處不知不見何以故夢中所見非彼大衆所能見故夢遊天宮通喻佛及菩薩高顯廣大德別喻如來遊戲神變二句經文及喻菩薩大會已下十一句喻甚相似然此下八喻約二乘喻明其無德亦有通別通則於一一德皆不了達皆由前來闕因緣故別則各喻無德不同此一喻無如是神通故又不知菩薩如夢故。二合。二初合夢者自見一切菩薩世間諸王亦復

如是以久積集善根力故發一切智廣大願故學習一切佛功德故修行菩薩莊嚴道故圓滿一切智智法故滿足普賢諸行願故趣入一切菩薩智地故遊戲一切菩薩所住諸三昧故已能觀察一切菩薩智慧境界無障礙故是故悉見如來世尊不可思議自在神變二合大會不見一切聲聞諸大弟子皆不能見皆不能知以無菩薩清淨眼故然合文中明無如是智眼故者從通相合故下數段皆合無眼。三悲對雪山喻譬如雪山具衆藥草良醫詣彼悉能分別雪山良藥通喻幽邃難見之德別喻亦喻諸佛境界所悲境故及喻菩薩所住之處悲救衆生為所住故其諸捕獵放牧之人恒住彼山不見其藥喻於聲聞無大悲心救衆生病亦是無如是境界故次合此亦如是以諸菩薩入智境界具自在力能見如來廣大神變諸大弟子唯求自利不欲利他唯求自安不欲安他雖

在林中不知不見四伏藏難知喻譬如地中有諸寶藏種種珍異悉皆充滿有一丈夫聰慧明達善能分別一切伏藏其人復有大福德力能隨所欲自在而取奉養父母賑邺親屬老病窮乏靡不均贍藏則通喻秘密難知德別喻如來尊勝可寶重故喻菩薩所入三昧及觀察頻申勇猛供養如喻思之其無智慧無福德人雖亦至於寶藏之處不知不見不得其益薄福喻聲聞無如是威德故次合此亦如是諸大菩薩有淨智眼能入如來不可思議甚深境界能見佛神力能入諸法門能遊三昧海能供養諸佛能以正法開悟衆生能以四攝攝受衆生諸大聲聞不能得見如來神力亦不能見諸菩薩衆五盲人不見寶喻譬如盲人至大寶洲若行若住若坐若臥不能得見一切衆寶以不見故不能採取不得受用寶洲通喻迥絶難測

德別喻如來妙行圓滿喻菩薩受記成熟勇健自喻二乘無如是善根故次合此亦如是諸大弟子雖在林中親近世尊不見如來自在神力亦不得見菩薩大會何以故無有菩薩無礙淨眼不能次第悟入法界見於如來自在力故六淨眼無障喻譬如有人得清淨眼名離垢光明一切闇色不能為障爾時彼人於夜闇中處在無量百千萬億人衆之內或行或住或坐或卧彼諸人衆形相威儀此明眼人莫不具見通喻智照難量德別喻如來威德喻菩薩法身其明眼者威儀進退彼諸人衆悉不能觀不觀威儀喻二乘無如是自在故下合佛亦如是成就智眼清淨無礙悉能明見一切世間其所示現神通變化大菩薩衆所共圍繞諸大弟子悉不能見七徧處定境喻二。初喻譬如比丘在大衆中入徧處定所謂地徧處定水徧處定火徧處定風

徧處定青徧處定黃徧處定赤徧處定白徧處定天徧處定種種衆生身徧處定一切語言音聲徧處定一切所緣徧處定言徧處者於一切處周徧觀察無有間隙故名徧處。然瑜伽智度俱舍等論皆說有十今有十二前八同彼彼中九名空徧處十名識徧處。先觀青等諸法普徧次觀青等為何所依知由地等次思所觀由何廣大知由於空次思能觀知由依識。前八依第四靜慮觀欲可見色後二依無色定。瑜伽十二云何故徧處唯說色觸二處建立由此二種共自他身徧有色界常相續故眼等根色唯屬自身香味二塵不徧一切聲塵有間是故不說。無色界中空既徧一切處識所行境亦徧一切故立此二。今此宗別合空識二為天徧處前論所揀皆容假想耕性周徧加於三事十名種種衆生身徧處者即前所揀眼等根色十一語言音聲即前聲塵十二一切所緣即六塵境即收前香味及法塵境。例此天徧處言亦可通於諸天入此定者見其所緣其餘大衆悉不能見唯除有住此三昧者通喻周徧難思德別喻如來淨剎菩薩常光衆色莊嚴菩薩放大光明網不見定境喻聲聞無如是三昧故。二合如來所現不可思議諸佛境界亦復如是菩薩具見聲聞莫覩八妙藥翳形喻譬如有人以翳形藥自塗其眼在於衆會去來坐立無能見

者而能悉觀衆會中事通喻隱顯超世之德別喻如來住持及喻菩薩起變化雲德不覩者喻聲聞無如是解脫故後合應知如來亦復如是超過於世普見世間非諸聲聞所能得見唯除趣向一切智境諸大菩薩九二天隨人喻如人生已則有二天恒相隨逐一曰同生二曰同名天常見人人不見天通喻微妙難壞之德別喻如來嚴好菩薩身徧十方諸行圓滿之德不覩二天喻於二乘無如是勢力故亦喻無悲捨衆生故應知如來亦復如是在諸菩薩大集會中現大神通諸大聲聞悉不能見十滅定不行喻譬如比丘得心自在入滅盡定六根作業皆悉不行一切語言不知不覺定力持故不般涅槃唯喻聲聞安住自乘證實際故亦總喻無德一切聲聞亦復如是雖復住在逝多林中具足六根而不知不見不解不入如來自在菩薩衆會諸所作事又上十喻從前逆次配前闕因後之十句謂一喻無法喜二喻不知菩薩如夢三喻不從如來加被之所生等如理思之其前十句但通為不見之因。三

徵以結成何以故如來境界甚深廣大難見難知難測難量超諸世間不可思議無能壞者非是一切二乘境界。文有十句結前十喻唯第七八為順前合故有前卻餘皆如次是故如來自在神力菩薩衆會及逝多林普徧一切清淨世界如是等事諸大聲聞悉不知見非其器故。上來法喻廣顯聲聞不見聞等。問般若經明聲聞者智若斷皆是菩薩無生法忍。若是其忍何以上文皆言聲聞無菩薩德耶。又文殊巡行經中五百聲聞聞而不信法華不輕亦令其聞何得此中不令聞耶。答為顯不共故故智論中明其般若有共不共彼指此為不思議經名為不共所謂不共二乘說故。又大聖化儀其類不等或令二乘聞而不信以為遠種如上所引或以威力令其出會如法華中五千起席。或令在會使其不聞即如今經。然法華經漸教之終將收敗種加令其去激勵在會使其信受此經頓教之始為顯深勝留使不聞令諸後學修見聞種又復大乘該於小乘則其智斷皆是菩薩法忍小智不知大智故此經云於無有諦作決定解不見不聞。又若已開顯即權為實漸故法華云汝等所行是菩薩道若權實相對則如聾盲非其器故。其猶黎庶以對於王貴賤懸隔以王收人則率土之內莫非王人。是以若約普收即一切眾生無不具有如來智慧況於二乘無漏因果若劣優劣則彼權教久行菩薩尚不信聞況於二乘二乘上首尚如聾盲況凡夫外道既非其分本不合列為顯法勝大權菩薩示為聾盲是知聾盲於勝

有力能顯勝故勝劣相望力用交徹感大緣起方是甚玄。大文第六偈頌讚德分既至詠德顯所證故文中具有十方菩薩即為十段初二讚道場三昧等用餘八通讚佛德今初東方總讚一會十頌分二。初一頌總讚爾時毗盧遮那願光明菩薩承佛神力觀察十方而說頌言

汝等應觀察　佛道不思議　於此逝多林
示現神通力二別二初歎佛言初二歎內德　善逝威神力
所現無央數　一切諸世間　迷惑不能了
法王深妙法　無量難思議　所現諸神通
舉世莫能測一深二廣。二一頌歎內外無礙　以了諸法相
是故名為佛　而具相莊嚴　稱揚不可盡
三有一頌結成令用令於此林內　示現大神力
甚深無有邊　言辭莫能辯。第二有五頌歎菩薩
汝觀大威德　無量菩薩眾　十方諸國土
而來見世尊　所願皆具足　所行無障礙
一切諸世間　無能測量者　一切諸緣覺
及彼大聲聞　皆悉不能知　菩薩行境界
菩薩大智慧　諸地悉究竟　高建勇猛幢
難摧難可動　諸大名稱士　無量三昧力
所現諸神變　法界悉充滿一總顯雲集二顯行深玄三起通下位四智地高出五定用廣大。第二南方唯歎菩薩既結歸佛力亦為歎佛十頌分五。初二令觀內德

爾時不可壞精進王菩薩承佛神力觀察十方而說頌言

汝觀諸佛子
智慧功德藏　究竟菩提行　安隱諸世間
其心本明達　善入諸三昧　智慧無邊際
境界不可量初偈顯二嚴究竟後偈明定智深廣。二有二偈示其集處
今此逝多林　種種皆嚴飾　菩薩眾雲集
親近如來住　汝觀無所著　無量大海眾
十方來詣此　坐寶蓮華座。三有三頌明寂用無礙
無來亦無住　無依無戲論　離垢心無礙
究竟於法界　建立智慧幢　堅固不動搖
知無變化法　而現變化事　十方無量剎
一切諸佛所　同時悉往詣　而亦不分身

初一偈半即安後一偈半起用。四有一偈結歸佛力　汝觀釋師子
自在神通力　能令菩薩衆　一切俱來集
。五有二偈結其德廣同諸佛故　一切諸佛法　法界悉平等
言説故不同　此衆咸通達　諸佛常安住
法界平等際　演説差別法　言辭無有盡
第三西方唯難佛德然雖通諸德隨多顯名今此歎智用應時德十頌分二。初三法説　爾時
普勝無上威德王菩薩承佛神力觀察
十方而説頌言　汝觀無上士
廣大智圓滿　善達時非時　為衆演説法
摧伏衆外道　一切諸異論　普隨衆生心
為現神通力　正覺非有量　亦復非無量
若量若無量　牟尼悉超越一內德二外用三摠結離言。二喻顯
如日在虛空　照臨一切處　佛智亦如是
了達三世法　譬如十五夜　月輪無減缺
如來亦復然　白法悉圓滿　譬如空中日
運行無暫已　如來亦如是　神變恒相續

譬如十方剎　於空無所礙　世燈現變化
於世亦復然　譬如世間地　羣生之所依
照世燈法輪　為依亦如是　譬如猛疾風
所行無障礙　佛法亦如是　速徧於世間
譬如大水輪　世界所依住　智慧輪亦爾
三世佛所依七偈七喻一喻前廣大二喻圓滿三四喻現通一長時二無礙五喻演説六喻摧邪七摠喻前德諸佛同依。四北方十偈九喻歎三德深廣於中分二。初五偈四喻喻內德　爾
時無礙勝藏王菩薩承佛神力觀察十方
而説頌言　譬如大寶山　饒益諸含識
佛山亦如是　普益於世間　譬如大海水
澄淨無垢濁　見佛亦如是　能除諸渴愛
譬如須彌山　出於大海中　世間燈亦爾
從於法海出　如海具衆寶　求者皆滿足
無師智亦然　見者悉開悟　如來甚深智
無量無有數　是故神通力　示現難思議
一思二斷次。三喻喻智前一高遠次二深廣。二有五偈五喻喻大用　譬如工幻師

示現種種事　佛智亦如是　現諸自在力
譬如如意寶　能滿一切欲　最勝亦復然
滿諸清淨願　譬如明淨寶　普照一切物
佛智亦如是　普照羣生心　譬如八面寶
等鑒於諸方　無礙燈亦然　普照於法界
譬如水清珠　能清諸濁水　見佛亦如是
諸根悉清淨一巧示二隨欲三照機四合理五結益。五東北方十頌歎普益衆生德分
四。初一偈摠喻見無不益　爾時化現法界願月王菩薩
承佛神力觀察十方而説頌言
譬如帝青寶　能青一切色　見佛者亦然
悉發菩提行。二有三頌別明益菩薩德　一一微塵內
佛現神通力　令無量無邊　菩薩皆清淨
甚深微妙力　無邊不可知　菩薩之境界
世間莫能測　如來所現身　清淨相莊嚴
普入於法界　成就諸菩薩初有一頌淨除二障後有二頌成微
妙力。三有五頌明益周徧　難思佛國土　於中成正覺

一切諸菩薩　世主皆充滿　釋迦無上尊
於法悉自在　示現神通力　無邊不可量
菩薩種種行　無量無有盡　如來自在力
為之悉示現　佛子善修學　甚深諸法界
成就無礙智　明了一切法　善逝威神力
為衆轉法輪　神變普充滿　令世皆清淨
一成道徧二神通徧三示行徧四了法徧五轉法徧。四有一偈結益周普　如來智圓滿
境界亦清淨　譬如大龍王　普濟諸羣生
六東南方亦有十頌歎佛大用難思之德於中分三。初三頌明凡小難思　爾時法慧
光燄王菩薩承佛神力觀察十方而說
頌言　三世諸如來　聲聞大弟子
悉不能知佛　舉足下足事　去來現在世
一切諸緣覺　亦不知如來　舉足下足事
況復諸凡夫　結使所纏縛　無明覆心識
而能知導師。二有四頌出難思之法　正覺無礙智
超過語言道　其量不可測　孰有能知見

譬如明月光　無能測邊際　佛神通亦爾
莫見其終盡　一一諸方便　念念所變化
盡於無量劫　思惟不能了　思惟一切智
不可思議法　一一方便門　邊際不可得
。後有三頌顯能知之人　若有於此法　而興廣大願
彼於此境界　知見不為難　勇猛勤修習
難思大法海　其心無障礙　入此方便門
心意已調伏　志願亦寬廣　當獲大菩提
最勝之境界。七西南方十頌歎佛智身難思之德於中分四。初有一頌摠顯難思
爾時破一切魔軍智幢王菩薩承佛神
力觀察十方而說頌言
智身非是身　無礙難思議　設有思議者
一切無能及。二有一頌舉用顯果　從不思議業
起此清淨身　殊特妙莊嚴　不著於三界
。三別示難思之相三。初三智照淨障　光明照一切　法界悉清淨
開佛菩提門　出生衆智慧　譬如世間日

普放慧光明　遠離諸塵垢　滅除一切障
普淨三有處　永絕生死流　成就菩薩道
出生無上覺。二有一頌示現深廣　示現無邊色
此色無依處　所現雖無量　一切不思議
。三有二頌念智圓融　菩提一念頃　能覺一切法
云何欲測量　如來智邊際　一念悉明達
一切三世法　故說佛智慧　無盡無能壞。四一偈結勸
智者應如是　專思佛菩提　此思難思議
思之不可得　菩提不可說　超過語言路
諸佛從此生　是法難思議。謂從不思議生佛智身令絕思議之
念是思佛矣。八西北方十頌歎佛成就菩薩之德分二。初摠標觀成決定　爾時願智
光明幢王菩薩承佛神力觀察十方而
說頌言　若能善觀察　菩提無盡海
則得離癡念　決定受持法。二展轉成益分二。初七頌頌各一行
若得決定心　則能修妙行　禪寂自思慮
永斷諸疑惑　其心不疲倦　亦復無懈息

展轉增進修　究竟諸佛法　信智已成就
念念令增長　常樂常觀察　無得無依法
無量億千劫　所修功德行　一切悉迴向
諸佛所求道　雖在於生死　而心無染著
安住諸佛法　常樂如來行　世間之所有
蘊界等諸法　一切皆捨離　專求佛功德
凡夫嬰妄惑　於世常流轉　菩薩心無礙
救之令解脫。(三有二頌摠結深廣)　菩薩行難稱
舉世莫能思　徧除一切苦　普與羣生樂
已獲菩提智　復愍諸羣生　光明照世間
度脫一切衆。(六九下方菩薩歎佛難見聞德分二初一標名難聞近者必斷疑惑)
爾時破一切障勇猛智王菩薩承佛神
力觀察十方而說頌言　無量億千劫
佛名難可聞　況復得親近　永斷諸疑惑
(三餘皆別顯益物之相於中分四初一頌生福德益)　如來世間燈
通達一切法　普生三世福　令衆悉清淨
(二有二頌向菩提益)　如來妙色身　一切所欽歎
億劫常瞻仰　其心無厭足　若有諸佛子
觀佛妙色身　必捨諸有著　迴向菩提道
(三有二頌成智慧益)　如來妙色身　恒演廣大音
辯才無障礙　開佛菩提門　曉悟諸衆生
無量不思議　令入智慧門　授以菩提記
(四有四頌說人結益)　如來出世間　為世大福田
普導諸含識　令其集福行　若有供養佛
永除惡道畏　消滅一切苦　成就智慧身
若見兩足尊　能發廣大心　是人恒值佛
增長智慧力　若見人中勝　決意向菩提
是人能自知　必當成正覺。(七第十上方菩薩歎佛恩德深重於中
分四初摠舉佛德意在於恩)　爾時法界差別願智神通王
菩薩承佛神力觀察十方而說頌言
釋迦無上尊　具一切功德　見者心清淨
迴向大智慧　如來大慈悲　出現於世間
普為諸羣生　轉無上法輪。(二有一偈恩深難報)
如來無數劫　勤苦為衆生　云何諸世間
能報大師恩。(三有四偈明發荷恩之心)　寧於無量劫
受諸惡道苦　終不捨如來　而求於出離
寧代諸衆生　備受一切苦　終不捨於佛
而求得安樂　寧在諸惡趣　恒得聞佛名
不願生善道　暫時不聞佛　寧生諸地獄
一一無數劫　終不遠離佛　而求出惡趣
(四有四頌釋成荷恩之意)　何故願久住　一切諸惡道
以得見如來　增長智慧故　若得見於佛
除滅一切苦　能入諸如來　大智之境界
若得見於佛　捨離一切障　長養無盡福
成就菩提道　如來能永斷　一切衆生疑
隨其心所樂　普皆令滿足

大方廣佛華嚴經疏卷第九十五　杳五

大方廣佛華嚴經疏卷第九十六入法界品十一經　杳六

清涼山沙門澄觀述　晋水沙門淨源錄疏注經

大文第七普賢開發分現土顯於法界普賢主此方能開故初長行三。初明開發意　爾時普賢菩薩摩訶薩普觀一切菩薩衆會　觀衆會者上佛入定現相令衆欣說今假言開顯使尋言契實。二能開發方便有十一句　以等法界方便　初句總顯以含事理深廣故句初以等貫下十句謂頻申三昧業用深廣要以此十無分齊之方便方能開顯況十復表無盡餘句別明　等虛空界方便　虛空明其廣無際限　等衆生界方便等三世等一切劫等一切衆生業等一切衆生欲等一切衆生解等一切衆生根等一切衆生成熟時等一切法光影方便　上八顯其多無分齊光影一種兼顯深義如光影清淨故又映光之影隨機別故棟異水鏡似本質故三正明開顯三。初總標　為諸菩薩以十種法句開發顯示照明演說此師子頻申三昧　以十法句者然此法句望前方便即是所用望三昧境界即是能開二。徵釋　何等為十　釋中一一法句皆用前來十種方便一一方便皆能演說斷十法句然此十句所開即前所現亦念請中果用十句文少開合雖少不次而義無闕　所謂

演說能示現等法界一切佛刹微塵中諸佛出興次第諸刹成壞次第法句　初句即淨佛國土刹成壞即土佛於中興明是佛土前念欲知佛土之相今明一切佛刹塵中皆有佛土土無邊矣皆佛所淨下諸句例然皆一毛一塵即含攝無盡故次三即是成等正覺　演說能示現等虛空界一切佛刹中盡未來劫讃歎如來功德音聲法句　讃一　演說能示現等虛空界一切佛刹中如來出世無量無邊成正覺門法句　主二　演說能示現等虛空界一切佛刹中佛坐道場菩薩衆會法句　伴三　演說於一切毛孔念念出現等三世一切佛變化身充滿法界法句　五即是前為一切衆生現諸佛影像　杳六　演說能令一身充滿十方一切刹海平等顯現法句　六即是前入一切衆生所住處　演說能令一切諸境界中普現三世諸佛神變法句演說能令一切佛刹微塵中普現三世一切佛刹微塵數佛種種神變經無量劫法句　七八二句通顯能現神通即開智城而但境麤塵細為別　演說能令一切毛孔出生三世一切諸佛大願海音盡未來劫開發化導一切菩薩法句　九即含前調伏衆生等四句　演說能令佛師子座量同法界菩薩衆會道場莊嚴等無差別盡未來劫轉於種種微妙法輪法句　十即轉法輪三總結　佛子此十為首有不可說佛刹微塵數法句皆是如來智慧境界

三偈頌分二。初說儀意　爾時普賢菩薩欲重宣此義承佛神力觀察如來觀察衆會觀察諸佛難思境界觀察諸佛無邊三昧觀察不可思議諸世界海觀察不可思議如幻法智觀察不可思議三世諸佛悉皆平等觀察一切無量無邊諸言辭法而說頌言　文有十句初之四句正辨說儀後之六句觀其所說然多同念請果德難思。二正說偈

一一毛孔中　微塵數刹海　悉有如來坐

皆具菩薩眾　一一毛孔中　無量諸刹海
佛處菩提座　如是徧法界　一一毛孔中
一切刹塵佛　菩薩眾圍繞　為說普賢行
佛坐一國土　充滿十方界　無量菩薩雲
咸來集其所　億刹微塵數　菩薩功德海
俱從會中起　徧滿十方界　悉住普賢行
皆游法界海　普現一切刹　等入諸佛會
安坐一切刹　聽聞一切法　一一國土中
億劫修諸行　菩薩所修行　普明法海行
入於大願海　住佛境界地　了達普賢行
出生諸佛法　具佛功德海　廣現神通事
身雲等塵數　充徧一切刹　普雨甘露法
令眾住佛道（頌十法句而開合不次初偈頌初句二頌第三三頌第二四頌第四以上三句同是成正覺門前後無在五頌第五六七二頌同頌第六八頌第九九却合頌第七第八十頌第十第八毫光示益分令尊智光為能證故文四。初毫光普示）爾時世尊欲令諸菩薩安住如來師子頻申廣大三昧故（先標光意）從眉間白毫相放大光明其光名普照三世法界門（二主光體用表即法界中道無漏正智方能證前所現之法界故三世是相相即法界法界體用互為其門又通皆為門若見法界之性相即入三昧之體用故）以不可說佛刹微塵數光明而為眷屬（次光攝眷屬差別之智皆入法界故）普照十方一切世界海諸佛國土（後明光分齊。二依光見法。二初明此眾普見。二。初能見人）時逝多林菩薩大眾（通新舊眾。二明所見法亦二。初見此會徧法界之塵刹）悉見一切盡法界虛空界一切佛刹一一微塵中各有一切佛刹微塵數諸佛國土種種名種種色種種清淨種種住處種種形相如是一切諸國土中皆有大菩薩坐於道場師子座上成等正覺菩薩大眾前後圍繞諸世間主而為供養（三多類攝化徧周法界。三。初明廣大會徧）或見於不可說佛刹量大眾會中出妙音聲充滿法界轉正法輪（二明徧處不同）或見在天宮殿龍宮殿夜叉宮殿乾闥婆阿脩羅迦樓羅緊那羅摩睺羅伽人非人等諸宮殿中或在人間村邑聚落王都大處（並在前來塵刹之內。三別彰所現）現種種姓種種名種種身種種相種種光明住種種威儀入種種三昧現種種神變或時自以種種言音或令種種諸菩薩等在於種種大眾會中種種言辭說種種法（亦通荅前諸所念請故云種種三類顯十方則十方眾會同現於中有二。初舉此顯彼）如此會中菩薩大眾見於如是諸佛如來甚深三昧大神通力（三以彼類此二。初舉能見分齊）如是盡法界虛空界東西南北四維上下一切方海中依於眾生心想而住始從前際至今現在一切國土身一切眾生身一切虛空道其中一一毛端量處一一各有微塵數刹種種業起次第而住悉有道場菩薩眾會（謂彼十方微細大會並同此會大眾之見。二明其所）

（見自在）皆亦如是見佛神力不壞三世不壞世間於一切衆生心中現其影像隨一切衆生心樂出妙言音普入一切衆會中普現一切衆生前色相有別智慧無異隨其所應開示佛法教化調伏一切衆生未曾休息（謂雖廣現而不壞本相故。三明其見諸因緣）其有見此佛神力者皆是毗盧遮那如來於往昔時善根攝受或昔曾以四攝所攝或是見聞憶念親近之所成熟或是往昔教其令發阿耨多羅三藐三菩提心或是往昔於諸佛所同種善根或是過去以一切智善巧方便教化成熟（謂頓顯證見非無宿因然成前爲見因頓下爲證因皆是如來所攝受故。四明其得益二初明因見得法二先略明三。初明其所入）是故皆得入於如來不可思議甚深三昧盡法界虛空界大神通力（初句結前標後亦是總句言是故者是前宿因之故）或入法身或入色身或入往昔所成就行或入圓滿諸波羅蜜或入莊嚴清淨行輪或入菩薩諸地或入成正覺力或入佛所住三昧無差別大神變或入如來力無畏智或入佛無礙辯才海（別列十門以顯無盡。二顯於能入亦列十門）彼諸菩薩以種種解（解者鑒達分明種種不同如發心品）種種道（道謂一道二道乃至無量正道）種種門（無常門夢境界門等）種種入（所證差別）種種理趣（意皆不同）種種隨順（機法萬差並皆隨順）種種智慧種種助道種種方便種種三昧（餘四可知）入如是等十不可說佛剎（即此能入亦是所益。三約其所入）微塵數佛神變海方便門（謂用前解等入前法身等前略列十實有不可說塵數等。三廣明得法二初廣能入文三。初句徵起）云何種種三昧（但廣三昧二門例餘九句。二別列入此三昧能令法界妙嚴飾故斯即頻申現淨土之一義下諸三昧皆是頻申大用別義故以多別入佛之總諸門別義說者隨宜）所謂普莊嚴法界三昧普照一切三世無礙境界三昧法界無差別智光明三昧入如來境界不動轉三昧普照無邊虛空三昧入如來力三昧佛無畏勇猛奮迅莊嚴三昧一切法界旋轉藏三昧如月普現一切法界以無礙音大開演三昧普清淨法光明三昧無礙繒法王幢三昧一一境界中悉見一切諸佛海三昧於一切世間悉現身三昧入如來無差別身境界三昧隨一切世間轉大悲藏三昧知一切法無有跡三昧知一切法究竟寂滅三昧雖無所得而能變化普現世間三昧普入一切剎三昧莊嚴一切佛剎成正覺三昧觀一切世間主色相差別三昧觀一切衆生境界無障礙三昧能出生一切如來母三昧能修行入一切佛海功德道三昧一一境界中出現神變盡未來際三昧入一切如來本事海三昧盡未來際護持一切如來種性三昧以決定解力令現在十方一切佛刹海皆清淨三昧一念中普照一切佛所住三昧入一切境界無礙際三昧令一切世界為一佛刹三昧出一切佛變化身三昧以金剛王智知一切諸根海三昧知一切如來同一身三昧知一切法界所安立悉住心念際三昧於一切法界廣大國土中示現涅槃三昧令住最上處三昧於一切佛刹現種種衆生差別身三昧普入一切佛智慧三昧知一切法性相三昧一念普知三世法三昧念念中普現法界身三昧以師子勇猛智知一切如來出興次第三昧於一切法界境界慧眼圓滿三昧勇猛趣向十力三昧放一切功德圓滿光明普照世

間三昧不動藏三昧說一法普入一切法三昧於一法以一切言音差別訓釋三昧演說一切佛無二法三昧知三世無礙際三昧知一切劫無差別三昧入十力微細方便三昧於一切劫成就一切菩薩行不斷絕三昧十方普現身三昧於法界自在成正覺三昧生一切安隱受三昧出一切莊嚴具莊嚴虛空界三昧念念中出等衆生數變化身雲三昧如來淨空見光明三昧常見一切如來住虛空三昧開示一切佛莊嚴三昧照明一切法義燈三昧照十力境界三昧三世一切佛幢相三昧一切佛一密藏三昧念念中所作皆究竟三昧無盡福德藏三昧見無邊佛境界三昧堅住一切法三昧現一切如來變化悉令知

見三昧念念中佛日常出現三昧一日中悉知三世所有法三昧普音演說一切法性寂滅三昧見一切佛自在力三昧法界開敷蓮華三昧觀諸法如虛空無住處三昧十方海普入一方三昧入一切法界無源底三昧一切法海三昧以寂靜身放一切光明三昧一念中現一切神通大願三昧一切時一切處成正覺三昧以一莊嚴入一切法界三昧普現一切諸佛身三昧知一切衆生廣大殊勝神通智三昧一念中其身徧法界三昧現一乘淨法界三昧入普門法界示現大莊嚴三昧住持一切佛法輪三昧以一切法門莊嚴一法門三昧以因陀羅網願行攝一切衆生界三昧分別一切世界門三昧乘蓮華自在游步三

眛知一切衆生種種差別神通智三昧令其身恒現一切衆生前三昧知一切衆生差別音聲言辭海三昧知一切衆生差別智神通三昧大悲平等藏三昧一切佛入如來際三昧觀察一切如來解脫處師子頻申三昧（別列一百二門皆從業用受名並以法性眞如爲三昧本隨一一事皆能契實正受現前故於中二意前百一門別別業用後一德相同果師子頻申者若不摠相分同無以能究佛境故。三摠結能所）菩薩以如是等不可說佛刹微塵數三昧入毗盧遮那如來念念充滿一切法界三昧神變海（上略列百門如前之例有多塵數方能入佛神變之海三昧既爾解等九門亦然文略不結。二廣所入二先別列有其十德廣前十門別句而小不次摠句即有三昧結中於中分十。初智位高深德）其諸菩薩皆悉具足大智神通明利自在住於諸地以廣大智普觀一切從諸智慧種性而生一切智智常現在前得離癡翳清淨智眼（即前諸地。二調生無染德）爲諸衆生作調

御師住佛平等於一切法無有分別了達境界知諸世間性皆寂滅無有依處普詣一切諸佛國土而無所著悉能觀察一切諸法而無所住徧入一切妙法宮殿而無所來教化調伏一切世間普爲衆生現安隱處（即是前來三輪嚴淨。三成滿十度德）智慧解脫爲其所行恒以智身住離貪際超諸有海示眞實際智光圓滿普見諸法住於三昧堅固不動於諸衆生恒起大悲知諸法門悉皆如幻一切衆生悉皆如夢一切如來悉皆如影一切言音悉皆如響一切諸法悉皆如化善能積集殊勝行願智慧圓滿清淨善巧心極寂靜善入一切摠持境界具三昧力勇猛無怯獲明智眼住法界際到一切法無所得處修習無涯智慧大海到智波羅蜜

究竟彼岸爲般若波羅蜜之所攝持以神通波羅蜜普入世間依三昧波羅蜜得心自在（四智力無畏德）以不顚倒智知一切義以巧分別智開示法藏以現了智訓釋文辭以大願力說法無盡以無所畏大師子吼常樂觀察無依處法以淨法眼普觀一切以淨智月照世成壞以智慧光照眞實諦福德智慧如金剛山一切譬喻所不能及善觀諸法慧根增長勇猛精進摧伏衆魔無量智慧威光熾盛其身超出一切世間得一切法無礙智慧善能悟解盡無盡際住於普際入眞實際無相觀智常現在前（雖有四辯意在於智。五成就普行德）善巧成就諸菩薩行以無二智知諸境界普見一切世間諸趣徧往一切諸佛國土智燈圓滿於一切法無諸暗障

放淨光明照十方界為諸世間眞實福
田若見若聞所願皆滿福德高大起諸
世間勇猛無畏摧諸外道演微妙音徧
一切剎（六法身圓滿德）普見諸佛心無厭足於
佛法身已得自在隨所應化而為現身
一身充滿一切佛剎（七色身自在得）已得自在
清淨神通乘大智舟所往無礙智慧圓
滿周徧法界譬如日出普照世間隨衆
生心現其色像知諸衆生根性欲樂入
一切法無諍境界知諸法性無生無起
能令小大自在相入（八辯才自在得）決了佛地
甚深之趣以無盡句說甚深義於一句
中演說一切脩多羅海獲大智慧陀羅
尼身凡所受持永無忘失一念能憶無
量劫事一念悉知三世一切諸衆生智
恒以一切陀羅尼門演說無邊諸佛法

海常轉不退清淨法輪令諸衆生皆生
智慧（九三昧神變德）得佛境界智慧光明入於
善見甚深三昧入一切法無障礙際於
一切法勝智自在一切境界清淨莊嚴
普入十方一切法界隨其方所靡不咸
至（十成等正覺德）一一塵中現成正覺於無色性
現一切色以一切方普入一方（第二總結）其諸
菩薩具如是等無邊福智功德之藏常
為諸佛之所稱歎種種言辭說其功德
不能令盡靡不咸在逝多林中深入如
來功德大海悉見於佛光明所照（二荷恩興供文）
（三初總）爾時諸菩薩得不思議正法光明
心大歡喜各於其身及以樓閣諸莊嚴
具并其所坐師子之座徧逝多林一切
物中化現種種大莊嚴雲充滿一切十
方法界（二別）所謂於念念中放大光明雲

充滿十方悉能開悟一切衆生出一切
摩尼寶鈴雲充滿十方出微妙音稱揚
讚歎三世諸佛一切功德出一切音樂雲
充滿十方音中演說一切衆生諸業果
報出一切菩薩種種願行色相雲充滿
十方說諸菩薩所有大願出一切如來
自在變化雲充滿十方演出一切諸佛
如來語言音聲出一切菩薩相好莊嚴
身雲充滿十方說諸如來於一切國土
出興次第出三世如來道場雲充滿十
方現一切如來成等正覺功德莊嚴出
一切龍王雲充滿十方雨一切諸香出
一切世主身雲充滿十方演說普賢菩
薩之行出一切寶莊嚴清淨佛剎雲充
滿十方現一切如來轉正法輪（三結）是諸
菩薩以得不思議法光明故法應如是

出興此等不可說佛剎微塵數大神變莊嚴雲 結其所因由得前十種德故。大文第九文殊述德分文殊主智故先後述德光本今證三昧智本爲顯法界尋智得理故述歎林中又前普賢門以行顯理此則以解顯理解行無二方能入故通明即以文殊權實無二之大智普賢體用之理行此二無二共顯如來三昧之果德文二。初述意

爾時文殊師利菩薩承佛神力欲重宣此逝多林中諸神變事觀察十方而說頌言 二正頌有十三偈通讚一會三種世間自在之用分之爲六。初二總歎

汝應觀此逝多林　以佛威神廣無際
一切莊嚴皆示現　十方法界悉充滿
十方一切諸國土　無邊品類大莊嚴
於其座等境界中　色像分明皆顯現 初一普徧後一廣容。二一偈讚衆生世間
從諸佛子毛孔出　種種莊嚴寶燄雲
及發如來微妙音　徧滿十方一切剎 即遍前諸來及向得益菩薩興供之事。三讚依正互在
寶樹華中現妙身　其身色相等梵王
從禪定起而遊步　進止威儀恒寂靜
如來一一毛孔內　常現難思變化身
皆如普賢大菩薩　種種諸相爲嚴好 初偈依中有正後偈正中有正。四述上林空
逝多林上虛空中　所有莊嚴發妙音
普說三世諸菩薩　成就一切功德海
逝多林中諸寶樹　亦出無量妙音聲
演說一切諸羣生　種種業海各差別
林中所有衆境界　悉現三世諸如來
一一皆起大神通　十方剎海微塵數。五有三偈述智正覺世間依正無盡
十方所有諸國土　一切剎海微塵數
悉入如來毛孔中　次第莊嚴皆現覩
所有莊嚴皆現佛　數等衆生徧世間
一一咸放大光明　種種隨宜化羣品
香燄衆華及寶藏　一切莊嚴殊妙雲
靡不廣大等虛空　徧滿十方諸國土
十方三世一切佛 六有二偈總顯普收
所有莊嚴妙道場　於此園林境界中
一一色像皆明現　一切普賢諸佛子
百千劫海莊嚴剎　其數無量等衆生
莫不於此林中見 大文第十無涯大用分開必得益益必利生文二。初總顯用因

爾時彼諸菩薩以佛三昧光明照故即時得入如是三昧 由佛三昧得前三昧 一一皆得不可說佛剎微塵數大悲門利益安樂一切衆生 成此悲門故能有用。二依體起用文二。初別明毛孔世主化二。初總明 於其身上一一毛孔皆出不可說佛剎微塵數光明一一光明皆化現不可說佛剎微塵數菩薩其身形相如世諸主普現一切衆生之前周帀徧滿十方法界種種方便教化調伏 二別顯有四初明能化之法總有二十五門分二。初八門離明欣厭等門化 或現不可說佛剎微塵數諸天宮殿無常門或現不可說佛剎微塵數一切衆生受生門或現不可說佛剎

微塵數一切菩薩修行門或現不可說佛剎微塵數夢境門或現不可說佛剎微塵數菩薩大願門或現不可說佛剎微塵數震動世界門或現不可說佛剎微塵數分別世界門或現不可說佛剎微塵數現生世界門（二餘十七門明十度門化於中分四。初有六門門各一度）或現不可說佛剎微塵數檀波羅蜜門或現不可說佛剎微塵數一切如來修諸功德種種苦行尸波羅蜜門或現不可說佛剎微塵數割截支體羼提波羅蜜門或現不可說佛剎微塵數勤修毗棃耶波羅蜜門或現不可說佛剎微塵數一切菩薩修諸三昧禪定解脫門或現不可說佛剎微塵數佛道圓滿智光明門（二有三門明方便度）或現不可說佛剎微塵數勤求佛法為一文一句故捨無數

身命門或現不可說佛剎微塵數覲近一切佛諮問一切法心無疲厭門或現不可說佛剎微塵數隨諸衆生時節欲樂往詣其所方便成熟令住一切智海光明門（三一門是力度）或現不可說佛剎微塵數降伏衆魔制諸外道顯現菩薩福智力門（四有七門皆智度）或現不可說佛剎微塵數知一切工巧明智門或現不可說佛剎微塵數知一切衆生差別明智門或現不可說佛剎微塵數知一切法差別明智門或現不可說佛剎微塵數知一切衆生心樂差別明智門或現不可說佛剎微塵數知一切衆生根行煩惱習氣明智門或現不可說佛剎微塵數知一切衆生種種業明智門或現不可說佛剎微塵數開悟一切衆生門（前欣猒中已明於願故此略無）

（三所化處文二。初結前生後）以如是等不可說佛剎微塵數方便門往詣一切衆生住處而成熟之（二別明）所謂或往天宮或往龍宮或往夜叉乾闥婆阿脩羅迦樓羅緊那羅摩睺羅伽宮或往梵王宮或往人王宮或往閻羅王宮或往畜生餓鬼地獄之所住處（三能化心）以平等大悲平等大願平等智慧平等方便攝諸衆生（四所化益）或有見已而調伏者或有聞已而調伏者或有憶念而調伏者或聞音聲而調伏者或聞名号而調伏者或見圓光而調伏者或見光網而調伏者隨諸衆生心之所樂皆詣其所令其獲益（二通顯多身分類化文二。初明住處化異）佛子此逝多林一切菩薩為欲成熟諸衆生故或時現處種種嚴飾諸宮殿中或時示現住自樓閣寶師子座道場衆會

所共圍繞周徧十方皆令得見然亦不離此逝多林如來之所（結云不離逝多林者明不動而普徧繁興而恒靜末不離本故下文殊游行亦不離本會本末事理非即離故二明現身化異有五。初能化身異有十二種）佛子此諸菩薩或時示現無量化身雲或現其身獨一無侶（初二總示餘十別）所謂或現沙門身或現婆羅門身或現苦行身或現充盛身或現醫王身或現商主身或現淨命身或現妓樂身或現奉事諸天身或現工巧技術身（此中多同善財所見故知善財諸友即此會之菩薩。二化處異）往詣一切村營城邑王都聚落諸衆生所（三化類異）隨其所應以種種形相種種威儀種種音聲種種言論種種住處於一切世間猶如帝網行菩薩行（四化法異）或說一切世間工巧事業或說一切智慧照世明燈或說一切衆生業力所莊嚴或說十方國土建立諸乘位或說智燈所照一切法境界（五總結末不離本）教化成就一切衆生而亦不離此逝多林如來之所（第二末會亦即一部流通略啓十門一總顯會意二會數開合三會主多少四定會名義五二位統收六五相分別七圓攝始終八會主類別九法界事義十隨文解釋今初夫圓滿教海攝法無遺頓漸該羅本末交映人法融會貴在弘通。故非頓無以顯圓非漸無以階進非本無以垂末非末無以顯本非人無以證法非法無以成人。故前明不異漸之頓多門而衆人同契此明不異頓之漸一人而歷位圓修前則不異末之本此雖卷而恒舒此則不異本之末雖舒而恒卷本末無礙同入法界今說人修進以軌後徒使大教弘通即斯本意。二會數開合者若約所攝之機唯有三會一比丘二諸乘人三善財會。若約能所通辨有五十五會善財自有五十三。故雖人有五十四文殊一人四會說故德生有德同一問答徧友無答不成會故若以徧友承前指後得名會者善財則有五十四會是以唯就能化不足定會若約主伴成百一十會至下當辨。若約散說則佛剎塵數會尚願三乘若約普賢之德則無盡會如普賢結通處說。三會主多少者若以人剋定唯五十四若以會顯人則五十七文殊分四故或剎塵數或無盡無盡思之。四定會名義者此下諸會雖無佛說以本收末亦得名經謂文殊濫觴出此會故諸友皆於本會得益菩薩不離而徧周故若爾下文善財應收歸重閣何乃見在菩提場耶以菩提場為諸會本故所為既終攝末歸本況諸衆會不動覺場。五二位統收者此中諸會不出文殊普賢略有二門一相對明表二互融顯圓。今初略明三對一以能所相對普賢表所信法界即在纏如來藏故理趣般若云一切衆生皆如來藏普賢菩薩自體徧故初會即入藏身三昧故文殊表能信之心故佛名經說一切諸佛皆因文殊而發心故善財始見發大心故。二以解行相對普賢表所起萬行上下諸經皆說普賢行故文殊表能起之解通解理事故慈氏云汝見善友皆文殊力故。三以理智相對普賢即所證法界善財入身故又云得究竟三世平等身故普賢身相如虛空故文殊即能證大智本所事佛名不動智故見後文殊方見普賢故又理開體用智分因果二互融顯圓者亦二先以二門各自圓融謂解由於信方離邪見信解真正成極智故依體起行行必稱體由行證理理行不殊故隨一證即一切證。後以二聖法門互融謂始信必信於理故能所不二稱解起行行解不二智與理冥則理智無二。是以文殊三事融通隱隱即是普賢三事涉入重重由此故能證入遮那頻申之境故前本會明二聖開顯序分之中標為上首餘如別說。六分五相者若意法師及臺山論但隨文散釋更無別配光統等師皆配地位。二皆有理謂隨一一位具多法門豈容凡心不得習求善友之法是故不配亦深有理然無次位中不礙次位意顯依位是常規故配亦無失橫竪無礙。依賢首配為五相謂初四十一人名寄位修行相依人求解顯修行故。二從摩耶下九會十一人明會緣入實相即會前住等成普別兩行契證法界故初得幻智後得幻住該於中間如幻之緣入一實故。三慈氏一人名攝德成因相會前二門之德垂為證入之因故法門名三世不忘念則攝法無遺。四後文殊名智照無二相謂行圓究竟朗悟在懷照前行等唯一圓智更無前後明昧等殊故。五普賢一人名顯因廣大相始覺同本圓覺現前稱周法界無不包含故其後四相亦得稱為寄位前三義同等覺位故摩耶慈氏並入重玄門文殊表菩薩地盡心無初相普賢義同妙覺之位現見普賢便等佛故。今從別義且為五相。此之五相亦是菩薩五種行相一高行二大行三勝行四深行五廣行。七圓攝始終者上寄法顯異布之前後據實圓融一位即具一切位故乃至無盡所塵差別並是一中之多一多同時無有障礙。八法界人類於中有二先明類別謂知識雖多不出二十類一菩薩二比丘三尼四優婆塞五優婆夷六童男七童女八天九天女十外道十一婆羅門十二長者十三先生十四醫人十五舡師十六國王十七仙人十八佛母十九佛妃二十諸神。二顯義相有四一者約果攝化並是如來海印之所現故。二者約因成行皆是菩薩隨力現形。三者約義顯法摠是緣起法界之人法故。四者約相辯異不出菩薩五生所收一息苦生如良醫等二隨類生如外道等三勝生如善見比丘等四增上生如無猒足王等五最後生如慈氏等通即前四各具五生於中菩薩有六三處現身初文殊信位劣故唯顯一人二中間漸進現於二人謂大悲正趣三位後成滿顯於三人謂彌勒等。九法界事義者通下諸位摠有十門一正報法界二依報法界三現相四表義五言說六義理七業用八說往因九結自分十推勝進此十門法界同一緣起至融無礙。十隨文解釋依五相中今當第一寄位修行相於中分五初文殊一人寄於十信信未成位故但一人餘四十人寄十住等位各有十謂二從德雲至慈行寄於十住三善見至徧行寄於十行四鬻香長者至安住地神寄十杳六迴向五婆珊夜神至瞿波寄於十地今初十二十五信文中分二先明能化發起三。初摽主出閣爾時文殊師利童子從善住樓閣出文殊菩薩本是童子而前文中列稱菩薩此彰童子者表創入佛法故亦顯非童真行不能入故權實相依悲智無住名善住閣從此利生為出非離此矣。二別明伴從與無量同行菩薩及

常隨侍衛諸金剛神普為眾生供養諸佛諸身眾神久發堅誓願常隨從諸足行神樂聞妙法主地神常修大悲主水神智光照耀主火神摩尼為冠主風神明練十方一切儀式主方神專勤除滅無明黑暗主夜神一心匪懈闡明佛日主晝神莊嚴法界一切虛空主空神普度眾生超諸有海主海神常勤積集趣一切智助道善根高大如山主山神常勤守護一切眾生菩提心城主城神常勤守護一切智智無上法城諸大龍王常勤守護一切眾生諸夜叉王常令眾生增長歡喜乾闥婆王常勤除滅諸餓鬼趣鳩槃荼王恒願拔濟一切眾生出諸有海迦樓羅王願得成就諸如來身高出世間阿脩羅王見佛歡喜曲躬恭

敬摩睺羅伽王常厭生死恒樂見佛諸大天王尊重於佛讚歎供養諸大梵王初一同生餘皆異生並約通稱表法之名以明般若導萬行故隨一一類各有眾多故云諸足行等或闕諸言蓋文略耳餘如初會。三摠顯出儀杳六文殊師利與如是等二十六功德莊嚴諸菩薩眾出自住處來詣佛所右繞世尊經無量帀以諸供具種種供養供養畢已辭退南行往於人間前約無住化生名善住閣出今依自利而利他云出自住處又前依佛法界流此依自所證出二文影略

大方廣佛華嚴經疏卷第九十六　杳六

大方廣佛華嚴經疏卷第九十七（入六十一經下半）　杳七

清涼山沙門澄觀述　晋水沙門淨源　錄疏注經

（二成彼化事文中通有三會一比丘會顯迴小入大故二諸乘人會顯通收諸權入一實故三善財會顯純一乘檝一生成辦故又前二會表居信未久尚不定故善財信終可入證故今初有二初明助化攝檝小乘之智亦助大故文二初觀緣興念）爾時尊者舍利弗承佛神力見文殊師利菩薩與諸菩薩衆會莊嚴出逝多林往於南方游行人間作如是念我今當與文殊師利俱往南方（二攝衆同游二初摠辨攝儀）時尊者舍利弗與六千比丘前後圍繞出自住處來詣佛所頂禮佛足具白世尊世尊聽許右繞三帀辭退而去往文殊師利所（捨小趣大為出自住處二別明所化三初指數辨位）此六千比丘（言六千者表六根性淨可入法界故比丘義如常）是舍利弗自所同住（同居權小同住法界）出家未久（未證實際易可迴故信心尚微須誘化故二列名）所謂海覺比丘善生比丘福光比丘大童子比丘電生比丘淨行比丘天德比丘君慧比丘梵勝比丘寂慧比丘如是等其數六千（三歎德文有十句）悉曾供養無量諸佛深植善根（初二歎宿因次七明現德）解力廣大信眼明徹其心寬博觀佛境界了法本性饒益衆生常樂勤求諸佛功德（既皆約大乘以歎明本大麤託迹比丘顯收諸類非小乘矣後一結德屬緣）皆是文殊師利說法教化之所成就（結屬文殊令成其善非無因矣三正明化益二初以身儀攝益則令根熟起欲四初示勝境三初標告）爾時尊者舍利弗在行道中觀諸比丘告海覺言（二正歎觀察有十勝德）海覺汝可觀察文殊師利菩薩清淨之身相好莊嚴一切天人莫能思議（身相勝）汝可觀察文殊師利圓光映徹令無量衆生發歡喜心（常光勝）汝可觀察文殊師利光網莊嚴除滅衆生無量苦惱（放光勝）汝可觀察文殊師利衆會具足皆是菩薩往昔善根之所攝受（衆會勝）汝可觀察文殊師利所行之路左右八步平坦莊嚴（行路勝表常依八正道故）汝可觀察文殊師利所住之處周迴十方常有道場隨逐而轉（住處勝舉足下足無非道場隨心轉故）汝可觀察文殊師利所行之路具足無量福德莊嚴左右兩邊有大伏藏種種珎寶自然而出（福德勝常觀空有二邊心地之下具如來藏恒沙萬德無心忘照任運穿知而顯現故）汝可觀察文殊師利曾供養佛善根所流一切樹間出莊嚴藏（林樹勝樹立萬行嚴法體故）汝可觀察文殊師利諸世間主雨供具雲頂禮恭敬以為供養（自在勝於我無我得不二解自在主中為最尊故）汝可觀察文殊師利十方一切諸佛如來將說法時悉放眉間白毫相光來照其身從頂上入（上攝勝此有二意一約事心常上攝諸佛法故二約表諸佛顯揚皆依般若究竟至一切智故三結略顯廣）爾時尊者舍利弗為諸比丘稱揚讚歎開示演說文殊師利童子有

如是等無量功德具足莊嚴。(二得勝益)彼諸比丘聞是說已心意清淨信解堅固喜不自持舉身踴躍形體柔軟諸根悅豫憂苦悉除垢障咸盡常見諸佛深求正法具菩薩根得菩薩力大悲大願皆自出生入於諸度甚深境界十方佛海常現在前於一切智深生信樂(上既勸觀義兼修觀益相可知。三詣勝人)即白尊者舍利弗言唯願大師將引我等往詣於彼勝人之所時舍利弗即與俱行至其所已白言人者此諸比丘願得奉覲(西衆勝所攝二。初示攝相)爾時文殊師利童子無量自在菩薩圍繞并其大衆如象王迴觀諸比丘(以迴觀法器故如象王迴者身首俱轉無輕舉故。二設敬興願為後正說之由)時諸比丘頂禮其足合掌恭敬作如是言我今奉見恭敬禮拜及餘所有一切善根唯願仁者文殊師利和尚舍

利弗世尊釋迦牟尼皆悉證知如仁所有如是色身如是音聲如是相好如是自在願我一切悉當具得(二語業攝益正授法門二初授自分法二初授法三。初舉益標告)爾時文殊師利菩薩告諸比丘言比丘若善男子善女人成就十種趣大乘法則能速入如來之地況菩薩地(二別示行法)何者為十(攝為五對)所謂積集一切善根心無疲厭見一切佛承事供養心無疲厭(一內因外緣)求一切佛法心無疲厭行一切波羅蜜心無疲厭(二求法成行)成就一切菩薩三昧心無疲厭次第入一切三世心無疲厭(三深入妙智智入三世故)普嚴淨十方佛刹心無疲厭(四嚴刹調生)於一切刹一切劫中成就菩薩行心無疲厭為成就一衆生故修行一切佛刹微塵數波羅蜜成就如來十力

如是次第為成熟一切衆生界成就如來一切力心無疲厭(五長時廣大廣大亦勝進修也皆言無疲厭者法門無盡衆生無邊取相而修多生疲厭厭則退墮墮歸二乘若無愛見而修則無疲矣無疲則佛果非遠況我身耶。三舉益勸修亦為五對)比丘若善男子善女人成就深信發此十種無疲厭心則能長養一切善根捨離一切諸生死趣(一長善離生)超過一切世間種性不墮聲聞辟支佛地(二超凡越小)生一切如來家具一切菩薩願(三生家具業)學習一切如來功德修行一切菩薩諸行(四習果修因)得如來力摧伏衆魔及諸外道亦能除滅一切煩惱入菩薩地近如來地(五摧邪入證。二得益二初別明一定。二初明所得定體)時諸比丘聞此法已則得三昧名無礙眼見一切佛境界(言無礙眼者略有三義一能見離障故二所見無壅故故云見一切佛境三一具多用故雖具此能而無見相故名三昧。二別明定用有四。初正明眼用)得此三昧故悉見十方無量無邊一切世界諸佛如

来及其所有道場衆會亦悉見彼十方世界一切諸趣所有衆生亦悉見彼一切世界種種差別亦悉見彼一切世界所有微塵亦悉見彼諸世界中一切衆生所住宮殿以種種寶而為莊嚴（二天耳用）及亦聞彼諸佛如来種種言音演說諸法文辭訓釋悉皆解了（三具他心用）亦能觀察彼世界中一切衆生諸根心欲（四得宿住用）亦能憶念彼世界中一切衆生前後十生亦能憶念彼世界中過去未来各十劫事亦能憶念彼諸如来十本生事十成正覺十轉法輪十種神通十種說法十種教誡十種辯才（一眼具斯四種勝用故稱無礙。二通顯多門）又即成就十千菩提心十千三昧十千波羅蜜悉皆清淨得大智慧圓滿光明得菩薩十神通柔軟微妙住菩提心堅固不

動（上一定之用既爾多門無盡例然此顯圓教揔攝創立大心乃得十地之後十通之用以始攝終故如發心功德品等辨。二授勝進法。二一教勸）爾時文殊師利菩薩勸諸比丘住普賢行住普賢行已入大願海入大願海已成就大願海（上文但明大心無疲）（令此令其廣住行願進趣普修。二展轉獲益）以成就大願海故心清淨心清淨故身清淨身清淨故身輕利身清淨輕利故得大神通無有退轉得此神通故不離文殊師利足下普於十方一切佛所悉現其身具足成就一切佛法（已下入第六十二經。二諸来入會。四。初結前所作）爾時文殊師利勸諸比丘發阿耨多羅三藐三菩提心已（三明至化處）漸次南行經歷人間至福城東（其城居人多有福德故曰福城城表防非東為羣方之首亦是啓明之初表順福分善入道之初又表福智入位本故）住莊嚴幢娑羅林中（娑羅林者此云高遠林木森聳故表當起萬行莊嚴亦摧伏故）往昔諸佛曾所止住教化衆生大塔廟處（大塔廟者即歸宗之所日照三藏云此城在南

天竺城東大塔是古佛之塔佛在世時已有此塔三藏親到其所其塔極大東面鼓樂供養西面不聞於今現在此處居人多唱善財歌讚此城內人並有解脫分善根堪為道器此表所依法界本覺真性諸佛同依故云往昔諸佛曾所上住等）亦是世尊於往昔時修菩薩行能捨無量難捨之處是故此林名稱普聞無量佛剎此處常為天龍夜叉乾闥婆阿脩羅迦樓羅緊那羅摩睺羅伽人與非人之所供養（三顯所說法）時文殊師利與其眷屬到此處已即於其處說普照法界脩多羅（智周宏舒故云普照所照深廣稱為法界即入法界經也）百萬億那由他脩多羅以為眷屬（四明所益衆有二類別。初諸龍）說此經時於大海中有無量百千億諸龍而來其所聞此法已深厭龍趣正求佛道（得主數意故云正求佛道即住海水中堪受得聞）咸捨龍身生天人中一萬諸龍於阿耨多羅三藐三菩提得不退轉（二攝三乘機）復有無量無數衆生於三乘中各得調伏（得眷

偈數意故但云復有衆生調伏不別演說故非別會三攝善財會亦為十門一趣求有異二修入衆殊三示方不同四見處差別五教遣差別六歎不歎別七推不推別八結不結別九去不去別十正釋本文。今初文中乃有三句初文殊自住福城以機向微故未發心故大悲深故二德雲已去善財往求機漸勝故已發心故顯重法故三未後普賢知識不就善財不往顯法界位滿無來去故。二修入衆殊唯初信內有其三會所以四衆諸類不同顯創修故表通收故住位已去善財一身行別在已入位希故。三示方不同大位有三初地前知識多在南方地內無方地後纂二。然南方者古有五義初一約事謂舉一例諸一方善友已是無量況於餘方餘四約表二者明義表捨暗向智故南方之明萬物相見聖人南面聽政蓋取於此三者中義表離邪僻東西二邊契中正之實道故四者生義南主真陽發生萬物表善財增長行故北主其陰顯是滅義故世尊涅槃金棺北首五隨順義背左向右右即順義以西域土風塚邑園宅皆悉東向故自東之南順日月轉顯於善財隨順教理故此五義中初一則通次一後二地前來之契中道義地後表之亦通地前正證離相地中不以南方表之地後顯於業用廣大不同地中後文殊處有示無古表般若加行有行正證無二故普賢之處無方無示表於法界普周徧故。有人唯取隨順一義非前諸釋謂正明二義出此方故寧知西域南非明等況通方之說言旨多含。四見處差別者三賢未證散在諸處地上證真生在佛家多居佛會地後起用亦散隨緣普賢因圓尅證大果還居佛所。五遣不遣者初文殊以在最初表內熏起信此前更無知識餘遣見後文殊則般若照極自見普賢法界故亦無遣中間諸友顯於緣起萬行相資得圓滿故皆教皆遣以指後人亦顯諸友不獨已善離攝屬故。六歎不歎者初文殊中未發心前所以不歎勸發心已方乃之後二不歎表位滿故離心相故中間諸友皆應有歎其不歎者略有二緣一正在定故如海幢等二行非道故如勝熱無厭婆須蜜等此若歎者違逆化故無此二緣不歎者略。七推不推者諸位知識一一皆有謙已知一推勝知多唯初一後三關斯二事為顯人尊德已備故而有遣者意令善財增修無厭法門別故普賢菩薩不推佛者意顯果海離修相故佛為本會故。八結不結者唯普賢有結通十方及諸塵剎意顯位滿證理周故餘皆反此。九去不去者未後二位無有辭去以文殊無身顯離相故普賢位極收盡法界故餘皆辭去學無常師成勝進故。十釋文者於攝善財十信行中文別有四初四部雲奔。二初總明

時福城人聞文殊師利童子在莊嚴幢娑羅林中大塔廟處無量大衆從其城出來詣其所二別顯別有四衆。初優婆塞時有優婆塞名曰大智與五百優婆塞眷屬俱所謂須達多優婆塞婆須達多優婆塞福德光優婆塞有名稱優婆塞施名稱優婆塞月德優婆塞善慧優婆塞大慧優婆塞賢護優婆塞賢勝優婆塞如是等五百優婆塞俱來詣文殊師利童子所頂禮其足右繞三帀退坐一面優婆塞此云近事男謂親近比丘而承事故別名婆須達多者此云善施或云財施餘可思準。二優婆夷復有五百優婆夷所謂大慧優婆夷善光優婆夷妙身優婆夷可樂身優婆夷賢優婆夷賢德優婆夷賢光優婆夷幢光優婆夷德光優婆夷善目優婆夷如是等五百優婆夷來詣文殊師利童子所頂禮其足右繞三帀退坐一面優婆夷此云近事女親近比丘尼而承事故上二並由受五戒故立近事名。三童男復有五百童子所謂善財童子善行童子善戒童子善威儀童子善勇猛童子善思童子善慧童子善覺童子善眼童子善臂童子善光童子如是等五百童子來詣文殊師利童子所頂禮其足右繞三帀退坐一面。四童女復有五百童女所謂善賢童女大智居士女童女賢稱童女美顏童女堅慧童女賢德童女有德童女梵授

童女德光童女善光童女如是等五百童女來詣文殊師利童子所頂禮其足右繞三帀退坐一面數皆五百者表五位證入並皆此故。二三業調化二初身意調攝。初總調大衆爾時文殊師利童子知福城人悉已來集隨其心樂現自在身威光赫奕蔽諸大衆以自在大慈令彼清涼以自在大悲起說法心以自在智慧知其心樂以廣大辯才將爲說法爲授法方便故云將說。二別觀善財。二。初總標復於是時觀察善財以何因緣而有其名知其不擧特迴聖眷善財會名因此而立偏所爲故。二別顯二初觀外緣云。初別明知此童子初入胎時於其宅內自然而出七寶樓閣其樓閣下有七伏藏於其藏上地自開裂生七寶牙十一所謂金銀瑠璃頗梨眞珠硨磲碼碯善財童子處胎十月然後誕生形體支分端正具足其七大藏縱廣高下各滿七肘從地涌

出光明照耀復於宅中自然而有五百寶器種種諸物自然盈滿所謂金剛器中盛一切香於香器中盛種種衣美玉器中盛滿種種上味飲食摩尼器中盛滿種種殊異珍寶金器盛銀銀器盛金金銀器中盛滿瑠璃及摩尼寶頗梨器中盛滿硨磲硨磲器中盛滿頗梨碼碯器中盛滿眞珠眞珠器中盛滿碼碯火摩尼器中盛滿水摩尼水摩尼器中盛滿火摩尼如是等五百寶器自然出現又雨衆寶及諸財物一切庫藏悉令充滿三總結以此事故父母親屬及善相師共呼此兒名曰善財財多屬依善通依正財現是其善相稱曰善財亦猶善現立稱。二觀內因又知此童子已曾供養過去諸佛深種善根初一唯宿因此亦稱善對上爲財又解心順理曰善積德無盡曰財後九皆通過現信解廣大常樂親近諸善知識身

語意業皆無過失淨菩薩道求一切智成佛法器其心清淨猶如虛空迴向菩提無所障礙。二當機授法三初結前標後爾時文殊師利菩薩如是觀察善財童子已安慰開喻而爲演說一切佛法。十二二別舉法門十句所謂說一切佛積集法積集萬行說一切佛相續法念念不斷上二約佛因次七約佛果說一切佛次第法說一切佛衆會清淨法說一切佛法輪化導法說一切佛色身相好法此三妙用攝生說一切佛法身成就法說一切佛言辭辯才法說一切佛光明照耀法此四體用圓備說一切佛平等無二法後一句通因果理事三結說勸進爾時文殊師利童子爲善財童子及諸大衆說此法已殷勤勸喻增長勢力令其歡喜發阿耨多羅三藐三菩提心結前所說普及無偏指前因發勸令進修令發大心求前佛果又令憶念過去善根令憶宿善使不自輕作是

事已即於其處復為衆生隨宜說法然後而去（餘非此機隨宜更演。二上根隨逐同餐妙旨獨類衆流重法隨師說偈求度文二。初擧序說因）爾時善財童子從文殊師利所聞佛如是種種功德一心勤求阿耨多羅三藐三菩提隨文殊師利而說頌曰（由已發心故。問此菩提心為當何位善財童子為聖為凡。古有多釋一云即地上菩薩言發心者證發心也一云地前實報凡夫但有宿善信根現熟。有云古不足依自引安住地神云此人已生法王種中斯文可定然自為二解一謂智契法性生在佛家名法王種即已入地二謂緣多聞熏習勝解真性成就佛種名生法王種中即三賢內種性菩薩。然此師解依於前義不異初師依於後義未殊次解何足異焉又以此文為證者則慈氏云一生淨菩薩行見普賢處等諸佛等復云何通無執一文自相矛盾。賢首釋云應是善趣信行中人依圓教宗有其三位一見聞位即是善財次前生身見聞如是普賢法故成解脫分善根如前歎德中辨二是解行位頻修如此五位行法如善財此生所成至普賢位是三證入生即因位窮終沒同果海善財來生是也若爾定是何位謂以在十信即是信位在十住中即是住位一身徧歷信等五位隨在之處即屬彼收以徧一切故如普賢位。此之一解甚順經宗但更有一理謂歷位而修得見普賢一時頓具。地徽天子尚乃三重頂圓十地。何以善財剋定初地等文定初地言為是未見文殊前耶為是已見普賢竟耶為是一生有增進耶始末定耶。無得會見以害經宗。一正陳經辭二初傷已沉溺自勉不能二初二頌明依果起因長迷不出故喻之以城後二頌明依因趣果生死無窮故喻衆惡乘又初二迷於苦集後二失於道滅。今初）

三有為城郭　憍慢為垣牆

諸趣為門戶　愛水為池塹　愚癡闇所覆

貪恚火熾然　魔王作君主　童蒙依止住

（三有悅情即起惑之處愚迷三世即起惑之因魔王即起惑之緣童蒙乃起惑之者餘皆所起之惑然三界受生皆由著我慢依我起高而難踰故六趣門中出入不息餘可思準。二二偈依因趣果）

貪愛為徽纆　諂誑為轡勒　疑惑蔽其眼

趣入諸邪道　慳嫉憍盈故　入於三惡處

或墮諸趣中　生老病死苦（初偈失正行於邪道後偈入苦無涅槃樂。徽者束也纆者索也又三股曰徽四股曰纆盈者饒也懈也。三仰德依人請垂拔濟三初讚人求法二。初有六偈對前苦集希垂拔濟）

妙智清淨日　大悲圓滿輪

能竭煩惱海　願賜少觀察　妙智清淨月

大慈無垢輪　一切悉施安　願垂照察我

一切法界王　法寶為先導　游空無所礙

願垂教勑我　福智大商主　勇猛求菩提

普利諸羣生　願垂守護我　身被忍辱甲

手提智慧劍　自在降魔軍　願垂拔濟我

住法須彌頂　定女常恭侍　滅惑阿脩羅

帝釋願觀我（皆上三句讚文殊德偈各一德末後一句正求運濟二有七偈對失道滅異成行果讚德求濟倣前。初一總求其道）

三有凡愚宅

惑業地趣因　仁者悉調伏　如燈示我道

（二有二偈求涅槃道）

捨離諸惡趣　清淨諸善道

超諸世間者　示我解脫門　世間顛倒執

常樂我淨想　智眼悉能離　開我解脫門

（三有二偈求菩提道）

善知邪正道　分別心無怯

一切決了人　示我菩提路　住佛正見地

長佛功德樹　雨佛妙法華　示我菩提道

（四有二偈求見道緣）

去來現在佛　處處悉周徧

如日出世間　為我說其道　善知一切業

深達諸乘行　智慧決定人　示我摩訶衍

（三歎法求乘亦對前愚乘以求勝乘尚異二乘況馳騁三界於中分四。初四頌求悲智定攝利他乘）

願輪大悲轂　信軸堅忍轄　功德寶莊校

令我載此乘　摠持廣大箱　慈愍莊嚴蓋
辯才鈴震響　使我載此乘　梵行為茵褥
三昧為采女　法鼓震妙音　願與我此乘
四攝無盡藏　功德莊嚴寶　慙愧為羈鞅
願與我此乘。次有三頌求十度自行乘
恒塗淨戒香　忍辱牢莊嚴　令我載此乘
禪定三昧箱　智慧方便軛　調伏不退轉
令我載此乘　大願清淨輪　摠持堅固力
智慧所成就　令我載此乘。次四求二利滅障乘
普行為周校　悲心作徐轉　所向皆無怯
令我載此乘　堅固如金剛　善巧如幻化
一切無障礙　令我載此乘　廣大極清淨
普與眾生樂　虛空法界等　令我載此乘
淨諸業惑輪　斷諸流轉苦　摧魔及外道
令我載此乘。後四求運載廣大乘　智慧滿十方
莊嚴徧法界　普洽眾生願　令我載此乘

清淨如虛空　愛見悉除滅　利益一切眾
令我載此乘　願力速疾行　定心安隱住
普運諸含識　令我載此乘　如地不傾動
如水普饒益　如是運眾生　令我載此乘
上四即同三賢十聖如次配之皆文義多含可以意得。三有二偈雙結人法
四攝圓滿輪　摠持清淨光　如是智慧日
顯示我令見　已入法王位　已著智王冠
已繫妙法繒　願能慈顧我初偈結法顯見後偈結人請攝。四大聖重教成其勝進之行文分四別初略讚略教二。初讚

爾時文殊師利菩薩如象王迴觀善財童子作如是言善哉善哉善男子汝已發阿耨多羅三藐三菩提心一讚發心發心在前長行之中復欲親近諸善知識問菩薩行修菩薩道二讚近友問菩薩行在前偈內。二教往近友善男子親近供養諸善知識是具一切智最初因緣是故於此勿生疲厭云何近友是種智因法無人弘雖慧莫了故下總生廣顯其相涅槃二十云一切眾生得阿耨菩提近因緣者莫先善友乃至廣說以為全分等靡不有初鮮克有終歷事多時故宜勿懈二廣問廣荅二。初問

善財白言唯願聖者廣為我說菩薩應云何學菩薩行應云何修菩薩行。有十一句望前偈中文有二勢一前別此摠謂於前悲智等別行摠修學故二前横此竪悲智等行位位同修趣入圓滿等從始至終故。就此諸句初二為摠下諸友中多分但舉此之二義謂若學解學行始修終修皆名修學唯因圓無學果滿無修又學攝於解修攝於行二句已收解行盡故餘九句別應云何趣菩薩行。始趣向應云何行菩薩行即事造修應云何淨菩薩行治障離過應云何入菩薩行達證分明應云何成就菩薩行具足獲得應云何隨順菩薩行隨順人法應云何憶念菩薩行長時無間應云何增廣菩薩行無餘修習應云何令普賢行速得圓滿究竟圓滿。若竪配者謂十住解能趣故十行正行故十向普賢悲願能淨障故初地始入如故二三四地世出世行皆成就故五六七地能隨世故八地無功無念無間斷故九地知諸稠林廣利益故十地等覺方圓滿故横竪無礙是所問意。二荅於中有二先以偈頌別讚別教十偈分五。初二讚其發心

爾時文殊師利菩薩為善財童子而說偈言
善哉功德藏　能來至我所

發起大悲心　勤求無上覺　已發廣大願　除滅衆生苦　普爲諸世間　修行菩薩行　初二句總讚次三句指其發心之體即三種心謂悲以下救智以上求大願爲主故慈氏云菩提心燈大悲爲油大願爲炷光照法界後三句顯發心意樂謂不求五欲及王位等但爲衆生故。二有一偈略教

若有諸菩薩　不厭生死苦　則具普賢道　一切無能壞　謂若厭苦趣寂則大道不具魔小所壞若能了生死之實息愛見之疲則攝衆魔爲侍不溺實際之海故一切莫壞。三有一偈重讚善財發心之德　福光福威力　福處福淨海　汝爲諸衆生　願修普賢行　以爲物發心福之勝故有智之福爲福光凡小不壞之福爲威力能生衆福爲福處離障深廣爲淨海。四有五偈廣教具答十一句問

汝見無邊際　十方一切佛　皆悉聽聞法　受持不忘失　此一偈答二總句謂若見多佛聞法則能受學於解持而修行　十七

汝於十方界　普見無量佛　成就諸願海　具足菩薩行　十八　次偈答次三句謂若趣向見佛成就大願則能具行具行則行淨

若入方便海　安住佛菩提　半偈答入與成就謂證入眞空而不礙涉有了達妙有而不迷於空是入方便若如是入即住菩提何行不成　能隨導師學　當成一切智　半偈答隨順問若順佛學是眞隨順自然順於一切智法

汝徧一切刹　微塵等諸劫　修行普賢行　成就菩提道　此一偈即答憶念問謂刹塵諸劫相續修行斯爲憶念耳

汝於無量刹　無邊諸劫海　修行普賢行　成滿諸大願　此一偈答後二句謂多時處修則增廣圓滿大聖此中總教諸法顯十信中總相信故下諸善友各別教示顯入位後別修證故。五結益

此無量衆生　聞汝願歡喜　皆發菩提意　願學普賢乘　三長行總讚物教文二。初讚

爾時文殊師利菩薩說此頌已告善財童子言善哉善哉善男子汝已發阿耨多羅三藐三菩提心求菩薩行善男子若有衆生能發阿耨多羅三藐三菩提心是事爲難能發心已求菩薩行倍更爲難　但言發心已含前別義。二　十九　教謂但能求友離過則前諸問皆圓於中二。初案定

善男子若欲成就一切智智應決定求眞善知識　上令求友不得猶豫言善知識者謂能令於未知善法令其知之未識惡法令其識之或可二字並通善惡識約明解知約決了眞爲揀似然知識有五一知識世間善惡因果而令修得二厭世樂而欣涅槃三有悲心相心修度四以無相慧念物修行五令無障礙修滿普賢行此五知者前前非眞眞唯第五人能行此是人善友若約法友教理行果皆善友也。二誡勸

善男子求善知識勿生疲懈見善知識勿生厭足於善知識所有教誨皆應隨順於善知識善巧方便勿見過失　隨順是勸餘皆爲誡設有實過尚取法云非況權實多端生熟難測。三指示後友二。初舉友依正

善男子於此南方有一國土名爲勝樂　國名勝樂者次下知識寄當初住勝過前位是信所樂故　其國有山名曰妙峯　山有二義一寂靜不動義二高出周覽義以況初住解心創立依定發慧寂然不動智鑒無遺徹見果源下觀萬類山以表之登此心頂便成正覺故曰妙峯　於彼山中有一比丘名曰德雲　友名德雲者具德如雲雲有四義一普徧二潤澤三陰覆四霪雨以人四德如次配之一定二福三悲四智然此德義就事就表通皆具之而創出外凡故以比丘爲表。二勸往教問

汝可往問菩薩云何學菩薩行菩薩云何修菩薩行乃至菩薩云何於普賢行疾得圓滿德雲比丘當爲汝說。四念恩辭退

爾時善財童子聞是語已歡喜踊躍頭頂禮足遶無數帀殷勤

瞻仰悲泣流淚辭退南行。慶聞後友是故喜躍恨辭德音是故悲淚下諸善友倣此可知然後二段義雖屬後文屬前會。問大聖有智能演善財有機堪受何不頓爲宣示而別指他人歷事諸友。明此深旨略申十義一摠相而明爲於後學作軌範故謂善財求法不懈善友說法無悋故二顯行緣勝故謂眞善友是全梵行如闍王之過耆域由淨藏之化妙嚴等三破愚執故謂令不師愚心虛已徧求故四破見慢故謂令不窺種性不恥下問徧敬事故五破偏空執故謂不唯無求無求之中吾故求故六令即事即行寧可少聞便能證入不在多聞而不證故七爲破於能說法者矯飾之心我徒我資彼此見故八爲顯寄位漸修入故若不推後則位位中住無勝進故九爲顯佛法甚深廣故諸勝善友尚皆謙推後學凡流豈當臆斷十顯善財與友成緣起故謂能入所入無二相故無善友之外善財故一即一切明善財歷位也無善財之外善友故一切即一多位成就皆在善財由是卷舒自在無礙上之十義初一通於師資次五多約資說第七約師後三約教思之可知。二大文第二有十善友寄於十住即爲十段然下諸友古德科判從一至十雖皆有理今存一二謂一依辯法師科爲三分一聞名求覓是加行位二受其所說是正證法界三仰推勝德是後得位或分爲五一擧法勸修二依教趣入三見已請教四正示法界五仰推勝進上二並約位科故取前段指示後友以屬後段方便以後友名屬後位故約義甚善而文小不便今依遠公及五臺論約會科之分之爲六而名小異一依教趣求二見敬諮問三稱讚授法四謙已推勝五指示後友六戀德禮辭諸文多具其有增減至文科判今此正明初發心住文具斯六。初依教趣求向勝樂國登妙峯山見心陟位故曰登山於其山上東西南北四維上下觀察情懷智鑒位行爲觀察十方求覓渴仰欲見德雲比丘得旨爲欲見德雲經于七日七覺助道見彼比丘在別山上忘所住位方爲得言故見在別山徐步經行見則定慧雙游徐即是止不住亂想故行即爲觀不住靜心故若約事說即正修習般舟三昧故。二見敬諮問四。初設敬儀見已往詣頂禮其足右繞三帀於前而住重人法故二申已發心作如是言聖者我已先發阿耨多羅三藐三菩提心明有法器故三正陳所問而未知菩薩云何學菩薩行云何修菩薩行乃至應云何於普賢行疾得圓滿彰已未知請隨機說是故問中於前十一句擧初略後是經家略若善財略友云何領。四歎德請說我聞聖者善能誘誨唯願垂慈爲我宣說有智善能有悲無悋故應爲說誘謂誘喻即是教授以成前解誨謂誨示即是教誡即成前行下皆倣此云何菩薩而得成就阿耨多羅三藐三菩提前問但問因圓此中唯結果滿即發心所爲。二稱讚授法正入法界於中二初讚器希有二。初標二難時德雲比丘告善財言善哉善哉善男子汝已能發阿耨多羅三藐三菩提心復能請問諸菩薩行如是之事難中之難所以讚者令其寶圓欣聞法故。二別牒前問所謂求菩薩行初句牒摠餘十牒別文小開合而皆案次求菩薩境界即前趣菩薩行趣通能所境約所趣求菩薩出離道即前行行則出故求菩薩清淨道即前淨求菩薩清淨廣大心即前入入即不滯空有廣大心故求菩薩成就神通即成就次下三句皆前隨順求菩薩示現解脫門是能隨順求菩薩示現世間所作業即事業隨順求菩薩隨順衆生心即逐機隨順亦是憶念憶念衆生故求菩薩生死涅槃門即增廣謂不住涅槃是生死門不住生死即涅槃門不住道即能增廣求菩薩觀察有爲無爲心無所著即速滿普賢之行若了爲無爲非一非異而無著者則速滿矣亦即爲滿矣。三正示法界即念佛三昧於中有二。初示體相善男子我得自在。自在乃有二義一觀境自在二作用自在決定亦有二義一智能決斷二信無猶豫解力解即勝解亦有二義一爲信因於境印持近處爲遠等信智相資他境不動故名爲力即三昧義信眼清淨。釋上解義謂欲修習念佛三昧先當正信次以智決了今由勝解於境爲可故於實能詮上信心淨了見分明故稱爲眼智光照耀釋上決定謂決斷名智智故決定文殊般若明一行念佛三昧光明不動法界知真法界不應動搖即是此中決定解義然約寄位正是發心住體以本解性聞熏之力令開發故是決定解ム二勝用亦是展轉釋成上義於中分二。初約內用普觀境界即信眼用亦釋眼義以如爲佛則無境非佛故云普觀又若報若化一時觀故離一切障釋清淨義若沉若浮諸盡諸取皆三昧障故善巧觀察釋智光照耀謂於無色相而觀色相普眼明徹具清淨行結成上義謂信眼普觀境界名爲普眼窮如法界名曰名徹如是離障見如是謂具足清淨一行三昧一行者一法界行故ム二明其外用以前即用之體則以無心之覺契唯如之境不動法界窮乎寂照之源故能即體之用用無不窮亦由前勝解於境印持隨心去住於中分三。初明不動而往詣十方一切國土恭敬供養一切諸佛。二明不念而持常念一切諸佛如來總持一切諸佛正法。三不住而見文三。初總標所見常見一切十方諸佛。二別顯所見數多所謂見於東方一佛二佛十佛百佛千佛百千佛億佛百億佛千億佛百千億佛那由他億佛百那由他億佛千那由他億佛百千那由他億佛乃至見無數

無量無邊無等不可數不可稱不可思不可量不可說不可說不可說佛乃至見閻浮提微塵數佛四天下微塵數佛千世界微塵數佛二千世界微塵數佛三千世界微塵數佛佛刹微塵數佛乃至不可說不可說佛刹微塵數佛如東方南西北方四維上下亦復如是三千即一佛刹而重言佛刹微塵數者準梵本中脫十字故應言十佛刹也。三所見事別一一方中所有諸佛種種色相種種形貌種種神通種種遊戲種種衆會莊嚴道場種種光明無邊照耀種種國土種種壽命隨諸衆生種種心樂示現種種成正覺門於大衆中而師子吼。四謙己推勝文二。初謙己知一即結其自分善男子我唯得此憶念一切諸佛境界結其所觀橫通十方豎該三世故云一切即上普觀境界一行三昧觀其法身十方諸佛亦通報化種種色相集相海故智慧光明結其能觀即上智光照耀普見法門即總

收前二以結其名即前普眼明徹最初善友先明念佛法門者以是衆行之先故故智論云菩薩以般若波羅蜜爲母般舟三昧爲父故依佛方成餘勝行故又初住中緣佛發心樂供養故ム二推勝知多即增其勝進三。初總豈能了知諸大菩薩無邊智慧無邊智慧即下諸門及所不說能觀之智緣無邊境故清淨行門即下諸門離障之心而言門者隨其一一入佛境故。二別所謂。有二十一門各先標名後釋相並從業用以受其名準晉經一一皆云念佛三昧門令略無三昧字理實應有。古德判此前十念佛勝德圓備後十一念佛妙用自在亦是一理。剋實細論一一皆念體用無礙之佛。又此諸門當文標釋已自可了細窮其旨義乃多含。然其念佛三昧總相即一別即三身十身修觀各別。且寄三身勸爲十門釋者即總分爲三謂念法報化爲觀各別於三身中各有依正便成六觀謂念法性身土爲法身依正念報身華藏等刹爲依十身相海等爲正念餘淨土水鳥樹林爲化身依三十二相等爲化身正又後二正中各分爲二謂念內德及外相好十力無畏等爲化身德如不思議法品爲報身德三十二等爲化相好十蓮華藏等爲報相好則成八門而初法身二門爲後六門之體若體相無礙成第九門若融前諸門爲一致故於一細處見佛無盡如是重重成帝網之境則入普賢念佛三昧之門。今此二十一門通是後一而隨相異故有多門與前十門互有開合智光普照念佛門常見一切諸佛國土種種宮殿悉嚴淨故。二智光普照門即通法身報化依正以此門爲總故一切諸佛通於橫豎通諸佛國故云種種嚴淨如無量壽觀經先觀瑩徹瑠璃之地瓊林

寶樹及作華藏觀者一一境界無盡莊嚴無土之土方爲異淨等令一切衆生念佛門隨諸衆生心之所樂皆令見佛得清淨故二即觀色相身令見得淨故而標名中念佛門三字既是通名令一切衆生之言未知令作何事故準晉經應云令一切衆生遠離顛倒念佛門義方圓備令安住力念佛門令入如來十力中故三念內德令安住法念佛門見無量佛聽聞法故四亦內德無倒說授菩薩見佛本爲得法故照耀諸方念佛門悉見一切諸世界中等無差別諸佛海故五通三身依正內總外相以十方諸如來同共一法身故一心一智慧力無畏亦然故皆能隨本所稽顙化衆生故餘等可思即此亦是一行三昧隨念一佛等一切故入不可見處念佛門悉見一切微細境中諸佛自在神通事故六即第九事理無礙以理融事故隨一細境見多神通唯智眼境名不可見住於諸劫念佛門一切劫中常見如來諸所施爲無暫捨故七約所念佛事無斷住一切時念佛門於一切時常見如來親近同住不捨離故八約能念時分無間住一切刹念佛門一切國土咸見佛身超過一切無與等故九雙念依正亦通報化住一切世念佛門隨於自心之所欲樂普見三世諸如來故十念即應而異過去諸佛安住不般涅槃之際未來諸佛亦已現成故文殊般若云令佛住世則一切諸佛皆住於世以同一不思議故又約隨相門即欲念何佛佛便爲現住一切境念佛門普於一切諸境界中見諸如來次第現故十一亦是即體之用由了諸法無非佛境故故境境皆佛住寂滅念佛門於一念中見一切刹一切諸佛示涅槃故十二念應住遠離念佛門於一日中見一切佛從其所住而出去故十三亦念應然上十一境中見佛或謂諸佛住於境中今知諸佛無所住故遠離時處之想則見一日念念而去住廣大念佛門心常觀察一一佛身充徧一切諸法界故十四念報身相好眼耳鼻等皆徧法界故住微細念佛門於一毛端有不可說如來出現悉至其所而承事故十五念即體之用前第六微細顯依中有正此約正中有正故不濫前住莊嚴念佛門於一念中見一切刹皆有諸佛成等正覺現神變故十六念劫圓融上二皆是即體之用住能事念佛門見一切佛出現世間放智慧光轉法輪故十七念內德住自在心念佛門知隨自心所有欲樂一切諸佛現其像故住自業念佛門知隨衆生所積集業現其影像令覺悟故十八十九皆念色相住神變念佛門見佛所坐廣大蓮華周徧法界而開敷故二十念依住虛空念佛門觀察如來所有身雲莊嚴法界虛空界故二十一通內外眞應等一切身雲如上出現品及上下文然上就於所念辨異成其十門若與經文互開合者爲門非一二十一者蓋略說耳衆約能念心不出五種一緣境念佛門念眞念應若正若依設但稱名亦是境故如上諸門多是此門二攝境唯心念佛門即十八十九二門十八即總相唯心是心是佛是心作佛故十九雖隨我心心業多種見佛優劣故三心境俱泯門即前遠離念佛門及不可見門之一分及如虛空門四心境無礙門即如初門雙照事理存泯無礙故云普照五重重無盡門即稱前第十門而觀察故如微細等門亦是此中總彼若約十身各以二門而爲一身一願二智三法四力持五意生六化七威勢八菩提九福德十莊嚴復一一攝顯如文思之以念佛之門諸教讚理致深遠世多共行故略解釋無厭繁說三結而我

云何能知能說彼功德行。(二指示後友二初正示善友即治地住中善友)善男子南方有國名曰海門(彼國)(正當南海口故表觀心海滌廣爲治心地之門故)彼有比丘名爲海雲(觀海爲法門以普眼法雲潤一切故表治地中觀察衆生起十種心滌廣悲雲故)汝往彼問菩薩云何學菩薩行修菩薩道。(三歎友勝德)海雲比丘能分別說發起廣大善根因緣(初一總歎餘九別說益當機以歎句各一義即預指後說)善男子海雲比丘當令汝入廣大助道位(即見竟得益)當令汝生廣大善根力(即聞化宿因)當爲汝說發菩提心因(即歎發心處)當令汝生廣大乘光明(即聞彼受持處)當令汝修廣大波羅蜜當令汝入廣大諸行海當令汝滿廣大誓願輪(上三皆普眼法門所證)當令汝淨廣大莊嚴門(聞依正莊嚴)當令汝生廣大慈悲力(即顯發心之相至文自見。六總德禮辭)時善財童子禮德雲比丘足右繞觀察辭退而去(生難遭想故戀喜見後友故辭)

大方廣佛華嚴經疏卷第九十七(手家) 杳七

大方廣佛華嚴經疏卷第九十八入第六十二經下半　沓八

清涼山沙門澄觀述　晉水沙門淨源錄疏注經

第二海雲比丘寄治地善友文亦有六第一依教趣求中二初依教正觀此明溫故二趣求後友意欲知新又前即學而能思後即思而能學。然思前猶屬前文謂上來近友次聞正法今辯正念思惟及如說修行即涅槃中四近因緣。今以前義屬後勝進後義屬前知識指來互為鉤鎖顯主伴交參且從會判屬於後耳下皆準此次釋文分二。初依教正觀　爾時善財童子一心思惟善知識教初一總餘十別　正念觀察智慧光明門即是前觀境自在　正念觀察菩薩解脫門即前作用解脫　正念觀察菩薩三昧門即一行三昧體及推勝中諸三昧門　正念觀察菩薩大海門即念前種種衆會　正念觀察諸佛現前門即前見佛　正念觀察諸佛方所門即前十方　正念觀察諸佛軌則門即壽命神通等　正念觀察諸佛等虛空界門即通觀佛徧　正念觀察諸佛出現次第門即種種成正覺　正念觀察諸佛所入方便門即隨種種衆生心樂皆云正念觀察者不況不寐寂照雙流故。二趣求後友　漸次南行至海門國三見敬諮問三。初設敬　向海雲比丘所頂禮其足右繞畢於前合掌二自陳發心　作如是言聖者我已先發阿耨多羅三藐三菩提心欲入一切無上智海。三諮問法要　而未知菩薩云何能捨世俗家生如來家如何能度生死海入佛智海云何能離凡夫地入如來地云何能斷生死流入菩薩行流云何能破生死輪成菩薩願輪願輪者願窮三際無有始終故對生死以立輪名　云何能滅魔境界顯佛境界云何能竭愛欲海長大悲海云何能閉衆難惡趣門開諸天涅槃門云何能出三界城入一切智城云何能棄捨一切玩好之物悉以饒益一切衆生二讚示法界二初讚法器三。初問　時海雲比丘告善財言善男子汝已發阿耨多羅三藐三菩提心耶已發菩提心者斯為難故若不發心不堪按法非法器故。二荅　善財言唯我已先發阿耨多羅三藐三菩提心非虛妄故。三正讚二。初讚因緣難具故發者為希　海雲言善男子若諸衆生不種善根則不能發阿耨多羅三藐三菩提心先反讚後順讚　要得普門善根光明初句為總即宿植普賢法門成種性故餘九無別　具眞實道三昧智光得眞如三昧智光名具眞實道此即了心寂照生佛德故　出生種種廣大福海長白淨法無有懈息事善知識不生疲厭不顧身命無所藏積等心如地無有高下性常慈愍一切衆生於諸有趣專念不捨恒樂觀察如來境界如是乃能發菩提心上之十句事友為緣餘皆是因。二顯發心相勝故發者難得有十一句　發菩提心者所謂發大悲心普救一切衆生故發大慈心等祐一切世間故發安樂心令一切衆生滅諸苦故發饒益心令一切衆生離惡法故發哀愍心有怖長者咸守護故初二總次三別前五即大慈悲心　發無礙心捨離一切諸障礙故發廣大心一切法界咸徧滿故發無邊心等虛空界無不往故發寬博心悉見一切諸如來故（此四深心修行大願盡空界故）發清淨心於三世法智無違故發智慧心普入一切智慧海故（後二直心不違法性證果智故又此十心多同治地自分十心恐繁不會。二正授法要謂觀法海觀佛聞法次前念佛而明此者顯聞法弘傳次為要故又二初明修觀二初託事顯詮二。初總標）善男子我住此海門國十有二年常以大海為其境界（言十二年者一紀已周表過十千劫已入第二治地住故亦表總觀普攝十二住十二入故。二別顯）所謂思惟大海廣大無量思惟大海甚深難測思惟大海漸次深廣思惟大海無量衆寶奇妙莊嚴思惟大海積無量水思惟大海水色不同不可思議思惟大海無量衆生之所住處思惟大海容受種種大身衆生思惟大海能受大雲所雨之雨思惟大海無增無減（皆託事表法智海十義如十地說今是總海。二忘詮求旨為見佛觀因）善男子我思惟時復作是念世間之中頗有廣博過此海不頗有無量過此海不頗有甚深過此海不頗有殊特過此海不（二觀成利益二初見佛即見法界無礙依正於中先見依文三。初總標體相）善男子我作是念時此海之下有大蓮華忽然出現以無能勝因陀羅尼羅寶為莖吠瑠璃寶為藏閻浮檀金為葉沉水為臺碼碯為鬚芬敷布濩彌覆大海（以深觀心海法海則心華行華自然敷榮無漏性德無不備故。二外相為嚴）百萬阿脩羅王執持其莖百萬摩尼寶莊嚴網彌覆其上百萬龍王雨以香水百萬迦樓羅王嘴諸瓔珞及寶繒帶周帀垂下百萬羅刹王慈心觀察百萬夜叉王恭敬禮拜百萬乾闥婆王種種音樂讚歎供養百萬天王雨諸天華天鬘天香天燒香天塗香天末香天妙衣服天幢幡蓋百萬梵王頭頂禮敬百萬淨居天合掌作禮百萬轉輪王各以七寶莊嚴供養百萬海神俱時出現恭敬頂禮百萬味光摩尼寶光明普照百萬淨福摩尼寶以為莊嚴百萬普光摩尼寶為清淨藏百萬殊勝摩尼寶其光赫弈百萬妙藏摩尼寶光照無邊百萬閻浮幢摩尼寶次第行列百萬金剛師子摩尼寶不可破壞清淨莊嚴百萬日藏摩尼寶廣大清淨百萬可樂摩尼寶具種種色百萬如意摩尼寶莊嚴無盡光明照耀（。三舉因顯勝）此大蓮華如來出世善根所起一切菩薩皆生信樂十方世界無不現前從如幻法生如夢法生清淨業生無諍法門之所莊嚴入無為印住無礙門充滿十方一切國土隨順諸佛甚深境界於無數百千劫歎其功德不可得盡二明見正報謂心行旣數則本覺如來忽然現故文二。初明德相圓備我時見彼蓮華之上有一如來結加趺坐其身從此上至有頂寶蓮華座不可思議道場衆會不可思議諸相成就不可思議隨好圓滿不可思議神通變化不可思議色相清淨不可思議無見頂相不可思議廣長舌相不可思議善巧言說不可思議圓滿音聲不可思議無邊際力不可思議清淨無畏不可思議廣大辯才不可思議二因圓用廣又念彼佛往修諸行不可思議自在成道不可思議妙音演法不可思議普門示現種種莊嚴不可思議隨其左右見各差別不可思議一切利益皆令圓滿不可思議三明得聞法所以法向海中說者表從智海之所流故文三。初演說時此如來即伸右手而摩

我頂為我演說普眼法門先標法門名普眼者普詮法故普詮諸法故得此法者一法之中見一切故後別顯所詮開示一切如來境界顯發一切菩薩諸行闡明一切諸佛妙法一切法輪悉入其中能淨一切諸佛國土能摧一切異道邪論能滅一切諸魔軍衆能令衆生皆生歡喜能照一切衆生心行能了一切衆生諸根隨衆生心悉令開悟二明其受持二。先摠顯所持法多我從於彼如來之所聞此法門受持讀誦憶念觀察假使有人以大海量墨須彌聚筆書寫於此普眼法門一品中一門一門中一法一法中一義一義中一句不得少分何況能盡以是一多相即無盡法門故。二別顯持多之相善男子我於彼佛所千二百歲先標長時若約表義同十二年受持如是普眼法門別顯能持所持乃有十種於日日中以聞持陀羅尼光明領受無數品上一聞持餘皆義持以寂

靜門陀羅尼光明趣入無數品契本寂智方能入故以無邊旋陀羅尼光明普入無數品於一義中旋轉無量故能普入以隨地觀察陀羅尼光明分別無數品地地義殊故能分別以威力陀羅尼光明普攝無數品威力者普攝在懷故若約所詮明威德陀羅尼說以蓮華莊嚴陀羅尼光明引發無數品如華開引果令開發於數引於果故又華開見實以為莊嚴令開發言教見其旨故以清淨言音陀羅尼光明開演無數品可知以虛空藏陀羅尼光明顯示無數品如空無相而包含一切顯明妙理示法相故以光聚陀羅尼光明增廣無數品以多智光聚於一法則義理增廣故以海藏陀羅尼光明辨析無數品若海含十德各辨析故諸持經者應倣此文。二明其轉授若有衆生從十方來若天若天王若龍若龍王若夜叉若夜叉王若乾闥婆若乾闥婆王若阿脩羅若阿脩羅王若迦樓羅若迦樓羅王若緊那羅若緊那羅

王若摩睺羅伽若摩睺羅伽王若人若人王若梵若梵王如是一切來至我所我昔為其開示解釋稱揚讚歎咸令愛樂趣入安住此諸佛菩薩行光明普眼法門四謙己推勝二。初謙己善男子我唯知此普眼法門義當結前。二推勝進後如諸菩薩摩訶薩深入一切菩薩行海隨其願力而修行故入大願海於無量劫住世間故入一切衆生海隨其心樂廣利益故入一切衆生心海出生十力無礙智光故入一切衆生根海應時教化悉令調伏故入一切剎海成滿本願嚴淨佛剎故入一切佛海願常供養諸如來故入一切法海能以智慧咸悟入故入一切功德海一一修行令具足故入一切衆生言辭海於一切剎轉正法輪故而我云何能知能說彼功德行我唯一海豈得與彼同年者哉。五指示後友善男子從此南行六十由旬修六度行淨六根故楞伽道邊有一聚落名為海岸是住楞伽山之道次南海北岸故然楞伽梵言此云難往又含四義一種種寶性所成莊嚴殊妙故二有大光明映日月故三高顯寬廣故四伽王等居佛復於此開化羣生作勝益事體即是寶具斯四義存此梵音此山居海在大海之中四面無門非得通者莫往故云難往表修行住是入智海絕於四句及離分別之道故彼有比丘名曰善住身住虛空故表此住中觀一切法猶如虛空無處所故亦比丘者入道未久宜依僧故又初念佛次則聞法令依僧修三寶吉祥為所依故三汝詣彼問菩薩云何淨菩薩行。六戀德禮辭時善財童子禮海雲足右繞瞻仰辭退而去第三善住比丘寄修行位文亦具六初依教趣求二。初念前友教有十句爾時善財童子專念善知識教上一通念示教人法專念普眼法門專念佛神力專持法句雲此三念前聞佛說法專入法海門專思法差別深入法漩澓此三思念入海觀事普入法虛空淨治法翳障觀察法寶處後三證理治障摘法觀修。二趣求後位漸次南行至楞伽道邊海岸聚落觀察十方求見善住六三見敬諮問三。初見見此比丘於虛空中來往經行無數諸天恭敬圍繞散諸天華作天妓樂幡幢繒綺悉各無數徧滿虛空以為供養諸大龍王於虛空中興不思議沉水香雲震雷激電以為供養緊那羅王奏衆樂音如法讚美以為供養摩睺羅伽王以不思議極微細衣於虛空中周迴布設心生歡喜以為供養阿脩羅王興不思議摩尼寶雲無量光明種種莊嚴徧滿虛空以為供養迦樓羅王作童子形無量采女之所圍繞究竟成就無殺害心於虛空中合掌供養不思議數諸羅剎王無量羅剎之所圍繞其形長大甚可怖畏見善住比丘慈心自在曲躬合掌瞻仰供養不思議數諸夜叉王各各悉有自衆圍繞四面周帀恭敬守護不思議數諸梵天王於虛空中曲躬合掌以人間法稱揚讚歎不思議數諸淨居天於虛空中與宮殿俱恭敬合掌發弘誓願△三敎時善財童子見是事已心生歡喜合掌敬禮△三諮問二。初自陳發心作如是言聖者我已先發阿耨多羅三藐三菩提心△二正陳請問二十句問文分爲三。初摠問於法起勝行而未知菩薩云何修行佛法佛法言通於一切行法云何積集佛法云何備具佛法云何熏習佛法云何增長佛法云何摠攝佛法云何究竟佛法云何淨治佛法淨治謂對治淨故云何深淨佛法深淨謂契理徧淨故云何通達佛法△三結前請後我聞聖者善能誘誨唯願慈哀爲我宣說欲顯後問異前問故△二別問勝行起勝用菩薩云何不捨見佛常於其所精勤修習菩薩云何不捨菩薩與諸菩薩同一善根菩薩云何

不捨佛法悉以智慧而得明證上三句明不離三寶行菩薩云何不捨大願能普利益一切衆生菩薩云何不捨衆行住一切劫心無疲厭此二不捨二利行菩薩云何不捨佛刹普能嚴淨一切世界菩薩云何不捨佛力悉能知見如來自在此二攝佛依正行菩薩云何不捨有爲亦復不住普於一切諸有趣中猶如變化示受生死修菩薩行此一悲智無住行菩薩云何不捨聞法悉能領受諸佛正教菩薩云何不捨智光普入三世智所行處後二攝法證入行皆言不捨者無暫捨離故△三稱讚授法二。初讚時善住比丘告善財言善哉善哉善男子汝已能發阿耨多羅三藐三菩提心今復發心求問佛法佛法是摠一切智法約智然唯局果自然者法約性通果及因△二授法二。初摠標所得善男子我已成就菩薩無礙解脫門無礙有二義一智慧於境無礙以證無障礙法

界故二神通於作用無礙由內證故所以次前明此法者聞法者受持意令於境無障礙故顯此住中善觀衆生等十種界故△二別示其相二。初修習得法若來若去若行若止隨順思惟修習觀察即時獲得智慧光明由一切威儀順法思修故能獲得名究竟無礙若事若理無少礙故△二顯法功能三。初通明智用無礙得此智慧光明故知一切衆生心行無所障礙上一他心知一切衆生歿生無所障礙知一切衆生宿命無所障礙知一切衆生未來劫事無所障礙知一切衆生現在世事無所障礙此四兼三明謂見來劫事知一切衆生言語音聲種種差別無所障礙含漏盡故決一切衆生所有疑問無所障礙知一切衆生諸根無所障礙隨一切衆生應受化時悉能往赴無所障礙此四三業化物。次二知時知一切刹那羅婆牟呼栗多日夜時分無所障礙一知時分按俱舍論時分極少名一刹那百二十刹那名一怛刹那六十怛刹那名一臘縛臘縛即是羅婆三十羅婆爲一牟呼栗多牟呼栗多即是須臾三十須臾爲

一晝夜言時分者準西域記第二卷云五年呼栗多為一時六時合成一晝夜亦有處說晝初時分等又黑分白分六時四時等又準仁王經九百生滅為一剎那九十剎那為一念此則剎那非時極促以剎那之中生滅之相唯佛智知故小乘中略而不說 知三世海流轉次第無障礙（二知流轉）能以其身徧往十方一切佛剎無所障礙（後一即神足通。二摠相徵釋）何以故得無住無作神通力故（以不住不作故無礙也。三別明通用多顯神足於中有三初於空現變）善男子我以得此神通力故（次辨十八變該三段中）於虛空中或行或住或坐或臥（言十八變者上一即所作自在）或隱（二隱）或顯（三顯）或現一身（四卷）或現多身（五舒）穿度牆壁猶如虛空於虛空中結加趺坐往來自在猶如飛鳥（六往來）入地如水履水如地（七轉變）徧身上下普出煙燄如大火聚（八熾然）或時震動一切大地（九振動）或時以手摩觸日月或現其身高至梵宮（十衆像入身以高大故）或現燒香雲或現寶燄雲或現變化雲或現光網雲皆悉廣大彌覆

十方（十一放大光明皆悉廣大彌覆十方成上放光起下徧滿。二十方徧供）或一念中過於東方一世界二世界百世界千世界百千世界乃至無量世界乃至不可說不可說世界或過閻浮提微塵數世界或過不可說不可說佛剎微塵數世界於彼一切諸佛國上佛世尊前聽聞說法（十二徧滿）一一佛所現無量佛剎微塵數差別身一一身雨無量佛剎微塵數供養雲所謂一切華雲一切香雲一切鬘雲一切末香雲一切塗香雲一切蓋雲一切衣雲一切幢雲一切幡雲一切帳雲以一切身雲而為供養（十三顯示）一一如來所有宣說我皆受持一一國土所有莊嚴我皆憶念如東方南西北方四維上下亦復如是（十四施他辯才由能受持故。三現形益物）如是一切諸世界中所有衆生若見我形皆決定得

阿耨多羅三藐三菩提（十五施他安樂菩提為真樂故）彼諸世界一切衆生我皆明見隨其大小勝劣苦樂示同其形教化成就（十六所往同類）若有衆生親近我者悉令安住如是法門（十七施他憶念十八由摠具無作通力故能伏他神通三段具矣。四謙己推勝二。初謙己知一）善男子我唯知此普速疾供養諸佛成就衆生無礙解脫門（一念徧往故云速疾現形益物為成就衆生。二仰推勝進）如諸菩薩持大悲戒（而皆明戒者意顯上得無礙解脫皆由持別解脫戒為依地故非戒不能修治心故。有二十句初十一句明具勝德戒上一本為益生）波羅蜜戒（自行勝故）大乘戒（具二利故上三異小）菩薩道相應戒（道共）無障礙戒（無能令不持故）不退墮戒（定共）不捨菩提心戒（不失行本）常以佛法為所緣戒（順法不謟）（故毗盧遮那經第六云有四根本罪乃至活命亦不應犯謂一謗法二捨菩提心三慳悋四惱害衆生今此七八不犯初二下無損無濁不犯後二）於一切智常作意戒（緣智果故）如虛空戒（稱法性故）一切世間無所依戒（厭著相應故不住三界次有六句明離過戒）無失戒（無過失謂不自貢高言我能持戒見破戒人亦不輕）

毀令愧恥故無損戒不損惱謂不因於戒學呪術等損衆生故無缺戒無缺犯謂具足受持十善道業及威儀故無雜戒無雜穢不著邊見故無濁戒無慳貪濁不現異相彰有德故無悔戒無悔恨謂不作重罪不行諂詐故後之三句顯清淨戒清淨戒忘能所持究竟淨故離塵戒不染六塵離垢戒無心垢故如是功德而我云何能知能說。五指示後友即生貴住善友善男子從此南方有國名達里鼻荼達里鼻荼此云消融謂從聖教生消融解故城名自在於三世佛法了知得圓滿故其中有人名曰彌伽晉經云彼有良醫名彌伽者此翻為雲演輪字門含潤雨法故以三世聖教法雲雨一切故汝詣彼問菩薩云何學菩薩行修菩薩道。六戀德禮辭時善財童子頂禮其足右繞瞻仰辭退而行已下入第六十三卷經四彌伽寄生貴住文六。初依教趣求二。初念前友教十句爾時善財童子一心正念法光明法門初總即前所得法門深信趣入專念於佛不斷三寶歎離欲性念善知識普照三世憶諸大願普救衆生不著有為究竟思惟諸法自性悉能嚴淨一切世界於一切佛衆會道場心無所著餘九皆別趣觀修。二趣求後友漸次南行至自在城求覓彌伽三見敬諮問。初見乃見其人於市肆中坐於說法師子之座十千人衆所共圍繞說輪字莊嚴法門二敬時善財童子頂禮其足遶無量帀於前合掌三諮問二。初自陳發心而作是言聖者我已先發阿耨多羅三藐三菩提心二正陳所問而我未知菩薩云何學菩薩行云何修菩薩道初二句總餘十句別釋通橫竪橫釋可知竪配十地云何流轉於諸有趣常不忘失菩提之心二證發心故不退云何得平等意堅固不動不誤犯故云何獲清淨心無能沮壞得禪定故云何生大悲力恒不勞疲精進云何入陀羅尼普得清淨入俗故須總持云何發生智慧廣大光明於一切法離諸暗障般若現故云何具無礙解辯才之力決了一切甚深義藏權實雙行為甚深藏觀察智慧地具足辯才云何得正念力憶持一切差別法輪無功用方為正念云何得淨趣力於一切趣普演諸法力增上故云何得智慧力於一切法悉能決定分別其義智增上故。三稱讚授法二。初稱讚法器二。初審定爾時彌伽告善財言善男子汝已發阿耨多羅三藐三菩提心耶善財言唯我已先發阿耨多羅三藐三菩提心二敬讚二。初敬彌伽遽即下師子座於善財所五體投地。所以師禮資者。以菩提心是佛因故能廣出生諸功德故。故法界無差別論云敬禮菩提心者如人禮白分初月不禮滿月以希現故初月成故。又發心畢竟二無別如是二心先心難是故敬禮初發心況未說法來且為師後授已法方升本座不卑重發前諸知識而不爾者為僧敬俗事不便故散金銀華無價寶珠及以上妙碎末栴檀無量種衣以覆其上復散無量種種香華種種供具以為供養二讚二。初讚發心二。初總讚然後起立而稱歎言善哉善哉善男子乃能發阿耨多羅三藐三菩提心三別讃三。初有十句因德深廣善男子若有能發阿耨多羅三藐三菩提心則為不斷一切佛種則為嚴淨一切佛刹則為成熟一切衆生則為了達一切法性則為悟解一切業種則為圓滿一切諸行則為不斷一切大願則如實解離貪種性則能明見三世差別則令信解永得堅固斷德終成功歸初發而汝能發是謂希奇其相多同初發心品此中亦具深直悲心可以意得二十五歎讃則為一切如來所持則為一切諸佛憶念則與一切菩薩平等則為一切賢聖讚喜則為一切梵王禮覲則為一切天主供養則為一切夜叉守護則為一切羅刹侍衛則為一切龍王迎接則為一切緊那羅王歌詠讚歎則為一切諸世間主稱揚慶悅三外益衆生則令一切諸衆生界悉得安隱所謂令捨惡趣故令出難處故斷一切貧窮根本故生一切天人快樂故遇善知識親近故聞廣大法受持故生菩提心故淨菩提心故照菩提道故入菩薩智故住菩薩地故六二讃其求友二。初總讚標應難得善男子應知菩薩所作甚難難出難值見菩薩者倍更難有以菩薩難遇而能來能遇故知善財是深法器亦預識求友之心恐生輕易故解脫處歷十二年不生疲厭六二別讃善友二。初法菩薩為一切衆生恃怙生長成就故為一切衆生拯濟拔諸苦難故為一切衆生依處守護世間故為一切衆生救護令免怖畏故三喻有十三喻菩薩如風輪持諸世間不令墮落惡趣故如大地增長衆生善根故上二喻恃怙如大海福德充滿無盡故如淨日智慧光明普照故如須彌善根高出故如明月智光出現故此四喻拯濟如猛將摧伏魔軍故如君主佛法城中得自在故猛將君主同喻依處如猛火燒盡衆生我愛心故如大雲降霔無量妙法雨故如時雨增長一切信根芽故如船師示導法海津濟處故如橋梁令其得度生死海故餘喻救護六二授已法門二。初現通益物令其目覩彌伽如是讚歎善財令諸菩薩皆歡喜已從其面門出種種光普照三千大千世界其中衆生遇斯光已諸龍神等乃至梵天悉皆來至彌伽之所彌伽大士即以方便為開示演說分別解釋輪字品莊嚴法門彼諸衆生聞此法已皆於阿耨多羅三藐三菩提得不退轉言輪字品莊嚴法門者賢首引日照三藏解云輪有多義一約字相楞伽中云字輪圓滿猶如象迹等二約所詮盡理圓備如輪滿足三約業用謂妙音陀羅尼有轉授義滅惑義如法輪等即輪字数法詮示莊嚴此釋已佳。今更依毗盧遮那經第五別有字輪品故彼經云是偏一切處法門謂菩薩若住此字輪法門始從初發妙菩提心乃至成佛於是中間所有一切自利利他種種事業皆得成就。如初阿上字即是菩提之心若觀此字而與相應即同毗盧遮那法身之體謂此阿上字輪猶如孔雀尾輪之相光明圓遶修勝行者而住其中，即是住於佛位。又阿字、婆字、嚩字三字總攝三部：阿字如來部，娑字蓮華部，嚩字金剛部。隨一部中皆有五字，所謂字輪者，此從輪轉而生諸字。輪是生義，如從阿菩提字中轉生四字：一生阿字，是發心；二生暗字，是修行；輪既已發心，必修諸行；二生暗字是成菩提；輪既修行已，必證菩提；三生惡字，是大寂涅槃；輪即菩提所至，四生惡字，是方便輪，而將第一阿字當中，四字遶之，從下次第右旋安之，亦如輪相。舉一為例，餘字準之。若修行者如是了達，則能入陀羅尼門，旋轉無礙，故名字輪。品種種布列，圓滿位次，故名莊嚴。餘如彼釋。其五字下各具深義，至衆藝中當廣分別。所以次前而辨斯者，前無礙解脫，即無相智光，今將入俗，兼存有無，寄字表義，又為揔持，令不失故。既為醫人，亦以字輪消伏障故，聖教中生，宜持輪字故。二升座說受，令其聽聞。彌伽於是還升本座，告善財言：善男子，我已獲得妙音陀羅尼。先標名。此妙音揔持，即前輪字法門。然字即四十二字，音即十四音，謂裹𡁠、阿、阿、億、伊等，以十四音徧入諸字，故出無盡。若人能於音聲窮妙，則善萬類有情之言，究聲明之論耳。二處，互舉理實相成，後顯用。能分別知三千大千世界中諸天語言，諸龍、夜叉、乾闥婆、阿脩羅、迦樓羅、緊那羅、摩睺羅伽、人與非人及諸梵天所有語言。如此三千大千世界，十方無數乃至不可說不可說世界，悉亦如是。四謙已推勝二。

初謙已。善男子，我唯知此菩薩妙音陀羅尼光明法門。光明者，智鑒妙音故。二結前，仰推勝進，有十四句。如諸菩薩摩訶薩，能普入一切衆生種種想海、種種施設海、種種名號海、種種語言海。上四可知。能普入說一切深密法句海、深祕故。說一切究竟法句海、無餘故。說一切所緣中有一切三世所緣法句海、法融故。說上法句海、勝法故。說上上法句海、勝中勝故。說差別法句海、說一切差別法句海，能普入一切世間呪術海、三亦可知。一切音聲莊嚴輪、一切差別字輪際。上二即前所得，而言際者，窮理盡性故。如是功德，我今云何能知能說？五指示後友。善男子，從此南行，有一聚落，名曰住林。住林者，方便具足，住衆德建立故。彼有長者，名曰解脫。年耆德丈，事長於人，故稱長者。於其身內現無邊佛境，定用自在，故名解脫。此位所修善根，皆為度脫一切衆生，乃至令證大涅槃故。汝詣彼問：菩薩云何修菩薩行？菩薩云何成菩薩行？

菩薩云何集菩薩行？菩薩云何思菩薩行？六戀德禮辭。爾時善財童子，以善知識故，於一切智法深生尊重，深植淨信，深自增益，禮彌伽足，涕泗悲泣，繞無量帀，戀慕瞻仰，辭退而行。第五解脫長者，寄方便具足住。教二：初十一句，思修前法。爾時善財童子思惟諸菩薩無礙解陀羅尼光明莊嚴門，初揔。餘別。深入諸菩薩語言海門，憶念諸菩薩知一切衆生微細方便門，觀察諸菩薩清淨心門，成就諸菩薩善根光明門，淨治諸菩薩教化衆生門，明利諸菩薩攝衆生智門，堅固諸菩薩廣大志樂門，住持諸菩薩殊勝志樂門，淨治諸菩薩種種信解門，思惟諸菩薩無量善心門。二顯修之益。誓願堅固，心無疲厭，以諸甲冑而自莊嚴，精進深心不可退轉，具不壞信，其心堅固猶如金剛及那羅延無能壞者守持一切善知識教於諸境界得不壞智普門清淨所行無礙智光圓滿普照一切具足諸地揔持光明了知法界種種差別無依無住平等無二自性清淨而普莊嚴於諸所行皆得究竟智慧清淨離諸執著知十方差別法智無障礙往十方差別處身不疲懈於十方差別業皆得明了於十方差別佛無不現見於十方差別時悉得深入清淨妙法充滿其心普智三昧明照其心心恒普入平等境界如來智慧之所照觸一切智流相續不斷若身若心不離佛法一切諸佛神力所加一切如來光明所照成就大願願身周徧一切剎網一切法界普入其身（△二趣求後文）漸次游行十有二年至住林城周徧推求解脫長者（十二年者昔有解云自分勝進各修六度故亦顯徧觀十二住故亦表不住十二緣故經云游行者不住緣則得解脫故下云得見△二見敬諸問三○初見敬）既得見已五體投地起立合掌白言聖者我今得與善知識會是我獲得廣大善利何以故善知識者難可得見難可得聞難可出現難得奉事難得親近難得承接難可逢值難得共居難令喜悅難得隨逐我今會遇為得善利（而自慶者希望多年故△二自陳發心二○初揔）聖者我已先發阿耨多羅三藐三菩提心（△二別陳發心之相三○初欲上窮佛境）為欲事一切佛故為欲值一切佛故為欲見一切佛故為欲觀一切佛故為欲知一切佛故為欲證一切佛平等故為欲發一切佛大願故為欲滿一切佛大願故為欲具一切佛智光故為欲成一切佛眾行故為欲得一切佛神通故為欲具一切佛諸力故為欲獲一切佛無畏故（△二欲盡法源）為欲聞一切佛法故為欲受一切佛法故為欲持一切佛法故為欲解一切佛法故為欲護一切佛法故（△三欲齊菩薩行亦僧寶境）為欲與一切諸菩薩眾同一體故為欲與一切菩薩善根等無異故為欲圓滿一切菩薩波羅蜜故為欲成就一切菩薩所修行故為欲出生一切菩薩清淨願故為欲得一切諸佛菩薩威神藏故為欲得一切菩薩法藏無盡智慧大光明故為欲得一切菩薩三昧廣大藏故為欲成就一切菩薩無量無數神通藏故為欲以大悲藏教化調伏一切眾生皆令究竟到邊際故為欲顯現神變藏故為欲於一切自在藏中悉以自心得自在故為欲入於清淨藏中以一切相而

莊嚴故。（三方陳請問三初結前生後）聖者我今以如是心如是意如是樂如是欲如是希求如是思惟如是尊重如是方便如是究竟如是謙下至聖者所（謂結前發心之相便爲請問之端是故結云以如是心至聖者所）（杳八）（一十五）（三讚能誘誨）我聞聖者善能誘誨諸菩薩衆能以方便闡明所得示其道路與其津梁授其法門令除迷倒障拔猶豫箭截疑惑網照心稠林浣心垢濁令心潔白使心清涼正心諂曲絕心生死止心不善解心執著於執著處令心解脫於染愛處使心動轉令其速入一切智境使其疾到無上法城令住大悲令住大慈令入菩薩行令修三昧門令入證位令觀法性令增長力令修習行普於一切其心平等（三請說所疑）唯願聖者爲我宣說菩薩云何學菩薩行修菩薩道隨所修習疾得清淨疾得明了

大方廣佛華嚴經疏卷第九十八　杳八

大方廣佛華嚴經疏卷第九十九入第六十三經下卷

清涼山沙門澄觀述　晋水沙門淨源錄疏注經

三正示法界二初入定默示所以入定示者亦顯此位定增上故文三。初彰入定因緣　時解脫長者以過去善根力宿善為因表自修故後二為緣　佛威神力主佛威力表本覺故　文殊師利童子憶念力故文殊念力顯信智故已彰善財因文殊故。二舉定名體　即入菩薩三昧門名普攝一切佛刹無邊旋陁羅尼謂攝諸刹在於身中由唯心之智稱性揔持令其體門旋轉無礙故以為名。三明定業用即普攝等義文三。初揔明普攝　入此三昧已得清淨身於其身中顯現十方各十佛刹微塵數佛及佛國土衆會道場種種光明諸莊嚴事亦現彼佛往昔所行神通變化一切大願助道之法諸出離行清淨莊嚴亦見諸佛成等正覺轉妙法輪教化衆生如是一切於其身中悉皆顯現無所障礙。二別彰廣多　種種形相種種次第如本而住不相雜亂所謂種種國土種種衆會種種道場種種嚴飾其中諸佛現種種神力立種種乘道示種種願門或於一世界處兜率宮而作佛事或於一世界歿兜率宮而作佛事如是或有住胎或復誕生或處宮中或復出家或詣道場或破魔軍或諸天龍恭敬圍繞或諸世主勸請說法或轉法輪或般涅槃或分舍利或起塔廟彼諸如來於種種衆會種種世間種種趣生種種家族種種欲樂種種業行種種語言種種根性種種煩惱隨眠習氣諸衆生中或處微細道場或處廣大道場或處一由旬量道場或處十由旬量道場或處不可說不可說佛刹微塵數由旬量道場以種種神通種種言辭種種音聲種種法門種種揔持門種種辯才門以種種聖諦海種種無畏大師子吼說諸衆生種種善根種種憶念授種種菩薩記說種種諸佛法。三令善財聞見　彼諸如來所有言說善財童子悉能聽受亦見諸佛及諸菩薩不可思議三昧神變已上五段經家序致。三出定言告文四。初明起定　爾時解脫長者從三昧起。二示定名體　告善財童子言善男子我已入出如來無礙莊嚴解脫門名如來無礙莊嚴者揔有五義一一切如來各具一切無礙莊嚴二一一如來互徧無礙三一切如來莊嚴悉入長者之身四長者徹見十方佛海五長者智持不以為礙故無礙言兼得揔持不違上文經家所序。三明定業用　善男子我入出此解脫門時即見東方閻浮檀金光明世界龍自在王如來應正等覺道場衆會之所圍繞毗盧遮那藏菩薩而為上首又見南方速疾力世界普香如來應正等覺道場衆會之所圍繞心王菩薩而為上首又見西方香光世界須彌燈王如来應正等覺道場衆會之所圍繞無礙心菩薩而為上首又見北方袈裟幢世界不可壞金剛如来應正等覺道場衆會之所圍繞金剛步勇猛菩薩而為上首又見東北方一切上妙寶世界無所得境界眼如来應正等覺道場衆會之所圍繞無所得善變化菩薩而為上首又見東南方香燄光音世界香燈如来應正等覺道場衆會之所圍繞金剛燄慧菩薩而為上首又見西南方智慧日普光明世界法界輪幢如来應正等覺道場衆會之所圍繞現一切變化幢菩薩而為上首又見西北方普清淨世界一切佛寶高勝幢如来應正等覺道場衆會之所圍繞法幢王菩薩而為上首又見上方佛次第出現無盡世界無邊智慧光圓滿幢如来應正等覺道場衆會之所圍繞法界門幢王菩薩而為上首又見下方佛光明世界無礙智幢如来應正等覺道場衆會之所圍繞一切世間刹幢王菩薩而為上首四彰定體相即無來去唯心觀故所以次前顯此定者唯心之觀亦其要故亦顯此位知衆生界無量無邊皆心現故文二。初結前所見體無来往善男子我見如是等十方各十佛刹微塵數如来彼諸如来不来至此我不往彼三廣顯隨心見佛體相文四。初隨心念佛諸佛現前我若欲見安樂世界阿彌陀如来隨意即見我若欲見栴檀世界金剛光明如来妙香世界寶光明如来蓮華世界寶蓮華光明如来妙金世界寂静光如来妙喜世界不動如来善住世界師子如来鏡光明世界月覺如来寶師子莊嚴世界毗盧遮那如来如是一切悉皆即見既了境唯心了心即佛故隨所念無非佛矣何難見哉二正顯唯心念佛觀體文二。今初總明相無来往然彼如来不来至此我身亦不往詣於彼二釋其所由知一切佛及與我心悉皆如夢。所以上言普見諸佛今云又無来去其故何耶了彼相虛唯心現故於中二意前別顯後結成別文有四對意含通別謂通顯唯心喻無来往別顯唯心兼明不出入等上一如夢對般舟三昧經云如夢見七寶親屬歡樂覺已追念知在何處如是念佛此喻唯心所作即有而空故無来去又云如舍衛國有一女子名曰須門聞之心喜夜夢從事覺已念之彼亦不来我亦不往而樂事宛然當如是念佛此正喻體無来往但隨心變知一切佛猶如影像自心如水二水影對若月滿秋空隨水而現澄潭皎淨則月影圓明水濁波騰則光明影散有水月現曾何入来無水影空未曾出去雖水中見月誰能執持心之定散準喻思擇知一切佛所有色相及以自心悉皆如幻三如幻對如幻非實心佛兩亡而不無幻相不壞心佛正喻空有無礙故即無来去不妨普見見即無見常契中道知一切佛及以己心悉皆如響四如響對以心為緣而佛響應佛無分別以佛為緣而心見佛心何去来此但總喻緣成之義我如是知如是憶念所見諸佛皆由自心。後結成唯心故無量壽觀經云是心是佛是心作佛諸佛正徧知海從心想生般舟三昧經結云自念佛從何所来我亦無所至我所念即見心作佛心自見心見心是佛心是我心見佛上方攝境歸心下又彿云心不自知心心不自見心心有想為癡無想即泥洹是法無可示者皆念所為設有念亦了無所有空耳此即喻中意已具矣。三以唯心觀徧該萬法 善男子當知菩薩修諸佛法淨諸佛刹積集妙行調伏衆生發大誓願入一切智自在游戲不可思議解脫之門得佛菩提現大神通徧往一切十方法界以微細智普入諸劫如是一切悉由自心 謂非但念佛觀行由於自心菩薩萬行佛果體用亦不離心如有偈云諸佛從心得解脫心者無漏名清淨五道鮮潔不受色有解此者成大道。四結勸修學令證唯心 是故善男子應以善法扶助自心 既萬法不離自心但修自心萬行斯備亦遣悉人妄解之失謂有計云萬法皆心任之是佛驅馳萬行豈不唐勞故今廣明心雖即佛久翳塵勞故以萬行增修令其瑩徹又但說萬行由心不說不修為是又萬法即心修何礙心文有十句上一如彼病人非杖不起煩惱病重假善相資 應以法水潤澤自心 若無法水法芽不生 應於境界淨治自心 對境亡心即六塵不染 應以精進堅固自心 舊善不離新善進修可謂堅固 應以忍辱坦蕩自心 違順不干則坦然寬廓 應以智證潔白自心

寂照內徹皎然無瑕 應以智慧明利自心 觸境了如無不鑒達 應以佛自在開發自心 六自在王性同於佛開塵發用知見分明 應以佛平等廣大自心 與佛同如體周法界 應以佛十力照察自心 以調生十力察彼踈遣如是修心則圓前佛法。四謙已誰勝 善男子我唯於此如來無礙莊嚴解脫門而得入出如諸菩薩摩訶薩得無礙智住無礙行得常見一切佛三昧得不住涅槃際三昧了達三昧普門境界於三世法悉皆平等能善分身徧一切刹住於諸佛平等境界十方境界皆悉現前智慧觀察無不明了於其身中悉現一切世界成壞而於己身及諸世界不生二想如是妙行而我云何能知能說 不住涅槃際至下當知。五指示後友 善男子從此南行至閻浮提畔 閻浮提畔者此洲南際表將鄰不退故亦云所得般若六度後邊故 有一國土名摩利伽羅 摩利伽羅晉經譯為莊嚴 彼有比丘名曰海

幢 業用深廣而高出故正心不動如海最高勝故 汝詣彼問菩薩云何學菩薩行修菩薩道。六戀德禮辭 時善財童子頂禮解脫長者足右繞觀察稱揚讚歎思惟戀仰悲泣流淚一心憶念依善知識事善知識敬善知識由善知識見一切智於善知識不生違逆於善知識心無諂誑於善知識心常隨順於善知識起慈母想捨離一切無益法故於善知識起慈父想出生一切諸善法故辭退而去 第六海幢寄正心住文仰有五初念教趣求二。初念前教 爾時善財童子一心正念彼長者教觀察彼長者教憶念彼不思議菩薩解脫門思惟彼不思議菩薩智光明除入彼不思議法界門趣向彼不思議菩薩普入門明見彼不思議如來神變解了彼不思議普入佛刹分別彼不思議佛力莊嚴

思惟彼不思議菩薩三昧解脱境界分位了達彼不思議差別世界究竟無礙修行彼不思議菩薩堅固深心發起彼不思議菩薩大願淨業。二趣後友漸次南行至閻浮提畔摩利聚落周徧求覓海幢比丘。二見敬諮問二初見敬小異前來謂便見其入定體用即同前文正示法界下諸夜神類多如是文五初見入定相乃見其在經行地側結加趺坐入于三昧離出入息無別思覺身安不動此通二定一即滅受想定謂無別思覺七轉已息唯第八識持身定前加行榰頻力故令於定身起諸業用若圓教中融攝法界自在無礙故業用無方未曾起念是以六地能入滅定而起通用住似地故淨名云不起滅定而現諸威儀正當此也二者即第四禪以起用多依彼故四禪無出入息亦無覺觀內淨喜樂諸思覺故通表此位心定不動故又經行地側是動之所而滅思覺者表即動而寂故而言側者不住行故。二見定業用二初別明身分作用處別總有一十四處作用不同體相而明從下至上漸漸增勝別相而論各表不同。初足出長者等從其足下出無數百千億長者居士婆羅門衆足有二義一最初故多顯施行萬行首故二行住義長者[illegible]之以故居士得安處故婆羅門淨行故皆以種種諸莊嚴具莊嚴其身悉著寶冠頂繫明珠普往十方一切世界雨一切寶一切瓔珞一切衣服一切飲食如法上味一切華一切鬘一切香一切塗香一切欲樂資生之具於一切處救攝一切貧窮衆生安慰一切苦惱衆生皆令歡喜心意清淨成就無上菩提之道成就菩提是利行故。二膝出刹帝利從其兩膝出無數百千億刹帝利婆羅門衆土田帝主屈申自在故行由於膝故出淨行皆悉聰慧種種色相種種形貌種種衣服上妙莊嚴普徧十方一切世界愛語同事攝諸衆生次前二攝故說愛語同事所謂貧者令足病者令愈危者令安怖者令止有憂苦者咸使快樂復以方便而勸導之皆令捨惡安住善法。三腰出仙人從其腰間出等衆生數無量仙人腰謂臍輪之下氣海之間是吐故納新出仙之所故梵本云娜髀受陀羅此云臍輪或服草衣或樹皮衣皆執澡瓶威儀寂靜周旋往反十方世界於虛空中以佛妙音稱讚如來演說諸法或說清淨梵行之道令其修習調伏諸根或說諸法皆無自性使其觀察發生智慧或說世間言論軌則或復開示一切智智出要方便令隨次第各修其業。四脇出諸龍從其兩脇出不思議龍脇出龍者是傍生故不思議龍女示現不思議諸龍神變所謂雨不思議香雲不思議華雲不思議鬘雲不思議寶蓋雲不思議寶幡雲不思議妙寶莊嚴具雲不思議大摩尼寶雲不思議寶瓔珞雲不思議寶座雲不思議寶宮殿雲不思議寶蓮華雲不思議寶冠雲不思議天身雲不思議采女雲悉徧虛空而為莊嚴充滿一切十方世界諸佛道場而為

供養令諸衆生皆生歡喜（五曾出修羅）從曾
前卍字中出無數百千億阿脩羅王（於曾德相出脩羅者曾是能生能滅憍慢幻術之所故又明德相能降魔故）皆悉示現
不可思議自在幻力令百世界皆大震
動一切海水自然涌沸一切山王互相
衝擊諸天宮殿無不動搖諸魔光明無
不隱蔽諸魔兵衆無不摧伏普令衆生
捨憍慢心除怒害心破煩惱山息衆惡
法長無闘諍永共和善復以幻力開悟
衆生令滅罪惡令怖生死令出諸趣令
離染著令住無上菩提之心令修一切
諸菩薩行令住一切諸波羅蜜令入一
切諸菩薩地令觀一切微妙法門令知 十一 音九
一切諸佛方便如是所作周徧法界（六背出二乘）
從其背上為應以二乘而得度者出
無數百千億聲聞獨覺（背出二乘者為背大乘故）

著我者說無有我為執常者說一切行
皆悉無常為貪行者說不淨觀為瞋行
者說慈心觀為癡行者說緣起觀為等
分行者說與智慧相應境界法為樂著
境界者說無所有法為樂著寂靜處者
說發大誓願普饒益一切衆生法如是
所作周徧法界（七肩出夜叉）從其兩肩出無
數百千億諸夜叉羅刹王（肩是可畏勇力之所又是荷負之所為守護業）
種種形貌種種色相或長或短
皆可怖畏無量眷屬而自圍繞守護一
切行善衆生并諸賢聖菩薩衆會若向
正住及正住者或時現作執金剛神守
護諸佛及佛住處或徧守護一切世間
有怖畏者令得安隱有疾病者令得除
差有苦惱者令得免難有過惡者令其
厭悔有災橫者令其息滅如是利益一

切衆生皆悉令其捨生死輪轉正法輪
（八腹出緊那羅）從其腹出無數百千億緊那羅王
（腹鼓絃歌音樂之所故）各有無數緊那羅女前後圍
繞又出無數百千億乾闥婆王各有無
數乾闥婆女前後圍繞各奏無數百千 音九 十二
天樂歌詠讚歎諸法實性歌詠讚歎一
切諸佛歌詠讚歎發菩提心歌詠讚歎
修菩薩行歌詠讚歎一切諸佛成正覺
門歌詠讚歎一切諸佛轉法輪門歌詠
讚歎一切諸佛現神變門開示演說一
切諸佛般涅槃門開示演說守護一切
諸佛教門開示演說令一切衆生皆歡
喜門開示演說嚴淨一切諸佛刹門開
示演說顯示一切微妙法門開示演說
捨離一切諸障礙門開示演說發生一
切諸善根門如是周徧十方法界（九面出輪）

王

從其面門出無數百千億轉輪聖王面門出輪王者布十善令向佛法故七寶具足四兵圍繞放大捨光雨無量寶諸貧乏者悉使充足令其永斷不與取行端正釆女無數百千悉以捨施心無所著令其永斷邪淫之行令生慈心不斷生命令其究竟常眞實語不作虛誑無益談說令攝他語不行離間令柔輭語無有麤惡令常演說甚深決定明了之義不作無義綺飾言辭為說少欲令除貪愛心無瑕垢為說大悲令除忿怒意得清淨為說實義令其觀察一切諸法深入因緣善明諦理拔邪見剌破疑惑山一切障礙悉皆除滅如是所作充滿法界〇十目出日輪從其兩目出無數百千億日輪目等日照故普照一切諸大地獄及諸惡趣皆令離苦又照一切

世界中間令除黑暗又照一切十方衆生皆令捨離愚癡瞖障於垢濁國土放清淨光白銀國土放黃金色光黃金國土放白銀色光瑠璃國土放頗梨色光頗梨國土放瑠璃色光硨磲國土放碼碯色光碼碯國土放硨磲色光帝青國土放日藏摩尼王色光日藏摩尼王國土放帝青色光赤眞珠國土放月光網藏摩尼王色光月光網藏摩尼王國土放赤眞珠色光一寶所成國土放種種寶色光種種寶所成國土放一寶色光照諸衆生心之稠林辦諸衆生無量事業嚴飾一切世間境界令諸衆生心得清涼生大歡喜如是所作充滿法界〇十一眉出帝釋從其眉間白毫相中出無數百千億帝釋於地居中最尊勝故中道般若化衆生故令離五欲得淨法故皆

於境界而得自在摩尼寶珠繫其頂上光照一切諸天宮殿震動一切須彌山王覺悟一切諸天大衆歎福德力說智慧力生其樂力持其志力淨其念力堅其所發菩提心力讚樂見佛令除世欲讚樂聞法令厭世境讚樂觀智令絕世染止脩羅戰斷煩惱諍滅怖死心發降魔願興立正法須彌山王成辦衆生一切事業如是所作周徧法界〇十二額出梵王從其額上出無數百千億梵天梵王超欲故次眉上又是稱顏請法之所故色相端嚴世間無比威儀寂靜言音美妙勸佛說法歎佛功德令諸菩薩悉皆歡喜能辦衆生無量事業普徧一切十方世界〇十三頭出菩薩從其頭上出無量佛刹微塵數諸菩薩衆頭出菩薩最上首故悉以相好莊嚴其身放無邊光說種種行所謂

讚歎布施令捨慳貪得衆妙寶莊嚴世界稱揚讚歎持戒功德令諸衆生永斷諸惡住於菩薩大慈悲戒說一切有悉皆如夢說諸欲樂無有滋味令諸衆生離煩惱縛說忍辱力令於諸法心得自在讚金色身令諸衆生離瞋恚垢起對治行絶畜生道歎精進行令其遠離世間放逸皆悉勤修無量妙法又為讚歎禪波羅蜜令其一切心得自在又為演說般若波羅蜜開示正見令諸衆生樂自在智拔諸見毒又為演說隨順世間種種行所作令諸衆生雖離生死而於諸趣自在受生又為示現神通變化說壽命自在令諸衆生發大誓願又為演說成就摠持力出生大願力淨治三昧力自在受生力又為演說種種諸智所謂

普知衆生諸根智普知一切心行智普知如來十力智普知諸佛自在智如是所作周徧法界（說十度行並顯可知十四頂出如來三三初摠顯所出身語之相）從其頂上出無數百千億如來身（頂出佛者尊極無上故）其身無等諸相隨好清淨莊嚴威光赫弈如眞金山無量光明普照十方出妙音聲充滿法界示現無量大神通力為一切世間普雨法雨（三別彰法雨不同摠有三十二種分之為二二初十二法雨為菩薩）所謂為坐菩提道場諸菩薩雨普知平等法雨（略有三等一始覺同本無復始本之異故二等諸佛故三生佛一性故得此三等則轉成妙覺下十法雨即十住者圓教位中十住位滿便成佛故此前更無別位此約以位攝位非一乘宗餘無此說然此十法皆是彼中勸學十法已住自分勸勝進故）為灌頂位諸菩薩雨入普門法雨（普門即三世等十種智慧勸彼灌頂令其進修下皆倣此）為法王子位諸菩薩雨普莊嚴法雨（令普學法王善巧等為莊嚴故）為童子位諸菩薩雨堅固山法雨（令學知剎動剎等皆無能壞最高出故）為

不退位諸菩薩雨海藏法雨（令學說一即多說多即一等十種廣大甚深之法故名海藏）為成就正心位諸菩薩雨普境界法雨（令學一切法無相無體等既一切皆然名普境界）為方便具足位諸菩薩雨自性門法雨（知衆生無邊乃至知衆生無自性皆是自性門以無邊等亦入自性故）為生貴位諸菩薩雨隨順世間法雨（了知圓滿三世佛法皆是隨順世間故）為修行位諸菩薩雨普悲愍法雨（徧觀察衆生界等為悲愍故）為新學諸菩薩雨積集藏法雨（誦習多聞虛閑寂靜近善知識等皆為積集包藏於法行故創治心地故名新學）為初發心諸菩薩雨攝衆生法雨（令其勤供養佛主導世間為攝衆生若要配作十地等釋類可思準）為信解諸菩薩雨無盡境界普現前法雨（即十信菩薩令普緣如來及普賢無盡境界而生信心分明現前從入位故二有二十法雨普為人天雜類）為色界諸衆生雨普門法雨（摠為色界衆生捨外住內令得心境無礙故曰普門）為諸梵天雨普藏法雨（徧語初禪以宿習多慈而徧已眷屬令令慈普含福無窮）為諸自在天雨生力法雨（即他化自在天轉世自在令生如來十力自在）為諸

魔衆雨心幢法雨就他化分出魔衆魔好摧他而自尊高令此令得慈心法幢摧其邪慢為諸化樂天雨淨念法雨隨念化樂但汙自心故轉令淨念為諸兜率天雨生意法雨雖於世樂已自知足令令宜生出世之意為諸夜摩天雨歡喜法雨世樂時分稱快不及法喜之歡為諸忉利天雨疾莊嚴虛空界法雨地居之極義空居為勝不及福智嚴法性空為諸夜叉王雨歡喜法雨夜叉性多暴害故令歡喜於含生此約對治明喜前夜摩天約世樂隨便宜為諸乾闥婆王雨金剛輪法雨以彼善奏樂音上德聲聞多為摧壞令令得金剛智無所不摧無不圓滿為諸阿脩羅王雨大境界法雨彼恃大身而生憍慢令見法身稱法界境為諸迦樓羅王雨無邊光明法雨彼以淨眼觀海意欲吞龍令以慈眼智光徧照攝感為諸緊那羅王雨一切世間殊勝智法雨隨彼善歌令得即空涉有殊勝世智為諸人王雨無樂著法雨人王著樂故徧對治為諸龍王雨歡喜幢法雨能多恚毒故為說喜有熱沙等怖說法幢令摧為諸摩睺羅伽王雨大休息法雨蟒多毒害又為諸蟲唼食無休故說內休毒心外苦休息為諸地獄衆生雨正念莊嚴法雨地獄衆生身受無邊苦心念無邊惡若以正念三寶為嚴則頓脫衆苦為諸畜生雨智慧藏法雨畜生多癡故為閻羅王界衆生雨無畏法雨餓鬼卒互相怖長乃至王身亦有熱鐵鎔銅等怖故為諸厄難處衆生雨普安慰法雨悉令得入賢聖衆會諸難者所謂八難及在人間獄囚繫閉等而多不安故普安慰悉令已下翻彼難處三總結周徧如是所作充滿法界稱性用故。二揔顯毛孔光明業用海幢比丘又如其身一切毛孔一一皆出阿僧祇佛剎微塵數光明網一一光明網具阿僧祇色相阿僧祇莊嚴阿僧祇境界阿僧祇事業充滿十方一切法界上見定相用竟。三瞻敬證入十句爾時善財童子一心觀察海幢比丘深生渴仰初句思人證人法界憶念彼三昧解脫餘九思法證法法界上一句揔謂三昧是體解脫是用體用合明思惟彼不思議菩薩三昧此一別思彼體次有二句別思彼用思惟彼不思議利益衆生方便海益生廣多思惟彼不思議無作用普莊嚴門無思普徧即用而寂次二思前體用所因思惟彼莊嚴法界清淨智內智淨故思惟彼受佛加持智外緣加故後之三句思其勝進思惟彼出生菩薩自在力思惟彼堅固菩薩大願力思惟彼增廣菩薩諸行力依前體用進益後三。四所經時分如是住立思惟觀察經一日一夜乃至經於七日七夜半月一月乃至六月復經六日六月六日者第六住中滿第六度故以法味資神故身心都忘不覺時久。五明出定過此已後海幢比丘從三昧出所作訖故。三證明諸問二初讚二。初標讚深勝善財童子讚言聖者希有奇特如此三昧最為甚深如此三昧最為廣大如此三昧境界無量如此三昧神力難思如此三昧光明無等如此三昧莊嚴無數如此三昧威力難制如此三昧境界平等如此三昧普照十方如此三昧利益無限二出讚所因以能除滅一切衆生無量苦故由具此下諸因故上云甚深廣大等所謂能令一切衆生離貧苦故出地獄故免畜生故閉諸難門故開人天道故令人天衆生喜樂故令其愛樂禪境界故能令增長有為樂故增長有為樂不捨有為故能為顯示出有樂故出有樂者不染有故又上句為凡夫此句為二乘下云引發菩提心者即為大器能為引發菩提心故能使增長福智行故能令增長大悲心故能令生起大願力故能令明了菩薩道故能使莊嚴究竟智故能令趣入大乘境故能令照了普賢行故能令證得諸菩薩地智光明故能令成就一切菩薩諸願行故能令安住一切智智境界中故三正明問荅文中有二先問名亦二。初問聖者此三昧者名為何等上既修入何更問名其猶世人得大王海饍雖饗勝味何必知名。二荅有三名海幢比丘言善男子此三昧名普眼捨得

初一名從智以立般若之智照一切法故名普眼皆無所得故云捨得若有所得不得即寂而用以無所得即無所不得菩薩無得心無罣礙諸佛無得則得菩提昔云障無不寂曰捨理無不證曰得非無此理而未造玄又名般若波羅蜜境界清淨光明次一雙就境智合稱般若清淨故境界清淨清淨之境皆般若境故又名普莊嚴清淨門後一雙融境智而立其名般若了境無境非般若何所不嚴故智論云說智及智處俱名為般若善男子我以修習般若波羅蜜故得此普莊嚴清淨三昧等百萬阿僧祇三昧是則若般若清淨若境清淨無二無二分無別無斷故故一莊嚴一切莊嚴名普莊嚴及攝眷屬文並可知三問用亦二。初問善財童子言聖者此三昧境界究竟唯如是耶問云唯如是者上所目覩頗已修入視聽之外更希與聞。二荅皆示上來之所不及於中有三。初於器世間無礙海幢言善男子入此三昧時了知一切世界無所障礙往詣一切世界無所障礙超過一切世界無所障礙莊嚴一切世界無所障礙修治一切世界無所障礙嚴淨一切世界無所障礙。二於智正覺世間無礙見一切佛

無所障礙觀一切佛廣大威德無所障礙知一切佛自在神力無所障礙證一切佛諸廣大力無所障礙入一切佛諸功德海無所障礙受一切佛無量妙法

無所障礙入一切佛法中修習妙行無所障礙證一切佛轉法輪平等智無所障礙入一切諸佛衆會道場海無所障礙觀十方佛法無所障礙。三於衆生世間無礙大悲攝受十方衆生無所障礙常起大慈充滿十方無所障礙見十方佛心無厭足無所障礙入一切衆生海無所障礙知一切衆生根海無所障礙知一切衆生諸根差別智無所障礙見佛亦為攝生。三謙已知已推勝二。初謙已知善男子我唯知此一般若波羅蜜三昧光明。二推勝知多二。初舉彼所知如諸菩薩入智慧海淨法界境達一切趣徧無量剎摠持自

在三昧清淨神通廣大辯才無盡善說諸地為衆生依。(二顯不能測)而我何能知其妙行辨其功德了其所行明其境界究其願力入其要門達其所證說其道分住其三昧見其心境得其所有平等智慧(四指示後友)善男子從此南行有一住處(但言布處則由是前國願方便行不離般若故)名曰海潮(謂潮所至處願方便就機不過其限故亦將入生死海以濟物故能知三世佛法海故上法門名為海藏)彼有園林名普莊嚴(約相廣有衆多嚴故約表以生死為園苑萬行為莊嚴故又文義相隨等莊嚴總持無漏法故)於其園中有優婆夷名曰休捨(休捨此云意樂亦云希望亦云滿願謂隨衆生意樂希望得圓滿故亦能圓滿性相法故前般若了真故寄比丘此以慈心方便入俗故寄優婆夷矣)汝往彼問菩薩云何學菩薩行修菩薩道。(五戀德禮辭)時善財童子於海幢比丘所得堅固身獲妙法財入深境界智慧明徹三昧照耀住清淨解見甚深法其心安住諸清淨門智慧光明充滿十方心生歡喜踊躍無量五體投地頂禮其足繞無量帀恭敬瞻仰思惟觀察咨嗟戀慕持其名号想其容止念其音聲思其三昧及彼大願所行境界受其智慧清淨光明辭退而行(巳下入第六十四卷)爾時善財童(經第七休捨優婆夷寄不退住文六。初依教趣求二。初念前友教)子蒙善知識力依善知識教念善知識語於善知識深心愛樂(前四集經者序後五正陳所念)作是念言因善知識令我見佛因善知識令我聞法善知識者是我師傅示導於我諸佛法故善知識者是我眼目令我見佛如虛空故善知識者是我津濟令我得入諸佛如來蓮華池故。(二趣求後友)漸漸南行至海潮處(二見敬諮問二初見二先見依報殊勝有十事莊嚴)(。初寶牆園繞)見普莊嚴園衆寶垣牆周帀圍繞。(二林樹行列)一切寶樹行列莊嚴一切寶華樹雨衆妙華布散其地一切寶香樹香氣氛氲普熏十方一切寶鬘樹雨大寶鬘處處垂下一切摩尼寶王樹雨大摩尼寶徧布充滿一切寶衣樹雨種種色衣隨其所應周帀敷布一切音樂樹風動成音其音美妙過於天樂一切莊嚴具樹各雨珍玩奇妙之物處處分布以為嚴飾。(三堂閣崇麗)其地清淨無有高下於中具有百萬殿堂大摩尼寶之所合成百萬樓閣閻浮檀金以覆其上百萬宮殿毗盧遮那摩尼寶間錯莊嚴(四浴沼清華)一萬浴池衆寶合成七寶欄楯周帀圍繞七寶階道四面分布八功德水湛然盈滿其水香氣如天旃檀金沙布底水清寶珠周徧間錯鳧鴈孔雀俱枳羅鳥游戲其中出和雅音寶多羅樹周帀行列覆以寶網垂諸金鈴微風徐搖恒出美音施大寶帳寶樹圍繞建立無數摩尼寶幢光明普照百千由旬。五映帶池流 其中復有百萬陂池黑栴檀泥凝積其底一切妙寶以為蓮華敷布水上大摩尼華光色照耀。六嚴數殿座即是別明善友所座文二。初殿 園中復有廣大宮殿名莊嚴幢海藏妙寶以為其地毗瑠璃寶以為其柱閻浮檀金以覆其上光藏摩尼以為莊嚴無數寶王光燄熾然重樓挾閣種種莊飾阿盧那香王覺悟香王皆出妙香普熏一切二座 其宮殿中復有無量寶蓮華座周迴布列所謂照耀十方摩尼寶蓮華座毗盧遮那摩尼寶蓮華座照耀世間摩尼寶蓮華座妙藏摩尼寶蓮華座師子藏摩尼寶蓮華座離垢藏摩尼寶蓮華座

普門摩尼寶蓮華座光嚴摩尼寶蓮華座安住大海藏清淨摩尼王寶蓮華座金剛師子摩尼寶蓮華座。七羅以帳網二。初帳 園中復有百萬種帳所謂衣帳鬘帳香帳華帳枝帳摩尼帳真金帳莊嚴具帳音樂帳象王神變帳馬王神變帳帝釋所著摩尼寶帳如是等其數百萬。二網 有百萬大寶網彌覆其上所謂寶鈴網寶蓋網寶身網海藏真珠網紺瑠璃摩尼寶網師子摩尼網月光摩尼網種種形像眾香網寶冠網寶瓔珞網如是等其數百萬。八耀以光明 有百萬大光明之所照耀所謂燄光摩尼寶光明日藏摩尼寶光明月幢摩尼寶光明香燄摩尼寶光明勝藏摩尼寶光明蓮華藏摩尼寶光明燄幢摩尼寶光明大燈摩尼寶光明普照

十方摩尼寶光明香光摩尼寶光明如是等其數百萬。九雨散雜嚴 常雨百萬莊嚴具百萬黑栴檀香出妙音聲百萬出過諸天曼陀羅華而以散之百萬出過諸天瓔珞以為莊嚴百萬出過諸天妙寶鬘帶處處垂下百萬出過諸天眾色妙衣百萬雜色摩尼寶妙光普照。十凡聖欣敬 百萬天子欣樂瞻仰頭面作禮百萬采女於虛空中投身而下百萬菩薩恭敬親近常樂聞法。三見正報端嚴四。初正報珠常 時休捨優婆夷坐真金座戴海藏真珠網冠掛出過諸天真金寶釧垂紺青髮大摩尼網莊嚴其首師子口摩尼寶以為耳璫如意摩尼寶王以為瓔珞一切寶網垂覆其身。二十方衆仰 百千億那由他眾生曲躬恭敬東方有無量眾生來詣其所所謂梵天梵眾天

大梵天梵輔天自在天乃至一切人及非人南西北方四維上下皆亦如是。三業用難測其有見此優婆夷者一切病苦悉得除滅離煩惱垢拔諸見刺摧障礙山入無礙清淨境界增明一切所有善根長養諸根入一切智慧門入一切摠持門一切三昧門一切大願門一切妙行門一切功德門皆得現前其心廣大具足神通身無障礙至一切處。四正見身儀爾時善財童子入普莊嚴園周徧觀察見休捨優婆夷坐於妙座。三設敬往詣其所頂禮其足繞無數帀。三諮問法要白言聖者我已先發阿耨多羅三藐三菩提心而未知菩薩云何學菩薩行云何修菩薩道我聞聖者善能誘誨願為我說二十八柬

大方廣佛華嚴經疏卷第九十九　沓九

大方廣佛華嚴經疏卷第一百 入第六十四經下半 香十

清涼山沙門 澄觀述 晉水沙門 淨源錄疏注經

三稱讚授法略無稱讚文中但有正示法界文四 初正舉法門體用二 初總舉體用 休捨告言善男子我唯得菩薩一解脫門若有見聞憶念於我與我同住供給我者悉不唐捐 名下當顯用約不空 二別明勝用三 初益物不空之用 善男子若有衆生不種善根不爲善友之所攝受不爲諸佛之所護念是人終不得見於我 先反後順 善男子其有衆生得見我者皆於阿耨多羅三藐三菩提獲不退轉 見皆不退者顯若得方便至不退住故 二諸佛加被益用 善男子東方諸佛常來至此處於寶座爲我說法南西北方四維上下一切諸佛悉來至此處於寶座爲我說法善男子我常不離見佛聞法與諸菩薩而共同住 以與三寶同住故與我住皆悉不空 三引證不空 善男子我此大衆有八萬四千億那由他皆在此園與我同行悉於阿耨多羅三藐三菩提得不退轉其餘衆生住此園者亦皆普入不退轉位 現與同住皆不退故亦表方便入俗則八萬塵勞皆成波羅蜜故 二窮因淺深二 初問 善財白言聖者發阿耨多羅三藐三菩提心爲久近耶 二答二 初約因緣答 答言善男子我憶過去於然燈佛所修行梵行恭敬供養聞法受持次前於離垢佛所出家學道受持正法次前於妙幢佛所次前於勝須彌佛所次前於蓮華德藏佛所次前於毗盧遮那佛所次前於普眼佛所次前於梵壽佛所次前於金剛齊佛所次前於婆樓耶天佛所 婆樓耶者此云水也 善男子我憶過去於無量劫無量生中如是次第三十六恒河沙佛所 總三十六恒者近佛既多發心已久而要局言三十六者顯此中過前六位位位之中具修六度六六足成三十六位皆是恒沙性德故云爾耳涅槃經中亦有此數 皆悉承事恭敬供養聞法受持淨修梵行於此已往佛智所知非我能測 三約心量答 善男子菩薩初發心無有量充滿一切法界故菩薩大悲門無有量普入一切世間故菩薩大願門無有量究竟十方法界故菩薩大慈門無有量普覆一切衆生故菩薩所修行無有量於一切刹一切劫中修習故菩薩三昧力無有量令菩薩道不退故菩薩總持力無有量能持一切世間故菩薩智光力無有量普能證入三世故菩薩神通力無有量普現一切刹網故菩薩辯才力無有量一音一切悉解故菩薩清淨身無有量悉徧一切佛刹故 意顯發心稱法界故亦等衆生窮其衆生亦無初際從癡有愛而菩薩發心癡愛無初心亦無終 三顯果久近二 初問 善財童子言聖者久如當得阿耨多羅三藐三菩提 二答文中明無

（齊限故不應作文近之問文三初反釋無齊限二初別明二十四句）荅言善男子菩薩不為教化調伏一衆生故發菩提心不為教化調伏百衆生故發菩提心乃至不為教化調伏不可說不可說轉衆生故發菩提心不為教化一世界衆生故發菩提心乃至不為教化不可說不可說轉世界衆生故發菩提心不為教化閻浮提微塵數世界衆生故發菩提心不為教化三千大千世界微塵數世界衆生故發菩提心乃至不為教化不可說不可說轉三千大千世界微塵數世界衆生故發菩提心（上八化生）不為供養一如來故發菩提心乃至不為供養不可說不可說轉如來故發菩提心不為供養一世界中次第興世諸如來故發菩提心乃至不為供養不可說不可說轉世界中次第興世諸如來故發菩提心不為供養一三千大千世界微塵數世界中次第興世諸如來故發菩提心乃至不為供養不可說不可說轉佛剎微塵數世界中次第興世諸如來故發菩提心（此六供佛）不為嚴淨一世界故發菩提心乃至不為嚴淨不可說不可說轉世界故發菩提心不為嚴淨一三千大千世界微塵數世界故發菩提心乃至不為嚴淨不可說不可說轉三千大千世界微塵數世界故發菩提心（此四嚴剎）不為住持一如來遺法故發菩提心乃至不為住持不可說不可說轉如來遺法故發菩提心不為住持一世界如來遺法故發菩提心乃至不為住持不可說不可說轉世界如來遺法故發菩提心不為住持一閻浮提微塵數世界如來遺法故發菩提心乃至不為住持不可說不可說轉佛剎微塵數世界如來遺法故發菩提心（此六持法二總顯）如是略說不為滿十佛誓願故不為往一佛國土故不為入一佛衆會故不為持一佛法眼故不為轉一佛法輪故不為知一世界中諸劫次第故不為知一衆生心海故不為知一衆生根海故不為知一衆生業海故不為知一衆生行海故不為知一衆生煩惱海故不為知一衆生煩惱習海故乃至不為知不可說不可說轉佛剎微塵數衆生煩惱習海故發菩提心（三順釋無齊限二初別）欲教化調伏一切衆生悉無餘故發菩提心欲承事供養一切諸佛悉無餘故發菩提心欲嚴淨一切諸佛國土

悉無餘故發菩提心欲護持一切諸佛正教悉無餘故發菩提心欲成滿一切如來揞願悉無餘故發菩提心欲往一切諸佛國土悉無餘故發菩提心欲入一切諸佛衆會悉無餘故發菩提心欲知一切世界中諸劫次第悉無餘故發菩提心欲知一切衆生心海悉無餘故發菩提心欲知一切衆生根海悉無餘故發菩提心欲知一切衆生業海悉無餘故發菩提心欲知一切衆生行海悉無餘故發菩提心欲滅一切衆生諸煩惱海悉無餘故發菩提心欲拔一切衆生煩惱習海悉無餘故發菩提心。二德。善男子取要言之菩薩以如是等百萬阿僧祇方便行故發菩提心。三總結無盡 善男子菩薩行普入一切法皆證得故普入一切刹悉嚴淨故是故善男子嚴淨一切世界盡我願乃盡拔一切衆生煩惱習氣盡我願乃滿此同初地十無盡句衆生無盡故成佛無期若爾豈都無成耶因此略辨成不成義勸為四句一以向約因緣淺深對今無盡則有始而無成此約悲門以得果不捨因故二以稱法界發心故不見初相方為眞成則無始而有終此約智説三悲智合明不壞相故不妨始終前後諸文其例非一四約稱性之談則無終始故天女云但以世俗文字數故説有三世非謂菩提有去來今故下大願精進夜神云不可以生死中長短劫數分別菩薩智輪等融斯四句無有障礙欲成即念念皆成常成常不成無有障礙四障法名字二。初問 善財童子言聖者此解脫名為何等。二荅 荅言善男子此解脫名離憂安隱幢此有二義一以大悲高願所以稱幢其有見者離業惑善不退菩提是謂離憂安隱二者即智之悲涉苦安隱即悲之智多劫無憂雙摧生死涅槃特出凡小之外故名幢矣。四謙已推勝二。初謙已知一 善男子我唯知此一解脫門。二推勝知多 如諸菩薩摩訶薩其心如海悉能容受一切佛法如須彌山志意堅固不可動搖如善見藥能除衆生煩惱重病如明淨日能破衆生無明暗障猶如大地能作一切衆生依處猶如好風能作一切衆生義利猶如明燈能為衆生生智慧光猶如大雲能為衆生雨寂滅法猶如淨月能為衆生放福德光猶如帝釋悉能守護一切衆生而我云何能知能説彼功德行。五指示後友 善男子於此南方海潮之處但約大悲攝物無失受童眞名故不異前處有一國土名那羅素此云不懶惰動刹持刹觀刹詣刹無休息故 中有仙人名毗目瞿沙梵言猶略若具應云毗目多羅涅懼沙此翻名最上無恐怖聲亦云毗沙摩烏多羅涅瞿婆毗沙摩此云無怖畏烏多羅此云上涅瞿婆此云出聲二譯大同謂常出增上無怖畏聲安衆生故彼住文云出廣大徧滿音以童眞住清潔無漏是故寄仙人表之汝詣彼問菩薩云何學菩薩行修菩薩道。六戀德禮辭 時善財童子頂禮其足繞無數帀殷勤瞻仰悲泣流淚作是思惟得菩提難近善知識難遇善知識難得菩薩諸根難淨菩薩諸根難值同行善知識難如理觀察難依教修行難值遇出生善心方便難值遇增長一切智法光明難作是念已辭退而行(第八毗目仙人寄童真住文六初依教趣求二)(初念前友教)爾時善財童子隨順思惟菩薩正教隨順思惟菩薩淨行(前二總明順前解行後十依前)(增進勝心)生增長菩薩福力心生明見一切諸佛心生出生一切諸佛心生增長一切大願心(此四約福)生普見十方諸法心生明照諸法實性心生普散一切障礙心生觀察法界無闇心生清淨意寶莊嚴心生摧伏一切衆魔心(此六約智。二趣求後友)漸漸游行至那羅素國周徧推求毗目瞿沙(三見)(敬諮問三初見二。初見依報)見一大林阿僧祇樹以為莊嚴所謂種種葉樹扶踈布護種種華樹開敷鮮榮種種果樹相續成熟種種寶樹雨摩尼果大栴檀樹處處行列諸沈水樹常出好香悅意香樹妙香莊嚴波吒羅樹四面圍繞(樹名波吒羅者正如此方楸樹)尼拘律樹其身聳擢(尼拘律者如此方榔樹子似枇杷)閻浮檀樹常雨甘果優鉢羅華波頭摩華以嚴池沼(餘如音義。二見正報)時善財童子見彼仙人在栴檀樹下敷草而坐領徒一萬(表萬行故)或著鹿皮或著樹皮或復編草以為衣服髻環垂鬢前後圍繞(二設敬稱讚)善財見已往詣其所五體投地(上身敬下言讚)作如是言我今得遇真善知識善知識者則是趣向一切智門令我得入真實道故善知識者則是趣向一切智乘令我得至如來地故善知識者則是趣向一切智船令我得至智寶洲故善知識者則是趣向一切智炬令我得生十力光故善知識者則是趣向一切智道令我得入涅槃城故善知識者則是趣向一切智燈令我得見夷險道故(夷險者涅槃為夷平生死為險難又二皆為險不住為夷)善知識者則是趣向一切智橋令我得度險惡處故善知識者則是趣向一切智蓋令我得生大慈涼故善知識者則是趣向一切智眼令我得見法性門故善知識者則是趣向一切智潮令我滿足大悲水故(後重明身敬)作是語已從地而起繞無量帀合掌前住(將欲問故。三諮問法要)白言聖者我已先發阿耨多羅三藐三菩提心而未知菩薩云何學菩薩行云何修菩薩道我聞聖者善能誘誨願為我說(三稱讚授)(法二初稱讚法器四。初總讚發心)時毗目瞿沙顧其徒衆(顧徒衆者令敬學故)而作是言善男子此童子已發阿耨多羅三藐三菩提心(二別讚發心)善男子此童子普施一切衆生無畏此童子普興一切衆生利益此童子常觀一切諸佛智海此童子欲飲一切甘露法雨此童子欲測一切廣大法海此童子欲令衆生住智海中此童子欲普發起廣大悲雲此童子欲普雨於廣大法雨此童子欲以智月普照世間此童子欲滅世間煩惱毒熱此童子欲長含識一切善根三嘆衆讚時諸仙衆聞是語已各以種種上妙香華散善財上投身作禮圍繞恭敬作如是言令此童子必當救護一切衆生必當除滅諸地獄苦必當永斷諸畜生道必當轉去閻羅王界必當關閉諸難處門必當乾竭諸愛欲海必令衆生永滅苦蘊必當永破無明黑闇必當永斷貪愛繫縛必以福德大輪圍山圍繞世間必以智慧大寶須彌顯示世間必當出現清淨智日必當開示善根法藏必使世間明識險易易亦平也。四述讚結果時毗目瞿沙告羣仙言善男子若有能發阿耨多羅三藐三菩提心必當成就一切智道此善男子已發阿耨多羅三藐三菩提心當淨一切佛功德地二正授法要六。初示法名體時毗目瞿沙告善財童子言善男子我得菩薩無勝幢解脫童真淨智變化自在高出有為功用之表所以名幢相感不動故云無勝即此推感亦名幢義三徵其境界善財白言聖者無勝幢解脫境界云何。三授令證知時毗目仙人即申右手摩善財頂執善財手摩頂顯加持之相執手表授與之義相攝有力故即時善財自見其身往十方十佛剎微塵數世界中到十佛剎微塵數諸佛所見彼佛剎及其衆會諸佛相好種種莊嚴亦聞彼佛隨諸衆生心之所樂而演說法一文一句皆悉通達各別受持無有雜亂亦知彼佛以種種解淨治諸願亦知彼佛以清淨願成就諸力亦見彼佛隨衆生心所現色相亦見彼佛大光明網種種諸色清淨圓滿亦知彼佛無礙智慧大光明力又自見身於諸佛所經一日夜或七日夜半月一月一年十年百年千年或經億年或阿庾多億年或那由他億年或經半劫或經一劫百劫千劫或百千億乃至不可說不可說佛剎微塵數劫所見可知。四得解脫益爾時善財童子。文有十句勒為五對謂為五法照得五種益能照皆是無勝幢之別名為菩薩無勝幢解脫智光明照故得毗盧遮那藏三昧光明然初對為總餘四為別展轉相生且約總對由見佛真智作用即知是法界體上寂而徧照故云三昧光明為無盡智解脫三昧光明照故得普攝諸方陀羅尼光明即上所得三昧光明乃是能照之智作用無盡之寂照故得所照十方智摠持之明鑑無遺 為金剛輪陀羅尼門光明照故得極清淨智慧心三昧光明即上摠持以智為體堅利圓滿由得此故能令自心障淨智明為寂照之光 為普門莊嚴藏般若波羅蜜光明照故得佛虛空藏輪三昧光明得上淨智般若則無行不嚴無德不備為莊嚴藏此光照心能照如來法性空中包含圓滿正受現前 為一切佛法輪三昧光明照故得三世無盡智三昧光明上虛空藏輪即一切佛法圓滿寂照以此照心則智窮三世無盡法源此約展轉釋。若約能照皆是摠中別義則不相躡義不異前而其所得即是前來三昧中事。五明捨加持 時彼仙人放善財手所作訖故 善財童子即自見身還在本處不移本處而徧十方處既還本時亦多劫末逾一日故近遠無礙念劫圓融皆圓教善友法門之力是以善財一生能辦多劫之行普賢位內或經不可說劫非但三祇皆法力加持不應以時以處定斯玄旨。六明言承領 時彼仙人告善財言善男子汝憶念耶善財言唯此是聖者善知識力。四謙已推勝 仙人言善男子我唯知此菩薩無勝幢解脫如諸菩薩摩訶薩成就一切殊勝三昧於一切時而得自在於一念頃出生諸佛無量智慧以佛智燈而為莊嚴普照世間一念普入三世境界分形徧往十方國土智身普入一切法界隨衆生心普現其前觀其根行而為利益放淨光明甚可愛樂而我云何能知能說彼功德行彼殊勝願彼莊嚴剎彼智境界彼三昧所行彼神通變化彼解脫遊戲彼身相差別彼音聲清淨彼智慧光明。五指示後友 善男子於此南方有一聚落名伊沙那伊沙那此云長直謂里巷逕永表善知三際故長善知勝義故直 有婆羅門名曰勝熱於五熱中成勝行故表體煩惱熱成勝德故不涤煩惱成淨行故 汝詣彼問菩薩云何學菩薩行修菩薩道。六戀德禮辭 時善財童子歡喜踊躍頂禮其足遶無數帀殷勤瞻仰辭退南行。第九勝熱善友寄王子住義如前釋文亦有六一依教趣入二初證前二。初顯證所因 爾時善財童子為菩薩無勝幢解脫所照故二正明證益二。初得自分益 住諸佛不思議神力證菩薩不思議解脫神通智得菩薩不思議三昧智光明得一切時熏修三昧智光明得了知一切境界皆依想所住三昧智光明得一切世間殊勝智光明於一切處悉現其身以究竟智說無二無分別平等法以明淨智普照境界凡所聞法皆能忍受清淨信解於法自性決定明了心恒不捨菩薩妙行二得勝進益 求一切智永無退轉獲得十力智慧光明勤求妙法常無厭足以正修行入佛境界出生菩薩無量莊嚴無邊大願悉已清淨以無窮盡智知無邊世界網以無怯弱心度無量衆生海了無邊菩薩諸行境界見無邊世界種種差別見無邊世界種種莊嚴入無邊世界微細境界知無邊世界種種名號知無邊世界種種言說知無邊衆生種種解見無邊衆生種種行見無邊衆生成熟行見無邊衆生差別想二趣後念善知識漸次游行至伊沙那聚落三二見敵諸問三初見苦行見彼勝熱修諸苦行求一切智四面火聚猶如大山更加頭上有其熾日即五熱炙身令但云四者四句般若皆燒惑薪故中有刀山高峻無極無分別智最居中道無不割故高而無上難可登故智論云般若波羅蜜猶如大火聚四邊不可取遠離於四句四句即四邊取則燒人離則成智又火有四義一燒煩惱薪二破無明闇三成熟善根四照現證理登彼山上投身入火從無分別智徧入四句皆無滯故又釋刀是斷德無不割故火是智德無不照故投身下者障盡證理故即刀山爲能證火聚爲所證故此火等即是法門不須別表現所用故稱性事故此爲甚深難解不可輕耳。二敬時善財童子頂禮其足合掌而立三問作如是言聖者我已先發阿耨多羅三藐三菩提心而未知菩薩云何學菩薩行云何修菩薩道我

聞聖者善能誘誨願爲我說三正示法界有六。令初示法勸修婆羅門言善男子汝今若能上此刀山投是身火聚諸菩薩行悉得清淨然刀山不可執火聚不可取若能不住無分別智徧入四句則遠離四謗不滯空有何行不成所以要令入火聚者破其見心令解菩薩深密法故順相易解逆相難知故此中知識示於邪見無厭足王示其瞋恚婆須蜜女示其貪愛顯三毒之行相皆正法故然有五義一當相即空空故即是道非謂此三即是佛法諸部般若其文非一二約幻用攝生亦非即是如淨名云行於非道又云先以欲鉤牽後令入佛智等三在惑用心如俗流輩此在觀心爲道亦非即道四留惑潤生長菩薩道亦非即是如淨名云不入生死大海則不能生一切智寶等五當相即道不同前四不思議故無行經云婬欲即是道恚癡亦復然如是三法中具一切佛法亦斯義矣三疑禪不受文二。初明道緣難具時善財童子作如是念得人身難離諸難難諸難者非佛前後等得無難難非生邊等得淨法難得值佛難具諸根難信進等根聞佛法難遇善人難逢眞善知識難受如理正教難得正命難隨法行難非惜身命恐失道緣。二正疑魔壞此將非魔魔所使耶將非是魔險惡黨詐現菩薩

善知識相而欲爲我作善根難作壽命難障我修行一切智道牽我令入諸惡道中欲障我法門障我佛法示智未深故生此念。三勝緣勸引具有一十三衆分十三段而此諸衆各述曾爲勝熱化益故勸勿疑初一即色界文二。初摠勸莫疑作是念時十千梵天梵天之言多是初禪在虛空中作如是言善男子莫作是念莫作是念二彰其本意令此聖者得金剛燄三昧光明智慧堅利猶如金剛燒諸惑業薪發諸智焰燒而常寂爲三昧光發大精進度諸衆生心無退轉欲竭一切貪愛海欲截一切邪見網欲燒一切煩惱薪欲照一切惑稠林欲斷一切老死怖欲壞一切三世障欲放一切法光明三自述蒙益善男子我諸梵天多著邪見劫初梵王最初生此餘衆作念而後生故生邪見皆悉自謂是自在者是能作者於世間中我是最勝見婆羅門五熱炙身於自宮殿心不樂著於諸禪定不得滋

味皆共來詣婆羅門所時婆羅門以神
通力示大苦行為我說法能令我等滅
一切見除一切慢住於大慈行於大悲
起廣大心發菩提意常見諸佛恒聞妙
法於一切處心無所礙（二諸魔勸）復有十千諸
魔在虛空中以天摩尼寶散婆羅門上
告善財言善男子此婆羅門五熱炙身
時其火光明映奪於我所有宮殿諸莊
嚴具皆如聚墨令我於中不生樂著我
與眷屬來詣其所此婆羅門為我說法
令我及餘無量天子諸天女等皆於阿
耨多羅三藐三菩提得不退轉（三自在天）復
有十千自在天王於虛空中各散天華
作如是言善男子此婆羅門五熱炙身
時其火光明映奪我等所有宮殿諸莊
嚴具皆如聚墨令我於中不生愛著即

與眷屬來詣其所此婆羅門為我說法
令我於心而得自在於煩惱中而得自
在於受生中而得自在於諸業障而得
自在於諸三昧而得自在於莊嚴具而
得自在於壽命中而得自在乃至能於
一切佛法而得自在（四化樂天）復有十千化
樂天王於虛空中作天音樂恭敬供養
作如是言善男子此婆羅門五熱炙身
時其火光明照我宮殿諸莊嚴具及諸
采女能令我等不受欲樂不求欲樂身
心柔輭即與眾俱來詣其所時婆羅門
為我說法能令我等心得清淨心得明
潔心得純善心得柔輭心生歡喜乃至
令得清淨十力清淨之身生無量身乃
至令得佛身佛語佛聲佛心具足成就
一切智智（五兜率天）復有十千兜率天王天子

天女無量眷屬於虛空中雨眾妙香恭
敬頂禮作如是言善男子此婆羅門五
熱炙身時令我等諸天及其眷屬於自
宮殿無有樂着共詣其所聞其說法能
令我等不貪境界少欲知足心生歡喜
心得充滿生諸善根發菩提心乃至圓
滿一切佛法（六三十三天）復有十千三十三天
并其眷屬天子天女前後圍繞於虛空
中雨天曼陀羅華恭敬供養作如是言
善男子此婆羅門五熱炙身時令我等
諸天於天音樂不生樂着共詣其所時
婆羅門為我等說一切諸法無常敗壞
令我捨離一切欲樂令我斷除憍慢放
逸令我愛樂無上菩提又善男子我當
見此婆羅門時須彌山頂六種震動我
等恐怖皆發菩提心堅固不動（七龍王）復

有十千龍王所謂伊那跋羅龍王難陀優波難陀龍王等於虛空中雨黑栴檀無量龍女奏天音樂雨天妙華及天香水恭敬供養作如是言善男子此婆羅門五熱炙身時其火光明普照一切諸龍宮殿令諸龍衆離熱沙怖金翅鳥怖滅除瞋恚身得清涼心無垢濁聞法信解厭惡龍趣以至誠心悔除業障乃至發阿耨多羅三藐三菩提意住一切智（八夜叉王）復有十千夜叉王於虛空中以種種供具恭敬供養此婆羅門及以善財作如是言善男子此婆羅門五熱炙身時我及眷屬悉於衆生發慈愍心一切羅刹鳩槃茶等亦生慈心以慈心故於諸衆生無所惱害而來見我我及彼等於自宮殿不生樂着即與共俱來詣其所時婆羅門即為我等如應說法一切皆得身心安樂又令無量夜叉羅刹鳩槃茶等發於無上菩提之心（九乾闥婆王）復有十千乾闥婆王於虛空中作如是言善男子此婆羅門五熱炙身時其火光明照我宮殿悉令我等受不思議無量快樂是故我等來詣其所此婆羅門為我說法能令我等於阿耨多羅三藐三菩提得不退轉（十阿脩羅王）復有十千阿脩羅王從大海出住在虛空舒右膝輪合掌前禮作如是言善男子此婆羅門五熱炙身時我阿脩羅所有宮殿大海大地悉皆震動令我等捨憍慢放逸是故我等來詣其所從其聞法捨離諂誑安住忍地堅固不動圓滿十力（十一迦樓羅王）復有十千迦樓羅王勇力持王而為上首化作外道童子之形於虛空中唱如是言善男子此婆羅門五熱炙身時其火光明照我宮殿一切震動皆悉恐怖是故我等來詣其所時婆羅門即為我等如應說法令修習大慈稱讚大悲度生死海於欲泥中拔濟衆生讚菩提心起方便智隨其所宜調伏衆生（十二緊那羅王）復有十千緊那羅王於虛空中唱如是言善男子此婆羅門五熱炙身時我等所住宮殿諸多羅樹諸寶鈴網諸寶繒帶諸音樂樹諸妙寶樹及諸樂器自然而出佛聲法聲及不退轉菩薩僧聲願求無上菩提之聲云某方某國有某菩薩發菩提心某方某國有某菩薩修行苦行難捨能捨乃至清淨一切智行某方某國有某菩薩往詣道場乃至某方某國有

某如來作佛事已而般涅槃善男子假使有人以閻浮提一切草木末為微塵此微塵數可知邊際我宮殿中寶多羅樹乃至樂器所說菩薩名如來名所發大願所修行等無有能得知其邊際善男子我等以聞佛敎法歡喜僧敎生大歡喜來詣其所時婆羅門即為我等如應說法令我及餘無量眾生於阿耨多羅三藐三菩提得不退轉（十三欲界諸天衆）復有無量欲界諸天於虛空中以妙供具恭敬供養唱如是言善男子此婆羅門五熱炙身時其火光明照阿鼻等一切地獄諸所受苦悉令休息我等見此火光明故心生淨信以信心故從彼命終生於天中為知恩故而來其所恭敬瞻仰無有厭足時婆羅門為我說法令無量衆生發菩提心（然此欲界即是一類從地獄出者義通六天又前夜摩四王前所不列皆在其中。四疑盡悔懲）爾時善財童子聞如是法心大歡喜於婆羅門所發起真實善知識心頭頂禮敬唱如是言我於大聖善知識所生不善心唯願聖者容我悔過（五誠動容許）時婆羅門即為善財而說頌言

若有諸菩薩　順善知識教
一切無疑懼　安住心不動
當知如是人　必獲廣大利
坐菩提樹下　成於無上覺

（上疑為揀其真偽此勸為顯其實德。魔亦能為現動何故聞即疑除。以此善友前友指來況勸文中非魔能作善財亦得超魔之眼。善爾何以生疑。以顯法故如入地中佛之七勸纔佛不勸豈容趣寂又為後代之儀軌故令審察故六依教修證二。初正修證）爾時善財童子即登刀山自投火聚未至中閒即得菩薩善住三昧（上不依山下不依火正處於空即顯般若離於二邊無所住故名為善住）觸火燄又得菩薩寂靜樂神通三昧（親證般若實體即性淨涅槃故云寂靜樂而大用無涯故云神通觸者證也故淨名云受諸觸如智證。二自陳所得）善財白言甚奇聖者如是刀山及大火聚我身觸時安隱快樂（四顯後得起說讚已推勝）時婆羅門告善財言善男子我唯得此菩薩無盡輪解脫（有二義故一智輪摧惑照其本源無可盡故二反常智用用周法界無有盡故圓轉不已所以名輪）如諸菩薩摩訶薩大功德燄能燒一切衆生見惑令無有餘必不退轉無窮盡心無懈怠心無怯弱心發如金剛藏那羅延心疾修諸行無遲緩心願如風輪普持一切精進大誓皆無退轉而我云何能知能說彼功德行（五指後善友）善男子於此南方有城名師子奮迅（師子幢王所居表振動照耀住持世界自在無畏故）中有童女名曰慈行（知衆生根令其調伏慈為行故智中生悲便能處世悲而無染是謂童女已學如來十種智故）汝詣彼問菩薩云何學菩薩行修菩薩道（六戀德禮辭）時善財童子頂禮其足繞無數帀辭退而去

大方廣佛華嚴經疏卷第一百　杳十

二十卷末

大方廣佛華嚴經疏卷第一百一（入第六十五經）　寅一

清涼山沙門澄觀述　晉水沙門淨源錄疏注經

（第十慈行童女寄灌頂住。六。初依教趣求文二。初修入前教）爾時善財童子於善知識所起最極尊重心，生廣大清淨解（上二句重友解生）。寅二　常念大乘，專求佛智，願見諸佛（此二句念乘思佛。次下智證實際）。乙　觀法境界無障礙智常現在前（能觀智現），決定了知諸法實際、常住際、一切三世諸剎那際、如虛空際、無二際、一切法無分別際、一切義無障礙際、一切劫無失壞際、一切如來無際之際（所證窮極）。於一切佛心無分別，破衆想網，離諸執著，不取諸佛衆會道場，亦不取佛清淨國土，知諸衆生皆無有我，知一切聲悉皆如響，知一切色悉皆如影（離障自在。二趣求後友）。漸次南行，至師子奮迅城，周徧推求慈行童女（上至廣下聞名）。聞此童女是師子幢王女，五百童女以為侍從（五百為侍），住毗盧遮那藏殿，於龍勝栴檀足金線網天衣座上而說妙法（者以一期位滿，總攝五位十一法門，互相涉入之法而相應故）。善財聞已，詣王宮門，求見彼女，見無量衆來入宮中。善財問言：「諸人今者何所往詣？」咸報之言：「我等欲詣慈行童女，聽受妙法。」善財童子即作是念：「此王宮門既無限礙，我亦應入。」（表方得門而未證故。二觀觀依正）善財入已，見毗盧遮那藏殿，頗梨為地，瑠璃為柱，金剛為壁，閻浮檀金以為垣牆，百千光明而為窻牖，阿僧祇摩尼寶而莊校之（寅一），二　寶藏摩尼鏡周帀莊嚴，以世間最上摩尼寶而為莊飾，無數寶網羅覆其上，百千金鈴出妙音聲，有如是等不可思議衆寶嚴飾。其慈行童女皮膚金色，眼紺紫色，髮紺青色，以梵音聲而演說法（三見敬諮問。三初見二敬三問）。善財見已，頂禮其足，繞無數帀，合掌前住，作如是言：「聖者，我已先發阿耨多羅三藐三菩提心，而未知菩薩云何學菩薩行、云何修菩薩道。我聞聖者善能誘誨，願為我說。」（三正示法界二。初令觀親證）時慈行童女告善財言：「善男子，汝應觀我宮殿莊嚴。」善財頂禮，周徧觀察，見一一壁中、一一柱中、一一鏡中、一一相中、一一形中、一一摩尼寶中、一一莊嚴具中、一一金鈴中、一一寶樹中、一一寶形像中、一一寶瓔珞中，悉見法界一切如來，從初發心修菩薩行，成滿大願，具足功德，成等正覺，轉妙法輪，乃至示現入於涅槃（寅一　三），如是影像靡不皆現，如淨水中普見虛空日月星宿所有衆像。如此皆是慈行童女過去世中善根之力並依中見正小大念劫皆無礙等十住位終故約報顯二以言顯發二初顯法名因二初善財默請爾時善財童子憶念所見諸佛之相合掌瞻仰慈行童女二童女言荅爾時童女告善財言善男子此是般若波羅蜜普莊嚴門先示其名名般若普莊嚴者有其二義一由般若照一切法依中有正一中有多故所得依無所不現般若中云了色是般若一切法趣色即其義矣二由能證般若已具諸度莊嚴是故所證所成亦嚴無盡故下顯因云彼諸如來名以異門令我入此即其義也揔攝三十六恒沙之別歸於普門則一嚴一切嚴故名普嚴我於三十六恒河沙佛所永得此法言三十六恒沙者住位既滿則六度之中一一具六故為三十六皆恒沙性德本覺中來故云佛所求得彼諸如來各以異門令我入此般若波羅蜜普莊嚴門一佛所演餘不重說二顯法勝用二初問善財白言聖者此般若波羅蜜普莊嚴門境界云何三荅二初揔二初明修習契證相應童女荅言善男子我入此般若波羅蜜普莊嚴門隨順趣向思惟觀察憶持分別時二揔明所得業用得普門陀羅尼陀羅

尼以智為體由得般若普莊嚴故故能揔持萬法一持一切持故云普門百萬阿僧祇陀羅尼門皆悉現前以圓得十住亦同十地所無無量百千阿僧祇陀羅尼門又彼揔此別但舉揔持餘三昧等略而不說二別顯有百一十八門略分十位初八揔知依正理事持所謂佛剎陀羅尼門佛陀羅尼門法陀羅尼門眾生陀羅尼門過去陀羅尼門未來陀羅尼門現在陀羅尼門常住際陀羅尼門二有九門明願行持福德陀羅尼門福德助道具陀羅尼門智慧陀羅尼門智慧助道具陀羅尼門諸願陀羅尼門分別諸願陀羅尼門集諸行陀羅尼門清淨行陀羅尼門圓滿行陀羅尼門三有九門明業持業陀羅尼門業不失壞陀羅尼門業流注陀羅尼門業所作陀羅尼門捨離惡業陀羅尼門修習正業陀羅尼門業自在陀羅尼門善行陀羅尼門持善行陀羅尼門四有六門明正受體用持三昧陀羅尼門

隨順三昧陀羅尼門觀察三昧陀羅尼門三昧境界陀羅尼門從三昧起陀羅尼門神通陀羅尼門五有五門明染淨諸心持心海陀羅尼門種種心陀羅尼門直心陀羅尼門照心稠林陀羅尼門調心清淨陀羅尼門六有十門知所化持知眾生所從生陀羅尼門知眾生煩惱行陀羅尼門知煩惱習氣陀羅尼門知煩惱方便陀羅尼門知眾生解陀羅尼門知眾生行陀羅尼門知眾生行不同陀羅尼門知眾生性陀羅尼門知眾生欲陀羅尼門知眾生想陀羅尼門七有十七門知能化持普見十方陀羅尼門說法陀羅尼門大悲陀羅尼門大慈陀羅尼門寂靜陀羅尼門言語道陀羅尼門方便非方便陀羅尼門隨順陀羅尼門差別陀羅尼門普入陀羅尼門無礙

際陀羅尼門普徧陀羅尼門佛法陀羅尼門菩薩法陀羅尼門聲聞法陀羅尼門獨覺法陀羅尼門世間法陀羅尼門（○八有十七門明知剎海自在持）世界成陀羅尼門世界壞陀羅尼門世界住陀羅尼門淨世界陀羅尼門垢世界陀羅尼門於垢世界現淨陀羅尼門於淨世界現垢陀羅尼門純垢世界陀羅尼門純淨世界陀羅尼門平坦世界陀羅尼門不平坦世界陀羅尼門覆世界陀羅尼門因陀羅網世界陀羅尼門世界轉陀羅尼門（晉經云通轉世界）知依想住陀羅尼門細入麤陀羅尼門麤入細陀羅尼門（○九有二十五門知佛海自在持）見諸佛陀羅尼門分別佛身陀羅尼門佛光明莊嚴網陀羅尼門佛圓滿音陀羅尼門佛法輪陀羅尼門成就佛法輪陀羅尼門

差別佛法輪陀羅尼門無差別佛法輪陀羅尼門解釋佛法輪陀羅尼門轉佛法輪陀羅尼門能作佛事陀羅尼門分別佛衆會陀羅尼門入佛衆會海陀羅尼門普照佛力陀羅尼門諸佛三昧陀羅尼門諸佛三昧自在用陀羅尼門諸佛所住陀羅尼門諸佛所持陀羅尼門諸佛變化陀羅尼門佛知衆生心行陀羅尼門諸佛神通變現陀羅尼門住兜率天宮乃至示現入于涅槃陀羅尼門利益無量衆生陀羅尼門入甚深法陀羅尼門入微妙法陀羅尼門（○十有十二門明菩提因果持）菩提心陀羅尼門起菩提心陀羅尼門助菩提心陀羅尼門諸願陀羅尼門諸行陀羅尼門神通陀羅尼門出離陀羅尼門總持清淨陀羅尼門智輪清淨

陀羅尼門智慧清淨陀羅尼門菩提無量陀羅尼門自心清淨陀羅尼門（自心清淨即性淨菩提總攝諸門不出於此○四謙己推勝）善男子我唯知此般若波羅蜜普莊嚴門如諸菩薩摩訶薩其心廣大等虛空界入於法界福德成滿住出世法遠世間行智眼無翳普觀法界慧心廣大猶如虛空一切境界悉皆明見獲無礙地大光明藏善能分別一切法義行於世行不染世法能益於世非世所壞普作一切世間依止普知一切衆生心行隨其所應而為說法於一切時恒得自在而我云何能知能說彼功德行（○五指示後友）善男子於此南方有一國土名為三眼（施為行首彼友復能開導自他如人之目導餘根故名之為眼財施無著成於慧眼無畏之施成於慈眼法施則能開於法眼故復云三）彼有比丘名曰善見（因上三眼見無不善又施行內成勝報外現比丘見者皆善故出住之行故以出家）

表之又此行本令物得出離故汝詣彼問菩薩云何學菩薩行修菩薩道六應德禮辭時善財童子頂禮其足繞無數帀戀慕瞻仰辭退而行○三善見巳下有十善友寄十行位位各一人初善見比丘寄歡喜行文亦具六初依教趣求二○初念前友教有十三句爾時善財童子思惟菩薩所住行甚深初摠餘別別分為三初二約菩薩論深思惟菩薩所證法甚深一所證法界即事而眞故思惟菩薩所入處甚深二入菩薩地智唯證相應故次有七句約衆生辨深思惟衆生微細智甚深一難類難知故思惟世間依想住甚深二妄想為因即無性故思惟衆生所作行甚深三染分行業唯佛知故思惟衆生心流注甚深四誠異熟識若種若現恒轉如流不可知故思惟衆生如光影甚深五所變影像若內若外緣無性故思惟衆生名号甚深六名無得物之功而不失所名之物故思惟衆生言說甚深七文字言說皆解脫故後之三句合辨前文思惟莊嚴法界甚深一染淨二分皆嚴法界而無嚴故思惟種植業行甚深二上二分業不相知故思惟業莊飾世間

甚深三各自莊飾染淨世間果報無失即同眞故摠上二分皆是般若波羅蜜多普莊嚴故所以思之○二趣求後友漸次游行至三眼國於城邑聚落村鄰市肆川原山谷一切諸處周。徧求覓善見比丘於市肆等處處求者顯隨緣造修無不在故○三見敬諮問三初見三見身勝相初見在林中經行往返見在林者行之初故壯年美貌端正可喜其髮紺青右旋不亂頂有肉髻皮膚金色頸紋三道額廣平正眼目脩廣如青蓮華脣口丹潔如頻婆果智標卍字七處平滿同佛相者如說修行順佛果故七處謂兩手兩足兩肩及項其臂纖長其指網縵手足掌中有金剛輪其身殊妙如淨居天準晉經云即師子上身相上下端直如尼拘陀樹準晉經云其身圓滿如尼俱陀樹此則但是一相諸相隨好悉皆圓滿如雪山王種種嚴飾上但列十四故總結云目視不瞬圓光一尋復是二相都列十六耳餘至瞿波善友處釋○二明其心相即止觀雙運智慧廣博猶如大海明觀於諸境界心無所

動明止若沉若舉若智非智重釋止觀二義止過則沉智過則舉不沉不舉則正受現前不智不愚則雙契中道動轉戲論一切皆息起念止觀皆成動轉雙非再遣未離戲論雖止觀雙運而無心寂照則一切皆息得佛所行平等境界大悲教化一切衆生心無暫捨為欲利樂一切衆生為欲開示如来法眼為踐如来所行之道不遲不速審諦經行隨所履道即是法門○三明諸侍從無量天龍夜叉乾闥婆阿脩羅迦樓羅緊那羅摩睺羅伽釋梵護世人與非人前後圍繞主方之神隨方迴轉引導其前足行諸神持寶蓮華以承其足無盡光神舒光破闇閻浮幢林神雨衆雜華不動藏地神現諸寶藏普光明虛空神莊嚴虛空成就德海神雨摩尼寶無垢藏須彌山神頭頂禮敬曲躬合掌無礙力風神雨妙香華春和主夜神莊嚴其身舉體投

妙德覺主晝神執普照諸方摩尼幢住在虛空放大光明不無表法恐煩不說。二徵時善財童子詣比丘所頂禮其足曲躬合掌。三問白言聖者我已先發阿耨多羅三藐三菩提心求菩薩行我聞聖者善能開示諸菩薩道願為我說菩薩云何學菩薩行云何修菩薩道。三正示法界二初示依緣得法三初總序善見答言善男子我年既少初入行位故云年少出家又近刹離十住之家名為出家又近行生非見聞生故我此生中略有二義一念劫圓融故如眦目處說二顯解行於三十八恒河沙佛所淨修梵行供三十八恒沙者過前位故。二明所修時分或有佛所一日一夜淨修梵行或有佛所七日七夜淨修梵行或有佛所半月一月一歲百歲萬歲億歲那由他歲乃至不可說不可說歲或一小劫或半大劫或一大劫或百大劫乃至不可說不可說大劫。三所作成益聽聞妙法受行其教莊嚴諸願入所證處淨修諸行滿足六種波羅蜜海自修願智行亦見彼佛成道說法各各差別無有雜亂住持遺教乃至滅盡見其業用亦知彼佛本所興願以三昧願力嚴淨一切諸佛國土以入一切行三昧力淨修一切諸菩薩行以普賢乘出離力清淨一切佛波羅蜜知佛修因。二顯法業用又善男子我經行時一念中一切十方皆悉現前智慧清淨故一念中一切世界皆悉現前經過不可說不可說世界故一念中不可說不可說佛刹皆悉嚴淨成就大願力故一念中不可說不可說眾生差別行皆悉現前滿足十力智故一念中不可說不可說諸佛清淨身皆悉現前成就普賢行願力故一念中恭敬供養不可說不可說佛刹微塵數如來成就柔輭心供養如來願力故一念中領受不可說不可說如來法得證阿僧祇差別法住持法輪陀羅尼力故一念中不可說不可說菩薩行海皆悉現前得能淨一切行如因陀羅網願力故一念中不可說不可說諸三昧海皆悉現前得於一三昧門入一切三昧門皆令清淨願力故一念中不可說不可說諸根海皆悉現前得了知諸根際於一根中見一切根願力故一念中不可說不可說佛刹微塵數時皆悉現前得於一切時轉法輪眾生界盡法輪無盡願力故一念中不可說不可說一切三世海皆悉現前得了知一切世界中一切三世分位智光明願力故有十二句各先辨業用後出所由然皆不出願智行三如文思之。總云一念者以得無依無令智故無法不現◦三謙已推勝二初謙己結前 善男子我唯知此菩薩隨順燈解脫門名隨順燈者用無念之具智順法順緣無不照故◦二推勝知勿如諸菩薩摩訶薩如金剛燈於如來家眞正受生初句爲總亦是別顯家族勝上但云燈照未必常故今推之明 十三 金剛智燈親證眞如爲眞正生則常照矣不同解行生也 寅一 具足成就不死命根二報命勝由所證常故即金剛義 常然智燈無有盡滅三內智勝如於所證無盡滅故即是燈義 其身堅固不可沮壞四報體勝法性成身相不遷故亦金剛義 現於如幻色相之身如緣起法無量差別隨衆生心各各示現形貌色相世無倫匹毒刃火災所不能害如金剛山無能壞者降伏一切諸魔外道其身妙好如眞金山於天人中最爲殊特名稱廣大靡不聞知觀諸世間咸對目前演深法藏如海無盡放大光明普照十方若有見者必破一切障礙大山必拔一切不善根本必令種植

廣大善根五明業用勝即對上隨順義以是即體之用故皆不可壞餘並可知 如是之人難可得見難可出世而我云何能知能說彼功德行◦五指示後友 善男子於此南方有一國土名曰名聞於河渚中有一童子名自在主汝詣彼問菩薩云何學菩薩行修菩薩道六戀德禮辭 時善財童子爲欲究竟菩薩勇猛清淨之行欲得菩薩大力光明欲修菩薩無勝無盡諸功德行欲滿菩薩堅固大願欲成菩薩廣大深心欲持菩薩無量勝行於菩薩法心無厭足願入一切菩薩功德欲常 十四 攝御一切衆生欲超生死稠林曠野於 寅二 善知識常樂見聞承事供養無有厭倦頂禮其足繞無量帀殷勤瞻仰辭退而去第二自在主寄饒益行文六◦初依教趣求 爾時善財童子受善見比丘教已憶念誦持思惟修習明了

決定於彼法門而得悟入天龍夜叉乾闥婆衆前後圍繞向名聞國國曰名聞者能持淨戒現世果故 周徧求覓自在主童子三業無非六根離過故得自在則戒爲主矣成淨無染故云童子 時有天龍乾闥婆等於虛空中告善財言善男子今此童子在河渚上河渚上者若持淨戒生死愛河不漂溺故又無量福河常流注故◦二見敬諮問 爾時善財即詣其所見此童子十千童子所共圍繞聚沙爲戲恒沙功德由戒積集 善財見已頂禮其足繞無量帀合掌恭敬却住一面白言聖者我已先發阿耨多羅三藐三菩提心而未知菩薩云何學菩薩行云何修菩薩道願爲解說◦二正示法界二初舉法門名體 寅一 十五 自在主言善男子我昔曾於文殊師利童子所修學文殊所學者有智能謹戒故 書能詮上作分明故 數表四聖十重乃至三千威儀八萬細行故 算一一之因感與何果故 印持犯善惡感果決定故 等法等餘醫方成五明故上明所學下辨所悟 即得悟入一切

工巧神通智法門（工巧神通皆知所為故亦表修戒定慧故三明業用三初總明）善男子我因此法門故得知世間書數算印界處等法（二雜辨諸明）亦能療治風癎消瘦鬼魅所著如是所有一切諸病亦能造立城邑聚落園林臺觀宮殿屋宅種種諸處亦善調鍊種種仙藥亦善營理田農商估一切諸業取捨進退咸得其所又善別知衆生身相作善作惡當生善趣當生惡趣此人應得聲聞乘道此人應得緣覺乘道此人應入一切智地如是等事皆悉能知亦令衆生學習此法增長決定究竟清淨（三廣辨知算二初辨能算之數）善男子我亦能知菩薩算法所謂一百洛叉為一俱胝俱胝俱胝為一阿庾多阿庾多阿庾多為一那由他那由他那由他為一頻婆羅頻婆羅頻婆羅為一矜

羯羅廣說乃至優鉢羅優鉢羅為一波頭摩波頭摩波頭摩為一僧祇僧祇僧祇為一趣趣趣為一喻喻喻為一無數無數無數為一無數轉無數轉無數轉為一無量無量無量為一無量轉無量轉無量轉為一無邊無邊無邊為一無邊轉無邊轉無邊轉為一無等無等無等為一無等轉無等轉無等轉為一不可數不可數不可數為一不可數轉不可數轉不可數轉為一不可稱不可稱不可稱為一不可稱轉不可稱轉不可稱轉為一不可思不可思不可思為一不可思轉不可思轉不可思轉為一不可量不可量不可量為一不可量轉不可量轉不可量轉為一不可說不可說不可說為一不可說轉不可說轉不可

說轉為一不可說不可說不可說此又不可說不可說為一不可說不可說轉（二算彼所算）善男子我以此菩薩算法算無量由旬廣大沙聚悉知其內顆粒多少亦能算知東方所有一切世界種種差別次第安住南西北方四維上下亦復如是亦能算知十方所有一切世界廣陿大小及以名字其中所有一切劫名一切佛名一切法名一切衆生名一切業名一切菩薩名一切諦名皆悉了知（四謙己推勝）善男子我唯知此一切工巧大神通智光明法門如諸菩薩摩訶薩能知一切諸衆生數能知一切諸法品類數能知一切諸法差別數能知一切三世數能知一切衆生名數能知一切諸法名數能知一切諸如來數能知一切諸佛名數能

知一切諸菩薩數能知一切菩薩名數而我何能說其功德示其所行顯其境界讚其勝力辨其樂欲宣其助道彰其大願歎其妙行闡其諸度演其清淨發其殊勝智慧光明。（五指示後友）善男子於此南方有一大城名曰海住（近海而住故安住於忍如海包含故）有優婆夷名爲具足（一器之中無不具故忍器攝容一切德故忍辱柔和故寄女人）汝詣彼問菩薩云何學菩薩行修菩薩道。（六戀德禮辭）時善財童子聞是語已舉身毛豎歡喜踊躍獲得希有信樂寶心成就廣大利衆生心悉能明見一切諸佛出興次第悉能通達甚深智慧清淨法輪於一切趣皆隨現身了知三世平等境界出生無盡功德大海放大智慧自在光明開三有城所有關鑰頂禮其足繞無量帀殷勤瞻仰辭退而去（第三具足優婆夷寄）

（無違逆行六初依教趣求二仰念前友教）爾時善財童子觀察思惟善知識教猶如巨海受大雲雨無有厭足作是念言善知識教猶如春日生長一切善法根苗善知識教猶如滿月凡所照及皆使清涼善知識教如夏雪山能除一切諸獸熱渴善知識教如芳池日能開一切善心蓮華善知識教如大寶洲種種法寶充滿其心善知識教如閻浮樹積集一切福智華果善知識教如大龍王於虛空中遊戲自在善知識教如須彌山無量善法三十三天於中止住善知識教猶如帝釋衆會圍繞無能映蔽能伏異道修羅軍衆（三趣求後友）如是思惟漸次遊行至海住城處處尋覓此優婆夷時彼衆人咸告之言善男子此優婆夷在此城中所住宅內（二見敬諸問三初見）

（四初見外依報）善財聞已即詣其門合掌而立其宅廣博種種莊嚴衆寶垣牆周帀圍繞四面皆有寶莊嚴門。（二見友正報）善財入已見優婆夷處於寶座盛年好色端正可喜（端嚴可喜忍之報故）素服垂髮身無瓔珞（素服等者忍華飾故）其身色相威德光明除佛菩薩餘無能及。（三見內依報）於其宅內數十億座超出人天一切所有皆是菩薩業力成就宅中無有衣服飲食及餘一切資生之物但於其前置一小器。（四明其眷屬）復有一萬童女圍繞（萬行皆順忍故）威儀色相如天采女妙寶嚴具莊飾其身言音美妙聞者喜悅常在左右親近瞻仰思惟觀察曲躬低首應其教命彼諸童女身出妙香普熏一切若有衆生遇斯香者皆不退轉無怒害心無怨結心無慳嫉心無諂誑心無險曲心無憎愛心無瞋恚心無下劣心無高慢心生平等心起大慈心發利益心住律儀心離貪求心聞其音者歡喜踊躍見其身者悉離貪染二三敬爾時善財既見具足優婆夷已頂禮其足恭敬圍繞合掌而立二問白言聖者我已先發阿耨多羅三藐三菩提心而未知菩薩云何學菩薩行云何修菩薩道我聞聖者善能誘誨願為我說三正示法界二初舉法門明體彼即告言善男子我得菩薩無盡福德藏解脫門器中出物興福無盡故稱法界福之所招故三辨其業用三初正顯業用三初益眾生三初總明能於如是一小器中隨諸眾生種種欲樂以是稱性之具即一小器猶同法界無盡緣起故用無不應應無不益而其法界體無增減又表忍必自卑故小法忍同如一味為一內空外假故名為器忍能包含無外故隨出無盡二別明出味出生種種美味飲食悉令充滿假使百眾生千眾生百千眾生億眾生百億

眾生千億眾生百千億那由他眾生乃至不可說不可說眾生假使閻浮提微塵數眾生一四天下微塵數眾生小千世界中千世界大千世界乃至不可說不可說佛刹微塵數眾生假使十方世界一切眾生隨其欲樂悉令充滿而其飲食無有窮盡亦不減少三舉一例餘如飲食如是種種上味種種牀座種種衣服種種臥具種種車乘種種華種種鬘種種香種種塗香種種燒香種種末香種種珍寶種種瓔珞種種幢種種幡種種蓋種種上妙資生之具隨意所樂悉令充足二益二乘又善男子假使東方一世界中聲聞獨覺食我食已皆證聲聞辟支佛果住最後身如一世界中如是百世界千世界百千世界億世界百億世界千

億世界百千億世界那由他世界閻浮提微塵數世界一四天下微塵數世界小千國土微塵數世界中千國土微塵數世界三千大千國土微塵數世界乃至不可說不可說佛刹微塵數世界中所有一切聲聞獨覺食我食已皆證聲聞辟支佛果住最後身如於東方南西北方四維上下亦復如是二乘雖然不立忍名亦能忍盡無生之理方成果故。三益菩薩又善男子東方一世界乃至不可說不可說佛刹微塵數世界中所有一生所繫菩薩食我食已皆菩提樹下坐於道場降伏魔軍成阿耨多羅三藐三菩提如東方南西北方四維上下亦復如是約事如受於乳糜約法謂餐上品寂滅之忍得菩提故淨名香積與此大同。二今見同益善男子汝見我此十千童女眷屬以不答言已見優婆夷言善男子此十千童女而爲上首如是眷屬百萬阿僧祇皆悉與我同行同願同善根同出離道同清淨解同清淨念同清淨趣同無量覺同得諸根同廣大心同所行境同理同義同明了法同淨色相同無量力同最精進同正法音同隨類音同清淨第一音同讚無量清淨功德同清淨業同清淨報同大慈周普救護一切同大悲周普成熟衆生同清淨身業隨緣集起令見者欣悅同清淨口業隨世語言宣布法化同往詣一切諸佛衆會道場同往詣一切佛刹供養諸佛同能現見一切法門同住菩薩清淨行地善男子是十千童女能於此器取上飲食一刹那頃徧至十方供養一切後身菩薩聲聞獨覺乃至徧及諸餓鬼趣皆令充足善男子此十千女以我此器能於天中充足天食乃至人中充足人食（三令其目驗）善男子且待須臾汝當自見說是語時善財則見無量衆生從四門入皆優婆夷本願所請既來集已敷座令坐隨其所須給施飲食悉使充足（四讓己推勝）告善財言善男子我唯知此無盡福德藏解脫門如諸菩薩摩訶薩一切功德猶如大海甚深無盡猶如虛空廣大無際如如意珠滿衆生願如大聚落所求皆得如須彌山普集衆寶猶如奧藏常貯法財猶如明燈破諸黑闇猶如高蓋普蔭羣生而我云何能知能說彼功德行（五指示後友）善男子南方有城名曰大興（起大精進故）彼有居士名曰明智（進足必假智目道故）汝詣彼問菩薩云何學菩薩彼修菩薩道（六戀德禮辭）時善財童子頂禮其足繞無量帀瞻仰無厭辭退而去（第四明智居士寄無盡施行文六初依教趣求二ㄖ初依前修治）爾時善財童子得無盡莊嚴福德藏解脫光明已思惟彼福德大海觀察彼福德虛空趣彼福德衆登彼福德山攝彼福德藏入彼福德淵游彼福德池淨彼福德輪見彼福德藏入彼福德門行彼福德道修彼福德種（二趣求後友）漸次而行至大興城周徧推求明智長者於善知識心生渴仰以善知識熏習其心於善知識志欲堅固方便求見諸善知識心不退轉願得承事諸善知識心無懈倦知由依止善知識故能滿衆善知由依止善知識故能生衆福知由依止善知識故能長衆行知由依止善知識故不由他教自能承事一切善友如是思惟時長

其善根淨其深心增其根性益其德本
加其大願廣其大悲近一切智具普賢
道照明一切諸佛正法增長如來十力
光明〔三見敬諮問三。初見 寅一〕爾時善財見彼居士在其
城內市四衢道〔見在四衢者表處喧不撓無不通故 子五〕七寶臺
上處無數寶莊嚴之座其座妙好清淨
摩尼以為其身金剛帝青以為其足寶
繩交絡五百妙寶而為校飾敷天寶衣
建天幢幡張大寶網施大寶帳閻浮檀
金以為其蓋毗琉璃寶以為其竿令人
執持以覆其上鵝王羽翮清淨嚴潔以
為其扇熏眾妙香雨眾天華左右常奏
五百樂音其音美妙過於天樂眾生聞
者無不悅豫十千眷屬前後圍繞色相
端嚴人所喜見天莊嚴具以為嚴飾於
天人中最勝無比悉已成就菩薩志欲

皆與居士同昔善根侍立瞻對承其教
命〔二敬〕爾時善財頂禮其足遶無量帀合
掌而立〔三問〕白言聖者我為利益一切眾
生故為令一切眾生出諸苦難故為令
一切眾生究竟安樂故為令一切眾生
出生死海故為令一切眾生住法寶洲
故為令一切眾生枯竭愛河故為令一
切眾生起大慈悲故為令一切眾生捨
離欲愛故為令一切眾生渴仰佛智故
為令一切眾生出生死曠野故為令一
切眾生樂諸佛功德故為令一切眾生
出三界城故為令一切眾生入一切智〔子六〕
城故發阿耨多羅三藐三菩提心而未〔寅二〕
知菩薩云何學菩薩行云何修菩薩道
能為一切眾生作依止處〔三稱讚授法三。初歎發心勝能〕長
者告言善哉善哉善男子汝乃能發阿

耨多羅三藐三菩提心善男子發阿耨
多羅三藐三菩提心是人難得若能發
心是人則能求菩薩行值遇善知識恒
無厭足親近善知識恒無勞倦供養善
知識恒不疲懈給侍善知識不生憂慼
求覓善知識終不退轉愛念善知識終
不放捨承事善知識無暫休息瞻仰善
知識無時憩止行善知識教未曾怠隋
稟善知識心無有誤失〔二示已所化〕善男子汝
見我此眾會人不善財答言唯然已見
居士言善男子我已令其發阿耨多羅
三藐三菩提心生如來家〔發心表屬生如來家者同四住中生也 子七〕
增長白法安住無量諸波羅蜜學佛〔寅一〕
十力離世間種住如來種棄生死輪轉
正法輪滅三惡趣住正法趣如諸菩薩
悉能救護一切眾生〔三正示法界二。初舉名〕善男子

我得隨意出生福德藏解脫門(財法無盡猶在虛空)(隨意給施故名隨意出生福德藏亦表見空無不備故三顯業用二初略舉)凡有所須悉滿其願所謂衣服瓔珞象馬車乘華香幢蓋飲食湯藥房舍屋宅牀座燈炬奴婢牛羊及諸侍使如是一切資生之物諸有所須悉令充滿乃至為說真實妙法(二舉事現驗二初見衆集)善男子且待須臾汝當自見說是語時無量衆生從種種方所種種世界種種國土種種城邑形類各別愛欲不同皆以菩薩往昔願力其數無邊俱來集會各隨所欲而有求請(三發)爾時居士知衆普集須臾繫念(施財法二初施財)仰視虛空如其所須悉從空下一切衆會普皆滿足(二施法)然後復為說種種法(於食一施令成八行)所謂為得美食而充足者與說種種集福德行離貧窮行(初二行約施餘六約食食有五果)

知諸法行(一知諸法即是慧命)成就法喜禪悅食行(二得喜悅者即常安樂)修習具足諸相好行(三具相好即是常色)增長成就難屈伏行(四即常力)善能了達無上食行(五即常辯)成就無盡大威德力降魔怨行(六亦常力與上常力為一果)為得好飲而充足者(二十八)與其說法令於生死捨離愛著入佛法味為得種種諸上味者與其說法皆令獲得諸佛如來上味之相(上味之相者四才皆有甘露泉故)為得車乘而充足者與其宣說種種法門皆令得載摩訶衍乘為得衣服而充足者與其說法令得清淨慚愧之衣乃至如來清淨妙色如是一切靡不周贍然後悉為如應說法既聞法已還歸本處(四謙已推勝)爾時居士為善財童子示現菩薩不可思議解脫境界已告言善男子我唯知此隨意出生福德藏解脫門如

諸菩薩摩訶薩成就寶手徧覆一切十方國土以自在力普雨一切資生之具所謂雨種種色寶種種色瓔珞種種色寶冠種種色衣服種種色音樂種種色華種種色香種種色末香種種色燒香(二十九)種種色寶蓋種種色幢幡徧滿一切衆生住處及諸如來衆會道場或以成熟一切衆生或以供養一切諸佛而我云何能知能說彼諸功德自在神力(五指示後友)善男子於此南方有一大城名師子宮彼有長者名法寶髻(標定亂如彼深宮處之則斷說決定作用無畏故以為名綰攝衆亂居心頂故定含明智加以寶名以喻顯法名法寶髻)汝可往問菩薩云何學菩薩行修菩薩道(六戀德禮辭)時善財童子歡喜踊躍恭敬尊重如弟子禮作如是念由此居士護念於我令我得見一切智道不斷愛念善知識見不

壞尊重善知識心常能隨順善知識教
決定深信善知識語恒發深心事善知
識頂禮其足繞無量帀殷勤瞻仰辭退
而去

大方廣佛華嚴經疏卷第一百一　寘一

大方廣佛華嚴經疏卷第一百二入第六十六經 寘二

清涼山沙門澄觀述 晉水沙門淨源錄疏注經

第五法寶髻長者寄無癡亂行文六。初依教趣求 爾時善財童子於明智居士所聞此解脫已游彼福德海治彼福德田仰彼福德山趣彼福德津開彼福德藏觀彼福德法淨彼福德輪味彼福德聚生彼福德力增彼福德勢漸次而行向師子城周徧推求寶髻長者二見敬諮問 見此長者在於市中表處鬧忘懷亂中常定故 遽即往詣頂禮其足繞無數帀合掌而立白言聖者我已先發阿耨多羅三藐三菩提心而未知菩薩云何學菩薩行云何修菩薩道善哉聖者願為我說諸菩薩道我乘此道趣一切智三授已法界四。初執手相引即授法方便 爾時長者執善財手將詣所居示其舍宅顯加行智歸正證故。二示其所住即正授法界 作如是言

善男子且觀我家三正證法界二。初總 爾時善財見其舍宅清淨光明真金所成白銀為牆頗梨為殿紺瑠璃寶以為樓閣硨磲妙寶而作其柱百千種寶周徧莊嚴赤珠摩尼為師子座摩尼為帳真珠為網彌覆其上碼碯寶池香水盈滿無量寶樹周徧行列其宅廣博十層八門如八角塔形層門二事各有三義層別中解門三義者一通約所修之道以八正為門八正通入諸位中故二約所依之道即以八識為門於眼根中入正定故根若能入境則可知三約教顯理即四句入法教理各四故有八門謂若失意有空俱泯便成四謗得意通入並稱為門尋教得解即教四門於理得解即理四門。二別 善財入已次第觀察十層具三義者。一表十地 見最下層施諸飲食一施食顯初地行檀 見第二層施諸寶衣二地持戒以慚愧為衣服 見第三層布施一切寶莊嚴具三地忍行以為嚴具 見第四層施諸采女并及一切上妙珍寶四地道品為內眷屬精進可珍 見第五層乃至五地菩薩雲集演說諸法利益世間

成就一切陀羅尼門諸三昧印諸三昧行智慧光明五地文顯六地般若現在前故文中有三先總 見第六層有諸菩薩皆已成就甚深智慧於諸法性明了通達成就廣大總持三昧無障礙門所行無礙不住二法在不可說妙莊嚴道場中而共集會分別顯示般若波羅蜜門次別顯十五門 所謂清靜藏般若波羅蜜門照體即寂而無不包 普分別諸眾生智般若波羅蜜門即寂之照無機不鑒 不可動轉般若波羅蜜門外緣不轉 離欲光明般若波羅蜜門內照無求 不可降伏藏般若波羅蜜門惑境不摧 照眾生輪般若波羅蜜門徧摧諸惑 海藏般若波羅蜜門包含勝德而甚深 普眼捨得般若波羅蜜門普見法界而無礙 入無盡藏般若波羅蜜門一即無盡 一切方便海般若波羅蜜門巧化無邊 入一切世間海般若波羅蜜門

（內證世間）無礙辯才般若波羅蜜門（外濟勝辯）隨順衆生般若波羅蜜門（曲隨物欲）無礙光明般若波羅蜜門（事理交羅）常觀宿緣而布法雲般若波羅蜜門（觀緣授法後總結上文）說如是等百萬阿僧祇般若波羅蜜門見第七層有諸菩薩得如響忍以方便智分別觀察而得出離悉能聞持諸佛正法（七地有勝行知種種教法故云得如響忍）見第八層無量菩薩共集其中皆得神通無有退墮能以一音徧十方剎其身普現一切道場盡于法界靡不周徧普入佛境普見佛身普於一切佛衆會中而爲上首演說於法（含於二位一八地得無功用神通能於三種世間自在一即九地法師一音能演）見第九層一生所繫諸菩薩衆於中集會（亦二位一即十地二即等覺此位俱可爲一生故）見第十層一切如來充滿其中從初發心修菩薩行超出生死成滿大願及神通力淨佛國土道場衆會轉正法輪調伏衆生如是一切悉使明見（即如來地）

（表十行謂以十行即十度故前七文顯八大願所成神通等故九一生所繫力最上故十唯至如來智方滿故此即當位自攝諸位向攝十地即攝後諸位故以十層變表二義遠如海幢當位攝盡十位纔竟說成佛故前寄第六位攝此寄第五位攝前約正報攝此約依報攝者皆顯位勝前故三不表位但此菩薩以行就機現居勝報漸次增勝十顯無盡初四以物施後後漸難次二集法施前淺後深次二得法初賾後廣後二現勝德先因後果揔上三義因果行位等法以爲長者之宅。四問善因緣即後得智二。初問）

爾時善財見是事已白言聖者何緣致此清淨衆會種何善根獲如是報（二答）長者告言善男子我念過去過佛剎微塵數劫有世界名圓滿莊嚴佛號無邊光明法界普莊嚴王如來應正等覺十号圓滿彼佛入城我奏樂音并燒一丸香而以供養以此功德迴向三處謂永離一切貧窮困苦（迴向三處者一離貧窮招前四層之報）常見諸佛及善知識恒聞正法故獲斯報（二三兩果即後六重一九之徹因願力故報勝又表萬行渾融發意向佛則隨一行無不具矣何果不階。四謙己推勝）善男子我唯知此菩薩無量福德寶藏解脫門（世實三寶皆悉蘊積十重之中故云寶藏常用無盡是故名爲無量福德上謙已下推勝）如諸菩薩摩訶薩得不思議功德寶藏（當法顯勝故功德寶藏皆不思議上揔下別）入無分別如來身海受無分別無上法雲修無分別功德道具起無分別普賢行網入無分別三昧境界等無分別菩薩善根住無分別如來所住證無分別三世平等住無分別普眼境界住一切劫無有疲厭（由無分別而具諸法故不思議）而我云何能知能說彼功德行（五指示後友）善男子於此南方有一國土名曰藤根（夫藤者根深入地上發華苗表善現行般若證深能生後得後得隨物而轉故取類於藤）其土有城名曰普門（實相般若無所不通）中有長者名爲普眼（觀照般若無不見故）汝詣彼問菩薩云何學菩薩行修菩薩道（六戀德禮辭）時善財童子頂禮其足繞無數帀殷勤瞻仰辭退而去（第六普眼長者寄善現行文六。初依教趣求）爾時善財童子於寶髻長者所聞此解脫已深入諸佛無量知見。（無量有二一多故即權智境二無分量故即實慧境境無量故智亦無量知見亦二一別謂知即是智見即是慧即照二境之智慧二通謂知見二字俱是如來能證如實知彼義故即無障礙智若爾何假重言為揀比知所以言見揀肉眼見所以云知此如世親般若論釋悉知悉見入證遣）安住菩薩無量勝行了達菩薩無量方便希求菩薩無量法門清淨菩薩無量信解明利菩薩無量諸根成就菩薩無量欲樂通達菩薩無量行門增長菩薩無量願力建立菩薩無能勝幢起菩薩智照菩薩法漸次而行至藤根國推問求覓彼城所在雖歷艱難不憚勞苦但唯正念善知識教願常親近承事供養徧策諸根離衆放逸（三見敬語問先見依正）然後乃得見普門城百千聚落周帀圍繞（眷屬敷番也）雉堞崇峻（般若防非高而無上也五板為堵五堵為雉堞即女牆可）衢路寬平（般若之道諸佛常行非權遠故蕩然無涯）見彼長者往詣其所於前頂禮合掌而立白言聖者我已先發阿耨多羅三藐三菩提心而未知菩薩云何學菩薩行云何修菩薩道（三稱讚授法二。初讚）長者告言善哉善哉善男子汝已能發阿耨多羅三藐三菩提心（三授已法界二初能療病即下化衆生二初除身病二。初治無不能）善男子我知一切衆生諸病風黃痰熱鬼魅蠱毒乃至水火之所傷害如是一切所生諸疾我悉能以方便救療（二來者皆治兼與身樂）善男子十方衆生諸有病者咸來我所我皆療治令其得差復以香湯沐浴其身香華瓔珞名衣上服種種莊嚴施諸飲食及以財寶悉令充足無所乏短（二治心病二。初明除惑義通大小）然後各為如應說法為貪欲多者教不淨觀瞋恚多者教慈悲觀愚癡多者教其分別種種法相等分行者為其顯示殊勝法門。（二令其成益此唯大乘有十六句）為欲令其發菩提心稱揚一切諸佛功德為欲令其起大悲意顯示生死無量苦惱為欲令其增長功德讚歎修習無量福智為欲令其發大誓願稱讚調伏一切衆生為欲令其修普賢行說諸菩薩於一切剎一切劫住修諸行網（上五句通顯大心行願次十別明十度之因感十身之果）為欲令其具佛相好稱揚讚歎檀波羅蜜（施滿他心故相好悅物）為欲令其得佛淨身悉能徧至一切處故稱揚讚歎尸波羅蜜（戒徧止惡故淨身徧至）為欲令其得佛清淨不思議身稱揚讚歎忍波羅蜜（忍數忍理故不思議）為欲令其獲於如來無能勝身稱揚讚歎精進波羅蜜（進策萬行故無能勝）為欲令其得於清淨無與等身稱揚讚歎禪波羅蜜(禪唯一心故無與等)為欲令其顯現如來清淨法身稱揚讚歎般若波羅蜜(般若照理故顯法身)為欲令其現佛世尊清淨色身稱揚讚歎方便波羅蜜(方便顯用色身可觀)為欲令其為諸衆生住一切劫稱揚讚歎願波羅蜜(願窮來際住劫無窮)為欲令其現清淨身悉過一切諸佛刹土稱揚讚歎力波羅蜜(力不可推悉過一切)為欲令其現清淨身隨衆生心悉使歡喜稱揚讚歎智波羅蜜(智窮事法隨物成身)為欲令其獲於究竟淨妙之身稱揚讚歎永離一切諸不善法如是施已各令還去(後一句明總離諸惡故究竟淨妙三明能合香即上供諸佛三○初知香體)善男子我又善知和合一切諸香要法所謂無等香辛頭波羅香(辛頭者即信度河也波羅是岸即彼岸之香)無勝香覺悟香阿盧那跋底香(阿盧那跋底此云赤色極)堅黑栴檀香烏洛迦栴檀香(烏洛迦西域蛇名其蛇有毒繞此檀樹故)沉水香不動諸根香如是等香悉知調理和合之法(和合者戒定慧等融無礙故二與供起願)又善男子我持此香以為供養普見諸佛所願皆滿所謂救護一切衆生願嚴淨一切佛刹願供養一切如來願(三能成大供)又善男子然此香時一一香中出無量香徧至十方一切法界一切諸佛衆會道場或為香宮或為香殿如是香欄楯香垣墻香却敵香戶牖香重閣香半月香蓋香幢香幡香帳香羅網香形像香莊嚴具香光明香雲雨處處充滿以為莊嚴(四謙己推勝)善男子我唯知此令一切衆生普見諸佛歡喜法門(謂身心病除成二世樂故皆歡喜以香普供得佛十身則何佛不見)如諸菩薩摩訶薩如大藥王若見若聞若憶念若同住若隨行往若稱名號皆獲利益無空過者若有衆生暫得值遇必令消滅一切煩惱入於佛法離諸苦蘊永息一切生死怖畏到無所畏一切智處摧壞一切老死大山安住平等寂滅之樂而我云何能知能說彼功德行(五指示後友)善男子於此南方有一大城名多羅幢(多羅此云明淨幢者建立表無著行依般若淨明立勝行故)彼中有王名無厭足(如幻方便化無所著故無疲厭心)汝詣彼問菩薩云何學菩薩行修菩薩道(六戀德禮辭)時善財童子禮普眼足繞無量帀殷勤瞻仰辭退而去(第七無厭足王寄無著行二初依教趣求二明見念教成益)爾時善財童子憶念思惟善知識教念善知識能攝受我能守護我令我於阿耨多羅三藐三菩提無有退轉如是思惟生歡喜心淨信心廣大心怡暢心踊躍心欣慶心勝妙心寂靜心莊嚴心無著心無礙心平等心自在

心住法心徧往佛剎心見佛莊嚴心不捨十力心(二趣求後友)漸次游行經歷國土村邑聚落至多羅幢城問無厭足王所在之處諸人荅言此王今者在於正殿坐師子座宣布法化調御衆生(既入其國必聞其政)可治者治可攝者攝罰其罪惡決其諍訟撫其孤弱皆令永斷殺盜邪淫亦令禁止妄言兩舌惡口綺語又使遠離貪瞋邪見時善財童子依衆人語尋即往詣(三見敬諮問二初見四初見勝依正)遥見彼王坐那羅延金剛之座阿僧祇寶以爲其足無量寶像以爲莊嚴金繩爲網彌覆其上如意摩尼以爲寶冠莊嚴其首閻浮檀金以爲半月莊嚴其額帝青摩尼以爲耳璫相對垂下無價摩尼以爲瓔珞莊嚴其頸天妙摩尼以爲印釧莊嚴其臂閻浮檀金

以爲其蓋衆寶間錯以爲輪幅大瑠璃寶以爲其竿光味摩尼以爲其齊雜寶爲鈴恒出妙音放大光明周徧十方如是寶蓋而覆其上阿那羅王有大力勢能伏他衆無能與敵以離垢繒而繫其頂十千大臣前後圍繞共理王事(二觀其逆化)其前復有十萬猛卒形貌醜惡衣服褊陋執持器仗攘臂瞋目衆生見者無不恐怖無量衆生犯王教勑或盜他物或害他命或侵他妻或生邪見或起瞋恨或懷貪嫉作如是等種種惡業身被五縛將詣王所隨其所犯而治罰之或斷手足或截耳鼻或挑其目或斬其首或剝其皮或解其體或以湯煑或以火焚或驅上高山推令墮落有如是等無量楚毒發聲號叫譬如衆合大地獄中(三不

了生疑)善財見已作如是念我爲利益一切衆生求菩薩行修菩薩道今者此王滅諸善法作大罪業逼惱衆生乃至斷命曾不顧懼未來惡道云何於此而欲求法發大悲心救護衆生(四空天曉喻二初令憶念前教真實使不生疑)作是念時空中有天而告之言善男子汝當憶念普眼長者善知識教善財仰視而白之曰我常憶念初不敢忘天曰善男子汝莫厭離善知識語善知識者能引導汝至無險難安隱之處(三辨後行深玄令其信入)善男子菩薩善巧方便智不可思議攝受衆生智不可思議護念衆生智不可思議成熟衆生智不可思議守護衆生智不可思議度脫衆生智不可思議調伏衆生智不可思議(然善財雖常憶教而生疑者逆行難知故。貪益此世不疑遵須瞋癡現損是故勝熱及與此王並生疑惓。言深玄者通違非道故深攝論戒學中明菩薩逆行殺衆生等生無量福乃至證得無上菩提要大菩薩方堪此事此有二種一者實行二者變化言實行者了知前人必定造作無間之業無別方便令離此惡唯可斷命使其不作又知前人若捨命已必生善道又菩薩自念我行殺已必墮地獄為彼受苦彼人雖然現受輕苦必得樂果瑜伽菩薩地戒品之中亦同此說言變化者即當此文下王自說。二敬問 時善財童子聞此語已即詣王所頂禮其足白言聖者我已先發阿耨多羅三藐三菩提心而未知菩薩云何學菩薩行云何修菩薩道我聞聖者善能教誨願為我說。三授己法界二。初授法方便 時阿那羅王理王事已執善財手將入宮中命之同坐執手同坐示無間之儀表攝彼加行令趣其故。二正示法界令證相應四。初舉果令入 告言善男子汝應觀我所住宮殿善財如語即徧觀察見其宮殿廣大無比皆以妙寶之所合成七寶為牆周帀圍遶百千衆寶以為樓閣種種莊嚴悉皆妙好不思議摩尼寶網羅覆其上十億侍女端正殊絕威儀進止皆悉可觀凡所施為無非巧妙先起後卧軟意承旨。二以實顯權 時阿那羅王告善財言善男子於意云何我若實作如是惡業云何而得如是果報如是色身如是眷屬如是富贍如是自在。二示其所得。二。初名 了生如幻故以 善男子我得菩薩如幻解脫。二明幻化幻法門業用 善男子我此國土所有衆生多行殺盜乃至邪見作餘方便不能令其捨離惡業善男子我為調伏彼衆生故化作惡人造諸罪業受種種苦令其一切作惡衆生見是事已心生惶怖心生厭離心生怯弱斷其所作一切惡業發阿耨多羅三藐三菩提意。三明法門勝益 善男子我以如是巧方便故令諸衆生捨十惡業住十善道究竟快樂究竟安隱究竟住於一切智地。四直顯實德 善男子我身語意未曾惱害於一衆生善男子如我心者寧於未來受無間苦終不發生一念之意與一蚊一蟻而作苦事況復人耶人是福田能生一切諸善法故慈念之深然諸位至七皆方便故休捨觀自在開敷樹華多約慈悲。四謙己推勝 善男子我唯得此如幻解脫如諸菩薩摩訶薩得無生忍知諸有趣悉皆如幻由了如幻方證此忍故又後位中當此忍故 菩薩諸行悉皆如化一切世間悉皆如影一切諸法悉皆如夢入真實相無礙法門修行帝網一切諸行以無礙智行於境界普入一切平等三昧於陀羅尼已得自在而我云何能知能說彼功德行。五指示後友 善男子於此南方有城名妙光前位悲增今此已得無住妙慧運衆生故王名大光慈定之智無不該故廣大願中皆徹照故 汝詣彼問菩薩云何學菩薩行修菩薩道。六戀德禮辭 時善財童子頂禮王足繞無數帀辭退而去（△第八大光王寄難得行文六初依教趣求二初念前友教）爾時善財童子一心正念彼王所得幻智法門思惟彼王如幻解脫觀察彼王如幻法性發如幻願淨如幻法普於一切如幻三世起於種種如幻變化如是思惟（△二趣求後友二初推求得知）漸次游行或至人間城邑聚落或經曠野巖谷險難無有疲懈未曾休息然後乃至妙光大城而問人言妙光大城在於何所人咸報言妙光城者今此城是是大光王之所住處（○二自慶當益）時善財童子歡喜踴躍作如是念我善知識在此城中我今必當覲得奉見聞諸菩薩所行之行聞諸菩薩出要之門聞諸菩薩所證之法聞諸菩薩不思議功德聞諸菩薩不思議自在聞諸菩薩不思議平等聞諸菩薩

不思議勇猛聞諸菩薩不思議境界廣大清淨（△三見敬諮問三初見亦三初見依報二○初所見殊勝）作是念已入妙光城見此大城以金銀瑠璃頗棃真珠硨磲碼碯七寶所成七寶深塹七重圍繞八功德水盈滿其中底布金沙優鉢羅華波頭摩華拘物頭華芬陀利華徧布其上寶多羅樹七重行列七種金剛以為其垣各各圍繞所謂師子光明金剛垣無能超勝金剛垣不可沮壞金剛垣不可毀缺金剛垣堅固無礙金剛垣勝妙網藏金剛垣離塵清淨金剛垣悉以無數摩尼妙寶間錯莊嚴種種眾寶而為埤堄其城縱廣一十由旬周迴八方面開八門皆以七寶周徧嚴飾毗瑠璃寶以為其地種種莊嚴甚可愛樂其城之內十億衢道一一道間皆有

無量萬億眾生於中止住有無數閻浮檀金樓閣毗瑠璃摩尼網羅覆其上無數銀樓閣赤真珠摩尼網羅覆其上無數毗瑠璃樓閣妙藏摩尼網羅覆其上無數頗棃樓閣無垢藏摩尼王網羅覆其上無數光照世間摩尼寶樓閣日藏摩尼王網羅覆其上無數帝青摩尼寶樓閣妙光摩尼王網羅覆其上無數眾生海摩尼王樓閣燄光明摩尼王網羅覆其上無數金剛寶樓閣無能勝幢摩尼王網羅覆其上無數黑栴檀樓閣天曼陀羅華網羅覆其上無數無等香王樓閣種種華網羅覆其上其城復有無數摩尼網無數寶鈴網無數天香網無數天華網無數寶形像網無數寶衣帳無數寶蓋帳無數寶樓閣帳無數寶華

鬘帳之所彌覆處處建立寶蓋幢旛當此城中有一樓閣名正法藏阿僧祇寶以為莊嚴光明赫奕最勝無比衆生見者心無厭足彼大光王常處其中（由旬者欲明圓滿既有十億衢道道各無量衆生豈世間十小由旬之所能受故此中事物皆應圓融表法如理思之 三能見無染）爾時善財童子於此一切珍寶妙物乃至男女六塵境界皆無愛著但正思惟究竟之法一心願樂見善知識（三見主正報）漸次游行見大光王去於所住樓閣不遠四衢道中（以四無量用四攝法攝衆生故）坐如意摩尼寶蓮華藏廣大莊嚴師子之座紺瑠璃寶以為其足金繒為帳衆寶為網上妙天衣以為茵褥其王於上結加趺坐二十八種大人之相（二十八相者因未滿故）八十隨好而以嚴身如真金山光色熾盛如淨空日威光赫奕如盛滿月見者清

涼如梵天王處於梵衆亦如大海功德法寶無有邊際亦如雪山相好樹林以為嚴飾亦如大雲能震法雷啓悟羣品亦如虛空顯現種種法門星象如須彌山四色普現衆生心海亦如寶洲種種智寶充滿其中（三主伴攝生 三○初列所施）於王座前有金銀瑠璃摩尼真珠珊瑚琥珀珂貝璧玉諸珍寶聚衣服瓔珞及諸飲食無量無邊種種充滿復見無量百千萬億上妙寶車百千萬億諸天妓樂百千萬億天諸妙香百千萬億病緣湯藥資生之具如是一切悉皆珍好無量乳牛蹄角金色無量千億端正女人上妙栴檀以塗其體天衣瓔珞種種莊嚴六十四能靡不該練世情禮則悉皆善解隨衆生心而以給施城邑聚落四衢道側悉置

一切資生之具（通情非情六十四能如第五地。二能施人即是助伴）一一道傍皆有二十億菩薩以此諸物給施衆生（三明其施意）為欲普攝衆生故為令衆生歡喜故為令衆生踊躍故為令衆生心淨故為令衆生清涼故為滅衆生煩惱故為令衆生知一切義理故為令衆生入一切智道故為令衆生捨怨敵心故為令衆生離身語惡故為令衆生拔諸邪見故為令衆生淨諸業道故（三時敬）善財童子五體投地頂禮其足恭敬右繞經無量帀合掌而住（三問）白言聖者我已先發阿耨多羅三藐三菩提心而未知菩薩云何學菩薩行云何修菩薩道我聞聖者善能誘誨願為我說（三授已法界三）（初標示法門）時王告言善男子我淨修菩薩大慈幢行我滿足菩薩大慈幢行（謂大慈首出）

滌圓滿故。三明得法因緣善男子我於無量百千萬億乃至不可說不可說佛所問難此法思惟觀察修習莊嚴問難是聞慧以三種慧莊嚴此慈。三明其業用。五。初以法攝化善男子我以此法爲王以此法教勅以此法攝受以此法隨逐世間以此法引導眾生以此法令眾生修行以此法令眾生趣入以此法與眾生方便以此法令眾生熏習以此法令眾生起行以此法令眾生安住思惟諸法自性以此法令眾生安住慈心以慈爲主具足慈力如是令住利益心安樂心哀愍心攝受心守護眾生不捨離心拔眾生苦無休息心我以此法令一切眾生畢竟快樂恒自悅豫身無諸苦心得清涼斷生死愛樂正法樂滌煩惱垢破惡業障絕生死流入真法海斷諸有趣求一切智淨諸心海生不壞信善男子我以住此大慈幢行能以正法教化世間二以無畏攝善男子我國土中一切眾生皆於我所無有恐怖三以財寶攝善男子若有眾生貧窮困乏來至我所而有求索我開庫藏恣其所取而語之言莫造諸惡莫害眾生莫起諸見莫生執著汝等貧乏若有所須當來我所及四衢道一切諸物種種具足隨意而取勿生疑難四隨樂徧攝善男子此妙光城所住眾生皆是菩薩發大乘意隨心所欲所見不同或見此城其量陜小或見此城其量廣大或見土砂以爲其地或見眾寶而以莊嚴或見聚土以爲垣墻或見寶墻周帀圍繞或見其地多諸瓦石高下不平或見無量大摩尼寶間錯莊嚴平坦如掌或見屋宅土木所成或見殿堂及諸樓閣階墀窻闥軒檻戶牖如是一切無非妙寶善男子若有眾生其心清淨曾種善根供養諸佛發心趣向一切智道以一切智爲究竟處及我昔時修菩薩行曾所攝受則見此城眾寶嚴淨餘皆見穢五以三昧攝二。初以言告善男子此國土中一切眾生五濁世時樂作諸惡我心哀愍而欲救護入於菩薩大慈爲首隨順世間三昧之門入此三昧時彼諸眾生所有怖畏心惱害心怨敵心諍論心如是諸心悉自消滅何以故入於菩薩大慈爲首順世三昧法如是故善男子且待須臾自當現見二以定示時大光王即入此定其城內外六種震動諸寶地寶墻寶堂寶殿臺觀樓閣階砌戶牖如是一切咸出妙音悉向於王曲躬敬禮妙光城內所有居人靡不同時歡喜踊躍俱向王所舉身投地村營城邑一切人衆咸來見王歡喜敬禮近王所住鳥獸之屬互相瞻視起慈悲心咸向王前恭敬禮拜一切山原及諸草樹莫不迴轉向王敬禮陂池泉井及以河海悉皆騰溢流注王前十千龍王起大香雲激電震雷注微細雨有十千天王所謂忉利天王夜摩天王兜率陀天王善變化天王他化自在天王如是等而為上首於虛空中作衆妓樂無數天女歌詠讚歎雨無數華雲無數香雲無數寶鬘雲無數寶衣雲無數寶蓋雲無數寶幢雲無數寶幡雲於虛空中而為莊嚴供養其王伊羅婆拏大象王以自在力於虛空中敷布無數大寶蓮

華垂無數寶瓔珞無數寶繒帶無數寶鬘無數寶嚴具無數寶華無數寶香種種奇妙以為嚴飾無數采女種種歌讚閻浮提內復有無量百千萬億諸羅剎王諸夜叉王鳩槃荼王毗舍闍王或住大海或居陸地飲血噉肉殘害衆生皆起慈心願行利益明識後世不造諸惡恭敬合掌頂禮於王如閻浮提餘三天下乃至三千大千世界乃至十方百千萬億那由他世界中所有一切毒惡衆生悉亦如是顯定業用情與非情咸成勝益者謂同體大慈物我無二故如世間王德合乾坤則麟鳳來儀寶鮮呈瑞況於出世大慈之力不令草木屈膝歸耶。四讓已推勝時大光王從三昧起告善財言善男子我唯知此菩薩大慈為首隨順世間三昧門慈本為初名順世間高出衆行故名為首即是幢義上讓已知一下推勝知多如諸菩薩摩訶薩為高蓋慈心普蔭諸衆生故

為修行下中上行悉等行故為大地故以慈心住持一切諸衆生故為滿月故普光明於世間中平等現故為淨日故智光明照耀一切所知境故為明燈故破一切衆生心中諸黑闇故為水清珠能清一切衆生心中諂誑濁故為如意寶悉能滿足一切衆生心所願故為大風速令衆生修習三昧入一切智大城中故而我云何能知其行能說其德能稱量彼福德大山能瞻仰彼功德衆星能觀察彼大願風輪能趣入彼甚深法門能顯示彼莊嚴大海能闡明彼普賢行門能開示彼諸三昧窟能讚歎彼大慈悲雲。五指示後友善男子於此南方有一王都王子位故名曰安住智契實法不為緣壞名為安住有優婆夷名曰不動自發心來於一切法無不得定煩惱二乘不能動故亦令衆生心不動故

以智修慈故示以女汝詣彼問菩薩云何學菩薩行修菩薩道。六戀德禮辭時善財童子頂禮王足繞無數帀殷勤瞻仰辭退而去

大方廣佛華嚴經疏卷第一百二二十五末

大方廣佛華嚴經疏卷第一百三（入第六十六經下半）

清涼山沙門澄觀述　晉水沙門淨源錄疏注經

（△第九不動優婆夷寄善法行文亦有六初依教趣求二初依教五初思惟前法）爾時善財童子出妙光城遊行道路正念思惟大光王教憶念菩薩大慈幢行門思惟菩薩隨順世間三昧光明門增長彼不思議願福德自在力堅固彼不思議成熟眾生智觀察彼不思議不共受用大威德憶念彼不思議差別相思惟彼不思議清淨眷屬思惟彼不思議所作業（二因修得益）生歡喜心生淨信心生猛利心生欣悅心生踊躍心生慶幸心生無濁心生清淨心（無濁約無他清淨約自體）生堅固心生廣大心生無盡心（三推功歸友）如是思惟悲泣流淚（至此備悲者修悲將滿故）念善知識實為希有出生一切諸功德處出生一切諸菩薩行出生一切菩薩淨念出生一切陀羅尼輪出生一切三昧光明出生一切諸佛知見普雨一切諸佛法雨顯示一切菩薩願門出生難思智慧光明增長一切菩薩根芽（四賛歎友能）又作是念善知識者能普救護一切惡道能普演說諸平等法能普顯示諸夷險道能普開闡大乘奧義能普勸發普賢諸行能普引到一切智城能普令入法界大海能普令見三世法海能普授與眾聖道場能普增長一切白法（五勝緣印勸二初印）善財童子如是悲哀思念之時彼常隨逐覺悟菩薩如來使天（天字兩用故晉本云如來使天隨菩薩天隨菩薩天是已業行所感之神如來使天是佛慈力攝生之神但是修行位已著者皆有二天常隨其人）於虛空中而告之言善男子其有修行善知識教諸佛世尊悉皆歡喜其有隨順善知識語則得近於一切智地其有能於善知識語無疑惑者則常值遇一切善友其友發心願常不離善知識者則得具足一切義利（二勸詣後友）善男子汝可往詣安住王都即當得見不動優婆夷大善知識（二趣求後友）時善財童子從彼三昧智光明起漸次遊行至安住城周徧推求不動優婆夷今在何所無量人眾咸告之言善男子不動優婆夷身是童女在其家內父母守護與自親屬無量人眾演說妙法善財童子聞是語已其心歡喜如見父母即詣不動優婆夷舍（三見敬諮問見中分二初見依讚益）入其宅內見彼堂宇金色光明普皆照耀遇斯光者身意清涼善財童子光明觸身即時獲得五百三昧門所謂了一切希有相三昧門入寂靜三昧門遠離一切世間三

眛門普眼捨得三昧門如來藏三昧門得入是等五百三昧門以此三昧門故身心柔輭如七日胎又聞妙香非諸天龍乾闥婆等人與非人之所能有 三見正覩倫 善財童子前詣其所恭敬合掌一心觀察見其形色端正殊妙十方世界一切女人無有能及況其過者唯除如來及以一切灌頂菩薩口出妙香宮殿莊嚴并其眷屬悉無與等況復過者十方世界一切衆生無有於此優婆夷所起染著心若得暫見所有煩惱悉自消滅譬如百萬大梵天王決定不生欲界煩惱其有見此優婆夷者所有煩惱應知亦然十方衆生觀此女人皆無厭足唯除具足大智慧者 二敘問 爾時善財童子曲躬合掌正念觀察見此女人其身自在不可思議色相貌容世無與等光明洞徹物無能障普為衆生而作利益其身毛孔恒出妙香眷屬無邊宮殿第一功德深廣莫知涯際心生歡喜以頌讚曰

守護清淨界 本三 修行廣大忍 精進不退轉 四
光明照世間

爾時善財童子説此頌已白言聖者我已先發阿耨多羅三藐三菩提心而未知菩薩云何學菩薩行云何修菩薩道我聞聖者善能誘誨願為我説 三稱讚授法 二初讚 時不動優婆夷以菩薩柔輭語悦意語慰喻善財而告之言善哉善哉善男子汝已能發阿耨多羅三藐三菩提心 二正授法界二 初示法門名體 善男子我得菩薩難摧伏智慧藏解脱門 文勢不同前例而舉五法者亦同九地當法師位須廣知故五中初二所持內德上一智慧無礙偏名解脱有智則煩惱不可壞破者聖者無能勝故云難摧伏此智包含故名為藏 我得菩薩堅固受持行門 二受持堅固備得行名謂遇惡衆生而能堪忍徧生諸趣而心不迷故云堅固 我得菩薩一切法平等地摠持門 三即能持深入法門得法性地則無不持矣 我得菩薩照明一切法辯才門 四即外化由正思佛法明照差別故故得辯才 五 能轉法輪稱衆生欲 本三 我得菩薩求一切法無疲厭三昧門 五即上求一心求法故云三昧近佛無厭受法無足故 二徵業用之境界文云初徵問 善財童子言聖者菩薩難摧伏智慧藏解脱門乃至求一切法無疲厭三昧門境界云何 二二順難 童女言善男子此處難知 二二重請 善財白言唯願聖者承佛神力為我宣説我當因善知識能信能受能知能了趣入觀察修習隨順離諸分別究竟平等 四廣答二初明得法因緣以彰深遠釋上難知六初舉往見佛為發心緣 優婆夷言善男子過去世中有劫名離垢佛号修臂時有國王名曰電授唯有一女即我身是我於夜分廢音樂時

父母兄弟悉已眠寢五百童女亦皆昏
寐我於樓上仰觀星宿於虛空中見彼
如來如寶山王無量無邊天龍八部諸
菩薩衆所共圍繞佛身普放大光明網
周徧十方無所障礙佛身毛孔皆出妙
香我聞是香身體柔輭心生歡喜二內興觀
念為法心因便從樓下至於地上合十指爪頂
禮於佛又觀彼佛不見頂相觀身左右
莫知邊際思惟彼佛諸相隨好無有厭
足上觀下念竊自念言此佛世尊作何等業
獲於如是上妙之身相好圓滿光明具
足眷屬成就宮殿嚴好福德智慧悉皆
第三　六
清淨總持三昧不可思議神通自在辯
才無礙念福智等即前五法之因神通自在是行堅固三佛勸發心能成前五有十種心
善男子爾時如來知我心念即告我言
汝應發不可壞心滅諸煩惱應發無能
勝心破諸取著上二成智慧應發無退怯心入
深法門次一成總持應發能堪耐心救惡衆
生應發無迷惑心普於一切諸趣受生
次二成神通應發無厭足心求見諸佛無有休
息應發無知足心悉受一切如來法雨
次二成三昧應發正思惟心普生一切佛法光
明應發大住持心普轉一切諸佛法輪
應發廣流通心隨衆生欲施其法寶後三
成辯才故上來十句釋五法門。四發心堅固善男子我於彼佛所
聞如是法求一切智求佛十力求佛辯才
求佛光明求佛色身求佛相好求佛衆
會求佛國土求佛威儀求佛壽命發是心
第三　七
已其心堅固猶如金剛一切煩惱及以二
乘悉不能壞五經久無遺善男子我發是心已
來經閻浮提微塵數劫尚不生於念欲
之心況行其事爾所劫中於自親屬不起

瞋心況他衆生爾所劫中於其自身不
生我見況於衆具而計我所爾所劫中死
時生時及住胎藏未曾迷惑起衆生想及
無記心況於餘時爾所劫中乃至夢中隨
見一佛未曾忘失何況菩薩十眼所見
爾所劫中受持一切如來正法未曾忘
失一文一句乃至世俗所有言辭尚不
忘失何況如來金口所說爾所劫中受
持一切如來法海一文一句無不思惟
無不觀察乃至一切世俗之法亦復如
是爾所劫中受持如是一切法海未曾
於一法中不得三昧乃至世間技術之
法一一法中悉亦如是爾所劫中住持
一切如來法輪隨所住持未曾廢捨一
文一句乃至不曾生於世智唯除為欲
調衆生故爾所劫中見諸佛海未曾於

一佛所不得成就清淨大願乃至於諸化佛之所悉亦如是爾所劫中見諸菩薩修行妙行無有一行我不成就爾所劫中所有衆生無一衆生我不勸發阿耨多羅三藐三菩提心未曾勸一衆生發於聲聞辟支佛意爾所劫中於一切佛法乃至一文一句不生疑惑不生二想不生分別想不生種種想不生執著想不生勝劣想不生愛憎想。(六彰發心勝益)善男子我從是來常見諸佛常見菩薩常見真實善知識常聞諸佛願常聞菩薩行常聞菩薩波羅蜜門常聞菩薩地智光明門常聞菩薩無盡藏門常聞入無邊世界網門常聞出生無邊衆生界因門常以清淨智慧光明除滅一切衆生煩惱常以智慧生長一切衆生善根常隨一切衆生所樂示現其身常以清淨上妙言音開悟法界一切衆生(即是前來五因之果)(三顯其業用四初許現)善男子我得菩薩求一切法無厭足莊嚴門我得一切法平等地摠持門現不思議自在神變汝欲見不(即舉前來五法中二。二申請)善財言唯我心願見。(三正現)爾時不動優婆夷坐於龍藏師子之座入求一切法無厭足莊嚴王三昧門不空輪莊嚴三昧門十力智輪現前三昧門佛種無盡藏三昧門入如是等一萬三昧門(入一萬三昧者於一求法無厭三昧即入一萬明知餘解脫等一攝多門)入此三昧門時十方各有不可說佛剎微塵數世界六種震動皆悉清淨瑠璃所成一一世界中有百億四天下百億如來或住兜率天乃至般涅槃一一如來放光明網周徧法界道場衆會清淨圍繞轉妙法輪開悟羣生。(四出定印述)時不動優婆夷從三昧起告善財言善男子汝見此不善財言唯我皆已見。(五謙己推勝)優婆夷言善男子我唯得此求一切法無厭足三昧光明為一切衆生說微妙法皆令歡喜如諸菩薩摩訶薩如金翅鳥游行虛空無所障礙能入一切衆生大海見有善根已成熟者便即執取置菩提岸又如商客入大寶洲採求如來十力智寶又如漁師持正法網入生死海於愛水中漉諸衆生如阿脩羅王能徧扡動三有大城諸煩惱海又如日輪出現虛空照愛水泥令其乾竭又如滿月出現虛空令可化者心華開敷又如大地普皆平等無量衆生於中止住增長一切善法根芽又如大風所向無礙能拔一切諸見大樹如轉輪王游行世間以四攝事攝諸衆生而我云何能知能說彼功德行。（五指示後友）善男子於此南方有一大城名無量都薩羅（都薩羅者此云喜生出謂此城中出生無量歡喜之事故以智度圓滿則能無所不生）其中有一出家外道名曰徧行（巧智隨機無不行故名真實行示外道者能行非道故非道不染故曰出家）汝往彼問菩薩云何學菩薩行修菩薩道。（六總德標辭）時善財童子頂禮其足繞無量帀殷勤瞻仰辭退而去（已下六十七經第十徧行外道寄真實行六。初依教趣求）爾時善財童子於不動優婆夷所得聞法已專心憶念所有教誨皆悉信受思惟觀察漸漸游行經歷國邑至都薩羅城於日沒時入彼城中廛店鄰里四衢道側處處尋覓徧行外道。（二見敬諮問）城東有山名曰善得善財童子於中夜時（中夜見者智入生死故善財將入此智位故上云日沒入城）見此山頂草樹巖巘

光明照耀如日初出見此事已生大歡喜作是念言我必於此見善知識便從城出而登彼山見此外道於其山上平坦之處徐步經行（山頂見者表位極故）色相圓滿威光照耀（以智慧光破於生死及二邊闇故）大梵天王所不能及十千梵衆之所圍繞往詣其所頭頂禮足繞無量帀於前合掌而作是言聖者我已先發阿耨多羅三藐三菩提心而我未知菩薩云何學菩薩行云何修菩薩道我聞聖者善能教誨願為我說（三稱讚授法二。初讚發心）徧行荅言善哉善哉（三正授法界二。初彰名體）善男子（有四法者智徧知故四義群列而得相成）我已安住至一切處菩薩行已（一化境普周徧行之名亦從此立）成就普觀世間三昧門已（二入定觀機）成就無依無作神通力已（三由無作神通故能徧至前處）成就普門般若波羅蜜（四由普門般若故能在定普觀若約對者無作無依用而無住普門般若無法不窮二顯

四業用。初明至一切處用）善男子我普於世間種種方所種種形貌種種行解種種歿生一切諸趣所謂天趣龍趣夜叉趣乾闥婆阿脩羅迦樓羅緊那羅摩睺羅伽地獄畜生閻羅王界人非人等一切諸趣（二普觀世間用）或住諸見或信二乘或復信樂大乘之道如是一切諸衆生中我以種種方便種種智門而為利益所謂或為演說一切世間種種技藝令得具足一切巧術陀羅尼智或為演說四攝方便令得具足一切智道或為演說諸波羅蜜令其迴向一切智位或為稱讚大菩提心令其不失無上道意或為稱讚諸菩薩行令其滿足淨佛國土度衆生願或為演說造諸惡行受地獄等種種苦報令於惡業深生厭離或為演說供養諸佛種諸

善根決定獲得一切智果令其發起歡喜之心或為讚說一切如來應正等覺所有功德令樂佛身求一切智或為讚說諸佛威德令其願樂佛不壞身或為讚說佛自在身令求如來無能映蔽大威德體（觀其所宜隨宜說故。三明無作無依用）又善男子此都薩羅城中一切方所一切族類若男若女諸人衆中我皆以方便示同其形隨其所應而為說法諸衆生等悉不能知我是何人從何而至（不知從何而至是無作依）唯令聞者如實修行善男子如於此城利益衆生於閻浮提城邑聚落所有人衆住止之處悉亦如是而為利益（四普門般若用）善男子閻浮提內九十六衆各起異見而生執著我悉於中方便調伏令其捨離所有諸見如閻浮提餘四天下亦復如是如四天下三千大千世界亦復如是如三千大千世界如是十方無量世界諸衆生海我悉於中隨諸衆生心之所樂以種種方便種種法門現種種色身以種種言音而為說法令得利益（九十六種皆能窮故上來隨勝別配諸門實則義通。四謙己推勝）善男子我唯知此至一切處菩薩行如諸菩薩摩訶薩身與一切衆生數等得與衆生無差別身以變化身普入諸趣於一切處皆現受生普現一切衆生之前清淨光明徧照世間以無礙願住一切劫得如帝網諸無等行常勤利益一切衆生恒與共居而無所著普於三世悉皆平等以無我智周徧照耀以大悲藏一切觀察而我云何能知能說彼功德行（五指示後友）善男子於此南方有一國土名為廣大（創入迴向故迴向衆生故廣迴向菩提故大迴向實際義通廣大）有鬻香長者（鬻者賣也香貴雖小發氣彌布善根雖微迴向普周又為貴若實二俱得香自他善根俱可迴向）名優鉢羅華（青蓮華者蓮華處泥不染猶讚衆生而離相青蓮為水中之最欲讚為入生死之導）汝詣彼問菩薩云何學菩薩行修菩薩道（六戀德禮辭）

時善財童子頂禮其足繞無量帀殷勤瞻仰辭退而去（四有十善友寄十迴向今初青蓮華長者寄救護衆生離衆生相迴向文六。初依教趣求）爾時善財童子因善知識教不顧身命不著財寶不樂人衆不耽五欲不戀眷屬不重王位唯願化度一切衆生唯願嚴淨諸佛國土唯願供養一切諸佛唯願證知諸法實性唯願修集一切菩薩大功德海唯願修行一切功德終無退轉唯願恒於一切劫中以大願力修菩薩行唯願普入一切諸佛衆會道場唯願入一三昧門普現一切三昧門自在神力唯願於佛一毛孔中見一切佛心無厭足，唯願得一切法智慧光明，能持一切諸佛法藏，專求此等一切諸佛菩薩功德（先總顯興願以是迴向，大願之首故後趣求後位）漸次游行至廣大國（二見敬諮問）詣長者所頂禮其足，繞無量帀，合掌而立，白言：聖者，我已先發阿耨多羅三藐三菩提心，欲求一切佛平等智慧，欲滿一切佛無量大願，欲淨一切佛最上色身，欲見一切佛清淨法身，欲知一切佛廣大智身，欲淨治一切菩薩諸行，欲照明一切菩薩三昧，欲安住一切菩薩總持，欲除滅一切所有障礙，欲游行一切十方世界，而未知菩薩云何學菩薩行，云何修菩薩道，而能出生一切智智（三稱讚授法二，初讚）長者告言：善哉善哉，善男子，汝乃能發阿耨多羅三藐三菩提心（三授二，初總標所得）善男子，我

善別知一切諸香（差別行也。知世諸香以表法香，謂以戒定慧慈悲等香熏修生善滅惡習氣故）亦知調合一切香法（融通行也。以金剛杵碎之，實相般若波羅蜜調和令純雜無礙，悲智圓融成迴向故。二別顯業用二，初總相顯知，文四，此四各有事理思之。初知香體異）所謂一切香、一切燒香、一切塗香、一切末香，亦知如是一切香王所出之處（二約類辨異）又善了知天香、龍香、夜叉香、乾闥婆、阿修羅、迦樓羅、緊那羅、摩睺羅伽、人非人等所有諸香（三知力用異）又善別知治諸病香、斷諸惡香、生歡喜香、增煩惱香、滅煩惱香、令於有為生樂著香、令於有為生厭離香、捨諸憍逸香、發心念佛香、證解法門香、聖所受用香、一切菩薩差別香、一切菩薩地位香（前二約世，此約出世，由委窮本末）如是等香形相生起、出現成就、清淨安隱、方便境界、威德業用及以根本，如是一切我皆了達（三指事別顯有十種香）善男子，人間有香

名曰象藏（具前本末十事，一但語香名，必有形相）因龍鬬生（二顯生起）若燒一丸，即起大香雲（三興雲為出現）彌覆王都，於七日中雨細香雨（四雨雨為成就）若著身者，身則金色；若著衣服、宮殿、樓閣，亦皆金色（五金色為清淨）若因風吹入宮殿中，眾生齅者，七日七夜歡喜充滿，身心快樂（六喜樂為安隱）無有諸病，不相侵害，離諸憂苦（七無病等為方便）不驚不怖，不亂不恚，慈心相向（八慈心等為境界）志意清淨（九意淨為威德其業用一種義通前七）我知是已而為說法，令其決定發阿耨多羅三藐三菩提心（十是根本，本為菩提心故。若就菩提心顯十義者，以菩提心香似如來藏，因善惡相攻而生，若一發心，必興慈悲，住大法雨，心所及者令歸真淨，得法喜樂，離惑業苦，展轉與慈，志願純淨）善男子，摩羅耶山出栴檀香，名曰牛頭，若以塗身，設入火坑，火不能燒（餘之九香皆應各具，或二或三。摩羅耶者，國名，國多此香，故此即忍香，瞋火不燒。法喻之十略故無也）善男子，海中有香，名無能勝，若以塗彭及諸螺貝，其聲

蕟時一切敵軍皆自退散三即遶香魔軍退散善男子阿那婆達多池邊出沉水香名蓮華藏其香一丸如麻子大若以燒之香氣普熏閻浮提界衆生聞者離一切罪戒品清淨善男子雪山有香名阿盧那若有衆生齅此香者其心決定離諸染著我為說法莫不皆得離垢三昧善男子羅刹界中有香名海藏其香但為轉輪王用若燒一丸而以熏之王及四軍皆騰虛空善男子善法天中有香名淨莊嚴若燒一丸而以熏之普使諸天心念於佛善男子須夜摩天有香名十八淨藏若燒一丸而寅三以熏之夜摩天衆莫不雲集彼天王所而共聽法此五如次是五分法身香善男子兜率天中有香名先陀婆於一生所繫菩薩座前燒其一丸興大香雲徧覆法界

普雨一切諸供養具供養一切諸佛菩薩九即稱法界香先陀婆一名四實此宜用鹽香似此故善男子善變化天有香名曰奪意若燒一丸於七日中普雨一切諸莊嚴具十忘能所所以名奪意。四讃已推勝善男子我唯知此調和香法如諸菩薩摩訶薩遠離一切諸惡習氣不染世欲永斷煩惱衆魔羂索超諸有趣以智慧香而自莊嚴於諸世間皆無染著具足成就無所著戒淨無著智行無著境於一切處悉無有著其心平等無著無依而我何能知其妙行說其功德顯其所有清淨戒門示其所作無過失業辨其離染身語意行寅三。五指示後友善男子於此南方十九有一大城名曰樓閣由此迴向令菩提心轉更增長悲智相依而勝出故中有船師名婆施羅此云自在謂於佛法海已善通達於生死海能善運度於一切法深信不壞故名自在汝詣彼問菩薩云何學菩薩

行修菩薩道。六戀德禮辭時善財童子頂禮其足繞無量帀殷勤瞻仰辭退而去二三船師婆施羅寄不壞迴向六。初依教趣求二。初依教觀道爾時善財童子向樓閣城觀察道路於迴向道初得不壞故所謂觀道高卑佛道為高餘皆是卑觀道夷險生死涅槃為夷險觀道淨穢障無障為淨穢觀道曲直二乘為曲菩薩為直等。三趣求後位而興勝念漸次游行作是思惟我當親近彼善知識善知識者是成就修行諸菩薩道因是成就修行波羅蜜道因是成就修行攝衆生道因是成就修行普入法界無障礙道因是成就修行令一切衆生除惡慧道因是成就修行令一切衆生離憍慢道因是成就修行令一切衆生滅煩惱道因是成就修行令一切衆生捨諸見道因是成就修行令一切衆生拔一切惡刺道因是成就修行令一切

眾生至一切智城道因上正明謂菩薩道因人得故即於菩薩法師得不壞信後徹釋何以故於善知識處得一切善法故依善知識力得一切智道故善知識者難見難遇如是思惟漸次游行。二見敬諮問既至彼城見其船師在城門外海岸上住若佛法海以生死為此岸不捨生死故若約生死海以大悲修因而為此岸住大慈悲令離因故百千商人及餘無量大眾圍繞說大海法方便開示佛功德海善財見已往詣其所頂禮其足繞無量帀於前合掌而作是言聖者我已先發阿耨多羅三藐三菩提心而未知菩薩云何學菩薩行云何修菩薩道我聞聖者善能教誨願為我說三稱讚授法二初讚問船師告言善哉善哉善男子汝已能發阿耨多羅三藐三菩提心讚其發心後能問法文有九句今復能問生大智因斷除一切生死苦因往一切智大寶洲

因成就不壞摩訶衍因遠離二乘怖畏生死住諸寂靜三昧旋因前五能問果因三昧旋者旋謂深故澓沉而不流二乘沉寂動八萬劫故能遠離是菩薩道乘大願車徧一切處行菩薩行無有障礙清淨道因以善薩行莊嚴一切無能壞智清淨道因普觀一切十方諸法皆無障礙清淨道因速能趣入一切智海清淨道因後四能問因因故云道因二授已法界二初標名體善男子我在此城海岸路中淨修菩薩大悲幢行謂大悲超出為物所歸故二辨其業用二初明於陸化生令知有海善男子我觀閻浮提內貧窮眾生為饒益故修諸苦行隨其所願悉令滿足先以世物充滿其意復施法財令其歡喜令修福行令生智道令增善根力令起善提心令淨菩提願令堅大悲力令修能滅生死道令生不厭生死行令攝一切眾生海令修一切功德海

令照一切諸法海令見一切諸佛海令入一切智智海善男子我住於此如是思惟如是作意如是利益一切眾生二善知海相於海化生文二初明善知後彰化益今初此寶洲等生死法海義皆有之且約生死海釋文中略舉知五種事即分為五。初知寶善男子我知海中寶即是知故不入生死大海則不能生一切智寶於中文有一十二偈一切寶洲生死海中湛寂不動謂之寶洲一切寶處空不空如來藏為寶處一切寶類恒沙功德皆寶類一切寶種佛性為寶種上皆本有次四約修成我知淨一切寶以淨戒頭陀等為能淨鑽一切寶以緣起智為能鑽出一切寶以一切智心為出因作一切寶聽聞為能作後四為寶用我知一切寶器三乘等器智慧有殊一切寶用照理斷惑所用各別一切寶境界所緣境界萬品階差一切寶光明破愚顯明各各不等三即生死中瞋貪癡之毒三我知一切龍宮處一切夜叉宮處一切部多宮處部多此云自生亦如夜叉但不從父母生故喻多癡皆善迴避免其諸難三知心識相亦善別知漩澓淺深波濤遠近水色好惡種種不同色無色等依識

亦善別知（心定劫數淺深七識波浪染習遠近隨善惡緣心水色異。四即能知時）日月星宿運行度數晝夜晨晡晷漏延促（謂識之生熟如是時中宜修定慧等。五即知萬行不同）亦知其船鐵木堅脆（有方便為堅無方便為脆）機關澀滑（曾修為滑不曾則澀）水之大小（謂生死有邊與無邊）風之逆順（八風之中四順四逆。又謂修行有住與無住故）如是一切安危之相無不明了可行則行可止則止（若開前段第三第五各有三事則具十種。二彰化成益）善男子我以成就如是智慧常能利益一切衆生善男子我以好船運諸商衆行安隱道復為說法令其歡喜引至寶洲與諸珍寶咸使充足然後將領還閻浮提善男子我將大船如是往來未始令其一有損壞若有衆生得見我身聞我法者令其永不怖生死海必得入於一切智海必能消竭諸愛欲海能以智光照三世海能盡一切衆生苦海能淨

一切衆生心海速能嚴淨一切刹海普能往詣十方大海普知一切衆生根海普了一切衆生行海普順一切衆生心海（既列十海則知前海準此應思前四自利後六利他。四讚己推勝）善男子我唯得此大悲幢行若有見我及以聞我與我同住憶念我者皆悉不空如諸菩薩摩訶薩善能遊涉生死大海不染一切諸煩惱海能捨一切諸妄見海能觀一切諸法性海能以四攝攝衆生海已善安住一切智海能滅一切衆生著海能平等住一切時海能以神通度衆生海能以其時調衆生海而我云何能知能說彼功德行（五指示後友）善男子於此南方有城名可樂（由等佛迴向不見美惡皆得清淨歡喜悅樂故）中有長者名無上勝（以得勝通無過上故等於諸佛更無勝故）汝詣彼問菩薩云何學菩薩行修菩薩道（六戀德辭退）時

善財童子頂禮其足繞無量帀殷勤瞻仰悲泣流淚求善知識心無厭足辭退而去（第三無上勝長者寄等一切佛迴向。六。初依教趣求）爾時善財童子起大慈周徧心大悲潤澤心相續不斷福德智慧二種莊嚴捨離一切煩惱塵垢證法平等心無高下拔不善刺滅一切障堅固精進以為牆塹甚深三昧而作園苑以慧日光破無明闇以方便風開智慧華以無礙願充滿法界心常現入一切智城如是而求菩薩之道漸次經歷到彼城內（二見敬諮問。二。一切見）見無上勝在其城東（啓明佛日故）大莊嚴幢無憂林中（同佛迴向無憎愛故）無量商人百千居士之所圍繞（佛為商主菩薩為商人法財外益功歸己故）理斷人間種種事務因為說法令其永拔一切我慢離我我所捨所積聚滅慳嫉垢心得清淨無諸穢濁

獲淨信力常樂見佛授持佛法生菩薩力起菩薩行入菩薩三昧得菩薩智慧住菩薩正念增菩薩樂欲（三設敬）爾時善財童子觀彼長者為衆說法已以身投地頂禮其足良久乃起（二諮問）白言聖者我是善財我是善財（自稱名者謂歎名久聞表重法之懇冀有聞故）我專尋求菩薩之行菩薩云何學菩薩行菩薩云何修菩薩道隨修學時常能化度一切衆生常能現見一切諸佛常得聽聞一切佛法常能住持一切佛法常能趣入一切法門入一切剎學菩薩行住一切劫修菩薩道能知一切如來神力能受一切如來護念能得一切如來智慧（三稱讚授法二。初讚）時彼長者告善財言善哉善哉善男子汝已能發阿耨多羅三藐三菩提心（三授法二。初標名體）善男子我成就至一

切處菩薩行門無依無作神通之力（由無作無依故能徧至徧至是用廣無依是體勝無依者不依他故無作者離加行故三徵釋業用二。初徵）善男子云何為至一切處菩薩行門（三二經明至一切處廣說法故文二。初舉三千）善男子我於此三千大千世界欲界一切諸衆生中所謂一切三十三天一切須夜摩天一切兜率陀天一切善變化天一切他化自在天一切魔天及餘一切天龍夜叉羅剎娑樓荼乾闥婆阿脩羅迦樓羅緊那羅摩睺羅伽人與非人村營城邑一切住處諸衆生中而為說法令捨非法令息諍論令除鬬戰令止忿競令破怨結令解繫縛令出牢獄令免怖畏令斷殺生乃至邪見一切惡業不可作事皆令禁止令其順行一切善法令其修學一切技藝於諸世間而作利益為其分別種種

諸論令生歡喜令漸成熟隨順外道為說勝智令斷諸見令入佛法乃至色界一切梵天我亦為其說超勝法（。二類顯十方）如於此三千大千世界乃至十方十不可說百千億那由他佛剎微塵數世界中我皆為說佛法菩薩法聲聞法獨覺法說地獄說地獄衆生說向地獄道說畜生說畜生差別說畜生受苦說向畜生道說閻羅王世間說閻羅王世間苦說向閻羅王世間道說天世間說天世間樂說向天世間道說人世間說人世間苦樂說向人世間道為欲開顯菩薩功德為令捨離生死過患為令知見一切智人諸妙功德為欲令知諸有趣中迷惑受苦為令知見無障礙法為欲顯示一切世間生起所因為欲顯示一切世

聞寂滅爲樂爲令衆生捨諸想著爲令證得佛無依法爲令永滅諸煩惱輪爲令能轉如來法輪我爲衆生說如是法（西譴已推勝）善男子我唯知此至一切處修菩薩行清淨法門無依無作神通之力（加消淨法門者徧至本爲說法故即前所說）如諸菩薩摩訶薩具足一切自在神通悉能徧往一切佛刹得普眼地悉聞一切音聲言說普入諸法智慧自在無有乖諍勇健無比以廣長舌出平等音其身妙好同諸菩薩與諸如來究竟無二無有差別智身廣大普入三世境界無際同於虛空而我云何能知能說彼功德行（五指後友）善男子於此南方有一國土名曰輪那（此云勇猛猛之力能使善根無不至故又以十度明義義當進故）其國有城名迦陵迦林（以義翻爲相闘戰時謂因闘諍而立城故表此七迴向願以信解大威力故廣大智慧無障礙故令修善根無所不至義同戰時舒展自在無不至故）有比丘尼（純淨之悲令善偏故）名師子嚬申汝詣彼問菩薩云何學菩薩行修菩薩道（六戀德檀辭）時善財童子頂禮其足繞無量帀殷勤瞻仰辭退而去

大方廣佛華嚴經疏卷第一百三　寘三

大方廣佛華嚴經疏卷第一百四（入第六十七經下半） 寘四

清涼山沙門澄觀述 晉水沙門淨源錄疏注經

（四師子嚬申比丘尼寄第一切處迴向文六○初依教趣求）爾時善財童子漸次游行至彼國城周徧推求此比丘尼有無量人咸告之言善男子此比丘尼在勝光王之所捨施日光園中（準律尼之頭陀多在王園藉外護故表因實際勝光令其善根徧法界之園苑故並皆即智故有光名）說法利益無量衆生（○二見敬諮問三初見二初見依報六○初總滿林樹）時善財童子即詣彼園周徧觀察見其園中有一大樹名爲滿月形如樓閣放大光明照一由旬見一葉樹名爲普覆其形如蓋放毗瑠璃紺青光明見一華樹名曰華藏其形高大如雪山王雨衆妙華無有窮盡如忉利天中波利質多羅樹復見有一甘露果樹形如金山常放光明種種衆果悉皆具足復見有一摩尼寶樹名毗盧遮那藏其形無比心王摩尼寶最在其上阿僧祇色相摩尼寶周徧莊嚴復有衣樹名爲清淨種種色衣垂布嚴飾復有音樂樹名爲歡喜其音美妙過諸天樂復有香樹名普莊嚴恒出妙香普熏十方無所障礙（無漏法行而建立故文中有八各有所表思之○二八解泉流）園中復有泉流陂池一切皆以七寶莊嚴黑栴檀泥凝積其中上妙金沙彌布其底八功德水（謂輕冷濡美淨而不臭調適無患）具足盈滿優鉢羅華波頭摩華拘物頭華芬陀利華徧覆其上（○三敷法空座而隨法嚴具）無量寶樹周徧行列諸寶樹下敷師子座種種妙寶以爲莊嚴布以天衣熏諸妙香垂諸寶繒施諸寶帳閻浮金網彌覆其上寶鐸徐搖出妙音聲（上標下列）或有樹下敷蓮華藏師子之座或有樹下敷香王摩尼藏師子之座或有樹下敷龍莊嚴摩尼王藏師子之座或有樹下敷寶師子聚摩尼王藏師子之座或有樹下敷毗盧遮那摩尼王藏師子之座或有樹下敷十方毗盧遮那摩尼王藏師子之座（後結）其一一座各有十萬寶師子座周帀圍繞一一皆具無量莊嚴（四雜明諸嚴）此大園中衆寶徧滿猶如大海寶洲之上迦鄰陀衣以布其地柔輭妙好能生樂觸蹈則沒足舉則還復無量諸鳥出和雅音寶栴檀林上妙莊嚴種種妙華常雨無盡猶如帝釋雜華之園無比香王普熏一切猶如帝釋善法之堂諸音樂樹寶多羅樹衆寶鈴網出妙音聲如自在天善口天女所出歌音諸如意樹種種妙衣垂布莊嚴猶如大海有

無量色百千樓閣衆寶莊嚴如忉利天宮善見大城寶蓋遐張如須彌峰光明普照如梵王宮（萬行非一故五出其所因）爾時善財童子見此大園無量功德種種莊嚴皆是菩薩業報成就出世善根之所生起供養諸佛功德所流一切世間無與等者如是皆從師子嚬申比丘尼了法如幻集廣大清淨福德善業之所成就（六明果用自在）三千大千世界天龍八部無量衆生皆入此園而不迫窄何以故此比丘尼不可思議威神力故（三見正報四初總明徧坐勝德顯影）爾時善財見師子嚬申比丘尼徧坐一切諸寶樹下大師子座身相端嚴威儀寂靜諸根調順如大象王心無垢濁如清淨池普濟所求如如意寶不染世法猶如蓮華心無所畏如師子王護持淨戒

不可傾動如須彌山能令見者心得清涼如妙香王能除衆生諸煩惱熱如雪山中妙栴檀香衆生見者諸苦消滅如善見藥王見者不空如婆樓那天（婆樓那者此云水也以其能滿人之願故然水天之義義味不空則未詳所以）能長一切衆善根芽如良沃田在一一座衆會不同所說法門亦各差別（三別明所徧演法各異有三十處分三初十六為八部人非人等）或見處座淨居天衆所共圍繞大自在天子而為上首此比丘尼為說法門名無盡解脫（先有七處為天一為淨居天說無盡者治彼那含求盡身智故）或見處座諸梵天衆所共圍繞愛樂梵王而為上首此比丘尼為說法門名普門差別清淨言音輪（一梵王普應但於己衆廣及二千為說普門則無不應梵音清妙但是世間為說法界勝流方為淨妙）或見處座他化自在天天子天女所共圍繞自在天王而為上首此比丘尼為說法門名

菩薩清淨心（三他化天令得出世淨心超世自在故）或見處座善變化天天子天女所共圍繞善化天王而為上首此比丘尼為說法門名一切法善莊嚴（四化樂樂具莊嚴不及善故）或見處座兜率陀天天子天女所共圍繞兜率天王而為上首此比丘尼為說法門名心藏旋（五旋歸如來藏心則真喜足故）或見處座須夜摩天天子天女所共圍繞夜摩天王而為上首此比丘尼為說法門名無邊莊嚴（六徧法界方盡時分之樂）或見處座三十三天天子天女所共圍繞釋提桓因而為上首此比丘尼為說法門名厭離門（七釋天耽欲甚故）或見處座百光明龍王難陀龍王優波難陀龍王摩那斯龍王伊羅跋難陀龍王阿那婆達多龍王等龍子龍女所共圍繞娑伽羅龍王而為上首此比丘尼為說

法門名佛神通境界光明莊嚴（八龍能通變耀電降雨莊嚴故）或見處座諸夜叉衆所共圍繞毗沙門天王而爲上首此比丘尼爲説法門名救護衆生藏（九夜叉性好飛空害物故）或見處座乾闥婆衆所共圍繞持國乾闥婆王而爲上首此比丘尼爲説法門名無盡喜（十乾闥婆衆能奏樂喜樂故上三亦四王衆意存八部故闕南西）或見處座阿修羅衆所共圍繞羅睺阿脩羅王而爲上首此比丘尼爲説法門名速疾莊嚴法界智門（十一脩羅善幻爲莊嚴故）或見處座迦樓羅衆所共圍繞捷持迦樓羅王而爲上首此比丘尼爲説法門名怖動諸有海（十二迦樓羅動海怖龍故）或見處座緊那羅衆所共圍繞大樹緊那羅王而爲上首此比丘尼爲説法門名佛行光明（十三緊那羅是歌神以佛行光明破其著故又頭有一角亦云疑神今同佛覺離疑光明故）或見處座摩睺羅伽衆所共圍繞菴羅林摩睺羅伽王而爲上首此比丘尼爲説法門名生佛歡喜心（十四摩睺羅伽多瞋毒故上來八部除卻第八并第十叉夜叉衆摩睺羅伽約對治説餘皆約隨便宜隨其世能轉入出世故緊那羅衆通此二義）或見處座無量百千男子女人所共圍繞此比丘尼爲説法門名殊勝行（第十五一座爲人人多行不善行設行仁義亦非勝故故令起出世勝行）或見處座諸羅刹衆所共圍繞常奪精氣大樹羅刹王而爲上首此比丘尼爲説法門名發生悲愍心（十六一座爲羅刹則是非人亦治多殘害故。二有二座爲二乘）或見處座信樂聲聞乘衆生所共圍繞此比丘尼爲説法門名勝智光明（聲聞智劣故）或見處座信樂緣覺乘衆生所共圍繞此比丘尼爲説法門名佛功德廣大光明（緣覺修福止百劫故緣起智光未能忘緣故。三有十二座爲菩薩文三初爲地前）或見處座信樂大乘衆生所共圍繞此比丘尼爲説法門名普門三昧智光明門（説定慧之光三爲地）或見處座初發心諸菩薩所共圍繞此比丘尼爲説法門名一切佛願聚（初發心者證發心也發十大願故）或見處座第二地諸菩薩所共圍繞此比丘尼爲説法門名離垢輪或見處座第三地諸菩薩所共圍繞此比丘尼爲説法門名寂靜莊嚴或見處座第四地諸菩薩所共圍繞此比丘尼爲説法門名生一切智境界或見處座第五地諸菩薩所共圍繞此比丘尼爲説法門名妙華藏（華謂十種平等淨心故晉經云淨心華藏華能者以真俗雙修於難得勝爲因含藏故）或見處座第六地諸菩薩所共圍繞此比丘尼爲説法門名毗盧遮那藏或見處座第七地諸菩薩所共圍繞此比丘尼爲説法門名普莊嚴地或見處座第八地諸菩薩所共圍繞此比丘尼爲説法門名遍法界境界身或見處座第九地諸菩薩所共圍繞此比丘尼為説法門名無所得力莊嚴或見處座第十地諸菩薩所共圍繞此比丘尼為説法門名無礙輪（三一義當等覺）或見處座執金剛神所共圍繞此比丘尼為説法門名金剛智那羅延莊嚴（説金剛喻定壞散塵習故既為等覺而説明此位非小言迴向者約寄位耳他皆倣此。二總結多類聞法發心）善財童子見如是等一切諸趣所有衆生已成熟者已調伏者堪為法器皆入此園各於座下圍繞而坐師子嚬申比丘尼隨其欲解勝劣差別而為説法令於阿耨多羅三藐三菩提得不退轉（四總顯所因釋成自在有二。初由能化具般若）何以故此比丘尼入普眼捨得般若波羅蜜門説一切佛法般若波羅蜜門法界差別般若波羅蜜門散壞一切障礙輪般若波羅蜜門生一切衆生善心般若波羅蜜門殊勝莊嚴般若波羅蜜門無礙眞實藏般若波羅蜜門法界圓滿般若波羅蜜門心藏般若波羅蜜門普出生藏般若波羅蜜門此十般若波羅蜜門為首入如是等無數百萬般若波羅蜜門（二由彼所化根已熟）此日光園中所有菩薩及諸衆生皆是師子嚬申比丘尼初勸發心受持正法思惟習修於阿耨多羅三藐三菩提得不退轉（三設敬三。初覩勝發心）時善財童子見師子嚬申比丘尼如是園林如是牀座如是經行如是衆會如是神力如是辯才復聞不可思議法門廣大法雲潤澤其心便生是念我當右繞無量百千帀（二放光攝受）時比丘尼放大光明普照其園衆會莊嚴（三正申敬儀）善財童子即自見身及園林中所有衆樹皆悉右繞此比丘尼經於無量百千萬帀圍繞畢已善財童子合掌而住（三問法）白言聖者我已先發阿耨多羅三藐三菩提心而未知菩薩云何學菩薩行云何修菩薩道我聞聖者善能誘誨願為我説（六三授己法界三。初標名體）比丘尼言善男子我得解脫名成就一切智（同佛智故。二徵釋其體）善財言聖者何故名為成就一切智比丘尼言善男子此智光明於一念中普照三世一切諸法（一念普照故。三辨其業用二。初問）善財白言聖者此智光明境界云何（二答二。初明通用二。初辨用所依）比丘尼言善男子我入此智光明門得出生一切法三昧王（謂由一切智能入王三昧故王三昧者智論第八云一切三昧皆入中故體即如如如體本寂眞智契此故名三昧以一切智有其二義一徧知三世一切事故二對於種智名根本智知一切事皆一實故以即權之實智契即事之實理故一切三昧皆入其中）以此三昧故得意生身（又由王三昧體）

無不徧故意生身隨類能成二辨能依業用往十方一切世界兜率天宮一生所繫菩薩所一一菩薩前現不可說佛刹微塵數身一一身作不可說佛刹微塵數供養所謂現天王身乃至人王身執持華雲執持鬘雲燒香塗香及以末香衣服瓔珞幢幡繒蓋寶網寶帳寶藏寶燈如是一切諸莊嚴具我皆執持而以供養如於住兜率宮菩薩所如是於住胎出胎在家出家往詣道場成等正覺轉正法輪入於涅槃如是中閒或住天宮或住龍宮乃至或復住於人宮於彼一一諸如來所我皆如是而為供養若有眾生知我如是供養佛者皆於阿耨多羅三藐三菩提得不退轉若有眾生來至我所我即為說般若波羅蜜三明其智用善男子我見一切眾生

不分別眾生相智眼明見故聽一切語言不分別語言相心無所著故見一切如來不分別如來相了達法身故住持一切法輪不分別法輪相悟法自性故一念徧知一切法不分別諸法相知法如幻故又前即差別智用今即無分別智用故稱境無取自謙己推勝善男子我唯知此成就一切智解脫如諸菩薩摩訶薩心無分別普知諸法一身端坐充滿法界於自身中現一切刹一念悉詣一切佛所於自身內普現一切諸佛神力一毛徧舉不可言說諸佛世界於其自身一毛孔中現不可說世界成壞於一念中與不可說不可說眾生同住於一念中入不可說不可說一切諸劫而我云何能知能說彼功德行五指示後文善男子於此南方有一國土名曰險難逆行非道

下位不能行故此國有城名寶莊嚴逆隨世行能生無盡功德藏故中有女人名婆須蜜多此云世友亦云天友隨世人天方便化故汝詣彼問菩薩云何學菩薩行修菩薩道。六戀德禮辭時善財童子頂禮其足繞無數帀殷勤瞻仰辭退而去已下入六十八經五婆須蜜女寄無盡功德藏迴向六初依教趣求二。初依教底益爾時善財童子大智光明照啓其心思惟觀察見諸法性謂由聞一切智光故思修趣入得二種益一得見實法性益由前實智故得了知一切言音陀羅尼門得受持一切法輪陀羅尼門得與一切眾生作所歸依大悲力得觀察一切法義理光明門得充滿法界清淨願得普照十方一切法智光明得徧莊嚴一切世界自在力得普發起一切菩薩業圓滿願二得權智之益由前寂三世差別智故二趣求後位四。初專心尋見漸次游行至險難國寶莊嚴城處處尋覓婆須蜜多女二淺識致疑城中有人不知此女功德智慧作如是念今此童子諸根寂靜智慧明了不迷不亂諦視一尋無有疲懈無所取著目視不瞬心無所動甚深寬廣猶如大海不應於此婆須蜜女有貪愛心有顛倒心生於淨想生於欲想不應爲此女色所攝此童子者不行魔行不入魔境不沒欲泥不被魔縛不應作處已能不作有何等意而求此女（逆行難知故不自疑者貪順於悲障行劣故不同前二又於前二已調伏故此中不疑三深智讚教二初讚）其中有人先知此女有智慧者告善財言善哉善哉善男子汝今乃能推求尋覓婆須蜜女汝已獲得廣大善利善男子汝應決定求佛果位決定欲爲一切衆生作所依怙決定欲拔一切衆生貪愛毒箭決定欲破一切衆生於女色中所有淨想（二敎示所在）善男子婆須蜜女於此城内市廛之北自宅中住（市者喧雜北主於滅自宅即畢竟空寂謂在欲行禪處喧常寂故在市廛之北等。四依教往詣）時善財童子聞是語已歡喜踴躍往詣其門（三見敬諮問三初見二初見依報）見其住宅廣博嚴麗寶牆寶樹及以寶塹一一皆有十重圍繞其寶塹中香水盈滿金沙布地諸天寶華優鉢羅華波頭摩華拘物頭華芬陀利華徧覆水上宮殿樓閣處處分布門闥牕牖相望間列咸施網鐸悉置幡幢無量珍奇以爲嚴飾瑠璃爲地衆寶間錯燒諸沉水塗以栴檀懸衆寶鈴風動成音散諸天華徧布其地種種嚴麗不可稱說諸珍寶藏其數百千十大園林以爲莊嚴（畢竟空中無德不具故廣顯具嚴。二見正報）爾時善財見此女人顏貌端嚴色相圓滿皮膚金色目髮紺青不長不短不麤不細欲界人天無能與比音聲美妙超諸梵世一切衆生差別言音悉皆具足無不解了深達字義善巧談說得如幻智入方便門衆寶瓔珞及諸嚴具莊嚴其身如意摩尼以爲寶冠而冠其首復有無量眷屬圍繞皆共善根同一行願福德大藏具足無盡時婆須蜜多女從其身出廣大光明普照宅中一切宮殿遇斯光者身得清涼（具有主伴德用。二敬問）爾時善財前詣其所頂禮其足合掌而住白言聖者我已先發阿耨多羅三藐三菩提心而未知菩薩云何學菩薩行云何修菩薩道我聞聖者善能教誨願爲我說（三授已法界三。初標名體）彼即告言善男子我得菩薩解脫名離貪欲際（凡夫染欲二乘之人見欲可離菩薩不斷貪欲而得解脫智了性空欲即道故如是染而不染方爲究竟離欲之際。三正顯業用二。初身同類現）隨其欲樂而為現身若天見我我為天女形貌光明殊勝無比如是乃至人非人等而見我者我即為現人非人女隨其樂欲皆令得見（二以法益生）若有衆生欲意所纏來詣我所我為說法彼聞法已則離貪欲得菩薩無著境界三昧若有衆生暫見於我則離貪欲得菩薩歡喜三昧若有衆生暫與我語則離貪欲得菩薩無礙音聲三昧若有衆生暫執我手則離貪欲得菩薩徧往一切佛刹三昧若有衆生暫升我座則離貪欲得菩薩解脫光明三昧若有衆生暫觀於我則離貪欲得菩薩寂靜莊嚴三昧若有衆生見我頻申則離貪欲得菩薩摧伏外道三昧若有衆生見我目瞬則離貪欲得菩薩佛境界光明三昧若有衆生抱持於我則離貪欲得菩薩攝一切衆生性不捨離三昧若有衆生唼我脣吻則離貪欲得菩薩增長一切衆生福德藏三昧凡有衆生親近於我一切皆得住離貪際入菩薩一切智地現前無礙解脫（十六）（十種三昧皆隨受欲便空得斯甚深三昧）（第四）（三得法因緣二。初問）善財白言聖者種何善根修何福業而得成就如是自在（二答）答言善男子我念過去有佛出世名為高行其王都城名曰妙門善男子彼高行如來哀愍衆生入於王城蹈彼門閫其城一切悉皆震動忽然廣博衆寶莊嚴無量光明遞相映徹種種寶華散布其地諸天音樂同時俱奏一切諸天充滿虛空善男子我於彼時為長者妻名曰善慧見佛神力心生覺悟則與其夫往詣佛所以一寶錢而為供養（一寶錢施者有二義寶而能捨故得離貪二一錢雖微以菩提心故成斯自在）是時文殊師利童子為佛侍者為我說法令發阿耨多羅三藐三菩提心（四謙己推勝）善男子我唯知此菩薩離貪際解脫如諸菩薩摩訶薩成就無邊巧方便智其藏廣大境界無比（第十七）而我云何能知能說彼功德行（五指示後友）善男子於此南方有城名善度（無一善根不度到於究竟處故）中有居士名鞞瑟胝羅彼常供養栴檀座佛塔（鞞瑟胝羅此云纏裹以義當包攝塔中包攝一切佛故或云攝入攝諸善根入平等故常供佛塔者諸善根中斯為最故未詳何緣偏供此塔有云以此塔中空有栴檀之座為欲普供無盡佛故亦是一理）汝詣彼問菩薩云何學菩薩行修菩薩道（六戀德禮辭）時善財童子頂禮其足繞無量帀殷勤瞻仰辭退而去（六）（鞞瑟胝羅寄入一切平等善根迴向六。初依教趣求）爾時善財童子漸次游行至善度城（闕無念法二見敬諮問）詣居士宅頂禮其足合掌而立白言聖者我已先發阿耨多羅三藐三菩提心而未知菩薩云何學菩薩行云何修菩薩道我聞聖者善能誘誨願為我說（三正授法界四。初標名）居士告言善男子我得菩薩解脫名不般涅槃際（般者入也窮諸如來不入涅槃之實際故故出現品云如實際涅槃如來涅槃亦如是。二顯體）善男子我不生心言如是如來已般涅槃如是如來現般涅槃如是如來當般涅槃我知十方一切世界諸佛如來畢竟無有般涅槃者（謂心契實際知佛常住。三釋其外疑）唯除為欲調伏衆生而示現耳（並如出現品辯楞伽亦云無有佛涅槃無有涅槃佛。四顯其業用二。初辯用所依）善男子我開栴檀座如來塔門時得三昧名佛種無盡（佛種從緣起佛緣理生見理湛然見佛無滅以佛化身即是常身法身故）善男子我念念中入此三昧念念得知一切無量殊勝之事（亦是證前不涅槃義舉現見故。二問答境界）善財白言此三昧者境界云何居士答言善男子我

入此三昧隨其次第見此世界一切諸佛所謂迦葉佛拘那含牟尼佛拘留孫佛尸棄佛毗婆尸佛提舍佛弗沙佛無上勝佛無上蓮華佛如是等而為上首於一念頃得見百佛得見千佛得見百千佛得見億佛千億佛百千億佛阿庾多億佛那由他億佛乃至不可說不可說世界微塵數佛如是一切次第皆見亦見彼佛初始發心種諸善根獲勝神通成就大願修行妙行具波羅蜜入菩薩地得清淨忍摧伏魔軍成正等覺國土清淨衆會圍繞放大光明轉妙法輪神通變現種種差別我悉能持我悉能憶悉能觀察分別顯示未來彌勒佛等一切諸佛現在毗盧遮那佛等一切諸佛悉亦如是如此世界十方世界所有

三世一切諸佛聲聞獨覺諸菩薩衆悉亦如是（四謙己推勝）善男子我唯得此菩薩所得不般涅槃際解脫如諸菩薩摩訶薩以一念智普知三世一念徧入一切三昧如来智日恒照其心於一切法無有分別了一切佛悉皆平等如来及我一切衆生等無有二知一切法自性清淨無有思慮無有動轉而能普入一切世間離諸分別住佛法印悉能開悟法界衆生而我云何能知能說彼功德行（長者雖知三世不滅未能一念而知及所平等。五指示後友）善男子於此南方有山名補怛洛迦彼有菩薩名觀自在汝詣彼問菩薩云何學菩薩行修菩薩道即說頌曰（以大悲菩薩良尊重故偏加於頌）

海上有山多聖賢　衆寶所成極清淨

華果樹林皆徧滿　泉流池沼悉具足

勇猛丈夫觀自在　爲利衆生住此山
汝應往問諸功德　彼當示汝大方便
時善財言海上有山者，大悲隨順入生死海而住涅槃山故，即南印度之南。六戀德禮辭童子頂禮其足，繞無量帀，已殷勤瞻仰，辭退而去。七觀自在菩薩，寄隨順一切衆生迴向。晉文名觀自在者，三業歸向，必六通赴緣，攝利難思，名觀自在。由此能徧隨順衆生。在補怛落迦山者，此云小白華樹山，多此樹，香氣遠聞，聞見必欣，是隨順義。又觀自在者，或云觀世音。梵云婆盧枳底，此云觀也；濕伐羅，此云自在；若云攝伐多，此云音也。然梵本中自有二種不同，故譯者隨異。而法華經觀音品云：觀其音聲，皆得解脫，即觀世音也。若具三業攝化，即觀自在，故彼中初語業稱名除七災，二身業禮拜滿二願，三意業存念淨三毒。而今多念觀音者，以語業用多故，又人多稱故。今取義圓，故云自在。然觀則能觀通一切觀，世是所觀通一切世。若云音者，亦通所觀，即所救一切機也。若云自在，乃屬菩薩能化之用。文中但有五段，闕第六禮辭。初依教趣求爾時善財童子一心思惟彼居士教，入彼菩薩解脫之藏，得彼菩薩能隨念力，憶彼諸佛出現次第，念彼諸佛相續次第，持彼諸佛名號次第，觀彼諸佛所說妙法，知彼諸佛具足莊嚴，見彼諸佛成正等覺，了彼諸佛不思議業。漸次遊行，至於彼山，處處求覓此大菩薩。三見敬諮。問先見有三，初見勝依正見其西面西方主，致顯悲救故，又令歸向本所事故。巖谷之中，泉流縈映，樹林蓊鬱，香草柔軟，右旋布地。觀自在菩薩於金剛寶石上結加趺坐，無量菩薩皆坐寶石，恭敬圍繞，而爲宣說大慈悲法，令其攝受一切衆生。二彰見之益善財見已，歡喜踊躍，合掌諦觀，目不暫瞬。以得勝念惠自心故作如是念：善知識者則是如來。引至究竟，同於佛故。善知識者一切法雲，善知識者諸功德藏，善知識者難可值遇，善知識者十力寶因，善知識者無盡智炬，善知識者福德根芽，善知識者一切智門，善知識者智海導師，善知識者至一切智助道之具。便即往詣大菩薩所。三受重諮攝爾時觀自在菩薩遙見善財，告言：善來！汝發大乘意，普攝衆生，起正直心，專求佛法，大悲深重，救護一切，普賢妙行相續現前，大願深心圓滿清淨，勤求佛法，悉能領受，積集善根，恒無厭足，順善知識，不違其教，從文殊師利功德智慧大海所生，其心成熟，得佛勢力，已獲廣大三昧光明，專意希求甚深妙法，常見諸佛，生大歡喜，智慧清淨猶如虛空，既自明了，復爲他說，安住如來智慧光明。大悲深厚，隨順受故。二敬問爾時善財童子頂禮觀自在菩薩足，繞無數帀，合掌而住，白言：聖者！我已先發阿耨多羅三藐三菩提心，而未知菩薩云何學菩薩行，云何修菩薩道？我聞聖者善能教誨，願爲我說。三稱讚授法，二初讚菩薩告言：善哉善哉！善男子！汝已能發阿耨多羅三藐三菩提心。

三二校三初標名善男子我已成就菩薩大悲行解脫門二總顯體相 善男子我以此菩薩大悲行門平等教化一切衆生相續不斷亦是釋名平等教化即是大悲以同體悲故云平等相續不斷即是行門又門即普門普門示現曲濟無遺故 善男子我住此大悲行門常在一切諸如來所三廣顯業用二初約普門以顯業用二初總明以上同如來妙覺眞心故 普現一切衆生之前下與衆生同體大悲故普現即普門示現然大聖久成正覺号正法明示爲菩薩義言等佛耳二別明普現之義 或以布施攝取衆生或以愛語或以利行或以同事攝取衆生或現色身攝取衆生或現種種不思議色淨光明網攝取衆生或以音聲或以威儀或爲說法或現神變令其心悟而得成熟或爲化現同類之形與其共居而成熟之有十一句方法華經三十二應作觀似少義取乃多彼三十二應但是此中或現色身又說法耳二約大悲行以顯業用爲救諸怖畏故於中三初離世怖有十八種 善男子我修行此大悲行門願常救護一切衆生願一切衆生離險道怖離熱惱怖離迷惑怖上三約煩惱即是因怖餘皆約果 離繫縛怖離殺害怖離貧窮怖離不活怖離惡名怖離於死怖離大衆怖離惡趣怖縛殺貧三不活開出此下皆五怖中事 離黑闇怖離遷移怖離愛別怖離怨會怖離逼迫身怖離逼迫心怖離憂悲怖上約所離二即能離因 復作是願願諸衆生若念於我若稱我名若見我身皆得免離一切怖畏念即是意三業皆益故三進大心 善男子我以此方便令諸衆生離怖畏已復教令發阿耨多羅三藐三菩提心永不退轉令進大心方能究竟離二死怖四謙已推勝 善男子我唯得此菩薩大悲行門久成正覺尚不失謙 如諸菩薩摩訶薩已淨普賢一切願已住普賢一切行常行一切諸善法常入一切諸三昧常住一切無邊劫常知一切三世法常詣一切無邊剎常息一切衆生惡常長一切衆生善常絕衆生生死流而我云何能知能說彼功德行二指示後友二初後友入會 爾時東方有一菩薩從東來者後位如相智明方證故 名曰正趣正法偏趣化衆生故以智正趣眞如相故 從空中來智體無依方契如故 至娑婆世界輪圍山頂意表如依妄惑顯故 以足按地其娑婆世界六種震動以定慧足除雜慧故 一切皆以衆寶莊嚴正趣菩薩放身光明映蔽一切日月星電天龍八部釋梵護世所有光明皆如聚墨其光普照一切地獄畜生餓鬼閻羅王處令諸惡趣衆苦皆滅煩惱不起憂悲悉離又於一切諸佛國土普雨一切華香瓔珞衣服幢蓋如是所有諸莊嚴具供養於佛復隨衆生心之所樂普於一切諸宮殿中而現其身令其見者皆悉歡喜然後來詣觀

自在所同前會者意顯不離隨順衆生得如相故又以智會悲成無住故二前交指示時觀自在菩薩告善財言善男子汝見正趣菩薩来此會不白言已見告言善男子汝可往問菩薩云何學菩薩行修菩薩道以在此會故闕禮辭

大方廣佛華嚴經疏卷第一百四

大方廣佛華嚴經疏卷第一百五 入第六十八經下半 寘五

清涼山沙門 澄觀述 晉水沙門 淨源 錄疏注經

八正趣菩薩寄具如相迴向善友文六 初依教趣求 爾時善財童子敬承其教遠即往詣彼菩薩所 二見敬諮問 頂禮其足合掌而立白言聖者我已先發阿耨多羅三藐三菩提心而未知菩薩云何學菩薩行云何修菩薩道我聞聖者善能教誨願為我說 三授已法界 二初標名體 正趣菩薩言善男子我得菩薩解脫名普門速疾行 十方無際故名普門一念超多故云速疾二顯其業用四初申問 善財言聖者於何佛所得此法門所從來剎去此幾何發來久如 雖有二問意在速疾二顯深 告言善男子此事難知一切世間天人阿脩羅沙門婆羅門等所不能了唯勇猛精進無退無怯諸菩薩眾已為一切善友所攝諸佛所念善根具足志樂清淨得菩薩根有智慧眼能聞能持能解能說 三承力許說 善財言聖者我承佛神力善知識力能信能受願為我說 四正荅前問五 初荅得法處 正趣菩薩言善男子我從東方妙藏世界普勝生佛所而來此土於彼佛所得此法門 從體自本智如來藏界普生萬善本覺而來故行能速遍知一切法不離心性萬行頓成 二荅時久近 彼發來已經不可說不可說佛剎微塵數劫 三荅處近遠 一一念中舉不可說不可說佛剎微塵數步一一步過不可說不可說世界微塵數佛剎 以多時發多步剎知速疾四顯其成益 一一佛剎我皆徧入至其佛所以妙供具而為供養此諸供具皆是無上心所成無作法所印諸如來所忍諸菩薩所歎善男子我又普見彼世界中一切眾生悉知其心悉知其根隨其欲解現身說法或放光明或施財寶種種方便教化調伏無有休息 五顯顯十方 如從東方南西北方四維上下亦復如是 西謙已推勝 善男子我唯得此菩薩普疾行解脫能疾周徧到一切處如諸菩薩摩訶薩普於十方無所不至智慧境界等無差別善布其身悉徧法界至一切道入一切剎知一切法到一切世平等演說一切法門同時照耀一切眾生於諸佛所不生分別於一切處無有障礙而我云何能知能說彼功德行 五指示後友 善男子於此南方有城名墮羅鉢底 此云有門謂有此無縛無著等微妙法門為法師故 其中有神名曰大天 現大身故無縛無著智淨白在故名為天攝理普應故名為大妙用難測故名為神 汝詣彼問菩薩云何學菩薩行修菩薩道 六戀德禮辭 時善財童子頂禮其足繞無數帀殷勤瞻仰辭退而去 九大天神寄無縛無著解脫迴向 六初依教趣求 爾時善財童子入菩薩廣

大行求菩薩智慧境見菩薩神通事念菩薩勝功德生菩薩大歡喜起菩薩堅精進入菩薩不思議自在解脫行菩薩功德地觀菩薩三昧地住菩薩總持地入菩薩大願地得菩薩辯才地成菩薩諸力地漸次遊行至於彼城推問大天今在何所人咸告言在此城内現廣大身爲衆說法二見敬諮問爾時善財至大天所頂禮其足於前合掌而作是言聖者我已先發阿耨多羅三藐三菩提心而未知菩薩云何學菩薩行云何修菩薩道我聞聖者善能教誨願爲我說三授已法界二初授法方便爾時大天長舒四手取四大海水自洗其面持諸金華以散善財約事則發心難遇淨目而觀散華而供故約表謂展四無礙解手取所證勝流相應法門先當自淨以洗身心後因利他故云華散亦表四攝遠展攝取四衆故而告之言善男子一切菩薩

難可得見難可得聞希出世間於衆生中最爲第一是諸人中芬陀利華爲衆生歸爲衆生救爲諸世間作安隱處爲諸世間作大光明示迷惑者安隱正道爲大導師引諸衆生入佛法門爲大法將善能守護一切智城菩薩如是難可值遇唯身語意無過失者然後乃得見其形像聞其辯才於一切時常現在前現相讚友難遇令欣入故二正授所得二初標名體善男子我已成就菩薩解脫名爲雲網謂以六度大悲如雲霔潤如網羅攝故二問答善財言聖者雲網解脫境界云何二答二初現寶業用四攝攝生故文中亦二初問令施數以檀攝爾時大天於善財前示現金聚銀聚瑠璃聚頗梨聚硨磲聚碼瑙聚大燄寶聚離垢藏寶聚大光明寶聚普現十方寶聚寶冠聚寶印聚寶瓔珞聚寶璫聚寶釧聚寶鎖聚珠網聚

種種摩尼寶聚一切莊嚴具聚如意摩尼聚皆如大山又復示現一切華一切鬘一切香一切燒香一切塗香一切衣服一切幢幡一切音樂一切五欲娛樂之具皆如山積及現無數百千萬億諸童女衆而彼大天告善財言善男子可取此物供養如來修諸福德幷施一切攝取衆生令其修學檀波羅蜜能捨難捨三類通教餘及利行攝善男子如我爲汝示現此物教汝行施爲一切衆生悉亦如是皆令以此善根熏習於三寶所善知識所恭敬供養增長善法發於無上菩提之意善男子若有衆生貪著五欲自放逸者爲其示現不淨境界若有衆生瞋恚憍慢多諍競者爲其示現極可怖形如羅刹等飲血噉肉令其見已驚恐惶懼心

意調柔捨離怨結若有衆生惛沉懶墮爲其示現王賊水火及諸重疾令其見已心生惶怖知有憂苦而自勉策以如是等種種方便令捨一切諸不善行修行善法令除一切波羅蜜障具波羅蜜令超一切障礙險道到無障處如是等言亦攝愛語同事。四讓己推勝善男子我唯知此雲網解脫如諸菩薩摩訶薩猶如帝釋已能摧伏一切煩惱阿脩羅軍猶如大水普能消滅一切衆生諸煩惱火猶如猛火普能乾竭一切衆生諸愛欲水猶如大風普能吹倒一切衆生諸見取幢猶如金剛悉能摧破一切衆生諸我見山而我云何能知能說彼功德行主指示彼友善男子此閻浮提摩竭提國菩提場中所入法界即得菩提之處故善提是本前南有所表從本之南今攝末歸本之法界故不云南矣又地上證如亦同本故今廻向終故有

歸此有主地神其名安住地爲萬法所依即所入法界無量安住即入義汝詣彼問菩薩云何學菩薩行修菩薩道六總德禮辭時善財童子禮大天足繞無數帀辭退而去七千安住地神寄入法界無量迴向。六。初依教趣求爾時善財童子漸次游行趣摩竭提國菩提場內安住神所二見敬請法五初友見稱讚百萬地神同在其中更相謂言此來童子即是佛藏必當普爲一切衆生作所依處必當普壞一切衆生無明㲉藏此人已生法王種中當以離垢無礙法繒而冠其首當開智慧大珎寶藏摧伏一切邪論異道既云友見則已合見友。二嚴處攝生以顯勝德時安住等百萬地神放大光明徧照三千大千世界普令大地同時震吼種種寶物處處莊嚴影潔光流遞相鑒徹一切葉樹俱時生長一切華樹咸共開敷一切果樹靡不

成熟一切河流遞相灌注一切池沼悉皆盈滿雨細香雨徧灑其地風來吹華普散其上無數音樂一時俱奏天莊嚴具咸出美音牛王象王師子王等皆生歡喜踊躍哮吼猶如大山相擊出聲百千伏藏自然涌現三許示昔善引其開端時安住地神告善財言善來童子汝於此地曾種善根我爲汝現汝欲見不四設敬陳請爾時善財禮地神足繞無數帀合掌而立白言聖者唯然欲見五正示昔因時安住地神以足按地百千億阿僧祇寶藏自然涌出告言善男子今此寶藏隨逐於汝是汝往昔善根果報是汝福力之所攝受汝應隨意自在受用三示已法界。四初標名體用善男子我得菩薩解脫名不可壞智慧藏謂一念之智冥乎法界則不可壞此中則無所不生故名爲藏由賢位既滿總會三賢爲入地之因故顯善財之福常隨地神

之智不壞是則昔因不失能入證矣常以此法成就衆生略明其用之三別顯業用善男子我憶自從然燈佛來常隨菩薩恭敬守護觀察菩薩所有心行智慧境界一切捨顧諸清淨行一切三昧廣大神通大自在力無能壞法徧往一切諸佛國土普授一切諸如來記轉於一切諸佛法輪廣說一切脩多羅門大法光明普皆照耀教化調伏一切衆生示現一切諸佛神變我皆能領受皆能憶持由智不壞故常憶持第三顯得法時處善男子乃往古世過須彌山微塵數劫有劫名莊嚴世界名月幢佛號妙眼於彼佛所得此法門四總結純熟善男子我於此法門若入若出修習增長常見諸佛未曾捨離始從初得乃至賢劫於其中間值遇不可說不可說佛刹微塵數如來應正等覺悉皆承事恭敬供養亦見彼佛詣菩提座現大神力亦見彼佛所有一切功德善根四謙己推勝善男子我唯知此不可壞智慧藏法門如諸菩薩摩訶薩常隨諸佛能持一切諸佛所說入一切佛甚深智慧念念充徧一切法界等如來身生諸佛心具諸佛法作諸佛事而我云何能知能說彼功德行五指示後友善男子此閻浮提摩竭提國迦毗羅城此云黃色住昔黃頭仙人依此處故黃是中色表契中道故又此是佛生之城表初地生佛家故有主夜神名婆珊婆演底此云春主當以於春時主當苗稼故謂顯初入地能生長萬行護衆生故汝詣彼問菩薩云何學菩薩行脩菩薩道六戀德禮辭時善財童子禮地神足遶無數帀殷勤瞻仰辭退而去第五有十善友寄十地位即分十段第一婆珊婆演底夜神寄歡喜地地上多見夜神者證智玄妙離相破闇故下九天神準梵本皆是女神體波亦女者地上證於同體慈悲女之狀故文六初依教趣求二初依前修證爾時善財童子一心思惟安住神教憶持菩薩不可沮壞智藏解脫修其三昧學其軌則觀其游戲入其微妙得其智慧達其平等知其無邊測其甚深二趣求後友漸次游行至於彼城從東門入從東門入者闇明之初顯入證之始故佇立未久便見日沒見日沒者是夜神故表分別見日皆已亡故上辯至時處下生渴仰心心念隨順諸菩薩教渴仰欲見彼主夜神於善知識生如來想復作是念由善知識得周徧眼普能明見十方境界由善知識得廣大解普能了達一切所緣由善知識得三昧眼普能觀察一切法門由善知識得智慧眼普能明照十方刹海三見敬諮問二初見友依正作是念時見彼夜神於虛空中於空見者城表教道空表證道宗說兼通如日處空故處寶樓閣香蓮華藏師子之座身真金色目髮紺青形貌端嚴見者歡喜衆寶瓔珞

以爲嚴飾身服朱衣（服朱衣者證智明顯故）首戴梵冠一切星宿炳然在體（法門星像不離一身如體）於其身上一一毛孔皆現化度無量無數惡道衆生（化生作用不離一毛之性）令其免離險難之像是諸衆生或生人中或生天上或有趣向二乘菩提或有修行一切智道又彼一一諸毛孔中示現種種教化方便或爲現身或爲說法或爲示現聲聞乘道或爲示現獨覺乘道或爲示現諸菩薩行菩薩勇猛菩薩三昧菩薩自在菩薩住處菩薩觀察菩薩師子頻申菩薩解脫遊戲如是種種成熟衆生（二〇二該敬諮問）善財童子見聞此已心大歡喜以身投地禮夜神足繞無數帀於前合掌而作是言聖者我已先發阿耨多羅三藐三菩提心我心冀望依善知識獲諸如來功德

法藏唯願示我一切智道我行於中至十力地（三一稱讚授法　二〇初稱讚）時彼夜神告善財言善哉善哉善男子汝能深心敬善知識樂聞其語修行其教以修行故決定當得阿耨多羅三藐三菩提（三二授已法界　三〇初標名體）善男子我得菩薩破一切衆生癡暗（即所破二惡）法光明解脫（即是能破二無我智又破衆生暗爲悲法光明是智悲智具故二明業用二初長行二初興救物之心）善男子我於惡慧衆生起大慈心於不善業衆生起大悲心於作善業衆生起於喜心於善惡二行衆生起不二心於雜染衆生起令生清淨心於邪道衆生起令生正行心於劣解衆生起令興大解心於樂生死衆生起令捨輪轉心於住二乘道衆生起令住一切智心善男子我以得此解脫故常與如是心共相應（三二正明對緣救攝十門。初一總明爲海難有四種）善

男子我於夜闇人靜鬼神盜賊諸惡衆生所遊行時密雲重霧惡風暴雨日月星宿並皆昏蔽不見色時（一救時）見諸衆生若入於海若行於陸山林曠野諸險難處（二救處）或遭盜賊或乏資糧或迷惑方隅或忘失道路憧惶憂怖不能自出（三所救）我時即以種種方便而救濟之（四能救二有九門別顯。初救海難衆生）爲海難者示作船師魚王馬王龜王象王阿脩羅王及以海神爲彼衆生止惡風雨息大波浪引其道路示其洲岸令免怖畏悉得安隱（先救世苦令得世樂）復作是念以此善根迴施衆生願令捨離一切諸苦（後以迴向大願令其究竟離苦得樂此下八段離苦得樂準上有二　二救陸地衆生）爲在陸地一切衆生於夜闇中遭恐怖者現作日月及諸星宿晨霞夕電種種光明或作屋宅或爲人衆令其得免恐怖

之厄復作是念以此善根迴施衆生悉令除滅諸煩惱暗（三救衆不得及行山險衆生）一切衆生有惜壽命有愛名聞有貪財寶有重官位有著男女有戀妻妾未稱所求多生憂怖我皆救濟令其離苦爲行山險而留難者爲作善神現形親近爲作好鳥發音慰悅爲作靈藥舒光照耀示其果樹示其泉井示正直道示平坦地令其免離一切憂厄爲行曠野稠林險道藤蘿所罥雲霧所暗而恐怖者示其正道令得出離作是念言願一切衆生伐見稠林截愛羅網出生死野滅煩惱暗入一切智平坦正道到無畏處畢竟安樂（四救樂國土衆生）善男子若有衆生樂著國土而憂苦者我以方便令生厭離作是念言願一切衆生不著諸蘊住一切佛薩婆

若境（五救著聚落衆生）善男子若有衆生樂著聚落貪愛宅舍常處黑暗受諸苦者我爲說法令生厭離令法滿足令依法住作是念言願一切衆生悉不貪樂六處聚落速得出離生死境界究竟安住一切智城（六救闇夜衆生）善男子若有衆生行暗夜中迷惑十方於平坦路生險難想於險難道起平坦想以高爲下以下爲高其心迷惑生大苦惱我以方便舒光照及若欲出者示其門戶若欲行者示其道路欲度溝洫示其橋梁欲涉河海與其船筏樂觀方者示其險易安危之處欲休息者示其城邑水樹之所作是念言如我於此照除夜暗令諸世事悉得宣敘願我普於一切衆生生死長夜無明暗處以智慧光普皆照了（七救惑業衆生）是諸衆

生無有智眼想心見倒之所覆翳無常常想無樂樂想無我我想不淨淨想堅固執著我人衆生蘊界處法迷惑因果不識善惡殺害衆生乃至邪見不孝父母不敬沙門及婆羅門不知惡人不識善人貪著惡事安住邪法毀謗如來壞正法輪於諸菩薩皆辱傷害輕大乘道斷菩提心於有恩人反加殺害於無恩處常懷怨結毀謗賢聖親近惡伴盜塔寺物作五逆罪不久當墮三惡道處願我速以大智光明破彼衆生無明黑暗令其疾發阿耨多羅三藐三菩提心既發心已示普賢乘開十力道亦示如來法王境界亦示諸佛一切智城諸佛所行諸佛自在諸佛成就諸佛總持一切諸佛共同一身一切諸佛平等之處令

其安住[人救八苦衆生]善男子一切衆生或病所纏或老所侵或苦貧窮或遭禍難或犯王法臨當被刑無所依怙生大怖畏我皆救濟使得安隱復作是念願我以法普攝衆生令其解脫一切煩惱生老病死憂悲苦惱近善知識常行法施勤行善業速得如來清淨法身住於究竟無變易處[九救惡見衆生]善男子一切衆生入見稠林住於邪道於諸境界起邪分別常行不善身語意業妄作種種諸邪苦行於非正覺生正覺想於正覺所非正覺想爲惡知識之所攝受以起惡見將墮惡道我以種種諸方便門而爲救護令住正見生人天中復作是念如我救此將墜惡道諸衆生等願我普救一切衆生悉令解脫一切諸苦住波羅蜜出世聖道於一切智得不退轉具普賢願近一切智而不捨離諸菩薩行常勤教化一切衆生[三偈頌二十一頌分四。初一頌法門名體]爾時婆珊婆演底主夜神欲重宣此解脫義承佛神力觀察十方爲善財童子而說頌言

我此解脫門　生淨法光明　能破愚癡闇
待時而演說[二有四頌舉因勸修即四無量]　我昔無邊劫
勤行廣大慈　普覆諸世間　佛子應修學
寂靜大悲海　出生三世佛　能滅衆生苦
汝應入此門　能生世間樂　亦生出世樂
令我心歡喜　汝應入此門　既捨有爲患
亦遠聲聞果　淨修諸佛力　汝應入此門
[三有十頌顯果令入即六處殊勝]我目甚清淨　普見十方刹
亦見其中佛　菩提樹下坐　相好莊嚴身
無量衆圍繞　一一毛孔内　種種光明出
見諸群生類　死此而生彼　輪迴五趣中
常受無量苦　我耳甚清淨　聽之無不及
一切語言海　悉聞能憶持　諸佛轉法輪
其聲妙無比　所有諸文字　悉皆能憶持
我鼻甚清淨　於法無所礙　一切皆自在
汝應入此門　我舌甚廣大　淨好能言說
隨應演妙法　汝應入此門　我身甚清淨
三世等如如　隨諸衆生心　一切悉皆現
我心淨無礙　如空含萬象　普念諸如來
而亦不分別　了知無量刹　一切諸心海
諸根及欲樂　而亦不分別[四有六頌明業用廣大]
我以大神通　震動無量刹　其身悉徧往
調彼難調衆　我福甚廣大　如空無有盡
供養諸如來　饒益一切衆　我智廣清淨
了知諸法海　除滅衆生惑　汝應入此門
我知三世佛　及以一切法　亦了彼方便
此門徧無等　一一塵中見　三世一切佛

亦見彼諸佛　此是普門力　十方剎塵內
悉見盧舍那　菩提樹下坐　成道演妙法
三得法久近二初興二問 爾時善財童子白夜神言汝
發阿耨多羅三藐三菩提心爲幾時耶
得此解脫其已久如乃能如是饒益衆
生 三還兩荅荅中有二初荅發心時節六初揔顯本事因緣 其神荅言善男
子乃往古世過如須彌山微塵數劫有
劫名寂靜光世界名出生妙寶有五億
佛於中出現彼世界中有四天下名寶
月燈光有城名蓮華光王名善法度以
法施化成就七寶王四天下王有夫人
名法慧月夜久眠寤 二明佛興世 時彼城東
有一大林名爲寂住林中有一大菩提
樹名一切光摩尼王莊嚴身出生一切
佛神力光明爾時有佛名一切法雷音
王於此樹下成等正覺放無量色廣大

光明徧照出生妙寶世界 三善友勸發 蓮華
光城內有主夜神名爲淨月詣王夫人
法慧月所動身瓔珞以覺夫人而告之
言夫人當知一切法雷音王如來於寂
住林成無上覺及廣爲說諸佛功德自
在神力普賢菩薩所有行願 四正發大心 令王
夫人發阿耨多羅三藐三菩提意供養
彼佛及諸菩薩聲聞僧衆 五結會古今 善男
子時王夫人法慧月者豈異人乎我身
是也 六發心成益 我於彼佛所發菩提心種
善根故於須彌山微塵數劫不生地獄
餓鬼畜生諸惡趣中亦不生於下賤之
家諸根具足無有衆苦於天人中福德
殊勝不生惡世恒不離佛及諸菩薩大
善知識常於其所種植善根經八十須
彌山微塵數劫常受安樂而未滿足菩

薩諸根 二荅得法久近二初揔顯得法因緣 過此劫已復過萬
劫於賢劫前有劫名無憂徧照世界名
離垢妙光其世界中淨穢相雜有五百
佛於中出現其第一佛名須彌幢寂靜
妙眼如來應正等覺我爲名稱長者女
名妙慧光明端正殊妙彼淨月夜神以
願力故於離垢世界一四天下妙幢王
城中生作主夜神名清淨眼我於一時
在父母邊夜久眠息彼清淨眼來詣我
所震動我宅放大光明出現其身讚佛
功德言妙眼如來坐菩提座始成正覺
勸諭於我及以父母并諸眷屬令速見
佛自爲前導引至佛所廣興供養 二正明得法二
初得方便三昧 我纔見佛即得三昧名出生見佛
調伏衆生三世智光明輪獲此三昧故
能憶念須彌山微塵數劫亦見其中諸

佛出現於彼佛所聽聞妙法（謂上見諸佛下化衆生。二）（得此解脫）以聞法故即得此破一切衆生暗法光明解脫（三廣顯業用）　得此解脫已即見其身徧往佛剎微塵數世界亦見彼世界所有諸佛又見自身在其佛所亦見彼世界一切衆生解其言音識其根性知其往昔曾爲善友之所攝受隨其所樂而爲現身令生歡喜我時於彼所得解脫念念增長此心無間又見自身徧往百佛剎微塵數世界此心無間又見自身徧往千佛剎微塵數世界此心無間又見自身徧往百千佛剎微塵數世界如是念念乃至不可說不可說佛剎微塵數世界亦見彼世界中一切如來亦自見身在彼佛所聽聞妙法受持憶念觀察決了亦知彼佛諸本事海諸大願海彼諸如來嚴淨佛剎我亦嚴淨亦見彼世界一切衆生隨其所應而爲現身教化調伏此解脫門念念增長如是乃至充滿法界（四結已捨勝）　善男子我唯知此菩薩破一切衆生暗法光明解脫如諸菩薩摩訶薩成就普賢無邊行願普入一切諸法界海得諸菩薩金剛智幢自在三昧出生大願住持佛種於念念中成滿一切大功德海嚴淨一切廣大世界以自在智教化成熟一切衆生以智慧日滅除一切世間暗障以勇猛智覺悟一切衆生惛睡以智慧月決了一切衆生疑惑以清淨音斷除一切諸有執著於一切法界一一塵中示現一切自在神力智眼明淨等見三世而我何能知其妙行說其功德入其境界示其自在（五指示後友）　善男子此閻浮提摩竭提國菩提場內（得無誑化由契理故理即菩提場）　有主夜神名普德淨光（普德者最勝法界無德不具故淨光者正智證入離誑化之垢故即前淨月故次云）　我本從其發阿耨多羅三藐三菩提心常以妙法開悟於我汝詣彼問菩薩云何學菩薩行修菩薩道（六戀德禮辭二先以偈讚表戀德之深十偈分四初四讚身心超勝）　爾時善財童子向婆珊婆演底神而說頌曰

見汝清淨身　相好超世間　如文殊師利
亦如寶山王　汝法身清淨　三世悉平等
世界悉入中　成壞無所礙　我觀一切趣
悉見汝形像　一一毛孔中　星月各分布
汝心極廣大　如空徧十方　諸佛悉入中
清淨無分別（二有三頌明大用無涯）　一一毛孔內
悉放無數光　十方諸佛所　普雨莊嚴具
一一毛孔內　各現無數身　十方諸國土

方便度衆生 一一毛孔内 示現無量刹
隨諸衆生欲 種種令清淨（三有二頌明益物不虛）
若有諸衆生 聞名及見身 悉獲功德利
成就菩提道 多劫在惡趣 始得見聞汝
亦應歡喜受 以滅煩惱故。（後有一偈明結德無盡）
千刹微塵劫 歎汝一毛德 劫數猶可窮
功德終不盡（二作禮辭退） 時善財童子說此頌
已頂禮其足 繞無量帀殷勤瞻仰辭退
而去

大方廣佛華嚴經疏卷第一百五（寅五）

大方廣佛華嚴經疏鈔卷第一百六十八入第六十九經　寘六

清涼山沙門 澄觀 述　晉水沙門 淨源 錄疏注經

第二普德淨光夜神寄離垢地善友義如前說文則具六且分爲四初依教趣求 爾時善財童子了知彼婆珊婆演底夜神初發菩提心先念前法有十一句初一念發心餘十念得法所生菩薩藏所發菩薩願所淨菩薩度所入菩薩地所修菩薩行所行出離道一切智光海普救衆生心普徧大悲雲於一切佛刹盡未來際常能出生普賢行願漸次游行至普德淨光夜神所二見敬諮問 頂禮其足繞無數帀於前合掌而作是言聖者我已先發阿耨多羅三藐三菩提心而我未知菩薩云何修行菩薩地云何出生菩薩地云何成就菩薩地三稱讚授法二初讚 夜神答言善哉善哉善男子汝已能發阿耨多羅三藐三菩提心今復問於菩薩地修行出生及以成就三授亦二先長行二初正授法門二初標答所問 善男子菩薩成就十法能圓滿菩薩行先標後徵大徵何者爲十次釋 一者得清淨三昧常見一切佛初總餘別 二者得清淨眼常觀一切佛相好莊嚴三者知一切如來無量無邊功德大海四者知等法界無量諸佛法光明海是智法光明 五者知一切如來一一毛孔放等衆生數大光明海利益無量一切衆生放光利益 六者見一切如來一一毛孔出一切寶色光明燄海常光發燄 七者於念念中出現一切佛變化海充滿法界究竟一切諸佛境界調伏衆生八者得佛音聲同一切衆生言音海轉三世一切佛法輪九者知一切佛無邊名號海十者知一切佛調伏衆生不思議自在力後結 善男子菩薩成就此十種法則能圓滿菩薩諸行二別示已法二初標名體 善男子我得菩薩解脫名寂靜禪定樂普游步謂契理無著爲寂靜止觀雙運爲禪定正法樂住爲樂大用無涯爲普游步 二廣顯業用四初明舉緣如實禪 普見三世一切諸佛亦見彼佛清淨國土道場衆會神通名號說法壽命言音身相種種不同悉皆明覩而無取著同如來清淨禪即寂靜業用以見佛無著故寂靜上標次徵 何以故後釋釋云所以無著者爲了如來之體性故文有十非大同中論八不 知諸如來非去世趣永滅故非來體性無生故非生法身平等故非滅無有生相故謂不去不來不生不滅爲四 非實住如幻法故非妄利益衆生故非實非妄即是不常 非遷超過生死故非壞性常不變故非遷非壞即是不斷 一相言語悉離故一相即非異 無相性相本空故無相亦非一 二現法樂住禪即定業用二初牒前起後 善男子我如是了知一切如來時於菩薩寂靜禪定樂普游步解脫門分明了達成就增長二正顯四初

初禪思惟觀察（即是尋伺，當對治支）堅固莊嚴（獨是尋伺之相）不起一切妄想分別（即所離障，然世禪但離欲惡不善，今一乘深妙故離一切妄想）大悲救護一切衆生（即利益支，謂離自憂念衆生憂故生喜樂）一心不動修習初禪（即所依支，謂依二依止。二二禪）息一切意業（即滅覺觀）攝一切衆生（是一心）智力勇猛（是內淨無覺無觀）喜心悅豫（是定生喜樂）修第二禪（即彼二依止，下三四禪準此。三三禪）思惟一切衆生自性（即捨念二支，謂捨離前攝生之喜，於此捨中不失念故）厭離生死（即慧樂二支，謂正知生死不可喜故，厭離即得真寂之樂）修第三禪（四四禪）悉能息滅一切衆生衆苦熱惱（通其三支，謂苦憂喜樂皆息衆生熱惱於下，苦中橫生樂故四受俱亡，故云悉能息滅，即捨念清淨，既無苦樂即是中受）修第四禪（三引生功德禪）增長圓滿一切智願出生一切諸三昧海入諸菩薩解脫海門游戲一切神通（游戲神通即普游步義）成就一切變化以清淨智普入法界（上來皆約一乘異於三地寄法，乃至云普入法界。四能盡有情禪種種方便無不饒益，亦普游步義。文二：初令修四念處等觀）善男子我修此解脫時以種種方便成就衆生所謂於在家放逸衆生令生不淨想可厭想疲勞想逼迫想繫縛想羅刹想無常想苦想無我想空想無生想不自在想老病死想自於五欲不生樂著亦勸衆生不著欲樂唯住法樂出離於家入於非家（上二皆普游步業用。二明作道因緣）若有衆生住於空閑我為止息諸惡音聲於靜夜時為說深法與順行緣開出家門示正道路為作光明除其闇障滅其怖畏讚出家業歎佛法僧及善知識具諸功德亦歎親近善知識行（三令修四正斷）復次善男子我修解脫時令諸衆生不生非法貪不起邪分別不作諸罪業若已作者皆令止息若未生善法未修波羅蜜行未求一切智未起大慈悲未造人天業皆令其生若已生者令其增長我與如是順道因緣乃至令成一切智智（二讚已推勝）善男子我唯得此菩薩寂靜禪定樂普游步解脫門如諸菩薩摩訶薩具足普賢所有行願了達一切無邊法界常能增長一切善根照見一切如來智力住於一切如來境界恒處生死心無障礙疾能滿足一切智願普能往詣一切世界悉能觀見一切諸佛徧能聽受一切佛法能破一切衆生癡闇能於生死大夜之中出生一切智慧光明而我云何能知能說彼功德行（三指示後友）善男子去此不遠（同會出聞故）於菩提場右邊有一夜神名喜目觀察衆生（忍為依理發光義便易故，觀物故云喜目發，開持光故去觀察）汝詣彼問菩薩云何學菩薩行修菩薩道（三偈頌，十三偈分三：初十偈頌正授法門）爾時普德淨光夜神欲重宣此解脫義為善

時童子而說頌曰

若有信解心　盡見三世佛　彼人眼清淨
能入諸佛海　汝觀諸佛身　清淨相莊嚴
一念神通力　法界悉充滿　盧舍那如來
道場成正覺　一切法界中　轉於淨法輪
如來知法性　寂滅無有二　清淨相嚴身
徧示諸世間　佛身不思議　法界悉充滿
普現一切刹　一切無不見　佛身常光明
一切刹塵等　種種清淨色　念念徧法界
如來一毛孔　放不思議光　普照諸羣生
令其煩惱滅　如來一毛孔　出生無盡化
充徧於法界　除滅衆生苦　佛演一妙音
隨類皆令解　普雨廣大法　使發菩提意
佛昔修諸行　已曾攝受我　故得見如來
普現一切刹 頌前十法文小不次初四如次頌前四法五趣頌第七六頌第六七却頌第五八頌第十九頌第八十頌第九二有二頌頌讚已推勝　諸佛出世間
量等衆生數　種種解脫境　非我所能知
一切諸菩薩　入佛一毛孔　如是妙解脫
非我所能知 三有一頌指示後友　此近有夜神
名喜目觀察　汝應往詣彼　問修菩薩行

西無德樓解 時善財童子頂禮其足繞無數帀殷勤瞻仰辭退而去 第三喜目觀察衆生夜神寄發光地文具六段 初依教趣求二初依前友教念友成益 爾時善財童子敬善知識教行善知識語作如是念善知識者難見難遇見善知識令心不散亂見善知識破障礙山見善知識入大悲海救護衆生見善知識得智慧光普照法界見善知識悉能修行一切智道見善知識普能觀見十方佛海見善知識得見諸佛轉於法輪憶持不忘 二趣求後友得友加持四初欲趣後友 作是念已發意欲詣喜目觀察衆生夜神所 三得友加持 時喜目神加善財童子令知親近善知識能生諸善根增長成熟所謂令知親近善知識能修助道具令知親近善知識能起勇猛心令知親近善知識能作難壞業令知親近善知識能得難伏力令知親近善知識能入無邊方令知親近善知識能久遠修行令知親近善知識能辦無邊業令知親近善知識能行無量道令知親近善知識能得速疾力普詣諸刹令知親近善知識能不離本處徧至十方 謂加令知近友之益三加所成益 時善財童子遽發是念由親近善知識能勇猛勤修一切智道由親近善知識能速疾出生諸大願海由親近善知識能為一切衆生盡未來劫受無邊苦由親近善知識能被大精進甲於一微塵中說法聲徧法界由親近善知識

能速往詣一切方海由親近善知識於一毛道盡未來劫修菩薩行由親近善知識於念念中行菩薩行究竟安住一切智地由親近善知識能入三世一切如來自在神力諸莊嚴道由親近善知識能常徧入諸法界門由親近善知識常緣法界未曾動出而能徧往十方國土（謂依前能加而起念故如次以此十句對前十句四正明趣後）爾時善財童子發是念已即詣喜目觀察衆生夜神所（三見敬諮問）見彼夜神在於如來衆會道場坐蓮華藏師子之座（但略明見已舍敬請二三示已法界謂懸為示相義當問答三。初標名體）入大勢力普喜幢解脫（無不攝伏為大勢力徧稱群機故云普喜摧伏高顯所以名幢二正明業用三初顯無涯之用謂毛孔身雲無有盡故文二初出演說修行身云初總標）於其身上一一毛孔出無量種變化身雲隨其所應以妙言音而為說法普攝無量一切衆生皆令歡喜而得

利益（亦是釋名二別顯十度。初施）所謂出無量化身雲充滿十方一切世界說諸菩薩行檀波羅蜜於一切事皆無戀著於一切衆生普皆施與其心平等無有輕慢內外悉施難捨能捨（二戒）出等衆生數無量化身雲充滿法界普現一切衆生之前說持淨戒無有缺犯修諸苦行皆悉具足於諸世間無有所依於諸境界無所愛著說在生死輪迴往返說諸人天盛衰苦樂說諸境界皆是不淨說一切法皆是無常說一切行悉苦無味令諸世間捨離顛倒住諸佛境持如來戒如是演說種種戒行戒香普熏令諸衆生悉得成熟（三忍）又出等衆生數種種身雲說能忍受一切衆生所謂割截捶楚訶罵欺辱其心泰然不動不亂於一切行不卑不

高於諸衆生不起我慢於諸法性安住忍受說菩提心無有窮盡心無盡故智亦無盡普斷一切衆生煩惱說諸衆生卑賤醜陋不具足身令生厭離讚諸如來清淨妙色無上之身令生欣樂如是方便成熟衆生（四進）又出等衆生界種種身雲隨諸衆生心之所樂說勇猛精進修一切智助道之法勇猛精進降伏魔冤勇猛精進發菩提心不動不退勇猛精進度一切衆生出生死海勇猛精進除滅一切惡道諸難勇猛精進壞無智山勇猛精進供養一切諸佛如來不生疲厭勇猛精進受持一切諸佛法輪勇猛精進壞散一切諸障礙山勇猛精進教化成熟一切衆生勇猛精進嚴淨一切諸佛國土如是方便成熟衆生（五定）又

出種種無量身雲以種種方便令諸衆生心生歡喜捨離惡意厭一切欲爲說慚愧令諸衆生藏護諸根爲說無上清淨梵行爲說欲界是魔境界令生恐怖爲現不樂世間欲樂住於法樂隨其次第入諸禪定諸三昧樂令思惟觀察除滅一切所有煩惱又爲演說一切菩薩諸三昧海神力變現自在遊戲令諸衆生歡喜適悅離諸憂怖其心清淨諸根猛利愛重於法修習增長又出等衆生界種種身雲爲說往詣十方國土供養諸佛及以師長真善知識受持一切諸佛法輪精勤不懈又爲演說稱讚一切諸如來海觀察一切諸法門海顯示一切諸法性相開闡一切諸三昧門開智慧境界竭一切衆生疑海示智慧金剛壞一切衆生見山升智慧日輪破一切衆生癡暗皆令歡喜成一切智又出等衆生界種種身雲普詣一切衆生之前隨其所應以種種言辭而爲說法或說世間神通福力或說三界皆是可怖令其不作世間業行離三界處出見稠林或爲稱讚一切智道令其超越二乘之地或爲演說不住生死不住涅槃令其不著有爲無爲或爲演說住於天宮乃至道場令其欣樂發菩提意如是方便教化衆生皆令究竟得一切智又出一切世界微塵數身雲普詣一切衆生之前念念中示普賢菩薩一切行願念念中示清淨大願充滿法界念念中示嚴淨一切世界海念念中示供養一切如來海念念中示入一切法門海念念中示入一切世界海微塵數世界海念念中示於一切剎盡未來劫清淨修行一切智道念念中示入如來力念念中示入一切三世方便海念念中示往一切剎現種種神通變化念念中示諸菩薩一切行願令一切衆生住一切智如是所作恒無休息又出等一切衆生心數身雲普詣一切衆生之前說諸菩薩集一切智助道之法無邊際力求一切智不破壞力無窮盡力修無上行不退轉力無間斷力於生死法無染著力能破一切諸魔衆力遠離一切煩惱垢力能破一切業障山力住一切劫修大悲行無疲倦力震動一切諸佛國土令一切衆生生歡喜力能破一切諸外道力普於世間轉法輪力以如是等方

便成熟令諸衆生至一切智十智又出等一切衆生心數無量變化色身雲普詣十方無量世界隨衆生心演說一切菩薩智行所謂說入一切衆生界海智說入一切衆生心海智說入一切衆生根海智說入一切衆生行海智說度一切衆生未曾失時智說出一切法界音聲智說念念徧一切法界海智說念念知一切世界海壞智說念念知一切世界海成住莊嚴差別智說念念自在親近供養一切如來聽受法輪智示現如是智波羅蜜令諸衆生皆大歡喜調暢適悅其心清淨生決定解求一切智無有退轉上之十度其間深旨如理思之。三類通餘法如說菩薩諸波羅蜜成熟衆生如是宣說一切菩薩種種行法而爲利益種種行法謂神通度生等提分等二出演說本行身四初

正能說之身復於一一諸毛孔中出無量種衆生身雲所謂出與色究竟天善現天善見天無熱天無煩天相似身雲出少廣廣果福生無雲天相似身雲出徧淨無量淨少淨天相似身雲出光音無量光少光天相似身雲出大梵梵輔梵衆天相似身雲出自在天化樂天兜率陀天須夜摩天忉利天及其采女諸天子衆相似身雲出提頭賴吒乾闥婆王乾闥婆子乾闥婆女相似身雲出毗樓勒叉鳩槃茶王鳩槃茶子鳩槃茶女相似身雲出毗樓博叉龍王龍子龍女相似身雲出毗沙門夜叉王夜叉子夜叉女相似身雲出大樹緊那羅王善慧摩睺羅伽王大速疾力迦樓羅王羅睺阿脩羅王閻羅法王及其子其女相似身雲出

諸人主及其子其女相似身雲出聲聞獨覺及諸佛衆相似身雲出地神水神火神風神河神海神山神樹神乃至晝夜主方神等相似身雲周徧十方充滿法界。二明演法之聲於彼一切衆生之前現種種聲所謂風輪聲水輪聲火燄聲海潮聲地震聲大山相擊聲天城震動聲摩尼相擊聲天王聲龍王聲夜叉王聲乾闥婆王聲阿脩羅王聲迦樓羅王聲緊那羅王聲摩睺羅伽王聲人王聲梵王聲天女歌詠聲諸天音樂聲摩尼寶王聲

△三類所說之法二。初說本行十度行法以如是等種種音聲說喜目觀察衆生夜神從初發心所集功德所謂承事一切諸善知識親近諸佛修行善法行檀波羅蜜難捨能捨行尸波羅蜜棄捨王位宮殿眷屬出家學道

行羼提波羅蜜能忍世間一切苦事及以菩薩所修苦行所持正法皆悉堅固其心不動亦能忍受一切衆生於已身心惡作惡說（惡作屬身惡說屬口）忍一切業皆不失壞忍一切法生決定解忍諸法性能諦思惟行精進波羅蜜起一切智行成一切佛法（次禪度有六句）行禪波羅蜜其禪波羅蜜（名體）所有資具（資緣）所有修習（造修）所有成就（獲得）所有清淨（治障）所有起三昧神通所有入三昧海門皆悉顯示（起用下之五度句雖多少例此可知）行般若波羅蜜其般若波羅蜜所有資具所有清淨大智慧日（日約破闇）大智慧雲（雲約演云）大智慧藏（藏顯包含）大智慧門皆悉顯示行方便波羅蜜其方便波羅蜜所有資具所有修行所有體性（體性通事理）所有理趣（理趣謂意趣）所有清淨所有相應事皆悉顯示

行願波羅蜜其願波羅蜜所有體性所有成就所有修習所有相應事皆悉顯示行力波羅蜜其力波羅蜜所有資具所有因緣所有理趣所有演說所有相應事皆悉顯示行智波羅蜜其智波羅蜜所有資具所有體性所有成就所有清淨所有廣所有增長所有深入所有光明所有顯示所有理趣所有相應事所有揀擇所有行相所有相應法所有所攝法所知法所知業所知剎所知劫所知世所知佛出現所知佛所知菩薩所知菩薩心菩薩位菩薩資具菩薩發趣菩薩迴向菩薩大願菩薩法輪菩薩揀擇法菩薩法海菩薩法門海菩薩法旋流菩薩法理趣如是等智波羅蜜相應境界皆悉顯示成熟衆生。（二類通所緣行法）

又說此神從初發心所集功德相續次第所習善根相續次第所修無量諸波羅蜜相續次第死此生彼及其名号相續次第親近善友承事諸佛受持正法修菩薩行入諸三昧以三昧力普見諸佛普見諸剎普知諸劫深入法界觀察衆生入法界海知諸衆生死此生彼得淨天耳聞一切聲得淨天眼見一切色得他心智知衆生心得宿住智知前際事得無依無作神足智通自在游行徧十方剎如是所有相續次第得菩薩解脫入菩薩解脫海得菩薩自在得菩薩勇猛得菩薩游步住菩薩想入菩薩道如是一切所有功德相續次第皆悉演說分別顯示成熟衆生（具四菩薩行思之三彰說之益）如是說時於念念中十方各嚴淨不可說不

可說諸佛國土度脫無量惡趣衆生令
無量衆生生天人中富貴自在令無量
衆生出生死海令無量衆生安住聲聞
辟支佛地令無量衆生住如來地（二觀用揀益即）
（八法界之三初顯證因緣）爾時善財童子見聞如上所
現一切諸希有事念念觀察思惟解了
深入安住承佛威力及解脫力（二正明證入）則
得菩薩不思議大勢力普喜幢自在力
解脫（三徵釋所由）何以故與喜目夜神於往昔
時同修行故如來神力所加持故不思
議善根所祐助故得菩薩諸根故生如
來種中故得善友力所攝受故受諸如
來所護念故毗盧遮那如來曾所化故
彼分善根已成熟故堪修普賢菩薩行
故（三慶益稱讚十偈分四初現說之因）爾時善財童子得此
解脫已心生歡喜合掌向喜目觀察衆
生夜神以偈讚曰

無量無數劫　學佛甚深法　隨其所應化
顯現妙色身（二有一偈現說之意）　了知諸衆生
沉迷嬰妄想　種種身皆現　隨應悉調伏
（三現說體相皆即寂之用）法身恒寂靜　清淨無二相
為化衆生故　示現種種形　於諸蘊界處
未曾有所著　示行及色身　調伏一切衆
不著內外法　已度生死海　而現種種身
住於諸有界　遠離諸分別　戲論所不動
為著妄想者　弘宣十力法　一心住三昧
無量劫不動　毛孔出化雲　供養十方佛
得佛方便力　念念無邊際　示現種種身
普攝諸羣生（四有二偈摠結現說無礙）　了知諸有海
種種業莊嚴　為說無礙法　令其悉清淨
色身妙無比　清淨如普賢　隨諸衆生心
示現世間相（三明出所因六初興二問）爾時善財童子說

此頌已白言天神汝發阿耨多羅三藐
三菩提心為幾時耶得此解脫其已久如（二具）
（二荅二初以偈荅摠九十一頌分之為二初荅發心久近十初寂靜音劫正是發心之時文六初總標）
爾時喜目觀察衆生主夜神以頌荅曰

我念過去世　過於剎塵劫　剎號摩尼光
劫名寂靜音（二有八偈顯其本生）　百萬那由他
俱胝四天下　其王數亦爾　各各自臨馭
中有一王都　號曰香幢寶　莊嚴最殊妙
見者皆欣悅　中有轉輪王　其身甚微妙
三十二種相　隨好以莊嚴　蓮華中化生
金色光明身　騰空照遠近　普及閻浮界
其王有千子　勇猛身端正　臣佐滿一億
智慧善方便　嬪御有十億　顏容狀天女
利益調柔意　慈心給侍王　其王以法化
普及四天下　輪圍大地中　一切皆豐盛
我時為寶女　具足梵音聲　身出金色光

照及千由旬。三有十偈明發心本事 日光既已沒
音樂咸寂然 大王及侍御 一切皆安寢
彼時德海佛 出興於世間 顯現神通力
充滿十方界 放大光明海 一切剎塵數
種種自在身 徧滿於十方 地震出妙音
普告佛興世 天人龍神衆 一切皆歡喜
一一毛孔中 出佛化身海 十方皆徧滿
隨應說妙法 我時於夢中 見佛諸神變
亦聞深妙法 心生大歡喜 一萬主夜神
共在空中住 讚歎佛興世 同時覺悟我
賢慧汝應起 佛已現汝國 劫海難值遇
見者得清淨 我時便寤寐 即覩清淨光
觀此從何來 見佛樹王下 諸相莊嚴體
猶如寶山王 一切毛孔中 放大光明海
白有一偈正願發心 見已心歡喜 便生此念言
願我得如佛 廣大神通力。五有六偈明發後之德

我時尋覺悟 大王并眷屬 令見佛光明
一切皆欣慶 我時與大王 騎從千萬億
衆生亦無量 俱行詣佛所 我於二萬歲
供養彼如來 七寶四天下 一切皆奉施
時彼如來說 功德普雲經 普應羣生心
莊嚴諸願海 夜神覺悟我 令我得利益
我願作是身 覺諸放逸者 我從此初發
最上菩提願 往來諸有中 其心無忘失
六有五偈轉值餘佛 從此後供養 十億那由佛
恒受人天樂 饒益諸羣生 初佛功德海
第二功德燈 第三妙寶幢 第四虛空智
第五蓮華藏 第六無礙慧 第七法月王
第八智燈輪 第九兩足尊 寶燄山燈三
第十調御師 三世華光音 如是等諸佛
我悉曾供養 然未得慧眼 入於解脫海
未得慧眼者未得十解正慧明故。二有四偈半明天勝劫 從此次第有

一切寶光剎 其劫名天勝 五百佛興世
最初月光輪 第二名日燈 第三名光幢
第四寶須彌 第五名華燄 第六号燈海
第七熾然佛 第八天藏佛 九光明王幢
十普智光王 如是等諸佛 我悉曾供養
尚於諸法中 無而計為有無而計為有者未解即心自性故。三
有五偈半明梵光明劫 從此復有劫 名曰梵光明
世界蓮華燈 莊嚴極殊妙 彼有無量佛
一一無量衆 我悉曾供養 尊重聽聞法
初寶須彌佛 二功德海佛 三法界音佛
四法震雷佛 五名法幢佛 六名地光佛
七名法力光 八名虛空覺 第九須彌光
第十功德雲 如是等如來 我悉曾供養
未能明了法 而入諸佛海未能明了法者未了十行真實行法
故。四有五偈半明功德月劫 次後復有劫 名為功德月
爾時有世界 其名功德幢 彼中有諸佛

八十那由他　我皆以妙供　深心而敬奉
初乾闥婆王　二名大樹王　三功德須彌
第四寶眼佛　第五盧舍那　第六光莊嚴
第七法海佛　第八光勝佛　九名賢勝佛
第十法王佛　如是等諸佛　我悉曾供養
然未得深智　入於諸法海未得善巧迴向深智趣佛智海故。五有六偈明寂靜慧劫
此後復有劫　名爲寂靜慧
剎号金剛寶　莊嚴悉殊妙　於中有千佛
次第而出興　衆生少煩惱　衆會悉清淨
初金剛齋佛　二無礙力佛　三名法界影
四号十方燈　第五名悲光　第六名戒海
第七忍燈輪　第八法輪光　九名光莊嚴
十名寂靜光　如是等諸佛　我悉曾供養
猶未能深悟　如空清淨法　游行一切剎
於彼修諸行未得地上二空真如清淨法故。六有六偈明善出現劫
次第復有劫　名爲善出現　剎号香燈雲

淨穢所共成　億佛於中現　莊嚴剎及劫
所說種種法　我皆能憶持　初名廣稱佛
次名法海佛　三名自在王　四名功德雲
第五法勝佛　第六天冠佛　第七智燄佛
第八虛空音　第九兩足尊　名普生殊勝
第十無上士　眉間勝光明　如是一切佛
我悉曾供養　然猶未能淨　離諸障礙道
未淨修道之障故。七有六偈明集堅固王劫
次第復有劫
名集堅固王　剎号寶幢主　一切善分布
有五百諸佛　於中而出現　我恭敬供養
求無礙解脫　最初功德輪　其次寂靜音
次名功德海　次名日光王　第五功德天
第六須彌相　次名法自在　次佛功德王
第九福須彌　第十光明王　如是等諸佛
我悉曾供養　所有清淨道　普入盡無餘
然於所入門　未能成就忍未得六地緣生深順之忍。八有五偈明妙勝主劫

次第復有劫　名爲妙勝主
剎号寂靜音　衆生煩惱薄　於中有佛現
八十那由他　我悉曾供養　修行最勝道
初佛名華聚　次佛名海藏　次名功德生
次号天王髻　第五摩尼藏　第六真金山
第七寶聚尊　第八法幢佛　第九名勝財
第十名智慧　此十爲上首　供養無不盡
修最勝道者六地般若爲勝道故。九有五偈明千功德劫
次第復有劫
名曰千功德　爾時有世界　号善化幢燈
六十億那由　諸佛興於世　最初寂靜幢
其次奢摩地　第三百燈王　第四寂靜光
第五雲密陰　第六日大明　七号法燈光
八名殊勝燄　九名天勝藏　十名大吼音
如是等諸佛　我悉常供養　未得清淨忍
深入諸法海未得八地淨無生忍故。十有四偈半明無著莊嚴劫
次第復有劫　名無著莊嚴　爾時有世界

名曰無邊光　中有三十六　那由他佛現
初功德須彌　第二虛空心　第三具莊嚴
第四法雷音　第五法界聲　第六妙音雲
第七照十方　第八法海音　第九功德海
第十功德幢　如是等諸佛　我悉曾供養
但言供養者下明得法故又前次第皆言未得後後則已得前前思之亦可初劫已得初地未得第二乃至第九未得第十地第十劫中方得圓滿故共劫名亦順地義如文思之○二荅得法時節即前無著劫得此法也於中有二○初有四偈得無功用之三地　次有佛出現
名為功德幢　我為月面天　供養人中主
時佛為我說　無依妙法門　我聞專念持
出生諸願海　我得清淨眼　寂滅定總持
能於念念中　悉見諸佛海　我得大悲藏
普明方便眼　增長菩提心　成就如來力
謂八地無依無願九地滅定總持十地成如來力○二結成普賢行位三○初牒舉大心之始
見衆生顛倒　執常樂我淨　愚癡暗所覆
妄想起煩惱　行止見稠林　往來貪欲海
集於諸惡趣　無量種種業　一切諸趣中
隨業而受身　生老死衆患　無量苦逼迫
為彼衆生故　我發無上心　願得如十方
一切十力尊　緣佛及衆生　起於大願雲
○二有二偈半明成德之終　從是修功德　趣入方便道
願雲悉彌覆　普入一切道　具足波羅蜜
充滿於法界　速入於諸地　三世方便海
一念修諸佛　一切無礙行○三有一偈總結圓滿
佛子我爾時　得入普賢道　了知十法界
一切差別門因果圓融初後該徹故入普賢道○二會古今　善男子於
汝意云何彼時轉輪聖王名十方主能
紹隆佛種者豈異人乎文殊師利童子
是也爾時夜神覺悟我者普賢菩薩之
所化耳我於爾時為王寶女蒙彼夜神
覺悟於我令我見佛發阿耨多羅三藐
三菩提心自從是來經佛剎微塵數劫
不墮惡趣常生人天於一切處常見諸
佛乃至於妙燈功德幢佛所得此大勢
力普喜幢菩薩解脫以此解脫如是利
益一切衆生○四謙己推勝善男子我唯得此大
勢力普喜幢解脫門如諸菩薩摩訶薩
於念念中普詣一切諸如來所疾能趣
入一切智海於念念中以發趣門入於
一切諸大願海於念念中以願海門盡
未來劫念念出生一切諸行一一行中
出生一切剎微塵數身一一身普入一
切法界門一一法界門一切佛剎中隨
衆生心說諸妙行一切剎一一塵中悉
見無邊諸如來海一一如來所悉見徧法
界諸佛神通一一如來所悉見往劫修
菩薩行一一如來所受持守護所有法
輪一一如來所悉見三世一切如來諸

神變海而我云何能知能說彼功德行五指示後友善男子此衆會中同在體住故有一夜神明普救衆生妙德起精進行為普救衆生智師吉祥稱為妙德矣汝詣彼問菩薩云何入菩薩行淨菩薩道。六●德禮辭時善財童子頂禮其足繞無數帀殷勤瞻仰辭退而去

大方廣佛華嚴經疏卷第一百六宜六

大方廣佛華嚴經疏卷第一百七（入第七十卷經） 寘七

清涼山沙門澄觀述　晉水沙門淨源録疏注經

（第四普救衆生妙德夜神寄瞬慧地文但有五二三合故初依教趣求二。初修入前法）爾時善財童子於喜目觀察衆生夜神所聞普喜幢解脫門信解趣入了知隨順思惟修習念善知識所有教誨心無暫捨諸根不散（二趣求後友）一心願得見善知識普於十方勤求匪懈願常親近生諸功德與善知識同一善根得善知識巧方便行依善知識入精進海於無量劫常不遠離作是願已往詣普救衆生妙德夜神所（三聞見法界即合二三謂約善財則是見敬若約夜神所現即是解脫業用便爲默授法界若約二文開彈則先明見敬諸問後答因緣方爲正授法界令依合科揔分爲四。初現光加持）時彼夜神為善財童子示現菩薩調伏衆生解脫神力以諸相好莊嚴其身於兩眉間放大光明名智燈普照清淨幢無量光明以為眷屬其光普照一切世間照世間已入善財頂充滿其身（調伏衆生解脫即光所依是已法門名體可知。二蒙光獲益謂得三昧見大用故文二。初得定）善財爾時即得究竟清淨輪三昧（謂三業六根皆悉離障故云究竟清淨）（智圓滿摧障為輪故所見無礙。二明見大用二。初見用所依處）得此三昧已悉見二神兩處中間所有一切地塵水塵及以火塵金剛摩尼衆寶微塵華香瓔珞諸莊嚴具如是一切所有微塵（三明所見事三。初所化處二。初揔明處類）一一塵中各見佛刹微塵數世界成壞及見一切地水火風諸大積聚亦見一切世界接連皆以地輪任持而住種種山海種種河池種種樹林種種宮殿所謂天宮殿龍宮殿夜叉宮殿乃至摩睺羅伽人非人等宮殿屋宅地獄畜生閻羅王界一切住處諸趣輪轉生死往來隨業受報各各差別靡不悉見（二別明塵中之刹）又見一切世界差別所謂或有世界雜穢或有世界清淨（上之二句乃是揔明）或有世界趣雜穢或有世界趣清淨（轉變向淨故）或有世界雜穢清淨（染多）或有世界清淨雜穢（反上）或有世界一向清淨（對上二義故）或有世界其形平正或有覆住或有側住（三能化益二。初揔明）如是等一切世界一切趣中悉見此普救衆生夜神於一切時一切處隨諸衆生形貌言辭行解差別以方便力普現其前隨宜化度（二別顯二。初化五道）令地獄衆生免諸苦毒令畜生衆生不相食噉令餓鬼衆生無有飢渴令諸龍等離一切怖令欲界衆生離欲界苦令人趣衆生離暗夜怖毀呰怖惡名怖大衆怖不活怖死怖惡道怖斷善根怖退菩提心怖遇惡知識怖離善知識怖墮二乘地怖種種生死怖異類衆生同住怖惡時受生怖惡種族中受生怖造惡業怖業煩惱障怖執著諸想繫縛怖如是等怖悉令捨離元花九類又見一切衆生卵生胎生濕生化生有色無色有想無想非有想非無想普現其前常勤救護三明化意為成就菩薩大願力故深入菩薩三昧力故堅固菩薩神通力故出生普賢行願力故增廣菩薩大悲海故得普覆衆生無礙大慈故得普與衆生無量喜樂故得普攝一切衆生智慧方便故得菩薩廣大解脫自在神通故嚴淨一切佛刹故覺了一切諸法故供養一切諸佛故受持一切佛教故積集一切善根修一切妙行故入一切衆生心海而無障礙故知一切衆生諸根教化成熟故淨一切衆生信

解除其惡障故破一切衆生無知黑暗故令得一切智清淨光明故為成諸法通能所化三三時善財童子見此夜神如是神力不可思議甚深境界普現調伏一切衆生菩薩解脫已歡喜無量頭面作禮一心瞻仰三顯友自在時彼夜神即捨菩薩莊嚴之相還復本形而不捨其自在神力三口以偈讚二十偈半分二初偈總爾時善財童子恭敬合掌却住一面以偈讚曰

我善財得見　如是大神力　其心生歡喜　說偈而讚歎三餘偈別二初有九偈半光用無涯

我見尊妙身　衆相以莊嚴　譬如空中星　一切悉嚴淨

所放殊勝光　無量刹塵數　種種微妙色　普照於十方

一一毛孔放　衆生心數光　一一光明端　皆出寶蓮華

華中出化身　能滅衆生苦　光中出妙香　普熏於衆生

復雨種種華　供養一切佛　兩眉放妙光　量與須彌等

普觸諸含識　令滅愚癡暗　口放清淨光　譬如無量日

普照於廣大　毗盧舍那境　眼放清淨光　譬如無量月

普照十方刹　悉滅世癡翳　現化種種身　相狀等衆生

充滿十方界　度脫三有海　妙身徧十方　普現衆生前

滅除水火賊　王等一切怖二述前蒙光獲益三初推功歸本　我承喜目教

令得詣尊所二有二偈半明述得三昧　見尊眉間相　放大清淨光

普照十方海　悉滅一切闇　顯現神通力　而來入我身

我遇圓滿光　心生大歡喜　得總持三昧　普見十方佛

我於所經處　悉見諸微塵三有七偈明述見大用　一一微塵中　各見塵數刹

或有無量刹　一切咸濁穢　衆生受諸苦　常悲歎號泣

或有染淨刹　少樂多憂苦　示現三乘像

往彼而救度　或有淨染刹　衆生所樂見
菩薩常充滿　住持諸佛法　一一微塵中
無量淨刹海　毗盧遮那佛　往劫所嚴淨
佛於一切刹　悉坐菩提樹　成道轉法輪
度脫諸群生　我見普救天　於彼無量刹
一切諸佛所　普皆往供養（二問答因緣二。初問有三）
爾時善財童子說此頌已白普救衆生
妙德夜神言天神令此解脫甚深希有
其名何等（一問名前來標名集經者言故此方問）得此解脫其
已久如（二問得法久近欲顯久修德遠故）修何等行而得清
淨（三問修因淨治求入路故。二答文二。初歎深難說）夜神言善男子
是處難知諸天及人一切二乘所不能
測（先標大微）何以故（後釋）此是住普賢菩薩行者境
界故住大悲藏者境界故救護一切衆
生者境界故能淨一切三惡八難者境
界故能於一切佛刹中紹隆佛種不斷
者境界故能住持一切佛法者境界故
能於一切劫修菩薩行成滿大願海者
境界故能於一切法界海以清淨智光
滅無明暗障者境界故能以一念智慧
光明普照一切三世方便海者境界故（深相云何若約得時時久遠故非久近故若約修因因行廣故若通上二契理甚深故若約名說名如體用故名者實難窮實故。三承力爲說二先長行二。初標許）我承佛力令爲
汝說（二正說二。初通答三問三。初答得法久近十。初總舉劫刹佛興）善男子乃
往古世過佛刹微塵數劫爾時有劫名
圓滿清淨世界名毗盧遮那大威德有
須彌山微塵數如來於中出現（已略訓其久近。二通顯刹相）其佛世界以一切香王摩尼寶爲
體衆寶莊嚴住無垢光明摩尼王海上
其形正圓淨穢合成一切嚴具帳雲而
覆其上一切莊嚴摩尼輪山千帀圍繞
有十萬億那由他四天下皆妙莊嚴或
有四天下惡業衆生於中止住或有四
天下雜業衆生於中止住或有四天下
善根衆生於中止住或有四天下一向
清淨諸大菩薩之所止住（三列生處）此界
東際輪圍山側有四天下名寶燈華幢
國界清淨飲食豐足不藉耕耘而生稻
粱宮殿樓閣悉皆奇妙諸如意樹處處
行列種種香樹恒出香雲種種鬘樹恒
出鬘雲種種華樹常雨妙華種種寶樹
出諸奇寶無量色光周帀照耀諸音樂
樹出諸音樂隨風吹動演妙音聲日月
光明摩尼寶王普照一切晝夜受樂無
時間斷此四天下有百萬億那由他諸
王國土一一國土有千大河周帀圍繞
一一皆以妙華覆上隨流漂動出天樂
音一切寶樹列植其岸種種珍奇以爲

嚴飾舟船來往稱情戲樂一一河間有百萬億城一一城有百萬億那由他聚落如是一切城邑聚落各有無量百千億那由他宮殿園林周帀圍繞此四天下閻浮提內有一國土名寶華燈安隱豐樂人民熾盛其中衆生具行十善。四明本生父母有轉輪王於中出現名毗盧遮那妙寶蓮華髻於蓮華中忽然化生三十二相以為嚴好七寶具足王四天下恒以正法教導羣生王有千子端正勇健能伏冤敵百萬億那由他宮人采女皆悉與王同種善根同修諸行同時誕生端正姝妙猶如天女身真金色常放光明諸毛孔中恒出妙香良臣猛將具足十億王有正妃名圓滿面是王女寶端正殊特皮膚金色目髮紺青言同梵音

身有天香常放光明照千由旬。五明本生身其有一女名普智燄妙德眼形體端嚴色相殊美衆生見者情無厭足。六衆生起惑為佛現因爾時衆生壽命無量或有不定而中夭者種種形色種種音聲種種名字種種族姓愚智勇怯貧富苦樂無量品類皆悉不同時或有人語餘人言我身端正汝形鄙陋作是語已遞相毀辱集不善業以是業故壽命色力一切樂事悉皆損減。七佛興益物三初明得道之場時彼城北有菩提樹名普光法雲音幢以念念出現一切如來道場莊嚴堅固摩尼王而為其根一切摩尼以為其幹衆雜妙寶以為其葉次第分布並相稱可四方上下圓滿莊嚴放寶光明出妙音聲說一切如來甚深境界於彼樹前有一香池名寶華光

明演法雷音妙寶為岸百萬億那由他寶樹圍繞一一樹形如菩提樹衆寶瓔珞周帀垂下無量樓閣皆寶所成周徧道場以為嚴飾彼香池內出大蓮華名普現三世一切如來莊嚴境界雲。二總顯佛數須彌山微塵數佛於中出現。三別明初佛文七。初總明成道其第一佛名普智寶燄妙德幢於此華上最初得阿耨多羅三藐三菩提無量千歲演說正法成熟衆生。二成道前相其彼如來未成佛時十千年前此大蓮華放淨光明名現諸神通成熟衆生若有衆生遇斯光者心自開悟無所不了知十千年後佛當出現九千年前放淨光明名一切衆生離垢燈若有衆生遇斯光者得清淨眼見一切色知九千年後佛當出現八千年前放大光明名一切

衆生業果音若有衆生遇斯光者悉得自知諸業果報知八千年後佛當出現七千年前放大光明名生一切善根音若有衆生遇斯光者一切諸根悉得圓滿知七千年後佛當出現六千年前放大光明名佛不思議境界音若有衆生遇斯光者其心廣大普得自在知六千年後佛當出現五千年前放大光明名嚴淨一切佛刹音若有衆生遇斯光者悉見一切清淨佛土知五千年後佛當出現四千年前放大光明名一切如來境界無差別燈若有衆生遇斯光者悉能往覲一切諸佛知四千年後佛當出現三千年前放大光明名三世明燈若有衆生遇斯光者悉能現見一切如來諸本事海知三千年後佛當出現二千年前放大光明名如來離翳智慧燈若有衆生遇斯光者則得普眼見一切如來神變一切諸佛國土一切世界衆生知二千年後佛當出現一千年前放大光明名令一切衆生見佛集諸善根若有衆生遇斯光者則得成就見佛三昧知一千年後佛當出現次七日前放大光明名一切衆生歡喜音若有衆生遇斯光者得普見諸佛生大歡喜知七日後佛當出現（謂放光調機有十一重一一重中各有光名業用成益以益對名可以思準若約表法則前十為次第十度光後一為圓融十度光以此照心則自智出現。三動刹集衆）滿七日已一切世界悉皆震動純淨無染念念普現十方一切清淨佛刹亦現彼刹種種莊嚴若有衆生根性淳熟應見佛者咸詣道場。（四現相顯德）爾時彼世界中一切輪圍一切須彌一切諸山一切大海一切地一切城一切垣牆一切宮殿一切音樂一切語言皆出音聲讚說一切諸佛如來神力境界又出一切香雲一切燒香雲一切末香雲一切香摩尼形像雲一切寶燄雲一切燄藏雲一切摩尼衣雲一切瓔珞雲一切妙華雲一切如來光明雲一切如來圓光雲一切音樂雲一切如來願聲雲一切如來言音海雲一切如來相好雲顯示如來出現世間不思議相。（五明成道依正）善男子此普照三世一切如來莊嚴境界大寶蓮華王有十佛刹微塵數蓮華周帀圍繞諸蓮華內悉有摩尼寶藏師子之座一一座上皆有菩薩結加趺坐。（六始成正覺）善男子彼普智寶燄妙德幢王如來於此成阿耨多羅三藐三菩提時即於十方一切世界中成阿耨多羅三藐三菩提（一成一切成故。七轉正法輪。二。初總標轉法）隨衆生心悉現其前為轉法輪（二顯其成益）於一一世界令無量衆生離惡道苦令無量衆生得生天中（先益凡夫次益二乘）令無量衆生住於聲聞辟支佛地（後益菩薩）令無量衆生成就出離菩提之行令無量衆生成就勇猛幢菩提之行令無量衆生成就法光明菩提之行令無量衆生成就清淨根菩提之行令無量衆生成就平等力菩提之行令無量衆生成就入法城菩提之行令無量衆生成就徧至一切處不可壞神通力菩提之行令無量衆生入普門方便道菩提之行令無量衆生安住三昧門菩提之行令無量衆生成就緣一切清淨境界菩提之行（上成行下成位）令無量衆生發菩提心（住位）令無量衆生住菩薩道（行位）令無量衆生安住清淨波羅蜜道（迴向位以大願海治前度故）令無量衆生住菩薩初地令無量衆生住菩薩二地乃至十地令無量衆生入於菩薩殊勝行願令無量衆生安住普賢清淨行願（後二句是等覺位。三結無間斷）善男子彼普智寶燄妙德幢如來現如是不思議自在神力轉法輪時於彼一一諸世界中隨其所應念念調伏無量衆生（六明善友引導六。初知機起惡）時普賢菩薩知寶華燈王城中衆生自恃色貌及諸境界而生憍慢陵蔑他人（二現身超勝）化現妙身端正殊特往詣彼城放大光明普照一切令彼聖王及諸妙寶日月星宿衆生身等一切光明悉皆不現譬如日出衆景奪曜亦如聚墨對閻浮金（三物機警悟）時諸衆生咸作是言此為是誰為天為梵今放此光令我等身所有光色皆不顯現種種思惟無能解了（四告語佛興）爾時普賢菩薩在彼輪王寶宮殿上虛空中住而告之言大王當知今汝國中有佛興世在普光明法雲音幢菩提樹下（五女發大心）時聖王女蓮華妙眼見普賢菩薩所現色身光明自在及聞身上諸莊嚴具所出妙音心生歡喜作如是念願我所有一切善根得如是身如是莊嚴如是相好如是威儀如是自在今此大聖能於衆生生死長夜黑闇之中放大光明開示如來出興於世願令於我亦得如是為諸衆生作智光明破彼所有無知黑闇願我所在受生之處常得不離此善知識（亦是入法之因。六父王諮佛。四。初身處虛空）善男子時轉輪王與其寶女千子眷屬大臣輔佐四種兵衆及其城内無量人民前後圍繞以王神力俱升虚空高一由旬放大光明照四天下普使一切咸得瞻仰欲令衆生俱往見佛（二以偈讚引十偈分三。初總勸）以偈讚曰

如来出世間　普救諸群生
汝等應速起　往詣導師所（二釋勸）
無量無數劫　乃有佛興世
演説深妙法　饒益一切衆
佛觀諸世間　顛倒常癡惑
輪迴生死苦　而起大悲心
無數億千劫　修習菩提行
為欲度衆生　斯由大悲力
頭目手足等　一切悉能捨
為求菩提故　如是無量劫
無量億千劫　導師難可遇
見聞若承事　一切無空過（三結勸）
今當共汝等　往觀調御尊
坐於如来座　降魔成正覺
瞻仰如来身　放演無量光
種種微妙色　除滅一切闇
一一毛孔中　放光不思議
普照諸群生　咸令大歡喜
汝等咸應發　廣大精進心
詣彼如来所　恭敬而供養（勝故應往。三廣興雲供）

爾時轉輪聖王説偈讚佛開悟一切衆生已從輪王善根出十千種大供養雲往詣道場向如来所所謂一切寶蓋雲一切華帳雲一切寶衣雲一切寶鈴網雲一切香海雲一切寶座雲一切寶幢雲一切宫殿雲一切妙華雲一切諸莊嚴具雲於虚空中周徧嚴飾（品至彼修敬）到已頂禮普智寶燄妙德幢王如来遶無量百千帀即於佛前坐普照十方寶蓮華座（九德女修因三。初嚴具奉佛）時轉輪王女普智燄妙德眼即解身上諸莊嚴具持以散佛（表修萬行向佛果故。三見佛現變）時莊嚴具於虚空中變成寶蓋寶網垂下龍王執持一切宫殿於中間列十種寶蓋周帀圍繞形如樓閣内外清淨諸瓔珞雲及諸寶樹香海摩尼以為莊嚴於此蓋中有菩提樹枝葉榮茂普覆法界念念示現無量莊嚴毗盧遮那如来坐此樹下有不可説佛刹微塵數菩薩前後圍繞皆從普賢行願出生住諸菩薩無差別住亦見有一切諸世間主亦見如来自在神力又見一切諸劫次第世界成壞又亦見彼一切世界一切諸佛出興次第又亦見彼一切世界一一皆有普賢菩薩供養於佛調伏衆生又亦見彼一切菩薩莫不皆在普賢身中亦見自身在其身内亦見其身在一切如来前一切普賢前一切菩薩前一切衆生前又亦見彼一切世界一一各有佛刹微塵數世界種種際畔種種任持種種形状種種體性種種

安布種種莊嚴種種清淨種種莊嚴雲而覆其上種種劫名種種佛興種種三世種種方處種種住法界種種入法界種種住虛空種種如來菩提場種種如來神通力種種如來師子座種種如來大眾海種種如來眾差別種種如來巧方便種種如來轉法輪種種如來妙音聲種種如來言說海種種如來契經雲（表因小果大故。三觀變獲益）既見是已其心清淨生大歡喜（十聞經得益三。初佛為說經）普智寶燄妙德幢王如來為說修多羅名一切如來轉法輪十佛剎微塵數修多羅而為眷屬（從教相為名。二正明聞益三。初得三昧益）時彼女人聞此經已則得成就十千三昧門其心柔軟無有麤彊如初受胎如始誕生如娑羅樹初始生芽彼三昧心亦復如是（上總下別）所謂現見一切佛三昧普照一切剎三昧入一切三世間三昧說一切佛法輪三昧知一切佛願海三昧開悟一切眾生令出生死苦三昧常願破一切眾生闇三昧常願滅一切眾生苦三昧常願生一切眾生樂三昧教化一切眾生不生疲厭三昧一切菩薩無障礙幢三昧普詣一切清淨佛剎三昧（二得大心益）得如是等十千三昧已復得妙定心不動心歡喜心安慰心廣大心順善知識心緣甚深一切智心住廣大方便海心捨離一切執著心不住一切世間境界心入如來境界心普照一切色海心無惱害心無高倨心無疲倦心無退轉心無懈怠心思惟諸法自性心安住一切法門海心觀察一切法門海心了知一切眾生海心救護一切眾生海心普照一切世界海心普生一切佛願海心悉破一切障山心積集福德助道心現見諸佛十力心普照菩薩境界心增長菩薩助道心徧緣一切方海心（即悲智等心。三成大願益）一心思惟普賢大願發一切如來十佛剎微塵數願海願嚴淨一切佛國願調伏一切眾生願徧知一切法界願普入一切法界海願於一切佛剎盡未來際劫修菩薩行願盡未來際劫不捨一切菩薩行願得親近一切如來願得承事一切善友願得供養一切諸佛願於念念中修菩薩行增一切智無有間斷發如是等十佛剎微塵數願海成就普賢所有大願（上之三益即調伏眾生解。既三事皆調伏之法故。三願發昔因）時彼如來復為其女開示演說發心已來所集善根所修妙行所得大果令其開悟成就如來所有願海一心趣向一切智位(二明發心之始)善男子復於此前(即得法劫之前也顯前得法非無因也)過十大劫有世界名日輪光摩尼佛号因陀羅幢妙相此妙眼女於彼如來遺法之中普賢菩薩勸其修補蓮華座上故壞佛像既修補已而復采畫既采畫已復寶莊嚴發阿耨多羅三藐三菩提心善男子我念過去由普賢菩薩善知識故種此善根從是已來不墮惡趣常於一切天王人王種族中生端正可喜衆相圓滿令人樂見常見於佛常得親近普賢菩薩乃至於今示導開悟成熟於我令生歡喜(二結)(會古今三初結會得法時身)善男子於意云何爾時毗盧遮那藏妙寶蓮華髻轉輪聖王者豈異人乎今彌勒菩薩是時王妃圓滿面

者寂靜音海夜神是令所住處去此不遠時妙德眼童女者即我身是(二發心)修補蓮華座像以為無上菩提因緣令(之始)我於彼時身為童女普賢菩薩勸我我發於阿耨多羅三藐三菩提心我於彼時初始發心(三正結得法)次復引導令我得見妙德幢佛解身瓔珞散佛供養見佛神力聞佛說法即得菩薩普現一切世間調伏衆生解脫門於念念中見須彌山微塵數佛亦見彼佛道場衆會清淨國土我皆尊重恭敬供養聽聞說法依教修行(此方訓其名即前三益二別答修行淨治前有聞法修行是得法之前此是得法之)(後於中二初別舉大光劫三初揔明)善男子過彼毗盧遮那大威德世界圓滿清淨劫已次有世界名寶輪妙莊嚴劫名大光有五百佛於中出現我皆承事恭敬供養(二別顯)其最初

佛名大悲幢初出家時我為夜神恭敬供養次有佛出名金剛那羅延幢我為轉輪王恭敬供養其佛為我說修多羅名一切佛出現十佛剎微塵數修多羅以為眷屬次有佛出名金剛無礙德我於彼時為轉輪王恭敬供養其佛為我說修多羅名普照一切衆生根須彌山微塵數修多羅而為眷屬我皆受持次有佛出名火燄山妙莊嚴我於彼時為長者女其佛為我說修多羅名普照三世藏閻浮提微塵數修多羅而為眷屬我皆聽聞如法受持次有佛出名一切法海高勝王我為阿修羅王恭敬供養其佛為我說修多羅名分別一切法界五百修多羅而為眷屬我皆聽聞如法受持次有佛出名海嶽法光明我為龍

王女雨如意摩尼寶雲而為供養其佛為我說修多羅名增長歡喜海百萬億修多羅而為眷屬我皆聽聞如法受持次有佛出名寶燄山燈我為海神雨寶蓮華雲恭敬供養其佛為我說修多羅名法界方便海光明佛刹微塵數修多羅而為眷屬我皆聽聞如法受持次有佛出名功德海光明輪我於彼時為五通仙現大神通六萬諸仙前後圍繞雨香華雲而為供養其佛為我說修多羅名無著法燈六萬修多羅而為眷屬我皆聽聞如法受持次有佛出名毗盧遮那功德藏我於彼時為主地神名出生平等義與無量地神俱雨一切寶樹一切摩尼藏一切寶瓔珞雲而為供養其佛為我說修多羅名出生一切如來智藏無量修多羅而為眷屬我皆聽聞受持不忘（其中經名說者當演。三顯其最後）善男子如是次第其最後佛名充滿虛空法界妙德燈我為妓女名曰美顏見佛入城歌舞供養承佛神力踊在空中以千偈頌讚歎於佛佛為於我放眉間光名莊嚴法界大光明徧觸我身我蒙光已即得解脫門名法界方便不退藏（三總顯諸劫三。初總標）善男子此世界中有如是等佛刹微塵數劫一切如來於中出現我皆承事恭敬供養（二得法修行）彼諸如來所說正法我皆憶念乃至不忘一文一句於彼一一諸如來所稱揚讚歎一切佛法為無量衆生廣作利益於彼一一諸如來所得一切智光明現三世法界海入一切普賢行（三見佛成行）善男子我依一切智光明故於念念中見無量佛既見佛已先所未得先所未見普賢諸行悉得成滿何以故以得一切智光明故（二偈頌三。初舉法誡聽）爾時普救衆生夜神欲重明此解脫義承佛神力為善財童子而說頌言

善財聽我說　甚深難見法　普照於三世
一切差別門　如我初發心　專求佛功德
所入諸解脫　汝今應諦聽（即頌前標許二頌前正說通頌得法及近及修行清淨二。初頌最初一劫）
我念過去世　過刹微塵劫
次前有一劫　名圓滿清淨　是時有世界
名為徧照燈　須彌塵數佛　於中出興世
初佛名智燄　次佛名法幢　第三法須彌
第四德師子　第五寂靜王　第六滅諸見
第七高名稱　第八大功德　第九名勝日
第十名月面　於此十佛所　最初悟法門
從此後次第　復有十佛出　初名虛空處

第二名普光　三名住諸方　四名正念海
五名高勝光　六名須彌雲　七名法燄佛
八名山勝佛　九名大悲華　十名法界華
此十出現時　第二悟法門　從此後次第
復有十佛出　第一光幢佛　第二智慧佛
第三心義佛　第四德主佛　第五天慧佛
第六慧王佛　第七勝智佛　第八光王佛
第九勇猛佛　第十蓮華佛　於此十佛所
第三悟法門　從此後次第　復有十佛出
第一寶燄山　第二功德海　第三法光明
第四蓮華藏　第五衆生眼　第六香光寶
七須彌功德　八乾闥婆王　第九摩尼藏
第十寂靜色　從此後次第　復有十佛出
初佛廣大智　次佛寶光明　第三虛空雲
第四殊勝相　第五圓滿戒　第六那羅延
第七須彌德　第八功德輪　第九無勝幢

第十大樹山　從此後次第　復有十佛出
第一娑羅藏　第二世主身　第三高顯光
第四金剛照　第五地威力　第六甚深法
第七法慧音　第八須彌幢　第九勝光明
第十妙寶光　從此後次第　復有十佛出
第一梵光明　第二虛空音　第三法界身
第四光明輪　第五智慧幢　第六虛空燈
第七微妙德　第八徧照光　第九勝福光
第十大悲雲　從此後次第　復有十佛出
第一力光慧　第二普現前　第三高顯光
第四光明身　第五法起佛　第六寶相佛
第七速疾風　第八勇猛幢　第九妙寶蓋
第十照三世　從此後次第　復有十佛出
第一願海光　第二金剛身　第三須彌德
第四念幢王　第五功德慧　第六智慧燈
第七光明幢　第八廣大智　第九法界智

第十法海智　從此後次第　復有十佛出
初名布施法　次名功德輪　三名勝妙雲
四名忍智燈　五名寂靜音　六名寂靜幢
七名世間燈　八名深大願　九名無勝幢
十名智燄海　從此後次第　復有十佛出
初佛法自在　二佛無礙慧　三名意海慧
四名衆妙音　五名自在施　六名普現前
七名隨樂身　八名住勝德　第九本性佛
第十賢德佛上之三十六偈廣前長行有一百一十佛表十地等覺各各以初佛為主　須彌塵數劫　此中所有佛
餘九為伴。二頌前揔顯諸劫普作世間燈　我悉曾供養　佛剎微塵劫
所有佛出現　我皆曾供養　入此解脫門
亦表智滿行圓無非佛故。三有一偈舉因勸修　我於無量劫
修行得此道　汝若能修行　不久亦當得
○三總已推勝善男子我唯知此菩薩普現一切
世間調伏衆生解脫如諸菩薩摩訶薩

集無邊行生種種解現種種身具種種根滿種種願入種種三昧起種種神變能種種觀察法入種種智慧門得種種法光明而我云何能知能說彼功德行

善男子去此不遠亦以禪同又禪依有進發故云不遠主夜神名寂靜音海禪故寂靜入俗演法化物深廣故云音海然此品指示俱交坐摩尼光幢莊嚴蓮華座百萬阿僧祇主夜神前後圍繞汝詣彼問菩薩云何學菩薩行修菩薩道立德禮辭時善財童子頂禮其足繞無數帀殷勤瞻仰辭退而去禪即普救之母表真精進却纔之生起心動念是安非進故

大方廣佛華嚴經疏卷第一百七寘七

大方廣佛華嚴經疏卷第一百八（入第七十一經） 寘八

清涼山沙門澄觀述 晉水沙門淨源錄疏注經

（第五寂靜音海夜神寄離垢地文六。初依教趣求）爾時善財童子於普救衆生妙德夜神所聞菩薩普現一切世間調伏衆生解脫門了知信解自在安住而往寂靜音海夜神所。（二見敬諮問）頂禮其足繞無數帀於前合掌而作是言聖者我已先發阿耨多羅三藐三菩提心我欲依善知識學菩薩行入菩薩行修菩薩行住菩薩行唯願慈哀爲我宣說菩薩云何學菩薩行云何修菩薩道（三稱讚授法二。初讚）時彼夜神告善財言善哉善哉善男子汝能依善知識求菩薩行（二正授法界二）（初略標名體）善男子我得菩薩念念出生廣大喜莊嚴解脫門（準下有二意一化生遂志故生喜即福德莊嚴二觀佛菩薩勝用故歡喜即智慧莊嚴觀化既無間斷故喜亦念念出生。二廣顯其相三初顯解脫業用二。初問有四）善財言大聖此解脫門爲何事業（一問所起業用）行何境界（二問所行之境）起何方便（三問能起方便成上所起）作何觀察（四問能觀之觀成上所行。二答即分爲四。初答起何方便以悲智雙運菩心爲能起之方便二答爲何事業正以化生爲事業故三答作何觀察謂觀察菩薩如來四答行何境界以無邊無盡甚深廣大能所不二爲所行境。問中欲顯能所別故先問所成後問能成答中欲顯能所相成故隔句相屬。又由能起所故先辯能。又觀察中雖有所觀意在能觀所行境中雖是所行而義兼能所故。四問全別晉經中云行何境界名何境界境界云何此則兼通分齊之境非但所觀。今初能起方便之中有二十心初十起上求大智心）夜神言善男子我發起清淨平等樂欲心我發起離一切世間塵垢清淨堅固莊嚴不可壞樂欲心我發起攀緣不退轉位永不退轉心我發起莊嚴功德寶山不動心我發起無住處心我發起普現一切衆生前救護心我發起見一切佛海無厭足心我發起求一切菩薩清淨願力心我發起住大智光明海心。（二有十心下化大悲心）我發起令一切衆生超過憂惱曠野心我發起令一切衆生捨離愁憂苦惱心我發起令一切衆生捨離不可意色聲香味觸法心我發起令一切衆生捨離愛別離苦冤憎會苦心我發起令一切衆生捨離惡緣愚癡等苦心我發起與一切險難衆生作依怙心我發起令一切衆生出生死苦處心我發起令一切衆生捨離生老病死等苦心我發起令一切衆生成就如來無上法樂心我發起令一切衆生皆受喜樂心。（二答爲何事業三。初標）發是心已復爲說法令其漸至一切智地。（二別釋於中具有三十七門分之爲三初十五門隨其便宜以十度化治其十蔽。初五門雙明檀戒）所謂若見衆生樂著所住宮殿屋宅我爲說法令其了達諸法自性離諸執著若見衆生戀著父母兄弟姊妹我爲說法令其得預諸佛菩薩清淨衆會若見衆生戀著妻子我爲說法令其捨離生死愛染起大悲心於一切衆生平等無二若見衆生住於王宮采女侍奉我爲說法令其得與衆聖集會入如來教若見衆生染著境界我爲說法令其得入如來境界以捨一切著則戒淨故。二有十心明餘八度若見衆生多瞋恚者我爲說法令住如來忍波羅蜜若見衆生其心懈怠我爲說法令得清淨精進波羅蜜若見衆生其心散亂我爲說法令得如來禪波羅蜜若見衆生入見稠林無明暗障我爲說法令得出離稠林黑暗若見衆生無智慧者我爲說法令得般若波羅蜜若見衆生染著三界我爲說法令出生死若見衆生志意下劣我爲說法令其圓滿佛菩提願若見衆生住自利行我爲說法令其發起利益一切諸衆生願若見衆生志力微弱我爲說法令得菩薩力波羅蜜若見衆生愚癡暗心我爲說法令得菩薩智波羅蜜

寅八般若及願各有二門。二有十二門得佛功德四若見衆生色相不具我爲說法令得如來清淨色身若見衆生形容醜陋我爲說法令得無上清淨法身若見衆生色相麤惡我爲說法令得如來微妙色身若見衆生情多憂惱我爲說法令得如來畢竟安樂若見衆生貧窮所苦我爲說法令得菩薩功德寶藏若見衆生住止園林我爲說法令彼勤求佛法因緣若見衆生行於道路我爲說法令其趣向一切智道若見衆生在聚落中我爲說法令出三界若見衆生住止人間我爲說法令其超越二乘之道住如來地若見衆生居住城郭我爲說法令其得住法王城中若見衆生住於四隅我爲說法令得三世平等智慧若見衆生住於諸方我爲說法令得智慧見一切法

寅八五化無功德衆生令得佛因果見第一義。三有十門但以對治門破其惑障若見衆生貪行多者我爲彼說不淨觀門令其捨離生死愛染若見衆生瞋行多者我爲彼說大慈觀門令其得入勤加修習若見衆生癡行多者我爲說法令得明智觀諸法海若見衆生等分行者我爲說法令其得入諸乘願海若見衆生樂生死樂我爲說法令其厭離若見衆生厭生死苦應爲如來所化度者我爲說法令能方便示現受生若見衆生愛著五蘊我爲說法令其得住無依境界若見衆生其心下劣我爲顯

示勝莊嚴道若見衆生心生憍慢我爲其說平等法忍若見衆生其心諂曲我爲其說菩薩直心三攝結化意善男子我以此等無量法施攝諸衆生種種方便教化調伏令離惡道受人天樂脫三界縛住一切智我時便得廣大歡喜法光明海其心怡暢安隱適悅見物成益故大歡喜此即釋名中初意△三菩薩觀察門二○初觀菩薩境界復次善男子我常觀察一切菩薩道場衆會修種種願行現種種淨身有種種常光放種種光明以種種方便入一切智門入種種三昧現種種神變出種種音聲海具種種莊嚴身入種種如來門詣種種國土海見種種諸佛海得種種辯才海照種種解脫境得種種智光海入種種三昧海遊戲種種諸解脫門以種種門趣一切智種種莊嚴虛空法界以種種莊嚴雲徧覆虛空觀察種種道場衆會集種種世界入種種佛刹詣種種方海受種種如來命從種種如來所與種種菩薩俱雨種種莊嚴雲入如來種種方便觀如來種種法海入種種智慧海坐種種莊嚴座△二觀佛勝用三○初結前生後善男子我觀察此道場衆會知佛神力無量無邊生大歡喜知佛神力下義當生後○二正顯有其十門善男子我觀毗盧遮那如來念念出現不可思議清淨色身既見是已生大歡喜又觀如來於念念中放大光明充滿法界既見是已生大歡喜又見如來一一毛孔念念出現無量佛刹微塵數光明海一一光明以無量佛刹微塵數光明而爲眷屬一一周徧一切法界消滅一切諸衆生苦既見是已生大歡喜又善男子我觀如來頂及兩肩念念出現一切佛刹微塵數寶燄山雲充滿十方一切法界既見是已生大歡喜又善男子我觀如來一一毛孔於念念中出一切佛刹微塵數香光明雲充滿十方一切佛刹既見是已生大歡喜又善男子我觀如來一一相念念出一切佛刹微塵數諸相莊嚴如來身雲徧往十方一切世界既見是已生大歡喜又善男子我觀如來一一毛孔於念念中出不可說佛刹微塵數佛變化雲示現如來從初發心修波羅蜜具莊嚴道入菩薩地既見是已生大歡喜又善男子我觀如來一一毛孔念念出現不可說不可說佛刹微塵數天王身雲及以天王自在神變充徧一切十方法界應以天王

身而得度者即現其前而爲說法既見是已生大歡喜如天王身雲其龍王夜叉王乾闥婆王阿修羅王迦樓羅王緊那羅王摩睺羅伽王人王梵王身雲莫不皆於一一毛孔如是出現如是說法（三總結近遠近結前之十門一遠結前觀普薩覺以所觀境皆稱性故文二○初標喜成益）我見是已於念念中生大歡喜生大信樂量與法界薩婆若等昔所未得而今始得昔所未證而今始證昔所未入而今始入昔所未滿而今始滿昔所未見而今始見昔所未聞而今始聞（二徵釋益由）何以故以能了知法界相故知一切法唯一相故能平等入三世道故能說一切無邊法故善男子我入此菩薩念念出生廣大喜莊嚴解脫光明海（以能觀之大智攝法界之體相是故菩薩所生信等等一切智○四答所行境界門三○初十門法說通二種覺）又善男子此解脫無邊普入一切法界門故（即所觀境）此解脫無盡等發一切智性心故（即分齊境下八準思）此解脫無際入無際畔一切眾生心想中故此解脫甚深寂靜智慧所知境故此解脫廣大周徧一切如來境故此解脫無壞菩薩智眼之所知故此解脫無底盡於法界之源底故此解脫者即是普門於一事中普見一切諸神變故此解脫者終不可取一切法身等無二故此解脫者終無有生以能了知如幻法故（三有二十二門喻說）此解脫者猶如影像一切智願光所生故此解脫者猶如變化化生菩薩諸勝行故此解脫者猶如大地爲一切眾生所依處故此解脫者猶如大水能以大悲潤一切故此解脫者猶如大火乾竭眾生貪愛水故此解脫者猶如大風令諸眾生速疾趣於一切智故此解脫者猶如大海種種功德莊嚴一切諸眾生故此解脫者如須彌山出一切智法寶海故此解脫者如大城郭一切妙法所莊嚴故此解脫者猶如虛空普容三世佛神力故此解脫者猶如大雲普爲眾生雨法雨故此解脫者猶如淨日能破眾生無知暗故此解脫者猶如滿月滿足廣大福德海故此解脫者猶如真如悉能周徧一切處故此解脫者猶如自影從自善業所化出故此解脫者猶如呼響隨其所應爲說法故此解脫者猶如影像隨眾生心而照現故此解脫者如大樹王開敷一切神通華故此解脫者猶如金剛從本已來不可壞故此解脫者如如意珠出生無量自在

力故此解脫者如離垢藏摩尼寶王示現一切三世如來諸神力故此解脫者如喜幢摩尼寶能平等出一切諸佛法輪聲故（以解脫深廣相難可知故。三有一句總結勸修）善男子我今爲汝說此譬喻汝應思惟隨順悟入（△二明得解脫因二。初問）爾時善財童子白寂靜音海夜神言大聖云何修行得此解脫（△二答）夜神言善男子菩薩修行十大法藏得此解脫（先標次徵釋）何等爲十一修布施廣大法藏隨衆生心悉令滿足二修淨戒廣大法藏普入一切佛功德海三修堪忍廣大法藏能徧思惟一切法性四修精進廣大法藏趣一切智恒不退轉五修禪定廣大法藏能滅一切衆生熱惱六修般若廣大法藏能徧了知一切法海七修方便廣大法藏能徧成熟諸衆生海八修諸願廣大法藏徧一切佛刹一切衆生海盡未來劫修菩薩行九修諸力廣大法藏念念現於一切法界海一切佛國土成等正覺常不休息十修淨智廣大法藏得如來智徧知三世一切諸法無有障礙（後結）善男子若諸菩薩安住如是十大法藏則能獲得如是解脫清淨增長積集堅固安住圓滿（即十度爲因。△三明發心久近欲顯道根深故。二。初問）善財童子言聖者汝發阿耨多羅三藐三菩提心其已久如（△二答。初長行。三。初於餘刹海中發心修行二。初於第一刹塵劫修五。初總顯刹海）夜神言善男子此華藏莊嚴世界海東過十世界海有世界海名一切淨光寶此世界海中有世界種名一切如來願光明音中有世界名清淨光金莊嚴一切香金剛摩尼王爲體形如樓閣衆妙寶雲以爲其際住於一切寶瓔珞海妙宮殿雲而覆其上淨穢相雜（。二別彰時處）此世界中乃往古世有劫名普光幢國名普滿妙藏道場名一切寶藏妙月光明（。三顯於初佛發心得定）有佛名不退轉法界音於此成阿耨多羅三藐三菩提我於爾時作菩提樹神名具足福德燈光明幢（亦表五地入俗福智高勝故）守護道場我見彼佛成等正覺示現神力發阿耨多羅三藐三菩提心即於此時獲得三昧名普照如來功德海（此即正訓發心之問自此已去皆顯修行得法是知先問亦含問其得法久近。四略舉次前九佛）此道場中次有如來出興於世名法樹威德山我時命終還生此中爲道場主夜神名殊妙福智光見彼如來轉正法輪現大神通即得三昧名普照一切離貪境界次有如來出興於世名一切法海音聲王我於彼時身為夜神因得見佛承事供養即獲三昧名生長一切善法地次有如來出興於世名寶光明燈幢王我於彼時身為夜神因得見佛承事供養即獲三昧名普現神通光明雲次有如來出興於世名功德須彌光我於彼時身為夜神因得見佛承事供養即獲三昧名普照諸佛海次有如來出興於世名法雲音聲王我於彼時身為夜神因得見佛承事供養即獲三昧名一切法海燈次有如來出興於世名智燈照耀王我於彼時身為夜神因得見佛承事供養即獲三昧名滅一切眾生苦清淨光明燈次有如來出興於世名法勇妙德幢我於彼時身為夜神因得見佛承事供養即獲三昧名三世如來光明藏次有如來出興於世名師子勇猛法智燈我於彼時身為夜神因得見佛承事供養即獲三昧名一切世間無障礙智慧輪次有如來出興於世名智力山王我於彼時身為夜神因得見佛承事供養即獲三昧名普照三世眾生諸根行。五結畧顯廣 善男子清淨光金莊嚴世界普光明幢劫中有如是等佛剎微塵數如來出興於世我於彼時或為天王或為龍王或為夜叉王或為乾闥婆王或為阿脩羅王或為迦樓羅王或為緊那羅王或為摩睺羅伽王或為人王或為梵王或為天身或為人身或為男子身或為女人身或為童男身或為童女身悉以種種諸供養具供養於彼一切如來亦聞其佛所說諸法此舉一劫之中剎塵數佛皆悉供養。二於第二剎塵劫修行 從此命終還即於此世界中生界不異前故云還即 經佛剎微塵數劫修菩薩行劫時有異言歷剎塵 然後命終生此華藏莊嚴世界海前雖數數命終今語前劫之末是知前普光劫即是大劫其中已含有剎塵數小劫此中但明塵數小劫畧無大劫之名二文影畧故下結云於二佛剎微塵數劫中修菩薩行是則前段一如來興義當一劫若以普光明劫為剎塵之一此命終下結成剎塵之劫則闕二字故晉經言於彼世界經二佛剎微塵數劫方順下文二劫之言一劫已有剎塵之佛則佛猶多矣。三修行得法。二。初舉此前三佛 娑婆世界值迦羅鳩孫駄如來承事供養得三昧名離一切塵垢光明次值拘那含牟尼如來承事供養得三昧名普現一切諸剎海次值迦葉如來承事供養得三昧名演一切眾生言音海三顯遇本師得今解脫則前所得望此皆因文二。初標名體 次值毘盧遮那如來於此道場成正等覺念念示現大神通力我時得見即獲此念念出生廣大喜莊嚴解脫三明其業用此中業用非獨事業良以前之四門皆業用故故此通包於中亦二。初標所入海數 得此解脱已能入十不可説不可説佛刹微塵數法界安立海（三明海中所見展轉深細略為四重。初刹海中塵）見彼一切法界安立海一切佛刹所有微塵（二塵中之刹）一一塵中有十不可説不可説佛刹微塵數佛國土（三刹中之佛）一一佛土皆有毘盧遮那如來坐於道場於念念中成正等覺現諸神變所現神變一一皆徧一切法界海亦見自身在彼一切諸如來所又亦聞其所説妙法（四佛毛變化二。初通力演法）又亦見彼一切諸佛一一毛孔出變化海現神通力於一切法界海一切世界海一切世界種一切世界中隨衆生心轉正法輪（二夜神悟入二。初摠顯能所悟）我得速疾陀羅尼力受持思惟一切文義以明了智普入一切清淨法藏以自在智普游一切甚深法海以周徧智普知三世諸

廣大義以平等智普逹諸佛無差別法如是悟解一切法門（三明重重微細二。初摠顯十重十重一一顯無盡法門）一一法門中悟解一切修多羅雲（一法門如般若一門中有多契經）一一修多羅雲中悟解一切法海（二隨一契經詮多深廣之法謂含諸度等）一一法海中悟解一切法品（三隨一深法有多品類）一一法品中悟解一切法雲（四隨一類中有多事法其一一法含旨如雲）一一法雲中悟解一切法流（五隨一根本法雲流出衆多支派上五約所悟下五約能悟）一一法流中出生一切大喜海一一大喜海出生一切地一一地出生一切三昧海一一三昧海得一切見佛海一一見佛海得一切智光海（二別顯智光之用二。初句摠該橫豎）一一智光海普照三世徧入十方（是第十一重但廣最後一重功用無邊則顯前重重不可盡也二別顯橫豎之中所知文五。初知如來因地之行）知無量如來往昔諸行海知無量如來所有本事海（上二句摠後之十句別明十度）知無量如來難捨

能施海知無量如來清淨戒輪海知無量如來清淨堪忍海知無量如來廣大精進海知無量如來甚深禪定海知無量如來般若波羅蜜海知無量如來方便波羅蜜海知無量如來願波羅蜜海知無量如來力波羅蜜海知無量如來智波羅蜜海（二知佛因地之位）知無量如來往昔超菩薩地知無量如來往昔住菩薩地無量劫海現神通力知無量如來往昔八菩薩地知無量如來往昔修菩薩地知無量如來往昔治菩薩地知無量如來往昔觀菩薩地（三知因地作用）知無量如來昔為菩薩時常見諸佛知無量如來昔為菩薩時盡見佛海劫海同生知無量如來昔為菩薩時以無量身徧生刹海知無量如來昔為菩薩時周徧法界修

廣大行知無量如來昔爲菩薩時示現種種諸方便門調伏成熟一切衆生（上三知因）（四摠知果用）知無量如來放大光明普照十方一切剎海知無量如來現大神力普現一切諸衆生前知無量如來廣大智地知無量如來轉正法輪知無量如來示現相海知無量如來示現身海知無量如來廣大力海。（五摠知）彼諸如來從初發心乃至法滅我於念念悉得知見。（三結訓其）（問三。初結前）善男子汝問我言汝發心來其已久如善男子我於往昔過二佛剎微塵數劫如上所說於清淨光金莊嚴世界（宾八）（十八）中爲菩提樹神聞不退轉法界音如來說法發阿耨多羅三藐三菩提心於二佛剎微塵數劫中修菩薩行然後乃生此娑婆世界賢劫之中從迦羅鳩孫䭾佛至釋迦牟尼佛。（二類顯）及此劫中未來所有一切諸佛我皆如是親近供養（先類未來後及餘界）如於此世界賢劫之中供養未來一切諸佛一切世界一切劫中所有未來一切諸佛悉亦如是親近供養。（三結勸修學）善男子彼清淨光金莊嚴世界今猶現在諸佛出現相續不斷汝當一心修此菩薩大勇猛門。（二偈頌十偈分三。初誡聽勸修）爾時寂靜音海主夜神欲重宣此解脫義爲善財童子而說頌言

善財聽我說　清淨解脫門　聞已生歡喜　勤修令究竟（二正明昔行文二。初智行上供）（宾八）

我昔於劫海　生大信樂心（十九）　清淨如虛空　常觀一切智

我於三世佛　皆生信樂心　并及其衆會　悉願常親近

我昔曾見佛　爲衆生供養　得聞清淨法　其心大歡喜

常尊重父母　恭敬而供養　如是無休懈　入此解脫門。（二有四偈悲心下救）

老病貧窮人　諸根不具足　一切皆慈濟　令其得安隱

水火及王賊　海中諸恐怖　我昔修諸行　爲救彼衆生

煩惱恒熾然　業障所纏覆　墮於諸險道　我救彼衆生

一切諸惡趣　無量楚毒苦　生老病死等　我當悉除滅。（三有一偈結行分齊）

願盡未來劫　普爲諸羣生　滅除生死苦　得佛究竟樂

（四謙已推勝）善男子我唯知此念念生廣大喜莊嚴解脫如諸菩薩摩訶薩深入一切法界海悉知一切諸劫數普見一切剎成壞而我云何能知能說彼功德行。（五指示後友）善男子此菩提場如來會中（般若爲得佛之所故持言菩提場）有主夜神名守護一切城增長威力（般若若現則善守心城及一切智城萬行由生爲增威力）汝詣彼問菩薩云何學菩薩行修菩薩道。（六戀德禮辭三。初以心觀）爾

時善財童子一心觀察寂靜音海主夜神身。（ム二以偈讚四。初因友得見）而說頌言：

我因善友教　來詣天神所　見神處寶座　身量無有邊。（三有二偈寄對顯勝）
非是著色相　計有於諸法　劣智淺識人　能知尊境界
世間天及人　無量劫觀察　亦不能測度　色相無邊故。（三有六偈當相顯勝）
遠離於五蘊　亦不住於處　永斷世間疑　顯現自在力
不取內外法　無動無所礙　清淨智慧眼　見佛神通力
身為正法藏　心是無礙智　既得智光照　復照諸羣生
心集無邊業　莊嚴諸世間　了世皆是心　現身等衆生
知世悉如夢　一切佛如影　諸法皆如響　令衆無所著
為三世衆生　念念示現身　而心無所住　十方徧說法。（四有一偈總結圓融）
無邊諸剎海　佛海衆生海　悉在一塵中　此尊解脫力。（三身禮辭）

時善財童子說此偈已，頂禮其足，繞無量帀，殷勤瞻仰，辭退而去。（第六守護一切城夜神寄現前地六。初依教趣求）

爾時善財童子隨順寂靜音海夜神教，思惟觀察所說法門，一一文句皆無忘失，於無量深心、無量法性、一切方便神通智慧，憶念思擇，相續不斷，其心廣大，證入安住，行詣守護一切城夜神所。（二見敬諮問）見彼夜神坐一切寶光明摩尼王師子之座，無數夜神所共圍繞，現一切衆生色相身，現普對一切衆生身，現不染一切世間身，現一切衆生身數身，現超過一切世間身，現成熟一切衆生身，現速往一切十方身，現徧攝一切十方身，現究竟如來體性身，現究竟調伏衆生身。善財見已，歡喜踊躍，頂禮其足，繞無量帀，於前合掌而作是言：「聖者，我已先發阿耨多羅三藐三菩提心，而未知菩薩修菩薩行時，云何饒益衆生？云何以無上攝而攝衆生？云何順諸佛教？云何近法王位？唯願慈哀為我宣說。」（ム三稱讚授法二。初讚發心之相）

時彼夜神告善財言：「善男子，汝為救護一切衆生故，汝為嚴淨一切佛剎故，汝為供養一切如來故，汝為住一切劫救衆生故，汝欲守護一切佛種性故，汝欲普入十方修諸行故，汝欲普入一切法門海故，汝欲以平等心徧一切故，汝欲普受一切佛法輪故，汝欲普隨一切衆生心之所樂雨法雨故，問諸菩薩所修行門。（ム二正授法界三。初標名體）善男子，我得菩薩甚深自在妙音解脫，（即事契理故曰甚深，權實無礙攝物稱為自在，依此演法普應羣機是謂妙音）（ム三顯其業用三。初總明二。初十句彰法施之德）為大法師，無所罣礙。

善能開示諸佛法藏故具大捨願大慈悲力令一切眾生住菩提心故能作一切利眾生事積集善根無有休息故為一切眾生調御之師令一切眾生住薩婆若道故為一切世間清淨法日普照世間令生善根故於一切世間其心平等普令眾生增長善法故於諸境界其心清淨除滅一切諸不善業故誓願利益一切眾生身恒普現一切國土故示現一切本事因緣令諸眾生安住善行故恒事一切諸善知識為令眾生安住佛教故（三顯法施之意）（貞八）佛子我以此等法施眾生（二十三）令生白法求一切智其心堅固猶如金剛那羅延藏善能觀察佛力魔力常得親近諸善知識摧破一切業惑障山集一切智助道之法心恒不捨一切智地

（三別顯業用三。初揔標）善男子我以如是淨法光明饒益一切眾生集善根助道法時作十種觀察法界（二徵列）何者為十（列法界中十種別義今約十種勝行顯之以行必揀理理由行顯故）所謂我知法界無量（一無分量）獲得廣大智光明故我知法界無邊（二無邊際）見一切佛所知見故我知法界無限（三無齊限）普入一切諸佛國土恭敬供養諸如來故我知法界無畔（四無涯畔）普於一切法界海中示現修行菩薩行故我知法界無斷（五無斷絕）入於如來不斷智故我知法界一性如來一音一切眾生無不了故我知法界性淨了如來願普度一切諸眾生故我知法界徧眾生普賢妙行悉周徧故我知法界一莊嚴普賢妙行善莊嚴故我知法界不可壞一切智善根充滿法界不可壞故（餘五可知。三結前觀益）善男子我作此十種觀察法界集諸善根辦助道法了知諸佛廣大威德深入如來難思境界（二釋自在義）又善男子我如是正念思惟得如來十種大威德陀羅尼輪何者為十所謂（貞八）普入一切法陀羅尼輪普（二十四）持一切法陀羅尼輪普說一切法陀羅尼輪普念十方一切佛陀羅尼輪普說一切佛名號陀羅尼輪普入三世諸佛願海陀羅尼輪普入一切諸乘海陀羅尼輪普入一切眾生業海陀羅尼輪疾轉一切業陀羅尼輪疾生一切智陀羅尼輪善男子此十陀羅尼輪以十千陀羅尼輪而為眷屬恒為眾生演說妙法（謂揔持權實各就所持立名可知。三釋妙音義二。初別明有二十三句）善男子我或為眾生說聞慧法或為眾生說思慧法或為眾生說修慧法（初三約三慧攝二十句勸為十對約廣略）

（辯）或爲衆生說一有法或爲衆生說一切
有法（舉而言者一者通理通事理一有者二十五有理無二故事一有者同一有爲故餘可思）
（準）或爲說一如來名海法或爲說一切
如來名海法或爲說一世界海法或爲
說一切世界海法或爲說一佛授記海
法或爲說一切佛授記海法或爲說一
如來衆會道場海法或爲說一切如來
衆會道場海法或爲說一如來法輪海
法或爲說一切如來法輪海法或爲說
一如來修多羅法或爲說一切如來修
多羅法或爲說一如來集會法或爲說
一切如來集會法或爲說一薩婆若心
海法或爲說一切薩婆若心海法或爲
說一乘出離法或爲說一切乘出離法
（三摠結）善男子我以如是等不可說法門爲
衆生說（三結益二。初別結甚深益）善男子我入如來無
差別法界門海說無上法普攝衆生盡
未來劫住普賢行（由入無差別故住劫而不疲。二通結妙音自在）善
男子我成就此甚深自在妙音解脫於
念念中增長一切諸解脫門（由摠持故增長解脫）念
念充滿一切法界（由妙音故充滿法界）

（二十六卷）

大方廣佛華嚴經疏卷第一百八（實八）

大方廣佛華嚴經疏卷第一百九 入第七十一經下半 寅九

清涼山沙門 澄觀 述 晉水沙門 淨源 錄疏注經

三辨法根深二。初問 時善財童子白夜神言：奇哉天神！此解脫門如是希有，聖者證得其已久如？ 三答二。先辨初劫修行二。初總舉刹劫 夜神言：善男子，乃往古世過世界轉微塵數劫，有劫名離垢光明，有世界名法界功德雲，以現一切衆生業摩尼王海為體，形如蓮華，住四天下微塵數香摩尼須彌山網中，以出一切如來本願音蓮華而為莊嚴，須彌山微塵數蓮華而為眷屬，須彌山微塵數香摩尼以為間錯，有須彌山微塵數四天下，一一四天下有百千億那由他不可說不可說城。 言世界轉者，謂世界為塵，一塵一刹，復末為塵，故亦猶無量無量為一無量轉等。若展轉形世界塵者，何以偏取此形。 二別彰過佛四。初總舉佛數興廢 善男子，彼世界中有四天下名為妙幢，中有王都名普寶華光，去此不遠有菩提場名普顯現法王宮殿，須彌山微塵數如來於中出現。 三別明於初佛得法六。初標佛現 其最初佛名法海雷音光明王。 二父王出家 彼佛出時有轉輪王名清淨日光明面，於其佛所受持一切法海旋修多羅，佛涅槃後其王出家護持正法。 三懸世過興 法欲滅時有千部異衆千種說法，近於末劫業惑障重，諸惡比丘多有鬬諍，樂著境界不求功德，樂說王論、賊論、女論、國論、海論及以一切世間之論。 四滅過弘闡 時王比丘而語之言：奇哉苦哉！佛於無量諸大劫海集此法炬，云何汝等而共毀滅？作是說已，上升虛空高七多羅樹，身出無量諸色燄雲，放種種色大光明網，令無量衆生除煩惱熱，令無量衆生發菩提心，以是因緣，彼如來教復於六萬五千歲中而得興盛。 五王女見聞發心得法 時有比丘尼名法輪化光， 法輪化光者，圓滿般若照一切法從無而有故。 是此王女，百千比丘尼而為眷屬，聞父王語及見神力，發菩提心永不退轉，得三昧名一切佛教燈，又得此甚深自在妙音解脫，得已身心柔輭，即得現見法海雷音光明王如來一切神力。 即正答得法久近也。六結會古今 善男子，於汝意云何？彼時轉輪聖王隨於如來轉正法輪、佛涅槃後興隆末法者，豈異人乎？今普賢菩薩是。其法輪化光比丘尼即我身是。我於彼時守護佛法，令十萬比丘尼於阿耨多羅三藐三菩提得不退轉，又令得現見一切佛三昧，又令得一切佛法輪金剛光明陀羅尼，又令得普入一切法門海般若波羅蜜。 兼顯成益。三略舉次前百佛 次有佛興名離垢法光明次有佛興名法輪光明髻次有佛興名法日功德雲次有佛興名法海妙音王次有佛興名法日智慧燈次有佛興名法華幢雲次有佛興名法燄山幢王次有佛興名甚深法功德月次有佛興名法智普光藏次有佛興名開示普智藏次有佛興名功德藏山王次有佛興名普門須彌賢次有佛興名一切法精進幢次有佛興名法寶華功德雲次有佛興名寂靜光明髻次有佛興名法光明慈悲月次有佛興名功德燄海次有佛興名智日普光明次有佛興名普賢圓滿智次有佛興名神通智光王次有佛興名福德華光燈次有佛興名智師子幢王次有佛興名日光普照王次有佛興名須彌寶莊

嚴相次有佛興名日光普照次有佛興名法王功德月次有佛興名開敷蓮華妙音雲次有佛興名日光明相次有佛興名普光明妙法音次有佛興名師子金剛那羅延無畏次有佛興名普智勇猛幢次有佛興名普開法蓮華身次有佛興名功德妙華海次有佛興名道場功德月次有佛興名法炬熾然月次有佛興名普光明髻次有佛興名法幢燈次有佛興名金剛海幢雲次有佛興名名稱山功德雲次有佛興名栴檀妙月次有佛興名普妙光明華次有佛興名照一切衆生光明王次有佛興名功德蓮華藏次有佛興名香燄光明王次有佛興名波頭摩華因次有佛興名衆相山普光明次有佛興名普名稱幢次有

佛興名須彌普門光次有佛興名功德法城光次有佛興名大樹山光明次有佛興名普德光明幢次有佛興名功德吉祥相次有佛興名勇猛法力幢次有佛興名法輪光明音次有佛興名功德山智慧光次有佛興名無上妙法月次有佛興名法蓮華淨光幢次有佛興名寶蓮華光明藏次有佛興名光燄雲山燈次有佛興名普覺華次有佛興名種種功德燄須彌藏次有佛興名圓滿光山王次有佛興名福德雲莊嚴次有佛興名法山雲幢次有佛與名功德山光明次有佛興名法日雲燈王次有佛興名法雲名稱王次有佛興名法輪雲次有佛興名開悟菩提智光幢次有佛興名普照法輪月次有佛興名寶山威德

賢次有佛興名賢德廣大光次有佛興名普智雲次有佛興名法力功德山次有佛興名功德香燄王次有佛興名金色摩尼山妙音聲次有佛興名頂髻出一切法光明雲次有佛興名法輪熾盛光次有佛興名無上功德山次有佛興名精進炬光明雲次有佛興名三昧印廣大光明冠次有佛興名寶光明功德王次有佛興名法炬寶蓋音次有佛興名普照虛空界無畏法光明次有佛興名月相莊嚴幢次有佛興名光明燄山雲次有佛興名照無障礙法虛空次有佛興名開顯智光身次有佛興名世主德光明音次有佛興名一切法三昧光明音次有佛興名法音功德藏次有佛興名熾然燄法海雲次有佛興名普照三世相大光明次有佛興名普照法輪山次有佛興名法界師子光次有佛興名須彌華光明次有佛興名一切三昧海師子燄次有佛興名普智光明燈。四結略顯廣 善男子如是等須彌山微塵數如來其最後佛名法界城智慧燈並於離垢光明劫中出興于世我皆尊重親近供養聽聞受持所說妙法亦於彼一切諸如來所出家學道護持法教入此菩薩甚深自在妙音解脫種種方便教化成熟無量眾生。二類顯多劫成益 從是已來於佛剎微塵數劫所有諸佛出興於世我皆供養修行其法善男子我從是來於生死夜無明昏寐諸眾生中而獨覺悟令諸眾生守護心城捨三界城住一切智無上法城。四總已推勝二初謙已知一 善男子我唯知此甚深自在妙音解脫令諸世間離戲論語不作二語常真實語恒清淨語略顯四種業用若約妙音釋則不綺不離間不妄不惡口如次配之若約甚深釋者不與理合皆名戲論理外發言即是二語既與理乖則非真非淨反此可知二推勝知多 如諸菩薩摩訶薩能知一切語言自性於念念中自在開悟一切眾生入一切眾生言音海於一切言辭悉皆辯了明見一切諸法門海於普攝一切法陀羅尼已得自在隨諸眾生心之所疑而為說法究竟調伏一切眾生能普攝受一切眾生巧修菩薩諸無上業深入菩薩諸微細智能善觀察諸菩薩藏能自在說諸菩薩法何以故已得成就一切法輪陀羅尼故而我云何能知能說彼功德行。五指示後友三初指後位 善男子此佛會中有主夜神名開敷一切樹華約事在香樹間內故約位七地具功用行有能開發無相住故 汝詣彼問菩薩云何學一切智云何安立一切衆生住一切智。（二偈頌中頌前法者略去殷勤嘱令修學故有十一偈於中分二。初頌前體用）爾時守護一切城主夜神欲重宣此解脫義爲善財童子而說頌言

菩薩解脫深難見　虛空如如平等相
普見無邊法界內　一切三世諸如來
出生無量勝功德　證入難思眞法性
增長一切自在智　開通三世解脫道
（三顯法根深二先頌初劫三。初通頌初後）過於刹轉微塵劫
爾時有劫名淨光　世界名爲法燄雲
其城号曰寶華光　其中諸佛興於世
量與須彌塵數等　有佛名爲法海音
於此劫中先出現　乃至其中最後佛
名爲法界燄燈王　如是一切諸如來
我皆供養聽受法（二有四頌別頌於初佛得法）　其身普作眞金色
諸相莊嚴如寶山　發心願得成如來
我暫見彼如來身　即發菩提廣大心
誓願勤求一切智　性與法界虛空等
由斯普見三世佛　及以一切菩薩衆
亦見國土衆生海　而普攀緣起大悲
隨諸衆生心所樂　示現種種無量身
普徧十方諸國土　動地舒光悟含識
（三有一偈頌中間百佛及後結文）見第二佛而親近
亦見十方刹海佛　乃至最後佛出興
如是須彌塵數等。（二頌結歎）於諸刹轉微塵劫
所有如來照世燈　我皆親近而瞻奉
令此解脫得清淨（三善財得益擧通由前文亦近由此於中有二初長行叙益）

爾時善財童子得入此菩薩甚深自在妙音解脫故入無邊三昧海入廣大總持海得菩薩大神通獲菩薩大辯才心大歡喜（二偈頌慶讚十偈分四初讚福智超絶）觀察守護一切城主夜神以偈讚曰

已行廣大妙慧海　已度無邊諸有海
長壽無患智藏身　威德光明住此衆
（二有四頌歎悲智甚深）了達法性如虛空
普入三世皆無礙　念念攀緣一切境
心心永斷諸分別　了達衆生無有性
而於衆生起大悲　深入如來解脫門
廣度羣迷無量衆　觀察思惟一切法
了知證入諸法性　如是修行佛智慧
普化衆生令解脫　天是衆生調御師
開示如來智慧道　普爲法界諸含識
說離世間衆怖行（念念攀緣一切境不礙分別事故心心永斷諸分別常契理故又上句約觀下句約止即止觀雙運了達無性成無分別而起大悲成上攀緣攀緣即分別耳不惟偏妄○三有四偈總歎德圓離障攝益）已住如來諸願道
已受菩提廣大教　已修一切徧行力
已見十方佛自在　天神心淨如虛空

普離一切諸煩惱　了知三世無量刹
諸佛菩薩及衆生　天神一念悉了知
晝夜日月年劫海　亦知一切衆生類
種種名相各差別　十方衆生生死處
有色無色想無想　隨順世俗悉了知
引導使入菩提路（四有一頌成行入位）
已生如來摿願家　已入諸佛功德海
法身清淨心無礙　隨衆生樂現衆色

（六戀德禮辭）時善財童子說此頌已禮夜神足遶無量帀殷勤瞻仰辭退而去（已下入第七十二經）

（第七開敷一切樹華夜神寄遠行地文六。初依教趣求）爾時善財童子入菩薩甚深自在妙音解脫門修行增進往詣開敷一切樹華夜神所（二見敬諮問）見其身在衆寶香樹樓閣之內妙寶所成師子座上百萬夜神所共圍遶時善財童子頂禮其足於前合掌而作是言聖者我已先發阿耨多羅三藐三菩提心而未知菩薩云何學菩薩行云何得一切智唯願垂慈為我宣說（三授已法界四初顯法行二。初明安樂衆生行）夜神言善男子我於此娑婆世界日光已沒蓮華覆合諸人衆等罷游觀時見其一切若山若水若城若野如是等處種種衆生咸悉發心欲還所住我皆密護令得正道達其處所宿夜安樂（亦是法門所作業用對先問行故總示其行未舉法門之名。二利益衆生行二。初總）善男子若有衆生盛年好色憍慢放逸五欲自恣我為示現老病死相令生恐怖捨離諸惡復為稱歎種種善根使其修習（令物斷惡修善故。二別）為慳悋者讚歎布施為破戒者稱揚淨戒有瞋恚者教住大慈懷惱害者令行忍辱若懈怠者令起精進若散亂者令修禪定住惡慧者令學般若樂小乘者令住大乘樂著三界諸趣中者令住菩薩願波羅蜜若有衆生福智微劣為諸結業之所逼迫多留礙者令住菩薩力波羅蜜若有衆生其心暗昧無有智慧令住菩薩智波羅蜜（十度以治蔽障。二五法名字）善男子我已成就菩薩出生廣大喜光明解脫門（此有二意一者望前攝已益物悲智之心故生大喜二者望後照佛攝生廣大悲智故生大喜。三明業用二。初問）善財言大聖此解脫門境界云何（以是業用令齊故云境界。二荅三。初總標）夜神言善男子入此解脫能知如來普攝衆生巧方便智（謂知佛攝生之智為業用分齊。三略顯普攝之相）云何普攝善男子一切衆生所受諸樂皆是如來威德力故順如來教故行如來語故學如來行故得如來所護力故修如來所印道故種如來所行善故依如來所說法故如來智慧日光之所照故如來性淨業力之所攝故（謂一切物樂皆由佛得故知佛攝。三廣顯巧方便智二。初徵）云何知然（三釋釋意云我見如來從因至果大悲巧攝故知樂由佛生於中二。初總明）善男子我入此出生廣大喜光明解脫憶念毗盧遮那如來應正等覺往昔所修菩薩行海悉皆明見（三別顯分二初發善巧普攝之心亦二。初見發心之境況於苦集）善男子世尊往昔為菩薩時見一切眾生著我我所住無明闇室入諸見稠林為貪愛所縛忿恚所壞愚癡所亂慳嫉所纏生死輪迴貧窮困苦不得值遇諸佛菩薩（三正發救心令得滅道二。初益起慈悲）見如是已起大悲心利益眾生所謂起願得一切妙寶資具攝眾生心願一切眾生皆悉具足資生之物無所乏心於一切眾事離執著心於一切境界無貪染心於一切所有無慳悋心於一切果報無希望心於一切榮好無羨慕心

於一切因緣無迷惑心（二雙運悲智）起觀察真實法性心起救護一切眾生心起深入一切法漩澓心起於一切眾生住平等大慈心起於一切眾生行方便大悲心起為大法蓋普覆眾生心起以大智金剛杵破一切眾生煩惱障山心起令一切眾生增長喜樂心起願一切眾生究竟安樂心起隨眾生所欲雨一切財寶心起以平等方便成熟一切眾生心起令一切眾生滿足聖財心起願一切眾生究竟皆得十力智果心（二起善巧普攝之行二初別明利益眾生行三。初舉攝生行體）起如是心已得菩薩力現大神變徧法界虛空界於一切眾生前普雨一切資生之物隨其所欲悉滿其意皆令歡喜不悔不悋無間無斷（二明攝生本意）以是方便普攝眾生教化成熟皆令得出

生死苦難不求其報淨治一切眾生心寶令其生起一切諸佛同一善根增一切智福德大海（三辨攝生周徧即廣大義）菩薩如是念念成熟一切眾生念念嚴淨一切佛剎念念普入一切法界念念皆悉徧虛空界念念普入一切三世念念成就調伏一切諸眾生智念念恒轉一切法輪念念恒以一切智道利益眾生念念普於一切世界種種差別諸眾生前盡未來劫現一切佛成等正覺念念普於一切世界一切諸劫修菩薩行不生二想所謂普入一切廣大世界海一切世界種中種種際畔諸世界種種莊嚴諸世界種種體性諸世界種種形狀諸世界種種分布諸世界或有世界穢而兼淨或有世界淨而兼穢或有世界一向雜穢

或有世界一向清淨或小或大或麤或細或正或側或覆或仰如是一切諸世界中念念修行諸菩薩行入菩薩位現菩薩力亦現三世一切佛身隨衆生心普使知見（三雜明種種行二。初明觀機彰苦集無涯）善男子毗盧遮那如来於過去世如是修行菩薩行時見諸衆生不修功德無有智慧著我我所無明翳障不正思惟入諸邪見不識因果順煩惱業墮於生死險難深坑具受種種無量諸苦（三顯修行無量三。初總明化益）起大悲心具修一切波羅蜜行為諸衆生稱揚讚歎堅固善根令其安住遠離生死貧窮之苦勤修福智助道之法。（別明化法）為說種種諸因果門為說業報不相違反為說於法證入之處為說一切衆生欲解及說一切受生國土令其不斷

一切佛種令其守護一切佛教令其捨離一切諸惡又為稱讚趣一切智助道之法（四總結化意）令諸衆生心生歡喜令行法施普攝一切令其發起一切智行令其修學諸大菩薩波羅蜜道令其增長成一切智諸善根海令其滿足一切聖財令其得入佛自在門令其攝取無量方便令其觀見如来威德令其安住菩薩智慧（四辨法根深二。初問）善財童子言聖者發阿耨多羅三藐三菩提心其已久如（二答二。初歎深許說二。初長行二。先歎深難知四。初標難知久遠難知抑亦當時發心已得深法滿佛境故況縣久近相）夜神言善男子（非唯）此處難信（非常見聞）難知（非聞慧境）難解難入（非思修故上皆心緣處滅）難說（言語道。二顯不知人去能知）一切世間及以二乘皆不能知（三揀）唯除諸佛神力所護善友所攝集勝功德欲樂清淨無下劣心無雜染心

無諂曲心得普照曜智光明心發普饒益諸衆生心一切煩惱及以衆魔無能壞心起必成就一切智心不樂一切生死樂心能求一切諸佛妙樂能滅一切衆生苦惱能修一切佛功德海能觀一切諸法實性能具一切清淨信解能超一切生死暴流能入一切如来智海能決定到無上法城能勇猛入如来境界能速疾趣諸佛地位能即成就一切智力能於十力已得究竟如是之人於此能持能入能了（即是善財童子之類。四徵釋所以）何以故此是如来智慧境界一切菩薩尚不能知況餘衆生（以是佛境故權教菩薩尚不能知況前劣耶。三承力許說）然我今者以佛威力欲令調順可化衆生意速清淨欲令修習善根衆生心得自在隨汝所問為汝宣說（二偈頌分二。初頌歎深難說有四。初標深難說）

爾時開敷一切樹華夜神欲重明其義
觀察三世如來境界而說頌言
佛子汝所問　甚深佛境界　難思剎塵劫
說之不可盡。二有三偈頌不知人　非是貪恚癡
憍慢惑所覆　如是衆生等　能知佛妙法
非是住慳嫉　諂誑諸濁意　煩惱業所覆
能知佛境界　非著蘊界處　及計於有身
見倒想倒人　能知佛所覺以是佛境故藏者不知。三超頌前釋
佛境界寂靜　性靜離分別　非著諸有者
能知此法性。四有十四偈標頌揀去能知　生於諸佛家
為佛所守護　持佛法藏者　智眼之境界
親近善知識　愛樂白淨法　勤求諸佛力
聞此法歡喜　心淨無分別　猶如大虛空
慧燈破諸闇　是彼之境界　以大慈悲意
普覆諸世間　一切皆平等　是彼之境界
歡喜心無著　一切皆能捨　平等施衆生

是彼之境界　心淨離諸惡　究竟無所悔
順行諸佛教　是彼之境界　了知法自性
及以諸業種　其心無動亂　是彼之境界
勇猛勤精進　安住心不退　勤修一切智
是彼之境界　其心寂靜住三昧
究竟清涼無熱惱　已修一切智海因
此證悟者之解脫　善知一切真實相
深入無邊法界門　普度羣生靡有餘
此慧燈者之解脫　了達衆生真實性
不著一切諸有海　如影普現心水中
此正道者之解脫　從於一切三世佛
方便願種而出生　盡諸劫剎勤修行
此普賢者之解脫　普入一切法界門
悉見十方諸剎海　亦見其中劫成壞
而心畢竟無分別　法界所有微塵中
悉見如來坐道樹　成就菩提化羣品

此無礙眼之解脫文第頌前佛力所護等悉皆不配說者隨宜。二頌承力為說　汝於無量大劫海　親近供養善知識
為利羣生求正法　聞已憶念無遺忘
毗盧遮那廣大境　無量無邊不可思
我承佛力為汝說　令汝深心轉清淨
三承力正讚文二初長行二初正說四。初總顯發心時處佛興　善男子乃往古
世過世界海微塵數劫有世界海名普
光明真金摩尼山其世界海中有佛出
現名普照法界智慧山寂靜威德王善
男子其佛往修菩薩行時淨彼世界海
其世界海中有世界微塵數世界種一
一世界種有世界微塵數世界一一世
界皆有如來出興於世一一如來說世
界海微塵數修多羅一一修多羅授佛
剎微塵數諸菩薩記現種種神力說種
種法門度無量衆生。二別舉本生時處　善男子

彼普光明眞金摩尼山世界海中有世界種名普莊嚴幢此世界種中有世界名一切寶色普光明以現一切化佛影摩尼王爲體形如天城以現一切如來道場影像摩尼王爲其下際住一切寶華海上淨穢相雜此世界中有須彌山微塵數四天下有一四天下最處其中名一切寶山幢其四天下一一縱廣十萬由旬一一各有一萬大城其閻浮提中有一王都名堅固妙寶莊嚴雲燈一萬大城周帀圍繞閻浮提人壽萬歲時（三明發心勝緣四初大王治化）其中有王名一切法音圓滿蓋有五百大臣六萬采女七百王子其諸王子皆端正勇健有大威力爾時彼王威德普被閻浮提內無有怨敵（即鐵輪王）（故云閻浮二五濁爲因感三災界）時彼世界劫欲盡時有五濁起一切人衆壽命短促（命濁）資財乏少形色鄙陋多苦少樂（衆生濁）不修十善專作惡業更相忿諍互相毀辱離他眷屬妬他榮好（煩惱濁）任情起見非法貪求以是因緣風雨不時苗稼不登園林草樹一切枯槁人民匱乏多諸疫病馳走四方靡所依怙（見濁劫濁則通三悲境現前）咸來共繞王都大城無量無邊百千萬億四面周帀高聲大呼或舉其手或合其掌或以頭扣地或以手搥胷或屈膝長號或踊身大叫頭髮蓬亂衣裳弊惡皮膚皴裂面目無光而向王言大王大王我等今者貧窮孤露飢渴寒凍疾病衰羸衆苦所逼命將不久無依無救無所控告我等今者來歸大王我觀大王仁慈智慧於大王所生得安樂想得所愛想得活命想得攝受想得寶藏想遇津梁想逢道路想値船筏想見寶洲想獲財利想升天宮想（三正明起行二初深起大悲）爾時大王聞此語已得百萬阿僧祇大悲門一心思惟發十種大悲語其十者何所謂哀哉衆生墮於無底生死大坑我當云何而速勉濟令其得住一切智地哀哉衆生爲諸煩惱之所逼迫我當云何而作救護令其安住一切善業哀哉衆生生老病死之所恐怖我當云何爲作歸依令其永得身心安隱哀哉衆生常爲世間衆怖所逼我當云何而爲祐助令其得住一切智道哀哉衆生無有智眼常爲身見疑惑所覆我當云何爲作方便令其得決疑見翳膜哀哉衆生常爲癡暗之所迷惑我當云何爲作明炬令其照見一切

智城哀哉衆生常為慳嫉諂誑所濁我當云何而為開曉令其證得清淨法身哀哉衆生長時漂沒生死大海我當云何而普運度令其得上菩提彼岸哀哉衆生諸根剛強難可調伏我當云何而為調御令其具足諸佛神力哀哉衆生猶如盲瞽不見道路我當云何而為引導令其得入一切智門（二廣行大施八 初施令遍布）作是語已擊鼓宣令我今普施一切衆生隨有所須悉令充足即時頒下閻浮提內大小諸城及諸聚落悉開庫藏出種種物置四衢道所謂金銀瑠璃摩尼等寶衣服飲食華香瓔珞宮殿屋宅牀榻敷具建大光明摩尼寶幢其光觸身悉使安隱亦施一切病緣湯藥種種寶器盛衆雜寶金剛器中盛種種香寶香器中

盛種種衣輦輿車乘幢旛繒蓋如是一切資生之物悉開庫藏而以給施亦施一切村營城邑山澤林藪妻子眷屬及以王位頭目耳鼻脣舌牙齒手足皮肉心腎肝肺內外所有悉皆能捨（三施會大敞）其堅固妙寶莊嚴雲燈城東面有門名摩尼山光明於其門外有施會處其地廣博清淨平坦無諸坑坎荊棘沙礫一切皆以妙寶所成散衆寶華熏諸妙香然諸寶燈一切香雲充滿虛空無量寶樹次第行列無量華網無量香網彌覆其上無量百千億那由他諸音樂器恒出妙音如是一切皆以妙寶而為莊嚴悉是菩薩淨業果報於彼會中置師子座十寶為地十寶欄楯十種寶樹周帀圍繞金剛寶輪以承其下以一切寶為龍

神像而共捧持種種寶物以為嚴飾幢旛間列衆網覆上無量寶香常出香雲種種寶衣處處分布百千種樂恒奏美音復於其上張施寶蓋常放無量寶燄光明如閻浮金熾然清淨覆以寶網垂諸瓔珞摩尼寶帶周迴間列種種寶鈴恒出妙音勸諸衆生修行善業（三施主超倫）時彼大王處師子座形容端正人相具足光明妙寶以為其冠那羅延身不可沮壞一一支分悉皆圓滿性普賢善王種中生於財及法悉得自在辯才無礙智慧明達以政治國無違命者（四施田雲集）爾時閻浮提無量無數百千萬億那由他衆生種種國土種種族類種種形貌種種衣服種種言辭種種欲樂俱來此會觀察彼王咸言此王是大智人是福須

彌是功德月住菩薩願行廣大施。五施心散重時王見彼諸來乞者生悲愍心生歡喜心生尊重心生善友心生廣大心生相續心生精進心生不退心生捨施心生周徧心善男子爾時彼王見諸乞者心大歡喜經須臾頃假使忉利天王夜摩天王兜率陀天王盡百千億那由他劫所受快樂亦不能及善化天王於無數劫所受快樂自在天王於無量劫所受快樂大梵天王於無邊劫所受梵樂光音天王於難思劫所受天樂徧淨天王於無盡劫所受天樂淨居天王不可說劫住寂靜樂悉不能及善男子譬如有人仁慈孝友遭逢世難父母妻息兄弟姊妹並皆散失忽於曠野道路之間而相值遇瞻奉撫對情無厭足時彼大王見來求者心生歡喜亦復如是。六施願深廣善男子其王爾時因善知識於佛菩提解欲增長諸根成就信心清淨歡喜圓滿何以故此菩薩勤修諸行求一切智願得利益一切衆生願獲菩提無量妙樂捨離一切諸不善心常樂積集一切善根常願救護一切衆生常樂觀察薩婆若道常樂修行一切智法滿足一切衆生所願入一切佛功德大海破一切魔業惑障山隨順一切如來教行行一切智無障礙道。七施玄微已能深入一切智流一切法流常現在前大願無盡爲大丈夫住大人法積集一切普門善藏離一切著不染一切世間境界知諸法性猶如虛空於來乞者生一子想生父母想生福田想生難得想生恩益想生堅固想師想佛想。八施時均普不揀方處不擇族類不選形貌隨有來至如其所欲以大慈心平等無礙一切普施皆令滿足求飲食者施與飲食求衣服者施與衣服求香華者施與香華求鬘蓋者施與鬘蓋幢幡瓔珞宮殿園苑象馬車乘牀座被褥金銀摩尼諸珍寶物一切庫藏及諸眷屬城邑聚落皆悉如是普施衆生

大方廣佛華嚴經疏卷第一百九

大方廣佛華嚴經疏卷第一百十八（入鈔卷十二鈔下半）　寡十

清涼山沙門澄觀述　晉水沙門淨源錄疏注經

（四正顯發心本事文六。初發心身德）時此會中有長者女名寶光明（有中殊勝行空中方便慧皆齊光嚴矣）與六十童女俱端正殊妙人所喜見皮膚金色目髮紺青一身出妙香口演梵音上妙寶衣以為莊嚴常懷慚愧正念不亂具足威儀恭敬師長常念順行甚深妙行所聞之法憶持不忘宿世善根流潤其心清淨廣大猶如虛空等安衆生常見諸佛求一切智（二正發大心）時寶光明女去王不遠合掌頂禮作如是念我獲善利我獲善利我今得見大善知識於彼王所生大師想善知識想具慈悲想能攝受想其心正直生大歡喜脫身瓔珞持奉彼王作是願言今此大王為無量無邊無明衆生作所依處願我未來亦復如是如彼大王所知之法所載之乘所修之道所具色相所有財產所攝衆會無邊無盡難勝難壞願我未來悉得如是隨所生處皆隨往生（同王心故。三王發攝言）爾時大王知此童女發如是心而告之言童女隨汝所欲我皆與汝我今所有一切皆捨令諸衆生普得滿足（四女讚王德。初標心淨）時寶光明女信心清淨生大歡喜（二發口言五十二偈分之為二初總顯王德四。初明王未興時損）即以偈頌而讚王言

往昔此城邑　大王未出時　一切不可樂
猶如餓鬼處　衆生相殺害　竊盜縱婬佚
兩舌不實語　無義麤惡言　貪愛他財物
瞋恚懷毒心　邪見不善行　命終墮惡道
以是等衆生　愚癡所覆蔽　住於顛倒見
天旱不降澤　以無時雨故　百穀悉不生
草木皆枯槁　泉流亦乾竭　大王未興世
津池悉枯涸　園苑多骸骨　望之如曠野

（二有二偈明王興世之益）大王昇寶位　廣濟諸羣生
油雲被八方　普雨皆充洽　大王臨庶品
普斷諸暴虐　刑獄皆止措　惸獨悉安隱

（三有十偈翻損成德即翻十惡）往昔諸衆生　各各相殘害
飲血而噉肉　今悉起慈心　往昔諸衆生
貧窮少衣服　以草自遮蔽　飢羸如餓鬼
大王既興世　粳米自然生　樹中出妙衣
男女皆嚴飾　昔日競微利　非法相陵奪
今時並豐足　如游帝釋園　昔時人作惡
非分生貪染　他妻及童女　種種相侵逼
今見他婦人　端正妙嚴飾　而心無染著
猶如知足天　昔日諸衆生　妄言不真實
非法無利益　諂曲取人意　今日羣生類
悉離諸惡言　其心既柔軟　發語亦調順

昔日諸衆生　種種行邪法　合掌恭敬禮
牛羊犬豚類　今聞王正法　悟解除邪見
了知苦樂報　悉從音緣起（四有七偈明依正難思）
大王演妙音　聞者皆欣樂　梵釋音歎等
一切無能及　大王衆寶蓋　迴處虛空中
擎以瑠璃幹　覆以摩尼網　金鈴自然出
如來和雅音　宣揚微妙法　除滅衆生惑
次復廣演說　十方諸佛刹　一切諸劫中
如來并眷屬　又復次第說　過去十方刹
及彼國土中　一切諸如來　又出微妙音
普徧閻浮界　廣說人天等　種種業差別
衆生聽聞已　自知諸業藏　離惡勤修行
迴向佛菩提（二顯王本生四初明先王世末）　王父淨光明
王母蓮華光　五濁出現時　處位治天下
時有廣大國　國有五百池　一一千樹繞
各各華彌覆　於其池岸上　建立千柱堂

欄楯等莊嚴　一切無不備　末世惡法起
積年不降雨　池流悉乾竭　草樹皆枯槁
（二八偈明王與先相）王生七日前　先現靈瑞相
見者咸心念　救世今當出　爾時於中夜
大地六種動　有一寶華池　光明猶日現
五百諸池內　功德水充滿　枯樹悉生枝
華葉皆榮茂　池水既盈滿　流演一切處
普及閻浮地　靡不皆霑洽　藥草及諸樹
百穀苗稼等　枝葉華果實　一切皆繁盛
溝坑及塠阜　種種高下處　如是一切地
莫不皆平坦　荊棘沙礫等　所有諸雜穢
皆於一念中　變成衆寶玉　衆生見是已
歡喜而讚歎　咸言得善利　如渴飲美水
（三有七偈正顯誕生）時彼光明王　眷屬無量衆
僉然備法駕　游觀諸園苑　五百諸池內
有池名慶喜　池上有法堂　父王於此住

先王語夫人　我念七夜前　中宵地震動
此中有光現　時彼華池內　千葉蓮華出
光如千日照　上徹須彌頂　金剛以為莖
閻浮金為臺　衆寶為華葉　妙香作鬚蘂
王生彼華上　端身結加坐　相好以莊嚴
天神所恭敬　先王大歡喜　入池自撫鞠
持以授夫人　汝子應欣慶（四有八偈生後之益）
寶藏皆涌出　寶樹生妙衣　天樂奏美聲
充滿虛空中　一切諸衆生　皆生大歡喜
合掌稱希有　善哉救護世　王時放身光
普照於一切　能令四天下　暗盡病除滅
夜叉毗舍闍　毒蟲諸惡獸　所欲害人者
一切自藏匿　惡名失善利　橫事病所持
如是衆苦滅　一切皆歡喜　凡是衆生類
相視如父母　離惡起慈心　專求一切智
關閉諸惡趣　開示人天路　宣揚薩婆若

度脫諸羣生　我等見大王　普獲於善利
無歸無導者　一切悉安樂。三展身敬
爾時寶光明童女以偈讚歎一切法音
圓滿蓋王已繞無量帀合掌頂禮曲躬
恭敬却住一面。五大王述讚 時彼大王告童女
言善哉童女汝能信知他人功德是爲
希有童女一切衆生不能信知他人功
德童女一切衆生不知報恩無有智慧
其心濁亂性不明了本無志力又退修
行如是之人不信不知菩薩如來所有
功德神通智慧童女汝今決定求趣菩
提能知菩薩如是功德汝今生此閻浮
提中發勇猛心普攝衆生功不唐捐亦
當成就如是功德。六施行攝持 王讚女已以無
價寶衣手自授與寶光童女幷其眷屬
一一告言汝著此衣時諸童女雙膝著

地兩手承捧置於頂上然後而著既著
衣已右繞於王諸寶衣中普出一切星
宿光明衆人見之咸作是言此諸女等
皆悉端正如淨夜天星宿莊嚴。三結會古今 善
男子爾時一切法音圓滿蓋王者豈異
人乎今毗盧遮那如來應正等覺是也
光明王者淨飯王是蓮華光夫人者摩
耶夫人是寶光童女者即我身是其王
爾時以四攝法所攝衆生即此會中一
切菩薩是皆於阿耨多羅三藐三菩提
得不退轉或住初地乃至十地具種種
大願集種種助道修種種妙行備種種
莊嚴得種種神通住種種解脫於此會
中處於種種妙法宮殿。二偈頌但是攝相顯已能知文二。初九明能知 爾時開敷一切樹華主夜神爲善財
童子欲重宣此解脫義而說頌言

我有廣大眼　普見於十方　一切剎海中
五趣輪迴者　亦見彼諸佛　菩提樹下坐
神通徧十方　說法度衆生　我有清淨耳
普聞一切聲　亦聞佛說法　歡喜而信受
我有他心智　無二無所礙　能於一念中
悉了諸心海　我得宿命智　能知一切劫
自身及他人　分別悉明了　我於一念知
剎海微塵劫　諸佛及菩薩　五道衆生類
憶知彼諸佛　始發菩提願　乃至修諸行
一一悉圓滿　亦知彼諸佛　成就菩提道
以種種方便　爲衆轉法輪　亦知彼諸佛
所有諸乘海　正法住久近　衆生度多少
。後有一偈結勸　我於無量劫　修習此法門
我今爲汝說　佛子汝應學。四攝已推勝 善男子
我唯知此菩薩出生廣大喜光明解脫
門如諸菩薩摩訶薩親近供養一切諸

佛入一切智大願海滿一切佛諸願海得勇猛智於一菩薩地普入一切菩薩地海得清淨願於一菩薩行普入一切菩薩行海得自在力於一菩薩解脫門普入一切菩薩解脫門海而我云何能知能說彼功德行（五指示後友）善男子此道場中有一夜神名大願精進力救護一切眾生（無功用道任大願風普救護故）汝詣彼問菩薩云何教化眾生令趣阿耨多羅三藐三菩提云何嚴淨一切佛剎云何承事一切如來云何修行一切佛法（六戀德禮辭）時善財童子頂禮其足遶無數帀殷勤瞻仰辭退而去（已下入第七十三經△八大願精進力夜神寄不動地六○初依教趣求）爾時善財童子往大願精進力救護一切眾生夜神所（略無念法亦表無功離念故○二見敬諮問然亦含二意若約顯說則自此盡偈皆第二段至夜神答言下方屬第三授已法界若約密授則此現勝用已為授已法界善財發同善友心便已得益義轉通二為缺願文且依前列敍文分三初見勝用二○初總見所依）見彼夜神在大眾中坐普現一切宮殿摩尼王藏師子之座普現法界國土摩尼寶網彌覆其上（二別顯身相有二十四身）現日月星宿影像身現隨眾生心普令得見身現等一切眾生形相身現無邊廣大色相海身現普現一切威儀身現普於十方示現身現普調一切眾生身現廣運速疾神通身現利益眾生不絕身現常游虛空利益身（上十即應機攝化身）現一切佛所頂禮身現修習一切善根身現受持佛法不忘身現成滿菩薩大願身現光明充滿十方身現法燈普滅世暗身（此六是應法成行身）現了法如幻淨智身現遠離塵暗法性身現普智照法明了身現究竟無患無熱身現不可沮壞堅固身現無所住佛力身現無分別離染身現本清淨法性身（此五是離障契理身多隨內德顯身差別見身了心△二諮敬證入四○初諮敬陳禮）時善財童子見如是等佛剎微塵數差別身一心頂禮舉體投地良久乃起合掌瞻仰（三發增勝心）於善知識生十種心何等為十所謂於善知識生同己心令我精勤辦一切智助道法故於善知識生清淨自業果心親近供養生善根故於善知識生莊嚴菩薩行心令我速能莊嚴一切菩薩行故於善知識生成就一切佛法心誘誨於我令修道故於善知識生能生心能生於我無上法故於善知識生出離心令我修行普賢菩薩所有行願而出離故於善知識生具一切福智海心令我積集諸白法故於善知識生增長心令我增長一切智故於善知識生具一切善根心令

我志願得圓滿故於善知識生能成辦大利益心令我自在安住一切菩薩法故成一切智道故得一切佛法故是爲十（三深證應同有三謂標釋結○今初標）發是心已得彼夜神與諸菩薩佛刹微塵數同行（由前起同已等十心故得同善友等行通論同有四義一人法無二與一切法界同二因果無二與一切諸佛同三自他無二與一切菩薩同四染淨無二與一切衆生同今云得彼夜神與諸菩薩同菩薩行則正是第三義兼餘三由見初故則不殊餘二方爲究竟之同良以八地證無生理自他相作皆無礙故偏此明同故下列中有無生忍○二列釋）所謂同念心常憶念十方三世一切佛故同慧分別決了一切法海差別門故同趣能轉一切諸佛如來妙法輪故同覺以等空智普入一切三世間故同根成就菩薩清淨光明智慧根故同心善能修習無礙功德莊嚴一切菩薩道故同境普照諸佛所行境故同證得一切智照實相海淨光明故同義能以智慧了一切法眞實性故同勇猛能壞一切障礙山故同色身隨衆生心示現身故同力求一切智不退轉故同無畏其心清淨如虛空故同精進於無量劫行菩薩行無懈倦故同辯才得法無礙智光明故同無等身相清淨超世間故同愛語令一切衆生皆歡喜故同妙音普演一切法門海故同滿音一切衆生隨類解故同淨德修習如來淨功德故同智地一切佛所受法輪故同梵行安住一切佛境界故同大慈念念普覆一切國土衆生海故同大悲普雨法雨潤澤一切諸衆生故同身業以方便行教化一切諸衆生故同語業以隨類音演說一切諸法門故同意業普攝衆生置一切智境界中故同莊嚴嚴淨一切諸佛刹故同親近有佛出世皆親近故同勸請請一切佛轉法輪故同供養常樂供養一切佛故同教化調伏一切諸衆生故同光明照了一切諸法門故同三昧普知一切衆生心故同充徧以自在力充滿一切諸佛刹海修諸行故同住處住諸菩薩大神通故同眷屬一切菩薩共止住故同入處普入世界微細處故同心慮普知一切諸佛刹故同往詣普入一切佛刹海故同方便悉現一切諸佛刹故同超勝於諸佛刹皆無比故同不退普入十方無障礙故同破暗得一切佛成菩提智大光明故同無生忍入一切佛衆會海故同徧一切諸佛刹網恭敬供養不可說刹諸如來故同智證了知彼彼法門海故同修行順行一切

諸法門故同希求於清淨法深樂欲故同清淨集佛功德而以莊嚴身口意故同妙意於一切法智明了故同精進普集一切諸善根故同淨行成滿一切菩薩行故同無礙了一切法皆無相故同善巧於諸法中智自在故同隨樂隨衆生心現境界故同方便善習一切所應習故同護念得一切佛所護念故同入地得入一切菩薩地故同所住安住一切菩薩位故同記別一切諸佛授其記故同三昧一刹那中普入一切三昧門故同建立示現種種諸佛事故同正念正念一切境界門故同修行盡未來劫修行一切菩薩行故同淨信於諸如來無量智慧極欣樂故同捨離滅除一切諸障礙故同不退智與諸如來智慧等

故同受生應現成熟諸衆生故同所住住一切智方便門故同境界於法界境得自在故同無依永斷一切所依心故同說法已入諸法平等智故同勤修常蒙諸佛所護念故同神通開悟衆生令修一切菩薩行故同神力能入十方世界海故同陀羅尼普照一切總持海故同祕密法了知一切修多羅中妙法門故同甚深法解一切法如虛空故同光明普照一切諸世界故同欣樂隨衆生心而爲開示令歡喜故同震動爲諸衆生現神通力普動十方一切剎故同不虛見聞憶念皆悉令其心調伏故同出離滿足一切諸大願海成就如來十力智故八十四門各有標名釋義文相自顯。三總結 時善財童子觀察大願精進力救護一切衆生夜神起

十種清淨心獲如是等佛剎微塵數同菩薩行。四以偈慶讚三。初有八偈頌前發增勝心 既獲此已心轉清淨偏袒右肩頂禮其足一心合掌以偈讚曰

我發堅固意 志求無上覺
今於善知識 而起自己心
以見善知識 集無盡白法
滅除衆罪垢 成就菩提果
我見善知識 功德莊嚴心
盡未來剎劫 勤修所行道
我念善知識 攝受饒益我
爲我悉示現 正教眞實法
關閉諸惡趣 顯示人天路
亦示諸如來 成一切智道
我念善知識 是佛功德藏
念念能出生 虛空功德海
與我波羅蜜 增我難思福
長我淨功德 令我冠佛繒
我念善知識 能滿佛智道
誓願常依止 圓滿白淨法

次第頌前十句。初之六偈各頌一句。第七偈中上之三句頌第七句，下句頌第八。第八偈中上半頌第九，下半頌第十。二有一偈頌前深證德用

我以此等故

功德悉具足　普爲諸衆生　說一切智道
三有一偈荷恩深重
無量無數劫　不能報其恩　聖者爲我師　與我無上法
三諮問法要
爾時善財說此偈已白言大聖願爲我說此解脫門名爲何等發心已來爲幾時耶久如當得阿耨多羅三藐三菩提
前來已親解脫之用果前即默授令方言故於中有二初咨名問後咨法是故不問云何修行但直徵名文有三問三授已法心久近所以不咨成菩提者有二意故一顯悲增如休捨說二顯久成示居因位故下所救千佛尚已久成況能救耶前中二初標名
夜神告言善男子此解脫門名教化衆生令生善根
謂現身廣化令生諸善究竟得佛故名爲根二顯其業用謂契理之用故用而無涯動寂無二於中有三初明內契理事
我以成就此解脫故悟一切法自性平等入於諸法眞實之性證無依法捨離世間悉知諸法色相差別亦能了達青黃赤白性皆不實無有差別
二大用無涯
而恒示現無量色身所謂種種色身
約其類別
非一色身
非一約一類而多下可思準
無邊色身清淨色身一切莊嚴色身普見色身等一切衆生色身普現一切衆生前色身光明普照色身見無厭足色身相好清淨色身離衆惡光明色身示現大勇猛色身甚難得色身一切世間無能映蔽色身一切世間共稱歎無盡色身念念常觀察色身示現種種雲色身種種形顯色色身現無量自在力色身妙光明色身一切淨妙莊嚴色身隨順成熟一切衆生色身隨其心樂現前調伏色身無障礙普光明色身清淨無濁穢色身具足莊嚴不可壞色身不思議法方便光明色身無能奪一切色身無諸闇破一切闇色身集一切白淨法色身大勢力功德海色身從過去恭敬因所生色身如虛空清淨心所生色身最勝廣大色身無斷無盡色身光明海色身於一切世間無所依平等色身徧十方無所礙色身念念現種種色相海色身增長一切衆生歡喜心色身攝取一切衆生海色身一一毛孔中說一切佛功德海色身淨一切衆生欲解海色身決了一切法義色身無障礙普照耀色身等虛空淨光明色身放廣大淨光明色身照現無垢法色身無比色身差別莊嚴色身普照十方色身隨時示現應衆生色身寂靜色身滅一切煩惱色身一切衆生福田色身一切衆生見不虛色身大智慧勇猛力色身無障礙普周徧色身妙身雲普現世間皆蒙益色身具足大慈海色身大福德寶山王色身放光明普照世間

一切趣色身大智慧清淨色身生衆生正念心色身一切寶光明色身普光藏色身現世間種種清淨相色身求一切智處色身現微笑令衆生生淨信色身一切寶莊嚴光明色身不取不捨一切衆生色身無決定無究竟色身現自在加持力色身現一切神通變化色身生如來家色身遠離衆惡徧法界海色身普現一切如來道場衆會色身具種種衆色海色身從善行所流色身隨所應化示現色身一切世間見無厭足色身種種淨光明色身現一切三世海色身放一切光明海色身現無量差別光明海色身超諸世間一切香光明色身現不可說日輪雲色身現廣大月輪雲色身放無量須彌山妙華雲色身出種種鬘雲色身現一切寶蓮華雲色身興一切燒香雲徧法界色身散一切末香藏雲色身現一切如來大願身色身現一切語言音聲演法海色身現普賢菩薩像色身（略顯九十八種色身并初後標結即成百身起信等論明八地當色自在地故此廣辯色身三總結深廣四初結所作之業）念念中現如是等色相身充滿十方令諸衆生或見或念或聞說法或因親近或得開悟或見神通或觀變化悉隨心樂應時調伏捨不善業住於善行（二結能現因）善男子當知此由大願力故一切智力故菩薩解脫力故大悲力故大慈力故作如是事（三雙結寂用無礙）善男子我入此解脫了知法性無有差別而能示現無量色身（四結成深廣）一一身現無量色相海一一相放無量光明雲一一光現無量佛國土一一土現無量佛興世一一佛現無量神通力開發衆生宿世善根未種者令種已種者令增長已增長者令成熟念念中令無量衆生於阿耨多羅三藐三菩提得不退轉（三本發心久近二初歎深許說三初歎問許說）善男子如汝所問從幾時來發菩提心修菩薩行如是之義承佛神力當為汝說（三歎法甚深二初法說）善男子菩薩智輪遠離一切分別境界不可以生死中長短染淨廣陜多少如是諸劫分別顯示（上標下釋先正釋）何以故菩薩智輪本性清淨（本性約理）離一切分別網（離分別約智）超一切障礙山（超障約所斷後釋妨）隨所應化而普照故（既無長短今說長短者為利生故欲長則長顯法根深欲短則短顯法超勝三喻顯有五初較日隨時喻）善男子譬如日輪無有晝夜但出時名晝沒時名夜（謂日體恒明映山出沒喻智無三世心障見殊）菩薩智輪亦復如是無有分別亦無三世但隨心

現教化衆生言其上住前劫後劫（三二日輪現影喻）善男子譬如日輪住閻浮空其影悉現一切寶物及以河海諸淨水中一切衆生莫不目見而彼淨日不來至此（謂白日無來隨）（處隱顯喻智輪常寂櫬見短長）菩薩智輪亦復如是出諸有海住佛實法寂靜空中無有所依爲欲化度諸衆生故而於諸趣隨類受生實不生死無所染著無長短劫諸想分別何以故菩薩究竟離心想見一切顛倒得眞實見見法實性知一切世間如夢如幻無有衆生但以大悲大願力故現衆生前教化調伏（三三虛舟運物喻）佛子譬如船師常以大船於河流中不依此岸不著彼岸不住中流而度衆生無有休息（喻於菩薩無住攝生）菩薩摩訶薩亦復如是以波羅蜜船於生死流中不依此岸不著彼岸

不住中流而度衆生無有休息雖無量劫修菩薩行未曾分別劫數長短（四太虛無礙喻）佛子如太虛空一切世界於中成壞而無分別本性清淨無染無亂無礙無厭非長非短盡未來劫持一切刹（喻於菩薩無功益物）菩薩摩訶薩亦復如是以等虛空界廣大深心起大願風輪攝諸衆生令離惡道生諸善趣悉令安住一切智地滅諸煩惱生死苦縛而無憂喜疲厭之心（五幻化無眞喻）善男子如幻化人支體雖具而無入息及以出息寒熱飢渴憂喜生死十種之事（喻即用而寂）菩薩摩訶薩亦復如是以如幻智平等法身現衆色相於諸有趣住無量劫教化衆生於生死中一切境界無欣無厭無愛無恚無苦無樂無取無捨無安無怖（結上諸夜神歎深皆微斯法喻三結承力爲說）佛子

菩薩智慧雖復如是甚深難測我當承佛威神之力爲汝解說令未來世諸菩薩等滿足大願成就諸力（三正荅所問先長行文三初菩光劫中行因得法二初明最初佛所修證三○初古佛出興）佛子乃往古世過世界海微塵數劫有劫名善光世界名寶光於其劫中有一萬佛出興于世其最初佛号法輪音虛空燈王如來應正等覺十号圓滿彼閻浮提有一王都名寶莊嚴其東不遠有一大林名曰妙光中有道場名爲寶華彼道場中有普光明摩尼蓮華藏師子之座時彼如來於此座上成阿耨多羅三藐三菩提滿一百年坐於道場爲諸菩薩諸天世人及閻浮提宿植善根已成熟者演說正法（三先王治化）是時國王名曰勝光時世人民壽一萬歲其中多有殺盜婬佚妄語綺

語兩舌惡口貪瞋邪見不孝父母不敬沙門婆羅門等時王為欲調伏彼故造立囹圄（囹圄者周之獄名）枷鎖禁閉無量衆生於中受苦。（三庭神符因三初在家本事十初悲救罪人正答發心之始）王有太子名為善伏端正殊特人所喜見具二十八大人之相在宮殿中遙聞獄囚楚毒音聲心懷傷愍從宮殿出入牢獄中見諸罪人杻械枷鎖遞相連繫置幽闇處或以火炙或以煙熏或彼榜笞（榜笞捶擊也）或遭臏割（臏謂刖足之流）倮形亂髮飢渴羸瘦筋斷骨現號叫苦劇太子見已心生悲愍以無畏聲安慰之言汝莫憂惱汝勿愁怖我當令汝悉得解脫便詣王所而白王言獄中罪人苦毒難處願垂寬宥施以無畏。（二臣諫非理）時王即集五百大臣而問之言是事云何諸臣答言彼罪人者私竊官物謀奪王位盜入宮闈罪應形戮有哀救者罪亦至死。（三請代四命）時彼太子悲心轉切語大臣言如汝所說但放此人隨其所應可以治我我為彼故一切苦事悉皆能受粉身殞命無所顧惜要令罪人皆得免苦何以故我若不救此衆生者云何能救三界牢獄諸苦衆生一切衆生在三界中貪愛所縛愚癡所蔽貧無功德墮諸惡趣身形鄙陋諸根放逸其心迷惑不求出道失智慧光樂著三有斷諸福德滅諸智慧種種煩惱濁亂其心住苦牢獄入魔罥網生老病死憂悲惱害如是諸苦常所逼迫我當云何令彼解脫應捨身命而拔濟之。（四臣執令誅）時諸大臣共詣王所悉舉其手高聲唱言大王當知如太子意毀壞王法禍及萬人若王愛念不責治者王之寶祚（祚即位也易云聖人之大寶曰位）亦不久立王聞此言赫然大怒令誅太子及諸罪人。（五王后哀祈）王后聞之愁憂號哭毀形降服與千采女馳詣王所舉身投地頂禮王足俱作是言唯願大王赦太子命。（六王奪子志）王即迴顧語太子言莫救罪人若救罪人必當殺汝。（七太子確救）爾時太子為欲專求一切智故為欲利益諸衆生故為以大悲普救攝故其心堅固無有退怯復白王言願恕彼罪身當受戮王言隨意。（八母請修因）爾時王后白言大王願聽太子半月行施恣意修福然後治罪王即聽許。（九正設施場）時都城北有一大園名曰日光是昔施場太子往彼設大施會飲食衣服華鬘瓔珞塗香末香幢幡寶蓋諸莊嚴具隨有所求靡

不周給。(十如來觀救六初說數時臨) 經半月已於最後
日國王大臣長者居士城邑人民及諸
外道悉來集會。(二如來降德) 時法輪音虛空
燈王如來知諸衆生調伏時至與大衆
俱天王圍繞龍王供養夜叉王守護乾
闥婆王讚歎阿脩羅王曲躬頂禮迦樓
羅王以清淨心散諸寶華緊那羅王歡
喜勸請摩睺羅伽王一心瞻仰來入彼
會(三教中禮請) 爾時太子及諸大衆遥見佛
來端嚴殊特諸根寂定如調順象心無
垢濁如清淨池現大神通示大自在顯
大威德種種相好莊嚴其身放大光明
普照世界一切毛孔出香燄雲震動十
方無量佛剎隨所至處普雨一切諸莊
嚴具以佛威儀以佛功德衆生見者心
淨歡喜煩惱消滅爾時太子及諸大衆
五體投地頂禮其足安施牀座合掌白
言善來世尊善來善逝唯願哀愍攝受
於我處于此座。(四就座說經) 以佛神力淨居諸
天即變此座為香摩尼蓮華之座佛坐
其上諸菩薩衆亦皆就座周帀圍繞時
彼會中一切衆生因見如來苦滅障除
堪受聖法爾時如來知其可化以圓滿
音說脩多羅名普照因輪令諸衆生隨
類各解(普照因輪者謂令知善惡各自有因罪人惡因所招太子善因當滿故五廣益當機)
時彼會中有八十那由他衆生遠塵離
垢得淨法眼無量那由他衆生得無學
地十千衆生住大乘道入普賢行成滿
大願當爾之時十方各百佛剎微塵數
衆生於大乘中心得調伏無量世界一
切衆生免離惡趣生於天上。(六太子得法) 善伏
太子即於此時得菩薩教化衆生令生
善根解脫門

大方廣佛華嚴經疏卷第一百一十

寅十

大方廣佛華嚴經疏卷第一百十一（入第七十三經下卷）　治一

清涼山沙門澄觀述　晉水沙門淨源錄疏注經

（三結會古今四。初結自身正訓發心之問）善男子爾時太子豈異人乎我身是也我因往昔起大悲心捨身命財救苦衆生開門大施供養於佛得此解脫佛子當知我於爾時但爲利益一切衆生不著三界不求果報不貪名稱不欲自讚輕毀於他於諸境界無所貪染無所怖畏但莊嚴大乘出要之道常樂觀察一切智門修行苦行得此解脫。（二結大臣）佛子於汝意云何彼時五百大臣欲害我者豈異人乎今提婆達多等五百徒黨是也是諸人等蒙佛教化皆當得阿耨多羅三藐三菩提於未來世過須彌山微塵數劫爾時有劫名善光世界名寶光於中成佛其五百佛次第興世最初如來名曰大悲第二名饒益世間第三名大悲師子第四名救護衆生乃至最後名曰醫王雖彼諸佛大悲平等然其國土種族父母受生誕生出家學道往詣道場轉正法輪說修多羅語言音聲光明衆會壽命法住及其名号各各差別。（三結獄囚）佛子彼諸罪人我所救者即拘留孫等賢劫千佛及百萬阿僧祇諸大菩薩於無量精進力名稱功德慧如來所發阿耨多羅三藐三菩提心今於十方國土行菩薩道修習增長此菩薩教化衆生令生善根解脫者是。（四結王后）時勝光王今薩遮尼乾子大論師是（薩遮有也尼乾離繫也裸形自餓不繫衣食故）時王宮人及諸眷屬即彼尼乾六萬弟子與師俱來建大論幢共佛論議悉降伏之授阿耨多羅三藐三菩提記者是此諸人等皆當作佛國土莊嚴劫數名号各各有異。（三明出家得法）佛子我於爾時救罪人已父母聽我捨離國土妻子財寶於法輪音虛空燈王佛所出家學道五百歲中淨修梵行即得成就百萬陀羅尼百萬神通百萬法藏百萬求一切智勇猛精進淨治百萬堪忍門增長百萬思惟心成就百萬菩薩力入百萬菩薩智門得百萬般若波羅蜜門見十方百萬諸佛生百萬菩薩大願念念中十方各照百萬佛刹念念中憶念十方世界前後際劫百萬諸佛念念中知十方世界百萬諸佛變化海念念中見十方百萬世界所有衆生種種諸趣隨業所受生時死時善趣惡趣好色惡色其諸衆生種種心行種種欲樂種種根性種種業習種種成就皆悉明了（各言百萬義當彼時已得四地。二明其轉生值佛修行）佛子我於爾時命終之後還復於彼王家受生作轉輪王彼法輪音虛空燈王如來滅後次即於此值法空王如來承事供養次爲帝釋即此道場值天王藏如來親近供養次爲夜摩天王即於此世界值大地威力山如來親近供養次爲兜率天王即於此世界值法輪光音聲王如來親近供養次爲化樂天王即於此世界值虛空智王如來親近供養次爲他化自在天王即於此世界值無能壞幢如來親近供養次爲阿脩羅王即於此世界值一切法雷音王如來親近供養次爲梵王即於此世界值普現化演法音如來親近供養佛子此寶光世界善光劫中有一萬佛出興于世我皆親近承事供養（略列八佛通結一萬。二日光劫中值佛修行。三。初總標舉）次復有劫名曰日光有六十億佛出興於世（二別列十佛）最初如來名妙相山我時爲王名曰大慧於彼佛所承事供養次有佛出名圓滿肩我爲居士親近供養次有佛出名離垢童子我爲大臣親近供養次有佛出名勇猛持我爲阿脩羅王親近供養次有佛出名須彌相我爲樹神親近供養次有佛出名離垢辟我爲商主親近供養次有佛出名師子遊步我爲城神親近供養次有佛出名爲寶髻我爲毗沙門天王親近供養次有佛出名最上法稱我爲乾闥婆王親近供養次有佛出名光明冠我爲鳩槃荼王親近供養（三總結得法）於彼劫中如是次第有六十億如來出興於世我常於此受種種身一一佛所親近供養教化成就無量衆生於一一佛所得種種三昧門種種陀羅尼門種種神通門種種辯才門種種一切智門種種法明門種種智慧門照種種十方海入種種佛剎海見種種諸佛海清淨成就增長廣大（三總結時處修行得法）如於此劫中親近供養爾所諸佛於一切處一切世界海微塵數劫所有諸佛出興于世親近供養聽聞說法信受護持亦復如是如是一切諸如來所皆悉修習此解脫門復得無量解脫方便（三偈頌分四。初承力許說）爾時救護一切衆生主夜神欲重宣此解脫義即爲善財而說頌言

汝以歡喜信樂心　問此難思解脫法
我承如來護念力　爲汝宣說應聽受

○次二偈頌古佛興世

過去無邊廣大劫　過於刹海微塵數

時有世界名寶光　其中有劫号善光

於此善光大劫中　一萬如來出興世

我皆親近而供養　從其修學此解脫○三有一偈半頌先王治化

縱廣寬平極殊麗　時有王都名喜嚴

或心清淨或作惡　雜業衆生所居住

恒以正法御羣生　爾時有王名勝光

其王太子名善伏　○四頌夜神修因。於中分四。初頌在家本事形體端正備衆相

時有無量諸罪人　繫身牢獄當受戮

太子見已生悲愍　上啓於王請寬宥

爾時諸臣共白王　今此太子危王國

如是罪人應受戮　如何悉救令除免

時勝光王語太子　汝救彼罪自當受

太子哀念情轉深　捨救衆生無退怯

時王夫人采女等　俱來王所白王言

願放太子半月中　布施衆生作功德

時王聞已即聽許　設大施會濟貧乏

一切衆生靡不臻　隨有所求咸給與

如是半月日云滿　太子就戮時將至

大衆百千萬億人　同時瞻仰俱號泣

彼佛知衆根將熟　而來此會化羣生

顯現神變大莊嚴　靡不親近而恭敬

佛以一音方便說　法燈普照修多羅

無量衆生意柔軟　悉蒙與授菩提記

善伏太子生歡喜　發興無上正覺心

誓願承事於如來　普爲衆生作依處○次一偈頌出家得法

便即出家依佛住　修行一切種智道

爾時便得此解脫　大悲廣濟諸羣生

○三有二偈頌一萬劫　於中止住經劫海

諦觀諸法眞實性　常於苦海救衆生

如是修習菩提道　劫中所有諸佛現

悉皆承事無有餘　咸以清淨信解心

聽聞持護所說法○四有十七偈頌總結時處得法文三。初一略標

次於佛刹微塵數　無量無邊諸劫海

所有諸佛現世間　一一供養皆如是

○次有三偈總會古今　我念往昔爲太子

見諸衆生在牢獄　誓願捨身而救護

因其證此解脫門　經於佛刹微塵數

廣大劫海常修習　念念令其得增長

復獲無邊巧方便　彼中所有諸如來

我悉得見蒙開悟　令我增明此解脫

及以種種方便力○三十三頌重頌末後得法深廣

我於無量千億劫　學此難思解脫門

諸佛法海無有邊　我悉一時能普飲

十方所有一切刹　其身普入無所礙

三世種種國土名　念念了知皆悉盡

三世所有諸佛海　一一明見盡無餘
亦能示現其身相　普詣於彼如來所
又於十方一切刹　一切諸佛導師前
普雨一切莊嚴雲　供養一切無上覺
又以無邊大問海　啓請一切諸世尊
彼佛所雨妙法雲　皆悉受持無忘失
又於十方無量刹　一切如來衆會前
坐於衆妙莊嚴座　示現種種神通力
又於十方無量刹　示現種種諸神變
一身示現無量身　無量身中現一身
又於一一毛孔中　悉放無數大光明
各以種種巧方便　除滅衆生煩惱火
又於一一毛孔中　出現無量化身雲
充滿十方諸世界　普雨法雨濟羣品
十方一切諸佛子　入此難思解脱門
悉盡未來無量劫　安住修行菩薩行

隨其心樂爲説法　令彼皆除邪見網
示以天道及二乘　乃至如來一切智
一切衆生受生處　示現無邊種種身
悉同其類現衆像　普應其心而説法
若有得此解脱門　則住無邊功德海
譬如刹海微塵數　不可思議無有量

（四謙己推勝）善男子，我唯知此教化衆生令生善根解脱門。如諸菩薩摩訶薩超諸世間，現諸趣身，不住攀緣，無有障礙，了達一切諸法自性，善能觀察一切諸法，得無我智，證無我法，教化調伏一切衆生，恒無休息，心常安住無二法門，普入一切諸言辭海；我今云何能知能説彼功德海、彼勇猛智、彼心行處、彼三昧境、彼解脱力。（五指示後友）善男子，此閻浮提有一園林，名嵐毗尼（此云樂勝圓光，昔有天女下生此處，因以爲名。表於九地攝持光明無不照故）。彼園有神，名妙德圓滿（友名妙德圓滿者，善慧無缺故。然此園在迦毗羅城東北上二十里，是摩耶生佛之處，又從九地當得受職，是故令問生如來家）。汝詣彼問菩薩云何修菩薩行，生如來家，爲世光明，盡未來劫而無厭倦。（六戀德禮辭）時善財童子頂禮其足，繞無量帀，合掌瞻仰，辭退而去（已下入第七十四經。第九嵐毗尼林神寄善慧地文。六。初依教趣求）。爾時善財童子於大願精進力救護一切衆生夜神所得菩薩解脱已，憶念修習，了達增長，漸次遊行，至嵐毗尼林，周徧尋覓彼妙德神（二見敬諮問）。見在一切寶樹莊嚴樓閣中，坐寶蓮華師子之座，二十億那由他諸天恭敬圍繞，爲説菩薩受生海經，令其皆得生如來家，增長菩薩大功德海。善財見已，頂禮其足，合掌前立，白言：大聖，我已先發阿耨多羅三藐三菩提心，而未能知菩薩云何修菩薩行生如來家爲世大明三揀已法界四初顯法義二初長行四。初標數歎勝彼神荅言善男子菩薩有十種受生藏若菩薩成就此法則生如來家先摠彰行能生如來家即正訓其問念念增長菩薩善根不疲不懈不厭不退無斷無失離諸迷惑不生怯劣惱悔之心趣一切智入法界門發廣大心增長諸度成就諸佛無上菩提捨世閒趣入如來地獲勝神通諸佛之法常現在前順一切智眞實義境。二徵數列名何等爲十。此之十法通於六位一者願常供養一切諸佛受生藏當十信二者發菩提心受生藏即十住三者觀諸法門勤脩行受生藏通行向四者以深淨心普照三世受生藏是初地五者平等光明受生藏從二至七以是功用最後邊故六者主如來家受生藏七者佛力光明受生藏上二皆八地然六即自分七即勝進得勤之後八者觀普智門受生藏即九地九者普現莊嚴受生藏當十地十者入如來地受生藏即等覺入如來地。然依行布竪配定然。若約圓融初後通用故前標云成就此法生如來家。若定須具十方得生家何以文中第二第六皆有生家第十復言於三世佛所已授灌頂故知須竪約諸分異。若定竪者則違具十則生之言是知須橫約圓融修觀三依名釋義文十。初供養諸佛善男子云何名願常供養一切佛受生藏善男子菩薩初發心時作如是願我當尊重恭敬供養一切諸佛見佛無厭於諸佛所常生受樂常起深信脩諸功德恒無休息是爲菩薩爲一切智始集善根受生藏即信發心故賢首品云常欲利樂諸群生莊嚴國土供養佛故結文云始集善根。二發菩提心云何名發菩提心受生藏善男子此菩薩發阿耨多羅三藐三菩提心所謂起大悲心救護一切衆生故起供養佛心究竟承事故起普求正法心一切無悋故起廣大趣向心求一切智故起慈無量心普攝衆生故起不捨一切衆生心被求一切智堅誓甲故起無諂誑心得如實智故起如說行心脩菩薩道故起不誑諸佛心守護一切佛大誓願故起一切智願心盡未來化衆生不休息故菩薩以如是等佛刹微塵數菩提心功德故得生如來家是爲菩薩第二受生藏即初住發心文具三心生如來家亦初住生家。三脩習觀行云何名觀諸法門勤脩行受生藏善男子此菩薩摩訶薩起觀一切法門海心一觀法門海故標於行起迴向一切智圓滿道心二向一切智故標迴向以行願相資故合爲一起正念無過失業心起一切菩薩三昧海清淨心起修成一切菩薩功德心起莊嚴一切菩薩道心此四通行向起求一切智大精進行修諸功德如劫火熾然無休息心起修普賢行教化一切衆生心起善學一切威儀修菩薩功德捨離一切所有住無所有眞實心（後三多約行）是爲菩薩第三受生藏。（四淨心照世）云何名以深淨心普照三世受生藏（契理斷障名深淨心即淨心地）善男子此菩薩具清淨增上心得如來菩提光入菩薩方便海其心堅固猶若金剛（已證理故堅如金剛）背捨一切諸有趣生（已得離生道故捨諸有趣）成就一切佛自在力修殊勝行具菩薩根其心明潔願力不動常爲諸佛之所護念破壞一切諸障礙山普爲衆生作所依處（已破二障礙山故爲物依處）是爲菩薩第四受生藏。（五平等光明）云何名平等光明受生藏（證如起行爲平等光明）善男子此菩薩具足衆行普化衆生一切所有悉皆能捨住佛究竟淨戒境界具足忍法成就諸佛法忍光明以大精進趣一切智到於彼岸修習諸禪得普門定淨

智圓滿以智慧日明照諸法（戒忍進等爲大五地）得無礙眼見諸佛海悟入一切眞實法性（即是七地七地得無生忍光明故入一切眞實法）一切世間見者歡喜善能修習如實法門是爲菩薩第五受生藏。（六生如來家）云何名生如來家受生藏（以得無生忍契同法性爲生佛家）善男子此菩薩生如來家隨諸佛住成就一切甚深法門具三世佛清淨大願（願度增上）得一切佛同一善根與諸如來共一體性具出世行白淨善法（善根一體惑等不動爲白淨法）安住廣大功德法門入諸三昧見佛神力隨所應化淨諸衆生如問而對辯才無盡是爲菩薩第六受生藏（七佛力光明）云何名佛力光明受生藏（因佛勸起能領修行名佛力光明）善男子此菩薩深入佛力游諸佛刹心無退轉供養承事菩薩衆會無有疲厭（無功用修故無疲厭等）了一切法皆如幻起

知諸世間如夢所見一切色相猶如光影神通所作皆如變化一切受生悉皆如影諸佛說法皆如谷響開示法界咸令究竟是爲菩薩第七受生藏。（八觀普智門）云何名觀普智門受生藏善男子此菩薩住童眞位（從第八地入第九地故云住童眞位）觀一切智一一智門盡無量劫開演一切菩薩所行於諸菩薩甚深三昧心得自在念念生於十方世界諸如來所（觀一切智智門即法師之德故於三性等皆如實知）於有差別境入無差別定（即事知理之如實）於無差別法現有差別智（即理窮事之如實下可準思）於無量境知無境界於少境界入無量境通達法性廣大無際知諸世間悉假施設一切皆是識心所起是爲菩薩第八受生藏。（九普現莊嚴）云何名普現莊嚴受生藏（以佛莊嚴而莊嚴故名普莊嚴）善男子此菩薩能種種莊

嚴無量佛刹普能化現一切衆生及諸佛身得無所畏演清淨法周流法界無所障礙隨其心樂普使知見示現種種成菩提行令生無礙一切智道如是所作不失其時而常在三昧已得離垢等諸三昧故雖復常用而常在三昧毗盧遮那智慧之藏是爲菩薩第九受生藏。十入如來地云何名入如來地受生藏約其勝進名入佛地善男子此菩薩約其自分爲此菩薩悉於三世諸如來所受灌頂法已受職位云受灌頂普知一切境界次第智齊佛境云知一切如十定品辨所謂知一切衆生前際後際殁生次第一切菩薩修行次第一切衆生心念次第三世如來成佛次第善巧方便說法次第亦知一切初中後際所有諸劫若成若壞名号次第隨諸衆生所應化度爲現成道功德莊嚴神通說法方便調伏是爲菩薩

第十受生藏。品結歎勝益佛子若菩薩摩訶薩於此十法修習增長圓滿成就則能於一莊嚴中現種種莊嚴如是莊嚴一切國土開導示悟一切衆生盡未來劫無有休息演說一切諸佛法海種種境治二界種種成熟展轉傳來無量諸法現不思議佛自在力充滿一切虛空法界於十六諸衆生心行海中而轉法輪於一切世界示現成佛恒無間斷以不可說清淨言音說一切法住無量處通達無礙以一切法莊嚴道場隨諸衆生欲解差別而現成佛開示無量甚深法藏教化成就一切世間。三重頌爾時嵐毗尼林神欲重明其義以佛神力普觀十方而說頌言

最上離垢清淨心　見一切佛無厭足
願盡未來常供養　此明慧者受生藏
一切三世國土中　所有衆生及諸佛
悉願度脫恒瞻奉　此難思者受生藏
聞法無厭樂觀察　普於三世無所礙
身心清淨如虛空　此名稱者受生藏
其心恒住大悲海治一　堅如金剛及寶山十七
了達一切種智門　此最勝者受生藏
大慈普覆於一切　妙行常增諸度海
以法光明照羣品　此雄猛者受生藏
了達法性心無礙　生於三世諸佛家
普入十方法界海　此明智者受生藏
法身清淨心無礙　普詣十方諸國土
一切佛力靡不成　此不思議受生藏
入深智慧已自在　於諸三昧亦究竟
觀一切智如實門　此眞身者受生藏
淨治一切諸佛土　勤修普化衆生法
顯現如來自在力　此大名者受生藏

久已修行薩婆若　疾能趣入如來位
了知法界皆無礙　此諸佛子受生藏
十偈如文頌前十法△二立法名二。初牒前所明善男子菩薩具此十
法生如來家爲一切世間清淨光明。二指
前立日善男子我從無量劫來得是自在
受生解脫門攝感便現無所擁礙是故名爲自在受生通能所見△三明法門業用
二。初問善財白言聖者此解脫門境界云
何△二答明能知見此解脫境界。即是業用二。初依願受生答言善男子
我先發願願一切菩薩示受生時皆得
親近願入毗盧遮那如來無量受生海
以昔願力生此世界閻浮提中嵐毗尼
園專念菩薩何時下生△二如昔願觀四。初觀降神瑞相十八經
於百年世尊果從兜率陀天而來生此
時此林中現十種相何等爲十一者此
園中地忽自平坦坑坎堆阜悉皆不現
二者金剛爲地衆寶莊嚴無有瓦礫荊
棘株杌三者寶多羅樹周帀行列其根
深植至於水際四者生衆香芽現衆香
藏寶香爲樹扶踈蔭映其諸香氣皆踰
天香五者諸妙華鬘寶莊嚴具行列分
布處處充滿六者園中所有一切諸樹
皆自然開摩尼寶華七者諸池沼中皆
自生華從地涌出周布水上八者時此
林中娑婆世界欲色所住天龍夜叉乾
闥婆阿脩羅迦樓羅緊那羅摩睺羅伽
一切諸王莫不來集合掌而住九者此
世界中所有天女乃至摩睺羅伽女皆
生歡喜各各捧持諸供養具向畢洛叉
樹前畢叉者此云高顯恭敬而立十者十方一切
諸佛齋中皆放光明名菩薩受生自在
燈普照此林一一光中悉現諸佛受生
誕生所有神變及一切菩薩受生功德
又出諸佛種種言音是爲林中十種瑞
相此相現時諸天王等即知當有菩薩
下生我見此瑞歡喜無量。二見出城現光善男
子摩耶夫人出迦毗羅城入此林時復
現十種光明瑞相令諸衆生得法光明
何等爲十所謂一切寶華藏光寶香藏
光寶蓮華開演出眞實妙音聲光十方
菩薩初發心光一切菩薩得入諸地現
神變光一切菩薩修波羅蜜圓滿智光
一切菩薩大願智光一切菩薩教化衆
生方便智光一切菩薩證於法界眞實
智光一切菩薩得佛自在受生出家成
正覺光此十光明普照無量諸衆生心
△三觀將生神變二。初標徵善男子摩耶夫人於畢洛叉
樹下坐時復現菩薩將欲誕生十種神
變何等爲十△二別顯十光即爲十段。初集衆息苦善男子菩

薩將欲誕生之時欲界諸天天子天女及以色界一切諸天諸龍夜叉乾闥婆阿脩羅迦樓羅緊那羅摩睺羅伽并其眷屬爲供養故悉皆雲集摩耶夫人咸德殊勝身諸毛孔咸放光明普照三千大千世界無所障礙一切光明悉皆不現除滅一切衆生煩惱及惡道苦是爲菩薩將欲誕生第一神變。(二卷舒無礙)又善男子當爾之時摩耶夫人腹中悉現三千世界一切形像其百億閻浮提内各有都邑各有園林名号不同皆有摩耶夫人於中止住天衆圍繞悉爲顯現菩薩將生不可思議神變之相是爲菩薩將欲誕生第二神變。(三毛現佛因)又善男子摩耶夫人一切毛孔皆現如來往昔修行菩薩道時恭敬供養一切諸佛及聞諸佛說法音聲譬如明鏡及以水中能現虚空日月星宿雲雷等像摩耶夫人身諸毛孔亦復如是能現如來往昔因緣是爲菩薩將欲誕生第三神變。(四現佛本事)又善男子摩耶夫人身諸毛孔一一皆現如來往修菩薩行時所住世界城邑聚落山林河海衆生劫數值佛出世入淨國土隨所受生壽命長短依善知識修行善法於一切刹在在生處摩耶夫人常爲其母如是一切於毛孔中靡不皆現是爲菩薩將欲誕生第四神變。(五現勝行所依之身)又善男子摩耶夫人一一毛孔顯現如來往昔修行菩薩行時隨所生處色相形貌衣服飲食苦樂等事一一普現分明辯了是爲菩薩將欲誕生第五神變。(六偏現捨行)又善男子摩耶夫人身諸毛孔一一皆現世尊往昔修施行特捨所難捨頭目耳鼻脣舌牙齒身體手足血肉筋骨男女妻妾城邑宮殿衣服瓔珞金銀寶貨如是一切内外諸物亦見受者形貌音聲及其處所是爲菩薩將欲誕生第六神變。(七現古佛受生園林)又善男子摩耶夫人入此園時其林普現過去所有一切諸佛入母胎時國土園林衣服華鬘塗香末香幡繒幢蓋一切衆寶莊嚴之事妓樂歌詠上妙音聲令諸衆生普得見聞是爲菩薩將誕生時第七神變。(八現今佛所處宮殿)又善男子摩耶夫人入此園時從其身出菩薩所住摩尼寶王宮殿樓閣超過一切天龍夜叉乾闥婆阿脩羅迦樓羅緊那羅摩睺羅伽及諸人王之所住者寶網覆上妙香普熏衆寶莊嚴内外清淨各各差別不相雜亂周帀徧滿嵐毗尼園是爲菩薩將誕生時第八神變。九出菩薩同類之衆 又善男子摩耶夫人入此園時從其身出十不可說百千億那由他佛刹微塵數菩薩其諸菩薩身形容貌相好光明進止威儀神通眷屬皆與毗盧遮那菩薩等無有異悉共同時讚歎如來是爲菩薩將誕生時第九神變。十地現蓮華將承至聖 又善男子摩耶夫人將欲誕生菩薩之時忽於其前從金剛際出大蓮華名爲一切寶莊嚴藏金剛爲莖衆寶爲鬚如意寶王以爲其臺有十佛刹微塵數葉一切皆以摩尼所成寶網寶蓋以覆其上一切天王所共執持一切龍王降注香雨一切夜叉王恭敬圍繞散諸天華一切乾闥婆王出微妙音歌讚菩薩往昔供養諸佛功德一切阿脩羅王捨憍慢心稽首敬禮一切迦樓羅王垂寶繒幡徧滿虛空一切緊那羅王歡喜瞻仰歌詠讚歎菩薩功德一切摩睺羅伽王皆生歡喜歌詠讚歎普雨一切寶莊嚴雲是爲菩薩將誕生時第十神變。四正覩誕生三。初覩外相 善男子嵐毗尼園示現如是十種相已然後菩薩其身誕生有四種相釋通事理 如虛空中現淨日輪迴耀挺特 如高山頂出於慶雲高顯邑容 如密雲中而耀電光威光赤弈 如夜暗中而然大炬分明可覩上約事釋若約理釋一依法性空中現於無住現故二依涅槃山無心出故三大慈雲破衆生生死無明之大暗故 爾時菩薩從母脇生身相光明亦復如是二了知內德 善男子菩薩爾時雖現初生悉已了達一切諸法如夢如幻如影如像無來無去不生不滅。三結其周徧則橫竪無窮 善男子當我見佛於此四天下閻浮提内嵐毗尼園示現初生種種神變時亦見如來於三千大千世界百億四天下閻浮提内嵐毗尼園中示現初生種種神變亦見三千大千世界一一塵中無量佛刹亦見百佛世界千佛世界乃至十方一切世界一一塵中無量佛刹如是一切諸佛刹中皆有如來示現受生種種神變如是念念常無間斷。四顯法根深二。初問 時善財童子白彼神言大天得此解脫其已久如。二答二初長行一。初古佛興世 答言善男子乃往古世過億佛刹微塵數劫復過是數時有世界名爲普寶劫名悅樂八十那由他佛於中出現其第一佛名自在功德幢十号具足彼世界中有四天下名妙光莊嚴。三顯昔父母 其四天下閻浮提中有一王都名須彌莊嚴幢其中有王名寶燄眼其王夫人名曰喜光善男子如此世界摩耶夫人為毗盧遮那如來之母彼世界中喜光夫人為初佛母亦復如是。三攀樹誕生　善男子其喜光夫人將欲誕生菩薩之時與二千億那由他采女詣金華園園中有樓名妙寶峯其邊有樹名一切施喜光夫人攀彼樹枝而生菩薩諸天王眾各持香水共以洗沐。四觀佛得法　時有乳母名為淨光侍立其側既洗沐已諸天王眾授與乳母乳母敬受生大歡喜即得菩薩普眼三昧得此三昧已普見十方無量諸佛復得菩薩於一切處示現受生自在解脫如初受胎識速疾無礙得此解脫故見一切佛乘本願力受生自在亦復如是。五結會古今　善男子於汝意云何彼乳母者豈異人乎我身是也。不結父母者意明即淨飯摩耶佛即今佛故。六顯用周遍　我從是來念念常見毗盧遮那佛示現菩薩受生海調伏眾生自在神力如見毗盧遮那佛乘本願力念念於此三千大千乃至十方一切世界微塵之內皆現菩薩受生神變見一切佛悉亦如是我皆恭敬承事供養聽所說法如說修行。二偈頌分四。初一誠聽許說　時嵐毗尼林神欲重宣此解脫義承佛神力普觀十方而說頌言

佛子汝所問　諸佛甚深境　汝今應聽受
我說其因緣。文九偈明最初修證　過億剎塵劫
有劫名悅樂　八十那由他　如來出興世
最初如來号　自在功德幢　我在金華園
見彼初生日　我時為乳母　智慧極聰利
諸天授與我　菩薩金色身　我時疾捧持
諦觀不見頂　身相皆圓滿　一一無邊際
離垢清淨身　相好以莊嚴　譬如妙寶像
見已自欣慶　思惟彼功德　疾增眾福海
見此神通事　發大菩提心　專求佛功德
增廣諸大願　嚴淨一切剎　滅除三惡道
普於十方土　供養無數佛　修行本誓願
救脫眾生苦　我於彼佛所　聞法得解脫
億剎微塵數　無量劫修行。三有十二偈明歷事增修
劫中所有佛　我悉曾供養　護持其正法
淨此解脫海　億剎微塵數　過去十力尊
盡持其法輪　增明此解脫　我於一念頃
見此剎塵中　一一有如來　所淨諸剎海
剎內悉有佛　園中示誕生　各現不思議
廣大神通力　或見不思議　億剎諸菩薩
住於天宮上　將證佛菩提　無量剎海中
諸佛現受生　說法眾圍繞　於此我皆見
一念見億剎　微塵數菩薩　出家趣道場

示現佛境界　我見剎塵內　無量佛成道
各現諸方便　度脫苦衆生　一一微塵中
諸佛轉法輪　悉以無盡音　普雨甘露法
億剎微塵數　一一剎塵內　悉見於如來
示現般涅槃　如是無量剎　如來示誕生
而我悉分身　現前興供養　不思議剎海
無量趣差別　我悉現其前　雨於大法雨
四有一偈結歎無盡　佛子我知此　難思解脫門
無量億劫中　稱揚不可盡。四讚已推勝　善男子
我唯知此菩薩於無量劫徧一切處示
現受生自在解脫如諸菩薩摩揚薩能
以一念爲諸劫藏觀一切法以善方便
而現受生周徧供養一切諸佛究竟通
達一切佛法於一切趣皆現受生一切
佛前坐蓮華座知諸衆生應可度時爲
現受生方便調伏於一切剎現諸神變
猶如影像悉現其前我當云何能知能
說彼功德行。五指示後友　善男子此迦毗羅
城有釋種女名曰瞿波言瞿波者此云守護大地在家爲父母守護太子儲備守護因地既爲其妃依主得名表十地既圓無地不護然太子有三夫人一名瞿波次名耶輸陀羅三名摩奴舍今因位之極故取第一法喜已滿故寄之昔妃此位親能得佛故在生佛之城矣
汝詣彼問菩薩云何於生死中教化衆
生。六戀德禮辭　時善財童子頂禮其足繞無數
帀殷勤瞻仰辭退而去

大方廣佛華嚴經疏卷第一百一十一

治一

大方廣佛華嚴經疏卷第一百一十二入第七十五經　治二

清涼山沙門澄觀述　晉水沙門淨源錄疏注經

△第十釋女瞿波寄法雲地文六初依教趣求二初依前修證 爾時善財童子向迦毗羅城思惟修習受生解脫增長廣大憶念不捨△二趣求後友四初趣求詣處 漸次游行至菩薩集會普現法界光明講堂三伴友迎讚四○初讚行究竟 其中有神号無憂德與一萬主宮殿神俱来迎善財作如是言善来丈夫有大智慧有大勇猛能修菩薩不可思議自在解脫心恒不捨廣大誓願善能觀察諸法境界安住法城入於無量諸方便門成就如来功德大海得妙辯才善調衆生獲聖智身恒順修行知諸衆生心行差別令其歡喜趣向佛道二讚精進得果 我觀仁者修諸妙行心無暫懈威儀所行悉皆清淨汝當不久得諸如来清淨莊嚴無上三業以諸相好莊嚴其身以十力智瑩飾其心游諸世間△三讚精進得法 我觀仁者勇猛精進而無有比不久當得普見三世一切諸佛聽受其法不久當得一切菩薩禪定解脫諸三昧樂不久當入諸佛如来甚深解脫○四以理釋成 何以故見善知識親近供養聽受其教憶念修行不懈不退無憂無悔無有障礙魔及魔民不能為難不久當成無上果故△三善財印述二初印述所說 善財童子言聖者如向所說願我皆得二述自所作二初明四等攝生四○初法 聖者我願一切衆生息諸熱惱離諸惡業生諸安樂修諸淨行治二 聖者一切衆生起諸煩惱造諸惡業墮諸惡趣若身若心恒受楚毒菩薩見已心生憂惱文有悲二喻 聖者譬如有人唯有一子愛念情至忽見被人割截支體其心痛切不能自安三合 菩薩摩訶薩亦復如是見諸衆生以煩惱業墮三惡趣受種種苦心大憂惱若見衆生起身語意三種善業生天人趣受身心樂菩薩爾時生大歡喜合中兼喜四釋中不貪兼明有捨文二○初徵 何以故三釋二初揔明 菩薩不自為故求一切智△二別顯二○初明不自為 不貪生死諸欲快樂不隨想倒見倒心倒諸結隨眠愛見力轉不起衆生種種樂想亦不味著諸禪定樂非有障礙疲厭退轉住於生死○二明其所為 但見衆生於諸有中具受無量種種諸苦起大悲心以大願力而普攝取悲願力故修菩薩行治三 為斷一切衆生煩惱為求如来一切智智為供養一切諸佛如来為嚴淨一切廣大國土為淨治一切衆生樂欲及其所有身心諸行於生

死中無有疲厭（二萬德益物二初別約喻顯為物歸趣）聖者菩薩摩訶薩於諸衆生為莊嚴令生人天富貴樂故為父母為其安立菩提心故為養育令其成就菩薩道故為衛護令其遠離三惡道故為船師令其得度生死海故為歸依令捨諸魔煩惱怖故為究竟令其永得清涼樂故為津濟令入一切諸佛海故為導師令至一切法寶洲故為妙華開敷諸佛功德心故為嚴具常放福德智慧光故為可樂凡有所作悉端嚴故為可尊遠離一切諸惡業故為普賢具足一切端嚴身故為大明常放智慧淨光明故為大雲常雨一切甘露法故（三結成益物）聖者菩薩如是修諸行時令一切衆生皆生愛樂具足法樂（西神歎增深以聞上法故文三初長行中供）爾時善財童子將升法堂其無憂德及諸神衆以出過諸天上妙華鬘塗香末香及以種種寶莊嚴具散善財上（二以偈讚德十偈分二初三歎下益衆生行）而說頌言

汝今出世間　為世大明燈
普為諸衆生　勤求無上覺
無量億千劫　難可得見汝
功德日今出　滅除諸世間
汝見諸衆生　顛倒惑所覆
而興大悲意　求證無師道（二有七偈歎上求無礙行）
汝以清淨心　尋求佛菩提
承事善知識　不自惜身命
汝於諸世間　無依無所著
其心普無礙　清淨如虛空
汝修菩提行　功德悉圓滿
放大智慧光　普照一切世
汝不離世間　亦不著於世
行世無障礙　如風遊虛空
譬如火災起　一切無能滅
汝修菩提行　精進火亦然
勇猛大精進　堅固不可動
金剛慧師子　遊行無所畏
一切法界中　所有諸剎海
汝悉能往詣　親近善知識

（三以身隨逐）爾時無憂德神說此頌已為愛樂法故隨逐善財恒不捨離（愛重情深故三見叡諸門三初見二）（初見依報）爾時善財童子入普現法界光明講堂周徧推求彼釋氏女（五入堂推求已見依報此文亦可）（嚴前段收二見正報）見在堂內坐寶蓮華師子之座（上見主下見伴）八萬四千采女所共圍繞是諸采女靡不皆從王種中生悉於過去修菩薩行同種善根布施愛語普攝衆生已能明見一切智境已共修集佛菩提行恒住正定常遊大悲普攝衆生猶如一子慈心具足眷屬清淨已於過去成就菩薩不可思議善巧方便皆於阿耨多羅三藐三菩提得不退轉具足菩薩諸波羅蜜離諸取著不樂生死雖行諸有心常清淨恒勤觀察一切智道離障蓋

網起諸著處從於法身而示化形生普賢行長菩薩力智日慧燈悉已圓滿（廣歎伴從勝德主德固已絕言。二敘敬）爾時善財童子詣彼釋女瞿波之所頂禮其足合掌而住（三諮問二初自陳發心）作如是言聖者我已先發阿耨多羅三藐三菩提心（二正問）而未知菩薩云何於生死中而不為生死過患所染了法自性而不住聲聞辟支佛地（有十一句悲智逆順權實寂用無礙雙行之行前之十句攝為五對上二句過凡越小對）具足佛法而修菩薩行住菩薩地而入佛境界（二離果起因對）超過世間而於世受生成就法身而示現無邊種種色身（三現生示色對）證無相法而為眾生示現諸相知法無說而廣為眾生演說諸法（四極相翻說對）知眾生空而恒不捨化眾生事雖知諸佛不生不滅而勤供養無有退轉（五下化上供對）雖知諸法無業無報而修諸善行恒不止息（後一總顯諸古眞俗雙行三示已法界四初顯法義先長行二。初讚誠許說）時瞿波女告善財言善哉善哉善男子汝今能問菩薩摩訶薩如是行法修習普賢諸行願者能如是問諦聽諦聽善思念之我當承佛神力為汝宣說（二正顯法義二初帝網智光行）善男子若諸菩薩成就十法則能圓滿因陀羅網普智光明菩薩之行（謂依此十則照重重無盡法故上標次徵釋）何等為十所謂依善知識故得廣大勝解故得清淨欲樂故集一切福智故於諸佛所聽聞法故心恒不捨三世佛故同於一切菩薩行故一切如來所護念故大悲妙願皆清淨故能以智力普斷一切諸生死故（後結成益）是為十若諸菩薩成就此法則能圓滿因陀羅網普智光明菩薩之行（二承事善友行）佛子若菩薩親近善知識則能精進不退修習出生無盡佛法佛子菩薩以十種法承事善知識（上標次徵釋）何等為十所謂於自身命無所顧惜於世樂具心不貪求知一切法性皆平等永不退捨一切智願觀察一切法界實相心恒捨離一切有海知法如空心無所依成就一切菩薩大願常能示現一切剎海淨修菩薩無礙智輪（後結）佛子應以此法承事一切諸善知識無所違逆（前明依法此辯依人法假人弘故由得此故出無盡法亦是廣前初一後偈頌分二。初十偈如次頌前十帝網行）爾時釋迦瞿波女欲重明此義承佛神力觀察十方而說頌言

菩薩為利諸羣生　正念親承善知識
敬之如佛心無怠　此行於世帝網行
勝解廣大如虛空　一切三世悉入中
國土眾生佛皆爾　此是普智光明行

志樂如空無有際　永斷煩惱離諸垢
一切佛所修功德　此行於世身雲行
菩薩修習一切智　不可思議功德海
淨諸福德智慧身　此行於世不染行
一切諸佛如來所　聽受其法無厭足
能生實相智慧燈　此行於世普眼行
十方諸佛無有量　一念一切悉能入
心恒不捨諸如來　此向菩提大願行
能入諸佛大衆會　一切菩薩三昧海
願海及以方便海　此行於世帝網行
一切諸佛所加持　盡未來際無邊劫
處處修行普賢道　此是菩薩分身行
見諸衆生受大苦　起大慈悲現世間
演法光明除暗冥　此是菩薩智日行
見諸衆生在諸趣　爲集無邊妙法輪
令其永斷生死流　此是修行普賢行

然前長行但名帝網光明行則十法通稱今此偈中初二取前揔名後之八行各別立稱則知亡名一一通其十行重重無礙方受帝網之名又須得斯偈意方了前名○二有二偈頌前事友十法末後二句
菩薩修行此方便　隨衆生心而現身
普於一切諸趣中　化度無量諸含識
以大慈悲方便力　普徧世間而現身
隨其解欲爲說法　皆令趣向菩提道
以後二句文相隱故餘略不頌○二立法名
時釋迦瞿波說此頌已告善財童子言：善男子，我已成就觀察一切菩薩三昧海解脫門。謂一切菩薩普賢三昧深廣如海如法界故深如衆生名故廣以殊妙智念觀察故立此名△二法門業用二○初問
善財言：大聖，此解脫門境界云何？△三荅初顯廣知三初知娑婆世界三初知刹歷劫事二○初知世間善惡因果
荅言：善男子，我入此解脫，知此娑婆世界佛刹微塵數劫所有衆生，於諸趣中死此生彼，作善作惡，受諸果報，有求出離，不求出離，正定、邪定及以不定，有煩惱善根，無煩惱善根，具足善根，不具足善根，不善根所攝善根，不善根所攝不善根不善根所攝善根者如瞋心持戒等下句類知，善根所攝不善根，如是所集善不善法，我皆知見。△二知出世因果二○初知佛因果
又彼劫中所有諸佛名號次第，我悉了知；彼佛世尊從初發心及以方便，求一切智，出生一切諸大願海，供養諸佛，修菩薩行，成等正覺，轉妙法輪，現大神通，化度衆生，我悉了知。△二知佛衆會三○初知教聞
亦知彼佛衆會差別，其衆會中有諸衆生依教聞乘而得出離，其教聞衆過去修習一切善根，及其所得種種智慧，我悉了知。△二知緣覺
有諸衆生依獨覺乘而得出離，其諸獨覺所有善根，所得菩提寂滅解脫，神通變化，成熟衆生，入於涅槃，我悉了知。○三知菩薩
亦知彼佛諸菩薩衆，其諸菩薩從初發心修習善根，出生無量諸大願

行成就滿足諸波羅蜜種種莊嚴菩薩之道以自在力入菩薩地住菩薩地觀菩薩地淨菩薩地菩薩地相菩薩地智菩薩攝智菩薩教化衆生智菩薩建立智菩薩廣大行境界菩薩神通行菩薩三昧海菩薩方便菩薩於念念中所入三昧海所得一切智光明所獲一切智電光雲所得實相忍所通達一切智所住刹海所入法海所知衆生海所住方便所發誓願所現神通我悉了知（○二類盡未來）善男子此娑婆世界盡未來際所有劫海展轉不斷我皆了知（○三類知刹海二初通顯知多）如知娑婆世界（有六重類知後後廣於前前初之二重皆是全刹攝多刹）亦知娑婆世界微塵數世界（初但攝同類刹故云塵數）亦知娑婆世界內一切世界（一即異類刹故云一切一切體類故）亦知娑婆世界微塵內所有世界（三即塵中攝刹故細於前）亦知娑婆世界外十方無間所住世界（四即十三佛刹塵數圍繞界及廣大眷屬世界故云娑婆世界外等）亦知娑婆世界世界種所攝世界（五即普照十方熾然寶光明刹種所攝刹通二十重）亦知毗盧遮那世尊此華藏世界海中十方無量諸世界種所攝世界（六即全蓮華藏世界海○二別顯所知世界相狀有十一種）所謂世界廣博（即所依種）世界安立（即因緣或所依住）世界輪（即輪圍）世界場（即其場地）世界差別（體類各殊）世界轉（有二義一如輪側轉形故世界成就品云或有世界隨輪轉二即劫轉變故）世界蓮華（所依蓮華）世界須彌（即其中須彌）世界名號（隨緣立稱）盡此世界海一切世界由毗盧遮那世尊本願力故我悉能知亦能憶念（即結果屬因謂華藏世界海是佛本願之所嚴故云由力○三別顯毗盧遮那因果二○初明因）亦念如來往昔所有諸因緣海所謂修習一切諸乘方便無量劫中住菩薩行淨佛國土教化衆生承事諸佛造立住處聽受說法獲諸三昧得諸自在修檀波羅蜜入佛功德海持戒苦行具足諸忍勇猛精進成就諸禪圓滿淨慧於一切處示現受生普賢行願悉皆清淨普入諸刹普淨佛土普入一切如來智海普攝一切諸佛菩提（然有二義一者成上上但總云本願力故今此別顯成刹之因二者順後亦通正報二種之因○三顯果）得於如來大智光明證於諸佛一切智性成等正覺轉妙法輪及其所有道場衆會其衆會中一切衆生往世已來所種善根從初發心成熟衆生修行方便念念增長獲諸三昧神通解脫如是一切我悉了知（○三釋知所以）何以故我此解脫能知一切衆生心行一切衆生修行善根一切衆生雜染清淨一切衆生種種差別一切聲聞諸三昧門一切緣覺寂靜三昧神通解脫一切菩薩一切

如來解脫光明皆了知故（四明法根深二初問）爾時
善財童子白瞿波言聖者得此解脫其
已久如（雖但問得法久近而義已含修行久近得此法門故三答四初明最初佛所發心修行二初正顯本緣十初王都時處）答言善男子我於往世過
佛剎微塵數劫有劫名勝行世界名無
畏彼世界中有四天下名為安隱其四
天下閻浮提中有一王城名高勝樹於
八十王城中最為上首彼時有王名曰
財主其王具有六萬采女五百大臣五
百王子（三太子超倫文二先其相）其諸王子皆悉勇健
能伏怨敵其王太子名威德主端正殊
特人所樂見足下平滿輪相備具足趺
隆起手足指間皆有網縵足跟齊正手
足柔軟伊尼耶鹿王腨七處圓滿陰藏
隱密其身上分如師子王兩肩平滿雙
臂臑長身相端直頸文三道頰如師子

具四十齒悉皆齊密四牙鮮白其舌長
廣出梵音聲眼目紺青睫如牛王眉間
毫相頂上肉髻皮膚細軟如真金色身
毛上靡髮帝青色其身洪滿如尼拘陀
樹（二遊觀）爾時太子受父王教與十千采
女詣香牙園遊觀戲樂太子是時乘妙
寶車其車具有種種嚴飾置大摩尼師
子之座而坐其上五百采女各執寶繩
牽馭而行進止有度不遲不速百千萬
人持諸寶蓋百千萬人持諸寶幢百千
萬人持諸寶幡百千萬人作諸妓樂百
千萬人燒諸名香百千萬人散諸妙華
前後圍繞而為翊從道路平正無有高
下眾寶雜華散布其上寶樹行列寶網
彌覆種種樓閣延袤其間其樓閣中或
有積聚種種珍寶或有陳列諸莊嚴具

或有供設種種飲食或有懸布種種衣
服或有備擬諸資生物或復安置端正
女人及以無量僮僕侍從隨有所須悉
皆施與（三寶女求歸四初具德端嚴）時有母人名為善現
將一童女名具足妙德顏容端正色相
嚴潔洪纖得所脩短合度目髮紺青聲
如梵音善達工巧精通辯論恭勤匪懈
慈愍不害具足慚愧柔和質直離癡寡
欲無諸諂誑乘妙寶車采女圍繞及與
其母從王城出先太子行（二白母求事）見其太
子言辭諷詠心生愛染而白母言我心
願得敬事此人若不遂情當自殞滅母
告女言莫生此念何以故此甚難得此
人具足輪王諸相後當嗣位作轉輪王
有寶女出騰空自在我等卑賤非其匹
偶此處難得勿生是念（三覩佛興）彼香牙

國側有一道場名法雲光明時有如來名勝日身十号具足於中出現已經七日時彼童女暫時假寐夢見其佛從夢覺已空中有天而告之言勝日身如來於法雲光明道場成等正覺已經七日諸菩薩衆前後圍繞天龍夜叉乾闥婆阿脩羅迦樓羅緊那羅摩睺羅伽梵天乃至色究竟天諸地神風神火神水神河神海神山神樹神園神藥神主城神等為見佛故皆來集會（四女自陳心德有十偈分二。初自述德堪）時妙德童女夢覩如來故聞佛功德故其心安隱無有怖畏於太子前而說頌言

我身最端正　名聞徧十方
智慧無等倫　善達諸工巧　無量百千衆
見我皆貪染　我心不於彼　而生少愛欲
無瞋亦無恨　無嫌亦無喜　但發廣大心
利益諸衆生（二有七偈讚彼衆納）　我今見太子
具諸功德相　其心大欣慶　諸根咸悅樂
色如光明寶　髮美而右旋　額廣眉纖曲
我心願事汝　我觀太子身　譬若真金像
亦如大寶山　相好有光明　目廣紺青色
月面師子頰　喜顏美妙音　願垂哀納我
舌相廣長妙　猶如赤銅色　梵音緊那身
聞者皆歡喜　口方不褰縮　齒白悉齊密
發言現笑時　見者心歡喜　離垢清淨身
具相三十二　必當於此界　而作轉輪位

（四太子審問有十二偈分三。初二問其屬緣）爾時太子告彼女言汝是誰之女為誰守護若先屬人我則不應起愛染心爾時太子以頌問言

汝身極清淨　功德相具足　我今問於汝
汝於誰所住　誰為汝父母　汝今繫屬誰
若已屬於人　彼人攝受汝（三有三偈審其內過）
汝不盜他物　汝不有害心　汝不作邪淫
汝依何語住　不說他人惡　不壞他所親
不侵他境界　不於他恚怒　不生邪險見
不作相違業　不以諂曲力　方便誑世間
（三有七偈邀其進善）尊重父母不　敬善知識不
見諸貧窮人　能生攝心不　若有善知識
誨示於汝法　能生堅固心　究竟尊重不
愛樂於佛不　了知菩薩不　衆僧功德海
汝能恭敬不　汝能知法不　能淨衆生不
為住於法中　為住於非法　見諸孤獨者
能起慈心不　見惡道衆生　能生大悲不
見他得榮樂　能生歡喜不　他來逼迫汝
汝無瞋惱不　汝發菩提意　開悟衆生不
無邊劫修行　能無疲倦不（五女母代答明宿德無過亦不屬他故應納受三十一偈分六初十一偈總顯勝）

爾時女母為其太子而說頌言

太子汝應聽　我今說此女

初生及成長　一切諸因緣　太子始生日
即從蓮華生　其目淨脩廣　肢節悉具足
我曾於春月　游觀娑羅園　普見諸藥草
種種皆榮茂　奇樹發妙華　望之如慶雲
好鳥相和鳴　林間共歡樂　同游八百女
端正奪人心　被服皆嚴麗　歌詠悉殊美
彼園有浴池　名曰蓮華幢　我於池岸坐
采女衆圍繞　於彼蓮池內　忽生千葉華
寶葉瑠璃莖　閻浮金為臺　爾時夜分盡
日光初出現　其蓮正開剖　放大清淨光
其光極熾盛　譬如日初出　普照閻浮提
衆歎未曾有　時見此玉女　從彼蓮華生
其身甚清淨　肢分皆圓滿　此是人間寶
從於淨業生　宿因無失壞　今受此果報
°三有三偈別讚端嚴 紺髮青蓮眼　梵聲金色光
華鬘衆寶髻　清淨無諸垢　肢節悉具足

其身無缺減　譬如真金像　安處寶華中
毛孔栴檀香　普熏於一切　口出青蓮香
常演梵音聲°三有三偈明其絕倫　此女所住處
常有天音樂　不應下劣人　而當如是偶
世間無有人　堪與此為夫　唯汝相嚴身
願垂見納受　非長亦非短　非麤亦非細
種種悉端嚴　願垂見納受°四有五偈伎能內滿
文字算數法　工巧諸技藝　一切皆通達
願垂見納受　善了諸兵法　巧斷衆諍訟
能調難可調　願垂見納受　其身甚清淨
見者無厭足　功德自莊嚴　汝應垂納受
衆生所有患　善達彼緣起　應病而與藥
一切能消滅　閻浮語言法　差別無量種
乃至技樂音　靡不皆通達°五有八偈讚其具德
婦人之所能　此女一切知　而無女人過
願垂速納受　不嫉亦不慳　無貪亦無恚

質直性柔軟　離諸麤獷惡　恭敬於尊者
奉事無違逆　樂修諸善行　此能隨順汝
若見於老病　貧窮在苦難　無救無所依
常生大慈愍　常觀第一義　不求自利樂
但願益衆生　以此莊嚴心　行住與坐卧
一切無放逸　言說及默然　見者咸欣樂
雖於一切處　皆無染著心　見有功德人
樂觀無厭足　尊重善知識　樂見離惡人
其心不躁動　先思後作業°六有一偈結讚所宜
福智所莊嚴　一切無怨恨　女人中最上
宜應事太子°六太子重邀請若不障道當隨汝意於中先長行分二初自述行深
爾時太子入香牙園已告其妙德及善
現言善女我趣求阿耨多羅三藐三菩
提當於盡未來際無量劫集一切智助
道之法修無邊菩薩行淨一切波羅蜜
供養一切諸如來護持一切諸佛教嚴

淨一切佛國土當令一切如來種性不斷當隨一切衆生種性而普成熟當滅一切衆生生死苦置於究竟安樂處當淨治一切衆生智慧眼當修習一切菩薩所修行當安住一切菩薩平等心當成就一切菩薩所行地當令一切衆生普歡喜當捨一切物盡未來際行檀波羅蜜令一切衆生普得滿足衣服飲食妻妾男女頭目手足如是一切内外所有悉當捨施無所悋惜（二恐其爲障）當於爾時汝或於我而作障難施財物時汝心悋惜施男女時汝心痛惱割肢體時汝心憂悶捨汝出家汝心悔恨（三偈頌十偈分三初六偈頌其行深）爾時太子即爲妙德而説頌言

哀愍衆生故　我發菩提心　當於無量劫
習行一切智　無量大劫中　淨修諸願海
入地及治障　悉經無量劫　三世諸佛所
學六波羅蜜　具足方便行　成就菩提道
十方垢穢剎　我當悉嚴淨　一切惡道難
我當令永出　我當以方便　廣度諸羣生
令滅愚癡闇　住於佛智道　當供一切佛
當淨一切地　起大慈悲心　悉捨内外物
（二有二偈半遮其莫障）汝見來乞者　或生慳悋心
我心常樂施　汝勿違於我　若見我施頭
慎勿生憂惱　我今先語汝　令汝心堅固
乃至截手足　汝勿嫌乞者（後一偈半結令審思）
汝今聞我語　應可諦思惟　男女所愛物
一切我皆捨　汝能順我心　我當成汝意

大方廣佛華嚴經疏卷第一百一十二

治二

大方廣佛華嚴經疏卷第一百一十三 入第七十七十五 治三

清涼山沙門澄觀述 晉水沙門淨源錄疏注經

七七女敬順從有十四偈分三初三忘苦眷屬 爾時童女白太子言敬奉來教即說頌言

無量劫海中 治三 地獄火焚身 若能眷納我 一
甘心受此苦 無量受生處 碎身如微塵
若能眷納我 甘心受此苦 無量劫頂戴
廣大金剛山 若能眷納我 甘心受此苦
二希同勝行即正是發菩提之心 無量生死海 以我身肉施
汝得法王處 願令我亦然 若能眷納我
與我為主者 生生行施處 願常以我施
為愍眾生苦 而發菩提心 既已攝眾生
亦當攝受我 我不求豪富 不貪五欲樂
但為共行法 願以仁為主 紺青脩廣眼
慈愍觀世間 不起染著心 必成菩薩道
太子所行處 地出眾寶華 必作轉輪王
願能眷納我。三有五偈勸諧如來 我曾夢見此
妙法菩提場 如來樹下坐 無量眾圍繞
我夢彼如來 身如真金山 以手摩我頂
寤已心歡喜 往昔眷屬天 名曰喜光明
彼天為我說 道場佛興世 我曾生是念
願見太子身 彼天報我言 汝今當得見
我昔所志願 於今悉成滿 唯願俱往詣
供養彼如來。八太子獨受

爾時太子聞勝日身如來名生大歡喜由敬佛故心生歡喜願見彼佛以五百摩尼寶散其女上冠以妙藏光明寶冠被以火燄摩尼寶衣其女爾時心不動搖亦無喜相但合掌恭敬瞻仰太子目不暫捨 治三 九母陳受遂故重讚女十偈分四初一標其遂志 二 其母善現於太子前而說頌言

此女極端正 功德莊嚴身 昔願奉太子
今意已滿足。二有二偈德行懸例 持戒有智慧
具足諸功德 普於一切世 最勝無倫匹
此女蓮華生 種姓無譏醜 太子同行業
遠離一切過。三有四偈身語超倫 此女身柔軟
猶如天繒纊 其手所觸摩 眾患悉除滅
毛孔出妙香 芬馨最無比 眾生若聞者
悉住於淨戒 身色如真金 端坐華臺上
眾生若見者 離害具慈心 言音極柔軟
聽之無不喜 眾生若得聞 悉離諸惡業
。四有三偈內心難德 心淨無瑕垢 遠離諸諂曲
稱心而發言 聞者皆歡喜 調柔具慚愧
恭敬於尊宿 無貪亦無誑 憐愍諸眾生
此女心不恃 色相及眷屬 但以清淨心
恭敬一切佛 治三。十五共修行亦分十段。初詣佛供養 三

爾時太子與妙德女及十千采女并其眷屬出香牙園詣法雲光明道場至已下車步進詣如來所見佛身相端嚴寂靜諸根調順

內外清淨如大龍池無諸垢濁皆生淨信踊躍歡喜頂禮佛足繞無數帀于時太子及妙德女各持五百妙寶蓮華供散彼佛太子為佛造五百精舍一一皆以香木所成衆寶莊嚴五百摩尼以為間錯。二聞經得法 時佛為說普眼燈門修多羅聞是經已於一切法中得三昧海所謂得普照一切佛願海三昧普照三世藏三昧現見一切佛道場三昧普照一切衆生三昧普照一切世間智燈三昧普照一切衆生根智燈三昧救護一切衆生光明雲三昧普照一切衆生大明燈三昧演一切佛法輪三昧具足普賢清淨行三昧時妙德女得三昧名難勝海藏於阿耨多羅三藐三菩提永不退轉。三歸覲白父 時彼太子與妙德女并其眷屬頂禮佛足繞無數帀辭退還宮詣父王所拜跪畢已奉白王言大王當知勝日身如來出興於世於此國內法雲光明菩提場中成等正覺于今未久。四王審慶聞 爾時大王語太子言是誰為汝說如是事天耶人耶太子白言是此具足妙德女說時王聞已歡喜無量譬如貧人得大伏藏作如是念佛無上寶難可值遇若得見佛永斷一切惡道怖畏佛如醫王能治一切諸煩惱病能救一切生死大苦佛如導師能令衆生至於究竟安隱住處。五捨位往觀 作是念已集諸小王羣臣眷屬及以剎利婆羅門等一切大衆便捨王位授與太子灌頂訖已與萬人俱往詣佛所到已禮足繞無數帀并其眷屬悉皆退坐。六聞經得法 爾時如來觀察彼王及諸大衆白毫相中放大光明名一切世間心燈普照十方無量世界住於一切世主之前示現如來不可思議大神通力普令一切應受化者心得清淨爾時如來以不思議自在神力現身超出一切世間以圓滿音普為大衆說陀羅尼名一切法義離闇燈佛剎微塵數陀羅尼而為眷屬彼王聞已即時獲得大智光明。七兼益時會 其衆會中有閻浮提微塵數菩薩俱時證得此陀羅尼六十萬那由他人盡諸有漏心得解脫十千衆生遠塵離垢得法眼淨無量衆生發菩提心。八佛重現通 時佛又以不思議力廣現神變普於十方無量世界演三乘法化度衆生。九父王出家修證法門 時彼父王作如是念我若在家不能證得如是妙法若於佛所出家學道即當成就作是念已前白佛言願得從佛出家修學佛言隨意宜自知時時財主王與十千人皆於佛所同時出家未久之間悉得成就一切法義離闇燈陀羅尼亦得如上諸三昧門又得菩薩十神通門又得菩薩無邊辯才又得菩薩無礙淨身往詣十方諸如來所聽受其法為大法師演說妙法復以神力徧十方剎隨衆生心而為現身讚佛出現說佛本行示佛本緣稱揚如來自在神力護持於佛所說教法。十太子紹位知通大化 治二 爾時太子於十五日六在正殿上采女圍繞七寶自至一者輪寶名無礙行二者象寶名金剛身三者馬寶名迅疾風四者珠寶名日光藏五者女寶名具妙德六藏臣寶名為大財

七主兵寶名離垢眼七寶具足為轉輪王王閻浮提正法治世人民快樂王有千子端正勇健能伏怨敵其閻浮提中有八十王城一一城中有五百僧坊一一僧坊立佛支提皆悉高廣以衆妙寶而為校飾一一王城皆請如來以不思議衆妙供具而為供養佛入城時現大神力令無量衆生種諸善根無量衆生心得清淨見佛歡喜發菩提意起大悲心利益衆生勤修佛法入真實義住於法性了法平等獲三世智等觀三世知一切佛出興次第說種種法攝取衆生 治三 七 發菩薩願入菩薩道知如來法成就法海能普現身徧一切剎知衆生根及其性欲令其發起一切智願。二結會古今 佛子於汝意云何彼時太子得輪王位供養

佛者豈異人乎今釋迦牟尼佛是也財主王者寶華佛是其寶華佛現在東方過世界海微塵數佛剎有世界海名現法界虛空影像雲中有世界種名普現三世影摩尼王彼世界種中有世界名圓滿光中有道場名現一切世主身寶華如來於此成阿耨多羅三藐三菩提不可說佛剎微塵數諸菩薩衆前後圍繞而為說法寶華如來往昔修行菩薩道時淨此世界海其世界海中去來今佛出興世者皆是寶華如來為菩薩時教化令發阿耨多羅三藐三菩提心彼時女母善現者今我母善目是其王眷屬今如來所衆會是也皆具修行普賢諸行成滿大願雖恒在此衆會道場而能普現一切世間住諸菩薩平等三昧

常得現見一切諸佛一切如來以等虛空妙音聲雲演正法輪悉能聽受於一切法悉得自在名稱普聞諸佛國土普詣一切道場之所普現一切衆生之前隨其所應教化調伏盡未來劫修菩薩道恒無間斷成滿普賢廣大誓願佛子其妙德女與威德主轉輪聖王以四事供養勝日身如來者我身是也。二見中間多佛彼佛滅後其世界中六十億百千那由他佛出興於世我皆與王承事供養其第一佛名清淨身次名一切智月光明身次名閻浮檀金光明王次名諸相莊嚴身次名妙月光次名智觀幢次名大智光次名金剛那羅延精進次名智力無能勝次名普安詳智次名離垢勝智雲次名師子智光明次名光明髻次名

功德光明幢次名智日幢次名寶蓮華開敷身次名福德嚴淨光次名智燄雲次名普照月次名莊嚴蓋妙音聲次名師子勇猛智光明次名法界月次名現虛空影像開悟衆生心次名恒齅寂滅香次名普震寂靜音次名甘露山次名法海音次名堅固網次名佛影髻次名月光毫次名辯才口次名覺華智次名寶燄山次名功德星次名寶月幢次名三昧身次名寶光王次名普智行次名燄海燈次名離垢法音王次名無比德名稱幢次名脩臂次名本願清淨月次名照義燈次名深遠音次名毗盧遮那勝藏王次名諸乘幢次名法海妙蓮華佛子彼劫中有如是等六十億百千那由他佛出興于世我皆親近承事供養

此但略例四十八佛以爲流例廣明如結中。三正得法之時其最後佛名廣大解即六十億那由他之後於彼佛所得淨智眼爾時彼佛入城教化我為王妃與王禮覲以衆妙物而為供養於其佛所聞說出生一切如來燈法門即時獲得觀察一切菩薩三昧海境界解脫四多劫修瑩二初於一刹塵劫修行二初多劫修行未窮菩薩之境佛子我得此解脫已與菩薩於佛刹微塵數劫勤加修習於佛刹微塵數劫中承事供養無量諸佛或於一劫承事一佛或二或三或不可說或值佛刹微塵數佛悉皆親近承事供養而未能知菩薩之身形量色貌及其身業心行智慧三昧境界二明菩薩難遇見身不空佛子若有衆生得見菩薩修菩提行若疑若信菩薩皆以世出世間種種方便而攝取之以為眷屬令於阿耨多羅

三藐三菩提得不退轉（三於百剎塵劫修行。二。初多劫修證未知菩薩解脫）佛子我見彼佛得此解脫已與菩薩於百佛剎微塵數劫而共修習於其劫中所有諸佛出興于世我皆親近承事供養聽所說法讀誦受持於彼一切諸如來所得此解脫種種法門知種種三世入種種剎海見種種成正覺入種種佛衆會發菩薩種種大願修菩薩種種妙行得菩薩種種解脫然未能知菩薩所得普賢解脫門（二釋不知所由。二。初總顯深廣）何以故菩薩普賢解脫門如太虛空如衆生名如三世海如十方海如法界海無量無邊佛子菩薩普賢解脫門與如來境界等（所以不知者以稱事理之無邊等諸佛之境界故斯則等覺菩薩解脫十地不知故名普賢解脫。二別顯深廣難知之相謂一毛即不可窮況多毛多身廣大之用以是無盡無邊之法門故於中有五。初一毛中見器世間）佛子我於佛剎微塵

數劫觀菩薩身無有厭足如多欲人男女集會遞相愛染起於無量妄想思覺我亦如是觀菩薩身一一毛孔念念見無量無邊廣大世界種種安住種種莊嚴種種形狀有種種山種種地種種雲種種名種種佛興種種道場種種衆會演種種修多羅說種種灌頂種種諸乘種種方便種種清淨（二見智正覺世間）又於菩薩一一毛孔念念常見無邊佛海坐種種道場現種種神變轉種種法輪說種種修多羅恒不斷絕（三見衆生世間）又於菩薩一一毛孔見無邊衆生海種種住處種種形貌種種作業種種諸根（四見菩薩修行）又於菩薩一一毛孔見三世諸菩薩無邊行門所謂無邊廣大願無邊差別地無邊波羅蜜無邊往昔事無邊大慈門無

邊大悲雲無邊大喜心無邊攝取衆生方便（五總結不窮深廣）佛子我於佛剎微塵數劫念念如是觀於菩薩一一毛孔已所至處而不重至已所見處而不重見求其邊際竟不可得乃至見彼悉達太子住於宮中采女圍繞我以解脫力觀於菩薩一一毛孔悉見三世法界中事（四攝已推勝）佛子我唯得此觀察菩薩三昧海解脫如諸菩薩摩訶薩究竟無量諸方便海爲一切衆生現隨類身爲一切衆生說隨樂行於一一毛孔現無邊色相海知諸法性無性爲性知衆生性同虛空相無有分別知佛神力同於如如徧一切處示現無邊解脫境界於一念中能自在入廣大法界遊戲一切諸地法門而我云何能知能說彼功德行（五指示後友。二。初指後位）

善男子此世界中有佛母摩耶汝詣彼問菩薩云何修菩薩行於諸世間無所染著供養諸佛恒無休息作菩薩業永不退轉離一切障礙入菩薩解脫不由於他住一切菩薩道詣一切如來所攝一切衆生界盡未來劫修菩薩行發大乘願增長一切衆生善根常無休息如後當釋○二頌前法臨行再述故三十一偈分三○初一總顯菩薩益生爾時釋迦瞿波女欲重明此解脫義承佛神力即說頌言

若有見菩薩　修行種種行
起善不善心　菩薩皆攝取超頌前見者不空生下女人染心之益○二有十五偈明遠劫前事
乃往久遠世　過百剎塵劫
有劫名清淨　世界名光明
此劫佛興世　六十千萬億
最後天人主　號曰法幢燈
彼佛涅槃後　有王名智山
統領閻浮提　一切無怨敵
王有五百子　端正能勇健
其身悉清淨　見者皆歡喜
彼王及王子　信心供養佛
護持其法藏　亦樂勤修法
太子名善光　離垢多方便
諸相皆圓滿　見者無厭足
五百億人俱　出家行學道
勇猛堅精進　護持其佛法
王都名智樹　千億城圍繞
有林名靜德　衆寶所莊嚴
善光住彼林　廣宣佛正法
辯才智慧力　令衆悉清淨
有時因乞食　入彼王都城
行止極安詳　正知心不亂
城中有居士　號曰善名稱
我時爲彼女　名爲淨日光
時我於城中　遇見善光明
諸相極端嚴　其心生染著
次乞至我門　我心增愛染
即解身瓔珞　并珠置鉢中
雖以愛染心　供養彼佛子
二百五十劫　不墮三惡趣
或生天王家　或作人王女
恒見善光明　妙相莊嚴身長行所無長行語與淨發心但論彼女今則敘其雜善故敘遠緣以彰妙○二有十五偈正頌長行彼女因緣
此後所經劫　二百有五十
生於善現家　名爲具妙德
時我見太子　而生尊重心
願得備瞻侍　幸蒙哀納受
我時與太子　覲佛勝日身
恭敬供養畢　即發菩提意
於彼一劫中　六十億如來
最後佛世尊　名爲廣大解
於彼得淨眼　了知諸法相
普見受生趣　永除顛倒心
我得觀菩薩　三昧境解脫
一念入十方　不思議剎海
我見諸世界　淨穢種種別
於淨不貪樂　於穢不憎惡
普見諸世界　如來坐道場
皆於一念中　悉放無量光
一念能普入　不可說衆會
亦知彼一切　所得三昧門
一念能悉知　彼諸廣大行
無量地方便　及以諸願海
我觀菩薩身　無邊劫修行
一一毛孔量　求之不可得
一一毛孔剎　無數不可說
地水火風輪

靡不在其中　種種諸建立　種種諸形狀
種種體名號　無邊種莊嚴　我見諸刹海
不可說世界　及見其中佛　說法化衆生
不了菩薩身　及彼身諸業　亦不知心智
諸劫所行道。六總德禮辭　爾時善財童子頂禮
其足繞無數帀辭退而去已下入第七十六經。大文第二有十一人明會緣入實相謂會前諸位差別之緣令歸一實法界生於佛果如摩耶生佛故次明之。然人雖十一約法唯九約會為十初一為總餘九為別故摩耶得智幻法門末後德生亦得幻住始終相會護於中間總別圓融歸實無二故。摩耶既會緣入實何得更須十人。豈不聞言總別相會非別無以成總故又顯餘是所會之緣所以語十表其無盡無盡之緣皆成摩耶之實德故。又此一相義當等覺等覺方能親生佛故等覺却入重玄門中故有十人多明入俗初天主光且須正念無失次可為世師徧窮衆藝字智之門無依無盡無著清淨清淨則淨智發光發光則智相無盡無盡則成願不遠方能還歸幻住故雖十一不失入實之言始末皆幻方知諸緣體虛即實。今初總中文六初依教趣求二初將詣觀成三。初標將詣觀成
爾時善財童子一心欲詣摩耶夫人
所即時獲得觀佛境界智摩耶昔云天后天后能生佛故權教中說生佛七日命終生天昔經指在迦毗羅城則顯常不滅矣又上文云此世界者亦表即佛境界是故

證得觀佛境智然說摩耶或云是實非化或云是化非實或云亦化亦實或云非化非實皆帶方便約此宗說即法界實德人法圓融二別明觀念二。初總　作如是念是善知
識遠離世間住無所住超過六處離一
切著知無礙道具淨法身以如幻業而
現化身以如幻智而觀世間以如幻願
而持佛身總念勝德已能闇合願智幻門。二別　隨意生身
無生滅身無來去身非虛實身不變壞
身無起盡身所有諸相皆一相身離二
邊身無依處身無窮盡身離諸分別如
影現身知如夢身了如像身如淨日身
普於十方而化現身住於三世無變異
身非身心身猶如虛空所行無礙超諸
世眼唯是普賢淨目所見別念一十七身唯普眼見
冥契下文天后所現三思欲親承　如是之人我今云何而得
親近承事供養與其同住觀其狀貌聽
其音聲思其語言受其教誨二勝緣引導二初主城神

顯教修心三初以華散　作是念已有主城神名曰寶
眼眷屬圍繞於虛空中而現其身種種
妙物以為嚴飾手持無量衆色寶華以
散善財二正以言教有三十門分三。初明十度行　作如是言善男
子應守護心城謂不貪一切生死境界
應莊嚴心城謂專意趣求如來十力應
淨治心城謂畢竟斷除慳嫉諂誑應清
涼心城謂思惟一切諸法實性應增長
心城謂成辦一切助道之法應嚴飾心
城謂造立諸禪解脫宮殿應照耀心城
謂普入一切諸佛道場聽受般若波羅
蜜法應增益心城謂普攝一切佛方便
道應堅固心城謂恒勤修習普賢行願
應防護心城謂常專禦扞惡友魔軍應
廓徹心城謂開引一切佛智光明應善
補心城謂聽受一切佛所說法有十二門初施後智

（各有二句中八各一城神既爾令護心城是知無有一事一塵非法門矣心名城者蓋其中有正覺法王萬德所聚故。二有十一句即初地淨治地法）應扶助心城謂深信一切佛功德海（十種勝行文小不次而數全是上一信）應廣大心城謂大慈普及一切世間（二慈）應善覆心城謂集衆善法以覆其上（三堅固）應寬廣心城謂大悲哀愍一切衆生（四悲）應開心城門謂悉捨所有隨應給施（五捨）應密護心城謂防諸惡欲不令得入應嚴肅心城謂逐諸惡法不令其住（六七皆慚愧謂不客惡故）應決定心城謂集一切智助道之法恒無退轉（八無疲厭）應安立心城謂正念三世一切如來所有境界（九如說行）應瑩徹心城謂明達一切佛正法輪修多羅中所有法門種種緣起（十知諸經論）應部分心城謂普曉示一切衆生皆令得見薩婆若道（十一即成就世智故能普曉衆生。三有七句福智圓滿）應住持心城謂發一切三世如來諸大願海應富實心城謂集一切周徧法界大福德聚（上二是福下五是智）應令心城明了謂普知衆生根欲等法應令心城自在謂普攝一切十方法界應令心城清淨謂正念一切諸佛如來（此三權智）應知心城自性謂知一切法皆無有性應知心城如幻謂以一切智了諸法性（此二實智。三結讚數釋及成勝益）佛子菩薩摩訶薩若能如是淨修心城則能積集一切善法何以故蠲除一切諸障難故所謂見佛障聞法障供養如來障攝諸衆生障淨佛國土障善男子菩薩摩訶薩以離如是諸障難故若發希求善知識心不用功力則便得見乃至究竟必當成佛（三身衆神密加授法三。初讚爻令欣）爾時有身衆神名蓮華法德及妙華光明無量諸神前後圍繞從道場出住虛空中於善財前以妙音聲種種稱歎摩耶夫人（二放光加被）從其耳璫放無量色相光明網普照無邊諸佛世界令善財見十方國土一切諸佛其光明網右繞世間經一帀已然後還來入善財頂乃至徧入身諸毛孔（三善財獲益所謂十眼）善財即得淨光明眼（一）離一切愚癡闇故得離翳眼能了一切衆生性故得離垢眼能觀一切法性門故得淨慧眼能觀一切佛國性故得毗盧遮那眼見佛法身故得普光明眼見佛平等不思議身故（不思議身者十身無礙故佛平等者佛佛同故故異於前但明法身餘可準思）得無礙光眼觀察一切刹海成壞故得普照眼見十方佛起大方便轉正法輪故得普境界眼見無量佛以自在力調伏衆生故得普見眼觀一切刹諸佛出興故三法堂羅刹鬼求文之方三切教二初教十法增其智時有守護菩薩法堂羅刹鬼王名曰善眼與其眷屬萬羅刹俱於虛空中以衆妙華散善財上作如是言善男子菩薩成就十法則得親近諸善知識先標次徵釋何等爲十二十一所謂其心清淨離諸諂誑一直心大悲平等普攝衆生二悲心知諸衆生無有眞實三智趣一切智心不退轉四進以信解力普入一切諸佛道場五信得淨慧眼了諸法性六深大慈平等普覆衆生七悲以智光明廓諸妄境八淨以甘露雨滌生死熱九益以廣大眼徹鑒諸法十巧心常隨順諸善知識十一常徵結是爲十二示三昧息其亂三初標復次佛子菩薩成就十種三昧門則常現見諸善知識二徵釋何等爲十所謂法空清淨輪三昧觀察十方海三昧於一切境界不捨離不

缺減三昧於境不捨離等者凡夫染境二乘捨境權教緣觀空有互陳並爲缺減若圓修者觸目對境窮盡法源不取不捨故央掘經云摩訶衍者所謂彼眼根於諸如來常了了分明見具足無減修等又云所謂眼入處於諸如來常明見來入門具足無減修等普見一切佛出興三昧集一切功德藏三昧心恒不捨善知識治三三昧常見一切善知識二十一生諸佛功德三昧常不離一切善知識三昧常供養一切善知識三昧常於一切善知識所無過失三昧三結佛子菩薩成就此十三昧門常得親近諸善知識又得善知識轉一切佛法輪三昧得此三昧已悉知諸佛體性平等處處值遇諸善知識處處過友者既定慧雙游無境不契並爲道品則眞友懸通能知如是行爲護正法堂也二問說是語時善財童子仰視空中而荅之言善哉善哉汝爲哀愍攝受我故方便教我見善知識願爲我說云何往詣善知識所於何方處城邑聚落求善知

識三荅文有四法羅刹荅言善男子汝應普禮十方求善知識一以支無不在故正念思惟一切境界求善知識二以法爲體故勇猛自在徧遊十方求善知識三身同支徧故觀身觀心如夢如影求善知識四智與境合故如夢如影又前三離境界相四則離心緣相求善方者幸思此言二見敬諮問三初見三初觀依二初受行其教躡前起後爾時善財受行其教近躡羅刹之言遠通前三勝友以前二神並求荅故即由前來三位調練故得觀斯勝報二正明所見二初明蓮華即時觀見大寶蓮華從地涌出所證法界自性無染故白蓮華無明既開不離心內如從地涌亦表性淨萬行之因從法性地而出現故此即十定中普賢之華也金剛爲莖妙寶爲藏摩尼爲葉光明寶王以爲其臺衆寶色香以爲其鬚無數寶網彌覆其上二明上樓觀於其臺上有一樓觀謂能證攝實二智依於所證而宣現故治三二十二名普納十方法界藏智包無外云普納十方奇妙嚴飾金剛爲地千柱行列總攝五位自分勝進故云千柱行列一切皆以摩尼寶成閻浮檀金以爲其壁衆寶

瓔珞四面垂下階陛欄楯周帀莊嚴其一一事皆有所表恐厭繁文○三明樓觀中寶座其樓觀中有如意寶蓮華之座即智體自空故樓中有座種種衆寶以為嚴飾空具性德故廣顯莊嚴妙寶欄楯寶衣間列寶帳寶網以覆其上衆寶繒幡周帀垂下微風徐動光流響發寶華幢中雨衆妙華寶鈴鐸中出美音聲寶戶牖間垂諸瓔珞摩尼身中流出香水寶象口中出蓮華網寶師子口吐妙香雲梵形寶輪出隨樂音金剛寶鈴出諸菩薩大願之音寶月幢中出佛化形淨藏寶王現三世佛受生次第日藏摩尼放大光明徧照十方一切佛剎摩尼寶王放一切佛圓滿光明毗盧遮那摩尼寶王興供養雲供養一切諸佛如來如意珠王念念示現普賢神變充滿法界須彌寶王出天宮殿天諸采女種種妙音歌讚如來不可思議微妙功德

大方廣佛華嚴經疏卷第一百十三

治三

大方廣佛華嚴經疏卷第一百一十四 入七十六 卷第六 治四

清涼山沙門澄觀述　晉水沙門淨源錄疏注經

二見友正報二 初結前標後 爾時善財見如是座復有無量眾座圍繞摩耶夫人在彼座上於一切眾生前現淨色身 前但明主座今雙結主伴二別顯身雲二 初身相一初萬類難思身二初顯別相 所謂超三界色身已出一切諸有趣故隨心樂色身於一切世間無所著故普周徧色身等於一切眾生數故無等比色身令一切眾生滅倒見故無量種色身隨眾生心種種現故無邊相色身普現種種諸形相故普對現色身以大自在而示現故化一切色身隨其所應而現前故恒示現色身盡眾生界而無盡故無去色身於一切趣無所滅故無來色身於諸世間無所出故不生色身無生起故不滅色身離語言故非實色身得如實故非虛色身隨世現故無動色身生滅永離故不壞色身法性不壞故無相色身言語道斷故一相色身無相為相故如像色身隨心應現故如幻色身幻智所生故如燄色身但想所持故如影色身隨願現生故如夢色身隨心而現故法界色身性淨如空故大悲色身常護眾生故無礙色身念念周徧法界故無邊色身普淨一切眾生故無量色身超出一切語言故無住色身願度一切世間故無處色身恒化眾生不斷故無生色身幻願所成故無勝色身超諸世間故如實色身定心所現故不生色身隨眾生業而出現故如意珠色身普滿一切眾生願故無分別色身但隨眾生分別起故離分別色身一切眾生不能知故無盡色身盡諸眾生生死際故清淨色身同於如來無分別故 文有四十種身或唯約事如普徧色身或唯約理如十二十三無滅身以本無生起滅亦不為滅故或事理交徹如三十二及三十五無生不生色身以事顯理故於中無生則約自願所成無別有生不生則隨他而現生即不生餘可思準二明通體 如是身者非色所有色相如影像故非受世間苦受究竟滅故非想但隨眾生想所現故非行依如幻業而成就故離識菩薩願智空無性故一切眾生語言斷故已得成就寂滅身故 謂離有取蘊故二一類超勝身 爾時善財童子又見摩耶夫人隨諸眾生心之所樂現超過一切世間色身所謂或現超過他化自在天女身乃至超過四大天王天女身或現超過龍女身乃至超過人女身 唯約女故二身業二初摽標 現如是等無量色身饒益眾生集一切智助道之法 二別顯二初明十度行

行於平等檀波羅蜜大悲普覆一切世間（一檀）出生如來無量功德（二出生戒戒能生長故）修習增長一切智心（三進）觀察思惟諸法實性獲深忍海（四忍）具衆定門住於平等三昧境界得如來定圓滿光明消竭衆生煩惱巨海心常正定未嘗動亂（五定）恒轉清淨不退法輪善能了知一切佛法恒以智慧觀法實相（六波若）見諸如來心無厭足知三世佛出興次第見佛三昧常現在前了達如來出現於世無量無數諸清淨道行於諸佛虛空境界普攝衆生各隨其心教化成就入佛無量清淨法身（七方便）成就大願淨諸佛刹究竟調伏一切衆生（八願）心恒徧入諸佛境界出生菩薩自在神力已得法身清淨無染而恒示現無量色身摧一切魔力成大善根

力出生正法力具足諸佛力得諸菩薩自在之力速疾增長一切智力（九力）得佛智光普照一切悉知無量衆生心海根性欲解種種差別其身普徧十方刹海悉知諸刹成壞之相以廣大眼見十方海以周徧智知三世海身普承事一切佛海心恒納受一切法海（十智唯精進在於忍前餘皆如次。二明二嚴行）修習一切如來功德出生一切菩薩智慧常樂觀察一切菩薩從初發心乃至成就所行之道常勤守護一切衆生常樂稱揚諸佛功德願為一切菩薩之母（為佛母者是其本行故二設敬）爾時善財童子見摩耶夫人現如是等閻浮提微塵數諸方便門既見是已如摩耶夫人所現身數善財亦現作爾許身於一切處摩耶之前恭敬禮拜（自道已深故現身等彼上二並是位體相應）即時證得

無量無數諸三昧門分別觀察修行證入從三昧起右繞摩耶并其眷屬合掌而立。（三諮問）白言大聖文殊師利菩薩教我發阿耨多羅三藐三菩提心求善知識親近供養我於一一善知識所皆往承事無空過者漸來至此（所以叙文殊等者若約等覺則因位極故若約會緣從初發心一一善友皆是所會之緣同入此故）願為我說菩薩云何學菩薩行而得成就（四三授已法界三。初名體）答言佛子我已成就菩薩大願智幻解脫門（大有二義一願大願為一切諸佛母故二智大智亦二義一權智即能起大願能成幻事二實智即是般若生佛真身幻亦二義一願智體虛當相名幻故上文云幻智即是菩薩菩薩即是幻智故能無不為二者即智所作生佛之義謂於已身不壞小而廣容若於佛身無生起而現起又願故普覺智收文殊皆入大幻同為般若亦名佛母二業用二。初總）是故常為諸菩薩母（二別於中有四初為現在遮那母二。初標為刹海遮那母）佛子如我於此閻浮提中迦毗羅城淨飯王家右脇而生悉達太子現不思議自在神變如是

乃至盡此世界海所有一切毗盧遮那
如來皆入我身示現誕生自在神變。三別顯生佛之相四初毛光為先相五。初光入身 又善男子我於淨飯王
宮菩薩將欲下生之時見菩薩身一一
毛孔咸放光明名一切如來受生功德
輪一一毛孔皆現不可說不可說佛刹
微塵數菩薩受生莊嚴彼諸光明皆悉
普照一切世界照世界已來入我頂乃
至一切諸毛孔中。二光現變 又彼光中普現一
切菩薩名号受生神變宮殿眷屬五欲
自娛。二現八相 又見出家往詣道場成等正
覺坐師子座菩薩圍繞諸王供養為諸
大衆轉正法輪。四現因果 又見如來往昔修
行菩薩道時於諸佛所恭敬供養發菩
提心淨佛國土念念示現無量化身充
徧十方一切世界乃至最後入般涅槃

如是等事靡不皆見。五令身難思 又善男子彼
妙光明入我身時我身形量雖不踰本
然其實已超諸世間所以者何我身爾
時量同虛空悉能容受十方菩薩受生
莊嚴諸宮殿故。謂身不大而容十方無盡法界三正明自在入胎五。初眷屬翼從
爾時菩薩從兜率天將降神時有十
佛刹微塵數諸菩薩皆與菩薩同願同
行同善根同莊嚴同解脫同智慧諸地
諸力法身色身乃至普賢神通行願悉
皆同等如是菩薩前後圍繞又有八萬
諸龍王等一切世主乘其宮殿俱來供
養。二菩薩現通 菩薩爾時以神通力與諸菩薩
普現一切兜率天宮一一宮中悉現十
方一切世界閻浮提內受生影像方便
教化無量衆生令諸菩薩離諸懈怠無
所執著。三光明息苦 又以神力放大光明普照

世間破諸黑闇滅諸苦惱令諸衆生皆
識宿世所有業行永出惡道。四現變入胎 又為
救護一切衆生普現其前作諸神變現
如是等諸奇特事與眷屬俱來入我身
。五入已游步 彼諸菩薩於我腹中游行自在或
以三千大千世界而為一步或以不可
說不可說佛刹微塵數世界而為一步
。三腹包衆海 又念念中十方不可說不可說一
切世界諸如來所菩薩衆會及四天王
天三十三天乃至色界諸梵天王欲見
菩薩處胎神變恭敬供養聽受正法皆
入我身雖我腹中悉能容受如是衆會
而身不廣大亦不迫窄其諸菩薩各見
自處衆會道場清淨嚴飾。四舉此類於百億世界 善
男子如此四天下閻浮提中菩薩受生
我為其母三千大千世界百億四天下

閻浮提中悉亦如是然我此身本來無二（稱一性故）非一處住（體周徧故）非多處住（不如事故又上句不壞多故下句不壞一故又上句理如事故下句事如理又一與多相即入故此並釋中智幻之義）何以故以修菩薩大願智幻莊嚴解脫門故（○二為過去諸佛母）善男子如今世尊我為其母往昔所有無量諸佛悉亦如是而為其母善男子我昔曾作蓮華池神時有菩薩於蓮華藏忽然化生我即捧持瞻侍養育一切世間皆共号我為菩薩母又我昔為菩提場神時有菩薩於我懷中忽然化生世亦号我為菩薩母善男子有無量最後身菩薩於此世界種種方便示現受生我皆為母（○三為賢劫千佛母長通三世）善男子如此世界賢劫之中過去世時拘留孫佛拘那含牟尼佛迦葉佛及今世尊釋迦牟尼佛現受生時我為其母未來世中彌勒菩薩從兜率天將降神時放大光明普照法界示現一切諸菩薩衆受生神變乃於人間生大族家調伏衆生我於彼時亦為其母如是次第有師子佛法幢佛善眼佛淨華佛華德佛提舍佛弗沙佛善意佛金剛佛離垢佛月光佛持炬佛名稱佛金剛楯佛清淨義佛紺身佛到彼岸佛寶燄山佛持炬佛蓮華德佛名稱佛無量功德佛最勝燈佛莊嚴身佛善威儀佛慈德佛無住佛大威光佛無邊音佛勝怨敵佛離疑惑佛清淨佛大光佛淨心佛雲德佛莊嚴頂髻佛樹王佛寶璫佛海慧佛妙寶佛華冠佛滿願佛大自在佛妙德王佛最尊勝佛栴檀雲佛紺眼佛勝慧佛觀察慧佛熾盛王佛堅固慧佛自在名佛師子王佛自在佛最勝頂佛金剛智山佛妙德藏佛寶網嚴身佛善慧佛自在天佛大天王佛無依德佛善施佛燄慧佛水天佛得上味佛出生無上功德佛仙人侍衛佛隨世語言佛功德自在幢佛光幢佛觀身佛妙身佛香燄佛金剛寶嚴佛喜眼佛離欲佛高大身佛財天佛無上天佛順寂滅佛智覺佛滅貪佛大燄王佛寂諸有佛毗舍佉天佛金剛山佛智燄德佛安隱佛師子出現佛圓滿清淨佛清淨賢佛第一義佛百光明佛最增上佛深自在佛大地王佛莊嚴王佛解脫佛妙音佛殊勝佛自在佛無上醫王佛功德月佛無礙光佛功德聚佛月現佛日天佛出諸有佛勇猛名稱佛光明門佛娑羅王佛最勝佛藥王佛寶勝

佛金剛慧佛無能勝佛無能映蔽佛衆會王佛大名稱佛敎持佛無量光佛大願光佛法自在不虛佛不退地佛淨天佛善天佛堅固苦行佛一切善友佛解脫音佛游戲王佛滅邪曲佛薝蔔淨光佛具衆德佛最勝月佛執明炬佛殊妙身佛不可說佛最清淨佛友安衆生佛無量光佛無畏音佛水天德佛不動慧光佛華勝佛月燄佛不退慧佛離愛佛無著慧佛集功德蘊佛滅惡趣佛普散華佛師子吼佛第一義佛無礙見佛破他軍佛不著相佛離分別海佛端嚴海佛須彌山佛無著智佛無邊座佛清淨住佛隨師行佛最上施佛常月佛饒益王佛不動聚佛普攝受佛饒益慧佛持壽佛無滅佛具足名稱佛大威力佛種

種色相佛無相慧佛不動天佛妙德難思佛滿月佛解脫月佛無上王佛希有身佛梵供養佛不瞬佛順先古佛最上業佛順法智佛無勝天佛不思議功德光佛隨法行佛無量賢佛普隨順自在佛最尊天佛如是乃至樓至如來在賢劫中於此三千大千世界當成佛者悉為其母。(四結通橫竪無窮) 如於此三千大千世界如是於此世界海十方無量諸世界一切劫中諸有修行普賢行願為化一切諸衆生者我自見身悉為其母(三辯法根源二。初問) 爾時善財童子白摩耶夫人言大聖得此解脫經今幾時(二荅六。初輪王久遠) 荅言善男子乃往古世過不可思議非最後身菩薩神通道眼所知劫數(非後身菩薩所知者顯唯佛知非但久遠亦顯時無時相)(佛智興故) 爾時有劫名淨光世界名須彌德雖

有諸山五趣雜居然其國土衆寶所成清淨莊嚴無諸穢惡有千億四天下有一四天下名師子幢於中有八十億王城有一王城名自在幢有轉輪王名大威德(二有佛魔來) 彼王城北有一道場名滿月光明其道場神名曰慈德時有菩薩名離垢幢坐於道場將成正覺有一惡魔名金色光與其眷屬無量衆俱至菩薩所(三聖帝助降) 彼大威德轉輪聖王已得菩薩神通自在化作兵衆其數陪多圍繞道場諸魔惶怖悉自奔散故彼菩薩得成阿耨多羅三藐三菩提(表智王助體本覺現故此)(時已得菩薩神通明今始成非實始也。四場神興願) 時道場神見是事已歡喜無量便於彼王而生子想(智假悲興故神)(於王生如一子想) 頂禮佛足作是願言此轉輪王在在生處乃至成佛願我常得與其為

母作是願已於此道場復曾供養十那由他佛。（五結會古今）善男子於汝意云何彼道場神豈異人乎我身是也轉輪王者今世尊毗盧遮那是。（六為母普周）我從於彼發願已來此佛世尊於十方剎一切諸趣處處受生種諸善根修菩薩行教化成就一切衆生乃至示現住最後身念念普於一切世界示現菩薩受生神變常為我子我常為母（前來為佛生時之母即是願母此明為佛成道時母即是智母）善男子過去現在十方世界無量諸佛將成佛時皆於齋中放大光明（齋中放光者生長同氣之所表佛佛智從無二理生故）來照我身及我所住宮殿屋宅彼最後生我悉為母。（四謙已推勝）善男子我唯知此菩薩大願智幻解脫門如諸菩薩摩訶薩具大悲藏教化衆生常無厭足以自在力一一毛孔示現無

量諸佛神變我今云何能知能説彼功德行。（五指示後友）善男子於此世界三十三天有王名正念其王有女名天主光（謂總智勝用光淨自在破闇義故父名正念者此由定發故法門名無礙清淨念）汝詣彼問菩薩云何學菩薩行修菩薩道。（六戀德禮辭）時善財童子敬受其教頭面作禮繞無數帀戀慕瞻仰卻行而退。（二有十文別明會緣然位德已極託迹凡流深悲接生不標神異但以利人又顯求者道深或但示法門之名則懸領旨趣人雖具十文但分九後二合故今初天王光即幻智念力善友文六。初之一句即依教趣求）遂往天宮。（二見敬諮問）見彼天女禮足圍繞合掌前住白言聖者我已先發阿耨多羅三藐三菩提心而未知菩薩云何學菩薩行云何修菩薩道我聞聖者善能誘誨願為我說。（二示已法門二初標名）天女荅言善男子我得菩薩解脫名無礙念清淨莊嚴（謂以一念無礙智普觀三世無不明現而無去來今為無礙念不雜異念為清淨念佛功德有益悲智故曰莊嚴二業用三。初念

最初一劫）善男子我以此解脫力憶念過去有最勝劫名青蓮華我於彼劫中供養恒河沙數諸佛如來彼諸如來從初出家我皆瞻奉守護供養造僧伽藍營辦什物又彼諸佛從為菩薩住母胎時誕生之時行七步時大師子吼時住童子位在宮中時向菩提樹成正覺時轉正法輪現佛神變教化調伏衆生之時如是一切諸所作事從初發心乃至法盡我皆明憶無有遺餘常現在前念持不忘（二念中間多劫）又憶過去劫名善地我於彼供養十恒河沙數諸佛如來又過去劫名為妙德我於彼供養一佛世界微塵數諸佛如來又劫名無所得我於彼供養八十四億百千那由他諸佛如來又劫名善光我於彼供養閻浮提微塵數諸佛

如來又劫名無量光我於彼供養二十恒河沙數諸佛如來又劫名最勝德我於彼供養一恒河沙數諸佛如來又劫名善悲我於彼供養八十恒河沙數諸佛如來又劫名勝游我於彼供養六十恒河沙數諸佛如來又劫名妙月我於彼供養七十恒河沙數諸佛如來（三標結多劫）善男子如是憶念恒河沙劫我常不捨諸佛如來應正等覺從彼一切諸如來所聞此無礙念清淨莊嚴菩薩解脫受持修行恒不忘失如是先劫所有如來從初菩薩乃至法盡一切所作我以淨嚴解脫之力皆隨憶念明了現前持而順行曾無懈廢（非唯憶念亦於彼多劫多佛聞持此門。四謙已推勝）善男子我唯知此無礙念清淨解脫如諸菩薩摩訶薩出生死夜朗然明徹永離癡冥未嘗惛寐心無諸蓋身行輕安於諸法性清淨覺了成就十力開悟羣生而我云何能知能說彼功德行（五指示後友）善男子迦毗羅城（居迦毗羅黄色城者中道軌物故）治四 十六 有童子師名曰徧友（謂為童蒙師徧與衆生為善友故）汝詣彼問菩薩云何學菩薩行修菩薩道（六戀德禮辭）時善財童子以聞法故歡喜踊躍不思議善根自然增廣頂禮其足繞無數帀辭退而去（下諸善友六段之文多有不具皆可思準。二童子師徧友幻智師㝡善知識文但有三。初依教趣求）從天宮下漸向彼城（二見敬諮問）至徧友所禮足圍繞合掌恭敬於一面立白言聖者我已先發阿耨多羅三藐三菩提心而未知菩薩云何學菩薩行云何修菩薩道我聞聖者善能誘誨願為我說（三指示後友）徧友荅言善男子此有童子名善知衆藝學菩薩字智汝可問之當為汝說（不得法門者略有四義一與衆藝法門同故二法有所付顯流通故三一切法門體無二故四表無所得方為得故。三善知衆藝幻智字母善知識文六。初依教趣求）爾時善財即至其所（二見敬諮問）頭頂禮敬於一面立白言聖者我已先發阿耨多羅三藐三菩提心而未知菩薩云何學菩薩 治四 十七 行云何修菩薩道我聞聖者善能誘誨願為我說（三授已法門二。初標名體）時彼童子告善財言善男子我得菩薩解脫名善知衆藝（謂以無礙智窮世間之伎藝故。二顯其業用）我恒唱持此之字母（字母為衆藝之勝書說之本故此偏明之。有標列結列有四十二門。皆言般若波羅蜜門者從字入於無相智故字義為門。故毗盧遮那經中皆言不可得智無所得即般若故。又文殊五字經云受持此陀羅尼即入一切法平等速得成就摩訶般若纔誦一徧如持一切八萬四千修多羅藏。然初五字若準阿目佉三藏即全是文殊真言若準今多字本而第二字不同今依彼經釋）唱阿字時入般若波羅蜜門名以菩薩威力入無差別境界（一阿者是無主義。以無生之理統諸萬法故經云無差別境而菩薩得此無生則能遠離諸法空斷一切障故云威力）唱多字時入般若波羅蜜門名無邊差別門。二多者彼經第二甯字是清淨無染離塵垢義今云多者毗盧遮那經釋多云如如解脫金剛頂云如如不可得故謂如即無邊差別故如不可得此順多字義應是譯人之誤以囉哆二字字形相近聲相濫故若順無塵垢釋以無邊之門方淨塵垢 唱波字時入般若波羅蜜門名普照法界。三波者五字經云亦無第一義諦諸法平等謂真俗雙亡是真法界諸法皆等即是普照 唱者字時入般若波羅蜜門名普輪斷差別。四者者諸法無有諸行謂諸行既空故偏摧差別 唱那字時入般若波羅蜜門名得無依無上。五那者諸法無有性相言說文字皆不可得謂性相雙亡故無所依能所詮亡是謂無上。文云以那字無性相故者字無有諸行者字無有諸行故跛字無第一義跛字無第一義故囉字無塵垢義以囉字無塵垢義故阿字法本不生。阿字法本不生故那字無有性相。汝知是要當觀心是本來清淨無染無著離我我所分別之相。遮那經中字義與此無殊下多依彼經及阿目佉所譯而其梵音輕重有殊釋義無別 唱邏字時入般若波羅蜜門名離依止無垢。六邏字悟一切法離世間故愛有因緣永不現故離世間故無依愛不現故無垢 唱柂輕呼字時入般若波羅蜜門名不退轉方便。七柂字悟一切法調伏寂靜真如平等無分別故方為不退轉方便 唱婆蒲我切字時入般若

波羅蜜門名金剛場。八婆字悟一切法離諍解故方入金剛場 唱茶徒解切字時入般若波羅蜜門名曰普輪。九茶字悟一切法離熱矯穢得清涼故是普摧義 唱沙史我切字時入般若波羅蜜門名為海藏。十沙字悟一切法無罣礙故如海含像 唱縛房可切字時入般若波羅蜜門名普生安住。十一縛字悟一切法言語道斷故能徧安住 唱哆都我切字時入般若波羅蜜門名圓滿光。十二哆字悟一切法真如不動故不動則圓滿發光 唱也以可切字時入般若波羅蜜門名差別積聚。十三也字悟如實不生故則諸乘差別積聚皆不可得 唱瑟吒字時入般若波羅蜜門名普光明息煩惱。十四瑟吒字悟一切法制伏任持相不可得故普光明即能制伏任持煩惱即所制伏息即伏義 唱迦字時入般若波羅蜜門名無差別雲。十五迦字悟作者不可得則作業如雲皆無差別 唱娑蘇我切字時入般若波羅蜜門名降霔大雨。十六娑字即時平等性 唱麽字時入般若波羅蜜門名大流湍激衆峯齊峙。十七麽字

即我所執性我慢高舉若衆峯齊峙我慢則生死長流湍馳奔激 唱伽上聲輕呼字時入般若波羅蜜門名普安立。十八伽字即一切法行取性 唱他他可反字時入般若波羅蜜門名真如平等藏。十九他字即是處所性 唱社字時入般若波羅蜜門名入世間海清淨。二十社字即能所生起 唱鎖字時入般若波羅蜜門名念一切佛莊嚴。二十一鎖字即安隱性 唱柂字時入般若波羅蜜門名觀察揀擇一切法聚。二十二柂字即能持界性 唱奢尸荷切字時入般若波羅蜜門名隨順一切佛教輪光明。二十三奢字即寂靜性 唱佉字時入般若波羅蜜門名修因地智慧藏。二十四佉字即如虛空性 唱叉楚我切字時入般若波羅蜜門名息諸業海藏。二十五叉字即盡性 唱娑蘇紇切多上聲呼字時入般若波羅蜜門名蠲諸惑障開淨光明。二十六娑多字即任持處非處令不動性惑障為非處開淨光明為其處 唱壤字時入般若波羅蜜門名作世間智

慧門（二十七壞字即能所知性）唱曷攞多（上聲呼）字時入般若波羅蜜門名生死境界智慧輪（二十八曷攞多字即執著義性執著為生死境義即智慧輪）唱婆（蒲餓切）字時入般若波羅蜜門名一切智宮殿圓滿莊嚴（二十九婆字即可破壞性圓滿之言不空譯曰道場然此婆字宜蒲餓切諸本多云蒲我切則與第八不殊）唱車（上聲呼）字時入般若波羅蜜門名脩行方便藏各別圓滿（三十車字即欲樂覆性）唱娑（蘇紇切）麼字時入般若波羅蜜門名隨十方現見諸佛（三十一娑麼字即可憶念性）唱訶婆（上二字皆上聲呼）字時入般若波羅蜜門名觀察一切無緣衆生方便攝受令出生無礙力（三十二訶婆字即可呼召性無緣召令有緣故）唱縒（七可切）字時入般若波羅蜜門名修行趣入一切功德海（三十三縒字即勇健性）唱伽（上聲呼）字時入般若波羅蜜門名持一切法雲堅固海藏（三十四伽字即厚平等性）唱吒字時入般若波羅蜜門名隨願普

見十方諸佛（三十五吒字即積集性）唱拏（妳可切）字時入般若波羅蜜門名觀察字輪有無盡諸億字（三十六拏字即離諸諠諍無往無來行住坐臥謂以常觀字輪故）唱娑（蘇紇切）頗字時入般若波羅蜜門名化衆生究竟處（三十七娑頗字即徧滿果報）唱娑（同前音）迦字時入般若波羅蜜門名廣大藏無礙辯光明輪徧照（三十八娑迦字即積聚蘊性）唱也（夷舸切）娑（蘇舸切）字時入般若波羅蜜門名宣說一切佛法境界（三十九也娑字即衰老性相）唱室者字時入般若波羅蜜門名於一切衆生界法雷徧吼（四十室者字即聚集足跡謂衆集即一切衆生法雷即是足跡）唱侘（恥加切）字時入般若波羅蜜門名以無我法開曉衆生（四十一侘字即相驅迫性謂無我曉之即為驅迫）唱陀字時入般若波羅蜜門名一切法輪差別藏（四十二陀字即究竟處所謂此究竟含藏一切法輪然斷譯乃是荼字去聲引之。上來從娑字來皆上有阿一切法下有不可得言今並略之若具皆如娑吒字耳。其中難者已如上釋餘以經顯相對

文並可知。更有對會及修觀儀所得功德並別章具也。三總結示）善男子我唱如是字母時此四十二般若波羅蜜門為首入無量無數般若波羅蜜門（結云四十二門者謂表四十二位故故智論中諸位圓融明初阿字具後諸字。四謙已推勝）善男子我唯知此善知衆藝菩薩解脫如諸菩薩摩訶薩能於一切世出世間善巧之法以智通達到於彼岸殊方異藝咸綜無遺文字筭數蘊其深解醫方呪術善療衆病有諸衆生鬼魅所持怨憎呪詛惡星變怪死屍奔逐癲癇羸瘦種種諸疾咸能救之便得痊愈又善別知金玉珠貝珊瑚瑠璃摩尼硨磲雞薩羅等一切寶藏出生之處品類不同價直多少村營鄉邑大小都城宮殿苑園巖泉藪澤凡是一切人衆所居菩薩咸能隨方攝護又善觀察天文地理人相吉凶鳥

獸音𣪚雲霞氣候年穀豐儉國土安危如是世間所有技藝莫不該練盡其源本又能分別出世之法正名辨義觀察體相隨順修行智入其中無疑無礙無愚闇無頑鈍無憂惱無沉沒無不現證（推勝即就其所知衆藝寄勝推之不捨世俗皆與實相不相違背會同般若之門）而我云何能知能說彼功德行（五指示後友）善男子此摩竭提國有一聚落彼中有城名婆呾那（此云增益以無盡三昧能出生故）有優婆夷号曰賢勝（賢猶直善無依道場直善之最）汝詣彼問菩薩云何學菩薩行修菩薩道（六德德禮辭）時善財童子頭面敬禮知藝之足繞無數帀戀仰辭去

千五

大方廣佛華嚴經疏卷第一百一十四

治四

大方廣佛華嚴經疏卷第一百一十五 入第七十六經卷末 治五

清涼山沙門澄觀述 晉水沙門淨源 錄疏注經

四賢勝優婆夷幻智無依 善友文六。初依教趣求 向聚落城至賢勝所。二見敬諮問 禮足圍繞合掌恭敬於一面立白言聖者我已先發阿耨多羅三藐三菩提心而未知菩薩云何學菩薩行云何修菩薩道我聞聖者善能誘誨願為我說。三授已法門二。初得解脫 賢勝答言善男子我得菩薩解脫名無依處道場 直就經文內外無依即是道場賢首云梵名阿賴耶曼荼羅耶者此云無也不也阿賴耶此云依處也依止也曼荼羅云道場也圍場也謂無阿賴耶漫分依處而有淨分圍場出生勝德不可窮盡即轉依究竟顯德無盡故也 既自開解復為人說。即二利之用二得三昧 又得無盡三昧 先名次用即為釋名 非彼三昧法有盡無盡 上牒遮下顯是 以能出生一切智性眼無盡故又能出生一切智性耳無盡故又能出生一切智性鼻無盡故又能出生一切智性舌無盡故又能出生一切智性身無盡故又能出生一切智性意無盡故又能出生一切智性功德波濤無盡故又能出生一切智性智慧光明無盡故又能出生一切智性速疾神通無盡故 謂體則雙超盡及無盡但從用出生說無盡耳然則二門相成無依道場即空如來藏無盡三昧即是不空要心無依契於恭空方見不空具性功德故云出生智性眼等息妄顯出故曰出生出非本無猶稱性智。四謙己推勝 善男子我唯知此無依處道場解脫如諸菩薩摩訶薩一切無著功德行而我云何盡能知說。五指示後友 善男子南方有城名為沃田 是南天竺近水沃潤故顯無念又水能滋長故 彼有長者名堅固解脫 無著清淨感不能壞即解脫故 汝可往問菩薩云何學菩薩行修菩薩道。六戀德禮辭 爾時善財禮賢勝足繞無數帀戀慕瞻仰辭退南行 五堅固長者幻智無著 善友文六。初依教趣求 到於彼城詣長者所。三見敬諮問 禮足圍繞合掌恭敬於一面立白言聖者我已先發阿耨多羅三藐三菩提心而未知菩薩云何學菩薩行云何修菩薩道我聞聖者善能誘誨願為我說。三授已法門二。初顯名 長者答言善男子我得菩薩解脫名無著念清淨莊嚴 無著約境離所知故無念約心心體離念故無煩惱二障永盡是曰清淨淨則能嚴法身。二彰用 我自得是解脫已來於十方佛所勤求正法無有休息 既二障不生則無疲厭故無所求無所求故故能求法無厭無休。四謙己推勝 善男子我唯知此無著念淨莊嚴解脫如諸菩薩摩訶薩獲無所畏大師子吼安住廣大福智之聚而我云何能知能說彼功德行。五指示後友 善男子即此城中有一長者名為妙月其長者宅常有光明汝詣彼問菩薩云何學菩薩行修菩薩道。六戀德禮辭 時善財童子禮堅固足繞無數帀辭退而行 六妙月長者幻智智光善友文六。初依教趣求 向妙月所。三見敬諮問 禮足圍繞合掌恭敬於一面立白言聖者我已先發阿耨多羅三藐三菩提心而未知菩薩云何學菩薩行云何修菩薩道我聞聖者善能誘誨願為我說。三授已法門 妙月答言善男子我得菩薩解脫名淨智光明。真智離妄名為淨智後智照法名為智光能淨能光若秋空滿月故名妙月。四謙已推勝 善男子我唯知此智光解脫如諸菩薩摩訶薩證得無量解脫法門而我云何能知能說彼功德行。五指示後友 善男子於此南方有城名出生彼有長者名無勝軍。謂見佛得法無盡故無能勝眾德所聚從喻如軍亦能普勝諸魔軍故皆從體出故城名出生 汝詣彼問菩薩云何學菩薩行修菩薩道。六戀德禮辭 是時善財禮妙月足繞無數帀戀仰辭去。七無勝軍長者幻智無盡相善友六。初依教趣求 漸向彼城至長者所。三見敬諮問 禮足圍繞合掌恭敬於一面立白言聖者我已先發阿耨多羅三藐三菩提心而未知菩薩云何學菩薩行云何修菩薩道我聞聖者善能誘誨願為我說。三授已法門二。初示名 長者答言善男子我得菩薩解脫名無盡相。法門之名即所感德相無窮盡故。二以用釋名 我以證此菩薩解脫見無量佛得無盡藏。得無盡藏者謂聞諸妙法又諸心境無非佛法故若佛若法皆無有盡。四謙已推勝 善男子我唯知此無盡相解脫如諸菩薩摩訶薩得無限智無礙辯才而我云何能知能說彼功德行。五指示後友 善男子於此城南有一聚落名之為法彼聚落中有婆羅門名最寂靜。虛誑言息故云寂靜 寂靜即為靜行言行君子之樞機苟能誠實斯則可法故城名為法 往詣彼問菩薩云何學菩薩行修菩薩道。六戀德禮辭 時善財童子禮無勝軍足繞無數帀戀仰辭去。八最寂靜婆羅門幻幻智誠願語善友文六。初依教趣求 漸次南行詣彼聚落。三見敬諮問 見最寂靜禮足圍繞合掌恭敬於一面立白言聖者我已先發阿耨多羅三藐三菩提心而未知菩薩云何學菩薩行云何修菩薩道我聞聖者善能誘誨願為我說。三授已法門二。初標名 婆羅門答言善男子我得菩薩解脫名誠願語。有二義一始終無妄故如從初發心立弘誓言必如言行不乖先語故二者隨行不虛故如忍辱仙人言我不真令身還復。二以用釋名即如次釋前二義。初始終無妄 過去現在未來菩薩以是語故乃至於阿耨多羅三藐三菩提無有退轉無已退無現退無當退。三隨行不虛 善男子我以住於誠願語故隨意所作莫不誠滿。四謙已推勝 善男子我唯知此誠語解脫如諸菩薩摩訶薩與誠願語行止無違言必以誠未曾虛妄無量功德因之出生而我云何能知能說。五指示後友 善男子於此南方有城名妙意華門（妙意華門即蘇滿那華其城門側有之故亦在南天當受其訓得求友之妙意勝因之華故）彼有童子名曰德生（表於淨智則萬德由生）復有童女名為有德（表於淨悲悲為衆德之本以悲智相導故二人同會會緣之終此二滿故將見慈氏紹佛位故）汝詣彼問菩薩云何學菩薩行修菩薩道（六戀德禮辭）時善財童子於法尊重禮婆羅門足繞無數帀戀仰而去（已下入第七十七經○九德生有德幻智歸幻門善友文六○初依教趣求）爾時善財童子漸次南行至妙意華門城（二見敬諮門）見德生童子有德童女頂禮其足右繞畢已於前合掌而作是言聖者我已先發阿耨多羅三藐三菩提心而未知菩薩云何學菩薩行云何修菩薩道唯願慈哀為我宣說（三示已法門二○初標名）時童子童女告善財言善男子我等證得菩薩解脫名為幻住（謂能所境智染淨之法皆從緣起無定性故如幻而住○二業用二○初別明）得此解脫故見一切世界皆幻住因緣所生故（○有十種幻皆上句標幻下句以緣生釋成上一為總緣生世界通染淨剎海亦名世界故○餘九為別初五約染分依他如幻緣生）一切衆生皆幻住業煩惱所起故（一約有情苦果從業惑集生）一切世間皆幻住無明有愛等展轉緣生故（二約十二因緣順觀即世間故次第相由故云展轉）一切法皆幻住我見等種種幻緣所生故（三就五類法中但除無為故云一切以無為無有起非幻緣生故異熟識等從無始惡習內執為我四惑相應故云我見等及外取妄境故云種種幻緣故感心等悉皆如幻四五二句別明不相應行）一切三世皆幻住我見等顛倒智所生故（四即是時謂依行相續不斷分位建立為時所依行空時何所立妄計有體是顛倒智）一切衆生生滅生老病死憂悲苦惱皆幻住虛妄分別所生故（五即無常生老等謂依生已壞滅分位建立無常等皆妄分別有）一切國土皆幻住想倒心倒見倒無明所現故（六一切國土義通染淨衆生染土多從三倒所生以不了唯心妄取境界故上云一切國土但想所持既有妄想故心見皆倒言無明所現者亦通淨剎謂登地已上無明未盡所現國土種種不同既云無明則揀非佛土）一切聲聞辟支佛皆幻住智斷分別所成故一切菩薩皆幻住能自調伏教化衆生諸行願法之所成故一切菩薩衆會變化調伏諸所施為皆幻住願智幻所成故（後之三種但約淨分依他而明從緣如幻可以意得○二結歎玄奧）善男子幻境自性不可思議（幻法非有體不實故非無相非無故非一性相異故非異無二體故空有相即一異兩亡既離二邊亦亡中道由斯交徹故能一中現多多皆降一重重無礙為不思議故推勝云普入無邊諸事幻網○四謙已推勝）善男子我等二人但能知此幻住解脫如諸菩薩摩訶薩善入無邊諸事幻網彼功德行我等云何能知能說（○五指示後友○二○初以力冥加）時童子童女說自解脫已以不思議諸善根力令善財身柔輭光澤（○二以言顯示○三○初指處）而告之言善男子於此南方有國名海岸（南海北岸一生菩薩臨智海故）有園名大莊嚴（因萬行而嚴果故又生死園苑以萬行樹林嚴自果故）其中有一廣大樓閣名毗盧遮那莊嚴藏（約事則其中廣博同虛空故有多光明能遍照故阿僧祇等寶所嚴故蘊多樓閣包多事故約法則二智相依緣起相由故云樓閣智即法界

是為廣大名毗盧等順成上義二智光明徧照事理故智能包容萬德即莊嚴藏華嚴萬行不離此故上約其果下出其因從菩薩善根果報生約其宿因是彼善根之果報故從菩薩念力願力自在力神通力生從菩薩善巧方便生從菩薩福德智慧生約其現緣善男子住不思議解脫菩薩以大悲心為諸眾生現如是境界集如是莊嚴現依所為。二示人彌勒菩薩摩訶薩安處其中彌勒梵音具云迷帝隸此云慈氏是其姓也然有三緣一由本願過去曾值大慈如來因立大願願得斯号故二由此得慈心三昧故三由母懷時有慈心故如滿慈子名阿逸多此云無勝以生具相好勝德無過故今以姓而呼但云慈氏慈依智住故曰處中上正示下顯住之因為欲攝受本所生處父母眷屬及諸人民令成熟故又欲令彼同受生同修行眾生於大乘中得堅固故又欲令彼一切眾生隨住地隨善根皆成就故又欲為汝顯示菩薩解脫門故顯示菩薩徧一切處受生自在故顯示菩薩以種種身普現一

切眾生之前常教化故顯示菩薩以大悲力普攝一切世間資財而不厭故顯示菩薩具修諸行知一切行離諸相故顯示菩薩處處受生了一切生皆無相故悲智雙游皆為利物故云為欲等。三教問。二初正教汝詣彼問菩薩云何行菩薩行云何修菩薩道云何學菩薩戒云何淨菩薩心云何發菩薩願云何集菩薩助道具云何入菩薩所住地云何滿菩薩波羅蜜云何獲菩薩無生忍云何具菩薩功德法云何事菩薩善知識與十問者表無盡故。二徵釋廣問所由。二初徵何以故徵意云何以要須廣問。二釋有二意初所求德廣能具說故文二初通顯彌勒德圓位滿善男子彼菩薩摩訶薩通達一切菩薩行了知一切眾生心常現其前教化調伏彼菩薩已滿一切波羅蜜已住一切菩薩地已證一切菩薩忍已入一切菩薩位已蒙授

與具足記已遊一切菩薩境已得一切佛神力已蒙一切如來以一切智甘露法水而灌其頂。二別顯是其真實善友善男子彼善知識能潤澤汝諸善根能增長汝菩提心能堅汝志能益汝善能長汝菩薩根能示汝無礙法能令汝入普賢地能為汝說菩薩願能為汝說普賢行能為汝說一切菩薩行願所成功德設若德滿非已有緣亦難求故。二明其能求大心法應爾故即廣誡勸文二先誡勸求法。二初標不應誡其去劣善男子汝不應修一善照一法行一行發一願得一記住一忍生究竟想不應以限量心行於六度住於十地淨佛國土事善知識三釋所應作令其廣修。二初徵何以故二釋二初別明應修乃有九十八門分為十段初上求菩提行善男子菩薩摩訶薩應種無量諸善根應集無量菩提具應修無量菩提因應學無量巧迴向二下救眾生行應化

無量衆生界應知無量衆生心應知無量衆生根應識無量衆生解應觀無量衆生行應調伏無量衆生（三自斷惑障行）應斷無量煩惱應淨無量業習應滅無量邪見應除無量雜染心應發無量清淨心應拔無量苦毒箭應涸無量愛欲海應破無量無明暗應摧無量我慢山應斷無量生死縛應度無量諸有流應竭無量受生海（四勸物出離行）應令無量衆生出五欲淤泥應使無量衆生離三界牢獄應置無量衆生於聖道中（五淨自根欲行）應消滅無量貪欲行應淨治無量瞋恚行應摧破無量愚癡行（令除三種不善根故則成三種善根等故）（治五）（土）應超無量魔網應離無量魔業應淨治菩薩無量欲樂應增長菩薩無量方便應出生菩薩無量增上根應明潔菩薩無量決定

解應趣入菩薩無量平等應清淨菩薩無量功德應修治菩薩無量諸行應示現菩薩無量隨順世間行（六力用自在行）應生無量淨信力應住無量精進力應淨無量正念力應滿無量三昧力應起無量淨慧力應堅無量勝解力應集無量福德力應長無量智慧力應發起無量菩薩力應圓滿無量如來力（七攝法治惑行）應分別無量法門應了知無量法門應清淨無量法門應生無量法光明應作無量法照耀應照無量品類根（上六攝法下三治惑）應知無量煩惱病應集無量妙法藥應療無量衆生疾（八供佛攝生行）應嚴辦無量甘露供應往詣無量佛國土應供養無量諸如來應入無量菩薩會應受無量諸佛教應忍無量衆生罪應滅無量惡道難應令無

量衆生生善道應以四攝攝無量衆生（九悲願大願行）應修無量總持門應生無量大願門應修無量大慈大願力應勤求無量法常無休息應起無量思惟力應起無量神通事應淨無量智光明應往無量（治五）（土）衆生趣應受無量諸有生應現無量差別身應知無量言辭法（十證入圓通行）應入無量差別心應知菩薩大境界應住菩薩大宮殿應觀菩薩甚深妙法應知菩薩難知境界應行菩薩難行諸行應具菩薩尊重威德應踐菩薩難入正位應知菩薩種種諸行應現菩薩普徧神力應受菩薩平等法雲應廣菩薩無邊行網應滿菩薩無邊諸度應授菩薩無量記別應入菩薩無量忍門應治菩薩無量諸地應淨菩薩無量法門應同諸菩薩安

住無邊劫供養無量佛嚴淨不可說佛國土出生不可說菩薩願（二結略顯廣）善男子舉要言之應普修一切菩薩行應普化一切眾生界應普入一切劫應普生一切處應普知一切世應普行一切法應普淨一切剎應普滿一切願應普供一切佛應普同一切菩薩願應普事一切善知識（謂以別陳終難具故二誡勸事友三初誡二初正誡離過）善男子汝求善知識不應疲倦見善知識勿生厭足請問善知識勿憚勞苦親近善知識勿懷退轉供養善知識不應休息受善知識教不應倒錯學善知識行不應疑惑聞善知識演說出離門不應猶豫見善知識隨煩惱行勿生嫌怪於善知識所生深信尊敬心不應變改（言見隨煩惱行勿嫌怪者善友有二一實二權權能行於非道內外生熟善巧難知故不應嫌實中復二一行二解今但求解不應觀行故知智度論五十說亦如有目跛人猶能示道二舉益釋成二初明善友能示行文二初徵）何以故（徵意云但起廣心足成大道何以要令事友求識而離過耶二釋）善男子菩薩因善知識聽聞一切菩薩諸行成就一切菩薩功德出生一切菩薩大願引發一切菩薩善根積集一切菩薩助道開發一切菩薩法光明顯示一切菩薩出離門修學一切菩薩清淨戒安住一切菩薩功德法清淨一切菩薩廣大志增長一切菩薩堅固心具足一切菩薩陀羅尼辯才門得一切菩薩清淨藏生一切菩薩定光明得一切菩薩殊勝願與一切菩薩同一願聞一切菩薩殊勝法得一切菩薩秘密處至一切菩薩法寶洲增一切菩薩善根芽長一切菩薩智慧身護一切菩薩深密藏持一切菩薩福德聚淨一切菩薩受生道受一切菩薩正法雲入一切菩薩大願路趣一切如來菩提果攝取一切菩薩妙行開示一切菩薩功德往一切方聽受妙法讚一切菩薩廣大威德生一切菩薩大慈悲力攝一切菩薩勝自在力生一切菩薩菩提分作一切菩薩利益事（釋云法假人弘不因善友何能聞諸殊勝妙行於中具有三十五句句各一行三明其善友能於外護前即能生此能養育於中有二初正明能為攝護）善男子菩薩由善知識任持不墮惡趣由善知識攝受不退大乘由善知識護念不毁犯菩薩戒由善知識守護不隨逐惡知識由善知識養育不缺減菩薩法由善知識攝取超越凡夫地由善知識教誨超越二乘地由善知識示導得出離世間由善知識長養能不染世法由承事善知識修一切菩薩行由供養善知識具一切助道法由

親近善知識不爲業惑之所摧伏由恃怙善知識勢力堅固不怖諸魔由依止善知識增長一切菩提分法（三舉因釋成。二。初徵）何以故（徵意云善惡在己善友何能令我不墮惡趣等耶。二釋）善男子善知識者能淨諸障能滅諸罪能除諸難能止諸惡能破無明長夜黑暗能壞諸見堅固牢獄能出生死城能捨世俗家能截諸魔網能拔衆苦箭能離無智險難處能出邪見大曠野能度諸有流能離諸邪道能示菩提路能教菩薩法能令安住菩薩行能令趣向一切智能淨智慧眼能長菩提心能生大悲能演妙行能說波羅蜜能擯惡知識能令住諸地能令獲諸忍能令修習一切善根能令成辦一切道具能施與一切大功德能令到一切種智位能令歡喜集功德能令踊躍修諸行能令趣入甚深義能令開示出離門能令杜絕諸惡道能令以法光照曜能令以法雨潤澤能令消滅一切惑能令捨離一切見能令增長一切佛智慧能令安住一切佛法門（釋意云由友教令離惡因故因亡果喪豈非友力以此四十句釋上正明十五句有通有別通則以後諸惡之因通對前果別則各各配屬前文如由除諸難不退大乘由斷諸惡不犯淨戒由破無明不隨惡友下諸句中或有二三對上一句可以意得恐繁不配。三教勸謂教其事友之方文有四段皆約喻顯即分爲四初教念友勝德。二初歎勝）善男子善知識者如慈母出生佛種故如慈父廣大利益故如乳母守護不令作惡故如教師示其菩薩所學故如善導能示波羅蜜道故如良醫能治煩惱諸病故如雪山增長一切智藥故如勇將殄除一切怖畏故如濟客令出生死暴流故如船師令到智慧寶洲故。（二結勸）善男子常當如是正念思惟諸善知識。（二教起事友心行有二十一句）復次善男子汝承事一切善知識應發如大地心荷負重任無疲倦故應發如金剛心志願堅固不可壞故應發如鐵圍山心一切諸苦無能動故應發如給侍心所有教令皆隨順故應發如弟子心所有訓誨無違逆故應發如僮僕心不厭一切諸作務故應發如養母心受諸勤苦不告勞故應發如傭作心隨所受教無違逆故應發如除糞人心離憍慢故應發如已熟稼心能低下故應發如良馬心離惡性故應發如大車心能運重故應發如調順象心恒伏從故應發如須彌山心不傾動故應發如良犬心不害主故應發如旃荼羅心離憍慢故應發如犗牛心無威怒故應發如舟船心往來不倦故應發

如橋梁心濟渡忘疲故應發如孝子心
承順顏色故應發如王子心遵行教命
故（二身友對辨）復次善男子汝應於自身生病
苦想於善知識生醫王想於所說法生
良藥想於所修行生除病想又應於自
身生遠行想於善知識生導師想於所
說法生正道想於所修行生遠達想又
應於自身生求度想於善知識生船師想
於所說法生舟楫想於所修行生到岸
想又應於自身生苗稼想於善知識生
龍王想於所說法生時雨想於所修行
生成熟想又應於自身生貧窮想於善
知識生毗沙門王想（治五）於所說法生財寶
想於所修行生富饒想又應於自身生
弟子想於善知識生良工想於所說法
生技藝想於所修行生了知想又應於

自身生恐怖想於善知識生勇健想於
所說法生器仗想於所修行生破怨想
又應於自身生商人想於善知識生導
師想於所說法生珍寶想於所修行生
捃拾想又應於自身生兒子想於善知
識生父母想於所說法生家業想於所
修行生紹繼想又應於自身生王子想
於善知識生大臣想於所說法生王教
想於所修行生冠王冠想服王服想繫
王繒想坐王殿想（文有十句句各四事上四結勸成益二初正勸）善
男子汝應發如是心作如是意近善知
識（上二舉益釋成二初正釋事友之益）（治五）何以故以如是心近
善知識令其志願永得清淨（二重讚善友為能益故須宜承事）
復次善男子善知識者長諸善根譬
如雪山長諸藥草善知識者是佛法器
譬如大海吞納衆流善知識者是功德

處譬如大海出生衆寶善知識者淨菩
提心譬如猛火能鍊真金善知識者出
過世法如須彌山出於大海善知識者
不染世法譬如蓮華不著於水善知識
者不受諸惡譬如大海不宿死屍善知
識者增長白法譬如白月光色圓滿善
知識者照明法界譬如盛日照四天下
善知識者長菩薩身譬如父母養育兒
子（三雙結上來誡勸二門謂別說難窮故須結廣從其省略文二初寄數明多）善男
子以要言之菩薩摩訶薩若能隨順善
知識教得十不可說百千億那由他功
德淨十不可說百千億那由他深心長
十不可說百千億那由他菩薩根淨十
不可說百千億那由他菩薩力斷十不
可說百千億阿僧祇障超十不可說百
千億阿僧祇魔境入十不可說百千億

阿僧祇法門滿十不可說百千億阿僧祇助道修十不可說百千億阿僧祇妙行發十不可說百千億阿僧祇大願三摠收結多善男子我復略說一切菩薩行一切菩薩波羅蜜一切菩薩地一切菩薩忍一切菩薩摠持門一切菩薩三昧門一切菩薩神通智一切菩薩迴向一切菩薩願一切菩薩成就佛法皆由善知識力以善知識而為根本依善知識生依善知識出依善知識長依善知識住善知識為因緣善知識能發起既通一切何但百千明知前云十不可說意顯無盡耳六總德禮辭時善財童子聞善知識如是功德能開示無量菩薩妙行能成就無量廣大佛法踊躍歡喜頂禮德生及有德足繞無量帀殷勤瞻仰辭退而去

大方廣佛華嚴經疏卷第一百一十五

清涼山沙門澄觀述　晉水沙門淨源錄疏注經

(自下大文第三慈氏一人明攝德成因相前既會緣入實定堪成佛故今辨其一生補處成因之義文唯五段以補處位極故闕讚推初依教趣求二初標舍前趣後) 爾時善財童子善知識教潤澤其心正念思惟諸菩薩行向海岸國(二別生勝念悔往修來文四。初觀昔非以行對治)自憶往世不修禮敬即時發意勤力而行復憶往世身心不淨即時發意專自治潔復憶往世作諸惡業即時發意專自防斷復憶往世起諸妄想即時發意恒正思惟復憶往世所修諸行但為自身即時發意令心廣大普及含識復憶往世追求欲境常自損耗無有滋味即時發意修行佛法長養諸根以自安隱復憶往世起邪思念顛倒相應即時發意生正見心起菩薩願復憶往世日夜劬勞作諸惡事即時發意起大精進成就佛法復憶往世受五趣生於自他身皆無利益即時發意願以其身饒益眾生成就佛法承事一切諸善知識如是思惟生大歡喜(二觀其現苦策進當善)復觀此身是生老病死衆苦之宅願盡未來劫修菩薩道教化衆生見諸如來成就佛法游行一切佛剎承事一切法師住持一切佛教尋求一切法侶見一切善知識集一切諸佛法與一切菩薩願智身而作因緣(諸佛行者願當此做之。三明觀念之益益其勝觀)作是念時長不思議無量善根即於一切菩薩深信尊重生希有想生大師想諸根清淨善法增益起一切菩薩恭敬供養作一切菩薩曲躬合掌生一切菩薩普見世間眼起一切菩薩普念衆生想現一切菩薩無量願化身出一切菩薩清淨讚說音想見過現一切諸佛及諸菩薩於一切處示現成道神通變化乃至無有一毛端處而不周徧又得清淨智光明眼見一切菩薩所行境界其心普入十方剎網其願普徧虛空法界三世平等無有休息(四結益所屬)如是一切皆以信受善知識教之所致耳(二見敬諮問二初見敬二先見依二初入定申敬三。初結前標後)善財童子以如是尊重如是供養如是稱讚如是觀察如是願力如是想念如是無量智慧境界於毗盧遮那莊嚴藏大樓閣前五體投地(知標)暫時斂念(定)思惟觀察(定加行)以深信解大願力故(是定之因)入徧一切處智慧身平等門(辨定名相二別顯定用即雙運定照於中二初明即智定之妙用二。初顯身雲於法界)普現其身在於一切如來前一切菩薩前一切善知識前一切如來塔廟前一切如來形像前一切諸佛諸菩薩住處前一切法寶前一切聲聞辟支佛及其塔廟前一切聖衆福田前一切父母尊者前一切十方衆生前皆如上說尊重禮讚盡未來際無有休息。二契法性之眞源 等虛空無邊量故等法界無障礙故等實際徧一切故等如來無分別故猶如影隨智現故猶如夢從思起故猶如像示一切故猶如響緣所發故無有生遞興謝故無有性隨緣轉故三攝法界之深觀於中有三初了法從緣次智契無性後會歸中道此三無礙即三觀一心。今初了法從緣 又決定知一切諸報皆從業起報酬善惡故云業起 一切諸果皆從因起果自種生云從因起 一切諸業皆從習起一切佛興皆從信起自修成佛信爲道源 一切化現諸供養事皆悉從於決定解起一切化佛從敬心起感他化身敬心便現 一切佛法從

善根起一切化身從方便起一切佛事從大願起一切菩薩所修諸行從迴向起一切法界廣大莊嚴從一切智境界而起。二智契無性 治六 離於斷見知迴向故離於常見知無生故離無因見知正因故離顛倒見知如實理故離顛倒見者通三四倒倒謂常計無常是名顛倒見於實理則無斷倒若以無常爲常亦非見如實理以壞相故 離自在見知不由他故謂自在天能生萬物知由自業故不由他 離自他見知從緣起故單執自他則乖緣起 離邊執見知法界無邊故堅執生死等有始來故 離往來見知如影像故離有無見知不生滅故從無之有名之爲生自有之無稱之爲滅體無生滅何得有無 一切法見知空無生故約理遣法 知不自在故約緣遣法 知願力出生故約因遣法 離一切相見入無相際故。三會歸中道 知一切法如種生芽故。然隨一句皆離上諸過今且通說。如種生芽者從水土等緣生故非無此如切段觀緣生則無性故非有如第二段非有非無即是中道如是離斷常等可以思準種芽橫豎爲法 如印

生文故即豎喩諸法涅槃云此陰亦滅彼陰續生如臘印印泥印壞文成等已下諸句通於橫豎 知質如像故知聲如響故知境如夢故知業如幻故了世心現故了世心現亦唯心觀以心爲緣 現而無性即中道觀 治六 了果因起故了報業集故了知一切諸功德法皆從菩薩善巧方便所流出故。三總結成益 善財童子入如是智端心潔念於樓觀前舉體投地殷勤頂禮不思議善根流注身心清涼悅澤。三善財出定三業敬讚文三。初以身敬繞 從地而起一心瞻仰目不暫捨合掌圍繞經無量帀。二以心敬念 初約境顯勝 十 作是念言此大樓閣是解空無相無願者之所住處然此諸句一一皆舉能住者德歎所住樓閣初句具顯故此大樓閣之言貫通諸句 是於一切法無分別者之所住處是了法界無差別者之所住處是知一切衆生不可得者之所住處是知一切法無生者之所住處是不著一切世閒者之

所住處是不著一切窟宅者之所住處是不樂一切聚落者之所住處是不依一切境界者之所住處是離一切想著之所住處是知一切法無自性者之所住處是斷一切分別業者之所住處是離一切想心意識者之所住處是不入不出一切道者之所住處（二約德顯妙）是入一切甚深般若波羅蜜者之所住處是能以方便住普門法界者之所住處是息滅一切煩惱火者之所住處是以增上慧除斷一切見愛慢者之所住處是出生一切諸禪解脫三昧通明而游戲者之所住處是觀察一切菩薩三昧境界者之所住處是安住一切如來所者之所住處（三約用顯自在）是以一劫入一切劫以一切劫入一劫而不壞其相者之所住處是以一剎入一切剎以一切剎入一剎而不壞其相者之所住處是以一法入一切法以一切法入一法而不壞其相者之所住處是以一衆生入一切衆生以一切衆生入一衆生而不壞其相者之所住處是以一佛入一切佛以一切佛入一佛而不壞其相者之所住處是於一念中而知一切三世者之所住處是於一念中往詣一切國土者之所住處（四約行顯勝）是於一切衆生前悉現其身者之所住處是心常利益一切世間者之所住處是能徧至一切處者之所住處是雖已出一切世間爲化衆生故而恒於中現身者之所住處是不著一切剎爲供養諸佛故而游一切剎者之所住處是不動本處能普詣一切佛剎而莊嚴者之所住處是親近一切佛而不起佛想者之所住處是依止一切善知識而不起善知識想者之所住處是住一切魔宮而不耽著欲境界者之所住處是永離一切心想者之所住處是雖於一切衆生中而現其身然於自他不生二想者之所住處是能普入一切世界而於法界無差別想者之所住處是願住未來一切劫而於諸劫無長短想者之所住處是不離一毛端處而普現身一切世界者之所住處是能演說難遭遇法者之所住處（五約觀顯深）是能住難知法甚深法無二法無相法無對治法無所得法無戲論法者之所住處（六約對治顯勝）是住大慈大悲者之所住處是已度一切二乘智已超一切魔境界已於世法無所染已

到菩薩所到岸已住如來所住處者之所住處是雖離一切諸相而亦不入聲聞正位雖了一切法無生而亦不住無生法性者之所住處是雖觀不淨而不證離貪法亦不與貪欲俱雖修於慈而不證離瞋法亦不與瞋垢俱雖觀緣起而不證離癡法亦不與癡惑俱者之所住處(七約止觀明自在)是雖住四禪而不隨禪生雖行四無量爲化衆生故而不生色界雖修四無色定以大悲故而不住無色界者之所住處是雖勤修止觀爲化衆生故而不證明脫雖行於捨而不捨化衆生事者之所住處是雖觀於空而不起空見雖行無相而常化著相衆生雖行無願而不捨菩提行願者之所住處。(八約利他行顯勝)是雖於一切業煩惱中而得自在爲化衆生故而現隨順諸業煩惱雖無生死爲化衆生故示受生死雖已離一切趣爲化衆生故示入諸趣者之所住處是雖行於慈而於諸衆生無所愛戀雖行於悲而於諸衆生無所取著雖行於喜而觀苦衆生心常哀愍雖行於捨而不廢捨利益他事者之所住處(九約護小乘行明自在)是雖行九次第定而不厭離欲界受生雖知一切法無生無滅而不於實際作證雖入三解脫門而不取聲聞解脫雖觀四聖諦而不住小乘聖果雖觀甚深緣起而不住究竟寂滅雖修八聖道而不求永出世間雖超凡夫地而不墮聲聞辟支佛地雖觀五取蘊而不永滅諸蘊雖超出四魔而不分別諸魔雖不著六處而不永滅六處雖安住真如而不墮實際雖說一切乘而不捨大乘。(十結德所住)此大樓閣是住如是等一切諸功德者之所住處(於前九中除初二及五餘皆約權實事理雙行三以言歎讚五十五偈分二前三十四偈七言舉德歎處後二十一偈五言指處明德前中又二初二總歎)

爾時善財童子而說頌言

此是大悲清淨智　利益世間慈氏尊
灌頂地中佛長子　入如來境之住處
一切名聞諸佛子　已入大乘解脫門
遊行法界心無著　此無等者之住處
(一約行位一約名德三餘偈別約德行四初約自利行勝)
施戒忍進禪智慧　方便願力及神通
如是大乘諸度法　悉具足者之住處
智慧廣大如虛空　普知三世一切法
無礙無依無所取　了諸有者之住處
善能解了一切法　無性無生無所依
如鳥飛空得自在　此大智者之住處
了知三毒真實性

分別因緣虛妄起　亦不厭彼而求出
此寂靜人之住處　三解脫門八聖道
諸蘊處界及緣起　悉能觀察不趣寂
此善巧人之住處　十方國土及眾生
以無礙智咸觀察　了性皆空不分別
此寂滅人之住處　普行法界悉無礙
而求行性不可得　如風行空無所行
此無依者之住處。三有十偈歎利他行勝
普見惡道羣生類　受諸楚毒無所歸
放大慈光悉除滅　此哀愍者之住處
見諸眾生失正道　譬如生盲踐畏塗
引其令入解脫城　此大導師之住處
見諸眾生入魔網　生老病死常逼迫
令其解脫得慰安　此勇健人之住處
見諸眾生嬰惑病　而興廣大悲愍心
以智慧藥悉除滅　此大醫王之住處

見諸羣生沒有海　沈淪憂迫受衆苦
悉以法船而救之　此善度者之住處
見諸衆生在惑海　能發菩提妙寶心
悉入其中而濟拔　此善漁人之住處
恒以大願慈悲眼　普觀一切諸衆生
從諸有海而拔出　此金翅王之住處
譬如日月在虛空　一切世間靡不燭
智慧光明亦如是　此照世者之住處
菩薩爲化一衆生　普盡未來無量劫
如爲一人一切爾　此救世者之住處
於一國土化衆生　盡未來劫無休息
一一國土咸如是　此堅固意之住處
三有八偈歎功德勝
十方諸佛所說法
一座普受咸令盡　盡未來劫恒悉然
此智海人之住處　徧游一切世界海
普入一切道場海　供養一切如來海

此修行者之住處　修行一切妙行海
發起無邊大願海　如是經於衆劫海
此功德者之住處　一毛端處無量剎
佛衆生劫不可說　如是明見靡不周
此無礙眼之住處　一念普攝無邊劫
國土諸佛及衆生　智慧無礙悉正知
此具德人之住處　十方國土碎爲塵
一切大海以毛滴　菩薩發願數如是
此無礙者之住處　成就總持三昧門
大願諸禪及解脫　一一皆住無邊劫
此眞佛子之住處　無量無邊諸佛子
種種說法度衆生　亦說世間衆技術
此修行者之住處。四有七偈歎方便勝
成就神通方便智　修行如幻妙法門
十方五趣悉現生　此無礙者之住處
菩薩始從初發心　具足修行一切行

化身無量徧法界　此神力者之住處
一念成就菩提道　普作無邊智慧業
世情思慮悉發狂　此難量者之住處
成就神通無障礙　遊行法界靡不周
其心未嘗有所得　此淨慧者之住處
菩薩修行無礙慧　入諸國土無所著
以無二智普照明　此無我者之住處
了知諸法無依止　本性寂滅同虛空
常行如是境界中　此離垢人之住處
普見群生受諸苦　發大仁慈智慧心
願常利益諸世間　此悲愍者之住處
三指處明德雖復語依意在歎正於中有六。初下化　佛子住於此
普現衆生前　猶如日月輪　徧除生死暗
佛子住於此　普順衆生心　變現無量身
充滿十方剎　佛子住於此　徧遊諸世界
一切如來所　無量無數劫　佛子住於此
思量諸佛法　無量無數劫　其心無厭倦
三有五偈明三昧自在　佛子住於此　念念入三昧
一一三昧門　闡明諸佛境　佛子住於此
悉知一切剎　無量無數劫　衆生佛名號
佛子住於此　一念攝諸劫　但隨衆生心
而無分別想　佛子住於此　修習諸三昧
一一心念中　了知三世法　佛子住於此
結加身不動　普現一切剎　一切諸趣中
四有七偈智慧深廣　佛子住於此　飲諸佛法海
深入智慧海　具足功德海　佛子住於此
悉知諸剎數　世數衆生數　佛名數亦然
佛子住於此　一念悉能了　一切三世中
國土之成壞　佛子住於此　普知佛行願
菩薩所修行　衆生根性欲　佛子住於此
見一微塵中　無量剎道場　衆生及諸劫
如一微塵內　一切塵亦然　種種咸具足
處處皆無礙　佛子住於此　普觀一切法
衆生剎及世　無起無所有。五有一偈顯其平等
觀察衆生等　法等如來等　剎等諸願等
三世悉平等　六有四偈結德中歎求哀請加　佛子住於此
教化諸群生　供養諸如來　思惟諸法性
無量千萬劫　所修願智行　廣大不可量
稱揚莫能盡　彼諸大勇猛　所行無障礙
安住於此中　我合掌敬禮　諸佛之長子
聖德慈氏尊　我今恭敬禮　願垂顧念我

三見正報文二初見二。初翹心願覩爾時善財童子以如是等一切菩薩無量稱揚讚歎法而讚毗盧遮那莊嚴藏大樓閣中諸菩薩已曲躬合掌恭敬頂禮一心願見彌勒菩薩覩近供養二正覩慈尊乃見彌勒菩薩摩訶薩從別處來言別處來者攝化就機故還來歸本故亦顯慈氏應念而至不著處故無量天龍夜叉乾闥婆阿脩羅迦樓羅緊

那羅摩睺羅伽王釋梵護世及本生處
無量眷屬婆羅門衆及餘無數百千衆
生前後圍繞而共來向莊嚴藏大樓觀
所（△二明設敬儀五。初身心禮敬）善財見已歡喜踊躍五
體投地（△三讚德記別文二。初長行）時彌勒菩薩觀察善
財指示大衆歎其功德（指示者令衆同觀傚而行故△二偈正讚有一百一十三頌分三。初一指衆總歎）而說頌曰
汝等觀善財　智慧心清淨　爲求菩提行
而來至我所（△二別歎勝德三初二十二偈直對善財歎於中亦三。初有九偈讚德善來）
善來圓滿慈　善來清淨悲　善來寂滅眼
修行無懈倦　善來清淨意　善來廣大心
善來不退根　修行無懈倦　善來不動行
常求善知識　了達一切法　調伏諸羣生
善來行妙道　善來住功德　善來趣佛果
未曾有疲倦　善來德爲體　善來法所滋
善來無邊行　世間難可見　善來離迷惑
世法不能染　利衰毀譽等　一切無分別
善來施安樂　調柔堪受化　諂誑瞋慢心
一切悉除滅　善來眞佛子　普詣於十方
增長諸功德　調柔無懈倦　善來三世智
偏知一切法（治六）　普生功德藏　修行不疲厭（十六）
（△二有二偈明來因緣）文殊德雲等　一切諸佛子
令汝至我所　示汝無礙處　具修菩薩行
普攝諸羣生　如是廣大人　今來至我所
（以外由善友內具德行△三明來所爲）爲求諸如來　清淨之境界
問諸廣大願　而來至我所　去來現在佛
所成諸行業　汝欲皆修學　而來至我所
汝於善知識　欲求微妙法　欲受菩薩行
而來至我所　汝念善知識　諸佛所稱歎
令汝成菩提　而來至我所　汝念善知識
生我如父母　養我如乳母　增我菩提分
如醫療衆疾　如天灑甘露　如日示正道
如月轉淨輪　如山不動搖　如海無增減
如船師濟渡　而來至我所　汝觀善知識
猶如大猛將　亦如大商主　又如大導師
能建正法幢　能示佛功德　能滅諸惡道
能開善趣門（治六）　能顯諸佛身　能守諸佛藏（十七）
能持諸佛法　是故願瞻奉　欲滿清淨智
欲具端正身　欲生尊貴家　而來至我所
（△三對衆令觀讚五。初四偈總讚）汝等觀此人　親近善知識
隨其所修學　一切應順行　以昔福因緣
文殊令發心　隨順無違逆　修行不懈倦
父母與親屬　宮殿及財產　一切皆捨離
謙下求知識　淨治如是意　永離世間身
當生佛國土　受諸勝果報（△二有四偈讚其即智之悲）
善財見衆生　生老病死苦　爲發大悲意
勤修無上道　善財見衆生　五趣常流轉
爲求金剛智　破彼諸苦輪　善財見衆生

心田甚荒穢　為除三毒刺　專求利智犁
衆生處癡暗　盲冥失正道　善財為導師
示其安隱處（三有七偈歎其即悲之智）　忍鎧解脫乗
智慧為利劍　能於三有內　破諸煩惱賊
善財法船師　普濟諸含識　令過爾燄海
疾至淨寶洲　善財正覺日　智光大願輪
周行法界空　普照羣迷宅　善財正覺月
白法悉圓滿　慈定清涼光　等照衆生心
善財勝智海　依於直心住　菩提行漸深
出生衆法寶　善財大心龍　升於法界空
興雲霔甘澤　生成一切果　善財然法燈
信炷慈悲油　念器功德光　滅除三毒暗
（治六）（十八）（爾焰者此云所知入大乘論云爾焰地者是第十地此約盡斷十種所知障故。四有六偈總歎諸德）
覺心迦羅邏　悲胞慈為肉　菩提分支節
長於如來藏　增長福德藏　清淨智慧藏
開顯方便藏　出生大願藏　如是大莊嚴

救護諸羣生　一切天人中　難聞難可見
如是智慧樹　根深不可動　衆行漸增長
普陰諸羣生　欲生一切德　欲問一切法
欲斷一切疑　專求善知識　欲破諸惑魔
欲除諸見垢　欲解衆生縛　專求善知識
（迦羅邏即揭邏藍梵音輕重。後五偈讚妙果當成）　當滅諸惡道
當示人天路　令修功德行　疾入涅槃城
當度諸見難　當截諸見網　當枯愛欲水
當示三有道　當為世依怙　當作世光明
當成三界師　示其解脫處　亦當令世間
普離諸想著　普覺煩惱睡　普出愛欲泥
當了種種法　當淨種種剎　一切咸究竟
其心大歡喜（治六）（三重對善財讚五初讚其當果德二。初總）（十九）　汝行極調柔
汝心甚清淨　所欲修功德　一切當圓滿
不久見諸佛　了達一切法　嚴淨衆剎海
成就大菩提（三別）　當滿諸行海　當知諸法海

當度衆生海　如是修諸行　當到功德岸
當生諸善品　當與佛子等　如是心決定
當斷一切惑　當淨一切業　當伏一切魔
滿足如是願　當生妙智道　當開正法道
不久當捨離　惑業諸苦道　一切衆生輪
沈迷諸有輪　汝當轉法輪　令其斷苦輪
汝當持佛種　汝當淨法種　汝能集僧種
三世悉周徧　當斷衆愛網　當裂衆見網
當救衆苦網　當成此願網　當度衆生界
當淨國土界　當集智慧界　當成此心界
當令衆生喜　當令菩薩喜　當令諸佛喜
當成此歡喜　當見一切趣　當見一切剎
當見一切法　當成此佛見　當放破暗光
當放息熱光　當放滅惡光　滌除三有苦
當開天趣門　當開佛道門　當示解脫門
普使衆生入　當示於正道　當絕於邪道

如是勤修行　成就菩提道　當修功德海
當度三有海　普使羣生海　出於衆苦海
當於衆生海　消竭煩惱海　令修諸行海
疾入大智海　汝當增智海　汝當修行海
諸佛大願海 治六　汝當咸滿足　汝當入剎海 二十
汝當觀衆海　汝當以智力　普飲諸法海
當覲諸佛雲　當起供養雲　當聽妙法雲
當興此願雲　普遊三有室　普壞衆惑室
普入如來室　當行如是道　普入三昧門
普遊解脫門　普住神通門　周行於法界
普現衆生前　普對諸佛前　譬如日月光
當成如是力　所行無動亂　所行無染著
如鳥行虛空　當成此妙用　譬如因陀網
剎綱如是住　汝當悉往詣　如風無所礙
汝當入法界　徧往諸世界　普見三世佛
心生大歡喜。二有七偈雙歎當現德　汝於諸法門

已得及當得　應生大喜躍　無貪亦無厭
汝是功德器　能隨諸佛教　能修菩薩行
得見此奇特　如是諸佛子　億劫難可遇
況見其功德　所修諸妙道　汝生於人中
大獲諸善利 治六　得見文殊等　無量諸功德 二十一
已離諸惡道　已出諸難處　已超衆苦患
善哉勿懈怠　已離凡夫地　已住菩薩地
當滿智慧地　速入如來地　菩薩行如海
佛智同虛空　汝願亦復然　應生大欣慶
諸根不懈倦　志願恒決定
。三有八偈讚其遇友德
親近善知識　不久悉成滿　菩薩種種行
皆爲調衆生　普行諸法門　慎勿生疑惑
汝具難思福　及以眞實信　是故於今日
得見諸佛子　汝見諸佛子　悉獲廣大利
一一諸大願　一切咸信受　汝於三有中
能修菩薩行　是故諸佛子　示汝解脫門

非是法器人　與佛子同住　設經無量劫
莫知其境界　汝見諸菩薩　得聞如是法
世間甚難有　應生大喜慶　諸佛護念汝
菩薩攝受汝　能順其教行　善哉住壽命
已生菩薩家　已具菩薩德
。四有五偈歎速成位行德
已長如來種　當昇灌頂位　不久汝當得
與諸佛子等　見苦惱衆生　悉置安隱處
如下如是種　必獲如是果　我今慶慰汝
汝應大欣悅　無量諸菩薩　無量劫行道
未能成此行　今汝皆獲得　信樂堅進力
善財成此行　若有敬慕心　亦當如是學
。五有十七偈總明諸德結歎令欣 治六
一切功德行　皆從願欲生 二十二
善財已了知　常樂勤修習　如龍布密雲
必當霔大雨　菩薩起願智　決定修諸行
若有善知識　示汝普賢行　汝當好承事
慎勿生疑惑　汝於無量劫　爲欲妄捨身

今爲求菩提　此捨方爲善　汝於無量劫
具受生死苦　不曾事諸佛　未聞如是行
汝今得人身　值佛善知識　聽受菩提行
云何不歡喜　雖遇佛興世　亦值善知識
其心不清淨　不聞如是法　若於善知識
信樂心尊重　離疑不疲厭　乃聞如是法
若有聞此法　而興誓願心　當知如是人
已獲廣大利　如是心清淨　常得近諸佛
亦近諸菩薩　決定成菩提　若入此法門
則具諸功德　永離衆惡趣　不受一切苦
不久捨此身　往生佛國土　常見十方佛
及以諸菩薩　往因今淨解　及事善友力
增長諸功德　如水生蓮華　樂事善知識
勤供一切佛　專心聽聞法　常行勿懈倦
汝是真法器　當具一切法　當修一切道
當滿一切願　汝以信解心　而來禮敬我
不久當普入　一切諸佛會　善哉真佛子
恭敬一切佛　不久具諸行　到佛功德岸
○三有一偈略示後友　汝當往大智　文殊師利所
彼當令汝得　普賢深妙行　○三重申歎識三。初辨發因聞讚德故
爾時彌勒菩薩摩訶薩在衆會前稱讚
善財大功德藏　○二身心悲敬　善財聞已歡喜踊
躍身毛皆豎悲泣哽噎起立合掌恭敬
瞻仰繞無量帀　○三華供嚴誠　以文殊師利心念
力故　表由信智　衆華瓔珞　華因德立瓔珞行成　種種妙寶
不覺忽然自盈其手　信智滿故　善財歡喜即
以奉散彌勒菩薩摩訶薩上　攝成因故稱當果故。○四彌
讚彌記　時彌勒菩薩摩善財頂爲說頌言
善哉善哉真佛子　普策諸根無懈倦
不久當具諸功德　猶如文殊及與我
○五慶遇念恩　時善財童子以頌答曰
我念善知識　億劫難值遇　今得咸親近
而來詣尊所　我以文殊故　見諸難見者
彼大功德尊　願速還瞻覲

大方廣佛華嚴經疏卷第一百一十六

治六

大方廣佛華嚴經疏卷第一百一十七（入第七十八經）　洽七

清涼山沙門澄觀述　晉水沙門淨源錄疏注經

（三諮問文二○初自陳發心）爾時善財童子合掌恭敬重白彌勒菩薩摩訶薩言：大聖，我已先發阿耨多羅三藐三菩提心，（○二正問法要三○初標所問）而我未知菩薩云何學菩薩行，云何修菩薩道。（○二歎慈氏有能答之德，即以此德而為問端）大聖，一切如來授尊者記，一生當得阿耨多羅三藐三菩提。（上總下別）若一生當得無上菩提，則已超越一切菩薩所住處，則已出過一切菩薩離生位，則已圓滿一切波羅蜜，則已深入一切諸忍門，則已具足一切菩薩地，則已游戲一切解脫門，則已成就一切三昧法，則已通達一切菩薩行，則已證得一切陀羅尼辯才，則已於一切菩薩自在中而得自在，則已積集一切菩薩助道法，則已游戲智慧方便，則已出生大神通智，則已成就一切學處，則已圓滿一切妙行，則已滿足一切大願，則已領受一切佛所記，則已了知一切諸乘門，則已堪受一切如來所護念，則已能攝一切佛菩提，則已能持一切佛法藏，則以能持一切諸佛菩薩祕密藏，則已能於一切菩薩眾中為上首，則已能為破煩惱魔軍大勇將，則已能作出生死曠野大導師，則已能作治諸惑重病大醫王，則已能於一切眾生中為最勝，則已能於一切世主中得自在，則已能於一切聖人中最第一，則已能於一切聲聞獨覺中最增上，則已能於生死海中為船師，則已能布調伏一切眾生網，則已能觀一切眾生根，則已能攝一切眾生界，則以能守護一切菩薩眾，則已能讚議一切菩薩事，則已能往詣一切如來所，則已能住止一切如來會，則已能現身一切眾生前，則已能於一切世法無所染，則已能超越一切魔境界，則已能安住一切佛境界，則已能到一切菩薩無礙境，則已能精勤供養一切佛，則已與一切諸佛法同體性，已繫妙法繒，已受佛灌頂，已住一切智，已能普生一切佛法，已能速踐一切智位。（別有五十句，皆因圓果滿德○三結問請說，兼顯問意）大聖，菩薩云何學菩薩行，云何修菩薩道，隨所修學，疾得具足一切佛法，悉能度脫所念眾生，普能成滿所發大願，普能究竟所起諸行，普能安慰一切天人，不負自身，不斷三寶，不虛一切佛菩薩種，能持一切諸佛法眼，如是等事，願皆為說。（三稱歎授法二先稱歎二初為大衆歎善財即是歎人二○初指人示衆）爾時彌勒菩薩摩訶薩觀察一切道場衆會，指示善財而作是言：諸仁者，汝等見此長者子今於我所問菩薩行諸功德不？（△二正讚其德四。初求友精勤二○。初總顯精勤）諸仁者，此長者子勇猛精進，志樂無雜，深心堅固，恒不退轉，具勝希望，如救頭然，無有厭足，樂善知識，親近供養，處處尋求，承事請法。（△二別示精勤之相）諸仁者，此長者子曩於福城受文殊教，展轉南行求善知識，經由一百一十善知識已，然後而來至於我所，未曾暫起一念疲懈。（謂一時之勤猶未可歎，以其善財自始暨末一念無懈，故為可稱。言一百一十善知識者，古有多釋。一云理應具有，但文脫漏。賢首釋云：前後諸友揔五十四位，分出徳生有德為二，則五十五人，各有自分勝進，故有一百一十善。依此解違此已言，既云經由百一十已方至彌勒，彌勒等三非在一百一十之數，其義明矣。有云百一十言，識數十耳，約實唯有一百八人，謂此前除去徧友，但五十一各具主伴成百二人，徧友童子指示衆藝，雖非主友而是伴友，為一百三，更加無厭足王處空天、罪波處無憂德神、摩耶處蓮華法德身衆神、又妙華光明神、守護法堂、善眼羅剎，合前揔有一百八人，以空天等相問荅故，得在友數，非前主友攝，名指示教，非主友，但名伴友。若爾，則違下餘城之言。下自釋云：前至童子童女已經一百一十，今更往後文殊所，故云餘也。謂若以此為百八者，加於慈氏尚為百九，并後文殊方成一十，何有餘耶？若通會者，三釋皆得。一種取前更加不動處覺悟等菩薩天、如來使天，足成一百一十之數，餘義亦成，以彼二聖亦教善財，故得為伴友。其餘已之言，但是譯者之意，晉經中無餘已之言，通取前後，於義無妨。然下復云百一十城，又云過百一十由旬，皆言百一十者，有所表故。謂除佛位，取其歷入十地等覺為百一十，一中具十，是故成其一百一十。亦顯位位十十相融，說有三賢，亦唯具十。若合等覺屬在十地勝進中攝，則開十信以為其一，進退行布及與圓融，皆順百一十之言，何必須要勉定前後。△二所乘廣大三○。初揔歎希奇）諸仁者，此長者子甚為難有，趣向大乘，乘於大慧，發大勇猛，擐大悲甲，以大慈心救護衆生，起大精進波羅蜜行，作大商主護諸衆生，為大法船度諸有海，住於大道，集大法寶，修諸廣大助道之法。（△二列明難遇二○。初標舉）如是之人，難可得聞，難可得見，難得親近，同居共行。（△三徵釋二○。初徵）何以故？（△二釋。釋意云：悲濟深廣，故即聞觀難。揔中救護衆生，於中又二○。初揔護一切）此長者子發心救護一切衆生，令一切衆生解脫諸苦，越諸惡趣，離諸險難，破無明暗，出生死野，息諸趣輪，度魔境界，不著世法，出欲淤泥，斷貪鞅，解見縛，壞想宅，絕迷道，摧慢幢，拔惑箭，撤睡蓋，裂愛網，滅無明，度有流，離諂幻，淨心垢，斷癡惑，出生死。（○二約類別明）諸仁者，此長者子為被四流漂汩者造大法船，（汩者流急之貌）為被見淤沒溺者立大法橋，為被癡暗昏迷者然大智燈，為行生死曠野者開示聖道，為嬰煩惱重病者調和法藥，為遭生老死苦者飲以甘露令其安隱，為入貪恚癡火者沃以定水使得清涼，多憂惱者慰喻使安，繫有獄者曉誨令出，入見網者開以智劒，住界城者示諸脫門，（言界城者，即十八界一一根境識中別別解脫故）在險難者導安隱處，懼結賊者與無畏法，墮惡趣者授慈悲手拘害蘊者示涅槃城界蛇所纏解以聖道（界蛇即地等四界）著於六處空聚落者以智慧光引之令出（六處空聚離開無人不以智光引之必為塵賊所劫）住邪濟者令入正濟近惡友者示其善友樂凡法者誨以聖法著生死者令其趣入一切智城（三總結所作）諸仁者此長者子恒以此行救護衆生發菩提心未嘗休息求大乘道曾無懈倦飲諸法水不生厭足恒勤積集助道之行常樂清淨一切法門修菩薩行不捨精進成滿諸願善行方便見善知識情無厭足事善知識身無疲懈聞善知識所有教誨常樂順行未曾違逆（治七）（三具德無缺）諸仁者若有衆生能發阿耨多羅三藐三菩提心是為希有若發心已又能如是精進方便集諸佛法倍為希有又能如是求菩薩道又能如是淨菩薩行又能如是事善知識又能如是如救頭然又能如是順知識教又能如是堅固修行又能如是集菩提分又能如是不求一切名聞利養又能如是不捨菩薩純一之心又能如是不樂家宅不著欲樂不戀父母親戚知識但樂追求菩薩伴侶又能如是不顧身命唯願勤修一切智道應知展轉倍更難得（有十三句有一在已為希有況有二三乃至全具是故經云展轉難得又復後後難於前前故云展轉四遠證起權）諸仁者餘諸菩薩經於無量百千萬億那由他劫乃能滿足菩薩願行乃能親近諸佛菩提（此依權修七）此長者子於一生內則能淨佛刹則能化衆生（以依實教修行故也謂以即於凡身一生亦解行生故千年之為不及朝生之鳳普賢行位至融攝故依實修者急皆能爾胡不勉旃文有十句上二句總明具諸位行）則能以智慧深入法界（三入十住）則能成就諸波羅蜜則能增廣一切諸行（四五入十行）則能圓滿一切大願（六入迴向）（又上四句亦皆十地行又上四義義含通別）則能超出一切魔業則能承事一切善友則能清淨諸菩薩道則能具足普賢諸行（此之四句通諸地位二為善財讚菩提心）

（即是數法之二初結前生後）爾時彌勒菩薩摩訶薩如是稱歎善財童子種種功德令無量百千衆生發菩提心已（三正數四。初標數發心）告善財言善哉善哉善男子汝為饒益一切世間汝為救護一切衆生汝為勤求一切佛法故發阿耨多羅三藐三菩提心（三正明讚歎發心之器成其利益）善男子汝獲善利汝善得人身汝善住壽命汝善值如來出現汝善見文殊師利大善知識汝身是善器為諸善根之所潤澤汝為白法之所資持所有解欲悉已清淨已為諸佛共所護念已為善友共所攝受（三廣舉菩提心德釋成二初徵）

何以故徵意云所以歎善哉讚善利者何耶。三釋意云大菩提心具衆德故文有二百二十一句皆通三種發心頓具諸位功德且分爲二初一百二十八句明菩提心徧該諸地後一百三句明菩提心頓具諸位功德人前多明信成就及解行發心後段多明證位發心是故經文多云得也又前段明菩提心殊勝功德高齊佛果後段喻菩提心自在功德廣多無量今初段中分二初別明文通橫竪橫則一一發心皆具諸句之德竪則別配諸位發心以從菩薩種性至於究竟不出三種發心故兆爲十二住分十二段初種性住善男子菩提心者猶如種子能生一切諸佛法故菩提心者猶如良田能長衆生白淨法故菩提心者猶如大地能持一切諸世間故今初三句即種性住故云如種如田亦如大地皆是種子發生之義二明勝解行住中之益菩提心者猶如淨水能洗一切煩惱垢故菩提心者猶如大風普於世間無所礙故菩提心者猶如熾火能燒一切諸見薪故菩提心者猶如淨日普照一切諸世間故菩提心者猶如盛月諸白淨法悉圓滿故菩提心者猶如明燈能放種種法光明故三極喜增上住菩提心者猶如淨目普見一切安危處故菩提心者猶如大道普令得入大智城故菩提心者猶如正濟令其得離諸邪法故菩提心者猶如大車普能運載諸菩薩故菩提心者猶如門戶開示一切菩薩行故菩提心者猶如宮殿安住修習三昧法故菩提心者猶如園苑於中遊戲受法樂故菩提心者猶如舍宅安隱一切諸衆生故菩提心者則爲所歸利益一切諸世間故菩提心者則爲所依諸菩薩行所依處故菩提心者猶如慈父訓導一切諸菩薩故菩提心者猶如慈母生長一切諸菩薩故菩提心者猶如乳母養育一切諸菩薩故菩提心者猶如善友成益一切諸菩薩故菩提心者猶如君主勝出一切二乘人故菩提心者猶如帝王一切願中得自在故皆初地中義故四戒增上住菩提心者猶如大海一切功德悉入中故菩提心者如須彌山於諸衆生心平等故菩提心者如鐵圍山攝持一切諸世間故菩提心者猶如雪山長養一切智慧藥故菩提心者猶如香山出生一切功德香故菩提心者猶如虛空諸妙功德廣無邊故菩提心者猶如蓮華不染一切世間法故五增上心住菩提心者如調慧象其心善順不獷悷故菩提心者如良善馬遠離一切諸惡性故菩提心者如調御師守護大乘一切法故菩提心者猶如良藥能治一切煩惱病故菩提心者猶如坑穽陷沒一切諸惡法故菩提心者猶如金剛悉能穿徹一切法故菩提心者猶如香篋能貯一切功德香故，菩提心者猶如妙華，一切世間所樂見故；菩提心者如白栴檀，除眾欲熱使清涼故；菩提心者如黑沉香，能熏法界悉周徧故。六覺分相應增上慧住菩提心者如善見藥王，能破一切煩惱病故；菩提心者如毗笈摩藥，毗笈摩者此云普去能拔一切諸惑箭故；菩提心者猶如帝釋，一切主中最為尊故；菩提心者如毗沙門，能斷一切貧窮苦故；菩提心者如功德天，一切功德所莊嚴故；菩提心者如莊嚴具，莊嚴一切諸菩薩故；菩提心者如劫燒火，能燒一切諸有為故；菩提心者如無生根藥，長養一切諸佛法故；菩提心者猶如龍珠，能消一切煩惱毒故；菩提心者如水清珠，能清一切煩惱濁故。七諦相應增上住菩提心者如如意珠，周給一切諸貧乏故；菩提心者如功德瓶，滿足一切眾生心故；菩提心者如如意樹，能雨一切莊嚴具故；菩提心者如鵝羽衣，不受一切生死垢故；菩提心者如白氎線，從本以來性清淨故；菩提心者如快利犂，能治一切眾生田故；菩提心者如那羅延，能摧一切我見敵故；菩提心者猶如快箭，能破一切諸苦的故；菩提心者猶如利矛，能穿一切煩惱甲故；菩提心者猶如堅甲，能護一切如理心故。八緣起流轉止息相應增上住菩提心者猶如利刀，能斬一切煩惱首故；菩提心者猶如利劍，能斷一切憍慢鎧故；菩提心者如勇將幢，能伏一切諸魔軍故；菩提心者猶如利鋸，能截一切無明樹故；菩提心者猶如利斧，能伐一切諸苦樹故；菩提心者猶如兵仗，能防一切諸苦難故；菩提心者猶如善手，防護一切諸度身故；菩提心者猶如好足，安立一切諸功德故；菩提心者猶如眼藥，滅除一切無明翳故；菩提心者猶如鉗鑷，能拔一切身見刺故。九無相有功用住菩提心者猶如臥具，息除生死諸勞苦故；菩提心者如善知識，能解一切生死縛故；菩提心者如好珍財，能除一切貧窮事故；菩提心者如大導師，善知菩薩出要道故；菩提心者猶如伏藏，出功德財無匱乏故；菩提心者猶如涌泉，生智慧水無窮盡故；菩提心者猶如明鏡，普現一切法門像故；菩提心者猶如蓮華，不染一切諸罪垢故；菩提心者猶如大河，流引一切度攝法故；菩提心者如大龍王，能雨一切妙法雨故。十無相無功用住菩提心者猶如命根任持菩薩大悲身故菩提心者猶如甘露能令安住不死界故菩提心者猶如大綱普攝一切諸衆生故菩提心者猶如罥索攝取一切所應化故菩提心者猶如鉤餌出有淵中所居者故菩提心者如阿伽陀藥能令無病永安隱故菩提心者如除毒藥悉能消歇貪愛毒故菩提心者如善持呪能除一切顛倒毒故菩提心者猶如疾風能卷一切諸障霧故菩提心者如大寶洲出生一切覺分寶故。(十一無礙解住)菩提心者如好種性出生一切白淨法故菩提心者猶如住宅諸功德法所依處故菩提心者猶如市肆菩薩商人貿易處故菩提心者如鍊金藥能治一切煩惱垢故菩提心者猶如好蜜圓滿一切功德味故菩

提心者猶如正道令諸菩薩入智城故菩提心者猶如好器能持一切白淨法故菩提心者猶如時雨能滅一切煩惱塵故菩提心者則為住處一切菩薩所住處故菩提心者則為壽行不取穀聞解脫果故(言壽行者梵本云則為礙石不吸穀聞解脫果故十二最上菩薩住)菩提心者如淨琉璃自性明潔無諸垢故菩提心者如帝青寶出過世間二乘智故菩提心者如更漏鼓覺諸衆生煩惱睡故菩提心者如清淨水性本澄潔無垢濁故菩提心者如閻浮金映奪一切有為善故菩提心者如大山王超出一切諸世間故菩提心者則為所歸不拒一切諸來者故菩提心者則為義利能除一切衰惱事故菩提心者則為妙寶能令一切心歡喜故菩提心者如大施會

充滿一切衆生心故菩提心者則為尊勝諸衆生心無與等故菩提心者猶如伏藏能攝一切諸佛法故菩提心者如因陀羅網能伏煩惱阿脩羅故(梵本云因陀羅網網取煩惱阿脩羅故)菩提心者如婆樓那風(此云迅猛風也)能動一切所應化故菩提心者如因陀羅火能燒一切諸惑習故菩提心者如佛支提一切世間應供養故(其中文義皆與彼位相應恐繁不錄故始於種子終於惑習明豎義彰矣然斷習等推功歸本由初發心則横具諸德於理明矣。二總結)

善男子菩提心者成就如是無量功德舉要言之應知悉與一切佛法諸功德等何以故因菩提心出生一切諸菩薩行三世如來從菩提心而出生故是故善男子若有發阿耨多羅三藐三菩提心者則已出生無量功德普能攝取一切智道(即知功成由於始賁故初心具於諸德既復初後圓融。二有一百三句明菩提心自)

在功德於中各有喻合之文誑聽之人所見益遠故所引喻多非凡境亦顯不共菩提心故輪涵極堅旦的堅配文分五段初有七句攝十住德次有八句攝十行德三有九喻攝十迴向四六十句攝十地德五十七句攝等覺位以金剛智終成無上大菩提故其間梵語廣如音義翻對解釋今初攝十住德

善男子譬如有人得無畏藥離五恐怖何等為五所謂火不能燒毒不能中刀不能傷水不能漂煙不能熏菩薩摩訶薩亦復如是得一切智菩提心藥貪火不燒瞋毒不中惑刀不傷有流不漂諸覺觀煙不能熏害覺心自性離惡覺等善男子譬如有人得解脫藥終無橫難菩薩摩訶薩亦復如是得菩提心解脫智藥永離一切生死橫難善男子譬如有人持摩訶應伽藥毒蛇聞氣即皆遠去菩薩摩訶薩亦復如是持菩提心大應伽藥一切煩惱諸惡毒蛇聞其氣者悉皆散滅善男子譬如有人持無勝藥一切怨敵無能勝者菩薩摩訶薩亦復如是持菩提心無能勝藥悉能降伏一切魔軍善男子譬如有人持毗笈摩藥能令毒箭自然墮落菩薩摩訶薩亦復如是持菩提心毗笈摩藥令貪恚癡諸邪見箭自然墮落善男子譬如有人持善見藥能除一切所有諸病菩薩摩訶薩亦復如是持菩提心善見藥王悉除一切諸煩惱病善男子如有藥樹名珊陀那有取其皮以塗瘡者瘡即除愈然其樹皮隨取隨生終不可盡菩薩摩訶薩從菩提心生一切智樹亦復如是若有得見而生信者煩惱業瘡悉得消滅一切智樹初無所損。二攝十行德善男子如有藥樹名無生根以其力故增長一切閻浮提樹菩薩摩訶薩菩提心樹亦復如是以其力故增長一切學與無學及諸菩薩所有善法善男子譬如有藥名阿藍婆若用塗身身之與心咸有堪能菩薩摩訶薩得菩提心阿藍婆藥亦復如是令其身心增長善法善男子譬如有人得念力藥凡所聞事憶持不忘菩薩摩訶薩得菩提心念力妙藥悉能聞持一切佛法皆無忘失善男子譬如有藥名大蓮華其有服者住壽一劫菩薩摩訶薩服菩提心大蓮華藥亦復如是於無數劫壽命自在善男子譬如有人執翳形藥人與非人悉不能見菩薩摩訶薩執菩提心翳形妙藥一切諸魔不能得見善男子如海有珠名普集眾寶此珠若在假使劫火焚燒世間能令此海減於一滴無有是處菩薩摩訶薩菩提心珠亦復如是住於菩薩大願海中若常懷持不令退失能壞菩薩一善根者終無是處若退其心一切善法即皆散滅善男子如有摩尼名大光明有以此珠瓔珞身者映蔽一切寶莊嚴具所有光明悉皆不現菩薩摩訶薩菩提心寶亦復如是瓔珞其身映蔽一切二乘心寶諸莊嚴具悉無光采善男子如水清珠能清濁水菩薩摩訶薩菩提心珠亦復如是能清一切煩惱垢濁善男子譬如有人得住水寶繫其身上入大海中不為水害菩薩摩訶薩亦復如是得菩提心住水妙寶入於一切生死海中終不沉沒善男子譬如有人得龍寶珠持入龍宮一切龍蛇不能為害菩薩摩訶薩亦復如是得菩提心大龍寶珠入欲界中煩惱龍蛇不能為害。三猿十迴向德善男子譬如帝釋著摩尼冠映蔽一切諸餘天衆菩薩摩訶薩亦復如是著菩提心大願寶冠超過一切三界衆生善男子譬如有人得如意珠除滅一切貧窮之苦菩薩摩訶薩亦復如是得菩提心如意寶珠遠離一切邪命怖畏善男子譬如有人得日精珠持向日光而生於火菩薩摩訶薩亦復如是得菩提心智日寶珠持向智光而生智火善男子譬如有人得月精珠持向月光而生於水菩薩摩訶薩亦復如是得菩提心月精寶珠持此心珠鑒迴向光而生一切善根願水善男子譬如龍王首戴如意摩尼寶冠遠離一切怨敵怖畏菩薩摩訶薩亦復如是著菩提心大悲寶冠遠離一切惡道諸難善男子如有寶珠名一切世間莊嚴藏若有得者令其所欲悉得充滿而此寶珠無所損減菩提心寶亦復如是若有得者令其所願悉得滿足而菩提心無有損減善男子如轉輪王有摩尼寶置於宮中放大光明破一切暗菩薩摩訶薩亦復如是以菩提心大摩尼寶住於欲界放大智光悉破諸趣無明黑暗善男子譬如帝青大摩尼寶若有為此光明所觸即同其色菩薩摩訶薩菩提心寶亦復如是觀察諸法迴向善根靡不即同菩提心色善男子如瑠璃寶於百千歲處不淨中不為臭穢之所染著性本淨故菩薩摩訶薩菩提心寶亦復如是於百千劫住欲界中不為欲界過患所染猶如法界性清淨故。四有六十喻讚十地德即分為十。初四讚

(初地德)善男子辟如有寶名淨光明悉能映蔽一切寶色菩薩摩訶薩菩提心寶亦復如是悉能映蔽一切凡夫二乘功德善男子辟如有寶名為火燄悉能除滅一切暗冥菩薩摩訶薩菩提心寶亦復如是能滅一切無知暗冥善男子辟如海中有無價寶商人採得船載入城諸餘摩尼百千萬種光色價直無與等者菩提心寶亦復如是住於生死大海之中菩薩摩訶薩乘大願船深心相續載之來入解脫城中二乘功德無能及者善男子如有寶珠名自在王處閻浮洲去日月輪四萬由旬日月宮中所有莊嚴其珠影現悉皆具足菩薩摩訶薩發菩提心淨功德寶亦復如是住生死中照法界空佛智日月一切功德悉於中現(三有三喻揀二地德)善男子如有寶珠名自在王日月光明所照之處一切財寶衣服等物所有價直悉不能及菩薩摩訶薩發菩提心自在王寶亦復如是一切智光所照之處三世所有天人二乘漏無漏善一切功德皆不能及善男子海中有寶名曰海藏普現海中諸莊嚴事菩薩摩訶薩菩提心寶亦復如是普能顯現一切智海諸莊嚴事善男子辟如天上閻浮檀金唯除心王大摩尼寶餘無及者菩薩摩訶薩發菩提心閻浮檀金亦復如是除一切智心王大寶餘無及者(謂持戒頭陀等淨功德故三有四喻揀三地德)善男子辟如有人善調龍法於諸龍中而得自在菩薩摩訶薩亦復如是得菩提心善調龍法於諸一切煩惱龍中而得自在善男子辟如勇士被執鎧仗一切怨敵無能降伏菩薩摩訶薩亦復如是被執菩提大心鎧仗一切業惑諸惡怨敵無能屈伏善男子辟如天上黑栴檀香若燒一銖其香普熏小千世界三千世界滿中珍寶所有價直皆不能及菩薩摩訶薩菩提心香亦復如是一念功德普熏法界聲聞緣覺一切功德皆所不及善男子如白栴檀若以塗身悉能除滅一切熱惱令其身心普得清涼菩薩摩訶薩菩提心香亦復如是能除一切虛妄分別貪恚癡等諸惑熱惱令其具足智慧清涼(入諸禪定離惑熱等故四有四喻揀四地德)善男子如須彌山若有近者即同其色菩薩摩訶薩菩提心山亦復如是若有近者悉得同其一切智色(同一切智故得無漏故)善男子辟如波利質多羅樹

其皮香氣閻浮提中若婆師迦若薝蔔迦若蘇摩那如是等華所有香氣皆不能及菩薩摩訶薩菩提心樹亦復如是所發大願功德之香一切二乘無漏戒定智慧解脫解脫知見諸功德香悉不能及善男子譬如波利質多羅樹雖未開華應知即是無量諸華出生之處菩薩摩訶薩菩提心樹亦復如是雖未開發一切智華應知即是無數天人衆菩提華所生之處善男子譬如波利質多羅華一日熏衣薝蔔迦華婆利師華蘇摩那華雖千歲熏亦不能及菩薩摩訶薩菩提心華亦復如是一生所熏諸功德香普徹十方一切佛所一切二乘無漏功德百千劫熏所不能及

治七　二三

大方廣佛華嚴經疏卷第一百一十七

治七

大方廣佛華嚴經疏卷第一百一十八 入第七十八經下半　　治八

清涼山沙門澄觀述　晉水沙門淨源錄疏注經

五有四喻稱五地德 善男子如海島中生椰子樹根莖枝葉及以華果一切衆生恒取受用無時暫歇菩薩摩訶薩菩提心樹亦復如是始從發起悲願之心乃至成佛正法住世常時利益一切世間無有間歇善男子如有藥汁名訶宅迦人或得之以其一兩變千兩銅悉成真金非千兩銅能變此藥菩薩摩訶薩亦復如是以菩提心迴向智藥普變一切業惑等法悉使成於一切智相非業惑等能變其心 入鄽利人不染俗故 善男子譬如小火隨所焚燒其餘轉熾菩薩摩訶薩菩提心火亦復如是隨所攀緣智餘增長善男子譬如一燈然百千燈其本一燈無減無盡菩薩摩訶薩菩提心燈亦復如是普然三世諸佛智燈而其心燈無減無盡 六有六喻稱六地德 善男子譬如一燈入於闇室百千年闇悉能破盡菩薩摩訶薩菩提心燈亦復如是入於衆生心室之內百千萬億不可說劫諸業煩惱種種暗障悉能除盡 般若現前頓破闇故 善男子譬如燈炷隨其大小而發光明若益膏油明終不絕菩薩摩訶薩菩提心燈亦復如是大願為炷光照法界益大悲油教化衆生莊嚴國土施作佛事無有休息善男子譬如他化自在天王冠閻浮檀真金天冠欲界天子諸莊嚴具皆不能及菩薩摩訶薩亦復如是冠菩提心大願天冠一切凡夫二乘功德皆不能及善男子如師子王哮吼之時師子兒聞皆增勇健餘獸聞之即皆竄伏佛師子王菩提心吼應知亦爾諸菩薩聞增長功德有所得者聞皆退散善男子譬如有人以師子筋而為樂絃其音既奏餘絃悉絕菩薩摩訶薩亦復如是以如來師子波羅蜜身菩提心筋為法樂絃其音既奏一切五欲及以二乘諸功德絃悉皆斷滅善男子譬如有人以牛羊等種種諸乳假使積集盈於大海以師子乳一滴投中悉皆變壞直過無礙菩薩摩訶薩亦復如是以如來師子菩提心乳著無量劫業煩惱乳大海之中悉令壞滅直過無礙終不住於二乘解脫 七有三句稱七地德 善男子譬如迦陵頻伽鳥在卵𣪊中有大勢力一切諸鳥所不能及菩薩摩訶薩亦復如是於生死𣪊發菩提心所有大悲功德勢力

聲聞緣覺無能及者善男子如金翅鳥王子初始生時目則明利飛則勁捷一切諸鳥雖久成長無能及者菩薩摩訶薩亦復如是發菩提心為佛王子智慧清淨大悲勇猛一切二乘雖百千劫久修道行所不能及善男子如有壯夫手執利矛刺堅密甲直過無礙菩薩摩訶薩亦復如是執菩提心銛利快矛刺諸邪見隨眠密甲悉能穿徹無有障礙善男子譬如摩訶那伽大力勇士若奮威怒於其額上必生瘡疱瘡若未合閻浮提中一切人民無能制伏菩薩摩訶薩亦復如是若起大悲必定發於菩提之心心未捨來一切世間魔及魔民不能為害善男子譬如射師有諸弟子雖未慣習其師技藝然其智慧方便善巧餘

一切人所不能及菩薩摩訶薩初始發心亦復如是雖未慣習一切智行然其所有願智解欲一切世間凡夫二乘悉不能及（善入方便得自在故。八有十四喻揔八地德）善男子如人學射先安其足後習其法菩薩摩訶薩亦復如是欲學如來一切智道先當安住菩提之心然後修行一切佛法善男子譬如幻師將作幻事先當起意憶持幻法然後所作悉得成就菩薩摩訶薩亦復如是將起一切諸佛菩薩神通幻事先當起意發菩提心然後一切悉得成就善男子譬如幻術無色現色菩薩摩訶薩菩提心相亦復如是雖無有色不可覩見然能普於十方法界示現種種功德莊嚴善男子譬如猫狸纔見於鼠鼠即入穴不敢復出菩薩摩訶薩發

菩提心亦復如是暫以慧眼觀諸惑業皆即竄匿不復出生善男子譬如有人著閻浮金莊嚴之具映蔽一切皆如聚墨菩薩摩訶薩亦復如是著菩提心莊嚴之具映蔽一切凡夫二乘功德莊嚴悉無光色善男子如好磁石少分之力即能吸壞諸鐵鉤鎖菩薩摩訶薩發菩提心亦復如是若起一念悉能壞滅一切見欲無明鉤鎖（無功發心能滅相惑等故）善男子如有磁石鐵若見之即皆散去無留住者菩薩摩訶薩發菩提心亦復如是諸業煩惱二乘解脫若暫見之即皆散滅亦無住者善男子譬如有人善入大海一切水族無能為害假使入於摩竭魚口亦不為彼之所吞噬菩薩摩訶薩亦復如是發菩提心入生死海諸業煩惱不能

為害假使入於聲聞緣覺實際法中亦不為其之所留難善男子譬如有人飲甘露漿一切諸物不能為害菩薩摩訶薩亦復如是飲菩提心甘露法漿不墮聲聞辟支佛地以具廣大悲願力故善男子譬如有人得安繕那藥以塗其目雖行人間人所不見菩薩摩訶薩亦復如是得菩提心安繕那藥能以方便入魔境界一切衆魔所不能見善男子譬如有人依附於王不畏餘人菩薩摩訶薩亦復如是依菩提心大勢力王不畏障蓋惡道之難善男子譬如有人住於水中不畏火焚菩薩摩訶薩亦復如是住菩提心善根水中不畏二乘解脫智火善男子譬如有人依倚猛將即不怖畏一切怨敵菩薩摩訶薩亦復如是依菩提心勇猛大將不畏一切惡行怨敵善男子如釋天王執金剛杵摧伏一切阿脩羅衆菩薩摩訶薩亦復如是持菩提心金剛之杵摧伏一切諸魔外道（九有）（十喻攝九地德）善男子譬如有人服延齡藥長得充健不老不瘦菩薩摩訶薩亦復如是服菩提心延齡之藥於無數劫修菩薩行心無疲厭亦無染著（延壽益生等故）善男子譬如有人調和藥汁必當先取好清淨水菩薩摩訶薩亦復如是欲修菩薩一切行願先當發起菩提之心善男子如人護身先護命根菩薩摩訶薩亦復如是護持佛法亦當先護菩提之心善男子譬如有人命根若斷不能利益父母宗親菩薩摩訶薩亦復如是捨菩提心不能利益一切衆生不能成就諸佛功德善男子譬如大海無能壞者菩提心海亦復如是諸業煩惱二乘之心所不能壞善男子譬如日光星宿光明不能映蔽菩提心日亦復如是一切二乘無漏智光所不能蔽善男子如王子初生即為大臣之所尊重以種性自在故菩薩摩訶薩亦復如是於佛法中發菩提心即為耆宿久修梵行聲聞緣覺所共尊重以大悲自在故善男子譬如王子年雖幼稚一切大臣皆悉敬禮菩薩摩訶薩亦復如是雖初發心修菩薩行二乘耆舊皆應敬禮善男子譬如王子雖於一切臣佐之中未得自在已具王相不與一切諸臣佐等以生處尊勝故菩薩摩訶薩亦復如是雖於一切業煩惱中未得自在然已具足菩提之相不與一

切二乘齊等以種性第一故善男子譬如清淨摩尼妙寶眼有翳故見為不淨菩薩摩訶薩菩提心寶亦復如是無智不信謂為不淨（千有六喻攝十地德）善男子譬如有藥為咒所持若有衆生見聞同住一切諸病皆得消滅菩薩摩訶薩菩提心藥亦復如是一切善根智慧方便菩薩願智共所攝持若有衆生見聞同住憶念之者諸煩惱病悉得除滅（謂除惑習成一切佛法故）善男子譬如有人常持甘露其身畢竟不變不壞菩薩摩訶薩亦復如是若常憶持菩提心露令願智身畢竟不壞善男子如機關木人若無有楔身即離散不能運動菩薩摩訶薩亦復如是無菩提心行即分散不能成就一切佛法善男子如轉輪王有沉香寶名曰象藏若燒此香王四種兵悉騰虛空菩薩摩訶薩菩提心香亦復如是若發此意即令菩薩一切善根永出三界行如來智無為空中善男子譬如金剛唯從金剛處及金處生非餘寶處生菩薩摩訶薩菩提心金剛亦復如是唯從大悲救護衆生金剛處一切智智殊勝境界金處而生非餘衆生善根處生善男子譬如有樹名曰無根不從根生而枝葉華果悉皆繁茂菩薩摩訶薩菩提心樹亦復如是無根可得而能長養一切智智神通大願枝葉華果扶踈蔭映普覆世間（五有十七喻攝等覺位功德）善男子譬如金剛非劣惡器及以破器所能容持唯除全具上妙之器菩提心金剛亦復如是非下劣衆生慳嫉破戒懈怠妄念無智器中所能容持亦非退失殊勝志願散亂惡覺衆生器中所能容持唯除菩薩深心寶器善男子譬如金剛能穿衆寶菩提心金剛亦復如是悉能穿徹一切法寶善男子譬如金剛能壞衆山菩提心金剛亦復如是悉能摧壞諸邪見山善男子譬如金剛雖破不全一切衆寶猶不能及菩提心金剛亦復如是雖復志劣少有虧損猶勝一切二乘功德善男子譬如金剛雖有損缺猶能除滅一切貧窮菩提心金剛亦復如是雖有損缺不進諸行猶能捨離一切生死善男子如少金剛悉能破壞一切諸物菩提心金剛亦復如是入少境界即破一切無知諸惑善男子譬如金剛非凡人所得菩提心金剛亦復如是非劣意衆生之所能得善男子譬

如金剛不識寶人不知其能不得其用菩提心金剛亦復如是不知法人不了其能不得其用善男子譬如金剛無能銷滅菩提心金剛亦復如是一切諸法無能銷滅善男子如金剛杵諸大力人皆不能持唯除有大那羅延力菩提之心亦復如是一切二乘皆不能持唯除菩薩廣大因緣堅固善力善男子譬如金剛一切諸物無能壞者而能普壞一切諸物然其體性無所損減菩提之心亦復如是普於三世無數劫中教化衆生修行苦行聲聞緣覺所不能者咸能作之然其畢竟無有疲厭亦無損壞善男子譬如金剛餘不能持唯金剛地之所能持菩提之心亦復如是聲聞緣覺皆不能持唯除趣向薩婆若者善男子如金剛器無有瑕缺用盛於水永不滲漏而入於地菩提心金剛器亦復如是盛善根水永不滲漏令入諸趣善男子如金剛際能持大地不令墜沒菩提之心亦復如是能持菩薩一切行願不令墜沒入於三界善男子譬如金剛久處水中不爛不濕菩提之心亦復如是於一切劫處在生死業惑水中無壞無變善男子譬如金剛一切諸火不能燒然不能令熱菩提之心亦復如是一切生死諸煩惱火不能燒然不能令熱善男子譬如三千世界之中金剛座上能持諸佛坐於道場降伏諸魔成等正覺非是餘座之所能持菩提心座亦復如是能持菩薩一切願行諸波羅蜜諸忍諸地迴向受記修習菩提助道之法供養諸佛聞法受行一切餘心所不能持。四結釋所勸 善男子菩提心者成就如是無量無邊乃至不可說不可說殊勝功德若有衆生發阿耨多羅三藐三菩提心則獲如是勝功德法是故善男子汝獲善利汝發阿耨多羅三藐三菩提心求菩薩行已得如是大功德故 牒上來多德釋發善利之言故。二正授法界四。初授法體四初摘入方便。二初牒問勸證 善男子如汝所問菩薩云何學菩薩行修菩薩道善男子汝可入此毗盧遮那莊嚴藏大樓閣中周徧觀察則能了知學菩薩行學已成就無量功德 此下入第七十九經。二求證方便 爾時善財童子恭敬右繞彌勒菩薩摩訶薩已而白之言唯願大聖開樓閣門令我得入。二加令證入 時彌勒菩薩前詣樓閣彈指出聲其門即開命善財入 先約緣加令其就法七言會旨則佛法門開故云前詣等即開理智

（之門示令悟入也）善財心喜入已還閉（後約因自證悟佛知見則入法界從迷之悟加行趣入有門理之殊證已契合能所兩亡即妄而真更無入處故云還閉三見所證境二初別明所見二總顯見相前中有六一見依報二見正報三見伴菩薩四見諸佛五見閣中主閣六總見嚴具作用此之六段皆悲智之中所有前中分二初見後蓋前中有三。初直見一重莊嚴）見其樓閣廣博無量同於虛空（同虛空者稱法性故上標下列）阿僧祇寶以為其地阿僧祇宮殿阿僧祇門闥阿僧祇總牖阿僧祇階陛阿僧祇欄楯阿僧祇道路皆七寶成阿僧祇幡阿僧祇幢阿僧祇蓋周迴閒列阿僧祇衆寶瓔珞阿僧祇眞珠瓔珞阿僧祇赤眞珠瓔珞阿僧祇師子珠瓔珞處處垂下阿僧祇半月阿僧祇繒帶阿僧祇寶網以為嚴飾阿僧祇寶鐸風動成音散阿僧祇天諸雜華懸阿僧祇天寶鬘帶嚴阿僧祇衆寶香鑪雨阿僧祇細末金屑懸阿僧祇寶鏡然阿僧祇寶燈布阿僧祇寶衣列阿僧祇寶帳設阿僧祇寶座阿僧祇寶繒以敷座上阿僧祇閻浮檀金童女像阿僧祇雜寶諸形像阿僧祇妙寶菩薩像處處充徧阿僧祇衆鳥出和雅音阿僧祇寶優鉢羅華阿僧祇寶波頭摩華阿僧祇寶拘物頭華阿僧祇寶芬陀利華以為莊嚴阿僧祇寶樹次第行列阿僧祇摩尼寶放大光明（後結）如是等無量阿僧祇諸莊嚴具以為莊嚴（二依中有依）又見其中有無量百千諸妙樓閣一一嚴飾悉如上說廣博嚴麗皆同虛空不相障礙亦無雜亂（一中見多即微細門）

（亦主伴門。三一多自在）善財童子於一處中見一切處一切諸處悉如是見（一處見多即自在門。二明得益）爾時善財童子見毗盧遮那莊嚴藏樓閣如是種種不可思議自在境界生大歡喜踊躍無量身心柔輭離一切想除一切障滅一切惑所見不忘所聞能憶所思不亂入於無礙解脫之門普運其心普見一切普申敬禮（二見正報。二。初總標）纔始稽首以彌勒菩薩威神之力自見其身徧在一切諸樓閣中具見種種不可思議自在境界（二別顯五。初見發心時）所謂或見彌勒菩薩初發無上菩提心時如是名字如是種族如是善友之所開悟令其種植如是善根住如是壽在如是劫值如是佛處於如是莊嚴剎土修如是行發如是願彼諸如來如是衆會如是壽命經爾許時親近供養悉皆明見（二見其修行得法時）或見彌勒最初證得慈心三昧從是已來號為慈氏或見彌勒修諸妙行成滿一切諸波羅蜜或見得忍或見住地或見成就清淨國土或見護持如來正教爲大法師得無生忍某時某處某如來所受於無上菩提之記〈三隨類攝生時〉或見彌勒爲轉輪王勸諸衆生住十善道或爲護世饒益衆生或爲釋天訶責五欲或爲餤摩天王讚不放逸或爲兜率天王稱歎一生菩薩功德或爲化樂天王爲諸天衆現諸菩薩變化莊嚴或爲他化自在天王爲諸天衆演説一切諸佛之法或作魔王説一切法皆悉無常或爲梵王説諸禪定無量喜樂或爲阿脩羅王入大智海了法如幻爲其衆會常演説法斷除一切憍慢醉傲或復見其處閻羅界放大光明救地獄苦或見在於餓鬼之處施諸飲食濟彼飢渴或見在於畜生之道種種方便調伏衆生〈四見處會説法二○初所處會殊〉或復

見爲護世天王衆會説法或復見爲忉利天王衆會説法或復見爲餤摩天王衆會説法或復見爲兜率天王衆會説法或復見爲化樂天王衆會説法或復見爲他化自在天王衆會説法〈治八〉或復見〈十六〉爲大梵王衆會説法或復見爲龍王衆會説法或復見爲夜叉羅刹王衆會説法或復見爲乾闥婆緊那羅王衆會説法或復見爲阿脩羅陀那婆王衆會説法或復見爲迦樓羅摩睺羅伽王衆會説法或復見爲其餘一切人非人等衆會説法或復見爲聲聞衆會説法或復見爲緣覺衆會説法或復見爲初發心乃至一生所繫已灌頂者諸菩薩衆而演説法〈三顯所説之法〉或見讚説初地乃至十地所有功德或見讚説滿足一切諸波羅

蜜或見讚説入諸忍門或見讚説諸大三昧門或見讚説甚深解脱門或見讚説諸禪三昧神通境界或見讚説諸菩薩行或見讚説諸大誓願或見與諸同行菩薩讚説世間資生工巧種種方便〈治八〉利衆生事或見與諸一生菩薩讚説一〈十七〉切佛灌頂門〈五總見行用〉或見彌勒於百千年經行讀誦書寫經卷勤求觀察爲衆説法或入諸禪四無量心或入徧處及諸解脱或入三昧以方便力現諸神變〈三見伴菩薩身雲演説〉或見諸菩薩入變化三昧各於其身一一毛孔出於一切變化身雲或見出天衆身雲或見出龍衆身雲或見出夜叉乾闥婆緊那羅阿脩羅迦樓羅摩睺羅伽釋梵護世轉輪聖王小王王子大臣官屬長者居士身雲或見出聲

聞緣覺及諸菩薩如來身雲或見出一
切衆生身雲或見出妙音讚諸菩薩種
種法門所謂讚説菩提心功德門讚説
檀波羅蜜乃至智波羅蜜功德門讚説
諸攝諸禪諸無量心及諸三昧三摩鉢
底諸通諸明總持辯才諸諦諸智止觀
解脱諸緣諸依諸説法門讚説念處正
勤神足根力七菩提分八聖道分諸數
聞乘諸獨覺乘諸菩薩乘諸地諸忍諸
行諸願如是等一切諸功德門（即前與無量眷）
（屬四見諸佛攝化之德）或復於中見諸如來大衆圍繞
亦見其佛生處種姓身形壽命刹劫名
號説法利益敎住久近乃至所有道場
衆會種種不同悉皆明見（五見閣中主閣別明慈氏一生）
（當作於中有六初見）又復於彼莊嚴藏內諸樓閣中
見一樓閣高廣嚴飾最上無比於中悉

見三千世界百億四天下百億兜率陀
天一一皆有彌勒菩薩降神誕生釋梵
天王捧持頂戴游行七步觀察十方大
師子吼現爲童子居處宮殿游戲園苑
爲一切智出家苦行示受乳糜往詣道
場降伏諸魔成等正覺觀菩提樹梵王
勸請轉正法輪升天宮殿而演説法劫
數壽量衆會莊嚴所淨國土所修行願
敎化成熟衆生方便分布舍利住持敎
法皆悉不同（二得益）爾時善財自見其身
在彼一切諸如來所亦見於彼一切衆
會一切佛事憶持不忘通達無礙（六見閣嚴）
（具作用神變於中十段得聞網等演法三初近聞）復聞一切諸樓閣
內寶網鈴鐸及諸樂器皆悉演暢不可
思議微妙法音説種種法所謂或説菩
薩發菩提心或説修行波羅蜜行或説

諸願或説諸地或説恭敬供養如來或
説莊嚴諸佛國土或説諸佛説法差別
如上所説一切佛法悉聞其音敷暢辯
了（二遠聞）又聞某處有某菩薩聞某法門
某善知識之所勸導發菩提心於某劫
某刹某如來所某大衆中聞於某佛如
是功德發如是心起如是願種於如是
廣大善根經若干劫修菩薩行於爾許
時當成正覺如是名號如是壽量如是
國土具足莊嚴滿如是願化如是衆如
是聲聞菩薩衆會般涅槃後正法住世
經爾許劫利益如是無量衆生或聞某
處有某菩薩布施持戒忍辱精進禪定
智慧修習如是諸波羅蜜或聞某處有
某菩薩爲求法故棄捨王位及諸珍寶
妻子眷屬手足頭目一切身分皆無所

悋或聞某處有某菩薩守護如來所說正說為大法師廣行法施建法幢吹法蠡擊法鼓雨法雨造佛塔廟作佛形像施諸衆生一切樂具或聞某處有某如來於某劫中成等正覺如是國土如是衆會如是壽命說如是法滿如是願教化如是無量衆生。三得益 善財童子聞如是等不可思議微妙法音身心歡喜柔輭悅澤即得無量諸摠持門諸辯才門諸禪諸忍諸願諸度諸通諸明及諸解脫諸三昧門。二見寶鏡作用 又見一切諸寶鏡中種種形像所謂或見諸佛衆會道場或見菩薩衆會道場或見聲聞衆會道場或見緣覺衆會道場或見淨世界或見不淨世界或見淨不淨世界或見不淨淨世界或見有佛世界或見無佛世界

或見小世界或見中世界或見大世界或見因陀羅網世界或見覆世界或見仰世界或見平坦世界或見地獄畜生餓鬼所住世界或見天人充滿世界於如是等諸世界中見有無數大菩薩衆或行或坐作諸事業或起大悲憐愍衆生或造諸論和益世間或受或持或書或誦或問或荅三時懺悔迴向發願。三見寶柱放光 又見一切諸寶柱中放摩尼王大光明網或青或黃或赤或白或頗梨色或水精色或帝青色或虹蜺色或閻浮檀金色或作一切諸光明色。四見寶像威儀 又見彼閻浮檀金童女及衆寶像或以其手而執華雲或執衣雲或執幢幡或執鬘蓋或持種種塗香末香或持上妙摩尼寶網或垂金鎖或挂瓔珞或舉其臂捧莊

嚴具或低其首垂摩尼冠曲躬瞻仰目不暫捨。五瓔珞等出生 又見彼眞珠瓔珞常出香水具八功德瑠璃瓔珞百千光明同時照耀幢幡網蓋如是等物一切皆以衆寶莊嚴。六蓮華重現 又復見彼優鉢羅華波頭摩華拘物頭華芬陀利華各各生於無量諸華或大一手或長一肘或復縱廣猶如車輪一一華中皆悉示現種種色像以為嚴飾所謂男色像女色像童男色像童女色像釋梵護世天龍夜叉乾闥婆阿脩羅迦樓羅緊那羅摩睺羅伽聲聞緣覺及諸菩薩如是一切衆生色像皆悉合掌曲躬禮敬亦見如來結加趺坐三十二相莊嚴其身。七寶地現像 又復見彼淨瑠璃地一一步閒現不思議種種色像所謂世界色像菩薩色像如來色

像及諸樓閣莊嚴色像。八樹現半身 又於寶樹枝葉華果一一事中悉見種種半身色像所謂佛半身色像菩薩半身色像天龍夜叉乃至護世轉輪聖王小王王子大臣官長及以四衆半身色像其諸色像或執華鬘或執瓔珞或持一切諸莊嚴具或有曲躬合掌禮敬一心瞻仰目不暫捨或有讚歎或入三昧其身悉以相好莊嚴普放種種諸色光明所謂金色光明銀色光明珊瑚色光明兜沙羅色光明兜沙羅此云霜氷 帝青色光明毘盧遮那寶色光明一切衆寶色光明瞻波迦華色光明瞻波迦此云黃色。九半月現 又見諸樓閣半月像中出阿僧祇日月星宿種種光明普照十方千璧現本事文二。初見慈氏修行隨類攝生 又見諸樓閣周迴四壁一一步內一切衆寶以為莊

嚴一一寶中皆現彌勒曩劫修行菩薩道時或施頭目或施手足脣舌牙齒耳鼻血肉皮膚骨髓乃至爪髮如是一切悉皆能捨妻妾男女城邑聚落國土王位隨其所須盡皆施與處牢獄者令得出離被繫縛者使其解脫有疾病者為其救療入邪徑者示其正道或為船師令度大海或為馬王救護惡難或為大仙善說諸論或為輪王勸修十善或為醫王善療衆病或孝順父母或親近善友或作聲聞或作緣覺或作菩薩或作如來教化調伏一切衆生或為法師奉行佛教受持讀誦如理思惟立佛支提作佛形像若自供養若勸於他塗香散華恭敬禮拜如是等事相續不絕或見坐於師子之座廣演說法勸諸衆生

安住十善一心歸向佛法僧寶受持五戒及八齋戒出家聽法受持讀誦如理修行乃至見於彌勒菩薩百千億那由他阿僧祇劫修行諸度一切色像二。觀所事末勒會座 又見彌勒曾所承事諸善知識悉以一切功德莊嚴亦見彌勒在彼一一善知識所親近供養受行其教乃至住於灌頂之地時諸知識告善財言善來童子汝觀此菩薩不思議事莫生疲厭二。總顯見相二 初。法 爾時善財童子先明何力略見 得不忘失憶念力故次以何眼見 得見十方清淨眼故次持何智見 得善觀察無礙智故得諸菩薩自在智故次依何位見 得諸菩薩已入智地廣大解故次於何處見 於一切樓閣一一物中悉見如是及餘無量不可思議自在境界諸莊嚴事後結前來所不說境三。喻 譬如有人於睡夢中見種

種物所謂城邑聚落宮殿園苑山林河池衣服飲食乃至一切資生之具或見自身父母兄弟内外親屬或見大海須彌山王乃至一切諸天宮殿閻浮提等四天下事或見其身形量廣大百千由旬房舍衣服悉皆相稱謂於晝日經無量時不眠不寢受諸安樂從睡覺已乃知是夢而能明記所見之事善財童子亦復如是以彌勒菩薩力所持故知三界法皆如夢故滅諸衆生陿劣想故得無障礙廣大解故住諸菩薩勝境界故入不思議方便智故能見如是自在境界

喻顯見相所以有十喻者所喻別故然有二意一喻能見因緣別故二喻所見境相別故且初意者上一總喻能見所見皆如夢事大小無礙等下九皆別二喻自因力隨自業故亦表善財九命將終故三四二句並喻緣力龍鬼所持故然鬼持自他不同龍持自他同體五喻交依報力六是定力七喻住空力八喻法界自在力九喻智定無二之力大智海印之三昧故十幻智自在力。次約所喻境相別者亦初總餘別

譬如有人將欲命終見隨其業所受報相行惡業者見於地獄畜生餓鬼所有一切衆苦境界或見獄卒手持兵仗或瞋或罵囚執將去亦聞號叫悲歎之聲或見灰河或見鑊湯或見刀山或見劍樹種種逼迫受諸苦惱作善業者即見一切諸天宮殿無量天衆天諸采女種種衣服具足莊嚴宮殿園林盡皆妙好身雖未死而由業力見如是事善財童子亦復如是以菩薩業不思議力得見一切莊嚴境界臨命現業喻喻所見冥應譬如有人為鬼所持見種種事隨其所問悉皆能答善財童子亦復如是菩薩智慧之所持故見彼一切諸莊嚴事若有問者靡不能答非人所持喻喻所見能說譬如有人為龍所持自謂是龍入於龍宮於少時間自謂已經日月年載善財童子亦復如是以住菩薩智慧想故彌勒菩薩所加持故於少時間謂無量劫龍宮海久喻喻念劫圓融譬如梵宮名莊嚴藏於中悉見三千世界一切諸物不相雜亂善財童子亦復如是於樓觀中普見一切莊嚴境界種種差別不相雜亂梵宮廣現喻喻一多無礙譬如比丘入徧處定若行若住若坐若臥隨所入定境界現前善財童子亦復如是入於樓觀一切境界悉皆明了徧處定境喻喻所見明了譬如有人於虛空中見乾闥婆城具足莊嚴悉分別知無有障礙乾城依空喻喻事理無礙譬如夜叉宮殿與人宮殿同在一處而不相雜各隨其業所見不同同處異見喻喻隱顯自在譬如大海於中悉見三千世界一切色像海見三千喻喻頓見近遠譬如幻師以幻力故現諸幻事種種作業

善財童子亦復如是以彌勒菩薩威神力故及不思議幻智力故能以幻智知諸法故得諸菩薩自在力故見樓閣中一切莊嚴自在境界幻現衆多喻皆所見純雜無礙

大方廣佛華嚴經疏卷第一百一十八

治八

大方廣佛華嚴經疏卷第一百一十九 入第七十九經下半 治九

清涼山沙門 澄觀述 晉水沙門 淨源 錄疏注經

ム四事訖起定四。初警覺令起 爾時彌勒菩薩摩訶薩即彈神力入樓閣中彈指作聲告善財言 治九 善男子起 亦彈指者前來得音所謂忘言此中得音令不滯寂。二略示體相 法性如是 上句標示下釋所見之相 此是菩薩知諸法智因緣聚集所現之相如是自性如幻如夢如影如像 從法智緣生緣生故無自性故云如是自性如幻夢等 悉不成就 結成上義從緣無性故事不成就無性從緣故理不成就由不守自性故能隨緣成上之法雖成不離法性故即事同之法性如是亦是性德自具。三得音而起 爾時善財聞彈指聲從三昧起 ム二問答所見二。初問 彌勒告言善男子汝住菩薩不可思議自在解脫受諸菩薩三昧喜樂能見菩薩神力所持助道所流願智所現種種上妙莊嚴宮殿見菩薩行聞菩薩法知菩薩德了如來願 問約親證推之在因云住不思議。二答 善財白言唯然

聖者是善知識加被憶念威神之力 答約讚歎推之在緣云善友力師資互推反常情也。ム二顯法名二。初問 聖者此解脫門其名何等。二答 彌勒告言善男子此解脫門名入三世一切境界 即此所入所見之境 不忘念智 即能入能現之智良以三世一如故念劫圓融隨一世中現三際之境智入三世了法空寂與如冥契故 一莊嚴藏 有其二義一以法性嚴念中無所不見故一莊嚴中包含出生無盡嚴具如一閣中見多閣等二以無礙智契圓融境嚴如來藏則本具諸法故上文云法性如是非是新成故此門中具不可說 解脫上明主門下眷屬門 善男子此解脫門中有不可說不可說解脫門一生菩薩之所能得 ム三窮嚴因之本源於中乃有二番問答初番窮其所歸二。初問 善財問言此莊嚴事何處去耶 由上都希奇攝力之後忽然而失故問其去處。二答 彌勒答言於來處去 以從本流末故來攝末歸本故去去不異來故引之於來 治九 一時併答ム後番彰其本起二。初問 曰從何處來 雖蒙引歸來處既不究終歸寧知本起故復尋之ム三答二。初法 曰從菩薩智慧神力中來 謂智力緣作故來 依菩薩智慧神力而住 智力緣加故住上相下性 無有去處亦無住處 既從緣來則無來去

故此嚴事非在閣中而住亦非別處特來 非集非常 從緣而來故非集緣謝則滅故非常若先定有處所則墮常過先有今無則爲斷滅則墮斷過 遠離一切 既離斷常何有生滅一異等相故云遠離一切。ム二喩二。初龍王降雨喩 善男子如龍王降雨不從身出不從心出無有積集而非不見但以龍王心念力故霈然洪霔周徧天下如是境界不可思議 徧喩無來之來 善男子彼莊嚴事亦復如是不住於內 菩薩力故 亦不住外 自善力故以內外因緣互奪則內外兩亡 而非不見但由菩薩威神之力汝善根力見如是事。二幻師現幻喩 善男子辟如幻師作諸幻事無所從來無所至去雖無來去以幻力故分明可見 雙喩來去則無來去 治九 三 彼莊嚴事亦復如是無所從來亦無所去雖無來去然以慣習不可思議幻智力故及由往昔大願力故如是顯現 ム四嚴正報之性相二。初問從來二。初問 善財童子言大聖從何處來 上見慈氏從餘處來遠即致敬問法未遑詰問所從故此

（因前嚴事之來便問來處二答具有三來處。初法身）彌勒言善男子諸菩薩無來無去如是而來無行無住如是而來無處無著不沒不生不住不遷不動不起無戀無著無業無報無起無滅不斷不常如是而來（約體實法身即無來之來來即無來文有十對。二報身）善男子菩薩從大悲處來爲欲調伏諸衆生故從大慈處來爲欲救護諸衆生故從淨戒處來隨其所樂而受生故從大願處來往昔願力之所持故從神通處來於一切處隨樂現故從無動搖處來恒不捨離一切佛故從無取捨處來不役身心使往來故從智慧方便處來隨順一切諸衆生故從示現變化處來猶如影像而化現故（約相實報從萬行中來亦猶淨名從萬行道場來矣。三化身）然善男子汝問於我從何處來者善男子我從生處摩羅提國而來於此（約用化現隨機熟處而來此三即是法報化身亦體相用亦理行事又初唯理後唯約事中具理事摩羅提者具云摩羅耶提數摩羅耶者此云鬘茂即山名也提數云中謂其山在此國中故彼國中近此山故）善男子彼有聚落名爲房舍有長者子名瞿波羅（瞿者地也波羅云守護即守護土地及心地故。四）爲化其人令入佛法而住於彼又爲生處一切人民隨所應化而爲說法亦爲父母及諸眷屬婆羅門等演說大乘令其趣入故住於彼而從彼來（三問答生處二。初問）善財童子言聖者何者是菩薩生處（由前經云從生處來故今窮之。二答二。初通明諸菩薩生處三。初正答生處）答言善男子菩薩有十種生處何者爲十（十中皆上句爲能生之行下句爲所生之家）善男子菩提心是菩薩生處生菩薩家故（謂若發菩提心則是菩薩名爲生家）深心是菩薩生處生善知識家故（若有深心則見善友）諸地是菩薩生處生波羅蜜家故（若得諸地則滿諸度）大願是菩薩生處生妙行家故大悲是菩薩生處生四攝家故如理觀察是菩薩生處生般若波羅蜜家故大乘是菩薩生處生方便善巧家故教化衆生是菩薩生處生佛家故（教化衆生即是覺他）智慧方便是菩薩生處生無生法忍家故（有智慧故了法無生有方便故不取無生之相不滯二乘之寂故生無生忍家餘可思準上句亦通所生思之。五）修行一切法是菩薩生處生過現未來一切如來家故。（二明生緣眷屬）善男子菩薩摩訶薩以般若波羅蜜爲母方便善巧爲父（般若爲母方便爲父略有三義一實智虛凝與陰俱靜權智流動與陽齊波故二觀生法身實由般若若無方便多共二乘成菩薩種乃由方便故三內解外濟如父母故）檀波羅蜜爲乳母（檀以摄資）尸波羅蜜爲養母（尸以防護餘可思耳）忍波羅蜜爲莊嚴具勤波羅蜜爲養育者禪波羅蜜爲浣濯人善知識爲教授師一切菩提分爲伴侶一切善法爲眷屬一切菩薩爲兄弟菩提心爲家如理修行爲家法諸地爲家處諸忍爲家族大願爲家教滿足諸行爲順家法勤發大乘爲紹家業法水灌頂一生所繫菩薩爲王太子成就菩提爲能淨家族（三校量顯勝二初總辨生家勝）善男子菩薩如是超凡夫地入菩薩位生如來家住佛種性能修諸行不斷三寶善能守護菩薩種族淨菩薩種生處尊勝無諸過惡一切世間天人魔梵沙門婆羅門恭敬讚歎。（二別章智勝）善男子菩薩摩訶薩生於如是尊勝家已知一切法如影像故於諸世間無所惡賤知一切法如變化故於諸有趣無所染著知一切法無有我故教化衆生心無疲厭以大慈悲爲體性故攝受衆生不覺勞苦了達生死猶如夢故經一切劫而無怖畏了知諸蘊皆如幻故示現受生而無疲厭知諸界處同法界故於諸境界無所壞滅知一切想如陽燄故入於諸趣不生倒惑達一切法皆如幻故入魔境界不起染著知法身故一切煩惱不能欺誑得自在故於一切趣通達無礙（三別顯慈氏生處文二。先彰實報等周法界）善男子我身普生一切法界（文有十句上句總次八別）等一切衆生差別色相等一切衆生殊異言音等一切衆生種種名號等一切衆生所樂威儀隨順世間教化調伏等一切清淨衆生示現受生等一切凡夫衆生所作事業等一切衆生想等一切菩薩願（後一結）而現其身充滿法界（二顯爲願攝當現生殊二。初現生）善男子我爲化度與我往昔同修諸行今時退失菩提心者亦爲教化父母親屬亦爲教化諸婆羅門令其離於種族憍慢得生如來種性之中而生於此閻浮提界摩羅提國拘吒聚落婆羅門家（拘吒此云樓閣此聚落中多樓閣故慈氏在此中故）善男子我住於此大樓閣中隨諸衆生心之所樂種種方便教化調伏（二當生二。初正顯當生所爲）善男子我爲隨順衆生心故我爲成熟兜率天中同行天故我爲示現菩薩福智變化莊嚴超過一切諸欲界故令其捨離諸欲樂故令知有爲皆無常故令知諸天盛必衰故爲欲示現將降生時大智法門與一生菩薩共談論故爲欲攝化諸同行故爲欲教化釋迦如來所遣來者令如蓮華悉開悟故於此命終生兜率天（如蓮華者有其三義一釋迦下種彼華圖故二昔因含果如華未開因亡果現故如蓮開三開熏含實如蓮未開見實亡言故云開悟智論云菩薩善根不過如來智慧日光瞖死無疑通證前義。三結會三聖）善男子我願滿足成一切智得菩提時汝及文殊俱得見我（俱見我者亦有三意一俱助化故。二善財表行，文殊信智，成正覺時具證此故。三文殊古佛，善財當佛，慈氏現佛，三世圓融，浩然大均，故云俱見。四指示後友。三。初勸往教問。善男子汝當往詣文殊師利善知識所（因位將極，令反照心源故）而問之言菩薩云何學菩薩行云何而入普賢行門云何成就云何廣大云何隨順云何清淨云何圓滿善男子彼當為汝分別演說（二釋勸所由。二。初徵）何以故（徵意云文殊已見何為勸往。二釋。釋意云彼德深廣宿緣重故。於中有二。初明其行廣）文殊師利所有大願非餘無量百千億那由他菩薩之所能有善男子文殊師利童子其行廣大其願無邊出生一切菩薩功德無有休息（出生菩薩功德者主信法門長養一切善根故）善男子文殊師利常為無量百千億那由他諸佛母（為佛母者主般若門住甚深智見法實故）常為無量百千億那由他菩薩師（為菩薩師者具善巧智通達解脫究竟普賢行故）教化成就一切眾生名稱普聞十方世界常於一切諸佛眾中為說法師一切如來之所讚歎住甚深智能如實見一切諸法通達一切解脫境界究竟普賢所行諸行（二顯其緣深已多成益）善男子文殊師利童子是汝善知識令汝得生如來家長養一切諸善根發起一切助道法值遇真實善知識令汝修一切功德入一切願網住一切大願為汝說一切菩薩祕密法現一切菩薩難思行與汝往昔同生同行（三結勸重釋。三。初結勸）是故善男子汝應往詣文殊之所莫生疲厭（具上二義，應往勿疲）文殊師利當為汝說一切功德（二徵釋。二。初徵）何以故（徵意云何以的知具前二義。二釋）汝先所見諸善知識聞菩薩行入解脫門滿足大願皆是文殊威神之力（釋意云以所成益皆是彼力，故知行廣緣深。若當見者獲益尤增。三結德究竟）文殊師利於一切處咸得究竟（前見為信之首，後見為智之終，故云一切究竟。五戀德禮辭）時善財童子頂禮其足繞無量帀殷勤瞻仰辭退而去（此下入第八十卷經。第四明智照無二相顯。又善財障盡惑除，未始動念，是故反照唯是初心，更無二也，即信智無二。文但有三。初依教趣求）爾時善財童子依彌勒菩薩摩訶薩教漸次而行經由一百一十餘城已（百一十義已見上文，然此將城復有二義：一但從彌勒至於文殊自經百一十城，非連取前；二者加前百一十友，故云餘城，即通取前友普收諸法歸一照故。若爾，前友此城豈得同耶？亦有二義：一者友必依城，則一城一友；二者或於一城值於多友，或求一友歷於多城，而要具一百一十以顯表法故）到普門國（晉本中云登普門國。顯法蓋別，歸無二相，即普門故）蘇摩那城（蘇摩那此云悅意，即華名也，謂智照一性悅本心故，即德生城）住其門所（顯解心已極，將入般若無二之門故）思惟文殊師利隨順觀察周旋求覓希欲奉覲（二見聞證入。此下即是所滿脫文，義如前說，然以極照無二，心境兩亡，故略無敬問，信解雙絕，故不見現身，而反照未移信心，故申右手，又不見乃為真見，但了自心空般若故。文三。初摩頂攝受）是時文殊師利遙申右手（始信該於極果，故曰遙；中隨順行成，故曰右手）過一百一十由旬（徵過前位故，然過城約超封城，由旬明超數量，又前越諸位斷德，後越諸位智地）按善財頂（按頂表於攝受，亦以普法冥心頂故，信至極故。二讚示法）

門即舉失顯得謂若離信根等不了法性等反顯善財有信根等能了法性等於中有二○初列所闕行法作如是言善哉善哉善男子文有九句前七闕因若離信根一闕行本故心劣憂悔二求小故心劣處生死而憂悔功行不具三橫不具退失精勤四竪不進於一善根心生住著五滯一善於少功德便以爲足六不廣求不能善巧發起行願七不起無住行願後二闕緣不爲善知識之所攝護不爲如來之所憶念○二不能成益有十五句不能了知如是法性如是理趣如是法門如是所行如是境界前五約所知事理若周徧知若種種知若盡源底若解了若趣入若解說若分別若證知若獲得皆悉不能後十約能知分齊例前諸文思之又前九中初一信根是所闕因餘皆不能成說利益若約法功歸於信若約人論前友之法皆由文殊○三結益歸本文有十句是時文殊師利宣說此法示教利喜令善財童子成就阿僧祇法門前九結益甚深初一總餘八別具足無量大智光明即般若方便令得菩薩無邊際陀羅

尼無邊際願無邊際三昧無邊際神通無邊際智即智波羅蜜令入普賢行道場舉足下足皆與普賢行相應故及置善財自所住處即是法界是文殊大智無住住故又普賢道場即法界理自所住處即文殊智此亦義同示於後友普賢之境文殊師利還攝不現後之一句攝用歸本所作竟故信窮智境信相便亡故云不現○三轉遇勝緣修行故事於是善財思惟觀察一心願見文殊師利及見三千大千世界微塵數諸善知識悉皆親近恭敬承事受行其教無有違逆。然此諸友及後普賢皆無指授者表證法界離此彼相故此三千友乃有多義一者成前尚是文殊之益二者順後爲入理方便。又通論諸友更分三分初文殊一人爲信心之始文至後文殊爲智滿之終故此總見三千等友後之普賢理智無二。又前諸友一一各遊即是純門此中諸友一時頓見即顯雜門後普賢一人具前諸友即純雜無礙。又此諸友所得法門受行各別文所不具結廣從略故總云三千耳大文第五顯因廣大相以前顯理顯二顯其甚深方堪成佛廣大之因以隨一一因皆稱法性。故文殊般若即攝相歸體普賢法界即祕密重重。若以二聖相對則文殊爲能證若以二聖對善財則文殊亦爲所證未得般若今證得故。文中分三。初依教趣求有二十六句增長趣求一切智慧。上一標求佛果後一總觀圓因中間諸句義通前後皆是趣佛

之因並是解脫境故攝爲十對廣大悲海益大慈雲普觀衆生生大歡喜安住菩薩寂靜法門上四四等普周寂靜即捨故普緣一切廣大境界學一切佛廣大功德此二福智無外緣境是智慧故入一切佛決定知見增一切智助道之法此二入正增助善修一切菩薩深心知三世佛出興次第此二修因知果入一切法海轉一切法輪生一切世間此三入法現生入於一切菩薩願海住一切劫修菩薩行此二諸願修行照明一切如來境界長養一切菩薩諸根此二照上增下獲一切智清淨光明普照十方除諸闇障此二得實照權智周法界於一切佛刹一切諸有普現其身靡不周徧此二智周身徧摧一切障入無礙法住於法界平等之地此三摧障入理其入無礙法向上成無二礙向下即成無礙法界其住平等地即前文殊自所住處觀察普賢解脫境界後總句即前普賢行道場。以是顯因廣大相故文殊通指善財普觀不同前文一友指於

一友良以普觀方是普賢故二聞觀前相二。初聞有十三句即聞普賢菩薩摩訶薩名字上一聞人名即聞二字貫下諸句此中聞者非從一人多人聞之即稱法界而聞耳後十二句聞於行位行願助道正道上三可知諸地普賢位中自行依地及圓融所攝地也上句爲揔下八句別地方便加行地入入心地勝進出心地住住心地修習普施戒等地境界即第一徧行眞如等爲所證境亦是所得分齊之境地威力即神通作用摧邪攝生等地同住即同依佛智而住二明觀二。初仰德修觀渴仰欲見普賢菩薩聞前人法故生渴仰即於此金剛藏菩提場毗盧遮那如來師子座前一切寶蓮華藏座上正明修觀菩提場者是所觀處金剛藏者約表即於本所信自心佛果菩提體中金剛智內起一切因陀羅網普賢心觀。約事即前其地金剛而蘊德具嚴故名爲藏然此經體勢應具十會以顯無盡又始起覺場義應歸本故今且依文對前本末二會即是攝末歸本之義是以善財不假別指便於初會始成之處如來座前而起觀求起等虛空界廣大心捨一切剎離一切著無礙心普行一切無礙法無礙心徧入一切十方海無礙心普入一切智境界清淨心觀道場莊嚴明了心

入一切佛法海廣大心化一切衆生界周徧心淨一切國土無量心住一切劫無盡心趣如來十力究竟心。正顯觀心有十一句皆稱普賢境而起於心故後得見△二觀見希奇二。初結前生後善財童子起如是心時由自善根力一切如來所加被力普賢菩薩同善根力故衆顯見因△二正觀希奇二。初見瑞相見十種瑞相何等爲十十句五對各前句明所依淨土後句明其住處衆生所謂見一切佛剎清淨一切如來成正等覺見一切佛剎清淨無諸惡道見一切佛剎清淨衆妙蓮華以爲嚴飾見一切佛剎清淨一切衆生身心清淨見一切佛剎清淨種種衆寶之所莊嚴見一切佛剎清淨一切衆生諸相嚴身見一切佛剎清淨諸莊嚴雲以覆其上見一切佛剎清淨一切衆生互起慈心遞相利益不爲惱害見一切佛剎清淨道

場莊嚴見一切佛剎清淨一切衆生心常念佛是爲十。二觀光明又見十種光明相何等爲十所謂見一切世界所有微塵一一塵中出一切世界微塵數佛光明網雲周徧照耀一一塵中出一切世界微塵數佛光明輪雲種種色相周徧法界一一塵中出一切世界微塵數佛色像寶雲周徧法界一一塵中出一切世界微塵數佛光燄輪雲周徧法界一一塵中出一切世界微塵數衆妙香雲周徧十方稱讚普賢一切行願大功德海一一塵中出一切世界微塵數日月星宿雲皆放普賢菩薩光明徧照法界一一塵中出一切世界微塵數一切衆生身色像雲放佛光明徧照法界一一塵中出一切世界微塵數一切佛色像摩

尼雲周徧法界一一塵中出一切世界微塵數菩薩身色像雲充滿法界令一切衆生皆得出離所願滿足一一塵中出一切世界微塵數如來身色像雲說一切佛廣大擔願周徧法界是爲十前瑞則直見一重淨刹此明重見又前麁此細前體相此業用然皆是普賢依報之刹三見聞證入三初結前生後時善財童子見此十種光明相已即作是念我今必見普賢菩薩由觀前相生必見必增益善根見一切佛於諸菩薩廣大境界生決定解得一切智。二起觀增修於時善財普攝諸根一心求見普賢菩薩攝散住定起大精進心無退轉策勤無退即以普眼觀察十方一切諸佛諸菩薩衆所見境界皆作得見普賢之想觀其體徧以法界爲身故以智慧眼觀普賢道其心廣大猶如虛空大悲堅固猶如金剛悲智横廣願盡未來常得隨逐

普賢菩薩念念隨順修普賢行願行暨窮成就智慧入如來境住普賢地得果圓因此乃摠攝諸觀行人欲見當做此修離此觀心見亦非勝△三正明見聞證入二初正見聞證入二初得益因圓四初見身得益二初見勝身四初摠見勝德身相時善財童子即見普賢菩薩在如來前衆會之中由前於菩提場師子座前起勝想故坐寶蓮華師子之座諸菩薩衆所共圍繞最爲殊特世無與等智慧境界無量無邊難測難思等三世佛一切菩薩無能觀察。二別見毛孔出生見普賢身一一毛孔出一切世界微塵數光明雲徧法界虛空界一切世界除滅一切衆生苦患令諸菩薩生大歡喜毛孔出生廣徧法界實則重重無盡略顯二十重亦對前善財渴仰所起十一心故其初等虛空廣大等五心徧此諸句餘之六心別生諸句且除初句見一一毛孔出一切佛刹微塵數種種色香燄雲徧法界虛空界一切諸佛衆會道場而以普熏見一一毛孔出一切佛刹微

塵數雜華雲徧法界虛空界一切諸佛衆會道場雨衆妙華見一一毛孔出一切佛刹微塵數香樹雲徧法界虛空界一切諸佛衆會道場雨衆妙香見一一毛孔出一切佛刹微塵數妙衣雲徧法界虛空界一切諸佛衆會道場雨衆妙衣見一一毛孔出一切佛刹微塵數寶樹雲徧法界虛空界一切諸佛衆會道場雨摩尼寶此之五句由前觀道場明了心故出雲等皆嚴道場見一一毛孔出一切佛刹微塵數色界天身雲充滿法界歎菩提心見一一毛孔出一切佛刹微塵數梵天身雲勸諸如來轉妙法輪見一一毛孔出一切佛刹微塵數欲界天主身雲護持一切如來法輪此三句由前入佛法海心見一一毛孔念念中出一切佛刹微塵數三世佛刹雲徧法界虛空界

爲諸衆生無歸趣者爲作歸趣無覆護者爲作覆護無依止者爲作依止（此一句又最初一句由前化衆生界心）見一一毛孔念念中出一切佛剎微塵數清淨佛剎雲徧法界虛空界一切諸佛於中出世菩薩衆會悉皆充滿見一一毛孔念念中出一切佛剎微塵數淨不淨佛剎雲徧法界虛空界令雜染衆生皆得清淨見一一毛孔念念中出一切佛剎微塵數不淨淨佛剎雲徧法界虛空界令雜染衆生皆得清淨見一一毛孔念念中出一切佛剎微塵數不淨佛剎雲徧法界虛空界令純染衆生皆得清淨（此四內前淨一切國上心亦兼化衆生心）見一一毛孔念念中出一切佛剎微塵數衆生身雲徧法界虛空界隨其所應敎化衆生皆令發阿耨多羅三藐三菩提心

見一一毛孔念念中出一切佛剎微塵數菩薩身雲徧法界虛空界稱揚種種諸佛名號令諸衆生增長善根見一一毛孔念念中出一切佛剎微塵數菩薩身雲徧法界虛空界一切佛剎宣揚一切諸佛菩薩從初發意所生善根見一一毛孔念念中出一切佛剎微塵數菩薩身雲徧法界虛空界於一切佛剎一一剎中宣揚一切菩薩願海及普賢菩薩清淨妙行見一一毛孔念念中出普賢菩薩行雲令一切衆生心得滿足具足修習一切智道見一一毛孔出一切佛剎微塵數正覺身雲於一切佛剎現成正覺令諸菩薩增長大法成一切智（後六句由前住一切劫及趣如來十力究竟心並如文思之是知各由自心所見分齊。三重觀體內包含一。初結前生後）爾時善財童子見普賢菩薩

如是自在神通境界身心徧喜踴躍無量（。二正顯包含亦二。初見三千）重觀普賢一一身分一一毛孔悉有三千大千世界風輪水輪地輪火輪大海江河及諸寶山須彌鐵圍村營城邑宮殿園苑一切地獄餓鬼畜生閻羅王界天龍八部人與非人欲界色界無色界處日月星宿風雲雷電晝夜月時及以年劫諸佛出世菩薩衆會道場莊嚴如是等事悉皆明見（。二類通十方三際）如見此世界十方所有一切世界悉如是見如見現在十方世界前際後際一切世界亦如是見各各差別不相雜亂（。四結通周徧）如於此毗盧遮那如來所示現如是神通之力於東方蓮華德世界賢首佛所現神通力亦復如是如賢首佛所如是東方一切世界如東方南西

北方四維上下一切世界諸如來所現神通力當知悉爾如十方一切世界如是十方一切佛刹一一塵中皆有法界諸佛衆會一一佛所普賢菩薩坐寶蓮華師子座上現神通力悉亦如是彼一一普賢身中皆現三世一切境界一切佛刹一切衆生一切佛出現一切菩薩衆及聞一切衆生言音一切佛言音一切如來所轉法輪一切菩薩所成諸行一切如來游戲神通（文有四重舉類通那末句摠結塵中普賢是知前則身中包含法界廣無邊故顯其普義今則全此含法界身潛入塵中調柔無礙明其賢義內外周徧限量斯盡故名普賢。二得深益）善財童子見普賢菩薩如是無量不可思議大神通力即得十種智波羅蜜何等爲十所謂於念念中悉能周徧一切佛刹智波羅蜜於念念中悉能往詣一切佛所智波羅蜜於念念中悉能供養一切如來智波羅蜜於念念中普於一切諸如來所聞法受持智波羅蜜於念念中思惟一切如來法輪智波羅蜜於念念中知一切佛不可思議大神通事智波羅蜜於念念中說一句法盡未來際辯才無盡智波羅蜜於念念中以深般若觀一切法智波羅蜜於念念中入一切法界實相海智波羅蜜於念念中知一切衆生心智波羅蜜於念念中普賢慧行皆現在前智波羅蜜（既得智度已彰地滿況十乘無盡耶。二摩頂得益三。初摩頂）善財童子既得是已普賢菩薩即申右手摩觸其頂。（二得益）既摩頂已善財即得一切佛刹微塵數三昧門各以一切佛刹微塵數三昧而爲眷屬（前向外觀故得智度此摩頂觀證故得三昧）一一三昧悉見昔所未見一切佛刹微塵數佛大海集一切佛刹微塵數一切智助道具生一切佛刹微塵數一切智上妙法發一切佛刹微塵數一切智大誓願入一切佛刹微塵數大願海住一切佛刹微塵數一切智出要道修一切佛刹微塵數諸菩薩所修行起一切佛刹微塵數一切智大精進得一切佛刹微塵數一切智淨光明。（三結通）如此娑婆世界毗盧遮那佛所普賢菩薩摩善財頂如是十方所有世界及彼世界一一塵中一切世界一切佛所普賢菩薩悉亦如是摩善財頂所得法門亦皆同等（良以善財等普賢故）

大方廣佛華嚴經疏卷第一百一十九

治九

大方廣佛華嚴經疏卷第一百二十（入第八十卷經下半）　治十

清涼山沙門　澄觀述　晉水沙門　淨源錄疏注經

爾時普賢菩薩摩訶薩告善財言善男子汝見我此神通力不唯然已見大聖此不思議大神通事唯是如來之所能知（三明因深廣因深則果厚故文分爲三。初問答奢見）（二顯因深遠三初別明求菩提行二初顯所行）普賢告言善男子我於過去不可說不可說佛刹微塵數劫行菩薩行求一切智一一劫中爲欲清淨菩提心故承事不可說不可說佛刹微塵數佛一一劫中爲集一切智福德具故設不可說不可說佛刹微塵數廣大施會一切世間咸使聞知凡有所求悉令滿足一一劫中爲求一切智法故以不可說不可說佛刹微塵數財物布施一一劫中爲求佛智故以不可說不可說佛刹微塵數城邑聚落國土王位妻子眷屬眼耳鼻舌身肉手足乃至身命而爲布施一一劫中爲求一切智首故以不可說不可說佛刹微塵數頭而爲布施一一劫中爲求一切智故於不可說不可說佛刹微塵數諸如來所恭敬尊重承事供養衣服臥具飲食湯藥一切所須悉皆奉施於其法中出家學道修行佛法護持正教（二離過成德）善男子我於爾所劫海中自憶未曾於一念間不順佛教於一念間生瞋害心我我所心自他差別心遠離菩提心於生死中起疲厭心懶惰心障礙心迷惑心唯住無上不可沮壞集一切智助道之法大菩提心（二通明悲智行）善男子我莊嚴佛土以大悲心救護衆生教化成就供養諸佛事善知識爲求正法弘宣護持一切內外悉皆能捨乃至身佛亦無所悋一切劫海說其因緣劫海可盡此無有盡（二別明求法行二初反顯無不能捨）善男子我法海中無有一文無有一句非是捨施轉輪王位而求得者非是捨施一切所有而求得者（一文尚無所不捨況全部耶以一文即一切之一如海一滴故。二顯求所爲）（結說無盡）善男子我所求法皆爲救護一切衆生一心思惟願諸衆生得聞是法願以智光普照世間願爲開示出世間智願令衆生悉得安樂願普稱讚一切諸佛所有功德我如是等往昔因緣於不可說不可說佛刹微塵數劫海說不可盡（三結因成果二。初結因文有十句）是故善男子我以如是助道法力諸善根力大志樂力修功德力（上四緣因）如實思惟一切法力智慧眼力（此二了因）佛威神力大慈悲力淨神通力善知識力故（後四通於緣了以有二果之劫故皆云力也○二成果）得此究竟三世平等清淨法身（由了因故得法身果）復得清淨無上色身（由緣因故得色身果）超諸世間隨諸衆生心之所樂而爲現形入一切刹徧一切處於諸世界廣現神通令其見者靡不欣樂（△四觀用無涯三初舉益勸觀○二○初標）善男子汝且觀我如是色身（△二釋二○初明難見聞）我此色身無邊劫海之所成就無量千億那由他劫難見難聞（△二見聞皆益三○初不退菩提益）善男子若有衆生未種善根及種少善根聲聞菩薩猶尚不得聞我名字況見我身善男子若有衆生得聞我名於阿耨多羅三藐三菩提不復退轉若見若觸若迎若送若暫隨逐乃至夢中見聞我者皆亦如是（△二善根成熟益）或有衆生一日一夜憶念於我即得成熟或七日七夜半月一月半年一年百年千年一劫百劫乃至不可說不可說佛刹微塵數劫憶念於我而成熟者或一生或百生乃至不可說不可說佛刹微塵數生憶念於我而成熟者或見我放大光明或見我震動佛刹或生怖畏或生歡喜皆得成熟（△三摠結多門皆不退成熟）善男子我以如是等佛刹微塵數方便門令諸衆生於阿耨多羅三藐三菩提得不退轉（上多門皆不退下種種皆成熟）善男子若有衆生見聞於我清淨刹者必得生此清淨刹中若有衆生見聞於我清淨身者必得生我清淨身中（淨刹可生身云何生此有二義一約法性身刹與刹爲體名清淨刹與身爲體名清淨身從能依有殊欲顯所依體一故言生身二約相用淨刹是所依之刹淨身則身內之刹欲顯身土互融故言生淨身○三摠結）善男子汝應觀我此清淨身（△三觀見奇特三○初見毛內含三世間）爾時善財童子觀普賢菩薩身相好肢節一一毛孔中皆有不可說不可說佛刹海一一刹海皆有諸佛出興于世大菩薩衆所共圍繞又復見彼一切刹海種種建立種種形狀種種莊嚴種種大山周帀圍繞種種色雲彌覆虛空種種佛興演種種法如是等事各各不同（○二見普賢身徧諸刹中出生大用）又見普賢於一一世界海中出一切佛刹微塵數佛化身雲周徧十方一切世界教化衆生令向阿耨多羅三藐三菩提（○三自見己身等普賢化）時善財童子又見自身在普賢身內十方一切諸世界中教化衆生（△三挍量顯勝三○初挍量善根）又善財童子親近佛刹微塵數諸善知識所得善根智慧光明比見普賢菩薩所得善根百分不及一千分不及一百千分不及一百千億分乃至算數譬諭亦不能及（○二挍量所入刹海）是善財童子從初發心乃

至得見普賢菩薩於其中間所入一切諸佛刹海今於普賢一毛孔中一念所入諸佛刹海過前不可說不可說佛刹微塵數倍如一毛孔一切毛孔悉亦如是(三舉況)(結上二超勝之相。二初別明橫竪深廣)善財童子於普賢菩薩毛孔刹中(於中有三世間)行一步過不可說不可說佛刹微塵數世界(顯橫廣)如是而行盡未來劫(明竪窮)猶不能知(顯其深邃)一毛孔中刹海次第刹海藏(藏約包含)刹海差別刹海普入(普入約廣論)刹海成刹海壞刹海莊嚴所有邊際(上器世間下智正覺世間)亦不能知佛海次第佛海藏佛海差別佛海普入佛海生佛海滅所有邊際亦不能知菩薩衆海次第菩薩衆海藏菩薩衆海差別菩薩衆海普入菩薩衆海集菩薩衆海散所有邊際(後衆生世間)亦不能知入衆生界知衆生根教化調伏諸衆生智菩薩所住甚深自在菩薩所入諸地諸道如是等海所有邊際(二總結平等周徧)善財童子於普賢菩薩毛孔刹中或於一刹經於一劫如是而行乃至或有經不可說不可說佛刹微塵數劫如是而行亦不於此刹沒於彼刹現(不於此沒彼現者以沒現相如法性故以彼此相相即故也)念念周徧無邊刹海教化衆生令向阿耨多羅三藐三菩提(二位滿齊佛)當是之時善財童子則次第得普賢菩薩諸行願海(上句明自得餘皆等)與普賢等(等因)與諸佛等(等果滿此下別顯等相)一身充滿一切世界刹等行等正覺等神通等法輪等辯才等言辭等音聲等力無畏等佛所住等大慈悲等不可思議解脫自在悉皆同等(此即義當等覺因位既滿更無所修故但說等不辨更求此則一生頓成行布來是非唯但約理觀初後圓融。二闡佛勝德難思前長行但顯因圓此偈頌方陳果用非頌前文然有二意一對普賢普賢意云上來見我難思之德尚是因位今示故果尤更甚深二對善財善財等佛但是因圓以果海離言故不說成佛今寄現佛之德以顯善財得果之相故長行偈文因果綺互文中有三。初有四頌標舉佛德誡聽許說)爾時普賢菩薩摩訶薩即說頌言

汝等應除諸惑垢　一心不亂而諦聽
我說如來具諸度　一心解脫真實道
出世調柔勝丈夫　其心清淨如虛空
恒放智日大光明　普使羣生滅癡暗
如來難可得見聞　無量億劫今乃值
如優曇華時一現　是故應聽佛功德
隨順世間諸所作　譬如幻士現衆業
但爲悅可衆生心　未曾分別起想念

(二長行舉衆渴仰欲聞)爾時諸菩薩聞此說已一心渴仰唯願得聞如來世尊真實功德咸作是念普賢菩薩具修諸行體性清淨所有言說皆悉不虛一切如來共所稱

歎作是念已深生渴仰三廣陳德相令衆求偈二。初長行重誠許說分齊爾時普賢菩薩功德智慧具足莊嚴猶如蓮華不著三界一切塵垢告諸菩薩言汝等諦聽今我欲說佛功德海一滴之相二偈頌廣顯佛德難思九十五偈分之爲二初九十三偈別歎佛德於中前八十偈法說後十三偈喻明然通讚毗盧遮那十身圓滿二十一種殊勝功德實即處分二十一段且爲十九後三合故。初有二偈即於所知一向無障礙轉功德即說頌言

佛智廣大同虛空　普徧一切衆生心

悉了世間諸妄想　不起種種異分別

一念悉知三世法　亦了一切衆生根

譬如善巧大幻師　念念示現無邊事謂佛無障礙智於一切事品類差別無著無礙故。二有一偈明於有無無二相具如教清淨能入功德

隨衆生心種種行　往昔諸業誓願力

令其所見各不同　而佛本來無動念謂了具如無二故無動念。三有三偈即無功用佛事不息休功德

或有處處見佛坐　充滿十方諸世界

或有其心不清淨　無量劫中不見佛

或有信解離憍慢　發意即得見如來

或有諂誑不淨心　億劫尋求莫值遇

或一切處聞佛音　其音美妙令心悅

或有百千萬億劫　心不淨故不聞者謂住佛無住處作佛事不休息故云或見等。四有十五偈即於法身中所依意樂作事無差別功德。謂由諸佛所依智同益衆生意樂同報化作用同故。前經云得佛平等亦同攝論四種意趣中平等意趣故。此廣列諸佛皆互相徧此釋已妙。今更以文理證此諸佛皆遮那之身。謂此文言此三千界阿閦在中阿閦如來本在東方。今云在此明不異此。又無量壽佛月覺如來皆徧十方。豈容隔此。又皆言或見。則知一佛隨見不同。若言別讚餘佛直言阿閦在此何咸讚德。況華藏刹海皆遮那化境。無量壽等來出刹種之中。豈非是此佛耶。法華央掘並說十方分身。故知法藏別緣十六王子皆方便說。以理推之皆是如來海印所現。何緣不說自所現佛而說他耶。故知賢首佛等皆本師矣。然此段文亦兼顯第十七隨其勝解示現差別佛土功德。文中有二。初八偈主伴嚴土攝生同

或見清淨大菩薩　充滿三千大千界

皆已具足普賢行　如來於中儼然坐

或見此界妙無比　佛無量劫所嚴淨

毗盧遮那最勝尊　於中覺悟成菩提

或見蓮華勝妙刹　賢首如來住在中

無量菩薩衆圍繞　皆悉勤修普賢行

或有見佛無量壽　觀自在等所圍繞

悉已住於灌頂地　充滿十方諸世界

或有見此三千界　種種莊嚴如妙喜

阿閦如來住在中　及如香象諸菩薩

或見月覺大名稱　與金剛幢菩薩等

住如圓鏡妙莊嚴　普徧十方清淨刹

或見日藏世所尊　住善光明清淨土

及與灌頂諸菩薩　充徧十方而說法

或見金剛大焰佛　而與智幢菩薩俱

周行一切廣大刹　說法除滅衆生翳二有四頌明微細含容轉法同

一一毛端不可說　諸佛具相三十二

菩薩眷屬共圍繞　種種說法度衆生

或有觀見一毛孔　具足莊嚴廣大刹

無量如來悉在中　清淨佛子皆充滿
或有見一微塵內　具有恒沙佛國土
無量菩薩悉充滿　不可說劫修諸行
或有見一毛端處　無量塵沙諸剎海
種種業起各差別　毗盧遮那轉法輪
三有三偈摠攝多門結前生後　或見世界不清淨
或見清淨寶所成　如來住壽無量時
乃至涅槃諸所現　普徧十方諸世界
種種示現不思議　隨諸衆生心智業
靡不化度令清淨　如是無上大導師
充滿十方諸國土　示現種種神通力
我說少分汝當聽。五有三偈即修一切障對治功德 十二
或見釋迦成佛道 治十　已經不可思議劫
或見今始爲菩薩　十方利益諸衆生
或有見此釋師子　供養諸佛修行道
或見人中最勝尊　現種種力神通事

或見布施或持戒　或忍或進或諸禪
般若方便願力智　隨衆生心皆示現
謂一切時常修覺悉治六蔽等故既云已經多劫則不定始成。六有三偈即降伏一切外道功德
或見究竟波羅蜜　或見安住於諸地
摠持三昧神通智　如是悉現無不盡
或現修行無量劫　住於菩薩堪忍位
或現住於不退地　或現法水灌其頂
或現梵釋護世身　或現剎利婆羅門
種種色相所莊嚴　猶如幻師現衆像
初二即教證二道後一現所摧同類之身 七即生在世間不爲世法所礙功德於中有四 初八相現世無礙
或現兜率始降神　或見宮中受嬪御
或見棄捨諸榮樂　出家離俗行學道
或見始生或見滅　或見出家學異行
或見坐於菩提樹　降伏魔軍成正覺
或有見佛始涅槃　或見起塔徧世間
或見塔中立佛像　以知時故如是現

或見如來無量壽　與諸菩薩授尊記
而成無上大導師　次補住於安樂剎
或見無量億千劫　作佛事已入涅槃
或見今始成菩提　或見正修諸妙行
。次三處天宮殿無礙 治十　或見如來清淨月 十三
在於梵世及魔宮　自在天宮化樂宮
示現種種諸神變　或見在於兜率宮
無量諸天共圍遶　爲彼說法令歡喜
悉共發心供養佛　或見住在夜摩天
忉利護世龍神處　如是一切諸宮殿
莫不於中現其像。次六隨世巧化無礙
於彼然燈世尊所　散華布髮爲供養
從是了知深妙法　恒以此道化群生
或有見佛久涅槃　或見初始成菩提
或見住於無量劫　或見須臾即滅度
身相光明與壽命　智慧菩提及涅槃

衆會所化威儀聲　如是一一皆無數
或現其身極廣大　譬如須彌大寶山
或見加趺不動搖　充滿無邊諸世界
或見圓光一尋量　或見千萬億由旬
治十
或見照於無量土　十三　或見充滿一切剎
或見佛壽八十年　或壽百千萬億歲
或住不可思議劫　如是展轉倍過此
四有二偈結歎無礙之智能徧隨機
佛智通達淨無礙
一念普知三世法　皆從心識因緣起
生滅無常無自性　於一剎中成正覺
一切剎處悉亦成　一切入一一亦爾
隨衆生心皆示現
△八安立正法功德於中亦四。初明立三乘法輪
如來住於無上道　成就十力四無畏
具足智慧無所礙　轉於十二行法輪
了知苦集及滅道　分別十二因緣法
法義樂說辭無礙　以是四辯廣開演

諸法無我無有相　業性不起亦無失
一切遠離如虛空　佛以方便而分別
如來如是轉法輪　普震十方諸國土
宮殿山河悉搖動　不使衆生有驚怖
末句之中衆願業用。二明立六度道品對治法
如來普演廣大音
隨其根欲皆令解　悉使發心除惑垢
而佛未始生心念　或聞施戒忍精進
禪定般若方便智　或聞慈悲及喜捨
種種音辭各差別　或聞四念四正勤
神足根力及覺道　諸念神通止觀等
無量方便諸法門
○三明一音隨類聞法不同乃至無量
龍神八部人非人　梵釋護世諸天衆
治十
佛以一音為說法　十四　隨其品類皆令解
若有貪欲瞋恚癡　忿覆慳嫉及憍諂
八萬四千煩惱異　皆令聞說彼治法
若未具修白淨法　令其聞說十戒行

已能布施調伏人　令聞寂滅涅槃音
若人志劣無慈愍　厭惡生死自求離
令其聞說三脫門　使得出苦涅槃樂
若有自性少諸欲　厭背三有求寂靜
令其聞說諸緣起　依獨覺乘而出離
若有清淨廣大心　具足施戒諸功德
親近如來具慈愍　令其聞說大乘音
或有國土聞一乘　或二或三或四五
如是乃至無有量　悉是如來方便力
○四有四偈明平等語業而應一切
涅槃寂靜未曾異
智行勝劣有差別　譬如虛空體性一
治十
鳥飛遠近各不同　佛體音聲亦如是
普徧一切虛空界　十五　隨諸衆生心智殊
所聞所見各差別　佛以過去修諸行
能隨所樂演妙音　無心計念此與彼
我為誰說誰不說　如來面門放大光

具足八萬四千數　所說法門亦如是
普照世界除煩惱。九有三偈明其授記功德
具足清淨功德智　而常隨順三世間
辟如虛空無染著　爲衆生故而出現
示有生老病死苦　亦示住壽處於世
雖順世間如是現　體性清淨同虛空
一切國土無有邊　衆生根欲亦無量
如來智眼皆明見　隨所應化示佛道
記別過來如現在故云悉明見。十有四偈明示現受用變化身功德
究竟虛空十方界　所有人天大衆中
隨其形相各不同　佛現其身亦如是
若在沙門大衆會　剃除鬚髮服袈裟
執持衣鉢護諸根　令其歡喜息煩惱
若時親近婆羅門　即爲示現羸瘦身
執杖持缾恒潔淨　具足智慧巧談說
吐故納新自充飽　吸風飲露無異食

若坐若立不動搖　現斯苦行摧異道
。十一有二偈明斷一切疑功德　或持彼戒爲世師
善達醫方等諸論　書數天文地衆相
及身休咎無不了　深入諸禪及解脫
三昧神通智慧行　言談諷詠共嬉戲
方便皆令住佛道謂於一切境善決定故能斷化疑。十二令入種種行功德
或現上服以嚴身　首戴華冠蔭高蓋
四兵前後共圍繞　擠衆宣威伏小王
或爲聽訟斷獄官　善解世間諸法務
所有與奪皆明審　令其一切悉欣伏
或作大臣專弼輔　善用諸王治政法
十方利益皆周徧　一切衆生莫了知
或爲粟散諸小王　或作飛行轉輪帝
令諸王子采女衆　悉皆受化無能測
或作護世四天王　統領諸龍夜叉等
爲其衆會而說法　一切皆令大欣慶

或爲忉利大天王　住善法堂歡喜園
首戴華冠說妙法　諸天覲仰莫能測
或住夜摩兜率天　化樂自在魔王所
居處摩尼寶宮殿　說眞實行令調伏
或至梵天衆會中　說四無量諸禪道
普令歡喜便捨去　而莫知其往來相
或至阿迦尼吒天　爲說覺分諸寶華
及餘無量聖功德　然後捨去無知者
謂徧了一切有情性行隨根令入故。十三有一偈即當來生妙智功德
如來無礙智所見　其中一切諸衆生
悉以無邊方便門　種種教化令成就
謂佛知久遠故。十四有五偈隨其勝解示現功德　辟如幻師善幻術
現作種種諸幻事　佛化衆生亦如是
爲其示現種種身　辟如淨月在虛空
令世衆生見增減　一切河池現影像
所有星宿奪光色　如來智月出世間

亦以方便示增減　菩薩心水現其影
聲聞星宿無光色　譬如大海寶充滿
清淨無濁無有量　四洲所有諸衆生
一切於中現其像　佛身功德海亦爾
無垢無濁無邊際　乃至法界諸衆生
靡不於中現其影（謂隨解現身故。十五有三偈即無量所依調伏有情加行功德）
譬如淨日放千光　不動本處照十方
佛日光明亦如是　無去無來除世暗
譬如龍王降大雨　不從身出及心出
而能霑洽悉周徧　滌除餘熱使清涼
如來法雨亦復然　不從於佛身心出
而能開悟一切衆　普使除滅三毒火（慈云佛智為無量菩薩調伏衆生加行之所依故。十六有二偈明平等法身波羅蜜多成滿功德）
如來清淨妙法身　一切三界無倫匹
以出世間言語道　其性非有非無故
雖無所依無不住　雖無不至而不去
如空中畫夢所見　當於佛體如是觀（然同攝論法身具五種相初句白法為相以是極果圓滿自在故次二句不思議相次一是無二相次一無依相次句常住相次句二喻者空畫喻無依夢喻非有無二相餘不可喻或略不喻。十七有一偈明隨勝解示現差別佛土功德）
三界有無一切法
不能與佛為譬喻　譬如山林鳥獸等
無有依空而住者（既隨解而現故不可喻。此偈亦總拂前喻如山林等必不依空有等必然不能喻佛。十八一偈明三種佛身方處無分限功德）
大海摩尼無量色　佛身差別亦復然
如來非色非非色　隨應而現無所住（十九有一偈攝三種功德）
虛空真如及實際
涅槃法性寂滅等　唯有如是真實法
可以顯示於如來（同法性等即窮生死際常現利樂一切有情功德等虛空即無盡功德等實際即究竟功德以不出實際之際窮未來際故。二有二偈結德無盡勸信勿疑亦是別顯無盡功德雖是總結即當別文。初一結德）
剎塵心念可數知
大海中水可飲盡　虛空可量風可繫
無能盡說佛功德（後一勸信）若有聞斯功德海
而生歡喜信解心　如斯稱揚悉當獲
慎勿於此懷疑念（古德亦有將此二偈為一部流通已如前說。四讓讚迴向）
法性深廣難思議　我已隨分略開解
願斯功德同實際　普令含識證菩提

大方廣佛華嚴經疏卷第一百二十

治十

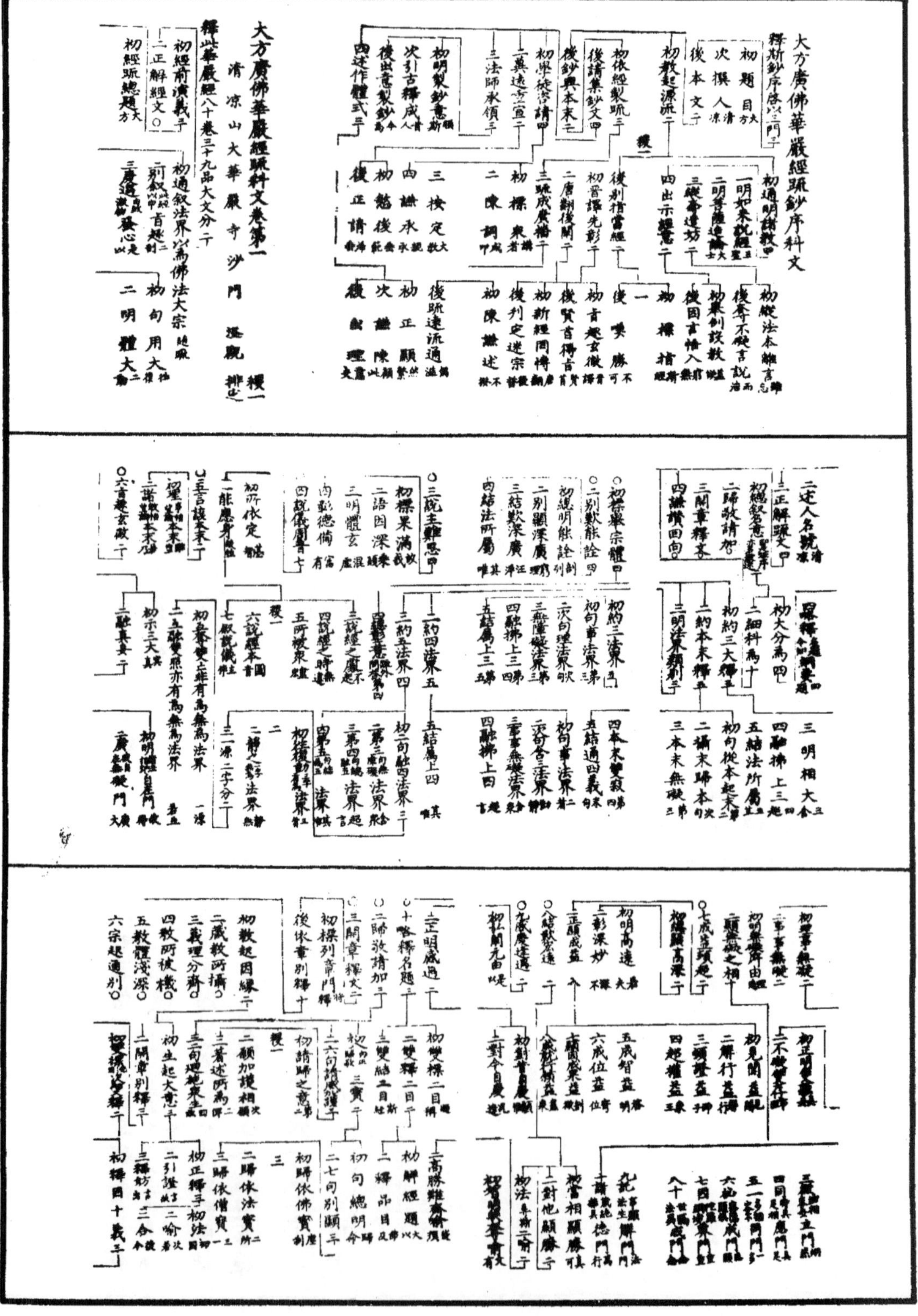
大方廣佛華嚴經疏鈔序科文
初題目
次撰人
後本文
初通明錄教
初教起源流
初依經製疏
後請集鈔文
後鈔興本末
初明製鈔意
次引古釋成
後出意製鈔
四述作體式
大方廣佛華嚴經疏科文卷第一
清凉山大華嚴寺沙門　澄觀　排定
釋此華嚴經八十卷三十九品大文分二
初經前預義
二正解經文
初經疏總題
初通敘法界以爲佛法大宗
二述人名號
初總叙意
二歸敬請加
三開章釋文
四讚歎回向
初大分爲四
二細科爲十
初約三大釋
二約本末釋
三明法界類別
三明相大
四融拂上三
五結法所屬
初從本起末
二攝末歸本
三本末無礙
初標舉宗體
二別歎能詮
三結歎深廣
四結法所屬
初約三法界
初句事法界
五結屬上三
四本末雙叙
五結通四義
初標果滿
二語因深
三明體玄
四彰德備
二約四法界五
三約五法界四
初所依定
二能應身
三宗主難思
五所被衆
六說經本圓
七數說儀
初依前三大
初示三大
二融真妄
初明理法界
二廣通德
六言綾玄破
初明現身
二明高速
三彰深妙
初明高遠
七成益顯絕
二顯無礙之相
初攝事無礙
初正明感通
初標列章門
後依章別釋
初教起因緣
二藏教所攝
三義理分齊
四教所被機
五教體淺深
六宗趣通別
二開章別釋
初釋因十義
初解經題
二釋品目
初句總明
二七句別顯
初歸依佛寶
二歸依法寶
三歸依僧寶
初正釋
二引證
三釋妨
三合

七部類品會○
八傳譯感通○
九總釋名題○
十別解文義○
初法應爾故
二酬宿因故
三顯機感故
初標章
二牒前起後
三約喻顯相
四引經證成
五指略在廣
六揀定於機
四爲數本故
五顯果德故
六彰地位故
初彰大意
初顯明來意
二立理及成
二開章別釋
初解定其相
三正明會融
七說勝行故
初總舉大意
後雙結
初標列
二別釋
三結屬會
初正釋
二引證
三結釋
四解妨
初正解
二重通再難
初標章
二總彰大意
初爲顯漸本
次爲攝末本
後雙結上二
三開章別釋
初總彰大意
初法喻一喻
三合
二開章別釋
初正釋
二融通
初正釋
二會融
二釋成十義○
初法合次喻
後合
初正法合
後釋成上義
初釋章門
二牒前起後
三標因深廣
四釋成深廣
五開章別釋
初標章
二別釋
初大願力
二昔行力
初立理
二正釋
初標名
後義證
初引攝論
二引法華
初正引經文
後結成本義
初約用
二約體明四句

二開章別釋
八示真法故
初總明
二正釋
九開因性故
十利今後故
初牒前總辨
二開章別釋
初就時辨益
二約行辨益
三對前辨益
二釋緣十義
初引例總明
二開章別釋
初標列章門
二依章正釋
初依時文分
初大意
二開釋
三會融
四出法之源
二依處
初總彰大意
初佛迹顯實
三引證
初一[illegible]
二二別[illegible]
三[illegible]
初[illegible]別釋
二指例會融
初總彰大意
初牒前起後
二總相解釋
初牒章
二開章別釋
初開
二後引證
初引自經
二引他經
初令[illegible]
二令起行證入
初通收十益
二通中本義
初佛迹顯實
二就德顯圓
初正融會
二通妨難
三顯勝能
初正敘
三雙結權實
初行[illegible]
初正釋
初一[illegible]一切位
二別[illegible]
二引證
初約[illegible]
二明五位
三明以初攝後
初標位
二引[illegible]
初總明因義
二復徵因義
三正明開義
初[illegible]釋
初標
二釋
三結
初難
二通
初對他顯勝
二會他顯勝
三再通妨難
初釋[illegible]

二融通顯圓
三依義建立
二敘昔順遺
三句數圓融
四別明廢興
初標數
二別釋
三總結
四釋妨
五隨難重釋
六總融十義
三依主文分
初總彰大意
二設難徵起
三總相會通
四開章別釋
初標章
二解釋
初明十身
二彰無礙
初標數
二列釋
三總結周徧
五會通餘數
一決斷
初雙標
二雙釋
三以鹿例[illegible]
初總序前問
二重通真難
二以一例餘
初正顯周徧
二釋通妨難
初正顯[illegible]
二對時顯處
三通顯甚深
初問起
二徵難
初三世間身
二佛身具有
初用周無礙
二相徧無礙
三寂用無礙
四依起無礙
五真應無礙
六分圓無礙
七因果無礙
八依正無礙
初[illegible]末相[illegible]
後唯就一刹四句
後釋通句[illegible]
初標
後釋
初平漫四句
後相攝四句
初難真應
二難亦多
初遮非
二顯正
初總相顯示
二對難會融
三結成難思
初雙標
二雙釋
初釋真應
初唯釋真應
二正[illegible]一多
後釋一多
初唯釋一多
後正釋一多
初標章
二解釋

初別會五文五
初會起信唯識
二會涅槃共攝
三會通梵網
四會他受用
五通會三身
九潛入無礙二
十圓通無礙二
初別明十圓
二總結
初立理正明
二指文略釋
初佛入眾生三
初正釋
二引喻
三引證
二眾生入佛
初別顯

一總
二揀濫
四依三昧
五依現相四
初總明大意
二顯相不同
三別明放光
四料揀同異
二結成
初總明
二別顯
三明隨處放光
六依說者
初總顯來意
初立理
二引證
初明有三
二開為五
二開章別釋
初總明說人四
二指文顯說
三說儀不同
三開五為十
四開十為無量
七依聽者
初總明大意
二略指類別
初立理
二指陳
八依德本
初標大意
二正顯示
三揀濫
九依請者
初總彰有無
二出加所以
初舉無顯有
二別示請儀
初總明大意
二別釋所以
初總標
二釋通妨難
初徵難
二釋難
三遮難
十依加者
四就類彰別
二藏教所攝
初總科
二別釋
初明藏攝
初辨名
初明藏
初會梵音

初釋三藏三
初總列三名
二別釋三藏三
三總顯所詮
初修多羅藏二
二毗奈耶藏二
初標科
二別釋
初辨名
初正釋
二辨異四
二顯相
二敘古譯
三敘古彼
四會順違
初仲金敘意
二彰今奪
三出古意
二顯相
初總舉包含
二正會三義
三以義貫通
初總釋貫通
二彰所貫攝
初別顯
二指文
初標名
二引證
三釋義
四會六釋
五會傍正
初標義
二引證
三釋所引論
初引論正釋
初引論總標
初指前總說
二引證別說
三阿毗達磨藏
初總標
二釋
二釋二藏四
一名毗尼
二名尸羅
三名波羅提木叉
四名性善及守信
初辨名
二顯相
二引論別釋
二例同指餘
初得名
二釋名
初釋法
二釋對
二異名
初總標
初別釋
三引證
四出其所以
初釋對義
二出對體
初正出為二所以
二出二藏不同
三重成二藏之義
二明攝分
初明彼攝此
二明此攝彼
二明教攝
初總標
二別釋
初明通十二分教
二別明攝宗義

初標舉將說
二總顯深廣
初標深廣
二釋所以
三結難思
三開章別釋
初標章門
二依標釋四
初大意合離
二古今違順
三立教開宗
四總相會通
初雙標開合
二雙釋開合
三雙結開合
初釋不分之意
二辨分教之意
初總標
二列釋
三總結
初敘此方
二敘西域
初標列
二別釋
初五對前三義
後五顯違義前
初晉無識三藏
二隋延法師
三唐初印法師
初敘
二判
初總標
二正立
初立一音教
初敘昔義
初敘昔
三揀異
初教總名
二教四異
初通主異
二通處異
初敘
一辨順違
二立二種教
三立三種教
初總標
二別釋
初南中諸師
二辨順違分
初順
二違
初總出立意
二遮破釋成
三結成昔義
初敘昔
二順違
初總明違順
二別破違理
三結成違順
初破道場
四劉虬居士
初總明
初正立
二辨立異
三出不定相
二別明漸義
二判分
初順
二違漸
初分為二
二或為三
初一師立

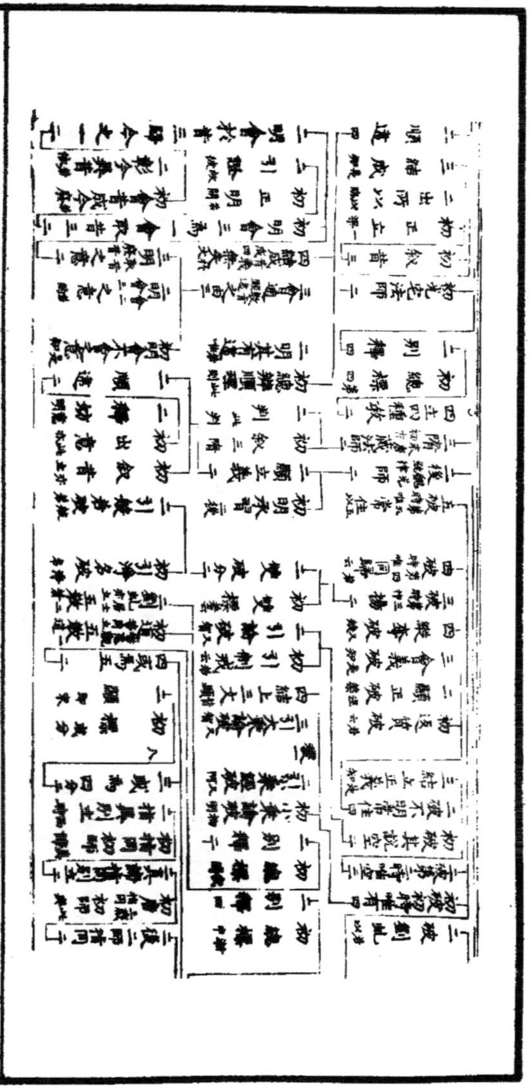

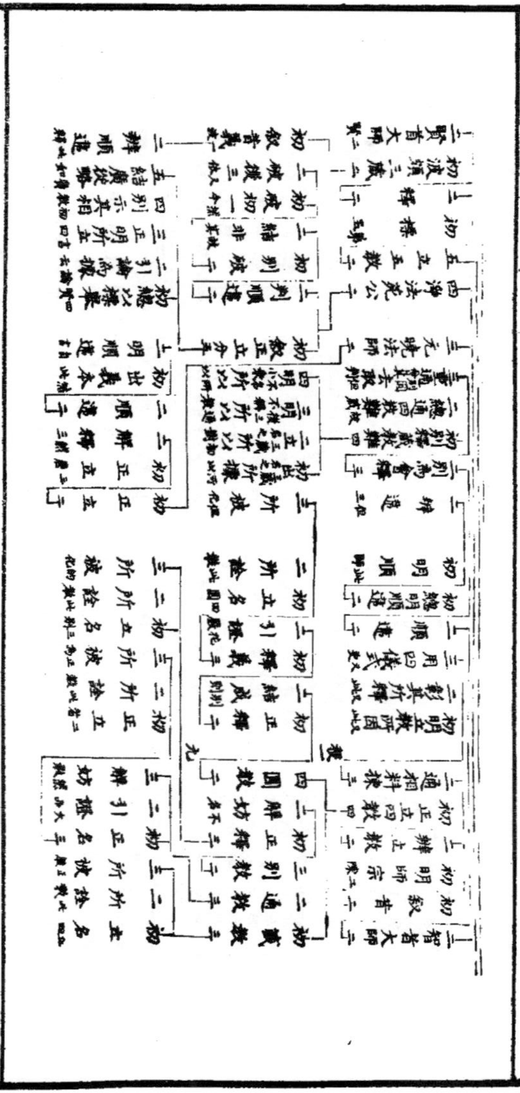

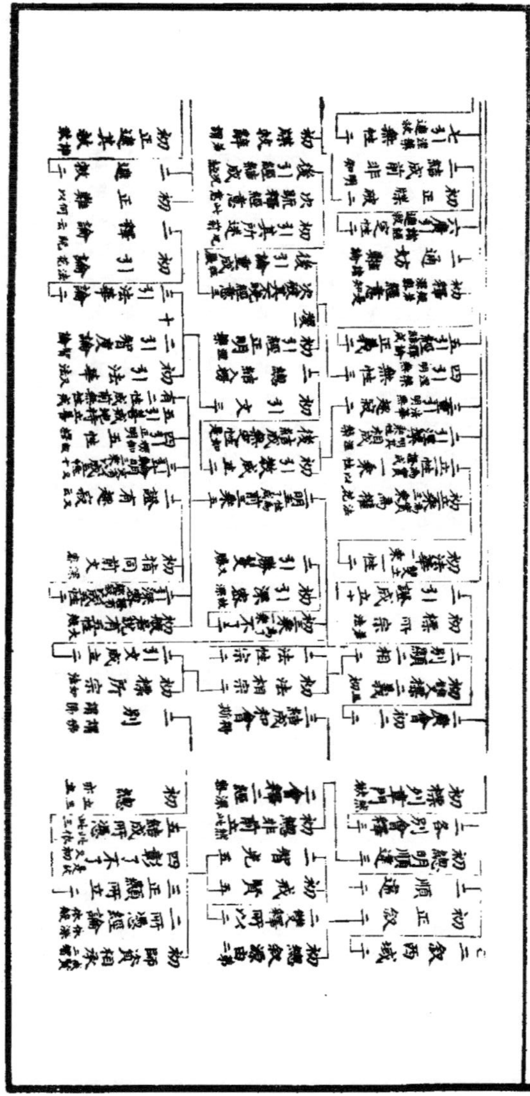

二破劉虬
初破初時唯有
二破第二時唯空
初破其說空
二破不明常住
三結立正義
初返質破
二顯正破
三會義破
四縱奪破
三破第三時抑揚
四破第四時同歸
五破第五時唯常住
二後魏光師
三隋末唐初慧誠法師
四立四種教
初總標
二別釋
初光宅法師
初叙昔
初正立
二出所以
三結成
二順違

初總標
二別釋
初總標
二別釋
初小乘論破
二引大乘經破
三引大乘論破
四結上三大
初引制戒
二引論破
初雙標
二雙破
初明承習
二顯立義
初叙三階
二判
初總辨順違
二明其有違
三會通教之由
四結成前義
初明會三為一會取昔三
初正明
二引證
二明會於昔三歸今之一

二後二師指同
初唐三藏
二眞諦指同初師
初指同
二指異別立
三或為四
初標
二顯
四或為五
初遠公五教
二劉虬五教
初引淨名破
二引楞伽破
初叙昔
初出意
二釋妨
二順違
初明會不會之意
二明會三之意
三明取昔之意
初會昔成今
二彰今異昔

二智者大師
初叙昔
初明師宗
二辨立教
初正立四教
二通相料揀
初明立教所因
二彰其所釋
三用四儀式
初總明順違
二順違
初明順
二辨違
二別為會釋
初別釋藏教難
二總通四教難
三重通前難
二元曉法師
四淨法苑公
五立五教
初標
二釋
初波頗三藏
二賢首大師

初藏教
二通教
三別教
初正釋
二解妨
四圓教
初正釋
二結成
初釋義
二引證
初立名
二所詮
三所被
初出藏所據
二立三藏所以
三明不攝所以
四明小所以
初叙正立
二判順違
初別破
二結非
初破初一
二破後三
初叙昔義

初立名
二所詮
三所被
初正名
二引證
三解妨
初正立
二所詮
三所被
初立名
二所詮
三所被
初正立
初正立
二解釋
二順違
初出義本
二明順違
初總以標舉
二引論為據
三正明所立
四別示其相
五結廣從略
二辨順違

二叙西域
初正叙
二順違
初總明順違
二各別會釋
初標列章門
二廣會初二
初雙標二義
二別顯二相
初標所宗
二引證成立
初法華雙立一乘一性
初立乘為權
二立性為實一乘
三引涅槃雙顯
四引明無性
五引經論成立正義
初釋經意
二通妨難
六廣引證成定性
初正牒破
二結成前非
七引涅槃無性

初總叙源由
二雙釋所以
初戒賢
二智光
初總非前立
二會釋二經
三結成和會
初法相宗
二法性宗
初立乘為權一乘不了
二引勝鬘
初引深密
初引文
二總結前攝
二明五性為實三乘
初引教成立
後結成無性
初引經正明
次破大乘
後引論重成
初引其所迷
次順釋經意
後引經結成
初牒執辭

初師資相承
二所憑經論
三正顯所立
四彰了不了
五結成所憑
初總
二別
初標所宗
二引文成立
初翻大有
二引深密
初指同前文
二證有趣寂
五性
初引法華
二引智度論
十
三引法華論
初引論
二釋論
初正難
二違教
初正違其執

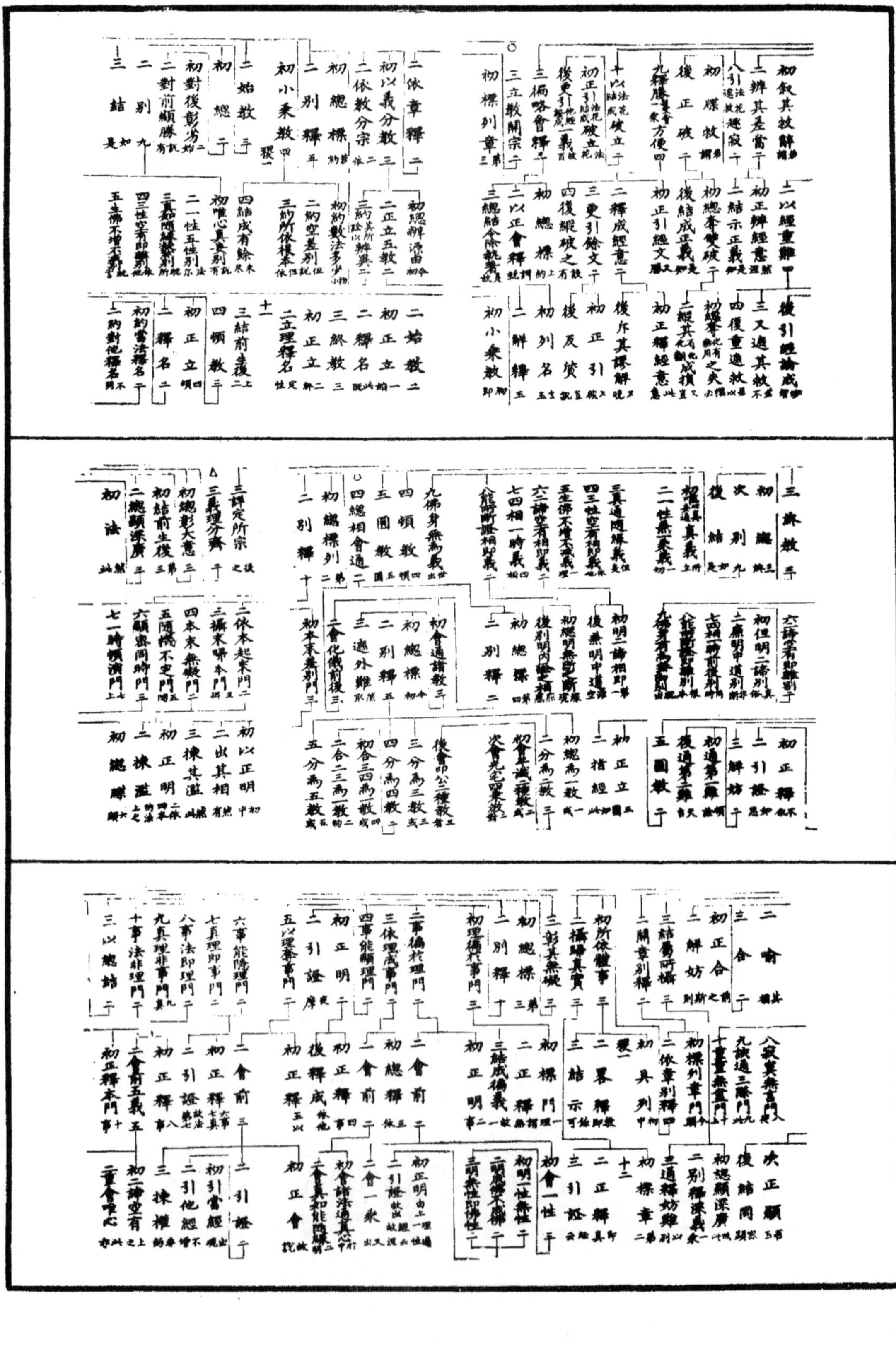

初敘其救辭
二辨其差當
八引法花起教
初標教
後正破
九釋勝鬘方便
十以法花破立
初正引法花破立
後更引他經
三徧略會釋
三立教開宗
初標列章
二依章釋
初以義分教
二依教分宗
初總標
二別釋
初小乘教
二始教
初總
初對後彰劣
二對前顯勝
二別
三結

二以經重難
初正辨經意
二結示正義
初總舉雙破
後結成正義
初正引經文
二釋成經意
三更引餘文
四復縱破之
初總標
二以正會釋
三總結會除執
初總辨所由
二正立五教
三約所詮以辨異
初約數法多少
二約空義差別
三約所依根本
四結成有餘
初唯心真妄別
二一性五性別
三真如隨緣凝然別
四三性空有即離別
五生佛不增不減別

後引經論成
三又遮其救
四復重遮救
初總舉
二縱其所成損
初正釋經意
後斥其謬解
初正引
後反質
初別名
二解釋
初小乘教
二始教
初正立
二釋名
三終教
初正立
二立理釋名
十一
三結前生後
四頓教
初正立
二釋名
初約當法釋名
二約對他釋名

三終教
初總
次別
後結
初總顯真義
二一性無二義
三真通隨緣義
四三性空有即義
五生佛不增不減義
六二諦空有即離義
七四相一時義
八能所斷證即離義
九佛身無為義
四頓教
五圓教
四總相會通
初總標列
二別釋
三評定所宗
三義理分齊
初總彰大意
初結前生後
二總顯深廣
初法

六二諦空有即離別
初但明二諦別
二兼明中道別
七四相一時前後別
八能所斷證即離別
九佛身有為無為別
初明二諦相即
後兼明中道
初總明無斷之斷
後別明內證之相
初總標
二別釋
初會通諸教
初總標
二別釋
三遮外難
二會化儀前後
初本末差別門
二依本起末門
三攝末歸本門
四本末無礙門
五隨機不定門
六顯密同時門
七一時頓演門

初正釋
二引證
三解妨
初通第一難
後通第二難
五圓教
初正立
二指經
初總為一教
二分為二教
初會□□□二種教
次會光宅四乘教
後會即公二種教
三分為三教
四分為四教
初合三四為一教
二合二三為一教
五分為五教
初以正明
二出其相
三揀其濫
初正明
二揀濫
初總標

二喻
三合
初正合
二解妨
三結屬所攝
二開章別釋
初所依體事
二攝歸真實
三彰其無礙
初總標
二別釋
初理徧於事門
二事徧於理門
三依理成事門
四事能顯理門
初正明
二引證
五以理奪事門
六事能隱理門
七真理即事門
八事法即理門
九真理非事門
十事法非理門
三以總結

八寂寞無言門
九該通三際門
十重重無盡門
初標列章門
二依章別釋
初具列
二略釋
三結示
初標門
二正釋
三結成徧義
初正明
二會前
初總釋
二會前
初正釋
後釋成
初正釋
二會前
初正釋
二引證
初正釋
二會前五義
初正釋本門

次正顯
後結問
初總顯深廣
二別釋深義
三通釋妨難
初標章
二正釋
三引證
十二
初會一性
初明一性無性
二明成佛不成佛
三明無性即佛性
初正明
二引證
二會一乘
初會諸法通真心
二會真如能所緣
初正會
二引證
初引當經
二引他經
三揀權
初二諦空有
二重會唯心

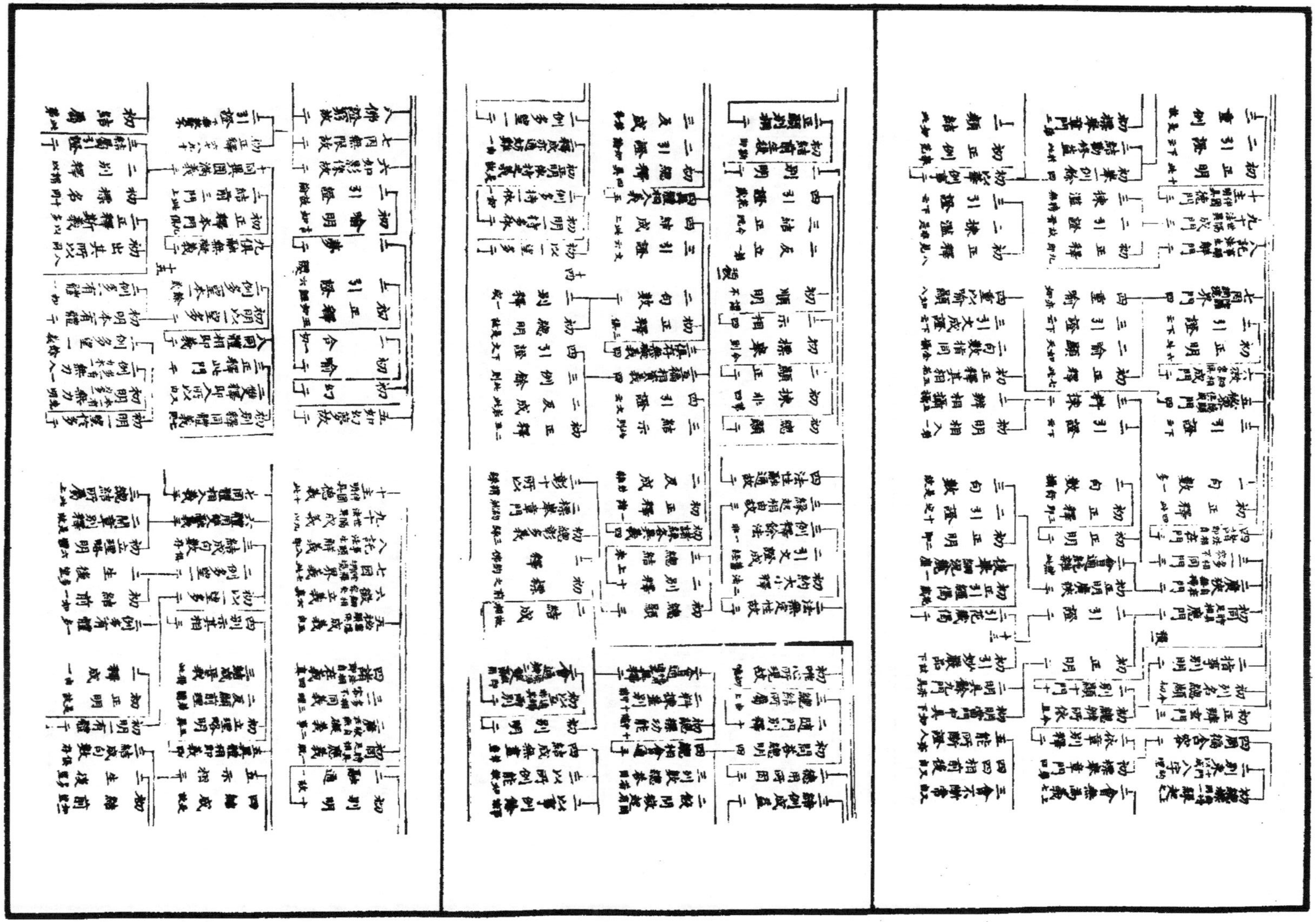

初總標 二別釆十門八字 四周徧含容 初正辨玄門 初別名總顯 二指事別明 初同時具足相應門 二廣狹自在無礙門 三一多相容不同門 四諸法相即自在門 初正釋 二句數 三引證 五秘密隱顯俱成門 六微細相容安立門 初正明 二引證 三七因陀羅網境界門 八託事顯法生解門 九十世隔法異成門 十主伴圓明具德門 初正明 二引證 三重例

二會無爲義 初標舉章門 二依章別釋 初總辨所依 二別顯十門 初正明 二引證 初正明廣狹 二會通純雜 初正明 初正釋 二句數 二引證 初正釋 二喻顯 三引證 四重喻 初正釋 二引證 三揀濫 初舉一例餘 二結勸修益 初標舉章門

三會不斷常 四四相前後 五能所斷證 初明當門中具 二明具餘九門 初引妙嚴品 初正引經偈 二後舉網況塵 二引花藏偈 十三 初正明 二引證 三句數 初明相入 二辨相攝 初正釋其相 二句數指同 三引文成證 四重以喻顯 初正釋 二揀濫 三引證 初以華例事 初正例 二顯結

三歸例成益 二德用所因 初問答總明 二隨門別釋 三總結所屬 初唯心所現故 二法無定性故 初約大小釋 二引文證成 三例釋餘法 三緣起相由故 四法性融通故 初總顯 初揀非 二顯正 初標舉 二示相 初順明 二反立 三結正 四引證 二別明 初結前生後 二正顯別相

二設問徵起 三列數總答 四總相會通 初總標功能 二料揀差別 二會通妨難別釋 初總顯 二別釋 三總結 初諸緣各異義 初正釋 二反成 三結示 四引證 二互相資義 三俱存無礙義 初正釋 二句數 三引證 四結成 四異體相入義 初總釋 二引證 三反成

二以事例餘 三以所例能 四結成無盡 初別明 初以五對通別 二會通權實 初標 二釋 二結成 初總彰多義 二標舉章門 三彰十所以 初正釋 二反成 三例餘 四引證 初總明 二別釋 十四 初以一望多 初明一持多依 二例多持一依 初正明依持之義 二釋成亦通妨難 二例多望一

初別明 二融通 初同時具足相應義 二廣狹自在無礙義 三一多相容不同義 四諸法相即自在義 五秘密隱顯俱成義 六微細相容安立義 七因陀羅網境界義 八託事顯法生解義 九十世隔法異成義 十主伴圓明具德義 五如幻夢故 初幻 初喻 二合 初正釋 二引證 二夢 初喻明 二引證 六如影像故 七因無限故 八佛證窮故

四結成 五示相 五異體相即義 初立理略明 二反顯前理 三結成要義 四別示其相 初以一望多 二例多望一 三結成句數 六體用雙融義 七同體相入義 初別釋同體義 二雙釋即入所以 三正釋此門 八同體相即義 初明以一望多 二例多望本一 九俱融無礙義 初正釋本門 二結前三門 十同異圓滿義 十五 初正釋 二引證

初結前 二生後 三結成句數 初明一有體 初正明 二釋成 二例多有體 初結前 二生後 初立理略明 二開章別釋 三總結所屬 初明一望於多 初明本一有力多一無力 二例多一有力本一無力 二例多望一 初明本有體 二例多一有體 初出其所以 二正釋斯義 初標名 二別釋 三結屬引證 初結屬

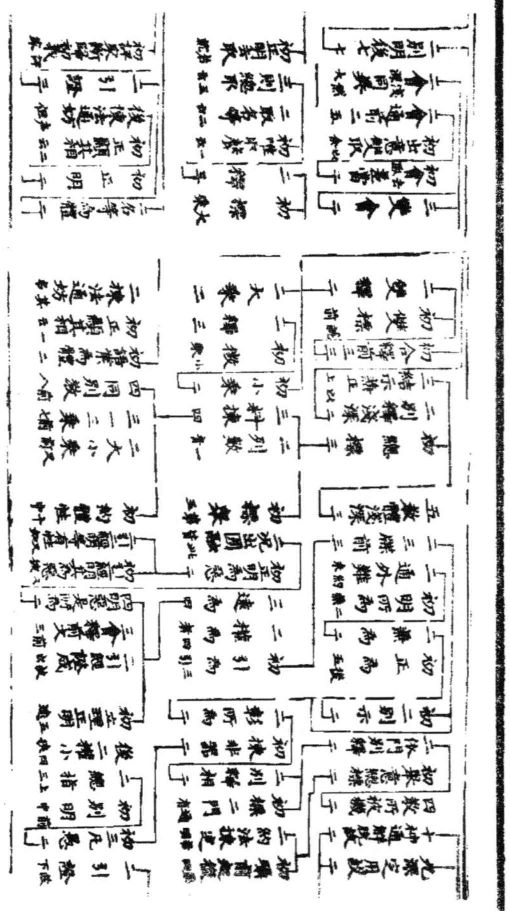

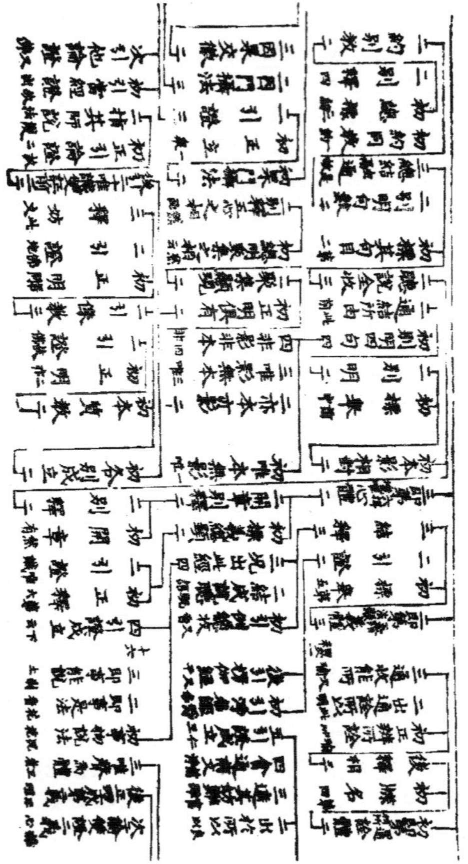

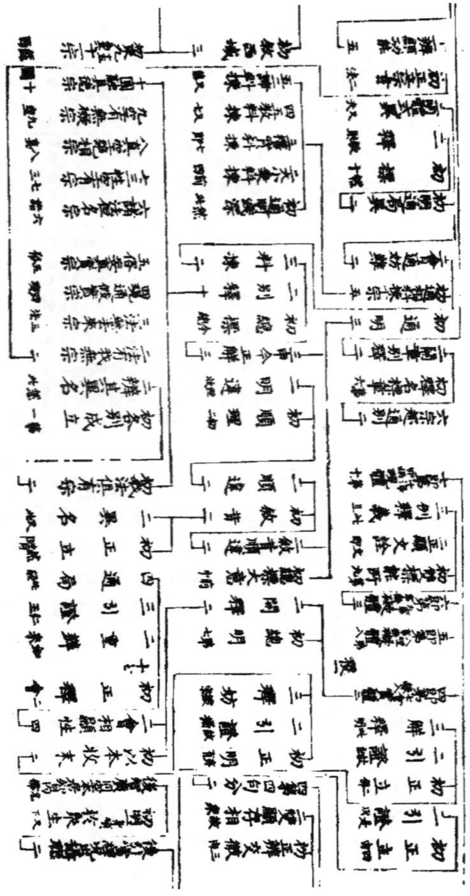

九深定用殺 二
十神通解脫 二
四教所被機 二
初舉意總標 二
二依門別釋 二
初二別示 二
初正為 二
二兼為 二
初明所為 二
二通外難 二
三牒前 二
五數體淺深 二
初總標 三
二別釋淺深 二
三結示淺正 三
初合釋前三 三
初雙標 二
二雙釋 二
三雙會 二
初會是當 二
初出意雙取 二
二會通前二 五
二會深同異 二
二別明後七 十

初曠前起後
二約法揀定
初標二門
二別釋相
初揀非器
二彰所為
初引為
二權為
三遠為
初正明為惡
二況出圓融
初標名
二別數
三料揀
初小乘
初微
二釋
二大乘
初標
二釋
初唯約根
二取名等
三則總取
初正明去取

一引證
初三凡愚
初別明
二總指
後二權小
初立理正明
二引經證成
三會釋前文
四明惡是所為
初正顯其為惡
二引經明善有性
初約體性
二大小乘
三一二乘
四同別教
初語業為體
初正顯其相
二揀法通妨
一名等為體
初正明
初正顯其相
後揀法通妨
二引證
初評家斷歸正義

初體通詮體
初標名
後釋相
初正辨所詮
二出通詮所以
三通收能所
三即事顯義體
初標
二引證
三結釋
初本影相對
初總標
二別明
初別明四句
二通結所由
二聽說全收
初標其句目
二別明句數
三總結融通
初約同教
初總標
二別釋
二約別教

二出於所以
三遮其妨難
四會通前文
五引證成立
初引淨名經
後引楞伽經
初引例證
二結成圓融
二況出此經
初標義總顯
二開章別釋
初唯本無影
二亦本亦影
三唯影無本
四非影非本
初正明俱有
二聚集顯現
初總明聚集之相
二別釋五心之相
初果門攝法
初正立
二引證
二四門攝法
三因果交徹

次引論會證二義
後正立唯心第一義
三唯識為體
初事物說法
二即事是法
三即事能說
四引證成立
初正釋
二引證
初開章
二別釋
初各別成立
初本質教
初正明
二引證
三引像教
初正明
二引證
三釋妨
後二十唯識論證前三
初正引論證
二指其所說
初引當經證
次引他論證

初正立
一引證
初正立
二引證
三解釋
四即事顯理體
五即第一義體
六即觀法體
初標能所
二正顯文詮
二例釋義
七即所詮體
六宗趣通別
初釋名標章
二開章別釋
初通明
初通料揀宗
二會通妨難
初明通局異
初標
二釋
二通攝式異
初正立宗旨
二辨顯功能

初正辨交徹
二雙顯存相
四第四句分
初正明
二引證
三釋妨
初總明
二開釋
初總標大意
二敘昔順違
初敘昔
二順違
初順理
二明違
三申今正解
初總標
二別釋
三料揀
初通明三宗
二大小乘料揀
三權實料揀
四五教料揀
五三時料揀
初敘西域

後引涅槃證成前義
初明一真如性
後別會隨相說
初以本收末
二會相顯性
初正釋會
二重辯
三引證
四通局
初正立
二異名
初敘法俱有宗
初各別成立
二辨其異名
二法有我無宗
三法無去來宗
四現通假實宗
五俗妄真實宗
六諸法但名宗
七三性空有宗
八真空絕相宗
九空有無礙宗
十圓融具德宗
初敘此土十宗

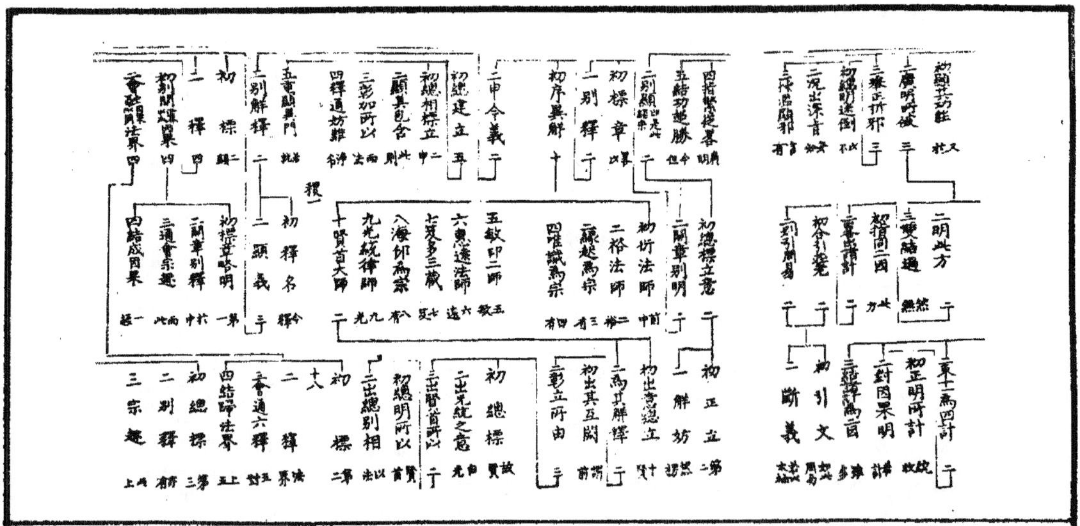

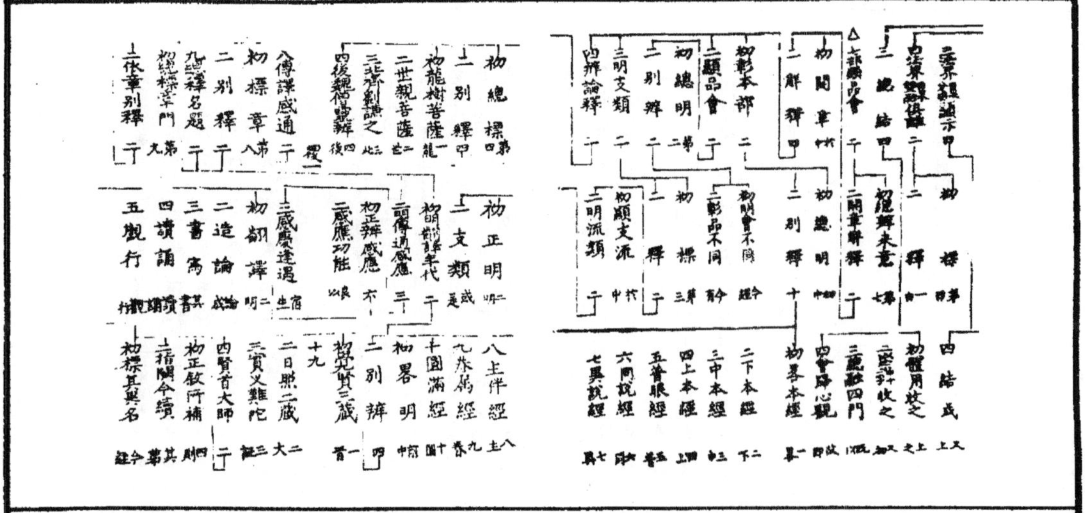

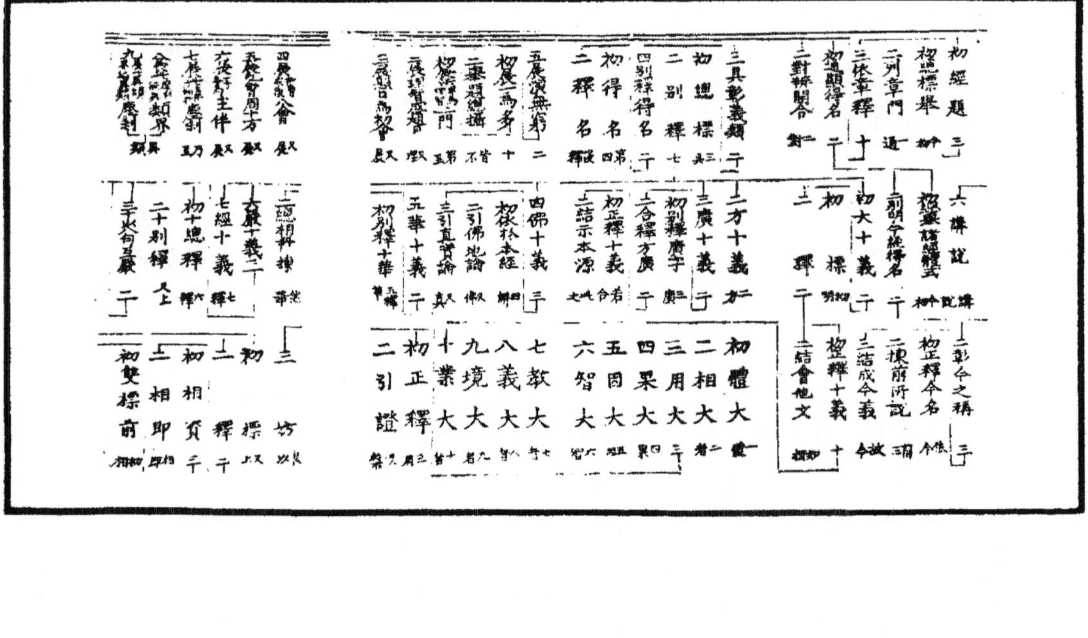

初顯其功能　二廣明所被　三揀正折邪　四總明迷倒　五況出深意　六揀濫顯邪
二明此方　三雙結通　初揀同二國　二會成諸計　初合相異　二別開易
二東土二家四計　初正明所計　二對因果明　三雙解爲言　初引文　二斷義

四結歎勸學　五結功德勝　二別顯　初標章　二別釋　初序異解　二申今義　初總建立　二總相標立　二顯其包含　三彰加所以　四釋通妨難　五會顯異門　二別解釋　初標　二釋　初別開通果　三會歸法界
初總標立意　二開章別明　初析法師　二裕法師　三緣起爲宗　四唯識爲宗　五敏印二師　六惠遠法師　七笈多三藏　八海印爲宗　九光統律師　十賢首大師　初釋名　二顯義　初標章略明　二開章別釋　三通會宗趣　四結成因果
初正立　一解妨　初出意趣立　二爲其解釋　初出其互闕　二彰立所由　初總標　二出光統之意　三正賢首所以　初總明所以　二出總別相　初標　十八　二釋　三會通六釋　四結歸法界　初總標　二別釋　三宗趣

三示教體通示　四結束顯分行　二總結　初開章　二解釋　初彰本部　二顯品會　初總明　二別辨　三明支類　四辨論釋
初標　二釋　初總明來意　二開章解釋　初總明　二別釋　初明會不同　二彰品不同　初標　二釋　初顯支流　二明流類
四結成　初體用收之　二要諸收之　三融歸四門　四會歸心觀　初略本經　二下本經　三中本經　四上本經　五普眼經　六同說經　七異說經

初總標　二別釋　初龍樹菩薩　二世親菩薩　三正辨譯之　四後總結辨　八傳譯感通　初標章　二別釋　九總釋名題　初總標章門　二依章別釋
初正明　二支類　初辨譯年代　二傳通感應　初辨感應　二感應功能　三感應達遇　初翻譯　二造論　三書寫　四讀誦　五觀行
八主伴經　九眷屬經　十圓滿經　初略明　二別辨　初晉譯三藏　十九　二日照三藏　三實叉難陀　四賢首大師　初正欽所補　二積闕今續　初標其要名

初經題　初總標舉　二列章門　三依章釋　初通顯得名　二對辨開合　三具彰義類　初總標　二別釋　四別釋得名　初得名　二釋名
六構說　初總標通釋　二別明今釋名　初大十義　初標　二釋　二方十義　三廣十義　初釋廣字　二合釋方廣　初正釋十義　二結示本源　四佛十義　初依本經　二引佛地論　三引真實論　五華十義　初別釋十華　六嚴十義　初總標　七經十義　初十總釋　二十別釋　三十句互嚴
二彰今之稱　初正釋今名　二揀前所說　三結成今義　初雙釋十義　二結會他文　初體大　二相大　三用大　四果大　五因大　六智大　七教大　八義大　九境大　十業大　初正釋　二引證　三　初標　二釋　初相資　二相即　初雙標前

大方廣佛華嚴經疏科文卷第一

清涼山大華嚴寺沙門　澄觀排定

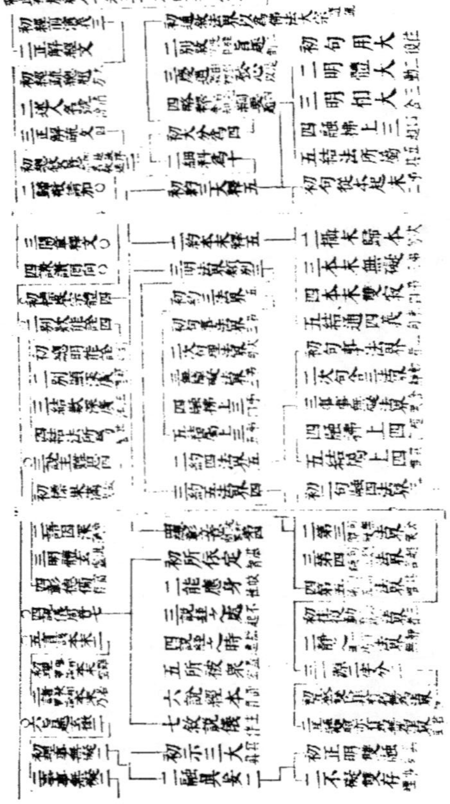

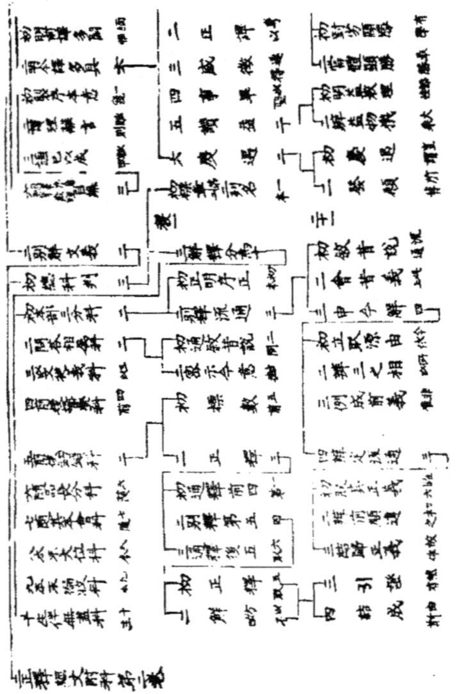

釋此華嚴經八十卷三十九品大文分二
初經前讚序三
二正解經文
初總敍名意
初通敍法界以爲佛法大宗
二別敍
三慶遇
四略釋
初句用大
二明體大
三明相大
四融拂上三
五結法所歸
初約三大釋五
初句從末起末
二述人名號
三正解疏文
初總敍名意
二細科爲十
初大分爲四
二歸敬請加
二約本末釋五
二攝末歸本
三本末無礙
四本末雙寂
五結通四義
三明法界類別
初約三法界五
初句事法界
二次句理法界
三事理無礙法界
四融拂上三
五結屬上三
二約四法界五
二次句含三法界
三事事無礙法界
四融拂上四
五結屬上四
三約五法界四
初二句融四法界
二第三句
三第四句
四第五句
三問答釋文
四諸讚同向
初標宗體四
初總明能詮
二別顯深廣
三結歎深廣
四結法所屬
二別歎能詮四
三說主難思四
初標果滿
二辨因深
三明體玄
四彰德備
四彰教主難思
初所依定
二能應身
三說經之處
四說經之時
五所被眾
六說經本
七敍說儀
四說儀周普七
初約說儀
二諸佛說
三一一塵
五言說本末二
初通辨
二正辨
六旨趣玄微二
初理事無礙二
初示三大
二融與安二
初正明雙融
二不礙雙存
三事事無礙二

正釋經文附科第二卷

初明前譯多闕
二顯本譯多具
初製序本意
二顯理顯言
三通已以成
初對劣顯勝
二當體顯勝
二正譯
三感徵
四事畢
五讚益
六慶遇
初明光嚴理
二辨益物機
初慶遇
二發願
二別解文義
初總科判
初標章列名
二解釋分爲十
初敍昔說
二會昔義
三申今解
初本部三分科
二問答相屬科
三分文通義科
四前後攝屬科
五前後鉤鎖科
六隨品長分科
七前後本會科
八本末大位科
九本末遍收科
十主伴無盡科
初正明序正
二別釋流通
初通敍昔說
二別示今意
初立取源由
二辨三之相
三例成前義
四辨定流通
初標數
二正釋
初通釋前四
二別釋第五
三通釋後五
初取其正義
二推前順違
三結歸正義
初正釋
二解妨
三引證
四結成

大方廣佛華嚴經疏科文卷第一

三
十大科
十一攝相盡
十二義無礙
人以義圓收
初以法攝
二以人攝
初指不說總題
二重釋攝義
初約人法
二總收之
初別約
二成四句
二明第三
三明第四
初正釋
二反成
三正成前義
初顯總攝說之
二取略攝容
三顯攝望盛觀
四結例一切
九攝在一心
初指前總明
二約觀心釋
十泯同平等
初法說
二喻明
三合喻
二品稱
初會其見音
二正釋義理
三立名所以
初釋世主
二釋妙嚴
初世間嚴
十別解文義
四會釋晉經
初略釋經序
初略釋序文
初辨能異
二明所途
三明所述
二出所以
三顯相成
初辨序之始
二明三已著
初佛果生流滿
初辨所用難思
三釋序文
初敍化主高深
初總序教興
二約化體爲用
二約化法爲用
二寄對顯勝
二明時處長廣
初欽體大
二欽相大
三欽用大
三別欽如來難思
初遠宗佛記
二彌荷大平
三萬國朝宗
四敍德歸如來
五顯圓融無礙
六別欽正敍
初總歎
初約人數
二約法數
三約處數
二別歎
七攝示於中遠
初邀迎

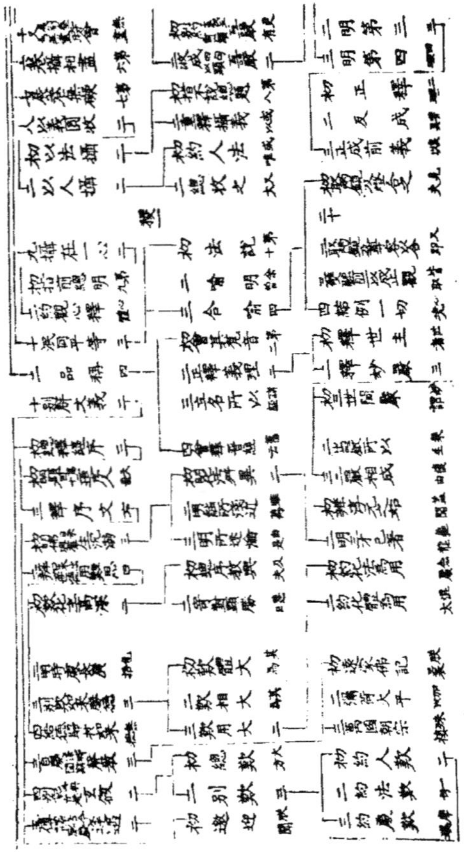

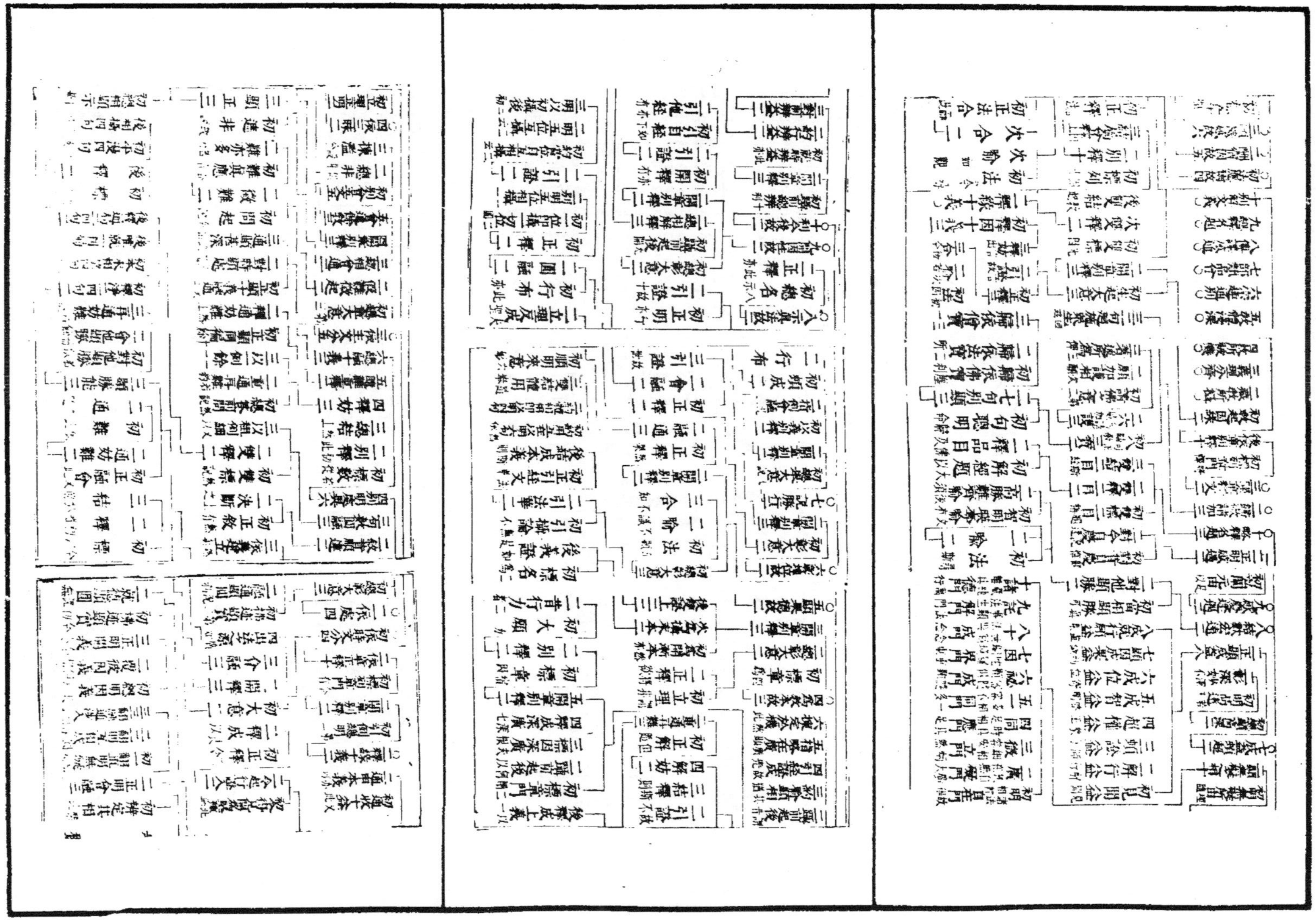

初明無礙所由　二顯無礙之相十　七成益頓超二　初顯勝高深二　初明高遠　二彰深妙　二正顯成益八　八結歎宏遠二　九成能遂遐二　初詮闡元由　三正明感遇二　十略釋名題三　二請致請加三　三隨節彩文二　初相對通門　後依章別釋十　初教起因緣二　二藏教所攝　三義理分齊　四教所被機　五教體淺深　六宗趣通別　七部類品會　八傳譯感通　九總釋名題　十別解文義　初祐應調故四　二酬宿因故五　三顯感成故六

初見聞益　二解行益　三頓證益　四超權益　五成智益　六成位益　七顯因成果益　八成就行願益　初當相顯勝　二對他顯勝二　初對背自慶　二對今自慶　初雙標二目　二雙釋二目二　三雙結二目　初八論三賓二　二六論請護三　初請佛之意　二顯加護相　三著述所為　三二句迴施衆生　初生起大意三　二開章別釋三　初雙標　次雙釋二　後雙結　初標列　二別釋十　三結屬分齊　初正釋

初明自在門　二廣狹無礙門　三微細相容安立門　四同時具足相應門　五一多相容不同門　六祕密隱顯俱成門　七因陀羅網境界門　八十世隔法異成門　九託事顯法生解門　十諸藏純雜具德門　初法　二喻二　初智明與喻　二高勝難齊喻　初解經題　二釋品目　初句聰明　二七句別顯三　初歸依佛寶　二歸依法寶　三歸依僧寶　初正釋　二引證　三釋妨　初法　二喻　三合　初釋因十義三　二釋緣十義　初法　次喻　次合二　初正法合

二蹋前起後　三約喻顯相　四引經證成　五指略在廣　六揀定於機　四為教本故三　初標章　二總彰大意二　三開章別釋三　五顯果德故二　六彰地位故二　初彰大意二　二開章別釋三　七說勝行二　初總舉大意　二開章別釋二　初以義別釋二　二指例會融　初頓成二　二行布　八示真法故二　初總名　二正釋　九開因性故二　十利今後故二　初躡前總辨　二開章別釋三　初彰時辨益　二約行辨益二　三對前辨益二

二引證　三結釋　四解妨二　初正解　二重通前難三　初立理　二正釋　初為開漸本　次為攝末本二　後雙證上三　初總彰大意三　初法　二喻　三合　二開章別釋二　初正釋　二融通三　初正釋二　二會融二　三引證　初正明　二引證　初總彰大意二　初躡前起後　二總相解釋三　二開章別釋二　初開釋　二引證二　初引自經　二引他經

後釋成上義　初標章門二　二蹋前起後　三標因深廣　四釋成深廣　五開章別釋二　初標章　二別釋二　初大願　二昔行力　初標名　後義證　初引攝論　二引法華二　初正引經文　後結成本義　初約用五在　二約體相用即　三雙結體用　初順明來意　二立理反成　初行布　二圓融二　初正釋二　初一位即攝一切位　二別明五位相攝　二引證二　初約當位自互相攝　二明五位互攝　三明以初攝後

初通收十益　二通申本義　二釋益十義二　初引例總明　二開章別釋二　初標列章門　二依章正釋十　初依時文分四　二依處四　初總彰大意三　二依會順違二　三有執圓融三　四別明處異六　初標數　二別釋　三總結　四釋妨三　五隨難重釋二　六總融十義三　三依主文分五　初總彰大意　二假難徵起二　三總相會通二　四開章別釋三　五會通餘教三　初別會支五　二總非　三揀濫　四依三昧二　初立理正明二

初行以備辭撰　二今起行證入二　初正釋　二釋成　初大意二　二開釋三　三介融三　四出法之源　初拂迹顯實　二融通顯圓　三依義建立　初正敘　二決斷　初雙標　二雙釋二　三以相例細　初總舉前問　二重通再難　三以一例餘　初正顯同編　二釋通妨難　初立顯十義融通　二對時頓起　三通顯甚深　初問起　二徵難二　初難真應　二難亦多　初遮非　三顯正三

初辨定其相　二正明會融三　初一翻直明無礙　二翻明互相成　三翻融通涉入　初總明因義　二覆彼因義　三正明開義　初拂迹顯實　二就德顯圓　初標　二釋　三結　初正融會　二通妨難二　初難　二通　三顯勝能三　初對他顯勝　二會他顯勝　三再通妨難　初釋淨二四句二　初本末相望四句　後唯就一門句　後釋通句二四句二　初　標　後　釋二　初平漫四句　後相攝四句　初總相顯示

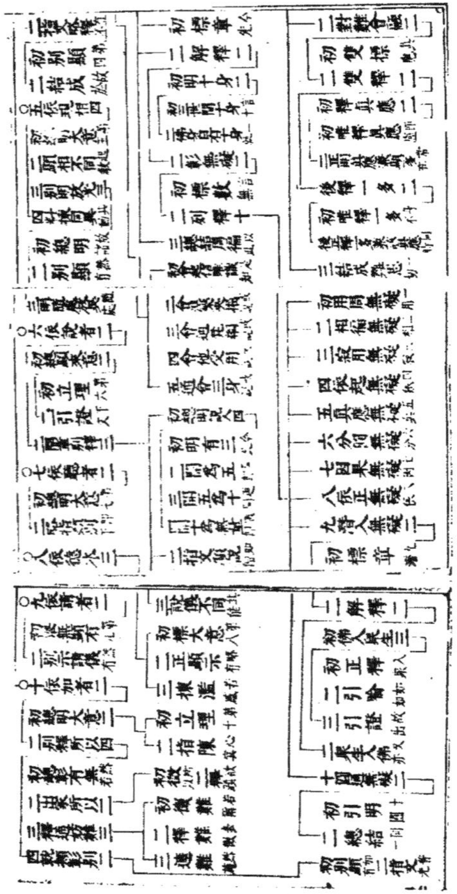

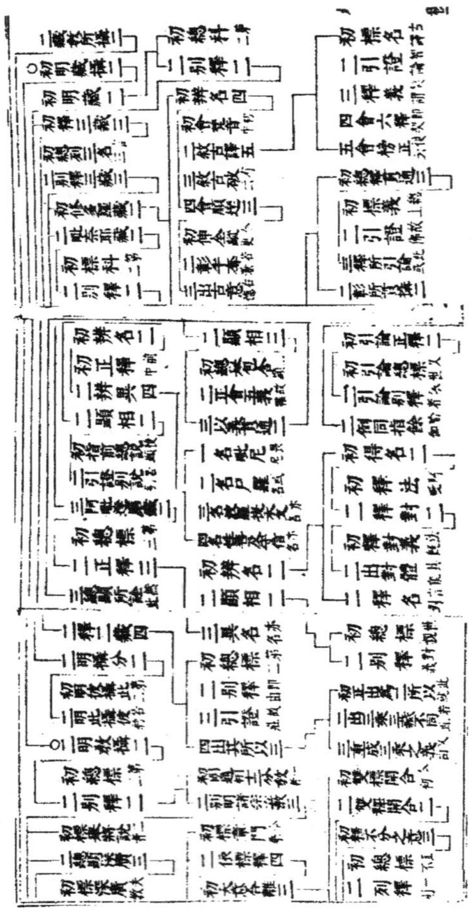

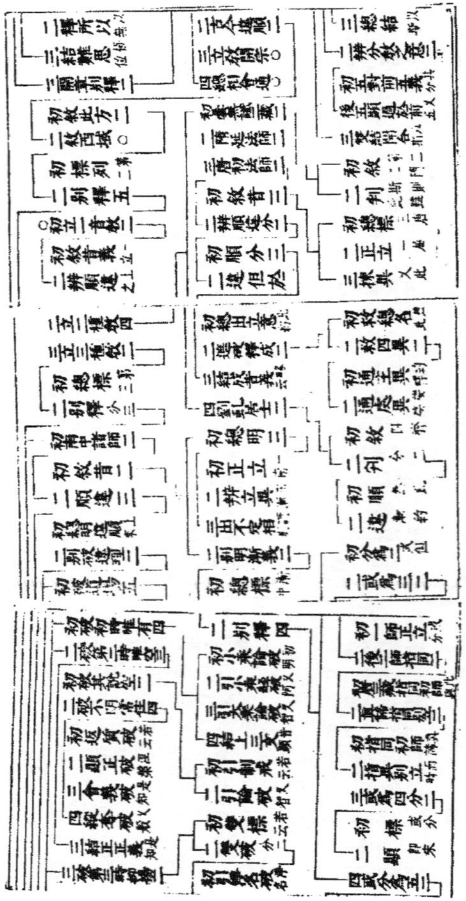

二釋文略釋二
初別顯
二結成
五依現相四
初總明大意
二顯相不同
三別明教儀
四料揀同異
初總明
二別顯
二會處
六依說者二
初總顯來意
初立理
二引證
二廣釋別三
七依聽者二
初總明大意
二別指別
八依德本三
九依請者二
初泯無顯有
二別示請儀
十依加者二
初總明大意
二別釋所以四
初彰有無
二出所以
三釋通妨難
四對顯彰別

初標章
二解釋二
初明十身
二佛身自在十
二彰無礙
初標數
二列釋十
三總結屬緣
初會處
四會
五通會三身
初總顯說人四
初明有三
二開為五
三開五為十
二指文
三說儀不同
初標大意
二正顯示
三揀濫
初立理
二指陳
初徵
二釋難
初徵難
二釋難
三進難

二對辯合融二
初雙標
二雙釋二
初唯釋真應
二正明無礙
後釋
初唯釋一多
後釋一多
三結成
初用周無礙
二相遍無礙
三寂用無礙
四依起無礙
五真應無礙
六分圓無礙
七因果無礙
八依正無礙
九潛入無礙
初標章
二解釋二
初佛入眾生三
初正釋
二引喻
三引證
二眾生入佛
十圓融無礙二
初引明
二總結
初別顯

二藏教所攝二
初明藏二
初釋三藏三
初總列三名
二別釋三藏
初修多羅藏
二毗奈耶藏
初標科
二別釋二
二明攝二
二別釋二
初總科
初辨名四
初會梵音
二敘古譯五
三敘古破
四會順逆三
初伸今意
二彰今義
三出古意
初標名
二引證
三釋義
四會六釋
五會梵正
初總釋前通
初標義
二引證
三釋所引論
二彰所攝
初辨名二
初正釋
二辨異四
初指前總說
二引證別說
三阿毗達磨藏
初總標
二正釋三
三顯所詮
二顯相
初總標包含
二正會真義
三以義會通
二顯相三
一名毗尼
二名尸羅
三名毗奈耶
四名波羅提木叉
初辨名二
二顯相
初引論正釋
初引論總標
二引論別釋
二例同指餘
初得名二
初釋法
二釋對
初釋對義
二出對體
二釋名
二明攝分二
初明依攝此三
二明此攝依
二明教攝二
初總標
二別釋二
初標藏將說
二藉顯深廣
初標深廣
三異名
初總標
二別釋
三引證
四出其所以
初明通判
二別明諸宗
初標章門
二依標釋四
初大小分難
初總標
二別釋
初正出爲二
二出三乘
三重成三乘
初雙標開合
二雙釋開合
初標不分之意
初總標
二列釋

二釋所以
三結難思
二開章別釋二
初敘此方二
二敘西域
初標列
二別釋五
初立一音教
初敘昔義
二辨順違
二立二種教四
三立三種教
初總標
二別釋
初南中諸師
初敘昔
二順違
初約頓漸
二別敘違理
初破違理五
二古今違順二
三立教開宗
四總相會通
初叙無教
二隋延法師
三唐初法師
初叙昔
二辨順違分
初順分
二違但於
初總出立意
二進破釋成
三結成昔義
四劉虬居士
初總明
初正立
二辨立異
三出不定相
二判明漸義
初總標
二別釋四
初引小乘論破
二引大乘論破
三引十三文論
四結上三文
初引制戒
二引論破
初雙標
二雙破
初引經名破
初破初時唯有四
二破第二時唯空
初破其說空
二破不閉常住
初返質破
二顯正破
三會義破
四總奪破
三結正義
三破第三時相據
三總結
二辨分教之意
初五對前五義
後五顯過於前
三雙結開合
初敘
二判
初總標
二正立
三揀異
初教總名
二教四異
初通主異
二通處異
初敘
二列
初順
二違
初分為二
二或為三
初一師正立
二後一師指
初指前初師
二會前指前
初指同初師
二指異別立
三或為四分
四或分為五
初標
二顯

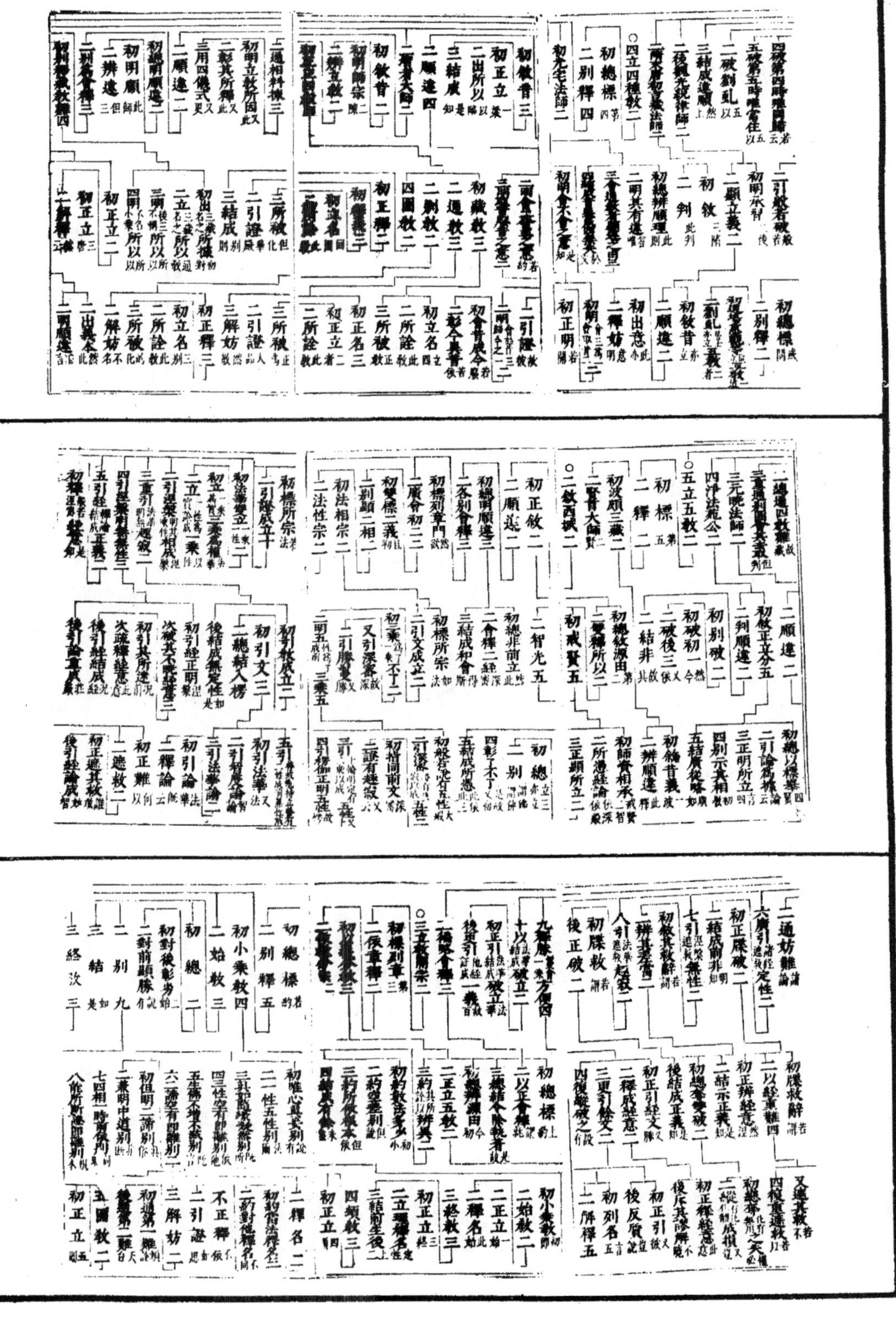

初總
次別九
後結
初雙心具妄義
二性衆一乘義
三...
四性空有相即義
五生佛不增不減義
六二諦空有相即義
七四乘一時...
八能所斷證相即義
九...
五顯教
四頓教
四總相會通
初總標列
二別釋十
三諦定所宗
三義理分齊
初總彰大意二
初結前生後
二總顯深廣二
初法
二喻
三合
初正合
二解妨
三結屬所屬
二開章別釋二
初所依體事三

九佛果...
初明二諦相即
後兼明中道
初雙明斷...
後別明內...
初總標
二別釋二
初會通諸教
初總標
二別釋五
三通外難
二會化儀前後三
初本末差別門
二依本起末門
三攝末歸本門
四本末無礙門
五隨機不定門
六顯密同時門
七一時頓演門
八寂寞無言門
九總通三際門
十重重無盡門
初標列章門
二依章別釋四
初具列
二略釋
三結示
初標門
二正釋
三結成...

二指經
初總為一教
二分為二教三
三分為三教
四分為四教
初會三四為一教
五分為五教
初以正明
二出其相
三揀其濫
初正明
二揀濫
初總嘆
次正顯
三結同
初總顯深廣
二別釋深義
三通釋妨難
初標章
二正釋
三引證
初會一性三
初明一性無性
二明成不成
三明無性即性
初正明體上...

二揀解異實三
三彰其無礙三
初總標
二別釋十
初理遍於事門
二事遍於理門
三以理成事門
四事能顯理門
初正明
二引證
五以理奪事門
六事能隱理門
七真理即事門
八事法即理門
九真理非事門
十事法非理門
三以總結
初標...總起
二別釋十門
四周徧含容二
初正辨玄門三
初列名總顯
二指事別明
初同時具足...
二廣狹...
三一多相容...
四諸法相即自在門
初正釋
二句數
三引證

初正明
二會前
初總釋
二會前
初正釋
後揀成
二會前
初正釋
二引證
初正釋
二會前五義五
初正釋本門
二會前為義
初標舉章門
二依章別釋
初總辨所依
二別顯十門十
初正明
二引證
初正明廣狹
二會通純雜
初正明
初正釋
二句數
二引證
三料揀
初正釋
二喻顯
三引證

二引證故出
二會一乘
初分齊...
二會...
初正合
二引證
初引當經
二引他經
三揀排
初二諦空有之上
二重會雖心
三會不斷常
四四相前後
五能所斷證
初明當門中具
二明其餘九門
初引教...
二引華嚴...
初正引...
後略...
初正明
二引證
三句數
初明相入
二辨相攝
初正釋其相
二句數相同
三引文成證
四重以喻顯
初正釋

五總攝...門四
六微細...門二
初正明
二引證
七因...門四
八託事...門三
九十世...門三
十主伴...門三
初正明
二引證
三重例
三結例成益二
二總用所因三
初明答總明四
二隨門別釋十
三總結所屬
初唯心所現故三
二法無定性故三
初約大小釋...
二引...
三例釋餘法
三緣起相由故三
四法性融通故二
初總顯
初揀非
二顯正二
初標舉
二示相四
初順明
二反立

四重喻
初正釋
二引證
三揀濫
初舉一例餘四
二結勸修益
初標舉章門
二假問徵起
三別教總答
四顯揚會通三
初總標功能
二料揀差別
三會通異釋二
初總顯三
二別釋十
三總結
初彰顯各...
初正釋
二反成
三結示
四引證
二互攝相在義
三俱存無礙義四
初正釋
二句數
三引證
四結成
四...
初總釋
二引證

二揀濫
初以...
三引證
初正例
二類詰
三以事例餘
三以所例能
四結成無盡
初別明
初以...
二會通...
初標
二結成
二釋
初總彰多義
二標舉章門
三彰十所以
初正釋
二反成
三例餘
四引證
二別釋
初總明
初以一望多
初明一持多依
二例多持依
初明依持一義
二釋成...
二例多望一
初結前

二結正
四引證
二別明二
初結前生後
二正顯別相二
初別明十
二顯通二
初同時具足義
二廣狹自在義
三多一相容義
四諸法相即自在義
五祕密隱顯俱成義
六微細相容安立義
七因陀羅網境界義
八託事顯法生解義
九十世隔法異成義
十主伴圓明具德義
五如幻夢故二
初幻二
初喻二
二合二
初正釋
二引證
二夢二
初喻明
二引證
六如影像故二
七因無限故二
八佛證窮故二
九深定用故二

二反成
四結成
五示相三
五體相即義四
初立理乘明
二反顯前理
三結成正義
四別示其相三
初以一望多二
二例多望一二
三結成句數
六體用雙融義三
七同體相入義二
初總顯同體義
二雙釋即入所以
三正釋此門二
八同體相即義二
初明以一望多二
二例多望一二
九俱融無礙義二
十同異圓滿義二
初正釋本門
二結前十門
初正釋
二引證
初舉前起後
二約法標定
初標三門
二別釋相二
初揀非顯二

二生後
三結成句數
初明一有體二
初正明
二釋成
二例多有體
初結前
二生後
初立理略明
二開章別釋
三釋結所屬
初明一望多二
二例多望一
初本一有體二
二例多一有體
初出其所以
二正釋前義
初標名
二別釋
三結屬引證
初結屬
二引證
初三凡愚
初別明
二總指
後二權小
初正理正明
二引經正成

十神通解脫故
○四能所被機二
初舉意總標二
二依門別顯二
初二別示
初正為
二兼為二
初明所為
二通外難
二三賺前二
○五教體淺深三
初總標
二別釋淺深十
三結示兼正
初合釋前三
二雙標
二雙釋
三雙會
初合教差當
初出意便取
二會通前五
二會同異
二別明後七
初標名
後釋相
初正辨所詮
二出其所以
三通收能所

二彰所為二
初引為
二權為
三遠為四
初正名為惡
二況出聞經
初標舉
二列數
三料揀四
初小乘二
初徵
二釋
二大乘
初標
二釋
初唯取解
二取名等
二則總取
初正法本取
二出其所以
三延其勢義
四會通前文
五引證成立
初引淨名經
後引楞伽經
初例總收
二結成總體
三況出此經四
初標章顯正
二顯正別釋

三會釋前文
四明應是所為
初引經明其為惡
二引涅槃經有性
初約體性
二大小乘
三一三乘
二名為體
二揀法通妨
初正名
初正顯正相
後揀法通妨
二引證
三唯
初事物法
二即事是法
三即事能
四引證成立
初正釋
二引證
初開章
二別釋
初各別成立
初本實教

初標舉五
二引證
三結釋
三即第心體
初本影相對
初標舉
二別明
初別明四句
二通結所由
二總說今收
初標其句目
二別明句數
三總結融通
初約同教
初總標
二別釋四
二約別教二
初正立
二引證
初正立
二引證
三解釋
四即第實體
初雙標能所
二正顯文絶
三例釋義
七即第
○六宗趣通別二

初唯本無影
二示本影
三唯影無本
四非影非本
初正明俱有
二聚集顯現
初總明聚集
初舉門揀法
二引證
二因門揀法
三因果交徹
初正辨交徹
二雙顯存相
四第四句分二
初正明
二引證
二釋妨
初總明
二開釋
初總標大意
二敘昔順違
初敘昔
二順違
初順理
二明違
三申今正解
初總標
二別釋十

初正明
二引證
三釋妨
初以本
次引傳會
初正釋
二重州
三引證
四通局
初正立
二異名
初我法俱有宗
初各別成立
二辨其異名
二法有我無宗
三法無去來宗
四現通假實宗
五俗妄真實宗
六諸法但名宗

初釋名標章
二開章別釋二
初通明三
初總相料揀十宗五
二會通妨難二
初明通局異二
初標
二釋
初正立宗旨
二辨顯功能五
初顯其功能
二廣明所破三
三顯正折邪三
初總明迷倒
二況出深旨
三揀濫顯邪
四指繁從略
五結功超勝
二別顯
初標章
二別釋二
初序具解十
二申今義二
初總建立五
初總相標立
二顯其包含
三彰加所以
四釋通妨難
五重顯其門

三料揀二
初通明淺深
二大小乘料揀
三權實料揀
四五教料揀
五二諦料揀
初敘西域三
二明此方二
三雙結通
初指同一因
二喻出時計二
初合引昔宅二
二別顯
初總標其意
二開章別明二
初行法師
二裕法師
三
四唯識宗
五結印二師
初釋名
二顯義三
初標章略明
二開章別釋
三總會宗趣

七三性空有宗
八真空絕相宗
九空有無礙宗
十圓融具德宗
初東九十五
二東十二
初正明所計
二對因果明
三結諸計為二因
初引文
二斷義
初正立
二解妨
初明總意
二解釋二
初出其五圖
二彰立所由三
初總標
二出光統之意
三出對所以二
初總名所以
二出總別相
初標
二釋
三會通六釋
四結歸法界
初總標
二別釋
三宗趣
四結成

二別解釋二
初標
二釋四
初別明
二會融
三法界顯示四
四法界
三總結四
初開章
○七部類品會二
二解釋四
初彰本部二
二顯品會二
初總明
二別辨
三明支類二
四辨論釋二
初總標
二別釋四
初翻譯
二世親菩薩
三北齊
○八傳譯感通二
四標章
二別釋二
九總釋名題二
初總標章門
二依章別釋二
初經題三

四結成因果
初標
二釋
初總辨來意
二開章解釋二
初總明
二別釋十
初明會不同
二彰品不同
初標
二釋二
初顯支流
二明流類二
初正明
二文會
初明翻譯年代
二明傳譯感應
初正辨感應六
二感應功能
初翻譯
二造論
三書寫
四讀誦
五觀行
六講說
初總彰講說
二別明
初大十義二
初標

初略明收之上
二以
三總顯門
四會融心觀
初略本經
二下本經
三中本經
四上本經
五普眼經
六同說經
七異說經
八主伴經
九眷屬經
十圓滿經
初略明
二別辨四
二日那三藏
初正敘翻
二指關
初標其
二彰
三揀
初正釋名
二揀前所說
三結成
初正釋十義十
二結會
初體大

初總標章
二列章門
三依章釋十
初總釋所以二
二對辨
初總標
二別釋七
四別釋名三
初得名
二釋名
五展演
初展一為多
五展凡會十方
八以義圓收二
初以法攝
二以人攝
九攝在一心二

二釋二
二方十義
三廣十義二
二合釋方廣二
初正釋十義
二結示本源
四佛十義三
五華十義二
三引
二總料揀
六嚴十義三
七經十義七
初十總釋
二十別釋
三十以合
初約人法
二總收之
初法說
二喻明
三合喻四
初會其
二正釋義理

二相大
三用大三
四果大
五因大
六智大
七教大
八義大
九境大
十業大
初正釋
二引證
三妨
初標
二譯二
初相資三
二相即
初雙標前
二明第三
三明第四
初正釋
二反成
三正展
四結例一切
初釋世主
二釋妙嚴三
初三世間
二出展所以

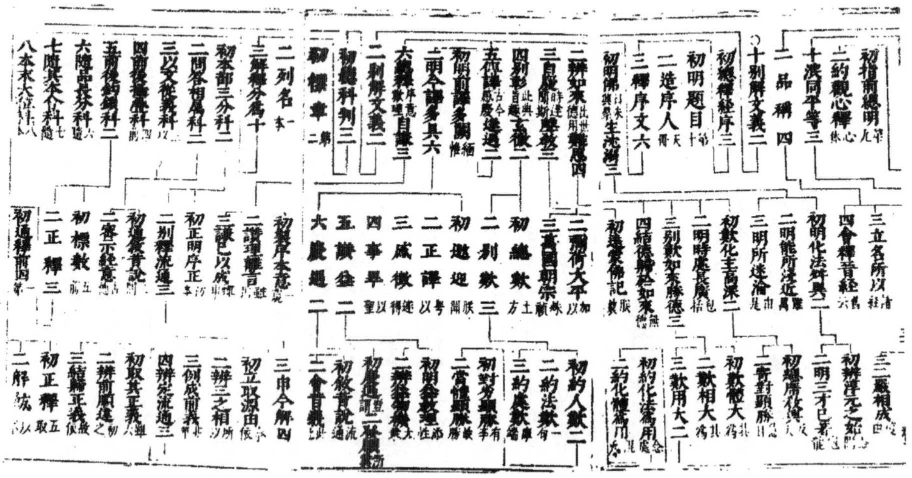

初指前總明 二約觀心釋 十法同平等三 二品稱四 ○十別解文義二 初總釋經序三 初明題目 二造序人 三釋序文六 初明佛興生本懷三 二辨如來德用難思四 三自殷顯斯聖教三 四別彰本經玄微二 五彼譯古今感應遠通二 初明前譯多闕 二明今譯多具六 大能釋經序意自謙三 二別解文義二 初總科判三 初標章 二列名 三解釋分為十 初本部三分科二 二問答相屬科二 三以文從義科 四前後攝疊科 五前後鉤鎖科二 六隨品長分科 七隨其本大科 八本末大科

三立名所以 四會釋貫經 初明化法殊異二 二明能所淺近 三明所迷淪 初歎化主高深二 二明時處長廣 三別歎如來勝德三 四結德辭絕如來 初歎教佛記 二稱揚大平 三喜遇明宗 初總歎 二別歎三 初遐邇 二正譯 三感徵 四事畢 五讚益二 六慶遇二 初叙序本意 二讀理釋言 三謙己以成 初正明序正 二別釋流通三 初通叙貫說 二審示經意 初標數 二正釋三 初通釋前四

三二嚴相成 初辨澤元之始 二明三才已著 初總序化興 二寄對顯勝 初歎體大 二歎相大 三歎用大二 初約化法為用 二約化體為用 初約人歎二 二約法歎 三約處歎 初對劣顯勝 二當體顯勝 初明會教理 二辨經教成 初叙遇 初叙貫說流通 三會其宗 三申今解四 初立取源由 二辨三之相 三例成前義 四辨宗流通三 初取其正義 二辨前顯遠 三結歸正義 初正釋五 二解疏

九本末總科九 十三律... 二正釋文所科第二卷 二別釋第五四 三通釋後五六 三引證 四結成

大方廣佛華嚴經疏科文卷第一　終

大方廣佛華嚴經疏科文

校勘記

一　底本，明永樂北藏本。

一　此科文(不含序科文)，其内容[徑]大體與之相同，但排列順序大異，難以對校，兹附録於卷後。

一　八〇八頁上一行第八字「疏」，[清]作「會本懸談」。

一　八〇八頁上一七行書名，[清]作「大方廣佛華嚴經會本懸談疏科文」。卷末書名同。

一　八〇八頁下一八行中小字「第二」，[清]作「初我」。

一　八〇八頁下二〇行中小字「二俾」，[清]作「三俾」。

一　八〇八頁下末行第三字「起」，[清]作「趣」。

一　八〇九頁上九行末小字左「七」，[清]作「大」。

一　八〇九頁下二行末小字「入或」，[清]作「又或」。

一　八一〇頁上二二行末小字「表微」，[清]作「表徵」。

一　八一〇頁中一七行「二釋」，[清]作「二別釋」。

一　八一二頁上一四行末小字「一始」，[清]作「二始」。

一　八一二頁下七行末小字「即真」，[清]作「即具」。

一　八一三頁上一九行上末字「二」，[清]作「三」。次頁下四行末字同。

一　八一六頁中一行「二正譯」，[清]作「二正譯」。

一　八一六頁中二行「三感徵」，[清]作「三感徵」。

大方廣佛華嚴經疏演義鈔序　稷二
将釋此序大文分三初明題目次弁撰人後解本文初中經疏鈔題具如下釋序者由也始也陳教起之因由作法興之漸始故名爲序又序因鈔起鈔因疏起疏因經起三重次第展轉相由疏主仰遵聖德而有述作故通序之冠於鈔首故名序也

清凉山大華嚴寺沙門　澄觀　述

次撰人者清凉山大華嚴寺等者即所依處也清凉者瑞靄凝空茂林森聳夏仍飛雪冬積堅氷曾無炎暑故曰清凉山者峙也地聳層巒衆峯齊峙峩峩拂漢峭嶺倚天故名山也大華嚴等者一藍之局號亦名花薗寺寺前有薗地方數頃名花間發端草時敷有異常境故名花薗寺沙門者正擧能述人也梵語具云室囉末拏此云懃息經云息心達本源故號爲沙門然有勝義世俗示道汚道之異如十輪經次二字即疏主號也唐歷九宗聖世而爲七帝門師特賜清凉之號廣如碑傳述者疏主自謙言不作也意云我但撰述古人之義爲此鈔文非新製作也

至聖垂誥鏡一心之玄極大士弘闡燭微言之幽致

至聖下三本文中二初教起源流後鈔興本末初中二初通明諸教後別指當經又初中四一明如来說經二明菩薩造論三緫舉遣妨四出示經意今初明如来說經就二段中具彰三寶至聖佛也垂誥法也大士僧也三寶最吉祥故我經如說至者極也聖者正也爲如来能以正智證朗法界更無過者故名至聖又主揀因位聖揀凡夫集玄記云聖者生也覩物之生知其終始智通乎大道應變而無窮故名至聖然諸教不同畧分爲五初小乘教以五分身爲法身丈六身爲報身隨類爲化身名至聖二大乘始教中有二宗一破相宗中以勝義諦中離一切相非蘊界處爲法身智隨物現爲報化身名至聖二立相宗中以清淨法界爲法身四智相應心品所現爲報化身爲至聖三終教依起信論以體大爲法身相大爲受用身用大爲他報化身爲至聖四頓教中不分三異絶待離言一實之性爲至聖五圓教即以法界無盡身雲真應相融一多無礙圓滿十身爲至聖若具實爲論唯圓教佛方名至聖垂誥者即所說之教也垂者布也垂布典誥宣揚法化利益衆生故云垂誥又尚書有大誥康誥等篇告上曰告發下曰誥有云王言爲誥皆不定也今謂如来演說三乘十二部經利益有情故云垂誥鏡一心等者鏡者喻也鏡有照鑒之功喻能詮教法鏡中之像喻一心玄極即所詮之法也清凉云以聖教爲明鏡照見自心以自心爲智燈照經幽旨即斯意也今依五教畧明一心初小乘教中實有外境假立一心由心造業所感異故二大乘始教中以異熟賴耶爲一心遮無外境三終教以如来藏性具諸功德故說一心四頓教以泯絶無寄故說一心五圓教中揔該萬有事事無

礙故說一心良以如來隨機設教故有千差殊途同歸皆一致也玄極者深妙也又玄者幽也遠也極者盡也謂至理幽奧深遠難測故老子云杳冥之內衆妙存焉皆不思議之境也又海惠禪師云森羅萬象至空而極百川衆流至海而極一切聖賢至佛而極一切教法至圓而極故云玄極

大士下菩薩造論筆削記云發大心信大法解大教修大行證大果故名大士又大士者有德之稱也此通凡聖若論弘闡亦兼餘疏鈔主也是以西域東夏造論釋經或則地上菩薩或則當代英賢皆思拔群位智出衆情弘道利生故名大士弘闡者弘者大也闡者開也或分宗立教或顯正摧邪或高建法幢或廣揚聖化皆爲弘闡也燭謂燈燭有照了之義故下經云譬如暗中寶無燈不可見佛法無人說雖慧莫能了然上云鏡者在明即見如對上根見經生解也言燭者在暗即見如諸下根覩疏鈔文方乃生解亦如起信之說四根

法華之明三品皆其意也微言者微妙之法故名微言唯識云激河辯而贊微言等孝經序云夫子沒而微言絕皆以聖教爲微言也幽致者幽者遠也致者趣也即上玄極之理幽遠深邃故云幽致

雖忘懷於詮旨之域而浩汗於文義之海

雖忘懷下次縱奪遣妨二初縱法本離言後奪不礙言說今初雖者縱其無言應有問云上言理趣玄極微言幽隱忘懷絕慮方可契會何用廣陳言教翻欲授人耶故縱云雖忘懷於詮旨之域忘懷者忘情絕慮謂之忘懷詮旨者所詮理也域者疆域謂能詮三藏有包含義故今皆超之故云域也　而浩汗下奪其無言不礙言也謂諸佛菩薩有大智故上契無爲有大悲故下垂言教浩汗者大水之貌疏序云湛湛忘言而教海之波瀾浩汗謂此大經文廣理深故喻如海

盖欲寄象繫之迹窮無盡之趣矣

盖欲下四出示經意二初舉例設教後因言悟入今初舉例設教盖者承前起後發語之端欲者將也寄者託也象繫者象謂爻象繫者繫辭即周易十翼之文謂一上彖下彖二上象三下象四上繫五下繫六文言七說卦八序卦九雜卦十鄭學之徒並同此說皆孔子所作讚明易道發揮至賾有類菩薩造論釋經之意跡者蹤跡如尋兔先尋其跡得兔忘跡得象忘言謂假託言象之跡以契言絕之理下經云了法不在言善入無言際而能示言說如響遍世間即其意也　窮無盡下因言悟入窮者盡也易云窮理盡性以至於命無盡之趣者即上一心玄極之理謂假託言象以契無言非有無言可爲棲託下經云雖復不依言語道亦復不著無言說也故知文字性離雖終日言而無言豈可緘言而守默哉

斯經文理不可得而稱也

斯經下別顯當經以伸旨趣分二初標指後嘆勝初也謂此大經文言廣博非心可

測就言象中略釋三本上本經有十三千大千世界微塵數偈一四天下微塵數品中本經有四十九萬八千八百偈一千二百品下本經有十萬偈四十八品今所傳者是畧本經有四萬五千偈豈況此經一字法門海墨書而不盡也理者所詮義也橫該三藏竪貫十宗六相十玄重重妙用條盡教體海印發揮菩薩猶迷聲聞不測豈非斯經文理不可得而思議矣　不可得而稱也者後歎勝也

晉譯幽秘賢首頗得其門

後晉譯下鈔與本末二初依經製疏後請集鈔文初文分三初晉譯先彰二唐翻後闡三疏成廣播初中二初旨趣玄微後賢首得旨且初旨趣玄微晉譯者東晉安帝義熙十四年覺賢三藏所譯六十卷經譯者傳也傳梵爲華故言翻譯幽者隱也秘者密也晉經文多隱奧取悟無由故云幽秘　賢首下後賢得旨纂靈記云僧法藏字賢首洞悟真宗深窮法界造探玄記解釋晉經雖有古德多家疏文唯賢首一人多得其妙故云頗得其門

唐翻靈篇後哲未窺其奧

唐翻下唐翻後闡二初新經同傳後刊定迷宗今初也唐翻靈篇者正譯時即當則天證正改唐爲周至中宗立却復舊號爲大唐今云唐翻者據復號爲言靈篇者靈妙篇章又多靈感故云靈篇　後哲下刊定迷宗哲者智也即指淨法苑公造刊定記二十卷以解唐經未窺者窺者視也未窺者不見也刊定釋義多失經旨所以未見經中之玄奧也論語云叔孫武叔語大夫於朝曰子貢賢於仲尼子服景伯以告子貢子貢曰譬如宮墻賜之墻也及肩闚見室家之好夫子之墻數仞不得其門而入不見室家之美百官之富得其門者寡矣今借其文以喻華嚴之室深奧而刊定未達故云未窺玄奧故清涼嘆曰大哉新經而無得意之疏安可指南乃興述作之意也

不揆膚受輒闡玄微

不揆膚受下三疏成廣播二初陳謙述後疏遠流通今初陳謙述也揆者度也膚者皮也皮膚之受故云膚受論語云膚受之愬馬曰膚外語受非內實也東京賦云末學膚受貴耳而賤目也濟曰所受膚淺之學於耳而賤於目意云我不自度膚淺之學輒便解釋此經是自尊也

偶溢九州遐飛四海

偶溢九州下疏遠流通偶者不期而會溢者盈滿之義九州者通典云雍荊青豫冀幽兗楊徐是爲九州遐飛者遐者遠也飛揚也四海者東夷西戎南蠻北狄謂之四海疏主謙云我所造疏自備遺忘教示童蒙非敢望於遠布忽然盈溢於九州遠揚於四海之內也觀其噬像之夢而飛龍之瑞實乃洞契佛心使之然也

講者盈百咸叩余曰大教趣深疏文致遠覬承指訓髣髴近宗

講者下後請集鈔文四初學徒咨請二與

遠重宣三法師承領四述作體式且初中四初標衆二陳詞三按定四謙承且初標衆講者解也論也解釋文義論量邪正教示學徒名爲講者或則當代英賢或則聽習之者盈滿百人同時伸請　咸叩下二陳詞咸者皆也叩者擊也余者我也意云講者百人皆請我所用言擊勵勸造鈔也　大教下三按定大教揀非泛常之典乃如來不思議大威德法門故云大教趣者旨也深也既所釋之經洪深故能釋之疏幽遠　親承下四謙承即當時聽習之者口傳心授啟悟真宗髣髴者相似之義唯識疏云雖則髣髴粗未能曲盡幽玄意云我等非敢洞明幽趣髣象指訓相似近宗也

垂範千古慮惑高悟希垂重訓俾覩光輝

垂範下二異遠重宣二初慙後後正請且初慙後垂者布也範者儀範十口所傳爲古今云千古者乃萬世之津粮矣慮者恐慮惑者疑也慮恐傳之後世疑惑高遠之悟　希垂下二正請希望再作鈔文剖析疏義粲然明白故云得覩光輝

順斯雅懷再此條治名爲隨疏演義昔人云人在則易人亡則難今爲此釋冀遐方終古皆若面會

順斯下三法師承領三初明製鈔意次引古釋成後出意製鈔且初明製鈔意雅者正也懷者情懷順斯雅正之懷重啓利生之念再謂條貫義理令無盡法門究如在目尚書云如網在綱有條而弗紊注云如網在綱有條而不亂也故名隨疏演義鈔　昔人下引古釋成纂玄等述楊子書造船之事而未見文不敢依憑今依楊子法言問經之難易曰存亡或不敏者請益則曰人在則易有所請益人亡則難無所請益　今爲下出製鈔意今爲順請重釋此疏冀望遠方流通於後世凡有覩斯鈔文皆如與我面對即疏主普現色身三昧之謂也

然繫則倦於章句簡則昧其源流顧此才難有慙折衷意夫後學其辭不枝矣

然繫則下四述作體式三初正顯次謙陳後出理且初正顯爲離廣畧二過疏云文華尚然關理繁言豈不亂心故知所作則不易也　顧此下次謙陳才難論語泰伯篇孔子曰才難不其然乎唐虞之際於斯爲盛有婦人焉九人而已注云固才難得當唐虞盛世欲十人内有婦人只九人矣所以折衷之才難得故疏主謙云我無折衷之才輙述鈔文實爲慚愧　意夫下後出理若離繁簡二失注述鈔文庶使學者其詞無枝蔓矣釋鈔序竟

大方廣佛華嚴經疏序演義鈔卷第一

清涼山大華嚴寺沙門　澄觀　撰述

題目并撰人亦如前釋　隨疏演義鈔云將釋此疏大分爲四一總序名意二歸敬請加三開章釋文四謙讃迴向爲順經文

有四分故若順序正流通則含前二爲序分開章爲正宗讚爲流通爲三分今初總序名意即是顯序亦云教迹處分有四細科爲十言有四者初通序法界爲佛法大宗二剖裂下別叙此經以中奇趣是

以菩薩搜秘下廣遍由致徹物發心　四題稱大方廣下畧釋題目令知綱要亦爲順經四分故

往復無際動靜一源含衆妙而有餘超言思而逈出者其唯法界歟

往復下言細科爲十者爲順無盡故一標舉宗體二別歎能詮三教主難思四說儀周普五言該本末六旨趣玄微七成益頓超八結歎宏遠九感慶逢遇十畧釋名題今初往復無際至其唯法界歟文有五句

經三　十二

言意多含畧爲四意一約三大釋二約本末釋三明法界類別四摠彰立意今初約三大釋者意明法界具三大故初句明用次句明體次句明相次句融拂末句結屬今初用大即往復無際是也往者去也起也動也復者來也滅也靜也無際有二一約廣多無有際畔此就事用二約絕於邊際據即事同真何法往復畧有三義一雙約迷悟說二唯約就妄說三返本還源說今初謂迷法界而往六趣去也動也悟法界而復一心來也靜也皆法界用也迷則妄生悟則妄滅然真有二義一約隨緣迷則真隨於妄則真滅妄生悟則妄滅歸真則真生妄滅二約不變迷悟生滅來往紛然真界湛若虛空體無生滅此義在下體中言無際者迷來無始故無初際悟絕始終際即無際　二唯約就妄說復有二義一竪論去來過去無始未來無終無初後際　二約橫說妄念攀緣浩無邊際上二皆約廣多無際　若約絕際妄無妄源竪無初際既無有始豈得有終故絕初後際　中論云大聖之所說本際不可得生死無有始亦復無有終若無有始終中當云何有是故於此中先後共亦無　橫尋妄心不在內外故亦無際是以遠公云本端竟何從起滅有無際一毫涉動境成此㵎山勢惑相更相承觸理自生滯因緣雖無主開途非一世即其義也　三約返本還源說對其初義初義是總第二約妄唯往非來今此唯復復本源故斯即靜義

經三　十三

故易復卦云復其見天地之心乎然往者必復故泰卦云無往不復天地際也　然此一義自有往復　故文殊師利所說不思議佛境界經中善勝天子問文殊云云何名修菩薩道文殊初說雙行之行次云復次天子有往有復名修菩薩道云何名爲有往有復觀諸衆生心所樂欲名之爲往隨其所應而爲說法名之爲復自入三昧名之爲往令諸衆生得於三昧名之爲復自行聖道名之爲往而能教化一切凡夫名之爲復自得無生忍名之爲往令諸衆生皆得此忍名之爲復自以方便出於生死名之爲往又令衆生而得出離名之爲復心樂寂靜名之爲往常在生死教化衆生名之爲復自勤觀察往復之行名之

爲往爲諸衆生説如斯法名之爲復修空無相無願解脱名之爲往爲令衆生斷於三種覺觀心故而爲説法名之爲復堅發誓願名之爲往隨其誓願拯濟衆生名之爲復發菩提心願坐道場名之爲往具修菩薩所行之行名之爲復是名菩薩往復之道　釋曰上來十對皆上句自利爲往往涅槃故下句利他爲復復於生死化衆生故雖有往復總爲返本還源復本心矣此中無際亦有二義一菩薩行海廣無際也二一一稱真深無際也然上三義皆法界用矣二動靜一源者法界體也對上三義約迷悟者動即往也靜即復也動靜迷悟雖有二門所迷真性一源莫二莫二之源即是一體也二對唯妄者動即往復有去來故靜即體虛相待寂故不釋動以求靜必求靜於諸動必求靜於諸動故雖動而常靜則動靜名殊其源莫二莫二之源即一體也三對返本還源者自利靜也利他動也二利相導化而無化則不失一

源爲法界體也若對上二種無際廣多無際動也際即無際静也動靜無碍爲一源也際與無際當體寂也　三含衆妙而有餘者法界相大也謂杳冥之内衆妙存焉清淨法界杳杳冥冥以爲能含恒沙性德微妙相大以爲所含相依乎性性無不包故稱爲含性體無外相德有名有名之數不能遍無外之體故云有餘則恢恢焉猶有餘地矣下阿僧祇品云於一微細毛孔中不可説刹次第入毛孔能受彼諸刹諸刹不能遍毛孔即斯義也以毛約稱性刹約不壞相故廣相不能遍小性也然此相大畧有二義一約不空恒沙性德即同教意二約事事無礙十玄之相本自具足即是別教之意也然衆妙兩字亦老子意彼道經云道可道非常道名可名非常名無名天地之始有名萬物之母常無欲以觀其妙常有欲以觀其徼此兩者同出而異名同謂之玄玄之又玄衆妙之門釋曰然彼意以虛無自然以爲玄妙復拂其迹故云又玄此則無欲於

無欲萬物由之生故云衆妙之門今借其言而不取其義意以一真法界爲玄妙體即體之相爲衆妙矣　四超言思而迥出者融拂上三也融則三一千收拂則三一雙寂云何超耶謂理圓言偏言生理喪法無相想思則亂生並皆超之故云迥出故肇公云口欲辯而詞喪心將緣而慮息則迥出於言象之表矣何者欲言相用即同體寂欲謂之寂相用紛然即一而三相不同即三而一體無二三一無礙互奪雙亡存泯莫覊豈言象之能到故云迥出又借斯亡絶以遣言思非有無言可爲捿託故下經云雖復不依言語道亦復不着無言説況言相本寂亡絶亦亡斯則言與亡言相待亦寂故假迥出之稱以拂言亡之迹矣　五其唯法界歟者結法所屬屬法界也謂具上諸德獨在於法界矣△第二約本末釋者此上五句初句從本起末即不動真際建立諸法　次句攝末歸本即不壞假名而説實相　第三句本末無礙則

性相歷然　第四句本末雙寂則言思無
寄　末句結屬通四義焉　第三明法界
類別者畧有三意一者會三法界初句事
法界　次句理法界　第三句無障礙法
界　第四句融拂上三　第五句結屬屬
上三法界也　二者會四法界往復無際
事也　動靜一源具三義也動即是事靜
即是理理事一源即事理無礙法界也
含衆妙而有餘事事無礙法界也　超言
思而逈出融拂四法界△其唯法界歟亦
結屬四法界也　三者會五法界往復與
皆有爲也　靜無爲也　一源有二若牙
奪雙亡爲一源則非有爲非無爲法界
若牙融雙照爲一源則亦有爲亦無爲法
界含衆妙而有餘即無障礙法界　超言
思而逈出總融五法界△其唯法界歟結
屬五法界　第四總彰立意者所以最初
叙法界者應有問言諸家章疏多先叙如
來爲物示生先小後大或無像現像無言
示言今何最初便叙法界故今荅云以是

此經之所宗故又是諸經之通體故又是
諸法之通依故一切衆生迷悟本故一切
諸佛所證窮故諸菩薩行自此生故初成
頓說不同餘經有漸次故然最後一意正
荅初問而前諸意共成後意耳

剖裂玄微昭廓心境窮理盡性徹果該因
汪洋冲融廣大悉備者其唯大方廣佛華嚴
經焉

第二剖裂玄微下別歎能詮意明此經詮
於法界故難思議文有七句於中分四初
二句總明能詮言玄微者即指前法界多
義爲幽玄微妙之旨剖判分裂在乎此經
謂於無障礙法界剖爲心境二門故下句
云昭廓心境云何剖裂謂一真法界本無
內外不屬一多佛自證窮知物等有欲令
物悟義分心境境爲所證心爲能證故下
引裕公云心則諸佛證之以爲法身境則
諸佛證之以爲淨土則二皆所證智爲能
證所證之境即大方廣能證之心即佛華
嚴也文中廣說故云剖裂言昭廓心境者
心境即上所闡觸廓即是此經昭著明也
照也廓者空也張小使大也云何明心境
耶謂此經中昭明顯著若凡若聖若因若
果能觀之心所觀之境無不畢備故如出
現品云說佛境界即佛境也說如來心即
佛心也諸位心境例此可知云何照心境
耶謂此經中教人觀察若心若境如云欲
知諸佛心當觀佛智慧佛智無依處如空
無（依處如空無所依此令觀）佛心也又云若有欲知佛
境界當淨其意如虛空此教觀佛境也菩
薩凡夫所有心境觀照例知云何空廓心
境耶如云法性本空寂無取亦無見性空
即是佛不可得思量即空心境也無取即
無境無見即無心又云若有欲知佛境界
當淨其意如虛空遠離妄想及諸取令心
所向皆無礙亦空心境也又云若有欲得
如來智應離一切妄分別有無通達皆平
等疾作人天大導師亦空心境義也云何
張（小使大謂張心則無心外之境）張境則無境外之心
以隨舉其一攝法無遺即無涯故故下經

云無有智外如爲智所入亦無如外智能證於如上句張心下句張境也真心真境本自無涯即妄同真則張小使大也經云如來深境界其量等虛空佛境大也又云佛智廣大同虛空真心大也知妄本自真

見佛則清淨心佛與衆生是三無差別皆張妄心即無際也因果萬法心境普收隨一一事皆可張廓△窮理盡性徹果該因者二有二句别顯深廣也理謂理趣道理廣也性謂法性心性深也若極其理趣則

盡其體性令此經中意趣體性皆窮究也此借周易說卦之言彼云窮理盡性以至於命昔者聖人之作易也將以順性命之理注云命者生之極窮理則盡其能即以能字解性性者能也各任性能若窮其理

鈔二　十八

數盡其性能則順於天命故次云以順性命之理令語則用之取意則别言徹果該因者兼於深廣徹究五周之果該羅六位之因則廣也故廣說地位因果莫逾此經若云因該果海果徹因源二乎交徹則顯

深也初發心時便成正覺因該果也雖得佛道不捨因門果徹因也上約廣義徹果屬果該因屬因即明能詮之教該徹彼因果也今約深釋徹果屬因以因徹彼果故該因屬果以果徹彼因故即因果自相該徹唯屬所詮而能詮具明斯義然因該果海果徹因源是古人之言令欲具含深廣之義云徹果該因耳　汪洋沖融廣大悉備者三有二句結歎深廣也上句明深廣之相下句出深廣之由汪汪深貌也洋洋廣貌也沖亦深也亦云中也亦曰沖和故老子云道沖而用之或似不盈融者融通兼深廣也故肇公云汪哉洋哉何莫由之哉八師經中梵志闍旬云吾聞佛道厥義弘深汪洋無涯無不成就靡不度生等即

鈔二　十九

深廣義也亦如沖和之氣生成萬物而不盈滿融通萬法令無障礙言廣大悉備者即出深廣之由以無不備故此言亦出周易繫辭彼云易之爲書也廣大悉備有天道焉有人道焉有地道焉兼三才而兩之

故六六者非他也三才之道也今若取意就經亦可喻三世間天道智正覺也人道有情也地道器世間也此經廣說三世間故亦可天道深理也地道事相也人道諸佛菩薩修行者也此強配之本意但取包含而已謂此根本法輪之内何法不備未有一事一理而不極一因一果而不備五周因果則五十二位之昭彰九會玄文則難思教海而可觀說真身則九聖昭昭而交徹語法界則事理歷歷而相收佛知見一偈開示而無遺大涅槃一章必盡其體用六百卷般若不出於三天偈文一大藏契經並攝於七字之内是謂罄諸佛之智海竭性相之洪源故云廣大悉備矣　其唯大方廣佛華嚴經焉者四結法所屬也上之勝事唯我華嚴

疏　故我世尊十身初滿正覺始成乘願行以彌綸混虛空爲體性富有萬德蕩無纖塵

第三故我世尊下教主難思文有六句義分爲四初二句標果滿二一句語因深三

一句明體玄四二句彰德備初云故我世尊十身初滿者總標十身該下兩段正明難思以是十身無礙佛說非三身故而言故我者由上所詮能詮深廣玄妙為諸教本故我世尊始成正覺頓說此經言十身者次下當列言初滿者成正覺時身方滿故故下經云爾時世尊處于此座於一切法成最正覺智入三世悉皆平等其身充滿一切世間其音普順十方國土等是初滿也正覺始成者別語菩提之身以是總故始覺同本無復始本之異名曰始成下當廣釋　乘願行以彌綸者二語因深此有二因一乘願曰經云毘盧遮那佛願力周法界二乘行因主山神偈云往修勝行無有邊等乘昔願因彌綸果用即是願身言彌綸者周遍包羅之義亦出周易易繫辭云易與天地準故能彌綸天地之道釋曰既準天地而作易易中所說與天地理同故能彌綸天地之道以況如來本起行願意欲周遍利物今得如其願行故周遍

法界是曰彌綸　混虛空為體性者三有一句明體玄也亦有二義一約世尊身上自具十身即法身也以法性身為法身故故下經云性空即是佛不可得思量又云佛以法為身清淨如虛空二者約外虛空以融三世間而為佛身則外虛空是虛空身故云混虛空為體性混融無礙故　富有萬德蕩無纖塵者四有二句彰德備也上句德無不備下句障無不盡萬者總相之大數也實具無盡之德故下經云刹塵心念可數知大海中水可飲盡虛空可量風可繫無能盡說佛功德無盡之德總名萬德塵沙無明無餘習氣故云蕩無纖塵總即二障二障有三一現行二種子三習氣習氣微細況之纖塵細中之細尚無況餘麤中之細等若總配三德萬德含於智恩下句即是斷德又混空為體即法身德萬德即般若德無塵即解脫德萬德之句為總上下諸句皆是別德上之二句並福德身十身已具四矣餘六在後段中

大方廣佛華嚴經疏演義鈔卷第一

華嚴四祖清涼國師像贊

文宗皇帝勅寫國師眞奉安大興唐寺御製讃曰朕觀法界曠闊無垠應緣成事允用虛根清涼國師體衆啟門奄有法界我祖聿尊教融海嶽恩廓乾坤首相二疏拔擢幽昏聞最新來共承佛日四海光浸九州慶溢散金仙門奪古賢席大手名曹横經請益仍師巨休保余遐曆爰抒凝毫式揚茂實眞空罔盡機就而駕白月虛秋清風適夏妙有不遷緣息而化遊爾禹儀煥乎精舍

按帝心順和尚爲東上華嚴初祖師爲四祖智依西土馬鳴爲初祖龍樹爲二祖則師爲六祖

清涼國師疏鈔緣起

清涼國師澄觀字大休會稽人姓夏侯氏生於開元戊寅身長九尺四寸垂手過膝口四十齒目光夜發晝乃不眴天寶七年出家至肅宗二年丁酉受具是年奉詔入内勅譯華嚴初至德中即以十事自勵曰體不捐沙門之表心不違如來之制坐不背法界之經性不染情礙之境足不履尼寺之塵脇不觸居士之榻目不視非儀之綵舌不味過午之餚手不釋圓明之珠宿不離衣鉢之側從牛頭忠徑山欽問西來宗旨授華嚴圓教於京都詵禪師至是大曆三年代宗詔入内與大辯正三藏譯經爲潤文大德既而辭入五臺大華嚴寺專思華嚴以五地聖人棲身佛境心體眞如猶於後得智起世俗心學世間解義是博覽六藝圖史九流異學華夏訓詁竺經梵字及四圍五明聖教世典等書靡不該洽至建中四年下筆著疏先求瑞應一夕夢金容當陽山峙光相顯顯因以手捧咽面門既覺而喜以謂獲光明徧照之徵自是落筆無停思乃以信解行證分華嚴爲四科理無不包觀每慨舊疏未盡經旨唯賢首國師頗涉淵源遂宗承之製疏凡歷四年而文成又夢身爲龍矯首南臺尾蟠北臺宛轉凌虛鱗鬣耀日須臾變百千數蜿蜒青冥分散四方而去識者以爲流通之象也初爲衆講之感景雲凝停講堂庭前之空中又爲僧叡等著隨疏演義四十卷隨文手鏡一百卷云

詔清涼講華嚴經題

丙子十二年宣河東節度使禮部尚書李詵備禮迎法師澄觀入京觀至有旨命同罽賓三藏般若翻譯烏荼國所進華嚴後分梵筴帝親預譯場一日不至即差僧寂光依僧欲云皇帝國事因襲如法僧事與欲清淨親承睿旨翻宣既就進之帝命開示華嚴宗旨羣臣大集觀陞高座曰我皇御宇德合乾坤光宅萬方重譯來貢東風入律西天輸越海之誠南印御書北闕獻朝宗之敬特回明詔再譯眞詮光闡大猷增輝新理澄觀顧多天幸欽屬盛明奉詔譯場承旨幽讃抃躍兢惕三復竭愚露滴天池喜含百川之味塵培華岳無增萬仞之高極虛空之可度體無邊涯大也竭滄溟而可飲法門無盡方也碎塵刹而可數用無能測廣也離覺所覺朗萬法之幽邃佛也芬敷萬行榮耀衆德華也圓茲行德飾彼十身嚴也貫攝玄微以成眞光之彩經也總斯七字爲一部之宏綱將契本性非行莫階故說普賢無邊勝行行起解絶智證圓

明無礙融通現前受用帝大悅賜觀紫方袍號教授和尚其後相國齊抗鄭餘慶高郢請撰華嚴綱要三卷相國李吉甫侍郎歸登駙馬杜琮請述正要一卷又爲南康王韋皋相國武元衡著法界觀玄鏡一卷僕射高崇文請著鏡燈說文一卷司徒嚴綬司空鄭元剌史陸長源請撰三聖圓融觀一卷節度使薛華觀察使孟簡中書錢薇拾遺白居易給事杜羔等請製七處九會華藏界圖心鏡說文十卷又與僧録靈邃大師十八首座十寺三學上流製華嚴圓覺四分中觀等經律論關脉三十餘部皆古錦純金隨器任用耳

詔清涼講華嚴宗旨

己卯十五年清涼受鎮國大師號進天下大僧録四月帝誕節勅有司備儀輦迎教授和尚澄觀入內殿闡揚華嚴宗旨觀陞高座曰大哉眞界萬法資始包空有而絕相入言象而無迹妙有得之而不有眞空得之而不空生滅得之而眞常緣起得之而交暎我佛得之妙踐眞覺廓盡塵習寂寥於萬化之域動用於一虛之中融身剎以相含流覺光而遐燭我皇得之靈鑒虛極保合太和聖文掩於百王淳風扇於萬國敷玄化以覺夢垂天眞以性情是知不有太虛曷展無涯之照不有眞界豈淨等空之心華嚴教者即窮斯旨趣盡其源流故恢廓宏遠包納冲邃不可得而思議矣指其源也情塵有經智海無外妄惑非取重玄不空四句之火莫分萬法之門皆入寂二際而不一動千變而非多事理交涉而兩忘性相融通而無盡若秦鏡之互照猶帝珠之相含重重交光歷歷齊現故得圓至功於頃刻見佛境於塵毛諸佛心內衆生新新作佛衆生心中諸佛念念證眞一字法門海墨書而不盡一毫之善空界盡而無窮語其定也寂一如於無心即萬法動而常寂海湛眞智光含性空星羅法身影落心水圓音非扣而長演果海離念而心傳萬行忘照而齊修漸頓無礙而雙入雖四心被廣八難頓超而一極唱高二乘絕聽當其器也百城詢友一道棲神明正爲南方盡南矣益我爲友八皆友焉遇三毒而三德圓入一塵而一心淨千化不變其慮萬境順通於道契文殊之妙智死是初心入普賢之玄門曾無別體失其旨也徒修因於曠劫得其門也等諸佛於一朝諦觀一塵法界在掌理深智遠識昧辭單塵贖聖聰退座而已帝時默湛海印朗然大覺顧謂羣臣曰朕之師言雅而簡辭典而富扇眞風於第一義天能以聖法清涼朕心仍以清涼賜爲國師之號朕思從來執身心我人及諸法定相斯爲甚倒羣臣再拜稽首頂奉明命由是中外台輔重臣咸以八戒禮而師之凡歷九朝爲七帝門師是爲六祖（九朝者唐玄宗肅宗代宗德宗順宗憲宗穆宗敬宗文宗也七帝者即代宗以下七帝也）

上問華嚴法界

帝問國師澄觀曰華嚴所詮何謂法界奏曰法界者一切衆生之身心本體也從本以來靈明廓徹廣大虛寂唯一眞境而已無有形貌而森羅大千無有邊際而含容萬有昭昭於心目之間而相不可覩晃晃於色塵之內而理不可分非徹法之慧目離念之明智不

能見自心如此之靈通也故世尊初成正覺歎曰奇哉我今普見一切衆生具有如來智慧德相但以妄想執著而不能證得於是稱法界性説華嚴經全以眞空簡情事理融攝周徧凝寂帝天縱聖明一聽玄談廓然自得於是勑有司備禮鑄印遷國師統冠天下緇徒號僧統清涼國師

御讃清涼國師碑銘

開成三年三月六日僧統清涼國師澄觀將示寂謂其徒海岸等曰吾聞偶運無功先聖悼歎復質無行古人恥之無昭穆動靜無綸緒往復勿穿鑿異端勿順非辯僞勿迷諂邪心勿固牢關諍大明不能破長夜之昏慈母不能保身後之子當取信於佛無取信於人眞理玄微非言説所顯要以深心體解朗然現前對境無心逢緣不動則不孤我矣言訖而逝師生歷九朝爲七帝門師春秋一百有一僧臘八十有八身長九尺四寸垂手過膝目光夜發晝視不瞬才供二筆聲韻如鐘文宗以祖聖崇仰特輟朝三日臣民縞素奉全身塔於終南山未幾有梵僧到闕表稱於葱嶺見二使者凌空而過以呪止而問之答曰北印度文殊堂神也東取華嚴菩薩大牙歸國供養有旨啟塔果失一牙唯三十九存焉遂闍維舍利光明瑩潤舌如紅蓮色賜謚仍號清涼國師妙覺之塔相國裴休奉勑撰碑其銘曰寶月清涼寂照法界以沙門相藏世間解澄湛含虛氣清鐘鼎雪沃剡溪霞橫綖嶺眞室寥夐靈嶽崔嵬虛融天地交抜風雷離微休命實際麗鴻奉若時政華彼幽棠烱乎禹質元聖孕靈德雲冉冉凝睟幻形谷響入耳性不可爲青蓮出水染不可關才受尸羅奉持止作原始要終克諧適莫鳳藻瓊奇遺演祕客染翰風生供盈二筆欲造玄關咽金一象遠竟將流龍飛千界疏新五頂光衍二京躍出法界功齊百城萬行芬披華開古錦啟廸鞶帨與甘露飲獎讃金偈懷生保乂聖主師資聿與遐裔貝葉翻宣譯場獨步譚柄一揮幾回天顧王庭闡法傾河湧泉闍辭縱辯玄玄玄紫衲命衣清涼國號不有我師孰知吾道九州傳命然無盡燈一人拜錫統天下僧帝綱沖融潛通萬戶歷天不周同時顯晤卷舒自在來往無蹤大士知見允執厥中西域供牙梵倫遠至奏啟石驗嘉風益熾勑俾圖眞相即無相海印大龍蟠居方丈哲人去矣資何所恭即事之理塔鎖終南

附宋洪覺範林間録云棗柏大士清涼國師皆弘大經造疏論宗於天下然二公制行皆不同棗柏則跣行不帶超放自如以事事無礙行心清涼則精嚴玉立畏五色糞以十願律身評者多喜棗柏坦宕笑清涼束縛意非華嚴宗所宜爾也予曰是大不然使棗柏蔑棄作比丘未必不爲清涼之行益此經以遇緣即宗合法非如餘經有局量也

大方廣佛華嚴經疏演義鈔卷第一

校勘記

一　底本，明永樂北藏本。

一　八二四頁上一行前，清有華嚴四祖清涼國師像贊等文六篇，茲附錄於卷末。

一　八二四頁上一行「經疏」，清作「經疏會本」。

一　八二四頁上九行第一二字「等」，徑作「寺」。上一三行第九字徑、清同。

一　八二四頁中一〇行第一四字「如」，徑、清作「初」。

一　八二四頁中一一行末字「躬」，徑、清作「窮」。

一　八二五頁下七行首字「頤」，徑、清作「賾」。

一　八二五頁下末行第五字「也」，徑、清作「標」。

一　八二六頁上一二行首字「後」，清作「初」。

一　八二六頁中六行「設正」，徑作「攝政」。

一　八二六頁下一二行第三字「楊」，徑、清作「揚」。

一　八二七頁上一九行「津粮」，徑、清作「津梁」。

一　八二七頁下一二行書名，清作「大方廣佛華嚴經疏序會本演義鈔卷第一」。卷末書名同。

一　八二八頁上一行第一二字「含」，清作「合」。

一　八二九頁下一〇行第一三字「牙」，徑、清作「互」。次頁上一二行末字同。

一　八三二頁中一九行「二句」，清作「上句」。

大方廣佛華嚴經疏演義鈔卷第二

清涼山大華嚴寺沙門　澄觀　撰述

湛智海之澄波虛含萬象皎性空之滿月頓落百川不起樹王羅七處於法界無違後際暢九會於初成盡宏廓之幽宗被難思之海會圓音落落該十剎而頓周主伴重重極十方而齊唱

第四湛智海之澄波虛含萬象下說儀周普文有七對即爲七義一明所依定二明能說身三說經處四說經時五所被衆六說經本七別叙說儀　今初說經所依三昧如說法華依無量義處三昧說般若經依等持王三昧說涅槃經依不動三昧故說諸經多依三昧　今說此經依何三昧即海印三昧海印是喻從喻受名賢首品疏當廣說之　今畧示其相謂香海澄停湛然不動四天下中色身形像皆於其中而有印文如印印物　亦猶澄波萬頃晴天無雲列宿星月炳然齊現無來無去非有非無不一不異　如來智海識浪不生澄渟清淨至明至靜無心頓現一切衆生心念根欲心念根欲並在智中如海含像故下經云如海普現衆生身以此說名爲大海菩提普印諸心行是故正覺名無量　非唯智現物心亦依此智頓現萬形普應諸類　賢首品云或現童男童女形天龍及以阿修羅乃至摩睺羅伽等隨其所樂悉令見衆生形相各不同行業音聲亦無量如是一切皆能現海印三昧威神力△然此文中言含法喻智即是法海即是喻識浪已停云湛智海無心頓現故曰虛含能應所應皆爲萬像△皎性空之滿月頓落百川者第二對明能應之身　此之兩句唯性宗是法餘皆是喻以性該之皆含法喻　謂若秋空朗月皎淨無瑕萬器百川不分而遍　性空即所依法性滿月即實報智圓百川即喻物機影落便爲變化故佛之智月全依性空感盡德圓無心頓應　故出現品云譬如淨月在虛空能蔽衆星示盈缺一切水中皆現影諸有觀瞻悉對前如來身月亦復然能蔽餘乘示修短普現人天淨心水一切皆謂對其前△智幢菩薩偈云譬如淨滿月普現一切水影像雖無量本月未曾二如來無礙智成就等正覺普現一切剎佛體亦無二則水亦喻剎　若準離世間品亦喻菩薩偈云譬如淨日月皎鏡在虛空影現於衆水不爲水所雜菩薩淨法輪當知亦如是現世間心水不爲世所雜則亦以月喻所說法△上皆空月不同　若以相歸性則空亦名佛　故一切慧菩薩云法性本空寂無取亦無見性空即是佛不可得思量　則空色照水影落晴天天猶空也　不起樹王羅七處於法界者第三明說經之處意取七處故言樹王者即菩提樹謂畢鉢羅樹此樹高聳特出衆樹故稱爲王言不起者謂不起菩提樹而昇忉利天等故下經云爾時世尊不離一切菩提樹下而上昇須彌向帝釋殿法慧菩薩云佛子汝應觀如來自在力一切閻浮提皆言佛在

中我等今見佛住於須彌頂十方悉亦然如來自在力三天皆有不起而昇之言故成四句一不起一切菩提樹而昇一天如前經文二不起一處而昇一切處三不起一處而昇一處四不起一切處而昇一切處二四兩句取其結例之文謂十方悉亦然取前一切閻浮提對一切忉利亦然則是第四句但取一閻浮對一切忉利是第二句其第三句易故文無義必令有是則不起法界菩提樹遍昇法界七處今言羅七處於法界者畧有二意一令遍法界中皆有七處二令一一處皆遍法界且初義者若約自狹之寬說遍應如下說處中十重之內遍於中八以初一是能遍七處第十是例餘佛故然下十重是約佛遍於處令明處遍於處自有二義耳所依之處既遍法界能依之身居然遍也今直就遍法界言畧有五重一遍法界同類剎中亦有七處二遍法界異類剎中亦有七處三遍法界微塵剎中亦有七處四遍法界虛空容塵之處剎亦有七處五遍法界帝網剎中亦有七處二令一一處遍者如菩提場遍法界則普光中亦有菩提場忉利中亦有菩提場夜摩兜率等七處一一皆有菩提場如遍七處亦遍非七處之處如化樂四王色界十八等非說經處今菩提場亦皆遍滿如菩提場門遍法界其餘六處一一皆遍七處乃至法界此亦有五一遍一一同類剎二遍異類剎三遍法界塵四遍法界虛空容塵之處五遍法界帝網之剎更細而論非但一一處遍隨一一塵皆遍法界五重之處是則一處中有一切處上二重釋遍皆遍五類五類之中前三約事法界次一通事理理空事空故後一事事無礙法界由事即理事理無礙故以理融事遍於重重皆是如來說經之處　無違後際暢九會於初成者四明說經時即始成正覺時然有兩說各是一師之義故以無違兩字會通謂菩提留支則以前五會是初成即說以經初云始成正覺故三天皆云不起前故第六會已下是第二七日後說以別行十地經初云婆伽婆成道未久第二七日故例此則第九一會在後時說以有身子祇園等故賢首則以初成頓說九會之文今疏會云賢首既言歸云常恒之說前後際而無涯則在後時無過故云無違後際後際即通第九會在後時說故不妨後際而宣暢九會在於初成上來分於三時約所表故初成頓說約圓融故又分三時者法就機故能頓說者約佛德能能頓演故以初後相即故無違後際不妨初成頓彰九會經云一念即無量劫無量劫即一念故晉經十住品云過去無量劫安置未來今未來無量劫迴置過去世非長亦非短解脫人所行多劫不乖剎那初成豈妨後際上之二段廣如教緣中辯　盡宏廓之幽宗被難思之海會者五明所被衆也然上句畧明經義以為能被義在言趣之中今為成所被故畧舉耳宏者大也廓者空也幽者深也下句難思海

會即是所被言海會者以深廣故謂普賢等衆德深齊佛數廣刹塵故稱爲海深超情表是不可思數廣難量亦不可思即深而廣不可作深思即廣而深不可爲廣思真應權實類例多端又不可思該徹果海九不可思故初會云有十佛刹微塵數菩薩所共圍遶畧列四十二衆皆以刹塵無量而爲其量況口光所召一一菩薩各領世界海微塵數菩薩以爲眷屬來至此會毛光重現周入刹塵依正作用該攝三際諸大菩薩尚不能思豈況凡情測其涯際故云難思海會　圓音落落該十刹而頓周者六明說經本也本即圓音也落落者踈遠之聲也十刹者謂對形等異類之刹經列二十結有十佛刹塵舉十以彰無盡

疏三　六

故云十刹圓音之義下當廣說畧而言之一音之中具一切音名曰圓音一切音聲即是一音亦名一音一多無礙總曰圓音經云佛演一妙音周聞十方刹衆音悉具足法雨皆充遍一切言詞海一切隨類音一切佛刹中轉於淨法輪皆圓音義也十刹齊聞無有前後故名爲頓法界十刹無所不聞故名曰周△主伴重重極十方而齊唱者七別敘說儀也謂是通方之說舉一爲主十方爲伴諸佛菩薩皆有主伴遍牙相望盡於十方隨一爲主十方爲伴鱗次相押故曰重重　然相猶難明重復畧示言諸佛菩薩皆有主伴者畧有三句一果主果伴謂遮那爲主十方佛爲伴十方佛爲主遮那爲伴二因主因伴謂如法慧菩薩爲主十方法慧爲伴十方菩薩爲主此方菩薩爲伴等三果主因伴謂如來爲主普賢等爲伴此一亦名輔翼亦得稱伴彼佛爲主此方菩薩爲伴如法慧說法十方佛證但名證法諸佛不名因主果伴設

疏三　七

爾爲伴自望本佛而爲主也　言隣次相押故曰重重者畧有二義一此彼牙望如遮那爲主十方諸佛爲伴此界之東阿閦如來爲主此遮那與十方諸佛爲伴次東第二佛爲主遮那與東第一佛及十方佛爲伴則隨一佛有法界諸佛重數如十人爲主伴遍牙相望便爲十重主伴如佛佛既爾佛主菩薩伴亦然因主因伴亦然故此一義自有三義矣△二者如遮那一佛爲主十方菩薩爲伴主佛既遍伴亦隨遍　謂遮那處普光堂東方十佛刹塵數界外有金色世界文殊而來爲伴十方菩薩皆去十刹而來　若此主佛向東一界坐蓮花座金色文殊來亦不相近還去十佛刹塵數界外　如長空明月列宿圍遶萬器百川星月炳現月如主佛列宿如伴一一水中遠近皆現也　義當金色近東一界其西蓮花色世界財首菩薩亦移近東一界　如是餘八方皆移近東一界　如是主佛至東十佛刹塵數界外坐蓮花藏師子之座正當本金色界處由主佛至彼其金色界亦近東十佛刹塵數界外其西方蓮花色世界則正當娑婆之處如是主佛極於東方金色等伴刹亦極東方終不見文殊師利從西向東來近主佛亦不見

文殊從佛前過向西近佛如是主佛極於西方亦不見西方菩薩從東向西來近主佛亦不見西方菩薩從佛前過向東近佛十方亦爾　如人以十錢布地錢心爲主錢緣爲伴若第一錢當中則以第二錢押第一錢上近東一緣一緣之地則闕无通寶等皆亦近東一緣之地如是錢錢重重相押皆漸近東如近東既爾更十錢近西亦然　說一十信則已重重周於十方如是第三會說十住時亦如說信重重遍於十方行向地等皆然則九會爲九重重如第一會重重遍法界第二會重重還在第一會重重之上則九會自爲九箇重重若四十八會爲四十八重重若無盡會有無盡重重此一佛爲主餘菩薩爲伴重重如是△十方佛爲主菩薩爲伴重重亦然

如是諸佛重重復牙相遍故云主伴重重極十方而齊唱餘義至下教緣中辯然上七對有其六身所依海印三昧即是智身湛智海故二說法之身爲化身如水分千月故三說經處是意生身隨意遍於法界處故四說經時即力持身持令永久故五被海會即威勢身菩薩衆中威光赫奕故六圓音七主伴皆相好莊嚴身圓音即一相主伴即坐蓮花藏師子之座具相好故此段有六教主難思已有四身則十身具矣意云十身初滿即說此經故然疏本意正示說儀等異含具十身故有三兩身名不全昭著

雖空空絕迹而義天之星象燦然湛亡言而教海之波瀾浩汗若乃千門潛注與衆典爲洪源萬德交歸攝群經爲眷屬

第五雖空空絕迹下言該本末也文有兩重本末一事理相望二諸教相望今初也亦是遮於伏難恐有難言夫大象無形大音無聲希微絕朕難思之境豈有形言者哉則心絕動搖言亡戲論自入真趣何用廣陳言相翻欲擾人故今釋云非言何以知乎無言非相何能顯乎無相十忍品云了法不在言善入無言際而能示言說如響遍世間斯即以言顯無言也又云佛以法爲身清淨如虛空所現衆色形令入此法中斯即以相顯無相也又云色身非是佛音聲亦復然亦不離色聲見佛神通力具上三也法花亦云諸法寂滅相不可以言宣以方便力故爲五比丘說斯則以言顯無言也金剛經云若見諸相非相則見如來亦以相顯無相也淨名云夫說法者無說無示又云夫說法者當如法說又云無離文字說解脫也又云雖知諸法不生不滅而以相好莊嚴其身雖知諸佛國及與衆生空而常修淨土教化於群生等皆言與無言相與無相不相離也十住品云欲以寂靜一妙音普應十方隨類演如是皆令淨明了菩薩以此初發心一切衆生語言法一言演說無不盡悉欲了知其自性菩薩以此初發心世間言音靡不作悉令其解證寂滅欲得如是妙舌根菩薩以此初發心皆即言無言其文非一今疏文中但畧明無碍之義文有二對初對無相

不碍相後對無言不碍言今初對也雖空空絶迹者法性本空空無諸相緣生之法無性故空復有何相借空遣有有去空亡故曰空空淨名云唯有空病空病亦空中論云諸佛説空法爲離於有見若復見有空諸佛所不化故知非有非無非有即空非無即空空也經云無中無有二無二亦復無三界一切空是則諸佛見此即空也次云凡夫無覺解佛令住正法諸法無所住悟此見自身則空亦無所住矣又上無中無有二空也無二亦復無空空也三界一切空成真空也又迴向品云諸法無二無不二故等皆空空也言絶迹者空有斯絶心行處滅絶滅故迹不可尋謂若有有可有則有無可無今無有可有亦無無可無以無遣有無即是迹以空空遣空空空亦迹以有遣故遣之又遣之以至於無遣若以無遣遣無遣亦迹有所得故如鳥履沙若無所得當句即絶故出現品云〻知諸法性寂滅如鳥飛空無有迹故

云空空絶迹以空空不碍於相故致雖言雖字生下義天之星象燦然也謂依於晴空不碍星象燦爛晴空即是義天依第一義天不碍法門星象又以不碍星象方知是空不碍法門爲真第一義空矣上即以空爲本法門爲末言湛湛亡言而教海之波瀾浩汗者二約無言不碍言也則以無言爲本言即爲末湛湛者海澄之相意明動依於静無言不碍於言下經云雖復不依言語道亦復不著無言説若碍於言則身子被訶不碍於言則文殊攸讃況文字性離即言亡言故雖無言而教海之中波瀾浩汗大波曰瀾是以佛證離言流八音於聴表法本非説演大藏於龍宫故知至趣非遠心行得之則甚深言象非近慮懷體之而目擊言絶之理而非絶繁興之籍而非興故即言亡言也融常心言無所遣矣　若乃千門下第二諸教相對而論本末即以華嚴爲根本法輪文有二對上對爲開漸本謂千門異義潜注衆經如海潜流四天下地有穿鑿者無不得水則皆海水故海爲衆水之源花嚴爲諸教之本源矣下對爲攝末本則萬徳交歸若百川歸海海能普收即爲其本故古人云九流於是乎交歸衆聖於是乎冥會彼約會歸涅槃此約會歸法界故論云無不從此法界流無不還歸此法界故故法華云於一佛乘分别説三一乘即三乘之本一佛乘者即華嚴也會三歸一即攝末歸本故第五經云始見我身聞我所説即皆信受入如來慧即指華嚴爲根本也除先修習學小乘者即所流也我今亦令得聞是經入於佛慧即攝末歸本也是經即是法華法華攝於餘經歸華嚴矣是則法華指華嚴爲根本其義分明餘如下説

其爲旨也冥真體於萬化之域顯徳相於重玄之門用繁興以恒如智周鑒而常静

第六其爲旨也旨趣玄微此句標舉　後冥真體下正顯於中二先明事理無碍後顯事事無碍雖此經中廣説於事及與於

理而皆無碍故以無障碍法界而爲旨趣總此一門即義分齊中意就初事理無碍中亦二先示三大後融真妄前中問初性復無際等已明三大今何重說荅畧有三義不同一前直就法界宗上約義以明三大今約能詮經中具說三大故不同也二前辨三大之相今明三大所在謂體大在何在萬化等三前明三大融拂爲成已宗此明三大乎即爲遮異釋辨不相捨離爲無碍義如昔人云其爲體也則不生不滅無去無来以不滅爲無生以不生爲無滅等其爲相也則同異類之殊體則微細容持同異類之别軀則展轉重現微細之理難見況之以芥餅重現之理易疑喻之以帝網等其爲用也則不分而遍不去而臻一多大小而乎爲延促靜亂而無碍等斯即别顯三大之相今但明其不離即是深玄名事理無碍初句明體體在萬化之中非事外也故云寘真體於萬化之域寘謂寘契亦是寘寂萬化乃事法之總名欲識真體所在秖在萬化之中故曉公起信疏序云原夫大乘之爲體也蕭焉空寂湛爾沖玄玄之又玄豈出萬象之表寂之又寂猶在百家之談非象表也五目不能覩其容在言裏也四辯莫能談其狀釋曰此明真體與一切法非一非異今疏但辯無碍無碍則與諸法非一非異矣肇公云道遠乎哉觸事而真亦體即萬化矣言顯德相於重玄之門者明相不碍體也重玄即是理體明德相秖在體上若離體有相相非玄微勝德之相名爲德相言重玄者亦即空空語借老子老子云玄之又玄衆妙之門彼以有名無名同謂之玄河上公云玄者天也天中復有天莊子云天即自然則自然亦自然也御注云玄深妙也猶恐執玄爲滯不至兼忘故寄又玄以遣玄耳明無欲於無欲依此而生萬物故云衆妙之門今以空空之中無德不備耳言用繁與以恒如者明用不離於體相故繁多興起而常即如上體相用三不相捨離皆是所證所觀言智周鑒而常靜者即能證能觀△若當句明即止觀無碍周鑒觀也事理遍觀常靜止也感相皆寂△亦權實無碍周鑒權也常靜實也△若對上三句即爲境智無碍由所觀境既體用無碍故能觀智亦寂照雙流△若别對三大則各具體用皆生止觀如體上寘真體體也止也萬化之域用也觀也顯德相觀也重玄門止也用繁興觀也以恒如止也△若作三觀釋者以智鑒體空觀也鑒用假觀也鑒相中觀也三諦齊觀故云周鑒 對此三觀常靜之止亦有其三一體真故靜即於空觀成體真止二隨緣無取故靜即於假觀有方便隨緣止三離二邊分别故靜即於中道觀有離二邊分别止 三止三觀融爲一心契同三諦無碍之理則心境融即而常歷然

真妄交徹即凡心而見佛心事理雙修依本智而求佛智

真妄交徹下融真妄也文有二對初對正

明雙融後對不得兩存△今初真謂理也佛也妄謂惑也生也亦生死涅槃　言交徹者謂真該妄末妄徹真源故云交徹如波與濕此二交徹謂無有不濕之波無有不波之濕　若依交徹亦合言即聖心而見凡心如濕中見波故如來不斷性惡又佛心中有衆生等若依此義合云真妄交徹凡聖平收　今云爾者若約理融實即真妄平有今約有不壞相但明凡即同聖以即真故而聖不同凡無煩惱故如波即濕而濕未必即波有靜水故靜水說波有動之性無動之事波中說濕動濕俱有　又凡即見佛於凡有盖佛即是凡令人妄解是故但云即凡心而見佛心耳　然其真妄所以交徹者不離一心故妄攬真成無別妄故真隨妄顯無別真故真妄名異無二體故真外有妄理不遍故妄外有真事無依故　然或說妄空真有或說妄有真空俱空俱有雙非兩是雖有多端並皆交徹　此義云何　且說真妄自有一

義　一約三性圓成是真遍計爲妄依他起性通真通妄淨分同真染分爲妄　二者約二諦說真諦爲真俗諦爲妄二諦多門下當廣說今且約事理二門理爲真諦爲真事爲俗諦爲妄該淨分之事妄末盡故　如唯識論約遍計爲妄則妄空真有若染分爲妄則真妄俱有　若涅槃說空者所謂生死不空者所謂大涅槃則依他染分爲空淨分圓成皆有　若依三論以世諦故有真諦故空若以妄爲俗諦以真爲真諦則妄有真空△若隨俗說二諦則真妄俱空　若約真妄通二諦則真妄俱通空有　若約觸物皆中則真妄俱非空有△言並皆交徹者約宗以明唯識等宗不得交徹　今就花嚴則前諸義皆得交徹以具前即一心等義故　如約遍計爲妄者情有即是理無妄徹真也理無即是情有真徹妄也若染分依他爲妄者緣生無性妄徹真也無性緣生真徹妄也　若約生死涅槃說生死即涅槃妄徹真也涅

槃即生死真徹妄也△故中論云生死之實際即是涅槃際涅槃之實際即是生死際如是二際者無毫釐差別即交徹也△此經云有諍說生死無諍說涅槃生死及涅槃二俱不可得亦俱空俱有交徹義也△若依三論以妄爲俗諦以真爲真諦言交徹者即俗而真即真而俗故△故影公云然統其要歸則會通二諦以真諦故無有俗諦故無無真故無有則雖無而有俗故無無則雖有而無雖有而無則不累於有雖無而有則不滯於無乃至云寂此諸邊故名曰中即真妄交徹義也真故無有則雖無而有則真徹妄也俗故無無則雖有而無則妄徹真也△餘可思準若約隨俗說真妄者真妄本虛居然交徹△真妄皆真則本末一味居然交徹若觸物皆中居然交徹△問真妄二法其猶水火何得交徹荅此有多義一真妄二法同一心故以一貫之故得交徹故起信論云依一心法有二種門一心真如門二心生滅門然

此二門皆各總攝一切法以此二門不相離故云不離一心故得交徹二云妄攬真成無別妄故者亦起信論勝鬘等意眞如隨緣成一切法故真徹妄也言真隨妄顯無別真故者妄徹真也若無有妄對何說真如無緣生則無無性故三真妄名異體無二故者如向所引有諍說生死無諍說涅槃等俱不可得則體無二也故彼次下文云若逐假名字取著此二法顛倒非實義不能見正覺明以無二為實也豈非交徹四云真外有妄理不遍故下反成二義此句真徹妄下云五妄外有真事無依故者即妄徹真此亦法性宗一切法皆如豈妄外有真真如遍一切豈真外有妄△是知真妄常徹亦不壞真妄之相則該妄之真真非真而湛寂徹真之妄妄非妄而雲興△事理雙修等者即第二對不礙兩存也上來交徹即不礙之義恐人誤執謂泯二相故舉此言亦由惑者執禪則依本智性無作無修鏡本自明不拂不瑩執法則須起事行當求如來依他勝緣以成已德並為偏執故此辨雙行依本智者約理而說無漏智性本具足故而求佛智者約事無所求中吾故求之心鏡本淨久翳塵勞恒沙性德並埋塵沙煩惱是故須以隨順法性無慳貪等修檀等故諸佛已證我未證故又理不礙事不妨求故事不礙理求即無求故若此之修無修之修修即無修為真修矣

理隨事變則一多緣起之無邊事得理融則千差涉入而無礙

理隨事變下第二明事事無礙法界為經旨趣義分齊中當廣分別今但畧明亦分為二初一對明無礙所由所以事事不同而得無礙者以理融事故於中初句明依理成事故一與多互為緣起此猶是事理無礙躡前起後故舉之耳由事理無礙方得事事無礙若事不即理事非理成則互相礙今由即理故得下句以理融事故云事得理融則千差涉入而無礙此正辨事事無礙所由上事攬理成則無事非理故以理融事理既融通事亦隨爾故得千差涉入而無礙由即事故而有千差為理融故重重涉入即十所以中理性融通門也餘至下明

大方廣佛華嚴經疏演義鈔卷第二

大方廣佛華嚴經疏演義鈔卷第二

校勘記

一　底本，明永樂北藏本。

一　八三七頁上一行書名，清作「大方廣佛華嚴經疏序會本演義鈔卷第二」。卷末書名同。卷三例同。

一　八三九頁上一〇行末字「除」，徑、清作「際」。

一　八三九頁中六行首字「牙」，徑、清作「手」。下同。

一　八四一頁下一八行「後」，清作「而後」。

一　八四三頁上一行第九字「存」，徑作「好」。

大方廣佛華嚴經疏演義鈔卷第三　稷四

清涼山大華嚴寺沙門　澄觀　撰述

故得十身歷然而相作六位不亂而更收廣大即入於無間塵毛包納而無外炳然齊現猶彼芥缾具足同時方之海滴一多無礙等虛室之千光隱顯俱成似秋空之片月重重交映若帝網之垂珠念念圓融類夕夢之經世法門重疊若雲起長空萬行芬披比花開錦上

故得十身等者正顯無礙之相具十玄門以隨文語便故小不次如下次第者一同時具足相應門二廣狹自在無礙門三一多相容不同門四諸法相即自在門五秘密隱顯俱成門六微細相容安立門七因陀羅網境界門八託事顯法生解門九十世隔法異成門十主伴圓明具德門今文之次在文可知唯主伴一門說儀已具故不重出諸藏純雜今古名異今文重出故亦有十門今初即諸法相即自在門文有兩句上句總明三世間相即故云故得十身歷然而相作言故得者由前事得理融之故便得具下十種玄門故得二字文雖在初義貫下十言十身者即第八地云此菩薩遠離一切身相分別住於平等此菩薩知衆生身國土身業報身聲聞身獨覺身菩薩身如來身智身法身虛空身言相作者次經云此菩薩知諸衆生心之所樂能以衆生身作自身亦作國土身業報身乃至虛空身又知衆生心之所樂能以國土身作自身亦作衆生身業報身乃至虛空身又知衆生心之所樂能以業報身作自身亦作衆生身國土身乃至虛空身又知衆生心之所樂能以自身作衆生身國土身乃至虛空身隨諸衆生所樂不同則於此身現如是形釋曰上之四番別顯未後結例即十身相作也言歷然者不壞相故壞相而作非不思議其猶芥納須彌本相如故七十七經云是以一剎入一切剎而不壞其相者之所住處又云是以一佛入一切佛而不壞其相者之所住處等五十六經云所謂以衆生身作剎身而亦不壞衆生身是菩薩遊戲以剎身作衆身而亦不壞於剎身是菩薩遊戲如是佛身與二乘身相作菩薩身與成正覺身相作於涅槃示生死等皆不壞其相故云歷然而相作六位不亂而更收者六位即三賢十聖等妙二覺則因果因因皆悉相攝如初發心便成正覺不壞初心之相若無初心何名初心成正覺故十信攝於諸位諸位十信歷然十住攝於諸位諸位十住不亂不亂即行布更收即圓融如下說因中辨此句亦是相入門以下有相入故此一句但爲相即如乳投水廢已同他故名相即　廣大即入等者第二廣狹自在無礙門上句大能入於小下句小能容大雖有即入意取廣狹無閒謂小小之則無內故無有中閒無外謂大大之則無外無外廣大之身剎即入無內之塵毛故名廣狹無礙若即若入皆得廣狹無礙晉經十住品云金剛圍山數無量悉能安

置一毛端欲知至大有小相菩薩以是初發心至大有小相即是廣狹無礙也又云能以小世界作大世界以大世界作小世界等　炳然齊現等者第三微細相容安立門一能含多即曰相容一多不雜故云安立炳者明也微細有三一所含微細如瑠璃缾盛多芥子炳然齊現不相妨礙非前非後此即如來不思議境界經說然有兩本一本云白芥子一本則但云芥子今依此本謂一法稱性含性皆盡故一切法隨所依理現在一中亦緣起實德無礙自在致使相容非天人所作乃實德安立如八相中一一相內即具八相名爲微細二約能含微細三約難知微細　具足同時等者第四同時具足相應門如大海一滴即具百川之味十種之德故隨一法攝無盡法及下九門以此門揔故同時明無先後具足明無所遺言十德者十地經云一次第漸深二不宿死屍三餘水入中皆失本名四普同一味五無量珍寶六深難得

底七廣大無量八大身所居九潮不過限十普受大雨又經云如人入大海浴則爲已用諸河之水稱此而修一行之內德不可盡　一多無礙等者第五一多相容不同門由一與多互爲緣起力用交徹故得互相涉入是曰相容不壞其相故云不同如一室內千燈並照燈隨盞異一一不同燈隨光通光光涉入常別常入經云一中解無量無量中解一了彼互生起當成無所畏此之燈喻亦可喻於相即直就光看不見別相唯一光故　隱顯俱成等者第六祕密隱顯俱成門如八九日夜月半顯半隱正顯即隱不同晦日隱時無顯不同望日顯時無隱以一攝多則一顯多隱以多攝一則多顯一隱一毛攝法界則餘毛法界皆隱餘一一毛互相攝入隱顯亦然然其半月非但明與晦俱而明下有晦晦下有明如東方入正定爲一半明西方從定起爲一半晦而東入處即於東起如明下有暗西方起處即於西方入如暗下有明

故稱秘密俱成　重重交映等者第七因陀羅網境界門如天帝殿珠網覆上一明珠內萬像俱現諸珠盡然又互相現影影復現影重重無盡故千光萬色雖重重交映而歷歷區分亦如兩鏡互照重重涉入傳耀相寫遞出無窮　念念圓融等者第八十世隔法異成門即離世間品菩薩有十種說三世謂過去說過去過去說現在過去說未來現在說過去現在說平等現在說未來未來說過去未來說現在未來說無盡三世說一念前九爲別一念爲揔故云十世以三世相因互相攝故一念具十舉十以顯無盡故一念即無量劫無量劫即一念普賢行品云無量無數劫解之即一念知念亦無念如是見世間如一夕之夢經於數世攝論云處夢謂經年覺乃須臾頃故時雖無量攝在一刹那離世間品云如人睡夢中造作種種事雖經億千歲一夜未終盡故莊生一夢身爲蝴蝶注云世有假寐而夢經百年者然事類廣矣

法門重疊等者第九託事顯法生解門言重疊者意顯多不相礙故隨一事名多法門以隨一事即是無盡法界法界無盡故法亦無盡如下經云此花蓋等從無生法忍之所生起等意明一切因生一果一果即具一切故非是託此別有所表也

萬行芬披等者第十諸藏純雜具德門此門至相十玄中有此名也然有二意故賢首改為廣狹自在無礙門一者若以契理為純萬行為雜則是事理無礙非事事無礙設如菩薩大悲為純盡未來際唯見行悲餘行如虛空若約雜門即萬行俱修者此二門異亦不成事事無礙二者如一施門一切萬法皆悉名施所以名純而此施門即具諸度行故名為雜如是純之與雜不相障礙故名具德者則事事無礙義成而復一中具諸度諸度存即相入門若一即諸度復似相即門故不存之改為廣狹今以至相但約行為小異此改畧無主伴故復出之以成十義耳言比花開錦上者意取五綵相宣花色雖異一一之綵皆悉通過通喻於純異喻於雜故常通常異名為無礙不同繡畫但異不通上之十玄畧陳大格廣如下義分齊中

若夫高不可仰則積行菩薩曝鰓鱗於龍門深不可窺則上德聲聞杜視聽於嘉會

若夫下第七成益頓超文有十義初有二義總顯高深明權小莫測後八正明成益遍益頓圓又前二高深反顯成益明權小莫測由昔無因反勸衆生令信仰故後八順顯成益謂能頓圓令必受故今初即第一明高遠若泰華倚天崑峩拂漢難仰其頂故論語云仰之彌高鑽之彌堅積行菩薩者出現品云設有菩薩於無量百千億那由他刧行六波羅蜜修集種種菩提分法若未聞此如來不思議大威德法門或時聞已不信不解不順不入不得名爲真實菩薩以不能生如來家故若得聞此如來無量不可思議無障無礙智慧法門聞已信解隨順悟入當知此人生如來家等如魚登龍門若得登者即化爲龍如入花嚴之機也若登不過者曝鰓於龍門之下如彼假名菩薩即權教次第修者　深不可窺下第二彰深妙也即法界品初舍利弗等五百聲聞彼歎德云悉覺真諦皆證實際深入法性永出有海依佛功德離結使縛住無礙處其心寂靜猶如虛空於諸佛所永斷疑惑於佛智海深信趣入釋曰即上德也在逝多林如來嘉會而不見聞名杜視聽杜塞也在目曰視在耳曰聽雖在會下如聾如盲故云杜塞故經云于時上首諸大聲聞舍利弗大目揵連摩訶迦葉離波多須菩提阿㝹樓馱難陀劫賓那迦旃延富樓那等諸大聲聞在逝多林皆悉不見如來神力如來嚴好如來境界如來遊戲如來神變如來尊勝如來妙行如來威德如來住持如來淨刹亦復不見不可思議菩薩境界菩薩大會菩薩普入菩薩普至菩薩普詣菩薩神變菩薩遊戲菩薩眷屬菩薩方所菩薩莊嚴師子座菩

薩宮殿菩薩住處菩薩所入三昧自在菩薩觀察菩薩頻申菩薩勇猛菩薩供養菩薩受記菩薩成熟菩薩勇健菩薩法身清淨菩薩智身圓滿菩薩願身示現菩薩色身成就菩薩諸相具足清淨菩薩常光衆色莊嚴菩薩放大光網菩薩起變化雲菩薩身遍十方菩薩諸行圓滿如是等事悉皆不見何以故以善根不同故本不修集見佛自在善根故本不讚說十方世界一切佛刹清淨功德故本不稱歎諸佛世尊種種神變故本不於生死流轉之中發阿耨多羅三藐三菩提心故本不令他住菩提心故本不能令如來種性不斷絶故等上來先列人即是上德聲聞次明不見等即杜視聽也何以故下釋不見因劣者不見猶未爲深上德不知方知玄妙

見聞爲種八難超十地之階解行在躬一生圓曠刦之果師子奮迅衆海頓證於林中象王迴旋六千道成於言下啓明東廟智滿不異於初心寄位南求因圓不逾於毛孔剖微塵之經卷則念念果成盡衆生之願門則塵塵行滿

見聞爲種下文有八段正顯成益圓遍之相此第一段明見聞益亦名爲種益即隨好品地獄天子三重頓圓及初地云雖住海水刦火中堪受此法必得聞其有生疑不信者永不得聞如是義不信不聞翻顯信則成益海水是龍畜生趣攝刦火是天火災及初禪生在二禪光音等天長壽天難於此得聞兼上地獄天子已有三難佛會神鬼得聞三塗足矣火災之時兼佛前佛後人天異道已兼辯聰亦不揀北洲聾者目視盲者耳聞故八難具矣皆容見聞爲種之義超十地之階正在地獄天子衆重擬輕阿鼻地獄尚得頓圓忝在人流豈不留聽故隨好光明功德品佛告寶手菩薩言佛子菩薩足下千輻輪名光明普照王此有隨好名圓滿王常放四十種光明中有一光名清淨功德能照億那由他佛刹微塵數世界隨諸衆生種種業行種種欲樂皆令成熟阿鼻地獄極苦衆生遇斯光者皆悉命終生兜率天既生天已天鼓廣爲說法乃至云　爾時諸天子聞說普賢廣大迴向得十地故獲諸力莊嚴三昧故以衆生數等清淨三業悔除一切諸重障故即見百千億那由他佛刹微塵數七寶蓮花一一花上皆有菩薩結跏趺坐放大光明乃至以花散於佛上釋曰此即第一重得十地　又云其諸香雲普雨無量佛刹微塵數世界若有衆生身蒙香者其身安樂乃至八萬四千煩惱了知如是悉是虛妄如是知已成就香幢雲自在光明清淨善根次云若有衆生見其蓋者種清淨金網轉輪王一恒河沙善根釋曰此即第二重得十地　後文復云是菩薩摩訶薩住清淨金網轉輪王位放摩尼髻清淨光明若有衆生遇斯光者皆得菩薩第十地位成就無量智慧光明得十種清淨眼乃至十種清淨意具足無量甚深三昧釋曰此即第三重得十地也　解行在躬等

者第二解行益七十八經慈氏讚善財云餘諸菩薩經於無量百千萬億那由他刦乃能滿足菩薩願行乃能親近諸佛菩提此長者子於一生內則能淨佛刹則能化衆生則能以智慧深入法界則能成就諸

波羅蜜則能增廣一切諸行則能圓滿一切大願則能超出一切魔業則能承事一切善友則能清淨諸菩薩道則能具足普賢諸行及感光太子亦是一生圓多刦之果上二皆明證速又此經宗明三生圓滿

一見聞生二解行生即上二句三證入生即下二句　師子奮迅等者第三頓證益也謂第六十經初爾時世尊知諸菩薩心之所念大悲爲身大悲爲門大悲爲首以大悲法而爲方便充遍虛空入師子頻申

三昧舊經云奮迅奮迅之義就師子說其義便故至第六十一中普賢開發後如来眉間放光照故時逝多林菩薩大衆悉見一切盡法界虛空界一切佛刹一一微塵中各有一切佛刹微塵數諸佛國土種種

名種種色種種清淨種種住處種種形相如是一切諸國土中皆有大菩薩坐於道場師子座上成等正覺菩薩大衆前後圍遶諸世間主而爲供養等乃至云是故皆得入於如來不可思議甚深三昧盡法界

虛空界大神通力或入法身或入色身或入往昔所成就行或入圓滿諸波羅蜜或入莊嚴清淨行輪或入菩薩諸地或入成正覺力或入佛所住三昧無差別大神變或入如來力無畏智或入佛無礙辯才海

即頓證林中也廣說以十能入入此所入

象王迴旋等者第四超權益即六十一經末會之初六千比丘會身子令六千比丘觀文殊十德六千請往奉覲文殊身子令見爾時文殊師利童子無量自在菩薩

圍遶幷其大衆如象王迴觀諸比丘故云象王迴旋言六千道成於言下者比丘興願文殊令發十種無疲厭心時諸比丘聞此法已則得三昧名無礙眼見一切佛境界得此三昧故悉見十方無量無邊一切

世界諸佛如来及其所有道場衆會亦悉見彼十方世界一切諸趣所有衆生亦悉見彼一切世界種種差別亦悉見彼一切世界所有微塵亦悉見彼諸世界中一切衆生所住宮殿以種種寶而爲莊嚴及亦

聞彼諸佛如来種種言音演說諸法文詞訓釋悉皆解了亦能觀察彼世界中一切衆生諸根心欲亦能憶念彼世界中一切衆生前後十生亦能憶念彼世界中過去未來各十刦事亦能憶念彼諸如來十本生事十成正覺十轉法輪十種神通十種

說法十種教誡十種辯才又即成就十千菩提心十千三昧十千波羅蜜悉皆清淨得大智慧圓滿光明得菩薩十神通柔軟微妙住菩薩心堅固不動爾時文殊師利菩薩勸諸比丘住普賢行住普賢行已入

大願海入大願海已成就大願海已成就大願海故心清淨心清淨故身清淨身清淨故身輕利身輕利故得大神通無有退轉得此神通故不離文殊師利足下普於十方一切佛所悉現其身具足成就一切

佛法釋曰此即道成也一三昧中有十通用皆圓益也　啓明東廟等者第五成智益啓明東廟者即第六十二經云爾時文殊師利菩薩勸諸比丘發阿耨多羅三藐三菩提心已漸次南行至福城東住莊嚴幢娑羅林中往昔諸佛教化衆生大塔廟處釋曰此即東廟時福城人聞文殊師利童子在莊嚴幢娑羅林中大塔廟處無量大衆從其城出來詣其所下別列中有五百優婆塞優婆夷五百童男五百童女善財是一下文殊師利別觀善財觀察已安慰開喻而爲演説一切佛法乃至説此法已慇懃勸喻增長勢力令其歡喜發阿耨多羅三藐三菩提心又令憶念過去善根作是事已即於其處復爲衆生隨宜説法然後而去爾時善財童子從文殊師利所聞佛如是種種功德一心勤求阿耨多羅三藐三菩提隨文殊師利而説偈言等即啓智明也言智滿不異於初心者即第八十經初智照無二相經云是時文殊師利

遥申右手過一百一十由旬按善財頂作如是言善哉善哉善男子若離信根心劣憂悔功行不具退失精勤於一善根心生住著於少功德便以爲足不能善巧發起行願不爲善知識之所攝護不爲如來之所憶念不能了知如是法性如是理趣如是法門如是所行如是所住如是境界若周遍知若種種知若盡源底若解了若趣入若解説若分别若證知若獲得皆悉不能釋曰了知法性下即是智滿若離信心則不能得反顯由信心故得不離初心則信智無二若約不動智爲初即前後二智無二也　寄位南求等者第六成位益謂善財初見文殊寄十信位德雲至瞿波寄三賢十聖位摩耶已下兼寄等覺至見普賢便得因圓不踰毛孔文云時善財童子又見自身在普賢身内十方一切諸世界中教化衆生又云是善財童子從初發心乃至得見普賢菩薩於其中間所入一切諸佛刹海今於普賢一毛孔中一念所入

諸佛刹海過前不可説不可説佛刹微塵數倍如一毛孔一切毛孔悉亦如是又云善財童子於普賢菩薩毛孔刹中或於一刹經於一劫如是而行乃至或有經不可説不可説佛刹微塵數劫如是而行亦不於此刹没於彼刹現念念周遍無邊刹海教化衆生令向阿耨多羅三藐三菩提當是之時善財童子則次第得普賢菩薩諸行願海與普賢等與諸佛等一身充滿一切世界刹等行等正覺等神通等法輪等辯才等言詞等音聲等力無畏等佛所住等大慈悲等不可思議解脱自在悉皆同等釋曰此即毛孔中因圓也　剖微塵之經卷等者第七顯因成果益即出現品大經潛塵喻經云如有大經卷量等三千界在於一塵内一切塵悉然有一聰慧人淨眼悉明見破塵出經卷普饒益衆生佛智亦如是遍在衆生心妄想之所纏不覺亦不知諸佛大慈悲令其除妄想如是乃出現饒益諸菩薩又經云菩薩應知自心念

念常有佛成正覺何以故諸佛如來不離此心成正覺故念念相應則念念成矣
　盡衆生之願門等者第八成就行願盡謂菩薩發心化盡生界生界若盡大願方終生界無窮大願無盡故十地品云若衆生界盡我願乃盡而衆生界不可盡故我此大願善根無有窮盡今生界雖無有盡而等有經卷故普開之要令盡無盡之衆生爲大願矣言塵塵行滿者菩薩大悲不可盡故心量難思爲一衆生於一塵中經無量刧修行萬行而心不疲倦塵塵皆爾生生盡然方顯願行無窮盡也故文殊讚善財云汝遍一切刹微塵等諸刧修行普賢行成就菩提道

真可謂常恒之妙說通方之洪規稱性之極談一乘之要軌也

　第八真可謂下結歎宏遠於中二先當相顯勝後對他顯勝今初四句初句明常常恒之說前後際而無涯故二通方之洪規者明遍無有一國不說此法故明是通方不同隨宜之教有說不說三稱性之極談者顯深一一稱理故一文一句即不可盡故普賢語善財云我法海中無有一文無有一句非是捨施無量轉輪王位而求得者等四一乘之要軌者明要謂於一乘中是別教一乘不共之旨圓因之門成佛之妙故

尋斯玄旨却覽餘經其猶杲日麗天奪衆景之耀須彌橫海落群峯之高

　尋斯玄旨下二對他顯勝先法後喻　文有二喻初其猶杲日麗天奪衆景之曜者智明映奪喻初昇之日謂之杲日麗者著明也此經猶如杲日杲日既昇衆景奪曜景明也謂星月等光即大明流空繁星奪曜斯經大闡衆典無輝　後須彌橫海落群峯之高者即高勝難齊喻須彌即是此經群峯即是餘教設有七金鐵圍方餘高廣比妙高之出海並落其高以俯望群峯如培塿故培塿上薄回切又音部下力狗切培塿小阜也

是以菩薩搜祕於龍宮大賢闡揚於東夏顧惟正法之代尚匿清輝幸哉像季之時偶斯玄化況逢聖主得在靈山竭思幽宗豈無慶躍

　第九是以菩薩下感慶逢遇於中二一弘闡源由二正明感遇今初謂龍樹菩薩五百年外方入龍宮搜求得斯典事如別傳及纂靈記言大賢闡揚於東夏者正取覺賢兼餘大德謂智嚴法業日照實叉等闡揚斯典言於東夏者謂葱嶺之東地方數千里謂之神州大夏而上云是以者由上深妙故搜之闡之故龍樹入於龍宮廣見無數偈誦此經者以玄妙故智論詺爲大不思議經而諸大德皆見此經一文一句竭海墨而莫盡一偈一光破地獄之劇苦故盡命弘傳耳△顧惟正法之代等者二正明感遇於中亦二先對昔自慶後對今自慶今即初也謂五百年前即當正法斯經清輝隱匿龍宮之內時人不聞何幸像法垂末之年遇斯玄微之化生居像

末應合悲傷反顧前不聞經末愁正法之代故自慶也此依不滅正法一千年故今為像末以今去大師涅槃一千八百六十年故又案大集月藏分第一五百年解脫牢固第二五百年禪定牢固第三五百年多聞牢固第四五百年塔寺牢固第五五百年鬪諍牢固今居塔寺之末將隣鬪諍之時翻聞難思之經碎身莫酬其慶△況逢聖主下第二對今自慶此慶有三一慶時二慶處三慶修初即況逢聖主謂明時難遇今值聖明天子敷陳五教高闡一乘列刹相望鐘梵交響使得閑居學肆探賾玄門斯一幸也二得在靈山者慶處也清涼靈山三千之最文殊大聖諸佛祖師金色雖在東方住處即為金色大聖雖周法界攝機長在此山應感普周若百川影落清涼長在猶素月澄空萬聖幽贊於玉峯百祇傳慶於千古況大孚靈鷲標乎聖寺之名一介微僧得在居人之數此之慶幸叐媿多生斯再幸也三竭思幽宗者慶所修也大方廣佛華嚴經即毘盧遮那之淵府普賢菩薩之心㒵一切諸佛之所證一切菩薩之所持包性相之無遺圓理智而特出不入餘人之手何幸捧而持之積行菩薩猶迷何幸探乎幽邃亡軀得其死所竭思有其所歸幸之三也豈無慶躍結上三也其猶溺巨海而遇芳舟墜長空而乘靈鶴慶躍之至手舞何階故感之慶之唯聖賢之知我也

題稱大方廣佛華嚴經者即無盡修多羅之總名世主妙嚴品第一者即衆篇義類之別目

第十題稱大方廣佛華嚴經者下畧釋名題者以下第九門廣釋故此云畧於中三先雙標經品二雙釋二目三雙結今初上標經目謂從畧至廣展演無窮難思教海不離七字故云無盡修多羅之總名後世主妙嚴品第一即衆篇義類之別目者標品目也衆篇即三十九品品者義類不同今當其一故云別目

大以曠兼無際方以正法自持廣則稱體而周佛謂覺斯玄妙花喻功德萬行嚴謂飾法成人經乃注無竭之涌泉貫玄凝之妙義攝無邊之海會作終古之常規

大以曠兼下二雙釋二目先釋總題後釋品目今初下有十門釋其七字字各十義今但畧舉當字釋之然此七字畧有六對一經字是教上六是義即教義一對二嚴字是總上五是別即總別一對三華為能嚴上四皆所嚴即能所一對四佛是所嚴成人上三是所嚴之法即人法一對五廣者是用上二是體即體用一對六方者是相大者是性即性相一對故此七字即七大性大者體大方者相大廣者用大佛者果大華者因大嚴者智大經者教大則七字皆大七字皆相等今各以二義釋之大以曠兼無際者曠兼明其包含納廣遍釋大故涅槃云所言大者其性廣博猶如虛空下經云法性遍在一切處一切衆生及國土三世悉在無有餘亦無形相而可得

也二無際者約其豎論則常故名大涅槃云所言大者名之為常下經云法性無作無變易猶如虛空本清淨諸佛境界亦如是體性非性離有無然淵府不可以擬其深妙故寄大以目之實則言處斯絶下經云法性不在於言論無說離說恒寂滅諸佛境界不可量為悟衆生今畧說耳方以正法自持者亦有二義一方者正也二方者法也並持自性通上二義謂恒沙性德即是相大並無偏僞故稱為正皆可軌持目之為法下經云凡夫無覺解佛令住正法諸法無所住悟此見自身廣則稱體而周者此即用大用如體故無不周遍然亦二義由體有二義故一者能包二者能遍猶如虛空包含萬象遍至一切色非色處今用稱體一稱體之包則一塵受世界之無邊二稱體之遍則剎那彌綸法界而無盡上之三字即體相用無有障礙為所證之法界也佛謂覺斯玄妙者亦有二義一者能覺佛陀梵言此云覺者故二者所覺即大方廣斯為玄妙之境故云覺斯玄妙斯即此也即此上大方廣耳若別說者覺上用者覺世諦也覺上體者覺真諦也覺上相者覺中道也三諦相融三覺無礙為妙覺也花喻功德萬行者此亦二義一感果花喻於萬行成佛果故或與果俱或不與俱俱如蓮花表因果交徹故不俱如桃李花不壞先因後果故二嚴身花喻諸位功德必與修果俱故下經云神通等法如花開敷衆相如花具三十二嚴謂飾法成人者嚴亦二義一以萬行飾其本體即嚴上大方廣如瑩明鏡鏡雖本淨非瑩不明二以萬行功德成佛果之人若琢玉成像又飾本體如鑄金成像以行成人如巧匠成像經乃注無竭之湧泉下唯經舉四義然亦唯二謂貫與攝涌泉即是所攝義味當乃通於上三一注無竭之涌泉此言猶通諸教二貫玄凝之妙義以總就別別貫花嚴玄妙義故凝謂凝湛嚴整之貌也三攝無邊之海會者即是攝義無邊海會局此經衆棟餘衆故四作終古之常規者即是常義餘處釋云常乃道軌百王今亦以通就別別屬此經法眼常全無缺滅故常恒之說非隨宜故終古無忒可得稱常釋總題竟

佛及諸王並稱世主法門依正俱曰妙嚴分義類以彰品名冠群篇而稱第一

佛及諸王並稱世主下釋品名此釋世主世謂世間即三世間謂衆生世間器世間智正覺世間主謂君主即諸王及佛地神水神主林主山等神即器世間主天王龍王夜叉王等即衆生世間主如來即是智正覺世間主亦總化上二遍統前三故云並稱世主法門依正俱曰妙嚴者此嚴亦說三世間嚴法門為能嚴唯局於主依正所嚴通三世間衆生及佛俱稱正故謂諸世間主得別法門自嚴己衆即衆生世間嚴並用嚴佛亦智正覺嚴佛成正覺是自法門是故能令其身充滿一切世間其音普順十方國土菩薩衆中威光赫奕等即

智正覺世間嚴其地堅固金剛所成上妙寶輪及衆妙花清淨摩尼以爲嚴飾等即器世間嚴器世間嚴通二法門一佛力令嚴是佛自嚴二感着觀見是衆海法門嚴是故總云法門依正俱曰妙嚴三世間嚴並勝餘數故標妙嚴以爲品目用當諸經之序分也餘如下説

斯經有三十九品此品建初故云大方廣佛華嚴經世主妙嚴品第一

後斯經下雙結二目用當諸經序分餘如下説

上來大分中初總序名意已竟

自下第二歸敬請加

大方廣佛華嚴經疏演義鈔卷第三

大方廣佛華嚴經疏演義鈔卷第三

校勘記

一　底本，明永樂北藏本。

一　八四六頁下二行「衆身」，[徑]作「衆生身」。

一　八四七頁上一三行第九字「兵」，[徑]、[清]作「具」。

一　八四九頁中七行第一五字「翻」，[清]作「反」。

一　八五〇頁上一四行第八字「天」，[徑]、[清]作「大」。

一　八五二頁中一九行第五字至末行末字「培……也」，[徑]無。

一　八五四頁中一二行第五字及第一三字「坔」，[徑]、[清]作「瑩」。

大方廣佛華嚴經疏演義鈔卷第四　稷五

清涼山大華嚴寺沙門　澄觀　撰述

歸命十方極三際　塵刹圓明調御師
法界功德大悲雲　毘盧遮那大智海
所住甚深真法性　所流圓滿脩多羅
一一塵方佛會中　普賢文殊諸大士
我今欲以一毛智　測量無邊法界空
願承三寶同體慈　句句冥符諸佛意
俾令法眼常無缺　盡衆生界如普賢
迴茲勝善洽群生　速證菩提常樂果自下

第二歸敬三寶請威加護有十六句大分爲三初有八句正歸敬三寶次有六句請威加護後有二句迴施衆生初中初句總明餘皆別顯今初歸命二字顯能歸相三業普周歸向依託無盡三寶但云命者以人所實重莫過身命今將仰投十方已下所歸分齊十方橫遍三際豎窮極通橫豎塵刹圓明下就別顯中三寶即爲三別初三句歸佛次二句歸法後二句歸僧初中又二二句總歸諸佛一句別歸本師初中塵刹有二義一所依處謂一一塵中諸刹土故佛所嚴刹等塵數故又塵約微細刹通廣細二即塵數如來圓謂圓寂明謂智明即菩提涅槃亦無德不圓無法不照故上二自利調御師者通利自他十號之一法界亦二義一成上依處上云塵刹似當約事今云法界義兼事理佛身充滿於法界故又充滿法界無窮盡故二者該後稱法界之功德大悲雲故功德者亦圓明中別義即十力無畏百四十不共無盡之德大悲普覆無心含潤故喻於雲毘盧一句別歸本師承恩重故四字標名三字讚德上云功德總該無盡今云大智別語最勝順於光明遍照義故大智深廣故喻於海又諸佛舉悲本師語智影畧以明悲智深廣故悲亦稱海大悲深廣故智亦如雲含潤雨法故又前云功德此云大智成二嚴故無盡功德不出二故二所住下二句歸法言所住者躡前起後所以躡者顯同體故但歸別相不會理故然三寶有三一同相二別相三住持相今通依之且別相者即如前科佛則橫該一切豎徹十身法則通四畧舉理教僧雖該攝偏語大乘法性是理脩多羅是教言同相者此有三義一約以事就義門則別相之上各有三寶佛體之上有覺照義名爲佛寶軌持義邊名爲法寶違諍過盡是名僧寶即以無漏界功德爲體二法上三者法有性覺即是佛寶軌持即是法寶法體無違即是僧寶三僧上三者觀智爲佛寶軌持爲法寶在衆無違又不違衆生故名爲僧寶今舉佛所住以明法者即約佛上論同體也理是佛所住教從佛所流兩重相依二約會事從理門三寶皆依真故今舉佛法皆歸真性畧不言僧三約理義融現門心性本覺即是佛寶恒沙性德皆可軌持即是法寶此恒沙德性相不二冥合無違名爲僧寶由此一門故令如來住真法性若無此者何所住耶三門雖異並稱同體淨名云佛即是法法即是衆是三寶皆無爲相與虛

空等是故若就覺義並稱佛寶軌持而言
無非法寶寘符和合莫不皆僧義說有三
不可爲一然無別體豈爲異耶故云同相
三住持三寶者十身之中有力持身及形
像等即住持佛其僧多羅即住持法住持

之僧含菩薩中然三三寶通於諸乘含有
勝劣以義料揀歸勝非劣一理統之三三
無異故並歸敬顯敬無遺三一一下二句
歸僧初句明處一一微塵中有一切諸佛
菩薩衆圍遶故況一一佛所難思普賢住

普賢位莫不皆爾下句舉人偏舉二者以
是海會之上首故表理智故諸言不一則
無所不該第二我今下請威加護六句分
三初二句請歸之意意欲釋經故然通顯
歸意乃有衆多總相言者三寶吉祥一切

衆生最勝良田有歸依者能辦大事生諸
善根離生死苦得涅槃樂故又一切經初
有六成就令物信故佛滅度後凡諸弟子
所有著述皆歸三寶示學有宗不自專已
離過失故請威加護令契合故上句自謙

智劣等彼一毛下句讚法廣深同真法界
一毛度空乍可知量凡智測法何能盡窮
次願承下二句願加護相上句明加下句
辨益令物未能深入三昧外感佛加但請
同體之慈希霑勝益下句益中句實符

願始末無違而言實者亦謙詞也未得顯
加且希實契使凡心凡筆暗合聖心三俾
令下二句著述所爲使令法眼圓滿化盡
含生故賢首品云彼諸大士威神力法眼
常全無缺減也第九迴向不願成佛唯願

等於普賢者良以普賢該因徹果佛前佛
後皆悉有故普賢即是諸佛根本故法界
體故故金剛頂經十方諸佛禮普賢者亦
斯義矣然著述所爲但願大法弘通衆生
利樂即悲智大意曲論別爲乃有多緣以

斯經乃諸佛所證根本法論諸教標準此
方西域無不仰遵而聖后所翻文詞富博
賢首將解大願不終方至第十九經奄歸
寂滅苑公言續而前師亦刊筆格文詞不
繼先古致令後學輕夫大經使遮那心源

道流莫挹普賢行海後進望涯將欲弘揚
遂發慨然之歎若有過不說是非混同豈
唯掩傳者之明實乃擁學者之路若指其
瑕纇出彼乖差豈唯益是非之情寔乃黷
心智之境故撫心五頂仰託三尊不獲已

而爲也以斯別意畧有十焉一聖旨深遠
故二顯示心觀故三扶昔大義故四剪截
浮詞故五善自他宗故六辨析今古故七
明示法相故八廣演玄言故九泯絶是非
故十均融始末故初一爲總後九爲別意

指昔瑕然跡中欲掩是非傳者須知得失
諸徒誠請難以違之長時弘宣不繁數述
恐迷宗滯迹競作是非耳第一聖旨深遠
者此爲總意謂佛法沖深隨人智慧有淺
深故斯亦爲遮外難恐有難言世路以多

歧亡羊學者以多途喪真淳源莫二枝派
轉多舊疏新章益汩真性何以屋上架屋
牀上安牀昔已有之何要改作故下十意
皆通此疑令之初意正荅斯難特由聖旨
深遠隨見不同各呈其能以光法施昔可

尚也安更有調故五百比丘各說身因佛許無非正說三十二菩薩共談不二異見同歸下經之中無邊海會各入解脫之門境界萬差同趣如來智海故海慧菩薩云如來境界無有邊各隨解脫能觀見是以

西域東夏釋論釋經有多家論文論有多師鮮釋如析金杖金體不殊總收百川濵渤㴑大故或登地菩薩或加行賢人或當代時英或如來懸記皆思㧞群位智出衆情而所見不同並傳於世各申其美共

讚大猷依之脩行無不獲益今亦仰攀勝德用盡專精以管窺天滴流足海後何怪焉第二顯示心觀者以經雖通詮三學正詮於定皆是如來定心所演故經云汝所說者文語非義我所說者義語非文況華

嚴性海不離覺場說佛所證海印三昧親所發揮諸大菩薩定心所受昔人不叅善友但尚尋文不貫宗通唯攻言說不能以聖教爲明鏡照見自心不能以自心爲智燈照經幽旨玄言理說並謂雷同虛已求

宗詺爲聽斷不知萬行令了自心一生驅驅但數他寶或年事衰邁方欲廢教求禪豈唯抑乎佛心亦實翻誤後學今皆反此故製茲疏使造解成觀即事即行口談其言心詣其理用以心傳心之旨開示佛所

證之門陶南北二宗之禪門撮台衡三觀之玄趣使教合亡言之旨心同諸佛之心無違教理之規暗蹈忘心之域不假更看他面謂別有忘機之門使彰乎大理之言跡文懸解更無所隱難可具陳第三扶昔

大義者謂晉譯微言幽旨罔博玄義全盛賢首方周故講得五雲凝空六種震地而刋定記主師承在茲雖入先生之門不曉亡羊之趣徒過善友之舍猶迷衣內之珠故大義屢乖微言將隱破五教而立四教

雜以邪宗使權實不分漸頓安辨析十玄之妙旨分成兩重徒益繁多別無異轍使德相而無相入相作即用之體不成德相不通染門交徹之旨寧就出玄門之所以但就如明却令相用二門無由成異以緣

起相由之玄旨同理性融通之一門遂令法界大緣起之法門一多交徹而微隱如斯等類其途寔繁非是重古輕今不欲欺誣亡殁令申上古之義新疏翻多有同刋定之文皆是古義令同用耳第四剪截浮

詞者且文華尚翳理繁言豈不亂心科文過碎已雜塵飛重疊經句但盈紙墨等閑會於梵語無益經文次第數於經文更無理觀如煙鬱於火雲翳長空今並裁而削之若長風卷霧然經多十句若過半已

上難者則具釋之難則曲盡而非繁易則略陳而不闕若五六句已下難者則擇句而釋之易則不釋若文義全易者大科而已若文易意難者總相收束文難意易者但細消文若文義俱難者出意而後釋使

贊而不野簡而必詣是本心也第五善自他宗者謂昔人所引經論及破他義無問性相多不窮始末輙引輙破或多用法相而復盡呼爲權引權釋實又不分通局疑誤後學或以昔正爲非或復以權爲實令

亦反此若破若引先示彼宗使性相無虧盡其意然後申此理對決分明使學者不滯迷宗不謬非古義亦無勞周覽更傍求第六辨析今古者謂探玄本記但釋晉經大旨雖同在言有異但引彼疏須觀所釋如發心品晉經云以是發心即是佛故唐經云以是發心當得佛故即當既別宜得引昔之即釋今之當觸類皆爾然昔人十行已前多依賢首新脩畧疏廻向已下並用探玄三地已下多唯錄古二經小異外相𢇁文亦非一第七明示法相者然性之與相若天之日月易之乾坤東夏西方分宗開教學兼兩轍方曰通人是以釋經事須明示然此經法相名義兼廣或有名無義或有義無名昔人苟見一名廣引論釋隨名解義義乃無窮如釋淨行品百四十一願以諸門料揀釋梵行品四果廣引婆沙問明品貪瞋之名全抄唯識十向品三倒廣據諸宗雖則皆是法門而甚深觀行翳於名相今皆畧陳而已古人若有

義無名則莫知所以今則引諸經論以名管之使經中法相昭彰於衆論至如昇兜率品二十一種功德則有義無名離世間品初則有名無義今於兜率品廣引經論而委釋之至離世間品畧陳而已又如離世間品具含諸位一一位內攝義無遺或名異義同或前後廣畧然於四十二位次第無差今並具引六會經文對而釋之昭然可見使七卷之經句句有據翻驗昔解臆說尤多然性相二宗法相有同有異如五眼十眼六通十通等並各示之使無餘惑如初卷歎德釋此十身則法性宗之法相也釋智入三世廣引四智即法相宗之法相也以衆海解脫之門釋衆海之名則法性宗之法相也以九門六度釋經十度即法相宗之法相也如十通十忍會六通與五忍十身十智融三身與三智十門涅槃以會通四種涅槃十種佛智而一智融於四智即性相二宗無違之法相也觸類非一又諸經疏所明法相多是傍來如法

華經但云如來知見力無所畏禪定解脫三昧深入無際斯乃通讚佛智深遠達力一字立十力章無所畏字立四無所畏章禪立四禪定立八定解脫三昧各立章門若此之流千章萬章釋一卷經亦不得盡

若為成種智之境應須更學多聞若取法花玄宗但示等有知見先所出內是乎所知非是十章五章能盡其妙若華嚴經有異於此如十度十力一經數十處明故須總撮一章頓曉其旨如十地品內以法相為觀門不了三聚豈知離垢之名不曉八禪寧知發光之行四地道品成無生之慧光五地諸諦窮真俗以化物六地般若要觀緣生星羅十門月滿三觀研窮性相般若現前非是懸指昔三中乘所見七地窮一切菩提分法權實雙行八地七分該羅方見無功之道九地居法師之位藥病須知不將四十辯才何以廣能化物得第十地方盡種智之深玄四十二位之昭彰並稱觀行九會五周之因果佛道方圓故希

相若性若因若果無不成觀無不契眞仗經脩行並是聖意若不了法相宜味不了本聖旨亦非弘闡尋文自知第八廣演玄言者謂經多有玄言妙旨昔不廣明或指在別章或畧陳不具今應具者畢在踪文文易意深廣申體勢如始成正覺以諸宗始成以會之智入三世以二智三智四智而釋之如幻喻中具引免章以盡之如影之喻分三影以別之第七迴向刹平等等出諸句以揀之第八迴向歷境起願以横豎次位而彰之三天偈讚離相迴向以般若等深經中百等論玄妙而通之九會五周皆以性相而廣之普賢三昧窮妙中之妙出現一品盡玄中之玄至如法界花藏之深觀旨歸關脉之妙章盡關鍵之幽微窮義理之分齊如關中繁表三玄格言有美斯經必盡其輿亦有指別章者皆非正要知與不知無乖弘讚耳第九泯絶是非者昔人勝負氣高是非情厚上古妙義用而不言先賢小瑕廣申破府如破娑婆形如虛空便云良由譯人不閑經論謬順譯梵誤累聖教一朝至此先師在其譯內斧藻太深纖芥在於珠中何須繫破又如十行品釋不住中流廣申異釋晉經失旨致古釋詞枝今文分明何須斂昔若斯之類其事頗多終日是非豈合大道凡破義者其猶毒蛇螫手不得不斬毒樹生庭不得不伐若邪解亂轍事須決之若易知其非畧而不述若似正不正則並決使明如欲識眞金須知鍮石盖不獲已情忘是非說有破府須存禮樂不得自尊已德下視先賢須知草剏者難因脩者易縱有舉非顯是不是自衒自媒故令踪文是非全少第十均駈始末者然造踪大體皆初重後輕若更廣開門庭消文殊畧至於弘闡聖旨多沉令以大經九會始末深玄逢義即明不揀初後但初已釋後不重明故義科章門落落星布使初中後善始末可觀也畧述製踪有斯十意故忘軀靈境仰述玄猷本意皆爲衆生得同普賢諸佛耳迴茲勝善下第三二句迴施衆生者前之二句作頌所爲爲於衆生此段通迴歸依之益及所成德製踪之功儻一句冥合聖心盡爲衆生得大覺圓明涅槃常樂耳

將釋經義總啓十門一教起因緣二藏教所攝三義理分齊四教所被機五教體淺深六宗趣通局七部類品會八傳譯感通九總釋經題十別解文義

將釋已下第三開章釋文十門之內前八義門後二正釋以經題目即是文故亦可九皆義門題目通一部故十門生起者夫聖人言不虛發動必有由非大因緣莫宣斯典故受之以教起因緣二者因緣既興有所起教佛教雖廣不出三藏十二分教未委此經三藏教等何藏教攝故舉藏教之總含攝華嚴之別教故受之以藏教所攝三已知此經備多羅攝具十二分然其藏教皆通權實揀權取實唯圓教收未知圓義深淺寬狹故受之以義理分齊四既知圓義包博冲深未審此深被何根器故

受之以教所被機五既知深義正被圓機
未知其銓何爲體性故受之以教體淺深
六能所文義已知詮羅未審所宗尊崇何
義故受之以宗趣通局七既知旨趣沖深
未委能詮文言廣狹故受之以部類品會
八既知部類廣則無盡畧乃百千未知傳
譯何年有何感應使宗承有緒知勝益可
歸故受之以傳譯感通九大旨既陳隨文
解釋先明總目包盡難思故受之以總釋
經題十總意雖知在文難曉使沉隱之義
彰乎翰墨宗通之理見乎百千故受之以
別解文義

初因緣者夫聖人設教必有由致若須彌巨
海大因方爲搖動令搖如來融金之德山動
深廣之智海非小緣矣故下經云非以一緣
非以一事如來出現而得成就出現本爲大
華嚴故

初因緣者下疏文有二一生起大意二先
因下開章別釋前中有三一正釋二引證
三辯妨初中又三初法次若須彌下喻後
今捉如來下合如來合山智慧合海此文
意出智論令轉勢用之智論中問曰佛以
何因緣故說般若波羅蜜經諸佛不以無
事及小事小因緣而自發言譬如須彌山
王不以無事及小事小因緣故動今以何
等大因緣故說般若波羅蜜經此中論意
即以說般若爲動須彌令開須彌約能說
人智海通能所說動能說之佛智說如來
之智海並即不共般若又於經中廣說佛
身及與佛智故佛及智並通所說言故下
經下二引證也言出現本爲下三辯妨也
有伏難云非一緣等乃明出現之緣令證
說經宣爲愜當故令通云出現本爲一大
事因緣一大事因緣即華嚴佛智明知出
現之緣即華嚴緣也

先因後緣各開十義以顯無盡

先因後緣各開十義者此下第二開章別
釋於中三謂標釋結標可知

因十義者一法應爾故二酬宿因故三順機感故
四爲教本故五顯果德故六彰地位故七說
勝行故八示真法故九開因性故十利今後
故

因十義下雙釋先因中三初列次釋後因
上十義下結偶會釋

言法爾者夫王道坦坦千古同規一乘玄門
諸佛齊證故一切佛法爾皆於無盡世界常
轉如是無盡法輪令諸衆生返本還源窮未
來際無有休息

言法爾者下釋也即爲十段今初法爾疏
文分四一正釋二引證三結釋四辯妨初
文可知

故不思議品中明一切諸佛能於一身化現
不可說不可說佛刹微塵數頭一一頭化爾
所舌一一舌出爾所音聲乃至文字句義一
一充滿一切法界無有窮盡

故不思議下引證此即第四十七經第五
大那羅延幢勇健法云佛子一切諸佛能
於一身等乃至已下中間應云法界衆生
靡不皆聞一一音聲演爾所脩多羅藏一
一脩多羅藏演爾所法一一法有爾所文

字句義如是演說盡爾所刧盡是刧已復更演說盡爾所刧如是次第乃至盡於一切世界微塵數盡一切衆生心念數未來際刧猶可窮盡如來化身所轉法輪無有窮盡所謂智慧演說法輪斷諸疑惑法輪照一切法法輪開無碍藏法輪令無量衆生歡喜調伏法輪開示一切諸菩薩行法輪高昇圓滿大智慧日法輪普然照世智慧明燈法輪辯才無畏種種莊嚴法輪如一佛身以神通力轉如是等差別法輪一切世法無能爲喻如是盡虚空界一一毛端分量之處有不可說不可說佛刹微塵數世界一一世界中念念現不可說不可說佛刹微塵數化身一一化身皆亦如是所說音聲文字句義一一充滿一切法界其中衆生皆得解了而佛言音無變無斷無有窮盡是爲諸佛第五大那羅延幢勇健法今疏畧引耳上鈔中爾所字經中皆是不可說不可說佛刹微塵數字

斯則處以毛端橫該法界時以刹那竪窮刧海處則頓起時則常起不待別因

斯則下三結釋也結釋經文成初正說於中初二句正結後處則下覆釋法界齊起爲頓如月入百川非從東向西等故長時不斷曰常無暫間斷故既常既遍故不待別因也 鈔五 十六

但隨見聞說有初成九會之別諸慈悲者於無盡中畧此流傳

但隨見聞下四釋妨謂有伏難云既橫竪該羅說窮時處何有初成之始九會之終故爲此通於中二先正解妨可知

令尋於此見無邊法

後令尋於此下重通再難難云畧本至少安窮無盡之理故爲此通以見理圓融故見少能窮無盡有法喻合

如觀牖隙見無際空而此時處即同無盡以一處即一切處一時即一切時故

以一處下釋成上義時處既一多相即法豈一不含多

二酬宿因者

二酬宿因等者疏文分五一標舉章門

何以法爾如是轉耶宿因深故

二何以下躡前起後

夫根深則果茂源遠則流長宿因既深教起亦大

三夫根深下標因深廣 鈔五 十七

深大云何我佛世尊創躡玄蹤棲神妙寂悲智雙運行願齊周是以妄想弗剪而鄣徹性空靈鑑匪磨而頓朗萬法乃以無障礙解脫闢斯妙門

四深大云何下釋成深廣

宿因雖多畧有二種

五宿因雖多下開章別釋於中先標章一者大願力故現相品云毘盧遮那佛願力周法界一切國土中恒轉無上輪兜率偈云如來不出世亦無有涅槃以本大願力示現自在法諸會佛加皆言願力及餘諸文誠證非一二者昔行力故謂無量刧依願起行行成得果方能頓演故主山神偈云往脩勝行無有邊今獲神通亦無量法門廣闢如塵數

悉使衆生深悟喜

後別釋可知

三順機感者

三順機感者文中分六一標章

謂昔因法爾雖能常遍約可流傳皆由機感

離機說法無所用故

二躡前起後

其猶上有白日下資澄潭潭清影現機感應

生

三其猶下約喻顯相

故兜率偈云見佛亦復然必假衆善業十方

諸佛告功德林言及諸菩薩衆善根力故解

脫月云此衆無諸垢志解悉明潔等皆是機

感

四故兜率下引經證成　丈

稷五

廣顯機感如第四所被機中

五廣顯下指略在廣

然此機感通於現未諸會當機即是現在今

之聞者是未來機

六然此下揀定於機言今之聞者是未來

機者望說經時是未來故故發心品中十

方法慧白佛言我等悉當護持此法令未

來世一切菩薩未曾聞者皆悉得聞亦是

未來機也

四爲教本者

四爲教本者文三初標章次總彰大意三

然亦有二下開章別釋

謂非海無以潛流非本無以垂末

大意中初二句立理故出現品云譬如大

海潛流四天下地有穿鑿者無不得水彼

喻佛智普入衆生身心今借用之斯即喻

也非本無以垂末者法說如無海本不能

流末無其本月無影入於百川無有法身

豈能垂於應化故無有根本之法何有隨

宜之談

稷五　十九

大方廣佛華嚴經疏演義鈔卷第四

大方廣佛華嚴經疏演義鈔卷第四

校勘記

一　底本，明永樂北藏本。

一　八五六頁上一行書名，[清]作「大方廣佛華嚴經懸談疏鈔會本卷第四」。卷末書名同。下至卷二十八例同。

一　八五七頁下三行第九字「擁」，[徑]、[清]作「壅」。

一　八五八頁上一二行第一〇字「滳」，[徑]、[清]作「滴」。

一　八六三頁中一二行第七字「未」，[徑]、[清]作「末」。

大方廣佛華嚴經疏演義鈔卷第五　經六
清涼山大華嚴寺沙門　澄觀　撰述
將欲逐機漸施末教先示本法唄演此經
後將欲下兩句正釋爲本之義故天台指
爲乳教乳是酪等諸位本故
然亦有二一爲開漸之本出現品云如日初
出先照高山故
出現品云等者彼文云譬如日出先照須
彌山等諸大高山次照黑山次照高原然
後普照一切大地日不作念我先照此後
照彼但以山地有高下故照有先後如
來應正等覺亦復如是成就無邊法界智
輪常放無礙智慧光明先照菩薩摩訶薩
等諸大山王次照緣覺次照聲聞次照決
定善根衆生隨其心器示廣大智然後普
照一切衆生乃至邪定亦皆普及爲作未
來利益因緣令成熟故而彼如來大智日
光不作是念我當先照菩薩大行乃至後
照邪定衆生但放光明平等普照無礙無
障無所分別釋曰始成便說花嚴是照菩
薩山王此明先大後小
二爲攝末之本
二爲攝末之本者於中二初標名華嚴末
有末之可攝以法華攝末歸本歸華嚴故
故爲本也
如日沒時還照高山故
言如日等者二義取出現經意以證而無
此文即是法華所明先小後大及三時五
時之教後後勝於前前法華涅槃唯明一
極爲照菩薩
無不從此法界流無不還歸此法界故
無不從此下三雙證上二先引攝論後引
法華初引攝論從法界流即證開漸之本
無不還歸此法界故即證攝末之本此以
義證教謂論所明報化身等皆從法身生
還歸於法身法身等即義今以法身類於
華嚴故云義證教也
法華亦云始見我身聞我所說即皆信受入
如來慧此漸本也次云除先脩習學小乘者
即開漸也又云我今亦令得聞是經入於佛
慧即攝末歸本也
法華亦云下引法華證故下吉藏引此立
三種法輪第一名根本法輪第二名枝末
法輪第三名攝末歸本法輪文中便引便
釋三節具也
斯則法華亦指此經以爲本矣
言斯則下結成本義若自立爲本恐義未
明法華指此爲本本義方顯始見入於佛
慧既即華嚴亦令得聞法華入於佛慧豈
非指初爲本又法華第一云於一佛乘分
別說三亦是從本流末即指華嚴爲一佛
乘分別說昔之三三即鹿野四諦等既不
指華嚴爲本鹿野之前以何爲一乘耶
五顯果德者謂此本法中顯佛勝德令諸菩
薩信向證故不實寶玉不得其用不知此德
安能仰求
五顯果德者疏文分二初總明大意有法
喻合可知
然果德有二一依果謂華藏世界海等二正
果如來十身等此二無礙以爲佛德

後然果德有二下聞章別釋於中亦二先
正釋可知
然依正無礙通有六句一依內現依如塵中
剎海二正內現正如毛孔現佛三正內現依
四依內現正五依內現依正六正內現正依
其文非一
後然依正無礙下融通於中三初約用乎
在以明六句次約體相相即以明四句後
隨舉一門下雙結體用言然依正無礙通
有六句至其文非一者初約用也初二指
事令曉餘但列名然即相入相在之義義
分齊中廣明而相入各有分圓若約圓說
應言剎中有剎今欲顯勝舉塵毛之分以
攝剎身之總也言其文非一者謂第六經
法界普明慧菩薩偈云佛剎微塵數如是
諸國土能令一念中一一塵中現即第一
句依中現依也成就品云一微塵中多剎
海處所各別悉嚴淨如是無量入一中一
一區分無雜越亦第一句也現相品云如
來一一毛孔中一切剎塵諸佛坐菩薩衆

會共圍遶演說普賢之勝行即第二句正
內現正也迴向品云一毛孔中悉明見不
思議數無量佛一切毛孔皆如是普禮一
切世間燈僧祇品云於一微細毛端處有
不可說諸普賢如一毛端一切爾如是乃
至遍法界皆第二句也又云於一微細毛
孔中不可說剎次第入毛孔能受彼諸剎
諸剎不能遍毛孔即第三句正內現依也
現相品云如來安坐菩提座一毛示現多
剎海一一毛現悉亦然如是普周於法界
亦第三句也第五經普賢偈云如於此會
見佛坐一切塵中悉如是佛身無去亦無
來所有國土皆明現即第四句依內現正
也現相品云一切剎土微塵數常現身雲
悉充滿普爲衆生放大光各雨法雨稱其
心亦第四句也又云一一塵中無量身復
現種種莊嚴剎一念沒生普令見獲無碍
意莊嚴者即第五句依內現依正也僧祇
品云一微塵中能悉有不可言說蓮花界
一一蓮花世界中賢首如來不可說亦第

五句也世界成就品云一毛孔內難思剎
等微塵數種種住一一皆有遍照尊在衆
會中宣妙法即第六句正內現正依也現相
品云一切諸佛土一一諸菩薩普入於佛
身無邊亦無盡成就品云一切剎土入我
身所住諸佛亦復然汝應觀我諸毛孔我
今示汝佛境界皆第六句也
又有四句一或唯依佛即剎故二或唯正剎
即佛身故三俱四泯思之可知
又有四句等者第二約體四句也相即乎
亡故無有六一佛即剎者佛體即是法性
土廢已從他佛體虛故土外無法性無二
故二剎即佛者剎體即是法性身故廢他
從已剎體虛故佛外無法性無二故由性
無二以性融相故身剎相即三俱者謂有
身有土不壞相故若無身土無可相即故
四泯者謂佛即剎故非佛剎即佛故非剎
以乎奪故
隨舉一門即攝一切並如下說
隨舉一門者三雙結體用以即入二門無

二體故體外無用唯相即故用外無體唯相入故如無鏡外之明明外之鏡故言並如下說者即指義分齊中

六彰地位者爲顯菩薩脩行佛因一道至果有階差故

六彰地位者踬文二初總彰大意後開章別釋前中二先順明來意

夫聖人之大寶曰位若無此位行無成故

後夫聖人下立理反成聖人之大寶曰位者即周易下繫云天地之大德曰生聖人之大寶曰位注云夫無用則無所寶有用則有所寶也無用而常足者莫大乎道有用而弘道者莫大乎位故云聖人之大寶曰位也言若無此位行無成者即反成須位也

此亦二種一行布門立位差別故 鈔六 六

此亦二種下二開章別釋也於中三一正釋二會融三引證初中先釋行布言行布者行列分布階降淺深如第二會明信三明住四明行五明向六明地七明等妙前非是後後非是前故言行布

二圓融門一位即攝一切位故一一位滿即至佛故

後釋圓融言圓融者圓滿融通踬釋有二初正釋二引證前中自有二義一者踬云一位即攝一切位故者此總辨相攝謂四十二位之中隨舉一位即攝一切如初發心住即攝餘九住及行向地等二者踬云一一位滿即至佛故者此別明五位下攝如初注攝於初行初迴向初地第二住攝第二行第二迴向第二地等第十住滿則攝十行滿十向滿十地滿第十住滿稱灌頂位第十地滿亦灌頂成佛十行智度圓十地智度滿海幢比丘頂出諸佛說法灌頂住後即明佛者即其事也前唯約理行圓融此兼明行證相似 鈔六 七

初地云一地之中具攝一切諸地功德信該果海初發心時便成正覺等

初地云下二引證也文有三節一云一地之中具攝一切諸地功德者此約當位之中自一攝十也以一例諸位位皆然上正引文二云信該果海者此明五位下攝如賢首品中乃至則得灌頂而昇位等此即義引爲證三初發心時便成正覺者正明以初攝後通於二義若住滿成佛即是當位以初攝後若究竟成佛即異位相望以初攝後如四十二字門初阿具後荼也上來總有三義一舉一總攝五十二位二舉一位攝五位三舉初攝後後應有以後攝初初後攝中中攝初後一攝一切一切攝一一攝一一切攝一切如理思之上云初發心時便成正覺即是正引經文梵行品云若諸菩薩能與如是觀行相應於諸法中不生二解一切佛法疾得現前初發心時即得阿耨多羅三藐三菩提知一切法即心自性成就慧身不由他悟今畧引耳

然此二無礙以行布是教相施設圓融是理性德用

然此二無礙下會融也於中二初辨定其相二正明會融前中有二對行布圓融以

教對理以相對性下正圓融但融相性初對謂約能詮教道則行布不同約所詮之理則圓融無礙第二對就所詮中約相則深淺不同約性則融通無二言德用者即德相業用也

相是即性之相故行布不礙圓融性是即相之性故圓融不礙行布圓融不礙行布故一爲無量行布不礙圓融故無量爲一無量爲一故融通隱隱一爲無量故涉入重重

相是即性之相故下正明會融文有三番第一番直明無礙第二番則互相成謂無量本是約相行布圓融本是一理平等今圓融既不礙行布故成無量之德下句反此可知第三番從無量爲一故融通隱隱下明相成而不失本相無量爲一故融通而不失本相故隱隱然似有一爲無量故重重不失一相故能涉入

故世親以六相圓融上下之文非一

故世親下第三引證此引論證即總同成別異壞由此故得舉一全收至下廣明次云上下之文非一者雙引經疏若望經則唯是下文若望疏文通指一經上下耳

七說勝行者欲登妙位非行不階故君子不患無位患已不立

七說勝行者疏文亦二先明大意後開章解釋前中初二句依內教正釋後二句引外事證成即論語第四彼下二句云不患莫已知求爲可知也包氏注曰求善道而學行之則人知已今引證此求爲可知及所能立皆是行也上兩句行成得位下兩句行成得名今爲證位故但引前耳

行亦二種一頓成諸行一行一切行

行亦二種下開章釋也先釋後融前中明頓成中先正明

故十住品云一即是多多即一等普賢行品說一斷一切斷等故

故十住下後引證言一斷一切斷等者等取一障一切障一脩一切脩一證一切證故普賢行品初說十句若成此十則頓成五十種行一念嗔心起百萬障門生故偈中云不可說諸劫即是須臾頃莫見脩與短究竟刹那法皆以圓融故妙嚴品云一法門中無量門無量千劫如是說所演法門廣大義普運光天之所了

二遍成諸行此即行布謂自大菩提心體相功德乃至等覺中行

二遍成諸行下釋行布從始迄終故云乃至則五位所行皆此攝也菩提心爲始體即三心謂一直心正念真如法故二深心樂脩一切諸善行故三大悲心救護一切苦衆生故七十八經云菩提心燈大悲爲油大願爲炷光照法界光即直心炷即深心多以三心爲體上求下化照理起行不出此故言相者即無相爲相同法界相無分量相無齊限相也言功德者無德不收故發心品十種大喻百門校量亦不及少分七十八一卷廣以喻數亦不能盡賢首品云若有菩薩初發心誓求當證佛菩提彼諸功德無邊量不可稱量無與等發心品云發心功德不可量衆智共說無能盡

又云菩薩發心功德量億劫稱揚不可盡
以出一切諸如來獨覺聲聞安樂故等皆
發心功德也又云欲見十方一切佛欲施
無盡功德藏欲滅衆生諸苦惱宜應速發
菩提心此上三事皆是菩提心爲萬行之
本故首明之即此發心便名爲行
此二無礙例如位說
此二無礙下第二融通可知
八示真法故者欲成行位須解法理不體理
事行亦非真故兜率偈云不了法真實故諸
佛興世此亦二種一顯事理無礙法二顯事
事無礙法並如義分齊說
八示真法下文亦有二先總明後開釋文
含多義不異義分齊中教因總該故此畧
舉義深理要故別爲一門
稷六　十二
九開因性者謂上因果理事皆由衆生性有
若性非金玉雖琢不成寶器
九開因性者文亦二先總後別總中先躡
前起後
良以衆生包性德而爲體依智海以爲源但

相變體殊情生智隔今令知心合體達本情
亡故談斯經以爲顯示
後良以下總相解釋於中有三初明因義
本有恒沙性德本覺佛智無二體故以此
爲因二但相變下釋彼因義是須開示所
以相變體殊者迷真如以成名相故情生
智隔者失正智而成妄想故上對約境下
對約心五法具矣三今令下正明開義知
心空寂則即名相而合如體達本無住則
妄想亡而正智生真本不可以功成要亡
功而本就深源不可以行得必行盡而源
成若寂照雙流則因性開矣性即知見知
見性相並皆顯現故談已下結成開義
亦有二種一以言顯示令其知有二使其脩
行悟入顯現
亦有二下別釋以言顯示令其知有者唯
明示義如示貧女宅中寶藏未見未證使
其脩行義通開示不知令知名之爲悟未
證能證稱之爲入顯現之言對於開義
如下破塵出經卷等

如下破塵下引證下經云如有大經卷量
等三千界在於一塵內一切塵悉然有一
聰慧人淨眼悉明見破塵出經卷廣饒益
衆生佛智亦如是遍在衆生心妄想之所
纏不覺亦不知諸佛大慈悲令其除忘想
稷六　十三
如是乃出現饒益諸菩薩等即其義也
亦如法華經云唯以一大事因緣故出現於
世所謂開示悟入佛之知見衆生等有故言
唯一
言唯以一大事因緣故者即引他經大乘
法師但云事物體事事義道理隨應皆得
今畧釋之無二無三故名爲一佛因佛果
故稱爲大因果幹能令物解脫並稱爲事
言因緣者如來因此緣此故出現耳又因
緣者屬於大事正因佛性爲因緣因佛性
爲緣了因所了爲因生因所生爲緣斯則
大事通因通果因緣但語於因因即種性
之義故彼經云佛種從緣起萬行爲緣起
斯佛種成菩提故言所謂開示下義引彼
經具云舍利弗云何名諸佛世尊唯以一

大事因緣故出現於世舍利弗諸佛世尊欲令衆生開佛知見使得清淨故出現於世欲示衆生佛之知見故出現於世欲令衆生悟佛知見故出現於世欲令衆生入佛知見道故出現於世廣釋如別畧釋如下言衆生等有故言唯一者隨難唯解一字耳 經六 十三

十利令後者既等有其分故廣利無邊

十利令後者文中亦二先躡前總辨此亦二種一利令即佛在當機二利後即令之聞見發心品云我等諸佛護持此法令未來世一切菩薩未曾聞者皆悉得聞

後此亦下開章別明文分爲三初約時分二可知次此益復二下約行分二後又此利益下對前辨異

此益復二一令得見聞爲堅種故出現品云如人食少金剛終竟不銷等

二中疏云終竟不銷等者等取餘經餘經云要穿其身出在於外何以故金剛不與肉身雜穢而同止故於如來所種少善根亦復如是要穿一切有爲諸行煩惱身過到於無爲究竟智處何以故此少善根不與有爲諸行煩惱而共住故

二令起行成證入故出現又云設有菩薩無量百千億那由他劫行六波羅蜜脩集種種菩提分法若未聞此如來不思議大威德法門或時聞已不信不解不順不入不得名爲真實菩薩以不能生如來家故若聞此法信解隨順悟入當知此人生如來家乃至深入如來無礙境界良以有作之脩多劫終成敗壞無心體極一念便契佛家賢首品云十刹塵數如來所悉皆承事盡一劫若於此品能誦持其福最勝過於彼等

二令起行成證入故下文二初正釋後良以有作下釋成令初疏云乃至深入如來等者中間經云隨順一切如來境界具足一切諸菩薩法安住一切種智境界遠離一切諸世間法出生一切如來所行通達一切菩薩法性於佛自在心無疑惑住無師法深入如來無礙境界故云乃至 經八 十四

又此利益別對前九成十種益謂一聞法斷則知常遍成見聞益二聞本行願學佛發興成發心益三聞機感知法由善起成造脩益四聞爲本知其義圓成頓得益五聞果德則信樂願齊成滅障益六聞位期心證入成攝位益七聞行發意脩行成起行益八聞法決須解了成稱性益九聞因知一切皆同成轉利益十總具前九成速證益故前九因皆爲令益

又此利益下對前辨異所以辨異者亦爲揀濫故以利令後義似順機感機感亦有二世機故故上又明約行分二已是異前但約時故又順機多約於所利益多約於能又順機但是別義利益通於十義即總別之異故對前九別成斯十益也於中二先別對前後亦可已下通申本義令初此十種益出於旨歸但次第不同耳彼次第云一見聞益二發心益三起行益四攝位益五速證益六滅障益七轉利益八造脩益九頓得益十稱性益此依從淺至深自 經八 十五

利利他等而爲其次今䮕順前九門展轉相生後能成前以爲次第耳然見聞等實通十因欲顯別義隨便逐勝以別配耳一以法爾常說遍說便能觸目對境一切時中常如法見所引經文如前總中又出現品云佛子譬如雪山有藥王樹名曰善見若有見者眼得清淨若有聞者耳得清淨等佛子如來應正等覺無上藥王亦復如是能作一切饒益衆生若有得見如來色身眼得清淨若有得聞如來名號耳得清淨等又云佛子我今告汝設有衆生見聞於佛業障纏覆不生信樂亦種善根無空過者乃至究竟入於涅槃上雖明見佛佛是華嚴佛故舌眼嘗法味故賢首品云此法希有甚奇特若人聞已能忍可能信能受能讚說如是所作甚爲難等兜率偈讚品云設於念念中供養無量佛未知真實法不名爲供養若聞如是法諸佛從此生雖經無量苦不捨菩提行一聞大智慧諸佛所入法普於法界中成三世導師明知

見聞其益深矣言發心益者若不聞此不能發心設有發心不得尊勝以初發心時便成正覺等故如前引言造修益者謂聞此普法便能造修一行一切行故如前引出現品云多劫修行不聞此法非真修故言頓得益者如下六千比丘言下獲於十眼善財童子一生能圓諸位法界品初菩薩頓證等益如教迹中引言滅障益者即一斷一切斷如隨好品天鼓教以等法界三業悔過結云若如是知是真實懺悔一切罪惡悉得清淨說此法時百千億那由他佛刹微塵數世界中兜率陀諸天子得無生法忍又諸天子以香花等供佛而成大益又云其諸香雲普雨無量佛刹微塵數世界若有衆生身蒙香者其身安樂譬如比丘入第四禪一切業障皆得消滅若有聞者彼諸衆生於色聲香味觸其內具有五百煩惱其外亦有五百煩惱貪行多者二萬一千瞋癡等分亦然了知如是悉是虛妄如是知已成就香幢雲自在光明

清淨善根等皆滅障益也言攝位益者如前位中具明言起行益者如普賢行品云菩薩摩訶薩得聞此法少作方便疾得阿耨多羅三藐三菩提以一行一切行故如前行中具引言稱性益者謂依此普法一切衆生無不皆悉稱其本性佛果海中舊來益竟故出現品云如來成正覺時於其身中普見一切衆生成正覺乃至普見一切衆生入涅槃皆同一性所謂無性若不稱性豈得然耶言轉利益者如第一重地獄天子得益竟展轉成三重之益後二即轉利益也如上滅障即第二重亦是轉利益所望處別故爲滅障第三重云若有衆生見其益者種清淨金網轉輪王位一恒河沙善根佛子菩薩住此轉輪王位於百千億那由他佛刹微塵數世界中教化衆生乃至云若有蒙得遇斯光明必獲菩薩第十地位以先脩行善根力故皆轉利益言速證益者如前教迹中一生圓曠劫之果中辨言故前九因皆爲今益者結也

大方廣佛華嚴經疏演義鈔卷第五

大方廣佛華嚴經疏演義鈔卷第五

校勘記

一　底本，明永樂北藏本。

一　八六五頁上一六行第一三字「現」，徑作「顯」。

一　八六六頁上九行第七字「理」，清作「聖」。

一　八六六頁中一〇行第三字「注」，徑、清作「住」。

一　八六八頁下五行「忘想」，徑、清作「妄想」。

一　八七〇頁下一四行第四字「盖」，徑、清作「益」。

大方廣佛華嚴經疏演義鈔卷第六　稷七

清涼山大華嚴寺沙門　澄觀　撰述

亦可前一一門皆成十益可以意得

亦可前一一門皆成十益者此第二意却是正意上但隨宜耳

因上十義故此教興發心品中有十所因彼云以佛神力故世尊本願力故等因緣相糸對會因緣可以意得　稷七　一

因上十義故此教興下第二結屬會釋也此上結屬下會釋經文彼經具云其說法者同名法慧悉以佛神力故世尊本願力故爲欲顯示佛法故爲以智光普照故爲欲開闡實義故爲令證得法性故爲令衆會悉歡喜故爲欲開示佛法因故爲得一切佛平等故爲了法界無有二故說如是法十因舉二故有等言言因緣相系者神力是緣餘皆是因故云相糸今畧舉二即有因緣以疏對彼因緣易知故云可以意得

第二明說經緣者一切經首說時方人等皆是緣起

第二明說經緣等者疏文分二先引例總明後今有十緣下開章別釋前中謂六成就中信聞二種屬於阿難在佛滅後結集時安不爲經緣餘四成就爲經緣起說必依時要有方處人通說聽即佛及衆四義足矣問智論云說時方人令生信故何以今言爲緣起耶荅六中初二唯屬證信後四義有兩義阿難引之爲生物信當時無此教不得興故爲緣起今十緣中具有此四

今有十緣一依時二依處三依主四依三昧五依現相六依說者七依聽者八依德本九依請者十依加者

今有十緣下開章別釋中二先列後釋今　稷七　二

初依時下釋疏文分四一大意二開章三融會四廣如旨歸一句出法源

今初依時夫心冥至道則渾一古今法界無生本亡時分下經偈云如來得菩提實不繫於日

今初分二先拂迹顯實後就德顯圓前中言夫心冥至道則混一古今者此約人顯實法界下約法顯實心與理冥契則無今古之相故肇公云古今通始終同窮本極末浩然大均生公法花疏云古亦今也今亦古矣言法界無生等者就法顯實也有生則屬三世便即有時無生則無三世剎那安有時分故出現品云真如離妄恒寂靜無生無滅普周遍等言下經偈云下引經證畧舉人證耳即兜率實幢偈也彼具云衆生如是說某日佛成道如來得菩提實不繫於日法界品云菩薩智輪遠離一切分別網超一切障礙山不可以生死中長短染淨劫數顯示等其文非一

況無涯之說念劫圓融哉　稷七　三

況無涯之說等者第二就德顯圓無涯之說竪約長時故旨歸云常恒之說前後際而無涯念劫圓融者約一念即不可盡一念即無量劫無量劫即一念等故云爾也一念即多劫何定時之長短哉

今以無時之時略顯十重時別
今以無時之時略顯十重時別者此下第二開章解釋也就中三初上二句標次初唯下釋後於前下結
初唯一念二盡七日三遍三際四攝同類劫五收異類劫六以念攝劫七劫念重收八異類界時九彼此相入十以本收末謂以非劫爲劫故
二釋中初唯一念者謂於一刹那頃遍無盡之處說無邊法二盡七日者謂初成道一七日中自受法樂第二七日頓說此經言三遍三際者謂盡前後際各無邊劫常恒周遍演說此經初無暫息上三易故疏但列名而已言四攝同類劫下以義稍隱故並加字旨歸但云四攝同類五收異劫六念攝劫七復重收八異界時九彼此相入十以本收末今加一字義則易見故並不釋唯釋第十耳言攝同類劫者於前無邊劫各攝同類如長劫唯攝長劫短劫唯攝短劫等言五收異類劫者謂長劫攝短劫等言六以念攝劫者於一念中即攝無邊同異類劫念念皆爾言七劫念重收者此上念念所攝劫中各以念成彼一一念亦各攝諸劫是則念念既其不盡劫劫亦復無窮如因陀羅網重重無盡也言八異類界時者上之七重且約一類世界如今娑婆一類今辨樹形江河形等無邊異類之刹刹既同處而有不同時亦同時而各別分齊盡彼時分常說此經言九彼此相入者即彼異類界所有時劫亦各別相收或同異類界時互相攝入若念若劫重重無盡同前四五六七於彼諸時常說此經言謂以非劫爲劫者第十難見故以此句釋之以非劫爲本劫即爲末言非劫者離分限故如花藏世界以非劫爲劫劫即非劫念等亦爾以時無長短離分限故以染時分說彼劫故以時無別體依法上立法既融通時亦隨爾故離世間品云菩薩摩訶薩知一切劫即是非劫而真實說一切劫數是爲第六無等住故云非劫爲劫

於前十時恒演此經
於此無量時劫常說花嚴
又此十種隨一圓收
又此十種者此下第三融會也於中三初此上二句正融會
依此說時則無始終
二依此說時下通妨難此上牒疑情既無始終何有初成之始九會之終
亦隨見聞說初成等如前法爾中辨
亦隨見聞下會釋也疏指前通又此一部即是無邊法海以下皆結通無分齊故一部即是一切說故
若依此時則迥異餘教而餘教時不出於此
或說三七六七等隨見聞故
若依此時下三顯勝餘於中又三初揀他顯勝次而餘教下會他顯勝後或說下再通妨難難云彼有三七等殊云何不出於此故今通云皆是此經之時隨見聞故
廣如旨歸
廣如下四出法之源

第二依處者夫智契真際能所兩亡假說依
真而非國土
第二說經處中文有四第一總彰大意第
二叙昔順違第三句數圓融第四別明處
異初中有三初拂迹顯實二融通顯圓三
依義建立今初至而非國土即拂迹顯實
謂既亡能所何有能依之佛所依之處普
賢三昧品云普賢身相如虛空依真而住
非國土猶是假說以真無能所無可依故
況剎塵即入染淨叅融圓滿教之普周難以
分其處別
況剎塵即入下第二融通顯圓無能所依
尚通實頓二教實教頓教尚離處所況於
圓教耶剎塵即入即下通局交徹二四句
染淨叅融即下淨穢無礙二四句圓滿教
下總結難思
然真非事外不壞所依以上無時之時通此
非處之處
然真非下第三依義建立不壞相故不妨
立時然旨歸約處先已有依此說經後辯
其時𨻶家欲順六成就之次第故先明時
耳
然有言此經在穢土說居摩竭等故有云處
淨土說在花藏故有云如實義者二種身土
無定異處即於一處見聞異故
然有言下第二叙昔順違於中二先正叙
後上之下決斷前中第一師云既七處九
會人三天四並居娑婆欲界之中明是穢
也第二師云說此經時花藏世界六種震
動又言其地堅固金剛所成娑婆土石諸
山豈得將此爲穢第三師但合上無礙謂
感娑婆者對花藏而見娑婆感花藏者對
娑婆而見花藏亦如螺髻所見自在天宮
身子所見丘陵坑坎花藏品云譬如見導
師種種色差別隨衆生心行見諸剎亦然
上之三義後一近宗
後決斷言後一近宗者且知剎談淨穢即
二四句中之一句未窮玄妙故云近宗
然說此經處淨穢無礙通局交徹各二四句
然說此經處下第三句數圓融於中有三
一雙標二雙釋三以義例細初標可知
初淨穢中謂或唯染或唯淨如前二義或俱
花藏內娑婆故或俱泯染淨相盡同一法界
故
初淨穢中下雙釋染淨二四句前一
四句以本剎末剎相望成四句花藏爲本
剎世尊脩因所嚴淨故剎種所持世界爲
末剎應衆生有故然末剎則狹本剎則寬
末通淨穢本剎唯淨若寬狹相望自屬通
局今論淨穢故但取末中染剎前二句可
知第三句雙明本末故得稱俱不同前二
說花藏即不言娑婆說娑婆即不論花藏
今要明花藏之內娑婆如一莊嚴城中舉
一小室耳上三皆約事明第四句唯約理
說若理事相望則前三句皆末第四句獨
爲其本故花藏品云花藏世界海法界等
無別莊嚴極清淨安住於虛空等
又或唯染摩竭等覆淨相故或唯淨其地金
剛染相盡故或俱隱顯無礙故或俱非各相
形奪二相盡故

又或唯染下第二四句隨取一剎即有四句不論本末染淨今正約娑婆染剎上論四句也即前三約淨穢對盈後一約相盡理現若約機說者染就劣機見故淨就勝機見故俱約二人同見故剎體自在故俱非約頓機故亦唯約體故

次明通局交徹二四句者

次明通局二四句等者先標後釋謂或局此一界故或通該十方故或俱即此即遍故或泯二相盡故

釋中前四句約一重平漫以論後四句約重重相攝以說又前四約以人望處論通局後四唯約說處論通局前中初二句唯約相說一謂此界七處說經二謂十方諸剎齊說三以相隨性故即一能遍如光明覺品彼云如此處見佛世尊坐蓮花藏師子之座十方一切諸世界中各有百億閻浮提百億如來亦如是坐此明一會即通一切非是彼處各別有佛四即歸理平等

又或局此界攝一切故或通此入一切故或俱即攝即入故或泯形奪相盡故

後四句中初一約廣容門事攝於理無礙故令一界即理能攝一切二約普遍門事如理遍令此一界隨所依理入一切剎三廣容即普遍故正攝之時便能遍入以此二門無異體故四泯同平等門法界之中俱不可得故

又以一塵例剎亦有四句可知

又以一塵下三以叢例細也引文如前依正融通中說

若從狹至寬略顯十處

若從狹至寬略顯十處下第四別明處異中文分為六一標數二初此下別釋三然上下總結四然說十住下釋妨五十餘佛同者下隨難重釋六又上十處下總融十義

初此閻浮七處九會而周法界如昇須彌品二周百億同類一界亦遍法界如光明覺品三遍異類樹形等剎四遍剎種五遍花藏六遍餘剎海若種若剎七遍前六類剎塵皆有同異類剎八盡虛空界容一一毛端之處各有無邊剎海九猶帝網十餘佛同

二中然其十名與旨歸小有不同旨歸云初此閻浮二周百億三盡十方四遍塵道五通異界六該剎塵七歸花藏八重攝剎九猶帝網十餘佛同今疏所以不同彼者以歸花藏即前染淨無礙故不立之故旨歸文云事盡理現染相盡故其該剎塵與遍塵道並皆是塵故第七中攝入重攝剎者亦明花藏中塵一一攝餘剎海亦不異於第六別塵故並畧之而加四五六以成十義彼三即此八彼五即此三此亦賢首畧疏之中光明覺品中意参而用之耳言如昇須彌品者此文為證七處而周法界之言文云爾時世尊不離一切菩提樹下而上昇須彌向帝釋殿下云十方世界悉亦如是法慧偈云一切閻浮提皆言佛在中我等今見佛住於須彌頂十方悉亦然如來自在力皆遍法界之文也七處皆爾文中但三賢三天言不起而遍義如下疏

言如光明覺品者此證百億遍法界法界皆有同類一界言同類者同有須彌大海鐵圍四洲二十八天各有百億故名同也故彼經云如是無數無量無邊無等不可數不可稱不可思不可量不可說盡法界虛空界所有世界南西北方四維上下亦復如是彼一一世界中皆有百億閻浮提乃至百億色究竟天其中所有悉皆明現彼一一閻浮提中悉見如來坐蓮花藏師子之座十佛刹微塵數菩薩所共圍繞揀唯閻浮故云百億揀下異類故云同類一界言三遍異類樹形等刹者上二皆畧釋下八唯列名而已而言等者等取江河迴轉形等經列二十形結有不可說不可說佛刹微塵數異類一一流類皆遍十方虛空法界與前須彌界等互不相礙各於其中轉斯法輪言四遍刹種者向明異類且舉百億中異類故今方明刹種然異類言雖通花藏言總意別言遍刹種者即取最中無邊妙花光香水海中普照十方熾然寶光明世界種其中攝二十重佛刹微塵數結有不可說佛刹微塵數世界於中布列今遮那亦遍其中言五遍花藏者謂遍花藏一界有前十不可說佛刹微塵數世界種既皆如來脩因之所嚴淨故常處其中而演說法言六遍餘刹海若種若刹者即花藏之外十方無間窮盡法界之刹海例如花藏也如第六卷現相品說花藏世界海東有世界海名清淨光蓮花莊嚴南名一切寶月光明莊嚴藏西名可愛樂寶光明北名毗瑠璃蓮花光圓滿藏東北名閻浮檀金玻瓈色幢東南名金莊嚴瑠璃光普照西南名日光遍照西北名寶光照曜下方名蓮花香妙德藏上方名摩尼寶照曜莊嚴結云十億佛刹塵數等是也言七遍前六類刹塵者前之六段各是一類此上諸刹皆以塵成一一塵中皆有佛刹如來於彼塵內刹中說經故花藏品云花藏世界所有塵一一塵中見法界法界尚見何況刹耶又云一一塵內難思刹隨衆生心各別住又云如於此會見佛坐一切塵中悉如是其文非一言八盡虛空界容一一毛端之處各有無邊刹海者此不論成刹之塵但取容塵之處遍於空矣如二界中間空無有物亦是容塵之處今取遍法界虛空界有刹無刹有塵無塵但可容塵之處即有無邊同類異類一切刹等如來於此常轉法輪阿僧祇品云一毛端處所有刹其數無量不可說盡虛空量諸毛端一一處刹悉如是彼毛端處諸國土無量種類差別住有不可說異類刹有不可說同類刹不可言說毛端處皆有淨刹不可說種種莊嚴不可說種種奇妙不可說如是等文其證非一而言於中說法者彼次頌云於彼一一毛端處演不可說諸佛名出妙音聲不可說轉正法輪不可說於彼一一法輪中演脩多羅不可說於彼一一脩多羅分別法門不可說於彼一一法門中又說諸法不可說於彼一一諸法中調伏衆生不可說等言九猶帝網者彼一

一微塵既各攝無邊剎海即此剎等復有微塵彼諸塵內復有剎海是則塵塵不盡剎剎無窮如帝釋殿網重重重重不可說其分量而毘盧遮那亦重重重重無盡無盡常演說法言十餘佛同下文自釋

然上十類一一各遍法界而前九正是遮那說法之處

然上十類等者第三總結也由上十門初二有遍法界之言從三至十皆略此言故今總結皆遍

然說十住等處雖復各遍法界乃至塵毛爲門不同亦無雜亂

然說十住下第四釋妨謂有問言若忉利天說十住法既遍虛空周於毛道未知夜摩天等亦說十住不設爾何失二俱有過若彼不說則說處不遍若彼亦說處則雜亂何以經中唯云忉利說十住法夜摩天處說十行等耶故爲此通於中三初總答前問次重通再難後一一會下以一例餘初中即隱顯門一門顯時餘門則隱如以十住爲門唯言十住遍十行爲門唯明十行遍等故云爲門不同亦無雜亂

若約十住與十行等全位相攝則彼此互無各遍法界若約諸位相資則彼此互有同遍法界

若約十住至彼此互有同遍法界者即第二重通再難謂更有問言若約爲門不同爲互相見不若相見者還成雜亂若不相見何以知遍今答此問明有見不見謂若約相即則不相見若約相入則許互見言若約十住與十行等全位相攝則彼此互無各遍法界者是相即門謂若以十住攝於餘位則唯有十住餘位如虛空以餘位廢已同十住故餘位亦爾十住遍時非十行等遍故云各遍法界言若約諸位相資則彼此互有同遍法界者是相入門以約力用互資不壞自他如兩鏡相照故東鏡動時鏡中之影亦動故得同遍法界而有主伴故非雜亂如十住爲門帶十行等同遍法界時但名十住遍不名十行等遍若十行等爲門亦然則有力能攝者爲主無力被攝者爲伴前相即門中正十住遍時不妨餘遍但隱顯不同耳十住遍時十行等即隱十行遍時餘隱亦然依相即門亦名爲純遍周法界塵毛唯有十住等故後相入門亦名雜門以諸位一時相資遍故則十住中有十行等餘義至義分齊中廣辨

一一會品准此知之十餘佛同者此佛既爾餘佛例然故諸會結通皆云我等諸佛亦如是說

十餘佛同者下第五隨難重釋中二先正顯同遍後然主主下釋通妨難前中以竪窮三際橫遍十方佛佛德用說法皆同故故經云三世諸佛已說今說當說疏中引經我等諸佛亦如是說即橫論也即證法佛言也十地經云我不見有諸佛世界彼諸如來不說此法即金剛藏說法菩薩言也

然主主不相見伴伴不相見主伴伴主則互

相見若互不相見即各遍法界互相見故同遍法界亦無雜亂亦無障礙

然主主下二通難中謂有問言餘佛說處與遮那佛爲相見不設爾何失二俱有過謂若相見即乖相遍若不相見即乖主伴故爲此通謂見與不見二義俱成二互相見主伴義成見與不見遍義皆成但各遍同遍以爲異耳文具四句言主主不相見者遮那爲主時十方餘佛但得爲伴不得爲主若餘佛爲主遮那亦即爲伴不得爲主故云主主不相見二伴伴不相見者如諸佛爲遮那伴時遮那更不得爲伴故云伴伴不相見非謂彼諸伴佛自不相見言主伴伴主則互相見者即第三第四句也三主伴得相見者如遮那爲主見餘伴佛伴佛亦見遮那故四伴主相見者如遮那爲伴餘佛爲主則得相見然三四二句義則不異但約一人互通主伴故成四耳言無雜亂者結爲門別故言無障礙者約常融攝故

又上十處共爲緣起舉一全收以一一稱法性故而隨前一一時皆遍此諸處又隨一一處皆具前時頓說此經此猶約器世間說若約智正覺及衆生世間即一一佛身肢節毛孔皆攝無盡重重之刹普賢衆生一一皆爾並是遮那說經之處

又上十處下第六總融十義於中分三初正顯十義融通次而隨下對時顯處後此猶約下通顯甚深謂上十重但是器世間耳未說佛毛及衆生毛孔中事一一皆悉重重無盡言普賢衆生一一皆爾者普賢若望如來亦名衆生世間若望衆生亦名智正覺世間又舉普賢則攝一切菩薩也

大方廣佛華嚴經疏演義鈔卷第六

大方廣佛華嚴經疏演義鈔卷第六

校勘記

一 底本，明永樂北藏本。

一 八七二頁上九行「第二」，徑、清作「第三」。

大方廣佛華嚴經疏演義鈔卷第七　稷八

清涼山大華嚴寺沙門　澄觀　撰述

第三依主者夫真身寥廓與法界合其體包羅無外與萬化齊其用窮源莫二執迹多端一身多身經論異說

第三依主疏文分五一總彰大意二會說此經下假問徵起三故說此經下總相會通四今先明下開章別釋五是知或說下會通餘教今初謂如來唯一無障礙身隨機教異耳言夫真身寥廓與法界合其體者若以法界爲身法界即身不言合體今以無障礙智智如實一故言合體故金光明云唯如如及如如智獨存則以如智共爲真身既智合如則令色相佛身功德無不合如言包羅無外與萬化齊其用者體既合如如無不在如無不包故令佛身亦無不包夷萬化云云即是法身大用而言齊者以如來得一切法量等身故假言齊耳上二義明佛之體用同法界體用故混萬化即真會精麤一致圓融無礙也故次疏云窮源莫二謂若據本以適末則萬流有異派若尋流以討源則千途無異轍若三江之浩森並源出於岷山也執迹多端者即據本適末不知多端是應迹耳言一身多身經論異說者出執迹之由也由經論中一多異說故經隨物異論逐經通人隨教執若識其源一多無礙故光明覺品云一身爲無量無量復爲一了知諸世間現形遍一切此身無所從亦無所積聚衆生分別故見佛種種身即其義也言異說者或說唯一如此經云十方諸如來同共一法身一心一智慧力無畏亦然等或說二身佛地論說一生身二法身謂法身實報皆名法身實功德法故他報化身俱名生身爲物生故智度論中意亦同此又般若論說有二佛一真佛二非真佛初是法身後是報化下經之中亦多說二文云諸佛真身本無二應物分形滿世間又云佛以法爲身清淨如虛空所現衆色形令入此法中等或分爲三即法報化亦言法報應應即化也或說四種楞伽經說一應化佛二功德佛三智慧佛四如如佛初是化身中二是報身後一是法身金光明經又說四種一化身非應謂爲物所現龍鬼等形不爲佛身名化非應二應身非化謂地前菩薩所見佛身依定而現非五趣攝名應非化即四善根所見一大千界一應身也三亦應亦化謂諸聲聞所見佛身見相脩成故名爲應人見同類故名爲化四非應非化謂佛真身前三並是化身後一法報二身佛地論中亦說有四一受用非變化謂自受用身二變化非受用謂變化身化地前類三亦受用亦變化謂他受用身化十地菩薩四非受用非變化所謂法身是則前金光明約三身上論四合法報而開化身今約三身論四三身俱開復重開於報故雖有四義理全異或說五身如大通經說然嚴公維摩疏釋云所謂法性生身亦言功德法身變化法身實相法身虛空法身詳而辨之一法身也何者言其

生則本之法性故曰法性生身推其因則是功德所成故言功德法身就其應則無感不形是則變化法身稱其大則瀰綸虛空所謂虛空法身語其妙則無相無爲故曰實相法身所以能妙極無相大包虛空遍應萬化無感不形者可擬儀而明何者三有之形隨業而化故有精麤大小萬殊之差如來法身是妙功德果功德無邊果亦無邊功德無相果亦無相功德方便果亦方便無邊故量齊虛空無相故妙同實相方便故無感不形是爲如來真妙法身陰界不攝非有非無以有此身爲萬化之本故得於中無感不應如寞室曦光隨孔而照光雖萬殊而本之者一所謂真法身也若直指功德實相名爲法身此乃以法之謂假名爲身非色像之謂也上皆五身義若以三身攝之初二是報次一是化後二是法又有義說有於九身以三身各三故法身三者一真法界以爲法身本有三大故爲三耳備成爲報身報身三者真智所證故名法身智德圓滿即是報身同體大用故曰化身是爲報身三也應身三者化必有體即是法身故經云吾今此身即是常身法身三十二相八十種好等脩因所成即是報身感而必形即是化身故爲化身三耳或說有十自有二義一約十地所得十身如勝天王經說一平等身二清淨身三無盡身四善脩身五法性身六離尋伺身七不思議身八寂靜身九虛空身十妙智身二約佛身之上自具十身即如下明故賢云一身多身經論異說畧示異義無猒繁文

今說此經佛爲真爲應爲一爲多

今說此經下第二假問微起於中二先問起後若言真者下微難今初但有兩對巳

含前後諸義

若言真者何名釋迦居娑婆界人天同見若云應者那言遮那處蓮花藏大菩薩見見佛

法身

微難中二先難真應後難一多初中有三一約名二約處三約揀

若云一者何以多處別現若云異者何以復言而不分身

若云一者下二難一多言多處別現者如光明覺品云如此處見佛世尊坐蓮花藏師子之座十佛刹微塵數菩薩所共圍遶彼一一世界中皆有百億閻浮提百億如來亦如是坐等是也又云如於此處見佛坐一切塵中悉如是佛身無去亦無來所有國土皆明現等何以復言而不分身者出現品云譬如梵王住自宮普現三千諸梵處一切人天咸得見實不分身向於彼諸佛現身亦如是一切十方無不遍其身無數不可稱亦不分身不分別

故說此經佛並非前說

故說此經下三總相會通也於中二上即遮非

即是法界無盡身雲

後即是法界下顯正於中三初總相顯示次對難會融後結成難思

真應相融一多無礙

真應相融下第二對難會融於中分二先此二句雙標

即盧遮那是釋迦故

後即盧遮那下雙釋亦二先釋真應後釋一多前中先此兩句唯釋真應通前約名爲難謂餘教遮那是真釋迦是應故經云清淨法身毗盧遮那佛千百億化身釋迦牟尼佛今既相即明是真應相融故名號品云或名毗盧遮那或名釋迦牟尼但名異耳又花藏品中明第十三重有世界名娑婆其佛即是毗盧遮那故知相融也

常在此處即他處故遠在他方恒住此故

言常在此處等者二有二對正明真應兼顯一多而含有身土對前約處爲難初真應者以約應故在此約真故周遍法界故經云佛身充滿於法界普現一切衆生前隨緣赴感靡不周而恒處此菩提座初句即真餘三皆應第四句常在此處餘三句即他處也言兼顯一多者在此處即一在他處即多如不起一處遍一切處處此菩提座一也普現衆生前多也言含土者此處即娑婆他處即遍華藏也

身不分異亦非一故

身不分異下二釋一多也不分異故非多多不碍一也亦非一故離一一不碍多也上唯釋一多

同時異處一身圓滿皆全現故

言同時異處等者二正釋一多兼該真應言一多者以一身全現故非一非多也一身現多故一不碍多多現而常一故多不碍一如上已引一身爲無量無量復爲一了知諸世間現形遍一切等又云唯一堅密身一切塵中見等出現品云如來於一成正覺身普現一切衆生數等身成正覺等而言同時異處者若異時異處容許一身次第遍遊今明同時異處決是多身而是一身全現故非多矣其猶一月一剎那中百川齊現即一即多又普現故非一一月故非多故智幢菩薩偈云譬如淨滿月普現一切水影像雖無量本月未曾二是也故下光明覺品頌中明有同時同處見異時異處見同時異處見異時同處見同異時處一人頓見等言兼該真應者一身圓滿即是真身皆全現故即是應身又言全現者非分現也言分現者如一身中現多頭頭中有佛舊現仙人等即分現也今言全現者即此佛身即一切身即諸類身全菩薩身是佛身等

一切菩薩不能思故

一切菩薩下結難思也兼對前約人爲難菩薩尚不能思况人天能見耶以離心緣相故故二十二種功德中有無能測身第八十經云如來清淨妙法身一切三界無倫匹以出世間言語道其性非有非無故雖無所依無不住雖無不至而不去如空中畫夢所見當於佛體如是觀由非真非應非一非多故不可作真應一多等思也故光明覺品云佛身無生超戲論非是蘊聚差別法故難思也又云無染無所著無

想無依止體性不可量見者咸稱歎其文非一既云菩薩不思明唯佛境

今先明十身後彰無礙

今先明十身下第四開章解釋也於中三初上二句標次言十下釋後以此身雲下總結周遍

言十身者自有二義一約融三世間爲十身者一衆生身二國土身三業報身四聲聞身五緣覺身六菩薩身七如來身八智身九法身十虛空身二就佛上自有十身一菩提身二願身三化身四力持身五相好莊嚴身六威勢身七意生身八福德身九法身十智身廣顯其相如第八地及離世間品辨

廣顯其相等者第八地中明前十身各有十相第二十身即是前十中第七如來身之十相又明前十身相作謂隨衆生心樂能以衆生身作自身國土身業報身聲聞身獨覺身菩薩身如來身智身法身虛空身如上教迹中引及一一釋相並在下文言離世間品者彼五十三中有十佛即前第二十身而名小異彼亦會釋言十佛者所謂成正覺佛願佛業報佛住持佛涅槃佛法界佛心佛三昧佛本性佛隨樂佛第五十八中又明十種見佛即見前十佛文云所謂安住世間成正覺佛無著見願佛出生見業報佛深信見住持佛隨順見涅槃佛深入見法界佛普至見心佛安住見三昧佛無量無依見本性佛明了見隨樂佛普受見然無著等後各十義並至下當明

言無礙者畧有十義

言無碍下後彰無碍二初標數後列釋今初標也

一用周無礙謂於上念刧刹塵等盧遮那佛現法界身雲業用無邊悉周遍故經云如於此處見佛坐一切塵中亦如是等其文非一

一切塵中等者等取下半云佛身無去亦無來所有國土皆明現此即第五經普賢菩薩偈也言其文非一者遍於一經如第六經云毗盧遮那佛願力周法界一切國土中恒轉無上輪又云一一微塵中能證一切法如是無所碍周行十方國又云佛演一妙音周聞十方國衆音悉具足法雨皆充遍等如是等用無量無邊謂或現攝生威儀或現八相或三乘形或五趣形或六塵境差別名號業用多端不可稱說法界微塵無不皆遍故云用周也

二相遍無礙謂於上差別用中各攝一切用故

二相遍無碍等者如上所明攝生威儀行住坐卧如不思議品云如來一坐食已結跏不動遍於十方經一切刧今明即此坐中便具行住及卧也又如前現八相遍者嵐毗尼林神說如來受生云善男子當我見佛於此四天下閻浮提內嵐毗尼園中示現初生種種神變時亦見如來於三千大千世界百億四天下閻浮提內嵐毗尼園中示現初生種種神變亦見三千大千世界一一塵中無量佛刹亦見百佛世界千佛世界乃至十方一切世界一一塵中

無量佛刹如是一切諸佛刹中皆有如來、示現受生種種神變如是念念常無間斷者但是一重之遍今此明一一相中皆具八相如三千一經云菩薩在母胎中自在示現一切法界道場衆會甚微細菩薩在母胎中示現一切佛神力甚微細又離世間品云佛子菩薩摩訶薩有十種甚微細趣何等爲十所謂在母胎中示現初發菩提心乃至灌頂地在母胎中示現住兜率天在母胎中示現初生在母胎中示現童子地在母胎中示現處王宮在母胎中示現出家在母胎中示現苦行在母胎中示現詣道場成等正覺在母胎中示現轉法輪在母胎中示現般涅槃在母胎中示現大微細謂一切菩薩行一切如來自在神力無量差別門佛子是爲菩薩摩訶薩在母胎中十種微細趣釋曰母胎一相八相皆具萬德斯圓故云相遍也又上示三乘今一乘具三上示五道今一道具五例可知也

三寂用無礙無私成故

三寂用等者若取義顯應作思惟之思今用無私隱之私不偏爲故亦以無心於物故謂常在三昧爲寂無方利物爲用即定即用故云無碍如摩尼天鼓無心雨寶及出聲故不思議品云一切諸佛於一念中悉能示現一切三世諸佛教化一切衆生而不捨離諸佛寂滅三昧是爲諸佛不可思議境界又第一經云身遍十方而無來往第三經云如來境界不可量寂而能演遍十方第四經云廣大寂靜三摩地不生不滅無來去嚴淨國土示衆生此樹花神之解脫等

（四）

四依起無礙無心頓現海印力故

四依起等者謂雖寂用無心不妨皆依海印之力故又正依定即起用故賢首品云或現童男童女形天龍及以阿脩羅乃至摩睺羅伽等隨其所樂悉令見衆生形相各不同行業音聲亦無量如是一切皆能現海印三昧神通力等

五真應無礙應即同法一味平等故

五真應等者釋迦遮那無二佛故吾今此身即法身故第五經云真如平等無相身離垢光明淨法身智慧寂靜身無量普應十方而演法又云如來真身本無二應物分形滿世間光明覺品云如來非以相爲體但是無相寂滅法身相威儀悉具足世間隨樂皆得見等

六分圓無礙一一身分即具全身故

六分圓無碍者支分不碍全身全身不碍支分謂遮那一一身分手足眼耳乃至一毛皆有舍那全身法界品云如來一一毛孔中一切刹塵諸佛坐妙嚴品云佛身一切相悉現無量佛普入十方界一一微塵中以一毛之性不異全身故故出現品云佛子菩薩摩訶薩應知如來一毛孔中有一切衆生數等諸佛身何以故如來成正覺身究竟無生滅故如一毛孔遍法界一切毛孔悉亦如是等又如來眼等皆遍法界若分與圓異分既有多應有多箇法界

合成一身以分圓無碍故一遍一切遍也
又法界品中普賢毛孔支節亦然
七因果無礙不礙現因故
七因果等者謂一一毛孔現自遮那往昔本生行菩薩行所受之身及所成事亦現十方一切菩薩身雲及下經中眉間出勝音等塵數菩薩等又第一經云三世諸佛所有神變於光明中靡不咸覩第五經云佛以本願現神通一切十方無不照如佛往昔脩治行光明網中皆演說第六經云一一佛身中億刦不思議脩習波羅蜜及嚴淨國土如是等文其處甚多
八依正無礙不礙現依故
八依正無碍等者如上說因中釋又此身雲即作一切器世間故經云或作日月遊虛空或作河池井泉水又或時作地水或復作風火相入相即六句四句並如前釋
九潛入無礙
九潛入無碍等者文中二先標章後入衆生界下解釋
八衆生界
釋有二義一明佛入衆生二又亦攝下明衆生入佛皆衆生不知故云潛入今初有三初一句正釋次如如來藏下引喻後故出現下引證
如如來藏雖作衆生不失自性故
喻中衆生真心名如來藏隨無明等緣作諸衆生流轉三界而此真心自性不失故勝鬘經云不染而染難可了知染而不染難可了知若轉以喻顯者如大海水因風成波而不失濕性佛亦如是隨衆生感萬類殊形而如來身不失自性此以衆生自法身作自衆生喻如來真身入一切衆生
故出現品云佛智潛入衆生心又云衆生心中有佛成正覺等
故出現下引證引其二文初佛智潛入者此以智身通證佛身佛身隨化文處蓋多今取潛入之義故引出現耳彼經云譬如大海其水潛流四天下地及八十億諸小洲中有穿鑿者無不得水而彼大海不作分別我出於水佛智海水亦復如是流入一切衆生心中若諸衆生觀察境界脩習法門則得智慧清淨明了而如來智平等無二無有分別但隨衆生心行異故所得智慧各不同今所引者正取潛入之義耳又云衆生心中等者亦是彼品前文已引

大方廣佛華嚴經疏演義鈔卷第七

大方廣佛華嚴經疏演義鈔卷第七

校勘記

一　底本，明永樂北藏本。

大方廣佛華嚴經疏演義鈔卷第八　稷九

清涼山大華嚴寺沙門　澄觀　撰述

又亦攝一切衆生在一毛孔善化天王云汝
應觀佛一毛孔一切衆生悉在中等
又亦攝下上辦潛入今明攝他正攝他時
不碍入他故稱無碍
十圓通無礙謂此佛身即理即事即一即多
即依即正即人即法即此即彼即情即非情
即深即廣即因即果即三身即十身
十圓通等者文中二先別明後總結今初
以遮那佛融大法界而爲其身故無不即
不待現身方名即事等以法界之體無不
包故無不即故令身亦然若指相別說者
佛身色相即事也全同法身即理也即一
即多乃有二義一法身爲一應化爲多眞
應既融故相即也二此一處應即多處應
亦以體融又即此一應爲多應故故光明
覺品云一身爲無量無量復爲一了知諸
世間現形遍一切此身無所從亦無所積
聚衆生分別故見佛種種身等即依即正

亦有二義一以法性身土融無二故二者
有國土身故即依有智正覺等身故即正
即人者證法成人故即法者佛以法爲身
故即此即彼者不離菩提樹而遍一切處
故既亦不離一切處而坐菩提樹可言即
彼即此也二義小異彼此相即是同又即
此佛是他佛故他亦是此即情者異木石
故即非情者同色性故作河池等故非情
即佛體故即深即廣者蘊界入等若虛空
故深無不包含故廣又量同空故廣離空
相故深故問明品云如來深境界其量等
虛空一切衆生入而實無所入出現品云
譬如虛空遍至一切色非色處如來亦如
是等廣也非至非不至深也又如虛空寬
廣非色而能顯現一切諸色等皆深廣也
又妙嚴品云佛身普遍諸大會充滿法界
無窮盡廣也寂滅無性不可取深也爲救
世間而出現具深廣也即因即果者因無
異果之因果無異因之果故十身之中有
如來身有菩薩身故即三身即十身者君

以佛身上十身者菩提身願身化身力持
身意生身即三身中化身攝也相好身威
勢身福德身義通報化法身即法身智身
義通三身局唯法報故即三是十即十是
三若約融三世間十身即三者如來身通
三身智身亦通三身法身虛空身即法身
餘六通法化法身體故隨物應國土等故
同一無礙法界身雲
同一無碍等者二總結也即以無障碍法
界爲體含四法界何所不具故無不即耳
則未有一法非佛身也
以此身雲遍前時處常說華嚴
以此身雲下第三總結周遍也
是知或說報身在色究竟約攝報說
是知等者第五會釋餘教也文中三初別
會二總非三揀濫今初畧會五文一會起
信唯識等文起信論云又是菩薩功德成
滿於色究竟處示一切世間最高大身謂
以一念相應慧無明頓盡名一切種智自
然而有不思議業能現十方利益衆生藏

和尚既引地論釋云故地論云一者現報
利益受佛位也二者後報利益摩醯首羅
智處生故自問云何故他受用報身在此
天者一義云以宮報十王顯別十地然第
十地宮當此天王即於彼身示成菩提故

在彼天餘義如別說天宮抄釋餘義云云
二即四智圓滿唯識即實報成佛此示寓
大身即他受用唯識爲引二乘令知菩提
樹下非是報身且指彼爲實報也既今亦
指二文之意及十地經文通之故云約攝
報說

或說報身在餘淨土約引攝說
別說報身等者即第二通涅槃大經等經
也涅槃二十四高貴德王菩薩品明十功
德中第四功德末高貴德王難云若有菩

薩脩大涅槃悉作如是十事功德如來何
故唯作九事不脩淨土佛答具脩未云善
男子西方去此娑婆世界度三十二恒河
沙等諸佛國土彼有世界名曰無勝彼土
何故名曰無勝其土所有嚴麗之事悉皆

平等無有差別猶如西方安樂世界亦如
東方滿月世界我於彼土出現於世爲化
衆生故於此界閻浮提中現轉法輪非但
我身獨於此中現轉法輪一切諸佛亦於
此中而轉法輪以是義故諸佛世尊非不

脩行如是十事善男子慈氏菩薩以誓願
故當來之世令此世界清淨莊嚴以是義
故一切諸佛所有世界無不嚴淨釋曰既
言爲化衆生居此閻浮無勝國土是我嚴
淨明指報身在餘淨土言央崛經者經文

稍廣今畧客義引謂佛答央崛云我住無生
際而汝不覺知等央崛難云若住無生際
何以生於此土佛答云東方有佛汝往問
之當爲汝說央崛文殊同往問佛彼佛答
言彼釋迦者即是我身大意明餘淨土中

佛足證無生際者今生娑婆是化現耳故
言在餘淨土而既言約引攝說者不言嚴
淨花藏及周法界帝網之刹不言此身周
滿法界而言在於東方等明是隨宜引攝
娑婆雜惡衆生令脩淨土之行耳

或說舍那坐千葉花攝二地說
或說舍那下第三通梵網等經彼云我今
盧舍那方坐蓮花臺周帀千花上復現千
釋迦一花百億國一國一釋迦等者即以
蓮花臺上爲本源盧舍那千葉釋迦復是

大化一釋迦更有百億方爲小化者亦不
言其身充滿一切世間唯貫蓮花有不可
說葉量周法界十地菩薩之花尚量等百
萬三千大千世界況如來耶明知亦是他
受用身攝二地耳以二地戒度圓滿故爲

說或以初地化百佛刹則有百葉之花二
地化千佛刹故花有千葉若至三地應是
萬葉四地億葉五地千億六地百千億七
地百千億那由他八地百千萬三千大千
世界微塵數九地百千萬億阿僧祇國土

微塵數十地十不可說百千億那由他佛
刹微塵數據上十地百萬三千尚猶畧說
故知非顯其極之身
或說登地方見約勝機說
或說登地下第四通他受用身登地之機

爲勝機耳前別約二地今通約十地

或分三異從體相用說

或分三異下第五通三身也若直說者法身約體報身約相化身約用然起信立義分云所言義者則有三種一者體大謂一切法真如平等不增減故二者相大謂如來藏具足無量性功德故三者用大能生一切世間出世間善因果故藏和尚釋相大云二種藏中唯取不空如來藏用大者謂隨染業幻自然大用報化二身麤細之用令諸衆生始成世善終成出世善也釋曰依此解者以不空之藏脩成方顯爲真報故用大中報他受用故顯勝名報

俱非此經真實之義

俱非等者第二總非也以十身圓融爲實義故

設分三十不同亦權實對說若不融前義亦失經宗

設分三十等者第三揀濫也云何揀耶纔相約教而說三身爲權十身爲實若不知三身即是十身爲不融前權外立實故失經宗

第四依三昧者夫動靜唯物聖豈然乎示軌後徒明將有說必須靜鑒前理受諸佛加從定起而發言言必真當故受者之心自然篤矣

第四依三昧疏文分二先立理正明後對文畧釋今初有二先別顯後結成初中下十住疏明入定意總有六義一此三昧是法體故即十地論意二非證不說故若不證而說則是生滅心行說實相法三顯法非思量境故明要亡心方契上義前約顯實此約遮過然上三義後後釋於前前大同小異四觀機審法故要須藥病相當方可說故五爲受佛加故上四内因此一外緣因緣和合方能說故六成軌儀故即一向爲生上五自利此一利他今疏含具初之二句總相立理非唯入定爲物出定亦然宜見出者則出宜見入者便入故云唯物聖無定亂故云聖豈然乎故淨名云不定不亂示軌後徒下別顯入意也此即第六意明將有說必須靜鑒前理者含前四意靜者離思量也靜鑒者證法體也靜鑒前理者觀機審法也前字兼機故佛加可知從定起而發言下明非證不說亦總顯前六之勝用也

故於諸會多明入定爲說經緣

故於諸會下總結成也九會說經八入三昧第二不入故名爲多第一會普賢入毗盧遮那如來藏身三昧第三會法慧菩薩入菩薩無量方便三昧第四會功德林菩薩入菩薩善思惟三昧第五會金剛幢菩薩入智光三昧第六會金剛藏菩薩入菩薩智慧光明三昧第七會如來自住剎那際三昧第八會普賢菩薩入佛華嚴三昧第九會如來自入師子頻申三昧二不入者未入位故有云蓋文漏耳說世間法尚須入定況十信耶若約所表前義無失

有不入者至文當說其所入定皆盡法源業用難思

有不入者下第二對文畧釋不入之義已如向說其所入下顯勝越劣寄位優劣所入不同人法俱勝故一一三昧皆盡法源底非如入初禪時不入二三等故以盡法源故並感諸佛三業加等

第五依現相者謂法性寂寥雖無諸相無相之相不礙繁興

第五依現相䟽文分四一總明大意二顯相不同三別明放光四料揀同異今初應有四句一者隨相二者無相三者無相不礙相四者相即無相法性寂寥即第二句無相之相即三四句下別明中有初一句故應莫執無相以廢諸相也故下經云如來非以相爲體但是無相寂滅法身相威儀悉具足世間隨樂皆得見十地云佛住甚深真法性寂滅無相同虛空而於第一實義中示現種種所行事所作利益衆生事皆依法性而得有相與無相無差別入於究竟皆無相等即其義也

起教多端相非一准或放光動刹或花雨香雲皆爲發起

起教多端下第二顯相不同也由所起教異故能起相殊如說法華以放光動地雨花爲相將說涅槃以聲光遍告爲相如說般若以散金花爲相今經具有諸相花藏世界六種震動雨於花雲香雲蓋雲鬘雲瓔珞雲等皆其相也

故諸會之內將欲說法多先放光通表智光以被物故然有二種一不壞次第光隨位增微故二圓通無礙光隨一一光皆結通故隨處放異總有十光各有所表至文當知

故諸會下第三別明放光於中文三初總明次然有下別顯後隨處放異下重釋隨相言十光者第一會放於二光謂現相品初於如來衆齒之間放種種光二亦於此品放眉間光第二會放足輪光第三會足指放光第四會足上放光第五會膝輪放光第六會亦眉間放光第七會初不放光而出現品放二種光謂放眉間光加於妙德放於口光加於普賢第八會總不放光第九會亦放眉間白毫光明初七各二八不放故九會有十言各有所表者初面門衆齒放者表教道遐舒金口所流從佛口生是真佛子故以是光初故於總處放也又表咀嚼法味滋法身故等眉間放者通表一乘中正之道足輪最下表信四義一自下而上信最初故二最卑微故三爲行本故四信該果海已滿足故足指安住故足上依行故膝輪屈伸可迴向故十地眉間表所證十如之中道故出現眉間表出現中道不住生死涅槃之二邊故口放表佛口生真長子故第八會不放行依解發依解光故或畧無故第九會眉間表證窮法界之中道故廣如下䟽故云至文當知

其動地等多在說後則但是慶聞如十地中雖是慶前義兼起後則是教緣

其動地等下第四料揀同異慶前起後二義不同故取起後不取慶前言如十地等者九地初云說此菩薩入地時如來現大神通力震動十方諸國土無量億數難思

議等既勝八地明是慶前請竟便請九地
故義無起後
第六依說人者法無廢興弘之由人
第六依說人顯文分二先總顯來意後開
章別釋今初先立理然法有四種教理行
果理法湛然故無廢興龍宮教海亦多長
在脩行尅果則在於人故般若論云法欲
滅者脩行滅故然弘有二義一者自行二
者傳化今取傳化
下文云佛法無人說雖慧莫能了
下文云下二引證也即第十六勝慧菩薩
偈具云譬如闇中寶無燈不可見佛法無
人說雖慧莫能了故說者如燈能照衆生
心寶
今此能說通三世間
今此能說下開章別釋於中三初總明說
人次指文顯說後說儀不同今初總有四
重一明有三二開爲五三開五爲十四開
十爲無量
開即爲五謂佛菩薩聲聞衆生及器

開即爲五者開三世間中智正覺一爲三
乘故衆生世間及器世間仍舊不開故爲
五也
更開爲十謂加三世微塵毛孔器及有情各
有分圓故毛孔微塵即是分說此上諸說通
三世故故普賢行品云佛說衆生說及以國
土說三世如是說等
更開爲十等者以三世爲三微塵說爲四
毛孔說爲五器及有情各有分圓下出爲
十所以直語世界說是器家之圓若言微
塵說即器家之分但言有情說是有情家
圓若云毛孔說即有情家分言有情者即
含前佛菩薩聲聞衆生也此上諸說通三
世故者上之七說並通三世謂過去佛說
現在佛說未來佛說等故普賢下引證言
如是說等者等取下句種種悉了知也亦
等餘文
廣即無量法界品中類非一故
廣即無量等者法界品中畧明五類法界
皆有說義五類之內一一復多故云無量

言五類者一法法界二人法界三俱融四
俱泯五無障礙於中有十門一事法界二
理法界三境四行五體六用七順八逆九
教十義二人法界亦有十門一人二天三
男四女五在家六出家七外道八諸神九
菩薩十佛又事有多事天有多天神有多
神百一十城三千知識等故云類非一也
如僧祇隨好即是佛諸餘會多菩薩說法界
品初有聲聞說諸善友等多菩薩說亦名衆
生說菩提樹等即器界說至文當知
如僧祇下指文顯說言菩提樹等即器界
說至文當知者經云其菩提樹恒出妙音
說種種法無有盡極而言等者等取餘文
師子座說等又等取塵毛之文如善慧地
云或時心欲放大光明演說法門或時心
欲於其身上一一毛孔皆演法音或時心
欲乃至三千大千世界所有一切形無形
物皆悉演出妙法言音乃至云或時心欲
令不可說無量世界地水火風四大聚中
所有微塵一一塵中皆悉演出不可說法

門如是所念一切隨心無不得者上之所
引即器界塵毛等説也
其能説人用法不同或用音聲或用妙色等
如教體中辨
其能説下三明説儀不同但指下文耳
第七依聽人者子期云表伯牙輟絃若無聽
者終無有説
第七依聽人疏文有二先明大意
即下諸衆畧有十類至文當明除當機衆餘
皆是緣
後即下諸衆下畧指類別子期云丧等者
列子云伯牙善鼓琴鍾子期善聽伯牙鼓
琴志在高山子期曰善哉峩峩兮若泰山
志在流水子期云善哉洋洋兮若江河伯
牙所念鍾子期必善得其意伯牙遊於泰
山之陰卒逢暴雨止於巖下心悲乃援琴
而鼓之初爲霖雨之操更造崩山之音音
曲每奏鍾子期輙窮其趣伯牙乃捨琴而
歎曰善哉子之聽夫志想象猶於吾心也
吾於何以逃聲哉莊子加云鍾子期死伯
牙終身不復鼓琴文選云士爲知己者用
女爲悦己者容明人之道術在遇知音知
音即聽者
第八依德本者川有珠而不枯山有玉而增
潤内無德本外豈能談然唯約説者前人此
法故
第八依德本文三初標大意次畧有二類
下正顯示後着感者下揀疑濫初中疏川
有珠下二句喻次内無下合後然唯約説
者下揀定劉子云山抱玉而草木潤焉川
貯珠而岸不枯焉口納滋味而百節肥焉
心受典誥而五性通焉紫玉精歌曰風淒
淒雲容容水潺潺兮不息山蒼蒼兮萬重

大方廣佛華嚴經疏演義鈔卷第八

大方廣佛華嚴經疏演義鈔卷第八

校勘記

一　底本，明永樂北藏本。

一　八八六頁上一七行第一四字「未」，
(徑)、(清)作「末」。

一　八八七頁中九行第九字「有」，(徑)
作「言」。

一　八八七頁下一三行「金剛藏菩薩」，
(徑)作「金剛華菩薩」。

一　八八八頁中六行第七字「雨」，(清)
作「而」。

大方廣佛華嚴經疏演義鈔卷第九　疏十

清涼山大華嚴寺沙門　澄觀　撰述

畧有二類一者智慧最為首故十方諸佛告金剛幢言及由汝智慧清淨故告金剛藏言亦是汝勝智力故二者餘行願力故十方諸佛告賢首亦以汝脩一切諸行願力故十方諸佛告法慧言及汝所脩諸善根力令汝入是三昧而演說法 疏十 一

次畧有二類下正顯示也

若感者善根若化主行願皆屬說因

後若感者下揀濫

第九依請人者若約慈悲深厚亦有無問自說若約敬法重人要須誠請後說矜心識昧未解諮求上智慈悲騰疑啓請

第九依請者文二先舉無顯有

然有二類一者言請二者念請諸會有無現相品當辨

後然有二下別示請儀

第十依能加者夫聖無常應應於克誠

第十依能加亦二先總明大意後然若佛

下別釋所以令初先立理後指陳前中借尚書意故彼第四云民罔常懷懷于有仁鬼神無常享享于克誠

心實至極故得佛加

心實至極下以入定契理指陳也耳故下文中以三昧力故佛加感十方諸佛現前等

然若佛自說則不俟加如第七會因人有說要假上加其第八會行依法脩不異前故畧無有加又不入定故無有加餘皆具有

別釋中四一總彰有無二所以加者下出加所以三若爾僧祇隨好下釋通妨難四加有下就類彰別

所以加者

二中先徵後釋 疏十

欲顯諸佛同加即同說故一說一切說故亦顯果海無言故因相可說故 二

釋有云顯諸佛同加即同說故者即第一意意言欲若佛自說不可言加則但名自說耳今由同加皆與智勸說即顯同說也

一說一切說故者第二意也上顯通方之法此顯圓融之教然一經中總具四句今但舉一以順同加義故言四句者一者一說是一說如僧祇等二一說一切說如向所明三一切說是一說如一切處文殊同遍法界同聲說偈顯法無異故四者一切說是一切說如十方來證皆自敘云我等諸佛亦如是說餘三不順同加故略不明耳亦顯果海下第三意也佛表果海菩薩表因故故十地經云此處難宣示我今說少分論經云一分論釋云果分不可說但說因分因分於果為一分耳

若爾僧祇隨好應非一切

若爾僧祇下三釋通妨難於中三初設難二釋難三遮難今初也

表微細難知故起出因果故 疏十 三

表微細下二釋難也畧舉二意對前三意言微細難知者對前同說及一切說前菩薩說以受加故表佛同說今以僧祇數量重重微細唯佛能知隨好光明功德一好

一光能破地獄三重頓圓故亦難知唯佛
能了故佛自說言起出因果故者對前果
海不可說也前難中意云若以菩薩表因
令佛自說應可表果可說故今荅云對果
說因言因可說因無果外之因沒同果海
故因亦叵說如鳥跡同空跡亦叵說因既
非因果亦非果欲拂前因果之相故佛自
說
然施設不同不應一准
然施設等者三遮難也恐有難言若令佛
說即表微細餘應是麤此言起出前應縻
著故此遮云聖教施設千差萬別各取一
表不應剋定受加表於同說亦非麤非著
佛說表細顯起亦不礙於同說約表小異
大旨全同何不亡言觸途生滯故云不應
一准
加有二種一者顯加具於三業二者冥加但
與智令說
加有二種下第四就類彰別於中二先顯
別後指文前中顯加具於三業者口業勸
說以益辯意業與智以益智身業摩頂以
增威然意與智雖則是冥以與身語同時
此二顯彰以少從多故三皆稱顯冥唯與
智故有不同
普光法界無顯有冥餘皆具二顯必有冥故
餘至下明
普光法界等者後指文也普光攝三會謂
二七八也法界即是第九故此四會並唯
有冥由二七兩會不入定故故無顯加而
文殊師利普賢菩薩皆言承佛神力故是
冥加第八會普賢雖入三昧無有加分但
有作用發起故無顯加亦言承佛神力故
有冥加法界品如來自入三昧不可有加
第七普賢第二文殊有說無定故闕顯加
皆承佛力能說能證故有冥加言餘皆具
二者即餘五會顯必有冥者釋具所以冥
即未必有顯顯即必有於冥以如來有力
有慈常冥加故未定緣闕不容有顯故唯
有冥顯加之時冥常不捨又有意加故言
必有言餘至下明者謂冥顯加相有多義
門隨文具顯也
教起因緣竟
結前十因十緣也
第二藏教所攝中二先藏攝後教攝前中亦
二先藏後攝今初藏謂三藏二藏通稱藏者
以含攝故世親攝論第一莊嚴論第四皆云
彼三及二云何名藏荅云由攝故謂攝一切
所應知義攝即包含
第二藏教所攝今初下疏文分二先總後
別總中亦二先總科後通稱藏者下牒釋
總名引世親攝論者然攝大乘論本論即
無著菩薩所造釋有多家此方有二即世
親無性二菩薩也大唐三藏俱譯二本各
有十卷梁朝真諦譯世親釋有十五卷今
稱梁攝論是釋義大同小異疏家隨便引
之恐濫三本故各以異名揀之然依古德
多引梁論若今自取多引無性世親言謂
攝一切所應知義者即彼論自釋攝義所
應知者然論無別釋下廣顯論所明即十
勝相謂一應知依止勝相二應知相勝相

三應知入勝相等十相皆言應知即理事等法皆應知也攝即包含者疏家轉將攝義釋於含以前標云以含攝故故牒釋也

言三藏者一脩多羅藏二毘柰耶藏三阿毘達磨藏

言三藏下第二別釋分二先三藏後二藏前中三初總列次初中下別釋後然此三藏下總顯所詮

初中先辨名後顯相今初亦名脩妬路亦名素呾纜此皆梵音楚夏

二中三藏即爲三別皆先標後釋今初亦名下釋也於中四一會楚音二敘古譯三敘古破四會順違今初言梵音楚夏者秦洛謂之中華亦云華夏亦云中夏淮南楚地非是中方楚洛言音呼名輕重今西域梵語有似於斯中天如中夏餘四如楚蜀西來三藏或有南天或有北天或有中天東西各異素呾纜者唐三藏譯云是中天什公多譯爲脩多羅亦云脩妬路多通諸天什公是龜茲人近於東天實又三藏于闐國人多近東北然什公亦遊五天隨時所受小有輕重語其大旨理則無乖然前後三藏多云脩多羅也

古譯爲契經

古譯等者第二敘古譯也於中五一標名

智論之中名爲經藏

二智論下引證

契謂契理契機經謂貫穿攝化

三契謂契理下釋義

即契理合機之經依主受名契經即藏持業釋也

四即契理合機下會六釋以契對經即名依主以契經對藏便名持業

復云正翻爲線線能貫花經能持緯此方不貴線稱故存於經

五復云下會傍正

有云案五印度呼線席經井索聖教皆曰脩多羅則經正是敵對席於古德經非敵對

有云等者第三敘古破此古即是靜法苑公刊定記中義也但言有云即是刊定記主若云古德多是藏和尚亦有此前諸德此中總舉先古諸德又此中疏撮畧刊定之意耳刊定已敘古義竟便云今詳諸論及以梵言良恐不爾所以者何此中通辯有三失故一敵對翻名失二以義爲名失三總別不分失今疏所明即第一失謂脩多羅一名既含四實線既敵對經何得非經是敵對言非敵對故云敵對翻名失故疏云席於古德經非敵對二以義爲名失者意云經字是名契字是義以經有契理合機之義故借契義以助經名而呼契經兩字全作名者即是以義爲名失也若全名者應云欲底脩多羅欲底之言有其三義一者契義二順古所行三依正道理今取契義既無欲底之言明知名無契字也又舉例云如質多名心集起爲義詎翻集起亦作名耶意云集起既非心名契理豈是經目也三總別不分失者彼云但藏部立名各有兩重總別一謂三藏十二部爲

總名脩多羅等爲別稱二謂脩多羅爲總號毘柰耶應頌等爲別目古來相傳唯辨前門不論於後今脩多羅依藏部中總相業用而立其名餘藏部名依藏部中別相業用所以者何脩多羅業能貫攝故餘藏餘部所詮所化由此貫攝彼方成故故涅槃十五云始從如是我聞終至歡喜奉行一切皆名脩多羅故釋曰刊定記文猶似難見今更爲釋言各有兩重總別者如三藏中兩重者一云三藏是總經律論爲別二云脩多羅是總稱調伏對法爲別稱故三藏中脩多羅即是總名雖標總稱即受別名故云今脩多羅依三藏中總相業用古人不知此從總相得名但謂爲別故云總別不分失也如十二部亦有兩重總別者一云十二部經總也謂脩多羅祇夜等十即爲別稱二云脩多羅是總名祇夜等十一爲別稱不取修多羅以修多羅爲總故亦雖標總稱即受別名是則三藏中修多羅通於二藏十二分中修多羅通餘十一

故若不通者修多羅既稱契理合機餘無此名應不契理合機既俱契理合機明知修多羅是從總相立名耳三藏十二部皆有兩重總別故云各有也刊定之意亦有理在今謂若十二部中修多羅則通十一及於三藏若三藏中修多羅名唯通十二不通二藏二藏之中有契合者自屬十二分中修多羅耳思之以非畧要故疏畧不敘唯明初一恐欲知根本故鈔具敘耳彼復破於遠公三修多羅至十藏品當說

今更詳之若一名四實皆爲敵對則古如所破

今更詳之者第四會順違也於中三初全縱次半奪後出古意今初言古如所破者經綖俱爲敵對而言綖是經非故如所破

若蕪順義經自屬於席經敵對應名聖教故梁攝論譯爲聖教彼論云有阿毘達磨非是聖教爲成聖教故加修多羅名

若蕪順義下二半奪也縱其經是敵對奪其不名聖教故一名含於多實應須順義立名如仙陀婆一名四實若譯經中五味之處應譯爲鹽若譯經中王之所乘仙陀婆者應譯爲馬不可言水言器今譯佛經云修多羅合名聖教也言綖言索非全愜當故云經自屬於席經敵對應名聖教梁攝已下引文爲證即第一論然此所引上兩句全是論文爲成聖教下乃取義釋以彼本論云攝大乘論即阿毘達磨教及脩多羅釋論云此言大乘者欲揀小乘阿毘達磨何不但說阿毘達磨名復說修多羅名有阿毘達磨非是聖教故此中意云若但言阿毘達磨揀濫不盡故加修多羅言揀異凡夫所造之論明是聖教之論故今引意者本論假修多羅釋論之中乃云聖教明是譯修多羅爲聖教也

古德見此儒墨皆稱爲經遂借彼席經以目聖教則雙含二義俱順兩方借義助名更加契字揀異席經甚爲允當

古德見此下出古意也席經不順本義是故借耳儒即儒教夫子爲主墨即墨教墨

翟爲主以亡身益物是其所宗如夏禹之勤用斯意也儒有九經五經等皆稱爲經經者常也典也聖人之言方得稱經此方既以聖人之言爲經故譯聖教亦名經也言雙含二義者即聖教及經緯義也俱順兩方者順此方夫子等經順西域經緯聖教之經也恐濫席經故加契字以揀之耳古人既以敵對爲線明知言契經半從義耳故爲允當

二顯相者西域四名所目雖殊意義相似故同稱修多羅而聖教多含具上三義

二顯相下此中大意取其一名四實以會雜心五義便是顯修多羅之相文中三初舉總包含二故雜心下正會五義三總上五義下以義貫通

疏十

十二

故雜心云經有五義一曰涌泉二曰出生三曰顯示四曰繩墨五曰結鬘涌泉則注而無竭出生則展轉滋多義同井索有汲引故顯示正是聖教顯事理故繩墨則楷定正邪亦是繩之爲經能持於緯同席經義結鬘同線緣能貫花結成鬘故

二中即雜心第八修多羅品云修多羅者凡有五義一曰出生出生諸義故二曰涌泉義味無盡故三曰顯示顯示諸義故四曰繩墨辨諸邪正故五曰結鬘貫穿諸法故如是五義是脩多羅義今顯引初二義不次者依古蹤引取義便耳

總上五義不出貫攝

總上五義下三以義貫通於中二先總釋貫攝後彰所貫攝前中有三初標義二引證三釋所引

故佛地論第一云能貫能攝故名爲經以佛聖教貫穿攝持所應說義所化生故

故佛地下二引證也全引論文更無所少而次下對所詮云應知此中宣說佛地鏡益有情依所詮義名佛地經如緣起經如集實論意云皆從所詮也

此或貫攝通所說所化或貫穿法相攝持所化

此或貫攝下三釋所引論也釋有二義一通二局上即通也言二義通所說者謂貫穿所說之法攝令不散故故下引瑜伽云攝取聖語言二義通所化者貫穿所化衆生心行攝取不捨故局義可知

又世親攝論釋貫穿云謂能貫穿依故相故法故義故

疏十

又世親攝論下第二彰所貫攝之法於中二初引攝論正釋後例同指餘前中即彼論第一文中亦二先引論總標

依者謂依於是處由此爲此而有所說相者謂世俗諦

相勝義諦相法者謂蘊界處緣起諦食靜慮無量無色解脫勝處遍處菩提分無礙解無諍等義者隨順密意說等

後依者下引論別釋釋標四義則分爲四初釋依中舉其三事一於是處者即說經處如佛在摩竭提國等二由此者即說經因緣即所被機等如十地經由十方佛加解脫月請等三爲此者即說經意如發心

品云爲欲顯示佛法故爲以智光普照故爲欲開闡實義故等故梁論云是處是人是用言相者謂世俗諦相勝義諦相者謂世尊說法有何相貌諸佛唯依二諦爲衆生說更無餘相言法者謂蘊界處等者即所詮法門執持之法一一皆通二諦蘊即五蘊界即十八界處即十二處緣起即十二因緣諦即四諦食即四食如世親論第十初說靜慮即四靜慮無量即四無量無色即四無色解脫即八解脫勝處即八勝處遍處即十遍處菩提分即三十七品等無礙解即四辨才無諍即無諍三昧等者等餘法數並下經文廣有其相言義者隨順密意說等者義名所以世尊說法或顯了說或密意說如說一切皆空此就第一義說凡夫不解謂無俗諦等亦如四意趣四隨等梁論釋義云義者所作事故名義生道滅惑是事此意云佛所說經但令衆生生道滅惑以爲其義耳亦佛之意趣也瑜伽二十五顯揚二十大同此說餘義至十

二分中當明

瑜伽二十五下二例同指餘先例同謂彼二論皆云素怛纜者謂佛世尊於彼方所爲彼有情依彼所作諸行差別演說無量蘊相應語乃至廣說結集法者攝取聖語爲法久住以美妙言次第結集貫穿綵綴能引義利能引梵行真妙實義是名素怛纜餘義至十二分中當明者下有異名異名有四一依仁王二諦品名爲法本二依梁論名爲聖教三依成論名直說語言四依智論第二但名爲經四中疏文已有二四初三二名在十藏品文局十二分中修多羅故此不釋又遠公立三修多羅一總相二別相三畧相刊定記破於後二並在十藏品中救之云餘義等

第二毗奈耶藏初名後相

第二毗奈耶藏疏文分二初總科後前中下別釋

前中亦名毗尼梵言之畧耳此翻爲調伏謂調練三業制伏過非調練通於止作制伏唯明止惡就所詮之行彰名即調伏之藏或能詮藏有調伏之能即有財釋契經藏中類有此釋

後前中下別釋於釋名中二先正釋後辨異名今初疏此翻爲調伏者准刊定記云義翻爲調伏若敵對翻正稱爲律若素律師疏云梵曰毗尼或云鞞泥迦毗那耶鼻那夜此等皆由梵音輕重不同傳有訛畧不得正名正曰毗奈耶此云調伏

毗尼或翻爲滅滅有三義一滅業非二滅煩惱三得滅果

毗尼或翻下二辨異名於中有四今初名滅者東塔又云毗膩多此云已調伏當其滅義故母論第一云滅諸惡法故名毗尼釋曰若依此釋則毗尼是毗膩多之言畧耳則與毗奈耶調伏之義有乖而上又云毗尼鞞泥迦等皆梵音輕重則毗尼亦是毗奈耶畧稱含其調伏與滅二義耳故疏云毗尼或翻爲滅滅有三義等者釋義一滅業非者不煞盜等故律中有犯毗尼有

靜毗尼二滅煩惱者是發業之本故律云
爲調伏貪等令盡是故世尊制增戒學三
得滅果者即無爲果故戒經云戒淨有智
慧便得第一道
或名尸羅具云翅怛羅此云清涼離熱惱因
得清涼果故
或名尸羅等者第二名也即雙從因果得
名
亦名波羅提木叉此云別解脫此就因得名
然有二義一揀異定道名之爲別二三業七
支各各防非故名爲別亦翻爲隨順解脫此
據果立隨順有爲無爲二種解脫果故
亦名波羅提木叉等者第三名也言揀異
定道者非是定共道共二戒是遠離繫縛
業緣名爲解脫亦翻爲隨順解脫者即第
三名中別義也故遺教經云戒是正順解
脫之本故名波羅提木叉又相續解脫經
云五分法身名解脫梵云毘木叉若涅槃
解脫梵云木叉依此亦可雙從因果得名
隨順是因故又刊定記云離過無障名爲

木叉業用無礙名毘木叉又云復有異名
名優波羅叉此西域外道律名亦名綏叉
亦名剎闍你地地青田夷反又音提字也
此西域王法律名
亦名性善如十誦律亦名守信如昔所受實
能持故後顯相者前名之中已含止作即毘
尼相
後顯相者下顯相文二先指前總說謂制
伏過非及滅惡等即是止行調練三業性
善守信等通於止作毘尼以止善爲宗律
宗其唯持犯故以止作總爲顯相
若別說者世親攝論云毘奈耶有四義謂犯
罪故等起故還淨故出離故廣如彼論
若別說者下二引論別釋言廣如彼論者
論云犯罪者謂五衆罪等起者謂無知故
放逸故煩惱盛故不尊敬故而犯諸罪還
淨者謂由意樂不由治罰如受律儀出離
者有七種一各各相對說悔所犯二誓受
治罰謂受學等三等有妨害先制學處後
由與門還復開許四別立止息謂僧和合

還捨所制五轉依謂苾芻苾芻尼轉男女
形故捨不共罪六由真實觀謂作殊勝法
嗢陀南諸行相觀七由法爾得謂由見諦
法爾得無小隨小罪應知毘奈耶復有四
義一補特伽羅故世尊依彼制所學處二
制立故謂告白彼補特伽羅所犯過已大
師集僧制所學處三分別故謂制學處已
更廣解釋先所畧說四決擇故謂於此中
決判所犯云何有罪云何無罪然明了論
釋無小隨小罪自有二說一云小謂第二
篇罪隨小謂二種方便罪一云小謂性罪
隨小謂諸戒中制罪問今明大乘那引小
教有荅云理實三藏大小不同今且就引
接教說古來同此今更一解謂持心雖異
名意大同故得引小又上所引論名分明
易曉故又上云如受律儀者梁論云如本
受持對治
第三阿毘達磨藏阿毘名對達磨云法法有
二種一勝義法謂即涅槃是善是常故名爲
勝二法相法通四聖諦相者性也狀也二俱

名相

第三阿毘達磨藏文中三初名次相後異名初中二先得名後釋名前中先釋法後釋對前中即取俱舍意釋故論云能持自性故名爲法若勝義法唯是涅槃若法相

法通四聖諦是善是常故名爲勝即釋彼滅諦之相即體相也餘三約相即相狀也論也相者性也狀也二俱名相者亦釋彼論也以四聖諦中滅諦是理而皆云相者

法既有二對亦二義一者對向謂向前涅槃二者對觀觀前四諦

法既有二下二釋對亦二初釋對義亦取論意彼論云此能對向或能對觀故爲此屬之

其能對者皆無漏淨慧及相應心所等由對果對境分二對名故慧但是對而非是法非所對故

其能對者下出對法體亦取論意故論頌云淨慧隨行名對法論曰慧謂擇法淨謂無漏淨慧眷屬名曰隨行如是總說無漏五蘊名爲對法由對果對境分二對名等者釋疑疑云唯一淨慧何有二對之名故爲此通慧但是對而非是法非所對故者揀濫此是古德解釋意云爲分能所故言慧但是對若據法持自性慧何非法故下揀云非所對故

言對法者法之對故故對法藏特名慧論舊譯爲無比法以詮慧勝故

言對法者下二釋名也即會六釋法之對者依主釋也故對法藏特名慧論者若據所對所依應名法論慧依於法慧爲其主故名慧論故所詮中詮於慧學舊譯已下出其異名兼成上慧義

世親攝論云阿毘達磨有四義謂對故數故伏故通故

世親攝論云下第二辨相於中二先總標對義同前數者於一一法數數宣說訓釋言詞自共相等無量差別故伏者由此具足論處所等能勝伏他論故通者此能通釋素怛纜義故

後對義同前下別釋數者數字通去入二聲此取去聲數數宣說者數即入聲自相者如色變碍爲相受以領納爲相等共相者共有無常苦空等廣如十地疏明論處所等者即瑜伽論說論有七例頌云論體論處所論據論莊嚴論負論出離論多所作法亦如初地中辨言勝伏他論者勝約能立伏約能破故梁論云伏者此法能伏諸說立破二能由正說依止等方便故通者梁論名解由阿毘達磨備多羅義易解了故

亦名優波提舍此云論義亦名磨怛理迦此云本母謂以教與義爲本爲母亦云依藏生解藏爲解母本即是母亦名磨夷此云行母依藏成行故行之母故

異名可知也問曰三藏前二是佛所說後一論藏是菩薩說是則如來不說三藏耶答婆沙最初即有此問問曰誰造此論答佛世尊誰問誰答或云舍利弗問或云諸天問乃至或云化比丘問佛答若爾何以云迦多演尼子造答彼諷誦耳有云亦是

彼說是則論藏有是佛說有是菩薩說取經中義廣以釋之以本統末亦佛說三藏耳

然此三藏約其所詮略有二門一者剋性則經詮三學律唯戒心二學論唯慧學如攝論說二約兼正則三藏之中經正詮定毘尼詮戒論詮於慧兼各通三

然此三藏下第三總顯所詮也如攝論說者亦是世親攝論第一論云又能說三學故立素怛纜藏能成辨增上戒增上心學故立毘奈耶藏謂具尸羅即無悔等漸次能得三摩地故能成辨增上慧故立阿毘達磨藏謂能決擇無倒義故梁論亦同言兼各通三者經中戒慧其文非一毘尼增三文云云何增戒學所謂增心學增慧學是名增戒學等

第二明二藏者一聲聞藏二菩薩藏

第二明二藏等者疏文有四一標

即由前三藏詮示聲聞理行果故名聲聞藏詮示菩薩理行果故名菩薩藏

二即由前下釋

故莊嚴論第四云此三藏由上下乘差別故復爲聲聞藏及菩薩藏攝大乘同此

三故莊嚴下引證

此就二乘理果同故合之

四此就二乘下出所以於中分三初正出爲二所以

若約教行別故即開三乘以爲三藏如普超等經

次若約教下出三乘三藏不同

又由緣覺多不藉教出無佛世佛在世時攝屬聲聞故但分爲二即是大小半滿不同

後又由緣覺下重成二藏之義言即是大小半滿不同者諸經論中多以大小相對故分大藏之中大乘經律論小乘經律論別華嚴般若等爲大乘經藏菩薩戒善戒經等爲律瑜伽智度等爲論小乘四阿含等爲經五部律爲戒婆沙等爲論故大小三藏迯然不同言半滿者即出涅槃此經第四如來性品文云善男子譬如長者唯有一子心常憶念憐愛無已將詣師所欲令受學懼不速成尋便將還以愛念故晝夜慇懃教其半字而不教誨毘伽羅論何以故以其幼稚力未堪故等下合云所言一子者謂一切衆生如來視於一切衆生猶如一子教一子者謂聲聞弟子半字者謂九部經毘伽羅論者所謂方等大乘經典以諸聲聞無有慧力是故如來爲說半字九部經典而不爲說毘伽羅論方等大乘善男子如彼長者子既長大堪任讀學若不爲說毘伽羅論可名爲藏乃至云我今亦爾爲諸弟子說於半字九部經已次爲演說毘伽羅論所謂如來常存不變上即經文半滿是翻大小是法餘可知矣又西方三藏之外加一雜藏謂陀羅尼五明論等爲四藏大小俱有則有八藏若六波羅密經說有五藏小乘三藏及雜藏菩薩大乘爲一藏故若大開爲三則有七藏三乘各三便是九藏加一雜藏便爲十藏三乘各四應十二藏

第二明所攝者此經三藏之中正唯脩多羅攝兼詮餘二十藏等品廣顯戒故問明等品顯論議故若就修多羅中以義揀教則唯十藏攝具足主伴顯無盡故教義融故二藏之中唯菩薩藏若分權實但菩薩藏一分所攝權不攝故（第二明所攝下文中有二初明彼攝此經若約此攝乃至聲聞亦此經攝此能包含無量乘故揀於權實至下立教中明已辨藏攝竟（後若約下明此攝彼藏文並可知）

大方廣佛華嚴經疏演義鈔卷第九

大方廣佛華嚴經疏演義鈔卷第九

校勘記

一 底本，明永樂北藏本。

一 八九一頁中六行「三抹力」，清作「三昧力」。

一 八九二頁上五行第一三字「沒」，清作「因」。

一 八九四頁中一五行第一三字「故」，清作「古」。

一 八九五頁中一七行「集寶論」，徑作「集實論」。

一 八九六頁上六行第四字「門」，清作「即」。

一 八九六頁中六行「絳綴」，徑、清作「縫綴」。

一 八九六頁中一五行「救之」，清作「收之」。

大方廣佛華嚴經疏演義鈔卷第十　稅一

清凉山大華嚴寺沙門　澄觀　撰述

第二明教攝者教有二種△一者通相十二分教亦分大小至下十藏品辯△二者諸宗立教不同今當畧釋

二者諸宗立教等者內前經藏有權實等故有此門於中三一標舉將說二總辨深玄三開章别解今初可知

夫教海沖深法雲彌漫智光無際妙辯叵窮

夫教海沖深下二總辨深玄有標釋結今初教海總含深廣文畧語深法雲智光畧明其廣下經云一切諸佛雲雨說法唯十地菩薩能安能受能攝能持佛剎微塵法門海故雲雨說法故夜摩偈讚品勝林菩薩云譬如孟夏月空淨無雲翳赫日揚光輝十方靡不充其光無限量無有能測知有目斯尚然何況盲冥者諸佛亦如是功德無邊際不可思議劫莫能分别知故云智光無際妙辯叵窮者法華云諸法寂滅相不可以言宣是法不可示言詞相寂滅故四辯八音不能談其狀也

以無言之言詮言絕之理以無變之變應無窮之機

以無言之言等者二釋即出叵窮所以全依體上起大用故非是無言非在言故然能說之妙謂無言之言所說之深謂言絕之理故經云了法不在言善入無言際而能示言說如響遍世間法華云以方便力故爲五比丘說等以無變之變者能說多端故下經云一法門中無量門無量千劫如是說所演法門廣大義普運光天之所了等應無窮之機者所感非一故故九地云如是乃至不可說世界所有衆生一剎那間一一皆以無量言音而興問難一一問難各各不同菩薩於一念頃悉能領受亦以一音普爲解釋各隨心樂令得歡喜等菩薩尚爾何況如來出現品云如來音聲亦復如是普入一切處一切衆生一切法一切業一切報中而無所住者即無變之變也又云佛子如來隨一切衆生心行欲樂無量差别出若干音聲而轉法輪者即應無窮之機也廣如下說是知如來教法能深能廣能高能遠其猶大海周天雖涉而難越孤峯四絕可仰而叵昇也

極位所承凡情難挹

極位所承等者三結成難思唯十地菩薩位極能承故十地經云譬如娑伽羅龍王所霔大雨唯除大海餘一切處皆不能安不能受不能攝不能持如來祕密藏大法明大法照大法雨亦復如是唯除第十地菩薩餘一切衆生聲聞獨覺乃至第九地菩薩皆不能安不能受不能攝不能持第五經云佛子衆會廣無限欲共測量諸佛地諸佛法門無有邊能悉了知甚爲難唯精進力夜神云諸佛法海無有邊我悉一時能普飲等證上可知

今乘理教之力畧啓四門一大意離合二古今違順三分宗立教四總相會通

今承理教下第三開章别解也於中先標後釋今初應有難云既極位方知何以凡

情軌窺大教故云依憑教理聖教許故涅槃經云具縛凡夫能知如來秘密之藏毘盧遮那品云如因日光照還見於日輪我以佛智光見佛所行道即因佛教能了教也即仰推之智信解而知耳

令初且西域東夏弘闡之流於一代聖言或開宗分教或直釋經文以皆含得失故耳

令初且西域下釋第一門於中三初雙標開合次且不分下雙釋開合後以斯多義下雙結開合令初也西域開合者如龍樹之釋大品無著之解金剛等皆合而不分也智光戒賢各分三時皆開而不合也東夏開不開者如僧肇之解淨名僧叡之釋思益等皆合而不分也生公之立四輪智者之分四教等皆開而不合也故諸德見開

有失則合見合有失則開不應局執也

且不分之意畧有五焉△一則理本一味殊途同歸故不可分也二一音普應一雨普滋故三原聖本意為一事故四隨一一文衆解不同故五多種說法成拔疵故

殊途同歸者周易云天下殊途而同歸百慮而一致謂若千逕九逵王城不二九流百氏大道寧差今喻借用乃通三義一約教始隨機異故殊途終歸顯實故一致二約機則異就理常一三體外無權權即是實故殊途同致也二一音普應一雨普滋者一音即是淨名一雨即法華藥草喻品謂三草二木不同同承一雨之潤五性三乘不一法雨一味無差故彼經云如來知是一相一味之法所謂解脫相離相滅相究竟涅槃常寂滅相終歸於空等三原聖本意為一事故者亦是法華中意故彼經云過去諸佛以無量無數方便種種因緣譬喻言詞而為衆生演說諸法是法皆為一佛乘故等又云我此九部法隨順衆生說入大乘為本以故說是經皆為一事也四隨一一文衆解不同者此是通明諸經如經說一無常或有解者以生滅代謝故云無常或云無彼常故名為無常或云不生不滅名為無常或即無法可常也或云真如一法隨染淨緣轉變不常故名無常或聞無常便知對常以說無常非常非無常以為中道等明知隨人解不同也又若集滅道四名則同隨機解殊乃有四種又涅槃云十二因緣下智觀者得聲聞菩提中智觀者得緣覺菩提上智觀者得菩薩菩提上上智觀者得佛菩提又如中論偈云因緣所生法我說即是空亦為是假名亦是中道義即有多人解不同也或云既言因緣所生那得即是空要須析因緣盡方乃會空呼十方空為即空亦為是假名者有為虛弱勢不獨立假衆緣成賴緣故假非施權之假亦是中道義者離斷常故名為中道非佛性中道若作此解者雖三句皆空尚不成即空況即假即中此生滅四諦中義也或云因緣所生法不須破滅體即是空而不得即假即中設作假中皆順入空何者諸法皆即空無主我故假亦即空假施設故中亦即空離斷常二邊故此三番語異俱順入空退非二乘析法進

非別圓乃是三獸渡河之意耳或謂即空即假即中三種迴遍各有異三種皆空者無主故空虛設故空無邊故空三種皆假者同有名字故假三種皆中者中真中機中實故謂空名中者約真諦故假名中者就機設化不住化不化故中名中者約一實諦之中道故此得別失圓或謂即空即假即中雖三而一雖一而三不相妨礙三種皆空者言思道斷故三種皆假者但有名字故三種皆中者即是實相故但以空爲名即具假中悟空即悟假中餘亦如是知隨聞一法起種種解圓機受教無教不圓偏機受教圓亦偏矣既隨一文異解何須分判不同五多種說法成枝流者上義亦傍該諸經今正引當經立理法界品云法欲滅時有千部異千種說法等何不尋條以得根便欲泝本而爲末混淳源之一味成澆薄之枝流

以斯五義故不可分分之乃令情搆異端是非競作故以不分爲得

以斯五義下三總結也夫子云攻乎異端斯害也已何得執異迷同是非競作

其分教者亦有多義一理雖一味詮有淺深故須分之使知權實

其分教者下釋分教中乃有十意前五對前五義後五顯過於前今初一理雖一味等者謂今欲分教非欲分理迷於權實寧契佛心

二約佛雖則一音就機差而教別

二中一音但是教本非即是教教乃在機隨機不同今分彼教故淨名云佛以一音演說法衆生各各隨所解今分隨所解耳其猶長風是一百竅異吹豈以一風不殊便謂百竅齊響一雨亦就佛說三草即就機殊今分三草教殊非析一雨令異故經云雖一地所生一雨所潤而諸草木各有差別以一音一雨義相不異故但說一音

三本意未申隨他意語而有異故

三中本意未申者如佛本爲一事出現於世四十餘年未顯真實今分一代時教豈妨判有淺深言隨他意語者佛有三語一隨自意語說自所證一實等故二隨他意語一向方便引衆生故三隨自他意語半稱自證半隨機故今分後之二語不分初一隨自意也

四言有通別就顯說故

四中言有通別者如前所引此通隨聞異解有不通者就此分之如說人空法有斯即小乘不可名大若說二空此可名大不得名小說有五性非是一性說一性處非是說五如是等文無容異解故須分之

五雖分權實須善會佛意有開顯故

五中有二義故雖分權實不成枝流一善會佛意所說權教乃是隨宜所說實者稱理究竟二有開顯者說彼權教是方便門說於實教是真實相不隨方便爲真實則方便門開知實理之普周則真實相顯故法華經云此經開方便門示真實相今就開顯故不滯枝流約佛施張故須分權實又王之密語所爲別故不識權實以深爲淺失於大利以淺爲深虛其功故莊嚴聖教令

深廣故諸聖教中自有分故諸大菩薩亦開教故

又王之密語下有五意顯過前不分此初一也涅槃第九說先陀婆一名四實一者鹽二者器三者水四者馬釋中一水二鹽三器四馬故彼文云如是四種皆同此名有智之臣善知此名若王洗時索先陀婆即便奉水若王食時索先陀婆即便奉鹽若王食已將欲飲漿索先陀婆即便奉器若王欲遊索先陀婆即便奉馬如是智臣善解大王四種密語是大乘經亦復如是有四無常大乘智臣應當善知若佛出世爲衆生說如來涅槃智臣當知此是如來爲計常者說無常相欲令比丘修無常想或復說言正法當滅智臣應知此是如來爲計樂者說於苦相欲令比丘多修苦想或復說言我今病苦衆僧破壞智臣當知此是如來爲計我者說無我相欲令比丘修無我想或復說言所謂空者是正解脫智臣當知此是如來說正解脫無二十五有欲令比丘修學空想以是義故是正解脫則名爲空亦名不動謂不動者是解脫中無有苦故是故不動是正解脫爲無有相謂無相者無有色聲香味觸等故名無相是正解脫常不變易是解脫中無有無常熱惱變易是故解脫名曰常住不變清涼或復說言一切衆生有如來性智臣當知此是如來說於常法欲令比丘修正常法是諸比丘若能如是隨順學者當知是人真我弟子然彼經疏不釋不次所以但案次配釋而云前四彰權隱實後一彰實隱權今謂前別喻中即無常苦空無我而爲其次以水方圓任器是無常故鹽是味故苦器是當其空有器之用故馬由人策不自在故合中無常苦無我是三修法爲生死故四合空者是正解脫故而解脫中空無我苦不淨及無常即是常故故一空中明有四義並以器喻而最後佛性彰其妙有即合前馬然空中四義遮無常等佛性一義顯是真常亦應具說我樂淨等今在正解脫中不動是樂無相是淨無變熱惱即是常義馬又我義是則此中具彰八行由於生死無常等中密顯常等故爲密語又約標中鹽在初者亦是苦空無常無我而爲其次如常所明故此釋不同古師之義然引此文意令隨所說言須善得意豈可混然不分權實言不識權實以深爲淺等者第二意也如言初發心時便成正覺而謂但是如來方便說者是以深爲淺也不能正修爲推聖境即不能速證無上菩提故云失於大利離世間品云修此法者少作功力疾得菩提等言以淺爲深虛其功者由如世尊爲止亂想令數息看心爲厭苦者令出三界衆生不了執味爲真動苦不已多用功力所獲至微不得涅槃一日之價故云虛其功故即虛廢功力也言莊嚴聖教令深廣故者第三意也謂分析權實空有取捨偏圓遲速方知佛法微妙深玄無不包攝譬猶不泛大海豈識遐涯不識木石安知真實故智論釋法施云依

隨經論廣作義理爲立名字皆名法施又若不分權實則謂三教大同今明大乘尚有權實何況小耶小乘比大猶若螢光方於日照故小是佛教尚彼廓訶況於儒道比之佛法則天地懸隔矣以此重重揀之方知佛法深與言諸聖教中自有分故者第四意也如解深密立三時不同解節金光明立三輪之異涅槃自分半滿又約五味之差皆佛自分也言諸大菩薩亦開教故者第五意也若無著之扶五性及與三時龍樹之判四門共與不共皆揀權實有取捨也

以斯多義開則得多而失少合則得少而失多但能虛己求宗不可分而分之亦何爽於大旨故今分之

以斯多義下第三雙結離合而捨合從離

第二古今違順由分爲二先叙此方後明西域今初諸釋雖衆畧叙數家勸爲五門

第二古今違順中一一師中多分爲二先叙昔義後辨順違

一立一音教謂如來一代之教不離一音然有二師一後魏菩提流支云如來一音同時報萬大小並陳二姚秦羅什法師云佛一圓音平等無二無思普應機聞自殊非謂言音本陳大小故維摩經云佛以一音演說法衆生各各隨所解△上之二師初則佛音具異後則異自在機各得圓音一義然並爲教本不分之意耳

一音中疏上之二師下辨順違先出彼意言各得圓音一義者言含縱奪縱之則順下出現品明如來圓音有其十義十義之後復六句融通今但得十義中之一耳初師即順善口天女一聲之中與百千種樂而共相應則佛一音之中有多音也後師即順如水一味隨器成異則如來本無多音故云各得一義耳又此二義若不會釋敵體相違互不相許則齊楚俱失並應奪之若取各自所宗故各得一義而與之耳然並爲教本下又都奪耳

第二立二種教自有四家一西秦曇牟讖三藏立半滿教即聲聞藏爲半字教菩薩藏爲滿字教隋遠法師亦同此立

隋遠法師亦同此立者彼涅槃疏初云聖教雖衆畧有二種一聲聞藏二菩薩藏是也

斯則文據涅槃蓋是對小顯大通相之意未於大中顯有權實亦含半滿

斯則下順違先明其順順於至教涅槃半滿前已廣引言蓋是對小下辨違上言順者但順通相之意未知佛之深旨半滿之言顯在小大密意復有以權爲半以實爲滿則大乘中有半滿矣亦猶緣覺聲聞開之有異則成二乘合之有同總稱爲小權實亦爾開之有異權可稱半合之大同故並稱滿是則實教唯滿小教唯半權大乘者亦半亦滿也

二隋延法師立漸頓二教謂約漸悟機大由小起所設具有三乘故名爲漸若約頓機直往於大不由於小名之爲頓△此雖約機說有漸頓而所說法不出半滿

此雖約機下辨順違直出立意不離半滿半滿順違即此順違也言不出半滿者頓即前滿漸具半滿以具有三乘二乘是半大乘是滿故以機就教有直有曲故分漸頓耳

三唐初印法師亦立二教△一屈曲教謂釋迦經以逐機性隨計破著故如涅槃等二平道教謂舍那經以逐法性自在說故如花嚴經△又此二教畧有四異一主異謂釋迦化身與盧舍那十身異故二處異謂娑婆界木樹草座與花藏界中寶樹寶座等異故三衆異謂爲聲聞及菩薩說與唯菩薩及極位同說異故四說異謂局處之說與該通十方之說異故

秘一　十三

三唐初印法師下第三師先叙昔義中有三初總標二一屈曲下正立三又此下揀異

此約化儀以判

此約化儀以判下辨順違先順後違順中三初一句總出立意第二遮破釋成第三結成昔義今初第一半滿約所說法立第二漸頓約機以立今此一師約化儀立謂佛以法化生有曲直故即化法儀式不同耳

然花嚴雖有隨諸衆生各別調伏皆是稱性善巧一時頓演涅槃等雖說一極或對權顯實或會異歸同一切如來或說不說故云屈曲

然花嚴下第二遮破釋成謂刊定記不許此師立義先破總名後破四異今爲昔通則遮其破耳文即分二先救總名後救四異今初至故云屈曲此是救其破於總名彼疏破中先牒義竟云若爾涅槃法華維摩楞伽密嚴勝鬘佛藏經等皆釋迦說應不明於如來藏性實相法界等此破屈曲以有平道故花嚴梵網既舍那說何故花嚴說於四諦普賢行等品中皆云隨諸衆生所應調伏作如是說又問明淨行梵三賢十地離世間入法界等諸品之中不應皆說對治行法等此破平道以有屈曲故今疏云雖有隨諸衆生各別調伏此牒其破平道教中有屈曲之文言皆是稱性一

秘一　十四

時頓演者釋成是平道之義以稱性之巧無邊差別皆是平道又一時頓演不同屈曲說權之時不說實說實之時不說權說四諦唯爲小乘說六度唯被菩薩故一切並陳尤顯平道又說隨衆生者說於世尊餘處隨機非此經中是隨機說言涅槃等雖說一極者此牒其破屈曲教中有平道之文或對權顯實下釋成是屈曲之義言屈曲者非是有真如法性即非屈曲但取隨機隱顯爲屈曲耳此上一句是約法華明是屈曲昔權今實破三顯一明權則未說實說實又破廢於權不同花嚴權實齊顯一時頓用故名屈曲或會異歸同下約涅槃經以明屈曲涅槃會昔有餘之義同歸一味涅槃先異後同亦成屈曲不同花嚴若同若異空不空等一時頓演又云一切如來或說不說者古德共云如日月燈明佛晨旦說法華中夜便滅度則法華之外非是別時更說涅槃謂人根利故聞法華竟不復須說涅槃則涅槃或說不說或

秘一　十五

有國土唯說三乘究竟不破或有國土唯說一乘無三可破則知法華亦有說不說不同花嚴我不見有一佛國土其中如來不說此法明是平道

約釋迦爲主前未顯十身爲主必且釋迦

約釋迦爲主下第二救破四異彼疏破云又四異中衆處兩異皆違經說七處並是娑婆界故上破處異又云出現品云十方諸佛讚普賢言能說此法今此會中有佛剎微塵數衆生發菩提心故發心品中亦同此說準此故知有地前器上破衆異是故此師所立多違教理甚難依也此結破也彼破二異今疏通二異後一是救刊定破處異初一是遮有餘師破其主異謂恐有破云下經既云或名釋迦牟尼或名毘盧遮那明知二主不異何言主異故今通云釋迦爲主但是三身中化身遮那爲主則十身具顯化身乃是十身之一故云必具釋迦是則總別異也何言不異

娑婆之處未融花藏花藏之處必融娑婆

娑婆之處未融花藏花藏之處必融娑婆者此通刊定破處異也餘處王城舍衛未言即是花藏娑婆今云七處自有二義故同花藏一約本末分岐七處即是花藏界中第十三重之內二約淨穢該徹則摩竭提國其地金剛說初品時花藏世界六種震動彼疏序云剎該淨穢娑婆震而花藏動豈不花藏之處融耶故知破其處異自違已說也所以不救破衆異者由刊定破最不當故彼衆異中但云釋迦經中通被三乘遮那經中唯被菩薩則通局之殊而破彼義乃引凡夫發心豈非菩薩之器況此經發心又甚深故其說異一種他又不破故此不救

畧云四異異實有多誠如所判

畧云四異下第三結成昔義言異實有多者更舉十條一教門儀式異於中復有多義謂全依海印曾無出入一時頓演與前後次第不同放光集衆一多通局請荅言念現相等殊道場莊嚴勝劣不等故云教門儀式異也二所詮理致異圓融歷別多義不同十十法門有多差別如義分齊中三成佛遲速異謂或唯一念或無量劫念劫圓融長短自在不局三祇及應化故四見佛通局異無論凡聖許見十身不局地前地上之別故五說教時分異始成即說時有十重念劫圓融不局三七等故六化境寬狹異地獄天子六千比丘肉眼遠徹周法界見不局三千有分限故七因果行位異具足圓融行布性相交徹故八立乘多少異或說一乘或無量乘不局三乘五乘定故九利益勝劣異地獄天子三重頓圓塵塵剎剎無盡利益故十流通付屬異盡未來際長流不斷諸佛親護非小乘故歷別細求過此更有故云異實有多誠如所判者結成昔義也

但於屈曲之內未顯法之權實耳

但於下第二辨違既不判屈曲之淺深便令多法混同無別不能令人善識權實故不依之

四齊朝隱士劉虬亦立漸頓二教謂華嚴經名爲頓教餘皆名漸始自鹿苑終於雙林從小之大故

四齊朝隱士等者於正立中約於化儀及時以立漸說頓說即是化儀頓在始成漸有五時即約時說

然此經如日初出先照高山即是頓義慈龍降雨以證漸義於理可然△漸約五時次下當辯

然此經下辨順違先順後違順中由依化儀故成順理便引當經爲其證成所引二喻並出現品文前來已引漸約下辨違以約時局教有諸妨難故成違理指在後破

第三立三種教亦有三家

第三立三教中二先總標

一南中諸法師同立三教諸於前漸頓加不定教

後一南中下别說三師初即諸師同立於叙昔中二先總明後别明漸義前中分三初正立

由漸中先小後大而央崛經六年之内即說爲遮此難故立不定

次由漸中先小下立三之意

謂别有一經雖非頓攝而明佛性常住即勝鬘金光明等是爲偏方不定教也

後謂别有下出不定相言偏方者謂大體而言漸中先小後大而不妨說小之時亦有說大如八十年弘律不妨私房時說大乘故曰偏方不定指經云如勝鬘金光明者勝鬘經初云波斯匿王末利夫人信法未久既言未久明是初說金光明經既非第一頓教又非第二漸中末後而明常住明是不定言佛性常住者勝鬘經說二種如來藏即佛性也又歎佛三身即今梵音之文云一切法常住是故我歸依即常住義也金光明經三身品中廣說法身常住故

大方廣佛華嚴經疏演義鈔卷第十

大方廣佛華嚴經疏演義鈔卷第十

校勘記

一　底本，明永樂北藏本。

一　九〇一頁上六行第九字「内」，徑、清作「由」。

一　九〇二頁上末行「枝疏」，徑、清作「枝流」。

一　九〇三頁下一〇行第七字「文」，清作「又」。

一　九〇五頁上一四行第二字「但」，清作「位」。

一　九〇五頁中七行「一義」，清作「二義」。

一　九〇七頁上五行第一六字「且」，徑、清作「具」。

一　九〇七頁中一行「婆婆」，徑作「娑婆」。

一　九〇八頁上一三行第一四字「在」，清作「往」。

大方廣佛華嚴經疏演義鈔卷第十一

清凉山大華嚴寺沙門 澄觀 撰述

漸中開合諸師不同

漸中開合下第二別明漸義開漸成別自有四重從二至五

或但分爲二即是半滿△或分爲三即武丘山岌法師謂十二年前見有得道名有相教十二年後齊至法花見空得道名無相教最後雙照一切衆生佛性闡提作佛名常住教

於分三中自有三師初一師正立

此與唐三藏三時之教大同至叙西域中說

後二師指同即唐三藏及真諦三藏初云

武丘即蘇州山寺

真諦三藏依金光明立轉照持三輪之教亦大同此

於第三師中二先指同初師

而時節小異謂七年前說四諦名轉法輪七年後說般若具轉照二輪以空照有故三十年後具轉照持以雙照空有持前二故

後而時節下指異別立疏文稍畧彼云謂佛二月八日成道四月八日於波羅柰鹿野苑中爲聲聞衆轉四諦法輪後於成道第七年中在舍衛國去祇園五里智慧江邊爲諸菩薩及二乘衆說般若等經此時具二謂轉照法輪又於成道三十年後未涅槃前在毘舍離國鬼王法堂爲真常菩薩說解節等經此時具有轉照及持三種法輪也

或分爲四△即宋朝岌法師謂於前三時無相之後常住之前指法花經爲同歸教以會三歸一萬善悉向菩提故

宋朝岌者第三分四中疏家不欲繁文故但於前師之外加其異名應具列之

或開爲五然有二家△一道場慧觀等於無相之後同歸之前指淨名思益等爲抑揚教△二者即前劉公不開抑揚而有教之初取提胃經爲人天教

道場慧觀者即上元道場寺僧言五教者一有相教二無相教三抑揚教四同歸教五常住教言抑揚者謂抑挫聲聞褒揚菩薩故劉公五者一人天教二有相教三無相教四同歸教五常住教

上來諸師皆於漸中約時開異若不加不定之教則招難尤多以初有大故雖加不定猶有妨難畧顯五時之妨餘可例知

上來諸師下第二辨順違於中三第一總明順違第二別破違理第三結成違順初中以上來諸師從二至五皆先小後大故不加不定招初有大乘之難雖加不定猶有妨者加不定免初有大乘之難而於所立名義之中皆有難也言畧顯五時之妨者從後破之既破五時四三二時皆已破竟故云餘可例知

初明十二年前爲有相者自違成論成論云我今正明三藏中實義實義即空

初明十二年等者第二別破別破二家五時即爲二別今初破道場五時即分爲五言成論云我今正明三藏中實義實義即空者破第一時引其三文此即第一引小乘論以成實論意云我今成立小乘中實

義故云成實以三藏即小乘教故既言實
義即空明小乘已說空竟何言見有得道
不可不見實義而得道也
又阿含中云無是老死即法空也無誰老死
即生空也
又阿含中云下第二引小乘經然經文相
續云無是老死無誰老死此即明十二因
緣人法空義是老死者指老死法體誰者
即人也故無是老死即老死法空無誰老
死即主老死我人空也然諸經論多明小
乘但有人空未明法空者有二義故一從
多分少分說小乘多分但明人空二從顯
了不顯了說雖說法空未全顯了故言不
說法空耳若從不顯了說及少分說則亦
明法空今從此義
又智論云三藏中明法空為大空摩訶衍中
明十方空為大空
三藏中明法空為大空等者第三引大乘
論彼釋十八空揀二宗大空之異今但取
三藏明法空之言三藏亦即小乘教耳

皆顯小乘已有二空
皆顯已下結上三文
若云第二時說空者十二年後方制廣戒豈
唯說空
若云第二時下破第二時於中三一破說
空二破不明常住三結立正義初中又二
第一引制戒明十二年後說有故戒經云
善護於口言自淨其志意身莫作諸惡此
三業道淨能得如是行是大仙人道此是
釋迦如來於十二年中為無事僧說是戒
經從是已後廣分別說明知十二年後始
制廣戒廣戒即是明有
又智論云從得道夜乃至涅槃常說般若豈
前不說空
又智論云從初得道下第二引論通說般
若明十二年前已說於空非局十二年後
般若明性空之智故
若云第二時中未顯常住者實相般若豈無
常耶
若云第二時中下第二破不明常住於中

文四初反質破實相即常故
涅槃亦說佛性亦名般若
涅槃亦說下第二顯正破上即理量此即
聖言量般若既即佛性佛性是常般若常
矣
是知實相般若即是正因佛性觀照即為了
因
是知下第三會義破謂會釋二經使第二
時同第五時以義同故謂二種般若即二
佛性在名則異在義不殊言實相為正因
者即第一義空名為佛性第一義空即實
相異名觀照為了因如燈了物
又般若離四句何曾存空般若不壞四句豈
無妙有
又般若離四句下第四縱奪破先奪則拂
迹入玄理絕百非言亡四句若但以空為
般若者非真般若也故經云般若非有相
非無相亦非有無相亦非非有無相離一
切諸相何得存空故中論云諸佛說空法
為離於有見若復見有空諸佛所不化言

般若不壞四句豈無妙有者此即縱也縱其是空亦須是有尚是四句何況有耶故般若經云般若不壞色不壞受想行識即不壞有也餘文可知故智論云一切實非實亦實亦非實非實非非實是名諸佛法則四句皆實又因緣所生法即空即假即中即中有無有表即下二句是知失意則四句便成四謗得旨則四句即是四德下說正義躡此而起

是知小大各有四門而但言初有次空者各得一門之意耳

是知小大下第三結立正義也此則縱而奪之縱其初有次空則各得一門之意奪其不識四門之意則初有次空之旨全乖言四門者小乘以阿毘曇明有門毘曇即今之俱舍遵一切有部故成實即是空門實義是空故毘勒論即亦有亦空門其非有非空門未見論文即惡口車匿見此入道有云犢子部亦計我非有非無恐未指定大乘四門者如涅槃云一切衆生皆有佛性如乳有酪性等斯即有門也又云石無金性乳無酪性衆生佛性猶如虛空迦毘羅城空大涅槃空即空門也又云衆生佛性亦有亦無何以爲有一切衆生悉同有故何以爲無從善方便而得見故即亦有亦無門又云衆生佛性即是中道非有如虛空非無如兎角百非斯違斯即非有非無門也若取經論唯識多明有門掌珍多說空門辨中邊論多顯亦有亦空門中論多辨非有非空門

若云第三時中但名抑揚亦非常者

若云第三時中下破第三時文二先雙標

淨名云佛身無爲不墮諸數如觀身實相觀佛亦然豈無常耶

後淨名云下雙破先破第三時中不明常義可知

般若亦云二乘智慧猶如螢火菩薩一日學智如日之照豈非抑揚

後般若亦云下破獨得抑揚之名以第二時中亦抑揚故二乘螢光抑也菩薩如日揚也

若云第四時中但顯同歸亦未明常者普曜品云常住不滅又方便品云世間相常住等豈無常耶

若云第四時下第四破第四時但破不明常住不破同歸之義

五以涅槃爲常住者當教可爾而涅槃之時亦有小乘之見如阿含中說如來涅槃之相故

五以涅槃爲常下破第五時許其涅槃是常住義責其涅槃無有小乘以至涅槃皆有大小故如阿含中說如來涅槃之相者彼說如來於純陀家乞食旃檀木耳羹後患背痛於拘尸那城娑羅雙樹間逆順出入超越三昧於第四禪中入火光三昧燒身滅度唯留舍利爲人天福田身智俱滅入無餘涅槃是也

若以人天爲初者提胃雖說戒善得道皆通三乘故彼經云提胃得不起法忍又違密迹經中第二七日說三乘故

若以人天爲初下破第二家即劉公之義言提胃雖說戒善等者彼說如來在樹王下成道於七日中無人知佛得阿耨多羅三藐三菩提唯提胃波利此二居士明究陰陽鑽龜易卜知佛成道名爲樹神提胃獻麨四天王奉鉢如來受已始爲提胃說世間因果此約小乘相不妨爲大謂彼經又云五百賈人得受五戒先自懺悔五逆十惡謗法等罪得四大本淨五蘊本淨六塵本淨五根本淨提胃長者得不起法忍三百賈人得柔順忍二百賈人得須陀洹果四天王得柔順忍三百龍王得不起法忍自餘天等無量衆生發無上菩提心又普曜經云第二七日提胃等五百賈人施佛麨蜜佛與授記汝於來世當得作佛皆同一字名曰齊成明知非獨人天也然提胃塔現在土火羅國上所引經皆明初時已說大也言又違密迹經中第二七日說三乘故者既第二七日已說三乘那言最初唯人天教此經即大寶積密迹力士會

第三卷當第八是初竺法護譯

然上五時等皆以約時剋定則有所乖揀去不定從多分說亦有理在

然上五時等者第三結成違順也上結前違而言等者等取四三二時也言揀去不定從多分說亦有理在者結成順也有二義故得順理一揀去不定則無剋定之失不違密迹等經二從多分說不違自所立義故有理在

二後魏光統律師承習佛陀三藏

二後魏光統等者第二師先正立中二先明所承後顯立義今初言承習佛陀三藏者佛陀是西域人同學五人四皆得道恩欲亡身求之友曰道須緣會不可強也汝與東土有緣彼有二弟子汝若度得必當得道佛陀初至於此當後魏孝文始在雲州投之見重初於一康家供養夜見火光云云及移都洛陽陀亦隨之彼爲立少林寺知後爲則天所取遂指水令西山透隴而流其二弟子一是稠禪師得道二是光統故云稠公解虎於東谷佛陀指水而西流也

亦立三教謂漸頓圓初爲根未熟者先說無常後方說常先空後不空等如是漸次故名爲漸二爲根熟之輩於一法門具足演說常無常空不空等一切具說更無由漸故名爲頓三爲於上達分階佛境之者說於如來無礙解脫究竟果德圓極秘密自在法門故名爲圓

亦立三教下顯立義也於中漸約不具頓約具說不同延公大小相望成頓漸也言具說者即如涅槃說空者所謂生死不空者所謂大般涅槃等又云若空不空若常無常等皆令廣聞即是頓也三圓教者即是花嚴

此亦約化儀說有前後耳

此亦約化下辨順違此師所立義多順理故不辨違於中先出立意後解妨難今初此亦約化儀說有前後者頓中化法無異漸中別時說空不空即名爲漸同時說空

不空即名爲頓故是化儀其第三亦約化法揀異前二從多分說故云此亦約化儀

意明今時堪受頓者必昔曾受化故云根熟上達之言義兼地前分階佛境即謂地上於理亦通

意明今時下二解妨難也謂刋定記主有其二難一合難漸頓二別難於圓第一難云若漸根生熟俱漸頓根生熟俱頓則漸頓可分既云未熟名漸已熟名頓則此於一漸根但生熟爲異無別頓義或應彼一有漸頓二根生必至熟熟必從生故或應一切皆是漸根無有不從生至熟故釋曰此第一難其漸頓自有三難第一漸頓不分難第二一根具二難第三無有頓根難初一是總後二是別今爲此一通三難皆遣如第一難刋定以根定於漸頓則有此難今不以根定於漸頓何有此難謂爲其根生漸說法門名之爲漸爲於根熟頓說法門則以爲頓何得以生熟俱頓難耶則第一難過矣既不約根何得以生必至熟熟必從生等難耶則第二第三難過矣又爲此難違下自所立義彼立四教云第三教當初心菩薩第四教義當終心識如来藏者又自通云言初心者約機勝劣名其初終非約修行初終時位汝既以根勝劣爲初終何妨此師亦以根勝劣爲生熟耶故爲此難失古意也上達之言義兼地前等者通彼第二難於圓教彼難云既云分階佛境則地前無有堪聞此經則違出現品佛刹塵數衆生發菩提心釋曰彼以上達分階佛境合爲一義故有此難今爲此通則上達爲地前分階佛境爲地上故不違出現品文亦不失於大理况初發心時便成正覺豈非分階佛境之人

三隋末唐初吉藏法師依法花第五立三種法輪一始見我身聞我所說即皆信受入如来慧即根本法輪二除先修習學小乘者即枝末法輪三我今亦令得聞是經入於佛慧即攝末歸本法輪

三隋末唐初下第三師先正立中依法華經第五即從地踊出品以彼中踊出菩薩問訊云世尊少病少惱安樂行不所應度者受化易不不令世尊生疲勞耶故佛荅云如是如是諸善男子如来安樂少病少惱諸衆生等易可化度無有疲勞所以者何是諸衆生世世已来常受我化亦於過去諸佛供養尊重種諸善根此諸衆生始見我身聞我所說即皆信受入如来慧除先修習學小乘者如是之人我今亦令得聞是經入於佛慧今疏引經便以義隔成於三輪此師以根本法輪是花嚴經始成正覺頓宣說故其枝末法輪是以根本化之不得便於一佛乘分別說三爲枝末即指花嚴已後法華已前皆爲枝末三即法華以爲攝末

此判全約化儀據法但有大小然法花爲於一類開顯本末若將定判一代聖教收義不盡以法花之前亦有大故豈般若等皆爲枝末又無量義云佛一切時說大小故

此判全約等者第二辨順違於中此句出

彼立教所依依化儀立非是約法及約根等而言全者對前光統光統三教一約化儀二約化法三皆對根今此師立唯約化儀據法但有大小下正辯順違唯有大小則無殊半滿亦攝義不周然法華爲於一類開顯本末者此段會通經意以釋妨難恐有難言依於法華立義乃是一極之說如何不依故今釋云自是立教之人不得法華之意法華別爲一類滯小之人故爲此說謂執三疑一執小疑大故爲開方便門顯真實相真實相者唯是佛慧執小乘者是方便門非欲會通一代聖教若以法華之前皆爲枝末法輪則般若淨名勝鬘等經皆在法華之前並爲枝末則抑諸大乘又經但云除先修習學小乘者明知經意不指般若等爲枝末也又無量義下上引法華破之今引他經破之既云一切時中皆有大小則先後非獨大中間非獨小也此皆直破而不收之者下開宗立教之中收於此義故此畧無又先出經意已是收竟

第四立四教者畧有四家△一梁朝光宅法師依法華第二立四乘教謂臨門三車即是權教三乘四衢等賜即實教大乘

第四立四教有四第一光宅中二先叙昔後順違前中三初正立二出所以三結成初中四衢即四諦餘可知

以臨門牛車亦同羊鹿俱不得故並無體故諸子皆索故

以臨門牛車下二出所以有三所以故三乘是權而義勢連環亦同羊鹿俱不得故者羊鹿是虛指出門不上車牛車若是實出門即合上牛車亦不上明三皆虛指約法而說者昔指三乘三界門外二乘出三界無有真實證菩薩出三界豈有真實證俱無實證名不上車明知三乘皆是權設二並無體故者既不得車明皆無體以無可得故長者虛指三車實無界外三乘明是方便盡智無生智是二乘車體文六權智是牛車體二乘之智既非真實文六權智豈有實耶然上不得約人就法今明無體直就法明三諸子皆索故者後成上義向若有體即不合索諸子皆索明皆無體不見羊鹿故索羊鹿今索牛車明無牛可見故彼經云爾時諸子各白父言父先所許玩好之具羊車鹿車牛車願時賜與既索牛車明同無體故牒索耳索車是喻約法云何古有多釋畧要有二一者機索二者口索言機索者三乘之人以佛教門出三界苦謂爲究竟不解索乘已被陶練一乘機發機宜叩聖義言索耳佛知機熟靈山集會爲說法華一極之旨即是各賜諸子等一大車二口索者已集靈山三乘三根皆悉啓言求法求記即是索車爲說與記令其修證即是等賜彌勒序品陳四衆疑徵佛定因已是索義文殊云諸求三乘人若有疑悔者佛當爲除斷令盡無有餘已許等賜方便品初告諸聲聞衆及求緣覺乘我令脫苦縛逮得涅槃者佛以方便力示以三乘教衆生處處著引之令得出

已是開權又云舍利弗當知諸佛語無異於佛所說法當生大信力世尊法久後要當說真實即是顯實開權顯實已是略賜亦是許與身子三請法說索車譬喻品初騰疑白佛請說喻車踊出品中彌勒陳疑請說果車開示知見說佛壽量等即是等賜三車求記即是索車佛皆與記即是等賜菩薩聞是法疑網皆已除即是歎昔千二百羅漢悉亦當作佛皆是賜義故合喻云令諸子等日夜劫數常得遊戲與諸菩薩及聲聞衆乘是寶乘直至道場由是故知三乘皆索三乘皆賜

是知三皆虛指以爲方便

是知等者三結成上義也由上三段展轉相成以證三乘皆是方便無有實體故古人云虛指三車而群子競馳火難既免乃無有二豈令有三實以爲一又殊走而異獲我故經云如彼長者初以三車誘引諸子然後但與大車寶物莊嚴安隱第一然彼長者無虛妄之咎如來亦復如是無有虛妄初說三乘引導衆生然後但以大乘而度脫之何以故如來有無量智慧力無所畏諸法之藏能與一切衆生大乘之法但不盡能受以是因緣當知諸佛方便力故於一佛乘分別說三明三皆虛指也由皆虛指即無體故後得大車並非本望若昔大是實今得牛車何非望耶

此則前三是三乘後一是一乘無乖教理

此則前三下辨順違於中有四一總辨順理二明其有違三會通教旨顯違順之由四結成昔義四乘無失今初可知

若唯說法花爲實則抑諸般若及諸大乘了義之經

若唯說法華下第二明其有違所以違者以抑昔大乘了義之經皆成權故

是知昔大亦有權實法花但會昔權故說三皆虛指昔實不滯方便故不會之

是知下會通教旨於中文三一明會不會昔之意二明會二會三之意三明取昔廢昔之意上三段展轉通難謂初有難云既許昔三皆權何言抑諸聖教故今釋云非不許其四乘但昔大不分權實故成抑諸實教耳

若約會權歸實即是會三爲一若破小顯大即是會二歸一

若約會權下第二會二會三之意謂有問言若爾爲是會三爲是會二設爾何失二俱有過若會三歸一昔應無實若會二歸一昔應無權無權則四乘之義不成無實乃不抑昔時聖教此是光宅之意若作此宗難者應云昔既有實會二歸一義則明矣故爲釋云會二會三二俱有理昔之權實二義亦存故云爾耳

若開權顯實則三是一更無別一

若開權顯實下第三明取昔廢昔之意謂有問言若會三歸一者爲會昔三而爲一耶爲會昔三歸今一耶故今釋之明具上二義先明會三爲一則會取昔三後明會於昔三歸今之一以廢昔三立今一故故約會取昔小亦取况昔大耶以其理不可

分行是佛因故若約廢昔則昔大亦廢况於小耶以其約教虛設果亦虛指故並廢也然開廢等言有通有局若約局者約教則廢三立一三教虛設故約理則開三顯一言有三理覆於一極開無三理一極自彰故約行則會三爲一三乘之行皆佛因故約果則會三歸一三乘之因同歸一乘故三乘之果非究竟故若約通者唯廢一種則約於教開會等言並通四種今疏從此言若開三顯一則三即是一者若約理者昔說三理謂各別證今示法身是同更無異味昔言有三是方便門則閉於一實今云無三則一理自顯故云此經開方便門示真實相若約行者昔說三乘之行行各不同諦緣度等隨偏各異今並得爲佛因謂三行別則方便之門閉於一實今會爲一則方便門開一實顯矣故云汝等所行是菩薩道若約果者昔說三果不同是方便門閉於一實今云三果虛設唯有極果無上菩提心生歡喜自知作佛則實相顯矣今疏先明會三爲一於中二先正明故彼經云汝等所行是菩薩道先所出内是子所知

後故彼經云下引證引二文證一引藥草喻品證小行即是佛因二引信解品證大行是其所有良以小乘昔有二下劣心一謂自行不成佛故法華云我等同入法性云何如來以小乘法而見濟度又云金色三十二十力諸解脱同共一法中而不得此事皆明小行不得佛也故今引藥草以會之二謂大行非已分故淨名云一切菩薩聞此法者應大欣慶一切聲聞皆應號泣聲振三千又云我等何爲永絶其根於此大乘已如敗種皆明大行非已分也故今引信解以示之今初引藥草喻中文云迦葉當知以諸因緣種種譬喻開示佛道是我方便諸佛亦然今爲汝等說最實事諸聲聞衆皆非滅度汝等所行是菩薩道漸漸修學悉當成佛釋曰諸聲聞等皆非滅度者是廢小果漸漸修學悉當成佛是歸實義今但引汝等所行是菩薩道會行之言者欲明三即是一之義若約果者三果皆成佛因而非佛果不得云三即是一又皆非滅度是下廢權之意耳言先所出内是子所知者即第二引信解品文文云後經少時父知子意漸已通泰成就大志自鄙先心臨欲終時而命其子并會親族國王大臣刹利居士皆悉已集即自宣言諸君當知此是我子我之所生於某城中捨吾逃走竛竮辛苦五十餘年其本字某我名某甲昔在本城懷憂推覓忽於此間遇會得之此實我子我實其父今我所有一切財物皆是子有先所出内是子所知釋曰此上即委付家業當說法華經也一切財物即萬行功德先所出内者指於前文我今多有金銀珍寶倉庫盈溢其中多少所應取與汝悉知之此即喻慧命須菩提說般若取與即是出内以法外化名之爲出化功歸已故稱爲内即自利利他之行皆如般若等中今法華中但示如來知

見是其所有不廣諸行今疏欲會三因爲一因故引二文皆明會行餘畧不引

執二　　千

大方廣佛華嚴經疏演義鈔卷第十一

大方廣佛華嚴經疏演義鈔卷第十一

校勘記

一　底本，明永樂北藏本。

一　九一〇頁下六行第九字「王」，徑、清作「正」。

一　九一一頁上一七行第六字「昆」，徑、清作「昆」。

一　九一六頁中一行「先明」，清作「光明」。

大方廣佛華嚴經隨疏演義鈔卷第十二

清涼山大華嚴寺沙門　澄觀　撰述

若廢權立實義說為四如攬三點以成一伊點別非伊伊具三點昔三既別實不兼權今一全無成四無爽

若廢權立實下第二明會昔歸今之一於中二先會昔成今二彰今異昔前中有法喻合法云義說為四者以但廢昔三教言三是權一實便顯三外無別一實之法故云義說為四但三為別一為總耳如攬三點下喻即借涅槃第二三點成伊喻彼喻三德以成涅槃闕一不可故彼經云摩訶般若亦非涅槃解脫之法亦非涅槃如來之身亦非涅槃三法若異亦非涅槃如世伊字此喻至出現品當廣分別今借其喻不取其法謂以三點喻於三乘以成一伊喻為一乘別說三乘三皆是權合三為一故得稱實非三點外更有一伊合云昔三既別實不兼權此合上點別非伊縱昔日有實實亦不兼於權今一全兼者合上伊具三點成四無爽者結成正義三別有三總合為一故成四也豈唯通途三虛既廢故成一實故經云唯此一事實餘二則非真十方佛土中唯有一乘法無二亦無三除佛方便說又云吾從成佛以來種種因緣種種譬喻廣演言教無數方便引導眾生令離諸著明昔皆方便也

若依昔未顯說一切具有如來知見根敗之種今並說成則今昔有異

若依昔未顯說下第二彰今異昔前但今三為一一無別法以成四乘今辨一乘別有法門則四義昭著是為昔所未說而今說之聞所未聞未曾有法也謂昔日雖有大乘亦說如來藏性涅槃法身真常之理未曾顯說一切眾生皆悉具有如來知見唯為一事出現於世不為於餘則一乘三乘昔權今實於理昭著故嚴公云至如般若諸經深無不極故道者以之而歸大無不包故乘者以之而運然其大畧皆以適化為本應動之門不得不以善權為用權之為化悟物雖弘於實體不足皆屬法華因其宜矣言根敗之種今並說成者引淨名經證大迦葉自責云譬如根敗之士其於五欲不能復利如是聲聞諸結斷者於佛法中無所復益斯則二乘自知不成佛也豈非不兼權耶又云我等何為永絕其根於此大乘已如敗種此顯煩惱已斷不能生也佛名經云我等今者猶如敗種雖逢春陽無希秋實並是聲聞不作佛義今法華三根聲聞皆與授記一切聲聞不在此會今轉宣說一切眾生皆是吾子則唯實非權故言今並說成則今昔有異上云根敗之種乃有二意一即根敗兩字收淨名根敗之士二即敗種二字雙收淨名及佛名二經敗種之義

於文有據義亦極成

於文有據下第四結歸昔義也

二陳隋二代天台智者承南岳思大師

二陳隋下天台四教中二先叙昔後順違前中亦二先師宗後立教師宗言陳隋者

故天台傳云陳隋二代三帝門師謂陳朝一帝即是後主隋有二帝即文帝煬帝煬帝為晉王即請為菩薩戒師終於煬帝之時故云陳隋二代天台山名舉處辨人僧名智顗而言智者者帝為立號美其德也承南岳者故章安傳云自佛教東流祕密斯闡思大師之所證智者大師之所弘故思大師一見便云昔日靈山同聽法華宿緣所追今復來矣又入道場呈心云非汝不證非我不識師資傳方故並叙耳

立四教云一三藏教

立四教云下立教中二先正立四教後通相料揀前中四教即為四別每教皆有三節一立名二所詮三所被其四教所詮即四種四諦一生滅四諦二無生四諦三無量四諦四無作四諦廣如四諦品今初一

三藏教者立名至下當釋

此教明因緣生滅四真諦理

此教明因緣下辨所詮理其因緣之言通於四教因緣故生滅因緣故即空因緣故假名因緣故中道因緣為主故四教皆帶之言生滅四真諦理者苦以逼迫為義集以增長生死為義道以除患為功滅以累盡為名有苦可知有集可斷有滅可證有道可修迷則苦集生而真道滅悟則苦集滅而正道生有可生滅故云生滅四諦苦定是苦等故得名真

正教小乘傍化菩薩

正教下明所被鹿苑初轉法輪俱隣五人見諦成道等但有小乘得道未有大乘得道故名正教小乘言傍化菩薩者智度論云佛於阿含中雖為彌勒授記亦不說種種菩薩行故菩薩為傍也

二者通教通者同也三乘同稟故

二者通教等者文分為三初正立二引證三解妨初中亦有三段初名即以同釋通故法華云我等同入法性肇公云三乘同觀性空而得道也即三獸渡河一水無二義耳

此教明因緣即空無生四真諦理是摩訶衍之初門

此教下辨所詮從緣生法無性即空非色敗空不要析破故云即空若約中論偈四句約教即因緣所生法此教即我說即是空第三亦為是假名第四亦是中道義故此云因緣即空言無生四真諦者第二重四諦也謂解苦無苦名為苦諦解集無和合名為集諦解滅無滅解道無道四諦性空本無生滅不同初教有可生滅言是摩訶衍初門者揀非深極言初門者以空遣有未彰妙有中道義故

正為菩薩傍通二乘

正為菩薩下所被雙明二空故云正為菩薩言傍通二乘者初以空門遣蕩小乘執心令漸通泰故云傍通

大品云欲得聲聞乘當學般若波羅蜜等

大品云下引證此雙證名及所被既三乘當學故是通教三同稟也二乘既學即傍為也云何欲得三乘當學般若如云了法無生名般若者聲聞學無生便云一切

諸法皆悉空寂無生無滅無大無小無漏無爲如是思惟於嚴土利他不生喜樂但欲趣寂故成聲聞乘若聞無生知從緣生故無生從緣滅故無滅無生無滅因緣之理如是學者成緣覺乘若聞無生便知一切諸法本自不生今則無滅即生滅而無生滅故不礙於生滅惡生善悲智無濟成菩薩乘同學一無生而成三乘故若欲成自乘當學無生般若又如無所得是般若羅漢得之實無有法名阿羅漢緣覺得之不得緣相菩薩得之心無罣礙以無所得能得菩提故言三乘同稟般若以此義推則二乘人同學二空也而云等者具云欲得緣覺乘當學般若波羅蜜欲得菩薩乘當學般若波羅蜜此名般若能成一切道果也

然教理智斷行位因果皆通淺深不同於共般若唯共於淺

然教理智斷下解妨難謂有難云此通別教名依智論共般若不共般若以立何不二名共教三名不共教而云通別耶故今釋云通則上通別圓下通二乘遠近俱通共但共小得近無遠故名通耳別有二義不名不共次下當釋又言皆通者上之八字字各一義一教通二理通等一教通者三乘同稟因緣即空之教二理通者同見偏真之理三智通者同得巧度一切智四斷通者菩薩界內惑斷見修同也五行通者見修無漏行同也六位通者從乾慧地乃至辟支佛地位法同也七因通者九無礙同也八果通者九解脫二種涅槃果同也通義雖八因教方知故名通教餘教例知

三別教別即不共不共二乘人說故

三別教下文中分二先正釋後不名下通妨難初中亦三立名可知

此教正明因緣假名無量四真諦理

此教下明所詮因緣假名當中論第三句無量四真諦理即第三四諦言無量者若有無量相非諸聲聞緣覺所知集滅道各有無量相等

的化菩薩不涉二乘故聲聞在座如聾如盲

的化菩薩下明所被機即花嚴法界品意

不名不共而云別者兼欲揀非圓故以一因迴出一果不融歷別而修不得因果圓融故

不名不共下二通妨難初牒疑情謂有難言既言別即不共便是智論不共般若何不名爲不共教耶兼欲下解釋以別有二義一不共二乘義如上說二歷別不融故名爲別若云不共不兼後義故云兼欲揀非圓故以一因下出非圓之相一因迴出者對他顯別不同通教三乘通修令一道出離迴超二乘亦離二邊以顯中道故一果不融下當法明別一果不融者果別謂三德三身各不融故不能一德一切德等故歷別而修者當體以明因別修布施時非戒等故初地不知二地功德等故不得因果圓融者因果互望不融不能因該果海果徹因源故

四圓教圓以不偏爲義

四圓教下文中亦二先正立後對前結成前中又二先釋義後引證前中亦三節釋名可知

此教正明不思議因緣二諦中道事理具足不偏不別

此教下辨所詮畧無無作四諦之言言不不思議因緣二諦中道者即中論第四句亦是中道義而言不思議者佛性中道故又因緣即空故不可作因緣思即假故不可作空思即中故不可作二思即一而三即三而一爲不思議因緣二諦即真俗二諦中道即中道第一義諦三諦義也又融二諦即是中道不似通教多約真諦別教多約俗諦言事理具足者通多約理別多約事圓中舉事乃是即理之事舉理乃是即事之理無理不明無事不具言不偏不別者不偏者謂非偏真又不滯一邊故不別者謂不歷別必須融攝故餘義如前大意合離中辨

但化最上利根之人故名爲圓

但化下三所被根也最上利根即圓融之機

花嚴經云顯現自在力爲說圓滿經無量諸衆生悉受菩提記等

花嚴經云下引證即晉經今當七十三經云佛爲說修多羅名圓滿因輪偈中云彼佛知衆根將熟而來此會化群生顯現神變大莊嚴靡不親近而恭敬佛以一音方便說法燈普照修多羅無量衆生意柔軟悉蒙與授菩提記義則大同名有小異耳

別則教理等皆別圓則教理等皆圓

別則教理等者對前結成謂別圓各有教等八事別教八者一教別謂恒沙佛法別教菩薩不通二乘二理別者藏識有恒沙俗諦之理也三智別者道種智也四斷別者塵沙無知界外見修無明斷也五行別者歷劫修諸波羅蜜自行化他之行也六位別者謂三十心伏無明是賢位十地發真斷無明是聖位是位別也七因別者無礙金剛之因別也八果別者解脫涅槃四德異二乘也圓教八義者一教圓者正說中道言教不偏也二理圓者中道即一切佛法也三智圓者一切種智也四斷圓者不斷而斷無明惑斷也五行圓者一行一切行也六位圓者從初住一地具足諸地功德也七因圓者雙照二諦自然流入也八果圓者妙覺不思議三德之果不縱不横不並不別也故云圓則教等皆圓

又此四教由三觀起從假入空析體異故有初二教從空入假從假入中有別教起三觀一心中得有圓教起

又此四教下第二通相料揀於中三一立教所因二彰其所釋三用四儀式今初然依中論三觀之偈而用此偈有三重不同一則一教之中各成三觀如前大意離合中辨二四句各配一教如向立教中明三離合用之以成四教如今文是如云從假入空義同因緣所生法我說即是空從空入假者義同亦爲是假名以連第二空句故從假入中者義同亦是中道義以連上

假名句故今合初二句成初二教通用四句為別圓兩教言從假入空析體異故有謂觀因緣假有之法皆悉空寂云何知空若云色者唯五根五境及無表此十一色合成色蘊故色蘊空又於此中一一推微謂一眼色從八微生假合成色析至極微都無實色故曰色空此名析法成藏教也若云因緣所生即無自性當體即空不須析破故淨名云色性自空非色滅空體達此色有來即空故云體法明空有通教是也言從空入假等者即三觀迭遷故成別教謂先觀真諦本來空寂出觀入俗涉有化生淨佛國土等故云從空入假由入俗故又多涉教次觀中道動寂無二遠離空有動寂二邊三觀不在一時[十一]故名別教言即三觀一心中得有圓教是若即空即假即中即一而三即三而一非先非後非一非三亦如前大意雖合中第四義說

又此四教不局定一部一部之中容有多故

又此四教不局下第二彰其所釋據異義

即餘師或云般若是空教法華是中道教涅槃是常住教此是圓教此是偏教局定一經今則不爾故云一部之中容有多故而言容有者不必具多或一或二或三或四故彼師云三藏但偏但明小故方等對謂即淨名等爲方等教對小說大故若帶謂帶小說大花嚴兼謂兼別說圓法華無復兼但對帶唯說圓教但若唯一教對則具四如淨名云諸仁者是身無常無強無力無堅速朽之法不可信也等即藏教也迦旃延事云不生不滅是無常義等即通教也富樓那事云無以穢食置於寶器即以稱爲同彼水精大非小分即別教也如須菩提事云不斷婬怒癡亦不與俱不壞於身而隨一相不滅癡愛起於明脫等皆即圓教故具四也般若部中唯有三教無前藏教已被訶破不為彼故花嚴兼帶以寄位修行行布雖列無斯一分故法華唯此一事實故更無餘教而涅槃十仙果證羅漢若具於四教若開顯畢方等雖有四教而皆知常住故得異前并入涅槃追故普收故得具四如文思之

又更以四種化儀收之謂頓漸不定祕密明漸同前頓及公後二謂一音異解者互相知名為不定互不相知即名祕密

又更以四種化儀第三用四儀[十二]式攝成八教謂一頓教二漸教三不定教四祕密教初即花嚴經初成頓說故二即始從鹿苑終至雙林三乘一乘並稱為漸若約化法頓教攝二謂圓及別漸教具四謂藏通別圓然此二教本是劉虬所立以南中諸師加於不定三教漸中初開有三即是岌公故云漸頓如岌公後二即於不定教中開出而異前不定不同謂從一音異解中分成此二寶積云佛以一音演說法衆生各各隨所解普得受行獲其利斯則神力不共法釋曰各各聞不同即說不定謂聞大者知彼聞小聞說小者知彼聞大即名不定故云若互相知名爲不定若聞小乘不知彼人聞大聞大乘者不知此人聞小即名

祕密故云互不相知謂聞大不知彼聞小小即於聞大者爲祕密聞小不知彼聞大大即於聞小者爲祕密此之二教所說化法俱通藏通別圓故頓中唯二化法餘三具四教法是故以化儀取法花嚴之圓是頓中之圓法華之圓是漸中之圓漸頓之儀二經則異圓教化法二經不殊大師本意判教如是又詺圓教亦名爲頓故云圓頓止觀由此亦謂花嚴名爲頓頓法華名爲漸頓以是頓儀中圓漸儀中圓頓故

此師立義理致圓備△但三藏教名義似小濫以餘三教亦有三故

此師立義下第二辨順違於中復二初總明順違後別爲會釋今初先順後但藏教下辨違以名濫故靜法與作四種過一濫涉大乘失以大乘亦有三藏應名三藏教故二大無三藏失以彼不名三藏故三特違至教失彼云不得親近小乘三藏學者有小乘言揀異大乘故明知三藏不唯屬小四有不定失以小乘諸部有不立三故如經量部但立經律二藏故有立五藏成實三外立於雜藏及菩薩藏故以有此四失故總許其破故云名似小濫正許初失然下皆爲通之

所以爾者良以智論之中多詺小乘爲三藏故成實論中亦自說云我今欲說三藏中實義故

所以爾者下別爲會釋於中三初別釋藏教難次總通四教難後重通圓別定其去取今初文有四節以通五難謂上四失之外第五云何不立小乘難言四節者一出三藏名之所據二立三藏所以三明後三不名三藏所以四明不名小乘所以今初出其所據通違至教之失及濫涉大乘失謂大小乘論同立此名故濫涉之失不在於已若有難言智論之内小乘之名隨自宗語三藏之稱隨他宗言非共名也者故今釋云智論是隨他名成論小乘云何亦名三藏豈隨他宗耶即由上義不違至教以羅什譯經多依智論小乘三藏爲欲成文二言便累小乘之過不在三藏但責其小心耳故訶小乘不責所詮三藏

初對舊醫戒定慧故立此三事迢然不同異後三教

初對舊醫下第二明立三藏所以以四教之初敵對舊醫之三故須特立三藏三又迢然不同故無濫涉大乘所以偏從立號亦猶五塵皆色而色獨得總名故三藏雖通標總名便爲小乘別教言舊醫者即涅槃第二新醫舊醫之喻舊醫即喻外道外道戒定慧者然各有二一邪二正舊醫邪戒者謂狗牛等正戒者謂十善道舊定邪者九十五種所說鬼神之法或能知世吉凶現神變相也正者即四禪四無量四無色發五通是也舊慧邪者因身邊見心發諸邪智撥無因果食糞裸形等也正者即是因身邊見發諸世智說有因果諸善法也今佛說三藏教所明戒定慧即是新醫從遠方來曉八種術如來所說一戒者即五種得戒發一切律儀無作有作如五部

毘尼是也二定者即依八背捨入九次第
定等發六神通是也三慧者即是生滅四
諦破身邊二見六十二見發真無漏成十
一智三無漏根是也此戒定慧一切外道
尚不聞名况有其分故云初對舊醫等言

三事迢然不同者上對舊醫下對通別圓
教由不同故立三藏名即由此義諸部多
名三藏從多立名非不定失

通教意融三故別教依一法性而顯三故圓
教三一無障礙故

通教意融三故下第三明後三不名三藏
所以即正通大無三藏失謂大乘雖有三
藏各有融拂等義故不立名非無其體言
通教意融三者融至空寂故法句經云
戒相如虛空持者爲迷倒若學諸三昧是
動非坐禪心隨境界流云何名爲定無智
無得方名真智般若無知如智雙寂等皆
是意融三也言別教依一法性而顯三者
以一法性統之亦不得迢然有別一一法
門不離法性故論云以知法性離五欲過
故隨順修行尸波羅蜜以知法性無亂想
故隨順修行禪波羅蜜以知法性本有智
慧光明無癡暗故隨順修行般若波羅蜜
等言圓教三一無障礙者即三而一即一
而三非唯一體統之一學之中攝三皆盡

一行尚具一切何况三耶

所以不名小乘教者此教亦有大乘六度菩
薩三十四心斷結成真佛故

所以不名小乘下第四明不名小乘所以
通第五難謂有難言何以不名小乘強立
三藏而招多失故今通云以有大乘故不
得名小彼教之中立有菩薩謂是大乘大
乘之中望之皆稱三藏小教言六度菩薩
者謂三僧企耶別修六度各有滿時皆是
有漏未入見道以無常狼伏貪愛羊令煩
惱脂消功德身肥直至菩提樹下三十四
心一時斷結以見諦十六心八忍八智及
非想一地修惑分爲九品各有九無間九
解脫成其十八故有三十四耳廣如俱舍
等言成真佛者大乘說此斷惑成佛乃是
八相化身小乘謂爲實成故屬小教故涅
槃中詺執此實以爲二乘曲見

故藏通別圓之義四教互有而覈其定實餘
三不成唯成當教中義耳

故藏通別圓之義下第二總通四教難謂
有難言藏教亦有通別圓義乃至圓教亦
有藏通別義何以不得互名而局定耶故
今荅云四教雖皆四義互有餘三義傍不
成本義如三學大德禪師雖有戒慧但成
禪義以禪長故餘但兼故不盡妙故不名
律法餘二亦然言互有者三藏教中亦有
無常三乘同稟亦別爲菩薩說四弘六度
亦爲菩薩說一切種智故藏教有三矣
通教有三者亦說三藏故應名三藏亦說
道種智故應名別教亦說一切種智應名
爲圓別教具三者亦說三藏故亦說無生
空理故亦說中道一切種智故圓教亦說
三藏故亦說真空之理故亦說歷劫階位
修行故亦應得餘三名故總荅云雖則四
教各傍兼有覈定不成云何不成初藏教

通等不成者雖有同稟無常二乘一生得
發真斷結菩薩三祇不證故通義不成雖
爲菩薩別說四弘六度不詮別理不斷別
惑由約生滅四諦而起於見豈得稱別雖
說一切種智菩薩因中不得即具種智又
此種智唯照二諦不照中道豈得稱圓是
則褒後三義不成但成當教三藏義耳通
教三不成者雖說三藏一相無相故又已
得故雖說道種智只照界內俗非照如來
藏恒沙功德故雖說一切種智只照二諦
非照中道不思議二諦故故褒三教之義
不成但成通教義耳別教三不成者雖說
三藏恒沙佛法無量戒定慧異生滅三故
雖說無生空理是不可得空非是但空二
乘同見故雖說中道一切種智非初住發
心即具一切種智故故藏通圓三義皆不
成但成別義耳圓教三不成者雖說三藏
皆約真如實相佛性涅槃故雖有真空之
理即佛性真空二乘不知何況得入雖說
歷別階位法門無不與實相相應一攝一

切故是則藏通別三義皆不成但成圓教
義耳故云褒其定實餘三不成但成當教
中義耳
但判花嚴兼於圓別以就登地已上約寄位
行布爲別義故名異義同亦無大過
但判花嚴下第三重通圓別二教定其去
取以彼判諸經云花嚴兼謂兼別教是則
迷其行布謂爲別教但取圓融以爲圓教
雖成二教各失一邊合而融通方成了義
順花嚴宗由行布圓融二互相攝故如前
行位中辯若與之者則名異義同故無大
過若奪之者則失花嚴本意故今不取是
故此段名定其去取餘義廣在四教要畧
已備
三唐初海東元曉法師亦立四教一乘三別
教如四諦緣起經等二三乘通教如般若深
密經等三一乘分教如梵網經等四一乘滿
教如華嚴經等
三唐初海東下二先正立後順違前中二
先正立

然三乘共學名三乘教於中未明法空名別
相教說諸法空是爲通教不共二乘名一乘
教於中未顯普法名隨分教具明普法名圓
滿教
後然三乘共學下解釋是則未明法空成
別非四諦十二因緣等別具明二空爲通
不取三乘共學故前二依天台而小異以
不共釋一乘非合三爲一
然此師大同天台但合別圓加一乘分耳△
自言且依乘門畧立四種非謂此四遍攝一
切故無有失
然此師下辯順違先出本義自言下正辯
順違良以自謙非攝一切故得無先若有
別理推在攝不盡中故
四野首弟子苑公依實性論立四種教△論
云有四種衆生不識如來藏如生盲人一者
凡夫二者聲聞三者辟支佛四者初心菩薩
言四教者一迷真異執教當彼凡夫二真
一分半教當彼二乘三真一分滿教當彼初
心菩薩四真具分滿教即當彼識如來藏者

△初教謂諸外道迷於真理廣起異計二謂小乘於真如隨緣不變二分義中唯說生空所顯之理故名爲半如涅槃半字三謂但得不變不得隨緣故名一分而雙辯二空故名爲滿四由具隨緣不變二義故名具分△廣如彼說

賢首弟子下亦二先正立後順違前中五一總以標舉二論云下引論爲據三言四教下正明所立四初教謂下別示其相五廣如下結廣從畧彼疏又明此所立教依所詮法性以顯能詮初教法性全隱次一法性分顯三即分隱四即全顯法性雖一顯有不同故成四耳若約乘收其第二教即是小乘三即三乘中大乘四即一乘此亦多同光宅四乘

然今判聖教那叅邪說若對教主應如此方先立三教或如西域分內外及六師等

然今下辯順違中先別破後結非前中又二先破初一後破後三今初有邪正混雜過若對教主下遮救謂恐有救言若不識邪安能知正邪正對辯則皂白分明今故遮云若欲爾者應總分邪正然後於邪正中方可分其大小等耳故爲立式應如此方先分三教於儒教中方辨九流七經於道教中方論道德之别於佛教中方說小大權實則無混濫不然即如西域先分內外外中方分六師或十宗等等者等取內教之中分大小等言六師者淨名有名一富蘭那名也迦葉姓也二末伽梨名也俱奢梨母名子三刪闍夜名也毗羅胝母名子四阿耆多名也翅舍欽婆羅弊衣名也五迦羅鳩馱名也迦旃延姓也六尼揵陀名也若提母也子此六各起一見如第六地引

又依涅槃爲半滿者後二既滿不應復有一分之言既但得不變一分豈名爲滿又涅槃半滿豈唯約二空豈彼不說妙有而訶空耶

又依涅槃爲半滿下破後三教然彼師意以真如有二分具說二分爲具分唯說不變爲一分但明生空爲半具顯二空爲滿今難半滿乃有二義一者約第二義已稱爲滿不合唯得一分若滿中有一分義者涅槃滿字亦唯一分則亦未滿故云不應復有一分之言一分之言意在第三教也二有救言涅槃但約二空論半滿不約真如等者則違涅槃涅槃既云空者所謂生死不空者所謂大般涅槃何得言唯約二空論半滿是知二空猶是涅槃半字雙照空不空方爲滿耳故彼經云聲聞之人但見於空不見不空菩薩見空及與不空故疏云彼豈不說妙有而訶空耶

故其所立未爲允當

故其所立下結非也

第五立五教畧有二家△一波頗三藏立一四諦教謂四阿含等二無相教謂諸般若三觀行教謂花嚴經四安樂教謂涅槃經說常樂故五守護教謂大集經說守護正法事故

一波頗三藏者梵般若燈論序云中天竺國三藏法師波頗蜜多羅唐言朋友學兼半滿博綜群詮喪我怡神搜玄養性遊方

在念利物爲懷故能附杙傳身舉煙召伴冒氷霜而越葱嶺犯風熱而渡沙河時積五年途經四萬以大唐貞觀元年歲次娵觜十一月二十日頂戴梵文至止京輦昔秦徵童壽苦用戎兵漢請摩騰遠勞蕃使詎可方茲感應道契寅符家國休祥德人爰降有司奏見殊悅帝心其年有勅安置大興善寺仍請譯出寶星陀羅尼經般若燈論莊嚴論等云云言阿含者具云阿笈摩此云教也

此釋名局以觀行等皆互有故

此釋名局下辯順違以上立義各指一經一經之中皆有四諦觀行等故如花嚴涅槃皆有四聖諦品廣顯其相大集等經非無觀行等故 十三 十三

二賢首所立五教至下當知

二賢首所立等者以下文依之故今畧指然昔來更有耆闍法師立六種教一因緣宗教二假名宗教三不真宗教謂說諸法如幻化理四真宗教謂說諸法真空理故五常宗教謂說真理恒沙功德常恒等故六圓宗教如前諸師今不敘者前四名即衍公四宗義在立宗之初第五同第五時第六同諸師圓教故畧不引又真宗說真空理常宗說真理恒沙功德常恒既真空理非常宗應同無常又三與四但法喻之別故並不引上來此方立教竟

大方廣佛華嚴經疏演義鈔卷第十二

大方廣佛華嚴經疏演義鈔卷第十二

校勘記

一　底本，明永樂北藏本。

一　九二〇頁中一七行末字「理」，清作「性」。

一　九二三頁上三行「二教」，清作「三教」。

一　九二三頁中九行第三字「次」，徑作「人」。

一　九二六頁下六行第一三字「者」，徑作「若」。

大方廣佛華嚴經疏演義鈔卷第十三 稅四

清涼山大華嚴寺沙門 澄觀 撰述

第二明西域者即今性相二宗元出彼方故名西域謂那爛陁寺同時有二大德一名戒賢二名智光

第二叙西域中文分為二先正叙後順違前中即賢首起信論疏初義理分齊中叙之於中二一總叙源由二雙釋所立今初然真諦笈多波頗三藏皆是西域而躬覩在斯分教故屬此方所收下二大德本是西方分教故云西域耶那爛陁者此云施無厭然案唐三藏傳似智光乃戒賢弟子而今云同時者或恐名同人異或是師資不妨立義所宗復異又唯無行禪師書亦云西方有二宗並行一宗無著天親一宗龍樹提婆龍樹之宗玄飈纔舉則無著牽羊翔羽楚騰則陳那亂轍則同時定有二宗又案西域記唐三藏初遇龍樹宗師欲從學法師令服藥求得長生方能窮究三藏自思本欲求經恐仙術不成辜我夙願遂不學此宗乃學法相之宗若藏和尚義分齊云法藏於文明年中幸遇中天竺國三藏法師地婆訶羅唐言日照於西太原寺翻譯經論躬覩問之故有憑矣

戒賢遠承彌勒無著近踵護法難陁

戒賢遠承下第二雙釋所立即為二別二中文皆有五一師資相承二所憑經論三正顯所立四彰了不了五結成所憑今初戒賢中初師資中彌勒位極此為上古無著初地此為中古護法難陁未有得聖之文但是當時英彥化世未久故曰近踵

依深密等經瑜伽等論

依深密等者二所憑經論深密等等經等取佛地等經瑜伽等論等取對法顯揚等法相之論餘並可知

立三種教以法相大乘而為了義即唐三藏之所師宗

立三種教下正顯所立於中先總後別總中以法相大乘為了則顯法性為不了唐三藏師宗者具如西域記及三藏傳廣說

謂佛初於鹿苑轉四諦小乘法輪說諸有為法皆從緣生以破外道自性因等又緣生無我翻外有我然猶未說法無我理即四阿含等是第二時中雖依遍計所執而說諸法自性皆空翻彼小乘然依他圓成猶未說有即諸部般若等經第三時中就大乘正理具說三性三無性等方為盡理即解深密經等

謂佛初下別顯三教即為三別一一教中各有三定一時定謂初時等故二法定謂有空等故三經定謂指阿含等故三性等義至下當辨言具說三性三無性等者此有兩重一約三性則初時約依他說有二約遍計說空三具說三性則遍計是空依圓是有以為中道二者約三性皆有約三無性皆空第一時中說三性皆有第二時中總說諸法皆悉無性者約三無性密意說耳故唯識云即依此三性立彼三無性初即相無性次無自然性後有遠離前所執我法性故佛密意說一切法無性謂若顯了說則雙明三性三無性方是中道故

為盡理
是故於彼三時初隨有遣次隨空遣俱非了義後時具說遍計性空餘二為有契會中道方為了義
是故於彼下第四明了不了然二宗義別下說十重且就深密略有四義一約三性三無性二約心境空有三約一乘三乘四約成佛不成佛即五性一性義此中且約三性空有論了不了前第三時含約三性三無性論餘二門略不明之下別會中隱顯而出
此依深密所判
此依深密下第五結成所憑
二智光論師遠承文殊龍樹近稟青目清辯
二智光下疏文亦五同前初師宗文殊對弥勒龍樹對無著青目清辯對護法難陀護法難陀注唯識論青目注中論清辯亦注中論造掌珍論
依般若等經中觀等論
依般若等下二所憑經論般若等經等取涅槃法華等中觀等論等取門百智論等
亦立三時教以明無相大乘為真了義
亦立三下第三正立可知
謂佛初鹿苑說小明心境俱有次於中時為彼中根說法相大乘境空心有唯識道理以根猶劣未能全入平等真空故後第三時為上根說無相大乘辯心境俱空平等一味為真了義
又初漸破外道自性等故說因緣生法決定是有次漸破小乘緣生實有之執故說依他似有以彼怖畏此真空故猶存假名而接引之後時方就究竟而說緣生即空平等一味
又初漸下第四明了不了上約心境空有以立三時之教今約三性空有以明了不了義蓋影略耳言以彼怖畏此真空者小乘聞空謂無物為空如空澤之空則畢竟都無恐成斷滅若必無者何有因果生死涅槃徒事勤修復何所益故經云寧起有見如須弥山不起空見如芥子許故生驚怖令存假名但除其病而不除法故存依他之假有以接小心之劣機後時下第三時教緣生即空者緣生即依他依他即空不存依他空遍計也平等一味者空有一味非空外說有有外說空空有相即故無異味見空即是見有見有即是見空空有二體既同何要偏留依他但空遍計
此三次第如智光論師般若燈論釋中引大乘妙智經說
此三次第下結成所憑般若燈論本頌即中論五百偈題云分別明菩薩釋分別即智明即是光人譯異耳釋論稱為般若燈者照了般若般若無此不可見故又體即般若照物如燈大乘妙智經未見經本但依賢首引耳或云即般若經般若是智摩訶是大亦可妙故
然此二三時並不能斷一代時教以各有據互相違故各別為於一類機故
然此二三時下第二辨順違然藏和尚起信疏問云此二三時可和會不自答云無會無不會言無會者各為人悉檀並是

聖教隨緣益物和何須會之故云無會言無不會者即可會也今會此義有其二門一約攝生寬狹言教具闕以明了不了二約益物漸次顯理增微以明了不了初門有二一約攝生寬狹者深密宗中初唯為

小次唯為大此二時中狹故非了第三時中普為發趣一切乘者寬故為了二約言教具缺者初唯說小次唯說大各有所闕故非了義於第三時具說三乘具故為了第二門內亦二初約益物漸次者謂妙智

經意初唯益小故非了義次雖益通大小不能令趣寂二乘得大菩提故非了義第三時中普得大益方為了義二顯理增微者初說緣生實有次說假有故非了義第三時中顯理至空會緣相盡故為了義依此會釋二宗各有了不了義此賢首意謂約初門則法相宗為了法性宗非了若約後門則法性宗為了法相宗非了既皆二義了二義不了於理則齊今觀賢首之意多明法性何者有二義故一以攝生寬狹

對益物漸次則攝生寬為了不及益物唯大為了以言教具闕對顯理增微則言教具為了不及顯理盡為了思之可知二者言中雖云各有二了有二不了深密宗中二種了義亦成不了何者如攝生中以第

二時唯攝大為不了第三時具攝為了者則得純金何如雜鑛純菩薩衆何如凡小同居法華唯為菩薩如何昔日被三是故應云唯攝大機為了總攝三根為不了又如言教具闕中以第二時不具為不了第

三具說三乘為了者言皆闕典應為不了雜以無稽應當是了純貴真金應為貴士瓦木雜貨應為富商法華唯說一乘何如昔開三興是故應云唯說一極方為了義雜說三乘即為不了上二本是法相為了今皆成不了後二又成法性是了則四不了皆屬前宗四種了義皆在法性恐法相者是非心生故疏不引之乃別為和會耳疏文分二先總明順違後各別會釋今初分三初總非前立謂既俱聖教不可受一

非餘二乎相違不可二文雙取故云並不能斷

深密經意為於一類偷般若者聞平等空撥無因果不了空有無二故第三時為其分析於一法上空有之義其妙智經則以一類聞說三性迷唯識者未能忘心觀緣起者定謂似有故令總忘心境即事而真

二深密經意下會釋二經恐有問云若並不許其如二經有文何故今為顯二經之意各有所為不可偏執偏執則互相違

得斯意者則不相違

三得斯意下結成和會若得經意二家俱得受一非餘則二家俱非故離之則兩傷合之則雙美

然欲會二宗須知二宗立義有多差別略叙數條一者一乘三乘別二一性五性別三唯心真妄別四真如隨緣凝然別五三性空有即離別六生佛不增不減別七二諦空有即離別八四相一時前後別九能所斷證即離別十佛身無為有為別

然欲會二宗下第二各別會釋於中三初標列章門次廣會初二後通略會釋今初十對句各一對皆先明法性後辨法相如云一乘三乘別則一乘是法性三乘是法相餘九例知初二次下廣明後八義分齊

中具顯

且初二義者由性有五一不同故令乘有三一權實

且初二義下第二廣會初二也於中二初雙標二義後別顯二相所以雙明者以初二義互相成故謂若立五性為了則三乘為了之義自彰以有聲聞緣覺二定性故則成二乘有菩薩性成菩薩乘不定性人通成三乘無種性人三所不攝則人天乘收則五乘亦具若以一性為了則一乘義成等有佛性故名一乘無不成佛故故涅槃云佛性者名為一乘

如法相宗意以一乘為權三乘為實

如法相下第二別顯二相者先法相宗中二先標所宗

故深密三時教中初皆不成次一向成是為若過若不及皆非了義第三時中有性者成無性不成方為了義故云普為發趣一切乘者又初二卷中皆云一乘是密意說故知是權

後故深密三時教下引文成立總為二段一明三乘為了一乘不了後明五性為了成前三乘前中引其二經初引深密雖明有性無性意成三乘言初皆不成者小乘中說獨佛一人有大覺性餘不說有故皆不成佛次一向乘者是第二時中唯說一乘一切衆生皆得成佛為一向成盡成則太過盡不成則不及故皆方便並為不了以初未堪聞大一向抑故第二時中勸令欣佛一向揚故第三時中依理正說有性皆成佛非不及也無性不成佛非太過也故稱實為了上明三乘是了之證又初二卷下證一乘是權

又勝鬘經以一乘為方便故

後引勝鬘亦但證一乘是權耳

大般若五百九十三中善勇猛菩薩言唯願世尊哀愍我等為具宣說如來境智若有情類於聲聞乘性決定者聞此法已速能證得自無漏地於獨覺乘性決定者聞此法已速依自乘而得出離於無上乘性決定者聞此法已速證無上正等菩提若有情類雖未已入正性離生而於三乘性不定者聞此法已皆發無上正等覺心

大般若下第二明五性為了成前三乘則顯一性一乘皆非了也於中總有五段引經而三論附出即分為五一引般若說有五性雖無第五前四既有無性必然前三可知第四云雖未已入正性離生者謂不定性人未入見道則容不定若入見道則名正定聚不容不定如入聲聞見道終無迴心作菩薩人言離生者見惑過患如生食在腹若入見道能離彼生故云離生至下更釋

深密第二大意同此

深密第二下引深密經於中二初指同前

文
又云一切趣寂聲聞種性補特伽羅雖蒙諸佛施設種種勇猛加行方便化導終不能令當坐道場證阿耨多羅三藐三菩提
後又云一切趣寂下證有趣寂若有趣寂則五性義成
又十輪第九亦說三乘各定差別皆以性定五故
又十輪下第三引十輪明定有三乘以成五性若無五性無三乘故
故楞伽中佛告大慧有五種種性一聲聞乘性二辟支佛乘性三如來乘性四不定乘性五者無性大莊嚴論及瑜伽論皆同此說
故楞伽下第四正明五性莊嚴瑜伽二論例同
善戒地持雖但說二種性一有種性二無種性亦云無種性人無種性故雖復勤行精進終不能得無上菩提但以人天善根而成熟之無性瑜伽亦同此說
善戒下第五引善戒地持立有二性以成前無性故彼論云種性有二一有種性二無種性彼論釋云種性者無始法爾六處殊勝展轉相續等而言亦云者全同楞伽以前不引彼經所釋故今例釋不欲繁文耳
若法性宗意則以三乘是權一乘為實
若法性宗下疏文亦二先標所宗
法華經云十方佛土中唯有一乘法無二亦無三除佛方便說又云初以三乘引導衆生然後但以大乘而度脫之
後法華下引證成立長分十段一引法華雙立一乘一性二引涅槃明乘性相成三重引法華明無趣寂四引涅槃第九明無無性五釋引經論結成正義六廣引諸經遮救定性七引涅槃遮救無性八引法華遮救趣寂九釋勝鬘會一乘方便十以法華結成破立今初分二先正立一乘後立一性釋成一乘今初十方佛土中等者即第一方便品偈上三句正立第四句釋疑言無二亦無三者古有多說大乘師云二即第二三即第三以菩薩乘勝故為第一此即生公意而未盡其旨生公云二者第二乘三者第三乘亦應無第一第一不乖所以大故不無之既無二三一亦去矣意云今日一乘深有玄致稱所以大所以大者義理深也昔三乘中大乘攜未融餘二則立為權若約悲智萬行不乖今日之一故云不乖所以大故不無之言既無二三一亦去者昔說有三二既不立大豈獨存以不收二乘又權指故亦同羊鹿俱不得故如光宅四乘中說若天台等意無二者無有聲聞緣覺之二乘無三者總無昔日三乘以皆非實故宗說不同任情去取若望經意但立一實為真趣舉二三皆悉不許不論大小如說世中此人獨立更無與比非要別指張王二人下句釋疑云若唯有一昔何說三又華嚴經云或有國土說一乘或二或三或四五如是乃至無有量故今釋云若如來方便則多少皆得十方國土及昔說有三是方便耳非真實也又

次下經云但以假名字引導於衆生又云初以三乘等者此引第二經重成三皆是權若具引者經云如彼長者初以三車誘引諸子然後但以大車寶物莊嚴安隱第一然彼長者無虛妄之咎如來亦復如是無有虛妄初說三乘引導衆生然後但以大乘而度脫之釋曰此文皆明先三是權後一為實縱饒會二歸一亦是三為方便唯一為實耳

以性唯一故故云諸佛兩足尊知法常無性

又第三云一相一味究竟涅槃常寂滅相

以性唯一下引其二文明唯一性證成一乘此句總以一性成一乘若有多性容有多乘既唯一性並同作佛故唯一乘耳故云諸佛兩足尊下引證初引第一未來佛章故彼偈云未來世諸佛雖說百千億無數諸法門其實為一乘諸佛兩足尊知法常無性佛種從緣起是故說一乘是法住法位世間相常住於道場知已導師方便說今但引兩句顯諸法無性成一性義耳然上三偈諸釋不同今直解經文初一偈明當佛開權終歸一實故云其實為一乘次偈釋說一乘所以以唯一性故謂若有二性容有兩乘既唯一性故說一乘耳知法常無性者知即證知法謂所證知法即色心等一切法也常無性者所證之理也即真如無性之理云何常無性謂色心等從本已來性相空寂非自非他非共非離湛然常寂故曰無性而言常者謂有來即無非推之使無故曰常無性耳佛種從緣起者然有二義一約因種因種即正因佛性故涅槃云佛性者即是無上菩提中道種子此種即前常無性理故涅槃云佛性者即是第一義空無性即空義也緣即六度萬行是緣因佛性起彼正因令得成佛是故說一乘者唯以佛性起於佛性更無餘性故說一乘稱理說也體同曰性相似名種故關中云如稻自生稻不生餘穀此屬性也萌幹花粒其類無差此屬種也二果種性關中云佛報唯佛其理不差即性義也說法度人類皆相似此種義也果之種性緣真理生故云從緣起故釋此偈云佛緣理生理既無二是故說一乘耳意云證理成佛稱理說一此中知法常無性偈全同出現出現品云如來成正覺時於其身中普見一切衆生成正覺乃至普見一切衆生入涅槃皆同一性所謂無性乃至云知一切法皆無性故得一切智大悲相續救度衆生謂知無性佛性同故准於下經以知無性尚得一成一切皆成況不說一乘而度脫之後偈云是法住法位等者重釋前偈言是法者即前所知之法所以常無性者由住真如正位故由緣無性緣起即真由即真故上云無性言法位者即真如正位故智論說法性法界法住法位皆真如異名世法即如故皆常住謂因乘常理成三界無常若解無常之實即無常而成常矣則常與無常二理不偏故涅槃經況之二鳥今於道場證知一切世間無常即真常理猶懸鏡高堂萬像斯鑒二而不二

不可言宣以方便力假以言說一尚假說
況有二三故知前偈即一性之文疏中畧
要但引一句耳又第三下此引藥草喻品
證一性義彼經云衆生住於種種之地唯
有如来如實見之明了無礙如彼卉木叢
林諸藥草等而不自知上中下性如来知
是一相一味之法所謂解脫相離相滅相
究竟涅槃常寂滅相終歸於空今但畧引
二句以此證知則明三乘之人不知差別
即一唯佛究之三即無二言一解脫者真
解脫也故第二經偈云爲滅諦故脩行於
道離諸苦縛名得解脫是人於何而得解
脫但離虛妄名爲解脫其實未得一切解
脫釋曰一切解脫即真解脫真解脫者即
是一解脫味故無二味安有三乘又云常
寂滅相即性淨涅槃是上世間相常住也
故皆一性
涅槃亦云佛性者名爲一乘師子吼者名決
定說決定宣說一切衆生皆有佛性凡是有
心定當作佛三十三又云一切衆生同有佛
性皆同一乘同一解脫一因一果同一甘露
一切當得常樂我淨是名一味
涅槃亦云下第二引涅槃明乘性相成非
但由唯一性故說一乘經明一性即一乘
也即第二十七經云善男子畢竟有二種
鈔四
一者莊嚴畢竟二者究竟畢竟一者世間
十六
畢竟二者出世間畢竟莊嚴畢竟者六波
羅蜜究竟畢竟者一切衆生所得一乘一
乘者名爲佛性以是義故我說一切衆生
悉有佛性一切衆生悉有一乘以無明覆
故不能得見釋曰以皆有佛性故唯一乘
又佛性者即是第一義空之理理運弥載
即是乘義耳言師子吼者名決定說者亦
即第二十七經師子吼品釋曰若不宣說
一切衆生皆有佛性則是野干鳴設千萬
年在於佛法終不能作師子吼也三十三
又云下引證佛性即是一乘非但因同果
亦同也亦師子吼品彼明海有八德下具
合之此合第三一味義經中但加標云三
者一味餘如疏文一甘露者正顯一味甘
露以喻涅槃
又法華第三云我滅度後復有弟子不聞是
經不知不覺菩薩所行趣寂義自於所得功
德生滅度想當入涅槃我於餘國作佛更有
異名是人雖生滅度之想入於涅槃而於彼
鈔四　十七
土求佛智慧得聞是經唯則無趣寂以佛乘
而得滅度等
又法華第三云下第三明無趣寂既無趣
寂則無定性二乘一乘之義亦已顯矣疏
引三文謂法華智論及法華論今初即化
城喻品結會世尊所化弟子經云爾時所
化無量恒河沙等衆生者汝等諸比丘及
我滅度後未来世中聲聞弟子是也我滅
度後下疏全同言餘國者有云隨舉娑婆
之外一國即是若天台云餘國者方便有
餘土也彼立四土一凡聖同居土即法相中
變化土也二方便有餘土三實報無障礙
土即是法相中報土通自他受用四常寂
光土即法性土方便一土法相所無天台
依憑智論而立即下所引九十五文論云

阿羅漢先世因緣所受身必應當滅住在何處而具足佛道荅得阿羅漢更不復生三界有淨佛土出於三界乃至無煩惱之名於是國土佛所聞法華經具足佛道如法華經說有阿羅漢我於餘國等引文全同前疏又云若尒羅漢受法性身應疾得菩提何以稽留荅云以捨衆生捨佛道故又復虛言得道雖不受生死於菩提根鈍不能疾得不如直往菩薩

大方廣佛華嚴經疏演義鈔卷第十三　龍四　丈

大方廣佛華嚴經疏演義鈔卷第十三

校勘記

一　底本，明永樂北藏本。

一　九三〇頁中一三行「富商」，徑、清作「富商」。

一　九三一頁上一九行「第二」，清作「第三」。

大方廣佛華嚴經疏演義鈔卷第十四　稅五

清涼山大華嚴寺沙門　澄觀　撰述

智論九十五亦同此說明知趣寂決定迴心

釋曰智論之文昭然與法華符會定知雖出三界不趣寂也故疏結云決定迴心

稅五　一

法華論中四聲聞內決定及增上慢此二根未熟故菩薩與記方便令發心

法華論中下引論成上無趣寂義先引後釋令初然論云言聲聞授記者聲聞有四種一者決定聲聞二者增上慢聲聞三者退菩提心聲聞四者應化聲聞二種聲聞如來與授記謂應化聲聞退已還發菩提心者若決定者增上慢者二種聲聞根未熟故如來不與授記菩薩與授記菩薩授記者方便令發心故疏文畧引耳言退菩提心得記者即如身子二萬佛所已曾教化又次下云我今還欲令汝等憶念本願所行道故則非獨身子又四大聲聞自陳捨父逃逝明已先化第三周中引大通智勝佛所曾已廣化皆是退菩提心言應化者如富樓那內祕菩薩行外現是聲聞又言是故諸菩薩作聲聞緣覺又阿難自憶本願偈云方便為侍者羅睺羅偈云羅睺羅密行唯我能知之現為我長子皆是應化聲聞也故知夫能對揚聖教影響其迹靡不是權而獨言富樓那是應化者亦抑法華諸羅漢耳言菩薩與記者論主次前自云如不輕品中示現禮拜讚歎作如是言我不輕於汝汝等皆當作佛者云諸衆生皆有佛性故此上皆論而安國法師不許此義云何有昔時菩薩預記今日會上聲聞即諸弘法菩薩謂藥王等當與記也釋曰既是論主自言菩薩與記亦論自釋何得不依

既云未熟明必當熟方便令發即菩提心不可不順已宗判為論錯

稅五　二

既云未熟下釋上所引論文若決定聲聞定不成佛則應言餘二聲聞根不熟故佛不與記既言未熟非永不熟也若大乘云合言不熟譯者之誤言未熟耳故疏結彈云未可未字不順已宗定有趣寂便判論文錯耶又上言方便令發心者彼論次前有問曰彼聲聞等為實成佛故與授記為不成佛與授記耶若實成佛者菩薩何故於無量劫修集無量種種功德若不成佛者云何與之虛妄授記荅曰彼聲聞授記者得決定心非諸聲聞成就法性故如來依三平等說一乘法故以如來法身與彼聲聞法身平等無異故與授記非即具修功德行故是故菩薩功德具足諸聲聞人功德未具足釋曰由此論文故上云方便令發心耳言三平等者一乘平等無二乘故二生死涅槃平等三身平等今即第三平等

入楞伽第二第四第七皆同說二乘無實涅槃但是三昧力故後必當得無上菩提法華

稅五　三

論中意亦同此皆是假說涅槃故云三昧勝鬘亦云言諸二乘得涅槃者是佛方便又無上依經寶性佛性二論皆說入寂二乘於三界外更受變易密嚴經中二乘必無灰斷永

滅

入楞伽下亦成無趣寂義言入楞伽者即後魏菩提留支所譯十卷世尊入楞伽王城故云入也同引三卷經文皆說無實涅槃明知定無趣寂者爾何以言得涅槃望其當分謂是無餘涅槃以大乘望之但是三昧深入三昧沉空多時假云涅槃以引劣器耳法花論中意亦同此者同無實涅槃也論釋七譬喻中第四爲有定人說化城喻論云四者實無而有增上慢人以有世間有漏三昧三摩跋提實無涅槃而生涅槃相如是顛倒取對治此故爲說化城譬喻應知釋曰既言無實涅槃明知是假說耳故與前同次引勝鬘亦成上來涅槃不實耳又無上依經等者無上依經第一說云阿難一切阿羅漢辟支佛大地菩薩爲四種障不得如來法身四德一者生緣惑二者生因惑三者有有四者無有何者是生緣惑即是無明住地生一切行如無明生業何者是生因惑是無明住地所生諸行譬如無明所生諸業何者有有緣無明住地因無明住地所起無漏行起三種意生身譬如四取爲緣三有漏業爲因起三種有何者無有緣三種意生身不可覺知微細墮滅譬如緣三有中生念念老死無明住地一切煩惱是其依處未斷除故訶羅阿漢及辟支佛自在菩薩不得至見煩惱垢濁習氣臭穢究竟滅盡大淨波羅密因無明住地起輕相惑有虛妄行未滅除故不得至見無作無行極寂大我波羅密緣無明住地因微細虛妄起無漏業意生諸陰未除盡故不得至見極滅遠離大樂波羅密若未能得一切煩惱諸業生難永盡無餘是諸如來爲甘露界則變易生死斷續流滅無量不得至見極無變異大常波羅密阿難於三界中有四種難一者煩惱難二者業難三者生報難四者過失難無明住地所起方便生死如三界內煩惱難無明住地所起因緣生死如三界內業難無明住地所起有有生死如三界內生報難無明住地所起無有生死如三界內過失難應如是知阿難四種生死未除滅故三種意生身無有常樂我淨波羅密果唯佛法身是常是樂是我是淨波羅密汝應知釋曰據上經文明於二乘及自在菩薩皆受變易三界之外有業惑苦甚爲昭著如何斷言永滅無餘下疏明四種生死可撿於此論下文又廣說常樂我淨之相亦可知所歸下言寶性佛性二論者大意同無上依經寶性論當第三佛性論當第二此卷亦廣說四種生死

如是經論其文非一永寂聲聞必無明矣

如是經論下結成無定性聲聞也

涅槃第九菩薩品中廣明闡提斷善不能發心當文即云彼一闡提雖有佛性而爲無量罪垢所纏不能得出如蠶處繭此則有而非無又云或有佛性闡提人有善根人無等即知無有無種性人

涅槃第九下第四明無無性彼經廣說闡提無善根竟即云復次善男子譬如蓮花

為日所照無不開敷一切衆生亦復如是若得見聞大涅槃日未發心者皆悉發心為菩提因是故我說大涅槃光所入毛孔必為妙因彼一闡提雖有佛性而為無量罪垢所纏不能得出如蚕處繭以是業緣不能生於菩提妙因流轉生死無有窮已上皆經文今疏但取中間意在雖有佛性之言既言雖有則非無也但未得其用耳故疏結云此則有而非無言又云或有佛性闡提人有等者即涅槃第三十六南經三十二皆迦葉菩薩品具有四句今但引第一句者是證闡提有佛性經云善男子或有佛性一闡提有善根人無或有佛性善根人有一闡提無或有佛性二人俱有或有佛性二人俱無善男子我諸弟子若解如是四句義者不應難言[六]一闡提人定有佛性定無佛性若言衆生悉有佛性是名如來隨自意語如來如是隨自意語衆生云何一向作解此一段經延遠皆釋大同小異今依薦福彼疏云今准經明佛性畧有五種謂善不善無及理果等今言一闡提有善根人無者此是不善佛性也然善根人有其二種一是離欲善根人離欲斷一切不善故二是五住已上五住已上無不善性故此之二人俱無不善性也善根人有闡提人無者此是善佛性也闡提斷一切善故云無也二人俱有者理及無記性也二人俱無者俱無果性也此中有者是現有非曾當也然有人執此經文謂一分善根人及一分闡提無有佛性以經說有善根人及一闡提無故善根人無者是無性不斷善人闡提人無者是斷善無性二人俱有者俱是有性二人俱無者俱是無性此釋違經故涅槃上文云如來佛性則有二種一有二無[七]有者所謂三十二相乃至無量三昧是名為有無者所謂如來過去諸善不善無記業因果報煩惱五陰十二因緣是名為無乃至一闡提佛性亦爾是則上從乎佛下至闡提皆有有無二性無全無性由善根人與一闡提有無二性異故得有四句此中明佛性多種有無不同不明衆生多種有性無性所以得知經云或有佛性善根人有闡提人無等故不言或有善根人有佛性闡性所無佛性故詃文尚不識顛倒何能解義今此善不善因果理性無一衆生悉俱一切無一衆生悉無一切始末以明一切衆生具一切也佛與闡提亦有四句佛有非闡提者謂果性闡提有非佛者謂無明諸結性二人俱有者是理性二人俱無者善因性故闡提決有佛性又上經云若言衆生中別有佛性者是義不然何以故衆生即佛性佛性即衆生直以時異有淨不淨解曰生之與性既二互相即明有衆生即有佛性矣

況前引楞伽五性自迷其文彼經第五性云五者無性謂一闡提此有二種一者焚燒一切善根即謗菩薩藏二者憐愍一切衆生界即是菩薩若有衆生不入涅槃我亦不入大慧白言此二何者常不入涅槃佛言菩薩常

不入涅槃非焚燒一切善根者以知諸法本
來涅槃不捨一切諸衆生故
況前引楞伽五性自迷其文等者破其所
引不曉經意彼之所引證無性義今釋其
所引還成有性非無性也何者以彼經言
非焚燒一切善根者常不入涅槃則有入
義也
此意則明菩薩入而不入既云菩薩常不入
非闡提者則明闡提後必入矣
此意則明下疏釋經意
況經自云復以如來神力故或時善根生耶
況經自下引經結成
莊嚴第五無性亦有二種一是時邊二者畢
竟時邊謂暫時之無即前闡提畢竟謂永無
即大悲菩薩
莊嚴下引論重成同前楞伽非畢竟無性
是知前來所引大般若深密等經皆是未說
法華之前就其長時云定性無性非永定永
無
是知前來下第五釋引經論結成正義於

中有二初釋般若深密經意意明長時定
性長時無性多劫之外定性迴心多劫之
外無性說有故云非永定永無非永定者
結上聲聞非永無者結闡提也
諸論隨佛方便成立故云定無耳故實性佛
性等論皆說以一闡提謗大乘因依無量時
說無佛性非謂究竟無清淨性
諸論隨佛下二通妨難謂有難言諸大菩
薩造論釋義言永定永無豈是菩薩不了
佛意故今釋云菩薩能知隨教弘闡耳故
世親造於小論則無預大乘說般若宗則
性空寂滅建立唯識則性相歷然及釋法
花一乘昭著解十地論則六相圓融餘諸
菩薩例此可知佛隨衆生機緣立教菩薩
隨佛亦顯淺深故次下引實性佛性則符
一性
若謂法華是第二時教爲引不定二乘故說
一切悉皆成佛而猶未說定性不成故名密
意非了義者
若謂法華是第二時下第六引諸經謂違

救定性於中二先正牒破後結成前非今
初又二先牒救詞後何以下正難今初言
是第二時者彼不立爲第二時教由謂一
乘是密意說義當深密第二時故又以法
花盛破三乘說於一乘故當第二時耳言
爲引不定者彼引攝論第十偈云爲引攝
一類及任持所餘由不定種性諸佛說一
乘等者彼有十意此偈有二一爲引攝一
類不定性聲聞故二爲任持不定性菩薩
恐退精進故今但取初意故云爲引不定
性故一切悉成即一乘義既未說定性不
成故是密意若作此說者
何以自判法華爲第三時教
何以自判法花爲第三時教者彼法花疏
引經云我等今日得未曾有非先所望而
今自得即第三時教也又下結云爲顯第
三時真實之教故說此經據上二文則判
法花爲第三時約明一乘是密意說則成
法花復屬第二一宗自立義語相違
誰敢判於法華爲不了耶

言誰敢下即遮救也恐彼救言設依審意為不了者復有何過故便難云誰敢判為不了以判不了即是謗經謗經即恐招極苦報但由不信皆當作佛即是謗經豈要不信文字經卷故謗不輕但由不信汝等皆當作佛言耳

妙智經中及梁攝論成立正法中皆以一乘居三乘後故真諦三藏部異執記云三十八年後說解節經等無量義云四十年後說法華經明知法華居後故經云臨欲終時

妙智經等者此雙引經論妙智經者即上西域三時教中第二時中明於三乘第三時中即明一乘故言一乘居三乘後次引梁論成立正法中者即第八卷末論曰佛說正法善成立釋論釋曰一切三世諸佛共說此法所說理同不相違背故名正法又欲顯說者勝故言佛說由所說道理勝及所得果勝故名正法如來成立正法有三種一立小乘二立大乘三立一乘於此三中第三最勝故名善成立解曰既彼論亦云第三最勝居三乘後則三非了矣言真諦三藏部異執記者即宗輪之異名耳言故經云臨欲終時者即引法華第二信解品文經云復經少時父知子意漸以通泰成就大志自鄙先心臨欲終時而命其子并會親族國王大臣刹利居士皆悉已集即自宣言諸君當知此實我子我之所生乃至吾今所有一切財物皆是子有先所出內是子所知斯即會無性定性父知子意明法華會中一切聲聞皆佛真子臨欲終時者喻臨涅槃時也第二經末亦云若如來自知涅槃時到等明皆臨涅槃時也

若不信法華居後涅槃臨終居然可信豈不亦以一乘一性破三五耶

若不信下又遮其救恐彼救言雖言臨終說於法華臨終言寬容後更說其餘經故若作此救且置法華涅槃既云二月十五日臨涅槃時晨朝唱滅中夜涅槃斯為最後居然可信此後必定不說別經而涅槃亦說一乘以破三乘一性破五則一乘一性亦居最後矣那言居第二時為不了耶

若以般若為第二時法華為第三時於理即通復自為深密第三時中普為發趣一切乘者以法華破三故

若以般若為第二時下復重遮救恐其救云我對般若為第二時故立法華為第三時以般若但明於空法華顯中道故若作此救且縱可尒以後多分一義說故即自違於深密三時深密三時三乘為了破第二時說皆成不了故今說法華以一破三豈得同於第三時教

明知深密三時不能定斷一切聖教以未居最後故且約顯一類義故分三耳義如前說若將法華望之應有四時以一乘教破前三乘故

明知深密下第二結成前非欲將深密三時定斷一切佛法理不盡故言以未居最後故者以約時判未是窮終之極唱故如世後勅破於前勅涅槃法華居於最後故

能決了有餘義耳若爾不言深密豈不謗
於深密經耶故下釋云深密別為一類之
機故非無理以諸餘經雖未終極各隨一
類皆不相違義如前說者如前敘西域中
最後會通也
說五
若謂佛性有二一者理性二者行性理性定
有行性或無斯言可爾故涅槃云或有佛性
善根人有闡提人無即是行性或有佛性二
人俱有即是理性
十三
若謂佛性有二下第七遮故無性於中二
先牒執詞後辨差當今初彼法華疏云然
性有二種一者理性勝鬘所說如來藏是
二者行性楞伽所說如來藏是前皆有之
後性或無故今許云斯言可爾故涅槃云
下引經為證
然涅槃依於理性明其等有故云凡是有心
定當作佛不言凡是有行定當作佛若謂理
性定有容趣寂不成則違教理
然涅槃依於理性下第二辨其差當涅槃
明有心作佛有心未必有行既皆作佛明
約理性若有理性何以趣寂定不成佛有
心定當作佛豈得相成
是知闡提不作佛者以作佛非闡提故乃抑
揚當時耳
是知下結示正義謂闡提實不作佛今言
闡提作佛者以發心之後方能作佛從其
未發心前名闡提耳故云以作佛非闡提
故亦如女身不得成佛今言龍女作佛者
龍女能作當佛正作佛時忽然之間變成
男子豈是女身作耶闡提成佛亦復如是
此約成佛若約佛性理本有之抑揚當時
者言闡提無者抑挫令其發心未作闡提
令其莫作若言闡提有者顯揚理性令不
自欺若已作闡提令速迴心若速發心得
說五
十四
佛無是故言有未必總有果行言無未
必總無理等故生公云抑揚當時誘物之
妙豈可守文哉以釋法顯翻六卷泥洹經
云除一闡提皆有佛性生公云夫稟質二
儀皆是涅槃正因闡提含生之類何得獨
無佛性蓋是此經度未盡耳由唱此言被
擯武丘後大經既至聖行已下果云一闡
提人雖彼斷善猶有佛性於是諸公經舟
迎接請唱斯經每至闡提有佛性之文諸
德莫不挽脫何以至今猶存無義
若謂法華入滅後信一乘即是變化權聲聞
者
若謂法華入滅下第八遮故趣寂於中先
牒救詞謂彼敘云上法華第三云我於餘
國作佛更有異名是人雖生滅度之想入
於涅槃而於彼土得聞是經入於佛慧者
是應化聲聞非定性入滅聲聞者
權必化實無實化誰
權必化實下後正破也於中二先總奪化
有無用之失如有不定性聲聞故菩薩化
說五
十五
為聲聞誘令回心此則化而有益今汝宗
中定性決不迴心何用化為定性受一乘
耶故無所化之機能化便成無用
又豈不悞於一類怯弱好滅眾生
又豈不悞下縱有其化翻成損言悞於
一類怯弱等者謂一類人厭生死苦又聞

佛道長遠心生怯弱常欲且趣寂滅若知一滅永沉彼則不敢趣滅令見變化之者從滅得起此怯弱人便謂有真趣滅得起便即趣滅希後得起汝宗一滅決定不起便成悞彼令其永沉故云斷耳

是知趣寂皆是法華前意耳

是知趣寂下結成正義法花已前有二意故說有趣寂一為好滅之者且順其心謂彼念言大患莫若於有身故滅身以歸無勞勤莫先於有智故絕智以淪虛智以形患形以智勞輪轉修途疲而弗已不知寂滅諸患永亡故順彼機言有永寂二者為欲恐怖不定怯弱菩薩謂有菩薩係於廣利且欲息心既聞永寂聲聞一沉涅槃永不復起便生怖畏懼見小乘由此策心還行大道有斯二益權說有之不曉隨宜執為究竟故法花之會廣破昔非三根聲聞皆與記別不在此會亦為宣陳若實是聲聞必信一乘之說若不信者增上慢人第一周中猶云除佛滅後現前無佛以佛滅後解一乘義者難得其人故許不信及第三周即言餘國決定變化明文若此何用偏執故言皆是法花前意耳

又勝鬘經云若如來隨彼所欲而方便說即是一乘無有二乘二乘入於一乘一乘者即第一義乘△此意明隨欲方便而說二乘明知即是一乘無有二矣△不曉此意將上方便連下一乘而讀之輙斷一乘以為方便惑之甚矣

又勝鬘經云下第九會一乘方便之言意云若隨欲說不是方便是真實者即定有三乘既隨欲說是方便說非真實者則明唯有一乘故云即是一乘即是隨彼所欲而方便說便為一句此是一乘所以下云即是一乘無有二乘正顯一乘之義諸公錯讀乃云而方便說即是一乘故謂一乘而為方便斯定悞矣若以名中一乘大方便者此是巧化攝物運濟方便非是無實假設方便故生公云理本無言假言而言即是方便

又彼經中廣破二乘云無涅槃又云此經斷一切疑決定了義入一乘道△豈說一乘以為方便

又彼經中下更引勝鬘餘文證成一乘真實可知

設有方便之言尚在法華之前況復無耶

設有方便之言者復縱破之莫論勝鬘無一乘方便之言設縱有一乘是方便之言者亦是法花之前方便說耳及至法花亦須破三歸一也況復經無此言何須強執

法華云此經難信難解佛現在世猶多怨嫉況滅度後誠哉斯言若保執三乘五性不信一乘一性者深為可愍

法花云此經難信難解下第十結成破立意云以四十餘年皆說三乘唯至法花獨說一乘故難信解此即法師品文文云佛告樂王我所說經典無量千萬億已說今說當說而於其中此法花經最為難信難解藥王此經是諸佛秘要之藏不可分布妄授與人諸佛世尊之所守護從昔已來

未曾顯說而此經者如來現在猶多怨嫉況滅度後今疏畧引言已說者法花之前謂般若等言今說者即無量義經言當說者即涅槃等所以方諸不及法花難信解者以法花是會三之始歸一之初信解者難耳昔經雖妙猶帶三乘曾未明言說唯一實涅槃之中雖明一極法花在前已破三故彼說一極便易信受法花猶如先鋒涅槃同於大軍先鋒已破於賊後軍用力不多耳又破三顯一法花如收穫涅槃如拾穟故涅槃三十六云昔於靈山說法華經八千聲聞得受記別如秋收冬藏更無所為即其義耳若依難信之義設將已說該著華嚴若比法華亦為易信始成正覺便說一極上根所受不對昔權故比法華誠易信耳誠哉斯言者結定前經若保執下結成破立三乘五性即是所破一乘一性以為所立

故百喻經第二中王敕聚落五由旬為三由旬喻以喻方便於一說三後人但信於三不信於一即其事也

故百喻經下更引他經證成一義彼經第二云昔有一聚落去王城五由旬村中有好美水王勑村人常使日日送其美水村人疲苦悉欲移避遠此村去時彼村主語諸人言汝等莫去我當為汝白王改五由旬作三由旬使汝得近往來不疲即往白王王為改之作三由旬衆人聞已便大歡喜有人語言此故是本五由旬更無有異雖聞此言信王語故終不肯捨世間之人亦復如是修行正法度於五道向涅槃城心生厭倦便欲捨離頓駕生死不能復進如來法王有大方便於一乘法分別說三小乘之人聞之歡喜以為易行修善進德求度生死後聞人說無有三乘故是一道以信佛語終不肯捨如彼村人亦復如是此經即是金口良斷權實顯然可息諍論耳

大方廣佛華嚴經疏演義鈔卷第十四

大方廣佛華嚴經疏演義鈔卷第十四

校勘記

一　底本，明永樂北藏本。

一　九三七頁中七行「羅阿漢」，徑、清作「阿羅漢」。

一　九三八頁下四行「闡性圻」，徑作「闡提人」。

一　九四二頁下五行「可知」，徑作「可解」。

一　九四二頁下一七行「樂王」，徑、清作「藥王」。

大方廣佛華嚴經疏演義鈔卷第十五　秘六

清涼山大華嚴寺沙門　澄觀　撰述

上約二宗各別所據則乎相違反若會釋者亦不相違

上約二宗下第三通會二宗令不相違然此會者恐於後學宗計是非以生過患故復會通雖復會通權實不失於中先總標謂就機則三約法則一新熏則五本有無二若入理雙拂則三一兩亡若約佛化儀則能三能一

後謂就機下正會言約法則一者非佛化法化法亦有權說三乘故今言法者佛之知見一乘可軌之法耳言新熏則五本有無二者然准法相立新熏者亦說有五立本有者亦說有五今借其言不依其義謂衆生遇緣熏習三乘種性及不定無性故有五耳何者唯習近聲聞成聲聞定性習近緣覺成緣覺定性故法華安樂行中不許親近聲聞者恐被熏習成其性故若唯近菩薩則成菩薩性若俱習近三乘則成不定性人亦如今人偏習禪戒等即成定性三學俱習成不定性不定偏執故若都不習近三乘則成無性卒難歎化故知熏習成五種性依其長時故說各別言本有無二者本有佛性理不容差故說有心定當作佛非是本有五種性也言若入理等者真理寂寥不屬諸數借一以遣三三亡而一遣言窮慮絶何實何權體本寂寥孰三孰一故法句經云森羅及萬像一法之所印此以一遣多也又云一亦不爲一爲欲破諸數淺智著諸法計一以爲一此以非一遣一也故須三一兩亡若約佛化儀則能三能一者隨物機宜則說三乘陶練已久則便說一故下經云或有國土說一乘或二或三或四五如是乃至無有量釋曰尚有無量況三一耶

是故競執是非違無違諍大集五部雖異不離法界涅槃各說身因佛許無非正說餘義次下當會古今違順竟

是故下令捴除執常說權實亦莫執之此即求那跋摩遺文偈也謂有偈云諸論各異宗修行理無二競執有是非達者無違諍亦如勝尊者對迦膩色迦王云如析金杖況以爭衣爭衣則衣終不破析杖則金體無殊是故依之修行無不獲益耳言大集五部雖異者謂五部僧故涅槃三十二亦云五部僧互生是非沒三惡道涅槃各說身因者即第三十五經云善男子如我所說十二部經或隨自意說或隨他意說或隨自他意說云何名爲隨自意說如五百比丘問舍利弗大德佛說身因何者是耶舍利弗言諸大德汝等亦各得正解脫自應識之何緣方作如是問耶有比丘言大德我未獲得正解脫時意謂無明即是身因作是觀時得阿羅漢果復有說言大德我未獲得正解脫時謂愛無明即是身因作是觀時得阿羅漢果或有說言行識名色六入觸受愛取有生飲食五欲即是身因爾時五百比丘各各自說已所解已共往佛所稽首佛足右遶三帀禮拜畢已却

坐一面各以如上已所解義向佛說之舍利弗白佛言世尊如是諸人誰是正說誰不正說佛告舍利弗善哉善哉一一比丘無非正說舍利弗言世尊佛意云何佛言舍利弗我為欲界衆生說言父母即是身因如是等經名隨自意說云云釋曰意取各隨自說者為隨自意今䟽所引不取隨自意義但取皆正說言五百雖異皆為正說二宗小別並合佛教故不應是非故海東曉公云如言而取所說皆非得意而談所說皆是則貴在得意亡言耳餘可知矣

第三立教開宗分二一以義分教二依教分宗

第三立教開宗中䟽文分二先標章

今初以義分教教類有五即賢首所立廣有別章大同天台但加頓教今先用之後總會通有不安者頗為改易

後今初下別釋分教於中三初總辨源由次言五教下正立五教後若約所說下約詮辨異

言五教者一小乘教二大乘始教三終教四頓教五圓教

二中二先列名

初即天台藏教

後初即天台下解釋初小乘教易故不釋以見天台立名招難故改名小乘所禀法門不異於彼故指同也

二始教者亦名分教以深密第二第三時教同許定性二乘俱不成佛故今合之總為一教

二始教等者文二先正立後釋名今初言二乘俱不成佛者其言猶略應云闡提二乘皆不成佛故下終教有二乘闡提皆成佛言以趣寂難成故偏舉耳

此既未盡大乘法理故立為初有不成佛故名為分

此既未盡下二釋名也謂何名初教復稱分耶由合二三兩時皆未盡理故言未盡者第二時中但明於空空是初門第三時中定有三乘隱於一極故初教名並從深密二時以得云何空為初門法鼓經中以空門為始以不空門為終故彼經云迦葉白佛言諸摩訶衍經多說空義佛告迦葉一切空經是有餘說唯有此經是無上說非有餘說故若爾彼第三時既不明空何得名初以未顯一極故特由此義加分教名故云有不成佛故名為分

三終教者亦名實教

三終教等者䟽文有三初立名次定性二乘下立理釋名後上二下結前生後

定性二乘無性闡提悉當成佛方盡大乘至極之說故立為終以稱實理故名為實

二中亦對第二教二義由前定性二乘及一闡提皆不成佛故名為分亦名為始今既盡理所以名終立實教名雙對前二非唯說空復說中道妙有故稱實理既非分成亦名稱實

上二教並依地位漸次修成故總名漸△四頓教者但一念不生即名為佛

四頓教等者初正立次釋名後解妨今初

言一念不生即名爲佛者即心本是佛體妄起故爲衆生一念妄心不生何爲不得名佛故達摩碑云心有也曠劫而滯凡夫心無也剎那而登正覺下經云法性本空寂無取亦無見性空即是佛不可得思量

不依地位漸次而說故立爲頓

不依地位下二釋名先正釋如思益云得諸法正性者不從一地至於一地楞伽云初地即爲八乃至無所有何次等後引二經思益經文文顯易了楞伽經語畧而未周謂彼經第四先長行云大慧於第一義無次第相續說無所有妄想寂滅法頌中有七偈後二偈明不立地位云十地則爲初初則爲八地第九則爲七七亦復爲八第二爲第三第四爲第五第三爲第六無所有何次解曰初之七句約義配同最後一句據理都泯十地則爲初者同證如矣初則爲八地者初地不爲煩惱所動同不動矣第九則爲七者第九同第七無生忍矣七亦復爲八者純無相觀與八同矣第二爲第三者同信忍矣第四爲第五者同順忍矣第三爲第六者第三地中發三慧光第六地中得勝般若同慧義矣無所有何次者頌上經文於第一義無次第相續等今疏上句略舉約義同中一句之要下句即據理都泯義已略周正意在於下句而言等者等餘經文

不同前漸次位修行不同於後圓融具德故立名頓

不同前漸下上約當法立名此下對他受稱不同二三之漸不同第五之圓故立此名則圓頓義異不同天台圓即是頓

頓詮此理故名頓教

頓詮此理下解妨難此有二難一者刊定記難和尚云上所引經當知此並亡詮顯理復何將此立爲能詮若此是教更何是理今爲通此故云頓詮此理故名頓教謂所詮是理令頓說理豈非能詮夫能詮教皆從所詮以立若詮三乘則是漸教若詮事事無礙即是圓教豈以所詮是理不許能詮爲教耶何得難言更何是理迷之甚矣又復難言若以教離言故與理不別者終圓二教豈不離言若許離言總應名頓何有五教若謂雖說離言不礙言說者此圓二教亦應名頓以皆離言不礙言故今顯不教者以賢首不如此立何用教耶但用一句之言諸難皆破故知形雖入室智未昇堂亦由曾不參禪致使全迷頓旨

天台所以不立者以四教中皆有一絕言故今乃開者頓顯絕言別爲一類離念機故即順禪宗

天台所以不立下通第二難謂有問言此之五教模搭天台初即藏教二即通教三即別教第五名同天台既不立頓何用此中別立故今釋云若全同天台何以別立有少異故所以加之天台四教皆有絕言四教分之故不立頓賢首意云天台四教絕言並令亡詮會旨今欲頓詮言絕之理別爲一類之機不有此門逗機不足即順禪宗者達摩以心傳心正是斯教若不指

一言以直說即心是佛心要何由可傳故寄無言之言直詮言絕之理教亦明矣故南北宗禪不出頓教也

五圓教者明一位即一切位一切位即一位是故十信滿心即攝五位成正覺等依普賢法界帝網重重主伴具足故名圓教△如此經等說

五圓教下先正立後指經既是當經義理分齊一門廣說故不釋耳又亦大同諸師圓教故

若約所說法相者

若約所說法相者下第三約所詮辨異然賢首義分齊內第二卷廣明今但略說於中上一句標下皆解釋

初小乘中但說七十五法

初小乘中四一約法數多少二約二空差別三約所依根本四結成有餘今初言七十五法者謂五類法中有多少故謂色法十一俱舍頌云色者唯五根五境及無表二心法一即是意識三心所有法四十六謂大地法有十俱舍頌云受想思觸欲慧念與作意勝解三摩地遍於一切心大善地法有十頌云信及不放逸輕安捨慚愧二根及不害勤唯遍善心大煩惱有六癡逸怠不信惛掉恒為深大不善有二謂無慚及無愧小煩惱法有十頌云忿覆慳嫉惱害恨諂誑憍如是類名為小煩惱地法不定有八謂悔眠尋伺貪瞋幷慢疑上之六類有四十六四者不相應行法有十四一得二非得三同分四無想異熟五無想定六滅盡定七命根八生九住十異十一滅十二名十三句十四文故頌云得非得同分無想二定命及生住異滅幷名句文身五者無為有三一擇滅二非擇滅三虛空總上五類之法合七十五法比於大乘欠二十五次下當明

但說人空縱少說法空亦不明顯

但說人空下明二空差別以其根劣未堪聞說二空真理故智論三十一云小乘弟子鈍根故為說衆生空起信云法我見者依二乘根鈍故如來但為說人無我等縱說二空少未明顯

但依六識三毒建立染淨根本故阿含云貪恚愚癡是世間根本等

但依六識三毒下明所依根本然小乘計生死根本雖有多義略舉其三一計識心如順正理論第八說經部師計以現在色心等為染淨因意云如大乘中第八為所熏故二者三毒為因義如大乘能熏故今引阿含但證三毒耳而云等者謂以三毒為因緣故起於三業三業因緣故起於三界是故有一切法中論十二因緣品云衆生癡所覆為後起三行以有此行故識受六道身等即其義也三者合取上二義同有能所熏方流轉故若爾焉異大乘然似衆經意而不同者但六識非第八為所熏縱說賴耶但有名字能熏又非七識故全不同

未盡法源故多諍論部執不同

未盡法源下第四結成不了可知

二始教中廣說法相少說法性所說法性即
法相數
二始中下疏文分三初總次別後結今初分二先對後彰劣後對前顯勝前中以相多性少故言法相宗言所說法性即法相數者說真如法性乃是百法之中六無為數
說有百法決擇分明故少諍論
後說有百法下對前顯勝言百法者謂色有十一心法有八心所有五十一心不相應行有二十四無為有六故成百數於前七十五中加二十五謂心法加七小乘唯一意識故心所加五不相應行加十無為加三並如彼說
說有八識唯是生滅依生滅識建立生死及
硯六　十一
涅槃因
說有八識下第二別明文有九節即前會二宗中十對之內法相宗中十義而皆如次對前唯第一當第三第二當第一及第二者以第三唯心真妄為對六識三毒為所依故今初第一云何對前說有八識為所依故說八過前唯是生滅明其劣後依生滅識建立生死及涅槃因者不同前教以三毒六識為因不同終教生滅與不生滅和合故攝論第一云無始時來界一切法等依由此有諸趣及涅槃證得界即因義謂種子識等下文廣說
法爾種子有無永別是故五性決定不同
法爾種子下即第二對一性五性別中五性之義含前第一對一乘三乘別中三乘之義以乘性相成故但明五性則有三乘而三乘但是化法非所詮中別義故略不明含在五性之中言法爾者此明本有揀異新熏故瑜伽云種性畧有二種一本性住二習所成本性住者謂諸菩薩六處殊勝有如是相從無始世展轉傳來法爾所得等習所成者謂先慣習善根所得顯揚論云云何種性差別五種道理一切界差別可得故五中前四為有後一為無故云有無永別

既所立識唯業惑生故所立真如常恒不變
不許隨緣
既所立識等者第三明真如隨緣凝然別中凝然義上一句躡前生滅識起言業惑者以現行第八名異熟識由過去煩惱及業熏習成種招此識果酬引業故其前六
硯六　十二
識酬滿業者從異熟起名異熟生不名異熟有間斷故故其八識皆業惑生故所立真如下正明不變之義若識從真如如來藏起則有隨緣之義識既業惑辨生明知真如不變故唯識釋真如云真謂真實表無虛妄如謂如常表無變易若隨緣變豈得稱如
依他起性似有不無非即無性真空圓成說
經空義但約所執
依他起性下第四三性空有即離別中不即之義言三性者一遍計所執性二依他起性三圓成實性△故唯識論第八云由彼彼遍計遍計種種物此遍計所執自性無所有依他起自性分別緣所生圓成實

於彼常遠離前性△此中二頌初一釋遍計次二句辨依他後二句明圓成△初中有多師義今從護法初句能遍計次句所遍計後二句明所執其能遍計正義唯六七識所計有多故云彼彼△其所遍計正唯依他為親所緣依展轉說亦通圓成為疎所緣故此非凡境故非親緣其所執性△若安慧師三界心及心所由無始來虛妄熏習雖各體一而似二生謂見相分即能所取如是二分情有理無此相說為遍計所執二所依體實託緣生此性非無名依他起△若護法師一切心及心所由熏習力所變二分從緣生故亦依他起遍計依斯妄執定實有無一異俱不俱等此二方名遍計所執△二句依他起性者眾緣所生心心所體及相見分有漏無漏皆依他起依他眾緣而得起故△頌言分別緣所生者應知且說染分依他淨分依他亦圓成故△或諸染淨心心所法皆明分別能緣慮故是則一切染淨依他皆是此中依他起攝△二句圓成者二空所顯圓滿成就諸法實性名圓成實顯此遍常體非虛謬揀自共相虛空我等△釋曰釋遍圓滿常釋成就體非虛謬釋實性義此一體言貫通三處遍揀自相常揀共相非虛謬言揀於空我△若爾淨分依他體非常遍如何亦是圓成實耶△故次論云無漏有為離倒究竟勝用周遍亦得此名然今頌中說初非後△釋曰此中離倒名實究竟為成勝用周遍以釋圓義是則圓成有其二種一約理說二約果德故論揀云今此頌中說初非後以約三性通一切故△上來論文方釋圓成實言△次釋餘文云此即於彼依他起上常遠離前遍計所執二空所顯真如為性△說於彼言顯圓成實與依他起不即不離常遠離言顯妄所執能所取性理恒非有前言義顯不空依他性顯二空非圓成實真如離有離無性故上來所釋一依唯識△今疏語意揀法性宗法性宗中依他無性即是圓成則依他無性無性即空空即圓成今言似有不無非即空也語則但釋依他影出圓成名耳說經空義但約所執者三性之中遍計所執此一則空二性不空故云但約

既言三性五性不同故說一分眾生決不成佛名生界不滅

既言三性下第五生佛不增不減別中之義此但義別而言全同不同前後一乘三乘但取三乘之義等謂五性之中無種性人決不成佛故有此眾生守眾生界如何可滅

真俗二諦迢然不同△非斷非常果生因滅

真俗二諦下第六對二諦空有即離別中離義於中含有二義一但明二諦別二兼明中道別言二諦別者依唯識第九有四種勝義一世間勝義謂蘊處界等二道理勝義謂苦等四諦三證得勝義謂二空真如四勝義勝義謂一真法界依瑜伽六十四有四世俗一世間世俗謂軍林等二道理世俗謂蘊處界等三證得世俗謂預流

等四安立世俗即安立真如以四世俗對前四種勝義則有四重二諦一世俗世間二諦謂軍林為世俗蘊等為勝義二事理二諦謂蘊等即為世俗苦等為勝義三四諦勝義二諦苦等為世俗安立真如為勝義四安立非安立二諦謂安立真如為世俗非安立真如為勝義又真俗各四便成八諦世俗四者一假名無實諦二隨事差別諦三方便安立諦四假名非安立諦謂二空理依詮而說但有假名不得體故勝義四者一體用顯現諦二因果差別諦三依門顯實諦四廢詮談旨諦然上八諦名則小異義不殊前又四重中初一世俗唯世俗後一勝義唯勝義中間六諦各通世俗勝義如第一勝義望前為勝義望第二為世俗故既四重二諦一一差別故云迨然不同不同法性二諦相即言非斷非常果生因滅者於二諦門中曲開此義此則於俗諦中明非斷常不同法性二諦互融明非斷常言果生因滅者因滅故不常果生故不斷故成唯識第三解阿賴耶識恒轉如瀑流云恒言遮斷轉表非常等意云若因不滅還至於果則名為常若果不續因無所生則墮斷滅今常相續故無常斷廣如唯識

同時四相滅表後無 鈔六 十六

同時四相下第七四相一時前後別中前後義也成唯識第二云然有為法因緣力故本無今有暫有還無表異無為假立四相標也本無今有有位名生生位暫停即說為住住別前後復立異名暫有還無無時名滅別明前三有故同在現在後一是無故在過去揀異小乘生在未來餘三現在如何無法與有為相難也表此後無為相何夬總答生表有法先非有滅表有法後是無異表此法非凝然住表此法暫有用別釋表義故此四相於有為法雖俱名表而表有異此依刹那假立四相結也今疏但舉滅者唯此一句異於法性不許同時故

根本後得緣境斷惑義說雙觀決定別照以有為智證無為理義說不異而實非一

根本後得下第八能所斷證即離別中不即義也△因明斷證復說緣境根本緣真後得緣俗△義說雙觀者亦言了俗由於證真△二智雙觀真俗△以其宗中二智不 鈔六 十七 融二境不即故正雙觀時而常別照△言斷惑別者根本智斷迷理隨眠後得不斷△護法云不親證故無力能斷迷理隨眠而於安立非安立相無倒證故亦能永斷迷事隨眠△故瑜伽說於修道立中有出世斷道世出世斷道△相傳釋云正體能斷迷理迷理二種隨眠後得但斷迷事隨眠△斷迷理時即觀理境斷迷事時即觀事境故不即也既云根本有雙斷義故說雙觀後得既不斷於迷理還成別照△不同法性一斷一切斷也△此中疏文影略若約斷惑應云義說雙斷而實別斷△言以有為智證無為理者唯約根本斷惑而說△上明斷惑此辨證理△前緣境斷惑

但就所觀以論不即今此證理就能所證心境相對明不即義△能證之智則是有爲所證之理即是無爲故不即也

既出世智本生滅識種故四智心品爲相所遷佛果報身有爲無漏

既出世智下第九明佛身無爲有爲別中有爲義也佛地論第三云大覺地中無邊功德畧有二種一者有爲二者無爲無爲功德淨法界攝淨法界者即是真如無爲功德皆是真如體相差別有爲功德四智所攝無漏位中智用增故以智名顯一切種心心所有法及彼品類若就實義二一智品具攝一切功德法門若就麤相妙觀察智攝四念住等明知四智皆有爲也唯釋第十云四所轉得此復有二一所顯得謂大涅槃又云二所生得謂大菩提此雖本來有能生種而所知障礙故不生由聖道力斷彼障故令從種起名得菩提起已相續窮未來際此即四智相應心品乃至云故此四品總攝佛地一切有爲功德皆盡以斯二論明皆有爲今疏初兩句出有爲所以以從種生生則有爲況能生識體是生滅所生之智安非有爲既是修生有爲必有有爲之相謂生住異滅故云爲相所遷四智攝於三身大圓鏡智成自受用故說報身有爲無漏

如是義類廣有衆多具如瑜伽雜集等說

如是義類下結也

三終教中少說法相多說法性所說法相亦會歸性

三終教中等者疏亦有三初總次別後結今初對前始教乎有少多可知言所說法相亦會歸性者如說五蘊五蘊即空空即法性下文云三世五蘊法說名爲世間彼滅非世間如是但假名又云有諍說生死無諍說涅槃生死及涅槃二俱不可得等又如說心心即離念法界一相花嚴世界海法界無差別等其文非一故此宗中非不有相宗意顯性以爲玄妙令物達此速證菩提故

所立八識通如來藏隨緣成立生滅與不生滅和合而成非一非異

所立八識下別明文亦九段如次對前成十對義亦第一當其第三以對前次故今初即唯心真妄別中明具分唯識真心成故然法性宗十義即此經同教中義至下廣引本文釋之今且畧引他經釋耳通如來藏者如來藏即不生滅揀異前教唯生滅識故楞伽第一云譬如巨海浪斯由猛風起洪波鼓溟壑無有斷絶時藏識海常住境界風所動種種諸識浪騰躍而轉生既言體即常住明非唯生滅常住即如來藏言生滅與不生滅和合者即起信論文彼論具云不生不滅與生滅和合非一非異名阿黎耶識既二和合名阿黎耶則知黎耶非獨生滅謂唯真不生純妄不成真妄和合方成藏識廣如問明品辨

一切衆生平等一性

一切衆生下即第二明一性五性別中一性義兼一乘義對前五性三乘廣如前說

但是真如隨緣成立

但是真如下第三真如隨緣不變別中通隨緣義也楞伽經云如來藏爲無始惡習所熏名爲識藏又云如來藏受苦樂與因俱若生若滅皆明隨緣成一切法也起信亦云自性清淨心因無明風動成其染心等而疏云但是者躡上而起謂上來生但是真如隨緣成也由此成立不失一性對上始教但說凝然故云隨緣非謂此宗無不變義由不變故始能隨緣由隨緣故方能不變何者謂若變自體將何隨緣如失濕性將何隨風而成波浪即由此義經中說言真如隨緣若不能隨緣體則不遍緣中緣中既無何成不變是以二義反覆相成故勝鬘經云不染而染難可了知染而不染難可了知此經二對上對即不變隨緣下對即隨緣不失自性也

大方廣佛華嚴經疏演義鈔卷第十五

大方廣佛華嚴經疏演義鈔卷第十五

校勘記

一　底本，明永樂北藏本。

一　九四九頁下七行「不滅」，清作「不減」。

大方廣佛華嚴經疏演義鈔卷第十六　秘七

清涼山大華嚴寺沙門　澄觀　撰述

依他無性即是圓成

依他無性下第四明三性空有即離別中相即之義謂依他是因緣生法緣生無性無性故空空即圓成更無二體此中無性即無遍計之性法相宗中無餘遍計無即是空故但空遍計法性宗中則依他性上無遍計性故依他即空空即無性之理無性之性即是實性故密嚴經云名為遍計性相是依他起名相二俱遣是為第一義中論云因緣所生法我說即是空亦為是假名亦是中道義一因緣上三義具足無前無後故即有即空不相捨離若釋三性之名大意不殊前教但融不融故分性相之二宗耳

一理齊平故說生界佛界不增不減

一理齊平等者第五生佛不增不減別此但義異名乃不殊謂法性既同設一切衆生一時成佛生界不減佛界不增以生佛界即是法性不可以法性增法性喻如東方虛空是衆生西方虛空是佛不可以東方虛空添西方虛空令東減西增不增不減經大般若等經皆約一性平等而說

第一義空該通真妄真非俗外即俗而真故

第一義空下第六明二諦空有即離別中相即義也雖有不即不離對前成即故仁王二諦品云波斯匿王言第一義諦中有世諦不若言無者智不應二若言有者智不應一一二之義其事云何佛言汝今無聽我今無說無聽無說即為一義二義七佛偈云無相第一義無自無他作因緣本自有無自無他作法性本無性第一義空如諸有本有法三假集假有有無本自二譬如牛二角照解見無二二諦常不即於解常自一於諦常自二通達此無二真入第一義涅槃十三云文殊師利白佛言所說世諦第一義諦其義云何世尊第一義中有世諦不世諦之中有第一義不如其有者即是一諦如其無者將非如來虛妄說耶善男子世諦者即第一義諦世尊若爾則無二諦佛言有善方便隨順衆生說有二諦善男子若隨言說則有二種一者世法二出世法善男子如出世人之所知者名第一義諦世人知者名為世諦善男子五陰和合稱言某甲凡夫衆生隨其所稱是名世諦解陰無有某甲名字離陰亦無某甲名字出世之人如其性相而能知之名第一義諦以上二經對前二論二宗有殊前教則諦區分初一唯世俗後一唯勝義中間六諦上下相望各通二義而皆約事今第八諦獨居事外今此二經仁王則雖有二諦智照無二涅槃則本唯一諦解惑分二斯則二而不二不二而二一二自在為真二諦故昔人云二諦並非雙恒乖未曾各即其義也生公云是非相待故有真俗名生一諦為真二言成權矣即涅槃經意也梁論亦云智障甚盲暝為真俗別執然法相務欲分析法性務在融通各擬一門勿生偏滯然疏云第一義空該通真

妄者真妄俱空非獨真空真有妄空真者也而言第一義空者非無物為空乃即妙有之空也真非俗外者明不異也影取俗非真外即俗而真者明相即也影取即真而俗而不云俗非真外即真而俗者一則影取如上所明二則以妄必是真亦有真非妄故如波即濕有濕非波即靜水故即佛已證故但言隨順觀察世諦即入第一義諦無有隨順觀察第一義却入世俗故故上涅槃中文殊雙徵如來但云世諦即第一義

雖空不斷雖有不常

言雖空不斷等者由上二諦既融令不斷常中道如旨不唯約事此即中論及智論文且約空為真諦有為俗諦者空是即有之空故雖空不斷斷則即俗之真也不同始教如龜毛兎角方説名空雖有不常者有是即空之有故此有非常斯則即真之俗也若有定是有便墮常見故中論云定有則著常定無則著斷是故有智者不應著有無非斷非常即是中道若滅故不常續故不斷但俗中一義耳上則不壞有無而離有無有之與無非一非異故成中道若其一者有無之義俱壞若其異者便墮斷常何者若法定有有相則終無無相如説三世有者未來中有遷至現在轉入過去不捨本相是則為常又定有者應不從緣不從緣者墮無因常若法定無先有今無是則為斷若不融二諦明空有者決不能祛斷常之見

四相同時體性即滅

四相同時下第七四相一時前後別中一時義也以性滅為滅故得同時故楞伽云初生則有滅不為愚者説一切法無生我説刹那義淨名云汝今即時亦生亦老亦滅故又云過去已滅未來未至現在無住三世皆空故體性即滅乃會相歸性也故起信論云若得無念者則知心相生住異滅以無念等故而實無有始覺之異以四相俱時而有皆無自立本來平等同一覺故前教假立四相故一不同時此教以所相法體隨法性而融通故能相之相亦生滅而無礙

緣境斷惑不二而二有能所斷二而不二説為内證

照惑無本即是智體照體無自即是證如非智外如為智所證非如外智能證於如

緣境斷惑下第八能所斷證即離別中即義故十地經云非初非中後論云是斷結相此智盡漏為初智斷為中為後荅云非初智斷亦非中後偈曰非初非中後故若爾云何斷耶論云如燈焰非唯初中後前中後取故謂唯取一時則不能斷三時總取方説能斷假三時假則無定性何者初若能斷不假中後後若能斷不假初中既假三時故知無性一一推徵三皆不斷是故經言非初非中後由三時無斷方能斷結是故論云前中後取故論主總取三時方顯三時無斷經論言反意乃相成經則約性論則約相性相無礙方能斷結大意

如此而顯有二節初總明無斷之斷後別
明內證之相今初文亦影畧若約緣境應
云不二而二有能所照二而不二即智證
如今且約斷惑不二而二有能所斷者以
能斷是智所斷是惑惑體智體無二體故

故名不二故涅槃云明與無明其性無二
愚者謂二智者了達知其無二無二之性
即是實性不壞相故有能所斷即名為二
△二而不二說為內證者以能合所故惑
即如故△照惑無本下別明內證之相謂

二智各有二能一能斷惑二能證理上說
斷惑今明證理言照惑無本即是智體若
尋此妄惑都無根本非內非外亦非中間
三世推求都不可得從無住本顛倒妄生
既以無住而為其本則無本矣無住之本
即實相異名故此惑本便是智體智體惑
體無二體也言照體無自即是證如者即
此智體本唯無念不能自立因惑說智智
不自名智無自性即是如體無心存智是
曰證如若以智會如非證如矣非智外如

為智所證下反成上義智即是如如即是
智法界寂然曰如寂而常照曰智豈離寂
外別有智耶上二句舉智收如智外更無
如矣下二句舉如收智如外豈有智耶若
智外有如智則收法不盡若如外有智如

則不遍智中舉一全收不容相並此即迴
向經文更有文云無有少法與法同住則
顯法性無容並真二既不存一亦奚立如
斯斷證唯實教宗不同前宗決有斷證

世出世智依如來藏始本不二則有為無為

非一非異故佛化身即常即法不墮諸數況
於報體即體之智非相所遷
世出世智下第九佛身無為有為別中無
為義也文中先出所以若法相宗從生滅
識生則是有為今依如來藏所依常故能
依亦常始謂始覺本謂本覺本覺理有衆
許是常始覺修生義同無常今以始同本
無復始本之異豈無常耶若是無常何得
而言無有始本之異以一常一無常故今
言不異明即是常言則有為無為非一非

異者以約依生義同有為全同藏性故即
無為本覺義同無為始覺即是有為今說
始本明其不一始本無二明其非異故佛
化身已下正顯無為化身最劣尚是常住
報身更勝安得無常化身即常涅槃經文

故彼經云吾今此身即是常身法身恐人
謂言但是不斷之常非凝然常凝然常者
即是法身今云即是常身法身明知化身
即是法身凝然常也不墮諸數即淨名經
弟子品云佛身無為不墮諸數以訶阿難

謂佛化身有小疾故上舉二經明化身常
下況報體安得不常言即體之智者若體
外有智體常智無常即體之智體既四相
不遷智亦無能遷矣智若可遷體亦可遷
以相即故故涅槃第二云若善男子欲護

正法勿說如來同於諸行不同諸行唯當
自責我今愚癡未有智眼如來正法不可
思議是故不應宣說如來定是有為定是
無為若正見者應說如來定是無為何以
故能令衆生生善法故生憐愍故如彼貧

女在於恒河爲愛念子而捨身命善男子護法菩薩亦應如是寧捨身命不說如來同於有爲當言如來同於無爲以說如來同無爲故得阿耨多羅三藐三菩提如彼女人得生梵天何以故以護法故云何護法所謂說言如來同於無爲善男子如是之人雖不求解脱解脱自至如彼貧女不求梵天梵天自至乃至云文殊師利外道邪見可說如來同於有爲持戒比丘不應如是於如來所生有爲想若言如來是有爲者即是妄語當知是人死入地獄如人自處於己舍宅文殊師利如來真實是無爲法不應復言是有爲也如是等文諸經皆有涅槃中意初則爲與無爲二俱雙遣後於此二中寧說無爲不應宣說是有爲也今明三身既得相即爲與無爲本融如是解於如來是爲真實觀佛餘義至下當明

如是義類亦有衆多次第對上如楞伽等經起信等論若會上二宗廣如別說

如是義類下結廣從畧兼示法源令知有據

四頓教中總不說法相唯辯真性亦無八識差別之相一切所有唯是妄想一切法界唯是絶言五法與三自性俱空八識及二無我雙遣訶教勸離毀相泯心生心即妄不生即佛亦無佛無不佛無生無不生如淨名默住顯不二等是其意也

四頓教中總不說法相唯辯真性等者意云但諸經中一向辯真性處即屬頓教言亦無八識差別之相等者八識心王尚無差別況心所變豈當有耶心生則種種法生心滅則種種法滅故起信論云一切諸法唯依妄念而有差別若離妄念則無一切境界之相是故一切法從本已來離言說相離名字相離心緣相畢竟平等無有變異不可破壞唯是一心故名真如以一切言說假名無實但隨妄念不可得故故疏云一切所有唯是妄想言一切法界唯是絶言者又拂前真性辯離言真如故起信論次文即云言真如者亦無有相謂言說之極因言遣言此真如體無有可遣以一切法悉皆真故亦無可立以一切法皆同如故當知一切法不可說不可念故名爲真如故疏云皆是絶言也言一切法界者界者性義以一切法性皆離言故亦通四種法界皆不可說故名無得物之功物無當名之實故理本無言故事理交徹不可作事理說故事事相即不可作一多等說故說名名不盡不可以一名詺故理圓言徧言不及故無有一法非實相故言五法至雙遣者皆如楞伽雖明五法名相妄想正智如如五皆空寂何者謂迷如以成名相妄想是生悟名相之本如妄便稱智則無名相妄想唯如智矣智因如立智體亦空如假智明本來常寂故並空矣況八識約事皆緣生性空因有我法說二無我我尚叵得無我寧存故中論云諸佛或說我或說於無我諸法實相中無我無非我故雙遣也言訶教者謂以心傳心不在文

宇故勸離者乃有二義一令離教成上呵教二令離法法離無量不出色心離心心如離色色如故令皆離則契心體離念矣毀相約境凡所有相皆是虛妄故泯心約智了境相空假稱為智相既不有智豈有真心境兩亡則皆泯絕心無心相即是妄心故說生心即妄不生即佛言生心者非但生於餘心縱生菩提涅槃觀心見性亦曰生心並為妄想念相都盡方曰不生寂照現前豈不名佛故達摩碑云心有也曠劫而滯凡夫心無也刹那而登正覺言心無者非了心空不生於了耳故下經云一切法無生一切法無滅若能如是解諸佛常現前言如是解者如不生解而無解相非謂空解於不生耳言亦無佛無不佛無生無不生者重拂前迹為迷眾生言即心即佛既無眾生何曾有佛故經云平等真法界無佛無眾生執佛言無佛 非謂是無佛故云無不佛矣則遣之又遣之若少所得皆是妄想故佛藏經第一云舍利弗乃至於法少有所得者則與佛諍與佛諍者皆入邪道非我弟子又只說無佛以為真佛故言無不佛耳故下經云性空即是佛不可得思量若有生心生心是妄故說不生佛尚不有何有無生作無生解還被無生之所纏縛故云無不生矣又一切法不生則般若生故云無不生矣則生與不生反覆相遣亦反覆相成唯亡言者可與道合虛懷者可與理通冥心者可與真一遣智者可與聖同故引淨名嘿住以顯不二是也然淨名第二入不二法門品前有三十二菩薩各說不二法門後問文殊言何等是入不二法門文殊師利曰如我意者於一切法無言無說無示無識離諸問荅是為入不二法門於是文殊師利問維摩詰言我等各自說已仁者當說何等是入不二法門時維摩詰嘿然無言文殊師利歎曰善哉善哉乃至無有文字語言是為真入不二法門然此經意前後相成共顯深旨若辨優劣或三重四重言三重者一諸菩薩以無二遣二則是以言顯法似有不二可說便是對二明不二非絕待也二文殊以言遣言明無不二可說令亡言會旨三維摩詰以無言顯理謂本自無言不須更遣故為三也而言四者文殊師利以言印彼又明言即無言非要離耳若言合者然後三段反覆相成但為一義初文殊以言顯無言次淨名以無言印無言後文殊以言印無言三段二人共顯言絕之理故前三十二菩薩以無二遣二後二大士以無言遣言則但有二節若更合者若無諸菩薩以言遣二空有絕言何由顯理是則前諸菩薩假言顯理後二大士以無言顯理言與無言雙亡皆真不二矣故雖三節一致無違今取最後故云如淨名嘿住也

五圓教中所說唯是無盡法界性海圓融緣起無礙相即相入如因陀羅網重重無際微細相容主伴無盡十十法門各攝法界義分齊中當具宣說

五圓教等者義廣理深非畧可盡故彰其
宏與別立一門然在立教之終故須畧舉
言十十法門者一一法中多明十故十身
十忍十眼十通十種玄門出十所以表義
無盡彰異餘宗故文文之中多皆十句一
一十句六相圓融方顯教圓廣如下辯
二依教開宗宗乃有十如經宗中辯△第四
總相會通曲分為二先通會諸教後會化儀
前後
第四總相會通中文多易了隨難則釋
令初諸德立教各自所據今雖立五亦會取
諸說畧有五重△一或總為一謂唯是如來
一大善巧攝生方便一音所演則前之二師
立一音者不失道理△二或開為二此更有
三一對小顯大初是半字後四皆滿則無違
二藏等言△二對權顯實則前二是三乘後
三為一乘則不違法華四乘△三者三四二
教雖則派二異前而對三顯一曲巧順機後
一直顯本法一向不共如智論說此同印公
平道屈曲

言三者又三四二教雖則派二異前者三
即終教四即頓教此之二教俱明一乘故
云派二則異前始教存三乘也而言雖者
雖明一乘由是對三顯故同前二教亦入
屈曲之數則前四教皆屈曲收後之一教
方是平道故順印公
三或分為三初一小乘次一三乘後三一乘
或唯後一是不共一乘智論指此以為不共
大品等經共二乘說故此三亦順四乘又梁
論第八云如來成立正法有三種一立小乘
二立三乘三立一乘第三最勝故名善成立
此亦同妙智經真諦三藏部異執疏第二卷
中亦同此說
此三亦順四乘者初一小乘次一三乘此
二皆是三乘教攝以初小乘即三乘中之
小乘故後三是一乘故為四乘也又梁論
下證成三一之義前會三乘一乘中已引
及妙智部異執並如前引
四或分為四此亦二門一中間三教存三派
二別故開之為四一別教小乘如四阿含等

二同教三乘如深密等三同教一乘如法華
等四別教一乘如華嚴經
一中間三教存三派二別者始終頓三名
為中間以初有小乘後有圓教故曰中間
而始教存三故別為一教終頓二教派二
是同故合為一教下列四中云三同教一
乘即合終頓二教也
二約歷位無位開漸及頓故分為四總合二
三以為漸教餘皆如名
二約歷位無位等者始終二教皆悉歷位
頓教不歷故合始終以為漸教餘皆如名
者一小乘教二漸教三頓教四圓教則漸
是新加餘三如本名也
五或分為五如前所立以漸中有始終故△
然取多分畧指數經實非局判以一經中容
多教故
然取多分下遮外難恐有難云既破昔人
不許指於一經以為一教如何前立教中
亦云如法華等故今通云從多分說所以
畧指實不局判一經以為一教故下出所

以云以一經中容多教故上來開合過收理無不盡依此亦可總判教言若唯為一難見淺深非判教也△若欲判者當漸開之且分為二一方便教二真實教△故法華云開方便門示真實相△亦即半滿又方便即隨他意語真實即隨自意語又方便是三乘真實是一乘△然諸經中對小顯大即以二乘為方便大乘為真實△若對權顯實則以三乘為方便一乘為真實△則於方便之中更分為二一小乘二大乘△就真實中亦分為二一行布二圓融行布即始終之教圓融即是圓教△又小乘居然易別△大乘之中有多差別一直顯一乘如華嚴二開權顯實如法華三會權歸實如涅槃四帶權辨實如淨名思益五權實雙明如諸般若六帶權說實亦如般若七帶實明權亦如般若勝鬘八小似法華央掘小似涅槃於上七中有似其類之經各以類攝△若就大乘分宗亦可有四一法相差別宗多說相故二相想俱絕宗多約性故三性相無礙宗事理相即故四圓融具德宗以理融事故△故如來聖教意趣無邊不可局執今且依古勢故如𨁂明耳

鈔七

第二化儀前後者今辨如來一代時教畧啓

十六

十門一本末差別門二依本起末門三攝末歸本門四本末無礙門五隨機不定門六顯密同時門七一時頓演門八寂寞無言門九該通三際門十重重無盡門△初中本末同時始終一類各無異說

本末同時下本是一乘末即小乘三乘然非前後從初得道迄至涅槃此三類教同時並行故云本末同時言始終一類者若小始終俱小若三始終俱三若一則始終俱一故云始終一類各無異說

然有三位一若小乘中則初度陳如後度須䟦中間亦唯說小益小如四阿含經及五部律二若約三乘則始終說三通益三機如密迹經等三若約一乘則始終唯為圓機說於圓極如華嚴經等其中不通小乘復攝九世該於前後更無異說

次然有三位下別出其相

然此三類依於此世根性定者常聞如上一類之法故佛所演各通始終更無前後

然此三類下揀濫謂恐有執言小乘始終

鈔七

十七

定者豈非定性聲聞故揀之云謂非一人多世同聞一類以容轉根器故非定性亦非通取不定性人要約一世一類定者

二依本起末門此有五類謂初為菩薩說大二為緣覺三為聲聞四為善根衆生五為邪定如出現品日照高山及三千初成喻中廣辨其相皆明先大後小

如出現品下文甚分明此應廣引

約法名從本起末以於一佛乘分別說三故十八本二皆大乘出故約機各是一類之機非約一機前後大小

約機等者揀濫也非是一人先大後小故若一人身則明先小後大乃攝末歸本門中有之故攝末歸本門中△有二類人一者一人備歷小大如四大聲聞等二者先

禀小人未必後時禀大以小性定故而開
後時說大故異前始終俱小後禀大人未
必要從小來以有頓悟機故而知先來說
小故非始終俱大
三攝末歸本門者依無量義初時說小次說
中乘後時說大故法華亦云初轉四諦深密
妙智雖復二時三一不同皆先小後大
法華亦云等者即第二經諸天說偈偈云
昔於波羅㮈轉四諦法輪分別說諸法五
衆之生滅今復轉最妙無上大法輪此法
甚深奧少有能信者等
四本末無礙門者謂初舉照山王之極說明
非本無以垂末後顯歸大海之異流明非末
無以歸本故本末交暎與奪相資方為攝生
之善巧矣是故通論總有五位一根本一乘
如華嚴經二密意小乘三密意大乘四顯了
三乘上三如深密五破異一乘如法華△上
之四門圓通無礙是則前後即無前後無前
後之前後耳
上之四門者通結上也所以此中結者前

之四門義已略周藏和尚立但有前四今
蹤順彼且將略畢故此結之下之六門復
傍收異義以顯玄奧
五隨機不定門者此上四門初門明三類機
始末常定次門明五類機異時常定第三門
明一類機自淺之深第四門明二類機初機
聞頓後機從淺至深更有一類不定之機或
從小乘次入三乘後入一乘亦有從小直入一
乘或多類機隨聞一句異解不同
更有一類機下上來條例前之四門生起
第五明第五門非前四攝也
六顯密同時者若異聞互知是顯不定
六顯密同時者是天台八教中祕密不定
之二教也
若互不相知即是祕密△密顯同時亦無前
後△七上來諸門一時頓演
一時頓演者如來於一語言中演說無邊
契經海無論大小三一顯密一剎那中皆
具演耳
八從初得道乃至涅槃不說一句

八從初得道等者即寂寞無言門謂涅槃
楞伽等經皆有此說涅槃二十六云若知
如來常不說法是名具足多聞大般若四
百二十五云我從成道已來不說一字汝
亦不聞五百六十七云衆生各各謂佛獨為
說法而佛本來無說無示淨名第一云其
說法者無說無示其聽法者無聞無得佛
藏經第一念佛品云佛告舍利弗不能通
達一切法者皆為言說所覆是故如來知
諸語言皆為是邪乃至少有語言不得真
實上所引經但明不說未出不說所以若
楞伽經無出所以故第三云大慧復白佛
言如世尊所說我從某夜得最正覺乃至
某夜入般涅槃於其中間不說一字亦不
已說當說不說是佛說大慧白佛言世尊
如來應正等覺何因說言不說是佛說佛
告大慧我因二法故作是說云何二法謂
緣自得法及本住法是名二法因此二法
故我作如是說云何緣自得法若彼如來
所得我亦得之無增無減緣自得法究竟

境界離言說妄想離文字二趣云何本住法謂古先聖道如金銀等性法界常住若如來出世若不出世法界常住如趣彼城道譬如士夫行曠野中見向古城平坦正道即隨入城受如意樂偈云我某夜得道至某夜涅槃於此二中間我都無所說緣自本住故我作如是說彼佛及與我悉無有差別有云佛無色聲總有五義一遮過顯德二真俗二諦三傳古非作四悲願所成五本質影像初者為遮過患故云不說非顯實德故說非無如十卷楞伽第八云如來不說墮文字法若人言如來說墮文字法者此即妄語佛性論第二云如來無有色聲麁相功德可得兜率偈云色身非是佛音聲亦復然亦不離色聲見佛神通力此上皆顯有過失之色聲則佛非有無過失之色聲則佛非無二真俗二諦者真諦離相故明無說俗諦隨機故非無說仁王觀空品云若有修習說聽即無聽無說如虛空法同法性一切法皆如也三傳古非作者謂佛所說但是傳述古佛之教非自製作般若論云須菩提言如來無所說此義云何無有一法唯獨如來說餘佛不說故四悲願所成者謂佛所有無盡三業應眾生者皆是曠劫悲願為因順眾生感非自所有故說佛果無有色聲然即以此為他為自故亦有說下文云如來不出世亦無有涅槃以本大願力顯現自在法亦此意也五本質影像者謂佛三業平等普應無彼差別影像色聲故說非有然即與彼差別聞見為增上緣因質有影故說非無下經云諸佛無有法佛於何有說但隨其自心謂說如是法由上五義會諸聖教說默無礙皆悉有理然上五義刊定記有而引文雜亂今上所引頗為改易所以蹶不引者以不出楞伽二因故謂初一即緣自得法自所得法即是證道證法在已離過顯德次二即緣本住法本住即古先聖道二即所證三四即教道傳古非作即古先聖道悲願所成即兼因果耳其本質影像但通相說本質無著順自所證故影像有著順古聖人即體用故故云宗通自修行說通示未悟不出此二故畧不明但引不說之文即知有不說之義耳小有異相故今敘之上雖說默之由皆兼有說之意故思益第三云如佛所說汝等集會當行二事若聖說法若聖默然何謂說法何謂默然答云若說法不違佛不違法不違僧是名說法若知法即是佛離相即是法無為即是僧是名聖默然又善男子因四念處而有所說名聖說法於一切法無所憶念名聖默然斯皆正說之時心契法理即不說耳明非緘口名不說耳餘門可知

九此上諸門盡通三際△十上之九門隨處隨時重重無盡皆無前後△後之二門正是華嚴境界融取前八亦不離華嚴之用

上來廣教所攝竟

大方廣佛華嚴經疏演義鈔卷第十六

大方廣佛華嚴經疏演義鈔卷第十六

校勘記

一　底本，明永樂北藏本。

一　九五三頁下末行第五字「偏」，清作「徧」。九五六頁下一一行第二字同。

一　九五五頁下一八行「思擬」，徑、清作「思議」。

一　九五七頁上一〇行末字「廣」，清作「曠」。

一　九五九頁中八行第一一字「入」，徑、清作「八」。

一　九五九頁中一七行首字「趿」，清作「跋」。

大方廣佛華嚴經疏演義鈔卷第十七　税八

清涼山大華嚴寺沙門　澄觀　撰述

第三義理分齊已知此經總屬圓教未知圓義分齊云何

第三義理分齊中疏文分二先總明大意後今顯別教下開章別釋前中分三初結前生後二總顯深廣三結屬所攝今初兩句前句結前謂前教攝中不別明攝者以五教第五指於此經義當已攝況諸師立教皆以華嚴爲圓故知圓攝後未知下一句生後

然此教海宏深包含無外色空交映德用重重語其横收全收五教乃至人天總無不包方顯深廣

然此教海下第二總明深廣有法喻合今初至方顯深廣法說也初二句總標宏大也即是廣義色空交映德用重重釋深也然言含法喻如海傍無邉涯連天一色空徹海底海映空天即下四門之二總攝歸真並皆空淨理事無碍即交映色空色不碍空空不碍色也德用重重即唯明深具十玄門重重無盡即事事無碍如海十德牙相周遍語其横收下釋上廣也如下二地中說人天十善等即其文也總無下雙結深廣

其猶百川不攝大海大海必攝百川雖攝百川同一鹹味故隨一滴逈異百川

其猶下喻明可知

前之四教不攝於圓圓必攝四雖攝於四圓以貫之故十善五戒亦圓教攝尚非三四況初二耶

前之四教下法合以四教合於百川圓教合於大海於中先正合後解妨今初言尚非三四況初二耶者合前故隨一滴逈異百川即舉勝顯劣三即終教四即頓教初二即小乘及與始教雖有戒善是圓教戒善尚不同終頓之勝以彼不能事事無碍故況初二之劣以彼尚不得二空及事理無碍等故其猶大海尚異江河況於溝洫

斯則有其所通無其所局

斯則等者二釋妨也謂有難言先則總收後則總揀二義天隔何以會通故爲此釋總收者約其所通如圓教中有小乘戒善四諦因緣有始教十地十如八識四智有終教中事理無碍有頓教中言思斯絶等如海有百川之水水義同也後總揀者約無其所局如小乘唯人空自利始教五性三乘終教不說德用該收頓教一向事理雙絶等如彼百川不同鹹味不具十德海則無之

故此圓教語廣名無量乘語深唯顯一乘

故此圓教下結屬所攝於中三初總顯深廣次一乘有二下別釋深義後通妨

一乘有二一同教一乘同頓同實故二別教一乘唯圓融具德故

二中言同教者謂終頓二教雖說一性一相無二無三不辨圓融具德事事無碍故非別教而別教中有一性一相事理無碍言思斯絶同彼二故

以別該同皆圓教攝

以別該同下三通妨難謂有難言既同峭
同實何異頓實故此通云即此同中必有
別義如事理無礙必即事事無礙耳猶彼
江水入海亦鹹
今顯別教一乘略顯四門一明所依體事二
總攝歸真實三彰其無礙四周遍含容各有
十門以顯無盡
今顯別教下第二開章別釋中二先標章
初中十者一教義二理事三境智四行位五
因果六依正七體用八人法九逆順十應感
後初中下依章別釋釋初章中三初具列
次略釋後結廣從略
教即能詮即前五教乃至光香等義即所詮
即五教等一切義理理即生空所顯二空所
顯無性真如等理事即色心身方等事
言教即能詮下二略釋也但釋二對言乃
至光重等者謂諸法顯義但能詮理並爲
教體如下教體中明有以光明而爲佛事
等是也義即所詮一切義理者如前立教
中約所詮教別七十五法八識等義十對

法等皆是義也言理即生空等者具五教
理生空所顯是小乘教理二空所顯是始
教理無性真如是終教理而言等者等餘
二教之理謂頓教理亦即無性真如體絕
安立如性雙遣亦不離如圓教之理總融
諸法無有障礙耳言事即色心等者等取
其餘事類如身廣有多身謂六道四聖等
若事門中無不此攝
餘可思准
餘可思准者即餘八門謂三境智者即五
教所觀之境能觀之智總收不出二諦二
智別即初小乘四諦涅槃爲境無漏淨慧
爲智及他心等十智始教亦通四諦二諦
等爲境加行根本後得等智終教則是三
諦等境權實無礙等智頓教則無境爲境
絕智爲智圓教則無盡之境無盡之智四
行位者五教修行不同得位差別位通因
果因果自乎不通如七方便等爲因須陀
洹等爲果等覺已下皆因妙覺爲果等依
即國土正即佛身等體則法報等用則應

化等人則覺者等法則菩提等逆則婆須
無厭等順則觀音正趣等應即赴感佛及
菩薩等感即當機菩薩衆生等各隨五教
以辯差別諸教具有故云可思又此十對
初一爲總後後漸略若辨次第者如來說
能詮之教詮所詮之理則無法不盡法有
教理行果行並在所詮理中故二就所
詮理雖復衆多不出事之與理即性及相
無法不攝三理該下八且置而勿論就其
事中不出境智四智觀於境便有造修之
行所成之位五行位未極總屬因收極則
爲果六果中多法不出依正因亦有之七
隨依正中皆有體用如正中體者法報用
者應化依中體者法性等刹用者應物隨
現交入無礙因門例然八正中自有人法
不同以法成人以人知法九於人中逆化
順化十人之逆順必有感應宜逆化之感
則婆須等應之宜順化之感則文殊等應
之若依後後開一成三則法彌多矣謂如
果分依正爲二因亦如之則有四矣正有

體用依亦如之則成八矣如是相望展轉成多不必全同故不爲此釋耳又此十對就其正意總相說故以爲十玄所依體事若以義取隨一事上即有十對如下勝音蓮花處說故下但約一塵即具十對

第二總攝歸真實者即真空絕相經云法性本空寂無取亦無見性空即是佛不可得思量亦有十義如法界觀

第二攝歸真實者疏文有三初標章次即真空絕相者即指法之本後經云下引文證成二中杜順和尚法界觀中總有三觀一真空絕相觀二事理無礙觀三周遍含容觀即今疏後之三門總攝歸真即真空絕相於中自有四句十門一會色歸空觀二明空即色觀三色空無礙觀四泯絕無寄觀此爲四句前二各四故爲十門初句四門者前三同言色不即空以即空故釋則不同一明不即斷空以即真空故二明青黃不即真空以青黃無體故即是真空三空中無色可即空故云不即空以會色歸空無有體故即是真空上三以法揀情四色即是空以無性故如色既然萬法皆爾第二明空即色觀亦有四門前三門准前言同釋別但翻云空不即色以即色故亦有三義一斷空不即色以真空必不異色故二以空理非青黃故非色非青黃之真空必不異青黃故云即色三空是所依故不即色必與能依爲所依故云即色也上三揀情四空即是色凡是真空必不異色故第三色空無礙觀者謂色舉體是真空故色不盡而空現空舉體不異色故空即色而空不隱故無礙一味第四泯絕無寄觀者謂此真空不可言即色不即色即空不即空一切皆不可不可亦不可此語亦不受逈絕無寄言解不及以生心動念乖法體故以前八門揀情顯解第三門解終趣行第四門正成行體由解成行行起解絕上皆法界觀義所以疏中不廣引者以第三色空無礙濫於第二事理無礙觀故彼所以立者以第四泯絕無寄泯前三故故名真空絕相今但取一門總意亦即泯絕無寄又欲令四門成四種法界故初門即事此門即理三即事理無礙四即事事無礙故

第三彰其無礙然上十對皆悉無礙今且約事理以顯無礙亦有十門

第三事理無礙觀中疏文分三初總標二一理遍於事下別釋三上之十事下總結今初言十對皆悉無礙者謂一教義無礙二理事無礙三境智無礙乃至十應感無礙今且約事理無礙者事理是所詮法中之總故又諸處多明理事無礙故爲成四法界故

一理遍於事門謂無分限之理全遍有分限事中故一一纖塵理皆圓足

一理遍於事下第二別釋十門即爲十別一一門中多先正釋後會前義即前性相不同中十對之義或一門會一義或二門同會一義或一門以會多義至文當知又十對中唯會法性以是同教一乘義分齊

故如前云三乘一乘別令但會一乘五性一性別但會一性十對皆然今初第一門不會至第二門一時會故顯中三初標門次謂無分限下正釋謂理不可分故無分限事隨緣別故分位歷然而不相離故得相遍今明理不異事故遍事中後故一一纖塵下結成遍義若不全遍則理可分事不全攝亦不即理如一纖塵事事皆爾正遍此時不妨遍餘故亦非餘處無理全此全彼亦非二理

二事遍於理門謂有分之事全同無分之理故一小塵即遍法界

二事遍於理門者文中二先正明後會前前中所以要全同者以事無別體還如理故若不全同則不如理色不異空義不極成然相遍二門超情難見何者謂事既有分理即無分如何得遍若塵遍法界塵應非小理遍同事應如小塵今明由事與理有非一非異義故以非異故全同以非一故不壞分無分別則事理兩分如海與波一波全遍大海以同海故大海全在小波以海無二故全在一波亦全在諸波同一海故

由上二義下該徹故皆同一性

由上二義下二會前義於中分二先會一性後會一乘前中三初明一性無性二明成佛不成佛三明無性即佛性初中先正明後引證前中謂事有分限理無分限五性約事一性約理今理遍於事則一性之理全在五性之中事遍於理五性即是一性故云平該徹故皆同一性

故出現品云如來成正覺時於其身中普見一切衆生成正覺乃至普見一切衆生入涅槃皆同一性所謂無性

故出現下二引證此文釋通二義一正是事事無礙義以衆生及佛皆是事故今取釋文皆同一性之義故證事理無礙由理遍事故生隨理而在佛中

理遍事故一成一切成事遍同理故說都無所成

理遍事故下第二明成佛不成佛義謂理無二實故該多事而皆成也理如虚空故事同理而無成矣

經云譬如虚空無成無壞

經云譬如下引證亦出現品成正覺中義引之耳文云佛子譬如虚空一切世界若成若壞常無增減何以故虚空無生故諸佛菩提亦復如是若成正覺不成正覺亦無增減何以故菩提無相無非相無一無種種故即無所成義由上二義欲成則念念常成欲不成則十方三際無成佛者故成與不成自在無礙

一性無性即是佛性故涅槃云佛性名第一義空第一義空名爲智慧

一性無性即是佛性者第三會佛性義先正會後故涅槃下引證以第一義空即無性故大意秖爾欲窮法源故復略引然此經二十七師子吼品問於佛性總有六問經云何爲佛性一問體相以何義故名爲佛性二問名義何故復名常樂我淨三問

性德若一切衆生有佛性者何故不見一切衆生所有佛性四問衆生不見所以十住菩薩住何等法不了了見佛住何法而了了見五問住法差別十住菩薩以何等眼不了了見佛以何眼而了了見六問用眼不同荅中荅第一問經云佛性者名第一義空第一義空名爲智慧所言空者不見空與不空智者見空及與不空常與無常苦之與樂我與無我空者一切生死不空者謂大涅槃乃至云無我者即是生死我者謂大涅槃見一切空不見不空不名中道乃至見一切無我不見我者不名中道中道者名爲佛性以是義故佛性常恒無有變易無明覆故令諸衆生不能得見薦福釋云然佛性有二一性得二修得佛

性名第一義空第一義空名爲智慧者即性得中道智慧覺性如密嚴云如來清淨藏亦名無垢智常住無始終離四句言說亦如華嚴經無相智無礙智具足在於衆生身中等非是從緣智慧名智慧也有性自遍照法界光明義故名智慧也從所言空下明修得性修得覺性觀第一義空不見空與不空離有無相故從智者見空下明見中道人智者即佛菩薩也從空者下明空有等法也空即遍計依他不空即圓成實性下文云一切諸法皆是虛假隨其滅處即是第一義空等故知第一義空是不空如來藏非空如來藏諸佛菩薩真俗雙觀有無齊照故名中道又准下文云佛性云何爲空第一義空故云何非空以其常故云何非空非非空能與善法作種子故准此經文第一義空不是空如來藏上即薦福意亦有深理今正釋者與上少異初云佛性者名第一義空第一義空名爲智慧者即雙標空智以第一義空該通心境故明即是智慧揀異瓦礫非情從所言空者下經自雙釋二義所言空者牒上第一義空以空有雙絶方名第一義空故云不見空與不空智者見空及與不空下釋上智慧經文稍畧若具應云所言智慧者能見於空及與不空故此中者字非是人也秖是牒詞此中言見非約修見但明性見本有智性能了空不空故若無本智誰知空不空耶我無我等亦爾約修見者自在下經荅第五六問中及無明覆下方論

見不見耳今以即智明空故名第一義空即空之智方是常恒智性不生故常不滅故恒古德引下經空等二文證成第一義空非空如來藏今觀所引正證是空如來藏義云何非空已下方證名爲智慧義空智相成方爲真佛性義則知二藏亦不相離以佛性妄法不染故名爲空具恒沙德故名不空要空諸妄方顯不空之德故不相離思之又言第一義空者第一義諦上論空故明知空性智性無二性也故初言即是第一義空又云見一切空不見不空不名中道中道者名爲佛性若兩雙見方有佛性不雙見時應無佛性故知一切空不空等言含於能所約其所見空與不空即是中道佛性約其能見若不雙見不識

佛性若見中道名見佛性餘如彼經及疏
又出現云無一衆生不具如來智慧無不有
者即一乘義也
又出現云下第二會一乘無不有者釋成
一乘義若有一人無智慧性即有二乘三
乘耳
三依理成事門謂事無別體要因理成如攬
水成波故
三依理成事門中二先總釋後會前前中
言要因理成者以諸緣起皆無自性故由
無性理事方成故中論云以有空義故
一切法得成又離真心無別體故
於中又二一明具分唯識變故覺林菩薩偈
云心如工畫師能畫諸世間五陰悉從生無
法而不造此明唯心義也何以得知是具分
耶次頌云如心佛亦爾如佛衆生然應知佛
與心體性皆無盡既是即佛之心明非獨妄
心而已
於中又二下第二會前會上二義由前離
真心無別體故成初具分唯識由前無性
理成故成真如隨緣義今初言具分者以
不生滅與生滅和合非一非異名阿黎耶
識即是具分以具有生滅不生滅故不生
滅即如來藏即會前唯心真妄別中通真
心也若不全依真心事不依理故唯約生
滅便非具分有云影外有質爲半頭唯識
質影俱影爲具分者此乃唯識宗中之具
分耳次引證言覺林偈即夜摩宮中偈讚
品先有喻云譬如工畫師分布諸彩色虛
妄取異色大種無差別等疏所引偈即合
上半初句合譬如工畫師下三句皆合分
布諸彩色次引證具分偈亦合分布彩色
並如夜摩偈讚品釋
二明真如隨緣成故問明品文殊難云心性
是一云何見有種種差別即緣性相違難覺
首荅云法性本無生示現而有生即真如隨
緣荅又云諸法無作用亦無有體性明隨緣
不失自性即同勝鬘依如來藏有生死依如
來藏有涅槃等
二明真如等者即會前真如隨緣凝然別
中隨緣義也緣從真起故依理成離如來
藏一切諸法不可得故如問明品釋
四事能顯理門謂由事攬理成故事虛而理
實
四明事能顯理門中分二先正明後引證
前中謂由事攬理成者躡前第三門也故
事虛而理實者由攬理成離理無體故事
却虛理則實也以事虛故能顯實理事若
有實實理則隱以事虛故全事中之理挺
然露現如波相虛令水現也以波攬水成
故波虛水實故波能顯水若離波說水即
有外明空
依他無性即是圓成如波相虛令水現故
依他無性等者釋成上義即是會前依他
空有即離別中即義既云依他無性即是
圓成明非但無遍計性別有圓成是所顯
理
夜摩偈云云何說諸蘊諸蘊有何性蘊性不
可滅是故說無生分別此諸蘊其性本空寂
空故不可滅此是無生義衆生既如是諸佛

亦復然佛及諸佛法自性無所有又十忍品云譬如谷響從緣所起而與法性無有相違須彌頂偈云了知一切法自性無所有如是等文遍於九會

後夜摩下引證總引三文初夜摩偈即力林菩薩偈三偈連綿二引十忍品即如響忍三引須彌偈即勝慧菩薩偈下半云如是解法性則見盧舍那此前有一偈反釋云迷惑無知者妄取五蘊相不了彼真性是人不見佛其中深旨如隨經疏文

五以理奪事門謂事既全理則事盡無遺如水奪波相全盡

五以理奪事門等者於中分二先正釋後會前今初言事既全理即事盡無遺者以離真理外無片事可得故斯則水存以壞波矣

故說生佛不增不減

故說生佛下二會前也於中三初正會次引證後非約一分衆生下揀異權宗

出現品云譬如虛空一切世界若成若壞常無增減何以故虛空無生故諸佛菩提亦復如是若成正覺不成正覺亦無增減何以故菩提無相故乃至云設一切衆生於一念中悉成正覺與不成正覺亦無有異皆以無相平等故

出現品云下引證畧引二經初引出現言乃至云設一切等者其乃至中合云菩提無相無非相無一無種種故佛子假使有人能化作恒河沙等心一一心復化作恒河沙等佛皆無色無形無相如是盡恒河沙等刧無有休息佛子於汝意云何彼人化心化作如來凡有幾何如來性起妙德菩薩言如我解於仁所說義化與不化等無有別云何問言凡有幾何普賢菩薩言善哉善哉佛子如汝所說設一切衆生下同疏末後云皆以無相平等故者義引合云等無有異何以故菩提無相故若無有相則無增減

不增不減經亦同此說非約一分衆生不成佛者說無增減耳

不增不減經下二引他經言雖小異而文義多同

六事能隱理門謂真理隨緣而成事法遂令事顯理不現也如水成波動顯靜隱

六事能隱理門者隨緣之中別義以隨緣成事此事遍於真理故事顯理隱也

故法身流轉五道名曰衆生財首偈云世間所言論一切是分別未曾有一法得入於法性等

故法身下引證即法身經言財首偈云者即問明品

七真理即事門謂凡是真理必非事外以是法無我理故空即色故理即是事方爲真理

七真理即事門者以事必依理虛無體故是故此理舉體皆事方爲真理如水即波無動而非濕故水即波也

第七迴向云法性不違法相等故

法性不違法相等故者等字等於餘文具云法性不違相法相不違性法生不違性法性不違生此兩對明事理無違相不違

性生不違性自屬事能顯理及第八事法
即理門故但畧引性不違相一句即第二
十九經
八事法即理門謂緣集必無自性舉體即真
故上之二門正明二諦不相違義如濕不違
波波不違濕舉體相即故夜摩偈云如金與
金色其性無差別法非法亦然體性無有異
上之二門下併將七八二門會前五義一
會二諦空有即離別中相即義也濕喻真
諦波喻俗諦夜摩偈者即精進林菩薩偈
彼初偈云諸法無差別無有能知者唯佛
與佛知智慧究竟故次文即云如金與金
色其性無差別法非法亦然體性無有異
然法非法有其二義一善法爲法惡法爲
非法此順摽中諸法無差故二者法相爲 鈔八　十八
法法性爲非法即金喻法性色喻法相今文
正用後意故證事法即理二諦相即
此亦喻於如來之藏與阿賴耶展轉無別
此亦喻於下二重會前唯心真妄別中通
真心義即金喻如來藏色喻生死等故密

嚴云如來清淨藏世間阿賴耶如金與指
環展轉無差別由前第三門中已會故致
亦言
又由事即理故雖有不常理即事故雖空不
斷
又由事即理下會不斷常亦是二諦門中
開出
又由事理相即故起滅同時須彌偈云一切
凡夫行莫不速歸盡其性如虛空故說無有
盡智者說無盡此亦無所說自性無盡故得有
難思盡等則同時四相不待後無
又由理事相即等者會四相前後一時別
中一時之義事全同理故事即滅也以事
虛無體故引偈即善慧菩薩
亦令究竟斷證離於能所十地品云非初非 鈔八　十九
中後非言詞所及迴向品云無有智外如爲
智所入亦無如外智能證於如等
亦令究竟下會能所斷證即離別中即義
然引十地斷惑經文但初一句是斷惑相
三時無斷方說斷故後一句是般若相今

以般若亦爲能斷故因便引之故論釋此
句云即是觀行相謂無分別智體絕名言
真智內發不同聲聞依聲而悟故既爲真
智故可斷惑迴向品云無有智外如等者
亦證斷惑能所不二義如前說上所引經
皆至下本文自當曉了
九真理非事門即妄之真異於妄故如濕非
動
九真理非事門者謂即事之理而非是事
以真妄異故實非虛故所依非能依故如
即波之水非波以濕非動故是則不異有
之真空空在也
十事法非理門即真之妄異於真故如動非
濕故慚愧林偈云如色與非色此二不爲一
又云如相與無相生死及涅槃分別各不同
等
十事法非理門者謂全理之事而恒非理
以性相異故能依非所依故是故舉體全
理而事相宛然如全水之波波恒非水以
動非濕故是則不異空之幻事事存也

大方廣佛華嚴經疏演義鈔卷第十七 二千 秘

大方廣佛華嚴經疏演義鈔卷第十七

校勘記

一　底本，明永樂北藏本。

一　九六三頁中三行首字「牙」，徑、清作「禾」。

一　九六四頁上一七行「光重」，清作「光香」。

一　九六七頁下二行第五字「詞」，清作「謂」。

一　九六八頁下一〇行第九字「氷」，清作「水」。

一　九七〇頁上一三行第二字「其」，清作「真」。

大方廣佛華嚴經疏演義鈔卷第十八　稅九

清涼山大華嚴寺沙門　澄觀　撰述

上七八二門明事理非異九十二門明事理非一故爲無爲非一非異第四迴向云於有爲界示無爲法而不滅壞有爲之相於無爲界示有爲法而不分別無爲之性

上七八二門下用前四門會前佛身無爲有爲別中無爲義也然大品亦云須菩提白佛若是法平等無有高下爲是有爲是無爲佛答非有爲法非無爲法何以故離有爲法無爲法不可得離無爲法有爲法不可得須菩提有爲無爲不合不散皆其義也

上之十事同一緣起故云無礙約理望事則有成有壞有即有離事望於理有顯有隱有一有異逆順自在無障無礙同時頓起深思令觀明現以成理事圓融無礙觀也

上之十事下第三總結即結釋十門於中二先總指後約理望事下別束十門以成八字理望於事有其四義一有成者即第三依理成事門二有壞者即第五以理奪事門既奪彼事事則壞也三有即者即第七真理即事門四有離者即第九真理非事門言事望於理有顯有隱有一有異者亦有四門一有顯者即第四事能顯理門二有隱者即第六事能隱理門三有一者即第八事法即理門四有異者即第十事法非理門此上言成壞等者就功能說如有成者是理成事非理自成則一一門皆有事理無礙故云約理望事約事望理餘可思之上來相參故有四對八義而初相遍二門今不會者以相遍之義義皆相似非如一成一壞等故故不顯之又相遍者即後八門之所以故謂由相遍方有成壞等耳若欲攝者即事理相即二義所收後之不即二門即不壞能所方有相遍有相遍故方論不即言逆順自在等者事理相望各四義中皆二義逆二義順謂依理成事真理即事順也以理奪事真理非事逆也事能顯理事法即理順也事能隱理事法非理逆也欲成即成欲壞即壞故云自在成不礙壞壞不礙成顯不礙隱隱不礙顯故云無礙正成時壞等故得同時四對皆無前却故云頓起又上四對何以約理望事但云成等不云顯等約事望理但云顯等不云成等深有所以何者事從理生可許云成理非新有但可言顯事成必滅故得云壞真理常住故但云隱其即之與一離之與異大旨則同細明亦異理無形相但可即事而事有萬差故可言與理冥一理絕諸相故云離事事有差異故云異理上約義別有此不同若統收者應成五對無礙之義一相遍對二相成對三相害對四相即對五不即對五中前四明事理不離後一明事理不即又五對之中共有三義成顯一對是事理相作義奪隱及不即二對是事理相違義相遍及相即二對是事理不相礙義又由第二相作故有第四相即由相即故相遍由有第三相違故有第五不即又若無不即無可相遍故說

真空妙有各有四義初約理望事即真空四義一廢已成他義即依理成事門二泯他顯已義即真理奪事門三自他俱存義即真理非事門四自他俱泯義即真理即事門由其即故而互泯也又初及三即理遍於事門以自存故舉體成他故遍他也後約事望理即妙有四義一顯他自盡義即事能顯理門二自顯隱他義即事能隱理門三自他俱存義即事法非理門四自他俱泯義即事法即理門又初及三即事遍於理門以自存故而能顯他故遍他也故說幻有存亡無礙真空隱顯自在

第四周遍含容即事事無礙且依古德顯十玄門於中文二先正辨玄門第二明其所以

第四周遍含容者即周遍含容觀於中二先標舉開章後依章別釋今初然此觀名即法界觀中之名以當事事無礙以理有普遍廣容二義融於諸事皆能周遍含容衆多義門皆悉由此二義而有然法界觀立十觀名與十玄不同故今疏云且依古德顯十玄門即依藏和尚也至相已有而小有不同於中文二下開章可知

今初一同時具足相應門二廣狹自在無礙門三一多相容不同門四諸法相即自在門五祕密隱顯俱成門六微細相容安立門七因陀羅網境界門八託事顯法生解門九十世隔法異成門十主伴圓明具德門此之十門同一緣起無礙圓融隨其一門即具一切

鈔九　四

今初一同時下二依章別釋釋其二章即爲二別今釋初章文有三初列名總顯二指事別明三結例成益今初十名全依賢首是故上云且依古德就列名中其第二廣狹自在門同法界觀中廣容普遍之義而名小異此門賢首新立以替至相十玄諸藏純雜具德門意云一行爲純萬行爲雜等即事事無礙義若一理爲純萬行等爲雜即事理無礙恐濫事理無礙所以改之主伴一門至相所無而有唯心迴轉善成門今爲玄門所以故不立之而列名次亦異於彼彼云一同時具足相應門二因陀羅網境界門三祕密隱顯俱成門四微細相容安立門五十世隔法異成門六諸藏純雜具德門七一多相容不同門八諸法相即自在門九唯心迴轉善成門十託事顯法生解門今不依至相者以賢首所立有次第故一同時具足相應門以是總故冠於九門之初二廣狹門別中先辨

鈔九　五

此者是別門之由由上事理無礙中事理相遍故生下諸門且約事如理遍故廣不壞事相故狹故爲事事無礙之始三由廣狹無礙所遍有多以已望多故有一多相容相容則二體俱存但力用交徹耳四由此容彼彼便即此由此遍彼此便即彼等故有相即門五由互相攝則互有隱顯謂攝他可見故有相入門攝他無體故有相即門攝他他離於而不可見故有隱顯門以爲門別故故此三門皆由相攝而有相入則如二鏡互照相即則如波水相收隱顯則如片月相映六由此攝他一切齊攝彼攝亦然故有微細相容七由互攝

重重故有帝網無盡八由既如帝網隨一即是一切無盡故有託事顯法九由上八皆是所依所依之法既融次辨能依能依之時亦爾十由法法皆然故隨舉其一則便爲主連帶緣起便有伴生廣如下釋然判定記則分德相業用各有十玄德相十者一同時具足相應德二相即德三相在德四隱顯德五主伴德六同體成即德七具足無盡德八純雜德九微細德十因陀羅網德二業用十者一同時具足相應用二相即用三相在用四相入用五相作用六純雜用七隱顯用八主伴用九微細用十因陀羅網用其德相門中無業用門中四五業用中無德相六七彼師意云業用是應機施設故有相入相作以本不入今見入故本來衆生非佛今生作佛故是業用德相不爾故無相作相入其德相本具故有同體即一切法德及具足無盡德業用不爾故無此二此四下出故各有十歷門備舉便成十二今明德用雖異不妨

同一十玄無不該攝德相亦有常入作故故彼相在即相入也彼相作者乃相即也名異義同今見出入即業用門常相涉入如鏡手眼即德相門以衆生爲佛生即佛也以佛作衆生佛即生也故知相作即是相即若約對機而作名業用門本來即是名德相門依此而分非無小異統其體事更無別也是知相即相作二名雖異而無兩門入在小珠始終一致又德相不能入作真如則闕此德不應有普攝諸法之德及遍一切法德亦應無有能安立德及能持世間成就一切諸佛菩薩之德故常作入於理無違如有經言諸佛猶如淨明鏡我身一似摩尼珠諸佛常來入我體我身遍入諸佛軀即常入也又真如隨緣成一切法何無作耶若隨情見作入則但有業用義也其同體成即德乃此中託事顯法生解門但名異耳故彼自釋云一一即是一切諸法故與下釋託事義同其具足無盡德即帝網門亦微細門攝並如下會又

彼不存廣狹而存純雜亦如下會而彼無十世門彼以時爲所依體事故彼體事亦有十種謂色心時處身方教義行位則攝法無遺斯亦有理今明時無別體故不爲所依但依法立故入玄門耳亦如下會

今且於前十中取一事法明具後十門

今且於前十中下第二指事別明分二先總也

如下文中一蓮花葉或一微塵則具教等十對同時相應具足圓滿

後如下文中下別顯十門即爲十別初即同時具足相應門以近初列故不標次文中先正明後引證前中又二初明當門中具後明具餘九門跡言則具教等十對同時相應具足圓滿者初當門中具也此中正意即明具前教義理事境智行位因果等十對之法前十對法無法不包故此頌具則無所不具所以具者廣有十因略而言之法界融故然古德就一花之上義有此十探玄記云此一蓮花表令生解爲教

則是所詮爲義如下勝音菩薩蓮花藏說二花相爲事花體爲理下云法界不可壞蓮花世界海三花是所觀亦即是能觀以此經中可以内行爲外事故四行事之花結成位故五因事之花攬成果故六花臺所依亦入正故如國土身等七花體同真用應機故八全攬爲人恒是法故九逆同五熱順十度故十應赴群機亦能感故如一花事既爾餘一切事准以知之如事法既爾餘教義等一切皆然準思可見如具自十對既爾彼一花葉具前十門亦然釋曰若依古德此義則一事花上已有此十前十對上復各有十令一事花頓具十十亦有斯理令此雖意但令頓具前十已無不收耳

亦具後之九門及彼門中所具教等以是總故

亦具後之九門下此第二明具餘門亦釋成總義若唯具當門不成總故而言所具教等者下九門各有教義理事境智等故今能具門既全在初門門所具居然在此然九門具教等雖同於義各別謂廣狹門則十皆廣狹謂教廣狹義廣狹理廣狹事廣狹等若相入門則十皆相入下七例然

故下文云一切法門無盡海同會一法道場中

故下文云下第二引證於中先引妙嚴品即普智眼廣果天王偈彼偈下半云如是法性佛所說智眼能明此方便此明一門中具無盡則無不具足也

花藏頌云花藏世界所有塵一一塵中見法界一塵尚具況一葉耶

後引花藏偈下半云寶光現佛如雲集此是如來刹自在今但引塵含法界便是總義以教義理事境智及廣狹相入等即法界故問但言法界寧知非是理法界耶答曰以下半云寶光現佛如雲集此是如來刹自在明知是含事法界耳一塵尚具況一葉耶者舉細況麁釋成玄妙耳又妙嚴品喻佛身云辟如虛空具含衆像此舉佛身具足諸法也又晋經性起品云三世一切刼佛刹及諸法諸根心心法一切虛妄法於一佛身中此法皆悉現是故說菩提無量無有邊亦約佛身心具也又普賢三昧品云能令一切國土所有微塵普能容受無邊法界據能令之言但似業用總由德相本自具足即是德相令物見之即爲業用下德相業用准之第十行云此菩薩於其身中現一切刹一切衆生一切諸佛八十云善財見普賢一一身分一一毛孔皆有十方一切世界三千界中地水等輪諸山河海人天宮殿種種時刼諸佛菩薩如見現在世界如是前際後際一切世界中悉爾明見乃至十方刹塵中現三世一切境界一切佛刹一切衆生一切佛出興一切菩薩及聞佛菩薩衆會言音斯並同時具足相應門也

二即彼花葉普周法界而不壞本位以分即無分無分即分廣狹自在無障無礙

二即彼花葉下廣狹自在無碍門於中二先明廣狹後會通純雜前中三初正明次引證後句數今初上二句出廣狹相以分即無分無分即分者出其所以由花是事分限歷然而即同真性故無分限便廣無際以事如理故無分即分者明廣即狹以不壞相故

十定云有一蓮花盡十方際而不妨外有可見

十定下二引證即第十無礙輪三昧之文當四十三有一蓮花盡十方際即是經文然其猶略具云佛子此菩薩摩訶薩有一蓮花其花廣大盡十方際以不可說葉不可說寶不可說香而爲莊嚴等次云而不妨外有可見者乃是義引彼經云衆生見者無不禮敬故知亦有外相可見也七十七善財歎樓閣云不動本處而能普詣一切佛刹而莊嚴者之所住處七十六摩耶夫人云又善男子彼妙光明入我身時我身形量雖不踰本然其實已超諸世間所以者何我身爾時量同虛空悉能容受十方菩薩受生莊嚴諸宮殿故如是等文皆廣狹自在也

是故或唯廣無際或分限歷然或即廣即狹或廣狹俱泯或具前四以是解境故或絶前五以是行境故

下皆准此是故或唯廣下三句數分別初事如理故廣不壞本相故狹此二同時故有即廣即狹同時互奪故有俱泯五具前四一時照了故云解境行起解絶故有第六總絶前五誰復以廣狹存泯當其方寸

然此廣狹亦名純雜義普周法界故純一無一不壞本位則不妨於雜萬行例然

然此廣狹下二會純雜門以古十玄有名賢首意云萬行純雜有通事理無碍及單約事說故廢之耳謂同一法界故純不壞事相故雜此即事理無碍也一行長行故純不妨餘行故雜此但約事也故皆廢之而立廣狹今欲會取即事同理而遍故純不壞一多故雜則亦有事事無碍義耳如以入門取之則一切皆入故名爲純入中有多法門故名爲雜如妙嚴品說諸衆海各各唯得一解脫門純也普賢菩薩得不思議解脫門雜也六十五慈行童女云我於三十六恒河沙佛所求得此法彼諸如來各以異門令我入此般若波羅蜜普莊嚴門即純雜無碍也又普財童子所求諸善知識各言我唯知此法門又云多刧唯修此法門者即純門也諸善知識皆推進云如諸菩薩種種知見種種修行種種證得者此雜門也自言知一推他有多自他雖異然屬一身此亦純雜無碍門也又善財普獲諸善知識解行德證亦雜門也然上所引數處經文多皆約行一行多行爲純雜故並通單約事明然通德相若准無著無縛解脫迴向云以無著無縛解脫心成就普賢佛自在力於一門中示現經不可說不可說刧無有窮盡令一切衆生皆得悟入以無著無縛解脫心成就普賢佛自在力於種種門中示現經不可說不可

說刦無有窮盡令一切衆生皆得悟入其身普現一切佛前者即約用純雜也萬行例然者即約行說純雜通於事理事事無礙及單約事行也約事事無礙者如一施行一切皆施名純施中具於諸行名雜

三即此花葉舒已遍入一切法中即攝一切令入已內舒攝同時既無障礙是故鎔融或有四句六句思之

第三一多相容不同門於中三初正明次引證後重料揀初中二先正釋即如理之遍如理之包後舒攝同時下句數料揀例上廣狹故云思之若具作者一或唯入以一入一切故二或唯攝以一攝一切故三即入即攝同時無礙故四非入非攝以入即攝故非入攝即入故非攝五或具前四以是解境故六或絕前五以是行境故行起解絕故

下云以一佛土滿十方十方入一亦無餘

下云以一佛土等者引證即德相之門文其下半云世界本相亦不壞無比功德故能爾上即晉經依賢首引即當花藏偈云以一剎種入一切一切入一亦無餘體相如本無差別無等無量悉周遍第八迴向云此菩薩於一毛孔中普能容納一切國土第九迴向云於一身中悉能包納盡法界不可說不可說身而衆生界無所增減如一身乃至周遍法界一切身悉亦如是十定品第二定云三千大千世界微塵數三千大千世界悉入是菩薩身是菩薩身亦入是諸世界第七定云菩薩自見其身往彼衆會亦自見身普入諸地普賢行品有十種普入謂一切世界入一毛道一毛道入一切世界等上來經文並通德相業用離世間品十種無礙用中亦說衆生一多相入六十云上方菩薩以自在力令一切世界展轉相入六十一云此諸菩薩入一切無諍境界乃至能令大小相入以一切方普入一方等十行品云能於一一三昧中普入無數諸三昧無量無邊諸國土悉令共入一塵中如是等文多約業用明相入義或通德用或各局一可以意得

若一與一切對辯則攝入各具四句謂一入一切一入一一切入一一切入一切乎攝亦然

若一與一切對辯下三重料揀謂上來約一花葉望餘但有一入一攝多入多攝之義故今更對餘一多等皆有攝入於中先明相入後辯相攝初中言一入一切者如前初句第二一入一者即以一花隨對一法如一花葉入一佛身等第三一切入一者即以多法來入此一花等第四一切入一切者獨用一花此句不成即將多花及諸佛諸菩薩等別入餘花餘諸佛等也乎攝亦然者後例辯相攝也上之四句但明入義今攝亦四第一句一攝一切者謂以一花普攝一切諸法第二句一攝一者謂以一花但攝一佛等第三句一切攝一者即以餘一切法攝此一花等第四句一切攝一切者即以多花多佛等攝餘多花多佛等也此二四句相隱故疏說之隨一四

句中復應有具四絶五以成六句例前可
思故畧不顯然相入門刊定記德相不立
謂業用則有德相之中即有相在此公意
謂相入相在二相別故今明入即在義如
一鏡影在多鏡中豈非入耶若常相入即
屬德相令見相入即是業同曾何大殊
四此一花葉廢已同他舉體全是彼一切法
而恒攝他同已令彼一切即是已體
第四諸法相即自在門於中三初正釋次
句數後引證初中言廢已同他者是相即
義以上相入則此彼互存如兩鏡相照但
約力用交徹明耳今此約有體無體故言
廢已廢已即已無體也同他他有體也亦如
事理無礙文中廢波同濕等攝他同已則
他無體已有體也
一多相即混無障礙解行境別六句同前
一多相即等者二句數料揀也於中初句
結前含於四句應云一者一即多二者多
即一三者亦一即多亦多即一合上二故
此之三句皆是一多相即四非一即多非

多即一亦由一多相即互相奪故謂由一
即多故非多即一由多即一故非一即多
成俱泯句五或具前四以是解境並明照
故六或絶前五以是行境言亡慮絶故
蹤云解行境別即下二句然約同一類法
即有一多相望如一花葉望諸葉等若約
異類謂花望刹等例此可知復應例前亦
有四句謂一者一即一二者一即一切三
一切即一四一切即一切以今但約一花
故畧不言故下結例該一切法明具四也
或應有六此四句後有解行境故或復有
六謂前四句後加一即多一多即一多故
復應成八加多一即一一多即多以並不
出前四句故故不例耳多一既爾大小長
短等一一相即例知然刊定記將相即門
揀異同體成即德云相即據此彼相望同
體成即約此體即是一切法故若爾則是
記事顯法門令蹤正意但以相即門攝同
體成即同體成即但是一即多耳
下云知一即多多即一等

下云下引證即十住品長行文若偈云一
即是多多即一文隨於義義隨文如是一
切展轉成此不退人應爲說既言展轉成
即異體異類相望也不思議法品云諸佛
知一切佛語即一佛語此同類相即也初
發心品云以發心故即與三世一切諸佛
體性平等乃至云真實智慧等者此則顯
位上下相即也七十八彌勒告大衆言餘
諸菩薩經於無量百千萬億那由他刧乃
能滿足菩薩願行乃能親近諸佛菩提此
長者子於一生內則能淨佛刹則能化衆
生則能以智慧深入法界則能成就諸波
羅蜜則能增廣一切諸行則能圓滿一切
大願則能超出一切魔業則能承事一切
善友則能清淨諸菩薩道則能具足普賢
諸行此則行位皆相即也又如菩薩曾不
分身即遍一切亦一即多也
五花能攝彼此一顯多隱一切攝花則一隱
多顯顯顯不俱隱隱不並隱顯顯隱同時無
礙

第五祕密隱顯俱成門中顯文分四一正釋二句數三引證四喻顯初中花能攝彼等者亦駢前起由上言攝他同已故若攝他他現即相入門若攝他盡乃相即門若攝他不盡不現即隱顯門如前列名此隱顯體無前後不相妨礙名祕密俱成親所望雖各不同然各全得亦不雜亂由不見彼彼名隱此名顯亦如一人身上六時一即顯二三至十即名爲隱亦如見此中已會故至相十玄云猶如十錢一即十言顯不俱等者以顯俱則無隱隱俱則無顯故不得俱然隱顯同時故得俱成隱顯無礙故云祕密

全攝俱泯存亡俱成句數同前

全攝俱泯等者二句數料揀全攝即初二句此全攝彼即此顯彼隱爲第一句彼全攝此即彼顯此隱爲第二句俱者第三句謂此正攝彼時不妨彼攝此故則亦隱亦顯泯者即第四句此攝彼爲顯時即是彼攝此故非顯則顯泯也彼爲此攝爲隱時即能攝此故非隱則隱泯也故是非隱非顯存者四句皆成即是解境亡者五句並絕即是行境言俱成者總結上六句也

下云東方入正受西方從定起等

下云東方入正受下引證東方入正受爲顯西方從定起爲隱以此但見入定不見起故古十玄亦云於眼根中入正定即是顯於色塵中三昧起即是隱例上可知

如八日月隱顯同時

如八日月等者四以喻明即取明處爲顯晴處爲隱而必同時故云俱成不同十五日唯顯月晦日唯隱又暗處非無明明處非無暗但明顯處暗隱暗顯處明隱亦得云隱顯俱成亦如夜摩偈云十方一切處皆謂佛在此或見在人間或見住天宮則見處爲顯不見處爲隱非佛不遍十定品云或見佛身其量七肘或見佛身其量八肘或見佛身其量九肘乃至或見佛身不可說不可說大千世界量則見七肘時七肘爲顯餘量皆隱也餘顯例然故彼喻云譬如月輪閻浮提人見其形小而亦不減月中住者見其形大而亦不增釋曰見大則大顯小隱見小則小顯大隱而不增減則是祕密俱成餘一切法類可知也摩耶夫人於此一處爲菩薩母三千世界爲母亦然然我此身非一處住非多處住亦隱顯義此處爲母此顯彼隱等非一處住即是一隱例有多顯非多處住即是多隱例有一顯亦是雙奪俱泯之句非隱非顯祕密之義然若約智幻即業用門約極位成即德相門

六此花葉中微細剎等一切諸法炳然齊現下云於一塵中一切國土曠然安住又於一毛端處有不可說諸如來及第九迴向微細中說

第六微細相容安立門分二先正明後引證前中炳然齊現者炳者明也如瑠璃缾盛多芥子隔缾頓見然微細言總有三義一所含微細猶如芥缾以毛孔能受彼諸剎諸剎不能過毛孔故以毛據稱性却如

瑠璃之鉼剎約存相故如芥子在內二約能含微細以一毛一塵即能含故如下引證三約難知微細微塵不大而剎不小而能廣容即難知義一能含多即曰相容又法法皆爾故云相容一多不壞故云安立

下云於一塵中下引證畧引二文初即晉經又於一毛端處有不可說諸如來者第十廻向云一毛孔中悉明見不思議數無量佛一切毛孔皆如是普禮一切世間燈即其文也然此二文正唯德相六十八云一一毛孔內各現無數剎等即業用門又德雲比丘云住微細念佛門於一毛端有不可說如來出現悉至其所而承事故通於德相業用第九廻向云彼菩薩於一念心中現一切眾生各不可說不可說劫念心即業用門十微細趣中通於德相業用然刊定記開此微細以成二門第三名相在德第九名微細德而自揀云此不同前相在之義彼約別體別德相望相在此但當法即具一切炳然齊著若爾此一切法爲是法界中有法耶爲一法中別自有耶若是法界中法則同相在若是別有爲示爲真示則復是業用門收德相之中則無微細若是真者何異同時具足相應門耶故彼自釋微細門云此門亦可名爲普門七十一中寂靜音海夜神謂善財言此解脫者即是普門於一事中普見一切諸神變故既言普門即同同時具足相應門也若言唯攝同類一切法者如十微細中八相之內一一各具餘之七相豈要同類況一塵中一切諸法曠然安住明知相在即是微細是故古德有相容言設此不攝即是相入門中所收如前已會故知新立多有相濫設有小異皆本門收之十門即足

七此花葉二微塵中各現無邊剎海剎海之中復有微塵彼諸塵內復有剎海如是重重不可窮盡非是心識思量境界

第七因陀羅網境界門疏文分四一正釋其相二以喻釋名三引文證成四重以喻顯令初一花一塵以稱性故能攝一切餘塵餘法亦皆稱性何有一法而不攝耶應以塵對餘以辨重重欲令易見且以一塵望餘塵說謂一塵之內所含諸剎彼所含剎亦攬塵成此能成塵亦須稱性塵既稱性亦須含剎第二重內所含諸剎亦攬塵成塵復稱性亦須含剎第三重塵含第四重剎第四重塵含第五重剎重重塵成重重稱性無窮無盡猶如鏡燈故下疏文重舉鏡燈以喻帝網令於常情見近知遠

如天帝殿珠網覆上一明珠內萬像俱現珠珠皆爾此珠明徹互相現影影復現影而無窮盡

如天帝下以喻釋名十門唯此從喻受名者就法立應名重現無盡門一珠之內頓現萬像如一塵內頓現諸法但是一重一珠現於諸珠方成重重之義珠皆明淨如塵稱性一珠現於多珠猶如一塵現多剎塵所現珠影復能現影如塵內剎塵復能現剎重重影明重重乎現故至無盡

下云如因陀羅網世界等

下文云等者三引證即是初地承事願中文云又發大願願一切世界廣大無量麁細亂住倒住正住若入若行若去如帝網差別十方無量種種不同智皆明了現前知見論釋云如帝網差別者即真實義相意明常稱實理故不可盡又阿僧祇品云一塵中剎不可說如一一切皆如是此不可說諸佛剎一念碎塵不可說念念所碎塵亦然盡不可說劫恒爾此塵有剎不可說此剎爲塵說更難等不思議法品云諸佛有十種知一切法盡無有餘第十云諸佛知一切法界中如因陀羅網諸差別事盡無有餘等此約德相若約業用普賢三昧品云佛身所現一切國土及此國土所有微塵一一塵中有世界海微塵數佛剎一一剎中有世界海微塵數諸佛一一佛前有世界海微塵數普賢菩薩亦重重義然判定記於此開出第七具足無盡德謂一一自體皆無窮盡如水中文此不同帝網互在重重但就當體即具無盡耳又亦不同微細微細約一中多法齊現此約一一即無窮盡妙嚴品云佛身普遍諸大會充滿法界無窮盡又云其菩提樹恒出妙音說種種法無有盡極十住頌云欲具演說一句法阿僧祇劫無有盡而令文義各不同菩薩以此初發心六十五說具足優婆夷於一小器中出一切資具飲食等畢竟無盡然不減少彼自釋云此體德自在非約解脫等業用古德所以不開者一重無盡與重重互望無盡同無盡故若微細頭現現於法界法界無盡故微細亦無盡縱出生無盡亦不出法界若細分別非無小異統其大意但取無盡故依古德不分爲二

大方廣佛華嚴經疏演義鈔卷第十八

大方廣佛華嚴經疏演義鈔卷第十八

校勘記

一　底本，明永樂北藏本。

大方廣佛華嚴經疏演義鈔卷第十九　秘十

清涼山大華嚴寺沙門　澄觀　撰述

亦如鏡燈重重交光佛佛無盡

亦如下四重以喻顯以重現之理深遠難測帝網之喻世不見形故以近事以況遠旨

八見此花葉即是見於無盡法界

第八託事顯法生解門疏文有三初正釋次揀濫三引證今初既言即是無盡法界明知即是事事無礙古立具足無盡不異於此

非是託此別有所表

非是等者二揀濫謂揀餘教以事表義但是一事以表一法如衣表忍辱室表慈悲等令明一事即法即人即依即正具無盡德從無盡因之所生故

下云此花蓋等從無生法忍之所起等

下文云等者三引證也即昇兜率天宮品彼有三段文含四義謂初一段七有十句明於多因以成多果謂併列多因後說多果故經云百千億那由他不可說先住兜率宮諸菩薩衆以從超過三界法所生離諸煩惱行所生周遍無礙心所生甚深方便法所生無量廣大智所生堅固清淨信所增長不思議善根所生起阿僧祇善巧變化所成就供養佛心之所現無作法門之所印釋曰此上併出因也下云出過諸天諸供養具供養於佛者即說多果也次八句一因成一果經云以從波羅密所生一切寶蓋於一切佛境界清淨解所生一切花帳無生法忍所生一切衣乃至解諸法如夢歡喜心所生佛所住一切寶宮殿既以無生忍唯生於衣等故云一因一果後有九句一因成多果謂但舉無生爲因總生諸果故經云無著善根無生善根所生一切寶蓮花雲一切堅固香雲一切無邊色花雲等九雲故應有多因成一果攝在初段謂以多因一一成故謂共成一蓋共成一衣等令約多因成一果時則隨一衣則是蓋等以其多因別別所成並在一衣上故故隨一事即是無盡況此一事皆是稱性故皆即是無盡法界但隨一義以名目之如顯可重圓明即名爲寶若云自在即稱爲王若爲潤益即名雲等故金色世界即是本性彌勒樓閣即是法門勝熱婆羅門火聚刀山即是般若無分別智等皆其事也故一一事即具無盡之法故立具足無盡之德不出於此

九即此一花既具遍一切處亦復該一切時謂三世各三攝爲一念故爲十世以時無別體依花以立花既無礙時亦如是

第九十世隔法異成門疏中三初正釋次引證後揀濫今初三世區分名爲隔法而互相在即是異成而疏文中但作十世言三世各三等者取意以立即離世間品意文云菩薩有十種說三世何等爲十所謂過去說過去世過去說現在過去說未來現在說過去現在說平等現在說未來未來說過去未來說現在未來說無盡又三世說一念上言無盡即未來未來欲彰無

窮故云無盡現在平等即是現在以可目覩例同過未故云平等不言一念亦名九世攝歸一念故云十世然依舊解如以五日而為九世初一二三為過去三世中二三四為現在三世後三四五為未來三世義當正在第三日前望取二後望取二故有五日成三三世義似進無九世之體退過三世之數今但用三世平等為緣起便成九世不離一念故為十世謂如因過未而有現在則現在中已有過未法從因出不異因故餘二因二例此可知即中論時品破於執時立無窮過今無所執故以其過成稱性緣起廣如離世間品疏文釋之以時無別體下出十世融通所以如見花開知是芳春茂盛結果知是末夏凋落為秋收藏為冬皆因於物知四時也

故晉經云過去無量劫安置未來今未來無量劫迴置過去世等普賢行云過去中未來未來中現在等又云無量劫即一念一念即無量劫等

故晉經云下引證引晉經者以又顯故等取次半云非長亦非短解脫人所行即當今經普賢行品次下所引言普賢行云過去中未來未來中現在等者等取下半云三世平相見一一皆明了即同向引晉經偈也此偈前文復有偈云無量無數劫解之即一念知念亦無念如是見世間言又云無量劫即一念一念即無量劫等者即晉經初發心功德品今經云不可說劫與一念平等一念與不可說劫平等而言等者等取餘經若此之類皆可引證如十地品等十地云菩薩知種種入劫智所謂一劫入多劫多劫入一劫乃至云長劫入短劫短劫入長劫等

時無別體故不別立以為所依

時無別體等者三揀濫也以判定記不取十世以為玄門意云以時是所依體事十中之一若長劫入短劫等即相入門耳若云長劫即短劫即相即門故知十世非別玄門斯亦有理古意以餘十對有體可得為所依時依法有無別自體何能與他為所依耶又緣外道計時為常故不存之以為體事是故依古別立玄門

十此圓教法理無孤起必攝眷屬隨生

第十主伴圓明具德門疏文分三初正明二引證三重以例釋今初理無孤起者即主伴所由

下云此花即有十世界微塵數花以為眷屬又如一方為主十方為伴餘方亦爾

下云此花即有下二引證即十地受位處文文云其最後三昧名受一切智勝職位此三昧現前時有大寶蓮花忽然出現其花廣大量等百萬三千大千世界下廣歎德竟云十三千大千世界微塵數蓮花以為眷屬又現相品中佛眉間出勝音菩薩與無量諸眷屬俱出即人眷屬佛放眉間光明無量百千億光明以為眷屬即光明眷屬又法界修多羅以佛剎微塵數修多羅而為眷屬即法眷屬故隨一一皆有眷屬若以餘經望此但為眷屬不為主伴今

言眷屬者約當經中事以為眷屬眷屬即
伴故證主伴又如一方為主下亦是義引
經文約方明主伴謂如此方法慧說十住
時餘方菩薩皆悉來證言我等佛所亦說
此法文句義理與此無別即主伴義
是故主主伴伴各不相見主伴伴主圓明具
德
是故主主下三重以例釋謂此方法慧為
主時不得為伴十方法慧為伴時不得為
主故此為主時不得與彼為主相見彼為
主時此須為伴故亦不得見此為主故云
主主伴伴各不相見言主伴伴主圓明具
德者此方為主與彼方為伴相見此方為
伴即與彼方為主相見若主伴義成則圓
明具德餘如教迹鈔說
校十
六
舉花既爾一塵等事亦然
舉花既爾下第三結例成益於中二先舉
一例餘後結勸修益前中文有四節初以
花例事二以事例餘所依三以所依例能
依門四結成重重以至無盡今初又二先

正以花事例於餘事故云舉花既爾一塵
等事亦然
如此事花既帶同時等十義具此十門而此
事等具餘教等十門則為百門
後如此事花下類結成門謂上廣說十門
唯約事說謂花事上一切事同時具足事
廣狹無礙事一多事相即乃至事主伴故
云如此事花既帶同時等十義言而此事
等具餘教等十門者謂事上有教義同時
具足教義廣狹教義一多教義相即乃至
教義主伴為二十二境智同時具足廣狹
相容乃至主伴為三十三行位同時具足
廣狹乃至主伴為四十四因果同時具足
等為五十五依正六體用七人法八逆順
九感應各有同時等添為百門故云而此
校十
七
事等具餘教等十門則為百門
事法既爾餘教義等具百亦然則為千門
事法既爾下第二以事所依例餘所依謂
事法既有百門二教義為百門三境智為
百門乃至感應具百門故有千門

如教義等有此千門彼同時門中亦具百門
餘廣狹等例爾亦有千門
如教義等下第三以所依法例能依門亦
成千門謂前以所依體事為首今以能依
玄門為首謂同時門中具教義同時事理
同時境智同時乃至感應同時故有十門
同時門中具廣狹等其廣狹等有教義廣
狹等故成百門二廣狹具百例同時門三
相入門具百四相即門具百乃至第十主
伴門具百故成千門然其後千不異前千
但乎舉為首而成異耳又前分總別則同
時門中具下九門下之九門不具同時今
約不相離故得九門例於同時亦具九門
若重重取之亦至無盡
若重重下四結成無盡言重重取者謂如
初一門中具十十中取一此一亦須具十
具百具千以不相離故如一既爾千門各
十亦然則具十千十千之中隨取其一亦
具十千如一千錢共為緣起一錢為首則
具一千餘亦如是則有千千千千之中隨

取其一亦具千千故至無盡又重重者一
事之中有多事故一境之中亦有多境一
智之中復有多智等更相涉入亦無盡也
於此十門圓明顯了則常入法界重重之境
於此十門下第二結勸修益以是具德無
盡法門唯普眼境界上智能入故當勤修
必成大益
第二明德用所因
第二德用所因疏文分三初問答總明二
初唯心下隨門別釋三由上十因下總結
所屬初中四一標舉章門
問有何因緣令此諸法得有如是混融無礙
二問有何因緣下假問生起
荅因廣難陳略提十類一唯心所現故二法
無定性故三緣起相由故四法性融通故五
如幻夢故六如影像故七因無限故八佛證
窮故九深定用故十神通解脫故
三荅因廣難陳下列數總荅
十中隨一即能令彼諸法混融無礙
四十中隨一下總相會通於中三初總標
功能
十中前六通約法性為德相因法爾如是後
二皆是業用義通因果七約起修義通德相
業用八約果德唯是德相故
次十中前六下料揀差別謂前十玄門則
通德相業用今出所以則有通有局耳
前之十門通德相業用約佛則用亦德相德
上用故約機則相亦稱用令知相故
三從前之十門下會通德用遮其異釋謂
由刋定記別立德相業用二種十玄故今
通之明但一重自含德用不須分二於中
有二先別明後結成前中亦二先以事通
釋非兩別後通染淨辨二雙融今初先兩
句標後約佛下釋謂佛體上之用即德相
故如有音聲詞辯之用即德者相故若令
眾生見於即入無有障碍故相名用
即用之相染淨雙融即相之用能染能淨
即用之相下第二會通染淨辨二雙融亦
由刋定記立二別云德相純淨業用通染
即令眾生作佛身等故通染也今明在佛
德相染淨相盡而現染用舉用同體故師
子座中頓現眾生居處屋宅德相豈不能
現染眾生耶相若不現何有微細門耶微
細頓現一切染淨但現而常虛如鏡中像
故云雙融耳又相作相入彼德相所無今
明法爾常入常能作故如十定品山間山
上日影喻中雖能普照或說日影出七山
間或說日影入七山間如此出入則湛然
不動常入出矣豈要對機方有入耶相作
即是相即之義義如前會
故相及用不分兩別
故相及用下第二結成也非是德用二義
不分但不別立二種十玄唯一十玄通德
用耳
初唯心現者一切諸法真心所現如大海水
舉體成波以一切法無非一心故大小等相
隨心迴轉即入無礙
一如大海水舉體成波者心能變境境須
似心心既無礙境亦無礙況真心所現揀
異妄心真法具德故能即入重重無礙言

舉體者全真成妄也
二法無定性者既唯心現從緣而生無有定性性相俱離小非定小故能容太虛而有餘以同大之無外故大非定大故能入小塵而無間以同小之無內故是則等太虛之微塵含如塵之廣刹有何難哉
二無定性等者文中三初約大小正釋次引證三例釋餘法今初也言有何難哉者以小塵有大却如太虛廣刹有小却如小塵乃成大塵含於小刹故無難也
舊經十住品云金剛圍山數無量悉能安置一毛端欲知至大有小相菩薩以是初發心
舊經十住品者二引證也所以引舊經者以文顯故今經云無量無數輪圍山欲悉令入毛孔中如其大小皆得知菩薩以此初發心則無定性義理非顯著豈如至大有小相耶
一非定一故能是一切多非定多故能是一邊非定邊故能即中中非定中故能即邊延促靜亂等一一皆然
一非定一下三例釋餘法言中邊者乃有二義一邊方中上此則事事無礙如名體品極輪圍邊有四天下亦有十方則邊非邊矣邊相圓邊故中亦是邊明是事事無礙也若云中邊者二行不同中邊相即亦是事事無礙亦通事理無礙言延促者一念為促長劫為延即念劫融也靜亂者入定出定二行別故由無定相亦得相即亦如東方入正定西方從定起等尤是事事無礙也
三緣起相由者謂大法界中緣起法海義門無量
三緣起相由中顯文有三初總次別後結今初又三初總彰多門謂大法界中緣起者揀於內外染淨一事緣起也如外水土人功時節為緣則有芽起內無明行等為緣有識等起今則不然總收法界為一緣起故云大也又即一緣起具多義門全同法界即大緣起不同三乘但明因緣生法無性而已
約就圖宗略舉十門以釋前義
約就圖宗下二標舉章門
謂緣起法要具此十義緣方起故關則不成
謂緣起法下三彰十所以
一諸緣各異義謂大緣起中諸緣相望要須體用各別不相雜亂方成緣起若雜亂者失本緣法緣起不成此則諸緣各各守自一位文云多中無一性一亦無有多
一諸緣各異義下第二別釋也十門之中初三是本後七從生謂四五六從初門生七八及九從第二生其第十門從第三生第三但合前二門故唯生一門就初三門初一是異體門二即同體門三即同異合明所以有同異體者以諸緣起門內有二義故一不相由義謂自具德故如因中不待緣是二相由義如待緣等是也初即同體門後即異體門若爾何以初異體門中云諸緣各別不相雜亂第二同體門中云互相遍應方成緣起釋曰謂要由各異方得待緣要由遍應方自具德耳所以前之

二門各生三者一乎相依持有力無力故二乎相形奪有體無體故三體用雙融無前後故已知大意次正釋文第一門即異體門於中有四初正釋次着雜亂下反成三此則諸緣下結示四文云下引證即是

鈔十　十三

光明覺品更下半云如是二俱捨普入佛功德上半即相成並立義下半形奪兩亡義今非下半之義故不引之然由相成方各有體

二乎遍相資義謂此諸緣要乎相遍應方成緣起如一緣遍應多緣各與彼多全為一故此一即具多箇一也若此一緣不具多一即資應不遍不成緣起此則一一各具一切下文云知以一故衆知以衆故一

二乎遍相資義者即同體門文中亦四初正釋言此一即具多箇一者如十錢為緣一錢當體自是本一應二之時乃諮初一以為二一應三為三一乃至應十為十一故有多一若此一緣下第二反成也若無十一本一不能應餘九故此則一一下第三例餘也如一既有十二三四等亦各有十故云一一各具如十錢為喻其法界差別無盡法中各各遍應故隨一一各具法界差別法也下文云下第四引證即忉利天宮偈讚品真實慧菩薩偈文下半云諸法無所依但從和合起此證第三門義故今但引上半

三俱存無礙義謂凡是一緣要具前二方成緣起以要住自一方能遍應遍應多緣方是一故

三俱存無礙義等者雙融同異也文中亦四一正釋

是故唯一多一自在無礙鎔融有其六句

二是故下句數料揀於中先總明欲多者多欲一常一故云自在

鈔十　十四

一或舉體全住是唯一也或舉體遍應是多一也或俱存或雙泯或總合或全離皆思之可見

二一或下別釋初二句可知三或俱存者俱存住自及遍應也亦俱存唯一及多一也四雙泯者即第四句由俱存則相即奪故住一即遍應非住一也遍應即住一非遍應也五或總合者合前四句為解境故六或全離者全離前五成行境故

文云諸法無所依但從和合起

三文云下引證如前已引意取和合起義此上三門總明緣起本法竟

四此上下總結三門大旨

四異體相入義謂諸門力用遞相依持乎形奪故各有全有力全無力義緣起方成

四異體相入義等者疏文有五一總釋二引證三反成四結成正義五別示其相今初遞相依持者以是緣起一多等非定性一多等故

如論云因不生緣生故緣不生自因生故

鈔十　十五

如論云等者二引證也然論有二意一顯無生之義則上句以緣破自如中論云如諸法自性不在於緣中以若有自性不合假衆緣既假衆緣則自性應在緣中緣中求自性不可得故無自性生下句以自破

縁故云縁不生自因生故謂若他生則但有縁即應能生不合假於自因今假於因明非他生也上來顯無生之義耳二者顯縁起義因不生者因全無力縁生故者縁全有力下句例知今正用此意證成上義

若各唯有力無無力則有多果過一一各生故若各唯無力無有力即有無果過以同非縁俱不生故

若各唯下三反成上義亦是釋妨謂有問言因縁各自不生和合共力有生復有何過斯即立共生義故先通云若爾則有多果過釋云一一各生故如穀子爲因水土人功時節是縁應生五果謂穀芽水芽土芽等故云多果次有問言若爾縁實無力合而能生復有何過此亦立共生義故復通云有無果過謂金石火等於芽無力不能生芽水土穀等於芽無力安能生芽故同火等非縁不能生果云無果過也

是故縁起要互相依具力無力如闕一縁一切不成餘亦如是

是故縁起下四結成正義謂既全有力全無力縁起不成要一有力一無力縁起方成如闕一縁下指事明也如無一即無二無三等亦如無柱即無梁無椽等以闕一事餘皆不成舍等縁故言餘亦如是者若無二亦無一無三等若無三亦無一二等乃至若無十亦無一二等若無梁亦無柱等隨舉一法闕縁不成令法界中隨闕一事一切法界不成縁起也

是故一能持多一是有力能持於多多依於一多是無力潜入一内

是故一能持多下第五別示其相於中三初明一望多二例多望一三結成句數初中二先明一持多依後例多持一依今初又二先正明依持之義

由一有力必不與多有力俱是故無有一而不攝多也由多無力必不與一無力俱是故無有多而不入一也

後由一有力下釋成亦通妨難恐有難云一之與多俱有有力無力二義云何一能攝多故此通云由二有力與二無力必不俱故以能爲縁邊即是有力要對所起是無力故思之

如一持多依既爾多持一依亦然反上思之

如一持多依下二例多持一依也是則多是能起能爲縁故一是所起多所成故

如一望多有依有持全力無力常含多在已中潜入已在多中同時無礙

如一望多有依有持下第三例多望一也於中二先結前即是舉於能例二多望下生後即是正釋問前門之中先明一持多依後例多持一依義已圓足何得更有此多望一耶荅此有深旨謂前一望多中一爲持邊一能攝多一爲依邊一能入多雖復多上有持但取一爲能入故並屬一望於多所以疏文欲釋多望於一先結前段云如一望多有依有持等有依者即前多持故一成依也有持者即前一有力爲多依故言全力者成上一持言無力者成上一依言常含多在已中者一有力爲持能

攝多故言潛入已在多中者一無力而依
便入多故故此二句皆屬一望多也
多望於一當知亦爾
多望於一等者二生後正釋也若總釋者
但改前一字爲多字多字爲一字則義自
現如恐不曉更爲具作應云多能持一多
是有力能持於一一依於多一是無力潛
入多内由多有力必不與一有力俱是故
無有多而不攝一也由一無力必不與多
無力俱是故無有一而不入多也如多持
一依既爾一持多依亦然反上思之是則
能攝亦是多能入亦是多雖多攝一即是
一入多然名多攝雖多入一即是一攝多
而多入耳則前之二門攝入皆屬一後之
二門攝入皆屬多則二義天隔非繁重也
俱存雙泯二句無礙思之
俱存雙泯下三結成句數謂上一攝多是
第一句多攝一是第二句俱存即第三句
謂即一攝一入時即多攝多入故雙泯者
即第四句一攝一入即多攝多入故便一

攝一入泯多攝多入即一攝一入故則多
攝多入泯故云雙泯對前别明二句則有
四句亦可成五六五俱照前四成觧境故
六頓絶前五成行境故
五異體相即義謂諸緣相望全體形奪有有
體無體義緣起方成
五異體相即等者此中但即與前入異文
勢大同五段之文唯闕引證耳於中四一
立理畧明二反顯前理三結成正義四别
示其相今初爲能起邊即有體爲所起邊
即無體如云從緣生法是法即空意取所
生空也空即無體義言形奪者以能起之
緣形對所起奪彼所起令無體也
若闕一緣餘不成起故緣義則壞
若闕一緣等者二反顯前理成有體義也
如無一緣二三四等皆不成故則知一有
體也
得此一緣令一切成起所起成故緣義方立
得此一緣下三結成正義既一切由一故
一有體也

是故一緣是能起能成故有體多緣是所起
所成故無體
是故一緣下四别示其相於中三初明一
望多次例多望一後結成句數今初亦二
先明一有體後例多有體前中文二先正
明可知
由一有體不得與多有體俱多無體必不得
與一無體俱是故無有不多之一無有不一
之多
後由一有體下釋成亦是觧妨謂有難言
一之與多俱有有體無體二義云何獨言
一有體耶故今通云由有無義不得並故
今一爲能起邊多必是所起故若不爾者
能所不成緣起亦壞言是故無有不多之
一者此一即是多故無有不一之多者此
多即是一故問一不即多有何過耶答有
二過故一不成多過謂一旣不成多餘亦
不成多故如一不成十二三四等亦不成
十故無十過二不成一過謂若一不成十
此十即不成由十不成故一義亦不成以

無於十是誰一故一不即多成過既爾多不即一成過亦然又若不相即緣起門中空有二義則不成立便有自性斷滅等過故

一多既爾多一亦然反上思之二十

一多既爾稅十等者反上一有體却爲一無體多無體却爲多有體更無別義

如一望多有有體無體故能攝他同已廢已同他同時無礙

如一望多下第二例多望一也於中亦二先結前即是舉於能例大意全同前相入門也但即入別耳言有有體無體者有體即前一是能起故有體也無體者即前緣例中多一亦然明一無體也故能攝他同已者成上一有體攝他多也即前無有不多之一耳廢已同他者成前一無體也故廢一已同他多也雖有有體無體二義皆屬一望於多故云攝多同多

多望於一當知亦爾准前思之

多望於一下二生後正例全同前門但以一爲多故多爲一耳若結應云攝他一同多已廢多已同一他耳前一望於多攝廢皆是一此中多望於一攝廢皆是多則義懸隔矣餘如相入門思之

俱存雙泯二句無礙亦思之可見二十一

俱存雙泯稅十者第三結成句數俱存謂正一攝他同已廢已同他時即是多攝一同已廢已同一也雙泯者以一望於多二義即是多望於一二義故則一望於多二義泯矣多望於一二義即是一望於多二義故則多望於一二義泯也旨不異前故令思之

六體用雙融義謂諸緣法要力用交涉全體融合方成緣起

六體用雙融義等者文中三初立理畧釋是故圓通亦有六句一以體無不用故舉體全用則唯有相入無相即義二以用無不體故舉用全體則唯有相即無相入也三歸體之用不礙用全用之體不失體是則無礙雙存亦入亦即自在俱現四全用之體體泯全體之用用亡非即非入圓融一味五合前四句同一緣起無礙俱存六泯前五句絶待難言冥同性海

次是故圓通下開章別釋成六句故初一以體就用二以用就體三體用雙存四體用雙泯以體用交徹形奪兩亡即入同源故圓融一味五成解境六成行境並顯可知

此上三門於初異體門中顯義理竟

此上三門等者後結所屬也

七同體相入義謂前一緣所有多一與彼一緣體無別故名爲同體

七同體相入義等者釋中有三初別釋同體義二雙釋即入所以三正解此門今初言謂前一緣等者即指前第二門以第二是本同體門稅十故如一本自是一爲本一應二十二二爲二一應三爲三一等只是一箇一對他成多亦如一人望父名子望子名父望兄爲弟望弟爲兄等同一人體而有多名令本一如一人多一如諸名也

又由此一緣應多緣故有此多一所應多緣既相即入令此多一亦有即入也

又由此一緣下二雙釋即入二義所以謂同體即入由異體成異體相入故令同體相入異體相即故令同體相即此有二義一若直說者如異體二即是本一其同體二豈非即本一耶異體三即本一則同體上三亦本一矣正是今意二者本一自與多一乎為緣起例同異體相由故耳次疏具之

先明相入謂一緣有力能持多一多一無力依彼一緣是故一能攝多便入一一入多攝反上應知

先明相入者三正釋此門也此亦有二初明一望於多後餘義下例多望於一前中亦二先明一有力多無力言一能攝多多便入一者多即餘九一一即本一也一入多攝反上應知者二例多一有力本一無力也以由我多一方詺本一為本一故說多一有力便攝本一本一入多一也

餘義餘句唯前思之

餘義餘句下二例多望於一也亦全同前異體相入門中言餘義者謂上明本一望多一有持有依全力無力故能帶令多一在己一中潛入本一在多一中無有障礙今多一望本一亦有全力無力故能帶含本一在多一中潛入多一在本一內亦無障礙故云餘義也言餘句者即俱存雙泯四句六句例前異體故不繁說

八同體相即義謂前一緣所具多一亦有體無體之義故亦相即以多一無體由本一成多即一也由本一有體能作多一令一攝多

八同體相即義等者疏文亦二先明以一望多後餘義下例多望一前中亦二先明本一有體後例多一有體今初又二先言亦有體無體之義者總出所以亦同異體門中能成有體所成無體也後以多一無體下正釋本一有體在文可知思之

如一有多空既爾多有一空亦然

如一有多下二例多一有體也由有多一方詺本一為本一故多一有體本一無體也多一有體故能攝本一本一無體潛入多一也

餘義餘句並准前思之

餘義下第二例多一望本一也謂上本一有有體無體故能攝多一同巳廢本一同他同時無礙今多一望本一亦有有體無體能攝本一同巳廢多一同他同時無礙全例前異體中故云餘義也餘句者亦即俱存雙泯四句六句耳

九俱融無礙義謂亦同前體用雙融即入自在亦有六句唯前應知

九俱融無礙等者疏文亦二先正釋本門後此上下結前三門所出前中言亦同前者同前異體門也即前第六門也舉前第六於義分明但有同體與前別耳恐不曉者令當具說謂同體緣起法中力用交徹全體融合方成緣起是故圓融亦有六句一以體無不用故舉體全用則唯有同體

相入無相即義二以用無不體故舉用全
體則唯有同體相即無相入義三歸體之
用不礙用全用之體不失體是則無礙雙
存亦入亦即自在俱現四全用之體體泯
全體之用用亡非即非入圓融一味五合
前四句同一同體緣起無礙俱存六泯前
五句絕待離言冥同性海故云准前應知
此上三門於前第二同體門中辨義理竟十
同異圓滿義
十同異圓滿等者疏文有三此上一句標
名次謂以前下別釋後此第十下結屬引
證今初謂前來異體四門同體四門及第
三同異俱存並不出同異合居一處不偏
一門故云圓滿
謂以前九門總合為一大緣起令多種義門
同時具足也由住一遍應故有廣狹自在門
由就體就用故有相即相入門由異體相容
具微細門異體相即具隱顯門又就用相入
為顯令就體相即為隱即顯入隱亦然又由
異門即入為顯令同體即入為隱同顯異隱
亦然又由異體相入帶同體相入具帝網門
由此大緣起即無礙法界故有託事顯法門
顯於時中故有十世門相關互攝故有主伴
門
二別釋中具足十玄今初從以前九至具
足也即同時具足相應門言多種義門者
有本有末有同有異有入有即四句六句
等合前九門為同時門也以是總故隨闕
一義緣起不成故下之九門各先釋義後
結屬言由住一遍應故有廣狹自在門者
即前本門第二門也住一故狹遍應故廣
言就體就用者就體故相即就用故相入
並通同體異體由異體相容者即別取前
第四異體相入門中一半之義然入通能
入所入多就能說容亦有能容所容亦就
能說然所入即是能容所容即是能入今
微細門但取容義不取入義故云一半異
體相即具隱顯門等者釋此隱顯疏有三
重此即初也若爾相即應同隱顯鄉者上
來九門但有即入同異四義用斯四義以
成十玄故一義中容有多義此中由此即
彼故此隱彼顯由彼即此故彼隱此顯由
相即故成隱顯義成門已竟義則不同謂
相即要此彼合一隱顯則彼此皆存如東
方入定定身在東西方定起起身在西故
二不泯兒具下二義尤異相即也又就用
下第二番釋隱顯也謂正論入門即義如
虛空故謂若更存即則入義不成謂即則
泯一入則二義不壞故正即無入例上可
知又由異門下第三番釋隱顯義由同異
二體義乖故二門不得並立事須隱顯可
知又由異體相入帶同體相入具帝網門
者同體相入一中已含於多更入異體故
有重重之義同體相入如鏡已含多影更
入異體如含影之鏡更入餘鏡故有重重
無盡義也餘門可知
此第十圓滿一門就前第三門中以辨義理
此第十下三結屬引證先結屬後引證今
初由第三本門之中融同異故今則近融
前六門則異體中三門與同體三門相成

無異體同體不成無同體異體不成故六門相成後之七門從前三生前三融故後七必融故十門一揆也例前第三融通亦有六句一或舉體全異具入即俱二或舉體全同亦具入即俱三或具同異雙現無二體故四或雙非同異以相奪俱盡故謂同即異故非同異即同故非異五或具四為解境故六或絶前五成行境故約智顯理諸門不同廢智忘筌一切叵說說與不說無礙難思沒同果海唯亡言遣照庶幾玄趣耳

故下文云菩薩善觀緣起法於一法中解衆多衆多法中解了一又云一中解無量無量中解一了彼互生起當成無所畏等皆其義也

故下文云下引證畧引二文一即十忍品二又云下光明覺品然所引文乃是總意由第十門意是總故

疏上來緣起相由門竟

上來緣起下第三總結

大方廣佛華嚴經疏演義鈔卷第十九　税十　二十八

大方廣佛華嚴經疏演義鈔卷第十九

校勘記

一　底本，明永樂北藏本。

一　九八二頁中七行第八字「併」，經作「所」。

一　九八二頁下一〇行第五字「三」，經作「互」。

一　九九〇頁下六行第一二字「三」，經、清作「亡」。

大方廣佛華嚴經疏演義鈔卷第二十　熟一

清凉山大華嚴寺沙門　澄觀　述

第四法性融通門者謂若唯約事則互相礙不可即入若唯約理則唯一味無可即入

第四法性融通門者謂真如既具過恒沙德如所起事亦具德無盡以真法性融通諸事故無礙也文中二先總後別總中亦二一揀非謂理事抗行不得事事無礙故是知有言須彌本不有芥子舊來空將空納不有何物不相容者斯言未當耳

今則理事融通具斯無礙

今則理事下第二顯正於中亦二先標舉

謂不異理之一事具攝理性時令彼不異理之多事隨所依理皆於一中現

後謂不異理之一事下別示其相於中四

一順明以一切諸法皆依於理無離理者今一事全攝於理故帶一切事入一事中若一中攝理不盡則真理有分限失若一中攝理盡多事不隨理現則事在理外失

二若一中下反立謂若攝理不盡則真理可分有一理二理乃至多理之失今真理湛然故不可分一味平等故無二理若遍此過云攝理盡而其多事不入一事者則不入之事在於理外便令理離於事而自入一事之中事離於理不來一事之內然離理有事事成定性離事有理理同斷滅過尤深矣

今既一事之中全攝理盡多事豈不依中現

三今既下結成正義既離可分之過故全攝理盡又無事理相離之過故事隨理而頓現一事之中

花藏品云花藏世界所有塵一一塵中見法界法界即事法界矣

四花藏下引證可知

斯即總意別亦具十玄門

斯即等者第二別明也於中二先結前生後

一既真理與一切法而共相應攝理無遺即是諸門諸法同時具足

後一既真理下正顯別相十門之義皆依真如別德而立下第八廻向明真如具百門之德今畧舉十四種德成十玄門一譬如真如與一切法而共相應及不相捨離二德成第一同時具足相應門

二事既如理能包亦如理廣遍而不壞狹相故有廣狹純雜無礙門又性常平等故純普攝諸法故雜

二譬如真如性常平等及譬如真如普攝諸法二德成廣狹門

三理既遍在一切多事故令一事隨理遍一切中遍理全在一事則一切隨理在一事中故有一多相容門

三無所不在德成相入門

四真理既不離諸法則一事即是真理真理即是一切事故是故此一即彼一切事一切即一反上可知故有相即自在門

四不離諸法及與一切法同其體性二德成相即門

五由真理在事各全非分故正在此時彼說爲隱正在彼時此即爲隱故有隱顯門

五無有分限及恒守本性二德成隱顯門
六真理既普攝諸法帶彼能依之事頓在一中故有微細門
六普攝諸法德成微細門
七此全攝理故能現一切彼全攝理同此頓現此現彼時彼能現所現俱現此中彼現此時此能現所現亦現彼中如是重重無盡故有帝網門以真如畢竟無盡故
七畢竟無盡德成帝網門
八即事即理故隨舉一事即真法門故有託事門
八與一切法同其體性德成託事門
九以真如遍在晝夜日月年劫皆全在故在日之時不異在劫故有十世異成門況時因法有法融時不融耶
九遍在晝夜及遍在年劫二德成十世門
十此事即理時不礙與餘一切恒相應故有主伴門
十性常隨順及與一切法恒共相應二德成主伴門顯中寂用經文以經對疏一無差失設有不具經文意亦有之文中先別明十門
故一理融通十門具矣
後故一理下結也文並可知
五如幻夢者猶如幻師能幻一物以爲種種幻種種物以爲一物等
五如幻夢中二先幻後夢前中先喻後合
前中先正釋
經云或現須臾作百年等
後經云下引證此即晉經賢首品文等取下句云幻力自在悅世間者唐經云譬如幻師知幻法能現種種無量事須臾示作日月歲城邑豐饒大安樂等普賢行品云譬如工幻師示現種種事其來無所從去亦無所至幻性非有量亦復非無量於彼大衆中示現量無量等四十二經云佛子譬如幻師持呪得成能現種種差別形相呪與幻別而能作幻呪唯是聲而能幻作眼識所知種種諸色等十忍品云譬如幻非象非馬非車非步非男非女非童男非童女乃至云非一非異非廣非狹非多非少非量非無量非麤非細非是一切種種衆物種種非幻幻非種種然由幻故示現種種差別之事如是等文其處非一
一切諸法業幻所作故一異無礙
一切諸法等者合也花藏品云如幻師呪術能現種種事衆生業力故國土不思議明知業即幻師又如中論偈云譬如幻化人復作幻化人如初幻化人是則名爲業幻化人所作是名爲業果等又十忍品云佛子此菩薩摩訶薩知一切法皆悉如幻從因緣起於一法中解多法於多法中解一法等偈中云衆生及國土種種業所造入於如幻際於彼無依著又偈云諸業從心生故說心如幻若離此分別普滅諸有趣斯則顯業自如幻矣又云度脫諸衆生令知法如幻衆生不異幻了幻無衆生等其文非一
言如夢者如夢中所見廣大未移枕上歷時久遠未經斯須

言如夢等者亦又分二先喻後引論證便當於合初中言所見廣大未離枕上者第六十經夢遊天宮喻云譬如有人於大會中昏睡安寢忽然夢見須彌山頂帝釋所住善見大城乃至云其人自見著天衣服普於其處住止周旋其大會中一切諸人雖同一處不知不見何以故夢中所見非彼大衆所能見故釋曰天宮廣大豈離枕上餘類此知昔人云枕上片時春夢中行盡江南數千里等一時非離須臾也普賢行品云了達諸世間假名無有實衆生及世界如夢如光影於諸世間法不生分別見善離分別者亦不見分別無量無數劫解之即一念知念亦無念如是見世間無量諸國土一念悉超越經於無量劫不動於本處等如是自在皆由如夢故十忍品云譬如夢中見種種諸異相世間亦如是與夢無差別又云譬如夢所見長短等諸色如是等文其處非一皆以如夢長短即無長短故不礙長短也

故論云處夢謂經年覺乃須臾頃故時雖無量攝在一剎那

故論云處夢謂經年等者二引證便合即無性攝論第六所引但言如有頌云斯即引經耳案西域傳云昔有隱士結廬屏跡博習伎術究極神理能使瓦礫為寶人畜易形但未能馭風雲陪仙駕閱圖考古更求仙術其方曰夫神仙者長生之術也將欲求學先定其志築建壇場命一烈士執長刀立壇隅屏息絕言自昏達曙求仙者中壇而坐手按長刀口誦神呪收視返聽遲明登仙是人既得仙方而訪烈士營求曠歲未諧心願後得烈士先與人傭力艱辛五年一旦違失遂被笞辱又無所得悲號巡路隱士既見命以同遊來至茅廬以術力故化具餚饌已而令入池浴服以新衣又以五百金錢遺之曰盡當來求幸勿外也自時厥後數加重賂潛行陰德感激其心烈士屢求効命以報知己隱士曰我求烈士彌歷歲時幸而會遇奇貌應圖非有他故願一夕不聲耳烈士曰死尚不辭豈徒屏息於是設壇場受仙法依方行事坐待日曛曛暮之後各司其務隱士誦神呪烈士案銛刀殆將曉矣忽發聲叫是時空中火下煙焰雲蒸隱士疾引此人入池避難已而問曰誡子無聲何以驚叫烈士曰受命後至夜分惛然若夢變異更起見昔事主躬來慰謝感荷厚恩忍不報語彼人震怒遂見煞害受中陰身顧屍歎惜猶願歷世不言以報厚德遂見託生南印土大婆羅門家乃至受胎出胎備經苦厄荷恩負德忍而不言暨乎受業冠婚喪親生子每念前恩忍而不語宗親戚屬咸見怪異年過六十而有一子妻謂曰汝可言矣若不語者當煞汝子我時惟念已隔生世自顧衰老唯此稚子因止其妻令無煞害遂發此聲耳隱士曰我之過也此魔嬈耳烈士感恩悲事不成憤恚而死此即未經半宵已歷二生況年月耶此類甚多故知時處等皆如夢自在

六如影像者一切萬法略有二義一皆如明鏡含明了性一心所成故二分別所現如影像故由初義故爲能現由後義故爲所現故一切法互爲鏡像如鏡互照而不壞本相下經云遠物近物雖皆影現影不隨物而有遠近等

六如影像等者文亦有二先正釋後引證前中然約鏡像喻鏡不是像像不是鏡故無鏡之能此但取像以况性空虛無之義今取即入自在故明一切具於鏡像二義故雖結云如鏡互照則一一法上有鏡有像也下經云下即十忍品彼云然諸衆生知於此處有是影現亦知彼處無如是影遠物近物雖皆影現影不隨物而有遠近菩薩摩訶亦復如是能知自身及以他身一切皆是智之境界不作二解謂自他別而於自國土於他國土各各差別一時普現釋曰若不如影何得諸處一時頓現故引遠近之言意取自在偈中云譬如水中影非內亦非外菩薩求菩提了世非世間不於世住出如影現世間入此甚深義離垢悉明徹不捨本誓心普照智慧燈世間無邊際智入悉齊等普化諸群生令其捨衆著釋曰不了如影安能普入無邊之世

七因無限者謂諸佛菩薩昔在因中常修緣起無性等觀大願迴向等稱法界修及餘無量殊勝因故今如所起果具斯無礙

七因無限者謂因多德遠因果相稱故但修一緣起之因則果中尚如緣起無礙况有無限之因無邊行海皆備修也况一一行自復無盡如一慈門即有佛剎塵數明於餘門而云無性等觀者近等上四謂唯心所現觀法性融通觀如幻夢觀如影像觀無緣起無性觀故總收前六因中皆爲此觀觀法唯心乃至觀法如影像故用此六觀該一切法謂若染若淨若依若正若因若果同類異類是法所攝皆因六觀貫之故令成果如於六觀自在無礙二者等餘諸因齊佛所知普賢所行十方三世無盡無盡所有因門皆此門攝故云及餘無量殊勝因耳其大願迴向稱法界修亦該通法界諸因言如所起果者如於昔因所得果故

八佛證窮者由冥真性得如性用　故經云無比功德故能爾

八佛證窮者文中二先正釋但得成佛法爾能爾經云下引證無比功德即佛德也普賢行品云世界及如來種種諸名號經於無量劫說之不可盡何况最勝智三世諸佛法從於法界生充滿如來地明佛地德用不可說也又下偈云其中人師子修佛種種行成於等正覺示現諸自在此亦明因圓果滿故有大用耳前即德相此即業用

九深定用故者謂海印定等諸三昧力故賢首品云入微塵數諸三昧一一出生塵等定而彼微塵亦不增等

九深定用中先正釋言海印定等者如下第六十一經畧說一百門三昧及智論五百三昧等賢首品下引證而云等者有二義一只等此偈餘文文云於一普現難思

剎彼一塵內衆多剎或有有佛或無佛或有雜染或清淨或有廣大或狹小等即是三昧現自在也二等餘經即彼次前偈云衆生形相各不同行業音聲亦無量如是一切皆能現海印三昧威神力如是等文教義等十對具上同時等十門以爲別教一中建立三世一切佛法等　由上十因令前脫故　不思議法品十種解脫中云於一塵十神通解脫故者謂由十通及不思議等解其處非一

乘義之分齊

由上十因下第三總結所屬正結周遍含容以事事無礙故該取前三故皆別教分齊

第四教所被機者夫教因機顯離機無言上說義理弘深未委被何根器　若明能應者十身圓音今直彰所被

第四教所被機中二先總後別前中初明前起後後若明下約法揀定

通有十類前五揀非器後五彰所爲

通有十類下第二別也於中先標二門權

前中下別釋其相

前中一無信非器以聞生誹謗墮惡道故二違真非器依傍此經以求名利不淨說法兼邪善故下經云忘失菩提心修諸善根是爲魔業三乖實非器謂如言取文起情至理不入心故論云隨聲取義有五過失

隨聲取義有五過失者即十地論釋示說分齊中文論云一不正信二退勇猛三者誑他四者謗佛五者輕法下文具釋

上三皆是凡愚故下文云此經不入餘衆生手　四狹劣非器謂一切二乘出現品云一切二乘不聞此經何況受持故雖在座如聾如瞽五守權非器謂三乘共教諸菩薩等隨宗所修行布行位不信圓融具德之法故下經云設有菩薩無量億那由他劫行六波羅蜜不聞此經或時聞已不信不解不順不入不得名爲真實菩薩故

下經云設有菩薩等者即出現品如前已引

後五顯所爲中一正爲謂是一乘圓機故出現品云此經不爲餘衆生說即通揀前五唯爲大乘不思議乘菩薩說即正爲之機謂一運一切運圓融行位即深不思議又能遍達諸教即廣不思議故文云非餘境界之所知普賢行人方得入等　二兼爲謂即時雖未悟入而能信向成種如出現品食金剛喻故地獄天子十地頓超大海劫火不能爲障約未悟入故名爲兼

地獄天子即隨好品大海劫火即十地品故彼偈云雖在海水劫火中堪受此法必得聞是也言約未悟入故名爲兼者通外難也恐有難云既有頓超之益即是當機何名爲兼通意可知

三引爲即前權教菩薩不受圓融之法故十地之中寄位顯勝借其三乘行布之名彼謂同於我法後因熏習方信入圓融以離此普法無所歸故權教極果無實事故

權教極果無實事故者如有五教唯圓教因果俱有實事前四因中則有至果皆無

由修權因若入地後即入實故猶如百川
浩蕩千里亦無究竟歸處究竟歸處即是
海故
四者權爲即是二乘謂既不聞況於受持故
諸菩薩權示聲聞或在法會而聾盲彰其絶
分或示在道而啓悟知可迴心
或在法會而聾盲等者釋其示相略有二
類上即五百在本會中或示在道下即末
會初六千比丘也
五遠爲謂諸凡夫外道闡提悉有佛性今雖
不信後必當入
五遠爲中疏文有四一立理正明二出現
品下引證三前三非器下會釋四又彼品
下明惡是所爲初一可知
故出現品云如來智慧大藥王樹唯除二處
不能爲作生長利益所謂二乘墮無爲坑及
壞善根非器衆生溺大邪見貪愛之水然亦
於彼曾無厭捨
二即彼品見聞利益中文
前三非器是溺邪見第四非器是墮深坑故
皆揀之今四及五明佛無厭捨故示而誘之
熏其成種
前三非器下三會釋也一不信二違真三
乖實然初一正是邪見二三非是邪見而
皆配入邪見者然邪見有二一輕二重初
一深重邪見二三即輕淺邪見謂但違真
乖實皆邪見故又以經中但揀二處欲配
前非器令盡故合入邪見之中第四非器
即前狹劣二乘今四及五者即所爲中四
權爲五遠爲此二即曾無厭捨
又彼品中明不信毀謗亦種善根謂謗雖墮
惡由聞歷耳終醒悟故又云如日亦與生盲
作利益故
又彼品中下第四明惡是所爲於中二初
正明爲惡後況出圓融前中亦二先引二
經明其爲惡後引二經明等有性前中初
云彼品亦即第十見聞利益中經云佛子
我今告汝設有衆生見聞於佛業障纏覆
不生信樂亦種善根無空過者乃至究竟
入於涅槃謂謗雖墮惡下釋成上義謗既
有益應可謗耶釋云爲遠益故非無罪也
故地獄天子或由謗故墮於地獄法花謗
常不輕菩薩千劫於阿鼻地獄受大苦惱
畢是罪已方受不輕教化故勿見謗有益
便生誹謗又大般若中廣說謗法之罪謂
此方墮阿鼻地獄此土劫壞罪猶未畢移
置他方阿鼻地獄中他方復經劫壞罪亦
未盡復移他方如是巡歷十方十方各經
劫盡還生此土阿鼻地獄中千佛出世救
之猶難若欲說其所受之身聞者當吐血而
死故善現請說所受之身佛竟不說是知
謗方等經非可輕也又入大乘論第一偈
云誹謗大乘法決定趣惡道此人受業報
實智之所說生墮地獄中大火熾然身焚
燒甚苦痛業報罪信爾熾然大鐵犂具滿
五百數而耕其舌上遍碎身苦惱故疏云
謗雖墮惡言由聞歷耳者謂惡道罪畢由
昔謗時經目歷耳熏其成種故得益耳言
終醒悟者即五十八經云但以曾發菩提
心故終自醒悟言又云如日亦與等者出

現身業中長行文廣今當引偈偈云譬如
生盲不見日日光亦爲作饒益令知時節
受飲食永離衆患身安隱無信衆生不見
佛而佛亦爲興義利聞名及以觸光明因
此乃至得菩提是也
又如大海潛流喻中明無不具有如來智慧
故又破塵出經卷喻中若除妄想皆見佛智
故
又如大海潛流下引二經明性等有初明
具有後明皆見二經皆是出現意業之中
前亦已引
此皆明有自性住性即是所爲況法性圓融
感應交徹無有一法而非所被
此皆明有等者二正立理顯被圓融即舉
況以釋然有二意一舉前況後明法普被
謂但依生等有佛性尚皆普爲況事事無
礙何有非所被耶二者舉後況前謂約圓
融一即一切則無情之境亦是所被況前
等有佛性而揀之耶言被非情者以所被
情即非情故一即一切無情豈非情耶況
色性智性本無二體無有情外之非情故
思之
第五教體淺深者無盡教海體性難思從淺
至深畧明十體
第五教體淺深中疏文分三初總次別後
結總中亦三初標舉言淺深者十體之中
前前淺後後深故下釋云從淺至深雖有
淺深融通並爲無盡教體
一音聲言語體二名句文身體三通取四法
體上三皆能詮體四通攝所詮體五諸法顯
義體六攝境唯心體七會緣入實體八理事
無礙體九事事無礙體十海印炳現體
二一音聲下列名至文自顯
十中前五唯體後五亦體亦性
十中前五下三料揀總有四重一體性料
揀相舉於外性主於内體者性相之通稱
故若言體者通事通理若云性者唯約於
理由後五中攝境唯心若約真心即通性
故七所入實體即是性故八中理是性故
九中必有理融事故十中無不具故是則
約性亦體亦性約事但可稱體
又前四通小後六唯大
二又前四下大小乘料揀可知
前七通三乘後三唯一乘
三前七下三乘一乘料揀以會緣入實歸
一實理即一乘故下三皆是一乘於義可
知
前八約同教後二唯別教
四前八約同教下同教別教料揀謂七八
雖一乘七多頓教中義八是終教中義故
屬同教前八皆同於義可知同教皆有故
事事無礙海印炳現若非別教一乘無此
義也於後三重料揀則前前無後後後後
無前前可知
就前三中大小乘中通用四法一聲二名三
句四文取捨不同各有三説
就前三中下第二別釋於中二先合釋前
三後別釋後七今初以大小共同故合釋
之於中三初雙標次雙釋後然大小諸宗
下雙會

小乘三者婆沙一百二十六云如是佛教以何爲體

小乘三者下第二雙釋先釋小乘中二先總徵

一云應作是說語業爲體謂佛語言詞唱評論語音語路語業語表是謂佛教

一云下後別釋三釋即爲三別今初語業爲體者是標語即牒也謂佛語言下別顯其相謂言詞唱號評量論說言語音聲謳宮商角徵羽等亦如西方十四音即阿上

阿長等言語路者言所行處瑜伽九十三云有情增語即是語路然瑜伽釋增語有二義一云增語是名名能詮表增勝於語二云有說意識名爲增語今小乘不取於名正用意識是語行處亦是唇舌等言語

十八

業者即有業用如惡言既爲惡業用佛之善言即善業用故梵行品云若語是梵行者梵行則是音聲風息唇舌喉吻吐納抑縱高低清濁此即語音語路又云若語業是梵行者梵行則是起居問訊略說廣說

喻說直說讚說毀說安立說隨俗說顯了說斷即語業言語表者表亦是業然業有表無表別今但云表者婆沙一百二十六云但是語表而非無表者令他生正解故耳識所取故又二識所取無表唯一取故

又三無數劫求此表故是謂佛教者結也

正出今之教體而云佛教者一依根本故二依相似故三依隨順故佛依如是名句文身而說今亦隨之故

其名句文但顯佛教作用不欲開示佛教自體發智論中亦同此說

其名句下揀法亦通妙難故彼論自有難云若爾次後所說當云何通謂如說佛教名爲何法答謂名句文身次第行列次第安布次第連合等爲答此難故論有此通

十九

此雖但牒後段之文故疏畧耳

二云名等爲體謂名身句身文身次第行列次第安布次第連合故

二名等爲體等者此句標謂名身下列名次第下釋相次第釋上三名謂行列於名安布成句文爲二依故云連合名等別相次下當釋

聲但依於展轉因故謂語起名名能顯義

聲但下揀法亦通妙難謂論有問言若爾此文所說當云何通如說佛教云何答謂佛語言詞唱評論語音語路語業語表是謂佛教爲答此難故論有此通亦以此難但牒前文故疏畧耳聲但依於展轉因故下論有喻云如世子孫展轉生法意云從父生子子言是其父之子雖語父名意在子體又子生孫孫是其孫雖舉其翁意在於孫孫如於義子如於名聲如於父則有三重中是教體故下合云謂語起名名能詮義即名展轉因也

評家意取語業爲體

評家意取等者論評家釋云如是說者語業爲體佛音所說他所聞故言評家者婆沙是諸羅漢同集而有四大羅漢爲評家正義一世友二妙音三法救四覺天

雜心論同俱舍論云牟尼說法蘊數有八十

千彼體語或名此色行蘊攝謂若語爲教體即色蘊攝名爲教體即行蘊攝此乃雙存前二情無去取故致或言

雜心論同俱舍者以彼論第一亦有此偈而文小異耳論偈云廣說諸法蘊其數有八萬戒等及餘法悉是五蘊攝長行釋云八萬法陰皆色陰攝以佛語語業性故有說名性者行陰攝又戒陰色陰攝定慧等行陰攝故與俱舍同也論云下引俱舍文何以當於名等教中而引以其情無去取二義隨用故於此引雙證前二既許俱通故下第三爲取四法之體在文易了

大方廣佛華嚴經疏演義鈔卷第二十

大方廣佛華嚴經疏演義鈔卷第二十

校勘記

一　底本，明永樂北藏本。

一　九九六頁中三行第一一字「二」，㊣作「一」。

一　九九六頁中一〇行「達曙」，㊣、清作「達曙」。

一　九九六頁下一〇行第一五字「士」，㊣、清作「土」。

一　一〇〇一頁上一〇行第二字「商」，㊣、清作「商」。

大方廣佛華嚴經疏演義鈔卷第二十一　執二

清涼山大華嚴寺沙門　澄觀　述

正理論中意符名等故彼第三釋前頌竟又云詮義如實故名佛教名能詮義故教是名由是佛教定名爲體舉名爲首以攝句文顯宗即第三亦同此說　執二　一

正理論中意符名等者正成第二義也故彼論第三釋前頌竟者以正理論總釋俱舍六百行頌但義順婆沙正理故立順正理名然正釋上頌無異俱舍俱舍則情無去取正理則斷屬於名此中疏畧彼有問曰語教異名教容是語名教別體教何是名此問意云教是言教語爲教體則異汝名別有其體若以名爲體名是不相應行非言教體何得以名等爲教體耶論自答云彼作是釋要由有名乃說爲教是故佛教體即是名所以者何詮義如實故名佛教下與疏全同此答意云雖名聲教若無名等詮其自性差別獨用於聲豈成於教故定用名等疏家存畧但中正意足顯論旨

三者然俱舍意情無去取若取其體文存即合四法以爲教體若經部意亦唯取聲故正理十四破彼師云汝不應立名句文身即聲爲體

故正理十四破彼師云等者引此爲成上來經部立聲爲體論文繁廣今當畧引令知其源論云此中經主作如是言豈不此三語爲性故用聲爲體色自性攝如何乃說爲心不相應行此責非理所以者何由教及理知別有故教謂經言語身文身若文即語別說何爲又說應持正法文句又言依義不依於文釋曰下廣引教證大意則同故論結云由此等教證知別有能詮諸義名句文身猶如語聲實而非假理謂　執二　二

現見有時得聲而不得字有時得字而不得聲故知體別有時得聲不得字者謂雖聞聲而不了義現見有人粗聞他語而復審問如何所言此聞語聲不了義者都由未達所發文故如何乃執文不異聲有時得字不得聲者謂不聞聲而得了義現見有人不聞他語覩脣等動知其所說此不聞聲得了義者由已達所發文故由斯理證文必異聲下更廣說大意同也論下又云隨思發語因語發字字復發名名方顯義由依如是展轉理門說語發名名能顯義如斯安立其理必然又次下云或如樹等大造合成非不緣斯別生於影影由假發而體非假如是諸文亦應總集別生名句而彼名句雖由假發而體非假此爲善說理極成故又下結云故知離聲別有名等又下云故不應立名句文身即聲爲體是故於我所說離聲有名等三能現義理今疏但引後結已顯正義耳

大乘有三大意同前

大乘有三下疏文分三初標次釋後以余下料揀　執二　三

一云攝假從實以聲爲體離聲無別名句等故深密第五云如來言音畧有三種一契經等既云言音有三明以聲爲教體雜集論云

成所引聲謂諸聖說

一云攝假下第二釋也大乘通意以聲爲實名句文三聲上假立經部師義参大乘故亦謂名等依聲假立言一契經等者此引稍畧具云佛告勇猛寂利菩薩曰善男子如來言音畧有三種一者契經二者調伏三者本母下廣釋其相今疏所引但意在言音兩字耳雜集論云成所引聲謂諸聖所說者亦證唯聲爲教體也既言聖說是聲明非名等爲教體也即彼論第一釋外六界聲壁界云聲四者大種所造耳根所取義若可意若不可意若俱相違若因受大種若因不受大種若因俱大種若世所共成若成所引若遍計所執若聖言所攝若非聖言所攝如是十一種聲由五種因之所建立謂相故損益故因差別故說差別故言差別故相者謂耳根所取義說差別者謂世所共成等餘三如其所應因受大種者謂語等聲因不受大種者謂樹等聲因俱者謂手鼓等聲世所共成者謂世俗語所攝成所引者謂諸聖所說遍計所執者謂外道所說聖言非聖言所攝者謂依見等八種言說今疏但引成所引聲以證聲爲教體耳然上五因攝十一者初一是總餘四是別損益立初三可意是益不可意是損俱相違通二因差別攝次三說差別攝次三言差別攝後二思之可知言八種言說者即八種聖語一見言見二不見言不見三聞言聞四不聞言不聞五覺言覺六不覺言不覺七知言知八不知言不知斯即爲聖言所攝若見言不見等則非聖言

二云以體從用名等爲體能詮諸法自性差別二所依故無性論破經部云諸契經句語爲自性不應理故成唯識第二亦破彼云若名句文不異聲者法詞無礙境應無別唯識云此三離聲雖無別體而假實異亦不即聲

二云以體等者義引論文然唯識第二破於小乘名等實有故彼論云復如何知異色心等有實詮表名句文身論主問也契經說故如契經說佛得希有名句文身外人答也此經不說異色心等有實名等爲證不成論主總非下廣破竟論主結云語不異能詮人天共了執能詮異語天愛非餘下申正義云然依語聲分位差別而假建立名句文身名詮自性句詮差別文即是字爲二所依此三離聲雖無別體而假實異亦不即聲由此法詞二無礙解境有差別聲與名等蘊界處攝亦各有異上即論文准彼論疏薩婆多雖有名由聲顯生二義論主取生破顯正理師救云聲上屈曲是名句文體異於聲而定實有故上論文廣破異聲實有名等故彼疏破竟結云故知但由無始慣習前前諸聲分位力故後生解時謂聞名等其實耳等但能取得聲之自性刹那便謝意識於中詮解究竟名爲名等非別實有是故汝等寧知異語別有能詮次假外問云既聲體即能詮如何有名等三種差別故論下申正義云然

依語聲分位差別等於中有四一從初至假建立名句文身顯假差別此論主解依聲假立名句文身如梵音斫蒭但言斫唯言蒭未有所目說爲字分位若二連合能詮法體詮於眼體說爲名分位然未有句位更添言阿薩利縛名爲眼有漏說爲句位故依分位以立名等依一切位非自在故外又問曰雖言分位差別何者是也論云從名詮自性至爲二所依述曰二顯三用殊名詮法自性句詮法差別文體是字爲名句之所依不能詮自性及差別故文者彰義與二爲依彰表二故又曰爲顯與二爲依能顯義故而體非顯字者無改轉義是其字體文是功能功能即體故言文即是字等或字爲初首即多剎那聲集成一字集多字爲所依次能成名詮諸法體集多名已復成句身詮法差別即雜集云自性差別及此二言如是三法總攝一切彼二言者即是字也字即語故說之爲言名句二種所依止之言也瑜伽言名於自性施設句於差別施設名句所依止性說之爲字又顯揚言句必有名名不必有句名必有字字不必有名如樞要說此下廣論自共相畧不錄之論此三離聲至亦不即聲述曰三明不即不離論主答難謂先有問言上來雖言名等即聲若名等是不相應行者色上屈曲非不相應聲何故爾故此答曰此三離聲雖無別體名等是假聲是實有假實異故故名等三非即是聲非聲處攝但是差別之聲義說名等以詮義故是不相應無別種子生故言即聲論由此法詞至亦各有異述曰外人問言若名等即聲法詞二無礙解境有何別答曰即此緣故二境有異法無礙解緣假名等詞無礙解緣實聲等故說境差別非二俱緣實雖二自性互不相離法對所詮故但取名詞多對機故但說聲耳聞聲已意了義故以所對不同說二有異非體有異也又此二境及名等三與聲別者蘊處界攝亦有異故色蘊行蘊聲處法處聲界法界如其次第攝聲名等問曰聲上屈曲假即言不相應色上屈曲假應非色處攝答聲上有教名等不相應色上無教故是色處攝問曰聲上屈曲即以爲教色上有屈曲亦應得爲教故論曰且依此土說名句文依聲假立非謂一切諸餘佛土亦依光明妙香味等假立三故述曰四會相違釋義可知所引即淨名經而言等者等取觸思數等上皆得假立名等三種亦是不相應攝此三法故以衆生機欲待故又梵云便善那此有四義一者扇二相好三根形四味此即是鹽能顯諸物中味故味即是文如言文義巧妙等目之爲便善那此中四義總是一顯義故古德說名爲味對法云此文名顯能顯彼義故名爲句所依能顯義故惡察那是字是無改轉義如對法說鉢陸是迹如尋象迹以覓象等此名爲句理應名迹義之迹故尋此知義也順古所翻稱之爲句今顯總畧以顯對論於義分明

三云聲名句文合爲其體由前二說皆有理
教爲定量故深密第四云不可捨於言說文
字而能宣說故淨名云有以音聲語言文字
而作佛事故十地論云說者以二事說聽者
以二事聞謂善聲善字故
深密第四至而能宣說等者彼無故字其
說字下云是故我依般若波羅密多能取
諸法無自性性意云由文字般若能顯實
相般若既雙標言說文字明通用四法下
引淨名准之亦是第三香積品文十地論
中善聲即聲善字即名句文故下引風晝
二喻風喻音聲晝喻名句文並如下釋
以余之意亦應雙取
以余之意下第三料揀於中分二初直出
正意意在雙取
若就前二有去取者寧依名等
二若就下會通前二於中五一正明去取
良以音聲一種正就佛說容爲教體流傳後
代書之竹帛曾何有聲豈無教體
二良以下出所以
書雖是色亦與名等爲所依故亦色蘊攝
三書雖是色下遮妨難恐有難云既不善
法相書之以竹帛非名句文名句文身是
不相應翰墨簡牘但是色法何得爲體故
此救云色與名等亦爲所依何異聲爲名
等所依聲是色蘊所攝書字之色豈非色
攝耶故前唯識之中例於餘方亦依色等
有名句文亦同諸法顯義之體顯無方理
故不取常規
前淨名十地通取四者但言所用非正顯體
四前淨名下會通前文但言所用者用此
四法何必要四問曰若四中隨取但取名
等豈不違於唯識離聲別有非正義耶荅
彼不離聲者假實合說今不離色假實亦
存未爽通理
仁王云是名句味諸佛所說故
仁王云下五引證成立既但言名句味不云
音聲明唯取名等此即仁王觀空品而文
少畧具云大王是經名句味百佛千佛百
千億佛說名句味於恒河沙三千大千國
中成無重七寶施三千大千國土中衆生
皆得七賢四果不如於此經起一念信何
況解一句者句非句非非句故今但意在
有名句味無聲之言故不全引
然大小諸宗雖通用四法而理不同謂薩婆
多宗四法皆有實體經部聲有實體名等是
假若大乘中或有四皆非實或有四皆如空
俱不立故淨名云文字性離無文有字是則解
脫十地論釋空中風相等云風喻音聲晝喻
名字皆不可取佛藏經云諸法如毫釐不空
者則諸佛不出世有說四皆事理無礙或說
四皆圓融故宗不同也
然大小諸宗下第三雙會謂會通四法大
小不同或有四皆非實者即初教義名等假
有聲是心變故或有四皆如空者然有二
意一空爲初門即屬初教二頓寂諸相即
屬頓教今正當頓而引三經皆成頓義初
引淨名即弟子品須菩提章以其被呵置
鉢欲出維摩詰言唯須菩提取鉢勿懼於
意云何如來所作化人若以是事詰寧有懼

不我言不也維摩詰言一切諸法如幻化相汝今不應有所懼也所以者何一切言說不離是相至於智者不著文字故無所懼何以故文字性離無有文字是則解脫解脫相者即諸法也此明即言亡言通圓頓意二引十地經論以風畫合空皆不可取以此言教皆與證智而相應故不同風在樹葉畫在於壁但就教道則可見聞三引佛藏經亦證頓義即彼經第一念佛品中取意引耳經云舍利弗諸法若有決定體性如析毛髮百分一分者是則諸佛不出於世亦終不說諸法性空舍利弗諸法實空無性一相所謂無相如來悉知悉見如來以是說有念處舍利弗念處名爲無處無非處無念無念業無想無分別無意無意業無思無思業無法無法相皆無合散是故賢聖名爲無分別者是名念處上顯無念爭便故來耳又下經云何等名爲諸法實相所謂諸法畢竟空無所有以是畢竟空無所有法念佛復次如是法中乃至小念尚不可得是名念佛即其義也有說四皆事理無礙即終教意下即圓教意

第四通攝所詮體者　瑜伽八十一云謂契經體略有二種一文二義文是所依義是能依如是二種總名一切所知境界即依於六文顯於十義

依於六文顯於十義者瑜伽云六文者謂一名二句三字四語五行相六機請十義者一地義二相三作意四依處五過患六勝利七所對八能治九略十廣可知上正辨通所詮

此明教義相成若不詮義教文何用故通取所詮成契經體又十住品云文隨於義義隨於文文義相隨理無舛謬方爲真教

此明下出通所詮所以

又瑜伽云佛菩薩等是能說者相語是能說相名句文身是所說相故皆通取不同前義尅取所說

又瑜伽下又通收能所則有三重能所一以佛爲能說人則聲等皆所說二唯語爲能說則名等爲所說以依語言顯屈曲故三四法皆能詮則前義爲所詮故皆通取下對前揀別此中有二義第一通所詮則向取第二通說者則向上取故說皆通不同前義尅取名等故云所說

第五諸法顯義體者謂但能顯義理一切諸法皆爲教體

第五諸法顯義體中三初標舉次引證三結釋今初標舉略釋聲能顯義聲名爲教六塵顯義六塵皆教

淨名第三云有以光明而作佛事有以諸菩薩而作佛事有以佛所化人而作佛事有以佛菩提樹衣服卧具乃至八萬四千諸塵勞門衆生爲之疲勞諸佛即以此法而作佛事

淨名第三下二引證略引二經淨名即第三卷菩薩行品因阿難聞香自昔未有便問世尊世尊爲說是淨名取於香積佛飯因問久如當消淨名爲廣說乃至滅除一切諸煩惱毒然後乃消阿難白佛言未曾有也世尊如此香飯能作佛事佛言如是

阿難或有佛土以佛光明而作佛事有以諸菩薩而作佛事有以佛所化人而作佛事有以菩提樹而作佛事有以佛衣服卧具而作佛事有以飲食而作佛事有以園林臺觀而作佛事有以三十二相八十隨形好而作佛事有以佛身而作佛事有以虛空而作佛事衆生應以此緣得入律行有以夢幻影響鏡中像水中月熱時𦦨如是等喻而作佛事有以音聲語言文字而作佛事或有清淨佛土寂寞無言無說無示無識無作無爲而作佛事如是阿難諸佛威儀進止諸所施爲無非佛事阿難有此四魔八萬四千諸煩惱門而諸衆生爲之疲勞諸佛即以此法而作佛事是名入一切諸佛法門菩薩入此門者若見一切淨好佛土不以爲喜不貪不高若見一切不淨佛土不以爲憂不礙不沒今疏但撮畧引耳然生公云若投藥失所則藥反爲毒矣苟曰得會毒爲藥也是以大聖之爲心病醫王觸事皆是法之良藥也苟達其會衆事皆畢矣菩薩既入此門便知佛土本是就應之義好惡者在彼於我豈有異哉所貴唯應但歎應生之奇耳

又十卷楞伽第四云大慧非一切佛土言語說法故有佛國土直視不瞬口無言說名爲說法乃至云有佛國土動身名說

又十卷楞伽者文言稍傳大旨無殊四卷名四卷經當其第二大慧白佛言世尊非言說有性有一切性耶世尊若無性者言說不生世尊是故言說有性有一切性佛告大慧無性而作言說謂兎角龜毛等世間現言說又云大慧非一切刹土有言說言說者是作相耳或有佛刹瞻視顯法或有作相或有揚眉或有動睛或歎或欠或謦咳或念刹土或動搖大慧如瞻視及香積世界普賢如來國土但以瞻視令諸菩薩得無生法忍及殊勝三昧是故非言說有性有一切性大慧見此世界蚊蚋蟲蟻是等衆生無有言說而各辦事釋曰以上所引證知皆教然楞伽意無欲遣言及遣諸法思之可知十卷經中大同於此

又香積世界飡香飯而三昧顯極樂佛國聽風柯而正念成絲竹可以傳心目擊以之存道

又香積下第三結釋大意於中三初引例總收次結成說聽後況出一乗今初含有内外言香積世界飡香飯而三昧顯者亦是淨名經意而是香積品中又與前文影畧前說色觸等今辨香之與味欲令六塵皆作佛事故經云爾時維摩詰問衆香菩薩香積如來以何說法彼菩薩曰我土如來無文字說但以衆香令諸天人得入律行菩薩各各坐香樹下聞斯妙香即獲一切德藏三昧得是三昧者菩薩所有功德皆悉具足釋曰此即以香顯三昧也又前文云與諸菩薩方共坐食有諸天子皆號香嚴悉發阿耨多羅三藐三菩提心即食味之益也又下菩薩品中明飯久如當消云未入正位食此飯者得入正位然後乃消又云已發大乗意食此飯者得無生忍然

後乃消釋曰此即咏鳥佛事故顯繞收經意含二處經文也言極樂國土聽風柯而正念成者即阿彌陀經經云舍利弗極樂國土微風吹動諸寶行樹及寶羅網出微妙音譬如百千種樂同時俱作聞是音者皆自然生念佛念法念僧之心舍利弗極樂國土成就如是功德莊嚴以經對疏文義可知言絲竹可以傳心者即史記中事含其多事謂漏月傳意於秦王脫荊軻之手相如調文君之女終獲隨車況帝釋有法樂之臣鳥鳴有和羅之伎皆絲竹傳心也言目擊以之存道者即莊子中事夫子欲見溫伯雪子久而不見及見寂無一言及出子路怪而問曰吾子欲見溫伯雪子久矣何以寂無一言子曰若斯人者目擊而道存亦不可以容聲者矣

既評默視瞬皆說則見聞覺知盡聽苟能得法契神何必要因言說

既語默下第二結成說聽語默視瞬皆說結前也見聞覺知盡聽顯後義也覺收鼻舌身之三根上既六塵皆說今則六根皆聽苟能下釋其聽義上則但能顯法爲說此則但能得法爲聽也

況花嚴性海雲臺寶網同演妙音毛孔光明皆能說法

況花嚴下第三況出一乘上通三乘內外皆有此理況復花嚴一乘圓宗何法非教於中四節一明事物說法言雲臺寶網者即十地經爾時世尊從眉間出清淨光明乃至云又亦照此娑婆世界佛及大衆并金剛藏菩薩身師子座已於上虛空中成大光明雲網臺時光臺中以諸佛威神力故而說頌言佛無等等如虛空十方無量勝功德人間最勝世中上釋師子法加於彼等即其文也又寶網者第一經云其師子座摩尼爲臺蓮花爲網下云復以諸佛威神所持演說如來廣大境界亦其文也又言雲者第六經初於一切供養具雲中自然出聲說等言毛孔光明皆能說法者即上十地經亦光明說又第九地云或時心欲放大光明演說法門或時心欲於其身上一一毛孔皆演法音又現相品云爾時諸菩薩光明中同時發聲說此頌言諸光明中出妙音普遍十方一切國演說佛子諸功德能入菩薩之妙道等又法界品初諸來菩薩下方菩薩名破一切障勇猛智王與世界海微塵數菩薩俱來向佛所於一切毛孔中出說一切衆生語言海音聲雲出說一切三世菩薩修行方便海音聲雲等其文非一

花香雲樹即法界之法門

花香雲樹等者第二明即事是法更何論說以有託事顯法生解門故

刹土衆生本十身之正體子何非教耶

刹土衆生者第三明即事是能說人何但顯法刹土即國土身衆生即衆生身十身畧舉其二以二是旁尚即十身況餘勝者於何非教者結成尚即能說況非教體下云刹說衆生說三世一切說又云一切世間諸境界皆悉能令轉法輪等其文非一

下云下第四引證初引普賢行品如前教
緣中釋
第六攝境唯心體者總收前五並不離識
第六攝境唯心體等者疏文分二先總明後然有下開章別釋前中亦二先正明後引證今初前之五體皆心所變心外無法如聲是色即二所現影況依聲上假立名等其教所詮及諸法顯義並離心無體唯識等云一切所有唯心現故起信亦云依一心法有二種門一心真如門二心生滅門然此二門皆各總攝一切法以此二門不相離故梵行品云知一切法即心自性故唯心現
唯識等云下第二引證此引三文含於四教初引唯識即是初教故彼論名成唯識者唯遮外境識表內心離識之外更無別法彼引多教成立唯識亦引花嚴廣如彼論而言等者等有二意一等餘論二等餘經今初謂瑜伽雜集攝大乘等故無性攝論第四云論曰其有未得真智覺者於唯識中云何比知由教及理應可比知此中教者如十地經薄伽梵說如是三界皆唯有心又薄伽梵解深密經亦如是說釋論中云十地經者於彼經中宣說菩薩十種地義此即安立十地行相名句文身識所變現聚集為體謂彼聖者金剛藏識所變影像為增上緣聞者身中識上影現似彼法門如是展轉傳來於今說名為教故諸論皆引花嚴成立唯識即是第六地中一心所攝門經云佛子三界所有唯是一心如來於此分別演說十二有支皆依一心如是而立今由諸論皆已引之故疏下引但引梵行二又此等者等取楞伽等經頗教中義八識雖空而說唯識起信亦云下即終教中證此即彼論解釋分中顯示正義之文然其立義分中云摩訶衍者總說有二種云何為二一者法二者義所言法者謂眾生心是心即攝一切世間出世間法依於此心顯示摩訶衍義此即已明唯心義說今取解釋分顯心性相真妄交徹如是終教援彼論賢首疏云一心者即如來藏心含於二義一約體絕相即真如門二隨緣起滅即生滅門此義至問明品當廣分別今但略證教體是心耳梵行品下即引當經以證圓教唯心知一切法即心自性非但心變而已
然有二門一本影相對二說聽全收
然有下開章別釋中先開章後別釋前中通就諸教以成四句　一唯本無影謂即小乘不知唯識故
釋中初釋本影中四句為四
二亦本亦影謂大乘初教謂佛自宣說若文若義皆是如來妙觀察智相應淨識之所顯現名本質教
第二句中分二先正明俱有後明聚集顯現前中亦二先引佛地論各別成立後引二十唯識雙證前義前中初即如來實有說法故名本質文通六文義通十義皆是已下顯文義本因位說聽由於意識故果位中亦唯意識故云妙觀察智相應淨識

以果位中智強識劣故說此識與智相應此智能於大衆會中雨大法雨故能說法智所依王即是第六故云淨識之所顯現而言淨者純無漏故唯識疏云既無漏心現即真無漏文義爲體是故世尊實有說法

言不說者是審意說

故佛地論第一云有義聞者善根本願增上緣力如來識上文義相生此文義相是佛利他善根所起名爲佛說

故佛地論第一云有義下引證可知

若聞者識上所變文義名爲影像　佛地論云如來慈悲本願增上緣力聞者識上文義相生　此文義相雖親依自善根力起而就強緣名爲佛說

若聞者識上下明影像教託佛本質自心變故有漏心變則名等有漏佛地論下引證有影亦是前卷以佛爲緣自心影像文義爲果此文義相下釋妨若爾是自心變何名佛說故彼釋云自善爲因佛力爲緣影像爲果今從於緣名佛說耳

故二十唯識論云展轉增上力二識成決定護法論師等皆立此義

故二十唯識下第二引二十唯識論雙證前二則本質影像二教齊有謂若聞者爲增上緣則佛心相生若佛爲增上緣則聞者相生故云展轉增上力如來之識及聞者識名爲二識決定成立本影之教言護法論師等者唯識諸師皆同此立故大乘疏云然此論主無不說法故取此解

大方廣佛華嚴經疏演義鈔卷第二十一

大方廣佛華嚴經疏演義鈔卷第二十一

校勘記

一　底本，明永樂北藏本。

一　一〇〇六頁中一四行第一四字「倏」，徑、清作「假」。

一　一〇〇六頁下一行第四字「重」，徑、清作「量」。

一　一〇〇六頁下九行第一六字「畫」，徑、清作「盡」。次頁上六行第一一字、八行第四字同。

大方廣佛華嚴經隨疏演義鈔卷第二十二 熟三

清涼山大華嚴寺沙門 澄觀 述

然云文義相生後說五心集現謂如說諸行無常即有四聲四字四名一句及所詮義此十四相於聞者識上聚集顯現 然西方多釋今畧舉其一謂如說諸字有率爾尋求二心於未定知諸字所屬無決定心次說行字由先熏習連帶解生有三心起謂率爾尋求決定以決定知諸字所屬一切行故聞諸行字雖知自性然未知義爲令知義後說無字但有二心謂率爾尋求未有決定以未定知無字所屬後說常字由前字力展轉熏習連後字生具起五心謂率爾尋求決定染淨等流於最後時四字周圓方能解義總十二心初二次三次二後五故有十四相義如前說餘如別章

然云文義等者第二明聚集顯現於中二先總明聚集之相後然西方下別釋五心多少言然西方多釋者相傳畧有四解今顯即是第一唯識疏中亦唯此解斯乃總意故顯存之別有三師一云說諸字時率爾耳識同時意識但緣其聲是現量故尋求心中唯尋耳識所緣境故亦但緣聲不緣字名此之三心所變聲上雖有字名如生等相而不緣之至決定心緣聲字名有三相現說行字時率爾耳識同時意識及尋求心亦但緣聲至決定心緣聲字名有六相現謂前二字各有三故說無字時率爾耳識同時意識及尋求心亦但緣聲至決定心緣聲字名有九相現前之三字皆有聲字名故說常字時率爾耳識同時意識及尋求心亦但緣聲至決定心緣聲字名經十六心有十四相謂四聲四字四名并句及義名爲聚集若不散亂起染淨心及等流心若散亂時生心不定一云率爾耳識同時意識但緣於聲是現量故尋求心中緣聲字名非現量故由此極少經十二心有三六九十四相現名爲聚集若不散亂決定心生若散亂時生心不定一云率爾耳識但緣於聲同時意識緣聲字名若爾者尋求意識尋何等名此中曲有二解一云四率爾耳識先緣其聲四同時意識緣聲字名是其現量以緣常聲時不緣諸等聲及字名故五識同時意識隨聲等皆現量故四尋求心方得圓滿經十二心有三六九十四相現名爲聚集一云同時意識容非現量得緣過去經於八心四率爾耳識四同時意識有三六九十四相現名爲聚集聞同時意識既是現量何得緣字名耶荅現量亦緣名等自相如理門論說不緣者不緣名義相繫屬故上約諸行無常說若法苑中約諸惡者莫作然五字一句則具一百五相謂諸字有二相謂字及名惡字時七相者字時十六相莫字時三十相作字時五十相故成一百五相百法疏亦說此義言其五心初後通六識中三唯意識又前三是無記後二通善惡又率爾五識後必有尋求尋求心後或散或不散散即後起率爾識不散即起第三決定乃至等流又意識率耳自有二種一五

識同時率爾意識緣現在境二獨頭意識
意識唯緣過去此中且說同時餘義廣如
別章然此皆約未自在位以顯五心聚集
顯現若自在位於一念中具足顯現如理
思之言次說行字時由先熏習遂帶解生
者然呼諸字時行等三字皆在未來呼行
字時無常二字亦在未來其諸一字雖涉
過去現無本質由熏習力唯識變力仍於
此念說行字時心上顯現下言遮帶准此
可思

三唯影無本謂大乘實教辨衆生心佛果無
有色聲功德唯有如如及如如智獨存大悲
大智爲增上緣令彼所化根熟衆生心中現
佛色聲說法是故聖教唯是衆生心中影像
夜摩偈云諸佛無有法佛於何有說但隨其
自心謂說如是法龍軍堅慧諸論師等並立
此義

三唯影無本者唯識論顯揚無性論作如
是說不取爲正

四非本非影如頓教說非直心外無佛色聲
衆生心內影像亦空性本離故亡言絕慮即
無教之教耳須彌偈云法性本空寂無取亦
無見性空即是佛不可得思量淨名云夫說
法者無說無示其聽法者無聞無得龍樹等
宗多立此義

龍樹等宗多立此義者等取頓教餘義若言
多立者不必全爾有三觀故此但明空之
一義故

此前四說總合爲一圓融無礙自淺之深攝
衆生故

此前四說下融爲一味方順圓宗若約攝
生則淺深有異

第二說聽全收中成二四句

第二說聽全收等者文中有三初標次釋
後結融通今初標中所以成二四句者以
真心融二則餘事理無礙故須分之

一約同教以成四句謂一佛真心外無別衆
生以衆生真心即佛真心故則唯說無聽故
所說教唯佛所現二衆生心外更無別佛以
佛真心即衆生真心故則唯聽無說故所說
教即衆生自現梵行品云知一切法即心自
性等三佛真心現時不礙衆生真心現故說
聽雙存二教齊立四佛即衆生故非佛衆生
即佛故非衆生互奪雙亡則說聽斯寂故淨
名云夫說法者無說無示其聽法者無聞無
得

初同教中初二句但以生佛同一真心故
互相收三即互不相礙故得雙存四乃互
相即故所以相泯並易可知

二約別教以明四句謂由不壞相生佛互在
故

二約別教等者則攝四句則唯約事事無
礙由生佛兩相宛然互相在故亦可前是
相即門後是相入門以前相即門中含事
理無礙故且名同教耳

一衆生全在佛中故則果門攝法無遺生尚
在佛心中況所說教不唯佛現

一衆生等者第一句有二先正立後引證
今初此以佛果稱性故攝法無遺無有一
法出法性故全性爲佛故無法不攝

故出現品云如來成正覺時於其身中普見一切衆生成正覺乃至普見一切衆生入涅槃

故出現下後引證也初引當經如前已解至下本文重明

又佛性論第二如來藏品云一切衆生悉在如來智內故名爲藏以如如智稱如如境故一切衆生決定無有出如如境者並爲如來之所攝持故名所藏衆生爲如來藏

次又佛性下引論然此品中說如來藏乃有三義今是其一言三義者論云復次如來藏義有三種應知何者爲三一所攝藏二隱覆藏三能攝藏此即第一所攝藏也以爲如來之所攝故名如來藏故彼論云一所攝名藏者佛說約住自性如如一切衆生是如來藏言如如者有二義一如如智二如如境並不倒故名如如言如來者約從自性來至至得是名如來故如來性雖因名應得果名至得其體不二但由清濁有異在因時爲違二空故起無明而爲煩惱所雜故名爲染濁雖未即顯必當可現故名應得若至果時與二空合無復惑累煩惱不染說名爲清果已顯現故名至得譬如水性體非清濁但由穢不穢故有清濁名應得至得二種亦爾云云所言藏者一切衆生等與疏全同次下論即云復次藏有三種一顯正境無比離如如境無別一境出此境故二顯正行無比離此智外無別勝智過此智故三爲現正果無比無別一果過此果故故曰無比由此果能攝藏一切衆生故說衆生爲如來藏疏中所引但取佛含衆生之義故畧引其中間耳下畧引二藏二隱覆爲藏者道前爲煩惱覆衆生不見故三能攝爲藏者果地一切功德應得性時攝之已盡故今取果攝故亦不引後之二藏

又下出現品中明三世劫刹衆生所有心念根欲尚皆一身頓現　况佛智廣大同虛空耶

又下出現下三又引當經况出攝聽諸法皆攝何獨聽法衆生於中又二重擧况一明一身頓攝况於衆生二明智廣同空一切本居智內何用攝耶然第一文即出現偈云如三世劫刹衆生所有心念及根欲如是數等身皆現是故正覺名無量今疏上二句但畧如及二字耳言尚皆一身頓現者即長行中意經云如來成正覺時以一相方便入善覺智三昧入已於一成正覺廣大身現一切衆生數等身住於身中如一成正覺廣大身一切成正覺廣大身悉亦如是然彼經長行以身攝身偈頌明其總攝今取長行之一身對偈中之廣攝以顯難思耳故言尚皆一身頓現此一尚字即是擧况一身總攝况聽法人况佛智下復擧况更彰廣大即第八十經普賢讚佛偈初經云佛智廣大同虛空普遍一切衆生心悉了世間諸妄想不起種種異分別今疏引者意通前半正取大智以况一身故但引初一句而已

二佛在衆生心中故則因門攝法無遺佛尚

在於心中況所說教非衆生心現
二佛在衆生等者衆生即因稱法界法界攝法無遺故衆生亦攝無遺矣
故出現品云菩薩摩訶薩應知自心念念常有佛成正覺何以故諸佛如來不離此心成正覺故如自心一切衆生心亦復如是悉有佛成正覺
次故出現下引證
此明佛證衆生心中真如成佛故本覺無異以始同本總在衆生心中從體起用應化身時即是衆生心中真如用大更無別佛如起信中多明此義而是自心體用今以此經心佛衆生無差別故佛證衆生之體用衆生之用
後此明佛證下解釋謂如來何以不離生心釋云衆生心真如是佛所證故若爾但是平等之理何足為玄故復次云本覺無異故謂佛本覺與衆生本覺無有二體同一覺故本覺即法身故法身同故若爾法身體同衆生未證佛證法身復何相預故

次云以始同本總在衆生心中謂起信既言始覺同本覺無復始本之異生佛本覺既同今佛始同本時全同衆生本覺故全在衆生心中矣復有問云約體雖同相用自別豈得全同故次云從體起用用不異體體既衆生之體用豈離於衆生故依體起用即是衆生心中真如用大更無別佛若爾起信論中已有此義何以獨名花嚴爲別教耶故次釋言起信雖明始本不二三大攸同而是自心各各脩證不言生佛二互全收是則用起信之文成花嚴之義妙之至也點文可思
三由前生佛互相在時各實非虛則因果交徹隨一聖教全在二心
三由前生佛互相在下但合前二並實非虛成此句耳謂初佛攝時生即全攝無前無後故實非虛生攝非虛教在生心佛攝非虛教在佛心耳
故衆生心中佛爲佛心中衆生說法佛心中衆生聽衆生心中佛說法

故衆生心中佛下顯雙存相謂雖雙互相攝不妨說聽宛然在文似隱義極分明請以喻況畧舉二喻一者如一明鏡師弟同對說聽以師取之即是師鏡弟子取之是弟子鏡喻一心師弟喻生佛是謂弟子鏡中和尚爲和尚鏡中弟子說法和尚鏡中弟子聽弟子鏡中和尚說法諸有智識請詳斯喻此喻猶恐未曉又如水乳和同一處而互爲能和所和且順說聽以能和爲說所和爲聽且將水喻於佛乳喻衆生應言乳中之水和水中之乳水中之乳受乳中之水雖同一味能所宛然雖能所宛然而互相在相遍相攝思以准之更消疏文衆生心中佛者此明衆生稱性普周而佛不壞相在衆生心內言爲佛心中衆生說法者此明佛心稱性普周而衆生不壞相在佛心內也但明能說之佛即是衆生心中佛但語聽法衆生即是佛心中衆生下對反上更無別理但說聽之異耳
四由生全在佛則同佛非生佛全在生則同

生非佛兩相形奪二位齊融則隨一聖教俱非二心則佛心中衆生無聽衆生心中佛無說

是以賢首品云因緣所生無有生諸佛法身非是身又偈讚品云如來不說法亦不度衆生大般若四百二十五云我從得道來不說一字汝亦不聞等

四由生全在等者此句雙泯義更易了於中先正明是以賢首下引證即第十五經但證第四雙非之義因緣所生無有生生泯也諸佛法身非是身佛泯也下半云法性常住如虛空以說其義光如是正要前二句故不引此耳又偈讚品亦證雙非大般若文前已釋竟

是故此四於一聖教圓融無礙方爲究竟甚深唯識道理

執三　十二

是故此四下總結融通隨舉一句即須具四故隨一文一句若大若小必具此四攝理周圓

第七會緣入實體者前來六門同入一實故

第七會緣入實體等者駄文分二初總明

後亦有下開釋

亦有二義一以本收末二會相顯性前中以諸聖教從真流故不異於真　故攝論中名爲真如所流十二分教唯識第十釋勝流真如云謂此真如所流教法於餘教法最爲勝故

攝論中下引證此引無性攝論第七梁攝論第十次引唯識第十彼論釋十真如中第三地如彼䟽釋云由此地中得於三慧照大乘法現此法教根本真如名勝流真如或證此如說法勝故

彼宗雖不立真如隨緣而說佛正體智證最清淨法界而於後得安立教法名爲如流以本收末亦名如爲教體

彼宗雖不立下釋妨謂有問言彼宗真如凝然何有流義故䟽通云而說佛正體等此中逆順總有四法展轉相依若逆推者此之教法從何而立荅從佛後得智立此後得智復依何生由根本智故論云了俗由證真故說爲後得此根本智從何而立由冥真如故名真如最爲根本若順說者梁論第十釋云真如於一切法中最勝由緣真如起無分別智無分別智是真如所流此智於諸智中最勝由此智流出後得智後得智所生大悲此大悲於一切定中最勝因此大悲如來欲立安正法救濟衆生說大乘十二部經此法是大悲所流此法於一切法中最勝菩薩爲得此法一切難行能行難忍能忍由觀此法得入三地在文可知

執三　十三

二會相顯性者謂彼一切差別教法從緣無性即是真如是故虛相本盡真性本現

二會相顯性者上說如爲教本而教非即如今說教即是如則攝十二分教之相歸即如之性也

如來言說皆順於如故金剛三昧經云如我說者義語非文衆生說者文語非義　仁王二諦品云大王法輪者法本如應頌如乃至論議如等

如來言說下重釋教即如義上明教從緣

生無有自性故教即如令明說主稱如故言教皆如金剛三昧經證成此義言義語者皆契如故下引仁王證成前義言乃至者文中畧故若具經云波斯匿王白佛言云何十方諸如來一切菩薩不離文字而行諸法相大王法輪者法本如重頌如授記如不頌偈如無問而自說如戒經如譬喻如法界如本事如方廣如未曾有如論議如是名句味音聲果文字記句一切如若取文字者不行空也大王如如文字脩諸佛智母上即經文其中云戒經者即因緣經因事制戒故乃因緣經中一義又言法界如者即本生經界即因義故餘文可知十二分名義十藏品說

此經明教即是如不說如皆是教若取諸法顯義皆爲教體一切法皆如也則無如非教

此經明教即是如下復辨通局謂但言十二分教即如此局在十二若云如即佛教則一切法皆如也則一切皆佛教斯義則通故次顯云若取諸法顯義體即明一切皆教既一切皆如如皆佛教也

第八理事無礙體者謂一切教法雖舉體即真不礙十二分等事相宛然顯現雖真如舉體爲一切不礙一味湛然平等由如無礙佛之音聲亦順如無礙皆與如智而相應故如前義分齊中廣明

第八理事無礙體等者在文可見

第九事事無礙體者文義皆圓

第九事事下疏文分三初雙標次正顯文後例釋義今初雙標文義揀義取文耳

文即圓音此中亦具十種玄門現相品云佛演一妙音周聞十方國衆音悉具足法雨皆充遍即同時具足相應體十住品云欲具演說一句法阿僧祇劫無有盡而令文義各不同菩薩以此初發心即廣狹無礙體亦名純雜教一句不壞狹也純也文義不同廣也雜也又云於一法中解衆多衆多法中解了一等皆一多相容教也出現品云如來音聲普入一切譬如書字等此亦相入即相容也十住又云一即是多多即一文隨於義義隨文即相即教體出現品云道場皆聞不出衆外各各隨解即隱顯教體也又云如來言音唯是一味隨諸衆生心器異故無量差別亦隱顯教體亦純雜教也又云如來於一語言中演說無邊契經海如善口女等即微細教也阿僧祇品云於彼一一脩多羅分別諸法不可說於彼一一諸法中又說諸法不可說等一法既爾餘法亦然交映重重無盡無盡即帝網教也觸事即法即託事生解教也一念頓演即十世教也如諸會中此方所說十住等十方亦爾即主伴教也若隨說一法門皆有無量脩多羅爲眷屬等即眷屬教雖不得爲主亦是伴類

次文即下正顯文圓文即名句文而言圓音者有二義故一例上名等離聲無體今圓音體文亦依之二者既言圓音則文句皆足方稱圓耳若一直聲音義非正下引諸經成斯教體具十玄門言佛演一妙音等者經文畧有三節初則一音周聞但彰其遍次云衆音悉具者即前一音頓具多

音謂萬類殊音如善口天女三法兩皆遍者則隨一一音具說一切大小權實無盡法門又一一門皆充法界三節已含四義三則展一普周二則一收一切展卷無礙皆悉同時何音何法而不具足彼經次下云一切言詞海一切隨類音一切國土中恒轉無上輪等則重數更多今但引其一偈足顯同時具足言譬如書字等者即如來轉法輪中取意畧引故有等言若具引者經云佛子如來法輪悉入一切語言文字而無所住譬如書字普入一切事一切語一切筭數一切世間出世間處而無所住如來音聲亦復如是普入一切處一切衆生一切法一切業一切報中而無所住一切衆生種種語言皆悉不離如來法輪何以故言音實相即法輪故佛子菩薩摩訶薩於如來轉法輪應如是知即此經文法喻之中亦是影畧故䟦取意畧引耳言此亦相入即相容也者據所引文即相入義即此相入是一多相容不同門能入名入所入名容能容即所入所容即能入隨義名異容入一義耳言道場皆聞不出衆外者即出現音聲中梵王及衆喻若具引者復次佛子譬如大梵天王住於梵宮出梵音聲一切梵衆靡不皆聞而彼音聲不出衆外諸梵天衆咸生是念大梵天王獨與我語如來妙音亦復如是道場衆會靡不皆聞而其音聲不出衆外何以故根未熟者不應聞故其聞音者皆作是念如來世尊獨爲我說佛子如來音聲無出無住而能成就一切事業是爲如來音聲第五相十六釋曰衆會聞者即以根熟爲衆內未熟爲衆外耳餘則可知應者得聞此即顯也不應不聞斯即隱也各各隨解者聞中復有差別若聞大乘大乘則顯不聞二乘二乘即隱小顯大隱等可知又云如來言音等者即彼次下第六相也經云佛子譬如衆水皆同一味隨器異故水有差別水無念慮亦無分別如來言音亦復如是唯是一味謂解脫味隨諸衆生心器異故無量差別而無念慮亦無分別然此一文證其兩義若取諸器各受互不相知即是隱顯若取一味隨器即是純雜善口天女亦即彼品經云復次佛子譬如自在天王有天婇女名曰善口於其口中出一音聲其聲則與百千種樂而共相應一一樂中復有百千差別音聲佛子彼善口女從口一聲出於如是無量音聲當知如來亦復如是於一音中出無量聲隨諸衆生心樂差別皆悉遍至悉令得解即第四相十七一中頓具即微細也言阿僧祇品至不可說等者等餘經文經云一一佛法不可說種種清淨不可說出妙音聲不可說轉正法輪不可說於彼一一法輪中演脩多羅不可說於彼一一脩多羅分別法門不可說於彼一一法門中又說諸法不可說於彼一一諸法中調伏衆生不可說此上經文已有數重而但說一法法法皆爾互入重重故成無盡又彼中云清淨實相不可說說脩多羅不可說於彼一一脩多羅演說法門不可說於彼一一

法門中又說諸法不可說於彼一一諸法中所有決定不可說於彼一一決定中調伏衆生不可說不可言說同類法不可言說同類心不可言說異類法不可言說異類心不可言說異類根不可言說異類語念念於諸所行處調伏衆生不可說等亦是其類也言一念頓演者一念頓演無量劫法何有十世不互相融第五經云樹下諸神刹塵數悉共依於此道場各各如來道樹前念念宣揚解脫門等

此且約言說若類通諸法皆爲教體即所詮義義即普法具十玄門如義分齊

此且約下例文釋義初句結前餘皆釋後

第十海印炳現體者如前差別無盡教法皆是如來海印定中同時炳現設所化機亦同緣起炳現定中是故唯以三昧爲斯教體如出現品云此約果位若約因位圓信亦得印現賢首品云如是一切皆能現海印三昧威神力　以上十門該羅收攝未有一法而非教體然後二門正是經宗融取前八無所遺矣

以上十門下第二總結可知　教體門竟

大方廣佛華嚴經疏演義鈔卷第二十二

大方廣佛華嚴經疏演義鈔卷第二十二

校勘記

一　底本，明永樂北藏本。

大方廣佛華嚴經疏演義鈔卷第二十三 熟四

清涼山大華嚴寺沙門 澄觀 述

第六宗趣通局者語之所尚曰宗宗之所歸曰趣先明其通後顯於別

第六宗趣通局中疏文分二先釋名標章後前中下依章別釋初中宗者宗崇故云所尚亦云尊也主也多也

前中通論一代佛教諸部異計各是一宗謂十八本二各不同故以義相從更復合之

前中通論下第二依章別釋於中二先釋通宗後釋別宗前中三初總標大意二敘昔辨違三申今正解今初言諸部異計即二十部言十八本二者十八部名次下當列本二者即上座部及大衆部故文殊問經云十八及本二皆從大乘出無是亦無非我說未來起言以義相從者合二十部兼諸大乘爲十宗故

然隋朝大衍法師總立四宗一因緣宗謂薩婆多二假名宗謂即經部三不真宗謂諸般若四真實宗謂法性真理佛性等教

然隋朝下第二敘昔辨違於中二先敘昔後辨順違前中又二先正立後異名前中各從所立得名四中各有二句上句立義下句指教

又此四宗初名立性二名破性三名破相四名顯實

又此四宗下辨異名四名不出性相而前三從所破後一就所顯

初二小乘後二大乘各初淺後深此亦有理

初二小乘下辨順違於中二先畧釋明順理後約局明違文今初言各初淺後深者以初顯正因緣立有緣果之性故爲淺二破於定性但從緣有故爲深也萬法從緣故無定實如鐵之堅遇火則鎔如水之濕遇寒則堅明知從緣則無定性假名而已故爲小深早欲參涉大乘故云經部三是大乘之淺望其第二亦是次深以二但破性而有其相如會指成拳雖無定性非無拳相今復破之明性相俱空爲法空矣而言淺者但除妄計以顯空義未彰妙有不空真性故名爲淺第四方顯妙有真性故四爲深言此亦有理者自淺之深先小後大一代佛教大意爾故又第一宗是因緣所生法第三宗則我說即是空第二宗亦爲是假名第四宗亦是中道義故無大違

但收義不盡以十八部中但判二故

但收義不盡下第二約局明違言但判二者唯明有部及經部故除本二部故云十八部中

今總收一代時教以爲十宗

今總收等者第三申今正解於中三初總標二別釋三料揀

第一我法俱有宗謂犢子部等彼立三聚一有爲二無爲三非二聚非二即我又立五法藏謂三世爲三無爲爲四第五不可說藏我在其中以不可說爲有爲無爲故

第一我法俱有宗等者第二別釋也釋第一宗中先立理謂犢子部等者等取餘四部謂此計中總有五全或一少分言五部全者一犢子部二法上三賢胄四正量五

密林山故總爲五部同計言一少分者泰法師云更等取經部中根本經部不等末經部以本經部亦執有勝義我非即非離即計菩薩出離生佛故名勝義

然此一部諸部論師共推不受呼爲附佛法外道以諸外道所計雖殊皆立我故

二法有我無宗謂薩婆多等彼立諸法不離色心或立三世無爲或分五類皆無有我以無我故異外道計

二法有我無宗等者疏文有二先正立後顯功能今初言等者等取餘二半謂此計都有三全一少分謂一一切有部二雪山部此即上座部宗輪論云多同説一切有故亦等取也三多聞部宗輪敘多聞部云餘義多同一切有部並不立我計法有實故言一少分者化地部末計彼云過去未來並皆實有亦有中有一切法所知所識故名有法無我

又於有爲之中立正因緣以破外道邪因無因

又於有爲下第二辨教功能於中有五一總顯功能二廣顯所破三舉正折邪四指廣從畧五結功超勝今初因緣能破無因正因以破邪因

然西域邪見雖九十五種或計二十五諦從冥生等或計六句和合生等或謂自在梵天等生或謂時方微塵虛空宿作等而爲世間及涅槃本

然西域邪見下二廣顯所破於中三初敘西域二敘此方三雙就結過初中亦三初束九十五種爲十一宗二束十一以成四計三結諸計以歸二因今初九十五種如第六迴向引然至妙虛通目之曰道心遊道外即稱外道故唯佛正道餘悉名外道故此總非所以成十一者以約現有教文傳習西域故言或計二十五諦從冥生等者即十一中之一計也此即數論師計案金七十論中謂有外道名劫毘羅此云黃赤鬢髮面色皆黃赤故時世號爲黃赤色仙人其人從空而生自然四德一法二智三離欲四自在得此智已依大悲説先爲阿修和仙人説次阿修和傳與般尸訶般尸訶傳與褐伽褐伽傳與優樓佉優樓佉傳與跋婆和跋婆和傳與自在黑般尸訶廣説此智有六十千偈其自在黑姓拘式見大論難受畧抄七十偈此婆羅門初入金耳國以鐵葉腹頭戴火盆擊王論鼓求僧論議因諍世界初後有無謗僧不如遂造此七十論申數論宗王意朋彼以金賜之外道欲彰已令譽遂以金七十標名唯識疏云其後弟子之中上首如十八部中之部王者名伐理沙此翻爲雨雨時生故即以爲名其雨徒黨名雨衆者即義當自在黑所受跋婆和梵音不同耳梵云僧佉此翻爲數數即慧數數度諸法根本立名從數起論名爲數論論能生數亦名數論其造數論及學數論者皆名數論師本源即是迦毘羅造金七十論即自在黑造偈長行即天親菩薩解釋言二十五諦者准百論云從冥生覺從覺生我心從我心生

五微塵從五微塵生五大從五大生十一根神爲主常覺相處中不壞不散攝受諸根斯則五大亦爲能生今依金七十論釋二十五諦總畧爲三處中爲四廣爲二十五言畧爲三者謂一自性二我知三變異

自性是第一諦古稱冥性亦名勝性未生大等但住自分名爲自性若生大等便名勝性用增勝故智論云謂外道通力至八萬劫八萬劫外冥然不知謂爲冥諦從此覺知初立故名冥諦二言我知者即第二

十五諦即神我也三變異者中間二十三諦自性所作名爲變異故有三位言中爲四者彼論云外曰云何分別本性變異及知者荅曰本性無變異一也大等亦本變二也十六但變異三也知者非本變四也

謂本性能生大等故名爲本不從他生故非變異二大我慢五唯此七亦本亦變異大從本性生故變異能生我慢故爲本慢生五唯五唯生五大五根故皆亦變亦本三五大五知五業及心平等根但從他生

故唯變異不能生他故不名本四知者即我知爲體故不從他生亦不生他故非本非變若准百論五大生十一根則五大亦本亦異唯變異中則唯十一根言廣有二十五者如上引百論然都有九位就其中

二十三諦自有七位一大二我心三五唯量四五大五五知根六五作業根七心平等根兼其初後故二十五問曰自性不可見云何知有荅有法有微細故不可見如熱氣散空豈得言無若不見云何知有荅

因大等事從自性生有三德故問自性云何能與諸法爲生因荅三德合故其三德在冥性中眠伏不起在大等二十三位便有覺悟故二十三一一皆以三德合成言三德者梵云薩埵剌闍荅摩薩埵此云有情亦云勇猛今取勇義剌闍此爲微牛毛塵等皆名剌闍亦名塵坌今取塵義荅摩此云闇即闇鈍之闇三德應名勇塵闇若傍義翻舊云染麤黑新云黃赤黑舊名喜憂闇新云貪嗔癡舊名苦樂癡新云苦樂

捨敵體而言即是三毒能生三受名苦樂捨黃赤黑者是其色德貪多輕光故色黃嗔多動躁故色赤癡則重覆故其色黑由此自性合三德故能生諸法故自性是作者我非作者若非作者何用我爲荅爲證

義故義之言境證於境故謂二十四諦是我所知故我是見者而非作者餘不能知問自性是作我非作者何因和合偶荅云我求見三德自性爲獨存如跛盲人合由義生世間謂我有如是意我今當見三德

自性故我與自性合自性爲獨存者我是困苦人唯有能見知今當爲彼令得獨存以是義故自性與我合如人與王合亦如盲與跛合則以我爲跛不能作故自性爲盲不能見故此二合故能生世間與我受

用盲跛達其所在各得分立我見自性時即得解脫令我獨存問曰已說和合能生世間是生次第云何荅曰自性次第生大我慢十六十六內有五從此生五大謂自性先生大大者增長之義自性相增故或

名覺或名想或名遍滿或名智或名慧或大即是智故大得智名大次生我執我執者自性起用觀察於我知我須境故亦名我慢亦名五大初或名轉異或名炎熾次慢生十六者即五唯量五知根五作業根及心平等根此意總明皆從慢生就十六中應先生五唯五唯生十六故云十六內有五從此生五大即百論從我心生五微塵從五微塵生五大從五大生十一根初生五唯量者一聲二觸三色四味五香五各有體有能有緣量故唯亦定義唯定用此成五大故五唯無差別以微細寂靜故從此生五大大塵有差別五唯無差別即是大塵大無憂癡唯以喜樂故五大具三毒故差別從聲唯生空大別有一物名之爲空非空無爲觸唯生風大色唯生火大味唯生水大香唯生地大金七十論但各一生有說麁塵有多少從聲一塵成空大聲觸二塵生風大色聲觸三生火大色聲觸味生水大總用五塵生地大麁塵多者

力弱麁塵少者力強故四輪成世間空輪最下次五大生十一根者先生五知根次生五作業根後生心平等根云何五大生五知根謂聲唯生空大空大成耳根是故耳根還聞聲觸唯生風大風大成身根是故身根還受觸色唯生火大火大成眼根是故眼根還見色味唯生水大水大成舌根是故舌根還知味香唯生地大地大成鼻根是故鼻根不聞地而聞於香而金七十論但云耳根唯從聲唯生與空大同類是故能取聲若優樓迦仙人則計遍造義謂五大造眼根而火大偏多色是火家求那故眼根唯能見色餘四例知皆用五大成各一偏多耳次生五業根者金七十論即總用五唯成謂一語具二手三足四小便處五大便處此中語具謂口舌等手足即分皮根少分彼謂身根爲皮根又男女大遺等各有用故故偈云唯見色等塵是五知根事言執步戲除是五業根事心平等根者金七十論分別爲體故論云分別

爲心相是相即心事亦具五唯成通緣諸境故又論云大我慢心事三自相爲事心能遍取差無差境有說以肉團心爲體二十五我知者以思爲我唯識因明皆云數論執我是思若金七十云云何知有我頌曰聚集爲他故一異三德二依故三食者四獨離故五五因立有我一如有人聚牀席等必爲於人如是大等聚集即知有我二異三德者前二十四皆有三德故三依故者如人依身身則有用故四食者者如人見味知有別味人見大等所知必知有能知五獨離故者若唯有身聖人所說解脫則無所用故知有我我有何相然金七十論將自性望變異有九不似有六相似我翻似不似言九不似者一無因二常三多人共一四遍一切五無事六不沒七無分八不依他九不屬他自性有此九德不似變異變異則有因等我有八義同自性不似變異但多人共一義不同自性謂人人各有我故自性有六義似變異謂一同

有三德二不相離謂三德不可分三皆爲我所受用之塵四平等俱爲一切我受用知一婢多主使五無知者本末同無知唯我知故六能生自性能生而大等亦能生故而我知亦無此六相似故總云我翻似不似謂亦無三德不能生等故我有八不似變異乃成八德無六似於變異但成二德謂一無三德二是知者餘之四似是自性變異之德非我之德餘義可知有云由三德是生死因由所轉變擾亂我故不得解脫知二十三諦轉變無常生厭修道自性隱迹不生諸諦我便解脫金七十云人無縛無脫無輪轉生死以無三德故無變異故無作者故若爾誰得解脫荅輪轉及繫縛解脫唯自性由自性變異故縛若得正遍知即得解脫意明知二十五諦爲正遍知明縛與脫不由於我言我解脫者約自然脫耳論總結云此秘密智應施五德婆羅門一生好地二好姓族三行四有能五欲得上依金七十論略叙其計其間不同無智論意並已具釋若廣破者如唯識中百等論下疏略總破耳或計六句者即衛世師計斷云吠世史迦薩多羅此云勝論吠世亦云鞞世吠世爲正主六句義最爲勝故或勝人所造故其能造人即成劫之末人壽無量外道出世名嗢露迦此云鵂鶹晝避聲色匿迹山藪夜絶視聽方行乞食時人以爲似鵂鶹鳥故名鵂鶹仙人即百論優樓佉也或名羯拏僕羯拏云米齋僕翻爲食先爲夜遊驚他稚婦乃不夜乞遂收場碾糠粃之中米齋而食故時號爲食米齋仙人多年修道遂獲五通謂證菩提便欣入滅但嗟所悟未有傳人愍世有情癡無慧目乃觀七德授法令傳一生中國二父母俱是婆羅門姓三有般涅槃姓四身相具足五聰明辯捷六性行柔和七有大悲心經無量時無具七德後經多劫婆羅痆斯國有婆羅門名摩納縛迦此云儒童子名般遮尸棄此云五頂頂髮五旋頭有五角其人七德雖具根熟稍遲既染妻孥卒難化導經無量歲伺其根熟後三千歲因入園遊與其妻室競花相忿鵂鶹因此乘神通化之五頂不從仙人且返又三千歲化又不得更三千歲兩競尤甚相厭既切仰念空仙仙人應時神力化引騰空迎往所住山中與說所悟六句義法一實二德三業四大有五同異六和合實者說法體實德業所依名之爲實德業不依有性等故德者道德業者作用動作義也實有九種一地二水三火四風五空六時七方八我九意德有二十四一色二香三味四觸五數六量七別性八合九離十彼性十一此性十二覺十三樂十四苦十五欲十六嗔十七勤勇十八重性十九液性二十潤二十一行去聲呼二十二法二十三非法二十四聲業有五種一取二捨三屈四申五行大有唯一實德業三同一有故離實德業外別有一法爲體由此大有有實等故同異亦一也如地望地有其同義望於水等即有異義地之同異是地

非水水等亦然亦離實等有別實體和合句者謂法和聚由和合句如鳥飛空忽至樹枝住而不去由和合句故令有住等上已畧叙廣出體相及廣破席並如唯識及蹶并百論等䟽謂自在梵天等生者此有

三計一即塗灰外道并諸婆羅門共計自在天是萬物因故唯識第一云有執有一大自在天體實遍常能生諸法謂彼計此天有其四德一體實二遍三常四能生諸法又計有三身一者法身體常周遍量同

虛空能生萬物二受用身在色天之上三變化身隨形六道教化衆生復計彼天有二住處一在雪山二在南海末剌耶山昔摩竭國有兄弟二人事自在天同往雪山求見彼天至山數見一婆羅門云大自在天是汝國釋迦尊佗佛何不禮事兄弟報云我先承習但事天神時婆羅門變爲天形面上三目復現四臂或現八臂告兄弟曰汝可還國菩提樹東造釋迦降魔之像菩提樹後穿一池濟渴乏者彼宗因此計

二住處以爲不謬瑜伽第七云彼作是思世間諸物必應別有作者生者及變化者爲彼物父謂自在天或復其餘如論廣破顯揚第十亦同此說十二門論亦廣破之二言梵天等生者即第四圍陀論師計及

第五安荼論師圍陀云明此師計那羅延天能生四姓此計梵天能生萬物提婆菩薩破外道小乘涅槃論云從那羅延天齊中生大蓮花蓮花之上有梵天祖翁謂梵天爲萬物之祖彼梵天作一切命無命物

從梵天口生婆羅門兩臂生刹利兩髀生毗舍兩脚生首陀故瑜伽第七云婆羅門是最勝種類刹帝利等是下劣種類婆羅門是白淨色類餘種是黑穢色類婆羅門種得清淨非餘種類婆羅門是梵王子從大梵王臍口所生從梵所出梵所變化梵王體胤廣破如彼顯揚亦同故上等言等取那羅延天以那羅生梵梵爲物祖故正云梵天生等取那羅延又等梵王是第五計安荼論師計本際也言本際者即過去之

初首謂計世間最初唯有大水時有大安荼出生形如鷄卵金色後爲兩段上爲天下爲地中生一梵天能作一切有命無命物是故梵天是萬物因以四五兩計一計那羅延爲始一計安荼爲始並次生梵王

梵王生萬物故疏云梵天等生即等取安荼及那羅也其安荼計亦似此方有計天地之初形如鷄子渾沌未分即從此生天地萬物或謂時方微塵虛空宿作等而爲世間及涅槃本者此有六計一時者即時

散外道執一切物皆從時生是故時是常是一是萬物因是涅槃因廣百論云復次或有執事是真實常以見種等衆緣和合有時生果有時不生時有作用或舒或卷令彼條等隨其榮萃此所說因具有離合由是決定知實有時廣破如彼百論亦云如是時雖微細不可見以節氣花實等故知有時此則見果知因次言方者即第七方論師計方生人人生天地滅後還入於方故方是常是一是萬物因是涅槃因

故百論云外曰實有方常相有故曰合塵
是方相等言微塵者即第八路迦耶論師
計色心等法皆極微所作路迦耶此云順
世外道計一切色心等法皆用四大極微
爲因然四大中最精靈者能有緣慮即爲
心法如色雖皆是大而燈發光餘則不爾
故四大中有能緣慮其必無失故唯識云
有外道執地水火風極微實常能生麄色
所生麄色不越因量雖是無常而體實有
釋曰謂從四大生後還歸大言麄色者即
是子微不越因量者因者父母微最初極
微名爲父母聚生諸色故所生者名曰子微
子微雖是無常不越父母故是實有亦廣
如彼破但是隨情虛妄計度顯揚第九云
又計極微是常住者以依世間靜慮起如
是見由不如實知緣起故計有爲先有果
集起離散爲先有果壞滅由此因緣彼謂
從衆微性麄物果生漸析麄物乃至極微
住是故麄物無常極微常住瑜伽同此言
虛空者即第九口力論師謂虛空爲萬物

因別有一法是實是常是一是萬物因從
空生風從風生火火生煖煖生水水生凍
堅作地地生五穀五穀生命命沒還歸空
是故虛空爲一切萬物因是涅槃因百論
亦云外曰定有虛空法常亦遍亦無分一
切處一切時信有等故廣如彼破言宿作
者即第十宿作論師計一切衆生受苦樂
報皆隨往日本業因緣是故若有持戒精
進受身心苦能壞本業本業既盡衆苦盡
滅衆苦盡滅即得涅槃是故宿作爲一切
因瑜伽云何因緣故彼外道作如是見立
如是論荅彼見世間雖具正方便而招於
苦雖具邪方便而致於樂彼如是思若由
現法士夫作用爲彼因者彼應顛倒由彼
所見非顛倒故是故彼皆以宿作爲因由
此理故起如是見立如是論涅槃三十五
廣破此見而疏云等者等取第十一無因
論師計一切萬物無因無緣自然生自然
滅故此自然是常是萬物因是涅槃因此
計一切無染淨因如棘刺自纖烏色非染

鵠色自白大乘法師云別有一法是實是
常號曰自然能生萬物與下此方計有同
義瑜伽第七云何因緣故彼諸外道起如
是見立如是論荅謂見世間無有因緣或
時欻爾大風卒起於一時間寂然止息或
時忽爾暴河瀰漫於一時間頓即空竭或
時欝爾果木敷榮於一時間颯然衰萃由
如是故起無因見立無因論顯揚亦同此
則無因爲自然非別有物若廣分別上諸
異計如瑜伽六七顯揚九十婆沙十一二
及金七十廣百論等
統收所計不出四見謂數論計一勝論計異
勒沙婆計亦一亦異若提子計非一非異
統收所計不出四見下第二東十一爲四
計即百論意於中二先正明計
若計一者則謂因中有果若計異者則謂因
中無果三則亦有亦無四則非有非無餘諸
異計皆不出此
後若計一下對因果明皆廣如百論
雖多不同就其結過不出二種從虛空生即

是無因餘皆邪因
雖多不同下第三結歸一因即收上十一宗計乃至九十五種皆不出二因無而忽有是曰無因所計盧謬是曰邪因如乳生酪乳曰正因令乳生癖即曰邪因從無明行而生此身是曰正因從冥性等皆曰邪因一切諸法緣會而生緣離則滅未有一法不從因生情非情境並從因生而言無因乃成大過謂不應生物則合常生石女則生兒龜毛亦應生物不俻萬行應得涅槃則世出世法一時俱壞故無因過過莫大焉配屬可見離佛法外非唯九十五種設千般異說皆不出於邪因無因故說一正因緣無計不破

此方儒道二教亦不出此

十八
此方儒道下第二叙此方疏文分二初指同一因後如此下畧出諸計然此方儒道玄妙不越三玄周易爲真玄老子爲虛玄莊子爲談玄

如此莊老皆計自然謂人法地地法天天法道道法自然

如此莊老下文有二先合引老莊後別引周易前中亦二先引文後斷義今初正引老子義引莊子故云皆立自然此句標也故莊子云不知所以然而然故曰自然謂人法地下即老子道經有物混成章此先有言云有物混成先天地生寂兮寥兮獨立而不改周行而不殆可以爲天下母吾不知其名字之曰道強爲之名曰大大曰逝逝曰遠遠曰反故道大天大地大王亦大注云因其所大而明之得一者天地王也天大能覆地大能載王大能法地則天行道故云亦大又云域中有四大而王居其一焉注云王者人靈之主萬物繫其興亡將欲申其鑒誡故云而王居其一欲警王令有所法也次文云人法地地法天天法道道法自然注云人謂王也爲王者先當法地安靜既爾又當法天運用生成既生成已又當法道清淨無爲令物自化人君能爾者即合道法自然之性也又上釋

十九
道大云以通生表其德字之曰道以包含目其體強名曰大此文相躡故委引之意在道法自然耳德經又云道生一一生二二生三三生萬物前即逆推此則順辨注云一者冲氣也言道動出冲和妙氣於生物之理未足又生陽氣陽氣不能獨生又生陰氣積冲氣之一故云一生二積陽氣之二故云二生三陰陽含孕冲氣調和然後萬物阜成故云三生萬物次下又云萬物負陰而抱陽冲氣以爲和上来皆明萬物自然生也即老子之言若正引莊子者莊子大宗師篇云夫道有情有信無爲無形注云有無情之情故無爲也有常無之信故無形也又云可傳而不可受注云古今傳而宅之莫能受而有之也又云可得而不可見注云咸得自容而莫見其狀也又云自本自根未有天地自古以固存注云明無不待有而無也又云神鬼神帝生天生地注云夫無也豈能生神哉不神鬼神帝而鬼帝自神斯乃不神之神也不生

天地而天地自生斯乃不生之生也故夫神之果不足以神而不神則神矣功何足有事何足恃哉又云在太極之先而不為高在六極之下而不為深先天地生而不為久長於上古而不為老注云言道之無所不在也故在高為無高在深為無深在久為無久在老為無老無所不在而所在皆無也又云狶韋氏得之以挈天地伏羲得之以襲氣母維斗得之終古不忒日月得之終古不息堪坏得之以襲崑崙馮夷得之以遊大川肩吾得之以處大山黃帝得之以登雲天等注云道無能也此言得之於道乃所以明其自得耳又云知天之所為知人之所為者至矣注云知天人之所為者皆自然也則內放其身而外冥於物與衆玄同任之而無不至也意云但有知有為皆不為而為故自然也

若以自然為因能生萬物即是邪因若謂萬物自然初生如鶴之白如烏之黑即是無因

若以自然為因等者斷義也通其兩勢初即老子意由道生一道是自然故以道為因是邪因也若謂萬物自然而生下出莊子意則萬物自然無使之然故曰自然即無因也如烏之黑等者即莊子文亦涅槃經意

大方廣佛華嚴經疏演義鈔卷第二十三

大方廣佛華嚴經疏演義鈔卷第二十三

校勘記

一　底本，明永樂北藏本。

一　一〇二一頁下一二行第一五字「主」，清作「生」。

一　一〇二五頁上四行第一一字「席」，徑作「席」；清作「等」。

一　一〇二七頁上一七行第二字「一」，清作「二」。

一　一〇二八頁上八行「伏羲」，清作「伏義」。

大方廣佛華嚴經疏演義鈔卷第二十四　熟五

清涼山大華嚴寺沙門　澄觀　述

周易云易有太極是生兩儀兩儀生四象四象生八卦八卦定吉凶吉凶生大業者

周易云下二引周易等者文中亦二先引文後斷義今初即繫辭言繫者繫屬也亦綱系也此上應加是故二字注云夫有必始於無故太極生兩儀也太極者無稱之稱不可得而名取其有之所極況之太極者也孔云太極謂天地未分之前混而爲一即是太初太易也老子云道生一即此太極謂混元既分即有天地故云太極生兩儀即老子一生二也不言天地者指其物體下與四象相對故云兩儀謂兩體容儀也釋曰若准列子有太易太初太始太素太易者未見氣也太初者氣之始也太始者形之始也太素者質之始也彼注云質性也又釋太易指周易太極此則太初非太易便成太極在初若准易鈎命訣說有五運前四同列子第五名太極則太極非初釋與列子大同運即運數易謂政易元氣始散謂之太初氣形之端謂之太始形變有質謂之太素質形已具謂之太極雖小異同皆是元氣生天地耳言兩儀生四象等者孔云謂木金水火稟天地而有故云兩儀生四象土則分王四時又地之別故唯四象四象生八卦者謂震木離火兌金坎水各主一時又巽同震木乾同兌金加之以坤艮之土爲八卦也八卦定吉凶者八卦既立爻象相推有吉凶故吉凶生大業者萬事各有吉凶廣大悉備故能生天下大事業也

太極爲因即是邪因若謂一陰一陽之謂道即計陰陽變易能生萬物亦是邪因若計一爲虛無自然則亦無因

太極爲因等者二斷義也謂若用太極爲因故是計無爲有亦是邪因若謂一陰下通顯邪因無因易云一陰一陽之謂道陰陽不測之謂神一陰一陽之謂道者注云道者何無之稱也無不通也無不由也況之曰道寂然無體不可爲象必有之用極而無之功顯故至乎神無方而易無體而道可見矣故窮變以盡神因神以明道陰陽雖殊無一以待之在陰爲無陰陰以之生在陽爲無陽陽以之成故曰一陰一陽之謂道孔疏云一謂無也無陰無陽乃謂之道一得無名者無是虛無虛空不可分別唯一而已故以一爲無也若有境則有彼此相形有二有三不得爲一故在陰之時而不見爲陰之功在陽之時而不見爲陽之力自然而有陰陽自然無所營爲此則道之謂也故云之謂道以數言之謂之一以體言之謂之無以物得開通謂之道以微妙不測謂之神以應機變化謂之易總而言之皆虛無之謂也聖人以事名之隨其義理以立稱號釋曰若以陰陽變易能生即是邪因而注及疏皆云一者無也故是無因故云若計一爲虛無自然則亦無因也以虛無亦通邪因故致亦言

然無因邪因乃成大過謂自然虛空等生疏

常生故

然無因邪因下第三雙就結過言應常生者人自然生應常生人不待父母等衆生菩提亦自然生則一切果報不由修得此正顯無因之過若以虛空爲因亦邪因過隨計各異畧不言之上來廣破異計竟

迷正因緣故異計紛然

以不知三界由乎我心從癡有愛流轉無極

以不知三界由乎我心下第三舉正折邪於中三初總明迷倒因緣次況出深旨後揀濫顯邪初中三界由乎我心即唯大乘下十地有文唯識等論皆引成立謂心法剎那自類相續無始時界展轉流來不斷不常憑緣憑對非氣非稟唯識唯心豈同儒道氣變爲神神由氣就氣非緣就出於自然自然而成其性自化非由修習耶豈況心外別有冥性微塵等耶況梵天等爲能生耶言從癡有愛流轉無極者即淨名經義通大小大乘有二義一無明發業愛能潤業二過去無明現在愛取小乘則唯有後義雖由三毒此二勝故涅槃亦說生死本際凡有二種一者無明二者有愛此二中間即有生老病死其文非一小乘立三毒爲生死根本者中論染染者品云經說貪欲嗔恚愚癡是世間根本乃至云三毒因緣起於三業三業因緣起於三界是故有一切法十二因緣品云衆生癡所覆爲後起三行以有此行故識受六道身皆是三毒爲根本義然外道雖立三德不知是心之所有故又計從冥而起用故故爲邪見言迷正因緣等者唯心癡愛即正因緣若大乘說唯心爲因癡愛爲緣小乘亦以癡愛爲因業等爲緣大乘亦以業種爲緣故

安知因緣性空真如妙有

安知等者第二況出深旨因緣有相淺義尚迷性空真理安測涯分性空通於初頓終教真如妙有即是實教若通於空有交徹具德即是圓教

言有濫同釋教者皆是佛法之餘同於涅槃盜牛之喻乳色雖同不能善取醍醐況押驢乳安成酥酪

言有濫同下三揀濫顯邪謂易云寂然不動感而遂通天下之故禮云人生而靜天之性也感物而動性之欲也老子云杳兮冥兮其中有精其精甚真莊子云有真君存焉如是等文後儒皆以言詞小同不觀前後本所建立致欲混和三教現如今時成英尊師作莊老疏廣引釋教以參被典但見言有小同豈如義有大異後來淺識彌復惑焉言同於涅槃盜牛之喻者即涅槃第三巻迦葉問經云爾時迦葉菩薩白佛言世尊出世之法與世間法有何差別如佛言曰佛是常法不變易法世間亦說梵天是常自在天常無有變易我常性常微塵亦常若言如來是常法者如來何故不常現耶若不常現有何差別何以故梵天乃至微塵世性亦不現故佛告迦葉譬如長者多有諸牛色雖種種同其一群付放牧人令逐水草但爲醍醐不求乳酪彼

牧牛者搆已自食長者命終所有諸牛悉爲群賊之所抄掠賊得牛已無有婦女即自搆將得已而食爾時群賊各自謂言彼大長者畜養此牛不期乳酪但爲醍醐我等今者當設何方而得之耶夫醍醐者名爲世間第一上味我等無器設使得乳無安置處復共相謂唯有皮囊可以盛之雖有盛處不知鑽搖漿猶難得況復生酥爾時諸賊以醍醐故加之以水以水多故乳酪醍醐一切俱失凡夫亦爾雖有善法皆是如來正法之餘何以故如來世尊入涅槃後盜竊如來遺餘善法若戒定慧如彼諸賊劫掠群牛諸凡夫人雖復得是戒定智慧無有方便不能解說以是義故不能獲得常戒常定常慧解脫如彼群賊不知方便喪失醍醐亦如群賊爲醍醐故加之以水凡夫亦爾爲解脫故說我衆生壽命士夫梵天自在天微塵世性戒定智慧及與解脫非想非非想天即是涅槃實亦不得解脫涅槃如彼群賊不得醍醐是諸凡夫有少梵行供養父母以是因緣得生天上受少安樂如彼群賊加水之乳而是凡夫實不知因修少梵行供養父母得生天上又不能知戒定智慧歸依三寶以不知故說常樂我淨雖復說之而實不知是故如來出世之後乃爲演說常樂我淨如轉輪王出現於世福德力故群賊退散牛無損命時轉輪王即以諸牛付一牧人多巧便者是人方便即得醍醐以醍醐故一切衆生無有患苦法輪聖王出現世時諸凡夫人不能演說戒定慧者即便退散如賊退散爾時如來善說世法及出世法爲衆生故令諸菩薩隨而演說菩薩摩訶薩既得醍醐復令無量無邊衆生獲得無上甘露法味所謂如來常樂我淨以是義故善男子如來是常不變異法非如世間凡夫愚人謂梵天等是常法也此常法稱要是如來非是餘法迦葉應當如是知如來身釋曰以法對喻文相可了是知儒道言同皆佛法出況抨驢乳下即智論第三文意謂佛教如牛乳修得解脫如抨得酪生熟酥等不解修行尚不得樂況外道教猶彼驢乳佛喻於牛外道如驢驢乳本非出酪之物外道之教無解脫味故抨驢乳但成屎尿依外教行但招苦果無所成益

廣明異計如瑜伽第六顯揚第九第十婆沙十一十二及金七十論說中百等論亦廣破之

廣明異計下第四指廣從畧恐繁故畧恐欲知源故指所出耳

今但說正因緣已總破諸計是知佛法之淺淺已勝外道之深深

今但下第五結功超勝言佛法之淺淺者以其十宗前前淺於後後後後深於前前二望第十有八重之淺已能總破一切外道況第三宗況第四宗乃至第十展轉深妙然上所引皆是外宗甚深玄妙今以第二並能超之故云佛法之淺淺已勝外道之深深然西方外道明說三世多信因果知猒生死欣求涅槃但真源小差致去道

懸遠况此方儒道善止一身縱有終身之喪而無他世之慮雖齊生死強一枯榮但以生死自天枯榮任分天乃自然之理分乃稟之虛無聚散氣爲死生歸無物爲至道方之釋氏不合同年畧辨釋道之殊以舉十條之異一始無始別八謂釋立生滅因緣無定初始儒道有太初元始爲物之先太初爲萬物之先物自造化因緣爲萬法之本興滅由人二氣非氣異謂釋以心爲法本憑對憑緣儒道以氣變爲神無爲自化自化則無修無習棄智絕聰憑緣則必假修成萬行會本三世無三世異釋以稟質色心靈爽相續隨緣起滅三世遷流儒道以聚氣爲生散氣爲死死則歸夫天地不續不存既止一身寧知三世四習非習別釋以善惡由業愚智習生故積劫熏修靈識玄妙儒道以善惡由分愚智自天稟純和則至聖至神稟渾濁則爲愚爲暗縱言慎習止在一身豈說積功能資他世五稟緣稟氣異釋以森羅萬象並由緣生

儒道以富貴吉凶皆由氣命稟氣者不可改易稟緣者則可增修六內非內別釋以天地萬物內識變生儒道以人物蠕飛皆由天地所變在我可變染令淨所變在天則任彼高低七緣非緣別釋以四相遷流浮虛變滅皆由緣力非曰九自然儒道以日化月移趣新更故力負自爾非由我心八天非天別儒道以禍福吉凶派流爲二一者天二者地地而所爲可得關絕故謀未兆而散脆微天之所爲不可逃避故受而喜之忘而復之是以安乎天者棄於人絕於聖者從乎道斯老氏之旨釋以果報因緣宗源斯二一者善集二者滅道滅道者不住不染離斷離常高出空有之巔迴超生死之外苦集者因心迴轉逐業高低往來六趣之中留連三有之內是以厭乎苦者斷於集證乎滅者修於道此釋氏之旨也二家之理皎若掌中戶則千門殊歸異貫較言於一其可得乎九染非染別老以仁毀於道絕仁而道自停不在於爲也欲

害於性去欲而性自得不在於修也利累於生屏利而生自成不在於益也禮出於亂棄禮而亂自除不在於作也理由於道有道而理自至不在於聖也得在於時時來而位自成不在於事也是以不求而自得不爲而自成爲之者必敗求之者必失此老君之教也釋以善爲福道之本修善而受福人天不善爲惡道之根積不善而沉淪三惡慈爲無害之徑欲爲生死之源絕欲而生死必除修慈而壽命長遠是以爲善者必得不爲善者必失離欲者必超不離欲者必陷此釋迦之教也教方既辨異乃皎然譬彼寒溫理難併合十歸異歸別釋以生死苦也從妄想而形貪愛垢也因無明而起因無明而起可剪可除從妄想而生可塞可拔塞拔緣乎性假除剪由乎體妄知體妄者息妄而證涅槃達性假者棄假而歸寂滅於是控御一乘浮航六度出生死苦海越火宅樊籠迴登般若之臺妙入涅槃之苑湛然常樂與虛空而並

存疑爾圓明混境智而雙寂此乃釋教之
所歸也老以生與死命也悉是道之所爲
聖與不肖性也但是天之所與天與不可
逃道爲不可捍知天道不可逃捍者則能
安處生死而守全性情情性全而天不壞
邪氣不能襲可以長生可以盡年此老教
外澹然玄寂而累害不能干泊爾無爲而
遊道德之鄉理孤玅於寰中神獨凝於方
天不壞則喜怒之心滅於是出踊塵之域
沌生處而道不虧道不虧則悦惡之慮消
之所歸也所歸既異發輒復殊相去邈然
千里非遠此上十異即冀審思慎之深衷
多以大乘因緣以破外宗玄妙況乎真空
妙有事理圓融染淨該羅一多無礙重重
交暎念念圓融者哉無得求一時之小名
混三教之一致習邪見之毒種爲地獄之
深因開無明之源遏種智之路誡之誡之
傳授之人善須揀擇
三法無去來宗謂大衆部等說有現在及無
爲耳其過未之法體用俱無

三法無去來宗謂大衆部等者先標宗說
有現在下釋而云等者等取六全一少分
謂都七全一少分同有此計一大衆部二
鷄胤部三制多山部四西山住部五北山
住部六法藏部七飲光部宗輪論敘制多
西山北山云餘義多同大衆敘法藏亦然
敘飲光云餘義多同法藏故上七部類同
此計言一少分者取根本化地部彼云去
來世無現在無爲是有北京素公云以前
義故四分律法藏部義及四阿含僧祇律
大衆部義並是第三法無去來宗也
四現通假實宗謂說假部就前現在之中法
在蘊爲實在界處爲假其成實論經部師即
是此類
四現通假實宗等者一全一少分一全即
說假部一少分即末經部以根本經部是
第一宗攝故其成實論先是數論弟子以
所造爲能造後出家入佛法時經部攝故
三藏云經部細實而麁假實義同故現通
假實攝此說假與一說說出世別此謂俗

真諦中皆有假實蘊門明義是實者實即
積聚故界處門明義是假者體假積聚故
今疏云其成實論即是少分末經部也
五俗妄真實宗即說出世部等謂世俗是假
以虛妄故出世反上
五俗妄真實宗等者以世俗是假假故妄
也出世爲真真非是假故是實也少似中
論一半句前
六諸法但名宗謂一說部等一切我法但有
假名無實體故
六諸法但名宗等者則顯出世亦假名耳
故云一切我法亦如中論若有世間則有
出世間既無世間何有出世間等
七三性空有宗謂遍計是空依圓有故
七三性空有宗者即是大乘法師所立應
理圓實宗
八真空絕相宗謂心境兩亡直顯體故
八真空絕相宗即是大乘法師勝義俱空
宗
九空有無礙宗謂互融雙絕而不礙兩存真

如隨緣具恒沙德故
九空有無礙宗等者謂互融故有是即空之有空是即有之空語空必攝有言有必攝空故曰互融言雙絶者有即空故有絶空即有故空絶言不礙兩存者不壞相故有即空而有不泯空即有而空不亡真如隨緣者上言空有容濫但空故說真如即空空即真如又異但凝然故云隨緣非無不變具恒沙德者唯法性宗非唯空寂而已上皆實教中義如前立教中辨

十圓融具德宗謂事事無礙主伴具足無盡自在故

十圓融具德宗廣如義分齊

然此十宗後後深於前前

然此十宗下第三料揀於中二先通料揀十宗後會通妨難前中有五一通明淺深故後後深於前前然此十宗前六全同大乘法師大乘則有八宗七名勝義俱空八名應理圓實即以法相爲應理圓實法性爲勝義俱空今迴七爲第八八爲第七如

前西域中二宗不同今符法性又加後二以顯甚深

前四唯小五六通小大後四唯大乘

前四唯小下二大小乘料揀然五六立在小乘義通大乘故云通小大

七即法相宗八即無相宗後二即法性宗

七即法相下二權實料揀

又七即始教八即頓教九即終教十即圓教

又七即始教下四以五教料揀但舉四教前六小乘即當第一小乘教以前已大小料揀故畧不言

又第七亦名二諦俱有宗謂勝義眞實故不無世俗因果不失故是有如深密瑜伽等第八亦名二諦雙絶宗謂勝義離相故非有世俗緣生如幻故是無如掌珍頌云真性有爲空如幻緣生故無爲無有實不起似空花等即般若三論中一分之義九二諦無礙宗如維摩法花等義如前顯

又第七亦名二諦俱有宗下五二諦料揀亦是隨難別釋唯料揀三宗以含異義故重釋之初宗二諦俱有可知二中云如掌珎頌者即清辨菩薩所造一論唯釋此偈此中有兩重比量前半有爲法比量謂立量云有爲是有法定空無性是宗法因云從緣生故同喻云如幻幻法從緣生幻法空無性有爲從緣生有爲空無性此中因喻前却或迴文不盡而言真性者即有爲性亦合云有爲真性空二無爲比量云無爲是有法定無實故是宗法因云不起故同喻云如空花空花無有起空花無有實無爲無有起無爲亦無實故中論云若有有爲法則有無爲法既無有有爲何得有無爲廣如彼論言即般若三論中一分之義者以三論中四諦品前以空遣有四諦品中以空立有故偈云以有空義故一切法得成若無空義者一切則不成又標名以中論意顯不滯空有非但明空又偈云因緣所生法我說即是空亦爲是假名亦是中道義則三觀齊驅三諦無礙豈獨空耶故有言學龍猛宗墮惡取空斯言可怖

故云一分之義即三觀中一空觀義言九二諦無礙宗者即真不礙俗俗不礙真於諦常自二於解常自一通達此無二真入第一義二諦並非雙恒乖未曾各亦其義耳今畧其旨故指前文所以不會第十宗者第十亦可名二諦無盡宗然必融於前故不別立耳又上三宗諸師各立故今叙之其第十一宗非彼所競故不言耳

然十宗五教互有寬狹教則一經文有多教宗則一宗容具多經隨何經中皆此宗故若局判一經以爲一教則抑諸大乘

然十宗五教下第二釋通妨難謂有難云十宗何異五教而重辨耶故爲此通然有二義一則通局不同二乃體式有異今初先雙標後教則下雙釋顯明二通影出二局二句言教則一經容有多教者顯明教通如一維摩則具五教涅槃般若等亦具五教而影出宗局維摩但是事理無礙宗不通三性空有等宗故言宗則一宗容具多經者顯明宗通以一事理無礙宗内該法花維摩涅槃等故而影出教局也如一經中具有五教不相通故

又夫立教必須斷證階位等殊立宗但明所尚差別前之六宗執法有異故分六宗斷證次位不雜八輩鈔五合爲一教餘義如十六前立教中辯

又夫立教等者二明體式有異也亦重通妨難云若各有通局何以不得以宗爲教以教爲宗故爲此通教有斷證等宗不約此位等無多故但有五所尚各別故有十宗故前六尚不同而成六宗而斷證等齊但爲小教則教宗無違也

第二顯別宗者一切諸經各自有宗今此別明此經宗趣

第二顯別宗下二釋別宗疏中分二先總明立意二開章別釋今初又二先正立諸經各自有宗故此別明斯經宗也如法花以一乘爲宗涅槃以佛性常住等各自有宗雖互有無通就其偏重故標爲別

然楞伽云一切法不生不應立是宗者斯言遣滯若無宗之宗則宗說兼暢

然楞伽云下二解妨謂有云楞伽第二云大慧一切法不生不應立是宗故今通云斯言遣滯耳若一向不立宗者何以彼立宗通說通故經鈔五云宗通自修十七行說通示未悟昔人云說通宗不通如日被雲朦宗通說亦通如日處虛空既有二通則非無宗矣是爲無宗之宗立而無立爲宗說兼暢是日處空耳

畧以二門分別先叙異解後申今義前中畧舉十說一衍法師以無障礙法界爲宗

畧以二門分別下第二開章別釋於中亦二先標章後前中下依章別釋

二裕法師以甚深法界心境爲宗謂法界門中義分爲境諸佛證之以成淨土法界即是一心諸佛證之以成法身是故初品中云無盡平等妙法界皆悉充滿如來身末後明入法界品故知唯以法界爲宗

初品中無盡平等等者即是晉經第一善
光海大自在天王偈下半云無取無起亦
寂滅爲一切歸故出世即今經妙談海天
王偈云佛身普遍諸大會充滿法界無窮
盡等
三有說以緣起爲宗法界緣起相即入故
法界緣起相即入故者即緣起相由門意
四有云以唯識爲宗經說三界唯一心現心
如工畫師故
五敏印二師同以因果爲宗謂此經廣明菩
薩行位之因及顯所成果德下文不離此故
六遠法師以花嚴三昧爲宗謂因行之花能
嚴佛果故
七笈多三藏以四十二賢聖觀行爲宗說其
行位令成觀故 鈔五
八有說言以海印三昧爲宗逆順理事乃至 十八
帝網如海波澄一時現故
九光統律師以因果理實爲宗以因果是所
成行位理實是所依法界
十賢首以前各互闕故總以因果緣起理實

法界以爲宗趣
十賢首以前下就此一師疏文有二先出
意總立
謂前之二師但得所依法界三四二師但明
緣起五六唯明因果七唯因修八唯果用並
皆互闕
後謂前之二師下爲其解釋即釋互闕之
言出其新立之意於中又二先出互闕
故賢首意取光統而加緣起法界之言
後故賢首意下彰其立由雖依光師而更
添之於中三初標 鈔五
由光律師以因果即緣起理實即法界故不
開之
二由光律師下出光師意不安緣起法界
之由 十九
賢首以因果是緣起中別義理實是法界中
別義故加總名
三賢首下出賢首加之所以於中二先總
明所以以彼得別而闕總故
以法界有事理故及無礙故緣起體上之用

故所以加之
後以法界下出總別之相法界有四理實
是一故云別也緣起是總而有二義一本
有緣起即大方廣方廣是實用周遍是本有
故佛花嚴是因果即修成緣起故又緣起
是義因果是位故
二申今解者依後二師而顧爲改易若取言
略攝盡應言法界緣起不思議爲宗若取言
具於第十師加不思議
二申今解下疏文有二先總明建立後今
釋前義下開章別解前中五一總相標立
二顯其包含三彰加所以四釋通妨難五
重顯異門今初意云略則第十師其言則
多既光統別不攝總若言法界緣起總則
攝別不應復存因果理實之言若取廣說
又闕不思議故故若取前應言因果緣起
理實法界不思議爲宗若取次第應言法
界理實緣起因果不思議爲宗
此則攝一總題理實即大方緣起即方廣法
界總該前二因果即佛花嚴觀其總題已知

別義

此則攝一總題下第二顯其包含方字兩用向上則大方無隅即法界故向下方廣業用是緣起法界故故言法界總該前二

而法界等言諸經容有未顯特異故以不思議貫之則法界等皆不思議故爲經宗所以龍樹指此爲大不思議經斯良證也

而法界等言下第三彰加不思議之所以揀異餘經故兼引文證

淨名但明作用不思議解脫蓋是一分之義未顯法界融通等不思議故不同也

淨名但明下第四釋通妨難即躡跡爲難謂若加不思議欲異餘經此同淨名曾何成異故爲此通彼得業用不得德相故故彼經云有解脫名不思議菩薩住是解脫能以須彌之高廣内芥子中等曾不說言真如具無盡德佛身不分而遍塵毛德不可盡等故爲一分故龍樹呼此經爲大不思議經則顯彼爲小不思議不思議雖無大小教中彰之有廣狹故

若就題中分體宗用則以理實爲體緣起爲用因果爲宗今趣理實體故法界總攝上三

若就題中下第五重顯異門上來所辨但明題中已具經宗若准天台智者釋法花經於一題中有體宗用今取例釋故有三也

大方廣佛華嚴經疏演義鈔卷第二十四

大方廣佛華嚴經疏演義鈔卷第二十四

校勘記

一　底本，明永樂北藏本。

一　一〇二九頁中一六行第七字「二」，清作「三」。

一　一〇三〇頁下一〇行第八字「如」，徑、清作「知」。

一　一〇三二頁下一九行第一二字「廻」，徑作「廻」，清作「迴」。

大方廣佛華嚴經疏演義鈔卷第二十五　熟六

清凉山大華嚴寺沙門　澄觀　述

令釋前義畧分爲二一釋名二顯義今初法界名體廣如本品今畧申其二一事法界二理法界二法俱含持軌二界則性分不同互用皆通

互用皆通者謂不壞性相則理法界性義名界若事法界分義名界若性相交徹相既即性分即名性理即是事性可名分故言互通

二顯義中曲有四門

二顯義中曲有四門等者此中有三初總標二別釋三總結初標可知

第一別開法界以成因果謂普賢法界爲因遮那法界爲果是故因果不離理實法界

二別釋四章即爲四別第一別開法界等者此䟽一段文有四別一標章畧明

於中十事五對即五周因果一所信因果二差別因果三平等因果四成行因果五證入因果下當指文

二於中十事下開章別釋

而此因果互爲宗趣

三而此等者會通宗趣然有二意一者五周皆以因果爲其宗趣若以修因爲宗得果爲趣舉果爲宗令修因爲趣二者所信因果爲宗令得差別因果爲趣舉差別爲宗成所信爲趣舉差別爲宗令得平等爲趣平等爲宗融差別爲趣舉平等爲宗令成行爲趣舉頓成諸行爲宗令信平等爲趣舉成行爲宗令證入爲趣舉證入爲宗令望證修行爲趣故云互爲

一經始終不離因果故但因果爲宗不違所依法界

一經始終下第四結成因果收前五六七八四師之義彼皆不出因果故故此因果不違法界以是法界成因果故

第二會融因果以同法界

第二會融下䟽亦有四一標章

法界門中亦有十事五對互爲宗趣一教義相對謂舉教爲宗顯義爲趣或以義爲宗顯教爲趣以辯義深令教勝故二人法相對舉人爲宗令知法爲趣舉法爲宗令得人爲趣三理事相對舉事意令趣理故舉理意在融事故四境智相對舉所觀境令成觀智故舉修成智令證同真境故五因果相對舉彼因修令證果故舉其勝果勸修因故

二法界門中下開章解釋

五對別明是宗之趣五對相即爲宗即趣

三五對別明下會通六釋謂不壞因果及交徹故

上五周因果不離此五對之法即事理法界况因果無性當體同真所以但用法界爲宗亦不違因果

四上五周因果下結歸法界收前衍裕二師就結歸法界中有二意一歸事理法界謂第五因果即前因果前之四對皆通因果因果皆有境智等故第三對中一種是理餘之九事皆是事攝故五周因果不出此十二况因果無性下會上歸於理法界也

第三法界因果分明顯示
第三法界下文亦有四一總標
亦有十義五對一無等境此有二位一在纏性淨法界爲所信境二出纏最淨法界爲所證境二無等心此亦二義一大菩提心爲普賢行本故二信悲智等隨行起故三無等行此亦二義一差別行各別修故二普賢行一即一切故四無等位此亦二義一行布位比證別故二圓融位一證一切證故五無等果此亦二義一修生果今始成故二修顯果本自具故
二亦有十義下別釋
此上五對各初句爲宗後句爲趣
三此上五對下會宗趣如舉在纏法界爲宗令得出纏清淨爲趣餘四例知
又上五中初一真法界二即緣起又二三四皆緣起因後一緣起果故光統具用二義爲宗無所違矣
四又上五中下結示法界因果之相收前光師唯初一對是法界理實餘皆緣起因果
第四法界因果雙融俱離性相混然無礙自在亦有十義
第四法界因果雙融下此門但二一標二別釋令初由雙融故俱離由雙融故混然離不礙存故云無礙能存能離故云自在法界雖通事理今取理實故法界爲性因果爲相
一由離相故因果不異法界即因果非因果也此即相爲宗離相爲趣或離相爲宗亡因果爲趣下九准思
一由離相下別釋中初二一對但明俱離三四一對不礙兩存然性則叵壞但云不泯相則可壞故言不壞五即合其初二六即合其四三皆由性相相即故二對皆不相異七復合其五六謂六是相存五是相泯正存即泯故復不異八即融前因果令同法界九由同法界因果互攝十令因果差別之法一一別攝已知大意次隨難釋言此即相爲宗等者舉相意欲令亡不在相故後對合上相離並爲其宗令亡因果者前離於相明因果之相本離令亡因果令離取相之心
二由離性故法界不異因果即法界非法界也
言下九准思者二中應云舉性爲宗令離爲趣離性爲宗令亡法界爲趣
三由離性不泯性故法界即因果時法界宛然則以非法界爲法界也
三即離性爲宗不泯性爲趣以性本自離不待泯故又離性不泯性爲宗令亡法界不礙法界爲趣
四由離相不壞相故因果即法界時因果歷然則以非因果爲因果也
四以離相爲宗不壞相爲趣相本自離不待壞故又離相不壞相爲宗令亡因果不壞因果爲趣
五離相不異離性故因果法界雙泯俱融迥超言慮
五離相爲宗不異離性爲趣由性相不異

故若異辭性非真離相故若離相不異離
性爲宗令雙融性相俱泯爲趣
由不壞不異不泯故因果法界俱存現前
無可見
六不壞相爲宗不異不泯性爲趣若離不
泯有不壞者是定有故又不壞不異不泯
爲宗令俱存現前爲趣
七由五六存泯復不異故超視聽之妙法無
不恒通見聞絶思議之深義未嘗礙於言念
七雙存爲宗不異雙泯爲趣以即泯而存
方是存故又雙存不異雙泯爲宗令超視
聽思議不礙見聞言念爲趣然超視聽之
妙法約相説絶思議之深義約性説
八由法界性融不可分故即法界之因果各
同時全攝法界無不皆盡
八法界爲宗性融不可分爲趣又法界性
融不可分爲宗令因果各攝法界爲趣
九因果各全攝法界時因果隨法界各互於
因果中現是故佛中有菩薩普賢中有佛也
九因果各全攝法界爲宗令因果互在爲

趣
十因果二位各隨差別之法無不該攝法界
故一一法一一行一一位一一德皆各總攝
無盡無盡帝網重重諸法門海是謂花嚴無
盡宗趣
十二位差別皆攝法界爲宗一一行位無
盡爲趣
上之四門初一即體之用次一即用之體三
即體用雙顯四即體用鎔融
上之四門下第三總結於中四初以體用
收之體即前性用即前相
又初一即因果緣起次一即理實法界三即
雙明後一即不思議
二又初一即因果下以宗中十一字收之
既以第四融前則四門一揆
三既以下總融四門
故即照而遮即遮而照雙照雙遮圓明一觀
契斯宗趣矣
四故即照下會歸心觀在法爲離在心爲
遮在法不壞在心爲照遮即初之二門照

即三四二門然初遮是即照之遮次照是
即遮之照五即雙遮六即雙照七即正雙
遮而雙照八即四門一揆圓明一觀九十
隨一句中具攝於四亦一觀攝又十門者
鑒曰照無心於十曰遮雙照照前照遮雙
遮遮前遮照言亡慮絶了了分明故上十
門圓明一觀方契十門之旨合上四門之
宗希領文繁之表也
第七部類品會者既知旨趣沖深未審能詮
文言廣狹
第七部類品會下此章有二先辨來意
於中有四一彰本部二顯品會三明支類四
辯論釋
後於中有四下初開章二解釋今初也
初中性海之詮常説遍説言窮法界難可限
量今自狹之寬畧爲十類
初中下二解釋有四初彰本部二顯品會
三明支類四辯論釋初中又二初總明二
別釋今初總也
一畧本經即今所傳八十卷本及舊譯六十

卷皆是十萬偈中之畧譯未盡故
一畧本下二別釋分十今初可知
二下本經謂摩訶衍藏是文殊師利與阿難海於鐵圍山間結集此經收入龍宮龍樹菩薩往龍宮見此大不思議經有其三本下本有十萬偈四十八品龍樹誦得流傳於世故智度論詺此爲不思議經有十萬偈梁攝論中名百千經西域記說遮俱盤國有此具本摩訶衍藏是文殊等者即集法經說有三阿難一阿難此云慶喜持聲聞藏二阿難跋陁此云喜賢持獨覺藏三阿難伽羅此云喜海持菩薩藏但是一人隨德名別由此阿難多聞聞持其聞積集三慧齊備文義並持於三藏教總持自在言鐵圍山間者纂靈記說然此記本是藏和尚製後經修飾其間經論所無皆間日照三藏乃西域相傳耳而纂靈記及刊定記皆言智度論說未見其文金剛仙論亦同此說云佛記鐵圍山外二界中間召集阿羅漢八十億那由他菩薩無量無邊恒河沙等結集言龍樹菩薩往龍宮見此大不思議經有其三本等者纂靈記引真諦三藏西域記說龍樹別傳亦說入龍宮見經之緣廣如別說然龍樹菜七卷楞伽經如来記云大慧汝應知善逝涅槃後未来世當有持於我法者南天竺國中大名德比丘厥號爲龍樹能破有無宗世間中顯我無上大乘法得初歡喜地往生安樂國唐三藏西域記亦廣說其行跡言遮拘盤國有其具本者案隋開皇三寶錄其于闐東南二千餘里有遮拘盤國彼國君王歷業相傳敬重大乘諸國名僧入其境者並皆試練若小乘學者即遣而不留摩訶衍人請留供養王宮内有花嚴摩訶般若大集等經並十萬偈王躬受持親執戶鑰香花供養種種莊嚴懸諸綵幡間以時果誘諸王子使入禮拜令其廻向又此國東南可二十里有山甚險其內置花嚴大集方等寶積楞伽方廣舍利佛陁羅尼花聚陁羅尼都薩羅藏摩訶般若大雲等經凡一十二部皆十萬偈國法相承傳實守護初東晉有沙門支法領志樂大乘捐軀求法褰糧抗策至拘盤國竭誠請禱遂得花嚴前分三萬六千偈賫来至此即東晉朝所譯是也然而龍樹具本以從上昇法領半珠遂行東土聖凡證異華梵音隔修途阻絕妙旨淪滑落簡遺編僅傳兼半又案今于闐所進蓋逾四萬偈其晉經第一會所說花藏世界文多闕畧取悟無由至八十卷爛然可見雖十萬之未全已四萬之多具即上畧本也

三中本經即彼所見有四十九萬八千八百偈一千二百品

四上本經即彼所見有十三千大千世界微塵數偈一四天下微塵數品此上二本非閻浮提人心力能持故不傳之

五普眼經即海雲所持以大海量墨須彌聚筆書此普眼法門一品中一門一門中一法一法中一義一義中一句不得少分何况能盡但是入法界菩薩陁羅尼力之所能持已

下諸經並非凡力能受
即海雲所持等者是善財第三善友如六
十二經
六同說經謂約一類須彌山形世界遍於虛
空容毛端處以言聲說無有窮盡如不思議
法品云如一佛身以神通力轉如是等差別
法輪一切世法無能爲喻如是盡虛空界一
一毛端分量之處乃至一一化身皆如是說
音聲文字句義一一充滿法界等又阿僧
祇品云光中現佛不可說佛所說法不可說
乃至於彼一一修多羅分別法門不可說等
此意但約一類音聲說法已不可結集豈下
位能持
不思議法品者教起因緣法爾因中已引
又阿僧祇品者教體中帝網體中已引
熟六 十二
七異說經謂樹形等世界既異其中衆生報
類亦別如來於彼現身立教施設不同不可
定其色與非色言非言等則部類難量
色與非色言非言等者色與非色對聲名
等爲體中以聲爲體即色蘊攝名等爲體

即非色蘊故今並不可定之言非言等兼
對諸法顯義體聲名句文並屬於言諸法
顯義即非言等今異界類別故不可定
八主伴經謂遮那所說雖遍法界然與諸佛
互爲主伴如說十住時十方來證皆言我國
皆說等則前七經皆有主伴
九眷屬經謂餘根器不能聞此通方之說隨
宜說教令入此門皆爲此經勝方便故名爲
眷屬故下云普眼修多羅以佛刹微塵數修
多羅爲眷屬等則前八皆有眷屬
十圓滿經謂此上諸本總融爲一無盡大修
多羅海隨一會一品一句一文皆攝一切無
有分限故現相品云毘盧遮那佛願力周法
界一切國土中恒轉無上輪等故七十三中
名圓滿因輪此之謂也
十二
七十三中名圓滿因輪者晉經但名圓滿
修多羅此是大願精進力夜神敘昔爲善
伏太子救於獄囚半月行施就戮時臨如
來入會爲說此經
第二品會差別者即顯今經與晉譯同異

第二品會差別中二初總明
今經九會以晉經第七會初關十定品重會
普光故唯八會
後今經九會下別辨於中先明會差別後
今有三十九品下彰品不同今初言九會
熟六 十三
者下隨文釋中具列今當畧示謂初三會
各有六品四有四品五有三品六有一品
七有十一品八九各唯一品故三十九言
九會者第一菩提場會從第一經至第十
一第二普光法堂會從第十二至第十五
第三忉利天宮會從第十六至第十八第
四夜摩天宮會從第十九至二十一第五
兜率天宮會從第二十二至三十三第六
他化自在天宮會從第三十四至三十九
第七重會普光法堂會從第四十至五十
二第八三重普光法堂會從第五十三至
五十九第九逝多園林會從第六十盡第
八十其九會名至下蹤辨
今有三十九品初會有六品彼經唯三十四
由初會中唯有二品一世間淨眼品即今世

主品二廬舍那品即今現相已下五品初會闕四無闕十定故唯三十四品餘諸品會大同名有小異至文當顯

言今有三十九品者以會會之中各有序正等故次第云何第一會有六品者一世主妙嚴品二現相品三普賢三昧品四世界成就品五花藏世界品六毘盧遮那品第二會六品者七名號品八四諦品九光明覺品十菩薩問明品十一淨行品十二賢首品第三會六品者第十三昇須彌山頂品十四須彌頂上偈讚品十五十住品十六梵行品十七初發心功德品十八明法品第四會四品者第十九昇夜摩天宮品二十夜摩宮中偈讚品二十一十行品二十二十無盡藏品第五會三品者第二十三昇兜率天宮品二十四兜率宮中偈讚品二十五十迴向品第六會一品即第二十六十地品第七會十一品者第二十七十定品二十八十通品二十九十忍品三十阿僧祇品三十一如來壽量品三十二諸菩薩住處品三十三佛不思議法品三十四如來十身相海品三十五隨好光明功德品三十六普賢行品三十七如來出現品第八會一品即第三十八離世間品第九會一品即第三十九入法界品所以次第爾者夫聖人設教必有其漸將欲命平微言先說三種世間嚴事爲九會之都序起大法之源由故受之以世主妙嚴品同諸經之序分二由致既彰將陳正說衆海興念舉其問端如來將酬先現瑞相口光遠召菩薩來儀毫光普矚示說法主震動剎網以警群機佛前現花表說依果白毫出衆彰教從佛流總爲說法之端倪故受之以如來現相品三瑞相既著法主將宣如來長子即普賢菩薩毫光既示顯解聖心欲顯難思先明入定內觀事理外鑒根宜上感佛加下爲物軌故受之以普賢三昧品四既入至定諸佛讚揚定起發言言必真當先陳如來依報總說剎海源由故受之以世界成就品五成就乃總明剎海次別彰本師昔所嚴淨安布成立無盡莊嚴量等虛空塵含法界故受之以花藏世界品六依報殊勝必有所因其猶源遠流長根深果茂故說昔爲太子歷事難思備修勝因嚴淨剎海即舉人顯法故受之以毘盧遮那品一之六品總明所信因果爲第一會亦名舉果勸樂生信分也次第二會有六品者七由上所信方舉依果欲起深信復須識正故先明如來三業正報謂身語意身是其總故先明之應物成身隨宜立號故受之以名號品八言隨物欲廣說法輪展四諦之法門名周法界一一世界各有四百億十千之名故受之以四聖諦品九身語既彰意業將顯意玄叵測仍帶身明故足輪放光照事警物文殊普遍說智光明雙照事理警本悟入身智二照合爲一光令二覺齊因故受之以光明覺品十上之三品復爲所信正報之果次當正說十信法門有解行德先明解窮玄致謂十甚深十首菩薩互相激揚故受

之以菩薩問明品十一既有正解復須正行歷境造修悲智雙運無障不寂故受之以淨行品十二解行既圓便成勝德住於圓位以圓功德而自莊嚴以圓力用建立衆生賢首說此故受之以賢首品上之三

品十信法第三會六品者第十三由上十信已周将說住故不動覺樹而昇釋天體用無方赴於物欲其猶澄江一月三舟共觀一舟停住二舟南北南者見月千里隨南北者見月千里隨北停舟之者見月不移是爲此月不離中流而往南北如来應現類此可知即體之用無不普周去住在緣佛無動靜不動而遍以赴彼機故受之以昇須彌山頂品十四既至彼天菩薩雲集讃揚佛德顯住體深玄故受之以須彌

頂上偈讃品十五感應已交正陳所說明信滿入位得正定心以深般若住於真理故受之以十住品第十六十住是位别行不同若欲通修皆須淨行故觀十種境入甚深觀觀法益也正法當興惑智亡也真

智方起修佛十力起四等心悲智雙流初發心時便成正覺故受之以梵行品十七行位既具次彰勝德十住之德後後過前但明初住以况於後初發心住德已難量由無分齊等虛空界舉斯勝德勸物發心

故受之以初發心功德品十八自分已圓将趣十行說於明門以爲勝進故受之以明法品第四會四品者第十九上之六品十住已圓将欲說行亦須赴感故受之以昇夜摩天宫品二十佛既赴感助化讃揚

顯十行體皆依佛智故受之以夜摩宫中偈讃品二十一由致既彰正說中賢十行之位故受之以十行品二十二自分已終欲皆後位蘊積衆行擬将迴向故受之以十無盡藏品第五會三品者二十三前第

四會行德既具将說迴向說主赴感故受之以昇兜率天宫品二十四十方雲集助化讃揚顯迴向願皆依佛智故受之以兜率宫中偈讃品二十五由致既彰正說上賢十向之行謂迴向三處而無障礙大悲

普覆迴向衆生大智上求故迴向菩提入理雙寂故迴向實際三無前後大願普周故受之以十迴向品上之三品已周上賢離進趣相更無勝進第六會一品者即第二十六十地一品謂上之三會三賢既具

解行願周親證真如有十重勝德如地普載生成萬物若四河入海同趣佛智實珠十德漸漸增修大地十山巍然高出大海十德德該通爲諸如来微妙智業故受之以十地品第七會十一品者第二十七

十定品謂十地既滿将成正覺十地勝進立等覺名等覺法門量同法界畧申斯義以顯深玄先明十定窮盡法源能爲通用智慧之本故受之以十定品二十八依定之用量周法界故受之以十通品二十九

定通難思特由智極故終明智慧玄與宏廣故受之以十忍品忍即智也三十上定通智用一一難量若欲校量非數能數故須歷數至不可說積不可說以至十重校量等覺功德難知以况妙覺位德微細阿

僧祇爲大數之首故受之以阿僧祇品三十一僧祇所說微細難知念劫圓融剎那莫窮其際塵剎該攝一塵有無盡普賢今畧陳指事明窮一切時故受之以如來壽量品以劫爲日後後倍前剎劫難窮佛壽亦爾故云壽量三十二復明遍一切處上就實說塵塵皆是諸佛菩薩所居今指事就麁令歸心有在故受之以菩薩住處品三十三佛不思議法品者上之六品只辨等覺法門等覺義周終明妙覺妙覺之果畧有二義一不可說二可寄言寄言之中復有二義一差別說二平等說差別說者即次下三品酬前諸因因果別故初總明佛德迴超言念故受之以佛不思議法品三十四次辨身相普周總有十蓮花藏世界海微塵數相一一相用遍周法界深廣難陳故受之以如來十身相海品三十五大相既爾隨好更多一一好中有多光明一一光明用周法界破地獄苦生兜率天三重頂圓十地速滿彰於此用故受之以

熟六　十八

隨好光明功德品三十六上皆差別因果次有二品明平等因果謂因無異果之因果無異因之果因果交徹平等不二不二而二因果歷然因即普賢行門故受之以普賢行品三十七明果即十門出現性起圓融故受之以如來出現品上之六會總辨修因契果生解分竟第八會唯一品者即離世間品由上差別平等因果生解既終今攝解成行六位頓修辨二千行門一時齊起而處世無染故受之以離世間品

熟六　十九

第九會唯一品者即入法界品近望上文大行既具則證法界遠取諸會信解行圓本在於證依人證入故次辨之如來自入師子頻申三昧即果法界令諸大衆頓證法界善財歷位漸證法界頓漸該羅本末融會皆證法界故受之以入法界品是知無盡教海唯證相應無盡法門自此畧畢故末偈云剎塵心念可數知大海中水可飲盡虛空可量風可繫無能盡說佛功德則言思道斷矣故三十九品條貫真詮令無盡法門宛如在目故云今經有三十九品彼經唯三十四下辨晉經有闕開合可知

大方廣佛華嚴經疏演義鈔卷第二十五

大方廣佛華嚴經疏演義鈔卷第二十五

校勘記

一　底本，明永樂北藏本。

一　一〇四〇頁上三行首字「由」，徑、清冠以序數「六」。

一　一〇四〇頁上四行「無可見」，徑、清作「爛然可見」。

一　一〇四一頁上七行第四字「詻」，徑、清作「詺」。

一　一〇四五頁上一四行第三字「廻」，徑、清作「迴」。

大方廣佛華嚴經疏演義鈔卷第二十六　熟七
清涼山大華嚴寺沙門　澄觀　述
第三明支類者
第三明支類等者分二初標二釋今初支
即支流支者分也亦如樹枝從一樹身分
出支分本即花嚴故此中言流如從一池
流出諸派故大部如池別行如派故類即
流類此中言流取相似流類之義謂餘別
經不從大部出義勢相似即今經流類故
於中復二先顯支流即別行經藏中兜沙經
一卷是名號品菩薩本業經一卷是淨行品
小十住經一卷是十住品大十住經四卷及
漸備一切智德經四卷並是十地品等目菩
薩所問三昧經二卷是十定品無邊功德經
一卷是壽量品如來性起微密藏經兩卷是
出現品度世經六卷是離世間品羅摩伽經
三卷是入法界品此等並是隨器受持大本
流出
於中復二下二釋分二今初顯支流也小
十住經者以古德譯十地亦云十住或云
十住地今言小者即地前十住今言大者
即十地經非以卷少為小等言漸備一切
智德者一切智即佛智十地即佛智中十
德如海十德以十地之法後後深於前前
故云漸備故地影像中明十地行相次第
現前則能趣入一切智智即漸備義又如
阿耨達池流出四河復更增長乃至入海
又如寶珠十德後後過前皆漸備義言無
邊功德經者以前剎之劫為後剎之日後
後勝前明功德無邊矣言羅摩伽者即入
法界之梵語也羅者離垢染義摩者轉義
伽者一合義謂離垢染轉即淨法界一合
即入義
二明流類謂修慈經一卷金剛鬘經一卷如
來不思議境界經一卷並是花嚴流類而非
本部別行
或是別行來未盡者未敢詳定餘如纂靈記
辯
二明流類等者雖文有二先正明是類非
本部之支後或是別行下彰有支義古德
見今經所無特為流類本部來既未盡是
此別行復何可定多聞闕疑故云未敢詳
定
第四論釋者略舉其四
第四論釋者下分二初總標舉二別釋今初
標也
一龍樹既得下本遂造大不思議論亦十萬
頌備傳西域此方十住毗婆沙論十六卷即
是彼論釋十地中初之二地
一龍樹下二別釋有四今初可知
二世親菩薩造十地論釋十地品魏朝勒那
三藏及菩提流支各翻一本光統奏請令二
三藏參成一本為十二卷即今現傳
三北齊劉謙之於清涼山感通造論六百卷
備釋一經
四後魏僧靈辯於五臺山頂戴此經行道一
載遂悟玄旨造論一百卷
亦傳於世
三北齊劉謙之等者及與靈辯並如纂靈
記下當重出但今云行道一載即是傳文

若准論序不言年數又但二於懸寃山嵩巖寺頂戴花嚴經勇猛行道足破血流膝步懃懃精誠感悟不言清凉多是隨方之人欲美其處故取太原當處明之傳既云在清凉必託勝境况傳中所明經歷數處造論方終百軸

第八傳譯感通分二先明翻譯年代後明傳通感應

第八傳譯下分二初標章二別釋今初也

前中此經前後通唯二譯並其補闕四本不同

前中下第二別釋分二初明翻譯年代亦分爲二初畧明一晉義熙下二別釋分四

一晉義熙十四年北天竺三藏佛度跋陁羅此云覺賢於楊州謝司空寺翻梵本三萬六千頌成晉經五十卷或六十卷沙門法業筆受慧嚴慧觀潤色謝司空寺者即今潤州興嚴寺是由興花嚴故

佛度跋陁羅此云覺賢等者案纂靈記本姓釋氏迦維羅衛國人甘露飯王之苗裔賢三歲而孤八歲喪母爲外氏所鞠從祖鳩摩利聞其聰敏乃度爲沙彌同學一月誦習賢乃一日當之及受具戒博覽群經多所綜達少以禪律馳名嘗與同學僧伽達多遊處積年 知其巳證不還果常願遊方以弘至化會秦沙門智嚴至罽賓國問彼國僧誰可流化東土咸云賢可賢本受禪業於佛大仙佛大仙時亦在罽賓國知嚴求人東化亦謂嚴曰可以振維僧徒宣授正法即賢其人也嚴即披誠至請賢遂默而許焉於是辭師東邁涉路三載寒暑備受艱危壟盡或屬巖四合鳥道躋雲或連氷千里風行雪臥每清暉啓曙即潛伏幽林皓月淪宵乃崩波永路飛梯架迴捫索憑虛危懼日尋資粮時絕至於交阯方漸夷途附舶海行備經危險方達青州東萊郡聞羅什在長安欣然而來後遊東晉至安帝義熙十四年吳郡內史孟顗右衛將軍褚叔度請譯此經別造淨室其年三月十日起首賢乃手執梵文共沙門法業慧嚴等百有餘人於道場寺詮譯指文會理通言適妙故道場寺猶有花嚴堂焉永嘉六年卒時春秋七十有一手屈三指明得阿那含果餘廣如傳業公未詳氏族風格秀整學無常師遍閱群教每以爲未能探微照極常怏然不足後遇覺賢請譯花嚴纂諸義理數歲之後廓然有所通悟因顧其友人曰聖教司南於是乎在遂敷弘幽旨爵爲宗首著旨歸兩卷言行於世今少見本者以希聲初啓未遑曲盡時月淪夂故多廢替慧嚴慧觀即什公八俊之二筆格高簡經論深博備於僧史謝司空寺者即道場寺從檀越呼之嚴觀並此寺僧言今潤州興嚴寺者晉時稱南楊州其境則闕今分出爲潤州耳

二大唐永隆元年中天竺三藏地婆訶羅此云日照於西京太原寺譯出入法界品內兩處脫文一從摩耶夫人後至彌勒菩薩前中間天主光等十善知識二從彌勒菩薩後至三千大千世界微塵數善知識前中間文殊

中手過一百一十由旬表善財項十五行經大德道成律師薄塵法師大乘基法師等同譯復禮法師潤文依六十卷本爲定

日照三藏者住摩訶菩提及那爛陁寺風儀温雅神機朗逸負笈研精琢玉成器屬玄奘三藏傳教東歸占風聖代以永隆初至於京師高宗弘顯釋門詔會龍象道成律師薄塵法師等十大德於魏國西寺翻譯經論時有賢首法師先以花嚴爲業每歎大教闕而未圓往就問之云賫第八會文來至此賢首遂與三藏對校果獲善財求善知識天主光等十善友文乃請譯補闕復譯密言等經十有餘部合二十四卷垂拱年中右脇而卧無疾而終門人等建塔於龍門山伊水之右後梁王武三思奏請置伽藍制以香山爲名月殿凌煙波涵倒景珠幡散迥影入飛雲功不日成乃迴天眷法門盛事今古莫儔

三證聖元年于闐三藏實叉難陁此云喜學於東都佛授記寺再譯舊文兼補諸闕計益九千頌通舊總四萬五千頌合成唐本八十卷大德義淨三藏弘景律師圓測法師神英法師法寶法師賢首法師等同譯復禮法師綴文

三證聖元年等者具如開元釋教錄第九證義譯文僧總一十三人俗官五人弘景禪師有恭經序中本於大遍空寺親受筆削故表云陛下又親臨法座煥發序文自運仙毫首題名品七曜垂象景麗於三明八體成文光敷於五義法寶分行而錯落淨花入貫而昭彰九會真詮詞中悉現百城與旨字下皆明

四則於前第三本中雖益數處却脫日照三藏所補文殊案善財項之文即賢首師以新舊兩經勘以梵本將日照補文安喜學脫處遂得文續義連其文之要至下當辯今之所傳即第四本

其文之要至下當辯者八十卷初疏中具明意云前七十七末善則自云我以文殊故見諸難見者彼大功德尊顏速還瞻覲七十九末彌勒廣示後友讚文殊德令往問文殊又云善男子汝當往詣文殊師利善知識所而問之言菩薩云何學菩薩行云何入普賢行門云何成就云何廣大云何隨順云何清淨云何圓滿善男子彼當爲汝分別演說何以故文殊師利所有大願非餘無量百千億那由他菩薩之所能有等廣讚竟結云善男子汝應往詣文殊之所莫生疲猒令無文殊案項十五行經令彌勒記言爲虛善財不依彌勒之教先來擬往復違昔心又闕智照無二之相令後見普賢亦無因起故今有之諸過皆離故云其文之要上言文續義連

其第三本先已流傳故令代上之經猶多脫者即第三本願諸達識見闕而續之

二明傳通感應者自晉譯微言雙童現瑞唐翻至教則甘露呈祥冥衛昭然親紆御筆

二明傳通感應下疏文分三初正辯感應二出感應所以三感慶逢遇初中有六一翻譯二造論三書寫四讀誦五觀行六講

說今初晉譯微言雙童現瑞者謂初於道場寺譯堂前池中每二青衣童子從池中出遶堂以香花供養皆見以此經久在龍宮龍王處此傳通故今龍王給侍亦有善神護譯左右故下云冥衛路然言唐翻至

教甘露呈祥即則天嘆者天降甘露故經序云甘露流津預夢庚申之夕膏雨灑澍後覃壬戌之辰以十四日辛酉初譯前後各一日有感微也冥衛路然下成上二譯此句成上晉譯如上已引亦有善神護諸

左右故言親紆御筆者即成上唐翻然事既因譯以則天言初譯之日葉甘露以呈祥又是講新譯經故入譯經之中傳云新經初譯之後佛授記寺請大德講藏和尚講初今十月十五日開講便即入文至十

二月十二日晚上講至花藏世界海震動之文講堂內及寺院中忽然震動于時道俗數千共觀歎未曾有三藏法師實叉難陀及當寺大德明詮律師德感法師等以靈應具以表聞都維那慧表奏狀為首以

聖曆二年臘月十九日則天大聖皇后親運御筆批云省狀具云皆因敷演微言弘揚秘蹟初譯之日夢甘露以呈祥開講之辰感地動而標異斯乃如來降跡用符九會之文豈朕庸虛敢當六種之應披覽來狀欣暢盈懷此批及狀具如別錄故云親紆御筆

論成西域地震光流志微清涼則感通玄悟

論成西域等者即世親菩薩西域記云世親菩薩是無著之母弟也性有聰敏良緣

未具乃以小乘為業三端妙發名霸峯四辯縱分利如星劍無著知小乘權教接引下機慨彼滯俗而置化城誘窮子而持糞器遂設方便託病在牀令喚世親示將去世　世親聞已不日至焉無著見之廣說病

源因聞大教云及吾未死之間請覽所習經典世親即講花嚴乃見毗盧法界實賢行海如日光而總般若帝網之相令因生信悟歎曰可取利劍斷吾舌根用明已謬小乘之失見止之曰如人因地而倒亦因

地而起昔日以舌毀於大乘今可將舌以讚大乘遂入山搬覽大乘造十地論成之日大地遍震光明洞然國王自謁得阿羅漢等果耶答曰皆不得既未得聖果何以地動答曰貧道小乘不信大乘今者

良由造大乘論而得地動故云地震光流言志微清涼感通玄悟者此有二人一劉謙之二靈辯法師初傳云北齊大和中第三王子於清涼山求文殊師利菩薩燒身供養其王子下有閹官劉謙之自歎形殘

又覩王子焚軀之事乃奏乞入山修道遂齎此經一部晝夜精勤禮懺讀誦心祈妙德以希冥祐絕粒飲水畢三七日形氣雖微而拜懇彌勵忽感鬚髭盡生復丈夫相神彩通悟洞曉幽旨專思精修遂造斯經

之論綸綜始終凡六百卷遂以奏聞高祖敬信有加常日花嚴一教於斯轉盛言靈辯法師者傳云後魏沙門靈辯太原晉陽人宿植勝善常讀大乘及見花嚴偏加鑽仰乃頂戴此經入清涼山求文殊師利

潛護凡歷一歲足破血流肉盡骨穿忽聞空中謂之曰汝止之但思惟此經於是披卷豁然大悟後熙平元年歲次大梁正月於清涼寺敬造花嚴論演義釋文窮微洞奧至二年初從居懸甕山崇巖寺造餘具如傳若准論序但在懸瓮感通今據傳文故亦清涼感通玄悟也

其書寫也則經輝五色楮香四達冬葵發豔瑞鳥銜花

其書寫下後魏安豐郡王延明中山王元熙並以宗室英靈博通歸一虔心無上稽首圓宗嘗以香和墨寫花嚴經一百部金字花嚴經一部皆五香爲藏七寶爲函靜夜良辰清齋行道即放神光五色照耀臺宇衆所咸覩因而發心不可勝記楮香四達者即僧德圓不知氏族天水人也常以花嚴爲業讀誦受持妙統宗極遂修一淨園樹諸穀楮并種以香草雜以鮮花每一入園必加洗濯身著淨衣瀲以香水楮生三載香氣四達後別立淨室寫經纔書畢行每字光發照明院宇又神人執戟現形警衛又有青衣梵童無何而至手執天花忽申供養餘如傳說冬葵發豔者即鄧元爽華陰人證聖年中爽有親故暴死經七日却甦說冥中欲追爽爽懼彼令寫花嚴經爲竟爽母墳側先種蜀葵至冬已萃一朝花發爍然榮茂鄉閭異之乃爲奏聞則天皇后爲立孝門瑞鳥銜花者僧法誠隱居藍谷後於南嶺造花嚴堂澡潔中外莊嚴既畢乃圖畫七處九會之像及屈弘文館工書張靜敬寫之誠亦親執香爐專精供養後感瑞鳥形色非常銜花入室旋遶供養再三往復經成之後精心轉讀者多蒙感祐

讀誦則滌然覆空煥若臨鏡每含舍利適會神僧涌地現金色之身昇天止脩羅之陣

讀誦則滌然覆空者隋禪定道場僧慧悟京兆人嘗與一僧同在終南栖隱悟受花嚴一持涅槃木食巖栖各專其業忽有一人無因而至拜訊既訖云請一師就宅赴齋二人相推彼曰請讀花嚴法師悟因隨往乃是山神請千羅漢皆推之於上食訖皆飛空而去神呼一童子令侍乃入師口中因便得仙還歸取經辭其友僧滌然而去廣如傳說煥若臨鏡者即僧辯才不知何許人幼事裕法師以花嚴爲業久而不悟乃別護淨造香函盛經頂戴行道凡經三載遂夢普賢指授玄義因忽成誦煥如臨鏡每含舍利者即樊玄智安定人也弱歲脩道於京城南投杜順和尚順令誦花嚴爲業勤依此經脩普賢行每誦經口中頻獲舍利前後數百粒適會神僧者即苑律師京兆延興寺僧以貞觀年初遊經灞橋舍於逆旅日既將夕因而寓宿俄有異僧儀服麁弊同至主人別房而止遂命淳醪良肉快意飲噉律師持潔勃然譏之其僧食已乃漱以灰水閉戶而誦花嚴俄終一軸苑乃束身抱愧側聽玄音未至五更便終六帙苑深自悔責悲泣交懷入房禮懺因而分袂不告名字莫知所之踊地現

現金色之身者即慧祐法師京崇福寺僧戒行精苦事儼和尚專以花嚴爲業每清景良宵焚香專誦出現品後時忽見十餘菩薩從地踊出現身金色皆放光明坐蓮花座合掌聽誦此品經了便隱昇天此偹

羅之陣者即般若彌伽海于闐國沙彌也甚有戒行每誦花嚴爲業忽有人合掌竊謂曰諸天令弟子奉請法師請師閉目遂至天上天主跪而請曰諸天令與脩羅戰屢被摧衂今屈法師誦花嚴經望法力加

如其所請乘天寶輅執天幢幡心念花嚴以諸天衆對彼勍敵脩羅見之忽然潰散須臾送歸身染天香終身不滅

觀行則無生入證偈讚排空海神聽而時雨滂流天童迎而大水瀰漫

觀行則無生入證偈讚排空者即解脫和尚姓邢氏代州五臺縣人也七歲出家志業弘遠初從介山抱腹巖慧超禪師處詢求定捨趣有知人之鑒識其成器告衆曰解脫禪習融明非儕輩所隣未幾而大啟

悟後於五臺西南佛光寺立精舍讀花嚴復依經作佛光觀屢往中臺東南花園北古大孚寺求文殊師利親承言誨云汝今何須親禮於我可自誨責必當大悟後因自求乃悟無生兼得法喜遂慨然獨善思

惟廣濟祈誠大覺請證此心乃感諸佛現說偈曰諸佛寂滅甚深法曠劫脩行今乃得若能開曉此法眼一切諸佛皆隨喜解脫更問空中寂滅之法若爲可說得教人耶諸佛即隱但有聲告曰方便智爲燈照

見心境界欲究真實法一切無所見又嘗本州都督請傳香戒法化既畢將事東歸都督及衆送至城東日云暮矣思欲焚香乃開城上空中聲曰合掌以爲花身爲供養具善心真實香讚歎香煙布諸佛聞此

香尋聲東相度衆等勤精進終不相疑誤故云偈讚排空餘廣如傳然或即大聖化身事難詳究德廣化博未之有也海神聽而時雨滂流者即僧道英姓陳氏蒲州人年十八二親爲之娶五載同居誓不相觸

後於并州炬法師下聽花嚴經便落髮入大行山栢梯寺脩行止觀曾屬亢旱講花嚴以祈甘澤有二老翁各二童侍恒來在聽英每異之後因問由緒荅云弟子並是海神愛此經故來聽英曰今爲檀越講經

請下微雨神乃勅二童童便從牕孔中出須臾滂霈遠近咸賴焉二翁拜謝倏然而滅故云海神聽而時雨滂流其行迹亦如傳說天童迎而大水瀰漫者即隋朝僧靈幹姓李氏狄道人依衍法師出家年十八

能講花嚴住興善寺爲譯經證義沙門後遇疾而死數日乃甦云往兜率見休遠二法師並坐花臺光暐絶世謂幹曰與我報諸弟子後皆生此幹志奉花嚴常依經作花藏觀及彌勒天宮觀至于疾甚目睛上

視若有所見沙門童真問之荅曰向見青衣童子引至兜率天宮而天樂非久終墜輪迴蓮花藏是所圖也言終氣絶須臾復甦真問何所見幹曰見大水遍滿花如車輪而坐其上所願足矣言終而逝故云爾

也

講說則華梵通韻人天共遵洪水斷流神光入宇

講說則下即宋求那跋陁羅唐言功德賢中天竺人初學五明諸論靡不該通後崇佛法深入三藏進學大乘大乘師試令探取經匣即得花嚴師嘉之令其講說元嘉十二年至廣州刺史車朗奏聞太祖遣使迎接南譙王義宣等並師事之集義學沙門七百餘衆譙王欲請講花嚴經以華言未通有懷愧歎即朝夕禮懺虔請觀音以求冥應遂夢有人執劍持一人首來至其前曰何憂於是具陳上事即刎却隨首便置新頭語令迴轉得無痛耶荅曰不痛豁然便覺備悟華言遂講花嚴至數十遍餘如傳說人天共遵者即魏勒那摩提此言寶意中天竺人博文贍學通誦一億偈經尤明禪性以正始五年初至洛陽譯十地等論二十四卷意神理標峻慧悟絕倫頃受華音妙窮清切帝每令講花嚴精義頻發睿慮高座忽有持笏執名者形如大官云天帝令來請法師講花嚴法事所資獨不能建都講梵唄維那梵唄咸亦須之講席衆僧悉皆同見意熙怡微笑告衆辭訣奄然卒於法座都講等僧亦同時殞故云人天共遵洪水斷流者即僧法順俗姓杜氏京兆杜陵人也操行高潔學無常師以花嚴爲業常居山將種葵地多蟲蟻乃巡獲定封蟲便外徙盡力耕墾一無所損三原縣人自生聾瘂順乃召之與語應言便愈因詣南山屆橫渠汎溢止之斷流徐步而過將終之日眷屬有緣聲色不渝言終而逝瘞樊川北原今全身塔在長安南花嚴寺事跡頗多別傳云是文殊化身神光入宇者即藏和尚僧法藏字賢首俗姓康氏康居國人初賢首母夢異光而孕此爲一光及生而慕無上年十七辭親求法於太白山後慈親不念歸奉庭闈綿歷歲時能竭其力時儼法師於雲花寺講花嚴賢首至中夜忽見神光來燭庭宇賢首歎曰當有異人發弘大教及明乃遇儼和尚自是伏膺深入無盡此爲二度神光入宇又後於雲花寺講有光明現從口出須臾成蓋衆所知見又是神光正取言同即第二節神光入宇取其講時即第三節語其生瑞兼第一節故云神光入宇餘如別傳

良以一文之妙攝義無遺故一偈之功能破地獄盥掌之水尚拯生靈故讀誦思惟功齊種智

良以一文之妙下第二明感應所以於中四句初上一句正辨所以以一文一偈攝義無遺極圓妙故故普賢菩薩告善財言我此法海中無有一文無有一句非是捨施轉輪王位而求得者非是捨施一切所有而求得者釋曰以一是一切之一故稱性之一故故一偈之功下三句辨其功能亦是感通之事初一偈之功能破地獄者纂靈記云京兆人姓王失其名本無戒行曾不脩善因患致死被二人引至地獄地獄門前見一僧云是地藏菩薩乃教誦偈

云若人欲了知三世一切佛應當如是說心造諸如來菩薩便經已謂之曰誦得此偈能排地獄苦其人誦已遂入見王王問此人有何功德答云唯受持一四句偈具如上說王遂放免當誦此偈時聲所至處受苦之人皆得解脫後三日方穌憶持此偈向諸道俗說之悉驗偈文方知是花嚴經夜摩天宮無量菩薩雲集所說即覺林菩薩偈今經偈云若人欲了知三世一切佛應觀法界性一切唯心造大意是同意明地獄心造了心造佛地獄自空耳既一偈之功能破地獄何況一卷一品一部之玄微願思此言勉共傳誦盥掌之水尚拯生靈者即僧伽彌多羅本師子國第三果人也麟德初來儀震旦高宗大帝甚加尊重屢於禁中歲餘供養多羅請尋聖迹往清涼山禮敬文殊因出至西太原寺時屬諸僧轉花嚴經乃問曰此是何經答是花嚴多羅肅然改容曰不知此處亦有是經耶合掌歎喜讚歎之曰此大方廣功德

鈔七 十八

難思西國相傳有人讀此經以水盥掌水霑蟲蟻而捨命者皆得生天何況受持讀誦觀察思惟者歟故云爾也讀誦思脩功齊種智者上辯盥掌之水今明讀誦思脩功至齊佛即十地經解脫月問也初金剛藏云佛子此集一切種一切智功德菩薩法門品若諸衆生不種善根不可得聞解脫月菩薩言聞此法門得幾所福金剛藏菩薩言如一切智所集福德聞此法門福德如是何以故非不聞此功德法門而能信解受持讀誦何況精進如說脩行是故當知要得聞此集一切智功德法門乃能信解受持脩習然後至於一切智地釋曰聞尚齊於種智何況讀誦思脩不可量也經雖舉聞爲顯勝故意通思脩故疏云讀誦思脩功齊種智耳

鈔七 十九

宿生何幸感遇斯文其事跡昭彰備於記傳

宿生何幸下第三感慶遂遇可知餘諸感通具於傳記上來所引粗舉數條耳傳譯感通竟

大方廣佛華嚴經疏演義鈔卷第二十六

大方廣佛華嚴經疏演義鈔卷第二十六
校勘記

一　底本，明永樂北藏本。

一　一〇四八頁中七行末字「受」，徑作「授」。

一　一〇四八頁中一〇行第七字「敕」，徑、清作「敷」。

一　一〇四九頁中一四行第一〇字「今」，清作「令」。

一　一〇五〇頁下一九行第四字「軼」，清作「軸」。

一　一〇五一頁上五行第一五字「比」，徑、清作「止」。

一　一〇五一頁下一五行第一五字「晴」，清作「睛」。

大方廣佛華嚴經疏演義鈔卷第二十七 熟八

清凉山大華嚴寺沙門 澄觀 撰述

第九總釋名題中先解經題後明品稱

第九總釋經題中初總標章

今初總題包於别義該難思之法門無名之中强以十門分別

今初總題下别釋於中二先釋總題中三初標舉

一通顯得名二對辨開合三具彰義類四别釋得名五展演無窮六卷攝相盡七展卷無礙八以義圓收九攝在一心十泯同平等

二一通顯下列章名

今初諸經得名有其多種或以人爲目或以法爲名人有請說等殊法有法喻等别或體或用或果或因乍複乍單其類繁廣

三今初諸經下别釋於初章中有二先總舉諸經體式二别明今經前中或以人爲目或以法爲名者總說也以人爲目多辨法之所由以法爲名乃畧經之大體人有請說等殊下别釋人中舉其二類等取所爲所說言請者一從請人得名如思益梵天所問經賢護經等二就能說人如無盡意菩薩經等三依所爲人如須達優填王等四依所說人如金色童子經等法有法喻等别者所言等者等取法中有多義故法之多義次下當說喻者如大雲經大寶積經等或體或用或果或因者即法中别義也體者如般若經等用者如神足經等果者如涅槃經等因後多義一者因行如正恭敬經等二者因位如十住經等乍復乍單者複中畧有四雙一法喻雙題如妙法蓮華經等二人法雙舉如勝天王般若經等三體用雙明如十住斷結經等四因果雙舉如漸備一切智德經等言乍單者通上諸義謂法單喻單體單用單因單果單等言其類繁廣者即上所明已是繁廣更有從所說時爲名如時非時經或從所說處爲名如密嚴經等結上收餘故云其類繁廣並非正要故疏畧言

今經受稱亦多種不同一從數彰名如梁攝論第十勝相中云百千經者華嚴經有十萬頌是也二從喻受名如涅槃及觀佛三昧經詺此經爲雜花經以萬行交雜緣起集成故三從法彰名如智論釋囑累品詺此經爲不思議解脫經四從義用受名如下離世間品及出現品各有十名者是

今經受稱下第二别明今經得名於中復二先舉異名後彰今稱前中四義一數二喻三法四義用並可知言梁攝論第十勝相者論曰謂依大乘諸佛世尊有十相殊勝殊勝語一者所知依殊勝殊勝語二者所知相殊勝殊勝語三者入所知相殊勝殊勝語四者彼入因果殊勝殊勝語五者彼因果修差别殊勝殊勝語六者即於如是修差别中增上戒殊勝殊勝語七者即於此中增上心殊勝殊勝語八者即於此中增上慧殊勝殊勝語九者彼果斷殊勝殊勝語十者彼果智殊勝殊勝語由此所說諸佛世尊契經諸句顯於大乘真是佛語今當第十相中言如下離世間品及出

現品各有十名者離世間品十名經云佛子此一切菩薩功德行處一決定義花二普入一切法三普生一切智四超諸世間五離二乘道六不與一切諸衆生共七悉能照了一切法門八增長衆生出世善根九離世間法門品十應尊重應聽受應諷持應思惟應願樂應修行若能如是當知是人疾得阿耨多羅三藐三菩提言出現品十名者經云佛子此法門名爲如來祕密之處名一切世間所不能知名入如來印名開大智門名示現如來種性名成就一切菩薩名一切世間所不能壞名一向隨順如來境界名能淨一切諸衆生界名演說如來根本實性不思議究竟法即十名也

依今梵本云摩訶毗佛略勃陁健拏驃訶修多羅此云大方廣佛雜華嚴飾經今略雜飾字耳

依今梵本下第二彰今目也於中三初正釋今名二揀前說三結成今義疏中一時併舉梵言一時譯就此語若別對者摩訶言大毗佛畧云方廣勃陁云覺者即是佛字佛字畧存梵音故健拏云雜花驃訶云嚴飾修多羅云經

前三異名義多總略二品十目多從別名又局當品

前三異名下二揀前說言二品十目多從別名者不得總該不可具舉故又局當品者出現十名局於出現離世間十名局離世間豈得通爲一部總稱

故今譯者具以六字爲名則人法雙題法喻齊舉具體具用有果有因理盡義圓故標經首

故今譯者下結成今義明其具足前通辨類中即是複義而具前四對之複故理盡義圓也

二對辨開合者題中七字有十事五對一教義相對謂經之一字是能詮教大等六字是所詮義二就義中法喻一對謂大等是法華嚴是喻三就法中人法一對謂大方廣是所證無障礙法佛是能證之人亦名境智一對四就法中揀持一對大之一字是揀方廣是持即揀大異小揀實異權揀果異因亦是體用一對大方是體大方無隅故廣即是用五就人中借下華字以喻其因即因果一對佛是果故是以單用華字則但舉喻因若合以華嚴則亦喻上之四字至下當明

大方是體大方無隅故者然大方廣三字總有三義一三字別釋配體相用如下廣說二方廣兩字合之爲用對上大字爲體三者大方爲體方字屬大便成無方言大方無隅者語出老子德經云上德若谷大白若辱廣德若不足建德若偷質真若渝大方無隅大器晚成大音希聲大象無形道隱無名夫唯道善貸且成意云小則有其圭角大即絕其方隅隅即角也借其言用今大方即法界等於虛空何有隅角言若合以華嚴則亦喻上之四字者即是上文二就義中法喻一對以嚴通能所華爲能嚴大方廣即所嚴佛是嚴成之果又以

因望果佛亦所嚴故華嚴兩字通喻大方廣佛之四字也言至下當明者即釋嚴中三具彰義類者謂大等七字義皆無量並略以十義釋之

初明大十義者

一體大謂若相若用等皆同真性而常遍故即是大字涅槃云所言大者名之爲常此明體不變易如人最長故名爲大又云大者其性廣愽猶如虛空此明體遍

一體大下別釋十大初體大中二先總後別以二義釋大而云即經大字者古人亦各十義釋其七字不知以七字互相釋令明大義則七字皆大方則七字皆方廣則七字皆廣佛則七字皆佛等故以體大配於大字若總舉七字大者體也方者相也廣者用也佛者果也華者因也嚴者智也經者教也涅槃云所言大者下證上二義先證常義即涅槃第三名字功德品云佛告迦葉是經名爲大般涅槃上語亦善中語亦善下語亦善義味深邃其文亦善純備具足清淨梵行金剛實藏滿足無缺汝今善聽我今當說善男子所言大者名之爲常如八大河悉歸大海此經如是降伏一切諸結煩惱及諸魔性然後要於大般涅槃放捨身命是故名曰大般涅槃釋曰彼經具釋大般涅槃今但取其大字約體不變故名爲常以性出自古非造成故故生公序云夫真理自然悟亦實符真則無差悟豈容易不易之體爲湛然常照但從迷乖之事未在我苟能涉求便返迷歸極歸極得本而似始起始則必終常以之昧若尋其趣乃是我始會之非照今有照不在今即是莫先爲大既云大矣所以稱常常必滅累復曰般泥洹也正順今意涅槃第二十五亦云所言大者名不可思議以體絶常境故言如人最長者謂無一法先法界故故老子云有物混成先天地生寂兮寥兮獨立而不改周行而不殆可以爲天下母吾不知其名字之曰道強爲之名曰大釋曰彼以虛無爲道理異釋門言可證此又云大者其性廣愽下二證上遍義即涅槃第五如來性品南經四相品文云佛告迦葉所言大者其性廣愽猶如有人壽命無量名大丈夫是人若能安住正法名人中勝故遠公分此一文成二種大一廣故名大二勝故名大今但取廣遍之義便引來彼更有多故名大如藏多珍寶深故名大猶如大海即上不思議義今以多即約用高即約果故但用二義於常義中已含深勝如人最長即是勝故又言猶如虛空復是別文第二十三云又不遍者譬如虛空解脫亦爾彼虛空者喻真解脫真解脫者即是涅槃

二者相大謂恒沙性德無不具故互相即入微細重重等具十玄門皆其相故即經方字方者法也

二相大等者有二意恒沙性德與起信同互相即入下即顯圓教事事無礙亦性具矣然遠公釋涅槃亦明體相用體約性淨

涅槃相約方便淨涅槃用約應化涅槃此通因果今明所證法中有三故不同彼

三用大謂業用周普如體遍故即經廣字

三用大等者文中三初正釋用大涅槃云又大者能建大義即是約用

一涅槃云又大下引證即第四經南經四相品以迦葉復問如佛言曰我已久渡煩惱大海若佛已渡煩惱海者何緣復納耶輸陁羅生羅睺羅以是因緣當知如來未渡煩惱諸結大海唯願如來說其因緣佛告迦葉汝不應言如來久渡煩惱大海何緣復納耶輸陁羅生羅睺羅以是因緣如來未渡煩惱大海善男子是大涅槃能建大義汝等今當至心諦聽廣爲人說莫生驚疑若有菩薩摩訶薩住大涅槃須彌山王如是高廣悉能取令入於芥子其諸衆生依須彌者亦不迫迮無往來想如本無異唯應度者見是菩薩以須彌山內芥子中復還安止本所住處下廣說作用竟結云善男子是菩薩摩訶薩住大涅槃則能示現種種無量神通變化是故名曰大般涅槃是菩薩摩訶薩所可示現如是無量神通變化一切衆生無能測量汝今云何能知如來習近媱欲生羅睺羅善男子我已久住是大涅槃種種示現神通變化彼經即約果用今意明是即體之用本有之用下佛果有相用者皆由本自有故良以涅槃無廣廣與大同故以廣釋大方廣無大大與廣合故以大釋廣今經具有故各配之

三良以涅槃下釋妨謂有問言涅槃此義本釋大字何得以廣配之故今通云涅槃但言大般涅槃無有廣字故大字含廣故以能建大義廣家之義以釋大字今經大字對體廣字對用故自別釋因便通方廣之經謂十二分教中有方廣經無有大字而用大字釋方廣言即如下合釋方廣云宣說廣大甚深法故能生無量廣大果故皆以大釋廣也

四果大謂智斷依正普周法界故即經佛字

五因大謂發菩提心起解行願證精勤匪懈成諸位故即經華字

五因大等者謂發菩提心即十信發心起解即十住行即十行願即十向證即十地精勤匪懈通策於前以成諸位所以廣說因中差別者欲收攝論七大性故次文當知

六智大謂大智爲主運諸萬行遍嚴一切無所遺故即經嚴字

七者教大謂一文一句無不結通遍於一切十方三際重重無盡故即是經字

八者義大謂所詮法盡窮法界乃至帝網無所遺故即總是六字

九者境大以上法門普以無盡衆生爲化境故

十者業大謂盡三際時窮法界處常將此法利益衆生無休息故

如攝大乘等七種大性不離於此

如攝大乘等者二結會他文而言等者等取雜集瑜伽般若大同小異攝大乘第一

釋大乘云若廣釋者七種大性共相應故不廣說之瑜伽四十六云一法大性二發心大性三勝解大性四增上意樂大性五資粮大性六時大性七圓證大性雜集十一說七大性者一者境大性二者行大性三智四精進五方便善巧六證得七業彼論云何等名爲七種大性一者境大性以菩薩道緣百千等無量諸經廣大教法爲境界故二行大性正行一切自利利他廣大行故三智大性了知廣大補特伽羅法無我故四精進大性於三大劫阿僧企耶方便勤修無量百千難行行故五方便善巧大性不住生死及涅槃故六證得大性證得如來諸力無畏不共佛法等無量無數大功德故七業大性窮生死際示現一切成菩提等建立廣大諸佛事故若般若無著論七大性者一法二心三信解四淨心五資粮六時七果此與瑜伽大同若與對法會者一法即雜集境大性緣大教法而爲境故二心即是行大性即由淨心行二利行故三信解即智大性信解與智於境印持於境決斷大意同故四淨心即精進由精進練磨令心淨故五資粮即方便善巧由大悲般若而爲方便與無住涅槃爲資粮故六時即第七業大性窮生死際盡未來時建立佛事而爲業故七果即雜集第六證得大性謂證佛功德而爲果故雜集依體起用得果不捨因證居其先般若論中約時通因果故果居時後餘之次第二論意同謂依教起行達甚深理精進長時不滯二邊證大勝果窮生死際建立佛事故名爲大雜集即是對法瑜伽大同般若今疏體大即第三智大之中所知無我之理二相大亦所知攝亦法大性即境攝故三用大即方便大而是即體之用亦境攝故四果大全同五因大攝其五大性一發菩提心即是心大二起解者攝勝解大三行願證並是行大是十地因證非果證故四精勤匪懈即淨心精進大五成就諸位即攝資粮大六智大全同而義小異通了性相因果等故七教大即是境法大性八義通前六但除教故九名同雜集初一而義同時大及與方便善巧十同第六而具含二論時業二名爲對題中七字攝十故有開合及次不同而義無違故云七種大性不離於此或相大一種二論畧無理亦無失又通約十大教旨小殊不妨有異

二方十義者方者法也即前十大皆名爲法謂體法相法等

謂體法相法等者等取下八謂用法果法等法是軌持能持自性故十皆法

三廣十義者廣者多也用多繁興包無不盡故則前十皆多即明一遍一切名之爲大一攝一切名之爲廣亦可反此此約離釋

三廣十義等者疏文有二先離釋廣字若合釋方廣二字亦有十義一廣依義謂言教繁廣爲生依故二廣說義宣說廣大甚深法故三廣破義破一切障無有餘故四廣起義無有諸法能比類故五廣治義具攝無邊

對治之法爲能治故六廣攝義通攝無邊異類法故七廣德義具攝二嚴諸勝德故八廣生義能生無量廣大果海故九廣絶義非是心識稱量所能知故十廣知義具足種智破邪見障無有餘故

後合釋順諸經論釋方廣經於中二先正釋十義也

此之十義前四即雜集第十一中四義後六即入大乘論第一中六義

後此之十義下結示本源言前四即雜集第十一中四義者彼論云方廣者謂菩薩藏相應言說如名方廣亦名廣破亦名無比爲何義故名爲方廣一切有情利益安樂所依處故宣說廣大甚深法故爲何義故名爲廣破以能廣破一切障故爲何義故名爲無比無有諸法能比類故此方廣等皆是大乘義差別名釋曰此論標以三名釋成四義以方廣中有二義故次第無差言後六即入大乘論第一中六義者彼論云毘佛畧者是摩訶衍何以故名毘佛畧經爲諸衆生說對治法名毘佛畧亦有衆多衆故名毘佛畧亦以多莊嚴具故名毘佛畧亦能出生無量大果報故名毘佛畧非是稱量所能知故名毘佛畧斷除一切諸邪見故名毘佛畧釋曰次第與雜全同但以毘佛畧屬之以成六義然其第一說對治法似雜集論第三廣破集約所破此約能破故亦不同五非是稱量似於集論第四無比集約法不可類此約心不能知故並不同而刊定記云以對治與破障是同乃除入論第一加集論菩薩藏相應言說爲五者殊失論意以菩薩藏相應言說是總揀小故總揀已竟方標三名釋成四義耳若欲以集論之四攝入論之六者一即第二廣攝二即三四廣德廣生皆深法故三即一六對治破見皆破義故四即第五廣超廣絶大意同故今取小異並闕爲十則二論不同謂集論一約言教入論二約所攝集論二約通辦甚深入論別開三約二嚴通因四約能生唯果集論三約合明對治入論別分一治煩惱六破智障雜集第四似入論第五巳如前會故成十義然爲順二論之次故不依題之次若欲配經者一廣絶是大體絶衆相不思議故二廣超是方妙法無類故三廣攝是廣攝無邊故四廣知是佛具種智故五廣破六廣治七廣生三皆華字並是因故八廣德是嚴具二嚴故九廣依是經依言教故十廣說是義說甚深法是所說故即總上六字亦可通七

四解佛十義者即是十佛大即法界佛方即本性佛廣即涅槃佛及隨樂佛佛即成正覺佛華即願佛及三昧佛嚴即業報佛經即住持佛總不離心七字皆是心佛釋十佛義如八地中及離世間品辨

四解佛十義等者文有三解初依本經言如八地中及離世間品辨者上教緣中巳廣其義今更畧明八地明十身即離世間品十佛八地云知如來身有菩提身願身化身力持身相好莊嚴身威勢身意生身

福德身法身智身離世間品五十三中說十種佛所謂成正覺佛願佛業報佛住持佛涅槃佛法界佛心佛三昧佛本性佛隨樂佛十佛即是十身若欲會者正覺是菩提身願佛即願身業報佛即相好莊嚴身住持佛即力持身涅槃佛即化身法界佛即法身心佛即威勢身三昧佛即福德身本性佛即智身隨樂佛即意生身今疏爲順經題故不依彼二經之次言大即法界佛者大即法界體故方即是本性智故廣即涅槃佛者化周遍故亦隨樂佛者隨自他意無不生故佛是梵言此即覺故華即願佛及三昧佛者並是因故嚴謂萬行之因嚴成相好莊嚴身故經教住持法不墜故總不離心即心佛者是威勢身心伏勝故

又佛地論第一說佛亦具十義謂具一切智一切種智離煩惱障及所知障於一切法一切種相能自開覺亦能開覺一切有情如睡夢覺如蓮花開故名爲佛

又佛地論第一下第二引佛地論論無別釋今當畧辨攝此十句以爲五對一能證智二所斷障三所證理四所成益五顯覺相前四法說後一喻明然此五對一一相屬一能證智即具一切智是根本智一切種智是後得智二所斷中以一切智斷煩惱障一切種智斷所知障種類而知故三所證理中一切法者即真諦法也一切種相者俗諦法也以一切智總相觀法之性以一切種智別相觀法之相由證法性除煩惱障由達法相斷所知障四所成益者一則自利二者利他上之三對俱通二利若取別義以一切智自證法性便是自覺以一切種智覺法之相故能覺他五顯覺相中如睡夢覺者以一切智覺法之性頓破無明煩惱睡故如蓮花開者以於種智覺法之相開悟法門如於花開得見蓮故前即覺察後即覺悟亦可前是覺悟後爲覺察此五無缺方稱覺滿名曰妙覺離覺所覺而盡覺故上之解釋未見經論理必應然

又真諦引真實論亦有十義恐繁不引

又真諦引不引者即真諦三藏七事記中引言十義者謂覺勝天鼓一不由他悟二斷二無知三已過睡夢四譬如蓮花五性淨無染六具足三義七具足三德八具三寶性九自知令他知十初言覺勝天鼓者天鼓有四德今並過之一能覺諸天賊來云賊來賊去云賊去佛即不爾能令衆生覺三煩惱若生知生若滅知滅二天鼓能護天衆能破修羅佛亦不爾能截三苦能破四魔三天鼓能令諸天受五欲樂佛亦不爾能令衆生受出世樂四天鼓能令諸天生貪著心佛亦不爾能令衆生生出世心具此四過故云覺勝天鼓二不由他悟者無師自然智故三斷二無知者即是煩惱無知所知無知四已過睡夢者凡夫睡而不夢唯煩惱故二乘亦睡亦夢以有無明及妄智故佛不睡不夢無有無明捨妄解故五譬如蓮花者日光照觸蓮花即開

十地行成佛智自發六性淨無染者因時雖有煩惱五義不染一佛無相故譬如煙霧不能染空二是對治故譬如鎔鐵不停蚊蚋三非處所故譬如大石不能住空四無轉異故譬如白玉涅而不緇五妄不染真譬如幻刀不能斫石因時有惑尚不能染果時惑盡豈當有染七具足三義者即是三佛一假名佛謂六神通二寂靜佛謂惑不生三真實佛謂即真如八具足三德者謂摩訶般若解脫法身九具三寶性者謂同體三寶十自知令他知者即是二利謂佛智慧力照真如境名曰自知復以慈悲力說十二部經令他知也釋曰以此十義有同佛地故恐繁文

五釋華十義者一含實義表於法界含性德故二光淨義本智明顯故三微妙義一一諸行同法界故四適悅義順物機故五引果義行爲生因起正覺故六端正義行與願俱無所缺故七無染義一一行門三昧俱故八巧成義所修德業善巧成故九芬馥義衆德住持流馨彌遠故十開敷義衆行敷榮令心開覺故

五釋花十義下疏文有二第一別釋十華第二總相料揀前中即如次配於十佛如一含實義表法界佛含性德故爲對十佛故爲此次亦可配於十度之因而不依次爲順題故一即般若二即智度三即方便四即尸羅五即忍辱六即是願七即禪定八即是檀九即是力十即精進此意如下普眼長者以十度因成十身果故彼經云爲欲令其具佛相好稱揚讚歎檀波羅蜜即成相好莊嚴身故二云爲欲令其得佛淨身悉能遍至一切處故稱揚讚歎尸波羅蜜即意生身三爲欲令其得佛清淨不思議身稱揚讚歎忍波羅蜜即菩提身四爲欲令其獲於如來無能勝身稱揚讚歎精進波羅蜜即威勢身五爲欲令其得於清淨無與等身稱揚讚歎禪波羅蜜即福德身六爲欲令其願現如來清淨法身稱揚讚歎般若波羅蜜即是法身七爲欲令其現佛世尊清淨色身稱揚讚歎方便波羅蜜即是化身八爲欲令其爲諸衆生住一切劫稱揚讚歎願波羅蜜即是願身九爲欲令其現清淨身悉過一切諸佛剎土稱揚讚歎力波羅蜜即力持身十爲欲令其現清淨身隨衆生心悉使歡喜稱揚讚歎智波羅蜜即是智身末云爲欲令其獲於究竟淨妙之身稱揚讚歎永離一切諸不善法即圓淨十度八萬四千波羅蜜門萬德頓具該上十華是故梵本名爲雜華

上約相顯別配十度若約圓融一一行門皆具十義可以意得

大方廣佛華嚴經疏演義鈔卷第二十七

大方廣佛華嚴經疏演義鈔卷第二十七

校勘記

一　底本，明永樂北藏本。

一　一〇五六頁下一二行第八字「第」，[清]作「等」。

大方廣佛華嚴經疏演義鈔卷第二十八　熱九

清涼山大華嚴寺沙門　澄觀　撰述

然華有二種一草木華喻萬行因然或與果俱或不與俱二嚴身華通金玉等喻於神通衆相等唯與果俱前十義中一五九十局於草木餘通二華

然華有二種下第二總相料揀其引果華亦喻生因其嚴身華亦喻了因此二無碍言或與果俱者如蓮花等因該果海果徹因源圓融行故或不與俱者杏柰等花因果區分行布行位不相雜故此二無碍是此中華言神通衆相等者淨行品云若見花開當願衆生神通等法如花開敷若見樹花當願衆生衆相如花具三十二神通衆相果上用故云與果俱然神通雖乃通因且就金玉之花與身俱說

六釋嚴者即上十華同嚴一佛爲嚴不同亦是十義

六釋嚴者下疏文有三十八義且爲三節初十總釋次十別釋後十八句互嚴今初

言爲嚴不同者如以十寶嚴一金佛一真珠嚴二珊瑚嚴等一佛十嚴歷於十佛便成百嚴約圓融修故

又上十華如次嚴前十佛即是十義而總別無礙

又上十華等者第二別釋義同一度成一佛故總別無碍者總融上二行布圓融二無碍故

更有十義一用因嚴果以成人故是佛華嚴果由因得故二以果嚴因以顯勝成果之後令一一因行皆無際故三以入嚴法而顯用謂佛曠劫修因方顯法之體用故四以法嚴人以顯圓若不得法之體用因果不能圓妙故五以體嚴用以令周謂用不得體不周遍故六以用嚴體而知本若無大用不顯體本之廣故七以體嚴相而知妙謂相若有體便即入重重故八以相嚴體以明玄體若無相不顯體深玄故九以義嚴教趣言念由所詮難思能詮言離故十諸因互嚴以融攝如禪非智無以窮其寂智非禪無以深其照等

更有十義下第三約互嚴說於中有二別約十義五對以互相嚴二收成四句以顯互嚴今初十義在文可知然亦是於別釋得名中釋名之義若約相融皆持業釋若約當相皆依主釋如第一用因嚴果是華嚴之佛故二即佛之花故三即佛華嚴之大方廣四即大方廣之佛華嚴五即大之方廣六即方廣之大七即大之方八即方之大九即大方廣佛華嚴之經十諸因互嚴乃含多義謂施之戒戒之施定之慧慧之定等前四成對後一非對但可大等嚴經不可以經嚴大等故不成對又爲欲顯因互嚴故言禪非智無以窮其寂等者舉一爲式餘可類取謂禪無智但是事定若得智慧觀於心性爲上定故智不得禪乃爲散善分別慧故慧若有定如密室燈寂而能照離動分別成實慧故所言等者等餘萬行如施不得戒非是真施破戒行施非真福故戒不得施亦非真戒慳貪不息非真戒故不捨財法正犯戒故餘並可

思
又上來互嚴皆有相資相即四句今且約理
行互嚴以明
又上來互嚴下第二收成四句於中二先
總標後初相資四句下別釋
初相資四句者一理由修顯故以行華嚴理
二行從理發則以理華嚴行梁攝論云無不
從此法界流無不還證此法身故
無不從此法界流者即從本起末證行從
理發無不還證此法身者攝末歸本證理
由修顯
三理行俱融不二而二
非真流之行無以契真非起行之真不從行
顯
良以體融行而因圓行該真而果滿是故標
爲佛華嚴也
三理行俱融不二而二下此句有三節一
此上正釋以互融故不二不壞兩相故而
二非真流之行下第二反成上義上句反
成行融理次非起行之真不從行顯者
反成上理融行良以體融行下三正成前
義言體融行而因圓者行即是因以體融
行故因行圓滿行該真而果滿者正成上
行融理也行不該真何由得果耶
四理行俱泯二而不二以理之行故非行
之理故非理是則能所兩亡超情絕想非嚴
非不嚴是謂華嚴
四理行俱泯此句易了然上互融行融理
而行在理融行而理存故不二而二今理
行相奪故云二而不二
相即四句理行全收准思可見則法喻交暎
昭然有在
相即四句下但例前釋若力用交徹即說
相資有體無體即言相即若具作者一者
唯理無不真故二者唯行理廢已故三者
俱融即行即理爲一味故四者俱泯理即
行故非理行即理故非行故雙絕也言法
喻交暎者以華嚴像爲喻喻以因行嚴佛
故
七釋經十義雜心五義已見上文佛地論有
二義一貫穿所說二攝持所化即雜心結鬘
一義合之應除結鬘開成六義依此方訓復
有四義一常二法並如前辨三經義即衆生
逕路四典義令見聞正故寶雲經中亦有十
義恐繁不引
七釋經十義雜心五義已見上文者即藏
攝中謂一出生二顯示三湧泉四繩墨五
結鬘餘則可知
第四別釋得名者先得後釋先得名者大以
當體受名常遍爲義常即竪無初際遍則横
該無外方以軌法得名軌持爲義雙持體相
軌生物解故廣以從用得名包博爲義包則
廣容博則廣遍佛以就人得名覺照爲義照
則朗萬法之幽邃覺則悟大夜之重昏華以
從喻得名感果嚴身爲義感果則萬行圓成
嚴身則衆德備體嚴以功用受名資莊爲義
謂資廣大之體用莊真應之佛身經以能詮
得名攝持爲義持性相之無盡攝衆生之無
邊
第四別釋得名等者此中得名各取前七

宇別義例皆二義釋之類前可知

後釋名者一就法中體用相對大之方廣謂有體之相用故方廣之大有相用之體故皆依主釋若相即者即持業釋二就人中果行相望佛之華非因位之行故華之佛非餘行之佛故亦通相即三以人法相對大方廣之佛華嚴非小權乘之佛等故佛華嚴之大方廣非因位所得法故相即可知四教義相對亦通二釋教望於義及前人望於法兼通有財並可思准

此中釋名即前對辨開合中五對之中但除法喻一對用餘四對以法喻一對華之一字已屬因門故畧無之四對之中望前有二異一前則從寬至狹故先明教義今從狹至寬故先明體用又前從下釋上故先明教義今從上釋下故後明教義而前五對中後明人中因果者以因是華字借喻中華故在後明前從寬至狹義已盡故四教義相對一通二釋者以易知故不出若具釋者應云大方廣佛華嚴之經揀非涅槃等經故經之大方廣佛華嚴揀非論中之所明故而四對皆具二釋者約行布則依主約圓融則持業教望於義下謂四對之中後二對中通於三釋謂經中有大方廣佛華嚴故如對法藏論全取他名以目經故佛華嚴有大方廣故故云可思

第五展演無窮者謂初於最清淨法界開爲理智兩門即涅槃菩提之異

第五展演無窮等者然此下四門皆開脉中意此門中彼有二義一展一爲多二類結成本類結成本不異前第七部類品會中本部故此不明又此展中並皆畧示而有十重一展法界爲理智二門理即大方廣是所證法界爲涅槃智即佛華嚴爲能證菩提雖有六字但是二法

又理開體用即大方廣智開因果即佛華嚴總連合成詮即題中經字

二又展理智爲題目即大是體性包含方廣是業用周遍故云理開體用佛即是果華嚴是因故云智開因果

又展此目以爲初會初會總故十海是理十智是智十海之中含於體用十智之中亦含因果又華藏世界及遮那過中即依正二果皆是佛字大威光太子略示因花彼二所證所觀即大方廣即總成一會所信因果體用

三又展此目爲初會於中自有二重一但通就一會以示品目言十海之中含於體用者即初也十海者一一切世界海二一切衆生海三一切諸佛海四一切法界海五一切衆生業海六一切衆生根欲海七一切諸佛法輪海八一切三世海九一切如來願力海十一切如來神變海七九與十此三是用餘皆是體此十本具皆是所證故名爲理十之相差是事法界十之真性是理法界理事相融並爲所證之理故云十海是理言智含因果者上言十智者知上十海即是十智而名小開合

經云佛子諸佛世尊知一切世界海成壞清淨智不可思議一知一切衆生業海智

不可思議二知一切法界安立海智三說一切無邊佛海智四入一切欲解根海智五一念普知一切三世海智六顯示一切如來無量願海智七示現一切佛神變海智八轉法輪智九建立演說海智十此上皆有不可思議之言唯願海是因餘皆是果若約所知一三四八九十皆果餘四爲因三世通因果又華藏世界下二通就一會以示品目則題目該於一會言遮那遍中者非唯遍於華藏亦遍法界以世界成就品亦說毘盧遍嚴淨故彼偈云所說無邊衆刹海毘盧遮那悉嚴淨世尊境界不思議智慧神通亦如是況第六經云毘盧遮那佛願力周法界一切國土中恒轉無上輪第五經云佛所莊嚴廣大刹等於一切微塵數清淨佛子悉滿中雨不思議最妙法又華藏品云華藏世界海法界等無別又一一塵中見法界皆普遍義故遮那遍中之言亦已攝於世界成就品矣言彼二所證所觀即大方廣者果證法界大方廣因觀法界大方廣

又展此會以成後八四周因果各因是華果即是佛其所修所證之體用即大方廣

又展此會以成後八者即第四節展成一部

又展此九會周遍十方謂如第二會光明覺品辨一類之會已遍十方餘會亦爾

又展此九會周遍十方者即第五節言如第二會光明覺品者舉一會文以爲體式謂光明覺品總有二十六節放光最後遍周法界虛空界皆云彼一一世界皆有百億閻浮提乃至百億色究竟天其中所有悉皆明現彼一一閻浮提中悉見如來坐蓮花藏師子之座十佛刹微塵數菩薩所共圍遶悉以佛神力故十方各有一大菩薩一一各與十佛刹微塵數諸菩薩俱來詣佛所等釋曰此即遍十方文既同百億閻浮提等故是同類世界言餘會亦爾者下之七會及第一會皆遍十方如第二會故諸會末多結周遍

又展此諸會各有主伴如說十住十方菩薩證云十方國土皆說此法則前遍法界之會各有重重主伴

又展此諸會各有主伴者即第六節也上來但明主經之遍今辨伴經之遍而引第三會文則前遍法界之會各有重重主伴者此言例上遍法界之九會也

乃至遍於塵刹

乃至遍於塵刹者第七節也上但遍國令則遍塵

異類界等

異類界等者即第八第九節也上來七節但遍同類八遍異類樹形等刹而疏言等者等取第九節異類刹塵謂異類之刹亦以塵成塵亦有刹於中說經經尤多矣

無盡時會

無盡時會者即第十節謂上同類異類若刹若塵皆悉重重猶如帝網時會與法皆無盡也

皆不出大方廣佛華嚴清淨法界

皆不出等者舉題總收也清淨法界者舉本總收明從一法界無名無相之中展成無盡

第六卷攝相盡謂從後漸卷乃至不出九會九會不離初會初會不離總題總題不出理智非理不智故理外無智非智不理故智外無理則理智不二亦攝智從理離體無用攝用歸體體性自離故體即非體本來清淨強名之清淨法界是以極從無盡乃至一字無字皆攝華嚴性海無有遺餘

第六卷攝相盡者相字去聲乃至無字法界之相亦不存故然但解上展則解此卷故云從後漸卷言乃至不出九會者乃至二字畧後五重不出九會是第四節耳若具應云一卷無盡時處歸異類界塵二卷異類界塵歸異類界三卷異類界不出同類界塵四卷同類界塵不出同類剎主伴經五卷主伴不出主經結遍十方六卷遍十方不出九會七歸初會八歸總題九歸理智十歸清淨法界非理不智下是第十節卷理智歸法界而有二意一者理智之中隨舉其一即攝於二但成一味二者以智爲用以理爲體但攝智歸理不攝理歸智初攝二爲一唯一理字理體性離一亦不存故云無字又准前展亦合云總題不出體用因果因果雖殊不出一智體用雖異不出一理然後方融理智但不異前故畧示耳若從六字倒收者攝教從義但有大方廣佛華嚴攝人從法但有大方廣攝用歸體不離於大古人云一言無不畧盡殊說更無異盈又大體性離言思斯絕唯證相應耳

第七展卷無礙者謂正前展時即後常卷正後卷時即前常展展時即卷故無量無邊法門海一言演說盡無餘卷時即展故如來於一語言中演說無邊契經海

第七展卷無碍者謂說有前後實在一時隨門不同故有三門耳疏無量無邊法門海即展時也一言演說盡無餘即卷時也如來於一語言中即卷時也演說無邊契經海即展時也

第八以義圓收者上來諸門或以七字攝盡如前已辨

第八以義圓收者疏文有二先以法攝後以人攝前中又二先指前不出總題

或以教義攝盡或以理智攝盡或人法攝盡或解行證攝盡

後或以教義下重釋攝義疏文畧舉若具說者應增數明謂或於無字中一字攝盡謂或教或義或性或心二或二字攝盡疏有三節亦更應言或法界字攝盡三或三字攝盡疏文有一義順後表三聖故亦應云入法界攝盡理行果攝盡從所詮故四或四字攝盡謂教理行果教即經字理即大方廣行即華嚴果即佛也或教義成處攝盡一謂文雖浩汗唯一教字即題中經字二謂義雖無量但一緣起義攝即題中大方廣也三成謂行解因果德相用等雖各緣起不同據其成立唯一成字攝盡即題中佛華嚴也四處謂一切重重無盡同

類異類重重塵剎唯一處字故總卷之義唯一性教唯一文成唯一念處唯一塵此一即是一切一故或信解行證攝盡經有四分初會是信次六明解八約成行九唯證故如下當知五或五字攝盡謂加一教字或理信解行證理是所信所解所行所證故或六字攝盡即題中除經上之六字是所詮故或理信解行願證理即所信等解行願三即是三賢證通地上及極果故或七字攝盡即全取一題一題通目無盡法故或八字攝盡即法界緣起理實因果故或九字攝盡謂障礙法界緣起因果故或十字攝盡謂體相智用因果教義及境業故

或唯普賢文殊毘盧遮那三聖攝盡謂大方廣即普賢普賢表所證法界故華嚴即文殊文殊表能證故佛即遮那具能所故

又大即普賢普賢菩薩自體遍故方廣即文殊文殊表即體之智故華即普賢普賢行故嚴即文殊文殊以解起行故佛即圓解行之普賢文殊證法界體用之普賢文殊成毗盧遮那光明遍照

或唯普賢文殊下第二以人攝也然有兩重先約人法對辨二聖後於人法中各有二聖佛字當中兩重總收可思

第九攝歸一心者上來諸門乃至無盡不離一心一心即法界故起信云所言法者謂衆生心

心體即大心之本智即方廣觀心起行即華嚴覺心性相即是佛覺非外來全同所覺故理智不殊理智形奪雙亡寂照則念念皆是華嚴性海

第九攝歸一心者於中二先指前總明謂上八門已是一心上說故云上來諸門不離一心而修行禪流皆欲弃文而修觀行故復接之以辨此門心體即大下後正約觀心以釋謂心體離念離念相者等虛空界豈非大耶心之本智即方廣者上大是即智之寂方廣乃即寂之智故云寂照運無涯之照即心體相用三融爲所觀也觀心起行即華嚴者觀體照而即寂止也觀用寂而常照觀也一心六度萬行皆起覺心性相即是佛者一念相應之覺也故經云佛心豈有他正覺覺世間覺性無覺即根本智覺相歷然即後得智此二不二是無障礙智覺非外來全同所覺下上明安立六字今明卷攝相空此上融成一味此下乎奪雙寂則一不爲一如斯觀行未曾一念不契華嚴

第十泯同平等者爲未了者今了自心若知觸物皆心方了心性故梵行品云知一切法即心自性則成就慧身不由他悟然今法學之者多棄內而外求習禪之者好亡緣而內照並爲偏執俱滯二邊既心境如如則平等無礙

第十泯同平等者此一門總融前九前八法師所知第九禪師所尚故今會之於中三初法說二余曾瑩兩面鏡下喻明即借帝網之喻以喻心境三見夫心境互照下合喻意唯一而文有四節

余曾瑩兩面鏡鑑一盞燈置一尊容而重重交光佛佛無盡

第一節取兩鏡及燈合之一鏡喻境一鏡喻心燈喻本智但取明了之義

見夫心境互照本智雙入心中悟無盡之境境上了難思之心心境重重智照斯在

言本智雙入者智性色性本無二故知一切法即心自性故此智性入心入境言心境重重者合兩鏡互照智照斯在者合一燈雙入是則以本智爲能照心境皆所照由斯本智令心境互融

又即心了境界之佛即境見唯心如來心佛重重而本覺性一

又即心了境界之佛下第二取兩鏡及一尊容以合尊容喻真佛故令人只觧即心即佛是心作佛不知即境即佛是境作佛令明以如爲佛心境皆如心如即佛境如焉非又心有心性心能作佛境有心性安不作佛以心收境則心中見佛是境界之佛以境收心則境中見佛是唯心如來心佛重重者即兩鏡之重重而本覺性一者即尊容之雙入

皆取之不可得則心境兩亡照之不可窮則理智交徹

皆取之不可得下第三雙融前二以成止觀心境兩亡即止理智交徹即觀

心境既爾境境相望心心互研萬化紛綸皆一致也唯證相應名佛華嚴矣

心境既爾下第四結例一切境有多境心有多心各自相對一一互相融也萬化皆然即總結例唯證相應則泯同果海也

第二釋品名者梵云薩婆嚕雞印挈吐倈退良反驃訶奈耶鉢攞叵婆娜忙鉢里勿多此云一切世間主莊嚴法門威德名品今文存畧

第二釋品名䟽文有四一會梵音二釋義理三立名所以四會釋晉經今初䟽中一時總對若別對者薩婆一切也嚕雞世間也印挈倈主也驃訶莊嚴也奈耶法門也鉢攞叵婆威德也娜忙名也鉢里勿多品也

世者時也即是世間主者君也謂即諸王及佛然世間有三一器世間即是化處二衆生世間即所化機三智正覺世間即能化主主則唯二諸王及佛主於器界及衆生故佛非世間從所統受稱

世者時也下第二釋義理也於中二先釋世主

妙謂法門體用深廣難思即主之所得嚴謂莊嚴乃有多義一器世間嚴謂其地堅固等二衆生世間嚴謂衆海各具法門威德故三智正覺世間嚴謂於一切法成最正覺三業普周法門無盡故所以長行諸王之嚴偈頌讚德皆顯嚴佛

後妙謂下釋妙嚴於中三初正明三世間嚴

衆生不嚴不感佛興正覺不嚴不能爲主器界不嚴非真佛處

次衆生不嚴下出嚴所以

復由佛嚴顯遇者有德衆生嚴輔顯佛起勝如是互嚴亦爲妙嚴

後復由佛嚴下明三嚴相成
諸經無此廣嚴故但初名序品今明序已兼
正故廣讚諸嚴以爲華嚴之由序
諸經無此下第三顯立名所以彰義餘宗
不名序品

舊云世間淨眼品者謂所得法眼能淨世間
故餘如前說
舊云世間品下第四會釋題經所得法眼
即今法門威德也
第十別解文義文分爲二初總釋經序二別
解文義初中分三大方下初明題目天冊下
二明造序人蓋聞下三直解序文今初即經
序題目也

熱九　　十八

大方廣佛華嚴經疏演義鈔卷第二十八

大方廣佛華嚴經疏演義鈔卷第二十八

校勘記

一　底本，明永樂北藏本。

一　一〇六四頁上末行第九字「行」，清無。

一　一〇六四頁中五行末字「行」，清作「以行」。

大方廣佛華嚴經疏演義鈔序卷第二十九　孰十

天冊金輪聖神皇帝製

第二明造序人音義云冊測華反說文曰冊符命也謂上聖符信教命以授帝位字或從竹或古爲圓形也

蓋聞造化權輿之首天道未分　龜龍繫象之初人文始著

演義云蓋聞下三直解序文分爲六段初明佛日未興群生沉溺二及夫下明如來出世德用難思三朕曩下自慶逢時聞斯聲教四大方下別彰此典盲趣玄微五細惟下傳譯古今感慶逢遇六一窺下總釋序意歎理自謙初中分三初明化法殊異二明能化淺近三明所化迷淪初中亦二初辨淳元之始二明三才已著今初蓋聞者發語之端也造化者造作變化易繫辭云剛柔相推而成變化又云變化者進退之象也權輿者爾雅云初哉首基肇祖元胎俶落權輿始也二皆是始言天道未分者謂元氣混沌未分天地下云人文始著即有三才始分天道今云未分即五運之時也故易鉤命決云天地未分之前謂之一氣於中有太易太初太始太素太極爲五運運者數也謂時既易初取易義元氣始散謂之太初氣形之端謂之太始形變有質謂之太素質形已具謂之太極轉變五氣故稱五運皆是天道未分也言天道者易繫辭云易之爲書也廣大悉備有天道焉有人道焉有地道焉說卦云昔者聖人之作易也將以順性命之理是以立天之道曰陰與陽立地之道曰柔與剛立人之道曰仁與義兼三才而兩之故易六畫而成卦又云在天成象在地成形變化見矣注云象況日月星辰形況山川草木又云易與天地準故能彌綸天地之道仰以觀於天文俯以察於地理是故知幽明之故原始反終故知生死之說注云幽明者有形無形之象死生者始終之數也周易疏云天有玄象而成天文也地有山川原隰各有條理故云地理此上皆是已分之相因釋天道故便舉之此對正在未分之前耳龜龍繫象之初下第二對明三才已著之相略如向說易繫辭云是故天生神物聖人則之天地變化聖人効之天垂象見吉凶聖人象之河出圖洛出書聖人則之孔疏云如鄭康成之義則依春秋緯云河以通乾出天包洛以流坤吐地符河龍圖發洛龜書感河圖有九篇洛書有六篇孔安國以爲河圖則八卦是也洛書則九疇是也音義云堯有神龜負圖而出爲感黃龍負圖而現人文始著者繫辭云古者庖犧氏之王天下也仰則觀象於天俯則觀法於地觀鳥獸之文與地之宜孔疏云此下明聖人法自然之理而作易象次易又云近取諸身遠取諸物於是始作八卦以通神明之德以類萬物之情釋曰上云圖出八卦今云觀乎天地者或見龜後象天地等於理無違音義云觀乎天文以察時變觀乎人文以化成天下此非正意後人用之耳君臣父子尊卑上下謂之人文

龜龍舉三皇之時斯爲上古槩彙舉於夫子即是下古然其文王爲中古既有卦爻之辭已有彖象則總該三古又上云天道即言未分今云人文則言始著二言影畧則初分之時亦皆未著直至繫象已具方

曰著明故先有者即易有太極是生兩儀兩儀生四象四象生八卦八卦定吉凶吉凶生大業即三才具矣

雖萬八千歲同臨有截之區七十二君詎識無邊之義

雖萬八千歲下第二明能化淺近按帝王甲子記云天皇氏治一萬八千年地皇氏治九千年人皇氏治四千五百年有本云三皇皆治一萬八千年故云萬八千歲言同臨有截之區者詩注云截者齊也區者域也謂四海域內率服齊整言七十二君詎識無邊之義者司馬相如封禪書云繼昭穆受謚號畧可道者七十有二君故管子云昔者封太山禪梁父者有七十二家梁父即太山下小山名也詎者何也明上七十二家賢明之君何能識於稱性玄理無邊之義

由是人迷四忍輪迴於六趣之中家纏五蓋沒溺於三途之下

由是人迷四忍下第三明所化迷淪言由是者上明化主化法二皆淺近蓋是域中一身之作不令所化免沉苦海於中上對迷理輪迴六趣下對纏妄沒溺三途言四忍者即思益經第四法品中佛言梵天菩薩有四法善出毀禁之罪何等爲四一者得無生忍以諸法無來故二者得無滅忍以諸法無去故三者得因緣忍知諸法因緣生故四者得無住忍無異心相續故是爲四忍言人迷者人人皆迷故但迷四忍容漂人天故云輪迴於六趣之中家纏五蓋則溺三途矣五蓋者一貪欲二瞋恚三惛沉四掉舉五疑也言家纏者家家纏也上三皆明佛未興世

熟十

四

及夫鷲巖西峙象駕東驅

及夫鷲巖下二明如來出世德用難思於中四一總歎化主高深二明能化時處長廣三別歎如來勝德四結德歸於如來初中四句分二前二句總序佛教興流後二句寄對顯勝今初上句明主出西天故云鷲巖西峙峙者立也此約處歎人後句即化法東被也故云象駕東驅言象駕者畧有二義一一千年後像法之時佛教方被故二者象駄經故初雖白馬來儀本用象故爲對鷲巖故用象駕宋公題安國寺詩云爲龍太子去駕象法王歸

熟十

五

慧日法王超四大而高視中天調御越十地以居尊

慧日法王下第二寄對顯勝初句出域後句超因今初慧日法王超四大而高視者出域中也則異前化在域中慧日者以佛爲日畧爲四義一破闇如慧二照現如智三輪淨如解脫四上三不相離如同法界於法自在故稱法王言超四大而高視者即老子道經云道大天大地大王亦大域中有四大而王居其一焉人法地地法天

天法道道法自然釋曰然其說道乃是清淨虛通故云道法自然自然者不知其所以然而然故即世界始成域中近事不達業因故曰自然今佛出現皆證眞常妙窮二諦天地造化乃俗諦業因域中之事耳

後句超因言中天調御越十地以居尊者十地菩薩時經三祇已斷十障已證十如成十勝行化周十方今比世尊猶一塊土以方大地況於四大何足越哉

包括鐵圍延促沙劫

包括鐵圍下第二明時處長廣初句約處界擧三千大鐵圍內以爲化境豈同上說有截之區後句約時多劫促爲一念一念延爲多劫豈同上說萬八千歲

其爲體也則不生不滅　鈔十　六

其爲體下第三別歎如來勝德中即雙明化主化法就三大數之初歎體大經云佛身無生超戲論非是蘊聚差別法又云佛以法爲身清淨如虛空又云一切法無生一切法無滅若能如是解斯人見如來

其爲相也則無去無來

其爲相下第二歎相大經云如來非以相爲體但是無相寂滅法身相威儀悉具足世間隨樂皆得見既無相爲相故湛無去來德周法界亦無來去

念處正勤三十七品爲其行慈悲喜捨四無量法運其心方便之力難思圓對之機多緒

念處正勤下第三歎用大初約化法化法玄妙異前域中即行唯道品心唯四等方便多門圓應難測並如經說言圓對者身則圓遍普應若月落百川音則稱物普聞若風吹萬籟意則剎那頓覺若海印炳然故云多緒

混太空而爲量豈筭數之能窮入纖芥之微區匪名言之可述

混太空下二約化體明用謂大之則無外　鈔十　七

細之則無內經云譬如虛空徧至一切色非色處亦如虛空具含衆相剎塵爲量不可數知故云豈筭數之能窮後句細入無間即入纖芥之微區故下經云如於此會見佛坐一切塵中亦如是塵中有剎剎復有塵塵復有剎重重無盡非心識思量之境故絕名言表義名言難述即言語道斷顯境名言不知即心行處滅亦是明化處周細前句化周法界後句細無不入經云一一毛端悉能容受無邊世界而無障礙示現調伏無量衆生

無德而稱者其唯大覺歟

無德而稱下四結德歸於如來謂上之三段皆屬如來則歎不可盡論語云泰伯其可謂至德矣三以天下讓民無得而稱焉故經云剎塵心念可數知大海中水可飲盡虛空可量風可繫無能盡說佛功德即其事也

朕曩劫植因叨承佛記金仙降旨大雲之偈先彰玉扆披祥寶雨之文後及

朕曩下三自慶逢時中分三初遠蒙佛記二彌荷太平三萬國朝宗今初朕曩劫植因者久遠種因故得大覺親記叨者忝也從金仙下別明記相初明大雲經或有疑

偽後王扆下明實雨經鄭氏注周禮云扆屛風也天子屛風以玉爲飾寶雨經有十卷入開元正録第一卷中云爾時東方有一天子名日月淨光乘五色雲來詣佛所右繞三帀頂禮佛足退坐一面佛告天子汝之光明甚爲稀有天子汝於過去無量佛所曾以種種香華珍寶嚴身之物衣服卧具飲食湯藥恭敬供養種諸善根天子由汝風種無量善根因緣今得如是光明顯耀天子是因緣故我涅槃後第四五百年法欲滅時汝於此贍部洲東北方摩訶支那國位居阿鞞跋致實是菩薩故現女身爲自在主經於多歲正法理化養育衆生猶如赤子令修十善能於我法廣大住持建立塔寺又以衣服飲食卧具湯藥供養沙門於一切時常修梵行名日月淨光餘如彼經釋曰此時更無女主卭建若是斯言不虚

加以積善餘慶俯集微躬遂得地平天成河清海晏

加以積善下二荷太平易云積善之家必有餘慶積不善之家必有餘殃今由積善故得地平天成河清海晏晏猶安也

殊禎絶瑞既日至而月書貝牒靈文亦時臻而歲洽踰海越漠獻賝之禮備焉架險航深重譯之詞罄矣

殊禎絶瑞下第三萬國朝宗重譯來貢初兩對標謂萬方仰德殊異禎祥奇絶瑞應日日而至月月而書書之史册也貝牒靈文亦時時而至歲歲沾洽也二踰海下兩對釋成初成上禎瑞而至後駕險下成上貝牒臻洽踰海航深皆水行也越漠架險皆陸路也

大方廣佛華嚴經者斯乃諸佛之密藏如來之性海視之者莫識其指歸挹之者罕測其涯際

大方廣下第四別歎此典旨趣玄微於中二初總歎次別歎今初先二句標其深廣後視之者下成上二句既爲秘藏故視之不見稱爲性海安測邊涯挹者珠叢云以器斟酌於水也故文選頭陀寺碑云蓋聞挹朝夕之池者無以測其淺深仰蒼蒼之色者難以知其遠近故今測量若以管窺天用蠡測海也

有學無學志絶窺覦二乘三乘寧希聽受

有學無學下第二別歎於中三初約人歎二約法歎三約處歎初中二先對劣顯勝後當體顯勝前中初句通説三乘後句別説三乘然二乘在座如聾如盲三乘菩薩積行多劫不能測故窺者左傳云謂舉足而視覦者珠叢云有所冀望

最勝種智莊嚴之跡既隆普賢文殊願行之因斯滿

最勝種智下二當體顯勝上句約果滿以滿二嚴成種智也下句約因圓普賢之行文殊之願二皆圓也亦得行願通上二聖

一句之内包法界之無邊一毫之中置刹土而非隘

一句之内下二句約法歎於中上句約能詮深廣故一句之義竭海墨而不盡下句

約所詮事事無礙故一毫之中置刹土而
非隘也
摩竭陁國肇興妙會之緣普光法堂爰敷寂
滅之理
摩竭提國下第三約處數標摩竭者九會
本故不起覺場而周遍故標普光者近菩
提場又說信門詮於果海故云爰敷寂滅
之理
緬惟奧義譯在晉朝時踰六代年將四百然
一部之典纔獲三萬餘言唯啓半珠未窺全
寶
緬惟奧義下第五傳譯古今感應遷遇於
中二初明前譯多闕二明今譯多具今初
緬者遠也惟者思也六代即晉宋齊梁陳
隋也言唯啓半珠未窺全寶者即涅槃聖
十二
行品雪山童子聞化羅刹云諸行無常是
生滅法爲而顧視唯見羅刹問羅刹云大
士汝於何處得是過去離怖畏者所說半
偈大士汝於何處而得如是半如意珠釋
曰次下半偈義未全故若得聞下生滅滅

已寂滅爲樂即全寶也今明先譯既闕即
爲半珠也
朕聞其梵本先在於闐國中遣使奉迎近方
至此既覩百千之妙頌乃披十萬之正文
朕聞其梵本下第二明今譯多具即全寶
也文中有六一遐迎二正譯三感徵四事
畢五讚益六慶遇今初遐迎事如玄談
粤以證聖元年歲次乙未月旅沽洗朔惟戊
申以其十四日辛酉於大遍空寺親受筆削
敬譯斯經
粤以證聖下第二正譯也月旅沽洗者正
當三月言親受筆削者則天躬自刊削言
筆削者漢書儒林傳云削則削筆則筆削
謂刪去筆謂增益有云理書勘受削而注
之良以古人書木竹簡以刀削故
遂得甘露流津預夢庚申之夕膏雨灑潤後
覃壬戌之辰式開實相之門還符一味之澤
遂得下第三感徵也十四日是辛酉庚申
即十三日壬戌即十五日前後一日各有
感徵謂則天於十三日夜夢見徧天之內

皆降甘露十四日翌開譯經十五日天降
甘雨草者爾雅云及也延也郭璞注云謂蔓
延相被及也式開下成上徵祥此二句亦
可通上二瑞謂皆一味之澤亦可式開實
相成上甘露甘露不死之藥況實相之常
十三
住故一味之澤成上膏雨一雲一雨無異
味故式者用也
以聖曆二年歲次己亥十月壬午朔八日己
丑繕寫畢功
以聖曆二年下第四事畢已亥取於乙未
首涉五年繕寫方畢繕者說文云補也珠
叢云治故造新皆謂之繕
添性海之波瀾廓法界之疆域
添性海下第五讚益有二先明益教理大
波曰瀾玄言曰廓者張小使大鄭玄注禮
云疆者界也說文云域者封也謂玄言既
加添足性海開廓法界矣
大乘頓教普被於無窮方廣真詮遐該於有
識
大乘頓教下第二辯益物機

豈謂後五百歲忽奉金口之言娑婆境中俄
啓珠函之祕
豈謂下第六慶遇也於中有二初明慶遇
前句約惡持得聞是一幸也後一句約惡
處得聞此二幸也初言後五百者如來滅
後有五五百年第一五百年解脱堅固今
當第四五百年故云後也在三五之後故
金剛經中於後五百歲信受者難得言俄
啓珠函之秘者即智論第六十四云般若
是如意珠舍利如函隨舍利中雖無般若
而爲般若之所熏故得一興供養千反生
天今用此是則如來如函華嚴經是如意
珠也
所冀闡揚沙界宣暢塵區竝兩曜而長懸彌
十方而永布
所冀闡揚沙界下二發願於中二先兩句
横徧沙界麤相徧也言塵區者明微細徧
徧微塵中之區域故後並兩曜而長懸下
明竪窮長懸永布故兩曜即日月喻如來
根本後得智也

一窺寶偈慶溢心靈三復幽宗喜盈身意
一窺寶偈下第六總彰序意讃理自聽有
三先兩句正製序由以披尋翫味慶喜深
故鄭箋詩云復謂反復珠叢云復謂重審
察即是南容三復白珪䟽中已引
雖則無説無示理符不二之門然因言顯言
方闡大千之義
雖則無説下讃理離言要假言顯無説無
示即淨名目連章之文不二之門即淨名
不二法門品因言顯言者若無文殊讃默
之言安知無言之爲妙故寂滅之相假以
言詮言大千之義者即出現品塵含經卷
喻故大千經卷潛塵無益聰慧者開便能
益物今假言顯義當開塵示於經卷有成
益也
輒申鄙作爰題序云
輒申已下謙己結成上已畧釋序竟
第二別解文義者然此經文冨義博勢變多
端況一義一文包攝法界是以古德用十例
科判欲顯難思其第一名本末部類但顯此

經無盡非科令文前已具明故今畧之加前
後鉤鎖亦有十例
第二別解文義分二初總科判二正釋經
文初中分三初標章二列名三解釋
一本部三分科二問荅相屬科三以文從義
科四前後攝疊科五前後鉤鎖科六隨品長
分科七隨其本會科八本末大位科九本末
徧收科十主伴無盡科
一本部下二列名也
初本部三分者謂序正流通初品爲序分現
相品下爲正宗
初本部三分下三解釋分十初本部三分
科分二初正明序正二別釋流通今初正
明序正
流通有無古有七釋一光統律師以法界品
爲流通由入法界廣無邊故二隋遠法師以
法界品内善財下屬流通寄人顯法故三裕
法師以法界品後偈爲流通以歎德無盡故
四有云末後二頌爲流通以結説無盡歎德
勸修故五或云經來未盡故無流通六或云

以餘眷屬經爲此流通以彼是此所流出故七或云此經總無流通以法無盡說無休息故故諸會各無流通不同大般若諸會皆有有流通故

流通有無下二別釋流通有三初序昔説二會昔義三申今正解今即序昔也

此上七解各是一理而前六皆有第七獨無若義會之應成四句一有序正無流通如第七二唯正宗無二分由自初暨後皆顯玄微並悟物故初雖列衆而歎佛德後雖寄人有修相故三具三分四俱不可說即言忘言故約義包含不可局取

此上七解下二會昔義也謂會前七師融成四句一即第七師三即前六師二四義加二唯正宗者意取悟入顯理爲正宗故故河西道朗云若因初分以得悟則初分爲正若因後分以得悟則後分非傍即斯義也其中有與理相應者隨時取捨

今依具三以分三分之興彌天高判冥符西域今古同遵

今依具三下第三申今正解文分爲四初立取源由二辨三之相三例成前義四辨定流通今初謂上顯義理包含總成四句依文釋義三分可依若無流通序正安立若唯有正起盡不明若約無言如何解釋

所以三者夫聖人設教必有其漸將命微言先彰由致故受之以序分由致既彰當機受法故受之以正宗正宗既陳務於開濟非但爲於時會復令末葉傳芳永耀法燈明明無盡故受之以流通

二所以下辨三之相

非唯一部當會當品等皆容有之故依三也

非唯一部下三例成前義未會品之文尚須三分何況一部不立三耶

雖六解皆通今依第二以寄人進修示物有分流通相故慈氏云若有敬慕心亦當如是學

雖六解皆通下四辨定流通文分爲三初取其正義二辨前順違三結歸正義今初也

初之一解今正宗中關於證入

初之一解下二辨前違順出前不取五釋所以言今正宗中關於證入者此即光統以法界品爲流通法界是證入因果衆海大問新衆遠集佛自入定衆海頓證判爲流通已抑經文況正宗中但有信解行而無證入

第三但屬善財之一相故

第三但屬下此即裕公以法界後偈爲流通但是善財五相之中顯因廣大相之一半故非一部流通

末後二偈但結偈中佛德非通一部

末後二偈下但言有云即刊定記主意用此義言但結偈中佛德者以普賢向讚如來言不能盡故總結云剎塵心念可數知大海中水可飲盡虛空可量風可繫無能盡說佛功德若將結歎佛德爲流通則一部之中無菩薩德

十行等末類有此偈

十行等者上以義破此以文破彼非經終

而有此偈故今此偈非是一部用爲流通但當會當品流通者耳言十行末偈者偈云菩薩功德無有邊一切修行莫具足假使無量無邊佛於無量劫說不盡何況世間天及人一切聲聞及緣覺能於無量無

邊刹讚歎稱揚得究竟日法界偈末結佛德無盡此結十行菩薩之德不可盡耳而言等者等取十向十地十向末云一切衆生由可數三世心量亦可知如是普賢諸佛子功德邊際無能測一毛度空可得

邊衆刹爲塵可知數如是大仙諸佛子所住行願無能量此結廻向行願無盡十地末云十方國土碎爲塵可於一念知其數毫末度空可知量億刹說此不可盡而言此者明此上十地德無盡耳是知位品

品德德之末皆結無盡故非一部之流通也

經來未盡未必在後

經來未盡者破第五師言未必者容許後有但不必定耳如毘盧遮那品末或隨好

品末等既不必有故雜取定

義爲流通但約義故

義爲流通者即第六師以約義理於一佛末分別說三橛本法輪攝依義爲故云攝群經爲義爲何必將後爲此流通此中有序不用後序何獨用後爲此流通

故依遠公

三結歸正義也

二問答相屬料者古云此九會中大位問答總有五者第一會中大衆起四十問或當會

答盡名果勸樂生信分二從第二會初有四十問至第七會末答盡名修因契果生解分中間雖有諸問並是隨說隨問非是大位問答不思議品不問因故三第八會初起二百問當會答盡名託法進修成行分四第九會初起六十問如來自入師子頻申三昧現相答名頓證法界分五福城東善財求法等別問別答名歷位漸證分

第二門答相屬料文分爲二初通叙昔說二密示今意今初古云此九會者蹤意存

四故集古釋以第五集大位問答故古德以善財下猶爲正宗故今既判入流通則前唯四集取流通以爲五今未盡通淦古德以善財下二密示今意意有其二故但爲四一五集大位問故二第五爲流通

故故云今既判入流通則前唯四第四應名依人證入成德分兼取流通者順於古義第一分中既攝一部序分不於正宗之內分爲五分故取流通爲第五分理亦無違但無大位之問故賤今四耳

三以支從義科者此經一部有五周因果即爲五分初會中一周因果謂先顯舍那果德後遮那一品明依本因名所信因果二從第二會至第七會中隨好品名差別因果謂二十六品辨因後三品明果亦名生解因果三

普賢行品辨因出現品明果即明平等因果非差別顯故亦名出現因果四第八會初明五位因後明八相果明出世因果亦名成行因果五第九會中初明佛果大用後顯菩薩起用修因名證入因果因果二門俱證入故

各分因異果亦爲十也
第三以文從義科謂據現文但有其四四位大門故就第二分中有差別平等二義故分爲五周因果初明五位因等且依一相以八相是應現故故屬果攝若剋實而
懸十九
言成如來力下四門方是其果前一百九二十十六門皆屬因攝若以八相爲果果有一十九門餘皆屬因言名出世因果者品名離世間故言亦名成行因果者廢於位名意在行故
四前後攝疊科者一部分二謂前九會是本會亦是佛會佛爲主故從文殊至福城東已後並是末會亦是菩薩會以諸善知識爲會主故二就前中亦二初八會明所成解行後一顯所證法界三就前中復二初七會明歷位修成行後一明圓融周普行四前中復二初明修生因果後普賢下二品明修顯因果五就前復二初明修生因後不思議法等三品明修生果六就前復二初明位中因行後十定下六品明位後之行七就前復二初明地前比行後第六一會明十地證行八就前亦二初位前十信行後第三會已去三會明入位三賢行九就前亦二初明所信佛果法後問明品下三品明能依能信菩薩行十就前中復二初會明佛依報果後名號下三品
懸二十一
明佛正報果
四前後攝疊科者雖有十重總爲二分從後倒攝節節除後就前分二故初位前者以四十二位明義十信未成位但爲住因故仁王詺十住爲十信故取能成信詺所成住故
五前後鉤鎖科亦分爲十
五前後等者即是新意文中二初標數二正釋
一第一會爲依報因果前明依報果後毘盧遮那品辨因二更取毘盧遮那及第二會初三品爲正報因果前因後果三以名號至菩薩住處名依起因果依於本有而修起故前果後因四從問明品至隨好品明差別因果前因後果

一第一會下第二正釋也於中分三初通釋前四二別釋第五三通釋後五今初然文有十節謂一經初五品二毘盧遮那品三名號下三品四問明至住處有二十三品爲一節五不思議至隨好三品爲一節六普賢行品爲一節七如來出現品爲一節八離世間品爲一節九入法界品爲一節初後不重用但合有八重因果以第九離世間品及第十法界各自爲一重因果故得爲十
五取不思議下至普賢行品爲圓融因果前果後因
五取不思議下二別釋第五文分爲四初正釋二解妨三引證四結成今正釋也
以不思議等與前爲果果別於因與後爲果
懸二十
則一一融攝
以不思議下二解妨謂有問言差別圓融二義非一如何前差別果得爲圓融果耶故通意云雖不思議等經文是一所望異故果別於因成差別因果果自圓融得成

圓融之果言圓融者以一一德周法界故
三十六門門之中含十句故所說之相
難測量故品名標爲不思議故
然有六義證成
然有六義下三引證證成不思議等三品
爲普賢行之果普賢行品是不思議等因
一因果相屬科中多先果後因故
一因果相屬者五周因果所信證入二果
居先差別因前亦先有果故云多先果也
今亦先果後因與例同也而言因果相屬
科者即前第三以文從義科也謂從因果
相屬之義科成五故
二四十八後未有證成普賢行後有證成者
結屬前故
二四十八後等者若不思議至隨好唯屬 二十三
差別果因果既終合有現瑞證成今却無
證普賢行品既唯屬出現之因既未說果
何得有證明知普賢行竟有證結屬前來
不思議等故
三普賢行品初無別發起便即躡前云畧示
如來少分境故
三普賢行品初等者若不屬此品之初應
合別有發起既無發起明是屬前
四以義明之不思議法顯佛德難思一一圓
融故
四以義等者果德難思不可但爲差別果
故
五前雖有問不思議品初重念問故
五前雖有問等者即第二會初之問而後
問者欲顯不思議下難思是圓融因果之
初故
六第二會初已有三業爲差別果故
六第二會初等者前若無果要用不思議
等爲差別果前既已有此不思議等全屬
於後前段差別因果亦足
由斯六義故普賢行品得屬前因
由斯六義下四結成第五圓融因果也
六取普賢行及出現品爲平等因果前因後
果
六取普賢行已下三通釋後五也
七取出現及離世間品爲出現因果前果後
因成佛涅槃亦因現故非說真成
成佛涅槃下此遮外難恐有難云離世間
品自有因果那得總爲出現家因故爲此
通
二十四
由離世間爲因方能現世
由離世間下釋爲出現因義
八離世間品爲成行因果通辨行故具因果
故
八離世間等者當會自成因果
九取離世間品及法界品爲法界因果前因
後果由離世間稱法界故故因不依住果唯
證入
九全合兩會爲一因果
十法界一品自爲證入因果先果後因其善
財已下亦爲無盡因果先因後果故歷事至
普賢一毛因則無盡普賢說佛德過虛空而
果無盡以爲流通故不明之
十以入法界當會自成因果然第八會雖
不鉤前前出現品已曾鉤此第十因果不

鉤第八會第八會已曾鉤第九故並得名爲鉤鎖因果其善財下歷事爲因普賢說佛德爲果故

六隨品長分科者長分有十

六隨品長分科者不約會分總爲直科三十九品以爲十分耳

一通辨教起因緣分二現相品下明佛果無涯大用分

二現相下明佛果無涯大用分者現相品大用在義可知普賢三昧言大用者同加普賢不來而至一多延促皆無碍故毛光讃德無不周故成就華藏皆說如來徧淨法界徧應剎海令依正相入塵含法界皆無涯大用也

三毗盧遮那品舉彼往因證成分四名號下三品明大用應機普周分五問明品下至十地品末明諸位差別令修分六十定品下至隨好品末明差別因圓果滿分七普賢行品下二品明普行因成現果分八離世間品明因果超絕世間分九法界品中前分明大衆頓證法界分十爾時文殊下明一人歷位漸證分

七隨其本會科者亦爲十分一初會名舉果令信分二第二會明能信成德分三第三會初賢十住分四第四會中賢十行分五第五會上賢十向分六第六會聖位十地分七第七會因圓果滿分八第八會普賢大行分九第九會初行成行成證入分十善財下善友教證分

十善財下若據標云隨其本會科會各一分只成九分欲顯圓十故開後一據實合有十會表圓或經來未盡且按文釋耳

八本末大位科者本會爲九末會有五十五總爲六十四分

九本末徧收科者先九會爲九分文殊爲六千比丘說法爲第十分及善財歷一百一十善知識總一百二十分若開諸龍及三乘會及彌勒後文殊普賢三人便成一百二十五以慈氏云此長者子經由一百一十善知識已然後而來至於我所則彌勒已前已有一百一十故及三千大千世界微塵數善友其分數彌多若合爲一則一百二十六分

若開諸龍者前爲百二十分則諸龍三乘皆屬善財會初以初至福城本爲善財故故不別開諸乘等會今約雖至福城城中善則等二千四衆尚未出城先說普照法界修多羅利益諸龍及三乘人故別開之餘並可知

十主伴無盡科者一一會一一品一一法皆結通十方如此閒說十方虛空法界一切世界乃至一切塵中皆如是說此結主經也又彼一一會等皆有他方塵數菩薩而來證法此結伴也即主伴相與周徧法界重疊無盡是則段數亦無盡無盡也

大方廣佛華嚴經疏演義鈔序卷第二十九

大方廣佛華嚴經疏演義鈔卷第二十九

校勘記

一　底本，明永樂北藏本。

一　一〇七一頁上一行經名，清作「大方廣佛華嚴經疏演義鈔序」。

一　一〇七二頁下一行第九字「深」，徑無。

一　一〇七五頁中八行第一三字「沽」，清作「姑」。一一行第一三字同。

一　一〇七五頁下二行「甘雨」，徑作「甘露」。

一　一〇八一頁下六行「善則」，清作「善財」。

一　一〇八一頁下一四行與卷末書名之間，清有釋文「上來別解文義科中初總科判竟下釋經文」並低一字位。

一　一〇八一頁下卷末經名，徑作「大方廣佛華嚴經疏演義鈔卷第二十九」；清作「大方廣佛華嚴經懸談疏鈔會本卷第二十九」。

中華大藏經（漢文部分）

校勘凡例

一　《中華大藏經（漢文部分）》的底本以《趙城金藏》爲主；《趙城金藏》缺佚，則以《高麗藏》等作底本。各卷所用底本的名稱及涉及底本的其他問題，均在校勘記的第一條中説明。

一　《中華大藏經（漢文部分）》選用的參校本共八種，即《房山雲居寺石經》（石）、宋《資福藏》（資）、《影印宋磧砂藏》（磧）、元《普寧藏》（普）、明《永樂南藏》（南）、明《徑山藏》（徑）、《清藏》（清）、《高麗藏》（麗）。

一　校勘記中的「諸本」，若底本爲金藏，即包括石、資、磧、普、南、徑、清、麗全部八種校本；若底本爲麗藏，則包括石、資、磧、普、南、徑、清全部七種校本。其他情况若用「諸本」，校勘記中則另加説明。

一　校勘採用底本與校本逐字對校的辦法，只勘出經文中的異同及字句錯落，一般不加評注。參校本若有缺卷，或有殘缺、漫漶等字迹無可辨認者，則略去不校，校勘記亦不作記録。

一　一經多卷，經名、譯者、品名出現同樣性質的問題，一般只在第一卷出校，並注明以下各卷同；分卷不同時，以底本爲主出校。

一　古今字、異體字、正俗字、通假字及同義字，一般不出校。如：

古今字：宍（肉）；猗（倚）；距（跛）；鉾（矛）；誼（義）等。

異體字：脥（桀）；剎（刹）；皃（貌）；惱（惱）；㝵（碍、礙、閡）等。

正俗字：怪（恠）；滴（渧）；體（躰）；刺（刾）；閑（閒）等。

通假字：惟（唯）；嫉（疾）；頻（嚬、顰）；揣（摶）；尠（鮮）等。

同義字：言（曰）；如（若）；弗（不）等。